염불 수행 대전

개정증보판

주세규 회집

北京佛教文化研究所 北京广化寺监制 佛历二五四七年七月

목차

내 이름을 부르는 사람마다 다 극락에 나게 하리라.
- 아미타불의 서원

지옥에 중생이 하나라도 남아 있는 한 나는 부처가 되지 않겠다.
- 지장보살의 서원

내 이름을 부르면 즉시 듣고 고통을 없애 주리라.
- 관세음보살의 서원

허공계가 다하고 중생계가 다하고 중생의 업業이 다하고
중생의 번뇌가 다하면 나의 열 가지 원願도 다할 것이다. 하지만,
허공계와 중생계와 중생의 업과 중생의 번뇌가 다함이 없으므로
나의 열 가지 원도 다함이 없을 것이다.
- 보현보살의 서원

중생이 다 성불하고 나면 성불하겠나이다.
- 용수보살의 서원

내 이름을 듣는 사람마다 삼악도三惡道를 면하고,
내 얼굴을 보는 사람마다 해탈하게 하리라.
- 나옹화상의 서원

중생의 모든 고통을 나 한 사람이 대신 받겠나이다.
- 선화상인의 서원

이 책은 석가모니 부처님 그리고 과위果位를 증득하신 고승들께서 염불에 관하여 하신 말씀들 중에서 핵심적이면서 또 이해하기 쉬운 말씀들만 모아놓은 책입니다.

많은 염불 수행법 중에서도 부처님의 이름을 생각하거나 부르는 지명염불(칭명염불)에 관한 부처님의 성스러운 가르침과 고승들의 고귀한 말씀들을 회집會集해 놓은 책입니다. 성인聖人의 이름을 부르는 것은 많은 종교에서 널리 권장하고 있는 보편적인 수행법입니다. 그 가운데에서도 성인聖人중의 성인이시자 인간과 천상의 스승으로 받들어지는 부처님의 이름을 부르는 일은 가장 성스럽고 불가사의한 수행법입니다. 그럼에도 지금까지 염불은 어리석고 무식한 사람들이나 하는 하열下劣한 수행법으로 치부되어 왔습니다. 이러한 편견을 깨부수고 보다 많은 사람들이 염불수행을 하여 극락에 왕생할 수 있게 하고자 이 책을 펴내게 되었습니다.

과위를 증득하신 고승들이나 조사祖師님들은 사실 불보살의 화신化身입니다. 따라서 이 분들의 말씀은 부처님 법에 절대적으로 부합합니다.

즉, 함부로 또는 거짓으로 중생을 속이는 말씀은 절대 하지 않는 분들입니다. 따라서 이 분들의 말씀들을 우리는 의심 없이 믿으면 됩니다.

이 책을 읽고 많은 분들이 부처님에 대한 무한한 신심信心을 일으켰으면 좋겠습니다. 나아가 부처님의 가르침을 인생의 유일한 생명이자 나침반으로 삼는 계기가 되었으면 합니다. 더 나아가 이 책을 다 읽은 후에는 염불수행을 제대로 하고 싶다는 강렬한 자극제가 되기를 소원합니다. 이 책 속에는 귀한 말씀들이 무척이나 많습니다. 읽으시다보면 환희심이 일어 눈물을 흘리실 수도 있고, 기쁜 나머지 춤을 추실 수도 있습니다. 이런 분들은 많은 생에 걸쳐 무량한 부처님을 공양한 공덕이 있음을 방증합니다. 그런가 하면, 믿음을 서서히 일으키시는 분들도 계실 것입니다. 이런 분들도 곧 성현의 반열에 오르실 분들입니다. 그것도 아니라면, 임종이 가까워서야 비로소 부처님을 믿고 염불을 몇 번밖에 못하실 분들도 계실 겁니다. 이런 분들도 극락의 귀한 손님들로서 전생에 많은 선근을 심으신 분들이 분명합니다. 이 책에 있는 귀한 말씀들을 속히 다 가져가십시오. 그리고 열심히 수행하시면서 다른 사람들과도 많이 나누십시오.

이 책은 분량도 많고 어려운 부분도 더러 있습니다. 쉬운 내용만 엄선하겠다고 마음을 먹었지만 모아놓고 보니 다소 어려운 내용들도 들어가게 되었습니다. 그러하기에 이 책에 실린 말씀들을 한 번 읽고 단박에 이해하기란 사실 어렵습니다. 이해가 안 된다고 해서 절대 실망하시거나 읽기를 포기하시면 안 됩니다. 쉬운 내용만 여러번 읽으시는 것도 좋은 방법입니다.

우리는 공염불空念佛이니 도로아미타불이니 하는 말들을 자주 듣습니다. 이 말들 속에는 염불에 대한 부정적인 이미지가 들어 있습니다. 하지만, 이 책을 읽어 보시면 알게 됩니다. 염불이 얼마나 불가사의하고 불가사의한 수행법인지를 말입니다. 한국 역사가 낳은 가장 위대한 인물인 원효대사께서 친히 백성들에게 염불을 가르치셨고, 인도의 마명보살이나 용수보살과 같은 많은 불보살의 화신들이 염불법문을 강조하셨으며, 중국 명나라의 4대 고승을 비롯한 많은 조사님들이 한결같이 정토에 뜻을 두었습니다.

염불에 대한 부정적인 또는 편협한 시각을 씻어내 버리고 하루 속히 많은 분들이 염불수행을 하셔서 다 같이 극락에 왕생하기를 기원합니다.

염불에 관한 말씀들을 회집하면서 감사드려야 할 분들이 무척이나 많습니다. 우선, 중생들에게 3장 12부라는 방대한 법문을 설해 주신 석가모니 부처님의 대자대비하심을 영원토록 공경하며 찬탄합니다. 또 불보살의 화신이라 할 조사님들과 고승들께도 지극한 마음으로 정례頂禮를 올립니다. 먼 옛날 머나먼 나라에 가서 온갖 고행을 무릅쓰고 불경을 구해오신 구법승求法僧들과, 그 불경들을 아름답게 그리고 여법如法하게 번역해주신 역경승譯經僧들께도 엎드려 감사드립니다. 그리고 인터넷에 부처님의 말씀 등을 올려 주신 무명無名

의 많은 법우法友님들께도 고개 숙여 감사드립니다. 법우님들의 도움이 없었으면 이 책은 세상에 나오기가 무척이나 어려웠을 것입니다.

이 책에는 남회근 선생이라는 분이 등장합니다. 이 분의 말씀이 가장 많이 인용되어 있는데, 이 분은 가히 부처님의 화신입니다. 마치《유마경》의 주인공인 유마거사와 같은 분입니다. 이 분이 쓰신 책들을 읽어 보면 부처님의 화신이 아니고서는 하실 수 없는 말씀들을 하고 계심을 알 수 있습니다. 중국에서 태어나 2012년에 입적하셨는데, 화장 후 혀[舌]사리를 비롯해 수많은 사리가 나와 생전에 하신 그분의 말씀이 하나도 틀리지 않았음을 증명해 보였습니다. 남회근 선생의 고귀한 말씀을 우리말로 번역하여 출판해 오신 영산대학교 신원봉 교수님과 송찬문 선생님께 삼가 경의를 표합니다. 이 책에 실린 남회근 선생의 성언(聖言)들은 대부분이 두 분께서 번역·출판하신 책에서 옮긴 것임을 밝힙니다. 그리고 이 책에 실린 인광대사님의 말씀은 대부분이 〈화두놓고 염불하세〉 등을 펴내신 전남대 김지수 교수님의 번역을 그대로 인용한 것임을 밝힙니다. 이 세 분은 한국 불교계에 크나큰 축복입니다. 세 분께 불보살님의 두터운 가피와 함께 극락왕생 하시기를 빕니다.

이 책은 여러모로 부족하고 불완전합니다. 다만, 이 책이 계기가 되어 우리 불교계에 염불 바람이 세차게 불었으면 좋겠고, 불자님들이나 불교에 관심이 있는 분들이 염불을 공부하고 이해하는 훌륭한 길잡이가 되었으면 좋겠습니다.

이 책은 두 번째 개정판입니다. 오탈자는 물론 어색하거나 잘못된 표현들을 바로잡았습니다. 방생부문을 많이 보강했고 십계十戒를 정리하여 넣었으며 불교의 핵심 용어중의 하나인 사상四相과 오견五見에 대해서도 정리를 해 보았습니다.

두 번째 개정판이 나옴에 있어 강원도 철원의 심원사深源寺에 주석하고 계시는 정현正現 스님께서 개정판 원고를 감수해 주셨습니다. 정현스님은 정토법문을 널리 알리고 계시는 스님들 중의 한분으로, 이번 개정 작업에 많은 지도와 도움을 주셨기에 이 지면을 빌어 깊은 감사를 표합니다.

　염불은 정말 쉽고 간단합니다. 또한 염불은 오계五戒를 하나도 지키지 못해도, 십선十善을 닦지 못해도, 악업을 헤아릴 수 없이 많이 지었어도, 업장을 없애거나 줄이지 못해도, 일심불란一心不亂하지 못해도, 염불삼매念佛三昧에 들지 못해도, 견혹見惑이나 사혹思惑을 조금도 제거하지 못해도, 무명無明을 조금도 끊지 못해도, 평생 단 한 번도 염불한 적이 없다가 숨이 끊어지기 1분 전에 염불(입으로 하든 마음속으로 하든 상관없고, 부처님과 극락이 존재한다고 믿거나 생각하기만 해도 됩니다)만 해도 극락에 왕생합니다. 이것은 아미타불의 대자대비하신 본원력 덕분입니다. 단, 조건이 하나 있습니다. 극락에 가고 싶다는 간절한 마음만 있으면 됩니다. 이 간절한 마음을 발원發願이라 하는데, 이것 하나면 충분합니다. 염불의 가장 큰 특징은 대업왕생(帶業往生: 업장을 지닌 채 극락에 왕생함)이며, 염불의 가장 큰 장점은 누구나 쉽게 할 수 있다는데 있습니다. 염불의 공덕은 말로 표현할 수 없습니다. 실로 불가사의합니다. 이 책을 만나신 여러분들을 높이 공경하고 찬탄합니다. 극락에 왕생하실 분들이기에 그렇습니다.
　극락에서 반갑게 만나기로 하지요.
　감사합니다.

　나무아미타불
　나무아미타불
　나무아미타불

　얼마 전까지 내가 그토록 옳다고 여겼던 생각이나 판단이 얼마 못가 잘못된 것이었음이 드러납니다. 인정하기는 싫지만 어쩔 수 없이 인정할 수밖에 없습니다. 당시에는 확신에 차서 내린 결정이었지만, 시간이 흐르고 보니 우매하기 짝이 없는 결정이었습니다. 결국 자신이 한없이 초라하고 어리석은 사람에 지나지 않는다는 것을 어렴풋이나마 알게 됩니다. 하지만 이것도 오래가지 못합니다. 다시 교만해져서 사람들을 비웃고 자신이 대단한 사람이라도 되는 양 득의양양得意揚揚합니다. 귀신은 속일 수 있어도 자기는 절대 속이지 못할 거라는 확신을 갖고 삽니다. 자기의 결정만큼은 그 누구의 결정보다도 합리적이며 우월하다고 여깁니다. 도대체 이 말도 안 되는 교만과 독선은 어디서 오는 것일까요.
　그리고 이 교만과 독선은 없애기가 왜 그리도 어려울까요.

　그렇다면 지금 내가 하고 있는 생각이나 판단들도 옳다고 볼 수 없습니다. 거의 대부분이 불완전한데다가 부정확하며 올바르지도 않고 이치에 맞지도 않습니다.
　우리가 알고 있는 지식의 양은 과연 얼마나 되며, 더구나 그 지식은 과연 얼마나 정확한 것이며, 더 나아가 그 지식이 과연 얼마나 실상實相에 부합하는지 한번 생각해 보면 우리는 조금이라도 교만해하거나 남을 무시할 수 없습니다.

　우리가 알고 있는 지식이나 주관主觀이라는 것도 사실은 초라하기 짝이 없는 것입니다. 깊은 사유思惟나 명상에서 나온 주관 또는 깊은 독서에서 나온 지식이 아니라, 오다가다 사람들로부터 들은 것, 아니면 신문이나 인터넷에서 가볍게 얻은 것, 아니면 즉흥적으로 일어났다 사라지는 수많은 생각들 중에서 살아 기억되는 것, 이도 저도 아니라면 결국 책에서 읽은 것들일 텐데, 그것들을 얻고 내 것으로 소화시키는 과정에서 우리는 온갖 편견과 고정관념 등을 가지고 그것들을 자신의 취향에 맞게 색칠하고 포장하고 왜곡합니다. 자신의 생각이나 견해가 잘못되었을 수도 있을 거라는 생각은 여간해서는 하지 않습니다. 한껏 왜곡해서 얻은 정보들을 자기의 주관으로 삼고는 그것을 가지고 사람들과 의견을 나누고, 그것을 밑천 삼아 사람들에게 충고하며, 우쭐대면서 사람들을 가르치려 들고, 더 나아가 사람과 세상을 평가하는 잣대로 삼습니다.

견강부회牽强附會, 아전인수我田引水, 과대포장, 우격다짐, 왜곡, 교만 등을 든든한 우군友軍으로 삼은 채 우리는 우쭐대고 유아독존唯我獨尊인 양 자신을 치켜세웁니다. 자기 잘난 맛 하나로 이 세상을 살아가는 것이지요. 그랬던 자신을 나중에 뒤돌아보며 성찰이라도 하면 좋으련만 대부분은 그렇게 하지도 않습니다. 그렇게 살다가 우리는 짧은 인생을 마치며, 죽은 뒤에는 삼악도에 떨어져 고통스런 윤회의 삶을 계속 이어갑니다. 하지만 다시 사람의 몸으로 태어난다는 보장이 없습니다.

불교에는 십계(십선업) 말고 십중계十重戒라는 것이 있습니다.
대승경전인 《범망경梵網經》에 나오는데 십계와는 많이 다릅니다. ①살생하지 말라. ②훔치지 말라. ③음행을 짓지 말라. ④거짓말하지 말라. ⑤술을 마시거나 팔지 말라. ⑥남의 허물을 말하지 말라. ⑦자기를 칭찬하고 남을 헐뜯지 말라.[自讚毀他戒] ⑧가난한 사람이 무엇을 요구하면 아낌없이 주되 화를 내지 말라. ⑨잘못을 뉘우치는 사람을 미워하거나 용서를 안 해주지 말라. ⑩삼보를 비방하지 말라.
이 열 가지 계율 중에서 무엇이 가장 중요할까요. 보통은 계율마다 첫머리에 나오는 「살생하지 말라」는 불살생계不殺生戒를 가장 중요한 계율로 여깁니다. 대승계율의 첫 번째가 불살생이니까요. 하지만 원효대사는 일곱 번째 계율인 자찬훼타계自讚毀他戒를 가장 중요하다고 보았고, 남회근 선생도 보살도 가운데에서 이 계가 가장 엄중하다고 말했습니다. 〈유가사지론瑜伽師地論〉에 보면 보살계본菩薩戒本이 나오는데, 이 보살계본에서 가장 첫 번째로 나오는 조목이 바로 자찬훼타계입니다.
우리는 자신의 학벌이 화려하다고, 자신의 능력이 뛰어나다고, 자신의 지위가 남들보다 우위에 있다고, 자신의 외모가 출중하다고, 자신의 집안이 대단하다고, 자신의 지식이 많다고, 자신의 말솜씨나 글솜씨가 탁월하다고 남들을 무시하고 깎아내리면서 얼마나 많은 허세를 부리면서 삽니까. 이제부터는 그러지 맙시다.

두 얘기를 해볼까 합니다.

하나는 탄허呑虛스님 얘깁니다. 현대 한국의 대표적인 학승學僧이셨던 탄허스님은 이미 20대에 자신보다 14살 연상으로 훗날 조계종 종정을 지낸 고암古庵 선사와 탄옹炭翁 선사에게 대승경전의 꽃인《화엄경》을 설합니다. 해방 후 서울 남산 한국대학교에선 함석헌咸錫憲선생이, 상원사에선 양주동梁柱東박사가 탄허스님으로부터 〈장자〉 강의를 들었습니다. 향가鄕歌연구로 국문학사에 불후의 업적을 남긴 양주동박사는 스스로를 국보國寶라 불렀는데, 탄허스님보다 10년 연상으로 오대산에 와서 탄허스님에게 절을 받기도 했지만, 1주일 뒤 〈장자〉 강의가 끝난 뒤 양주동박사는 오체투지로 탄허스님에게 절을 올립니다. 그는 탄허를 가리켜 「장자가 다시 돌아와 장자를 설해도 오대산 탄허를 당해내지 못할 것이다.」라고 극찬합니다. 탄허스님 정도라면 감히 사람들 앞에 우쭐댈 자격이 있다 하겠습니다.

또 하나는 박춘호 국제해양법재판소 재판관 얘깁니다. 그는 현대 한국이 낳은 큰 인물 가운데 한 분입니다. 이 분은 영어는 물론, 일어, 독어, 불어, 중국어의 5개 언어에 완전 능통했고, 이들 언어로 30여개의 논문과 저서를 발표해 국제해양법의 최고 권위자로 우뚝 섭니다. 심지어 베트남어도 수준급에 올라와 있었습니다. 영어의 경우 원어민과 똑같은 수준의 영어를 구사한 것으로 유명합니다. 이 분이 영문을 써내면 영어 학자들이 감탄을 했다고 합니다. 자신들도 구사하지 못하는 영문을 완벽하게 쓰니까요. 이 분이 영문을 국문으로 번역하면 한국의 국어학자들이 감탄을 했다고 합니다. 너무나 아름다운 문장으로 번역을 하니까요. 박춘호같은 분이라면 감히 교만할 자격이 있다고 하겠습니다.

우리는 한없이 불완전하고 나약하다는 사실을 수긍하고 인정합시다.

내가 지금 하고 있는 생각들은 모두 옳지 않다는 사실을 인정합시다.

인간은 이성이 아닌 감정에 따라 움직이는 지극히 초라한 존재에 불과하다는 사실을 인정합시다.

인간은 합리적이고 냉철한 존재가 아닌 비합리적이고 야만적인 성품을 가진 존재에 더 가깝다는 것을 인정합시다.

한치 앞의 미래도 내다보지 못하는 것이 우리 인간 아닙니까.

자기 이익을 위해서라면 물불 안 가리고 남을 해치는 것이 우리 인간 아닙니까.

「윤회의 세계에서 일어나는 모든 일들은 결국 재앙으로 끝이 난다.」라고 성현께서 말씀하셨습니다. 나쁜 일들이야 말할 것도 없고, 심지어 좋은 일들도 결국엔 재앙으로 끝이 납니다. 인간세상에서 벌어지는 모든 일들은 공허하고 덧없는 일들에 불과할 뿐 실다운 일이라고는 하나도 없다는 것을 알아야 하겠습니다. 이 세상사에 그 어떠한 집착이나 욕심도 내지 말고, 지난 날 자신이 지은 많은 악업들을 진정으로 참회하고 성찰하면서 사는 것이 가장 훌륭한 삶이 아닌가 합니다.

인간의 본래 불성佛性이 있는지라 본래 성품은 부처이지만, 한편으로 우리가 하는 말과 행동과 생각은 온통 사악하기 그지없습니다. 우리가 성불하기 전까지는, 우리가 대철대오大徹大悟에 이르기 전까지는, 우리가 무상정등정각無上正等正覺을 성취하기 전까지는, 우리가 열반涅槃을 증득하기 전까지 우리는 번뇌와 망상 그리고 집착으로 똘똘 뭉친 어리석은 중생에 불과할 뿐입니다. 말을 할 때마다, 몸을 움직일 때마다, 생각을 일으킬 때마다 죄 아닌 것이 없고 부끄럽지 않은 것이 없습니다. 인과因果같은 것은 절대 없다고 강변하고, 내세來世를 부정하며, 성현의 말씀을 비방하기까지 합니다. 예의와 덕을 갖춘 자를 위선자라 욕하는 사람도 있고, 채식주의자들을 극렬하게 비웃는 사람도 있으며, 남을 위해 봉사하고 희생하는 사람들을 향해 독설을 퍼붓는 사람도 역시 있습니다.

우리는 세상을 오직 돈이라는 잣대 하나로만 바라보고, 그저 먹고 마시고 노래하고 춤추고 험담하고 욕하고 싸우고 증오하고 화를 냅니다. 나보다 잘난 자를 질투하거나 욕하며, 나보다 못난 자는 무시하고 기피합니다. 그러면서도 못난 자신을 부끄러워할 줄은 모른 채 오히려 세상을 탓하고 원망하기에 바쁩니다.

「사람이 악하면 사람들이 겁내지만 하늘은 (그 사람을) 겁내지 않고, 사람이 착하면 사람들이 속이지만 하늘은 (그 사람을) 속이지 않는다.」는 말씀이 있습니다. 또「천당으로 가는 길은 열려 있건만 사람들이 잘 가지 않고, 지옥으로 가는 문은 좁건만 사람들이 서로 가려 하네.」라는 말씀도 있습니다.

우리가 사는 이 세상은 이미 정상적인 세상이 아닌 것 같습니다. 사견邪見이 판을 치고, 악惡이 만연하며, 올바른 가치관은 무너진 지 오래 되었으며, 건전한 이성과 상식은 통하지 않습니다. 자연재해는 갈수록 빈번해지고 사람들의 심성은 갈수록 흉포해지며 인간의 양심은 갈수록 거칠어지고 있습니다. 배금주의拜金主義가 횡행하고 허무주의와 고독감이 우리의 정신세계를 지배한지 오래 되었습니다. 성현의 올바른 가르침은 비방당하거나 단절되었습니다. 우리 자신에게 진지하게 물어봅시다. 과거의 수많은 성현들께서 하신 말씀들은 온통 거짓일까요.

현대인들은 의사가 하는 말이나 아나운서가 전달하는 뉴스는 잘 믿지만, 불행하게도 성현들께서 남기신 고귀한 말씀들은 믿지 않습니다. 예를 들어, 불경이나 옛 의서醫書에서는 하나같이 여자가 임신 중에 성관계를 가지면 위험하거나 좋지 않다고 말하지만, 현대의 의사들은 성관계를 가져도 괜찮다고 말합니다. 어떤 의사는 임신 중에 부부관계를 갖는 것이 오히려 태아나 임신부에게 좋다고 말합니다. 여러분들이라면 누구의 말에 더 신뢰가 가십니까. 현대 의사들의 주장이 더 와 닿습니까.

성현들은 육식이 인간의 몸에 아주 해롭다고 가르쳤습니다. 반면, 현대 의사들은 육식이 오히려 성장을 촉진시키고 근육을 강화시켜 주는 등 인간의 몸에 매우 좋다고 말합니다. 더구나 수술 후에는 개고기를 먹어야 회복이 빠르다는 말도 서슴지 않습니다.

성현들은 베풀면 돌아오고, 지는 것이 이기는 것이며, 죄를 지으면 그 후손도 벌을 받는다 하였지만, 현대인들은 어떻습니까. 반대로 생각하지 않습니까.

베풀면 아깝고 손해 보는 것이며, 지는 것은 글자 그대로 지는 것이므로 나에게 득이 될게 없으며, 죄를 지어도 벌 받기는커녕 오히려 그런 사람들이 더 잘사는 걸 보지 않았느냐며 인과응보는 거짓이며 내세來世는 누군가가 지어낸 것이라고 생각합니다. 과연 누구 말이 옳은 것일까요.

단언컨대, 성현의 말씀이 천번 만번 옳고 또 옳습니다.

여기에 실린 고귀한 말씀들은, 부처님과 조사님과 고승 등 불세출不世出의 선지식들께서 하신 말씀들을 모은 것입니다. 조사님들과 고승들은 대부분이 불보살의 화신들로서 중생의 어리석음을 일깨워주시기 위해서 사바세계로 다시 오신 분들입니다. 우리 중생은 업력業力에 의해 이 땅에 태어났지만, 성현들은 원력願力에 의해 이 세계에 오셨음을 알아야 합니다. 따라서 여기에 실린 말씀들은 하나같이 진실한 것들이며 모두 진리에 절대적으로 계합契合합니다. 부처님께서는 사람으로 태어난 것이 얼마나 좋은 과보果報이며, 또 사람으로 태어나는 것이 얼마나 어려운 일인지 누차 말씀하셨습니다. 사람으로 태어난 이상 우리는 무의미하게 또는??그냥 왔다 그냥 가는??덧없는 삶을 살아서는 안 됩니다.

이 글을 읽는 분들에게 감히 부탁드립니다. 「나무아미타불」 염불을 절대 가볍게 생각하지 마십시오. 염불 한 번이 얼마나 불가사의한 공덕이 있는지 아직 모르실 겁니다. 지금까지 염불은 그저 어리석은 사람들이나 하는 것으로 생각해 오셨을 겁니다. 부처님 이름을 부르거나 생각하는 것을 가장 보잘것없는 수행법으로 봐 왔다는 얘기입니다. 이 책을 읽어보시면, 그러한 생각이 얼마나 잘못된 것인지를 알게 됩니다. 간절한 염불 일성一聲이 우리가 숙생에 지은 무수히 많은 죄를 소멸하고, 자신의 몸에서 광명이 나게 하며, 죽은 뒤에는 반드시 극락에 태어나게 합니다. 살아서나 죽어서나 자신에게 더할 나위 없이 든든한 자량資糧이 될 겁니다.

우리가 가장 먼저 해야 할 일은 선善을 많이 행하고 악惡을 당장 멈추는 것입니다. 그리고 자신이 지은 많은 죄들을 정성을 다하여 참회하는 일입니다. 그런 다음 꾸준히 그리고 열심히 염불하십시오. 염불은 간절하게 그리고 정신을 집중하여 하는 것이 관건입니다. 간절하게 그리고 절박한 심정으로 부처님 명호를 부르십시오. 어머니가 외아들이 살아 돌아오기만을 기다리는 심정... 머리에 불이 붙었을 때 이것을 빨리 *끄고자* 하는 그런 절박함... 그런 마음 하나면 됩니다.

　염불 외에 독경을 하고 싶다면, 한 경전만 정하여 그 경전만 평생 독경하십시오. 오로지 한 경전만 볼 것이며, 절대 다른 경전은 보지 말아야 합니다.

　예를 들어, 《아미타경》을 선택하였으면, 평생토록 《아미타경》만 보아야 합니다. 《법화경》이나 《화엄경》이 보고 싶어도 보지 말아야 합니다. 《아미타경》을 선택했는데, 누군가가 《능엄경》이 더 좋다고 하여도 흔들리지 않아야 합니다. 또, 《금강경》을 선택해서 1년간 《금강경》만 독송했는데, 누군가로부터 《금강경》보다는 《법화경》이 더 낫다는 말을 듣고 《법화경》으로 바꾸면 안 됩니다. 한 경전을 택해 그 경전만 정성을 다해 독경하다보면 마침내 통通하게 됩니다. 그리고 부처님의 심오한 뜻을 알게 됩니다. 요컨대, 오직 한 문門으로만 깊숙이 들어가야 합니다. 한 경經에 통달하면 다른 경도 저절로 통하게 된다고 성현들께서 누누이 말씀하셨습니다.

　올해는 《법화경》을 독송하고, 내년엔 《화엄경》을 독송하고, 내후년에는 《금강경》을 독송하거나, 오전에는 《금강경》을 독송하고 오후에는 《반야심경》을 독송하고...이렇게 해서는 안 됩니다. 오직 한 경전만 선택하여 그 경전만 평생토록 독송해 나가십시오.

　독경은 한 글자 한 글자 또박또박 제대로 발음을 해 가면서 낭독朗讀(소리내어 읽는 것)하는 것이 중요합니다. 독송을 하다가 중간에 잘못 읽었으면 처음부터 다시 시작하는 것이 정도正道입니다. 독경을 서둘러서 빨리 끝내려고 하는 것은 옳지 않습니다.

　그리고 경전을 해석하려 하거나 연구하려 들지 마십시오. 선지식의 도움이 없다면 그냥 독송하는 것이 최선입니다. 정견正見을 갖추지 못한 우리에게는 경전을 해석할 능력이나 연구할 역량이 없음을 인정해야 합니다.

　염불도 마찬가지입니다. 아미타불 염불을 하기로 작정했으면, 평생 아미타불만 불러야 합니다. 중간에 관세음보살이나 지장보살로 바꾸면 안 됩니다. 중간에 바꾼다는 것은 믿음이 약하다는 방증傍證입니다. 그렇게 믿음이 약해서는 안 됩니다. 믿음이 약하면 그 어떤 일도 이루지 못합니다.

우리는 언제 죽을지 모릅니다. 죽을 때에 편안히 제 정신으로 죽음을 맞이한다는 보장이 없습니다. 치매에 걸려서 정신 줄을 내놓고 살다가 죽을지, 교통사고로 갑자기 세상을 뜰지, 심장마비로 갑자기 쓰러져 바로 숨을 거둘 지도 모릅니다. 산소 호흡기를 주렁주렁 달고 고생하다가 중환자실에서 고통스럽게 죽음을 맞이할 수도 있습니다. 우리가 죽으면 가족들은 사실 나에게 아무런 도움이 안 됩니다. 오직 믿을 사람은 자신뿐입니다. 홀로 저 승길을 가야 합니다. 그런데, 우리는 살면서 얼마나 많은 죄를 지었습니까. 그 많은 죗값을 우리는 고스란히 받아야 합니다. 얼마나 무섭고 섬뜩한 일입니까. 죽고 나서 통곡을 하며 후회하실 건가요. 제가 할 일이 없어 이 책을 출판한 것이 아닙니다. 또, 제가 제 이름을 조금이라도 알리려고 이 책을 펴낸 것도 아닙니다. 또, 말도 안 되는 거짓말이나 엉터리 얘기들을 조합하여 많은 사람들을 기만하는 것도 아닙니다. 온 정성을 다해서 이 책을 만들었습니다. 부디, 이 책에 있는 성현들의 말씀을 털끝만큼도 의심하지 마시길 바랄 뿐입니다. 의심하지 않는 것이 우리에겐 가장 필요합니다.

입으로 늘 부처님을 부르면
부처님께서 곧바로 들으시며
몸으로 늘 부처님께 예경하면 부처님께서 곧바로 보시며
마음으로 늘 부처님을 생각하면
부처님께서 곧바로 아시니
중생이 부처님을 그리워하고 생각하면

부처님도 그리하신다.

1
근본적인 물음

누구는 남자로 태어나고 누구는 여자로 태어납니다.

누구는 일찍 죽고 누구는 오래 삽니다.

누구는 부유한 가정에서 태어나고 누구는 가난한 집에서 태어납니다.

누구는 몸이 건강한데 누구는 질병이나 장애를 안고 태어납니다.

누구는 총명한데 누구는 한없이 어리석습니다.

왜 이런 차이가 생기는 것일까요.

우리는 이 지구라는 행성에 우연히 태어난 걸까요.

우리는 이 지구에 태어나기 전에 어디에 있었을까요.

우리는 죽으면 도대체 어디로 가는 것일까요.

기독교의 교리처럼 사람은 한 번 죽으면 하느님의 심판을 받는 것일까요,

아니면 불교의 가르침대로 끊임없이 육도六道를 윤회하는 것일까요.

신이 이 우주를 창조하였는지

영혼은 과연 존재하는 것인지

천국과 지옥은 정말 있는지

진화론과 창조론 중 어느 것이 맞는 것인지

전생은 과연 있는 것인지

장애자로 왜 태어나는 것인지

<성서>에 나오는 '진리가 너희를 자유롭게 하리라' 가 무슨 뜻인지

운명이나 팔자라는 것이 존재하는지

불상佛像에 절을 하는 것이 미신인지

착한 사람이 왜 고통을 겪고 악한 사람이 왜 부귀영화를 누리는지…

이런 많은 의문들에 대해 누구나 한 번쯤은 생각을 해봤을 것입니다. 오랫동안 수행을 해온 수행자라면, 또 종교에 몸을 담고 있는 성직자라면 이런 의문들에 대해 답을 할 줄 알아야 합니다. 답을 할 줄 모르거나 자신이 없다면 내려와야 합니다. 이런 의문들에 대해 답을 할 줄 모른다면 성직자로서의 자격이 없는 거겠지요. 남회근 선생은 「유가儒家에 '(유학에 대해) 한 가지라도 모르면, 이는 유자儒者의 수치.[一事不知 儒者之恥]'라는 말이 있습니다. 하물며 출세간법出世間法인 불학佛學이야 말할 필요가 있겠습니까.」라고 하였습니다.

종교에서 가장 큰 죄는 뭘까요.

기독교에서는 가장 큰 죄가 하느님을 망령되이 일컫거나 하느님을 부정하는 등 신성神聖을 모독하거나 부정하는 일입니다. 불교의 경우도 다르지 않습니다. 불교에서는 정법正法을 비방하는 것이 가장 큰 죄입니다. 정법은 부처님의 말씀 또는 가르침을 말하는데, 정법을 비방한다 함은 예를 들어, "부처는 없다." "석가모니가 한 말들은 다 거짓이다." "불경에서는 배울 것이 하나도 없다." "불경에 나오는 불보살이나 천신들은 다 꾸며낸 것이다." "대승경전은 부처님의 친설親說이 아니다." 등과 같이 불교를 부정하거나 삼보三寶와 대승大乘을 비방하거나 불경을 왜곡하여 거짓으로 해석하거나 잘못 가르치는 것을 말합니다. 이에 못지않게 큰 죄가 바로 대망어大妄語입니다. 대망어는 무엇을 말하는 것일까요.

자기가 부처라고 내세우거나, 부처나 아라한과 같은 큰 깨달음을 얻었다고 하는 것을 가리킵니다. 이런 대망어의 업을 짓는 사람은 무간지옥에 떨어져 무량한 세월 동안 상상조차할 수 없는 고통을 받는데, 부처님도 그 사람이 지옥에서 나올 때를 알지 못한다고 하셨을만큼 그 죄가 큽니다. 인광대사는 대망어죄의 경우, 그 죄가 오역죄五逆罪보다 백 천 만배더 크다고 하였습니다. 성직자나 수행자들은 이 점을 분명히 알아 함부로 입을 놀리거나잘못 가르치거나 불경이나 성현의 말씀을 멋대로 왜곡하여 출판하는 일이 절대 없어야 합니다.《대집경大集經》에 「경문經文은 하나인데 강의하는 자가 설명을 다르게 할뿐만 아니라, 각기 자기의 견해見解대로 강의하여 결국 정법正法을 허물고 어지럽히니 천신天神이화를 내어 삼재三災가 한꺼번에 일어난다.[經文是一 講者異說 各特己見 壞亂正法 天神瞋故 三災俱起]」라는 말씀이 있습니다.

성직자나 수행자들 그리고 부처님의 말씀을 강설하고 해설하고 출판하는 사람들이 정말로 귀담아 듣고 가슴에 새겨야 할 구절입니다. 저 또한 이 책을 만들면서 위 구절을 늘생각하고 경계하였습니다.

기독교에서는 사람이 딱 한 번 태어난다고 하고, 죽으면 바로 하느님의 심판이 있어서천국과 지옥으로 가며 거기서 영원히 산다고 합니다. 즉, 불교에서 말하는 윤회를 인정하지 않습니다. 참고로 불교 교리의 핵심은 삼세인과三世因果와 육도윤회六道輪廻입니다.하지만 초기 기독교에서는 윤회를 대체로 인정하고 있었음이 밝혀지고 있습니다. 예수님생존 당시 윤회설이 광범위하게 퍼져 있었고, 또 받아들여졌습니다. 3세기 기독교 사상에서 가장 영향력이 있던 성서학자인 오리게네스는 윤회를 인정했습니다. 플라톤이나 피타고라스 등 그리스의 많은 철학자들도 윤회를 인정하고 있었습니다. 플라톤의 경우 그의 명저〈국가론〉을 보면 천상이나 지옥에서 온 사람들이 다시 윤회하기에 앞서 자신의 운명을선택하는 장면이 나옵니다. 플라톤은 〈상기설想起說〉에서 이렇게 말합니다. 「쉽게 얻어지는 지식은 영속적인 자아가 전생에서 이미 갖고 있던 것이다. 그래서 그토록 쉽게 복구되는 것이다.」 만물의 근원을 '수數'라고 주장한 피타고라스는 「내가 떠난 것 같지만 언젠가다시 돌아와 너희들을 가르칠 것이다.」고 하면서, 인간의 영혼은 영원히 죽지 않는 신神과같은 것이었으나, 지나치게 탐하는 욕심과 결핍된 욕망으로 인해 육체의 감옥 속에 갇혀 영원히 죽지 않는 신의 힘을 잃어버렸다고 하였습니다. 이러한 상태에 빠진 인간의 영혼과 육체는 서로 나뉘어 떨어져 서로 아무런 영향을 주지 못하는 관계로 변하고 말았기 때문에 죽게 되면 영혼은 육체로부터 떨어져 나오게 되며, 이 영혼은 다시 아무 육체나 찾아 들어가 다시 태어나게 되는 순환운동에 의해 영혼은 전생轉生된다고 믿었습니다.

그후, 기독교가 로마와 만나게 되었고 급기야 테오도시우스 황제 때 로마의 국교國教로 자리 잡게 되면서 윤회는 성경에서 서서히 자취를 감추게 됩니다. 서기 4세기 콘스탄티누스 황제는 기독교를 공인公認하면서 성서에 실려 있던 전생과 윤회에 관한 구절들을 모두 없애기로 결정하고, 서기 325년 니케아 공의회에서 전생과 윤회에 관한 구절들을 삭제하기에 이릅니다. 6세기 동로마의 유스티니아누스 황제는 독단적으로 윤회를 이단으로 규정하고, 553년에 콘스탄티노플 공의회를 소집하여 윤회를 가르쳤던 오리게네스와 그 지지자들을 이단으로 규정하였습니다. 현재, 유럽에서 기독교 인구가 급격하게 감소하는 이유들 중의 하나는, 기독교에서 부정하고 있는 윤회를 많은 사람들이 진실이라 믿고 있기 때문입니다. 이제 더이상 윤회를 허황된 이야기로 여기지 않는다는 겁니다. 윤회는 과학적으로도 증명되고 있음을 알아야 합니다. 한국의 지운知雲스님은 「5세 미만의 아이들을 보면 전생을 기억하는 아이들이 많아요. 그래서 미국의 버클리 대학에서 '전생을 기억하는 아이들'이라고 해서 전 세계에 전생을 체험한 사람들을 기록한 책이 나왔어요. 그러면 죽어서 다시 인간으로 환생하지 않고 지옥 가거나 천국 가거나 둘 중에 하나로 결정 되어 있는 그 세계를 애기 했을 때, 전생을 기억하는 아이들은 어떻게 증명할 것이냐. 기독교는 증명을 못합니다.」라고 하였습니다.

9살 밖에 안 된 아이가 어떻게 영어 등 4개 외국어에 능통할 수 있을까요.

7살도 안 된 아이가 어떻게 교향곡을 작곡할 줄 아는 것일까요.

이런 사례들은 무수히 많은데, 만약 전생이 없다면 무슨 방법으로 설명을 할 수 있겠습니까. 전생이라는 것이 없다면, 무수히 많은 모순들과 직면하게 됩니다. 사람마다 생김새가 다르고 누리는 복이 다르며 태어나는 곳이 다르고 착한 사람이 있는가 하면 한없이 악한 사람이 존재하는 이유를 설명하지 못합니다. 윤회는 엄연한 현실이고 과학이며 진리입니다. 윤회는 이 우주를 관통하는 대원칙이며 우주의 질서입니다. 그런데, 기독교에서는 한사코 윤회는 존재하지 않는다고 말합니다.

구약성서의 상당부분이 주변 국가들의 신화를 모방하고, 특히 조로아스터교(배화교)의 영향을 많이 받은 점, 신약성서의 상당부분이 《법화경》을 비롯한 불경과 상당히 유사하다는 사실은 널리 알려져 있습니다. 이에 대한 상세한 내용은 <법화경과 신약성서>(민희식 지음, 블루리본 출판사)를 보시면 알수 있고, 인터넷 검색창에 '기독교는 불교카피교인가?'를 치시면 더욱 상세하게 알 수 있습니다.

예수께서 13세부터 30세까지 인도 등지에서 요가와 불교 등을 배웠다는 것도 점차 사실로 드러나고 있습니다. 그럼에도 기독교는 이러한 사실을 극구 부인하면서 불교를 공격하고 무시합니다. 저는 이런 상황들이 너무나 안타깝습니다. 이 방면에 대한 연구와 노력이 많아지기를 기도합니다.

우리는 끊임없이 남을 의식하고 남과 비교하며 남과 경쟁하며 살아갑니다.

우리가 사는 이 시대는 혼탁하고 혼란스럽습니다. 인간의 능력을 뛰어넘는 질병이 속속 생겨나고 있고 전쟁은 그칠 줄 모르며 천재지변이 지구 곳곳에서 일어나고 있습니다. 기독교는 종말이 왔다고 하면서 예수님의 재림이 임박했다고 가르칩니다. 불교는 이 시대가 말법末法시대라 합니다. 말법은 부처의 가르침은 남아 있지만 수행과 깨달음이 없는 시대를 가리킵니다. 《월장경》에 「말법시대에는 수억의 중생이 행行을 일으켜 도를 닦아도 깨달음을 얻는 사람은 단 한 사람도 없다.[我末法時中 億億衆生起行修道 未有一人得者]」라고 했습니다. 또 이 시대는 《금강경》에서 말한 오탁악세五濁惡世입니다.

물질은 흘러넘치고 삶은 편리하고 안락하지만 갈수록 외롭고 우울하고 폐쇄적인 사회가 되어버렸습니다. 마음을 터놓고 얘기할 상대도 없고, 내 지친 마음을 위로해주고 씻겨주는 영적 지도자나 성직자도 없습니다. 종교가 세상을 걱정해주는 게 아니라 세상이 종교를 걱정해 주는 시대가 되어버렸으니까요. 그러기에 우리는 술과 도박과 TV와 인터넷과 명품에 빠져 삽니다. 나를 인정해주고 내 얘기에 귀기울여주고 나를 위로해주는 사람을 그리워합니다. 그러면서도 한편으로는 영적인 가르침에 몹시 목말라 합니다. 내가 죽으면 어찌 되는지, 지옥에 안 가고 싶은데 어떻게 해야 하는지, 고통 없이 죽으려면 어떻게 해야 하는지 등에 대한 속 시원한 대답을 듣고 싶어 합니다. 종교는 여기에 대해 답을 해줘야 합니다. 현대인들은 무조건 믿으라고 하면 믿지 않습니다.

현대인들은 지식이 많다고 자부합니다. 아는 것이 많다고 우쭐해 합니다. 반면에 과거 우리 조상들은 현대인들에 비해 지식도 적고 무식했을 것이라고 생각합니다. 그분들은 한문과 유교에만 파묻혀 고리타분하고 편협한 사고방식을 갖고 살았을 거라고 생각합니다. 여러분들에게 묻습니다. 현대인들은 과연 과거의 성현들이 펴낸 〈주역〉이나 〈노자〉나 〈천부경〉 등을 능가하는 책을 펴낼 수 있을까요. 그렇다면 고대에 만든 건축물이나 물건들은 어떨까요. 예컨대, 우리나라 청동기 시대의 유물인 '다뉴세문경多鈕細文鏡(국보 제141호)'을 현대의 과학기술로 만들 수 있을까요. 이 다뉴세문경은 지름이 21.2cm에 불과한 청동 거울인데, 좁은 공간에 무려 1만 3,000개가 넘는 정교한 선을 새겨 넣었습니다. 선과 선 사이의 간격은 0.3mm에 불과합니다. 또, 선과 골의 굵기는 약 0.22mm, 골의 깊이는 0.07mm 정도이며 한 곳도 빈틈없이 절묘하게 새겨져 있습니다. 신라시대에 만들어진 에밀레종은 또 어떻습니까. 에밀레종을 현대의 과학기술로 만들 수 있을까요. 종 자체는 만들 수 있지만, 그 오묘한 종소리는 절대 재현해내지 못합니다. 고려시대에 만들어진 상감청자나 불화佛畵도 마찬가지입니다. 요컨대, 우리는 과거에 살다간 우리의 조상님들을 무시하지 말아야 합니다. 우리는 옛 사람들의 지혜와 기술을 따라가지 못합니다.

우리는 하루 24시간 중에 대부분 망상과 집착과 번뇌를 하며 살아갑니다. 탐진치 속에서 온갖 죄를 지으며 삽니다. 그러면서도 두 가지 큰 착각을 합니다.

자신은 병에 걸리거나 사고를 당해 쉽게 죽지 않을 거라는 것과, 자신은 늙지 않고 오래오래 살 거라는 생각이 그것입니다. 노인들을 보고도 자신만큼은 늙지 않을 거라고, 그리고 혹시라도 자기가 늙어 거동이 불편한 노인이 되거나 불치병에 걸리기라도 하면 곧바로 자살하면 그만이라고 말합니다. 과연 자살하면 모든 것이 끝나는 걸까요. 남회근 선생은 「사람의 몸을 얻기는 어렵습니다. 이 생명 존재는 쉽지 않은 것입니다. 그러기에 불교에서는 자살을 계율을 범하는 것으로 여기고 자살을 허락하지 않습니다. 자살은 도리어 당신 자신이 죄에다 죄를 더하는 것입니다. 형기刑期가 끝나지 않았는데 탈옥하는 것이나 마찬가지여서 더욱 고통을 당해야 하고 형벌도 가중됩니다. 그러므로 자살은 해탈하는 방법이 아닙니다.」라고 하였습니다. 매일 방송이나 신문에 유명인이나 자신의 이웃이 죽는 소식을 보거나 듣고도 무감각합니다.

우리가 사는 인간계 위에 사천왕천四天王天이 있고, 그 위에 도리천忉利天이라는 천상 세계가 있습니다. 십선十善을 닦아야 갈 수 있는 세계로서 욕계欲界에 속합니다. 이 천상 세계에 사는 천인들의 수명은 1천세로, 인간세상으로 따지면 10만년입니다. 인간이 100년 정도 사니까, 인간의 한평생이 도리천 천인들에겐 하루에 불과합니다. 우리가 하루밖에 못사는 하루살이를 보고 비웃듯, 천인들은 우리 인간들을 비웃을 겁니다.

우리는 옛 성현의 말씀과 부처님의 경전을 믿지 않습니다. 도를 행하면 세상의 고통을 면할 수 있다는 도리를 믿지 않습니다. 죽은 뒤에 영혼이 다시 태어난다는 것을 믿지 않습니다. 착한 일을 하면 좋은 과보를 얻고 나쁜 일을 하면 나쁜 과보를 받는 진리에 의혹의 눈초리를 보냅니다. 이렇게 마음은 닫아두고 뜻은 열지 않다가 목숨이 마치려 할 때엔 두려움과 뉘우침이 함께 일어나나, 미리부터 착한 업을 닦지 않다가 죽음에 임해서 뉘우치니 후회한들 무슨 소용이 있을까요.

사람이 죽을 때가 오면 후회와 두려움이 동시에 찾아온다고 합니다. 인간에게 가장 중요한 일은 무엇일까요. 죽음입니다. "보살(성현)은 원인을 두려워하고 범부는 결과를 두려워한다.[菩薩畏因 衆生畏果]"라는 말씀이 있습니다. 범부는 결과만 두려워할 뿐 정작 그런 결과를 가져오게 한 원인에는 무관심합니다. 성현은 원인을 두려워하기에 말과 행동과 마음을 늘 삼가고 살핍니다. 그런 인因을 지었기에 과果는 안 봐도 뻔합니다. 당연히 좋은 과보가 오겠지요. 그러니까 결과는 두려워할 필요가 없다는 얘기입니다.

《금강경》에 「부처는 참된 말을 하는 자이고 부처는 진실한 말을 하는 자이고 부처는 실상반야를 말하는 자이고 부처는 거짓말을 하지 않는 자이고 부처는 서로 다른 말을 하지 않는 자이다.[如來 是眞語者 實語者 如語者 不誑語者 不異語者]」라는 말씀이 있습니다. 이 글을 읽으시는 분들께서는 부처님께서 하신 말씀들을 한 치의 의심도 없이 무조건 믿고 받아들여야 합니다. 부처님의 말씀을 믿지 않는다면 이 책은 아무런 쓸모가 없습니다.

옛날 중국이나 우리나라의 고승들이 출가한 이유는 삶이 무상해서 또는 가족이나 친척들의 죽음을 보고 충격이나 허탈함을 느껴서 또는 인생이나 우주에 대한 의문이 생겨서 또는 불교를 위한 큰 사명감 등이 생겨서 등입니다. 이 사람들은 출가해서 모진 수행의 길을 스스로 걸어갑니다. 그 과정에서 겪는 고통이나 모욕이나 고생은 이루 말할 수 없습니다. 그럼에도 그들은 꿋꿋이 수행을 해 나가서 마침내 큰 깨달음을 얻습니다. 과위果位를 얻는다는 말입니다. 과위를 얻는다는 것은, 예컨대 초선初禪/ 이선二禪/ 삼선三禪/ 사선四禪이나, 수다원과須陀洹果/ 사다함과斯陀含果/ 아나함과阿那含果/ 아라한과阿羅漢果, 더 나아가 보살의 깨달음을 얻는다는 뜻입니다. 예컨대 수행의 첫 단계인 초선初禪의 과위만 하더라도, 모든 욕락欲樂과 불선법不善法으로부터 벗어나고 잡념과 망상이 없어진 경지로서, 모든 중생을 부처님의 화신으로 보며, 몸과 마음의 생리가 바뀌고(검은 머리카락이 다시 나고 여성은 생리를 다시 시작하는 등), 죽으면 욕계欲界를 떠나 색계色界에 태어나는 경지입니다. 게다가 반드시 호흡이 정지되어야만 초선에 들 수 있습니다. 하지만 남녀의 음욕은 완전히 떨치지 못했고, 진짜 삼매에 들지도 못한 초보 단계에 불과합니다. 아라한과는 견혹과 사혹을 완전히 끊은 경지입니다. 이것은 아무나 할 수 있는 일이 아닙니다.

아무튼, 과위를 얻게 되면 인생과 우주에 대한 의문이 풀리고, 경전에 있는 말씀들에 대해 막힘이 없이 훤히 알게 되며, 아울러 오신통五神通도 어느 정도 생겨납니다. 그렇게 해서 사람들과 천인들로부터 공경과 찬탄의 대상이 됩니다. 왕의 국사國師가 되기도 하고 제자들을 길러내기도 하며, 한 종파宗派를 만들어 조사祖師가 되거나 조사의 맥脈을 잇기도 합니다. 이 과정에서 스스로 책을 남기기도 하고, 또는 설법을 하기도 하며, 제자들이 스승의 어록을 글로 남기기도 합니다. 이들이 갖은 고행을 하면서 수행을 하고 큰 깨달음을 얻은 후 남긴 어록이나 책들이나 일화 등은 온통 거짓말로 가득할까요. 만약 거짓말을 그렇게 남겨놓았다면, 누구를 위해서 그렇게 거짓말을 남겨 놓은 것일까요. 한낱 자신의 이름 석 자를 위해서일까요. 중생을 상대로 거짓말을 하면 어떤 벌을 받는지는 누구보다도 잘 아실 텐데 왜 그런 일을 애써 벌일까요.

우리, 이제는 우리의 얕은 지식과 어설픈 잣대로 성현들을 함부로 평가하거나 의심하지 말았으면 합니다. 부디, 믿는 마음을 가지고 이 책을 읽으시길 바랍니다. 이 책을 읽다 보면 아까 제시한 근본적인 물음에 대한 답을 어느 정도는 찾을 수 있을 것이고, 나머지는 직접 수행의 길을 걷다보면 풀릴 것이라 확신합니다.

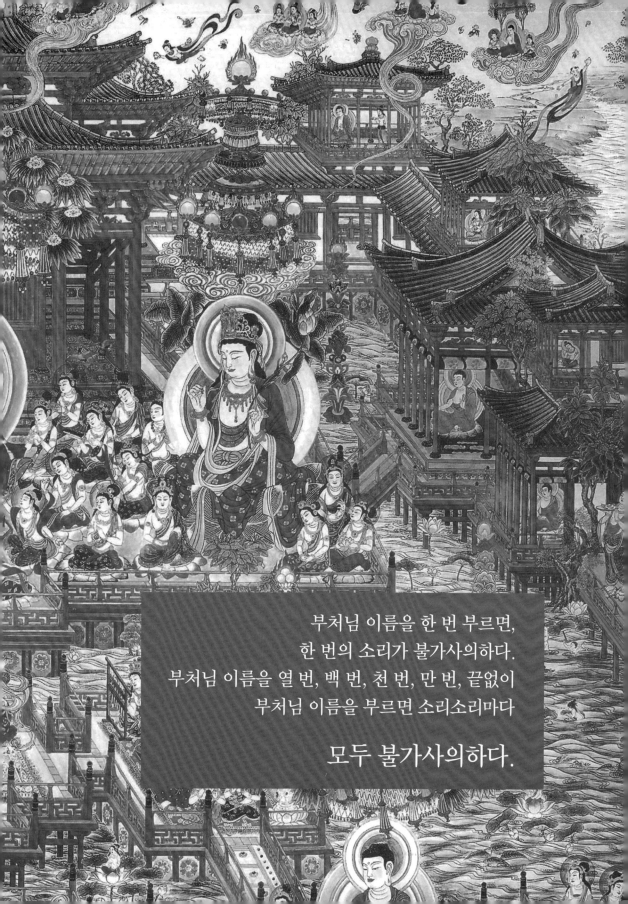

부처님 이름을 한 번 부르면,
한 번의 소리가 불가사의하다.
부처님 이름을 열 번, 백 번, 천 번, 만 번, 끝없이
부처님 이름을 부르면 소리소리마다

모두 불가사의하다.

2
왜 이름을 부르는가

누구에게나 이름이 있습니다. 사람뿐 아니라 동식물이나 사물에게도 이름이 있습니다. 누군가가 자신의 이름을 기억하거나 불러주면 기분이 좋아집니다. 그리고 그 사람에 대해 호감을 갖게 됩니다. 누군가가 나에게 "당신은 누구입니까?" 라고 물었을 때, 가장 먼저 튀어나오는 말도 다름 아닌 자신의 이름입니다.

교육 현장에서 많이 느낀 사실이지만, 교사가 아이들과 가장 빠르게 친해지는 비결은 바로 그들의 이름을 자주 불러주는 것입니다.

그렇다면 사람에게 있어 이름은 대체 어떤 의미를 지니고 있는 걸까요.

우리나라 선비들은 부모님이 지어주신 자기 이름을 신성시하여 가급적 부르지 않았습니다. 그래서 이름대신 자字나 호號와 같은 제2의 이름을 따로 만들었고 이름보다 훨씬 자주 사용했습니다. 조선시대 이황李滉의 이름은 황滉이고, 자字는 경호景浩이며, 호는 퇴계退溪, 시호(謚號: 왕이나 신하들이 죽은 후에 국가에서 그들의 공로를 기리기 위해 부여하는 명예로운 호)는 문순(文純)입니다.

죽어 이자(李子: 姓뒤에 子를 붙이는 것은 극존칭임. 중국 송나라의 朱熹가 죽은 후 朱子로 불린 것이 대표적임), 이부자(李夫子: 夫子 역시 극존칭에 해당함)로 불렸으며 국가에서는 정1품 영의정을 추증(追贈)하였고, 그 위패가 문묘(文廟: 공자의 위패를 모신 사당)에 배향(配享: 문묘에 그 위패를 모심)되었습니다.

조선의 신숙주(申叔舟)는 이름이 숙주(叔舟)이고, 자(字)는 범옹(泛翁)이며, 호(號)는 보한재(保閑齋)이고, 시호는 문충(文忠)이며, 군호(君號: 왕자나 공신이나 왕비의 부모에게 국가가 내려준 호)는 고령군(高靈君)입니다. 예전엔 이름 이외의 별칭(別稱)들이 참으로 많았다는 것을 알 수 있습니다.

옛날 관청에 새로운 관리가 첫 부임을 하면 고참古參들이 신참新參에게 갖은 학대를 가한 끝에 주연酒宴을 강요하는 악습이 있었습니다. 이를 면신례免新禮 또는 신래침학新來侵虐이라 했는데, 미친 계집의 오줌을 얼굴에 칠하기도 하고 성기性器를 노출시켜 먹칠을 하는 등 그 괴롭힘이 컸습니다.

학대 가운데 가장 참을 수 없는 것은 아버지나 선조先祖의 이름 또는 본인의 이름을 쓴 종이를 태워 그 재를 물에 타서 먹이는 일이라고 했습니다.

팽형烹刑이라는 형벌도 원래는 산 사람을 큰 솥에 넣고 끓여 죽이는 극형이었는데, 이것이 나중에는 죄인의 이름을 적은 나무 팻말을 솥에 넣고 끓이는 것으로 바뀌었습니다. 우리가 볼 때는 형벌이 아닌 것처럼 보이지만 조선시대에는 자기의 이름이 솥에서 끓여지는 것이 굉장히 큰 형벌이었습니다. 그 후에 그 죄인은 형식적인 장례를 치러야 했으며 모든 권리를 박탈당한 채 죽은 사람으로 살아야 했습니다.(그 사람에게 말을 걸어서도 안 되었습니다)

조선시대 향약鄕約(고을 양반들이 자율적으로 만든 고을 규칙)에서 잘못을 저지르면 상벌上罰, 중벌中罰, 하벌下罰로 차등을 두어 제재를 가했는데, 선비의 경우, 하벌은 매를 치는 태형笞刑이요, 중벌은 많은 사람 앞에서 책망을 듣는 만좌면책滿坐面責이요, 가장 중한 상벌이 이름을 적어 번화한 거리에 내거는 괘명掛名이었습니다. 지금 생각으로는 오히려 괘명이 하벌이요 태형이 상벌일 것 같은데, 이름을 내거는 불명예가 상벌이 된 것은 부모님이 지어주신 귀한 이름을 더럽혔다는 죄책감이 가장 크다고 생각했기 때문일 겁니다. 추사秋史 김정희의 경우, 호號만 해도 200개가 넘었고(이름과 호를 무려 343개나 만들어 썼다는 기사가 최근 조선일보에 실렸음), 다산茶山 정약용은 호號가 열 개

정도 됩니다. 이렇게 이름 외에 자字나 호號를 굳이 여러 개씩 만들어 썼던 가장 큰 이유는, 이름을 되도록 쓰지 않기 위해서입니다. 선비의 이름은 과거시험이나 재판 등 공식적인 자리에서만 쓰였고, 또 선비의 이름을 부를 수 있는 사람도 부모와 스승에 국한되었습니다. 심지어 국왕도 선비의 이름을 부르지 않고 자字나 호號 또는 관직명을 사용하여 대신 불렀습니다. 선비들도 이럴진대, 한 나라의 왕은 어떠했겠습니까. 왕의 이름은 족보나 실록 등 특수한 경우를 제외하고는 절대 쓰지 않았습니다. 예를 들어, 왕의 이름이 「김홍명金弘明」이라면 '홍弘' 자(字)와 '명明' 자(字)는 절대 써서는 안 되었습니다. 이 경우, '弘' 자 대신 '크다'는 뜻을 가진 다른 한자들, 예컨대 大/泰/洪/鴻/宏/浩 자 등이 쓰일 것이고, '明' 자 대신에는 '밝다'는 뜻을 가진 다른 한자들, 예컨대 哲/昶/亮/叡/憬 자 등이 쓰이겠지요. 이성계李成桂가 조선의 왕으로 등극하자 이름을 이성계에서 이단李旦으로 바꾼 이유도 바로 여기에 있습니다. 그래서 왕조시대의 왕들의 이름은 한 글자인 외자가 대부분이었고(조선 16대 임금인 '인조'도 왕이 되기 전엔 이름이 두 글자였지만, 왕이 된 후 외자로 바꿨음), 언어 생활에서 사용되지 않는 특이한 글자를 쓰거나 아니면 아예 새로운 글자를 만들어 썼습니다. 백성의 언어생활에 막대한 지장을 주지 않기 위해서였습니다.

중국 당나라 때에는 관세음觀世音보살을 관음觀音보살로 줄여서 불렀는데, 이는 당나라의 제2대 황제인 당태종 '이세민李世民'의 이름에 들어가 있는 '세世' 자를 피하기 위해서였습니다.

그런가 하면 당나라의 장수였던 이세적李世勣은 그의 이름에 '세世' 자가 들어가 있었는데, 당태종이 황제가 된 후에 '세世' 자를 피하기 위해 이적李勣으로 개명을 한 일까지 있습니다.

이렇게 왕의 이름을 부른다거나 글로 쓰는 것은 철저한 금기禁忌였습니다. 과거시험 답안지에서 왕의 이름자가 발견되면 무조건 낙방으로 처리되는 것은 물론 곤장 100대를 맞아야 했고, 상소문에 왕의 이름자가 들어가면 왕명 출납出納기관인 승정원承政院에 접수조차 되지 않았습니다.

왕의 이름은 사용하지 말아야 할 금기의 글자였습니다. 그래서 선비들은 역대 왕의 이름이나 중국 황제의 이름을 죽 외우고 있어야 했습니다. 그래야 상소문을 쓰든지 과거시험을 보든지 아니면 문장을 지을 때에 그 글자를 피할 수 있기 때문입니다.

하지만 불보살의 명호는 다릅니다. 불보살의 이름은 어느 누구나 불러도 되는 이름입니다. 그지없이 성스럽고 불가사의합니다. 사람은 물론 천인들도 부처님의 이름을 찬탄합니다. 동물이나 식물들도 부처님의 이름을 들으면 기뻐함은 물론 공덕이 생겨 업장이 소멸됩니다. 신하들이 올리는 상소문이나 외교문서·과거시험 답안지·교지教旨 등을 작성하거나 궁궐·관청 등의 이름을 지을 때 왕의 이름이 들어가면 큰 벌을 받았습니다. 그래서 왕의 이름은 언어생활에서 아예 사용되지 않는 생소한 글자를 쓰거나 혹은 새로운 글자를 만들어 쓰는 경우가 많았습니다. 호 이외에도 우리 민족에게는 제2의 이름이 참 많았습니다. 어렸을 때는 아명兒名이, 성년식成年式을 치르고 나서는 자字가, 나라에 특별한 공功을 세운 사람에게는 봉군封君이나 시호諡號가, 문인이나 예술가들이 시서화詩書畵를 지을 때에는 필명筆名이나 예명藝名 등의 아호雅號가, 스님들은 법명法名이, 천주교인들은 세례명洗禮名이 제2의 이름이었습니다.

김춘수 시인은 〈꽃〉이라는 시에서,

「내가 그의 이름을 불러 주기 전에는 그는 다만 하나의 몸짓에 지나지 않았다. 내가 그의 이름을 불러주었을 때 그는 나에게로 와서 꽃이 되었다.」라고 읊었습니다. 어떤 사물에 이름을 부여함으로써, 그 사물은 비로소 의미 있는 존재, 본질적인 존재가 됩니다. 이렇게 이름을 부여하는 행위, 이름을 지어주는 행위, 이름을 불러주는 행위 등은 큰 의미를 가진 성스러운 행위인 것입니다.

장난감을 많이 가지고 있는 어떤 아이가 우연히 한 장난감에만 이름을 지어주었습니다. 나중에 장난감을 다 버려야 하는 날이 왔는데, 유독 자기가 이름을 지어준 그 장난감만큼은 버리지 않더라는 얘기를 들은 기억이 납니다.

잠실의 불광사佛光寺를 창건하신 광덕光德스님은 「말이라는 것은 단순히 음성의 표현을 넘어 말이 담긴 의미를 실현시키는 강한 힘을 가지고 있습니다. 말은 단순히 목의 성대가 진동해서 일정한 법칙에 의해 소리가 나는 것이 아니라, 자기 생명 깊이 깃든 진리

41

의 파동입니다. 말은 말로 끝나는 공허한 것이 아닙니다. 말은 생각의 표현이며 생각은 마음의 진동이고, 마음에는 일체성취의 위덕威德을 지니고 있습니다.」라고 하면서, 「말은 참으로 위대한 것이라는 것을 알 수 있습니다. 말은 진리공덕의 문을 여는 열쇠라고도 할 것입니다. 말은 믿음의 표현이며 깊은 마음의 형성으로서 말하는 말에는 그 내용을 이루게 하는 힘이 있는 것입니다. 특히 진리를 긍정하는 말, 자성공덕自性功德에 부합되는 말은 진리자체의 발동으로서 그만큼 구체적 실현력을 지닌다는 점을 생각해야 할 것입니다. 진리 실상을 긍정하는 말은 진리의 힘이 함께 한다는 사실을 기억합시다.」라고 하였습니다.

남회근 선생은 「소리는 앞뒤, 좌우, 상하, 내외, 시방十方에서 장애가 없기 때문에 청정 원만하게 통달하여 도道의 경계에 진입할 수 있습니다.」라고 하였습니다. 아기가 이 세상에 태어나서 제일 먼저 배우는 말이 '엄마'라는 단어입니다. 아기가 '엄마'하고 부르는 일만큼 기쁜 일이 어디에 있을까요. 아기가 엄마를 부르면 엄마는 곧바로 아기한테 시선을 돌리거나 달려갑니다. 아기가 엄마를 부르더라도 엄마는 기쁜 마음으로 아기를 쳐다보고 달려가는데, 하물며 일체의 지혜와 한량없는 자비심을 가지신 부처님을 우리가 일념으로 부를 때에는 어떻겠습니까. 일찍이 아미타불의 후신後身이라 숭앙받는 중국 당나라의 선도善導화상은 이런 게송을 남겼습니다.

입으로 늘 부처님을 부르면 부처님께서 곧바로 들으시며
몸으로 늘 부처님께 예경하면 부처님께서 곧바로 보시며
마음으로 늘 부처님을 생각하면 부처님께서 곧바로 아시니
중생이 부처님을 그리워하고 생각하면 부처님도 그리하신다.

우리가 입 밖으로 내는 말은 우리가 미처 알지 못하는 의미를 지니고 있습니다.
'고맙습니다' '잘 될 거야'와 같이 좋은 말을 만 번 이상 하면, 그 말은 진언眞言이 되어 알 수 없는 큰 힘이 생긴다고 합니다. 그런데, 아미타불이라는 이름은 모든 부처님들께서 한결같이 찬탄하시는 이름이고, 또 수많은 성현들과 선지식들께서 아미타불의 이름을 친

히 부르며 서방정토에 왕생하기를 발원하신 것은 물론이거니와 우리 중생들에게도 아미타불을 부를 것을 간절히 권하셨고, 또한 아미타불이라는 명호는 수천 년간 헤아릴 수 없이 많은 사람들이 공경심을 가지고 우러르며 불렀던 이름입니다. 그러하기에 아미타불은 사람의 이름과는 달리 무량한 공덕이 함축되어 있는 것입니다.

기독교의 경전인 〈성서聖書〉에도 기독교의 창조신인 야훼(여호와)나 그의 독생자이신 예수의 이름을 부르라는 대목이 곳곳에서 보입니다.

사도행전 2장 21절에 「누구든지 주의 이름을 부르는 자는 구원을 받으리라.」 하였고, 요엘 2장 32절에 「누구든지 여호와의 이름을 부르는 자는 구원을 얻으리니…」 하였으며, 로마서 10장 13절에도 「누구든지 주의 이름을 부르는 자는 구원을 받으리라.」 하였습니다. 이 외에도 이사야 12장 4절, 디모데후서 2장 22절, 고린도전서 1장 2절, 열왕기상 18장 24절, 사도행전 4장 7절 등 많은 곳에서 여호와나 예수의 이름을 부르라고 권하고 있습니다. 예언자 무함마드의 말씀과 관습을 기록한 이슬람교의 성전인 〈하디스〉에는 「알라(하느님)은 100에서 하나 부족한 99개의 이름을 가지고 있느니라. 마음을 다해 알라의 이름을 외운 사람은 낙원에 들어갈 것이니라.」 라는 구절이 있습니다. 그래서 무슬림은 99개의 묵주(Tasbih)를 돌리며, 알라의 이름을 자주 부릅니다. 그 행위는 알라의 이름을 기억하면서 자기 자신을 돌아보고, 그렇게 함으로써 높은 수준에 도달하려는 노력입니다. 하디스는 알라의 이름을 부르는 것이 축복이라고 가르칩니다. 예를 들면, 부부 관계를 가질 때에, "오 알라여! 당신이 우리에게 주시려는 것을 사단(사탄)이 빼앗지 못하도록 우리를 지켜 주소서." 라고 알라의 이름을 부르면 그때 얻게 될 아이는 사단이 결코 해치 못할 것이라고 합니다. 이슬람교의 최고 성전인 〈꾸란(코란)〉에 「일러 가로되, 자비로우신 알라께 구원하라. 너희가 무슨 이름으로 알라를 부르든 알라의 이름은 가장 아름다우니라.」 라는 말씀이 있습니다. 이런 사실들을 통해서 보면, 부처님을 비롯한 위대한 성인들의 이름을 부르는 것은 종교에 상관없는 보편적인 수행법임을 알 수 있습니다.

불보살의 이름을 불호佛號, 명호名號, 성호聖號, 덕호德號, 존호尊號라고 합니다. 부처님 이름 속에는 굉장히 심오한 의미가 담겨 있습니다. 사람의 이름에는 세속적인 복이나 출세를 바라는 뜻 내지 도덕적인 가르침 등은 담겨 있을지 몰라도 공덕은 담겨 있지 않습니다. 공덕이 담겨있지 않다는 것은, 그 이름을 아무리 불러도 나에게 아무런 공덕도 생기지 않는다는 뜻입니다. 하지만 부처님의 이름은 그렇지 않습니다. 부처님의 이름은 그냥 얻어진 것이 아니라, 무량한 세월동안 헤아리기 어려운 실다운 공덕 즉, 일체의 선법善法과 육바라밀과 팔정도八正道와 선정禪定 등을 무수히 쌓아 세워진 것입니다. 정공법사는 「부처님의 명호를 부르는 것은 부처님이 갖고 계신 공덕을 자신의 공덕으로 바꾸는 것이다.」라고 하였고, 남회근 선생은 「일체의 모든 불보살의 이름은 마음대로 지은 것이 아닙니다. 그 이름 가운데는 불보살의 발원과 공덕이 다 들어가 있습니다.」라고 하였습니다. 그러하기에 부처님의 이름은 지극히 성스럽고 존귀하며 따라서 인간과 천인들이 우러러 찬탄하는 것입니다.

《화엄경》에서 이렇게 노래합니다.

「늘 부처님의 이름만이라도 들을 수 있다면, 차라리 고통스런 지옥에 머물지언정 잠시라도 부처님 이름을 듣지 못하는 천상天上에는 나지 않겠나이다.」

천상은 우리 인간이 사는 사바세계보다 수명이나 복덕이 헤아릴 수 없이 많은 세계로서 안락하고 즐거움이 가득 찬 세계입니다. 그러한 천상에서 살더라도 만약 부처님의 이름을 듣지 못한다면 차라리 부처님의 이름을 들을 수 있는 지옥을 택하겠다는 겁니다. 왜냐하면 부처님의 이름을 들으면 언젠가는 해탈하여 성불할 수 있지만, 천상은 부처님의 이름을 들을 수 없어, 성불은커녕 언젠가 복이 다하면 다시 삼계를 윤회하고, 그러면 다시 타락하기 때문입니다.

불화佛畵나 불경佛經 또는 성현들의 초상화나 책들을 공경하고 정성으로 대하면, 공덕이 될 뿐만 아니라 선신善神이나 신장神將들이 지켜주고 보호해줍니다. 하물며 불보살의 이름을 간절히 부르는 것이겠습니까.

이러한 만덕홍명(萬德洪名 : 만 가지 덕을 갖춘 위대한 이름인 아미타불을 뜻함)을 우리가 일념으로 부를 때에 우리에게 공덕이 생길 수밖에 없습니다. 즉, 부처님의 이름과 같이 무량한 공덕을 함축하고 있는 이름은, 우리가 그 이름을 간절하게 부를 때에는, 우리가 부처님의 공덕을 무한정 나누어 갖는 것입니다. 그래서 염불선念佛禪을 주창하셨던 청화 스님은 「부처님 이름은 그 자체가 불가사의하다.」고 하셨고, 원효대사는 「부처님 이름은 만겁이 지나도 (그 공덕은) 다함이 없다.」고 하셨던 것입니다.

우익대사는 「부처님 이름을 한 번 부르면, 한 번의 소리가 불가사의하다. 부처님 이름을 열 번, 백 번, 천 번, 만 번, 끝없이 부처님 이름을 부르면 소리소리 마다 모두 불가사의하다.[持一聲 則一聲不可思議 持十百千萬無量無數聲 聲聲皆不可思議也]」라고 하였습니다.

수천 년간 수많은 사람들에게 공경과 찬탄의 대상이 되어 온 부처님의 이름……

이 책은 부처님의 이름을 간절하게 그리고 일심으로 부르면 어떠한 공덕이 있는지를 여실히 보여줍니다. 그리고 부처님의 이름을 부르는 수행법인 염불이 얼마나 불가사의한 것인지도 알려줍니다. 염불은 더 이상 무식한 노인들이나 읊조리는 저급한 수행법이 아님을 알게 됩니다. 다만, 의심하는 마음만 없으면 됩니다.

우리가 가지고 있는 지식이나 재물, 그리고 나를 사랑해주고 보살펴주는 사람이나 가족은 우리가 죽을 때에 도움을 주지 못합니다. 그런가 하면 우리가 생전에 쌓은 많은 선행善行들은 죽을 때 도움은 되지만 구경究竟이 아닙니다. 유루인有漏因 또는 유루복有漏福에 불과합니다. 이 말의 뜻은 이 책을 읽다 보시면 이해가 될 것입니다.

아무쪼록 '나무아미타불'을 많이 불러 다 함께 극락에 왕생하십시다.

염불은 상중하 모든 근기의 중생이 두루 이익을 보고,
구계九界 중생이 함께 받들어 행할 만하며,
착수하기 쉽고 성공율 높으며,
힘 적게 들이고 효과 빠르며,
만 가지 공덕을 원만히

성취하는 수행법입니다.

3
염불의 역사

불교에는 팔만사천가지 법문法門이 있다고 합니다.

그만큼 수행법이 많다는 뜻입니다. 왜 이렇게 수행법이 많은 것일까요. 사람들마다 근기가 다르고 성향이 다르기 때문입니다. 대표적인 수행법 몇 가지만 살펴보겠습니다.

염불 – 이 책에서는 부처님 명호를 소리내어 부르거나 속으로 부르는 것을 의미함.

참선參禪 – 마음을 밝히고 자기의 본래성품本來性品인 자성自性을 보는 것을 말함.
참선에도 묵조선/ 화두선/ 좌선/ 범부선/ 외도선/ 소승선/ 대승선/ 최상승선 등
여러 가지가 있음.

지관止觀 – 정定과 혜慧를 같이 닦는 수행법.

위빠사나 – 들숨과 날숨의 호흡에 집중하고 몸과 마음의 미묘한 움직임을 세밀히
관찰하여 '알아차림' 으로써 깨달음에 접근하는 수행법.

관법觀法 – 사념처관四念處觀과 오정심관五停心觀이 대표적인데,
오정심관에는 수식관數息觀이 있고, 그 외 자비관/ 부정관不淨觀 등이 있음.

주문지송(주력) – '옴마니반메훔' 이나 능엄주와 같은 진언이나 다라니를 외우는 일.

이외에도 **간경看經, 호흡법(안나반나), 절하기, 사경寫經, 참회, 요가, 지계持戒, 6바라밀六波羅蜜, 팔**

정도八正道 외에도 《능엄경》에 나오는 25원통圓通, 《원각경》에 나오는 3관觀, 《관무량수경》에 나오는 16관觀, 천태종의 10승관법十乘觀法, 《화엄경》에 나오는 10대 보현행원普賢行願 등이 있습니다(참고로, 화엄경에는 무려 2천 가지나 되는 수행법이 있다고 합니다).

염불만 하더라도 지명염불(칭명염불), 관상觀想염불, 관상觀像염불, 실상實相염불, 염불선念佛禪, 자성自性염불, 색신色身염불, 법신法身염불, 진여眞如염불, 즉심卽心염불 등이 있습니다.

먼저 분명히 알아야 할 것은, 이 책을 관통하고 이 책의 본령本領이며 이 책이 지향하는 염불은 단연 지명염불(칭명염불)입니다. 지명염불 이외의 다른 염불은 이 책에서 아예 논하지도 않거니와, 우리가 사는 이 오탁악세와 말법시대에는 전혀 어울리지도, 온당하지 않다고 수많은 정토스승들께서 간곡히 말씀하고 계시기에 과감히 내려놓습니다. 우리는 오직 지명염불(칭명염불)만을 목적으로 합니다.

인광대사는 「지명염불이 말법시대 우리 중생의 근기에 가장 잘 들어맞고 마장魔障을 초래하는 일도 없다.」라고 하였고, 우익대사는 「오로지 지명염불이 그 수용하는 근기의 폭이 가장 넓으며, 실행하기가 가장 수월하다. 그러므로 석가세존께서는 제자들 중 누구도 묻지 않았음에도 제자들 중 지혜가 제일인 사리불을 향하여 지명염불을 들어 펼치셨다. 지명염불은 가히 모든 방편중 제일의 방편이며, 요의了義중 가장 높은 요의이며, 원돈圓頓 가운데 최고 높고 지극한 원돈의 행법이라고 말할 수 있다.」라고 하였습니다. 조선의 서산대사는 「마음으로는 부처님의 세계를 생각하여 잊지 말고, 입으로는 부처님의 명호를 똑똑히 불러 산란하지 않아야 한다. 이와 같이 마음과 입이 서로 합치되는 것이 염불이다.」라고 하였고, 원영대사는 「염불수행의 요체는 일심一心에 있다. 입으로 염하고 마음으로 염하여, 입과 마음이 하나가 되어야 한다. 만약 마음으로는 염하지 않고 입으로만 염한다면 그 공덕을 이루기 어렵다.」라고 하였습니다.

염불의 역사는 어떨까요. 초기불교에서 염불은 지금처럼 '나무아미타불'이 아닌 부처님에게 귀의한다는 '나무불南無佛'이나 '나무석가모니불'만을 의미했습니다. 이때는 석가모니 한 분을 대상으로 했지만, 그후 대승불교가 일어나면서 여러 불보살이 등장하였고, 따라서 여러 불보살의 명호를 부르는 것을 모두 염불이라고 하게 되었습니다. 《아함경》 등에 보면 삼념三念, 오념五念, 육념六念, 십념十念 등이라는 말이 자주 보입니다. 염불/ 염법念法/ 염승念僧/ 염계念戒/ 염시念施/ 염천念天/ 염휴식念休息/ 염안반念安般/ 염신念身/ 염사念死의 열 가지 수행법을 십념十念이라 합니다. 초기불교에서 염불은 이 십념중의 하나에 불과했고, 이때의 염불은 지금과 같이 불보살님의 명호를 부르거나 생각하는 것보다는, 불보살님의 공덕이나 모습 등을 마음속으로 떠올리는 것을 주로 의미했습니다.

부처님을 생각하거나 부처님의 상호 또는 공덕을 떠올리거나 부처님의 명호를 부르는 **염불**, 삼법인三法印/ 사제四諦/ 12연기緣起/ 37도품道品 등 불법의 이치를 참구參究하는 **염법**, 고승들의 출가동기/ 수행방법/ 수행과정/ 열반송 등 과위果位를 증득한 성현승聖賢僧들의 자취를 좇아 그들을 우러러 공경하고 배우며 그들에게 귀의하는 것을 **염승**이라 하는데, 이 세 가지를 합하여 삼념이라 합니다. 초기불교에서는 대체로 이 삼념을 염불이라 했습니다. 여기에 마음이 일어나고 생각이 움직임에 있어 모두 선善을 행하고 악惡을 제거하며 계율을 지키는 **염계**, 가장 깨끗하며 선한 공덕이 있는 하늘을 공경하고 천인들을 찬탄하거나, 욕계/ 색계/ 무색계라는 천도天道에 태어나려 6바라밀과 같은 선근을 쌓고 사선팔정四禪八定 등을 닦는 **염천**을 합한 것을 오념이라 합니다. 또 여기에 중생에게 베푸는 보시布施와, 집착과 망상(잡념) 등 일체의 것을 내려놓아 버리는 **염시**를 더한 것이 육념입니다. 그리고 여기에 몸과 마음이 모두 공空이 되어 온갖 것을 남김없이 놓아 버리는 **염휴식**, 날숨인 출식出息과 들숨인 입식入息을 닦는 **염안반**(천태종의 지관止觀도 이 염안반을 중시했으며, 중국의 많은 고승들이 염안반을 닦아 과위와 신통력을 증득하였고, 도교에서도 이 수행법을 중시했음), 이 몸은 더럽고 수受는 고苦하며 마음은 무상無常하고 법法은 무아無我임을 염하는 **염신**(부정관이나 백골관도 염신에 들어가는데, 염신의 핵심은 음심淫心을 끊는 것임. 당송唐宋 이전의 중국의 많은 고승들이 염안반이나 염신을 닦아 과위果位를 증득하였음), 이 몸은 결국 죽는데, 생사生死는 둘이 아니어서 나지도 죽지도 않는 이치를 깨우쳐 비로소 모든 것을 내려놓는 **염사**를 더하여 십념이라 합니다. 십념에는 불교의 모든 수행법이 다 들어 있다고 남회근 선생은 말씀하십니다.

염불이 지금처럼 중요한 수행법의 하나로 자리 잡게 된 것은 역시 정토신앙과 관련이 깊습니다. 정토신앙은 부처님의 본원에 의지하여 정토에 왕생하고자 하는 신앙으로, 정토왕생의 방법으로 염불이 권장되기 때문입니다. 정토신앙은 기원 후 1~2세기에 걸쳐 대승불교 운동과 함께 출가교단은 물론 재가자들 사이에서 일어나고 있었던 것으로 추정하고 있습니다. 이후 정토신앙은 인도에서 서역·중국을 거쳐 한국에 들어와 일본으로 전해졌습니다.

마명보살의 〈대승기신론〉, 용수보살의 〈십주비바사론〉과 〈대지도론〉, 세친보살의 〈정토론〉 등에 한결같이 염불은 부처님의 무량 공덕과 근본서원을 확신하는 수행이기 때문에 불보살과 쉽게 감응하고 불보살의 가피를 입어, 마치 순풍에 돛단배와 같이 수행하기 쉽고 성불하기 쉬운 이른바, 이왕이수易往易修(왕생하기도 쉽고 닦기도 쉬움)의 수행법임을 선양하였습니다. 중국에서는 혜원慧遠, 담란曇鸞, 천태天台, 도작道綽, 선도善導, 자민慈愍, 영명永明, 주굉袾宏, 철오徹悟, 덕청德淸, 우익蕅益, 인광印光대사 등 불보살의 후신인 고승들이 연이어 나타나면서 연종蓮宗(정토종, 정종)을 발전시켜 왔고, 선종과 더불어 중국 불교의 양대 산맥으로 자리 잡았습니다.

우리나라에서는 신라시대부터 정토신앙이 대중 속에 뿌리내렸습니다. 우리나라는 확실하지는 않으나 원광圓光법사가 처음으로 정토사상을 도입했다고 추정되고 있는데, 불세출의 고승인 원효성사元曉聖師, 율종을 청정하게 장엄한 자장율사慈藏律師, 화엄종의 종조인 의상대사義湘大師 등 신라의 대표적인 고승들은 물론이고, 의적義寂 / 태현太賢 / 경흥景興 등 많은 고승들에 의해 정토삼부경에 대한 번역과 각종 주석서가 집필되어 정토교학에 대한 연구가 매우 활발하였습니다. 신라 통일기에 계속되는 전쟁 속에서 죽음에 대한 두려움에 시달릴 때 아미타불은 그 두려움을 없애 주었을 뿐만 아니라 죽은 자를 극락왕생 시킨다는 믿음으로 민간에 널리 퍼져 나갔으며, 아울러 〈삼국유사〉에 전하는 많은 설화를 통해서도 당시에 유행했던 아미타신앙을 엿볼 수 있습니다. 고려시대에도 의천義天, 지눌知訥, 요세了世, 보우普愚, 나옹懶翁선사 등과 선종을 위시하여 화엄종/ 법상종/ 천태종/ 밀종 등 각 종파에서 염불은 폭넓게 받아들여졌습니다. 그러나 독자적인 종파로는 성립하지 못하였고, 조선시대에 함허涵虛, 서산西山, 사명四溟대사 등이 선禪과 염불을 융합한 선정일치禪淨一致의 견지에서 염불을 내세우는 정도였습니다. 지금 한국의 불교에서 염불은 가장 대중적인 수행법으로 자리 잡고 있습니다.

염불수행을 중시했던 고승들 중 몇 분의 예를 들어보기로 하겠습니다.

고려 중기의 고승인 원묘국사圓妙國師 요세(了世, 1163~1245)의 경우, 오직 삼의일발三衣一鉢(세 종류의 옷과 발우 하나)로만 생활했고, 그 당시 수도인 개경 땅을 밟지 않았습니다(당시 권세가들과 거리를 두었습니다). 늘 방석도 없이 좌선하였으며, 시주자의 보시를 가난한 사람들에게 나누어 주었습니다. 매일 좌정하고 경을 가르치면서도 《법화경》 전체를 매일 외웠습니다. 뿐만 아니라 준제신주准提神呪를 매일 1천 번, 나무아미타불을 매일 1만 번씩 부를 정도로 염불을 중시하였습니다.

중국 화엄종의 초조初祖인 두순杜順법사는 당태종이 지성至誠스럽게 귀의하여 태종으로부터 '제심帝心'이라는 명예로운 호를 황제로부터 부여받아 '제심존자帝心尊者'로 불린 고승입니다. 종남산終南山에 은거해 살면서 〈법계관문法界觀門〉이라는 책을 지었는데, 책이 완성되자 그 원고를 불속에 던지면서 발원하였습니다. 「내가 이 종이에 쓴 것이 부처님의 가르침에 따른 것이라면 한 글자도 소각되지 않을 것이다.」 과연 불은 꺼졌지만, 원고는 본래 그대로 남아 있었습니다. 화엄경의 태두泰斗였던 두순법사였지만, 사람들에게 항상 아미타불을 염念하라고 하였습니다. 세상은 그를 문수보살의 화신 또는 돈황敦煌보살로 불렀습니다.

일화를 하나 더 소개하지요. 한 번은 두순법사가 저자거리 입구에 신발 한 켤레를 걸어두었는데, 사흘 동안 아무도 그것을 훔쳐가지 않았답니다. 사람들이 「어떻게 그럴 수 있느냐.」고 하자, 그가 대답하기를 「한량없는 과거로부터 지금에 이르기까지 남에게서 엽전 한 닢조차 훔친 일이 없거늘 어떻게 누군가가 내게서 무엇을 훔쳐갈 수 있겠소.」라고 하였습니다. 그러자 이 소식을 들은 많은 도둑들이 크게 감동하여 개심改心하게 되었다고 합니다.

중국 송나라 때의 대지大智 원조元照율사는 18세에 이미 유교경전에 통달한 후 출가하였습니다. 항상 베옷을 입고 지팡이를 끌며 저잣거리에서 걸식을 하였고 부처님의 계율을 엄격히 지켰으며 많은 종파에 대해 연구했는데 늘 율律을 근본으로 삼았습니다. 일찍이 정토법문을 가볍게 여기고 비방하여 중병을 얻었는데, 전날의 잘못을 홀연 깨닫고 슬피 울며 뉘우쳤습니다. 후에 천태대사의 〈십의론十疑論〉을 읽고는 정토를 독실하게 믿었습니다. 20여 년 동안 오로지 정토 경전을 참구하여 잠시라도 버린 적이 없더니 마침내 그 깊은 이치를 깨달아 모든 의문을 풀어내었습니다.「염불수행 하나만 닦는 자는 백이면 백 모두 왕생하지만, 이것저것 닦는 자는 만 명, 천 명 중에 한두 명만 정토에 왕생한다.[若專修者 百卽百生 若雜修者 萬千一二]」라는 선도善導화상의 글을 읽고는 중생을 두루 섭화하여 염불법을 같이 닦아 정토에 나게 하겠다는 대원大願을 발하였습니다. 제자들에게 《관무량수경》과《화엄경》보현행원품을 외우게 하고는 앉아서 입적하였습니다.

염불의 장점은 다른 수행법에 비하여 행하기가 가장 쉽고 공덕은 더없이 크다는 데 있습니다. 인광대사의 성언聖言을 빌리자면,「상중하 모든 근기의 중생이 두루 이익을 보고, 구계九界 중생이 함께 받들어 행할 만하며, 착수하기 쉽고 성공율 높으며, 힘 적게 들이고 효과 빠르며, 만 가지 공덕을 원만히 성취하는」수행법이 바로 염불입니다. 하지만 염불은 그 오묘함과 대중성과 역사성에도 불구하고, 오늘날 한국 불교계에서 하근기下根機나 닦는 열등한 수행법으로 홀대받고 있습니다. 정말 원통하고 안타까운 일이 아닐 수 없습니다. 한국 불교의 대표 종단인 조계종은 참선(그중에서도 임제종 계열의 화두선)을 종지宗旨로 삼고 있습니다. 참선을 표방하는 종단에 염불은 설 자리를 잃은 지 오래되었습니다. 조계종 사찰에서 염불하는 소리를 듣기 어렵고, 조계종 출신 스님이 참선을 내려놓고 염불을 할라치면 소외당하고 백안시당하는 게 오늘날 한국 불교의 현실입니다. 참선은 분명 훌륭한 수행법입니다. 다만, 염불이 상중하 모든 근기에게 이익을 주는 수행법인데 반하여, 참선은 상근기에게만 이익을 주는 수행법입니다. 지금과 같은 오탁악세와 말법시대에 상근기는 손가락으로 셀 수 있을 정도로 적습니다. 부처님께서《대집경》에서「법운法運 1만 2천년에 정법시대에는 계율로 성취하고, 상법시대에는 선禪으로 성취하며, 말법시대에는 정토(염불)로 성취한다.」라고 분명히 말씀하셨습니다.

불교 역사를 공부해보면, 달마대사가 인도에서 중국에 선禪(직지인심, 견성성불)을 전하기 전에 수많은 고승들은 참선이 아닌 호흡법(염안반)이나 염신念身을 통해 과위를 증득하였고, 참선이 유행한 당송시대나 그 이후에 참선을 통하여 과위를 증득한 사람이 오히려 적어지는 기현상을 낳았습니다. 이것이 무엇을 말하는 것일까요. 남회근 선생은 말합니다.「이 시대에 화두를 참구參究하는 것은 정말 적합하지 못하다.」라고요. 정공법사는「참선, 아주 좋습니다. 그런데 여러분에게 오욕五欲 칠정七情을 끊을 능력이 있습니까. 그렇게 오욕 칠정을 끊어봤자 겨우 초선初禪에 불과합니다. 참선이 참 쉽지 않습니다. 오욕 칠정을 끊지 못한 채 참선만 한다면 야호선野狐禪이며 구두선口頭禪일 뿐, 선정을 얻을 수는 없습니다.」라고 일침을 가합니다.

《능엄경》에「말법시대에는 삿된 스승의 설법이 항하의 모래처럼 많다.[末法時期 邪師說法如恒河沙]」라고 하였습니다. 우리는 오직 부처님이 남겨 놓으신 불경을 제1의 기준으로 삼아야 합니다. 우리는 진지하게 되돌아보아야 합니다. 참선을 통해 성불이라는 험난한 목표를 어렵고 힘들게 갈 것인지, 아니면 염불을 통해 일단 정토에 왕생한 후 성현의 반열에 오르고, 이어 불과佛果를 증득한 후 중생들의 세계에 나투어 중생들을 구제하는 두 가지 방법 중에 어떤 것이 나은 것인지를 말입니다.

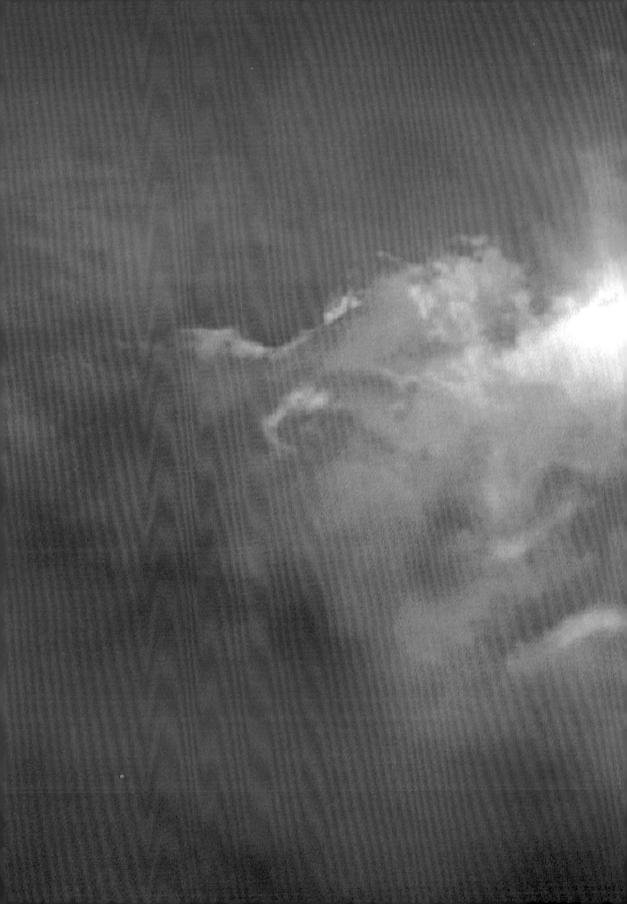

마음으로는 부처님의 세계를
생각하여 잊지 말고,
입으로는 부처님의 명호를 똑똑히 불러
산란하지 않아야 한다.
이와 같이 마음과 입이

서로 합치되는 것이 염불이다.

4
염불이란

염불이란 원래 부처님을 마음속으로 생각하는 것을 말합니다. 자세히 말하면, 염불이란 부처님의 이름이나 부처님의 모습(부처님의 32상 80종호나 불상이나 불화 등)이나 부처님의 지혜나 부처님의 공덕을 생각하거나 제법실상諸法實相의 이치를 참구參究하는 것을 말합니다.

한편, 칭명稱名이란 부처님 명호를 소리 내어 부르는 것을 말합니다. 이처럼 염불과 칭명은 원래 다른 개념이었는데, 아미타불의 후신이라 불리는 선도화상께서 염불과 칭명을 동일시한 이래로 칭명=염불이라 하게 되었습니다. 하지만 칭명이 염불의 전부는 아닙니다. 남회근 선생은 「염불은 입으로 나무아미타불… 하고 외는 것만을 말하지 않습니다. 그렇게 말하면 불법을 비방하는 것이나 다름없습니다.」라고 하였습니다. 정리하면, 염불이란 다음 세 가지를 말합니다.

① 부처님 이름을 소리 내어 부르는 것
② 소리는 내지 않고 속으로만 부르는 것
③ 부처님의 모습 · 지혜 · 공덕을 생각하거나 제법실상의 도리를 참구하는 것

염불은 주로 ①번을 말하지만, ② · ③번도 당연히 염불에 포함됩니다. ②번은 특히 묵송默誦이라 하는데, 인광대사는 잠자리에 들었거나, 옷을 벗고 있거나, 목욕하거나, 대소변을 보고 있거나, 더럽고 지저분한 곳에 있을 때에는 소리를 내는 것은 공경스럽지 않으므로 묵송만 하라고 하였습니다.

①번과 ②번을 합쳐서 청명稱名염불 또는 지명持名염불이라 부르고, ③번을 관상觀想염불 또는 관상觀像염불이라 합니다. 여기서 ③번도 당연히 염불에 해당됨을 유의해야 합니다. 중병에 걸려 말을 할 수 없는 사람들에게는 ①번이나 ②번은 어려울 수도 있는데, 이때 이 사람에게 불보살을 그린 불화나 불상사진을 보여주어 그 사람으로 하여금 불보살을 생각하게 하는 것도 염불에 해당됩니다. 마음속으로만 불보살을 떠올려도 극락에 왕생할 수 있다고 남회근선생은 말합니다.

그렇다면, 염불은 어떻게 해야 하는 것일까요. 염불에서의 '염念'은 무슨 뜻일까요. 먼저 염念의 뜻에 대해 알아보도록 하지요.

일대의 종사宗師이셨던 남회근 선생의 말씀입니다. 「'염念'은 어떤 일을 마음속에 항상 걸어놓고 잊지 않는 것입니다. 예를 들어, 자기의 부모님이 곧 숨을 거두려 하시는데, 자기는 밖에서 근무하면서 손님을 접대해야 한다고 합시다. 비록 일을 처리하거나 말을 하지만 마음속에는 집에 계시는 부모님이 잊히지 않습니다. 일부러 생각하려고 하지 않아도 생각이 시종 마음속에 걸려 있습니다. 이것을 '염念'이라 합니다. 염念은 마음속에서 생각하고 있고 늘 머물러 있는 것입니다. 그저 입으로만 아미타불....아미타불....하고 부르는 것이 아닙니다. 마음속에 돈을 생각하고 있다면, 그것은 생각 생각마다 돈을 생각하고 있는 것이지 염불이 아닙니다.」라고 하였고, 또 「'염念'이란 잊지 않고 늘 기억하는 것입니다. 마치 자식이 어미를 그리워하는 것처럼 늘 마음속에 품고 있는 것입니다. 생각 생각마다 부지런해서 잠시도 잊지 않아야 합니다. 남녀 사이의 연애처럼 서로의 그리움이 영원히 맺혀 마음과 마음이 서로 맞으면서 영감靈感이 서로 통하듯이 해야 합니다. 마음 마음마다 생각 생각마다 아미타불이 떠나지 않아야 합니다.」라고 하였습니다.

남회근 선생은 계속 말씀하십니다. 「당신이 남에게 빚을 져서 내일 오후 4시 30분 전

까지 은행에 충분한 현금을 예치하지 않으면 수표를 부도내게 된다고 합시다. 당신은 자연히 수표를 부도낸 범인이 되고, 얼마 있지 않아 법원에서는 당신을 구치소에 집어넣으라고 할 겁니다. 그런데 사실 당신은 그 자금을 마련할 길이 없습니다. 그럼에도 당신은 여기 앉아서 염불하고 있습니다. 하지만 마음속에서는 내일 오후 4시 30분 전에 그 수표가 은행에 돌아오면 어떻게 해야 할지 계속 걱정입니다. 그야말로 잠시라도 마음을 놓지 못하고 근심 걱정에 싸여 있습니다. 생각 생각마다 잊을 수 없습니다. 마음이 온통 이 일에만 매달려 있으면서 잊히지 않습니다. 바로 이와 같은 염송이야말로 우리가 염불할 때 필요한 염송입니다. 마치 임종 직전에 보고 싶은 아들이 도착하지 않은 것을 생각하고, 넘어가는 숨을 참아가며 마음속에 그리운 마음이 걸려 있는 것처럼 하면 됩니다. 우리는 아들을 그리워하고, 애인을 그리워하는 이 한 생각의 대상을 부처님으로 바꾸기만 하면 됩니다. 안타깝게도 일생동안 염불을 해 왔지만, 내내 이 도리를 알지 못했던 사람들이 많았습니다.」

남회근 선생은 「진정한 염불로서의 '염송'이란 사실 마음속으로 생각만 해도 곧 염한 것이 됩니다. 염불을 자기가 진심으로 사랑하는 자녀를 그리워하듯이, 아침저녁으로 생각하면서 시시각각으로 마음속에 간직한 채 해간다면 염불 길에 오르기 쉽습니다.」라고 하였고, 중국 근대의 고승이셨던 허운 선사는 「염불하는 사람은 처음부터 끝까지 아주 면밀하게 한 자 한 자, 한 구절 한 구절 오롯이 염송해 가야 합니다. 부처가 와도 이렇게 염송하고, 마魔가 와도 이렇게 염송하여, '바람이 불어도 들어오지 않고 비가 와도 젖지 않을[風吹不入 雨打不濕]' 정도여야 합니다. 이렇게 하면 성공할 날이 있습니다.」라고 하였습니다.

염불의 대상은 부처님인데, 그렇다면 부처님[佛]은 누구십니까.

《유마경》은 「부처님은 삼계에서 가장 존귀하신 분이며, 삼계의 생사윤회를 벗어났다. 부처님 몸에는 번뇌가 없고, 어떠한 번뇌도 이미 끊어져 다했다.[佛爲世尊 過於三界 佛身無漏 諸漏已盡]」라고 하였고,《화엄경》은 「선남자여, 여래의 공덕은 가령 시방에 계시는 모든 일체 부처님께서 불가설불가설 불찰 극미진수겁을 지내면서 계속하여 말씀하시더라도 다 말씀하지 못하느니라.」라고 하였으며,《법화경》은 「항하의 모래처럼 헤아릴 수 없이 많은 불퇴전보살들이 일심一心으로 사유思惟하고 구하여도 부처님의 지혜는 알 수 없다.[不退諸菩薩 其數如恒沙 一心共思求 亦復不能知]」라고 하였습니다.

남회근 선생은 「부처님은 실상반야實相般若의 참 지혜를 말씀하시는 분이요, 자신이 몸소 깨달은 제법실상諸法實相의 이치를 말씀하시는 분이요, 시방삼세의 모든 부처님과 똑같이 말씀하시는 분이요, 중생을 속이는 말씀을 하시지 않는 분이요, 궁극적으로는 일체중생이 다 부처가 되도록 이끌기 위한 가르침을 말씀하시는 분입니다.」라고 하였습니다.

남회근 선생은 또 「부처님은 시방삼세에 대해 알지 못하는 것이 없고, 천상과 인간 등 일체중생에 대해서도 모르는 것이 없으며, 일체의 수행과 일체의 법문은 물론 사문왜도邪門歪道 · 외도外道 · 정도正道에 대해서도 모르는 것이 없습니다.」라고 하였습니다.

불교에서 부처님은 최고의 깨달음인 '무상정등정각無上正等正覺'을 얻은 자를 말합니다. 부처님은 위없는 지혜와 위없는 공덕과 위없는 자비를 갖춘 분입니다. 부처님은 삼계의 일체 중생들의 스승이시자 영원토록 찬탄과 공경의 대상이 되시는 분입니다. 부처님은 업장이 완전히 소멸되고 인과因果가 없는 분입니다. 부처님은 견사혹見思惑과 일체의 습기習氣와 일체의 무명無明을 완전히 끊고 헤아릴 수 없이 기나긴 세월동안 무량한 선법과 공덕을 쌓았으며 일체생명의 본체가 본래 불생불멸한다는 이치를 원만히 깨달은 분입니다. 부처님은 32상 80종호와 법신 · 보신 · 화신의 삼신三身과 무량백천삼매無量百千三昧와 무량백천다라니와 삼명육통三明六通과 사지四智와 오안五眼과 팔해탈八解脫과 십력十力과 사무외四無畏와 십팔불공법十八不共法 등을 원만히 갖춘 분입니다.

도선道宣율사는 「시방세계에 일시에 가랑비를 내려서 많은 시간이 경과해도 한 순간에 물방울의 개수를 부처님은 다 알며, 시방의 강과 바닷가 모두 얼마의 양인지를 알며, 시방의 철위산과 수미산의 대지가 모두 얼마의 무게인지 안다. 티끌먼지처럼 많은 법계法界의 불국토와 혹은 허공계虛空界에 두루 존재하는 중생의 심행心行이 선한지 악한지 다 알며, 중생 하나하나가 어느 겁劫에 부처가 될 것인지를 다 안다.」라고 하였습니다.

부처님이 얻은 최고의 깨달음을 원각圓覺, 대각大覺, 묘각妙覺, 구경각究竟覺, 무상보리無上菩提 등이라고 부르는데, 특히 부처님만의 깨달음을 무상정등정각無上正等正覺이라고 하며, 이를 범어로 아누다라삼먁삼보리라고 부릅니다.

부처님의 지혜를 일체종지一切種智라 하는데, 이는 일체의 법을 다 비추고 아는 지혜로서 대원경지大圓境智라고도 부릅니다. 이외 부처님의 지혜를 무루지無漏智(모든 번뇌를 여읜 청정한 지혜), 근본지根本智(모든 존재의 있는 그대로의 진실한 모습을 아는 지혜), 무분별지無分別智(올바르게 진여를 체득한 지혜), 권지權智(방편을 써서 중생을 교화하는 지혜)라고 부릅니다.

부처님에게는 10개의 칭호가 있으니, 여래如來/응공應供/정변지正遍知/명행족明行足/선서善逝/세간해世間解/무상사無上士/조어장부調御丈夫/천인사天人師/불佛/세존世尊이 그것입니다. 이 외에 일체지자(一切智者:일체법에 대해 아는 자), 법왕(法王:진리의 왕), 대웅大雄, 무상법왕無上法王, 공왕空王, 보왕寶王, 대의왕(大醫王:중생의 병을 낫게 해주시는 분), 양족존(兩足尊:복덕과 지혜 둘을 원만히 갖춘 자), 개도자(開道者:깨달음의 길을 열어주는 자) 등도 부처님을 가리키는 말들입니다.

우리는 이렇게 위대한 선지식이요, 위없는 스승이신 부처님의 말씀을 믿고 따르며, 부처님이 말씀하신 수행의 길로 걸어가야 합니다. 염불은 석가모니 부처님을 비롯하여 수많은 조사님들과 고승들께서 이구동성으로 찬탄하시고 권하신 불가사의한 수행법입니다. 우리는 그저 묵묵히 이 길을 따라 수행하면 되는 것입니다. 염불을 버리고 다른 수행법에 의지하려 해서는 절대 안 됩니다. 다른 법문은 배우려고 하지도 말고, 기웃거려서도 안 됩니다. 오직 염불수행만 해야 합니다. 그러다보면 어느 날 문득 부처님이 경전에서 설하신 말씀들이 다 이해가 되고, 우주와 인생의 의문점들도 훤히 풀리게 될 것입니다. 선종의 조사님들이 남겨놓으신 선문답도 풀릴 것이고, 몸에 병이 없어지고 자기가 죽을 날짜도 저절로 알게 되는 등 이루 말할 수 없는 것들을 성취하게 됩니다. 불교는 대과학이자 대지혜의 성취라고 남회근 선생은 말씀하셨습니다. 죽을 때 큰 짐이 되는 물질이나 명성을 탐하느라 인생을 허비하지 말고, 늘 간절히 애가 타도록 부처님만 생각하면서 부처님 이름을 부릅시다.

'나무아미타불'은 무량한 수명과 무량한 광명을 지니신 아미타부처님께 귀의한다는 뜻입니다. 염불할 때에는 '나무아미타불' 여섯 자字로 해도 되고, '아미타불' 네 자만 염송해도 무방하지만, 처음에는 여섯 자로 하고 점점 네 자만 염송하는 것이 좋습니다. 왜냐하면 짧을수록 집중이 잘 되기 때문입니다. 인광대사는 「부처님 생각이 마음속에서 일어나, 소리가 입으로 나오고, 그 소리가 다시 귀로 들어가야 한다.」고 하였습니다. 정공법사는 「경經을 읽는 것은 진언眞言을 외우는 것만 못하고, 진언을 외우는 것은 염불을 하는 것만 못하다. 왜냐하면 부처님의 명호는 단지 네 글자에 지나지 않아 매우 짧아서, 마음속으로 망상이 일어나기가 쉽지 않기 때문이다.」고 하였습니다. 인광대사는 「염불법문은 설령 교리를 모르고 미혹과 업장을 다 끊지 못했더라도, 단지 믿음과 발원으로 아미타불 명호만 지송하여 극락왕생을 구하면, 임종 때 틀림없이 부처님께서 친히 맞이해 서방정토에 왕생하게 된다.」고 하였습니다.

　염불을 할 때에는 「내 몸이 연꽃에서 결가부좌하고 부처님은 연꽃에서 나를 접인接引하신다.」는 생각을 한 후에 일심으로 부처님의 명호를 불러야 합니다.

　참고로, 허운선사의 전법제자인 중국의 관정寬淨선사는 「우리의 육근六根 가운데 귀가 제일 영민합니다. 염불을 할 때에는 천천히 하며 소리를 명랑하게 내야 합니다. 염불이 익숙해지면 귀가 스스로 염불하게 되거나 자기의 몸 안에서 저절로 염불하게 됩니다. 그때에 가서는 신체의 어느 부분이 저절로 염불하는가 귀담아 들으며 소리를 내지 말아야 합니다. 그 다음부터는 행주좌와行住坐臥를 막론하고 귀를 기울여 그 한마디 성호를 명심해 들어야 합니다. 그것을 자성염불自性念佛이라고 합니다. 이것은 참으로 오묘한 일입니다. 체내가 자동적으로 끊임없이 부처님 명호를 외우게 되며 오래되면 점점 숙달되고, 자연히 만념을 일념에 귀착시키게 되며, 심령 속의 잡념 망상을 흡수하고 점령하고 개조하고 세척하고 치료하고 정화하고 통일하게 됩니다.」라고 하였습니다.

　나무아미타불을 염하여 서방 극락세계에 태어나는 것을 주된 목적으로 삼는 법문을 염불법문이라 하는데, 염불법문=정토법문=연종蓮宗=정종淨宗=정토종淨土宗임을,

또 염불하다=정토를 닦다=정토로 돌아가다=정토에 귀의하다=정토에 의지하다=정토수행을 하다=정업淨業을 닦다 임을 기억하십시오. 그리고 '정토'라는 말과 '염불'이라는 말이 같은 뜻으로 자주 쓰인다는 것을 알아 두십시오. 예컨대, "위대하도다, 정토여!"라는 말은 곧 "위대하도다, 염불이여!"라는 뜻이고, '정토를 꾸짖다'는 곧 '염불을 꾸짖다(무시하다)'는 뜻입니다.

믿음은 도의 근원이며 공덕의 어머니다.
믿음은 모든 훌륭한 일을 잘 길러내며,
믿음은 의혹의 그물을 끊고
애착의 물결에서 벗어나게 하며,
믿음은 열반이라는

최상의 길을 열어 보인다.

5
염불의 3요소 外

㉧

부처님과 정토의 스승들께서는 염불을 할 때, 꼭 필요한 세 가지로 믿음·발원·수행을 꼽고 계십니다. 이 세 가지를 삼자량三資糧이라 합니다. 자량資糧이란 원래 돈과 식량을 말하는데, 이들을 빠뜨린 채 염불하면 극락왕생이 어렵다고 말씀하실 정도로 이 세 가지는 중요합니다. 지금부터 이 세 가지를 자세히 소개합니다.

– 믿음 –

믿음이란 석가모니부처님이 하신 말씀을 믿는 것을 말합니다. 더 나아가 아미타부처님의 48대원을 믿고, 아미타부처님이 본원력本願力으로 서방극락세계를 세우셨음을 믿으며, 지금도 극락세계에서 설법하고 계심을 믿는 것입니다. 고덕께서는 「염불하면 결정코 서방정토 극락세계에 왕생함을 믿어야 하고, 염불하면 결정코 모든 죄가 멸함을 믿어야 한다. 염불하면 결정코 부처님의 지위를 증證하여 성취함을 믿어야 하고, 염불하면 결정코 부처님께서 수호하고 보호해 주심을 믿어야 한다. 염불하면 수명이 마치는 때에 부처님께서 친히 스스로 오셔서 영접하심을 믿어야 하고, 염불하면 어떤 중생이든지 불문하고 똑같이 믿는 사람은 모두 서방정토 극락세계에 왕생할 수 있다는 것을 믿어야 한다. 염불하여 정토에 왕생하면 반드시 32상相을 성취한다는 것을 믿어야 하고, 염불하여 서방정토 극락세계에 태어나면 반드시 불퇴전不退轉의 지위에 머무른다는 것을 믿어야 한다. 염불하여 정토에 왕생하면 수명이 무량하다는 것을 믿어야 하고, 염불하여 서방정토 극락세계에 왕생하면 모든 보살과 더불어 한결같이 반려伴侶가 됨을 믿어야 한다. 염불하여 서방정토 극락세계에 왕생하면 다시는 아미타부처님과 헤어지지 않는다는 것을 믿어야 하며, 염불하여 서방정토 극락세계에 왕생하면 연화좌대에 화생化生한다는 것을 믿어야 한다.」라고 하였습니다.

믿음은 극락에 왕생하는 첫 번째 관문이기에, 석가모니부처님과 수많은 고승들께서 믿음의 중요성을 누차 강조하셨습니다. 인광대사는 「다른 스승들이 염불 이외의 다른 법문을 몹시 칭찬한다고 할지라도 동요되지 말며, 설령 여러 부처님들이 눈앞에 나타나서 다른 법문을 닦으라고 권하신다 할지라도 이끌려 가지 않아야만 진정한 믿음이라고 할 수 있다.」라고 하였습니다.

용수보살께서 지으신 〈대지도론〉에 「불법佛法이라는 대해大海는 믿음으로 능히 들어갈 수 있으며, 지혜로 능히 제도할 수 있다. 만약 사람이 마음 가운데 믿음이 청정함이 있을 것 같으면, 이 사람은 능히 불법에 들어갈 수 있다. 만약 믿음이 없으면 이 사람은 가히 불법에 들어갈 수 없다.」라고 하였습니다.

불교가 낳은 위대한 인물인 중국 당나라 때의 이통현李通玄 장자가 지은 〈신화엄경론新華嚴經論〉에 「믿음을 일으켜 들어갈 수 있는 중생이 있다면 그는 여래의 성해性海, 지해智海의 과덕果德을 같이 한다.」라고 하였습니다.

《불설아미타경》에서 석가모니부처님은 「너희 중생들은 마땅히 믿을지니, 모든 부처님들께서 한결같이 찬탄하시고 호념護念하시는 부사의不思議한 공덕이 있는 이 경을 진심으로 믿으라.[汝等衆生 當信是稱讚 不可思議功德 一切諸佛 所護念經]」라고 여섯 번씩이나 간절히《불설아미타경》을 믿을 것을 말씀하고 계십니다.

믿음을 강조한 경전이나 고승들의 어록을 소개합니다.

염불법문은 도속道俗·남녀·귀천·빈부를 묻지 않고 오직 신심信心을 갖추는 것이 필요하다.   -대행화상大行和尙

믿음은 이 세상에서 가장 훌륭한 보배이다.
信是寶藏第一法   -《화엄경》

서방정토에 나고자 하려면 깊이 믿는 마음이 견고하여야 하나니, 정토의 항하사수의 제불諸佛은 모두 정토를 정신正信하던 사람이다.   -《유마경》

정토에 왕생하려면 진심으로 믿어야 하나니, 천千 사람이 믿으면 천 사람이 왕생하고, 만萬 사람이 믿으면 만 사람이 왕생한다.   -연지대사

믿지 않는 사람은 천불千佛도 구제할 수 없다.
                                                        -영명연수선사〈종경록宗鏡錄〉

신심信心이 있는 사람에게는 불법을 설설說하고, 신심이 없는 사람 앞에서는 불법佛法을 설하지 말라.   -《법화경》

부처님의 공덕을 우러러 생각하고 그 지혜를 한결같이 엎드려 믿어야 한다.
仰惟如來 一向伏信   -원효대사〈무량수경종요〉

신심이 청정한 자는 연화蓮華가 만개하면 곧 부처님을 뵙는다.
信心淸淨者 華開則見佛   -용수보살龍樹菩薩〈십주비바사론〉

믿음이란 물을 맑게 하는 구슬과 같다. 흐린 물을 능히 맑히기 때문이다.
信如水淸珠 能淸濁水故   -〈유식론唯識論〉

70

믿음은 도의 근원이며 공덕의 어머니다. 믿음은 모든 훌륭한 일을 잘 길러내며, 믿음은 의혹의 그물을 끊고 애착의 물결에서 벗어나게 하며, 믿음은 열반이라는 최상의 길을 열어 보인다.

信爲道元功德母 長養一切諸善法 斷除疑網出愛流 開示涅槃無上道   -《화엄경》

- 발원發願 -

발원이란 서원誓願을 세우는 것입니다. 즉, 서원을 빌거나 말하거나 마음속에 강하게 품는 것을 말합니다. 불교에서는 부처와 같은 깨달음을 얻는 것이 가장 큰 발원인데, 이를 '발보리심發菩提心' 또는 '발아누다라삼막삼보리' 라고 합니다.

고려의 나옹화상께서, 「내 이름을 듣는 이마다 삼악도三惡道를 면하옵고, 내 얼굴을 보는 이마다 해탈하게 하옵소서.[聞我名者免三途 見我形者得解脫]」라고 하신 것이 발원의 예입니다. 정토법문에서는 극락에 왕생하기를 간절히 바라는 것이 발원입니다. 발원이 가장 중요합니다. 가장 유명한 발원은 《무량수경》에 나오는 법장비구(아미타부처님이 성불하시기 전의 이름)의 48대원입니다. 이 48대원이 원만히 성취되셔서 아미타불이 되셨고, 그 본원력으로 극락세계가 건립된 것입니다. 이 외에 보현보살의 10대 행원行願, 약사유리광불藥師瑠璃光佛의 12대원 등도 널리 알려진 발원입니다. 《천수경》에 나오는 여래십대발원如來十大發願과 사홍서원四弘誓願도 많이 알려진 위대한 발원들입니다. 지장보살께서 「지옥이 텅 비지 않으면 성불하지 않겠다.」라고 하신 발원은 너무나 거룩하고도 큰 발원이어서, 지장보살을 부를 때 앞에 대원본존大願本尊을 붙여서 부르기도 합니다. 「이 세상의 모든 고통을 내가 다 받겠습니다.」라든지, 「이 몸이 죽을 때 그 날짜를 미리 알게 하옵소서.」라든지, 「이 몸이 죽으면 반드시 남자의 몸으로 태어나고 싶습니다.」라든지, 「다음 생에 태어나면 부유한 집안에 태어나 세상의 온갖 즐거움을 다 누리다가 편안히 죽고 싶다.」 등도 발원에 속하고, 「내가 거짓말을 했다면 죽어 소로 태어나 오백생동안 고통을 받겠다.」도 발원에 해당합니다.(이런 발원을 함부로 해서는 안 되겠지요).

그렇다면 발원과 욕심의 차이는 뭘까요. 몇 가지만 살펴봅시다.

발원은 실천을 전제로 하지만, 욕심은 실천은 없이 바라기만 하는 것이고,

발원은 타인을 중심으로 삼지만, 욕심은 자기를 중심으로 여기는 것이며,

발원은 과정을 중시하지만, 욕심은 결과만을 중요시한다는 점에서 차이가 납니다. 즉, 애써 말하면 발원(서원)은 이타적인 욕심이며 승화된 욕심이라고 할 수 있습니다.

《잡비유경》에 「보살의 마음을 내는 그 공덕은 삼천대천세계 가득히 아라한을 성취한 것보다 크다.」라고 하였습니다.

철오선사는 「정토법문에서는 발원이 가장 중요하다. 소원이 있는 사람은 결국에는 틀림없이 그 소원을 이루기 때문이다. 진실한 발원이 있으면 믿음은 이미 그 안에 있게 되고, 믿음과 발원이 진실하다면 염불 수행은 일부러 마음먹지 않아도 저절로 일어나게 마련이다. 그러한 까닭에, 믿음과 발원과 수행의 세 가지는 오직 발원 하나에 죄다 포함되어 있다.」라고 말씀하셨습니다.

우익대사는 「만약에 견고한 믿음과 발원을 갖추고 있다면 임종 시 지극한 열 번이나 한 번의 염불로 서방극락에 왕생할 것이지만, 만약에 견고한 신원信願이 갖추어져 있지 아니하다면, 설사 부처님 명호를 지녀 염불함이, 바람이 불어도 스며들지 못하고 비가 와도 적시지 못할 정도로서 마치 은으로 된 담장과 철로 된 벽과 같이 견고한 삼매를 이룬다고 하더라도 그는 왕생하지 못하나니, 정토수행자는 이러한 이치를 확실히 알아야 한다.[若信願堅固 臨終十念一念 亦決得生 若無信願 縱將名號持至風吹不入 雨打不濕 如銀牆鐵壁相似 亦無得生之理 修淨業者 不可不知也]」라고 하여 믿음과 발원의 중요성을 드러내었습니다.

영명 연수선사가 지은 〈만선동귀집〉에 「대원大願을 발함은 실로 만행萬行의 초인初因으로서 능히 자비심을 길러 불종佛種이 끊어지지 않게 하며, 큰일을 판단해 이루고 짓는 바가 마침내 극과極果를 증득證得하게 됨에, 참으로 도를 이루고 중생을 이롭게 하는 것이 모두가 오직 드넓은 원력願力으로 인한 것이다.」라고 하였습니다.

제2의 석가라 불리는 인도의 용수보살이 지은 〈대지도론〉에 「만일 한 번이라도 마음을 발하여 "원컨대 내가 마땅히 부처가 되어서 일체 중생의 고통을 멸하겠나이다."라고 한다면, 비록 번뇌를 끊지는 못하고 아직 어려운 일을 다 행하지는 못했더라도 심구心口의 맹세가 중하기 때문에 다른 중생보다 훨씬 뛰어난 것이다.」라고 하였습니다.

송나라 청초당靑草堂선사는 선문禪門의 종장宗匠인데, 일생에 정진하다가 말년에 어느 정승이 고향에 돌아오는데, 그 거동이 굉장함을 보고 부러운 마음을 내었더니, 후생에 정씨 집에 태어나서 정승이 되었습니다. 이는 발원이 얼마나 중요하고 막강한지를 보여주는 사례입니다. 석가모니부처님은《불설아미타경》에서「나의 가르침을 믿는 선남자 선여인은 저 극락세계에 왕생하기를 마땅히 발원해야 하느니라.[諸善男子善女人 若有信者 應當發願 生彼國土]」라고 하셨는데, 이는 발원의 중요성을 말씀하신 것입니다. 대세지보살의 후신인 인광대사께서는「염불 후에 발원은 반드시 해야 한다.」고 하면서, 발원문으로 연지대사蓮池大師께서 쓰신 정토문(극락왕생발원문)을 읽을 것을 권하였습니다.「이 정토문은 문리文理가 주도면밀해서 고금을 통하여 최고 으뜸」이라고 하시면서 마음으로 진실하게 읽을 것을 주문하셨습니다. 시간이 없다면, 우리 범부들은 그저「이 몸이 죽으면 아미타부처님의 영접을 받아 서방정토에 왕생하기를 간절히 원합니다.」하고 간절히 원하면서 염불하면 될 것입니다.

- 수행修行 -

석가모니부처님의 말씀을 굳게 믿고, 간절하게 서방정토에 태어나길 발원한 후에는 진실하게 수행해야 합니다. 부처님을 마음속으로 생각하면서 부처님 명호를 소리내어(또는 마음속으로) 불러야 합니다. 우리 인간은 하루 24시간 내내 쓸데없는 생각 또는 집착과 무명 속에서 온갖 죄를 짓는데, 선善은 거의 행하지 않고 망상만 짓습니다. 마음을 오직 아미타부처님 명호에 모으게 되면 자연히 바깥 경계를 생각하지 않게 되고 악업이 줄게 됩니다. 이것이 곧 번뇌를 뿌리부터 제거하는 유일한 방법입니다.

원영대사는「진실한 수행은 아미타부처님의 명호를 마음에 굳게 지니는 것이다.」라고 하였습니다. 그 어떤 세상 유혹에도 흔들리지 말고, 또 외도外道(다른 종교)나 요망한 사설邪說에 넘어가지 말고 흔들림 없이 염불을 해 나가야 합니다. 지옥의 고통을 생각해서 간절하게 나무아미타불을 불러야 합니다. 무량겁 이래로 착한 뿌리를 깊이 심어온 자가 아니면 염불을 만나지도 못했을 것인데, 만약 이번 생에 윤회를 벗어나지 못한다면 그 억울함이 얼마나 클 것인가. 천만다행으로 최상승 법문인 염불을 만났으니 지금 당장 숨이 끊어진다고 생각하고 간절한 마음으로 집중하여 부처님 명호를 불러야 합니다.

석가모니불의 후신後身인 천태 지자대사, 아미타불의 후신인 영명연수선사, 대세지보살의 후신인 인광대사 등 많은 대선지식들께서 염불을 지극히 찬탄하였습니다. 우리 범부들은 자기의 좁고 좁은 소견과 아집我執을 다 버리고 무조건 이 분들의 말씀을 믿고 따르면 되지 않겠습니까. 도대체 우리의 지식이 얼마나 된다는 말인가요. 그 알량한 지식으로 저 위대한 성현들을 감히 평가할 수 있겠습니까.

원영대사는 「보살이 만 겁 동안 수행을 해야 신심이 만족하고 선근善根이 성숙하여 비로소 초주初住에 올라 불퇴不退의 지위를 얻는다. 그러나 염불로 극락에 왕생하기만 하면, 바로 세 가지 불퇴를 원만히 증득한다.」라고 하였습니다. 《아미타경》에 이르기를, 「극락세계에 왕생하는 중생은 모두 아비발치(불퇴전)이다.[極樂國土 衆生生者 皆是阿鞞跋致]」라고 하였습니다. 염불할 때에는 세속의 모든 것을 내려놓고 간절하게 나무아미타불을 염송해야 할 것입니다. 입으로는 분명하게 소리를 내고 귀로는 뚜렷하게 그 소리를 들어야 합니다. 《대집경大集經》에 「크게 염불하면 큰 부처님을 보고, 작게 염불하면 작은 부처님을 본다.[大念見大佛 小念見小佛]」라고 하였습니다. 말을 할 수 없는 상황에 처해 있다면, 아미타부처님의 공덕이나 모습을 상상하면 됩니다. 아미타부처님께서 내 머리를 쓰다듬고 계시는 모습이라든지, 빛을 발하고 있는 모습을 상상해도 됩니다.

〈오대산 노스님의 인과이야기〉의 저자인 중국의 묘법妙法 스님은 「당신이 염불, 독경을 하면 주위에 보이지 않는 영혼들이 적게는 백, 천, 많게는 천, 만이나 이익을 얻습니다. 그중에는 당신 주위의 화초, 수목, 동물을 포함하여 무량한 중생들이 이익을 받을 수 있으며, 이익을 받은 중생이 얼마나 되는가는 당신 수행의 깊고 얕음에 달려 있습니다.」라고 하였습니다.

거칠게나마 오계五戒를 지키려 노력하고 십선十善을 행하며 믿음 · 발원 · 수행의 3요소를 굳게 지니고 일할 때나 먹을 때나 걸을 때나 누울 때나 운동할 때나 항상 나무아미타불을 염송해야 합니다. 《아함경》에 「들을 때는 들리는 것만 있게 하고, 볼 때는 보이는 것만 있게 하며, 생각할 때는 생각만 있게 하라.」라는 말씀이 나옵니다. 아미타불 명호를 마

음에 굳게 새겨 잠시도 잊지 않고 염불하면 일심불란一心不亂의 경지에 오르고, 더 나아가 염불삼매念佛三昧에 다다르게 됩니다.

- 보리심菩提心 -

극락왕생에 꼭 필요한 3요소는 아니지만, 그에 버금갈 정도로 중요한 것이 둘 있는데 '보리심'과 '회향'이 그것입니다. 보리심은 '궁극의 진리를 깨닫겠다는 마음' 또는 '위없이 높고 바르고 평등한 깨달음' 또는 '부처가 되겠다는 마음'을 말합니다. 보리심 앞에 무상無上(위없는)을 붙여 '무상보리심'이라고 하기도 합니다. 보리심을 내는 것을 발보리심이라고 합니다. 티베트의 정신적 스승인 달라이라마는 「보리심이 생기면 그 순간부터 악업과 번뇌가 아무리 많고 근기가 낮은 중생이라 해도 보리심을 일으킨 덕에 삼악도를 여의고 천신들과 사람들이 예경을 한다.」고 하였습니다. 발보리심은 대승불교의 근본정신으로서 무수한 번뇌를 끊고 무량한 선법善法을 닦아 무변한 중생을 구제하겠다고 서원하는 마음입니다. 인광대사는 「보리심이란 자신도 이롭게 하고 남도 이롭게 하는 마음」이라고 하였고, 우익대사는 「진심으로 발심하여 서방의 극락세계에 태어나기를 원하는 것이 바로 발보리심이다.」라고 하였습니다. 《화엄경》에서는 「보리심은 모든 불법의 공덕과 같다. 왜냐하면 보리심은 보살의 행行을 낳게 하니 과거·현재·미래의 여래가 모두 보리심에서 출현하기 때문이다. 그러므로 위없는 보리심을 내는 이는 이미 한량없는 공덕을 낸 것이다.」라고 하여 보리심을 찬탄하였습니다. 세친보살께서 지은 〈왕생론往生論〉에 「'보리심을 낸다' 함은 바로 부처가 되기를 원하는 마음이고, 부처가 되기를 바라는 마음이란 곧 중생을 제도하겠다는 마음이며, 중생을 제도하겠다는 마음은 바로 중생들을 거두어들여 부처님 나라에 생겨나도록 이끌겠다는 마음이다.」라고 하였고, 〈입보리행론〉에는 「보리심을 갖고 향香 하나만 피우더라도 일체 중생 숫자만큼의 향을 피운 공덕이 있다. 업장을 소멸하는 데에도 보리심보다 나은 것이 없다. 참회할 수 없이 큰 죄는 보리심 이외의 다른 공덕으로는 소멸시키지 못한다.」라고 하였습니다.

원효대사는 〈무량수경종요〉에서 극락왕생의 정인正因(직접 원인)은 보리심이고, 조인助因(간접 원인)은 칭명염불이라고까지 하여 보리심을 강조하였습니다. 정공법사는 「발보리심이란 철저하게 깨닫는 마음이며, 한 마음 한 뜻으로 서방의 극락세계에 태어나기를 구하며 아미타불을 친견하기를 원하는 것이다.」 라고 하였습니다.

《불설아미타경》에 「극락세계에 태어나는 중생들은 모두, 다시 미혹되지 않고 보리심에서 물러나지 않는 불퇴전의 경지에 있는 이들이며…」 라 하여 보리심을 드러내었습니다. 《화엄경》에서 법혜보살은 보리심을 내서 얻는 구체적 공덕으로 「시방삼세의 모든 부처님을 직접 뵈올 수 있고, 깊고 깊은 공덕을 성취할 수 있으며, 생사의 윤회고에서 벗어날 수 있다.」 고 설하였습니다. 역시 《화엄경》에서 「보리심을 잃어버리고 모든 선법善法을 닦는 것은 마업魔業의 소행이다.[忘失菩提心 修諸善根 是名魔業]」 라고 하였습니다.

염불을 하는 사람은 보리심을 발하여 우주법계의 중생을 두루 이롭게 하겠다는 마음과 기필코 깨달음을 얻겠다는 마음을 먼저 가져야 하고, 석가모니부처님의 말씀을 믿고 따르며 염불하면 반드시 극락에 왕생한다는 믿음을 가져야 합니다. 염불하면서 극락에 왕생하고 싶다는 발원을 하고, 무엇을 하든지 간절한 마음으로 집중하여 염불을 해나가면 현생에는 복을 누리고 안락하며 죽은 후에는 반드시 극락에 왕생하게 됩니다.

- 회향廻向 -

회향이란 자기가 닦은 선근이나 공덕을 다른 중생에게 돌리는 것을 말하는데, 자기 자신에게 돌리는 것도 포함될 수 있습니다. 예를 들면, 내가 가난한 사람을 돕는다는 뜻에서 돈백 만원을 기부했다 칩시다. 복덕을 쌓은 것으로 언젠가는 좋은 과보를 받게 되는데, 만약이 복덕으로 인해 내가 출세하거나 건강해지기를 바란다면, 이는 회향이라 하지 않습니다. 반면에, 이 복덕이 내가 극락에 왕생하는데 보태어지기를 바라거나, 또는 이 복덕으로 인하여 이 세상이 평화로워지는데 보태거나, 일체의 중생이 성불하도록 바라거나 돌아가신 조상 분들이 극락에 태어나시는데 보태어지기를 바란다면 이것이 바로 회향인 것입니다.

즉, 내가 공덕이나 복덕을 쌓아놓고 그 대가가 나의 극락왕생을 쉽게 하는데 쓰이거나(이는 꼭 해야 하는 것으로, 결코 이기적인 것이 아닙니다), 다른 사람들을 이롭게 하는 데에 쓰이기를 바라는 것이 회향입니다.

　돌아가신 부모님을 위해 자식이 불경을 인쇄하여 사람들한테 널리 보시하거나, 또는 방생을 하여 수많은 목숨을 구해주고 나서, 그 공덕을 부모님에게 회향하면 돌아가신 부모님이 복을 받게 되어 삼악도를 면하거나 천상에 태어나거나 극락에 왕생합니다. 기도를 하고 나서 그 공덕을 병든 사람들에게 돌리면(회향하면) 병든 사람들이 치유되는 놀라운 효험이 있습니다. 염불을 하면서 십선十善/ 독경/ 방생/ 육바라밀六波羅蜜 등을 꾸준히 행하되 그 공덕을 본인의 극락왕생에 돌리거나, 우주법계의 중생을 이롭게 하는데 돌려야 회향이 되는 것입니다. 회향의 정신은 남이 잘못한 대가를 내가 받겠으며, 내가 잘한 대가를 남에게 돌리겠다는 자비심의 극치입니다. 따라서 회향은 곧 업보業報의 전환이며, 동시에 보살행菩薩行의 완성인 것입니다.

　인광대사는 「이기적인 식견으로 자신이나 자신의 친척만을 위해 회향하면, 비록 제아무리 미묘한 덕을 수행할지라도, 거기서 얻는 과보는 낮고 보잘 것 없다.」라고 하였습니다. 인광대사는 또 「일상생활 가운데에서 터럭만한 선행이나 독경·예불의 각종 선근 한 가지라도, 그로 말미암아 얻는 공덕은 한결같이 극락왕생에 회향해야 한다.」라고 하였습니다. 공덕을 쌓고 나서 회향을 하면 자기가 받는 복이 줄어들까봐 회향에 인색해 하는 불자들이 더러 있습니다. 오히려 그 반대입니다. 인광대사는 「회향을 하지 않으면 받는 복록도 형편없이 낮고, 마음이 오롯이 일념에 집중되지 않기 때문에 극락왕생도 확정되기 어렵다. 진짜로 염불할 줄 아는 사람은, 무병장수나 집안 화목, 자손 영달, 만사 소원성취와 같은 세간의 복록福祿을 바라지 않아도, 저절로 받게 된다.」라고 하였습니다.

　우리가 절에 가서 절을 하거나 독경을 하거나 각종 의식을 치른 다음 맨 마지막에 회향을 하는데, 이때 꼭 외우는 게송이 있습니다. 「원이차공덕 보급어일체 아등여중생 당생극락국 동견무량수 개공성불도(願以此功德 普及於一切 我等與衆生 當生極樂國 同見無量壽 皆共成佛道)」인데, 이는 「원컨대 내가 지은 이 공덕 널리 일체에 미쳐, 나와 중생들 마땅히 극락에 함께 태어나, 다 함께 무량수불 친견하고 모두 성불할지어다.」라는 의미입니다. 우리도 염불이나 독경 또는 일체의 선행을 하고 나서는 반드시 이 게송을 꼭 염송하여, 자신이 쌓은 공덕을 널리 우주법계에 회향합시다. 그리하면 우리가 받는 복보가 커지고, 극락왕생이 한층 쉬워질 것이고 품계도 높아질 것입니다.

아미타불이란 명호는
부처님의 실다운
공덕이 다 들어가 지어진 것이다.
그러므로 이 명호는

만겁이 지나도 다함이 없다.

6
정토법문

1) 이것이 염불이다

오직 아미타불만 생각하면서 다른 생각 없으면 손가락 튕길 수고도 없이 극락세계에 왕생한다.

一句彌陀無別念 不勞彈指到西方　　　　　　-육조六祖 혜능慧能선사

믿음과 발원이 견고하면 임종 시 열 번 혹은 한 번만 염불해도 역시 반드시 왕생합니다.

若信願堅固 臨終十念一念 亦決得生　　　　　　-우익藕益대사

만일 때가 되어 숨이 끊어지려 할 때 한 생각이면 서방극락세계 아미타불 국토에 왕생할 수 있습니다. 소리를 내지 않고 부처님을 그저 기억하고 생각하기만 해도 충분합니다.

-남회근南懷瑾 선생

＊ 남회근 선생은 「부처님은 말씀하십니다. 당신의 마음의 힘이 강하고, 임종할 때에 마음이 산란하지

않고, 그때에 당신의 몸을 놓아버리고, 설사 당신이 나쁜 사람이요 대악인이며 죄업이 깊고 무겁더라도, 단지 나무아미타불을 한번만 외우면, 그것도 입으로 외우는 것이 아니라 마음속으로 외우면 업을 지닌 채 서방 극락세계에 왕생합니다. 부처님의 국토는 우리들의 국토보다 천만 배나 장엄하고 청정합니다.」라고 하였다.

오역십악五逆十惡을 지은 죄인이라도 임종 순간에 지옥의 모습이 보일 때 정신과 의식을 놓지 말고, 선지식이 염불을 가르쳐 주거든 큰 두려움과 부끄러움으로 살아온 날들을 깊이 참회하면서 간절하게 염불하십시오. 그러면 고작 몇 번의 염불소리와 함께 목숨이 끊어질지라도, 부처님의 자비로운 가피력으로 극락왕생할 수 있습니다.

五逆十惡之人 臨終地獄相現 若心識不迷 有善知識教以念佛 其人生大怖畏 生大愧悔 雖念數聲 卽便命終 亦可仗佛慈力 接引往生　　　　　　　　　　　　　　　　- 인광대사

믿음과 발원만 갖추면, 비록 아비지옥에 떨어질 극악무도한 죄인이라도 오히려 열 번의 지극하고 간절한 염불 공덕에 의지하기 때문에 부처님의 자비로운 가피를 받아 극락에 왕생할 수 있습니다.

信願若具 雖罪大惡極 將墮阿鼻地獄之流 尙可以仗十念之力 遂蒙佛慈 接引往生

　　　　　　　　　　　　　　　　　　　　　　　　　　　　- 인광印光대사

부처님의 한평생 가르침인 3장12부 자체가 방대한 염불법문이다.

總佛一代時教 三藏十二部 得非總一大念佛法門耶　　　　- 철오徹悟선사

＊ 철오선사는 「이따금 무지한 무리들이 "선종 문중의 수행인들은 염불해서는 안 된다." 고들 말하는데, 이는 단지 염불이 뭔지 모르는 것일 뿐만 아니라, 선종이 뭔지도 진짜로 안다고 할 수 없다. 단지 선종과 교종의 두 법문만 이러한 것이 아니라, 온 천하의 사농공상과 제자백가의 어느 누구라도, 설령 염불을 하지 않으려고 하거나 심지어 부처님을 전혀 모르는 자라 할지라도, 그 역시 염불법문 밖으로 벗어날 수

가 없다.[往往無知之輩 謂宗門中人 不宜念佛 此不唯不知念佛 豈眞知宗哉 不唯宗 教兩門如是 卽普天之下 士農工商 諸子百家 縱不欲念佛 不知佛者 亦不能出於念佛法門之外] 라고 하였다.

아미타불이라는 명호에 대장경의 가르침이 조금도 빠짐없이 모두 포함되어 있습니다.
一句佛號 包括一大藏 教 罄無不盡
- 인광대사

아미타불 명호를 한번 부르면 부처님께서 한평생 설하신 모든 경전을 다 읽은 것과 같다.
-정공淨空법사

산란한 마음으로 '나무아미타불' 이라고 한번 염불하거나, 서방 극락세계가 있음을 믿고 그곳에 태어나기를 원하는 깊은 마음 하나만을 갖추었더라도 임종 시에 반드시 왕생할 수 있습니다.
-남회근 선생

만일 여러분이 꿈속에서도 낮과 같이 부처님 명호를 생각할 수가 있다면, 이것이 항상 염불하는 것입니다. 만일 여러분의 마음이 지금도 어지럽지 않고, 임종 순간에도 어지럽지 않으면, 틀림없이 정토에 왕생할 것입니다.
-감산憨山대사

오역五逆이나 십악十惡 등의 큰 죄를 지은 사람들은 지옥에 떨어질 운명이다. 그들도 도움을 받을 수 있을까. 그렇다. 단 하나의 호흡만 남아 있어도, 참회하면 도움을 받을 수 있다. 진정으로 부끄러워하고 진실로 공경하며 두려운 마음을 내어 자신이 지은 죄를 깊이 후회하면서 정토왕생을 발원하라. 그리고 아미타불을 한 번 내지 열 번만이라도 간절하게 부르면 확실히 정토에 왕생한다.
-정공법사

아미타불 넉자는 최상승最上乘의 법이며 무량한 법문을 포괄한다.
一句阿彌陀佛 是最上乘法 包括無量法門
-담허倓虛대사

아미타불이란 명호는 부처님의 실다운 공덕이 다 들어가 지어진 것이다. 그러므로 이 명호는 만겁이 지나도 다함이 없다.

阿彌陀者 含實德之所立 萬劫無盡之名

　　　　　　　　　　　　　　　　　　-원효元曉대사

아미타불 네 글자가 바로 일체 불법佛法의 대총지법문大總持法門이다. 불법이 최후에 이르면, 부처님의 한평생 교화는 바로 아미타불의 명호이다. 그러므로 일심으로 이 명호를 붙잡으면, 부처님께서 49년간 설하신 일체 법문이 모두 이 한마디 부처님 명호 안에 포함된다. 아미타불 명호는 여래의 매우 깊은 법장法藏이다.

　　　　　　　　　　　　　　　　　　　　　　　-정공법사

 * 대총지(大總持) : 모든 것을 다 갖추고 있음. 즉, 아미타불 명호 안에 시방삼세불(十方三世佛)과 일체 제보살(一切諸菩薩)과 일체의 성문·벽지불과 팔만사천법문(경전, 다라니)과 일체의 공덕과 육바라밀과 육신통(六神通)과 아누다라삼막삼보리 등 모든 것들이 다 들어 있다는 뜻이다.

아미타불의 명호를 부르는 것은 아미타불이 갖고 계신 공덕을 자신의 공덕으로 바꾸는 것이다.

　　　　　　　　　　　　　　　　　　　　　　　-정공법사

 * 정공법사는 「염불은 아미타불의 공덕을 자신의 공덕으로 바꾸는 것인데, 그 이유는 아미타불은 자성미타(自性彌陀)이며 유심정토(唯心淨土)이기 때문이다.」 라고 하였다. 아미타불이든 서방극락이든 모든 것이 자성(自性)이 변하여 나타난 것이며, 내 마음이 만든 것이라는 의미이다.

나무아미타불 여섯 자는 윤회를 반드시 벗어나게 하는 지름길이다.

阿彌陀佛六字法門 定出輪廻之捷徑也　　-서산西山대사〈선가귀감禪家龜鑑〉

 * 「부처님께서 설하신 일체의 법문은 마음을 밝혀 구경(究竟)에 이르게 하기 위함이니라. 도(道)에 들어가는 문(門)은 많지만, 염불이 가장 빠르니라.[佛說一切法 明心乃究竟 入道有多門 念佛是捷徑]」 라는 말씀이 있다.

부처님 이름은 그 자체가 불가사의합니다.

- 청화淸華스님

* 원영법사는 〈아미타경요해강의(阿彌陀經要解講義)〉에서 「한 분 한 분 부처님의 이름이 지닌 공덕
은 다함이 없어, 무량한 세월동안 설하려 해도 모두 다 설하지 못한다.[――佛名 所詮功德無盡 卽以劫
石之壽說之 皆不能悉 悉卽盡也]」라고 하였다.

아미타불 넉 자는 최대의 비밀입니다.

阿彌陀佛四字 是個最大秘密

- 남회근 선생

* 남회근 선생은 비슷한 말씀으로 「아미타불 이 넉자는 바로 하나의 대비밀입니다.[阿彌陀佛這四個
字 就是一個大秘密]」라고도 하였다.

* 남회근 선생은 「염불을 오래해 가다 보면, 자성(自性)의 마음 빛이 발하여 아미타불의 무량수광(無
量壽光)과 맞닿아 융합하면서, 어둠 속에서도 스스로 광명을 발현하여 빛납니다. 이러한 경계는 상상으
로 얻을 바가 아닙니다.[念久了 自性心光發出 與阿彌陀佛的無量壽光融接了 在黑暗中也自發現光明照耀
這種境界 不是想像所得]」라고 하였다.

* 남회근 선생은 「아미타불의 무량수광(無量壽光)은 바로 우리들 자성의 마음 빛[自性心光]입니다. 나
무아미타불을 외우면 자성심광(自性心光)이 나타납니다. 아울러 빛과 소리는 동시에 두루 가득합니다.
마음의 빛은 불성(佛性)과 통하며, 불성은 스스로 마음의 빛 속에 있습니다.[阿彌陀佛 無量壽光 卽是我們
的自性心光 念南無阿彌陀佛 自性心光就出現了 竝且光與音聲都同時遍滿 心光通於佛性 佛性自在心光]」
라고 하였다.

어떠한 경經이나 진언眞言도 모두 아미타불 넉자 명호 속에 들어 있다.   - 정공법사

* 진언(眞言) : 진언은 신주(神呪), 비밀주(秘密呪), 총지(總持), 다라니(多羅尼)라고도 한다. 보통 주문(呪
文)이라고도 하는 다라니 안에는, 모든 불보살이 사바세계 온 중생을 제도하겠다는 원력과 심오하고 비

밀스러운 뜻이 숨어 있다. 그러므로 이 다라니의 참뜻은 아무나 함부로 알 수 있는 경계가 아니다. 다라니에 들어있는 미묘한 뜻과 신비한 힘은 말로 이루 다 설명할 수 없고, 중생의 생각으로 헤아릴 수 없다 하여 '신주' 또는 '비밀주'라 하고, 또 온갖 이치가 다 갖추어져 있다는 뜻으로 '총지(總持)'라고도 하며, 참되고 거짓 없는 말이라는 뜻으로 '진언(眞言)'이라 하기도 한다. 부처님께서는 일체의 소리가 다라니 즉, 진언이라고 하셨다. 진언 중에서 관세음보살본심미묘육자대명왕진언(觀世音菩薩本心微妙六字大明王眞言)인 '옴마니반메훔'이나 능엄주(楞嚴呪), 준제주(準提呪) 등이 유명하다.

　＊ 진언의 기본음은 세 가지로 옴/아/훔이다. 남회근 선생은 「'옴(唵)'의 뜻은 영원히 항상 머물러 있음[永恒常住], 생겨나지도 소멸하지도 않음[不生不滅], 더럽지도 않고 깨끗하지도 않음[不垢不淨], 늘어나지도 줄어들지도 않음[不增不減], 법계에 두루 가득함[遍滿法界]의 의미입니다. '아(阿)'의 뜻은 헤아릴 수 없음[無量無邊], 끝없고 다함이 없음[無際無盡], 끊임없이 이어짐[生生不息], 광명을 열어 발함[開發光明]입니다. '훔(吽)'은 끝없는 위신력과 공덕[無邊威德], 무루과(無漏果)가 원만함[無漏果圓], 최고의 성취[無上成就], 빠른 성취[迅速成就]의 뜻입니다.」라고 하였다.

진실로 부처님 한평생 설법이 모두 염불법문의 주석註釋이나 다름없다.
誠所謂一代時教 皆念佛法門之註脚
　　　　　　　　　　　　　　　　　　　　　　　　　　　　　　- 인광대사

　＊ 정공법사는 「'아미타불'이란 명호에는 무량한 뜻이 담겨 있습니다. 이것은 허공과 법계의 다른 명칭이기 때문에 포괄하지 않는 것이 없습니다. 만약 우리가 이 명호가 내포하는 의미를 안다면 무량수경 전체가 이 명호에 대한 해석임을 알 수 있습니다. 그리고 또 하나 화엄경을 이해하고자 한다면, 전체 대장경이 바로 화엄경의 주석(註釋)임을 알아야 합니다. 그런데 화엄경은 무량수경의 안내서입니다. 무량수경이 전체 화엄의 귀착점이고 화엄의 정수(精髓)입니다. 이처럼 천천히 체험하다 보면 이 명호의 공덕이 진실로 불가사의하다는 것을 알 수 있습니다. 그러므로 아미타불이라는 명호는 곧 부처님 가르침의 전체이고, 이 한 구절의 명호가 전체 허공과 법계이며, 모든 일체의 법을 포괄하지 않는 것이 없습니다. 따라서 이 한 구절의 명호를 읽으면 모든 것을 다 읽은 것과 같습니다.」라고 하였다.

　＊ 인광대사는 「석가여래께서 한평생 설법하신 일체의 법문은, 비록 대승/소승/돈교/점교가 같지 않고, 권교/실교/편교/원교의 가르침이 각각 다를지라도, 일체의 중생들로 하여금 고향으로 돌아가 본래의

심성을 회복하게 할 따름이다. 그러나 (정토법문을 제외한) 모든 법문은 모두 자력(自力)에 의한 수지(修持)에만 의지할 뿐이어서, 견사혹(見思惑)을 끊고 진리를 증득하여야 생사윤회를 마칠 수 있다. 타력(부처님의 자비력)에 의한 섭지(攝持)에는 절대 의지하지 않으며, 금생에 견사혹을 끊어야만 범부의 지위에서 벗어나 성인(聖人)의 지위에 들어가 자신의 원(願)을 성취하게 된다. 오직 정토법문만은 부처님의 서원과 섭수(攝受)의 힘에 의지하니, 시방삼세의 모든 부처님들께서 위로는 부처의 과위(果位)를 이루고, 아래로는 중생을 교화하는 그야말로 처음부처 끝까지 모든 공덕을 가진 총지(總持)법문이라 가히 부를만하다.[如來一代所說一切法門 雖則大小頓漸不同 權實偏圓各異 無非令一切衆生 就路還家 復本心性而已 然此諸法 皆須自力修持 斷惑證眞 了生脫死 絶無他力攝持 令其決于現生 入聖超凡 成就所願也 唯淨土法門 仗佛誓願攝受之力 誠可謂十方三世一切諸佛 上成佛道下化衆生 成始成終之總持法門」라고 하였다.

＊ 인광대사는 「염불이라는 한 법은 현생에 부처를 짓고, 어리석은 중생을 성인으로 탈바꿈시키는 힘이 있소. 그런데 이것은 부처님이 한평생 설하신 모든 가르침을 훨씬 초월하는 것이오.[念佛一法 卽生作佛 轉凡成聖 其功能力用 超過一代時敎 一切法門之上」라고 하였다.

＊ 설법(說法) : 불법(佛法)을 설명(說明)함. 불교(佛敎)의 교의(敎義)를 풀어 밝힘.

오직 아미타불 명호만 부르는 것이야말로 크게 신령스런 주문이며 크게 밝은 주문이고 가장 높은 주문이며 무엇과도 견줄 수 없는 주문이다.

專持名號 卽大神呪 大明呪 無上呪 無等等呪   - 연지蓮池대사

참선이 바로 부처님 명호를 부르는 것이요, 부처님 명호를 부르는 것이 바로 참선이다.

參禪卽是念佛 念佛卽是參禪   - 감산憨山대사

아미타불이라는 명호는 부처님께서 49년 동안 설하신 법장法藏의 총 강령이다. 아미타불을 한 번 부르면 부처님께서 설하신 모든 경전을 다 읽은 것과 같으니, 아미타불이라는 명호가 지닌 공덕은 진실로 불가사의하다.

- 정공법사

＊ 우익대사는 〈아미타경요해〉에서 「'불가사의(不可思議)'에는 대략 다섯 가지 뜻이 있다. 첫째, 횡 (橫)으로 삼계를 초월하고 미혹을 끊지 않아도 되는 것이다. 둘째, 극락은 횡으로 사토(四土)를 갖추고 있기 때문에 점차로 닦아 증득할 필요가 없다. 셋째, 오로지 부처님 명호만을 지니고 참선이나 관법(觀法) 등 다른 모든 방편을 빌리지 않는다. 넷째, 1일에서 7일 동안을 기한으로 정할 뿐 다겁, 다생, 다년의 세월을 필요로 하지 않는다. 다섯째, 하나의 부처님 명호만 불러도 모든 부처님들이 호념해주시기 때문에 일체의 모든 부처님 명호를 부르는 것과 같다.[不可思議 略有五意 一橫超三界 不俟斷惑 二卽西方橫具四土 非由漸證 三但持名號 不假禪觀諸方便 四一七爲期 不藉多劫多生多年月 五持一佛名 卽爲諸佛護念 不異持一切佛名]」라고 하였다.

＊ 정공법사는 「어떤 사람은 정토법문이 이처럼 좋다면, 부처님께서 무엇 때문에 다른 많은 법문을 말씀하신 것인가라고 의심한다. 그러나 반드시 알아야 할 것이 있다. 이 법문은 기연(機緣)이 성숙하여 장차 성불할 사람에 대해서만 말씀하신 것이며, 만약 아직 성불할 단계에 이르지 못한 사람에게는 어쩔 수 없이 넓고 크고 자세하고 깊이가 있는 다른 대승법문들을 배우게 하셨던 것을 말이다. 나는 이전에 이 염불법문에 대해 신심(信心)을 일으켰다. 그 이유는 화엄경에서 문수보살과 보현보살과 선재동자가 각자 서방의 정토에 태어나기를 발원하였음을 보았기 때문이다. 이후로 나는 진지하게 반성을 하고 자세하게 생각하여 고개를 돌려 모든 경교(經敎:경전)를 버리고서 성실하게 이 법문을 수학(修學)하였다. 만약 이 분들이 나에게 준 계시(啓示)가 아니었다면, 비록 스승이 입이 닿도록 간절하게 권하고 이끌었다고 해도 여전히 받아들이기가 매우 어려웠을 것이다.」라고 하였다.

＊ 「정토법문은 맨 처음에는 깨달음의 법문을 구하는 게 생략되고, 나중에는 지혜가 터지길 기다릴 필요도 없으며, 모름지기 업장을 깨끗이 참회해야 하는 것도 아니고, 번뇌를 말끔히 끊을 필요도 없으므로, 지극히 간단하고 명료하면서도 지극히 곧고 빠른 길입니다. 그러나 증득해 가면, 지극히 넓고 크면서도 원만한 구경(究竟)의 경지입니다.」라는 말씀이 있다.

＊ 법장(法藏) : 부처님 가르침인 불경(佛經)을 말함. 부처님은 중생의 근기에 따라 그에 알맞은 가르침을 펴셨으므로 부처님의 설법을 '대기설법(對機說法)'이라 하고, 또는 병에 맞추어 약을 쓴다 하여 '응병여약(應病與藥)'이라고도 한다.

＊ 총강령(總綱領) : 모든 강령(큰 줄기, 근본)을 합친 것, 또는 모든 강령들의 우두머리.

아미타불이라는 명호는 믿음, 발원, 수행의 삼자량三資糧과 계율, 선정, 지혜의 삼학三學과 문혜聞慧, 사혜思慧, 수혜修慧의 삼혜三慧를 빠짐없이 갖추고 있다. 한마디의 아미타불 명호 속에 삼학, 삼혜, 삼자량이 원만히 갖추어져 있다. 이 삼자량과 삼학과 삼혜를 전개하면 바로 석가모니불께서 49년간 설하신 일체법이 된다.

一句阿彌陀佛 具足三資糧 具足三學 具足三慧 一句佛號當中圓滿具足 三學三慧三資糧 把它展開來就是釋迦牟尼佛四十九年所說一切法
　　　　　　　　　　　　　　　　　　　　　　　　　　　　　-정공법사

* 남회근 선생은 「무엇이 선정(禪定)일까요. 선(善)을 행하는 것이 선정입니다. 선정에 이르면 생각 생각마다 선(善)을 행하기 마련입니다. 그러므로 여러분들에게 선정(禪定)의 힘이 있는지 없는지 보려면, 당신에게 선(善)을 행하는 일이 있는지 없는지 보면 알게 됩니다. 반드시 부지런히 선근(善根)을 모으고 난 후라야 진정으로 선정의 즐거움을 얻을 수 있고, 영원히 산란하지 않습니다.」 라고 하여 선(善)을 행함이 선정(禪定)에 드는 인(因)임을 밝혔다.

* 남회근 선생은 「진정한 대승불법은 마음이 전일하여 정(定)을 얻는 것이 바로 계율입니다. 마음을 일으키고 생각을 움직이는 일이 없는데 계율을 가질 필요가 어디 있겠습니까. 정(定)을 얻지 못하면 진정으로 계율을 지키는 것이 아닙니다. 정(定)을 얻지 못하면 참다운 지혜가 아닙니다. 그것은 산란한 마음이요 망상입니다. 정(定)을 얻으면 망상은 곧 반야지혜로 전환될 수 있으며, 그 행위는 자연히 규범에 맞고 자연히 계율 가운데 있습니다. 그래서 부처님은 말씀하시기를, "먼저 여래의 사마타행(奢摩他行: 온갖 망념을 쉬고 마음을 한곳에 집중하는 일)에 의지하라." 고 했습니다. 먼저 지(止)를 구하여 마음이 정(定)의 상태가 된 뒤에 계율을 얘기하라고 하십니다. 계율이란 단지 외면의 행위만을 가리키는 것은 아닙니다. 마음이 일어나고 생각이 움직임은 모두 계율입니다. 정(定)을 얻은 뒤에는 계율을 범할 수 있을까요 그렇지 않을까요. 역시 범(犯)할 수 있습니다! 조금이라도 실념(失念)하여 잠시라도 정(定)을 떠난다면 바로 계율을 범한 것입니다. 그러므로 정(定)을 얻은 다음에 계율을 굳게 지녀야 합니다.」 라고 하였다.

* 담허대사는 「참선은 깨닫지 못하면 삼계에서 벗어나지 못한다. 선정(禪定)을 얻으면 단지 사선천(四禪天)에 태어날 수 있을 뿐이다.」 라고 하였다.

* 고덕께서 「염불은 곧 문사수(聞思修) 삼혜(三慧)를 갖추고 있다. 부처님 명호를 설함을 듣고 의심함이 없이 확실하게 믿으므로 문혜(聞慧)가 되고, 부처님 명호를 기억하고 마음속에 품어 항상 잊지 않으므

로 사혜(思慧)가 되며, 부처님 명호를 생각하는 것을 지녀 그치지 않아 중단됨이 없으므로 수혜(修慧)가 된다.[念佛卽具聞思修三慧 聞說佛名 諦信不疑 爲聞慧 記憶在懷 恆不忘失 爲思慧 持念不輟 無有間斷 爲修慧] 라고 하였다.

* 정공법사는 「많은 사람들이 정토종에 대해 잘못 이해하고 있다. 정토종은 일심불란(一心不亂)을 구하기 때문에 선정(禪定)은 있지만 지혜는 없다고 생각한다. 이는 한 마디의 '아미타불'의 명호가 계율과 선정과 지혜 삼학(三學)을 모두 포함하고 있을 뿐만 아니라, 위없는 최상의 지혜라는 사실을 자못 알지 못하기 때문이다.」 라고 하였다.

* 문혜(聞慧) : 부처님의 설법이나 경전의 가르침을 듣고 생기는 지혜.

* 사혜(思慧) : 도리를 스스로 사유(思惟)해서 생기는 지혜.

* 수혜(修慧) : 선정(禪定)을 닦는 것에 의해 얻어지는 지혜로, 모든 망상과 번뇌와 집착이 없어진 경지를 말한다.

무량수불이라는 명호는 헤아릴 수도 없고 끝도 없으며 불가사의한 공덕이 담긴 명호이다.
無量壽佛 無量無邊 不可思議功德名號   -《칭찬정토불섭수경稱讚淨土佛攝受經》

* 《칭찬정토불섭수경(稱讚淨土佛攝受經)》: 중국 당나라 때 현장(玄奘)법사께서 한역(漢譯)하신 경전이다. 우리가 흔히 독경하는 구마라집 법사의 한역본인 《불설아미타경》보다 길며, 직역(直譯) 위주로 되어 있다. 《불설아미타경》보다 길지만 내용상에서는 차이가 없다.

* 원영법사는 〈아미타경요해강의〉에서 「대저 정토의 가르침은 모든 부처님의 불가사의한 해탈법문이고 대승의 불이(不二)법문이다. 고로 일체의 법신보살의 본행(本行)이 모두 발심(發心)에서 시작하여 정토(염불)에서 끝난다.[夫淨土之教 是諸佛不思議解脫 大乘不二法門 故一切大士本行 皆始於發心 終於淨土]」 라고 하여 정토법문을 찬탄하고 선양(宣揚)하였다.

* 무량수불(無量壽佛) : 아미타불의 다른 이름. 《무량수경》에는 아미타불의 별칭(別稱)으로 무량수불 외에 무량광불(無量光佛), 무애광불(無礙光佛), 무대광불(無對光佛), 염왕광불(焰王光佛), 청정광불(淸淨光佛), 환희광불(歡喜光佛), 지혜광불(智慧光佛), 부단광불(不斷光佛), 난사광불(難思光佛), 무칭광불(無稱光佛), 초일월광불(超日月光佛)의 12개 이름이 나와 있다.

＊불이법문(不二法門) : 절대적이고 차별이 없는 평등한 진리의 세계(경지).

＊본행(本行) : 깨달음에 이르기 위한 근본수행. 사무량심(四無量心), 육바라밀 등이 여기에 해당함.

＊연지대사는 〈왕생집〉 서문에서 「위대하도다. 정토법문은 참으로 말세의 병을 고칠 수 있는 신효(神效)한 영약이라 이를 만하다.[大矣哉 可謂起末世沈痾必效之靈藥也]」라고 하였다.

＊인광대사는 「참으로 위대하도다. 정토법문이여[大矣哉 淨土法門之爲敎也]」라고 하였다.

＊동국역경원에서 발간한 한글대장경 〈대당대자은사삼장법사전외(大唐大慈恩寺三藏法師傳外)〉에 보면, 「도선율사가 신(神)에게 현장법사에 대해 물었더니, "예로부터 제사(諸師)들의 지해(知解)와 수행에는 서로 장단점이 있어 일괄적으로 말하기 어렵습니다. 그러나 현장법사 한 분만은 구생(九生)이래로 복혜(福慧)의 양업(兩業)을 갖추어 닦았고, 태어나는 곳마다 많이 듣고 박식하며, 총명하고 지혜롭고 변재가 있음은 섬부주(贍部洲)의 지나국(脂那國)에서 항상 제일인자였습니다. 복덕 또한 그러했습니다. 그가 번역한 글의 내용은 범본(梵本) 원본과 틀림없습니다. 그는 선업의 힘으로 말미암아 지금은 도사다천(都史多天)의 자씨(慈氏)의 내중(內衆)에 태어나 법을 듣고 깨달아서 다시는 인간으로 내려오지 않을 것입니다. 그는 이미 미륵을 따라서 법을 듣고 깨달아서 성인(聖人)이 되었습니다." 」라고 하였다.

만약 염불하는 사람이라면, 이 사람은 사람 중에서 가장 뛰어난 사람이다.
若念佛者 卽是人中最勝人
－선도善導화상

엎드려 바라건대, 출가자와 재가자, 지혜로운 사람과 어리석은 사람 할 것 없이 이 간단하고 쉽고 직접적이며 빠르고 위없는 원돈법문圓頓法門인 지명염불持名念佛에 대하여, 어렵다고 생각하여 문득 물러나 번거롭다는 생각을 일으키지 말고, 쉽다고 생각하여 마음대로 힘쓰지 않으려고 하지 말고, 얕다고 생각하여 망령되이 경시하지 말고, 깊다고 생각하여 감히 하지 않으려고 하지 말 것이다.

대저 부처님 명호를 지니는 것은 진실로 불가사의하다. 부처님 명호를 한 번 부르면 그 한 번이 불가사의하며, 열 번이나 백 번이나 천 번이나 만 번이나 또는 헤아릴 수 없이 많이 부르면 소리 소리마다 모두 불가사의하다.

伏願緇素智愚 於此簡易直捷無上圓頓法門 勿視爲難而輒生退諉 勿視爲易而漫 不策勤 勿視爲淺而妄致藐輕 勿視爲深而弗敢承任 蓋所持之名號 眞實不可思議 持一聲則一聲不 可思議 持十百千萬無量無數聲聲聲皆不可思議也 -우익藕益대사 〈아미타경요해阿彌陀經要解〉

＊ 우익대사는 7세부터 채식을 하였으며 유학을 배우면서부터는 영원토록 불교와 도교를 멸할 것을 스스로 다짐하였다. 그리고 마늘, 파 등의 강한 냄새가 나는 채소와 술을 마시면서 수 십편의 논(論)을 지어 불교와 도교를 이단시(異端視)하고 배척하였다. 그런데 17세가 되어 연지대사의 〈자지록서(自知錄序)〉와 〈죽창수필(竹窓隨筆)〉을 읽은 후로는 불교를 비방하지 않게 되었으며 그동안 자신이 지은 글을 모두 불태워 참회를 드러내었다. 부친상을 당하여 《지장보살본원경》을 읽은 후 출가할 뜻을 세웠다. 57세에 영봉(靈峰)에서 입적하셨는데, 3년 후 제자들이 다비(茶毗)하기 위하여 대사의 육신을 안치한 감실(龕室)을 열어 보았더니 대사의 육신은 외연(巍然)히 가부좌를 하고 계셨으며 머리카락이 자라 귀를 덮어버렸고, 얼굴은 생시와 조금도 다름이 없었다. 그런데 다비 후에 보니 대사의 치아는 그대로 남아 있었으니, 이는 구마라집 법사의 혀가 다비 후 그대로 남아 있었던 것과 같은 증표라 할 것이다.

＊ 우익대사는 24세에 감산대사를 꿈에서 세 번 뵈었다. 살아생전에 한 번도 감산대사의 얼굴을 본 적이 없었음에도, 우익대사는 그의 문인(門人)에 들어갔다(法屬이 되었다는 의미). 우익대사는 49세 때 〈아미타경요해〉를 지으셨고, 여기에 스스로 발문(跋文)을 썼는데, 이 발문에서 「염불삼매가 위없는 보왕(寶王)임을 비로소 알았다.[始知念佛三昧 無上寶王]」 라고 하였다.

＊ 지명염불(持名念佛) : 부처님 명호를 소리 내어 부르거나 속으로 생각하는 것을 말한다. 칭명염불(稱名念佛)이라고도 한다. 수많은 염불법 중에서 단연 최고이며 가장 쉬운 염불법이다. 말법을 살아가는 우리 중생들은 오직 지명염불에 의지하고 지명염불만 수행해야 한다.

2) 염불을 찬탄하다

설령 천하의 모든 중생이 모두 정각正覺을 이루고 광장설廣長舌을 내어 신통력과 지혜력으로 한 티끌 한 찰나마다 쉬지 않고 염불의 공덕을 치열하게 말씀한다 할지라도 어찌다 말할 수 있겠소. 이것은 정토법문이 본래 진실로 불가사의하기 때문이오.

縱饒盡大地衆生 同成正覺 出廣長舌 以神通力智慧力 塵說 剎說熾然說無間說 又豈能盡 良以淨土本不思議故也
                                                                              - 인광대사

* 광장설(廣長舌) : 넓고 긴 혀를 말하는데, 우익대사는 〈아미타경요해〉에서 「보통 사람이 삼세(三世) 동안 망어(妄語)를 하지 않으면, 혀가 코에까지 이를 수 있다. 장교(藏敎:소승교)의 부처님은 삼대 아승기겁 동안 망어(妄語)를 하지 않아 혀가 얇고 넓고 길어서 얼굴을 덮을 수 있다. 이제 대승 정토의 미묘한 법문을 증득하셨기에 삼천세계를 두루 덮을 수 있다. 이것은 이치가 진실하여 도(道)에 부합되며 사실이며 거짓이 아님을 나타낸 것이다.[常人三世不妄語 舌能至鼻 藏果頭佛 三大僧祇劫不妄語 舌薄廣長 可覆面 今證大乘淨土妙門 所以遍覆三千 表理誠稱眞 事實非謬也]」라고 하였다.

* 《아미타경》에는 「넓고 긴 혀를 내밀어 삼천대천세계를 두루 덮다.[出廣長舌相 遍復三千大千世界]」는 구절이 여섯 번이나 나온다. 이는 석가세존의 말씀이 옳다는 것을 육방(六方)의 부처님들이 재차 확인하고 보증한 것이라고 할 수 있다. 이 말씀 뒤로 「육방(六方:동방/남방/서방/북방/하방/상방세계)의 헤아릴 수 없이 많은 부처님들께서 모두 간곡하고 진실하게, '너희 중생들은 모든 부처님들께서 한결같이 찬탄하시고 호념하시는 불가사의한 공덕이 있는 이 경(아미타경)을 마땅히 믿어야 하느니라.'」라고 부촉하고 당부하는 말씀으로 이어진다.

* 인광대사는 「정토법문은 불법 가운데에서 가장 평범하면서 가장 심오한 법문이다. 숙세에 선근을 심지 않으면 바른 믿음을 내기가 실로 어렵고 심오한 법문이다.[淨土法門 爲佛法中最平常 最高深之法門 若非宿具善根 實難深生正信]」라고 하였다.

* 인광대사는 「한 중생이 서방정토에 왕생하면, 이는 곧 한 중생이 성불하는 것이니, 이들 공덕이 어찌 생각으로 헤아릴 수 있겠는가.[成就一衆生往生西方 卽是成就一衆生作佛 此等功德 何可思議]」

라고 하였다.

* 인광대사는 「윤리를 돈독히(깊고 진실하게) 하고 맡은 바 일에 최선(정성)을 다하며, 그릇됨을 막고 진실을 간직하며, 성실하게 염불하고 정토에 왕생하기를 구하시오.[敦倫盡分 閑邪存誠 老實念佛 求生 淨土]」라고 하였다.

* 인광대사는 늘 말씀하시기를 「가정교육이 치안(治安)의 뿌리이고, 인과응보는 마음을 다스리는 법 이다.[家庭敎育爲治安之本 因果應報爲制心之法]」라고 하였다.

* 대세지보살의 화신인 인광대사는 「내가 극락왕생만 할 수 있다면 하품하생이라도 족하다.」라는 겸손의 말씀을 남기셨다.

* 남회근 선생은 「신통(神通)이란 사람이 정신으로 통하는 것입니다. 사람이 수행하여 정신이 물질 을 초월하고 육체를 초월할 정도에 이르게 되면, 그의 정신은 우주법계의 관념과 서로 통하게 되고 자 연히 각종 변화를 일으키게 됩니다.」라고 하였다.

* 천하의 모든 중생 : 시방중생(十方衆生)을 말한다. 부처님을 제외한 구법계(九法界)의 모든 중생이 다. 성인이나 범부, 선한 자나 악한 자, 출가자나 재가자, 지혜로운 자나 어리석은 자, 귀한 자나 천한 자 등 근기가 어떠한 지를 불문한다.[聖凡善惡僧俗智愚貴賤 不論任何根機].

삼세의 모든 부처님께서는 아미타불을 부르는 염불삼매에 들어 정각을 이루셨다.
三世諸佛 念彌陀三昧 得成正覺

-《반주삼매경般舟三昧經》

염불 한 번으로 80억 겁 동안 나고 죽으면서 지은 죄가 소멸하고 도리어 80억 겁의 미 묘한 공덕을 얻는다.
念佛一口 滅八十億劫生死之罪 還得八十億劫微妙功德

-《관무량수경》

* 원효대사는 〈무량수경종요〉에서 「부처님의 명호를 부르기 때문에 생각하고 생각하는 가운데 80억 겁 생사의 죄를 깨끗이 하고 목숨을 마친 후에는 곧 정토에 태어나느니라.」라고 하였다.

* 성현께서 「오탁악세에 사는 중생들은 모두가 악인이다. 삼독(三毒)을 가지고 있기 때문에 착한 행을 닦아도 다 진실하지 않다.[五濁惡世 皆是惡人 以有三毒故 所修善行 皆不眞實]」 라고 하였다.

* 《지장경》에 「중생이 날마다 하는 행동거지와 날마다 일으키는 생각들이, 악업이 아닌 것이 없고 죄 아닌 것이 없다.[擧止動念 無不是業 無不是罪]」 라고 하였다.

* 《정도보살경(淨度菩薩經)》에서 말씀하시기를, 「한 사람이 하루에 8억 4천 가지 생각을 하는데, 하는 생각 생각들마다 삼악도에 태어날 업을 짓지 않음이 없다.[一人一日中 八億四千念 念念之所爲 無非三塗業]」 라고 하였다.

* 담란법사는 〈왕생론주(往生論註)〉에서 「범부인 중생들과 천인들이 짓는 모든 선(善)은, 인도(人道)와 천상에 태어나는 과보를 얻는데, 인(因)이든 과(果)든 모두 전도(顚倒)된 것이고, 모두 거짓이다. 그러므로 이를 실답지 않은 공덕이라 말한다.[凡夫人天諸善 人天果報 若因若果 皆是顚倒 皆是虛僞 是故名不實功德]」 라고 하였다.

정토법문은 원돈대법圓頓大法이며 불가사의하고 미묘한 법문이다.
淨土是圓頓大法 不可思議之微妙法門
- 규기窺基대사

* 규기대사 : 중국 당나라 법상종(法相宗)의 개조. 자은(慈恩)대사라고도 불린다. 17세에 출가, 현장법사의 제자가 되었으며, 28세 때 스승을 도와 〈성유식론(成唯識論)〉을 번역한 중국의 고승이다. 〈성유식론〉을 계속 연구, 〈성유식론술기(成唯識論述記)〉〈장중추요(掌中樞要)〉 등을 저술하였다. 그 밖에 〈유가론약찬(瑜伽論略纂)〉〈법화현찬(法華玄贊)〉〈대승법원의림장(大乘法苑義林章)〉 등 50부(部)를 저술하자 사람들이 그를 '백본소주(百本疏主)', '백본론사(百本論師)' 라고 불렀다. 《아미타경》을 주석하여 〈아미타경통찬소(阿彌陀經通贊疏)〉를 저술하였는데, 이는 《아미타경》의 '4대소(疏) 중의 하나로 꼽는다.

* 대법(大法) : ①대승의 심오하고도 불가사의한 법을 말한다. 중생을 널리 구제하는[大乘深妙之法 度人廣者]법이다. 반대는 소법(小法)인데, 소승의 가르침을 말한다. ②위대한 진리 ③출세간법(出世間法)을 말한다. 세간법(世間法)은 소법(小法)이라 한다. 위 본문에서는 ①번의 뜻이다.

* 원돈대법(圓頓大法)이라는 말 속에는 위로는 관세음보살, 대세지보살, 보현보살, 문수보살과 같은 대보살도 정토법문 밖으로 벗어날 수 없고, 아래로는 오역십악을 지은 중죄인도 단지 열 번의 염불만으

로 극락에 업장을 짊어진 채 왕생하여 단박에 성인의 경지에 오를 수 있음을 함축하고 있다. 하품하생(下品下生)이라 하더라도 일단 왕생하면 삼불퇴(三不退)를 원만히 증득하고, 사토(四土)에 원만히 오르며, 삼신(三身)을 원만히 보게 된다.

  * 남회근 선생은 「불법에서 말하는 '불가사의(不可思議)' 란 말은 수행 증득 면에서 보통의 의식과 생각을 가지고 추측해서는 안 된다는 것을 말합니다. 범부의 지혜와 지식을 가지고 토론하고 연구해서는 안 된다는 것을 말합니다. 즉, 인간세상의 지식이나 습관적인 의식을 가지고 멋대로 해석해서는 안 됩니다.」 라고 하였다.

  * 불교를 공부하면서 중생의 얕은 알음알이와 천박한 지식으로 광대하고 현묘한 불법을 멋대로 추측하거나 함부로 단정해서는 절대 안 될 일이다. 예컨대, 찬불게(讚佛偈)에 나오는 '아미타불신금색(阿彌陀佛身金色, 아미타불의 몸은 황금빛이라네)' 이라는 구절이나,《아미타경》에 나오는 '황금위지(黃金爲地)'라는 구절에서, 금(金)은 우리 인간 세계에 존재하는 금(金)을 말하는 게 아니다. 극락세계에만 존재하는 금을 가리키는 것으로, 우리는 가히 상상도 할 수 없는 보석이기도 하고, 혹은 아미타불께서 방편을 빌려 변화하여 나타내신 것일 수도 있다. 불경에 자주 나오는 칠보(七寶)도 마찬가지다. 원영(圓英)대사가 〈아미타경요해강의〉에서 「칠보는 다만 그 이름만 사바세계에서 취하였을 뿐 실인 즉, 그 낱낱의 것은 사바세계의 그것보다 백 천 만 배나 뛰어나다.[如上七寶 但取名同此方 實則——超勝百千萬倍]」 라고 말한 것이 이를 잘 말해 준다. '불가사의(不可思議)' 라는 말도 마찬가지다. 우리가 흔히 말하는 '불가사의(mystery)' 라는 말과 같다고 생각해서는 안 된다. 또 불경에 등장하는 '해(解)' 라는 글자를 우리가 흔히 말하는 '이해(understanding)' 라고 번역하거나, '공(空)' 을 무조건 '없음' 이라고 이해하거나 가르치는 것도 안 된다. 요컨대, 우리의 얕은 지식과 생각으로 불경(佛經)이나 불보살의 경계(境界)를 멋대로 추측하거나 단정해서는 절대 안 될 것이다. 그것은 부처님을 비방하는 것이기 때문이다.

  * 연지대사도 〈죽창수필〉에서 「부처님의 몸을 금색이라고 찬탄하는데, 이는 비슷하게 표현한 것일 뿐, 인간세상의 소위 금(金)을 두고 한 말은 아니다. 천상(天上)의 금으로도 오히려 부처님의 몸을 표현할 수 없거늘, 하물며 인간세상의 금이겠는가.[贊佛身曰金色 蓋取其彷彿近似 非眞若人世之所謂金也 蓋天金尙未足以擬佛 況世金耶]」 라고 하였다.

여산廬山 혜원법사慧遠法師는 마하반야摩訶般若의 깊은 뜻을 깨달아 동방의 호법보살

護法菩薩이라 불렸다. 종일토록 염불하여 세 번 성상聖像을 친견하고 극락에 왕생하였다. 천태天台지자대사智者大師는《법화경》을 깊이 깨달아 일가一家의 교관教觀일 뿐더러 만대의 종조宗祖이기도 하였다. 태어날 때부터 서방을 향하였고 〈변십종의辯十種疑〉 〈소십육관소十六觀〉 등의 저술을 남겨 정토를 드러내어 밝혔다.

백장대사百丈大師는 마조馬祖에게서 도道를 전해 받은 적자嫡子로서 천하 총림叢林의 공종共宗이었다. 병든 스님을 위해 기도하거나 혹은 죽은 스님을 천도遷度할 때는 언제나 정토로 돌아가게 하였다.

청량국사淸涼國師는 화엄조사華嚴祖師의 자리를 이었던 분으로 문수보살의 후신後身이라고도 불린다. 아미타부처님이 바로 노사나盧舍那부처님이라고 지적했으며, 또한《관무량수경》을 해석하여 서방정토를 널리 선양宣揚하였다.

영명연수선사永明延壽禪師는 막힘이 없는 변재辯才를 얻어 종문宗門의 초석礎石이기도 한 분이다. 〈사료간四料簡〉을 지어 유독 서방정토를 예찬하였고, 상상품上上品에 왕생하여 명부冥府에서까지 공경의 대상이 되었다. 사심신선사死心新禪師는 황룡선사黃龍禪師의 법석法席을 이어받아 종풍宗風을 크게 떨쳤다. 정업淨業에 뜻이 간절하였고 〈권염불문勸念佛文〉을 저술하여 사람들로 하여금 슬픔과 믿음을 일으키게 하였다.

진헐료선사眞歇了禪師는 단하순공丹震淳公의 법을 이어 조동종曹洞宗의 문하門下가 스님에 이르러 크게 드러나게 되었다. 보타산普陀山에 암자를 짓고 염불에 전념하였다. 〈정토설淨土說〉이 현재 세상에 전한다.

자수심선사慈受深禪師는 염불에 전념하여 수행의 첩경은 정토만한 것이 없다 하고 서방도량을 세워 입이 쓰도록 대중에게 권고하니, 그를 따르는 자가 헤아릴 수 없을 정도였다. 원조본선사圓照本禪師는 도道는 천의天衣를 이었고, 종宗은 설두雪竇를 본받아 법의 우레가 천지를 진동했으며, 송나라 신종神宗과 철종哲宗의 사표師表가 되기도 했던 분이다. 선禪과 정업淨業을 겸수兼修하여 이름이 상품上品에 표시되었다. 중봉본선사中峰本禪師는 고봉高峰화상에게서 법을 받아 배우는 자들이 마치 태산泰山이나 북두北斗처럼 우러러 보았는데, 「선禪이란 정토의 선禪이요, 정토란 선禪의 정토다.」라고 하였다. 정토를 사모思慕하는 시詩 백수百數를 남겨 사람들에게 염불을 권장하였다.

盧山遠法師 悟摩訶般若深旨 號東方護法菩薩 而六時念佛 三睹聖像 往生淨土 天台智者

大師 妙悟法華 一家敎觀 萬代宗祖 而生卽面西 辯十種疑 疏十六觀 極談淨土 百丈大師 馬

祖傳道嫡子 天下叢林共宗 而祈禱病僧 化送亡僧 悉歸淨土 淸涼國師 紹華嚴祖位 稱文殊

後身 而指示彌陀 卽盧舍那 亦疏 觀經 宏揚淨土 永明壽禪師 得無礙辯才 柱石宗門 而作四

料簡 遍贊西方 上上品生 敬及冥府 死心新禪師 繼席黃龍 宗風大振 而切意淨業 著勸念佛

文令人發哀起信 眞歇了禪師 嗣丹霞淳公洞下一宗 至師大顯 而卓庵補陀專意西方 有淨土

集行世 慈受深禪師 大邦倩女因緣 一偈融通五敎 而謂修行捷徑 無越淨邦 建西方道場 苦

口勸衆 圓照本禪師 道續天衣 宗宏雪竇 法雷振地 師表兩朝 而淨業兼修 標名上品 中峰本禪師

得法高峰老人 學者仰如山斗 而云禪者 淨土之禪 淨土者禪之淨土 有懷淨土詩百首 勸人念佛

- 연지대사〈왕생집往生集〉

* 혜원법사는 나태한 제자들을 보면 이렇게 말했다고〈세설신어(世說新語)〉에 전한다.「석양의 빛은 멀리 비출 수 없다. 다만 아침에 솟아오르는 해처럼 찬란하게 시대를 밝히기를 바랄뿐이다.」

* 원효대사는〈무량수경종요〉에서「부처님이 설하신 정토는 모두가 여래의 원(願)과 행(行)으로 이루어진 것이지, 저 정토에 왕생한 이들의 자력으로 이뤄진 것이 아니다. 예토(穢土) 등의 기세계(器世界)가 오직 중생의 공업(共業)만으로 이루어지는 것과는 다르다.[所說淨土 皆是如來願行所成 非生彼 者自力所辨 不如穢土外器世界 唯由衆生共業所成]」라고 하였다.

* 남회근 선생은「업(業)에는 과거 현재 미래의 삼세(三世)의 시간과 시방(十方)의 끝없는[無盡] 공간이 포함됩니다. 이른바 우주란 무한한 공간과 무한한 시간입니다. 이 시간과 공간 속에 국토세간(國土世間)·기세간(器世間)·유정세간(有情世間)이 형성됩니다. 우리들이 사는 지구는 기세간이자 국토세간입니다. 그밖에 영성(靈性)이 있는 중생이 있는 곳이 바로 유정세간입니다. 이러한 세간(世間)들은 모두 업력(業力)이 만든 것입니다. 업력의 근원은 심력(心力)인데 세간은 중생의 공동(共同)의 업력이 만든 것입니다. 저마다의 처지가 다르고 개성이 다르고 생각이 다르고 느낌이 다른 것은 중생의 별업(別業)입니다. 별업 가운데 또한 공업(共業)이 있습니다. 예를 들면 같은 시대에, 같은 나라, 같은 환경에 태어난 것은 공업이 같은 것입니다.」라고 하였다.

* 중국 명대(明代)의 4대 고승중의 한 분인 감산덕청(憨山德淸)대사는 연지대사를 아미타불의 후신(後

身)이라 하였다.

    ＊ 연지대사는 〈왕생집〉 서문(序文)에서 「들리는 이야기로는 에전에는 왕생했다는 자가 많았다고 하나, 세월이 오래되어 이젠 보기도 듣기도 어렵게 됐다. 그동안 여러 문헌을 본 것 중에서 그 인과가 분명한 것만을 발췌하고 보니, 어느덧 11년 동안에 천여 가지의 이야기를 모으게 되었다. 이에 나는 산자락에 한 칸 초옥을 얽은 뒤 문을 닫아걸고 왕래를 끊었다. 그리고 이 얘기들 중 166가지의 사실을 정리하고 찬(贊)을 붙여 왕생집이라 이름 붙였다.[聞昔有傳往生者 歲久滅沒不可復睹 而斷章遺跡班班 互載于內外百家之書 予隨所見輒附筆劄 仍摘其因果昭灼者 日積之成編 殆存十一于千百而已 今甲申竊比中峰塵居 掩關于上方 乃取而從其類后先之 又證之以諸圣同歸 足之以生存感應 計百六十有六條 而間爲之贊 以發其隱義 題曰往生集]」라고 하였다.

    ＊ 청량국사(淸涼國師) : 중국 당나라 때의 화엄종의 고승. 이름은 징관(澄觀). 화엄뿐만 아니라 계율을 익히고, 열 가지의 서원을 세우는 등 수행을 철저히 했다. 내전(內典)은 화엄 이외에 법화, 천태학, 우두선, 남종선, 북종선, 삼론교학을 배웠으며, 외전(外典)은 경전자사(經傳子史)를 비롯한 중국의 구류이학(九類異學)은 물론 인도의 4베다, 5명(明)등을 두루 섭렵했다. 그의 박학다식함은 대흥선사에서 진행된 역경장에 참가하여 6년간 경전 77부를 번역하는데 기여했다. 저서는 총 42종 6000여권 가운데 현재 21종 4000여권이 남아 있다. 〈임간록(林間錄)〉에 「조백(棗栢)거사와 청량징관(淸涼澄觀)국사는 모두 화엄경을 널리 밝히신 분으로 그들의 논소(論疏)는 천하에서 으뜸이었다. 그러나 두 분의 몸가짐은 전혀 달랐다. 조백거사(이통현 장자를 말함)는 거리낌 없이 맨발로 다니며 호탕하고 자유자재하여 모든 일에 걸림 없는 마음을 지녔지만, 청량국사는 꼼꼼하고 엄숙하여 옥을 깎아 다듬듯 하였으며, 오욕번뇌(五欲煩惱)를 두려워하고 10가지 서원[十願]으로 몸가짐을 지켰다.」라고 하였다.

    ＊ 사심신선사 : 중국 송나라 때의 고승.

    ＊ 진헐료선사 : 중국 송나라 때의 고승.

    ＊ 자수심선사 : 중국 송나라 때 운문종(雲門宗)의 고승.

    ＊ 원조본선사 : 중국 송나라 때 운문종의 고승. 〈인천보감〉에 「원조 종본(圓照宗本)선사는 상주 사람인데 타고난 성품이 순박하여 겉치레를 일삼지 않았다. 천의의회(天衣義懷)선사에게 귀의하여 헤진 옷에 때 묻은 얼굴을 하고, 물 긷고 방아 찧고 밥 짓는 일을 맡아 보았다. 낮에는 스님네들 뒷바라지에 밤이면 새벽까지 좌선하며 고생을 무릎 쓰고 정진하였는데 조금도 흐트러짐이 없었다. 어떤 사람이 말하기를, "수행하면서 대중의 일도 맡고 있으니 정말 수고가 많습니다." 하니 선사는 "한 법이라도 버리면 원만한 공부라 할 수 없다. 결단코 이 생에서 이 몸으로 깨치려는데 감히 고단하다고 할 수 있겠는가." 하였다.」라고 하였다.

* 중봉본선사 : 중국 원나라 때의 고승.《원각경》《능엄경》등을 비롯한 경론은 물론〈전등록〉을 비롯한 선서(禪書)에도 해박했고, 유교와 도교를 비롯한 제자서(諸子書), 나아가 시(詩)와 부(賦)에도 뛰어났다.「요즘 수행하는 사람들이 영험(靈驗)을 얻지 못하는 데에는 세 가지 이유가 있다. 첫째, 옛날 사람과 같은 진실한 지기(志氣)가 없고, 둘째 생사(生死)와 무상(無常)에 대해 철저히 파고들지 않으며, 셋째 오랜 세월 익혀온 버릇을 버리지 못하기 때문이다.」라는 말씀을 남겼다.

* 위 경문에서 "서방을 향하였다"라든지 "정토로 돌아가게 하였다", "정업에 뜻이 간절하였다"는 모두 염불수행을 하였다는 의미이다.

* 위 경문의 "선(禪)과 정업(淨業)을 겸수(兼修)하여"는 참선과 염불수행을 아울러 닦았다는 의미다.

요즘 어떤 사람은 자신의 지혜가 선인先人들에게 미치지 못함에도, 아만공고我慢貢高하고 세지총변世智聰辯하여 도리어 선인先人을 비방하면서 염불도 하지 않고 극락도 인정하지 않으려 한다. 그들은「나같이 깊은 학식을 갖춘 자가 만약 불법佛法을 닦는다면 적어도 선禪을 공부하거나 유식唯識 정도는 되어야 겨우 분分에 맞을 것이다. 이런 정토소법淨土小法 따위는 그저 늙은이들에게나 설해야 옳을 것이다.」라고 생각한다. 이들의 이런 견해는 가당치도 않은 말이다.

대세지보살은 등각보살이었으니,《무량수경》에서 말하기를,「그는 최존제일最尊第一이니 위신광명이 널리 삼천대천세계를 비춘다.」하였고,《관음경》에서는,「그가 걸어갈 때에는 시방세계가 모두 진동하며, 앉을 때에는 칠보국토가 한꺼번에 동요하며, 아래로 금강불찰金剛佛刹로부터 위로는 광명왕불찰光明王佛刹에 이르기까지 그 중간에 한량없는 분신의 무량수불과 관세음보살과 대세지보살이 모두 운집하였다.」하니, 그의 위신력과 복덕을 추측할 수 있을 것이다. 이런 분이 능엄회상에서 도리어 스스로 말씀하기를,「염불로 말미암아 극락에 태어났다.」하였다.

또한 보현보살도 등각보살이었으니, 백옥과 같은 몸에 육아六牙의 코끼리를 타고 있었다.《화엄경》에 그가 선재善財를 위하여 십대원왕을 설하여 널리 선재와 화장해중華藏海衆으로 하여금 서방정토에 회향왕생하여 원만불과圓滿佛果를 기약하게 하였던 것이다.

용수보살은 용궁에 들어가《화엄경》을 가져왔으며, 철탑鐵塔을 열고 비밀장秘密藏을 전했던 분이다. 그리고 〈대지도론〉 〈회정론〉 〈중론〉 〈십주비바사론〉 〈대승이십론〉 등을 지었으니, 그의 학문에 대한 조예는 상상하고도 남음이 있을 것이다. 《입능가경》에서 석가세존이 미리 수기授記하시기를, 「대혜여, 너는 잘 알아야 한다. 부처는 열반 후 미래세에 반드시 나의 법을 부지扶持할 자는 남천축국의 대명덕 비구이니 그의 이름은 용수龍樹이다. 능히 유무종有無宗을 깨뜨리고 세간 중에 나의 무상대승법無上大乘法을 드러내며 초환희지初歡喜地를 얻어 안락국에 왕생할 것이다.」 하셨다.

또한, 세친보살은 오백부의 소승론小乘論과 오백부의 대승론大乘論을 지었으므로 그를 천부논사千部論師라고 부르기도 하니, 그의 학식의 깊이를 알 수 있을 것이다. 그가 지은 〈왕생론〉 중의 첫머리에서 「세존이시여, 저는 일심으로 온 시방의 무량광여래에게 귀명하옵고 안락국에 태어나기를 원하옵니다.」 하였다. 이와 같은 대보살들도 도리어 모두 극락국에 태어나기를 원하였는데, 우리들은 생각해보면 저들의 몸에 난 한 올 털만큼에도 미치지 못하면서 오히려 교만하여 정토법을 우습게 여길 뿐만 아니라, 극락국에 태어나기를 원하지도 않으니 어찌 해괴한 일이 아니겠는가.

- 방륜方倫 〈정법개술淨法槪述〉

* 아만공고(我慢貢高) : 공고아만(貢高我慢)이라고도 한다. 자만심이나 아상(我相)이 높아 남을 업신여김. 자기만 선법(善法)을 알고 남들은 그러하지 못하다고 여김. 자기만 불법(佛法)을 제대로 이해한다고 여기면서 남들을 무시함.

* 《무량수경》으로 「교만하고 삿되고 게으른 자들은 정토법문을 만나도 믿지 않는다.[憍慢弊懈怠 難以信此法]」 라고 하였다.

* 세지총변(世智聰辯) : 세속의 지혜가 뛰어나고 총명함. 하나를 들으면 열을 알고, 기억력이 뛰어나고 박학다식함. 자만심이 강하여 부처님의 가르침을 배우려 하지 않음. 팔난(八難)에 들어감.

* 연지대사는 〈죽창수필〉에서 「잔에 담긴 물로는 한 수레 섶 더미의 불을 끄지 못하고, 반딧불로는 깊은 골짜기의 어둠을 밝히지 못한다. 조그만 지혜로 업을 얼마나 줄일 수 있겠는가.[杯水不能熄車薪之火 螢光不能破幽谷之昏 今之小智 滅業幾何]」 라고 하였다.

* 남회근 선생은 「우리 중생들은 모두 허환(虛幻)한 망상으로 부처님을 배우고 도(道)를 닦습니다. 그

결과 부처님을 배우지 않았으면 오히려 더 나았을 것인데, 부처님을 배울수록 망상이 많아집니다. 모두 자기의 주관적인 선입견으로 불법을 해석하기 때문에, 배울수록 불법과는 거리가 멀어지고 말할수록 멀어집니다. 심지어는 마구니의 길을 걸어가도 자신이 모릅니다.」라고 하였다.

  * 남회근 선생은 「진흙으로 빚은 한 보살상(菩薩像)에게도 공경심을 일으키면 성불할 수 있는데, 하물며 살아있는 사람에게 공경심을 품으면 더 말할 나위가 있겠습니까. 일반 중생들은 보살이 앞에 있어도 믿지 않을 겁니다. 중생은 아만(我慢) 때문에 영원히 성불하지 못합니다. 아만을 참으로 놓아버릴 수만 있다면 어떤 사람이 선지식이 아니겠습니까. 극락세계에서는 새들조차 불법승(佛法僧) 삼보(三寶)를 찬탄하듯이, 이 세상의 꽃들과 새들도 모두 여러분에게 (불법을) 열어 보이고 있는 것입니다.」라고 하였다.

  * 남회근 선생은 「불법에 귀의한 사람들 중에는 다른 신(神)에게는 절을 하지 않는 사람들이 있습니다. 하지만 절해도 잘못이 없습니다. 이것은 덕 있는 자에 대한 일종의 완전히 자연스러운 존경입니다. 왜 그럴까요. 총명하고 정직한 사람이 죽어서 신(神)이 되기 때문입니다. 이것은 정말 쉽지 않은 일로서 내가 꼭 그렇게 할 수 있는 것이 아니기 때문입니다. 뿐만 아니라 일반 범부들에 대해서도 우리는 사람으로서 그를 공경해야 합니다. 존중하고 예의에 맞아야 합니다. 우리가 삼보(三寶)에 귀의하고 난 다음, 갑자기 스스로 위대해져서 "저런 작은 신(神)에게 뭐하려고 절을 해" 한다면 이것은 공고아만의 심리입니다. 부처님께 귀의하는 것은, 우리가 자존자중(自尊自重)하는 것이지, 도리어 남을 얕잡아 보라는 것이 아님을 알아야 합니다. 마을 수호신인 토지신(土地神)을 깔보아서는 안 됩니다. 착한 일을 많이 해야 죽어서 토지신이 될 자격이 있습니다. 우리 스스로 생각해 보아야 합니다. 토지신은 말할 것도 없고 토지신의 아들이라도 될 자격이나 있습니까. 오만해서는 안 됩니다. 일체중생을 마땅히 공경해야 합니다. 그래야 진정으로 부처님을 배우는 사람입니다.」라고 하였다.

  * 육조 혜능선사는 「항상 자기의 허물만 보고 남의 시비, 선악은 보지 않는다.」라고 하였다.

  * 오조(五祖) 법연(法演)선사는 「20년 동안 죽는 힘을 다해서 공부하니, 이제 겨우 내 부끄러운 줄 알겠다.」라고 겸손해 하면서, 뒷날 선가(禪家)의 보물인〈벽암록(碧巖錄)〉을 쓰게 되는 제자 원오(圓悟) 극근(克勤)선사에게 법연사계(法演四戒)를 내려 주어 경책(警責)했다. 법연사계는 이렇다.「세력을 다 쓰지 마라. 복을 다 누리지 마라. 법(규율)을 다 행하지(지키지) 마라. 좋은 말이라고 다 하지 마라.[勢不可使盡 福不可受盡 規矩不可行盡 好語不可說盡]」

  * 위 경책(警責)의 글을 제자에게 내려준 오조 법연선사는 부연설명하기를, 세력을 다 쓰지 말라는 이유

는 만일 세력을 다 쓰면(행사하면) 반드시 화(禍)가 생기기 때문이요, 복을 다 누리지 말라는 뜻은 만일 복을 다 누리면(받으면) 반드시 궁(窮)하게 되기 때문이요, 법(규율)을 다 행하지(지키지) 말라는 이유는 규율을 하나도 빼지 않고 모조리 지키기를 강요하면 사람들이 반드시 귀찮게 여기기 때문이요, 좋은 말이라고 다 하지 말라는 뜻은 좋은 말이라고 해서 다하면, 들은 사람은 반드시 소홀히 여기기 때문이라고 하였다.

 * 수기(授記) : 부처님께서 제자나 보살이나 중생에게 미래에 부처가 되리라고 예언하시는 일. 수기를 하시면서 뒷날 가질 부처님의 이름과 교화하실 나라와 부처님의 수명을 같이 말씀하신다. 대승경전에는 수기를 내리는 장면이 많이 나오는데,《무량수경》에서 법장(法藏)비구는 세자재왕불(世自在王佛)로부터 장차 아미타불이 될 것이라는 수기를 받았고,《법화경》에서는 성불은 꿈도 꾸어보지 못한 사리불, 수보리, 마하가섭, 아난, 부루나, 라훌라 등 무수히 많은 성문(聲聞)들이 부처님으로부터 수기를 받았으며, 그리고 악인(惡人)을 대표하는 제바달다(提婆達多)마저도 수기를 받았고, 또 성불하지 못한다고 여겨져 왔던 여성마저 수기를 받는데 그 여성이 바로 용녀(龍女)다.《법화경》의 한 구절을 보자.「이 때 부처님은 아난에게 말씀하셨다. 그대는 오는 세상에 마땅히 성불하여 이름을 산해혜자재통왕(山海慧自在通王) 여래 응공 정변지 명행족 선서 세간해 무상사 조어장부 천인사 불 세존이라 하리라...(중략)...나라의 이름은 상립승번(常立勝幡)이니, 국토가 청정하여 유리로 땅이 되어 있느니라. 겁(劫)의 이름은 묘음변만(妙音 徧 滿)이요, 부처님 수명은 한량없는 천 만억 아승기겁이니라.」

 《관무량수경》의 제 14관(觀)중 상배관(上輩觀)에서는 상품상생(上品上生)으로 왕생하는 자에 대해「잠깐 사이에 시방세계를 다니면서 여러 부처님들을 섬기고 부처님 앞에서 수기(授記)를 받고 다시 극락세계로 돌아와 한량없이 신통한 지혜인 다라니문(陀羅尼門)을 얻는다.」라고 하였고, 상품중생(上品中生)으로 왕생하는 자에 대해서는「수행자는 자유자재로 시방세계를 두루 날아다니면서 부처님들을 섬기며 그곳에서 모든 삼매를 닦아 1소겁(小劫)이 지나면 무생법인을 얻고 부처님 앞에서 수기를 받는다.」라고 하였다.

 과거세에 선혜(善慧)보살로서 보살계를 닦고 있을 때, 석가모니는 스스로 부처가 되겠다는 서원을 세웠다. 그러던 중 어느 날 연등불(燃燈佛)이라는 부처님이 오신다는 소식을 듣고는 길에서 기다리다가 일곱 송이의 연꽃을 부처님에게 공양하였다. 연등불은 미소로써 이를 받으시고는 "너는 미래세에 석가모니불이라는 부처가 될 것이다."라는 수기를 주셨다고 한다. 혹은 연등불이 오신다는 말을 듣고는 공양물을 준비하지 못해 스스로 진흙길에 엎드려 몸을 밟고 지나가시게 하여 수기를 받았다고도 한다. 이 때 연등불께서 진흙 위에 누워 있는 선혜보살을 보시고 찬탄하시길 "착하고 착하다. 너의 심성이 참으로 기특하구나. 100겁을 지낸 뒤에 사바세계에서 성불하여 석가모니라는 부처가 되어 나와 같이 삼계 중생을 제도하리라."고 수기하셨다. 《금강경》에 「연등불께서 나에게 수기를 내리시면서 "그대는 오는 세상에 마땅히 부처가 되어 석가모니라 불릴 것이다."라고 말씀하셨다.[是故燃燈佛 與我授記 作是言 汝於來世 當得作佛 號釋迦牟尼]」라는 구절이 있고, 《법화경》 법사품(法師品)에 부처님은 약왕보살과 8만의 보살을 향하여 「법화경의 한 구절, 한 게송을 듣고 한 번만이라도 기쁜 생각을 일으킨 사람은 누구이든지 반드시 부처를 이룰 것이다.」라고 수기를 하셨고, 영명 연수선사의 〈종경록〉에는 「유정중생이 수기를 받으면 무정중생도 함께 수기를 받는다.[卽有情得記 無情亦然]」라는 구절이 있다.

＊ 유식(唯識) : 유식이란 말은 '오직 마음'이란 뜻으로, 정신과 물질 등 안팎의 모든 것들은 오직 마음[心識]이 만들어 내는 것이고, 따라서 심식(心識)을 떠나서 존재할 수 없다는 의미이다. 즉, 부처나 만법이 모두 자성(自性)이 변하여 나타난 것이라고 본다. 유식학(唯識學)은 중국의 현장법사와 그의 제자 자은대사에 의해 법상종(法相宗)으로 체계화되었고, 우리나라에서는 신라의 원측법사가 대표적인 학승이었다.

＊ 남회근 선생은 「석가모니 부처님은 일체가 유심(唯心)이라고 하셨습니다. 모두 자기이지 하느님이 없다는 것입니다. 염라대왕도 없고 천당도 없고 지옥도 없습니다. 만약 있다면 이 모든 것들은 당신이 변하여 나온 것입니다.」라고 하였다.

우익대사께서 집지명호에 대해 말씀하시기를, 「정토법문은 심오하고 미묘하여 일체의 희론을 다 소멸시키며, 일체 의견을 다 베어버린다.」라고 하였다. '희론戲論'은 바로 연구하고 토론하는 것을 말한다. 이는 마치 어린아이가 장난하는 것과 같아서 한 마디도 진실한 것이 없다.

마음이 청정해질 때까지 염불하여 일체 법문을 초월하게 되면, 부처님께서 49년 동안 설법한 것이 모두가 희론에 속한다는 말을 할 수 있다. 오직 한 번의 부처님의 명호만이 일체를 포함하며, 그 나머지 마음을 관관觀하거나 화두를 참구하거나 법어로 대화하는 것은 모두 희론이라고 말할 수 있다.

염불법문은 오로지 마명馬鳴, 용수龍樹, 지자智者, 영명永明만이 감당할 수 있었으며, 그 나머지 그와 동등하거나 그보다 못한 사람들은 정성을 다해도 받아들일 수 없었다. 중국의 8대 종파는 모두 마명과 용수가 전한 것이다. 그들은 8대 종파의 조사이며, 옛날 인도의 대보살이시다.

지자대사는 천태종의 조사이며, 영명연수대사는 참선으로 대철대오하여 명심견성 하였다. 그러나 만년에 고개를 돌려 오로지 정토를 넓혀 정토종의 6대 조사가 되었다. 그는 아미타불의 화신이다.

이 이야기는 체한諦閑의 후계자 보정寶靜법사가 지은 〈미타요해친문기彌陀要解親聞記〉 중에 자세하게 기록되어 있다. 지명염불은 지극히 원만하고 단박에 깨닫기 때문에, 어떠한 법문도 모두 부처님의 명호 안에 들어가 있다.

그러므로 법상종의 조사인 규기窺基대사 역시 염불법문을 '위없는 대법大法'이라고 말한 것이다. 염불은 하루 내지 칠일이면 성공할 수 있다. 이러한 법문은 다른 일체의 경經과 논論에는 없는 것으로, 오직 계속해서 염불해 나가기만 한다면 다른 방법에 의지할 필요 없이 자연스럽게 마음이 열리게 된다.

-정공법사

* 철오선사는 집지명호에 대해 「이른바 '집지명호' 란 두 손으로 꽉 받들어 가슴에 새기고 지키는 걸 가리키며, 마음에 굳게 새기고 지녀 잠시도 잊지 않는다는 뜻이며, 혹 한 생각이라도 끊어진다면 이는 집지(執持)가 아니다.[所謂執持名號者 卽拳拳服膺之謂 謂牢持於心 而不暫忘也 稍或一念間斷 則非執持]」 라고 하였다.

* 우익대사는 〈아미타경요해〉에서 「부처님 명호를 부르는 지명염불은 원래 간단하고 쉽고 곧바로 질러가는 길이며, 누차 말하지만 지극한 원돈(圓頓)의 법문이다. 생각 생각마다 곧 부처를 이루기 때문에 관상(觀想) 수행을 하지 않아도 되고, 이치(교리)를 참구할 필요가 없다. 바로 이 자리에서 당장 원융해지고 밝아져서 모자람도 없고 남음도 없다.[當知執持名號 旣簡易直捷 仍至頓至圓 以念念卽佛故 不勞觀想 不必參究 當下圓明 無餘無欠]」 라고 하였다.

* 희론(戱論) : 세속의 쓸데없는 말장난. 언어유희. 진리와 동떨어진 말.

정토 염불이 가장 뛰어난 수행법임은 마명보살이 〈대승기신론〉에서 보여주었소. 또 정토 염불이 가장 쉽고 가장 빨리 도달하는 길임은 용수보살이 〈십주비바사론十住毘婆沙論〉에서 밝히고 있소. 석가모니불의 후신인 지자대사가 〈십의론十疑論〉을 설하면서 오로지 서방극락에 초점을 맞추었고, 아미타불의 후신인 영명선사는 〈사료간〉을 지어 종신토록 염불을 행하며 가르쳤소. 담란대사가 지은 〈왕생론주往生論註〉는 고금에 둘도 없이 미묘한 저술이오. 도작대사는 정토삼부경을 이백 번 남짓 강론했으며, 선도화상은 《정토삼부경》에 주석을 달아 대중들에게 염불수행에 전념할 것을 적극 권장하였소.

最勝方便之行 馬鳴示于起信 易行疾至之道 龍樹闡于婆沙 釋迦後身之智者 說十疑論而專志西方 彌陀示現之永明 著四料簡而終身念佛 曇鸞著往生論註 妙絶古今 道綽講淨土三經 近二百編 善導疏淨土三經 力勸專修
                                                                    - 인광대사

* 용수보살은 〈십주비바사론(十住毘婆沙論)〉에서 「불법의 바다에 들어가는 데에는 수많은 문이 있다. 마치 세상의 길에 어려운 길이 있고 쉬운 길이 있는 것과 같다. 육지의 길에서 걸어가는 것은 힘들고, 바다의 길에서 배를 타는 것은 즐거운 것이니 보살의 길도 역시 이와 같다. 부지런히 행하여 정진하는 길이 있고, 혹은 믿음이라는 방편으로써 행하기 쉬운 길로 속히 아비발치에 이르는 길이 있다. 만약 사람이 속히 불퇴전지에 도달하려면 응당 공경심으로 부처님 명호를 꽉 잡고 불러야 한다.[佛法有無量門 如世間道有難有易 陸道步行則苦 水道乘船則樂 菩薩道亦如是 或有勤行精進 或有以信方便易行疾至阿惟越致地者 若人欲疾至不退轉地者 應以恭敬心 執持稱名號]」라고 하였는데, 믿음이라는 방편으로써 행하기 쉬운 길이 바로 이행문(易行門)이며 염불이 이행문인 것이다.
  * 용수보살의 〈광대발원송(廣大發願頌)〉의 일부를 소개한다.
「부처님의 정법 가운데 설하신 바와 같이 원력이 견고하고, 또 진실하게 저는 항상 모든 세존께 공양드리며 최후에 성불하기를 원하나이다. 저는 태어날 때마다 깊은 지혜 갖추어 항상 묘길상(妙吉祥)보살 같기 원하옵니다. 자비심으로 고통 없애고 세간의 중생 구하는 관자재보살 같기 원하옵니다. 어질고 선한 사랑의 눈으로 중생 돌보는 보현보살과 다름없기를 원하옵니다. 자비한 뜻으로 모든 중생들 잘 돌보는 자씨존(慈氏尊:미륵보살) 같기를 언제나 원하옵니다.[如佛正法中所說 願力堅固復眞實 我常供養諸世尊 願我最後得成佛 願我生生具深智 常如妙吉祥菩薩 悲心息苦救世間 願如觀自在菩薩 賢善愛眼視衆生 願

與普賢尊無異 慈意善觀諸情品 願我常如慈氏尊]

* 인광대사는 「옛 사람이, "다른 법문으로 도(道)를 배우는 것은 개미가 높은 산에 기어오르는 것과 같지만, 염불로 극락왕생하는 것은 순풍(順風)에 돛단배가 물살 따라 나아가는 것과 같다." 라고 말씀하신 비유가 가장 적절한 표현이라 하겠소.[昔人謂餘門學道 似蟻子上於高山 念佛往生 如風帆揚於順水 可謂最善形容者矣] 라고 하였다.

석가모니께서 질문을 받지 않고 설하신 정토법은 그 분의 위대한 자비심을 나타낸다. 극락세계의 장엄한 경계와 아름다움은《아미타경》에 잘 설해져 있다. 시방 세계의 모든 부처님들이 정토법을 칭찬하셨고, 많은 보살과 조사들이 이 법을 수행했다. 예부터 위대한 보살들인 관세음보살, 대세지보살, 문수보살과 보현보살이 모두 정토법을 옹호하고 수행했다. 불법佛法이 중국에 전파된 이래, 수많은 선승과 위대한 조사들이 정토를 권장하였다. 석가모니부처님이 가르치시고 시방의 모든 부처님들이 칭찬하신 경이로운 정토법이 얼마나 완벽하고 숭고한 법인가. 반면에 우리는 단지 미망迷妄과 번뇌에서 벗어나지 못한 범부에 불과하다. 이러함에도, 이 법을 깔보는 거만하고 건방진 사람들이 있는 것은 놀라운 일이다.

《화엄경》에 53선지식들을 찾아 여행길에 오른 선재동자에 관한 잘 알려진 이야기가 있다. 선재동자가 처음 만난 덕운德雲 비구가 이 귀중한 정토법을 소개했다. 그로부터 선재동자는 마지막으로 53번째 선지식인 위대한 보현보살을 만날 때까지 여행을 계속했다. 이 보현보살도 또한 경이로운 정토법을 가르쳤다. 따라서 이 말세의 수행자들에게 정토법이 절대적으로 중요함을 우리는 알아야 한다. 부처님의 제자로서, 우리는 이 법의 수행을 될수록 빨리 시작해야 한다.

요컨대, 선禪과 정토는 서로 보완한다. 과거에 시방의 모든 부처님들이 이 법들에 의지하고, 수행하여 성불하셨다. 현재의 모든 부처님들도 마찬가지로 이 법들에 의지하여 수행하고 성불한다. 미래의 모든 부처님들도 마찬가지다. 이 두 법은 다른 많은 경들도 있지만, 특히《화엄경》《법화경》《능엄경》에서 사람들에게 공부하고 수행하도록 간곡히 설해져 있다. 석가모니부처님이 말씀하셨다.

「많은 수행법이 있고 이들 모두가 생사의 윤회를 끊을 수 있다. 정토에 왕생을 발원하면서 부처님 명호를 외우는 것이 지름길이다.」

경이롭고 완전한《화엄경》《법화경》의 가르침과 보현보살의 장엄한 행은 모두 정토를 가리키고 정토로 이끈다. 마찬가지로 마명, 용수조사로부터 위대한 스님인 천태, 영명, 연지, 중팽대사까지 모두 정토를 선호하셨다. 이제부터 여러분들은 계를 지키고, 몸과 입과 마음으로 짓는 업들을 청정하고 깨끗하게 해야 한다. 그러면 마음이 자연스레 청정해진다. 만일 여러분들이 살생하지 않고, 도둑질하지 않고, 사음하지 않으면, 몸으로 짓는 업이 청정해진다. 만일 여러분들이 거짓말하지 않고, 비단결같이 꾸며 말하지 않고, 두 가지 다른 말 하지 않고, 악담惡談하지 않으면, 입으로 짓는 업이 청정해진다. 만일 여러분들이 욕심내지 않고, 화내지 않고, 어리석은 생각을 하지 않으면, 마음으로 짓는 업이 청정해진다. 만일 여러분들이 열 가지 악업을 영원히 끊을 수 있다면, 삼계는 깨끗하고 청정해진다. 여러분들이 마음을 청정히 하려면 이 점을 중요하게 생각해야 한다.

일단 여러분들의 마음이 청정하고 깨끗해지고, 사바세계의 모든 고통에 대한 혐오감을 일으켰으면, 극락세계에 왕생하려는 원願을 세워야 한다. 그리고 생사의 윤회를 끊기 위해 염불을 바르게 수행해야 한다. 밖에서 오는 모든 어수선한 일들에 마음을 닫아버리고, 24시간 하루 종일 쉬지 않고 생각 생각마다 일심으로 부처님 명호를 외워야 한다. 걸을 때나, 서있을 때나, 앉아있을 때나, 누워있을 때나, 움직이거나 조용히 있거나, 바쁘거나 한가하거나, 여러분들은 어지러운 생각 없이 항상 맑은 마음을 지녀야 하고, 외부의 상황에 영향을 받아서는 안 된다.

석가모니부처님이 말씀하셨지만, 어떤 사람이 염불과 정토왕생을 말로만 하고 끊임없이 청정하지 않은 생각과 악업을 지어가며, 계를 지키지도 않고 번뇌를 끊지도 않으면 이 사람은 결코 도道를 이룰 수 없다. 이러한 까닭으로 모든 수행자들은 계戒 지키는 것을 바른 관법觀法과 염불수행을 위한 토대로 삼아야 한다. 누구라도 이렇게 수행하는 사람은 정토왕생이 확실히 보장된다.

-감산대사

＊〈대지도론〉에「묻는다. 시방에 한량없는 부처님과 보살들이 계시다면 지금 이 중생들은 삼악도에 빠진 이가 많거늘 어찌하여 오시지 않는가.

답한다. 중생들의 죄가 무거운 까닭에 비록 부처님과 보살들이 오신다 해도 보이지 않는 것이다. 또한 법신의 부처님은 항상 광명을 놓으시고 항상 법을 설하시지만, 죄 때문에 보이지도 들리지도 않는다. 비유하건대 해가 떴어도 눈이 먼 이는 보지 못하고, 우레가 천지에 진동하여도 귀가 먹은 이는 듣지 못하는 것과 같다. 이와 같이 법신은 항상 광명을 놓고 항상 법을 설하건만 중생들의 한량없는 겁의 죄가 두텁고 무겁다면 보거나 듣지 못하는 것이다. 밝은 거울과 맑은 물에 얼굴을 비추면 곧 보이고, 때가 가리거나 맑지 못하면 보이지 않듯이 중생들의 마음이 청정하면 곧 부처님을 뵙게 되고, 마음이 맑지 못하면 부처님이 보이지 않는다. 또한 이제 실제로 시방의 부처님과 보살들이 와서 중생을 제도하시지만 보이지 않을 뿐이다.」라고 하였다.

＊불경에「모든 죄 중에 살생업이 가장 무겁고, 모든 공덕 중에서 방생이 제일이니라.[諸餘罪中殺業最重 諸功德中放生第一]」하였다.

＊인광대사는「예부터 지금까지 두루 살펴보면, 잔인하고 재물과 음식에 탐닉한 자들은 집안이 대부분 끊겼으며, 어질고 자비와 사랑으로 만물을 구제해준 자들은 자손이 반드시 창성하였소. 진실로 비린내(육식)와 매운맛(오신채)을 영원히 끊어야, 바야흐로 부처님의 가르침과 진리에 부합한다고 일컬을 수 있겠소.」라고 하였다.

＊번뇌(煩惱) : 불교에서 번뇌라는 단어는 무척 중요한 용어다. 마음속에 있는 아집(我執)을 중심으로 하는 그릇된 생각이나 성격을 모두 번뇌라 한다. 번뇌의 근원은 무명(無明)이다. 번뇌를 다른 말로 결박(結縛)/ 결사(結使)/ 더러운 티끌[垢塵]/ 객진(客塵)/ 진로(塵勞)/ 전박(纏縛)이라 한다. 불교에서는 '번뇌가 곧 보리이다.[煩惱卽菩提]'라는 말이 있다. '생사즉열반(生死卽涅槃)'과 같은 말인데, 이는 마음이 미혹(迷惑)하면 번뇌(煩惱)이고, 번뇌를 해탈(解脫)하면 보리(菩提)라는 것으로, 즉 번뇌와 보리가 따로 있지 않다는 뜻이다. 달리 말하면, 깨치지 못한 중생의 어리석은 견해로 보면 미망(迷妄)의 주체인 번뇌와 깨달음의 주체인 보리(菩提)가 다른 것이지만, 깨친 입장에서 보면 번뇌와 보리가 하나여서 아무런 차별이 없다는 말이다.

＊서산대사는〈선가귀감〉에서「사익경(四益經)에서 부처님은 "모든 부처님께서 세상에 오신 것은 중생을 제도하기 위함이 아니라, 생사(生死)와 열반이라는 두 가지 견해에 집착하는 것을 바로잡아주기 위

해서이니라." 라고 하셨다.」라고 하였다.

　＊ 남회근 선생은 「번뇌가 곧 마구니입니다. 유마경은 "번뇌가 곧 보리이다.[煩惱卽菩提]" 라고 했습니다. 부처님은 말씀하십니다. 일념(一念)사이에 팔만사천가지의 번뇌가 있다고요. 운동을 하면서도 머릿속은 온통 다른 생각뿐입니다. 엘리베이터를 타고 내려오면서도 얼마나 다른 생각들을 합니까. 마음이 온통 산란하여 선정(禪定)을 이루지 못합니다. 이것이 바로 번뇌입니다.」라고 하였다.

　진헐眞歇 료了선사의 〈정토설〉에 「(선禪을 닦는) 조동종의 스님들이 모두 은밀히 정토법문을 수행하기를 힘쓰고 있으니 무슨 까닭인가. 진실로 염불법문이 지름길로 질러가는 수행이요, 대장경의 가르침을 바로 따르는 것이며, 상상 근기를 접인하는 것이요, 중하근기도 끌어들이기 때문이다 하였고, 또 말하되 선종의 대사들이 텅 비지도 않고 있지도 않은 법을 이미 깨닫고도 정토법문에 뜻을 세워 정업淨業에 힘쓰는 것은 정토에 가서 부처님 뵙는 것이 선종에서보다 훨씬 간단하고 쉽기 때문이 아니겠는가.」하였다.

　또 말하기를, 「부처님이나 조사들이 교에서도 선에서도 모두 정토법을 닦아 한 근원으로 돌아가셨으니, 이 문에만 들어가면 무량법문을 모두 증득할 수 있다.」하였다. 천의회선사, 원조본선사, 자수심선사, 남악혜사선사, 법조선사, 정애선사, 정자대통선사, 천태회옥선사, 양나라 도진선사, 당나라 도작선사, 비릉법진선사, 고소수눌선사, 북간간선사, 천목예선사 등 여러 대덕들이 다 선문禪門의 종장宗匠들로서 은밀히 수행하고 드러나게 교화하여 정토를 선양한 뜻이 일찍이 같이 약속한 일이 없었음에도 같았다.

　어찌 특별히 대덕大德뿐이랴. 내 일찍이 노덕 스님께 들으니, 오가五家의 종파와 천하의 선승으로서 깨달은 이나 깨닫지 못한 이들 중에 한 사람이라도 정토에 돌아가지 않은 이가 없다고 하였다. 그 까닭을 물으니 이내 말하기를, 백장 회해선사는 마조선사께서 도를 전한 적자嫡子로 천하의 총림에서 옛날부터 지금까지 한 가지도 그의 법을 어기는 이가 없었다. 그가 병든 스님을 위하여 염송할 적에 한 게송을 선양하여 아미타불을 찬탄하고, 다시 같은 음성으로 백번 천 번 염불하고는 회향하면서 엎드려 발원하기를, 「모든 인연이 다하지 못하였으니, 어찌 일찍이 가벼이 볼 것인가. 죽음을 피하기 어려우면 극락으로 질러가라.」하였으니, 이는 정토를 가리켜 귀의함이 아니던가.

또 죽은 스님을 봉송할 적에,「혼령이 정토에 오르면 업은 번뇌를 물리치고, 상품上品의 연꽃이 피면 부처님으로부터 일생에 부처가 되리라는 수기를 받을지라.」한 것은 정토를 가리켜 귀의함이 아니던가. 다비할 적에 다른 일은 하지 않고 오직 유나維那를 시켜「나무 서방 극락세계 대자대비 아미타불」을 소리 높여 제창하며, 이렇게 열 번 제창하면 대중이 열 번 화답하였다. 이것이 정토를 가리켜 귀의함이 아니던가.

眞歇了禪師作淨土說有云 洞下一宗皆務密修 其故何哉 良以念佛法門徑路修行 正按大藏 接上上根器 傍引中下之機 又云 宗門大匠已悟不空不有之法 秉志孜孜於淨業者 得非淨業之見佛簡易於宗門乎 又云 乃佛乃祖在教在禪 皆修淨業同歸一源 入得此門 無量法門悉皆能入 至如天衣懷禪師 圓照本禪師 慈受深禪師 南嶽思禪師 法照禪師 靜靄禪師 淨慈大通禪師 天台懷玉禪師 梁道珍禪師 唐道綽禪師 毘陵法眞禪師 姑蘇守訥禪師 北澗簡禪師 天目禮禪師等諸大老 皆是禪門宗匠 究其密修顯化 發揚淨土之旨 則不約而同 豈特諸大老爲然 余嘗聞一老宿言曰 合五家之宗派 盡天下之禪僧 悟與未悟 無有一人不歸淨土者 因問其故 乃曰 如百丈大智海禪師 是江西馬祖傳道之嫡子 天下叢林依他建立 從古至今 無一人敢議其非 天下淸規依他擧行 從始至末 無一事敢違其法 看他爲病僧念誦之規云 集衆同聲擧揚一偈 稱讚阿彌陀佛 復同聲稱念南無阿彌陀佛 或百聲或千聲 回向伏願云 諸緣未盡 早遂輕安 大命難逃 徑歸安養 此非淨土之指歸乎 又看他津送亡僧 大夜念誦回向伏願云 神超淨域 業謝塵勞 蓮開上品之花 佛授一生之記 此非淨土之指歸乎 至於茶毘之際 別無所爲 但令維那引聲高唱南無西方極樂世界大慈大悲阿彌陀佛 如是十唱而大衆十和 此非淨土之指歸乎

- 천여 유칙선사〈정토혹문〉

정토법문은 일승요의一乘了義의 가르침입니다. 만선萬善이 함께 한 가지로 돌아가는 귀착점이고, 범부凡夫와 성인聖人을 가지런히 거두어들이며, 이근利根과 둔근鈍根 모두에게 가피加被를 주고, 단박에 팔교八敎를 갖추며, 원만히 오종五宗을 거두고, 횡횡橫橫으로 삼계를 초월하며, 지름길로 사토四土에 올라 한 생만 지나면 성불하니, 가히 구품九品의 연대蓮臺로 올라가는 사다리입니다. 시방세계의 모든 부처님께서 함께 찬탄하시고, 천경만론千經萬論에서 한결같이 가리키고 있습니다. 염불삼매는 삼매중의 왕이자 불가사의 하고 미묘한 법문입니다.

 一乘了義 萬善同歸 凡聖齊收 利鈍悉被 頓該八教 圓攝五宗 橫超三界 逕登 四土 一生成辦 九品可階 十方諸佛同讚 千經萬論共指 寶王三昧 不可思議 微妙法門
　　　　　　　　　　　　　　　　- 하련거夏蓮居거사 〈정수첩요淨修捷要〉

* 정공법사는 「하련거거사는 선(禪)/ 밀(密)/ 교(敎)에 대해 모두 깊이 연구를 하였지만, 말년에는 이것들을 전부 내려놓고 부처님 명호가 입에서 떠나지 않았다. 이 때문에 사람들이 그에게 부처님 명호에 미혹되어 있다고 말할 정도였지만, 그는 그들의 말을 듣고도 듣지 않았다. 이는 그야말로 좋은 본보기다.」 라고 하였다.

* 성철스님은 「법화경은 부처님이 49년 동안 설법한 말씀의 총 결산이라 할 수 있는데, 여기에서 가장 골자가 되는 것이 바로 방편품(方便品)입니다. 거기에 보면 '시방세계 국토 중에 오직 일승법만이 있다'고 말하고 있습니다. 일승법(一乘法)이란 이 세상에 부처님 아닌 것이 없고, 극락세계 아닌 곳이 없다는 말입니다. 그러나 중생을 교화하고 구원하기 위해 이승(二乘), 삼승(三乘)의 방편을 설하셨습니다. 그리고 방편설은 사실 그대로의 참말은 아니지만 수단으로서 인정한다고 적혀 있습니다. 결국 일승(一乘)을 말씀하시기 위해 이승과 삼승을 설하신 것입니다. 또 육조스님은 "부처님은 아직 지혜가 성장하지 못한 사람들을 상대하였기 때문에 방편설을 쓰셨지만, 나는 지혜가 발달한 사람들을 상대하기 때문에 방편을 쓰지 않는다." 고도 하였습니다.」 라고 하였다.

* 사토(四土) : 극락에는 네 국토[四土]가 있다고 천태종에서는 말한다. 범성동거토(凡聖同居土)/방편유여토(方便有餘土)/실보국토(實報國土)/상적광토(常寂光土)가 그것이다. 범부가 업장을 짊어진 채 극락에 왕생하면 범성동거토에 거주하고, 견혹과 사혹을 끊으면 방편유여토에 거주하며, 무명까지 타파하면 실보국토에 거주하고, 무명(無明)이 깨끗이 사라지면 상적광토에 거주한다.

* 정공법사는 「서방에는 사토(四土)가 있다. 상적광토를 제외하고 다른 세 국토에는 모두 삼배구품(三輩九品)이 있는데, 이는 모두 업(業)을 가지고 왕생한다. 기타의 다른 모든 부처님 세계에도 사토(四土)와 삼배구품이 매우 분명하여 각 계층마다 서로 장벽을 갖고 있으나, 오직 서방정토의 사토(四土)와 삼배구

품에는 장애가 없다.」라고 하였다.

＊ 정공법사는 「염불하는 사람은 업을 가진 채 왕생한다. 서방정토에 태어나면 즉시 원만하게 사토(四土)를 청정하게 하는데, 이는 정말로 믿기 어렵다. 이와 같은 수승한 과보는 아미타불의 본원 위신력의 과보이다.」라고 하였다.

＊ 천경만론(千經萬論) : 수많은 경전과 수많은 논(論). 참고로, 경(經)을 풀이한 것을 논(論)이라 한다. 용수보살의 〈대지도론〉, 마명보살의 〈대승기신론〉, 무착보살이 선정(禪定) 중에 도솔천에 올라가 미륵보살의 설법을 듣고 기록했다는 〈유가사지론〉, 원효대사의 〈금강삼매경론〉 등이 대표적인 논(論)이다.

＊ 구품(九品) 연대(蓮臺) :《무량수경》에 보면, 극락에 왕생할 때 생전의 수행정도나 염불의 깊이 또는 계율을 얼마나 지켰는지에 따라 왕생의 품위(品位)에 차등이 생기는데, 이를 구품이라 한다. 상품상생(上品上生)은 금강대(金剛臺)를 타고 왕생하고, 상품중생(上品中生)은 자마금(紫磨金)을 타고 왕생하며, 상품하생(上品下生)은 금련화(金蓮華)를 타고 왕생한다. 이것을 연대(蓮臺) 또는 연화대(蓮華臺)라고 한다. 자세한 것은 '관무량수경의 구품왕생' 편에 있다.

염불법문은 율律과 교敎와 선禪과 밀종密宗 등 모든 종宗의 귀착점이자 사람과 천인, 범부와 성인이 부처가 되는 지름길이다. 일체법문이 이 법문으로부터 흘러나오지 않는 것이 없고, 일체의 수행문이 이 법문으로 돌아가지 아니함이 없다.

이로써 염불법문이야말로 실로 시방삼세 모든 부처님께서 위로는 부처를 이루는 도道이고, 아래로는 중생을 교화하는 도道임을 알 수 있다. 처음부터 끝까지 온통 모든 것을 다 갖춘 총지법문이다. 고로 구계九界가 함께 귀의한다. 시방의 모든 부처님들께서 함께 찬탄하는 법문이며, 모든 경經에서 아울러 드러내고, 온갖 논서論書들이 고르게 드날리는 법문이다.

念佛法門 乃律敎禪密諸宗之歸宿 人天凡聖成佛之捷徑 一切法門 無不從此法界流 一切行門 無不還歸此法界 由是知念佛法門 實爲十方三世一切諸佛 上成佛道下化衆生 成始成終之總持法門 故得九界同歸 十方共讚 千經倂闡 萬論均宣
                                                                                    - 인광대사

＊ 인광대사는 「정토법문을 진짜 수행하는 사람에게는, 선가(禪家)의 깨달음의 법어(法語)조차 쓸모가

없다오.[眞修淨土人 用不得禪家開示] 라고 하였다.

＊〈불법도론〉에 「정토를 닦는 사람은 선종의 문자를 탐구하지 않는 게 가장 좋다. 이는 견지(見地)가 약간이라도 어긋나면 두 법문이 죄다 파괴될 수 있기 때문이다.」라는 말씀이 있다.

＊당나라의 규봉종밀 선사는 「 '선(禪)' 이란 무엇인가. 선(禪)은 인도 말이다. 즉, '선나(禪那)' 를 줄인 말로서 중국에서는 '생각으로 닦는다.[思惟修]' 또는 '고요히 생각한다.[靜廬]' 로 번역하였는데 모두 선정과 지혜를 함께 부른 것이다. 일체의 중생이 갖고 있는 본래의 성품을 불성(佛性), 또는 심지(心地)라고 하는데, 이를 깨닫는 것을 지혜라 하고 닦아가는 것을 선정이라 한다. 그러므로 선정과 지혜를 통틀어 선(禪)이라 부른다. 중생들이 참된 것에 미혹하고 번뇌에 합하는 것을 산란하다 하고, 번뇌를 등지고 참된 것에 합하는 것을 선정(禪定)이라 한다. 만일 본래의 성품을 논한다면 이는 참된 것도 아니고 거짓도 아니며 등지는 것도 없고 합하는 것도 없다. 또 고요한 것도 없고 산란한 것도 없는데 누가 선(禪)을 말하겠는가. 이 성품은 선문(禪門)의 근원일 뿐만 아니라 만법(萬法)의 근원이 되는 까닭에 법성(法性)이라 하고, 또 중생이 미혹하고 깨닫는 근원이 되므로 여래장장식(如來藏藏識)이라 하며, 또 모든 부처님의 여러 가지 덕의 근원이 되는 까닭에 이름을 불성(佛性)이라 한다. 또 보살의 온갖 행의 근원이 되는 까닭에 심지(心地)라 부르기도 한다.《범망경(梵網經)》심지법문품(心地法門品)에 "이것은 모든 부처님의 근본 원리며, 보살도를 행하는 근본이고 대중 여러 불자(佛子)의 근본이다." 하였다. 온갖 행(行)이 보시(布施)·지계(持戒)·인욕(忍辱)·정진(精進)·선정(禪定)·지혜(智慧) 등 육바라밀(六波羅蜜)에서 벗어나지 않으니, 선문(禪門)은 단지 이 여섯 가운데 하나로서 다섯 번째에 해당한다. 그러니 어찌 선행만을 가지고 참된 성품을 한꺼번에 닦아나갈 수 있겠는가. 그러나 선행은 매우 싱그럽고 묘하여 일체의 지혜와 묘한 작용과 온갖 행과 덕을 일으키고, 신통 광명이 모두 선정으로 말미암아 생기는 것이다. 그러므로 배우는 사람들이 도를 구할 때는 반드시 선정을 닦아야 한다. 이것을 여의고서는 문이 없고 길이 없다. 심지어 염불하며 극락 세계에 나기를 원할 때에도 생각이 다른 데로 흩어지지 않게 삼매(三昧)를 닦아야 한다. 또 참된 성품은 더러운 것도 아니고 깨끗한 것도 아니라서 성인이나 범부에게 차별이 없지마는 선에는 얕고 깊음이 있어서 계급이 같지 않다. 말하자면 이상한 계교를 부려 위고 올라가는 것을 좋아하고 아래로 내려가는 것을 싫어하여 마음을 닦는 것을 외도선(外道禪)이라 하고, 인과를 믿되 좋아하고 싫어하는 마음으로 닦는 것을 범부선(凡夫禪)이라 하며, 나는 공(空)하지만 법은 있다고 주장하여 닦는 것을 소승선(小乘禪)이라 하고, 나와 법이 모두 공하다는 진리를 깨닫고 닦는 것을 대승선(大乘禪)이라 한다. 마음이 본래 청정하여

번뇌가 없으며, 지혜의 성품이 스스로 갖추어져 이 마음이 곧 부처라는 것을 깨달아, 이 마음을 의지하여 닦는 것을 최상승선(最上乘禪)이라 하고 또 여래청정선(如來淸淨禪)이라 하고 또 일행삼매(一行三昧), 진여삼매(眞如三昧)라 한다. 이것은 모든 삼매의 근본이 되므로 생각 생각에 닦고 익히면 자연히 백 천만의 삼매를 얻을 것이다. 달마(達磨) 문하에서 서로 전해온 것이 바로 이 선(禪)이다.」라고 하였다.

＊ 규봉종밀 선사는 또 「교(敎)는 모든 부처님이 말한 경론이고, 선(禪)은 모든 선지식들이 지어 놓은 글귀다. 그러므로 불경은 삼천대천세계를 향해 문을 활짝 열어 놓은 것이고, 선의 글귀는 경(經)의 뜻을 뭉쳐서 간략히 해놓은 것이다. 부처님이 세상에 나와서 교를 세우고, 스님들이 상황에 따라 사람을 제도하는 일은 각기 다르다. 부처님의 가르침은 한없는 미래세까지 의지해야 하기 때문에 이치를 자세히 밝히신 것이고, 스님들의 교훈은 상황에 따라 제도하는 것이기 때문에 뜻이 깊어야 통할 수 있다. 뜻이 깊어야 통할 수 있다는 것은 언어를 잊어버리고 언어의 자취를 남기지 않는다는 뜻이다. 자기 마음을 알지 못하고 단지 문자에 집착하여 불도(佛道)를 구하는 이는 알아야 할 것이다. 글자를 알고 경을 외우는 것, 그 자체는 깨달음이 아니요, 문자를 알고 뜻을 해석하는 데에만 그친다면 오히려 삿된 견해만 발달하게 될 것이다. 많이 듣고 많이 아는 아난(阿難)을 보아라. 아난은 총명하여 많이 알고 있으면서도 오랜 세월 깨달음을 얻지 못하다가 어느 날 한 순간에 깨달음을 얻었다. 그러므로 알아야 한다. 부처님이 교를 세우시고 한량없는 이익과 사람을 제도하신 방법은 각기 그만한 까닭이 있는 것이니 구태여 문자만을 숭상할 것이 아니다.」라고 하였다.

＊ 불보살께서 중생을 교화하시는 데에는 절복(折伏)과 섭수(攝受)라는 두 가지 문(門)이 있다. 절복은 중생을 강제로 굴복시켜 올바른 길로 인도하는 것을 말하고, 섭수는 불보살이 자비심으로 중생을 포용하여 가르쳐서 인도하는 것을 말한다. 불교에는 사섭법(四攝法)이 있다. 보시섭(普施攝), 애어섭(愛語攝), 이행섭(利行攝) 그리고 동사섭(同事攝)이 그것이다. 섭수(攝受)가 상대방의 입장이나 생각을 고려해서 싸우지 않고 완만히 설득해서 점차로 정법으로 이끄는 방법인데 반해서, 절복(折伏)은 상대방의 입장이나 생각을 용인하지 않고 그 잘못을 철저하게 깨뜨려서 정법(正法)으로 이끄는 엄격한 방법이다. 《승만경(勝鬘經)》에 「부처님의 가르침을 배반하는 자는 결코 지나쳐 버리지 않고, 절복할 자는 절복하고, 섭수할 자는 섭수하겠다.」라는 구절이 보인다.

＊ 인광대사는 「일체의 모든 사람을 모두 보살로 보고, 오직 나 한 사람만 참으로 범부로 여기시오. 내가 말한바 대로 과연 수행하면 반드시 서방극락에 왕생할 수 있소.[看一切人都是菩薩 唯我一人實是凡夫

果能依我所說修行 決定可生西方極樂世界」라고 하였다.

　＊ 달마대사의 〈관심론(觀心論)〉에 「만약 진여(眞如)의 마음을 깨쳐서 더러움에 물들지 않음을 깨달으면 성인(聖人)이라고 하고, 만일 물든 마음을 따라 악한 짓을 지어 그 업에 얽히고 덮이게 되면 이를 범부라 한다.[若眞如自覺 覺不受所染則 稱之爲聖 若隨染造惡 受其纏覆則名之爲凡」라고 하였다.

　＊ 경(經) : 부처님께서 친히 설하신 말씀을 책으로 엮은 것이다. 우익대사는 「부처님께서 입으로 설하신 모든 가르침을 통틀어 ‘경(經)’ 이라고 이른다.[一切金口 通名爲經」라고 하였다.

　＊ 논(論) : 경(經)을 풀이한 것을 말한다. 참고로, 논(論)을 풀이한 것을 ‘소(疏)’ 라 하고, 소(疏)를 풀이한 것을 ‘초(鈔)’ 라 한다.

　＊ 율(律)은 율종(律宗)을, 교(教)는 교종(教宗)을, 선(禪)은 선종(禪宗)을 가리킨다. 율종은 계율을 닦고 지키는 것을 중시하는 종파(宗派)이고, 교종은 경전이나 교리(教理)를 중시하는 종파이며, 선종은 자성(自性)을 보거나 화두(話頭)를 참구하거나 좌선(坐禪)을 통해 자성(自性)을 보고자 하는 종파이다. 우리나라 최대 종단인 조계종(曹溪宗)은 선종(특히, 임제종)에 속한다.

　정토법문은 상중하 세 근기에게 두루 가피를 주고, 율律과 교教와 선禪을 포함한다. 두루 만물을 윤택하게 하는 단비와 같고, 모든 강물을 다 받아들이는 큰 바다와 같아서 성인과 범부를 이끌어 함께 정토에 이르게 한다. 고로 구계九界가 모두 정토법문에 귀의하고 시방세계가 함께 찬탄하는 것이다. 경전마다 정토법문을 밝히고 수많은 논마다 고르게 정토법문을 드날리니 가히 부처님 한평생 설법의 최고봉이자 위없는 일승一乘의 큰 가르침이라 이를만하다.

　普被上中下根 統攝律教禪宗 如時雨之潤物 若大海之納川 導上聖下凡 同登彼岸 故得九界咸歸 十方共讚 千經併闡 萬論均宣 誠可謂一代時教之極談 一乘無上之大教也

- 인광대사

　＊ 구계(九界) : 지옥/ 아귀/ 축생/ 인간/ 수라/ 천상/ 성문/ 연각/ 보살을 말한다. 구법계(九法界)라고도 한다. 이중 지옥/ 아귀/ 축생/ 인간/ 수라/ 천상을 육도(六道)라 하고, 성문/ 연각을 이승(二乘)이라 부른다. 중국 위앙종의 개조인 위산(潙山)선사는 「육도(六道)의 도(道)는 선을 떠난 악이요 악을 떠난 선이고, 이

승(二乘)의 도는 유루(有漏)를 떠난 무루(無漏)이며, 보살의 도는 치우친 견해를 떠난 중도(中道)이고, 부처님의 도는 떠남도 없고 도달할 곳도 없다고 하였다. 왜냐하면 온갖 법이 곧 부처님의 도이기 때문이다.[六道之道 離善之惡 離惡之善 二乘之道 離漏之無漏 菩薩之道 離邊之中 諸佛之道 無離無至 何以故 一切諸法卽是佛道故]」라고 하였다.

＊ 담허대사는 「부처님의 일념(一念:한 생각)은 십법계(十法界)를 빠짐없이 갖추고 있고, 중생의 일념도 십법계를 구족하고 있다. 만약 중생의 일념이 탐심이라면 곧 아귀도이며, 일념이 성내는 일념이면 곧 지옥도이며, 일념이 어리석음이라면 곧 축생도이며, 일념이 의심과 게으름이라면 곧 아수라도이며, 일념이 오상(五常)과 오계(五戒)에 귀착되면 곧 인도(人道)에 태어나고, 일념이 상품십선(上品十善)에 귀착되면 바로 천상에 태어난다. 만약에 사성제(四聖諦)를 관(觀)하거나 생각하면 곧 성문(聲聞)이고, 12연기(緣起)를 관(觀)하거나 생각하면 곧 연각(緣覺)이며, 육바라밀을 관(觀)하거나 생각하면 곧 보살이고, 자리이타(自利利他)와 만행평등(萬行平等)을 관(觀)하거나 생각하면 곧 부처이다.[佛一念具足十法界 衆生一念也 具足十法界 若一念貪心起 就是餓鬼 一念嗔心起 就是地獄 一念癡心起 就是畜生 一念疑慢心起 就是修羅 一念落於五常五戒 就轉於人道 一念落於上品十善 就生天上 若以四諦爲觀念 就是聲聞 以十二因緣爲觀念 就是緣覺 以六度爲觀念 就是菩薩 以自利利他 萬行平等爲觀念 就是佛]」라고 하였다.

＊ 원효대사는 〈대승기신론소〉에서 「'바다.[海]'에는 네 가지 뜻이 있으니, 첫째는 매우 깊음이요[甚深], 둘째는 광대함이요[廣大], 셋째는 온갖 보배가 끝이 없음이요[百寶無窮], 넷째는 온갖 형상이 비취어 나타남이요[萬物影現]」라고 하였다.

＊ 바다는 열 가지 덕(德), 즉 십덕(十德)을 갖추었다. 바다의 십덕은 ①점점 깊어지는 덕 ②죽은 것은 받아들이지 않음 ③어떤 물도 바다에 들어오면 본래의 이름을 잃어버림 ④모두 한 가지 맛임 ⑤보배가 많음 ⑥지극히 깊어 누구나 쉽게 들어갈 수 없음 ⑦넓고 크기가 한량없음 ⑧몸이 큰 중생이 많음 ⑨들어오고 나가는 물이때를 어기지 않음 ⑩비가 아무리 내려도 넘치는 일이 없음.

＊ 정공법사는 「밀종(密宗)은 지혜를 열어야만 비로소 배울 수 있다. 밀종은 최고의 불법이며, 또한 가장 수승한 불법이다. 게다가 마음이 청정해야 하고, 티끌만큼도 오염 되어서는 안 되기 때문에 보통 사람들이 배우게 되면 반드시 지옥에 떨어진다. 엄격하게 말하자면, 팔지보살만이 밀종을 배울 자격이 있다.」라고 하였다.

나무아미타불 여섯 자는 지극히 얕고 지극히 깊다. 지극히 원융하고 지극히 편벽되거나 걸림이 있다. 가장 평범하고 가장 현묘하다. 수지受持는 가장 쉽지만 해오解悟는 가장 어렵다. 나무아미타불 여섯 자는 석가세존께서 이 오탁악세에 출현하신 근본목적이며, 부처님의 본회本懷이자 위없는 대법을 펼쳐놓으신 법문이고 3장12부의 정화이다. 나무아미타불 여섯 자는 일체의 선禪과 교敎와 율律과 밀密을 훨씬 뛰어넘고 이들을 모두 포함한다.

一句南無阿彌陀佛至淺至深 至圓至鈍 最平常也最玄妙 最易受持也最難理解 一句南無阿彌陀佛 是世尊出現於此五濁惡世最主要的目的 是究竟暢佛本懷的無上大法 是所有三藏十二部教典的極致精華 一句南無阿彌陀佛高超一切禪教律密 統攝一切禪教律密

- 원인圓因법사

* 해오(解悟)/ 증오(證悟) : 해오란 시각(始覺)으로서 일체 모든 것[凡所有相]이 허망하다는 것을 깨달아 참됨을 통달하게 되는 것을 말하는데, 견도위(見道位)라고도 한다. 깨달음 가운데서 수행자의 지견(知見)이 바뀌고 그에 따라 행위가 바뀐다. 해오(解悟)의 단계에서는 일체의 사견(邪見)과 악지견(惡知見)이 모두 끊어지고, 경전의 심오한 뜻을 모두 알게 된다. 한편, 증오(證悟)란 견사혹(見思惑)과 습기(習氣)는 물론 무명(無明)까지 완전히 끊어진 경지를 말한다. 구경각(究竟覺) 또는 증도위(證道位)라고도 한다. 청화스님은 「해오는 반야지혜가 아니고 그냥 범부지견(凡夫知見)인 셈입니다. 해오를 했을 때는 어느 경전을 보든지 문자만 좀 알면 '아 그렇구나' 하고 짐작이 되어 교상(教相)면에서는 걸림이 없는 자리입니다. 증오(證悟)는 체험적으로 진여불성(眞如佛性) 자리를 현관(現觀)해서 깨닫는 자리입니다. '이 마음이 본래 청정하고 원래 번뇌가 없고, 때 묻지 않은 지성(智性)이 본래 갖추어 있으니까 이 마음이 바로 부처고 이 마음이 범부나 또는 석가모니나 일반 성자나 다름이 없다.' 이렇게 알면 해오(解悟)인 것입니다. 즉, 알기만 알면 해오이고, 닦아서 번뇌를 여의고서 금강불심(金剛佛心)을 증명해서 깨달을 때는 증오입니다.」 라고 하였다.
* 영명연수 선사는 〈종경록〉에서 「만약 깨달음으로 인하여 닦는다면 이는 곧 해오(解悟)요, 닦음으로 인하여 깨닫는다면 이는 곧 증오(證悟)이다.」 고 하였다.
* 정공법사는 「해오(解悟)하면 바른 믿음이 나타나고, 증오(證悟)하면 진실한 믿음이 나타납니다.」 라고 하였다.

* 인광대사는 「말법시대 중생들의 근기는 형편없이 낮소. 선종이나 교종의 모든 법문은 오직 자기 힘에만 의지하기 때문에, 해오(解悟)조차 오히려 어렵다오. 하물며 증득(證得)하는 것은 말할 나위가 있겠소.」라고 하였다.

* 수지(受持) : 처음으로 받아들여 마음이 거기에 머물러 있는 것을 '수(受)' 라 하고, 끝까지 기억하여 잊지 않는 것을 '지(持)' 라 한다.[始則領受 在心曰受 終則憶而 不忘曰持]. 또는 스승에게 배우는 것을 '수(受)' 라 하고, 뜻을 이해하여 닦는 것을 '지(持)' 라 한다.[從師所學曰受 解義修行曰持].

* 남회근 선생은 「수지(受持)란 도를 깨우친 후 다시 수행을 계속하고, 수행을 통해 그 열매를 얻은 것을 말합니다.」라고 하였다.

* 밀교를 설명하는 좋은 글이 있어 소개한다.

「불교수행에서 가장 강력한 길이라는 의미에서 금강승(金剛乘)이라고 부른다. 소승의 경우 아라한을 지향하며, 대승에서는 3아승기겁에 걸쳐 보살도(菩薩道)를 수행한 후에야 성불을 지향하지만, 밀교인 금강승에서는 현생에서의 성불을 목표로 삼는다. 수행의 목표에서 소승보다 높고, 수행의 기간에서 대승보다 빠르다. 금강승에서는 스스로를 과승(果乘), 대승을 인승(因乘)이라고 부르기도 한다. 인승이란 보살행의 인(因)을 통해 불과를 얻는다는 의미이고 과승이란 수행의 결과(果)인 부처의 법신(法身)과 보신(報身)과 화신(化身)의 삼신(三身)을 수행의 인으로 삼는다는 의미이다. 대승에서는 3아승기 100겁이라는 무한 세월에 걸쳐서 지혜를 닦고 자비를 실천하는 보살행의 원인을 지음으로써 부처라는 결과에 도달하고자 하는 반면에 금강승에서는 불과(佛果)라는 결과 그대로를 수행방법으로 사용하여 부처라는 결과를 성취한다. 즉, 부처의 인격과 지혜를 떠올리면서 자신의 행동과 말과 생각이 그대로 부처와 합치한다고 명상함으로써 부처가 되고자 한다. 한편, 아라한의 복덕은 부처만 못하다. 아라한을 추구하던 수행자가 크게 보리심을 발하면 대승의 길에 들어서서 공덕을 쌓기 시작한다. 부처가 되기 위한 것이다. 왜냐하면 부처의 복덕을 갖추어야 큰 세력을 이루어 보다 많은 중생을 제도할 수 있기 때문이다. 따라서 보리심이란 "보다 많은 중생을 제도하겠다."는 큰 자비심이다. 부처가 갖춘 복덕은 3아승기 100겁에 걸친 보살행의 공덕으로 이루어진 것이라고 한다. 3아승기겁동안 보신의 공덕을 짓고, 남은 100겁 동안 32상 80종호의 화신을 갖추기 위한 공덕을 짓는다. 그런데 금강승에서는 3아승기 100겁이라는 기간을 현생의 1생으로 단축시킨다. 보다 빨리 많은 중생을 제도하기 위해서다. 금강승 역시 큰 자비심을 그 기반으로 삼는다.

티벳의 4대 종파 가운데 닝마파의 '족첸' 수행이나 까규파 '마하무드라' 수행을 하기 위해서는 예비

수행으로 ①귀의 예배, ②금강살타 진언, ③만다라 공양, ④구루 요가의 네 가지 수행 각각을 10만 번 되풀이 할 것이 요구되는데 이들 수행에 모두 가상(假像)이 도입된다.

①귀의 예배 수행의 경우 귀의의 대상인 불보살이 실재하는 것처럼 허공에 영상을 만들어 떠올린 후 삼귀의를 암송하면서 10만 번 절을 하게 된다. ②금강살타 진언 수행에서는, 먼저 자신의 머리 위에 백색의 금강살타 부처님이 가부좌 하고 앉아 있는 모습을 떠올린 후 흰빛의 감로수가 금강살타 가슴에서 흘러나와 자신의 악행과 어리석음을 모두 정화한다고 상상한다. ③만다라 공양에서는 황금색의 쌀, 보석, 동전 또는 하늘이나 땅, 해와 달과 별, 나무와 같은 자연물의 상징, 수행자의 마음 등 유형무형의 공양물을 준비한 후 진언을 외우면서 공양물을 접시에 담아 불보살에게 바치는 시늉을 되풀이한다. 이런 상징적 의례를 되풀이함으로써 이기심을 제거하고, 자비심이 자라나며, 수행자의 마음에 신속하게 큰 복덕을 쌓는다. ④구루 요가(Guru Yoga) 수행에서는 스승(Guru)이 집금강(執金剛)보살의 모습으로 자신의 정수리 위에 앉아 있는 장면을 떠올린다. 구루와 관계된 진언을 암송하고 축복의 감로수가 자신의 몸을 채운다고 관상하면서 스승의 지혜로운 마음과 하나가 되기를 희구한다.

이런 네 가지 예비수행을 마친 수행자는 본격적인 금강승 수행인 생기차제(生起次第)와 원만차제(圓滿次第)수행에 들어가는데 그 목적은 우리에게 내재한 참된 불성을 발견하여 하나가 되는 것이다. 앞에서 설명했듯이 불과에 의해 불과를 이루고자하는 과승(果乘)의 수행이다. 생기차제에서 수행자는 자신이 부처의 화신이라고 관상(觀想)하며, 원만차제에서는 몸의 맥관을 흐르는 기를 운행하여 자신의 몸을 부처의 화신으로 만든다. 이 때 수행자는 무지개 빛의 환신(幻身)을 시현할 수 있게 된다. 이 무지개 빛의 환신은 자유자재로 물리적 육체에서 이탈할 수도 있고 되돌아올 수도 있다고 한다. 이런 방식으로 부처의 지혜인 법신과 마음인 보신과 몸인 화신을 모두 성취하는 것이 금강승 수행의 최종 목표가 된다.

그런데 이러한 금강승의 길이 누구에게나 열려 있는 것은 아니다. 대승교학에 근거하여 보리심을 익혀서 이기심이 전혀 없고, 공성(空性)의 의미에 대해 충분히 파악한 수행자에 한해 금강승 수행에 들어갈 자격이 부여된다. 칼을 어린아이에게 주지 않는 것과 같다. 금강승 수행은 가치중립적인 심신의학으로 관상 수행을 통해 염력(念力)을 키우고 몸을 변화시키기에 강력한 방편의 힘을 갖는다. 그러나 이기적으로 사용할 경우 그 악업의 힘 역시 엄청나서 내생에 지옥고의 과보를 면치 못한다. 현교를 통해 불교적 심성이 완숙한 제자에게만 비밀스럽게 금강승의 기법을 전하는 이유다. 금강승이 밀교인 이유다.(동국대 불교학과 김성철 교수의 글을 그대로 인용했음)」

선禪과 교敎와 율律의 삼승三乘이 모두 정토의 바다로 돌아간다. 일체법이 모두 정토법문에 들어가니, 이것이야말로 위없는 보문普門이다.

禪敎律三乘 同歸淨土海 一切法皆入 是無上普門　　　　　　- 〈서방합론西方合論〉

* 인광대사는 「율(律)이란 부처님의 행(行)이고, 교(敎)란 부처님의 말씀이며, 선(禪)이란 부처님의 마음이오. 부처님이 부처님인 까닭도 바로 이 세 가지 법에 있으며, 부처님이 중생을 제도하시는 방편도 바로 이 세 가지 법일 따름이오.[律者佛身 敎者佛語 禪者佛心 佛之所以爲佛 唯此三法 佛之所以度生 亦唯此三法]」라고 하였다.

* 보문(普門) : 보(普)는 골고루 널리 미친다는 뜻이고, 문(門)은 아무 걸림 없이 활짝 열려 있다, 또는 능히 통한다는 뜻이니, 보문은 일체 법에 들어가는 문, 또는 널리 모든 사람들에게 두루 열린 문이라는 의미다. 도(道)가 너무 크고 한계가 없어, 일체중생들의 근기와 성품에 따라 각자 적합한 귀향(歸鄕)의 길을 두루 열어주기 때문에, 어떤 특정한 한 두 개의 법문만 세우지 않는다는 뜻이다.

* 일체법(一切法) : 선법(善法)·악법(惡法)·불선불악법(不善不惡法)·세간법(世間法)·출세간법(出世間法)·유위법(有爲法)·무위법(無爲法)·공통된 법[共法]과 공통되지 않은 법[不共法]을 망라한다.

정토법문이야말로 시방삼세 모든 부처님들께서 위로는 부처가 되고, 아래로는 중생을 제도함에 있어 처음부터 끝까지 모든 법문을 포괄한 총지법문임을 알 수 있다.

是知此之法門 乃十方三世一切諸佛 上成佛道 下化衆生 成始成終之總持法門

　　　　　　　　　　　　　　　　　　　　　　　　　　　　　　- 인광대사

상상근上上根인 중생도 정토법문의 바깥으로 나갈 수 없으며,
하하근下下根인 중생도 역시 정토법문의 안으로 들어올 수 있으니,
정토법문은 상상근기와 하하근기를 모두 원만히 초월한 것이다.

　　　　　　　　　　　　　　　　　　　　　　　　　　　　　　- 원영圓英대사

* 원영대사는 「정종(정토종)은 지혜로운 사람이나 어리석은 사람, 늙은 사람이나 젊은 사람이냐를 묻

지 않는다. 사람들로 하여금 오직 아미타불 명호만 지니게 한다. 생각 생각마다 부처님 명호를 부르는 것이 계속 이어져 중간에 끊이지 않고 생각으로 생각을 그치면 마음속에 오직 부처님밖에 없고, 부처님 밖에는 다시 마음도 없다. 생각이 사일심불란(事一心不亂)에 이르면 곧바로 왕생한다. 한마디로 말하자면, 참선은 오직 상근기만 거두어들이지만, 염불은 세 근기 모두를 두루 거두어들인다. 참선은 오직 자력(自力)에만 의지하지만, 염불은 자력과 불력(佛力)을 아울러 받는다.[淨宗不論智愚老少 教人但持一句佛號 念念相續 無有間斷 以念止念 心中惟有佛 佛外更無心 念到事一心不亂 卽得往生 總之 禪則獨被上根 淨則普被三根 禪則惟憑自力 淨則兼承佛力]」라고 하였다.

＊ 남회근 선생은 「불법을 배우는 사람이라면 먼저 가슴이 넓어야 합니다. 그러므로 불법을 배우는 사람은 먼저 항시 미소를 띠며 말하는 보살의 크나큰 도량부터 배워야 합니다. 배포를 좀 더 키워 만상(萬象)을 포용해야 합니다. 무엇이든 다 좋고 무엇이든 다 옳습니다. 일체의 법이 모두 불법입니다.〔一切法皆是佛法〕 먼저 부처의 가슴부터 배워야 합니다. 어떤 사람을 대해서도 항시 자비로운 미소를 잃지 않습니다. 이것이 바로 불법입니다.」라고 하였다.

＊ 원영대사는 「만약 보살행을 닦아서 널리 중생을 제도하고자 한다면 반드시 염불하여 정토왕생을 구해야할 것이다. 정토에 왕생하면 부처님을 뵙고 법을 들어서 무생법인을 얻게 된다. 그런 후에 시방세계로 두루 들어가 사무량심(四無量心)을 발하고 육바라밀을 닦아 모든 중생을 다 유익하게 하며, 함께 고해를 벗어나 극락정토에 왕생하게 될 것이다. 바로 이것이 염불법문이다. 비록 자신의 이로움을 먼저 구하지만 실제로는 다른 이를 이롭게 하려는 것이다. 그러므로 소승(小乘)에서 삼계를 벗어나 열반을 구하는 것과 염불법문은 감히 비교 할 수 없다.」라고 하였다.

＊ 원영대사는 「염불법문은 한 마음으로 염불함으로써 정토에 왕생하여 이고득락(離苦得樂)하는 것이다. 얼핏 보기에는 소승법인 듯하지만, 먼저 나를 이롭게 한 연후에야 남을 이롭게 할 수 있으므로 대승법이다. 왜 그러한가. 염불하여 극락왕생하면 연꽃 위에 화생하여 부처님을 친견한다. 불법을 배워 무생법인을 증득하면, 몸과 말과 마음의 불가사의한 업의 바퀴의 업을 얻게 된다. 이 삼륜(三輪)을 얻은 후 널리 시방세계에 두루한 중생을 제도하기 때문이다.」라고 하였다.

＊ 원영대사는 「목숨을 마칠 때까지 오직 염불수행에 온 마음을 기울여, 안으로 내 마음의 염하는 힘에 의지하고, 밖으로 아미타불의 원력에 의지하라. 그러면 두 힘이 한꺼번에 모여 일념으로 성취하여 정토에 왕생하게 된다. 정토에서 부처님을 뵙고 법을 들어 무생법인을 증득한 후에 큰 원력의 바퀴를 타고 사

바세계로 돌아와 시방세계 곳곳에 여섯 신통으로 사섭법(四攝法)을 행하여 널리 중생을 제도하여 함께 극락에 왕생할 수 있다. 극락과 사바세계를 자재(自在)로 오가며 널리 불법을 펴서 네 가지 은혜를 갚을 수 있다.」라고 하였다.

＊ 원영대사는 「부처님께서는 무량겁 이래로 일찍이 우리 중생을 버리지 않으셨다. 내가 미혹할 때는 나를 연민히 보셨으며, 내가 삼악도에 빠졌을 때는 나를 구제하셨다. 이러한 부처님의 은덕은 말로 다 할 수 없다. 염불수행에 정진하여 자기를 제도하고 남도 제도하여 널리 정토법문을 펼쳐서 부처님을 대신하여 중생을 교화해야 할 것이다. 중생이 염불로 왕생하여 횡으로 삼계를 벗어나게 하는 것이 참으로 부처님의 은혜를 갚는 것이다.」라고 하였다.

＊ 남회근 선생은 「불법을 배우는 많은 사람들이 왕왕 정토종을 어리석은 사람들이나 믿는 것으로 여기는데, 정말 사람을 웃지도 울지도 못하게 만듭니다.」라고 하였다.

가령 박지범부縛地凡夫가 업장을 짊어진 채 극락에 왕생할 수 있다는 정토법문을 보고 듣는 것은 정말로 행운 중의 막대한 행운이오. 무량겁 이래로 선근善根을 깊이 심어온 자가 아니라면, 어떻게 이처럼 불가사의한 법문을 들으며, 나아가 단박에 진실한 믿음을 내어 극락왕생을 발원할 수 있겠소. 정토법문은 부처님의 본래 회포를 궁극까지 다 털어놓으신 것으로, 일체의 선禪과 교敎와 율律을 훨씬 초월할 뿐만 아니라 이들을 모두 망라한다오.

令縛地凡夫帶業往生之淨土法門 實莫大之幸也 若非無量劫來 深植善根 何能聞此不思議法 頓生眞信 發願求生乎 竊聞淨土者 乃究竟暢佛本懷之法也 高超一切禪教律 統攝一切禪教律

- 인광대사

＊ 박지범부(縛地凡夫) : 번뇌와 업장에 얽매인 어리석은 중생을 가리키는 말임.

＊ 교(敎) : 교종(敎宗)을 말한다. 교종은 부처님 말씀인 경전에 의지해 경전을 읽고 외우고 참구(參究)하여 대개원해(大開圓解)를 종지로 삼는 종파(宗派)다. 교종에는 화엄종(현수종), 천태종, 법상종(자은종), 법성종 등이 있다. 교(敎)에 밝은 스승을 법사(法師)라 부른다. 경전을 읽는 것을 독경(讀經) 또는 간경(看經)이라 하는데, 남회근 선생은 「"경전의 글자에만 의지해서 그 의미를 이해하면 삼세의 부처님이 원통해하신다.[依文解義 三世佛冤]"고 하셨습니다. 진정으로 부처를 배우는 자들은 경(經)에 정통해야 합니다. 즉,

124

교리(敎理)에 정통해야 합니다. 오늘날 불학(佛學) 논문을 쓴 사람들은 모두 문자에 의해서만 의미를 이해하고 있습니다. 정말 삼세의 부처님들보고 모두 억울하다고 소리치게 합니다.」 라고 하였다.

  * 《보살지지경(菩薩地持經)》에 「보살은 선지식에게 법을 듣고 배워야 하나니, 설법하는 법사(法師)에 대해 다음의 다섯 가지를 생각해서는 안 되며, 거룩한 마음으로 오로지 정성을 기울여 들어야 하느니라. 첫째는 파계했다는 생각을 하지 말 것이니, "이 법사가 율의(律儀)를 범한 사람인만큼 그로부터 경법을 듣고 배울 것이 없다"는 생각이나 말을 해서는 안 된다. 둘째는 가문이 하찮다는 생각을 하지 말 것이니, "내가 어찌 저렇게 출신이 높지 않은 사람에게 경법을 듣고 배울 수 있으랴" 하는 생각이나 말을 해서는 안 된다. 셋째는 모양이 추하다는 생각을 하지 말 것이니, "내가 감히 어찌 저렇게 추한 사람에게 경법을 듣고 배울 수 있으랴" 하는 생각이나 말을 해서는 안 된다.

  넷째는 발음이나 말재주가 없다는 생각을 하지 말 것이니, "내가 어찌 저 바르지 못한 말을 하는 사람에게 경법을 듣고 배울 수 있으랴" 하는 생각이나 말을 해서는 안 된다. 다만 이치에 의지할 것이요, 그 말재주에 의지하지 말 것이니라. 다섯째는 부드러운 말을 하지 않았다는 생각을 하지 말 것이니, "내가 어찌 추악한 말을 한 저런 사람에게 경법을 듣고 배울 수 있으랴" 하는 생각이나 말을 해서는 안 된다.」라는 말씀이 있다.

  * 인광대사는 「반드시 염불이라는 한 문(門)에만 전념하는 것을, 천 번 만 번 온당하고 타당한 위없는 제1의 법칙으로 삼길 바라오.[以必須專趣於念佛一門 爲千穩萬當之無上第一法則也]」 라고 하였다.

  * 인광대사는 「염불이라는 한 법은 믿음·발원·수행이라는 세 가지에 주안점을 둔다오. 단지 염불할 줄만 알고 믿음·발원을 내지 않는다면, 설사 일심불란을 얻더라도 반드시 왕생한다고는 말할 수 없소. 참으로 진실한 믿음과 간절한 발원을 갖춘다면, 일심불란에 이르지 못하더라도, 또한 부처님의 자비력에 의지하는 것이기 때문에 왕생할 수 있다오.[念佛一法 注重在信願行三法 只知念而不生信發願 縱得一心 也未必得往生 果具眞信切願 雖未到一心不亂 亦可仗佛慈力往生]」 라고 하였다.

  * 달마대사는 〈혈맥론〉에서 「흑백을 분별하지도 못하면서 망령된 말로써 불법을 알린다면, 부처를 비방하고 법을 속이는 것이다. 이와 같은 무리는 법을 말하는 것이 내리는 빗물처럼 유창하더라도 모두가 마구니의 말일 뿐 부처의 말은 아니다. (이런) 스승은 마구니의 왕이고 제자는 마구니의 백성이니, 어리석은 사람이 저 백성을 떠맡아 이끌어 모르는 사이에 생사(生死)의 바다에 떨어진다.[不能分別皂白 妄言宣佛教勅 謗佛妄法 如斯等類 說法如雨 盡是魔說 卽非佛說 師是魔王 弟子是魔民 迷人任他指揮 不覺墮

生死海」라고 하였다.

　＊독경은 지혜를 증장시키는 최고의 방편이다. 부처님이 남기신 경전은 부처님의 법신사리(法身舍利)
다. 부처님은 우리 곁에 안 계시지만, 우리에게는 부처님의 말씀을 기록한 경전이 있으니, 부처님이 늘 우
리 곁에 계신 것과 같다. 따라서 경전을 대할 때에는 지극히 공경스러운 마음을 가지고 대해야 한다. 즉,
부처님을 대하는 것처럼 해야 한다. 독경을 할 때에는 오로지 한 경만 골라 그 경만 평생 독경해 나가는
것이 중요하다. 부처님을 제외한 모든 중생은 정지정견(正知正見)을 갖추지 못했다. 정지정견을 갖추지
못한 상태에서 여러 경전을 본다 한들 제대로 알 리가 없다. 오히려 아상(我相)만 커지고 부처님의 뜻을
왜곡해서 제멋대로 해석하기 일쑤다. 그 결과 정법을 비방하고 경전을 잘못 가르쳐 남의 혜명(慧命)을 끊
어놓는 큰 죄를 짓게 된다. 그래서 옛 스승들은 오로지 한 경전만 가르쳤던 것이다. 한 경전만 지극한 정
성으로 독송을 해 나간다면 어느 날 문득 통하게 된다. 한 경전에 통하게 되면 다른 경도 저절로 통하게
된다고 하였다. 이 때 비로소 다른 경전을 봐도 된다. 그때까지는 오직 한 경만 지극정성으로 독송해야 한
다. 그리고 경전을 읽을 때에는 소리를 내어 하되 틀리지 않고 분명한 발음으로 또박또박 읽는 것이 중요
하다. 즉, 독경은 낭독(朗讀: 글을 소리 내어 읽음)하면서 해야 한다. 읽을 때는 경의 뜻을 알려고 하거나
해석하려고 하지도 말고 그저 집중해서 읽기만 해야 한다. 독경을 하면서 경전의 뜻을 해석하려 해서는
안 된다. 우리에게는 그럴만한 능력이 없지 않은가.

　＊당대 세계 최고의 석학이자 대보살의 화현이라 할 만한 대만의 남회근 선생은 글이나 강연에서 누
차 다른 학문도 경시하지 말고 배우라고 권한다. 그는 엄격한 아버지처럼 늘 엄중한 목소리로 불자(佛子)
들을 경책(警責)하고 있는데,「송나라와 명나라의 이학(理學:성리학)은 불교의 율종(律宗)에 해당하고, 노
장(老莊)은 불교의 선종에 해당한다.」고 말한다.

　시방삼세의 일체 모든 부처님들께서는 모두 염불을 배우셔서, 속히 위없는 깨달음을 증
득하셨다. 고로 알라. 삼세의 모든 부처님들이 다 염불로 마땅히 성불하셨느니라.
　十方三世一切諸佛 皆學念佛 速證無上菩提 故知三世諸佛皆因念佛當得成佛
　　　　　　　　　　　　　　　　　　　　　　　　　　　　　-《월등삼매경 月燈三昧經》

　＊남회근 선생은「증득(證得)이란 온 몸과 마음을 던져서 몸과 마음을 철저하게 비워버림에 도달한 것

입니다.」라고 하였다.

　나무아미타불은 문자로 말하자면 단지 여섯 자에 불과하지만, 그 쓰임을 가지고 논한다면 3장12부의 교리가 모두 그 속에 갖추어져 있고, 석가모니부처님의 49년의 설법이 한 자도 남김없이 모두 그 속에 갖추어져 있다고 말할 수 있다. 이와 같이, 어떤 교의教義든 이 여섯 자를 넘어서지 못한다.

- 방륜〈정법개술〉

　* 선화상인은「부처님께서 말로 가르치신 것은 경장(經藏)이며, 몸으로 가르치신 것은 율장(律藏)이며, 제자들의 주해(註解)는 논장(論藏)으로서 삼장 십이부경은 바로 진리의 가르침, 진실한 교의(教義)입니다. 진리가 있는 곳은 시방제불이 보호하고, 진리가 있는 곳은 시방의 제보살이 보호하며, 진리가 있는 곳은 천룡팔부가 와서 보호합니다.」라고 하였다.

　석가여래께서 세상에 나오신 본회本懷는 오로지 정토법문을 널리 펼치시기 위함에 있다.
　本師出世本懷 偏在念佛一法　　　　　　　　　　　　　　　　　　　　- 선도화상

　* 본회 : 본래 품은 뜻. 근본 목적.
　* 선도화상은 비슷한 표현으로 다시 말하였다.「부처님이 이 세상에 나오신 이유는, 오직 아미타불의 본원해(48대원)를 설하시기 위함이다.[如來所以興出世 唯說彌陀本願海]」
　* 선도화상은 '나무아미타불' 만이 염불이고, 그 외의 부처님 명호나 보살의 명호를 부르는 것은 염불이 아닌 '찬불(讚佛)' 이라고 격하(格下)했다.
　* 선도화상은「부처님께 공양을 올리려면 오직 아미타불께만 공양을 올리고, 부처님께 예배를 하려면 오직 아미타불께만 예배하며, 부처님의 명호를 부르려면 오직 아미타불의 명호만 불러야 한다.」라고 하였다.
　* 선도화상은 염불사덕(念佛四德)을 말했다. 첫째, 부처님의 명호만 불러도, 이는 곧 아미타불에 대하여 최고무상의 찬탄이다.[但稱佛名 卽是對阿彌陀佛最高無上之讚歎]. 둘째, 부처님 명호를 부르고 또 부

127

르면 이것이 항상 참회하는 것이다.[念念稱名常懺悔]. 셋째, '나무(南無)'는 곧 '귀명(歸命)'의 뜻이고, 이는 또 발원회향의 뜻이다. 아미타불하고 부르면 이것이 곧 발원회향하는 것이다. 이런 뜻이 있기 때문에 (염불하면) 반드시 정토에 왕생한다.[南無者卽是歸命 亦是發願廻向之義 阿彌陀佛者 卽是其行 以斯義故 必得往生]. 넷째, 아미타불은 인위(因位:보살로 있으면서 수행하는 자리)상의 만 가지 행(行)과 과지(果地: 인위에서 수행을 하여 마침내 정각을 이룬 자리)상의 만 가지 공덕이 모두 다 아미타불 명호 안에 섭수된다. 이 육자명호(나무아미타불을 말함)로 인하여 모든 선법(善法)이 갖추어지고 모든 공덕의 뿌리를 거두어들인다. 그러므로 단지 부처님 명호만 불러도 일체의 선근을 저절로 얻고 장엄정토를 스스로 이룬다.[彌陀因位萬行 果地萬德 皆悉攝在名號 因此六字名號 具諸善法 攝諸德本 是故但稱佛名 自得一切善根 自成莊嚴淨土]

＊《유마경》에 「부처님께서 이 오탁악세에 출현하셔서 부처님의 몸에 병이 있는 법을 나타내 보이신 이유는, 중생을 생로병사에서 해탈하게 하기 위해서일 뿐이지 정말로 병이 있어서 그런 것이 아니다.[但 爲佛出五濁惡世 現行斯法 度脫衆生 行矣]」라는 말씀이 있다.

무엇을 일러 복중의 복이라 하는가. 아미타불의 명호는 만덕을 빠짐없이 갖추고 있다. 연지대사께서 말씀하신 것처럼, 아미타불의 명호를 부르는 것은 수많은 공덕을 한꺼번에 갖추는 것이며, 아미타불의 명호만 부르는 것은 백가지 모든 수행법을 한꺼번에 갖추는 것이어서 한 수행법도 빠뜨리지 않는다. 즉, 일심으로 염불하면 백 가지 수행법을 모두 닦는 것이니, 이것을 일러 복중의 복이요, 복이 많다고 하는 것이다.

何謂福中福 以彌陀名號 具足萬德 而持名念佛 如蓮池大師所云 擧其名兮 兼衆德以俱備 專乎持也 統百行以無遺 則一心念佛 百行齊修 是謂福中之福 爲多福也

- 원영대사 〈아미타경요해강의阿彌陀經要解講義〉

＊〈정토법어〉에 「일심으로 염불하여 정토왕생을 구하라. 이 여덟 글자야말로 위없는 법문이니 다시 다른 말이 필요하겠는가.[一心念佛 求生西方 只此八字 是無上法門 更無他語]」라고 하였다.

아미타불이라는 명호는 만 가지 공덕을 가진 위대한 명호이며 일체법문을 원섭圓攝한다. 우익대사는 「삼장 십이부경의 교敎와, 선禪의 1,700가지 공안이 모두 아미타불 명호 속에 들어있고, 삼천위의三千威儀와 팔만세행八萬細行과 삼취정계三聚淨戒도 모두 아미타불 명호 속에 들어있다.」 라고 하였으며, 연지대사는 「아미타불 넉자가 팔교八敎를 해라該羅하고 오종五宗을 원섭한다.」 라고 하였다.

- 〈연종집요蓮宗集要〉

* 우익대사는 「석가여래께서 아미타불은 극락으로 중생을 인도하시는 분이라고 하셨다. 48대원으로써 깊은 믿음과 발원으로 염불하는 중생을 맞이하여 극락세계에 왕생케 하고 중생으로 하여금 영원히 불퇴전(不退轉)의 지위에 오르게 하는 분이다.[阿彌陀 所說彼土之導師 以四十八願 接信願念佛衆生 生極樂世界 永階不退者也]」 라고 하였다.

* 우익대사는 「아미타불은 만 가지 공덕을 갖춘 위대한 명호이다. 부처님 명호를 부르면 부처님의 만 가지 공덕을 갖는 것이나 다름없으니, 아미타불을 부르는 그 공덕은 아무리 다해도 다함이 없다.[阿彌陀佛是萬德洪名 以名召德 罄無不盡]」 라고 하였다.

* 달마대사는 〈관심론(觀心論)〉에서 「해탈을 구하는 이가 삼독(三毒)을 돌려 삼취정계로 삼고, 육적(六賊)을 돌려 육바라밀을 이루면 자연히 모든 고통을 영원히 여의게 된다.[求解脫者 能轉三毒 爲三聚淨戒 能轉六賊 爲六波羅蜜 自然永離一切諸苦]」 라고 하였다.

* 달마대사는 〈이입사행론(二入四行論)〉에서 「만일 수행자가 수행을 하다가 어렵고 괴로운 일을 당하면 "이는 내가 전생에 알게 모르게 지은 악업의 과보를 받는 것이다. 이렇게 빚을 갚으니 마음이 홀가분하다."」 이렇게 생각하라 하였다.

* 삼취정계(三聚淨戒) : 착한 법을 모두 행하라는 섭선법계(攝善法戒), 계율을 잘 지키라는 섭률의계(攝律義戒), 모든 중생을 이롭게 하라는 섭중생계(攝衆生戒)를 말함.

* 원효대사는 「섭률의계와 섭선법계만 있고 섭중생계가 없다면 오로지 자리행(自利行)만 있는 것이 되어 이승(二乘)에 머물 뿐이며, 섭중생계만 있다면 이타행(利他行)만 있고 자리행이 없게 되는 까닭에 범부와 다를 바 없는 것이 되어 보리(菩提)의 싹을 돋아나게 할 수 없다. 삼취정계를 다 갖추면 무상보리(無上菩提:위없는 깨달음)의 열매를 맺을 수 있어서, 이 삼취정계야말로 불사약(不死藥)인 감로(甘露)이다. 따

라서 섭률의계는 단(斷)의 덕목이고, 섭선법계는 지(智)의 덕목이며, 섭중생계는 은(恩)의 덕목이기 때문에, 이 삼덕(三德)의 과(果)를 얻으면 그것이 바로 정각(正覺)을 이루는 길이다.」라고 하였다.

  * 남회근 선생은 「선종을 보면, 임제종으로부터 위앙종, 조동종, 운문종, 법안종 등에 이르기까지 교리(敎理)에 통달하지 않은 사람이 없었습니다. 경전의 교리에 전부 통달하고서, 마지막으로 그것을 버리고 선(禪)을 배운 겁니다. 지금 사람들은 경전도 연구하지 않고 입만 때면 선종을 말합니다.」라고 하였다.

  * 남회근 선생은 「선종의 대사들은 대부분 유가와 도가의 학문과 수양에 깊게 통달한 사람들이었기 때문에 불법을 철저하게 깨달을 수 있었습니다. 바꾸어 말하면 그들은 이미 불법 오승도(五乘道: 인승/천승/성문승/연각승/보살승)의 첫걸음인 인승도(人乘道: 사람노릇)를 완성하였기에 당연히 진보 향상하기 쉬웠습니다.」라고 하였다.

  * 화두(話頭)라고도 불리는 공안(公案)에는 1,700가지의 공안이 있다. 이 수는 〈경덕전등록〉에서 1,701선사의 수행 이력을 수록했기 때문에 유래되었다. 연지대사는 그의 저서 〈선관책진(禪關策進)〉에서 이러한 공안이 무려 1,700가지나 된다고 하고, 이 숫자는 〈경덕전등록〉에 실린 조사(祖師)의 수가 1,700인 것에 근거한다고 밝혔다.

  * 삼천위의(三千威儀)/팔만세행(八萬細行): 출가 사문(沙門)인 비구와 비구니의 단정하고도 위엄 있는 몸가짐을 위의(威儀)라 하고, 출가자가 생각과 행위를 정밀(精密)하게 관조(觀照: 눈으로 관찰하고 마음에 비추어 새겨본다는 뜻)하여 단속하는 것을 세행(細行)이라 한다. 위의(威儀)보다 확대된 것이 세행이다. 위의는 행주좌와(行住坐臥)만 말하지만, 세행은 행주좌와는 물론이고, 말하는 것·음식 먹는 행위·생각 등 모든 것들을 포함한다. 결국 삼천위의와 팔만세행은 출가자가 지켜야 하는 모든 계율이다. 비구(比丘: 남자스님)가 지켜야 할 계율을 좁히면 삼중계(三重戒: 不殺生/不偸盜/不邪淫)이고, 넓히면 무량하며, 중간 정도로 보면 삼천위의 팔만세행이며, 간략하게 보면 250계로 압축된다.

  《능엄경》에 「보살계에는 팔만의 위의가 있고, 성문계에는 삼천의 위의가 있다.[菩薩戒有八萬威儀 聲聞戒有三千威儀]」라는 말씀이 있고, 「소승은 삼천위의를 범하지 않고, 대승은 팔만세행을 범하지 않는다.[小乘不能犯三千威儀 大乘不能犯八萬細]」라는 말씀도 있다. 십선업(十善業)을 소승(小乘)에서 전개하면 삼천위의가 되고, 십선업을 대승(大乘)에서 전개하면 팔만세행이 되니, 삼천위의와 팔만세행은 결국 십선업의 연장이다. 비구가 지켜야 할 계율이 250계(비구니는 348계)이다. 일상생활은 크게 행주좌와(行住坐臥)로 나누기 때문에, 이 네 가지에 250을 곱하면 1천이 되고, 다시 이를 삼취정계(三聚淨戒)에 곱하면 3,000이 된다(삼취정계가 아니라 과거 · 현재 · 미래의 셋에 곱해야 한다는 설도 있다). 3,000에 칠지(七支) 즉, 不殺 · 不盜 · 不淫 · 不妄語 · 不綺語 · 不兩舌 · 不惡口를 곱하면 21,000이 되고, 여기에 네 가지 번뇌인 貪 · 瞋 · 癡 · 邪見을 곱하면 84,000이 되는데, 이를 줄여 80,000이라 한 것이다. 삼천위의와 팔만세행은 출가자의 갖가지 행(行)이 원만하여 모자라거나 넘침이 없고, 부처님의 행(行)에 어긋남이 없다는 뜻이다. 출가자가 삼천위의와 팔만세행을 여법(如法)하게 지니면 사람들이 공경하고 우러러보니 이는 중생을 교화하여 불도(佛道)에 들어가게끔 하는 방편이 되는데, 이 삼천위의와 팔만세행도 결국 아미타불이라는 부처님 명호를 부르면 다 갖추어진다는 뜻이다.

* 남회근 선생은 「위의(威儀)란 사나운 모습이 아닙니다. 또 혐오스러운 모습을 띠는 것이 아닙니다. 공덕이 성취되어 어디에 가더라도 기개(氣槪)와 도량(度量)이 있는 것입니다.」라고 하였다.

* 원섭(圓攝) : 원만히 끌어들이다. 원만히 거두어들이다. 원만히 거느리다.

* 해라(該羅) : 모조리 포함하다. 죄다 망라하다.

염불은 귀로 듣고 입으로 외우기 때문에 성스러운 공덕이 끝이 없다. 아뢰야식에 한 번 들어가면 영원히 부처의 씨앗이 되어 억겁의 중죄를 단박에 없애고 위없는 깨달음을 증득한다. 부처님 명호를 부르는 것은 소선근少善根이 아니라 다공덕多功德임을 믿어 알지니라.

是以耳聞口誦 無邊聖德 攬入識心 永爲佛種 頓除億劫重罪 獲證無上菩提 信知非少善根
是多功德也
　　　　　　　　　　　　　　　　　　　　　　　- 대지율사 〈아미타경의소阿彌陀經義疏〉

* 인광대사는 「무량겁 이래로 선근(善根)을 깊이 심어온 사람이 아니라면, 어떻게 이처럼 불가사의한 법문을 들으며, 나아가 단박에 진실한 믿음을 내어 극락왕생을 발원할 수 있겠소.[若非無量劫來 深植善根 何能聞此不思議法 頓生眞信 發願求生乎]」라고 하였다.

* 정공법사는 「옛날 조사(祖師)들께서는 부처님 명호를 염송할 적에는 마음으로부터 나와야 하고, 입에서 나와야 하고, 귀로 들어가야 하는데, 이렇게 하면 쉽게 마음을 모을 수 있어서 잡념이 쉽게 들어오지 못한다고 가르쳤다. 가장 중요한 것은 염불하는 중간에 스스로 끊어지게 해서는 안 된다.」라고 하였다.

* 〈인천보감(人天寶鑑)〉에 「영지사(靈芝寺) 원조율사(元照律師: 대지율사 지칭)는 전당(錢塘)사람이다.

어려서부터 숙세의 인연이 익어져 나이 열여덟에 경에 통달하여 출가하였으며, 사미로 있을 때 이미 대중을 위해 경을 강의하였다. 계율을 배우면서는 배울만한 스승이 없다고 늘 탄식하였다. 당시 신오처겸(神悟處謙)법사는 천태(天台)의 도를 깊이 터득하고 있었다. 율사가 찾아뵙고는 "참으로 나의 스승이시다." 하고 청을 해서 문하에 있게 되었다. 바람이 불거나 비가 오거나, 춥거나 덥거나 날마다 몇 리 길을 걸어와 배웠다. 처겸법사는 강론을 할 때마다 반드시 율사가 도착하기를 기다렸다. 어쩌다 조금 늦어져 대중들이 시간이 지났다고 강론을 청하면 언제나 "강(講)을 들을 사람이 아직 오지 않았다." 고 말했으니 이토록 율사를 사랑하였다. 율사가 익혀왔던 것을 버리고 법사를 따르려 하니 법사가 말하였다. "요즘 들어서 율(律)의 가르침이 점점 약해지는데 그대는 뒷날 반드시 종장이 될 것이니 꼭 법화(法華)를 밝히고 사분율(四分律)을 널리 펴도록 하여라. 나의 도는 여기에 있는 것이 아니다." 율사는 마침내 많은 종파를 널리 연구하고 그중에 율을 근본으로 삼았는데 단지 말로만 하지 않고 실천에 옮겼다. 일찍이 남산도선(南山道宣) 율사에게 귀의하여 하루 여섯 차례씩 예배를 드리고 밤낮으로 도를 닦았다. 발우를 들고 걸식을 다녔는데 옷이라고는 큰 베옷 하나만 걸쳤을 뿐이었고, 정오가 지나서는 밥을 먹지 않았다. 발우 하나와 옷 세벌 뿐 바랑 속에 쓸데없는 물건은 없었다. 기도를 하면 언제나 그 정성이 하늘에 닿아 메뚜기를 없애달라고 빌면 메뚜기가 경계 밖으로 떠나고, 비가 오게 해달라고 빌면 장맛비가 내렸다. 술고방공(術古龐公)이 율사에게 비를 빌도록 명하였는데, 축원이 입에서 끝나기도 전에 천둥이 치며 소나기가 쏟아지니 공이 말하였다. "우리집안은 대대로 불법을 섬기지 않았는데 지금 율사를 만나고 보니 귀의하지 않을 수가 없습니다." 태사(太師) 사월왕(史越王)이 율사의 비(碑) 뒷면에 이렇게 썼다. "유학을 하는 사람은 유학으로 자기를 묶고, 계율을 하는 사람은 계율로 자기를 묶는 것이 공부하는 이들의 큰 병통이다. 그런데 유독 율사만은 3천 가지 몸가짐과 8만 가지 세세한 행을 갖추어 흠잡을 데 없는데도 늘 정혜(定慧)의 테두리를 껍질 벗듯 초탈하였으니 율장 중에 진짜 법왕의 아들이었다. 그러므로 수 백년 뒤까지도 사람들을 분발케 하니, 그를 남산율사와 어깨를 나란히 한다고 평가하나 그 공은 배가 된다고 하겠다. 만일 지난날 율사에게 하여금 승복을 입게 하지 않았더라면 반드시 유교의 우두머리로서 특출한 조예를 가진 사람이 되었을 터인데, 아까운 일이다." 율사가 돌아가신 지 26년이 되도록 그 남긴 향기가 없어지지 않자 조정에서는 '대지율사(大智律師)'라는 호를 내리고 탑을 '계광(戒光)'이라 이름 지어 시호를 하사하는 은혜를 주었다. 이 일은 유공(劉公)의 글에 언급되지 않았기에 비의 뒷면에 써둔다."」라고 하였다.

132

만약 임종하는 사람의 집안 권속 중의 한 사람이라도 병든 사람을 위하여 큰 소리로 한 부처님의 이름을 부르게 되면, 임종하는 사람은 오역죄를 제외한 나머지 업보는 모두 소멸될 것이다. 오역죄를 지어 무간지옥에 들어갈 죄가 비록 지극히 무거운 것이어서 억겁을 지나도 결국 벗어나지 못하지만, 이 사람이 임종할 때 다른 사람이 그를 위하여 염불을 해주면 오역죄도 점점 소멸할 것이다. 하물며 중생들이 스스로 염불하는 것이겠는가. 헤아릴 수 없이 많은 복덕을 얻고 헤아릴 수 없이 많은 죄업도 소멸하게 될 것이다.

若有臨命終人 家中眷屬 乃至一人 爲是病人 高聲念一佛名 是命終人 除五無間大罪 餘業報等 悉得消滅 是五無間大罪 雖至極重 動經億劫 了不得出 承斯臨命終時 他人爲其稱念佛名 於是罪中 亦漸消滅 何況衆生 自稱自念 獲福無量 滅無量罪

- 《지장보살본원경地藏菩薩本願經》

* 원영대사는 「극락정토 왕생을 구하면서 일생 동안 정진하는 염불 수행자의 공덕은 바로 임종의 순간에 있다는 것을 알아야 한다. 임종 자리에서는 일념이라도 어긋나면 정토에 왕생하기 어렵다. 바야흐로 임종에 다다랐을 때 성인과 범부로 나뉜다.」 라고 하여, 임종 순간의 중요함을 역설했다.

* 남회근 선생은 「지장경(地藏經)을 보고 싶어 하지 않는 사람들이 있습니다. 미신이고 할머니들이나 보는 것으로 생각합니다. 하지만 지장경은 아주 이해하기 어렵습니다. 그래서 제가 쓴 능엄대의금석(楞嚴大義今釋)이라는 책에서 지옥에 관한 단락은 번역하지 않았습니다. 중생들이 믿기 어려우니까요. 만약 지옥을 철저하게 이해한다면 수행할 수 있게 될 겁니다. 이 자리에서 부처를 배우는 여러분은 자신에게 물어 보십시오. 정말 삼세인과를 믿습니까. 정말 지옥을 믿습니까. 불법은 대소승을 막론하고 모두 삼세인과와 육도윤회의 이론 기초 위에 건립된 겁니다.」 라고 하였다.

* 정공법사는 「지장경은 우리에게 불법에 입문하여 가장 먼저 수학해야 할 것이 '효친(孝親)' 과 '존사(尊師)' 임을 시시합니다. 부처님의 교육은 사도(師道)에 있고, 사도는 효도를 기초하여 세워집니다. 부모에게 효도하지 못하는 이가 어떻게 스승을 존경할 수 있겠습니까. 스승을 존중치 않고 스승의 말을 들으려 하지 않는다면 그 스승에게 학문과 능력이 있다한들 그에게 전수할 방법이 없을 것입니다. 그러므로 스승을 존경하고 도를 중히 여길 때, 학업의 성취를 이룰 수 있습니다. 지장경은 불가(佛家)의 효경(孝

經)입니다. '효도' 는 '대원만(大圓滿)' 의 뿌리이자 근본이어서 모든 대원만이 이로부터 시작됩니다.」 라고 하였다.

* 《지장보살본원경》에 「만약 미래나 현재의 모든 세계에서 육도 중생이 명(命)을 마치려 할 때, 지장보살의 명호를 들려주어 그 한 소리만 귀에 들어가게 하여도, 이 중생들은 영원히 삼악도의 고통을 겪지 않으리라.[若未來現在諸世界中 六道衆生臨命終時 得聞地藏菩薩名 一聲歷耳根者 是諸衆生 永不歷三惡道苦]」 라고 하였다.

* 《지장보살본원경》에 「이때, 견뢰지신(堅牢地神)이 부처님께 아뢰었다. "세존이시여, 제가 예부터 오면서 한량없는 보살마하살을 우러러 정례하였사온데, 모두가 불가사의한 큰 신통력과 지혜로서 널리 중생을 제도하시지만, 이 지장보살마하살은 저 모든 보살들보다도 서원이 더 깊고 무겁나이다. 세존이시여, 이 지장보살은 염부제에 큰 인연이 있나이다. 저 문수, 보현, 관음, 미륵보살도 역시 백 천 가지 몸으로서 육도 중생을 제도하시지만 그 원(願)은 오히려 끝이 있사오니, 이 지장보살은 육도의 일체 중생을 교화하시며 서원을 발한 겁수가 천백억 항하사와 같나이다." [爾時堅牢地神白佛言 世尊 我從昔來瞻視頂禮無量菩薩摩訶薩 皆是大不可思議神通智慧 廣度衆生 是地藏菩薩摩訶薩 於諸菩薩誓願深重 世尊 是地藏菩薩於閻浮提有大因緣 如文殊普賢觀音彌勒 亦化百千身形 度於六道 其願尚有畢竟 是地藏菩薩教化六道一切衆生 所發誓願劫數 如千百億恆河沙]」 라고 하였다.

* 《지장보살본원경》에 「부처님께서 다시 지장보살에게 말씀하셨다. "미래세에 만약 어떤 선남자 선여인이 불법 가운데 혹은 보시 공양하고, 혹은 탑과 절을 보수하고, 혹은 경전을 잘 꾸며서 선근을 심되, 비록 한 터럭, 한 티끌, 한 모래, 한 물방울, 한 착한 일이라도 다만 능히 법계에 회향하면, 이 사람은 그 공덕으로 백 천생에 으뜸가는 묘락(妙樂)을 받으리라. 다만 자기 집 권속이나 자신의 이익으로만 돌린다면, 이런 과보는 삼생의 낙이 될 뿐이니라. 하나로써 만 가지 복을 얻게 되나니, 지장보살이여, 보시의 인연이 이러하니라"[復次地藏 未來世中 若有善男子善女人 於佛法中所種善根 或布施供養 或修補塔寺 或裝理經典 乃至一毛一塵 一沙一滴 如是善事 但能迴向法界 是人功德 百千生中受上妙樂 如但迴向自家眷屬 或自身利益 如是之果 卽三生受樂 捨一得萬報 是故地藏 布施因緣 其事如是]」 라고 하였다.

* 《지장보살본원경》에 「일체중생이 임종할 때, 만약 한 부처님 명호나 한 보살님 명호만 들어도, 혹은 대승경전의 한 귀절 한 게송만 들어도, 제가 이 사람들을 관(觀)하여 보니, 오무간지옥에 갈 살생죄도 없어지고, 소소한 악업으로써 악도에 떨어질 자는 바로 해탈케 되나이다.[一切衆生臨命終時 若得聞一佛名

—菩薩名 或大乘經典 一句一偈 我觀如是輩人 除五無間殺害之罪 小小惡業 合墮惡趣者 尋即解脫] 라고 하였다.

* 《지장보살본원경》에 「장자(長者)여, 미래 현재의 모든 중생들이 임종할 때에, 한 부처님 명호나 한 보살님 명호나 한 벽지불의 명호만 들어도 죄가 있고 없고를 물을 것 없이 다 해탈하게 됩니다. 만약에 어떤 남자나 여인이 살아 있을 적에 착한 인연을 닦지 않고 여러 가지 죄만 잔뜩 지었더라도, 명을 마친 뒤에 대소권속들이 그를 위해 온갖 거룩한 일을 닦아 복되게 하면, 그 공덕의 7분의 1은 망인(亡人)이 얻고 나머지 공덕은 산 사람에게로 돌아갑니다. 이러하므로, 미래와 현재의 선남자 선여인들은 이 말을 잘 듣고 스스로 닦아야 그 공덕을 모조리 얻게 됩니다. 죽음의 귀신이 기약 없이 닥쳐오면, 어둠 속을 헤매는 혼신이 자신의 죄와 복을 알지 못하고 49일 동안을 바보처럼 귀머거리처럼 되었다가, 중생의 죄업을 심판하는 곳에서 그의 업과(業果)를 변론하고 결정한 뒤에야 그의 업대로 다시 태어나게 됩니다. 앞길을 예측할 수 없는 그 사이에도 근심과 고통이 천만 가지인데, 하물며 저 악도에 떨어졌을 때이겠습니까.[長者 未來現在諸衆生等 臨命終日 得聞一佛名 一菩薩名 一辟支佛名 不問有罪無罪 悉得解脫 若有男子女人 在生不修善因多造衆罪 命終之後 眷屬小大 爲造福利一切聖事 七分之中而乃獲一 六分功德 生者自利 以是之故 未來現在善男女等 聞健自修 分分己獲 無常大鬼 不期而到 冥冥遊神 未知罪福 七七日內 如癡如聾 或在諸司辯論業果 審定之後 據業受生 未測之間 千萬愁苦 何況墮於諸惡趣等] 라고 하였다.

* 연지대사는 「부모님이 홍진(紅塵:사바세계)의 더러움을 떠날 수 있을 때, 자식의 효도가 바야흐로 성취된다.」 라고 하였다.

* 정공법사는 「지장경에 이르기를, "염부제의 중생이 마음을 일으키고, 생각을 움직이는 것은 죄가 아닌 것이 없다." 고 하였습니다. 사람은 시작 없는 겁으로부터 현재에 이르기까지 미혹하고 전도(顚倒)되어 한량없고 끝이 없는 죄업을 쌓아 악한 습기(習氣)가 너무 많고 너무 무겁습니다.」 라고 하였다.

* 「현재 얻은 것은 과거에 만든 것이고, 미래에 얻는 것은 지금 만든 것이다.」 라는 말이 있다.

* 고덕께서 「온갖 일들 중에 나고 죽는 일보다 더 큰 일은 없다고 보아라. 그러면 만사가 다 급하지 않은 일이니라. 일체의 모든 순간을 임종하는 순간으로 여겨라. 그러면 매 시간 시간이 다 염불해야 할 때이니라.[視一切事無如生死大事 事事皆不急之事 於一切時總作臨命終時 時時皆念佛之時] 라고 하였다.

* 《지장경》은 한국에서 홀대받는 대표적인 경전이다. 많은 사람들이 대승불교를 공부한다고 하면서 《화엄경》이나 《법화경》《금강경》 등만 중시할 뿐 《지장경》은 거들떠보지도 않는 것이 지금의 현실이다.

불교를 제대로 공부하려면 《지장경》부터 보아야 한다는 말씀을 많이 들었다.

　아미타불을 한 번 부르면 80억겁 동안 생사윤회를 거듭하면서 지은 죄를 멸할 수 있고, 80억겁의 훌륭한 공덕을 성취할 수 있다. 한 번 염불이 이럴진대, 하물며 열 번·백 번·천 번·만 번은 어떠하겠는가. 이와 같이 하루, 한 달, 일 년, 일생 동안 가거나 멈추거나 앉거나 눕거나 항상 주야로 정근精勤하면, 어떤 죄가 소멸하지 않을 것이며 어떤 공덕이 증장增長하지 않겠는가. 어떤 인因이라도 극락국에 나게 할 것이며, 어떤 연緣이라도 아미타불을 뵙게 하리라. 비유하면, 어린 아이가 두려운 것이 있어 소리 내어 그 부모를 부르면, 부모가 자비로운 마음으로 자식의 부르는 소리를 듣고 모든 일을 제쳐두고 급히 와서 구하여 보살피는 것과 같다. 지금 오탁악세의 중생들이 항상 생로병사와 삼악도三惡道와 같은 고통의 핍박이 심하여 이미 이것을 알고 곧 경악해 하고 놀라며 두려워하여 진실한 마음으로 소리 높여 저 아미타불의 명호를 불러서 구제하여 보살펴 주기를 구하면, 아미타불께서는 천이통天耳通으로 반드시 멀리서 들으시고, 천안통天眼通으로 반드시 멀리서 보시며, 타심통他心通으로 반드시 멀리서 아신다. 부처님의 자비로우심은 인간 부모들의 어리석은 사랑과는 달라서 중생을 보시기를 평등하게 한 자식처럼 대하시기 때문에, 반드시 몸소 오셔서 자비를 베푸시어 인도해 주신다. 그런 까닭으로 서방의 아미타불의 원력願力이 깊고 무거워 항상 광명명호로써 중생을 섭화攝化하시는 것이다. 우리 불자는 이제 이미 부처님의 본원本願에 상응相應하였다. 이치가 반드시 이와 같으니 의심하는 생각을 내지 말라. 만약 모든 중생이 지성스런 마음으로 일념一念 십념十念을 하루 또는 칠 일간 하면 부처님의 원력願力을 받아 모두 왕생하리라.

- 왕자성王子成 〈예념미타도량참법禮念彌陀道場懺法〉

　＊〈예념미타도량참법〉: 지극한 마음으로 아미타불께 예배하면서 모든 악업(惡業)을 참회하고, 보리심(菩提心)을 내어 극락왕생을 발원하는 불교의식을 미타참법(彌陀懺法)이라고 하는데, 〈예념미타도량참법〉은 이 의식(儀式)의 절차를 수록한 경전으로 원래 총 10권이다. 중국 금(金)나라의 거사(居士)인 왕자성이 집록(集錄)하였다.

＊ 남회근 선생은 「이런 말이 있습니다. "아직 성불하지 못했다면 먼저 사람들과의 연을 맺으라.[未曾成佛, 先結人緣]" 여러분이 도(道)를 얻고 나서 중생을 제도하려 해도, 만약 공덕 · 법연(法緣)이 부족하면 사람들을 제도할 길이 없습니다. 부처를 배우고자 하는 사람들도 마찬가지입니다. 법연이 부족하고 공덕이 갖춰지지 않았다면 선지식을 만나지 못합니다. 만났다 할지라도 자연히 떠나게 되거나 장애가 있곤 합니다.」라고 하였다.

＊ 정공법사는 「정토(淨土)의 인구는 수로 셀 수 없다. 비록 우리가 이 세계의 모든 컴퓨터를 동원해도 정토에 사는 사람들의 수를 계산해 내지 못한다. 이들 각자는 모두 아미타부처님과 같은 능력을 가진다. 모든 것을 보는 천안(天眼)과 모든 것을 듣는 천이(天耳)를 가지며, 온 우주의 모든 존재의 과거 · 현재 · 미래의 모든 생각을 아는 능력을 갖는다.」라고 하였다.

＊ 서산대사는 〈선가귀감〉에서 「몸에는 생로병사(生老病死)의 고통이 있고, 법계에는 성주괴공(成住壞空)이 있으며, 마음에는 생주이멸(生住異滅)의 무상함이 있다. 이러한 덧없는 고통의 불길들이 다함께 사방에서 활활 타오르고 있다. 구도자(求道者)들이여, 세월을 헛되게 보내지 말라.[身有生老病死 界有成住壞空 心有生住異滅 此無常苦火 四面俱焚者也 謹白參玄人 光陰莫虛度]」라고 하였다.

석가여래께서 이 세상에 머무시면서 삼백차례 넘게 설법을 하셨는데, 모든 경이 다 정토로 귀결되었다. 대저 중생은 이 세상을 탐내고 그리워하여 고통을 낙으로 삼고 스스로 기꺼이 구렁텅이에 빠져서 나오려고 하지 않는다. 그러므로 부처님께서 이 정토법문에서 간곡하게 가르침을 주시기를 그치지 않으셨고, 갠지스 강의 모래처럼 많은 부처님께서 광장설상廣長舌相을 내시면서 진실하고 간절하게 한 목소리로 소위 모든 삼매 중에서 오직 염불삼매가 가장 바로 질러가는 지름길이라고 찬탄하셨다.

釋迦如來 住世說法 三百餘會 諸經皆以結歸淨土 蓋爲衆生貪戀世間 以苦爲樂 自甘沉湎 不求出離 是故世尊於此法門 諄諄垂誨不已 恒沙如來出廣長舌相 說誠實言 同音稱讚 所謂諸三昧中 唯念佛三昧 最爲直捷
                                                                    - 〈정토지귀집淨土指歸集〉

＊ 정토지귀집(淨土指歸集) : 중국 명나라의 대우(大佑)선사께서 정토에 관해 쓴 문집.

* 인광대사는 「염불수행을 꾸준히 계속하여 공부가 순수해지고 힘이 지극히 붙으면, 결국 '온 마음이 부처이고 온 부처가 마음이 되어, 마음과 부처가 둘이 아니고 마음과 부처가 하나가 되는[全心是佛 全佛 是心 心佛不二 心佛一如]' 경지에 이르게 되오.」 라고 하였다.

* 청화스님은 「삼매(三昧)는 풀어서 말하면 정(定)이라, 선정(禪定)이란 뜻입니다. 우리 마음을 한 곳에 딱 머물러서 움직이지 않는다는 말입니다. 다시 말하면 잡념이 없이 하나의 것에만 몰두하는 것, 우리 마음을 한 곳에 머물게 해서 산란한 마음이 없게 하는 것이 삼매입니다. 보다 더 확실히 말하면 우리 마음을 정법(正法) 즉, 바른 법에 머물게 해서 움직이지 않는 것이 삼매입니다.」 라고 하였다.

* 철오선사는 「정토지귀집은 많은 훌륭한 글을 발췌 편집하면서도, 사(事)와 이(理)에 원만히 회통(會 通:서로 모순이 없이 두루 원만히 통함) 하였다.」 라고 하였다.

염불삼매에 들면 곧 일체의 모든 선근善根이 나온다.
念佛三昧 卽是一切善根之母   -《보살염불삼매경菩薩念佛三昧經》

* 혜원법사는 〈염불삼매시집서(念佛三昧詩集序)〉에서 「대저 삼매란 생각을 한 곳에 집중하고 마음을 고요하게 하는 것이다. 생각을 한 곳에 모으면 곧 심지(心志)가 하나로 뭉쳐 분산되지 않으며, 마음을 적 정(寂靜)하게 하면 심기(心氣)가 청허(淸虛)해져서 정신이 밝아진다. 심기가 청허하게 되면 지혜가 그것을 비추고 정신이 밝아지면 유미(幽微:심오)한 것까지도 꿰뚫게 된다. 삼매는 여러 가지 이름이 많으나 염불 삼매가 가장 공덕이 높고 나아가기 쉽다.」 라고 하였다.

* 중국 청나라 성일대사는 「삼매를 증득하게 되면 왕생극락하는 것은 필연지사이니, 조금의 의심도 할 여지가 없는 것이며, 삼매를 얻기 위해서는 문을 걸어 잠그고 바깥 모든 사람들과 대면을 끊고 말을 일 체 하지 아니하고, 일심(一心)으로 염불에 전력을 하지 않고는 결코 삼매를 얻을 수 없다.」 라고 하였다.

*《대집염불삼매경(大集念佛三昧經)》에 「이와 같이 염불삼매는 일체의 모든 법을 모두 거두어들인다 는 것을 알아야 한다.[當知如是念佛三昧 則爲總攝一切諸法]」 라고 하였다.

염불삼매는 능히 모든 번뇌와 선세先世의 죄업을 없애 준다. 다른 모든 삼매는 음심淫 心만 없앨 뿐 성내는 마음은 없애지 못하고, 혹은 성내는 마음만 없앨 뿐 음심은 없애지 못하며, 혹은 어리석은 마음만 없앨 뿐 음욕淫慾과 성내는 마음은 없애지 못하고, 혹은 삼독三毒은 없앨 뿐 전생의 죄업은 없애지 못한다. 염불삼매야말로 능히 모든 번뇌와 숙세의 모든 죄업을 없애 준다. 또, 염불삼매에는 대복덕이 있어 능히 중생을 제도할 수 있기 때문에, 실로 모든 보살께서 중생을 제도하고자 하시는 것이다. 다른 모든 삼매 중에서 이 염불삼매만큼 복덕을 지니고 속히 모든 죄를 없애줄 수 있는 삼매는 없다. 또, 부처님은 법의 왕이시고 보살은 법의 장수이시니 (보살은) 오직 부처님을 높이 여기고 존중하신다. 고로 마땅히 늘 염불하는 것이다. 비유하자면, 대신大臣이 특별히 왕의 은총을 입어 늘 왕을 생각하는 것처럼, 보살도 또한 이와 같아서 가지가지의 공덕과 무량한 지혜를 알아 모두 부처님을 따라 부처님의 은혜가 무겁다는 것을 알기 때문에 늘 염불하는 것이다.

念佛三昧 能除種種煩惱及先世罪 余諸三昧 有能除淫 不能除嗔 有能除嗔 不能除淫 有能除癡 不能除淫恚 有能除三毒 不能除先世罪 是念佛三昧 能除種種煩惱種種罪

復次 念佛三昧有大福德 能度衆生 是諸菩薩欲度衆生 諸余三昧 無如此念佛三昧福德 能速滅諸罪 復次 佛爲法王 菩薩爲法將 所尊所重惟佛世尊 是故應常念佛 譬如大臣特蒙恩寵 常念其主 菩薩亦如是 知種種功德 無量智慧 皆從佛得 知恩重故常念佛

- 용수龍樹보살 〈대지도론大智度論〉

* 용수는 제 2의 석가로 불렸으며, 8종(宗: 율종/ 연종(염불)/ 유식종/ 천태종/ 화엄종/ 선종/ 밀종/ 삼론종)의 조사이자 대승불교의 이론적 완성자로서 보살로 격상되어 흔히 용수보살로 불린다. 방대한《화엄경》의 내용을 요약하여 지은 〈화엄경약찬게(華嚴經略略纂偈)〉의 저자이기도 하다.

* 용수보살은 〈용수보살권계왕송(龍樹菩薩勸誡王頌)〉이라는 글에서 「머리카락이나 옷에 불이 붙는다 해도 이 불을 끄는 일조차 미루고 윤회를 멈추기 위해 정진하라. 그보다 더 중요한 일은 없다.〔縱使烈火燃頭上 遍身衣服焰皆通 此苦無暇能除拂 無生住想涅槃中〕」라고 하였다.

* 〈대지도론〉에 다음과 같은 게송이 실려 전한다. 「설사 부처님을 머리에 이고 진겁(塵劫)을 보내거나, 내 몸이 의자가 되어 부처님을 모시고 삼천대천세계에 두루 다녀도, 불법을 전하여 중생을 제도하지 못하면, 끝내 부처님의 은혜를 갚는 것이 아니라네.〔假使頂戴經塵劫 身爲床座遍三千 若不傳法度衆生 畢

竟無能報恩者]」

＊ 역시 〈대지도론〉에 「음욕(淫慾)을 끊고 출가한 이는 응당 아누다라삼먁삼보리를 얻겠지만, 음욕을 끊지 못한 자는 그렇지 않느니라. 왜냐하면 음욕은 모든 결(結: 번뇌)의 근본이기 때문이다. 부처님은 말씀하시되, "차라리 날카로운 칼로써 몸을 베고 자를지언정 여인은 만나지 말라." 라고 하셨다. 칼로 베면 괴롭기는 하더라도 악취(惡趣)에는 떨어지지 않지만, 음욕의 인연은 한량없는 겁 동안 지옥의 고통을 받게 된다.」 라고 하였다.

＊ 남회근 선생은 「젊은 시절 성욕에 탐닉하여 불과 3,40세에 몸을 못 쓰게 되는 사람들이 많습니다. 중년 · 노년에 발생하는 많은 병들은 젊은 시절에 성행위를 절제하지 않은 데 그 원인이 있는 경우가 많습니다. 오늘날 (중국의) 젊은 세대들의 생각을 보면, 젊은 처녀들은 돈 많은 노인들에게 시집가기를 원하고, 나이 많은 남편이 죽은 뒤에는 돈이 있으니 다시 결혼하겠다고 합니다. 청년들은 일부 외국 영화의 영향을 받아 중년 유부녀를 사랑하는 일이 흔히 있습니다. 이것은 오늘날의 일반적인 풍조로서 심각한 문제입니다. 청소년들의 성교육에 특별히 주의해야 합니다.」라고 하였다.

＊ 〈연종집요〉에 「관세음보살은 지금 극락세계의 보처(補處)보살로 계셔서 중생을 접인(接引)하여 극락에 왕생케 하신다. 그러나 아미타불은 그 48원(願)중에 중생이 아미타불의 명호를 염하면 죽을 때에 극락에 왕생하게 하기를 발원하셨는데, 관세음보살은 이러한 원(願)이 없다. 또 부처님은 법왕(法王)이시고 보살은 법신(法臣)이시므로 관세음보살을 염하는 공덕은 아미타불을 염하는 공덕만 못할 것이다.」 라고 하였다.

＊ 서산대사는 〈선가귀감〉에서 「고통스러운 사바세계를 벗어나 즐거움이 가득한 피안(열반)에 오르는 것은 모두 부처님의 자비로운 큰 은혜 덕분이니, 그렇다면 갠지스 강 모래알만큼 많은 목숨을 바친다 할지라도, 그 은혜는 만분의 일도 갚기 어렵다.[至於越苦海而登樂岸者 皆由大悲之恩也 然則恒河沙身命 難報萬一也]」 라고 하였다.

아미타불이라는 명호를 듣고 마음속 깊이 기뻐하면서 단 한번이라도 아미타불을 부르면 모두 서방정토에 태어난다.

其有得聞彼彌陀佛名號歡喜 至一念皆當得生彼　　　　　　　-선도화상 〈왕생예찬게往生禮讚偈〉

＊ 인광대사는 선도화상을 가리켜 「선도화상은 아미타불의 화신으로, 위대한 신통력과 지혜를 겸비하

셨다.〔善導和尚 係彌陀化身 有大神通 有大智慧〕」라고 하였다.

* 연지대사는 〈왕생집(往生集)〉에서 선도화상을 가리켜 「선도화상은 세간에서 아미타불의 화신이라 전한다.〔善導和尚 世傳彌陀化身〕」라고 하였다.

* 소강(小康)대사는 〈서응산전(瑞應刪傳)〉에서 「부처님의 가르침이 동쪽으로 온 이래, 선도화상의 크고 훌륭한 덕에 비견할 만한 일은 없었다.〔佛法東行以來 未有如禪師之盛德〕」라고 하였다.

* 선도화상은 〈왕생예찬게〉에서 「설사 삼천대천세계가 불에 다 타더라도, 부처님 명호를 귓가에 스치듯 듣고, 명호 들은 것을 기뻐하면서 찬탄하면 모두 다 극락에 왕생한다.〔設滿大千火 直過聞佛名 聞名歡喜讚 皆當得生彼〕」라고 하였다.

* 선도화상은 〈왕생예찬게〉에서 「부처님 계신 세상은 만나기가 매우 어렵고, 사람에게 믿음과 지혜가 있기도 어렵지만, 희유법(希有法)인 이 정토법문을 만나거나 듣기가 가장 어렵다.〔佛世甚難值 人有信慧難 遇聞希有法 此復最爲難〕」라고 하였다.

* 선도화상은 〈왕생예찬게〉에서 「정토법문을 자기도 믿고 남도 믿게 하는 것은 어려움 중에서도 더욱 어려운 일이다. 대자대비를 세상에 전하여 중생을 두루 교화하는 것이야말로 진정으로 부처님의 은혜를 갚는 것이다.〔自信 教人信 難中轉更難 大悲傳普化 眞成報佛恩〕」라고 하였다.

* 선도화상은 「원컨대, 모든 사람들은 잘 생각하여 다니거나 머물거나 앉거나 눕거나 언제나 마음을 잘 다스려 밤낮으로 쉬지 않고 염불하라. 그러면 임종에 다다랐을 때 한 생각에 목숨을 마치고 다음 생각에 정토에 왕생하여 영겁토록 무위(無爲)의 즐거움을 누리며, 곧 성불에 이르게 되니 어찌 즐겁지 아니한가.」라고 하였다.

* 선도화상의 말씀을 더 보기로 한다.

「중생들이 부처님의 이름을 부르면 반드시 왕생한다.〔衆生稱念 必得往生〕」, 「부처님의 원력을 타면 반드시 왕생한다.〔乘佛願力 定得往生〕」, 「부처님의 원력으로 쉽게 왕생한다.〔以佛願力 易得往生〕」, 「부처님의 원력으로 (염불하는 자는) 모두 왕생한다.〔以佛願力 莫不皆往〕」, 「극락에 왕생하면 차별 없이 다 같이 퇴전하지 않는다.〔到彼無殊 齊同不退〕」, 「내가 부처님을 생각하면 부처님도 나를 생각하신다. 오직 한 생각으로 부처님을 생각하면 부처님도 나를 아신다.〔人能念佛佛還念 專心想佛佛知人〕」, 「아미타불을 생각하거나 부르면서 극락왕생을 발원하는 자는 살아서는 수명이 늘고 아홉 가지 횡액(❶병이 있어도 의원이나 약이 없음. ❷국법에 의해 사형 당함. ❸사악한 귀신에 의해 정기(精氣)를 빼앗김. ❹불에 태워 죽임 당함. ❺익사 ❻짐승에게 잡아먹힘 ❼추락사 ❽독약으로 죽음 ❾굶어 죽음)을 만나지 않는다.〔稱念阿彌陀佛 願往生者 現生卽得延年轉壽 不遭九橫之難〕」

＊ 북송(北宋)의 자운(慈雲)대사는 〈서방약전(西方略傳)〉에서, 택영(擇瑛)대사는 〈수증의(修證儀)〉에서, 용흠(用欽)법사는 〈백련기(白蓮記)〉에서 한결같이 「선도화상은 아미타불의 화신이다.〔善導和尙是彌陀化身〕」 라고 하였다. 용흠법사는 또 「지금 내가 입과 마음으로 한 부처님의 이름을 칭념하면, 인(因)이 있으면 과보가 있는 것이니, 무량한 공덕을 빠짐없이 다 갖춘다.〔今若以我心·口 稱念一佛嘉號 則從因至果 無量功德 無不具足〕」 라고 하였다.

불법佛法이 중국에 전파된 이래, 수많은 선승과 위대한 조사들이 정토를 권장하였다. 석가모니부처님이 가르치고 시방의 모든 부처님들이 칭찬하신 경이로운 정토법이 얼마나 완벽하고 숭고한 법인가. 반면에 우리는 단지 미망과 번뇌에서 벗어나지 못한 범부에 불과하다. 이러함에도 이 법을 내려다보는 거만하고 건방진 사람들이 있는 것은 놀라운 일이다.

-감산대사

일체의 모든 공덕이 아미타불의 명호를 부르면 두루 갖추어지고, 부처님 공덕의 바다도 아미타불의 명호를 부르면 두루 갖추어지며, 극락의 의보장엄과 정보장엄 역시 아미타불을 부르면 남김없이 두루 갖추어진다. 아미타불이라는 명호는 만 가지 공덕을 갖춘 명호여서, 한 원願도 망라網羅하지 않음이 없고, 한 행行도 갖추지 않음이 없으며, 한 부처님도 비켜나가지 못한다. 아미타불이라는 명호는 만 가지 공덕을 갖춘 명호이므로, 명호를 부르자마자 모든 공덕이 다 같이 원만해지고, 복덕을 구하지 않아도 복덕은 명호 속에 이미 갖추어져 있다.

一切功德 言佛便周 佛功德海 言佛便周 極樂依正 言佛便周 彌陀萬德之名 無一願不包羅 無一行不體備 無一佛不貫徹 彌陀乃萬德名號 一名才擧 萬德齊圓 不期於福 福已備矣

-연지대사

* 옛 고덕께서 「모든 부처님들은 다 아미타불로 돌아가고, 아미타불을 염하면 모든 부처님을 염하는 것이다. 극락에 왕생하면 모든 정토에 왕생하는 것이기에, 경에서 "일향전념으로 염불하라." 라고 이르셨다.[諸佛皆歸彌陀佛 念彌陀卽念諸佛 生極樂卽生諸土 經言一向專念佛]」 라고 하였다.

* 정보(正報)는 중생이 과거의 업장으로부터 받은 마음과 몸을 말하고, 의보(依報)는 그 마음과 몸이 의지하여 거주하는 환경이나 사물, 음식 등을 말한다. 《아미타경》에는 정보장엄과 의보장엄이 수없이 설해져 있다. 예컨대, 「아미타불의 광명은 한량이 없어서 시방세계의 모든 나라를 두루 비추어 걸림이 없고…」, 「아미타불의 수명과 그 나라 사람들의 수명이 한량이 없고 끝이 없는 아승기겁이니…」, 「저 아미타불에게는 무수히 많은 성문(聲聞) 제자들이 있는데 모두 아라한의 깨달음을 성취하였고…」, 「극락세계에 태어나는 중생들은 모두, 다시는 미혹되지 않고 보리심(菩提心)에서 물러나지 않는 불퇴전(不退轉)의 경지에 있는 이들이며…」는 정보장엄을 설하신 말씀들이고, 「그 나라의 중생은 아무런 괴로움이 없고, 다만 즐거움만 누리므로 극락이라 하느니라.」, 「극락세계에는 일곱 겹의 난간이 있고, 일곱 겹의 그물이 드리우고, 또한 일곱 겹의 가로수가 무성한데, 이러한 것들은 모두 금·은·유리·파려 등의 네 가지 보배로 이루어져…」, 「극락세계에는 칠보로 된 연못이 있는데, 여덟 가지 공덕을 갖춘 청정한 물이 그 안에 가득하며, 그 보배 연못 바닥은 순전한 금모래가 깔려 있고…」, 「보배 연못 가운데에는 큰 수레바퀴만한 연꽃이 수없이 피었는데, 푸른 꽃에서는 푸른 광채가 나고, 누른 꽃에서는 누른 광채가, 붉은 꽃에서는 붉은 광채가, 흰 꽃에서는 하얀 광채가 나는데, 지극히 미묘하여 향기롭고 정결하느니라.」, 「극락세계에는 항상 천상의 음악이 청아하게 울려 퍼지고, 황금으로 이루어진 땅 위에는 밤낮으로 끊임없이 천상의 만다라 꽃이 비 오듯이 흩날리고 있느니라.」, 「극락세계에는 여러 빛깔의 기묘한 새들이 있는데, 백조와 공작과 앵무새·사리새·가릉빈가·공명새 등이 밤낮없이 항상 평화롭고 청아한 노래를 하느니라.」 등은 의보장엄을 설하신 말씀들이다.

《무량수경》 등에는 중생이 극락에 왕생하면 아미타불과 똑같은 32상(相) 80종호(種好)를 갖추고, 수명도 아미타불과 같이 한량이 없으며, 아미타불과 같이 무수히 많은 세계에 부처의 몸을 나툴 수 있다고 설해져 있는데, 이러한 것들은 모두 정보장엄에 해당한다.

마명馬鳴과 용수龍樹가 조사祖師이면서 모두 분명한 가르침을 내려 극락왕생을 간절히 권하였는데, 내가 무엇이라고 극락왕생을 마다하겠는가.

馬鳴龍樹 悉是祖師 皆明垂言教 深勸往生 我何人哉 不欲往生

- 서산대사《선가귀감》

* 《선가귀감》은 한국 스님이 저술하신 책으로는 드물게 중국 대장경에 편입된 명저이다. 중국대장경에 편입된 저서를 지으신 한국 스님으로 원효대사와 보조국사 지눌선사가 있다.

* 용수(龍樹) : 대승불교의 모든 학파에서 제2의 부처로 추앙될 만큼 불교사에 커다란 족적을 남긴 인물로, 공(空)의 논리를 체계화한 중관파(中觀派)의 시조다. 용궁에 가서《화엄경》을 가져왔다. 천성이 총명하고 깨달음이 기이하여 문제를 다시 생각하는 법이 없었다. 갓난아이였을 때, 여러 바라문이 각 게송이 32자로 이루어진 4베다(veda) 경전 각 4만 게송을 외우는 것을 듣고는 그 문장을 모두 읊고 그 뜻을 이해했다고 한다. 약관의 나이에 여러 나라에 이름을 떨친 독보적인 인물이었고, 천문/지리/도위(圖緯)/비참(秘讖) 및 여러 도술에 통달하였다. 처음 대승선을 제창하고 대승불교를 일으켜 세운 사람으로 대승불교의 소의(所依)경전이라 할 수 있는《화엄경》《반야경》《금강경》《금강삼매경》등이 그의 손을 통해 세상에 전해졌다.

* 철오선사도 「게다가 이 염불법문은 문수보살과 보현보살 등 여러 대보살로부터 마명 · 용수 등 여러 대조사들과, 천태 · 영명 · 초석 · 연지대사 등 여러 대선지식들에 이르기까지, 모두 한결같은 마음으로 귀의한 가르침이다. 그런데 내가 뭐라고 감히 귀의하지 않는단 말인가.[且此一門 文殊普賢等 諸大菩薩 馬鳴龍樹等諸大祖師 智者永明楚石蓮池等諸大善知識 皆悉歸心 我何人斯 敢不歸命]」라고 하였다.

마땅히 알아야 한다. 염불법문은 상중하 세 근기에게 두루 가피를 준다. 위로는 지혜가 있는 자로부터 아래로는 어리석은 사람, 날카로운 근기를 가진 사람과 둔한 근기를 가진 사람 모두를 거두어들인다. 또 늙은 사람이나 젊은 사람 모두에게 다 좋다. 위로는 석가세존이 이 세상에 계실 때의 문수보살과 보현보살, 그리고 세존께서 멸도하신 후에는 마명보살과 용수보살 등 모든 대보살들 어느 누구도 극락세계 왕생을 발원하지 않는 분이 없었다. 백정이나 여자 노비와 같은 하하지下下智라도 일념으로 생각을 한 곳에 모으고 염불하면 모두 왕생할 수 있다. 이것은 모두 아미타불의 자비하신 원력의 섭수攝受 덕분이다.

當知念佛法門 三根普被 上智下愚 利鈍兼收 而且是老少咸宜 上上智者 如佛在世時 文殊普賢 佛滅度後 馬鳴龍樹 諸大菩薩 無不發願往生極樂世界 下下智者 如屠夫小婢 一念專精 皆可往生 此皆是阿彌陀佛 慈悲願力的攝受

- 문수文殊법사

＊ 문수법사 : 현재 대만의 스님으로 1930년에 출생하였고, 세 살에 출가하였다. 1973년에 미국에 미서불교회(美西佛教會)를 세웠다. 《능엄경》과 《법화경》에 밝아 여러 저서를 남겼다.

＊ 문수법사는 「보현보살께서는 십대원왕으로 극락을 이끌어 귀의하셨고, 마명보살은 염불이 최고의 방편법문임을 설하셨으며, 용수보살께서는 염불법문이 도(道)에 빨리 이르는 이행도(易行道)임을 밝히셨고, 연지대사께서는 아미타불 넉자가 팔교(八教)를 빠짐없이 망라하고, 오종(五宗)을 원만히 거두어들인다고 하셨다.[普賢菩薩以十大願王 導歸極樂 馬鳴菩薩說 念佛是最方便的法門 龍樹菩薩說 念佛法門 是陽行疾至之道 雲棲大師說 一句阿彌陀佛 該羅八教 圓攝五宗]」 라고 하였다.

＊ 하하지(下下智) : 최하의 지혜를 가진 자로서, 가장 어리석고 못난 범부를 가리킴.

오직 아미타불의 명호만 부르는 염불의 공덕이 왕생정토주往生淨土呪를 외우는 수행의 공덕보다 훨씬 뛰어나며, 또한 다른 여타의 주문을 외우는 수행 및 일체의 다른 행법을 닦는 공덕보다 뛰어나다.

아미타불의 명호를 지니는 공덕이 왕생정토주를 지니는 공덕보다 뛰어나다 함은 무슨 뜻인가. 왕생정토주는 30만 편을 외워야만 아미타불을 친견할 수 있지만, 부처님의 명호를 오로지 지니는 수행은 단 하루 동안의 수행으로 곧 아미타불을 친견할 수 있다는 것을 말한다. 주문을 외우는 사람은 밤낮으로 하루 종일 21편의 주문을 외우면 능히 오역五逆 등의 죄를 소멸시킬 수 있다고 말한다. 그러나 아미타불의 명호를 지닌 즉 지극한 정성을 다한 한 생각의 염불로 80억겁 동안 윤회를 거듭하면서 지은 무거운 죄를 소멸시킬 수 있다.

　아미타불의 명호를 부르는 수행의 공덕이 기타의 모든 주문을 외우는 수행의 공덕보다 훨씬 뛰어나다. 오직 아미타불의 명호만 부르는 것은 크게 신령스런 주문이며 크게 밝은 주문이며 가장 높은 주문이며 비교할 수 없는 주문이다. 왜냐하면 지극정성으로 아미타불의 명호를 열 번 염불하면, 곧 극락에 왕생하여 불퇴전지에 오르게 되어, 그 위엄과 신령함을 가히 측량할 수 없으니 이것이 크게 신령스런 주문이라는 뜻이며, 염불심이 일심불란一心不亂에 이르면 무명無明을 끊고 자성自性을 보게 되니 이것이 크게 밝은 주문이라는 뜻이며, 부처님의 명호를 불러 극락에 왕생하여 끝내 부처를 이루게 되니 이것이 위없는 주문이라는 뜻이며, 극락에서 무생법인無生法忍을 증득하고 다시 사바세계에 되돌아 와서 널리 일체중생을 제도하니 이것이 가히 비교할 수 없는 주문이라는 뜻이다.

　부처님의 명호를 부르는 수행의 공덕이 다른 모든 수행의 공덕보다 뛰어나다는 것은, 다른 모든 수행, 즉 육도만행六度萬行과 팔만사천법문이 오직 아미타불의 명호를 부르는 염불 속에 다 들어가 있어 어느 하나라도 거두어들이지 못함이 없고 일심一心을 벗어나지 못하기 때문이다. 원컨대, 정업을 닦는 제자들은 오직 믿음과 발원으로 염불하되 그 마음이 변하지 않아야 한다. 고덕古德가운데에서 다른 수행문에 들어섰다가 그것을 바꾸어 염불수행을 한 분이 많았거늘, 하물며 처음부터 염불공부를 하던 사람이 어찌 감히 처음에 먹은 마음이 변하여 다시 다른 수행문을 닦는단 말인가.

專持阿彌陀佛名號 優勝持往生呪 亦勝持余呪 亦勝一切諸餘功德 勝持往生呪者 持呪三十萬遍 則見阿彌陀佛 持名則一日一夜 卽佛現前 呪云 晝夜六時 各誦三七遍 能滅五逆等罪 持名則至心念佛一聲 卽滅八十億劫生死重罪 勝持其他諸呪 專持名號 卽大神呪 大明呪 無上呪 無等等呪 以十念得生 生卽不退 威靈不測 大神呪也 一心不亂 斷無明 見自性 大明呪也 往生極樂 究竟成佛 無上呪也 證無生忍 回入娑婆 普度衆生 無等等呪也 念佛勝餘功德者 六度萬行 法門無量 專持名號 攝無不盡 以不出一心故 願淨業弟子 專其信願 不二其心

古德多有原修余門者 尚當改修念佛 況原修念佛人 豈敢變其所守 而復他尚乎

- 연지대사

지명염불은 모든 근기를 거두어들이고 착수하기가 가장 쉽다. 그러기에 석가세존께서 어느 누가 묻지 않았음에도 특별히 지혜제일인 사리불에게만 지명염불을 설하신 것이다. 지명염불은 방편方便중의 제일방편이요, 요의了義중의 무상요의無上了義이며, 원돈圓頓중의 최극원돈最極圓頓이라 할만하다.

持名一法 收機最廣 下手最易 故釋迦慈尊 無問自說 特向大智舍利弗拈出 可謂方便中第一方便 了義中無上了義 圓頓中最極圓頓

- 우익대사

＊방편(方便) : 수행자 각자의 근기에 맞게 베풀어진 법을 말한다. 다시 말하면, 제법(諸法)을 공교(工巧)하게 써서 중생들의 근기(根機)에 맞고 중생을 두루 이롭게 하는 수단을 말한다.《화엄경》에 「부처님의 지혜는 부사의(不思議)하셔서 중생들의 마음을 모두 아시고, 가지가지 방편의 힘으로 저 중생들의 한량없는 고통을 없애 주시네.[如來智慧不思議 悉知一切衆生心 能以種種方便力 滅彼群迷無量苦]」라는 게송이 있다.

＊〈치문경훈〉에 「사바세계 중생의 지혜와 견해는 가지가지로 차별이 있어 하나의 법으로써 벗어날 수 있는 것이 아닌 까닭에 부처님이 방편으로써 가지가지의 법문을 베풀어 동서남북과 대소종횡(大小縱橫)으로 모두 수행할 수 있게 하였고, 모두 증득하여 들어갈 수 있게 하였습니다. 화엄회상에서 문수사리보살이 일찍이 각수(覺首)보살에게 묻기를, "마음과 성품은 하나인데 어찌하여 가지가지의 차별이 있음을 보게 됩니까." 하였고, 덕수(德首)보살에게 묻기를, "여래가 깨달은 바는 오직 한 가지 법인데 어찌하여 '무량한 모든 법'이라 말합니까." 하였으며, 지수(智首)보살에게 묻기를, "부처님 법 가운데 지혜를 가장 우두머리로 여기는데 여래는 어떤 까닭으로 혹은 보시함을 찬탄하고 혹은 계를 지킴을 찬탄하며 혹은 감내함을 찬탄하거나 혹은 자비하고 희사함을 찬탄하기까지 함으로써 결국에는 하나의 법으로써 벗어남을 얻게 하지 못하는 것입니까."」라고 하여, 방편의 뜻을 적절하게 보여주었다.

＊불교에는 '십(十)바라밀'이라는 개념이 있다. 이 바라밀 가운데 '방편바라밀(方便波羅蜜)'이 있는데, 이는 불보살께서 방편으로 수 만 가지의 모습을 나타내어 중생을 제도하는 일을 말한다.

* 불교에 「자비를 근본으로 삼고, 방편을 문으로 삼는다.[慈悲爲本 方便爲門]」라는 말이 있다.

* 남회근 선생은 「중생을 교화하는 것은 대단히 고통스러운 일입니다. 어떤 중생은 현교(顯敎)의 근기입니다. 오직 현교에 한정될 뿐 밀교(密敎)를 받아들이지 못합니다. 어떤 사람은 밀교의 근기여서 현교를 얘기해주면 듣기조차 않으려고 합니다. 소승(小乘)의 근기를 가진 사람은 대승(大乘)을 감당하지 못합니다. 외도(外道)근기인 사람은 불법으로 믿고 들어갈 방법이 없습니다. 반드시 외도를 이용해서 유혹해야 합니다. 교육은 유도(誘導)입니다. 그 사람으로 하여금 선근을 배양해서 외도에서 전환하도록 하는 겁니다. 이게 바로 보살의 교화방편입니다.」라고 하였다.

* 청화스님은 「아미타불은 소박하니 방편적으로 저 서방정토의 극락에 계신다고 생각합니다만, 방편을 떠나 제일의(第一義)로 해석할 때는 천지우주가 바로 아미타불입니다.」라고 하였다.

* 우익대사는 「부처님께서는 미혹한 중생을 불쌍히 여겨 중생들을 교화하셨다. 참으로 다양한 근기에 따라 가르침을 베푸셨다. 비록 한 근원에서 나왔으되 부처님의 가르침에는 수없이 많은 방편들이 있는 것이다. 이 방편들 중에서 가장 직접적이고 가장 완전한 것을 찾는다면 염불을 통하여 정토왕생을 구하는 것보다 나은 것이 없다. 또한 염불하는 모든 방법 중에서 가장 간단하고 가장 믿을만한 것을 찾는다면 믿음과 서원을 내어 오로지 부처님 이름을 부르는 것이다.」라고 하였다.

* 무문자설(無問自說) : 제자가 묻지 않았는데도, 부처님이 스스로 먼저 설하신 경전을 말한다.《아미타경》은 무문자설로 설해진 경전이다. 부처님께서 무문자설로 설하시는 이유는 부처님께서 설하고자 하는 내용이 너무 믿기 어렵거나, 또는 내용이 제자들로서는 감당할 수 없는 것이기 때문이다. 부처님께서는《아미타경》에서 지명염불을 '믿기 어려운 법[難信之法]'이라 하셨다.

* 인광대사는 「우익대사의 아미타경요해는 이(理)와 사(事)가 모두 지극하고 부처님께서 이 경을 설하신 이래 최고 제일의 주해이다. 지극히 미묘하고 정확해서, 설령 옛 부처님들께서 다시 태어나 이 경(經)에 주석을 단다고 해도 이 요해를 능가하지 못할 것이다.[阿彌陀經有蕅益大師所著要解 理事各臻其極 爲自佛說此經來第一註解 妙極確極 縱令古佛再出於世 重註此經 亦不能高出其上矣]」라고 극찬하였고, 정공법사는 인광대사의 이 말씀이 대세지보살의 입에서 나온 말씀이라고 하였다.

* 정공법사는 「우익대사는 아미타불이 다시 오신 분이 아니라면, 반드시 관세음보살의 부류일 것이다. 그렇지 않으면 대세지보살(인광대사를 지칭함)께서 이와 같은 찬탄을 하지 않았을 것이다.[蕅益大師不是阿彌陀佛再來 也必定是觀世音菩薩之流 否則當不起大勢至菩薩如此之讚歎]」라고 하였다.

＊ 우익대사는 「염불하여 정토왕생을 구하는 것이야말로 모든 법문을 원만히 거느린다. 염불이라는 한 법문만 수행한다고 하여 다른 모든 법문을 폐(廢)하는 것은 아니다. (어떤 법문이든지) 단지 한 문(門)으로만 깊이 들어가되, 염불을 정행(正行: 주된 수행)으로 삼고 계정혜(戒定慧) 등 일체의 법문을 보행(助行: 보조 수행)으로 삼는다. 정행과 조행을 합행(合行)하면 순풍에 배가 가듯 순조롭다. 여기에 판자와 동아줄을 대면 더 빨리 언덕에 이를 수 있다. 염불하는 방법이 비록 많으나 지명염불이 가장 간단하고 편리하다.[念佛求生淨土 乃一門圓攝百千法門 非擧一廢百也 但必一門深入 念佛爲正行 餘一切戒定慧等爲助 正助合行 如順風之舟 更加板索 疾到岸矣 念佛之法雖多 持名最爲簡便]」라고 하였다.

　＊ 원영법사는 「지명(持名) 염불은 생각 생각이 부처 그대로이므로 삼승(三乘)의 여러 가지 행법의 폐단에 떨어지지 아니하니 방편중의 제일 방편이라고 하는 것이다. 또한 요의(了義)라는 것은 대승의 최고 높은 진리라는 뜻인데, 역시 지명염불은 생각 생각이 그대로 부처이므로 최상이 아닌 차위(次位)의 문에 떨어지지 아니하므로 위없는 요의[無上了義]라고 하는 것이며, 원돈(圓頓)이라는 것은 한쪽에 치우치지 않고 원융하며 즉각 깨닫는다는 것을 말하는데, 역시 지명염불은 염념이 그대로 부처이므로 한 곳에 치우치거나 점차의 순서를 거쳐야 하는 폐단이 없으므로 가장 지극한 원돈[最極圓頓]이라고 한다.」라고 하였다.

　＊ 〈대지도론〉에 이런 게송이 있다. 「부처님들은 먼저 관찰하시어 어떤 방편으로도 제도치 못할 이와 제도하기 어려운 이와 교화하기 쉬운 이와 더딘 이와 빠른 이를 다 아신다. 혹은 광명과 혹은 신통과 갖가지 인연으로 중생을 건지시고 거역하려 해도 가엾이 여겨 제도해 주시고 혹은 거역하는 자라도 막지 않으시네. 억센 이는 거친 말로 교화하시고 유연한 이는 부드러운 말로 제도하시니 비록 그 마음은 자비롭고 평등하나 때에 맞춰 지혜로써 방편을 쓰시네.」

　정토법문은 세 근기를 널리 아우르며, 절대원융하며 불가사의하다. 일체법문을 원만하게 거두고 원만하게 초월하며, 매우 심오하여 믿기 어렵다. 그러므로 부처님께서는 지혜 제일인 사리불 존자에게 「지혜 제일이 아닌 사람은 정토법문을 들어도 바로 의심 없이 받아들이기가 불가능하다.」라고 하신 것이다.

　淨土法門 三根普攝絶待圓融 不可思議 圓收圓超一切法門 甚深難信 故特告大智慧者 非第一智慧 不能直下無疑也
　　　　　　　　　　　　　　　　　　　　　　　-우익대사〈아미타경요해〉

150

* 남회근 선생은 「계율을 지키는 것이 누적되고, 거기다 악을 행하지 않고 뭇 선(善)을 받들어 행하는 수복(修福)이 더해질 때, 비로소 진정한 대복보(大福報)인 대지혜를 얻을 수 있습니다.」 라고 하였다.

 염불법문은 최고의 방편이며 최고로 쉽고 최고로 간단하며 최고로 원융한 수행법문이다.

念佛法門 是最方便 最容易 最簡單 最圓融的一個修行法門

- 선화상인宣化上人

* 선화상인은 「만약 사람이 간절하고 지성스럽게 염불할 수 있다면, 이 광명이 곧 삼천대천세계를 두루 비추며, 삼천대천세계의 허공의 기운을 길상(吉祥)하게 하여, 오염과 포악 그리고 재난으로 허공의 기운이 변하여 온갖 허물이 오는 것을 막는다.[若能懇切至誠地念佛 這光明便遍照三千世界 令三千大千世界的空氣化爲吉祥 把污染暴戾災難的空氣改變過來]」 라고 하였다.

* 상인(上人) : 《유마경》에 처음 보인다. 스승을 존칭하며 가리킬 때 상인(上人) 또는 화상(和尙) 또는 상사(上師)라 표현한다. 상인(上人)은 '사람위의 사람' 또는 '일등인(一等人)' 을 의미한다.

염불은 생사윤회의 흐름을 횡횡으로 끊고, 빨리 위없는 바른 깨달음에 이르는 원도圓道의 뛰어난 법문이다. 고통을 여의고 즐거움을 얻으며, 범부에서 벗어나 성인이 되고자 하는 이는 누구든지 마땅히 지명염불이 위없이 뛰어난 유일한 법임을 알고 목숨이 다할 때까지 힘써 수행해야 할 것이다.

- 원영대사

* 지명(持名)염불 : 칭명염불을 말한다. 즉, 부처님 명호를 소리 내서 부르는 것과 마음속으로 부르는 것(이를 '묵송' 이라 한다)을 합쳐서 지명염불이라 한다.

* 정공법사는 「모든 부처님들께서 중생을 제도하셨으나, 생사윤회를 마치고 삼계를 벗어나게 하여 한 생(生)에 원만하게 위없는 보리(菩提)를 증득하는 것으로는 오로지 이 염불만이 있을 뿐이다. 만약에 이를 기꺼이 받아들이지 못한다면, 비록 불법(佛法)에 정진(精進)한다 해도 어느 생에 득도(得道)할 수 있을지는 알 수 없다. 금생에 인연이 있어 불법을 만난 것은 무량겁 동안 쌓아온 선근과 복덕이 깊고도 두텁기 때문

이다. 그럼에도 만약 이 생에서 그냥 지나쳐 버린다면 아마도 무량겁 이후에나 다시 이 법문을 만날 것이다. 생사윤회는 너무 고통스럽거늘, 어째서 이러한 원통한 벌을 받을 필요가 있겠는가.」라고 하였다.

* 정공법사는 「보살과 범부의 다른 점이 어디에 있겠습니까. 바로 한 생각에 있습니다. 한 생각 깨달아 일체 중생을 위한다면 불보살이고, 한 생각 미혹하여 자기를 위한다면 곧 범부인 것입니다. 불가에서 선악의 기준은 뭘까요. 무릇 자기만을 위한 것은 모두 악(惡)이고, 다른 사람을 위한 것은 모두 선(善)입니다. 이러한 것은 초심자가 알아듣기엔 어렵습니다. 사람은 왜 자기를 위해서는 안 되는가. 여러분! 알아야 합니다. 범부가 성불하지 못하는 데에는 두 가지의 집착으로 인한 장애 때문입니다. 하나는 아집(我執: 나에 대한 집착)이고, 다른 하나는 법집(法執: 사물이나 경계에 대한 집착)입니다. 아집을 없애면 아라한과(阿羅漢果)를 증득하게 되고, 법집까지 다 없애면 부처가 됩니다. 항상 자기만을 생각하는 사람은 매일 아집이 늘어나는데, 설사 모든 선법(善法)을 닦는다 하더라도 그것은 그저 집착만 증장시킬 뿐입니다. 집착을 없애지 못했기 때문에 부처님께서 이를 악(惡)이라 하신 것입니다. 당신이 삼계(三界)에서 벗어날 생각이 없다면 상관이 없지만, 삼계를 벗어나려 한다면 반드시 아집과 법집을 없애야 합니다. 아집은 번뇌장(煩惱障)이라 번뇌의 근원입니다. 법집은 소지장(所知障)의 근원입니다.」라고 하였다.

* 정공법사는 「법집(法執)이란 일체법이 진짜라는 것에 집착하는 것을 말합니다. 금강경에서 "일체의 유위법은 꿈, 환상, 물거품, 그림자와 같다.[一切有爲法 如夢幻泡影]"고 하였습니다.」라고 하였다.

* 《장아함경》에 「유위(有爲)라는 것은 혹은 생겨나고 혹은 머물고 혹은 다르게 되고 혹은 사라지는 것이다. 무위(無爲)라는 것은 생겨나지 않고 머물지 않고 다르게 되지 않고 사라지지 않는 것이다.[如此二法 謂有爲無爲 有爲者 若生若住若異若滅 無爲者不生不住不異不滅]」라고 하였다.

* 역시 《장아함경》에 「무엇이 무위법인가. 이른바 탐욕을 영원히 다하고 성냄과 어리석음을 영원히 다하여 일체번뇌를 영원히 다한 것을 무위법이라고 하느니라.[云何無爲法 謂貪欲永盡 瞋愚癡永盡 一切煩惱永盡 是無爲法]」라고 하였다.

* 남회근 선생은 「만약에 닦을 법이 하나라도 있고 얻을 법이 하나라도 있다면 법집(法執)이 아직 있어 불법에 갇혀있으므로 진정한 해탈이라 할 수 없습니다. 만약 생사(生死)를 두려워한다면 아직 해탈하지 못한 겁니다. 만약 열반을 좋아한다면 아직도 법집이 남아 있는 겁니다.」라고 하였다.

* 원도(圓道) : 원교(圓敎)와 같은 말. 원융원만(圓融圓滿)하고 완전무결한 가르침을 말함. 예로부터 《법화경》이나 《화엄경》이 대표적인 원도(圓道)인데, 그 둘을 뛰어넘는 것이 바로 염불법문(정토법문)임.

석가세존께서 《아미타경》에서 오로지 아미타불의 명호를 지니는 염불법만을 가르치셨다. 이것은 네 가지 염불중에서 지명염불이 가장 간편하고 쉬우며 지극히 안전하기 때문이다. 왜「간단하고 쉽다.」고 말하는가. 이 지명염불은 나무아미타불 여섯 글자만 지니면 되나니, 이보다 더 간단한 것이 어디 있는가. 또 한 번만 가르치면 누구나 다 알아 듣고 실행할 수 있나니, 이 보다 더 쉬운 것이 어디 있겠는가. 굳이 화두를 들고 의단疑團을 일으켜 참구할 필요가 전혀 없으며, 부처님의 공덕이나 상호相好를 보려고 노력할 필요도 없으니, 이 얼마나 간단하고 쉬운가.

- 원영대사〈아미타경요해강의〉

* 인광대사는「지명염불을 버리고 관상(觀像)염불이나 관상(觀想)·실상(實相) 등의 염불법을 닦겠다고 절대 나서지 마시오. 무릇 네 가지 염불 가운데, 오직 명호를 지송하는 방법이 말법시대 우리 중생의 근기에 가장 잘 들어맞기 때문이오.[切不可謂持名一法淺近 捨之而修觀像觀想實相等法 夫四種念佛 唯持名最爲契機]」라고 하였다.

* 원영법사는「'아미타(阿彌陀)'는 시간적으로는 끝없이 무한한 생명[無量壽]을, 공간적으로는 온 우주에 미치지 못하는 곳이 없는 무한한 광명[無量光]을 의미한다. 이미 앞에서 수명(壽命)과 광명(光明) 두 가지 뜻으로 아미타의 의미를 설명한 바 있으나, 요컨대 아미타불께서는 ①공덕(功德)의 면에서는 진성(眞性)에 맞는 갠지스 강 모래알 수와 같이 무수한 공덕을 모두 갖추고 계시며, ②지혜의 면에서는 이미 일체종지(一切種智)를 증득하셨으며, ③신통(神通)의 면에서는 삼명육통(三明六通)을 모두 갖추고 계시며, ④도력(道力)에 있어서는 십력(十力)과 사무소외(四無所畏)와 18불공법(十八不共法)을 모두 얻으셨으며, ⑤의보정보(依報正報: 환경과 신체)에 있어서는 아미타불께서 건립하신 극락세계는 그 환경과 수행 조건이 온 우주법계에서 가장 수승하며, 아미타불의 보신(報身)·화신(化身)과 그 나라 중생들의 신체가 모두 수승하고, ⑥설법(說法)에 있어서 아미타불께서는 일체법륜(一切法輪)을 굴리시어 설법하시고, ⑦제도(濟度)에 있어서는 일체중생을 모두 제도하신다. 이렇기 때문에 아미타불의 공덕·지혜 등이 낱낱이 무량하다고 하셨다.」라고 하였다.

* 정공법사는「화엄경과 법화경에서는 단지 상상근기의 사람만을 구제할 수 있을 뿐, 하근기와 중근기는 해당되는 몫이 없다. 아함경에서는 중근기와 하근기의 사람을 제도하며, 상상근기의 사람은 근기에 맞지 않는다. 오직 아미타경만이 세 근기를 두루 받아들이며 절대적이고 원융하다. 일체경전 가운데 화

엄경만이 일체를 원만하게 받아들이고 원만하게 초월하였다. 화엄경과 무량수경을 비교하면 무량수경이 제일이라고 생각한다. 무량수경 가운데 제 6장의 제 48원이 제일이다. 다시 48원 중, 고덕(古德)들은 제 18원이 제일이라고 공인하였다. 아미타경은 48원 중 제 18원을 해석한 것이다. 아미타경 법문은 모든 대경(大經)과 대론(大論)을 능가한다.」라고 하였다.

* 정공법사는 「아미타경은 경문이 길지는 않지만 담고 있는 내용이 아주 풍부하여 공부가 얕은 사람은 결코 알아볼 수 없습니다. 반드시 재래인(再來人)에게 의지하거나 고대덕(古大德)의 도움이 있어야 합니다. 그들을 안내자로 청하여 해석과 설명을 해달라고 해야만, 우리는 경전 속에 담긴 풍부한 의미를 제대로 알 수 있습니다.」라고 하였다.

* 남회근 선생은 「제게는 12글자의 진언이 있습니다. 간파할 수는 있지만 참아내지는 못한다. 생각할 수는 있지만 해내지는 못한다.〔看得破 忍不過 想得做不來〕가 그것입니다. 출가자든 재가자든 인생에서 다들 저의 이 12글자의 계율을 범했습니다.」라고 하였다.

* 의단(疑團) : 의심덩어리. 늘 풀리지 않고 남아있는 큰 의심. 수행 중에 일어나는 의문.

일체의 염불법문 중에서도 가장 간단하고 쉬우며 온당한 방법을 찾는다면, 진실한 믿음과 간절한 발원을 갖추고 마음을 모아 아미타불의 명호를 부르는 것보다 더 나은 것은 없다.

於一切念佛法門之中 求其至簡易 至穩當者 則莫若信願專持名號

- 우익대사 〈아미타경요해〉

* 지명(持名)이란 명호를 굳게 지니는 것을 말한다. 집지명호(執持名號)의 줄임말이다. 〈정토법어〉에 「마음이 부처님을 떠나지 않고, 부처님이 마음에서 떠나지 않는 것이 '지(持)' 의 뜻이다.〔心不離佛 佛不離心 是持之義〕」라고 하였다.

* 우익대사는 〈아미타경요해〉에서 「한 부처님의 명호만 집지(執持)해도 모든 부처님께서 호념해주시니, 이것은 모두 아미타불의 대원(大願)의 행(行)이 성취되었기 때문이다. 그러므로 아미타불의 불가사의한 공덕의 이익이라고 한다. 또한 수행자가 믿음과 발원을 가지고 부처님 명호를 부르면 부처님의 공덕을 모두 거두어 자기의 공덕으로 만드니, 고로 또한 아미타불의 불가사의한 공덕의 이익이라 한다.〔持一佛名卽爲諸佛護念 不異持一切佛名 此皆導師大願行之所成就 故曰阿彌陀佛不可思議功德之利 又行人信

願持名 全攝佛功德成自功德 故亦曰阿彌陀佛不可思議功德之利」라고 하였다.

* 인광대사께서 우익대사를 찬탄한 글인 〈연종9조송(蓮宗九祖頌)〉에서,「선종과 교종의 이치에 두루 통달하시고, 깨달음은 부처와 다름이 없으셨네. 미혹된 업 끊지 못하면 부서진 그릇과 같으니 법비[法雨]를 만나신 후 이전에 쌓은 공명 버리셨네. 이 힘으로 염불수행 하여 결정코 현생에서 윤회를 벗어나고자 하셨네. 도 닦는 이들에게 고구정녕(苦口丁寧)히 권하신 말씀이 있으니 "서방정토에 왕생하는 것이야말로 부처님을 계승하는 것이니라.[宗乘敎義兩融通 所悟與佛無異同 惑業未斷猶坏器 經雨則化棄前功 由此力修念佛行 決欲現生出樊籠 苦口切勸學道者 生西方可繼大雄]"」라고 하였다.

나무아미타불은 문자로 말하면 단지 여섯 자에 불과하지만, 그 작용을 가지고 논한다면 삼장三藏 십이분十二分의 교리가 모두 그 속에 갖추어져 있고, 석가모니부처님의 49년 설법이 한 자도 남김없이 모두 그 속에 갖추어져 있다고 말할 수 있다.

-방륜〈정법개술〉

* 한국의 한탑스님은 「나무아미타불 여섯 글자는 부처님의 무량하신 공덕과 원력이 잘 갈무리 되어 있습니다. 그러므로 나무아미타불 하는 것은 부처님의 원력으로 내 참 생명으로 돌아감을 말하며, 나무아미타불로 일체 모든 번뇌, 근심, 걱정, 어리석음, 성냄, 다툼을 버리고 가장 수승한 공덕에 이르게 하는 것입니다. 이 세상은 본래 한 생명인 아미타부처님생명 밖에 없습니다. 그러므로 나무아미타불로 내가 바뀌어야 합니다. 불법을 배우는 것은 나를 배우는 것이요. 나를 배우는 것은 중생인 나를 부정하고 나의 참 생명인 부처님 생명을 찾는 길입니다.」라고 하였다.

윤회하는 고통에서 빨리 벗어나고자 하려거든 지명염불로 극락왕생을 구하는 것보다 좋은 것이 없고, 반드시 극락에 왕생하고자 하려거든 믿음을 전도前導로 삼고, 발원을 후편後鞭으로 삼는 것보다 더 좋은 것이 없다. 만약 믿음이 굳세고 발원이 간절하면 비록 흐트러진 마음으로 염불해도 반드시 왕생할 수 있지만, 믿음이 진실치 못하고 발원이 강하지 못하면, 일심으로 염불하더라도 왕생하지 못한다.

若欲速脫輪廻之苦者 莫如持名念佛 求生極樂世界 欲決定生極樂世界者 莫如以信爲前

導 以願爲後鞭 若能信決願切 雖散心念佛亦必往生 若信不眞 願不猛 雖一心不亂亦不得生

- 우익대사

＊ 방륜은 〈정법개술〉에서 「신원행(信願行)이 정토의 삼자량(三資糧)인 것은 이미 말한 적이 있거니와, 이 자량(資糧)을 다 갖추지 못하면 절대 왕생하지 못한다. 그러므로 발원은 정토법에 있어서 매우 중요한 위치를 차지하고 있는 것이다. 아미타불이 옛적에 48원을 발함으로써 극락국의 연기(緣起)가 되었고, 그 후로 시방 중생들도 왕생을 발원함으로써 정행(淨行)의 근거가 되었으니, 부처님께서는 접인(接引)하기를 원하셨고, 중생은 왕생하기를 원하여 이 두 원(願)이 구전(俱全)하여야만 자타이력(自他二力)이 비로소 완비하게 되는 것이다. 그러므로 정업(淨業)을 닦는 자는 반드시 왕생하겠다는 발원(發願)을 해야 하는 것이다.」 라고 하였다.

＊ 우익대사는 또 「일체중생으로 하여금 생사고해를 빨리 벗어나 단박에 불도를 이루도록 하게 하기 위하여, 아미타불을 염하여 극락세계에 왕생하는 정토법문을 말씀하셨다. 이 정토법문에 의지함으로써 일체 중생들은 많은 노력을 기울이지 않고도 이번 생에서 바로 윤회고를 벗고 부처를 이루게 된다.[又欲令速出生死 頓成佛道 故爲說念佛求生淨土法門 使其不費多力 卽生成辦]」 라고 하였다.

＊ 옛 고덕께서 「고통과 번뇌의 세계는 끝이 없으나, 마음을 돌리면 곧 피안(彼岸)에 이른다. 여기 극락에 가는 길이 있나니, 믿음만 일으키면 바로 극락에 왕생하느니라.[苦海無邊 回頭是岸 樂邦有路 起信卽生]」 라고 하였다.

＊《화엄경》십회향품(十廻向品)에 다음과 같은 '발원'이 있다.

「나는 모든 중생의 집이 되리라. 그들의 고난을 없애 주기 위하여.

나는 모든 중생의 구호자가 되리라. 그들을 번뇌로부터 해탈시켜 주기 위하여.

나는 모든 중생의 귀의처가 되리라. 그들의 두려움에서 벗어날 수 있도록 하기 위하여.

나는 모든 중생의 목적지가 되리라. 그들이 모든 지혜를 얻게 하기 위하여.

나는 모든 중생의 안락처가 되리라. 그들이 지혜의 빛으로 어둠을 몰아내도록 하기 위하여.

나는 모든 중생의 횃불이 되리라. 그들이 무명을 깨뜨릴 수 있게 하기 위하여.

나는 모든 중생의 등불이 되리라. 그들이 청정한 나라에서 살 수 있게 하기 위하여.

나는 모든 중생의 길잡이가 되리라. 그들을 진리의 세계로 안내하기 위하여.

나는 모든 중생의 큰 스승이 되리라. 그들이 걸림 없는 자유를 얻게 하기 위하여」

* 전도(前導)는 앞에서 인도한다는 뜻이고, 후편(後鞭)은 뒤에서 채찍질한다는 뜻임. 즉 앞에서는 당기고 뒤에서는 밀어준다는 의미임.

염불이야말로 수행의 지름길이다. 그중에서도 지명염불은 지름길중의 지름길이다.

念佛是修行捷徑 持名念佛 又爲徑中之徑也　　　　　　　- 원영대사〈아미타경요해강의〉

* 원영대사께서 직접 겪은 자신의 체험담을 소개한다.

「'사람의 목숨은 숨 한번 들이쉬고 내쉬는 사이에 있다.'는 말씀은 나에게는 조금도 거짓이 아니었다. 심근경색을 앓고 있던 나는 3년 동안 몇 번이나 심장발작을 겪었다. 고비를 넘긴 후 자세히 회상해보니 그때 내가 받은 고통은 바로 내가 집에서 도살한 돼지가 겪은 고통과 같은 것이었다. 1993년 당시 진(우리나라의 면과 같은 행정단위)의 대표를 맡고 있던 장금문 선생이 나를 찾아와 차를 좀 밀어줄 것을 청하였다. 나는 감기가 든 상태여서 몸이 별로 좋지 않았는데, 힘껏 차를 밀고 나서 갑자기 심장에 격렬한 통증이 오면서 쓰러졌다. 장 선생이 그때의 이야기를 나중에 해주었다. 당시에 이미 나는 쇼크 상태여서 만약 즉시 응급조치를 하지 않았다면 죽을 수도 있는 상황이었다고 한다. 비록 겉으로 보기에는 이미 죽었지만, 심식의 감각은 여전히 남아 있어서, 심장의 통증이 심해질수록 몸의 상태가 분리되는 듯한 고통을 느끼고 있었다. 생각 생각에 끊어지지 않고 항상 염불해야 임종에 이르러 비로소 정념(正念)을 잃지 않을 수 있다는 것을 거듭 강조하고 싶다. 장 선생이 쓰러진 나를 차에 실어 자시의 집으로 옮겨 놓고 구급차를 기다리고 있을 때, 나는 장 선생이 집안사람들을 고함쳐 부르는 소리와 서로 나누는 대화를 명료하게 듣고 있었다. 일찍이 내가 그 가족에게 염불을 권해서 장 선생의 부인과 그 모친이 모두 와서 나를 위해 염불을 해주었다. 그때 신기한 일이 생겼다. 그들이 염하는 부처님 명호한 마디 한 구절이 모두 허공에서 빛을 발하면서 나타났다. 즉시 내 몸도 가벼워지면서 고통이 사라지는 것을 느꼈다. 그때 나는 사람마다 염불하면서 발하는 광명의 밝기와 시간이 다르다는 것을 알았다. 장 선생의 부인이 평소에 아침저녁으로 염불을 해온 까닭에 다른 사람들보다 더 밝고 오래 지속되는 것을 볼 수 있었다. 그들의 인도를 받으면서 불현듯 나도 염불을 해야겠다는 생각이 들어 염불을 했다. 그때 나는 자신이 직접 하는 염불의 광명이 특히 더 밝고 더 오래 지속되는 것을 알았다. 다른 사람이 우리를 위해 염불할 때는 우리는 그 공덕의 7분의

1만 받는다고 한 《지장경》의 말씀이 조금도 틀리지 않다는 것을 알 수 있었다. 심장발작으로 심신이 압박 받고 있을 때, 나는 다행히 장 선생 가족이 도와주는 조념염불(助念念佛)의 광명과 인도로 정념을 유지하면서 염불할 수 있었고, 그래서 고통을 덜고 혼란에서 벗어날 수 있었다. 구급차가 병원에 도착했을 때, 이미 상태가 너무 나빠서 다른 병원으로 이송되었는데, 그 병원의 의사도 나를 보고는 이미 저승으로 갔으니 의학적인 처치를 할 수 없다고 하였다. 그리고는 직계가족의 동의가 있어야 시술을 할 수 있다고 하였다. 장 선생은 그 말에 화가 나서 의사와 다투었다. 그는 직계가족이 도착하려면 시간이 한 참 걸릴 텐데 그러면 환자를 살리는 기회를 놓치게 된다며 화를 냈다. 그 대화를 듣고 있던 나는 조그만 마음에 그만 전심(專心)으로 염불하는 것을 잊어버렸다. 그때 내 옆에 있던 사람은 장 대표 한 사람뿐이어서 염불을 도와주는 사람이 없었고, 따라서 부처님의 가피를 받을 수 없었다. 당시 나는 정말로 참담한 심정이었다. 즉시 나는 내가 깊은 곳으로 떨어져 내려가는 것을 느꼈다. 구름 비행기를 탄 것같이 빠르게 줄곧 떨어지는데 마치 한빙지옥에 이른 것 같았다. 아래로 내려갈수록 더 어둡고 추웠다. 온 몸을 칼로 베는 것처럼 고통스러웠다. 그때 내가 느낀 감각을 표현하자면, 경전에 이른 것과 같이 '바람칼로 온 몸을 도려내는' 것이었다. 다행히도, 평소에 염불을 열심히 해온 공덕이 있어서 위기일발의 시점에 선근이 작용하였다. 이렇게 고통스러운 가운데 염불 일념이 문득 떠오른 것이었다. 슬프게 한 구절의 '아미타불'을 토해내었다. (나중에 들었는데, 이때 내가 한 염불소리가 커서 병원사람들이 모두 들었다고 한다). 참으로 불가사의한 것은 그 즉시 눈앞에 조그마한 광명이 나타났다. 곧 이어 다시 '나무아미타불'을 염하자 그 광명은 앞에서 더 크게 커졌다. 그러자 몸이 가벼워졌고 눈을 뜨고 다시 깨어나게 되었다. 사람들의 휘둥그레진 눈을 보면서, 나는 내가 저승의 귀신문에서 나와 죽음에서 벗어난 것을 알았다.」

염불을 떠나서는 구계九界 중생들은 위로 부처의 도道를 원만히 이룰 수 없고, 염불을 버리고서는 시방세계 모든 부처님도 아래로 뭇 중생들을 두루 이룹게 할 수 없다.

九界衆生離是門 上不能圓成佛道 十方諸佛捨此法 下不能普利群萌　　　　　-인광대사

부처의 과위果位에 바로 이웃한 등각보살조차 정토에 왕생하여야 비로소 정각을 이룬다.

上而至於等覺菩薩 位鄰佛果 尚須往生 方成正覺　　　　　-인광대사

＊〈대지도론〉에「초심보살(初心菩薩)도 반드시 정토에 나서 모든 부처님을 친근하고 법신을 증장하면, 그때 가서야 비로소 부처님의 가업을 이어서 십력(十力)을 골고루 운용할 수 있는 것이니, 이러한 뛰어난 이익이 있기 때문에 정토에 나기를 원하는 것이다.」라고 하였다.

＊대주혜해(大珠慧海)선사의 〈돈오입도요문론(頓悟入道要門論)〉에「등각보살은 비 오듯 자재(自在)한 설법으로 무량한 중생을 구제하시며 무생법인(無生法忍)을 얻으신 분이다. 그런데도 아직은 소지장(所知障)에 막혀 도(道)와는 완전히 어긋난 사람이라고 하셨으니 하물며 그 나머지 사람들이야 말할 것이 있겠는가.」라고 하였다.

＊고덕께서「염불법문은 실로 부처님께서 철저한 대비심으로 베푸신 불가사의한 법문이오. 이미 부처의 과위(果位)에 이웃한 등각보살조차 오히려 십대원왕으로 극락왕생에 회향하고 있소. 오역죄를 지은 악한 죄인은 장차 아비지옥에 떨어질 텐데, 만약 아미타불의 명호를 부른다면 즉시 하품으로 왕생할 것이오. 정토법문의 미묘함은 더 이상 보탤 것이 없소. 이 (불가사의한) 경계를 범부의 생각으로 어찌 생각하고 논의할 수 있겠소.[淨土念佛 實乃如來徹底悲心宣說之不可思議法門 等覺菩薩 已鄰佛地 尚以十大願王 回向往生 逆惡罪人 將墮阿鼻 若能稱念洪名 卽預末品 法門之妙 無以復加 此之境界 豈凡情所可思議者哉]」라고 하였다.

불법佛法에는 두 가지가 있다. 첫째는 소승불요의법小乘不了義法이고, 둘째는 대승요의법大乘了義法이다. 대승 중에는 다시 요의了義와 불요의不了義가 있다. 지금 정토를 애기하는데, 오직 정토법문이야말로 대승요의법 중의 요의법이다. 또 소승경전을 모두 펼쳐 보니, 일찍이 한 글자라도 정토왕생을 찬탄하지 않거나 권하지 않음이 없었다.

佛法有二 一者小乘不了義法 二者大乘了義法 大乘中復有了不了義 今談淨土 唯是大乘了義中了義之法也 且小乘經部 括盡貝書 曾無一字讚勸往生他方淨土   -자운참주慈雲懺主

＊자운참주는「의심은 믿음에 장애가 된다. 세상의 작은 선(善)도 믿음이 없이는 이루지 못하거늘, 하물며 보리(깨달음)라는 큰 도(道)를 이룸에 있어서겠는가. 고금의 많은 스승들께서 마음을 정토에 귀의하여, 누구는 소(疏)를 지어 경(經)을 풀이하였고, 누구는 경을 본받아 논(論)을 지었다. 오직 불과(佛果)를 이

루신 성사(聖師)이신 석가여래와 시방의 모든 부처님들께서 넓고 긴 혀를 내시어 간곡하고 실다운 설법으로 정토왕생을 찬탄하고 권하셨으니, 어찌 다시 의혹을 내겠는가.[疑爲信障 世間小善 尚不能成 況菩提大道乎 古今諸師歸心淨域者 或製疏解經 或宗經造論 唯果佛聖師 釋迦如來 及十方諸佛 出廣長舌 說誠實言 讚勸往生 更何所惑]」라고 하였다.

　＊ 남회근 선생은 「소승의 아라한은 작위(作爲)가 있을까 두려워하여 무슨 일이든 피해 버립니다. 세간법은 어떤 것이라도 상관하지 않습니다. 인간세상의 책임을 일체 상관하지 않습니다. 마치 남은 다 죽어야 마땅하고, 자신이 수도하는 것만이 세상에서 제일인 것 같습니다. 그러므로 소승은 최후에는 외도(外道)이며 잘못된 길로 인정됩니다. 소승인(小乘人)은 공(空)에 치우친 나머지 공(空)이 구경(究竟)이라 여깁니다. 소승의 아라한들은 어떤 것도 감히 움직이지 않고 일체를 비워버리면 바로 구경(究竟)이라 생각합니다. 그러므로 원력(願力)이 없습니다. 대승의 보살들은 세세생생 영원히 세간에서 일체중생을 제도하겠다고 발원합니다.」라고 하였다.

　＊ 정공법사는 「소승성자(小乘聖者)는 스스로 깨닫기는 하지만, 다른 사람을 깨닫게 하려고 하지는 않는다. 즉, 소승의 성자들은 단지 자신의 이익만을 추구하며, 다른 사람에 대한 자비심은 없다.」라고 하였다.

　＊ 불교는 크게 소승불교(소승법)와 대승불교(대승법)으로 나뉜다. 소승(小乘)불교를 남방(南方)불교 또는 상좌부(上座部)불교 또는 초기불교 또는 원시불교라고도 부르고, 대승불교는 북방불교라고도 부른다. 소승경전에는 《아함경》《숫타니파타》《법구경》《열반경》《범망경》《유교경》《백유경》 등이 있고, 대승경전에는 《반야경》《법화경》《화엄경》《금강경》《능엄경》《원각경》《아미타경》《능가경》 등이 있다. 우리나라를 비롯하여 중국, 일본은 대승불교권 국가이다.

　＊ 남회근 선생은 「반야사상 · 유식사상 · 화엄사상을 포함한 대소승의 수행의 학문상의 원리는 온통 12인연(因緣)을 근거로 발전한 것임을 여러분은 알아야 합니다. 부처님이 초기에 설법하실 때 고집멸도(苦集滅道)의 사성제(四聖諦)를 설하셨습니다. 이른바 소승은 초등학교부터 시작하는 것이고, 대승은 대학과정을 강의하는 것과 같습니다. 소승은 기본교육인데, 일부사람들은 기본교육조차 제대로 배우지 않고 대승을 말하면서 무슨 선종(禪宗)이니 밀교(密敎)니 유식학(唯識學)이니 하며 자기를 속이고 남을 속이고 있습니다.」라고 하였다.

　＊ 불법의 핵심인 ‘12인연’은 ‘12연기(緣起)’ 또는 간단히 ‘연기법(緣起法)’이라고도 하는데, 너무나 중요한 개념이기 때문에 자세히 살펴보기로 한다. 아래 12인연에 대한 설명은 남회근 선생의 말씀을 전

재(轉載)한 것임을 밝힌다.

　＊《연기경(緣起經)》이나《아함경》등에 「무명(無明)을 조건으로 행(行)이 생겨나고, 행(行)을 조건으로 식(識)이 생겨나고, 식(識)을 조건으로 명색(名色)이 생겨나고, 명색(名色)을 조건으로 육입(六入)이 생겨나고, 육입(六入)을 조건으로 촉(觸)이 생겨나고, 촉(觸)을 조건으로 수(受)가 생겨나고, 수(受)를 조건으로 애(愛)가 생겨나고, 애(愛)를 조건으로 취(取)가 생겨나고, 취(取)를 조건으로 유(有)가 생겨나고, 유(有)를 조건으로 생(生)이 생겨나고, 생(生)을 조건으로 노사(老死)가 생겨난다.[無明緣行 行緣識 識緣名色 名色緣六入 六入緣觸 觸緣受 受緣愛 愛緣取 取緣有 有緣生 生緣老死]」라고 하였다. 이것이 12인연 또는 12연기법이다.

　1) 무명(無明) : 광명이 없는 것 또는 어리석은 것을 말한다. ‘나[我]’가 태어날 때부터 가지고 있는 것이요, ‘나’를 범부로 만드는 근원이며, 모든 번뇌의 근본이요, 일체 악업(惡業)의 원인이 된다.《본업경(本業經)》에서는 「무명은 일체법(一切法)을 밝게 알지 못하는 것을 말한다.」고 하였고, 〈대승의장(大乘義章)〉에서는 「진리를 요달(了達)하지 못하는 것을 무명이라고 한다. 무명은 어리석고 어두운 마음이다. 그 본체에는 지혜도 밝음도 없다.」고 하였으며, 〈구사론(俱舍論)〉에서는 「무명의 모습은 사제(四諦)와 삼보(三寶) 및 업(業)의 원인과 결과를 모르는 데 있다.」고 하였고, 〈유식론(唯識論)〉에서는 「무명은 모든 사물과 이치에 대하여 미혹되고 어리석은 것을 본성으로 삼고, 능히 지혜를 결박하여 일체를 잡되고 물들게 하는 것으로서 그 업을 삼는다.」고 하였으며, 〈대승기신론〉에서는 「법계(法界)의 참 이치에 어둡게 된 최초의 한 생각을 무명이라 한다.」라고 하였다. 남회근 선생은 「‘나[我]’는 무엇이 변한 것일까요. 업(業)이 변한 것입니다. 업은 마음이 변한 것이요, 마음은 한 생각 무명이 변한 것입니다.」라고 하였다.

　2) 행(行) : 업력(業力)을 말한다. 우주에 존재하는 하나의 동력(動力). 남회근 선생은 「업력은 아주 커서 영원히 유동(流動)하고 있습니다. 천생만겁토록 시간과 공간의 제약을 받지 않습니다.」라고 하였다.

　3) 식(識) : 사유의식(思惟意識)을 말함. 안식(眼識)/ 이식(耳識)/ 비식(鼻識)/ 설식(舌識)/ 신식(身識)/ 의식(意識)이 있다.

　4) 명색(名色) : 정신을 ‘명(名)’이라 하고, 물질적인 것을 ‘색(色)’이라 한다. 수상행식(受想行識)이나 영혼은 모두 명(名)에 들어가고, 지수화풍(地水火風)은 색(色)에 들어간다. 남회근 선생은 「어머니의 태중(胎中)으로 들어간 것을 명색(名色)이라고 말합니다.」라고 하였다.

　5) 육입(六入) : 안이비설신의(眼耳鼻舌身意)를 육근(六根)이라고 하고, 색성향미촉법(色聲香味觸法)을 육진(六塵)이라고 하는데, 이 육진(六塵)이 육근(六根)으로 들어오는 것을 육입(六入)이라고 한다. 즉, 안이

비설신의(眼耳鼻舌身意)가 색성향미촉법(色聲香味觸法)에 부딪히는 것이다.

6) 촉(觸) : 접촉, 교감(交感), 감수(感受)를 말한다.

7) 수(受) : 감각(感覺)을 말함. 수(受)에는 고수(苦受)/낙수(樂受)/불고불락수(不苦不樂受)가 있다.

8) 애(愛) : 좋아함, 탐냄을 말한다.

9) 취(取) : 집착을 말함. 집착의 원인은 아견(我見)과 신견(身見)이다.

10) 유(有) : 소유.

11) 생(生) : 태어나는 것.

12) 노사(老死) : 늙고 죽음이 찾아옴. 죽음 후에는 다시 무명(無明)이 와서 12인연이 반복된다.

＊ 12인연 중에서 무명(無明)/ 애(愛)/ 취(取) 세 가지는 번뇌요, 행(行)/ 유(有) 두 가지는 업도(業道)에 속하며, 나머지는 '괴로운 과보[果報]'라 부른다. 행(行)/ 유(有)가 무명(無明)/ 애(愛)/ 취(取)를 움직이게(일어나게) 하는 동력(動力)이 된다.

＊《중아함경》에 「연기(緣起)를 보면 곧 진리를 본 것이요, 진리를 보면 곧 연기를 본 것이다.」라고 하였고, 초기 경전인 《우다나(Udāna)》에서는 「성자(聖者)가 참으로 진중하게 사유하여 일체의 존재가 밝혀졌을 때, 모든 의혹은 씻은 듯 사라졌다. 그것은 연기의 진리를 알았기 때문이다.」라고 하였으며,《증일아함경》에서는 「12연기는 매우 깊고 깊은 것이니, 보통 사람이 능히 깨칠 수 있는 법이 아니다.」라고 하였고,《잡아함경》에서는 「연기법은 내가 만든 것도 아니며, 다른 사람이 만든 것도 아니다. 그러나 연기법은 여래가 세상에 출현하든지 안 하든지 항상 존재한다. 여래는 이 법을 깨달아 해탈을 성취해서 중생을 위해 분별하여 설하며 깨우칠 뿐이다.」라고 하였다.

정말로 나무아미타불 여섯 자는 헤아릴 수 없이 미묘하오. 오직 부처님과 부처님만이 그 궁극의 경지를 알 수 있으며, 부처님과 똑같은 깨달음을 얻은 등각보살조차 다 알지 못하는 게 있다오. 그래서 보살도 조금밖에 모른다고 말하는데, 하물며 우리 범부들이야 더욱 더 믿고 수행해 나갈 일이오.

甚哉一句彌陀 微妙難思 惟佛與佛 知其究竟 等覺以還 尙有未盡 所謂菩薩少分知 若我輩
凡夫 尤當信而行之
- 인광대사

* 정공법사는 「선도화상께서 관경사첩소(觀經四帖疏)의 상품상생장(上品上生章)에서 말한 것처럼, 십지보살이 당신에게 얘기하고 등각보살이 당신에게 얘기하는 것을 믿어서는 안 되며, 단지 부처님이 말씀하신 것만을 믿어야 한다. 이 법문을 믿을 수 있는 사람은 이 법문에 의지하여 수행하는데, 이런 사람은 바로 과거 생에 일찍이 무량무변(無量無邊)한 제불여래(諸佛如來)를 공양하였으며, 이러한 선근과 복덕은 일체중생을 능가하니, 이는 하루아침에 해낼 수 있는 일이 아니다. 자신이 우연히 이 법문을 만나 믿고 정토왕생을 발원할 수 있다면, 시방삼세의 제불여래께서 모두 당신을 축하할 것이고, 당신을 찬탄할 것이다.」라고 하였다.

* 《무량수경》에 「여래의 광대한 지혜의 바다는 오직 부처님과 부처님만이 알 수 있느니라. 성문(聲聞)이 억겁토록 부처님의 지혜를 생각하고 신통력을 다하여도 헤아릴 수 없느니라. 여래의 공덕은 부처님 스스로만이 알 수 있으며, 또한 세존만이 열어 보일 수 있느니라. 사람의 몸은 얻기 어렵고, 부처님 만나뵙기도 어려운데, 무량수경을 듣고 즐거워하며 믿음과 지혜를 내는 것은 어려운 것 가운데 더욱 어려운 일이니라.[如來深廣智慧海 唯佛與佛乃能知 聲聞億劫思佛智 盡其神力莫能測 如來功德佛自知 唯有世尊能開示 人身難得佛難値 信慧聞法難中難]」라는 말씀이 있다.

민음과 발원과 수행, 이 세 가지 법은 극락정토에 왕생하는 큰 강령이자 아미타부처님을 친견하는 보배로운 뗏목이다. 일체의 정토법문은 모두 여기에서 벗어나지 않는다.
如此三法 可謂生淨土之弘綱 觀彌陀之寶筏 一切淨土法門 擧不外乎是矣
- 유계幽溪 전등傳燈법사 〈정토법어淨土法語〉

* 철오선사는 「정토법어는 수행자들이 저지르기 쉬운 인습(因襲)과 고식(姑息)의 폐단을 떨쳐 버리도록 역설하였다.」라고 하였다.

* 남회근 선생은 「어떤 산의 암벽에 이렇게 써져 있었습니다. ‘원컨대, 하늘이시여 항상 좋은 사람만 태어나게 하소서. 원컨대, 사람들이여 좋은 일만 하소서.’ 정말 좋습니다. 불법(佛法)이나 어떤 법이나 이 말 속에 다 들어 있습니다.」라고 하였다.

부처님께서는 민음과 발원과 수행의 세 가지를 정토왕생의 자량資糧으로 삼으셨다. 극락왕생을 하고 못하고는 믿음과 발원에 달려있고, 품위의 높고 낮음은 수행의 깊이에 달려 있다. 믿음은 반드시 깊은 믿음이어야 하고, 발원은 간절한 발원이어야 하며, 수행은 반드시 진실한 수행이어야 한다.

- 원영대사

  * 중국 송나라의 대해종고선사는 〈서장(書狀)〉에서 「부처님께서 이르시되, "믿음은 도의 근원이며 공덕의 어머니가 되는지라, 온갖 착한 법을 길러낸다." 고 하였으며, 또 이르시길 "믿음은 능히 지혜의 공덕을 더욱 자라나게 하며, 믿음은 능히 여래의 땅에 반드시 이르게 한다." 고 하시니, 천리 길을 가려고 하면 한 걸음이 맨 처음이 된다. 십지보살이 장애를 끊고 법문을 증득함도 처음 십신(十信)에 들어가고 난 뒤에 대법신(大法身)을 얻어서 자재력(自在力)을 갖춘 법운지(法雲地)에 올라 바른 깨달음을 이루고, 초지(初地)인 환희지(歡喜地)도 믿음으로 말미암아서 환희를 내기 때문이다.」 라고 하였다.

  * 고덕께서 「시방세계의 모든 부처님은 인지(因地)에서 수행하실 때, 모두 다 믿음으로 말미암아 해(解)가 생겨났으며, 해(解)에 의지하여 행(行)을 세우셨고, 행으로 인하여 위없는 도과(道果)를 증득하셨다. 이 때문에 믿음이 불도(佛道)의 근원이 되는 것이다. 오근(五根)의 으뜸은 믿음이며, 일체의 공덕은 믿음으로 말미암아 생겨나고, 이 때문에 믿음이 공덕의 어머니가 되는 것이다. 일체의 선법이 믿음으로 말미암아 자란다.[十方諸佛 因地皆是由信生解 依解立行 因行得證無上道果 是故信爲佛道根源 五根之首 以信爲之 一切功德 由信而生 以是而爲功德之母 一切善法 由信而長] 라고 하였다.

  * 남회근 선생은 「무엇을 수행이라고 할까요. 자기가 지혜 · 학문 · 수양으로써 탐욕/ 성냄/ 어리석음/ 교만/ 의심/ 정확하지 못한 견해를 바르게 고치는 것입니다. 이것이 수행의 길입니다. 불보살이나 하느님이나 귀신에게 도움을 구하는 것이 아닙니다. 수행은 자기의 심리상태로부터 닦기 시작해야 하고, 자기의 생각을 바르게 고쳐야 합니다. 자기의 행위를 고치지 않는다면 그런 수행은 쓸모가 없습니다. 불가의 일체의 수양방법은 모두 '선호념(善護念)' 이라는 세 글자에 지나지 않습니다. 심지어 유가나 도가, 기타 어느 종교든 인류의 일체의 수양방법도 마찬가지입니다. 자기 마음의 생각을 잘 보호하고 살펴보는 것입니다. 마음이 일어나고 생각이 움직일 때, 어떤 경우라도 자신의 생각을 잘 살펴보고 보호하는 것입니다. 예를 들어, 만약 당신이 나쁜 생각으로 그저 닦아 성공해서 신통을 지녀 손 한번 내밀면 은행지폐가 바로 오기를 바라거나, 어떤 젊은이들이 그렇듯이 곧 불보살님을 뵙고 몸 한번 솟구치면 곧 도달하게 되기에

장래에 달나라에 가더라도 자기 자리를 예약할 필요가 없는 그런 신통이나 얻기 바란다든지 하는, 이런 공훈(功勳)이나 이기주의적 관념으로써 정좌를 배운다면 잘못 된 것입니다. 금강경을 보면 부처님은 얼마나 평범하셨습니까. 옷 입고, 발 씻고, 정좌하고, 정말 평범했습니다. 절대 환상을 하지 않으셨고, 절대 멋대로 하지 않으셨습니다. 종교적인 분위기를 조금도 지니시지 않으셨습니다. 그리고는 우리들에게 수양의 핵심은 바로 '선호념', 즉 생각을 잘 보호하는 것이라고 가르쳐 주셨습니다. 다시 말해 자기의 생각, 심념(心念), 의념(意念)을 잘 돌보아야 합니다.[善護念]. 예를 들어, 오늘날 부처님을 배우는 사람들 중에는 염불하는 사람들이 있는데, 나무아미타불 염불해서 일심불란(一心不亂)의 경지에 도달하는 것도 '선호념'의 한 법문입니다. 우리가 정좌하면서 자신이 허튼 생각을 하지 않도록 돌보는 것도 선호념입니다. 일체의 종교적 수양방법은 모두 이 세 글자입니다.」라고 하였다.

　＊ 제자가 일찍이 아티샤 존자에게 「일체의 수도법은 무엇으로 최고를 삼습니까.」라고 여쭈니, 존자께서 대답하셨다.

「최고의 깨달음은 무아(無我)의 도리를 증득(證得)하는 것이며

최고의 정숙은 심식(心識)을 조복시켜 부드럽게 함이며

최고의 공덕은 중생을 크게 이롭게 하는 마음이며

최고의 가르침은 항상 안으로 마음을 관하는 것이며

최고의 대치(對治: 다스림)는 만법에 자성(自性)이 없다는 것을 통달하는 것이며

최고의 행위는 세속을 따르지 않는 것이며

최고의 성취는 번뇌가 날로 적어지는데 나아감이며

최고의 도풍(道風)은 탐욕이 날로 감소하는 것이며

최고의 보시는 탐욕이 없는 것이며

최고의 지계(持戒)는 마음이 적정(寂靜)해 지는 것이며

최고의 인욕은 몸이 낮은 위치에 거하는 것이며

최고의 정진은 번거로운 일을 버리는 것이며

최고의 선정은 마음을 조작 없이 그대로 두는 것이며

최고의 지혜는 일체에 집착하지 않는 것이다.」

깊은 믿음과 간절한 발원으로 부처님 명호를 지송하라. 이는 정토법문의 올바른 첫째 가르침이다.

以深信願 持佛名號 爲淨土正宗   - 철오선사

* 인광대사도 「믿음이 진실하지 않고 극락왕생 발원이 맹렬하지 않으면, 비록 염불이 일심불란에 이르더라도 역시 왕생할 수 없다.[信不眞 願不猛 雖亦不得往生]」라고 하여 믿음과 발원의 중요성을 누차 강조하였다.

* 고덕께서 「모든 인연을 다 내려놓는 것, 이것이 바로 불란(不亂)이고, 깨끗한 생각이 계속 이어지는 것, 이것이 바로 일심(一心)이다.[萬緣放下 便是不亂 淨念相繼 便是一心]」라고 하였다.

* 인광대사는 「정토법문은 믿음과 발원과 수행을 으뜸요건으로 삼소. 믿음과 발원이 있으면, 염불수행의 기간이나 깊이 정도에 관계없이 모두 왕생할 수 있소. 하지만, 믿음과 발원이 없으면 수행이 설사 염불하는 주체인 나와 염불의 대상인 부처를 모두 잊고, 육근(六根)과 육진(六塵)을 모두 벗어나는 경지에 이를지라도 왕생하기 어렵다오.[淨土法門 以信願行三法爲宗 有信願 無論行之多少淺深 皆得往生 無信願 卽到能所兩忘 根塵逈脫之地步 亦難往生]」라고 하였다.

* 인광대사는 「정말로 진실한 믿음과 간절한 발원만 갖춘다면, 만 명 가운데 한 사람도 극락에 왕생하지 못하는 경우는 없다오. 말세의 중생들에게는 오직 염불만이 믿고 의지할 만하오.[果具眞信切願 萬中決不漏一 末世衆生 唯此一法]」라고 하였다.

* 인광대사는 「옛날부터 '수행하는 사람이 올바른 신앙으로 서방정토에 왕생하길 발원하지 않으면서 널리 많은 선행이나 닦는 것은 제 3세의 원한이라고 부른다.[修行之人 若無正信 求生西方 泛修諸善 名爲第三世怨]'고 하였소. 금생의 수행으로 내생[第二世]에 복을 누리면서 복으로 말미암아 죄악을 짓고 그 다음 생에 타락하여 과보를 받을 것이니 말이오. 쾌락을 내생에 잠시 얻으면 고통은 영겁토록 물려받소. 설령 지옥의 죄업이 소멸되더라도 다시 아귀와 축생에 생겨나 사람 몸 회복하기가 정말 어렵고도 또 어렵게 되오.」라고 하였다.

* 철오선사는 임종하기 전에 「허깨비 같은 세속 인연 길지 않으며, 인간 세상 참으로 덧없으니, 짧은 인생 허송세월하면 안타깝기 그지없소. 각자 모두들 마땅히 염불 공부에 노력해야 할지니, 그래서 앞으로 극락정토에서 서로 반갑게 만나세.[幻緣不久 人世非常 虛生可惜 各宜努力念佛 他年淨土好相見也]」라

고 부촉하시고는 대중들이 부처님 명호를 더욱 큰소리로 염송하는 가운데, 서쪽을 향해 단정히 앉아 합장을 하신 뒤, 마지막으로 이렇게 유언을 남긴 후 입적하셨다.

「위대하고 거룩한 명호인 나무아미타불을 한 번 염송하면 한 번 염불한 만큼 부처님 상호(相好)를 친견한다네.[稱一聲洪名 見一分相好]」

＊ 철오선사의 '개시정업8요(開示淨業八要)' 를 소개한다.

一. 眞爲生死 發菩提心 是學道通途(진실로 생사윤회를 끝내려면 보리심을 발하라. 이것이 道를 배우는 大路이다).

二. 以深信願 持佛名號 爲淨土正宗(깊은 믿음과 발원으로 부처님 명호를 부르는 것이 염불의 첫째 가르침이다).

三. 以攝心專注而念 爲下手方便(마음을 추스르고 집중하는 것이 염불을 시작하기 위한 방편이다).

四. 以折伏現行煩惱 爲修心要務(지금의 번뇌를 굴복시키는 것이 마음을 닦는데 급선무다).

五. 以堅持四重戒法 爲入道根本(사중계를 굳게 지키는 것이 道에 들어가는 근본이다).

六. 以種種苦行 爲修道助緣(온갖 고행은 道를 닦는 보조 인연이다).

七. 以一心不亂 爲淨行歸宿(일심불란은 정토수행의 귀착점이다).

八. 以種種靈瑞 爲往生證驗(온갖 신령스러움과 상서로움이 나타나는 것은 정토에 왕생할 증험이다).

범부 중생은 믿음과 발원으로 부처님을 감동시키지 않는 한, 설령 그 밖의 모든 뛰어난 수행을 닦으면서 부처님 명호를 지송하는 염불수행을 하더라도 극락에 왕생할 수 없다오. 믿음과 발원만 갖추면, 비록 아비지옥에 떨어질 극악무도한 죄인이라도, 열 번만 지극하고 간절히 염불하면 부처님 자비와 가피를 받아 극락에 왕생할 수 있소. 그래서 염불법문에서는 믿음과 발원과 수행의 세 가지 법이 가장 요긴한 종지宗旨라오.   -인광대사

＊ 인광대사는 「무릇 정토법문을 닦는 이들은 제일 먼저 계율을 엄격히 지켜야 한다. 그 다음 보리심을 발하여야 한다. 세 번째로는 진실한 믿음과 간절한 발원을 갖춰야 한다. 계율은 모든 법의 토대이며, 보리심은 도를 닦음에 있어 최고 사령관이며, 믿음과 발원은 왕생을 앞에서 안내하는 인도자이다.[凡修淨業者 第一必須嚴持淨戒 第二必須發菩提心 第三必須具足眞信切願 戒爲諸法之基址 菩提心爲修道之主帥

信願爲往生之前導」라고 하였다.

 * 서산대사는 〈선가귀감〉에서 「지옥의 고통이란, 인간의 60겁(劫)이 지옥의 하루인데, 쇳물이 끓고 숯
불이 튀고 검의 숲과 칼산에 끌려 다니는 고통은 이루 다 말할 수 없다.[地獄苦者 人間六十劫 泥犁一晝
夜 鑊湯爐炭劍樹刀山之苦 口不可形言也]」라고 하였다.

 * 고덕께서 「일심으로 정토왕생을 구하고 삼업(三業)으로 아미타불을 감동시키면 물이 빨리 흘러도
달빛은 떠나지 않듯이 중생의 마음이 어지러워도 부처는 늘 머물러 계신다네.[一心求淨土 三業感彌陀 流
急月不去 心亂佛常住]」라고 하였다.

 지명염불은 착수하기가 쉽고 성공률은 높으며 노력을 적게 해도 효과는 빠름을 알라.
지극히 교묘한 방편이자 특별한 방편이다. 실로 번뇌를 등지고 깨달음에 부합하여 근원
으로 돌아가는 법문이며, 한 생만 지나면 부처를 이루니 가장 간단하고 쉬우며 바로 질러
가는 제일의 묘법이다. 정토법문이야말로 부처님께서 중생을 제도하는 뛰어나고 특별한
방편 중에서 가장 뛰어난 방편이다. 법계의 중생이 삼계 화택을 바로 벗어나는 데에는 지
명염불만한 것이 없다.

 知淨土持名念佛一法 下手易而成功高 用力少而得效速 極權巧 異方便 乃背塵合覺 返本
歸元 一生成辦 最簡易直捷之第一妙法 是如來度生勝異方便中之最勝方便 法界衆生 欲直
出三界火宅 莫如持名念佛
                                                                    - 고덕

 무릇 모든 부처님들께서는 미혹한 중생들을 가련하게 여기시어 근기에 따라 교화를 베
푸시니, 비록 근원으로 돌아가면 성품에는 둘이 없으나 방편에는 많은 문(門)이 있다. 그런
데 모든 방편 중에서 지극히 곧고 빠르며, 지극히 원만하고 즉각적인 것을 구한다면 곧 염
불하여 정토에 왕생하기를 구하는 것 만한 것이 없다. 또한 일체의 염불법문 중에서 지극
히 간편하고 쉬우며 지극히 온당한 것을 구한다면 믿음과 발원으로 오직 부처님 명호를
부르는 것 만한 것이 없다.

原夫諸佛憫念群迷 隨機施化 雖歸元性無二 而方便多門 然於一切方便之中 求其至直捷
至圓頓者 則莫若念佛求生淨土 又於一切念佛法門之中 求其至簡易至穩當者 則莫若信願
專持名號
- 우익대사 〈아미타경요해〉

* '雖歸元性無二 而方便多門(비록 근원으로 돌아가면 성품에는 둘이 없으나, 방편에는 많은 문이 있다)' 라는 구절은 《원각경》에 나오는 말로, '도(道)는 오직 하나이나, 도에 도달하는 방편의 문(門)은 여러 가지가 있다.' 는 뜻이다. 《금강경》에 나오는 '一切賢聖 皆以無爲法 而有差別(일체의 현성(賢聖)은 모두 무위(無爲)를 법으로 삼지만 차별이 있다)' 와 인도의 브라만교의 근본경전인 《리그베다(Rigveda)》에 나오는 「하나의 진리를 가지고 현자(賢者)들은 여러 가지로 말하고 있다.」 라는 말과 통하는 말이라고 생각한다.

* 우익대사의 〈불설아미타경요해〉를 주석(註釋)한 정공법사는 〈불설아미타경요해강기(佛說阿彌陀經要解講記)〉에서 「옛날부터 지금까지 정토법문을 닦아서 성취를 거둔 사람의 숫자가 가장 많다. 그 이유는 정토법문이 가장 직접적이고 가장 빠르며 가장 원만하고 단박에 이루어서 등급을 뛰어넘을 수 있으며, 점차적으로 닦는 단계를 거칠 필요 없이 단박에 뛰어넘을 수 있기 때문이다. 초등학교 1학년에서 당장에 박사반(博士班)으로 올라가 보살의 51개의 단계를 뛰어넘을 수 있을 뿐만 아니라, 게다가 방법이 매우 간단하여 감히 믿지 못할 정도이니 매우 불가사의하다.」 라고 하였다.

* 《열반경》에 「모든 보살들은 스스로 잘못을 뉘우치면서, "우리가 무량겁 동안 생사(生死)에 유전한 것은 단지 무아(無我)에 미혹됐기 때문이다."」 라고 하였다.

* 영명연수선사는 〈종경록〉에서 〈보성론(寶性論)〉을 인용하여 「하늘나라의 신령스런 법고(法鼓) 소리를 자신들이 지은 업에 따라서 듣듯, 시방세계 부처님들 설하신 법도 중생들이 지은 업에 따라 듣는다.[天妙法鼓聲 依自業而有 諸佛說法者 衆生自業聞]」 라고 하였다.

* 남회근 선생은 「제불보살은 중생을 가련히 여기기 때문에 고해(苦海) 속으로 다시 돌아와 중생을 제도합니다. 물론 우리들은 어느 분이 다시 오신 불보살인지 모릅니다. 일반인들은 부자가 되고 나면 가난한 사람 집에 들어가려고 하지 않습니다. 불보살이 인간세계에 다시 돌아온 것은 마치 어떤 사람이 부자가 되고 나서도 예전의 친구들과 함께 밥을 빌어먹고 지내는 것과 같습니다. 이래야 비로소 중생을 제도할 수 있습니다. 불보살은 인간세계에 다시 돌아오는데 그치지 않고 심지어는 소나 말로도 변하고 다른

동물로도 변합니다. 그러므로 우리는 육식할 때에는 조심해야 합니다. 불보살의 몸을 먹는 경우도 있지 않겠습니까.」라고 하였다.

　염불법문은 하늘이 만물을 고루 덮어 감싸듯 땅이 만물을 두루 실어 떠받치듯 어느 한 사람이나 어느 한 법도 그 바깥으로 벗어날 수도 없고 그 안에 들어가지 못하는 것도 없다.
　念佛法門 如天普蓋 似地普擎 無有一人一法 能出其外 不在其中者　　　　　－철오선사

〈대지도론〉에서 말했다.
「비유컨대, 젖먹이 아기가 부모를 가까이하지 아니하면 자칫 구덩이에 떨어지거나 혹은 우물에 빠지거나, 또는 물·불과 같은 어려운 난을 당하게 되는데, 그리하면 젖을 먹지 못해 죽는다. 그러므로 어릴 때는 반드시 부모의 보살핌을 가까이 해야 하는데, 차츰 성장하고 장대해지면 바야흐로 능히 부모를 대신하여 가업을 이을 수 있는 것이다. 초심初心보살이 정토에 간절히 나고자 하는 것은, 모든 부처님을 가까이하고 법신法身을 증장하면 그때 가서야 비로소 부처님의 가업을 이어 시방세계에 자재自在하여 중생을 구제할 수 있으니, 이러한 뛰어난 이익이 있기 때문에 정토에 나기를 몹시 발원하는 것이다.」

　智論云 譬如嬰兒 若不近父母 或墮坑落井 水火等難 乏乳而死 須常近父母養育長大方能紹繼家業 初心菩薩多願生淨土 親近諸佛 增長法身 方能繼佛家業十方濟運 有斯益故多願往生　　　－영명 연수선사〈만선동귀집萬善同歸集〉

　＊〈대지도론〉에 십력(十力)에 관한 내용이 있어 소개한다. 부처님이 가진 십력이란 「가능함과 불가능함을 아는 지력[是處不是處智力]으로는 "이 중생은 제도할 수 있고, 이 중생은 제도할 수 없다." 고 함을 분별하고 헤아리며, 업보를 아는 지혜의 힘[業報智力]으로는 "이 사람은 업장(業障)이고, 이 사람은 보장(報障)이며, 이 사람에게는 아무 장애가 없다." 고 분별하고 헤아리며, 선정해탈삼매의 지력[禪定解脫三昧智力]으로는 "이 사람은 맛[味]에 집착했고, 이 사람은 맛에 집착하지 않았다." 고 함을 분별하고 헤아린다. 상하근지력(上下根智力)으로는 중생의 지혜의 힘이 많고 적음을 분별하고 헤아리며, 종종욕지력(種

種欲智力)으로는 중생들이 좋아하는 바를 분별하고 헤아리며, 종종성지력(種種性智力)으로는 중생들의 깊은 마음의 나아가는 바를 분별하고 헤아리며, 일체지처도지력(一切至處道智力)으로는 중생의 해탈문을 분별하고 헤아린다. 숙명지력(宿命智力)으로는 중생들이 먼저 어디서부터 왔는가를 분별하고 헤아리며, 생사지력(生死智力)으로는 중생이 태어나는 곳과 아름답고 추함을 분별하고 헤아리며, 누진지력(漏盡智力)으로는 중생이 얻는 열반을 분별하고 헤아리신다.」를 말한다.

  * 영명 연수선사는 「염불수행이 무르익으면 심지(心地: 마음 자리)가 청정해져서 부처님과 서로 상응하게 되어 바야흐로 부처님이 앞에 나타나심을 뵈며 부처님의 인도를 받아 극락에 왕생한다. 부처님이 앞에 나타나시지만 부처님은 실제로는 가고 옴이 없는 것이, 마치 하늘에 떠있는 달이 수많은 강을 비추어 그 모습이 강물위에 일시에 나타나는 것과 같다. 달은 실제 분별이 없는데, 이 마음도 물과 같은 것이다. 마음이 깨끗하지 못하면 물이 더러운 것과 같아서 하늘에 달이 떠 있어도 그 모습을 드러내지 못한다. 고로 마음이 전도되어 혼란한 자는 비록 부처님이 빛을 놓아 극락으로 인도하고자 하여도 왕생하지 못한다. 이는 눈먼 사람이 해를 볼 수가 없는 것과 같다.〔行人淨業成熟 心地淸淨 與佛相應 方見佛現前 接引生西 佛雖現前 實無來去 如月在天 千江萬水 一時俱現 而月實無分 心猶水也 如心不淨 猶水混濁 月雖在天 而不現影 故心顚倒混亂者 佛雖放光接引 猶目生盲不能見日〕」라고 하였다.

  * 초심보살(初心菩薩) : 초발심보살(初發心菩薩)을 말한다. 즉, 부처님을 배우겠다고 처음 발심한 사람을 말한다. 부처님을 배우는 첫 출발은 '믿음' 임을 알아야 한다. 즉, 석가모니부처님께서 하신 말씀이 모두 진실하며 옳다고 믿는데서 출발하는 것이다.

  여러 생에 걸쳐 선근복덕을 심은 사람만이 불법승 삼보께 귀의하고, 게다가 최상의 법문이며 극락왕생의 지름길인 정토법문을 알게 된다.

  卽有多生善根 歸敬三寶 且知有最上往生之捷徑   -〈중각 철오선사어록서重刻徹悟禪師語錄序〉

  * 정공법사도 「대저 정토왕생을 발원하고, 믿음과 발원이 견고하면, 과거생 중에 무량무변한 제불여래(諸佛如來)를 공양한 적이 있는 것이다.」 라고 하였다.

  * 남회근 선생은 「우리가 부처님을 배우는 첫걸음은 공덕과 복덕을 닦는 것입니다. 복덕이 갖추어지지 않으면 지혜가 일어나지 않습니다. 지혜가 일어나지 않으면 보리(菩提)를 증득할 방법이 없습니다. 다

들 도를 깨닫고 싶은 생각은 모두 망상입니다. 조금의 선행조차도 없는데 하물며 복덕은 더 말할 나위가 있겠습니까. 수행이란 바로 자기의 심리와 행위를 바로잡고 대자비와 이타적인 심리와 행위를 일으켜 공덕을 성취하고 지혜가 원만해지는 것입니다. 그래야 깨달음이 열려 성불할 수 있습니다.」라고 하였다.

＊ 불(佛)·법(法)·승(僧)을 삼보(三寶)라 부른다. 불자(佛子)란 지극한 마음으로 삼보에 귀의한 사람들을 말한다. 여기서 승(僧)은 승단(僧團: 출가한 스님들의 집단. 우리나라에는 조계종, 천태종 등이 있음. 僧伽와 같은 말)만을 뜻하는 것일까. 이에 대해 남회근 선생의 명쾌한 말씀을 들어보자.「재가자(在家者: 출가하지 않고 집에서 수행하는 사람)가 진정으로 발심(發心)하여 수지(修持: 수행과 거의 같은 말)한다면 역시 승단(僧團)이라 할 수 있습니다.」 이 말씀은 승단(僧團)만 삼보에 들어가는 것이 아니라, 재가자들도 삼보에 들어갈 수 있다는 말씀이다. 출가사문들이 새겨야 할 말씀이다.

《칭찬정토불섭수경稱讚淨土佛攝受經》에서 시방제불께서 극락정토를 극구 찬탄하셨고,《보적경寶積經》에서 석가모니부처님이 부왕父王이신 정반왕淨飯王께 염불로 왕생할 것을 권하셨으며,《보살내계경菩薩內戒經》에서는 보살의 삼원三願중 두 번째 원願이 아미타불 국토에 왕생하는 것이라 하였다.

《화엄경》에서는 보현보살이 왕생을 발원하셨으며,《문수발원경文殊發願經》에서는 문수보살이 왕생을 발원하였고, 선종禪宗 제 12조祖인 마명보살은 〈대승기신론〉을 지어 왕생을 권하였으며, 선종 제 14조인 용수보살은 〈십주비바사론十住毗婆沙論〉에서 아미타불을 찬양하였고, 세친보살은 〈왕생론往生論〉에서 왕생을 발원하였다. 선종의 마명보살, 용수보살 외에 선종의 선덕先德들이 정토법문을 겸해서 닦되 혹은 드러나게 혹은 비밀스럽게 닦고, 자기뿐만이 아니라 극락정토를 찬양하는 법문法門을 설설說하기도 하였으며, 논論을 지어 극락왕생을 권하기도 하였다. 임제종臨濟宗의 백장百丈 회해懷海선사는 직접 지은 〈백장청규百丈淸規〉에서 병승病僧과 망승亡僧을 위하여 나무아미타불을 염송하게 하였다. 또 선종 이외에 율종律宗, 삼론종三論宗, 천태종天台宗, 화엄종華嚴宗, 법상종法相宗 등 각 종宗의 종사宗師들도 정토를 겸해서 닦았을 뿐 아니라, 다른 사람을 권하여 닦게도 하고, 또 정토경淨土經을 주해註解하기도 하여 정토를 떨쳐 일으킨 이가 많았다.

- 〈연종집요〉

＊ 세친보살은 〈왕생론〉에서 「마음속에 아미타불과 극락세계의 거룩하고 뛰어남을 역력하게 그리면서 예경하라. 아미타불의 원만하신 덕과 극락세계의 수승한 장엄을 찬탄하면서 소리 내어 부처님의 명호를 부르라. 일심으로 극락세계에 태어나서 아미타불의 품에 안길 것을 서원하라. 아미타불의 공덕과 극락세계의 장엄을 높고 밝은 지혜로 분명하게 마음을 관하라. 위의 네 가지 염불수행에서 오는 모든 공덕을 널리 일체중생에게 회향하여 그들과 함께 모든 고통을 여의고 극락세계에 태어날 것을 발원하라.」 라고 하였다.

온갖 수행 중에서 염불이 가장 온당하다.

修行以念佛最爲穩當

                                                              - 백장百丈 회해懷海선사

＊ 위 말씀은 백장선사께서 세우신 총림요칙(叢林要則)속에 나오는 내용이다.

백장대지선사총림요칙(百丈大智禪師叢林要則)

一. 叢林以無事爲興盛[총림은 말썽 일으키는 일이 없도록 함으로써 흥성케 한다]

二. 修行以念佛爲穩當[수행은 염불이 가장 온당하다]

三. 精進以持戒爲第一[정진은 계를 지키는 것이 제일이다]

四. 疾病以減食爲湯藥[질병은 식사를 줄이는 것을 약으로 삼는다]

五. 煩惱以忍辱爲菩提[번뇌는 인욕을 깨달음으로 삼는다]

六. 是非以不辯爲解脫[시비는 따지지 않음을 해탈로 삼는다]

七. 留衆以老成爲眞情[대중을 머물게 할 때는 노련함을 진정으로 삼는다]

八. 執事以盡心爲有功[일을 다룸에는 마음을 다해야 공덕이 된다]

九. 語言以減少爲直截[쓸데없는 말을 줄이면 바로 질러가게 된다]

十. 長幼以慈和爲進德[장유의 서열에는 자비와 화합을 덕을 닦는 것으로 삼는다]

十一. 學問以勤習爲入門[학문은 부지런히 배우는 데서 시작된다]

十二. 因果以明白爲無過[인과를 분명히 알면 허물이 없다]

十三. 老死以無常爲警策[생로병사는 일체가 무상함을 경책으로 삼는다]

十四. 佛事以精嚴爲切實[불사는 정밀하고 장엄함을 절실함으로 삼는다]

十五. 待客以至誠爲供養[손님을 접대할 때는 지극정성을 공양으로 삼는다]

十六. 山門以耆舊爲莊嚴[산문은 덕이 높고 법랍이 많음을 장엄으로 삼는다]

十七. 凡事以預立爲不勞[만사는 미리 대비해야 수고롭지 않다]

十八. 處衆以謙恭爲有理[대중과 같이 할 때엔 겸손과 공경으로 한다]

十九. 遇險以不亂爲定力[위험한 일을 만났을 때는 마음의 집중을 선정력으로 삼는다]

二十. 濟物以慈悲爲根本[모든 이를 구제할 때에는 자비를 근본으로 삼는다]

* 백장 회해선사 : 중국 당나라 때 선종의 고승. 백장청규(百丈淸規)를 제정하여 교단의 조직이나 수도생활의 규칙 등을 성문화한 업적을 남겼다. 그의 수도생활은 매우 준엄하여 「하루를 무위(無爲)로 지내면 그날은 굶는다.」 고 할 정도였다. 수많은 제자가 그에게 모여들었는데, 그중에서도 황벽(黃檗) 희운(希運)과 위산(潙山) 영우(靈祐) 두 사람은 걸물들로서, 뒷날 이들의 계통에서 임제종(臨濟宗)과 위앙종(潙仰宗)이 시작되었다. 시호(諡號)는 대지(大智)이다. 그래서 대지선사로도 불린다.

* 정공법사는 「오늘날 우리의 시간이 너무 절박하여, 염불법문 외의 다른 방법으로는 늦습니다. 확실하지도 않고요. 이 법문만이 가장 빠르고 가장 온당합니다. 이 법문을 선택하지 않으면 반드시 일을 그르치게 될 것입니다. 이것은 천번 만번 확실한 사실입니다.」 라고 하였다.

보살의 묘행이 비록 헤아릴 수 없이 많지만, 마땅히 알아야 한다. 염불이 가장 우선이 되느니라.

菩薩妙行雖無量 當知念佛最爲先

- 자민삼장慈愍三藏 혜일慧日대사

* 법조대사도 위와 비슷한 게송을 남겼다. 「보살의 묘행이 비록 헤아릴 수 없이 많지만, 마땅히 알라. 염불이 가장 우선이 되느니라. 염불하는 이 인연을 얻어 타고 정토에 왕생하면, 잠깐 사이에 부처님 앞에 이른다.[菩薩妙行雖無量 當知念佛最爲先 乘此因緣生淨土 須臾卽至世尊前]」

* 고덕께서 「보살도(菩薩道)란 자기도 깨닫고 남도 깨닫게 하며, 자기도 이롭게 하고 남도 이롭게 하는 것이다. 수행자가 진실로 보살도를 행하고자 한다면 반드시 염불수행으로 정토왕생을 구하여 저 아미타불을 친견하고 무생법인을 증득한 후 원(願)을 타고 삼계의 고해(苦海)에 되돌아와 중생을 제도하는 것이다. 이것이 바로 자기도 깨닫고 남도 깨닫게 한다는 뜻이며, 자기도 이롭게 하고 남도 이롭게 하는 보살

의 정행(正行)이다.[菩薩道者 自覺覺他 自利利他 行人欲眞行菩薩道 必須念佛求生淨土 親彼彌陀如來 得忍證無生 乘願還來三界苦海救度衆生 此乃自覺覺他 自利利他之菩薩正行也] 라고 하였다.

＊《화엄경》에 「보살은 다만 한 명의 중생, 한 분의 부처님, 하나의 법만을 위해서 서원의 회향을 일으키는 것이 아니라, 일체 중생을 널리 구제하고, 모든 부처님을 널리 공양하고, 일체의 불법을 널리 깨달아 요달(了達)하기를 위하기 때문에 대원(大願)을 일으켜서 온갖 선근을 닦아 보리(菩提)에 회향한다.」 라고 하였다.

＊ 부처님이 중생의 근기에 맞추어 방편을 따라 말씀을 설하다 보니 많은 종류의 가르침이 나오게 되었다. 이를 세 가지로 나누면 계(戒)/정(定)/혜(慧)에 관한 것이 되고, 더 펼치면 육바라밀이 되며, 더 나아가면 온갖 보살행이 된다. 이러한 가르침은 모두 부처님의 마음, '일심(一心)' 에서 나온다.

＊ 고덕께서 「부처님의 명호를 집지(執持)하는 것이 곧 정토왕생을 구하는 묘행이다.[執持名號 卽是求生淨土之妙行]」 라고 하였다.

정토법문의 깊은 이치와 공덕에 대하여는 오직 부처님과 부처님만이 비로소 원만히 아시고 원만히 보실 수 있다.

淨土法門唯佛與佛 方能圓知圓見

-정권靜權법사

＊ 남회근 선생은 「'원(圓)' 은 원만함을 나타냅니다. 결함이 없고 새어나감[滲漏]이 없는 것을 말합니다. 또 원(圓)에는 일체의 시간과 일체의 공간이 포함되어 있습니다.」 라고 하였다.

＊ 정공법사는 「다른 법문을 공부해도 정각(正覺)을 이루고 정등정각(正等正覺)을 이룰 수 있지만, 그러나 무상정등정각(無上正等正覺)은 서방 극락세계에 가지 않고서는 안 됩니다.」 라고 하였다.

＊ 정공법사는 「부처님께서는 종종 많은 경전에서 '아누다라삼먁삼보리' 를 말씀하셨습니다. 이것은 범어의 음역(音譯)으로, 범어를 존중한다는 의미로 번역하지 않은 것입니다. 이것이 바로 불타 교육의 총체적 목적이 되는데, 번역하면 '무상정등정각(無上正等正覺)' 입니다. '무상정등정각' 은 세 단계로 나누어 설명할 수 있는데, 첫째는 '정각(正覺)' 이고, 둘째는 '정등정각(正等正覺)' 이며, 셋째는 '무상정등정각(無上正等正覺)' 입니다. 세존께서 우리에게 말씀하시기를 세간의 중생들도 우주와 인생에 대해 깨닫는 것이 있지만 다만 그 깨달음이 원만하지 않다 하셨습니다. 예를 들면, 과학자·철학자·종교가들도 세간

이치에 대해 확실히 많은 부분들을 깨닫고 있습니다. 그러나 그러한 깨달음은 '정각'이라 할 수 없습니다. 어째서 그것을 정각이라 하지 않을까요. 왜냐하면 그들이 비록 세간의 이치에 대해 다소 깨달았다 하여도 그들의 번뇌가 아직 끊어지지 않았고, 탐(貪)·진(瞋)·치(痴)·만(慢) 그리고 옳고 그름·남과 나라는 것들이 아직 남아 있기 때문입니다. 그들은 여전히 범부 중생으로 성인이 아니기 때문에 정각이라 할 수 없습니다. 만약 탐·진·치·만·인아(人我)·시비(是非)·번뇌(煩惱) 등이 모두 끊어졌다면, 부처님께서는 이러한 사람을 '정각'이라 하고 정각(正覺)의 계위(階位)에 올랐다 합니다. 불교에서는 이를 '아라한(阿羅漢)'이라 하는데, 아라한은 불교 계위 가운데서 가장 낮은 계위입니다. 아라한 이상의 계위를 '정등정각'이라 합니다. '등(等)'은 부처와 동등함을 의미합니다. 그러나 아직 완전히 성불한 것은 아닙니다. '등'이 내포하는 의미는 그의 마음 씀이 부처님의 마음 씀과 같다는 것입니다.

이로써 우리는 아라한이 쓰는 마음은 부처님과 다르고 우리와 같은데, 다만 차이가 있다면 그들에겐 번뇌가 없고 우리에겐 번뇌가 있다는 것을 알 수 있습니다. 아라한의 이와 같은 마음을 불교에서는 '식심(識心)'이라 하는데, 이것은 거짓된 마음이지 참된 마음이 아닙니다. 우리가 쓰는 마음은 모두 거짓된 마음으로 망심(妄心)입니다. 그러니 사람과 사람 사이의 관계에 너무 진지해서는 안 됩니다. 오늘 그들이 당신에게 잘해준다 하여도 그것은 거짓된 것이지 참된 것이 아님을 알아야 합니다.」라고 하였다.

＊인광대사는 「(정토법문은) 오직 부처님과 부처님만이 그 궁극의 경지를 알 수 있으며, 부처님과 똑같은 깨달음을 얻은 등각보살조차 조금밖에 알지 못한다.[惟佛與佛 知其究竟 等覺以還 尙有未盡 所謂菩薩少分知]」라고 하였다.

＊인광대사는 「중생은 깨닫지 못한 부처요, 부처는 이미 깨달은 중생이다.[衆生者未悟之佛 佛者已悟之衆生]」라고 하였다.

＊《범망경》에 부처님께서 「나는 이미 이룬 부처요, 중생은 아직 이루지 못한 부처이다.[我是已成佛 汝是未成佛]」라고 하셨다.

＊중국 고사(故事)에 「고난을 구하는 것은 보살이요, 고난을 겪는 것은 대보살이다.[救苦救難的是菩薩 受苦受難的是大菩薩]」라는 말이 있다.

몸으로는 오직 아미타불께 예경하고
입으로는 오직 아미타불만 부르며

마음으로는 오직 아미타불만 생각하라.

생각 생각마다 이런 생각이 끊임없이 이어지면 마침내, 명이 다할 때에 열이면 열 모두 왕생하고, 백이면 백 모두 정토에 왕생한다.

身業專禮阿彌陀佛 口業專稱阿彌陀佛 意業專念阿彌陀佛 若能念念相續 畢命爲期 十卽
十生 百卽百生
　　　　　　　　　　　　　　　　　　　　　　　　　　　　　　　　　　　　　-선도화상

＊ 연지대사는 〈왕생집(往生集)〉에서 「찬탄하노라. 선도화상은 세간에서 아미타불의 화신이라 전한다. 수행의 정밀함을 보니 중생을 널리 이롭게 하고, 만대에까지 사람들의 신심을 생기게 한다. 아미타불이 아니시면 필히 관세음보살이나 보현보살의 짝일 것이다.[讚曰善導和尙 世傳彌陀化身 觀其自行之精緻 利生之廣博 萬代而下 猶能感發人之信心 設非彌陀必觀音普賢之儔也]」 라고 하였다.

＊《문수반야경》에 「마땅히 텅 비고 한적한 곳에서 모든 어지러운 생각을 버리고 상(相)에 집착하지 않으며, 마음을 한 부처님에게 매어두고 오로지 부처님 이름만 불러야 한다. 부처님이 계신 곳을 따라 몸을 단정히 하고 바로 앉아 한 부처님에 대해 생각 생각이 계속 이어지면 곧 이 생각 가운데에 과거 현재 미래의 모든 부처님을 뵐 수 있다. 왜 그러한가. 한 부처님을 생각한 공덕이 무량한 부처님을 생각한 공덕과 같기 때문이다.[應處空閑 捨諸亂意 不取相貌 繫心一佛 專稱名字 隨佛方所 端身正向 能於一佛 念念相續 卽是念中能見過去未來現在諸佛 何以故 念一佛功德 與念無量佛 功德無二]」 라고 하였다.

＊ 남회근 선생은 「우리가 부처를 배우면서 항상 듣는 말이 '상(相)에 집착하지 말라' 는 말입니다. 무릇 우리가 볼 수 있는 '사람[人]' 이나 '일[事]' 이나 '물건[物]' 등은 모두 '상(相)' 입니다. 보이지 않는 생각이나 관념도 모두 '상(相)' 입니다. 불상(佛像)에 절하는 것도 '상(相)' 입니다. 그러면 불상에 절하는 것은 '상(相)' 에 집착한 것이 아닐까요. 이것은 무슨 도리일까요. 삼세(三世)의 제불(諸佛)에 대하여 예경(禮敬)함으로써 자성(自性)을 깨닫고, 진정으로 그 이익을 받고 얻는 것은 자기이며, 자기에게 예배한 것입니다.」 라고 하였다.

＊ 영명 연수선사는 〈만선동귀집〉에서 「업보차별경에 이르기를, "부처님 전에 한 번만이라도 예배하면, 대번에 그 무릎 아래로부터 금강제(金剛際: 우주의 맨 밑이 허공륜, 그 위가 풍륜, 그 위가 수륜, 그 위가 금강륜 곧, 금강제임)에 이르기까지, 한 티끌마다 한 전륜왕위가 되어서 열 가지의 뛰어난 공덕을 성취할 것이다. 그 열 가지의 공덕이란 이른바 묘색신(妙色身)을 얻는 것, 말을 하면 사람들이 다 믿는 것, 무리들과 있을 때 두렵지 않은 것, 부처님께서 호념하여 주시는 것, 큰 위의(威儀)를 갖추는 것, 온갖 사람들이

다 가까이 따르는 것, 제천(諸天)이 우러러 공경하는 것, 큰 복보(福報)를 갖추는 것, 목숨을 마친 뒤엔 왕생하는 것, 그리고 속히 열반을 증득하는 것을 말한다.[業報差別經云 禮佛一拜 從其膝下至金剛際 一塵一轉輪王位 獲十種功德 一者得妙色身 二出言人信 三處衆無畏 四諸佛護念 五具大威儀 六衆人親附 七諸天愛敬 八具大福報 九命終往生 十速證涅槃] 고 하였다.」라고 하였다.

염불하는 자는 곧 사람 중의 호인好人이요, 사람 중의 묘호인妙好人이요, 사람 중의 상상근기上上根機요, 사람 중의 희유한 사람이며, 사람 중에서 가장 뛰어난 사람이다. 오직 아미타불만 부르는 자는 곧바로 관세음보살과 대세지보살께서 늘 그림자처럼 따라다니면서 호념해주시는데, 이들은 선지식과도 같다.

若念佛者 卽是人中好人 人中妙好人 人中上上人 人中希有人 人中最勝人 專念彌陀名者卽觀音勢至 常隨影護 亦如親友知識也   - 선도화상〈관경사첩소觀經四貼疏〉

＊ 선도화상은「중생이 부처님을 부르거나 생각하면, 반드시 정토에 왕생한다.[衆生稱念 必得往生]」라고 하였다.
＊ 중국 고사(故事)에「모든 일에 기꺼이 손해를 감수하는 자를 호인(好人)이라 하고, 모든 일을 공짜로 얻으려는 자를 악인(惡人)이라고 한다.[凡事肯吃虧好人 凡事佔便宜惡人]」라고 하였다.
＊ 묘호인(妙好人) : 법정(法頂)스님에 의하면, 묘호인이란 지극한 신앙심을 가진 사람으로서 선하고 헌신적인 사람을 가리킨다고 한다. 원래는 연꽃처럼 늘 맑고 향기롭게 둘레를 비추는 사람이라는 뜻이라고 한다.
＊ 원오 극근선사는「진실이 지극하지 않으면 상대가 감동하지 않고, 손해를 보지 않으면 이익도 오지 않는다.」라는 귀한 가르침을 남겼다.
＊ 도신대사의〈입도안심요방편법문〉에「행(行)과 해(解)와 증(證)이 모두 있는 자를 상상인(上上人), 행(行)은 없지만 해(解)와 증(證)이 있는 자를 중상인(中上人), 행(行)과 해(解)는 있지만 증(證)이 없는 자를 중하인(中下人), 행(行)만 있고 해(解)와 증(證)이 없는 자는 하하인(下下人)이라 한다.」라고 하였다.
＊ 행(行)은 수행, 해(解)는 해오(解悟), 증(證)은 증오(證悟)를 가리킨다.
＊ 육조 혜능선사는《육조단경》에서「바른 사람이 삿된 도를 쓰면 삿된 법도 바르게 되고, 삿된 사람이

정법을 쓰면 정법도 삐뚤어진다.〔正人用邪法 邪法亦是正 邪人用正法 正法亦是邪〕」라는 귀한 말씀을 남겼다.

* 부처님께서 「불자들이여, 선지식(善知識)이라 함은 부처와 보살과 벽지불과 성문(聲聞)과 방등경전(方等經典)을 믿는 사람들이니라. 어째서 선지식이라 하는가. 선지식은 중생들을 교화해서 열 가지 나쁜 업을 여의고 열 가지 선한 일을 닦게 하나니, 이런 뜻으로 선지식이라 하느니라. 또 선지식은 법대로 말하고 말 한대로 행하느니라. 어떤 것을 법대로 말하고 말 한대로 행한다 하는가. 스스로 살생하지 아니하고 다른 이들이 살생하지 않게 하며, 스스로 바른 소견(所見)을 행하고 다른 이에게도 바른 소견을 가르치나니, 만일 이렇게 하는 이는 선지식이라 하느니라. 스스로 보리(菩提)를 닦고 다른 이로 하여금 보리를 닦게 하나니 이런 뜻으로 선지식이라 하느니라. 스스로 믿음과 계율과 보시와 많이 아는 것과 지혜를 닦아 행하고, 다른 이로 하여금 믿고 계율을 가지고 보시하고, 많이 알고 지혜를 닦게 하나니 그런 뜻으로 선지식이라 하느니라.」 라고 하였다.

* 《관무량수경》에 「관세음보살을 관(觀)하면 모든 재앙을 만나지 않고 업장을 말끔히 소멸하여 헤아릴 수 없는 많은 겁 동안 생사(生死)에 헤매는 죄업을 없앤다. 관세음보살이라는 이름만 들어도 무량한 복을 얻을 수 있는데, 하물며 그 모습을 분명히 관(觀)하는 큰 공덕임에랴… 대세지보살이 발을 내디디면 시방세계의 일체 모든 것이 진동하며, 진동하는 곳마다 바로 오백 억의 보배 꽃이 핀다……대세지보살을 관(觀)하는 사람은 헤아릴 수 없이 오랜 아승기겁 동안 생사에 헤매는 죄업을 없애며, 또한 다시는 태(胎) 중에 들지 않고, 언제나 모든 부처님의 청정 미묘한 국토에 노닌다.」 라고 하였다.

* 사바세계에서 관세음보살은 지장보살과 함께 석가모니불을 협시(脅侍)하고 있다. 이 세분의 불보살님을 '사바삼성(娑婆三聖)' 이라고 부른다.

* 아미타불이 아닌 관세음보살을 불러도 극락에 왕생할 수 있을까. 이 의문에 대해 대세지보살의 화신이신 인광대사께서 명쾌하게 풀어주셨다. 「관세음보살의 명호를 부르면서 서방정토 왕생을 발원해도 역시 왕생한다.〔念觀音 求生西方 亦可如願耳〕」 여기서 중요한 것은 서방정토 왕생을 발원하면서 관세음보살을 불러야 한다는 점이다. 참고로, 우리나라 3대 종단인 천태종에서는 아미타불이 아닌 관세음보살을 염(念)한다. 이는 천태종의 소의(所依) 경전이 《법화경》이기 때문이다. 《법화경》에 관세음보살보문품이 나오지 않는가.

* 희유(希有) : 세상에서 보기 드물다. 진귀하다. 불가사의하다.

* 《지장보살본원경》에 「부처님께서 관세음보살에게 이르셨다. "그대는 사바세계와 큰 인연이 있으니, 만약에 하늘이거나 용이거나 남자거나 여자거나 신(神)이거나 귀(鬼)거나 육도의 어떤 죄고(罪苦)가 있는 중생이라도 관세음보살의 명호를 듣거나, 관세음보살의 형상을 보거나, 관세음보살을 흠모하거나, 관세음보살을 찬탄한다면, 이 중생들은 모두가 위없는 보리도(菩提道)에서 물러나지 않고 항상 인간이나 천상에 태어나 묘락(妙樂)을 다 받을 것이니라." [佛告觀世音菩薩 汝於娑婆世界有大因緣 若天若龍 若男若女 若神若鬼 乃至六道罪苦衆生 聞汝名者 見汝形者 戀慕汝者 讚歎汝者 是諸衆生 於無上道 必不退轉 常生人天 具受妙樂」라는 구절이 있다.

부처님은 대 의왕이시다. 중생에게 무량한 질병이 있음을 아시고 중생에게 무량한 약을 주셨다. 특별히 정토법문이라는 묘한 법문을 아가타약으로 주셔서 많은 병을 치료해 주시고 중생을 널리 이롭게 하셨다. 무릇 정토법문은 실로 시방삼세의 모든 부처님께서 위로는 성불하는 도道이자 아래로는 중생을 교화함에 있어 처음과 끝을 이루는 원돈법문이다.

佛陀大醫王 識有情無量病 與衆生無量藥 特以淨土妙門之阿伽陀法藥 療以群疚 普利群萌 夫淨土法門 乃十方三世一切諸佛 上成佛道 下化衆生 成始成終之圓頓法門　　　　-고덕

오직 이 정토법문만이 원만하고 단박에 깨쳐서 곧바로 질러가는 길이며, 간편하여 닦기가 쉬워서 일체의 법문보다 뛰어나다. 보살께서 이미 이와 같이 자비심으로 사바세계에 내려오신 것은, 중생을 타일러서 간절하게 인도하여 정토법문에 깊이 들어가게 하기 위함이다.

唯此法門 圓頓直捷 簡便易修 勝過一切法門 菩薩既已如是慈悲 降臨娑婆 懇懃開導 普令深入
　　　　　-정권법사 〈능엄경대세지보살염불원통장강의〉

《능엄경》오십변마장五十辨魔障 가운데 이런 말씀이 있소.

「여러 귀신의 무리들과 함께 하는 말법시대에 이르면 천마天魔, 외도, 귀신, 요정 같은 기운들이 불길처럼 일어나 모든 수행자들을 괴롭힌다. 참선이나 밀법을 닦는 이가 계율

을 지키지 않고 바른 견해가 없으면 바로 마군의 그물에 걸려들고 만다. 그러나 지극한 마음으로 믿고 기뻐하고 염불법문을 받아 지닌 이는 삿된 마군의 괴롭힘에 걸려들지 않는다.」왜 그런가.《십왕생경》말씀을 봅시다.

「어떤 중생이 아미타불을 부르면서 정토에 태어나길 원하면 아미타불께서 스물다섯 큰 보살을 보내어 수행자를 보살펴, 가거나 앉거나 머물거나 눕거나 밤이거나 낮이거나 어떤 때 어떤 곳을 가림이 없이 악귀나 악신이 끼어들지 못하게 한다.」또《아미타경》에는 이런 말씀이 있소.

「어떤 선남자 선여인이 아미타경을 받아 지니거나 여러 부처님의 이름을 들으면 이 선남자 선여인들은 모든 부처님들께서 보살펴주시나니, 모두 물러섬이 없는 깨달음을 얻는다.」이렇듯 지극한 마음으로 염불하는 수행자는 모든 부처님과 모든 보살님들이 보살펴주시기 때문에 언제나 사십 리에 뻗치는 밝은 빛 속에 있어 어떤 마魔도 가까이 할 수 없다오.

염불법문이야말로 이 말법시대 중생들에게 가장 안전하고, 쉽고 간단하고, 가장 근기에 맞는 수행법이자 생사해탈을 가장 완전하고 빠르게 이루어 주는 성불의 문[門]이라오.

- 인광대사

* 남회근 선생은 「마(魔)에는 번뇌마(煩惱魔), 신마(身魔-五陰魔), 사마(死魔), 천마(天魔)가 있습니다. 이 네 가지의 마를 모두 항복시켜야 비로소 도를 닦을 수가 있습니다. 대부분 정좌나 참선을 하는 것을 수도(修道)라고 생각하지만, 사실은 번뇌마에 빠져있거나 신마에 해당하는 각종의 느낌[感受]속에 빠져있는 겁니다. 선종의 어떤 조사께서는 '마음이 일어나고 생각이 움직임은 천마(天魔)이고, 마음이 일어나지 않고 생각이 움직이지 않음은 오음마(五陰魔)이고, 혹은 일어나기도 하고 일어나지 않기도 함은 번뇌마(煩惱魔)이고, 근본무명도 번뇌마이다." 라고 했습니다. 이런 마(摩)들을 여러분은 항복시킬 수 있습니까.」라고 하였다.

* 황벽 희운선사는 〈전심법요〉에서 「범부는 도(道)에 나아가지 않고 단지 육정(六情)만을 함부로 하여 육도(六道)에 빠져 방황한다. 도(道)를 배우는 사람이 한 생각에 생사(生死)를 따지면 곧바로 마도(魔道)에 떨어지고, 도를 배우는 사람이 한 생각에 모든 견해(예컨대, 시비분별)를 일으키면 곧바로 외도(外道)에 떨

어진다.[凡夫不趣道 唯恣六情乃行六道 學道人 一念計生死卽落魔道 一念起諸見卽落外道] 라고 하였다.

* 영명 연수선사는 〈만선동귀집〉에서 「지도론(智度論)에서, "귀신은 사람에게 한 입 밥을 얻어먹으면 그 천만배로 갚는다." 라고 하였다.[智度論云 鬼神得人一口之食 而千萬倍出] 라고 하였다.

* 서산 대사는 「마(魔)는 본디 근본이 없는 것인데, 공부하는 사람들이 바른 생각을 잊는 데서 그 싹이 움튼다.」 라고 하였다.

* 「벽에 틈이 있으면 바람이 들어오고, 마음에 틈이 생기면 마군이 침범한다.[壁隙風動 心隙魔侵] 라는 말이 있다.

예참禮懺하여 죄를 없애는 것은 하근기下根機이고, 지관止觀을 닦는 것은 중근기中根機며, 정토에 나기를 구하는 것은 상근기上根機이다. 하근기는 업장이 많은 중생을 말하고 중근기는 범부와 이승二乘을 말하니, 염불을 하는 이는 대승보살이 닦는 것임을 알 수 있다.

以禮懺減罪被初機 以修習止觀被中機 以求生淨土被上機 初謂業障衆生 中謂凡夫二乘
是知淨土是大乘菩薩所修矣　　　　　　　　　　　- 연지대사 〈미타소초彌陀疏鈔〉

* 예참(禮懺) : 부처님께 예배하면서 죄를 참회하는 일.

* 지관(止觀) : 지(止)는 모든 번뇌와 어리석음을 그치는 것이고, 관(觀)은 자신의 본래 마음을 관찰하고 사물의 본성을 꿰뚫어보는 것을 말한다. 지(止)는 선정(禪定)이고, 관(觀)은 지혜이다. 지관은 정혜쌍수(定慧雙修)와 같은 말이다. 천태대사는 「지관(止觀)은 위없는 열반의 문으로 들어가는 가장 중요한 문(門)이며, 수행자에게 가장 뛰어난 인지(因地)이다. 삼계 생사의 윤회를 벗어나려면 별다른 길이 없고, 열반에 오르는 것도 지관수행 하나의 문이 있을 뿐이며, 모든 공덕까지도 원만하게 귀결되는 길이다. 모든 수행이 이 법문에서 벗어나지 않는다.」 라고 하였다.

* 원효대사는 〈대승기신론소〉에서 「지(止)와 관(觀)을 함께 실행하면 모든 수행(萬行)이 다 구비되는 것이다. 이 두 가지 문에 깨달아 들어가면 모든 문에 다 통달할 수 있다.[止觀雙運 萬行斯備 入此二門 諸門皆達] 라고 하였다.

* 남회근 선생은 「 '지(止)' 란 마음을 전일(專一)하게 하는 겁니다. 우리는 불교의 많은 법문을 배웠지

만 왜 효과가 없는 걸까요. 또 귀신을 부르는 주문(呪文)을 배워도 불러낼 수 없는 것은 왜 그럴까요. 그것은 바로 심행(心行)이 지(止)를 얻을 수 없기 때문입니다. 세간법이든 출세간법이든 지(止)를 닦지 않고서는 성취가 있을 수 없습니다. 지(止)의 단계에 이르지 않고서는 부처님을 배워도 모두 헛공부가 됩니다. 아미타불 염불을 예로 들면, 아미타불…아미타불…아미타불… 염불을 하여 일심불란(一心不亂)의 경계에 도달하는 것도 지(止)를 닦는 것입니다.」라고 하였다.

  * 이승(二乘) : 성문(聲聞)과 연각(緣覺)을 말함. 소승(小乘)의 성자(聖者)들이다. 이들은 세속에 있는 것을 싫어하여 산속 같은 곳에 혼자 있기를 즐기며, 중생구제보다는 개인의 해탈에만 관심이 있어 중생구제에 관심이 많은 보살과 비교가 된다. 성문(聲聞)은 아라한과(阿羅漢果) 증득을 최종 목표로 한다. 소승(小乘)은 장구한 세월동안 계율을 철저히 지키고 견사혹(見思惑)을 끊어 선정을 닦고 지혜를 쌓아야 피안(彼岸)에 도달하여 마침내 아라한과(阿羅漢果)를 증득할 수 있다고 보며, 단박에 성불(成佛)할 수 있다는 대승의 가르침(중생 그대로가 부처다. 모든 중생은 불성이 있다. 이 마음이 곧 부처다. 이 자리가 불국토다 등)을 받아들이지 않는다. 석가모니부처님만 부처님으로 인정하여, 아미타불 등 수많은 대승경전에 등장하는 부처님들을 믿지 않는 것도 소승불교(남방불교)의 특징이다. 따라서 아함경 등 소승경전만 경전으로 인정할 뿐,《화엄경》《법화경》《원각경》《금강경》《능엄경》 등 대승경전은 부처님의 친설(親說)이 아니라 하여 배척한다.

  * 남회근 선생은 「석가세존께서는 소승(小乘)을 '말라 터져버린 싹이요, 썩은 씨앗[焦芽敗種]' 이라고 꾸짖었습니다.」 라고 하였다.

  *《입능가경》에 「성문과 벽지불은 생사(生死)와 망상(妄想)의 괴로움을 두려워하여 열반을 구한다.」 라고 하였다.

  * 정공법사는 「아라한은 견사혹(見思惑)을 모두 끊어 삼계를 벗어났지만, 그래도 습기(習氣)는 남아 있습니다. 벽지불은 수행이 아라한보다 높아서 습기마저도 다 없애고 끊어버렸습니다.」 라고 하였다.

  * 남회근 선생은 상근기(上根機)는 생이지지(生而知之:나면서부터 아는 사람)에, 중근기는 학이지지(學而知之: 배워야 비로소 아는 사람)에 견주었다. 생이지지(生而知之)나 학이지지(學而知之)는 〈논어(論語)〉에 나오는 말이다.

  중생의 죄업은 매우 오랜 동안 산처럼 쌓여왔는데, 무슨 이유로 열 번의 염불만으로 그러한 악업을 없앨 수 있겠습니까. 설령 백만 번 염불해도 결국에는 너무 적다고 할 것입니다. 업장을 다 없애지 못하면 악업을 없애지 못할 것인데, 어찌 정토에 왕생할 수 있겠습니까.

답한다.

십념十念에 세 가지 뜻이 있다. 첫째 무거운 악업을 없앨 필요 없이 다만 목숨을 마칠 때에 정토에 태어난다는 것은, 만약 목숨을 마칠 때에 정념正念이 앞에 나타나기만 하면, 이 마음이 능히 무시이래로 일생동안 지은 선업을 이끌어 서로 도와서 곧 왕생할 수 있다는 뜻이다. 둘째 모든 부처님의 명호는 만덕萬德을 모두 갖추고 있어 능히 일념으로 염불하면 곧 일념 가운데 만덕을 모두 염념한 것이 된다. 그러므로《유마경》에서 말한 것처럼, 이 세 구句의 뜻은 (너무 어려워서) 삼천대천세계의 중생들이나 다문제일多聞第一인 아난과 같은 모든 이들조차 무량한 세월동안 사유思惟해도 역시 받아들이지 못한다고 한 것이다. 셋째 무시이래로 지은 악업은 망심妄心으로부터 생기고, 염불의 공덕은 진심眞心으로부터 생긴다. 진심은 태양과 같고, 망심은 암흑과 같다. 진심이 잠시 일어나면 망심은 즉시 제거된다. 태양이 비로소 떠오르면 여러 어둠이 다 제거되는 것과 같다.

이 세 가지 뜻으로 인해, 심지어 임종 시에 열 번 염불한 자도 반드시 왕생한다.

問曰 衆生罪業甚久積山 云何十念 得滅爾所許惡業 縱令至百萬遍 終是太少 若不滅盡 云何惡業不滅 而得生淨土 答曰 此有三義 一者不須滅爾許惡業 但臨命終時 淨土受生者 若臨命終時 正念現前者 此心能引無始已來及一生已來所作善業 共相資助 卽得往生也 二者諸佛名號總萬德成 但能一念念佛者 卽一念之中 總念萬德 故維摩經云 此三句義 三千世界衆生 皆如阿難 多聞第一 以劫之壽 亦不能受也 三者無始惡業從忘心生 念佛功德從眞心生 眞心如日 忘心如闇 眞心暫起 忘心卽除 如日始出 衆闇悉除 由此三義 乃至臨終十念成就者 定得往生

- 가재迦才대사 〈정토론淨土論〉

* 원효대사의 〈유심안락도〉에도 위 글과 거의 같은 내용의 글이 실려 있다.

* 다문제일(多聞第一) : 불교의 경전은 모두 '여시아문(如是我聞:나는 이렇게 들었다)' 라는 말로 시작

한다. 여기서 '나'는 부처님의 10대 제자의 한 명인 아난(阿難)이다. 부처님이 열반에 들기 전 20여 년간 시자(侍者)를 맡아 가까이서 모시면서 그가 출가하기 전의 가르침을 포함해서 부처님의 가르침을 가장 많이 들었으므로 '다문제일(多聞第一) 아난다'로 불렸다. 아난다는 뛰어난 기억력으로 부처님께서 평생 설하신 법을 다 외우고 있었으며, 부처님 열반 후 500명의 대중비구들 앞에서 모든 경전을 낱낱이 외워 최초의 불교 경전을 성립하고 증명받았다.

* 석가세존의 뛰어난 10대 제자

1. 지혜제일 사리불(智慧第一 舍利弗)

2. 신통제일 목건련(神通第一 目犍連)

3. 두타제일 마하가섭(頭陀第一 摩訶迦葉)

4. 천안제일 아나율(天眼第一 阿那律)

5. 다문제일 아난(多聞第一 阿難)

6. 지계제일 우바리(持戒第一 優婆離)

7. 설법제일 부루나(說法第一 富樓那)

8. 해공제일 수보리(解空第一 須菩提)

9. 논의제일 가전연(論議第一 迦旃延)

10. 밀행제일 라후라(密行第一 羅睺羅)

삼가 용수보살의 〈십주비바사론〉에 의거하면, 보살이 불퇴전不退轉을 구하는데 두 가지 길이 있다. 하나는 난행도難行道이고 다른 하나는 이행도易行道다. 난행도란 오탁악세에 더구나 부처님이 세상에 계시지 않는 때에, 보살이 불도를 수행함에 있어 불퇴전지不退轉地에 오르기가 어렵다는 것을 말한다. 이 어려움에는 많은 갈래가 있으나, 대략 다섯 가지와 세 가지로써 그 의미를 보여주겠다. 첫째는 외도外道가 표면적으로는 선인善人으로 가장하여 보살의 수행을 방해하고, 둘째는 자신의 깨달음만 추구하는 성문聲聞이 보살의 대자비를 방해하며, 셋째는 악인이 타인의 수승한 공덕을 깨뜨리고, 넷째는 뒤바뀐 선과善果가 청정한 행을 파괴하며, 다섯째는 오직 자력수행만 있고 타력의 가피가 없다. 이상의 어려움을 물리치고 수행하는 것이기 때문에 육로로 걸어가는 고통과 같으므로 난행도라 한다. 이행도란 오직 부처님을 믿는 것이 인연이 되어, 정토에 왕생하고자 발원하기만 하면 부처님의 원력을 타고 아미타불의 서방정토에 왕생하는 것을 말한다. 이곳에는 불력佛力이 늘 머물기 때문에 곧바로 대승의 정정취에 들어간다. 정정취正定聚는 곧 아비발치이다. 이것은 마치 해로로 배를 타고 즐겁게 가는 것과 같다.

謹案龍樹菩薩十住毘婆沙云 菩薩求阿毘跋致有二種道 一者難行道 二者易行道 難行道者 謂於五濁之世於無佛時求阿毘跋致爲難 此難乃有多途 粗言五三以示義意 一者外道相善亂菩薩法 二者聲聞自利障大慈悲 三者無顧惡人破他勝德 四者顚倒善果能壞梵行 五者唯是自力無他力持 如斯等事觸目皆是 譬如陸路步行則苦 易行道者 謂但以信佛因緣願生淨土 乘佛願力便得往生彼淸淨土 佛力住持卽入大乘正定之聚 正定卽是阿毘跋致 譬如水路乘船則樂

-담란曇鸞법사〈왕생론주往生論註〉

* 담란법사는 세친보살의〈정토론(淨土論)〉에 주석을 달아〈왕생론주〉를 지었다. 그는 수행을 난행도(難行道)와 이행도(易行道)로 나누고, 이행도인 정토문(염불)을 닦을 것을 주장했다. 이를 정리해보면,

- 용수의 난행도(難行道)＝세친의 자력문(自力門)＝담란의 자력(自力) ＝도작의 성도문(聖道門)
- 용수의 이행도(易行道)＝세친의 타력문(他力門)＝담란의 타력(본원력)＝도작의 정토문(淨土門)

* 담란법사는 제18원(願)의 힘으로 시방의 모든 중생은 정토에 왕생할 수 있으며 왕생한 후에는 제11원(願)의 힘으로 불퇴전(不退轉)의 경지에 들 수 있다고 한다. 그리고 나서 다시 제22원(願)의 원력(願力)으로 보현보살과 같은 보살행을 닦고, 시방세계의 무량한 중생들을 교화해서 중생들로 하여금 무상정진도(無上正眞道)를 얻게 하는 보살도(菩薩道)를 행하게 한다고 한다. 담란법사는 법장보살의 48원을 성취한 아미타불의 원력을 타력(他力)이라고 하고, 모든 중생은 이 타력(他力)으로 왕생(往生)과 불퇴전(不退轉)의 경지와 보살도(菩薩道) 세 가지를 완성한다는 타력본원설(他力本願說)을 주장하였다. 그리하여 난행도(難行道)는 자력(自力)뿐으로 타력(他力)이 없지만, 이행도(易行道)는 부처님의 원력으로 정토에 왕생해서 신속하게 성불할 수 있다고 하였다.

* 인광대사는「담란법사가 지은 왕생론주는 고금에 둘도 없이 미묘한 저술이오.」라고 하였다.

* 용수보살은〈십주비바사론〉이행품(易行品) 찬미타게(讚彌陀偈)에서「시방세계의 현재불은 가지가

지의 인연으로 저 아미타불의 공덕을 찬탄하시니 내가 귀명의 예를 올리옵니다. 모든 부처님께서 무량겁 동안 아미타불의 공덕을 찬탄하시고 드날리셔도 오히려 다하지 못하나니, 제가 아미타불게 귀의합니다. 저 팔정도(八正道)의 배에 올라타면 생사의 바다를 건너 피안(彼岸)으로 갈 수 있어 자기도 구제하고 다른 이도 구제하니, 제가 아미타불께 예를 올립니다.[十方現在佛 以種種因緣 歎彼佛功德 我今歸命禮 諸佛無量劫 讚揚其功德 猶尙不能盡 歸命淸淨人 乘彼八道船 能度難度海 自度亦度彼 我禮自在者]」라고 하였다.

＊ 용수보살은 〈십주비바사론〉에서 「십불(十佛)의 이름을 듣고 마음에 새겨 지니면 무상(無上)의 보리에서 퇴전(退轉)치 않는 것과 같이, 불퇴전을 얻게 하는 부처님의 이름이 있는가. 답한다. 아미타불의 이름을 부르고, 마음을 한곳에 모아 염(念)한다면, 역시 불퇴전을 얻을 수 있다. 이제 자세히 설하자면, 무량수불(無量壽佛), 세자재왕불(世自在王佛), 사자의불(師子意佛), 보덕불(寶德佛), 상덕불(相德佛), 전단향불(栴檀香佛), 무외명불(無畏明佛), 향정불(香頂佛), 보현불(普賢佛), 보상불(寶相佛) 등 백여 세존께서는 시방의 청정세계에서 모두 아미타불의 이름을 부르며 억념(憶念)하고 계시다.」라고 하였다.

＊ 인광대사는 「부처님의 자비 가피력에 의지하는 정토법문의 이익과, 수행자가 전적으로 자력에만 의지하는 일반적인 법문의 이익을 비교하면 어찌 하늘과 땅의 차이 뿐이겠는가.」라고 하였다.

＊ 외도(外道) : 도(道)를 마음 밖에서 구하거나 찾는 것을 외도라 한다. 이에 비해 마음에서 구하는 것을 내도(內道)라 한다. 기독교나 이슬람교와 같은 종교가 외도에 들어가고, 불교의 가르침이 내도에 들어간다. 외도는 절대자(창조주)가 우주만물을 창조했다고 믿거나, 인과응보를 부정하거나, 철저한 숙명론에 의지하거나, 이 세상 모든 일들은 그저 우연히 일어난다는 우연론을 믿거나, 고행(苦行)만이 해탈하는 방법이라고 내세운다든지, 영혼이나 내세(來世)는 없다고 한다든지, 유물론(唯物論) 등을 주장한다. 이에 반하여, 불교와 같은 내도(內道)는 일체만법이 오직 마음에서 나온 것이며[萬法唯心所現, 萬法唯識, 一切唯心造, 三界虛僞 唯心所作], 마음과 부처가 하나라고 주장한다.

＊ 남회근 선생은 「부처님이 세상에 계실 때에 96종의 외도(外道)가 있었습니다. 바라문이나 요가나 배화교(拜火敎) 등 각종 공부를 한 사람들이 있었는데 오늘날도 여전히 있습니다. 마음 밖에서 법을 구하면, 즉 자기 내심 밖에서 법을 구하면 바로 외도(外道)입니다. 부처를 배운 사람은 외도에 대해서도 마땅히 이해해야 합니다. 그래야 잘못된 것을 가려낼 수 있습니다. 석가모니부처님도 당초에는 각종 외도를 두루 배웠고 다 알았습니다. 여러분은 사홍서원(四弘誓願)을 외우면서 "법문이 한량없지만 맹세코 다 배

우겠습니다.[法門無量誓願學]" 라고 발원하지만, 과연 몇 가지나 배웠습니까.」라고 하였다.

　＊ 서산대사는 〈선가귀감〉에서 「성문(聲聞)은 숲속에 편히 앉아서도 마왕(魔王)에 붙잡히고, 보살은 세간에 노닐어도 외도(外道)나 마군(魔軍)이 보지 못한다.[聲聞宴坐林中 被魔王捉 菩薩遊戲世間 外魔不覓]」라고 하였다.

　＊ 황벽희운선사는 〈전심법요〉에서 「성문(聲聞)이란 소리를 듣고 깨닫기 때문에 붙여진 이름이다. 그들은 자기 마음자리를 깨닫지 못하고 설법을 듣고 거기에 알음알이를 일으킨다. 혹은 신통(神通)이나 상서로운 모양·언어·동작 등에 의지하여 보리(菩提)와 열반(涅槃)이 있다는 설법을 듣고 삼아승기겁을 수행하여 불도를 이루려 한다. 이것은 모두 성문의 도(道)에 속하는 것이며, 그것을 성문불(聲聞佛)이라 한다. 다만 당장에 자기의 마음이 본래 부처임을 단박 깨달으면 될 뿐이다.[聲聞者 因聲得悟 故謂之聲聞 但不了自心 於聲敎上起解 或因神通 或因瑞相 言語運動 聞有菩提涅槃三僧祇劫修成佛道 皆屬聲聞道 謂之聲聞 佛唯直下頓了自心 本來是佛]」라고 하였다.

　＊〈속고승전(續高僧傳)〉과 연지대사의 〈왕생집〉에 담란법사에 관한 비슷한 글이 실려 있다.

　「담란(曇鸞)은 안문출신이다. 젊어서 오대산을 유람했는데, 신이한 행적과 영험한 이적(異蹟)을 보았다. 이로 인하여 신심을 내기에 이르렀고, 출가하였다. 출가 후 대집경을 독송하며 깊은 뜻을 살펴 주석을 하고 있었는데, 작업을 절반쯤 했을 때 감기에 걸려서 의원을 찾아갔다. 의원이 다음과 같이 말했다. "사람의 목숨이 위급하여 하루저녁처럼 무상(無常)합니다. 내가 듣자니 신선술을 배우면 오래 살 수 있다고 합니다. 신선술을 먼저 배운 뒤 불교를 숭상하는 것이 맞지 않습니까." 이 말을 들은 담란법사는 강남으로 도은거(陶隱居)를 찾아가 선경(仙經) 10권을 받아가지고 기뻐하며 돌아오는 길에, 낙하에서 인도의 보리유지(菩提留支) 삼장법사를 만났다.

　담란 : 불법 중에도 이 선경보다 더 훌륭한 장생불사(長生不死)의 법이 있습니까.

　보리유지 : 이 지방 어느 곳에 장생불사법이 있다는 말이오. 설사 장생을 얻는다 한들 결국 삼계에 윤회하게 되는데 이것이 귀한 법인가. 참된 장생불사의 법은 우리 불교라오. 보리유지 삼장법사가 담란에게 관무량수경을 주면서 "여기에 의지하면 삼계에 다시 태어나지 않고, 육도를 윤회하지 않아서 텅 비어 쉬게 되며, 화복과 성패가 없는 것을 수명으로 한다. 강변의 모래 만큼의 겁(劫)으로도 이것에 이르지 못하는 것이 우리 부처님의 장생법"이라고 말했다. 담란법사는 크게 기뻐서 〈선경〉을 불태운 다음 정토에 전념하여 자기도 수행하고 남을 교화하여 정토법을 널리 유포하였다. 위(魏)나라 왕이 담란법사를 높이

존중하여 '신란(神鸞)'이라는 법호를 하사하고, 병주의 큰 절에 거처하도록 분부했다. 만년에 현중사로 옮겼다가 흥화(興和) 4년(서기 542년) 어느 날 저녁, 인도승려가 나타나서 "나는 용수(龍樹)라네. 오랫동안 정토에 머물다가 그대의 뜻이 나와 같기에 만나러 왔다"라고 하였다. 담란법사는 때가 되었음을 알고 대중을 모아놓고 다음과 같이 훈시했다. "인생이란 괴롭고 괴로움이 그칠 날이 없다. 지옥의 여러 고통을 두렵게 생각하고, 구품정업(九品淨業)은 닦지 않으면 안 된다."라고 가르치시고는 제자들에게 큰 소리로 염불하게 하더니 서쪽을 향해 예배하고 운명했다. 절에 있는 사람들이 번화(幡華)와 당개(幢蓋)가 서쪽에서 오고 하늘 음악이 허공에 가득하여 오랫동안 지속된 것을 보았다.[曇鸞 雁門人 少遊五臺山 見神迹靈異 因發信心出家 讀大集經 以其詞義深密 因爲註解 文言過半 便感氣疾 周行醫療 旣而歎曰 人命危脆旦夕無常 吾聞長年神仙 往往閒出 得是法已 方崇佛敎不亦可乎 遂往江南陶隱居所 懇求仙術 隱居授以仙經十卷 欣然而還 至洛下 遇三藏菩提留支 鸞問曰 佛法中頗有長生不死法 勝此仙經者乎 留支曰 此方何處有長生不死法 縱得長年 少時不死 卒歸輪轉 曷足貴乎 夫長生不死 吾佛道也 乃以十六觀經授之曰 學此 則三界無復生 六道無復往 盈虛消息 禍福成敗 無得而至 其爲壽也 河沙劫量 莫能比也 此吾金仙氏之長生也 鸞大喜 遂焚仙經 而專修淨觀 自行化他 流布彌廣 魏主重之 號爲神鸞 敕住幷州大寺 晚移汾州玄中寺 興和四年 一夕室中見梵僧謂曰 吾龍樹也 久居淨土 以汝同志 故來相見 鸞自知時至 集衆敎誡曰 勞生役役其止無日 地獄諸苦不可不懼 九品淨業不可不修 因令弟子高聲唱佛 西向稽顙而終 在寺者 俱見幡華幢蓋 自西而來 天樂盈空 良久乃已]」

* 연지대사는 〈왕생집〉에 담란법사를 찬탄하는 글을 남겼다.

「찬탄하노라. 선도(仙道)를 닦는 자들은 '부처는 죽음이 있지만 신선은 장생한다.' 하고 말한다. 지금 보리유지법사는 '부처님은 장생이 있으나 신선은 장생이 없다.' 하였다. 이 말씀은 통쾌하고 솔직하기가 천고에 빼어났다. 담란법사는 그른 것을 버리고 올바른 곳으로 돌아가기를 마치 헌 신을 버리듯 하였으니, 어찌 숙세에 정인(正因)을 심은 자가 아니겠는가.[贊曰 黃冠者恒言曰 釋氏有死 神仙長生 今支公謂佛有長生 仙無長生 此論痛快簡當 高出千古 鸞法師捨僞歸眞 如脫敝屣豈非宿有正因者哉]」라 하였다.

* 정정취(正定聚) : 흔들림 없는 굳은 믿음을 일으켜 선근(善根)을 끊는 자리로 물러나지 않는 자리. 반드시 성불할 수 있는 지위. 부처의 지견(知見)에 반드시 들어가는 지위를 말한다. 참고로 사정취(邪定聚)는 육도를 끊임없이 윤회할 것이 예정된 사람이나 자리를 말하고, 부정취(不定聚)는 어느 것도 결정되지 않는 지위를 말한다. 따라서 부정취는 전진할 수도 있고, 퇴전할 수도 있는 자리다.

* 《무량수경》에 「부처님께서 아난에게 말씀하셨다. "아난아, 저 극락세계에 왕생하는 중생들은 모두 다 성불할 것이 결정된 정정취에 머물게 되는데, 그 까닭은 성불할 수 없는 사정취나 성불의 여부가 아직 결정되지 않은 부정취는 없기 때문이다. 그래서 항하의 모래 수와 같이 무수한 시방세계의 여러 부처님들도 모두 한결같이 무량수불의 위신력과 공덕이 불가사의하심을 찬탄하시느니라."」라고 하였다.

* 담란법사는 「경에서 말하기를, "만약 사람이 단지 극락세계가 청정하고 안락하다는 것을 듣고, 생각을 누르고 왕생을 발원하면 또한 왕생하며, 곧바로 정정취에 들어간다." 라고 하였다. 부처님을 믿는 인연으로 모두 왕생하며, 왕생을 원하기 때문에 모두 왕생한다.[經言 若人但聞彼國土 淸淨安樂 剋念願生 亦得往生 卽入正定聚 信佛因緣 皆得往生 願往生者 皆得往生]」라고 하였다.

성도문聖道門은 지혜가 극極에 달해야만 열반을 증득할 수 있지만, 정토문淨土門은 오히려 어리석은 사람이라도 극락에 왕생할 수 있다.

성도문은 자력에 의지하는 것이어서 수행하기 어렵고, 만 명이 닦아 한 명도 성취하기 어렵지만, 정토문은 부처님의 자비력에 의지하는 것이어서 수행하기 쉽고 백 명이 닦아 백 명 모두 왕생한다.

성도문은 설령 성인의 근기를 타고 태어나도, 오히려 모름지기 삼아승기 백겁 동안 닦아야 비로소 극과極果를 증득하나, 정토문은 오직 나무아미타불 여섯 자에 의지하면 정토에 왕생하여 성불한다.

聖道門者極智慧證涅槃 淨土門者還愚癡生極樂 聖道門者自力也難行也萬中無一 淨土門者他力也易行也百卽百生 聖道門者縱令聖人根性 尙須三祇百劫 方證極果 淨土門者唯憑一句六字 往生成佛　　　　　　　 - 도작道綽선사 〈안락집安樂集〉 · 〈염불감응록念佛感應錄〉

* 도작선사는 〈안락집〉 '성정이문(聖淨二門)' 편에서, 말법시대에는 시대와 근기에 상응하는 정토문이 유일한 법이라고 역설하면서, 참선이나 간경(看經)이나 주력(呪力)은 성인(聖人)들만이 갈 수 있는 길이라 하여 성도문(聖道門)이라 했으며, 염불은 범부 중생들도 갈 수 있는 길이라 하여 정토문(淨土門)이라 하였다. 그는 「성도문은 지금 시대에는 증득하기 어렵다. 첫 번째는 부처님께서 가신 지 오래되었고, 둘

째 성도문은 이치가 깊어 중생이 해오(解悟)하기가 미약하기 때문이다.[其聖道一種今時難證 一由去大聖遙遠 二由理深解微] 라고 하였다.

* 역시 〈염불감응록〉에 「자기의 공덕을 정토에 회향하면 이것이 자력(自力)이다. 아미타불의 공덕을 중생에게 회향하여 베풀면 이것이 타력(他力)이다. 자력도 오히려 정토에 왕생할 수 있거늘 하물며 타력이겠는가.[以己功德 回向西方 此自力也 彌陀功德 回施衆生 此他力也 自力尚得往生 何況他力] 라고 하였다.

* 남회근 선생은 「염불의 의미에는 부처님과 내가, 자기와 타자(他者)가 둘이 아니라는 의미를 담고 있습니다. 이 세상의 모든 종교는 자력과 타력, 두 가지 길만이 있습니다. 자력은 자기의 역량입니다. 자기가 있으니 곧 나가 있습니다. 나가 있으니 그 사람이 있습니다. 그러므로 타력이 있습니다. 세간법에서 사람됨과 일처리도 마찬가지여서, 자기의 노력에 의지하는 것은 자력이고, 상사의 발탁이나 친구의 도움에 의지하는 것은 타력입니다. 모든 종교 신앙에서 믿음이란 하느님이나 신에게 의지하는 것으로, 주재자(主宰者)가 있는 것이 타력입니다. 그러나 진정한 불법에서는 타력도 곧 자력이요 자력도 곧 타력입니다. 이것이 바로 '자타불이(自他不二)' 의 도리입니다. 그러므로 정토종과 선종은 마지막에 합류하게 되어 자력이면서 타력입니다.」라는 말씀을 들려 주셨다.

* 남회근 선생은 「열반은 여래자성(如來自性)의 다른 이름입니다. 열반은 생명을 원래로 자리로 회귀시키는 것입니다. 예를 들면 얼음을 녹여서 물로 변화시키는 것과 같습니다. 열반은 또 적멸(寂滅)하다는 뜻입니다. 적멸은 본래 청정하고 본래 적정(寂靜)하다는 뜻입니다. 열반은 사망이 아닙니다. 영원히 존재하는 것입니다. 석가모니부처님이 정말로 세상을 떠났다고 생각해서는 안 됩니다. 떠나지 않았습니다. 부처님은 온 바가 없고 간 바가 없습니다.」 라고 하였다.

만약 마음 가운데 한시라도 아미타불이 없으면 곧 도道를 여의게 되는 것이라오.

수행인은 세간의 일에 참견하지 말고, 불문佛門의 일에도 관여하지 말며, 남과 시비를 만들지도 말고, 일심으로 염불하며, 남는 시간에 경전을 많이 보고, 불보살과 함께 하늘과 교류하고 이야기한다면 어찌 좋지 않겠소.

《금강경》은 처음부터 마지막까지 매우 중요한 두 가지 문제에 대해 답하고 있는데, 그 하나는 '어떻게 그 마음을 편안히 머물러야 하는가.' 이고, 다른 하나는 '어떻게 그 마음을 항복받아야 하는가.' 이오. 정토종에서는 그 답이 매우 간단하오. 즉 어떻게 그 마음을 편안히 머물러야 하는가. 아미타불이오. 어떻게 그 마음을 항복받아야 하는가. 아미타불이오. 아미타불 넉자로 문득 그 보리심에 편안히 머물 수 있고, 그 망심妄心을 항복받을 수 있소.

선에는 선한 과보가 있고, 악에는 악한 과보가 있나니 업이 과보를 결정짓소. 악업을 지음이 선업을 지음만 못하고, 선업을 지음이 정업淨業을 지음만 못하오.

- 인광대사

* 남회근 선생은 「우리가 한 행위는 그것이 물리세계 영역이든 정신세계 영역이든, 했던 일체의 일은 모두 기록됩니다. 중음(中陰)이 생겨나면 눈앞에서 영화를 상영하듯이 일생의 모든 행위가 좋은 것이든 나쁜 것이든 선한 것이든 악한 것이든 모두 기억나는데, 대단히 빠릅니다. 텔레비전 장면 바뀌는 것보다 훨씬 더 빠릅니다. 당신이 평생 동안 무의식속에 억눌러 놓았던 일, 남을 속인 일, 미안한 일, 떳떳한 일, 남을 억울하게 했던 일 등이 모두 나타나면서 선악의 과보가 모두 나타납니다. 뿐만 아니라 전생 내지 수많은 전생의 일들도 모두 나타납니다.」라고 하였다.

* 《죄복보응경(罪福報應經)》에 나오는 소위 '십래게(十來偈)'를 소개한다.

「용모가 단정한 것은 인욕 가운데에서 온다. 빈궁한 것은 인색과 탐욕 가운데에서 온다. 높은 벼슬은 공경 가운데에서 온다. 하천함은 교만 가운데에서 온다. 벙어리는 비방 가운데에서 온다. 소경과 귀머거리는 믿지 않는 가운데에서 온다. 장수는 자비 가운데에서 온다. 단명은 살생 가운데에서 온다. 육근이 잘 갖추어지지 않는 것은 파계 가운데에서 온다. 육근이 잘 갖추어진 것은 지계 가운데에서 온다.[端正者忍辱中來 貧窮者慳貪中來 高位者恭敬中來 下賤者驕慢中來 瘖啞者誹謗中來 盲聾者不信中來 長壽者慈悲中來 短命者殺生中來 諸根不具者破戒中來 諸根具足者持戒中來]」

* 중국 송나라 때의 고승인 고봉원묘(高峰源妙)선사는 「살생은 곧 부처를 죽이고 부모를 죽이는 것이며 내 몸을 죽이는 것이다.」라고 하였다.

* 중국의 왕룡서(王龍舒)거사가 지은 〈왕룡서정토문(王龍舒淨土文)〉에 「불살생계(不殺生戒)는 5계의 머리가 되고, 10계의 머리가 되며, 비구 250계의 머리가 되고, 보살계 58계의 머리가 되는 까닭으로, 살생을 하지 않으면 큰 선(善)이 된다. 살생은 악(惡) 가운데 큰 악이 되나니, 만일 불살생계를 가지고 정토왕

생을 닦으면, 극락에 왕생할 때 하품(下品)에는 나지 않는다.」라고 하였다.

　＊ 남회근 선생은 「선근을 닦고 착한 인연을 맺은 사람은 설사 용모가 아름답지 않았더라도 사람들이 사랑스럽게 느끼고 친근하고 싶어질 겁니다. 예쁘기는 하지만 사람들과의 인연이 좋지 않은 것은 선업을 닦지 않은 결과이니, 여러분들 스스로 많이 반성해야 합니다. 성불하기 전에는 사람들과의 인연을 먼저 맺어야 합니다. 당신 한 사람이 확철대오 했어도 중생을 제도할 수 없는 것은 공덕을 성취하지 못했기 때문으로 기껏해야 벽지불이 됩니다.」라고 하였다.

　＊「조주(趙州)선사가 어디 가는데, 토끼가 놀라 달아나니까, 상좌스님들이 묻기를, "큰 스님이 가는데, 왜 토끼가 놀라 달아납니까." 하니, 선사께서 "내가 과거에 살생한 일이 있어서 그렇다." 」라는 고사(故事)가 있다.

　일체의 모든 진리의 길은 마음을 밝히는 것[明心]을 요체要諦로 삼고, 일체 모든 수행의 길은 마음을 맑히는 것[淨心]을 요체로 삼습니다. 그런데 마음을 밝히는 요체는 염불만한 것이 없습니다. 부처님을 잊지 않고 생각하면 지금 당장에나 내생에 반드시 부처님을 친견하며, 어떠한 방편도 빌릴 것이 없이 저절로 마음이 활짝 열리게 됩니다. 이와 같을진대, 염불이 마음을 밝히는 요체가 아니겠습니까. 그리고 또 마음을 맑히는 요체도 역시 염불만한 것이 없습니다. 한 생각이 부처님과 맞으면 한 생각이 부처님이고, 생각 생각마다 부처님과 맞으면 생각 생각이 부처님입니다. 맑은 구슬을 흐린 물속에 넣으면, 흐린 물이 맑아지지 않을 수 없듯이 부처님 명호를 어지러운 마음속에 던지면, 어지러운 마음이 부처님처럼 안 될 수가 없습니다. 이와 같을진대, 염불이 마음을 맑히는 요체가 아니겠습니까. 아미타불이라는 명호는 신해信解와 수증修證이라는 두 문門의 요체를 모두 포함합니다. 신해信解 측면에서 본다면 믿음이 아미타불 명호 안에 들어가 있고, 수증修證 측면에서 본다면 증오證悟가 아미타불 명호 안에 들어가 있어, 신해수증信解修證이 모두 아미타불 명호 하나에 포함됩니다. 대승과 소승을 비롯한 모든 승乘과 일체 모든 경經의 요체要諦가 빠짐없이 모두 아미타불 명호 하나에 들어가 있습니다. 그러한즉, 아미타불 네 글자야말로 지극히 종요宗要로운 도道가 아니겠습니까.

一切法門 以明心爲要 一切行門 以淨心爲要 然則明心之要 無如念佛 憶佛念佛 現前當來 必定見佛 不假方便 自得心開 如此念佛非明心之要乎 復次淨心之要 亦無如念佛 一念相應 一念佛 念念相應念念佛 淸珠下于濁水 濁水不得不淸 佛號投於亂心 亂心不得不佛 如此念 佛非淨心之要乎 一句佛號 俱攝悟修兩門之要 擧悟則信在其中 擧修則證在其中 信解修證 俱攝 大小諸乘一切諸經之要 罄無不盡 然則一句彌陀 非至要之道乎 　　　　-철오선사

＊ 옛 성현께서 「자신을 수양하기 위해서는 마음을 깨끗이 하는 것이 중요하고, 세상을 잘 살아가기 위해서는 우선 말을 삼가야 한다.[修己以淸心爲要 涉世以愼言爲先]」 라고 하였다.

＊ 신해수증(信解修證) : 신해행증(信解行證)이라고도 한다. 불도수행(佛道修行)의 기본과정을 요약해서 이르는 말이다. 부처님의 팔만사천법문은 신해수증(信解修證) 이 네 글자를 떠나지 않는다. 신(信)은 믿음을 말하는 것으로, 부처님의 말씀인 경전을 한 치의 의심도 없이 받아들여 믿는 것이다. 즉, 절대적 믿음, 깨끗한 믿음[淨信], 흔들림 없는 굳은 믿음[決定信心], 깊은 믿음[深信], 바른 믿음[正信]을 말한다. 해(解)는 해오(解悟)를 말하는 것으로, 이치상으로는 깨달았지만 반야지혜(확철대오)에는 아직 이르지 못한 깨달음이다. 청화스님에 의하면, 해오(解悟)는 이사무애(理事無碍)도 알고 사사무애(事事無碍)도 알아 법의 해석에는 막힘이 없는 깨달음이지만, 참다운 깨달음은 못되는 상사각(相似覺)이라고 한다. 〈현관장엄론(現觀莊嚴論)〉에 「근기가 둔한 자를 신해(信解)라 한다.[鈍根者名信解]」 라는 구절이 있다. 신해(信解)도 결국 수증(修證)으로 이어져야 의미가 있는 것이다. 수(修) 또는 행(行)이란 믿음을 바탕으로 하여 부처님 말씀대로 수행하는 것을 말한다. 구체적으로는 정혜쌍수(定慧雙修)를 말한다. 그런데 정(定)과 혜(慧)는 모두 계(戒)에서 출발함을 잊지 말아야 한다. 행(行)에는 내행(內行)과 외행(外行)이 있는데, 이 두 행(行)이 상응(相應)해야 한다. 내행은 아집(我執)과 법집(法執)을 끊는 것이고, 외행은 온갖 악을 끊고 일체의 선법(善法)을 행하는 것을 말한다. 증(證)은 증오(證悟)를 말하는 것으로, 견사혹(見思惑)과 무명을 끊고 반야지혜나 제법실상(諸法實相)을 증득하는 것 또는 명심견성(明心見性)을 말한다.

＊ 정공법사는 「불법 수학(修學)은 크게 4단계로 나눌 수 있는데, 바로 청량(淸涼) 대사가 〈화엄경소〉에서 말한 ‘신(信)·해(解)·행(行)·증(證)’ 입니다. ‘신(信)’ 은 첫째, 자기 자신을 믿는 것입니다. 이것이 불교에서 말하는 믿음이 다른 종교에서 말하는 ‘신(神)’ 을 믿는 것과 다른 점입니다. 신(神)을 믿는 것은 종교에 있어 가장 첫 번째 조건입니다. 불법에서 가장 중요한 것은 ‘자신을 믿는 것’ 이지, 바깥 것을 믿는 것이 아

닙니다. 자신에게 불성(佛性)이 있음을 믿고, 자신이 본래부터 부처였음을 믿는 것이며, 자신이 모든 부처와 둘이 아닌 하나임을 믿는 것이고, 자신의 참된 성품이 비록 물들어 더럽혀졌지만, 그 더럽혀진 것만 없애면 자성(自性)을 회복하여 모든 부처와 같아진다는 것을 믿는 것입니다. 만약 늘 자신의 죄업이 지중하기 때문에 성취하지 못할 것을 두려워하고 번뇌한다면, 이런 사람은 결정코 성취를 이룰 수 없습니다. 어째서 성취할 수 없습니까. 자신도 성취할 수 있다는 사실을 믿지 않기 때문에 설령 불보살이 그들의 지혜와 신통과 도력(道力)으로 그를 돕는다 해도 그는 성취를 이루지 못합니다. 불보살은 일어설 수 있는 사람만을 돕습니다. 스스로 일어서지 못하는 사람은 불보살도 어쩌지 못합니다. 그렇기 때문에 믿음을 말할 때 가장 먼저 자신에 대한 믿음을 말합니다. 두 번째로 말하는 것은 남[他]을 믿는 것입니다. 여기서 '남'이라 함은 불법(佛法)을 지칭합니다. 부처님께서는 경전을 통해 많은 도리와 방법을 설해 놓으셨습니다. 만약 이를 믿어서 이 이론을 따라 이 방법대로 수행한다면, 반드시 성취하게 될 것입니다.」라고 하였다.

　＊ 남회근 선생은 「소위 '바른 믿음[正信]'이란 무엇을 믿는다는 말일까요. 우리의 이 마음을 믿는 것이며, 일체중생이 모두 부처라는 것을 믿는 것입니다. 마음은 곧 부처인데, 우리는 모두 마음을 가지고 있으므로 일체중생이 모두 부처인 것입니다. 단지 우리가 자기를 찾지 못하고, 우리 자신의 마음에 밝지 못하며, 스스로 자신의 본성을 보아낼 수 없기 때문에, 한 층(層)에 가로막혀 몽매한 범부가 되고 마는 것입니다.」라고 하였다.

　연지대사께서 「아미타부처님 명호를 지니는 것은 수많은 복덕을 한꺼번에 갖추는 것이며, 오로지 아미타불 명호만 부르는 것은 모든 수행법을 한꺼번에 갖추는 것이 되어 한 수행법도 빠뜨리지 않는다.」고 말씀하셨다. 앞의 두 구절은 온 우주에서 제일 큰 이름인 나무아미타불 여섯 자가 만 가지 공덕을 모두 갖추고 있음을 나타내신 것이고, 나중의 두 구절은 일심으로 집중하여 염불하는 수행은 육바라밀을 한꺼번에 갖춘 뛰어난 수행법이 된다는 것을 말씀하신 것이다.

- 원영대사 〈아미타경요해강의〉

　＊〈염불경〉에 「지혜가 있는 자는 극락에 쉽게 왕생한다. 능히 의심을 끊을 수 있기 때문이다. 선정을 이룬 자는 쉽게 왕생한다. 산란에 빠지지 않기 때문이다. 계율을 지키는 자는 쉽게 왕생한다. 모든 오염을

여의었기 때문이다. 보시하는 자는 쉽게 왕생한다. 아상(我相)이 없기 때문이다. 인욕하는 자는 쉽게 왕생한다. 화를 내지 않기 때문이다. 정진하는 자는 쉽게 왕생한다. 더 이상 퇴전하지 않기 때문이다. 선업도 악업도 짓지 않는 자는 쉽게 왕생한다. 염(念)이 순일하기 때문이다.[智慧者易生 能斷疑故 禪定者易生 不散亂故 持戒者易生 遠諸染故 布施者易生 不我有故 忍辱者易生 不瞋恚故 精進者易生 不退轉故 不造善不作惡者易生 念純一故] 라고 하였다.

＊ 정공법사는 「연지대사가 말씀하셨습니다. "3장12부는 그들더러 깨달으라고 하고, 8만4천 법문은 다른 사람들이 닦게 주리라. 그대들이나 가서 해라, 나는 오로지 염불만 하겠다." 다른 법문을 닦다간 반드시 자신을 그르치게 됩니다.」 라고 하였다.

＊ 정공법사는 「한량없고 다함없는 법문을 귀납하면 바로 육바라밀인데, 이 육바라밀을 다시 또 귀납하면 보시(布施) 한 항목뿐입니다. 그래서 부처님께서는 우리로 하여금 보시바라밀을 닦게 하셨습니다. 일반 사람들은 '보시'가 갖는 진정한 뜻을 이해하지 못합니다. 그래서 종종 보시라는 말만 들으면 바로 약간의 돈을 사찰에 기부합니다. 이는 잘못된 것입니다. 이렇게 보시를 이해한다는 것은 너무 협의(狹義)적인 이해입니다. 이런 이해로 어떻게 보시가 보살의 수행이라 말할 수 있겠습니까. 사실, 보시라 함은 일상생활 속에서 늘 다른 사람을 위하고 자기를 위하지 않는 것입니다. 무릇 다른 사람이 알고 싶고 배우고 싶어 하는 것을 내가 알고 할 수 있다면 열심히 그를 가르치는 것 모두를 법보시(法布施)라 합니다. 그러므로 법보시란 다만 경(經)을 강의하고 법을 설하는 것만 가리키는 것이 아닙니다. 불교에서는 경전의 보시를 가장 중요히 여깁니다. 그 다음은 경을 강하고 법을 설한 녹음테이프나 비디오테이프이고, 그 다음이 여러 곳의 요청에 응하여 불법을 대중에게 소개하고 사회에 널리 전하는 것입니다. 이 모두가 다 법보시입니다. 중생의 몸과 마음이 불안과 공포에 떨거나 겁에 질려 있을 때, 그를 도와 그 공포를 없애주는 것을 무외보시(無畏布施)라 합니다. 여러분에게 특별히 깨우쳐 줄 것이 있습니다. 즉, 채식을 하는 것도 무외보시에 속합니다. 채식을 하면 모든 중생들이 당신을 보고 겁내지 않습니다. 왜냐하면 당신이 그들을 해치지 않기 때문입니다.」 라고 하였다.

＊ 원영대사는 「석가모니 세존께서는 대비원력을 일으켜 오탁악세(사바세계)에 오셔서 스스로 먼저 깨치신 후 중생들을 깨달음으로 인도하셨으며, 일체법에 대하여 모르는 것이 없고 보지 못하는 것이 없으신 분이다.[釋迦牟尼 乘大悲願力 生五濁惡世 以先覺覺後覺 無法不知 無法不見者也] 라고 하였다.

염불하는 중생은 누구든지 아미타불의 광명에 의해 번뇌가 소멸되고 복과 지혜가 증장增長된다. 염불하는 중생은 죄악의 범부를 막론하고 그 누구든지 윤회로부터 해탈하는 정토에 태어난다. 이것은 시방세계에 광명을 비춰 염불하는 중생을 버리지 않고 섭수攝收하겠다는 부처님의 본원本願이 그러하기 때문이다.

대개 십지十地 이상의 보살도 오히려 보신불報身佛의 정토를 전부 보지 못하는데, 번뇌에 얽힌 범부가 능히 생사를 해탈할 수 있는 것은 그 공덕이 온전히 일심불란에 의지하는 것이다. 만약 일심불란一心不亂이 되지 않으면 어찌 단박에 벗어버리겠는가. 대개 모양이 곧으면 그림자도 단정하고, 소리가 크면 메아리도 웅장하며, 착하게 살면 천상에 나고 악하게 살면 지옥에 들어가며, 청정하여 어지럽지 않은 마음으로 살면 생사를 해탈하며 불국정토에 태어나니, 이것은 필연의 이치이다.

- 경허鏡虛선사

* 정공법사는 「여러분은 평소에 만약 마음속에 한 생각도 일어나지 않고 단지 아미타불 넉자만 있다면, 아미타불의 지혜와 덕능(德能)은 자신의 지혜와 덕능으로 변한다는 사실을 알아야 한다. 아미타불과 서방의 극락세계는 우리들의 자성(自性)에 의해 생긴 것이며, 또한 우리들의 자성은 본래 구족(具足)하고 있는 것이지 마음 밖의 물건이 아니기 때문이다. 그러므로 '오로지 마음이 정토이고, 자성은 미타(彌陀)다.' 고 말하는 것이다. 이 방법으로 자신의 성덕(性德)을 회복하면 아미타불과 완전히 하나가 되는데, 불가능한 것이 무엇이 있겠는가.」 라고 하였다.

* 정공법사는 「우리의 선행(善行)에 대한 보상(報償)의 빠른 수확을 바라는 것은 망념이다. 왜냐하면 이러한 생각이 장애를 가져오기 때문이다. 우리들은 오직 수행만 물을 뿐 수확을 물어서는 안 된다. 우리가 열심히 수행하기만 하면 수확은 자연히 따라온다. 왜 번거롭게 끊임없이 그걸 바라야 하는가. 어떤 것도 바라지 않는 것, 이것이야 말로 수행의 참된 길이다. 단지 그릇된 행동을 끊고 선행을 하는 데만 집중하면, 결국 우리가 원하는 것이 무엇이건 다 얻을 수 있다. 우리가 구할 때, 우리가 얻는 것은 제한되어 있다. 왜냐하면 우리의 수행 공덕이 우리의 성덕(性德)과 상응(相應)하지 않으므로 대부분의 경우 우리가 원하는 것만 얻게 된다. 구하지 않을 때, 모든 것이 우리의 성덕과 상응하여 나타난다.」 라고 하였다.

* 남회근 선생은 「지옥 아귀는 있을까요, 없을까요. 있습니다. 절대적으로 있습니다. 뿐만 아니라 인

간세계에 있는 지옥은 보이지 않는 지옥보다도 훨씬 더 분명합니다. 인간세계에는 지옥이 많습니다. 모두들 지옥에서 지내는 게 습관이 되어 낙원으로 여기고 있으니까요! 그러나 부처님은 '삼계유심조(三界唯心造)' 라고 말씀하셨습니다. 지옥도 오직 마음이 지은 것이니 만약 마음을 깨달으면 지옥도 공(空)해집니다. 마음을 깨닫지 못하면 지옥은 절대적으로 있습니다.」라고 하였다.

* 보신불(報身佛) : 부처님께서 보살로서 수행 중에 계실 때에 세운 원(願)과 닦으신 큰 행(行)의 결과로서 받게 되는 한량없는 공덕(功德)의 몸을 말한다. 예를 들면, 바라문녀(婆羅門女)가 일체중생을 해탈시키겠다는 원을 세우고 오랫동안 수행하여 그 결과로 지장보살이 되신 것과 같다. 아미타불, 약사불(藥師佛), 관세음보살, 지장보살 등은 대표적인 보신불이다. 참고로, 석가모니불은 화신불(化身佛)에 속한다.

경에서 「소선근少善根으로는 극락에 왕생하지 못하고 많은 복덕福德을 갖추어야 비로소 왕생할 수 있다.」 라고 하셨다. 많은 복덕으로 말하자면, 나무아미타불의 위대한 명호를 꽉 지니고 염송하는 것보다 뛰어난 게 없으며, 많은 선근으로 말하자면 넓고 큰마음을 내는 것보다 훌륭한 것이 없다.

잠시 동안이나마 나무아미타불의 거룩한 명호를 지니고 염송하는 것이 백 년 동안 보시하는 것보다 훨씬 뛰어나며, 한 번 큰마음을 내는 것이 오랜 겁 동안 수행하는 것을 뛰어넘는다.

經稱少善不生 多福乃致 言多福 則莫若執持名號 言多善 則莫若發廣大心
是以暫持聖號 勝於布施百年 一發大心 超過修行歷劫

- 성암省庵대사

* 〈대지도론〉에 「보시(布施)를 좋아하는 사람은 명성이 널리 퍼지므로, 팔방(八方)에서 다 믿고 좋아하며 공경하지 않음이 없고 대중 가운데 있을 때에도 두려움이 없으며 죽을 때에는 후회가 없다. 육바라밀은 바로 부처님의 도(道)이고, 보시는 그의 첫 문(門)이며, 그 밖의 행(行)은 모두가 다 그를 따른다.」 라고 하였다.

* 고덕께서 「불설아미타경에서 "적은 선근과 복덕을 지은 인연으로는 극락에 왕생하지 못한다." 고 하셨고, 불설관무량수경에서도 극락에 왕생하려면 세 가지 마음을 내고, 세 가지 복을 닦아야 한다고 하

셨다. 세 가지 마음이란 지성심(至誠心), 심심(深心), 회향발원심(廻向發願心)이고 세 가지 복이란 첫째 부모에게 효도봉양하고 스승과 어른을 받들어 섬기며 자비로운 마음으로 살생하지 않고 십선업(十善業)을 닦는 것이고, 두 번째는 삼보에 귀의하고 뭇 계율을 빠짐없이 지키며 위의(威儀)를 범하지 않는 것이다. 세 번째는 보리심을 발하여 인과(因果)를 깊이 믿고 대승경전을 독송하며 부지런히 정진하면 임종시에 아미타불의 접인(接引)을 받고 상품상생으로 화생한다. 고로 경에서 적은 선근으로는 왕생하지 못하고 많은 복덕이라야 왕생한다고 하신 것이다.[佛說阿彌陀經中說 不可以少善根福德因緣 得生彼國 佛說觀無量壽佛經亦言 能發三心 至誠心 深心 回向發願心 修三福 一者孝養父母 奉事師長 慈心不殺 修十善業 二者受持三皈 具足衆戒 不犯威儀 三者發菩提心 深信因果 讀誦大乘 勸進行者 臨終必蒙阿彌陀佛接引 得上品上生 故言 經稱少善不生 多福乃致] 라고 하였다.

* 심심(深心) : 자신은 번뇌는 많고 선근이 극히 적기 때문에 자력(自力)으로는 생사윤회에서 벗어나기 어렵다는 것과, 아미타불의 본원력이 중생을 구제하기 위한 것이라는 것과, 아미타불의 명호를 십성(十聲)이든 일성(一聲)이든 부르면 왕생을 얻는다는 것을 깊이 믿어 의심하지 않는 것을 말한다.

* 큰마음을 내다 : 위없는 보리심, 즉 무상보리(無上菩提)를 증득하겠다는 마음, 또는 대자비심으로 중생을 구제하겠다는 발원 또는 극락에 왕생하겠다는 발원을 말한다.

* 선근(善根) : 좋은 과보(果報)를 가져올 만한 선한 행위를 말한다. 우선 탐내지 않는 무탐(無貪), 화내지 않는 무진(無瞋), 어리석지 않은 무치(無痴)가 가장 중요한 선근이다. 이것을 삼선근(三善根)이라 한다. 이 외에 삼귀의(三歸依), 오계(五戒), 십선(十善), 육바라밀(六波羅蜜), 팔정도(八正道) 등도 중요한 선근들이다. 위 성암대사의 말씀은, 염불만이 대선근(大善根)이자 다선근(多善根)이고, 나머지 참선이나 독경이나 지계(持戒)나 육바라밀 등은 모두 소선근(小善根)이자 소선근(少善根)이라는 뜻이다.

* 〈십주비바사론(十住毗婆沙論)〉에 「선근이란 탐하지 않고 성내지 않으며 어리석지 않은 것을 말한다. 일체의 선법(善法)이 모두 이 세 가지로부터 생긴다.[善根者 不貪不恚不痴 一切善法皆從此三生]」 라고 하였고, 《대집경(大集經)》에 「선근(善根)은 선(善)을 하고자 하는 법(法)이다.」 라고 하였다.

나는 늘 나무아미타불 염불하는 이 한 수행법이 모든 것을 다 갖춘 법문이며, 계정혜戒定慧 삼학三學을 두루 포함하고 육바라밀을 빠짐없이 갖춘 법문이라고 말한다. 연지대사께서는 「아미타불의 명호를 부르는 것은 수많은 공덕을 한꺼번에 다 갖추는 것이 되고, 오로지 아미타불명호만 지니면, 이는 모든 수행법을 빠짐없이 다 갖추는 것이다.」고 말씀하셨다.

余常言 持名一法 爲大總持法門 三學全該 六度具足 擧其名兮 兼衆德而俱備 專乎持也
統百行而無遺
- 원영대사 〈아미타경요해강의〉

＊ 정공법사는 「계정혜(戒定慧) 삼학 가운데, 계학(戒學)은 몸을 조절하는 것이고, 정학(定學)은 마음을 조절하는 것이며, 혜학(慧學)은 행위를 조절하는 것으로 모두 우리의 몸과 마음의 행위를 조절하는 것입니다.」라고 하였다.

＊ 육바라밀(六波羅蜜): 생사고해를 뛰어넘어 피안(彼岸: 열반)에 이르기 위한 보살의 여섯 가지 수행법을 말한다.

보시(布施) 또는 보시바라밀은 자비심으로써 중생을 사랑하고 조건 없이 널리 베푸는 것이다. 재보시(財布施)와 법보시(法布施)와 무외시보시(無畏施布施)가 있고, 내보시(內布施)와 외보시(外布施)도 있다. 내보시는 일체의 번뇌와 망상까지도 비워버린 것을 말하고, 외보시는 우리가 흔히 말하는 보시를 말한다.

남회근 선생은 「불법을 배우려면 먼저 보시를 배워야 합니다. 보시란 바로 버리는 겁니다. 버린다는 것은 단지 주머니 속의 돈을 털어내는 것을 의미하지는 않습니다. 일체의 습기(習氣)를 모두 버리고 변화시키며 없애버려, 인생 전반을 바꾸는 것입니다. 그대로 내버려 두는 것 역시 버리는 것입니다. 온갖 인연을 내버려 두는 것도 보시로서, 바로 내보시(內布施)입니다. 진정으로 보시를 행한 후 마음이 청정해져야 비로소 지계(持戒)가 가능합니다. 마음이 청정하지 않은 상태에서 행하는 지계는 소승(小乘)의 지계입니다.」라고 하였다.

영명 연수선사의 〈만선동귀집〉에 「제불(諸佛)의 교화의 문(門) 가운데에는 오직 보시의 한 법(法)이 십도(十度: 십바라밀을 말함)의 으뜸이 되고, 만행(萬行)의 선봉이 되며, 또한 입도(入道)의 초인(初因)이요, 중생을 섭귀(攝歸: 거두어 돌아감)하게 하는 요긴한 법칙이다.」라고 하였고, 또 「털끝만한 선(善)도 과(果)에 있어서는 넓고 깊다는 것을 명심해야 할 것이다.」라고 하였다. 《대승이취육바라밀다경(大乘理趣六波羅蜜多經)》에 「유정(有情)의 빈궁(貧窮)을 없애기 위하여 보시바라밀을 행하라. 의혹은 보시의 마장(魔障)이다. 두 가지 마음을 일으키고 일체 중생에게 신명(身命)을 바치고 성불하기를 서원하라. 부정한 이 몸이니 신명을 아끼지 말고 시여(施輿: 보시와 같은 말)하라. 무아(無我)를 관(觀)하고 일체를 희사(喜捨: 즐거운 마음으로 베풂)하라.」라는 말씀이 있다. 남회근 선생은 「진정으로 깨달음을 증득해 반야를 얻은 사람은 사사로움이 없어 소승(小乘)의 길을 걷지 않으며, 보시를 제일 우선시합니다. 일체의 보시 속에 바로 보살 도가 있습니다.」라고 하였다.

지계(持戒) 또는 지계바라밀은 계율을 엄격하게 지켜서 범하지 않는 것이다. 영명 연수선사의 〈만선동 귀집〉에 「대저 계(戒)라는 것은 만선(萬善)의 기초이니... 만일 계가 없다면 일체의 선업공덕(善業功德)의 그 어떤 것이라도 나올 수 없다.」라고 하였고, 〈대지도론〉에 「계행(戒行)이 없는 사람은 비록 산 속에서 고행을 하며 열매를 따먹고 약을 복용하더라도 또한 금수와 다를 바가 없다.」라고 하였고, 또 「그대들 모든 중생은 지계(持戒)를 배워야 한다. 지계의 공덕은 삼악취(三惡趣: 지옥/아귀/축생)와 인간 세계의 하천 (下賤)에서 구제해 주고, 천상과 인간의 존귀(尊貴)를 얻게 하며, 부처님의 도에 이르게까지 한다. 계율은 온갖 중생들의 쾌락의 근본이니, 마치 큰 창고에서 모든 값진 보배가 나오는 것과 같다. 계율은 크게 보호 하는 이가 되어 많은 두려움을 없애 주나니, 마치 큰 군사로 도적을 깨뜨리는 것과 같다. 계율은 장엄이 되므로 마치 영락을 붙이는 것과 같고 계율은 큰 배가 되므로 나고 죽는 큰 바다를 잘 건너게 한다. 계율 은 큰 수레[大乘]여서 중한 보배를 열반의 성에 이르게 하고, 계율은 좋은 약이어서 번뇌의 병을 깨뜨려 주며, 계율은 선지식이어서 세상마다 따라다니며 멀리 여의지 않고 마음을 안온하게 해 주나니, 비유하 건대 마치 우물을 팔 때 물기 있는 진흙을 만나게 되면 기뻐하고 좋아하면서 다시는 더 근심함이 없는 것 과 같다. 계율은 모든 행을 성취시키고 이익 되게 하는 것이 마치 부모가 여러 아들들을 기르고 자라게 함 과 같고, 계율은 지혜의 사다리이어서 무루(無漏)에 잘 들게 한다. 계율은 모든 번뇌를 놀라게 하고 두렵 게 하는 것이 마치 사자가 많은 짐승을 거느리고 조복되게 함과 같고, 계율은 온갖 덕의 근본이어서 출가 한 이의 요무(要務: 힘써야 하는 일)이다. 청정한 계율을 닦는 이는 소원을 뜻대로 이루게 되는 것이 마치 여의주가 생각하는 대로 얻게 됨과 같다.」라고 하였다.

인욕(忍辱) 또는 인욕바라밀은 온갖 욕됨을 참고 마음을 고요히 안주시키는 것이다. 연기법(緣起法)과 무아(無我)의 진리를 알면 화를 낼이 없으니 이것이 진정한 인욕바라밀이다. 《법구경》에 「몸을 절제하고 말을 삼가고 제 마음 다잡아 잘 지켜서 성냄 버리고 도를 행하라. 인욕이 가장 강한 도의 길이다.[節身慎 言 守攝其心 捨恚行道 忍辱最强]」라는 말씀이 있다.

《금강경》에 「수보리야, 내가 옛날 가리왕에게 몸을 갈기갈기 찢길 때에 아상 인상 중생상 수자상이 없 었느니라. 왜냐하면 내가 지난날 갈기갈기 사지가 찢길 적에 만약 아상 인상 중생상 수자상이 있었다면 마땅히 성내고 원망하였을 것이기 때문이니라. 수보리야, 또 생각하니 과거 오백세에 인욕선인(忍辱仙人)이 되었을 때에도 나라는 생각도 없고, 사람이라는 생각도 없고, 중생이라는 생각도 없고 오래 산다는 생각도 없었느니라.」라는 말씀이 있고, 《우바새계경》에 「인내는 보리(菩提)의 바른 인(因)이다. 무상정등정각은 인내의 결실이다.」라는 말씀이 있다.

정진(精進) 또는 정진바라밀은 항상 수행에 힘쓰고 게으르지 않는 것이다. 또는 한결같이 깨달음을 향해 나아가는 것을 말한다. 〈대지도론〉에 「그대는 게으르지 말라. 만일 잘 정진하면 모든 착한 공덕을 다 얻기 쉽지만, 만일 게으르게 되면 나무에 불이 있는 것을 보면서도 얻지 못하는 것과 같은데 하물며 그 밖의 일이겠는가. 이 때문에 정진하기를 권하는 것이니, 만일 사람이 방편을 따르면서 정진하게 되면 원(願)마다 얻지 못함이 없다.」라고 하였고, 또 「게으름은 가장 나쁘고 못쓰며 이 세상과 뒷세상의 이익과 착한 길을 파괴하는 것이다.」라고 하였다.

선정(禪定) 또는 선정바라밀은 마음을 고요히 하여 삼매에 드는 것, 또는 분별심과 집착을 버리고 자기의 본래 성품을 관조(觀照)하는 것이다. 즉, 무심(無心)한 가운데 모든 것을 내려놓는 것이다. 《잡아함경》에 「비구(比丘)가 모든 사물에 대해 집착하지 않으면, 그런 비구는 사물이나 자신의 거칠고 미세한 마음으로부터도 자유롭게 선정을 닦을 수 있다.」라는 말씀이 있다. 선정바라밀은 반야바라밀이 발현되게 하는 직접적인 수단 또는 원인이 된다.

반야(般若) 또는 반야바라밀은 '지혜의 완성'이라는 뜻이다. 제법(諸法)의 실상을 깨달은 것 또는 분별과 집착이 끊어진 완전한 지혜를 성취한 것을 말한다. 반야는 무분별지(無分別智)이자 무루지(無漏智)이다. 반야를 얻어야만 성불하며 반야를 얻은 이는 곧 부처라고 말한다. 반야는 모든 부처의 어머니이며, 육바라밀의 궁극의 지향점이다. 〈대지도론〉에 「육안(肉眼)·천안(天眼)·혜안(慧眼)·법안(法眼)·불안(佛眼)의 오안(五眼)을 얻고자 한다면 반야바라밀을 닦아야 한다.」라고 하였고, 또 「앞의 다섯 바라밀은 반야바라밀을 얻지 못하면 바라밀이라는 이름조차도 없다. 즉, 바라밀의 다섯 바라밀인 보시·지계·인욕·정진·선정의 다섯 가지 바라밀 수행을 행하여도, 반야바라밀을 제외하면 이 공덕은 앞의 공덕에 비하여 백분의 일, 천분의 일, 백 천 만억분의 일에도 미치지 못하며 또, 산수(算數)와 비유로도 알 수 없다.」라고 하였다.

역시 〈대지도론〉에 「사리불이여, 과거의 모든 부처님께서는 반야바라밀을 행하여 아누다라삼먁삼보리를 얻으셨고 미래의 모든 부처님께서도 역시 반야바라밀을 행하여 장차 아누다라삼먁삼보리를 얻으실 것입니다. 사리불이여, 지금 현재 시방의 모든 국토 안에 계신 모든 부처님께서도 역시 이 반야바라밀을 행하여 아누다라삼먁삼보리를 얻고 계십니다... 부처님께서 수보리에게 말씀하셨다. "마치 내가 이 세계에서 반야바라밀을 설하는 것처럼, 동방의 한량없는 아승기 세계의 모든 부처님께서도 또한 모든 보살마하살을 위하여 반야바라밀을 설하고 계시며, 남방·서방·북방과 네 간방(間方)과 위아래에서도 역시 이 반야바라밀을 설하고 계시느니라."」라고 하였다.

남회근 선생은 「육바라밀 중 보시·인욕·반야를 성취했다면, 지계·정진·선정은 자연히 성취하게 됩니다. 반야는 대지혜입니다. 보통의 지혜를 말하는 것이 아니라, 도(道)를 이해하고 닦아서 증험할 수 있으며, 생사를 초월해 초법입성(超凡入聖: 평범함을 뛰어넘어 성인의 경계로 들어감)할 수 있는 지혜를 말합니다.」라고 하였다.

흔히 반야라고 하면 금강반야(金剛般若)를 일컫는데, 이 금강반야에는 실상반야(實相般若)·경계반야(境界般若)·문자반야(文字般若)·방편반야(方便般若)·권속반야(眷屬般若)의 다섯 가지를 포괄한다.

염불이 총지總持, 변재辯才, 무애無碍, 보시布施, 지계持戒, 인욕忍辱, 정진精進, 선정禪定, 지혜智慧, 방편方便, 원願, 역력, 지智를 갖추지 않은 것이 없는 것은 부처님의 명호를 부르기 때문이다. 이는 마치 여의주로 구하면 모든 다 얻는 것과 같다. 자기도 염불하면서 다른 이들에게 보시하고, 다른 이들도 염불하게 하면, 이것이 바로 보시이고, 염불로 인하여 모든 죄가 소멸되는 것이 바로 지계이며, 염불로 인하여 악한 법이 생겨나지 않게 하는 것은 인욕이고, 행주좌와行住坐臥 어느 때나 부처님 명호를 부르면서 몸과 마음이 부처님 명호를 떠나지 않으니 이것이 곧 정진이다. 또한 깊은 믿음으로 부처님의 말씀을 의심하지 않고, 지성으로 염불하여 정토에 왕생하면 퇴전이 생기지 않으니 이것이 곧 선정이다. 오랫동안 공功을 들여 부처님 명호를 염하여 일체 경전의 진리를 아는 것은 해오解悟로서 지혜다. 그렇기 때문에 염불이 총지요, 변재며, 무애인 것이다.

念佛總持辯才無礙 布施持戒忍辱精進禪定智慧 及方便願力智無不具足 由念佛故 猶如如意寶殊所求皆得 若自能念佛布施他人 教他念佛 此卽當布施 由念佛故滅除諸罪 卽是持戒 惡法不生卽是忍辱 行住坐臥念佛名字不離心口 卽是精進 深信不疑 志誠念佛所生淨土

不生退轉 卽是禪定 由久用功念佛名號 一切經教披文卽解此卽智慧 是故念佛總持辯才無礙

- 〈염불경念佛鏡〉

＊《반야경》에서는 보시/ 지계/ 인욕/ 정진/ 선정/ 지혜를 육바라밀(六波羅蜜)이라고 한다. 이 중 지혜(반야)바라밀이 궁극의 목표점인데, 《반야경》에서는 반야바라밀을 '불모(佛母)'라고 표현하고 있다. 〈대지도론〉에 「반야바라밀은 모든 부처의 어머니이기에, 모든 부처가 반야를 스승으로 삼는다.[般若波羅蜜是諸佛母 諸佛以般若爲師]」라고 하였다.

＊청화스님은 「반야바라밀은 모든 존재의 실상을 비추어 보는 최존최상(最尊最上)의 지혜입니다.」라고 하였다.

＊《화엄경》이나 《해심밀경(解深密經)》에서는 육바라밀에 방편(方便)바라밀/ 원(願)바라밀/ 역(力)바라밀/ 지(智)바라밀을 합쳐 십바라밀(十波羅蜜)을 설하고 있다. 십바라밀은 대승보살이 실천해야 할 열 가지 덕목으로, 십도(十度)/ 십승행(十勝行)이라고도 하며, 육바라밀의 연장이기도 하다. 방편(方便)바라밀은 온갖 방편으로 무량한 지혜를 닦고 중생구제에 진력(盡力)한다. 원(願)바라밀은 서원에 의하여 최상의 지혜를 구하며, 중생을 구제하며, 역(力)바라밀은 몸과 마음을 흔들어 선법(善法)을 방해하고 좋은 일을 깨뜨려 수도에 장애가 되는 것을 제어하는 힘을 뜻한다. 지(智)바라밀에서 지(智)는 결단을 뜻하며, 모든 사상(事象)과 도리의 옳고 그름과, 정사(正邪)를 분별, 판단하는 마음이다. 육바라밀에 속하는 지혜와 십바라밀의 마지막인 지(智)는 한문으로는 똑같이 지혜 지(智)자이지만 산스크리트어로는 차이가 있다. 지혜(반야)는 범어(梵語)로 프라즈냐(prajñā)이고, 지(智)는 범어로 즈냐나(jñāna)이다. 육바라밀로도 충분했을텐데, 왜 《화엄경》에서 십바라밀을 따로 설하였을까. 아마도 화엄경의 법수(法數)때문일 것이다. 《화엄경》은 10지보살, 10지품, 10바라밀 등 10이라는 숫자를 중심으로 교설을 전개한다. 《화엄경》은 일승원교(一乘圓教)라고 하는데 모든 것을 완전히 갖춘 가르침이라는 뜻인데, 10을 완전한 숫자로 보았다.(참고로 인간세상에서는 3을 완전한 숫자로, 주역에서는 5를 완전한 숫자로 본다) 또한, 《화엄경》의 십지(十地)에 십바라밀을 배대(配對)하기도 한다. 즉, 십지의 처음인 환희지(歡喜地)는 보시바라밀을 성취한 지위이고, 제2지(地)인 이구지(離垢地)는 지계(持戒)바라밀을 성취한 지위이며, 제3지(地)인 발광지(發光地)는 인욕바라밀을 성취한 지위이고, 계속 이렇게 해서 제10지(地)인 법운지(法雲地)는 지바라밀(智波羅蜜)을 성취한 지위라고 본다. 지바라밀(智波羅蜜)은 무명의 근본을 다 끊어버리고 수용법락지(受用法樂智), 곧 극락세계

를 다 수용할 지혜와 성숙유정지(成熟有情智), 곧 모든 유정(有情)을 성숙시키는 지혜와 무변(無邊)의 공덕을 갖추어 무변의 공덕수(功德水)를 출생케 하는 경지라고 청화스님은 말한다. 십바라밀과 육바라밀은 형식적으로는 10개와 6개의 차이가 있지만, 내용상으로 십바라밀은 육바라밀에 모두 포섭된다.

  * 선도화상은 〈관경소(觀經疏)〉에서 '두 종류의 깊은 믿음[二種深信]'을 말하였다. 「첫 번째의 흔들림 없는 굳은 심신(深信)은 자신이 현재 죄악이 많아 윤회 속에 있는 범부로서 무수겁이래로 생사를 거듭하며 유전(流轉)하면서 삼계를 빠져나올 인연을 갖지 못한 중생임을 믿는 것이요, 두 번째의 굳은 심신은 저 아미타불은 48원으로 중생을 거두어들여 구제하시니, 의심과 염려는 하지 말고 아미타불의 원력에 올라타면 반드시 왕생한다는 것을 믿는 것이다.[一者決定深信 自身現是罪惡生死凡夫 曠劫以來 常沒常流轉 無有出離之緣 二者決定深信 彼阿彌陀佛 四十八願 攝受衆生 無疑無慮 乘彼願力 定得往生]」라고 하였다.

  * 남회근 선생은 「오늘날 부처님을 배우면서 도를 닦는 사람은 많지만, 참으로 분발심을 내어 수행하는 사람은 몇 사람이나 있을까요. 염불이든 진언수행이든 정좌든, 용맹 정진하는 사람이 어디에 있을까요. 다들 부처님 배우기를 소일거리로 여기고, 생각날 때나 좌절에 부딪혔을 때나 염불하고 정좌 좀 하고 하지 용맹스럽게 끊어버리는 결심이 없습니다. 세상 사람들은 모두들 간파할 수는 있지만 참아낼 수 없고, 생각은 할 수 있지만 해낼 수는 없습니다.」라고 하였다.

  * 《법화경》에 「선정에 깊이 들어가면 시방세계의 모든 부처님을 본다.[深入禪定 見十方佛]」라는 구절이 있다.

  * 《원각경》에 「한 생각이라도 의심하거나 후회하면 성취하지 못한다.[一念疑悔 卽不成就]」라는 말씀이 있다.

  * 고덕께서 「성실은 정성의 지름길이고, 의심은 정성의 큰 적이다.[老實者精誠之捷徑 狐疑者精誠之大敵]」라고 하였다.

  염불이 곧 계정혜戒定慧를 닦는 일입니다. 마음속으로 염불하면서 부처님을 생각하고 부처님 명호를 외는 사람은 절대 나쁜 일은 생각하지 못할 것이며, 어떤 악한 일도 하지 않을 것입니다. 부처님의 명호는 시방세계 일체제불과 여래께서도 찬탄하신 것이니, 이보다 더 좋은 일은 없습니다. 그러므로 염불이야말로 온갖 선善을 받들어 행하는 일입니다. 염불하는 마음 바탕이 청정하여 한 잡된 생각도 없게 하는 것이 정定을 닦는 것입니다. 정

定이 있다면 이 한 구절 부처님 명호가 명확하고 명백하여 글자 하나하나가 분명해지니, 이것은 바로 혜慧를 닦는 일입니다. 따라서 계정혜 삼학三學이 바로 이 부처님 명호 한 구절로 단 한 번에 모두 원만하게 닦아집니다.

-정공법사

* 연지대사는 「대장경이 설하고 있는 것은 계정혜(戒定慧)에 지나지 않는다. 염불이 곧 계정혜인데 구태여 문자를 좇으며 저 대장경을 열람할 필요가 있겠는가. 세월은 빠르고 목숨은 오래가지 못한다. 원컨대, 모든 사람들이 정업(淨業) 닦는 것을 급선무로 삼길 바란다.[大藏經所詮者 不過戒定慧而已 念佛卽是戒定慧 何必隨文逐字 閱此藏經 光陰迅速 命不堅久 願諸人以淨業爲急務]」라고 하였다.

'나무아미타불' 여섯 자에 다른 잡스런 망상만 끼어들지 않는다면, 단 열 번의 염불로도 공덕이 성취되어, 여러 겁에 걸친 수행을 단박에 뛰어넘을 수 있다. 이러한 이치도 믿지 않는 사람은 진짜로 나무나 돌과 같이 어리석은 것이다. 이런 공덕이 있는 염불수행을 내버리고 다른 수행을 하는 사람은 미치광이가 아니면 바보 천치일 것이니, 다시 무슨 말을 하겠는가.

一句佛號 不雜異緣 十念功成 頓超多劫 於此不信 眞同木石 舍此別修 非狂卽癡 複何言哉 複何言哉

-철오선사

자운참주께서 말씀하시기를, 시방세계의 중생들이 서방정토에 태어나고자 지극한 마음으로 믿고 즐거워하여 열 번만이라도 내 이름을 불러 서방정토에 태어날 수 없다면 성불하지 않겠다는 것이 아미타불의 본원이라고 하셨습니다. 믿고 즐거워하여 열 번만 염불해도 오히려 왕생할 수 있는데, 하물며 다시 하루 동안 믿고 즐거워하는 일이겠습니까. 하물며 다시 한 달, 일 년, 일생동안 믿고 즐거워하며 염불하는 일이겠습니까. 한 번 염불하면 80억겁을 윤회하면서 지은 무거운 죄를 소멸시킬 수 있거늘, 하물며 다시 열 번이겠습니까. 하물며 다시 하루, 한 달, 일 년, 일생동안 염불하여 소멸되는 죄는 얼마나 많겠습니까. 무거운 죄도 오히려 소멸시킬 수 있는데, 하물며 가벼운 죄이겠습니까. 또 다시 염불공덕과 다른 선근과의 우열을 비교하여 헤아린다면, 경에서 말씀하신 것처럼, 만약 어떤 사람이 최상의 물건으로 삼천대천세계에 가득한 아라한과 벽지불 성인께 사사四事공양을 하여 얻는 그 복덕은, 어떤 사람이 합장하여 부처님 명호를 한 번 불러 얻는 복덕에 비하면, 백 천만 분의 일에도 미치지 못하고, 그 어떤 산수算數와 비유로도 미칠 수 없다고 하였습니다. 부처님 명호를 한 번 부른 공덕도 오히려 이와 같거늘, 하물며 다시 열 번, 하루, 한 달, 일 년, 일생동안 부른 공덕이겠습니까. 부처님 명호를 부르면 현세에는 안온하고, 성중聖衆께서 보호해 주시며, 모든 재액災厄을 여의게 되니 그 공덕이 헤아릴 수 없습니다.

慈雲懺主云 彌陀本願 十方衆生欲生我國 至心信樂 乃至十念 不果遂者 誓不成佛 十念信樂 尙得往生 況復一日信樂者 況復一月一年一生信樂者耶 一念滅八十億劫生死重罪 況復十念耶 況復一日一月一年一生念佛所滅罪耶 重罪尙滅 況輕罪耶 又復校量念佛功德 比餘善根 優劣之相者 經云 若人以四事極好之物 供養大千世界滿中阿羅漢 辟支佛所得福德 不如有人合掌一稱佛名 百千萬分算數譬喩所不能及 一稱佛名功德尙爾 況復十念一日一月一年一生念佛功德耶 現世安隱 衆聖守護 離諸災厄 功德無量   - 〈정토지귀집〉

* 자운참주는 「정토법문은 요의(了義) 중의 요의요, 원돈 중의 원돈이다.[了義中了義 圓頓中圓頓]」라고 하였다.

* 정공법사는 「청나라 건륭 황제 때, 중국 불교사상 매우 유명한 관정(灌頂)법사라는 분이 계셨는데 많은 저술을 남겼습니다. 그가 관무량수경직지(觀無量壽經直指)라는 책에서 말하기를, "세간 사람이 재난을 소멸하기 위해, 어려움을 면하기 위해 사용하는 경문과 다라니 혹은 다른 여러 가지 참법(懺法)은 모두 효력이 있다. 만약 지중(至重)한 죄업이라면 모든 참법과 경문은 아무런 효력도 없고 작용도 하지 못한다. 이러한 때 한 구절 아미타불은 죄업을 소멸시킬 수 있고, 없애버릴 수 있다." 고 하셨습니다. 그러므로 재앙을 소멸하고 죄업을 씻는데, 아미타불이라는 부처님 명호가 으뜸가는 공덕임을 알 수 있습니다. 그러나 많은 사람들이 이를 알지 못하여 이것을 버리고 다른 것을 찾습니다. 그래서 병이 생기면 약사경(藥師經)을 읽고, 재앙이 생기면 관세음보살보문품을 읽는데, 이는 아미타불 넉 자의 공덕이 모든 경전과 다라니를 능가한다는 사실을 모르기 때문입니다.」 라고 하였다.

염불의 근본은 나무아미타불의 명호를 부르는 염불입니다.
나무아미타불은 모든 부처님의 명호를 부르는 염불입니다.
나무아미타불은 모든 보살님의 명호를 부르는 염불입니다.
나무아미타불은 자연과 생명 일체를 찬탄하는 염불입니다.

- 정목正牧스님

＊ 정목스님은 「부처님을 생각하면 죄업이 소멸됩니다. 부처님의 명호를 부르고 생각하면 여러 겁(劫)의 죄업이 소멸됩니다. 아이가 죄를 짓거나 길을 잃고 어머니를 찾는 것처럼 불러야 합니다. 어떻게 불러야 용서할 지 어떤 식으로 불러야 나타날 지 궁리 끝에 부르는 것이 아닙니다. 어머니 밖에 부를 곳이 없으니 오직 그리운 마음만으로 부릅니다. 아이가 어머니를 부르는 것은 착한 일이 아니라 당연한 도리입니다. 부처님을 부르는 것도 마찬가지입니다. 염불이 선행이라면 선업이 쌓이겠지만 염불은 세속적 선행을 초월합니다. 염불은 진실한 믿음 그 신앙의 빛이니 자비광명이 감응하여 죄업을 소멸합니다. 자비광명을 해와 달에 비유하지만 그것은 만년 동굴의 어둠을 밝힐 수 없고 마음의 무명을 깰 수가 없습니다. 부처님의 자비광명은 무애광(無碍光) 무량광(無量光)이라 수 겁 동안 쌓인 중생의 무명(無明)을 비추고 무거운 죄업을 일념(一念)에 소멸합니다. 무명이 깨지고 죄업이 소멸되면 부처님이 성중(聖衆)과 더불어 나타나십니다. 부처님을 생각하면 죄업이 소멸됩니다.」라고 하였다.

염불행자는 아미타불의 본원本願의 배를 타고 괴로움의 비바람과 풍랑이 치는 바다를 건넌다. 부처님의 중생을 향한 본원의 배를 타기 때문에 염불은 누구라도 쉽게 수행할 수 있는 성불의 길이다. 아무리 연약하고 나약한 사람이라 할지라도 자신을 철저히 버리고 부처님의 본원력을 믿고 의지하여 그 본원의 배에 올라타 간절한 마음으로 염불하게 되면 누구나 정토에 왕생하게 되는 희망의 수행인 것이다. 염불은 대승불교의 가장 아름다운 연꽃이 피어나는 길이며 말법시대를 향한 최후의 법문이다.

- 정목스님

삼장십이부 경전을 해석하여 세존의 대의大義를 완전히 드러내도, 계정혜戒定慧 삼학三學을 넘지 못한다. 그러나 여섯 자 나무아미타불 성호聖號는 일체의 계정혜를 다 갖추었다. 나무아미타불 여섯 자는 가장 원만한 복덕과 지혜를 다 갖추었다. 설령 천하의 일체 좋은 얘기를 다 해도 나무아미타불하고 부르지 않으면 도리어 한마디 안하는 게 더 낫다. 세상 일체의 선한 일을 다 짓는다 해도 나무아미타불하고 부르지 않으면 도리어 선한 일을 하나도 안하는 것이 더 낫다. 세상의 모든 학문을 다 배운다 하여도 나무아미타불하고 부르지 않으면 차라리 일자무식인 것이 더 낫다.

所有三藏十二部經典詮釋發揮的 不過戒定慧而已 而一句 南無阿彌陀佛聖號 其足一切 戒定慧 一句南無阿彌陀佛 其足最最圓滿福德與智慧 設盡天下一切好話 倒不如一語不發 念一句 南無阿彌陀佛 做盡人間一切善事 倒不如一事不做 念一句 南無阿彌陀佛 學盡世間 所有學問 倒不如一字不識 念一句南無阿彌陀佛   -원인圓因법사

＊〈정토법어〉에 「계정혜 삼학을 부지런히 닦아도 탐진치 삼독은 소멸시키기 어렵다. 염불은 일이 가장 수월하고 왕생하면 성불하기 쉽다.[勤修戒定慧 難滅貪瞋痴 念佛事最省 往生成佛易]」 라고 하였다.

＊대주혜해선사의 〈돈오입도요문론〉에 「"어떤 것을 계정혜(戒定慧)라 합니까." "청정하여 물들지 아니함이 계(戒)요, 마음을 움직이지 않을 줄 알아 경계를 대하여서 고요함이 정(定)이요, 마음이 움직이지 아니함을 알 때에 움직이지 아니한다는 생각도 나지 아니하며 마음이 청정함을 알 때에 청정하다는 생각도 나지 아니하며 내지 선악(善惡)을 모두 능히 분별하되 그 가운데에 물들지 아니하여 자재(自在)를 얻음을 혜(慧)라고 하느니라."」 라고 하였다.

＊남회근 선생은 「우리가 마음을 가라앉히고 태도를 부드럽게 하여 자신을 순순히 잘 이끌되, 사리사욕을 적게 하는 것[少私寡欲- 이것이 戒입니다]과, 마음을 평온 침착하게 하고 원대한 이상에 뜻을 두는 것[寧靜致遠- 이것이 定입니다]에서부터 착수하기만 하면, 이렇게 길 잃은 양들도 마침내 양심이 일어나 보살을 집으로 모셔 들이고 본래의 순진함으로 돌아갈 것입니다.[返璞歸眞- 이것이 慧입니다]. 이렇게 되고서부터 우리는 마음이 하고자 하는 대로 따라도 법도를 넘어서지 않고[隨心所欲不踰距] 소요(逍遙)할 수 있게 됩니다.」 라고 하였다.

예로부터 염불법문은 삼근보피三根普被라고 했습니다. 상근기로서 예리한 지혜를 가

진 대승보살에서부터 중근기인 성문과 연각, 그리고 하근기인 범부속인에 이르기까지 모두 극락으로 맞이하여 이끌어 줍니다.

《화엄경》은 일체의 대승보살이 반드시 닦아야 할 길인데, 그 마지막 한 권에 보면 석가모니부처님은 모든 대보살과 시방세계의 모든 부처님을 이끌고 정토로 돌아갑니다.

- 남회근 선생

* 남회근 선생은 「성문(聲聞)의 심행(心行)은 욕심을 적게 하여 생사를 싫어하는 것[少欲厭生死]입니다. 성문은 생사(生死)를 싫어해 떠나려고 하나[厭離生死], 보살은 생사를 두려워하지 않습니다.[不畏生死]」라고 하였다.

* 삼근보피(三根普被): 불보살님께서 상근기/중근기/하근기 모두에게 두루 가피(加被: 불보살이 중생을 이롭게 함)를 줌. 가피에는 현증(顯證)가피/몽중(夢中)가피/명훈(冥熏)가피의 세 가지가 있다.

* 남회근 선생은 「삼근보피(三根普被)의 이 염불법문은 사람마다 배울 수 있고 사람마다 유익함을 얻을 수 있습니다. 소홀히 하지 마시기 바랍니다.」라는 말씀을 해 주셨다.

* 남회근 선생은 「정토법문에서는 부처님 명호를 한 번 부르면 '삼근을 보피한다'고 말합니다. 이 말은 최대의 교의(敎義: 부처님 가르침의 근본 뜻 또는 일체경전의 근본 뜻)입니다. 게다가 불교에서 가장 중요한 것인데, 여러분들은 매우 경시합니다.」라고 하였다.

* 남회근 선생은 「당신이 지혜가 높은 사람이든 가장 어리석은 사람이든 간에 부처님 명호를 한번 외면 마음이 고요해지면서 무슨 마구니나 귀신이 그 즉시 조용해집니다. 여러분들이 시험을 해 볼 수 있습니다. 고양이 한 마리를 키우거나 개를 한 마리 기릅니다. 이런 동물들이 아주 사납게 행동할 때에 당신이 그 앞에 조용히 서서 그 동물의 눈빛을 보면서 당신의 마음이 그들의 마음속으로 진입합니다. 그리고는 나무아미타불을 외우면 그 동물은 곧 안정됩니다. 또 벼와 꽃나무를 두 줄로 심어놓고 한 줄에는 염불이나 진언을 해준 물을 주고, 다른 한 줄에는 그렇지 않은 보통의 물을 주었습니다. 2, 3개월이 지나 서로 비교해보니 염불이나 진언을 해준 벼나 꽃나무는 대단히 잘 자랐습니다. 그렇지 않은 것들보다는 두 세배는 좋았습니다. 그 물에 대고 소리 내어 대비주(大悲呪)를 외우거나 준제주(準提呪)를 외우거나 반야심경을 외우거나 아미타불을 불렀더니 그 효과가 다 달랐으며, 물의 분자(分子)가 따라서 변화했습니다. 입으로 소리를 내어 외우는 것과, 소리 내지 않고 외우는 것도 그 효과가 다릅니다. 이것들은 물론 과학적으로

해석할 수 있습니다.」라고 하였다.

　＊ 청화스님은 「부처가 나와 둘이 아니고, 천지가 나와 더불어서 둘이 아니다. 이렇게 생각하고 하셔야 참다운 가피를 받습니다.」라고 하였다.

　＊ 위 말씀에 나오는 ‘그 마지막 한 권’ 은《보현행원품》을 말한다. 정식 이름은《대방광불화엄경입부사의해탈경계보현행원품》이다.《화엄경》의 백미(白眉)이다.

　생사윤회를 벗어나려면 정토법문이라는 한 문門을 놓아두고 삼계를 횡으로 벗어나는 지름길 방편은 절대 없고, 정토에 왕생하려면 염불이라는 한 법法을 놓아두고 만 사람이 닦아 만 사람이 왕생하는 수행은 결코 없다.

超生脫死 捨淨土一門 決無直捷橫超方便
往生淨土 捨念佛一法 決無萬修萬去工夫　　　　　　　　　　　　　　　　- 고덕

　석가세존께서 한평생 교화를 베푸신 법문 가운데서, 중생의 근기에 마땅히 부응하고 중생과 부처의 인연이 깊으며 지극히 간결하면서도 공덕이 높으며, 또한 첩경이 되는 법문을 구한다면, 오직 정토왕생을 구하는 염불 법문을 넘어서는 것이 없다.

釋迦一代施化法門之中 求其所以機宜相感 生佛緣深 至簡至易 而功高徑捷者 無越求生淨土一法門也

　　　　　　　　　　　　- 묘협妙叶 대사 〈보왕삼매염불직지寶王三昧念佛直指〉

　＊ 묘협(妙叶)대사 : 중국 원(元)나라 말에 출생하여 명대(明代) 초기까지 생존했던 고승

　시방의 모든 부처님은 광장설廣長舌을 내어 염불을 찬탄하셨다. 문수보살과 보현보살도 오히려 왕생을 구하는 게송을 지었고, 용수와 마명도 또한 왕생을 원하는 글을 지었으며, 천태대사와 영명연수선사와 같은 스승들과 중봉 천목선사와 천여칙선사와 같은 교종

과 선종의 조사들도 아울러 정토를 찬탄하는 글이나 논을 지어 정토법문의 지극한 이치를 천명하여 후인들에게 깊이 권하지 않는 분들이 없었다. 어찌하여 말법시대에 사는 범부들은 근기가 둔하고 지식이 천박하면서도 옛 사람들보다 훨씬 낫고자 하는가.

十方如來 出廣長舌而讚歎 文殊普賢 尙有求生之偈 馬鳴龍樹 亦有願往之文 至於智者永明之輩 中峯天如之流 並是敎祖禪宗 莫不垂文著論 闡明至理 深勸後人 柰何末代凡夫 鈍根淺識 乃欲遠勝古人
                                               - 성암대사 〈권수정토시勸修淨土詩〉

  * 마명보살이 지은 《사사오십송(事師五十頌)》에 「제자가 되어 스승을 경시하면, 즉 일체의 모든 부처님을 경시하는 것이다. 이 때문에 지옥으로 떨어진다.」라고 하였다. 스승을 경시한 것도 이럴진대, 보살을 비방하거나 보살에 대하여 나쁜 마음을 낸 자는 이루 말할 수 없는 고통을 받는다고 수많은 경전에서 설하고 있다.
  * 인광대사는 「문수보살은 일곱 부처님의 스승이시다. 문수보살께서 말씀하셨다. "나는 과거에 관불(觀佛)과 염불을 한 까닭으로 지금 일체종지(一切種智)를 얻었노라. 그러므로 일체의 모든 법과 반야바라밀과 깊은 선정과 더 나아가 모든 부처님이 다 염불로부터 나왔느니라." [文殊乃七佛之師 自言我於過去 因觀佛故 因念佛故 今得一切種智 是故一切諸法 般若波羅密 甚深禪定 乃至諸佛 皆從念佛而生]」라고 하였다.
  * 관불(觀佛) : 불상(佛像)이나 부처님의 상호(相好)나 부처님의 공덕 등을 관(觀)하는 수행법.

대저 인덕仁德을 온전히 갖추고자 한다면 방생만한 것이 없고
고통스러운 윤회에서 벗어나고자 한다면 염불만한 것이 없다.
夫欲全仁德 莫若放生 欲出苦輪 無如念佛
                                               - 〈염불경〉

  * 인광대사는 「생명을 죽이지 않고 방생을 하는 자는, 내세에 사왕천에 태어나 끝도 없는 복을 누린다. 만약 이 사람이 염불수행까지 겸한다면 곧바로 서방 극락세계에 왕생할 수 있으니, 그 공덕이 실로 끝이 없다.[戒殺放生者 來世得生於四王天 享無極之福 若兼修淨土者 直可往生於西方極樂國土 其功德實無涯矣]」라고 하였다.

* 인광대사는 「설령 이 세상의 모든 사람을 전부 (방생을 하도록) 감동시킬 수는 없더라도, 한 사람만 감동시킨다면, 그 한 사람이 한 평생 얼마나 많은 생명을 덜 죽이겠소」라고 하였다.

* 고덕께서 「천인과 인간은 복덕을 짓는 것이 우선이고, 생사를 윤회하는 고해(苦海)가운데서는 염불이 제일이다.[天上人間 作福爲先 生死海中 念佛第一]」라고 하였다.

* 중국 근대의 체한(諦閑)대사는 「살생하지 않는 것이 모든 계(戒)의 으뜸이고, 방생이 모든 선(善)중의 제일이다.[不殺爲諸戒之首 放生爲衆善之先]」라고 하였다.

* 남회근 선생은 「무기(武器)를 보고서는 '이것은 어떻게 쓰는 걸까.' 하고 생각한다면, 이 한 생각 움직임조차도 불살생계(不殺生戒)를 범한 겁니다.」라고 하였다.

* 선화상인은 「지금 가장 중요한 것은 이 세상에 얼마인지 알 수도 없을 정도의 어린귀신이 있다는 것입니다. 이러한 어린귀신들이 왜 생겨났습니까. 바로 낙태(落胎)를 너무 많이 하였기 때문입니다. 태아가 아직 사람의 형태를 갖추기 전에 죽으니 어린귀신의 보복심은 너무도 중합니다. 따라서 살생을 금하는 것에는 낙태를 하지 않는 것도 포함됩니다. 이러한 어린귀신은 더욱 벗어나기가 쉽지 않습니다. 소위 말하기를, "염라대왕은 만나기 쉽지만, 어린귀신 상대하기는 어렵다.[閻王好見 小鬼難纏]"라고 하는 것입니다. 그러므로 여러분들은 이 점을 주의해야 하며, 지금 전 세계의 각국에서는 이러한 어린귀신이 큰 귀신보다 더 많으며, 큰 귀신은 늙은 귀신보다 더 많습니다. 이 문제는 매우 엄중한 것입니다. 우리들은 모두 일체중생이 모두 불성이 있으며 부처가 될 수 있음을 알아야 합니다. 또한 일체중생은 보살성이 있어 보살이 될 수 있고, 연각·아라한이 될 수 있으며, 천상에 오를 수 있고, 또한 아수라와 귀신, 축생이 될 수 있으며, 지옥의 인(因)을 지어 장래 지옥에 떨어질 수 있습니다. 그러므로 원인의 종자를 심어 과보의 열매를 맺는 것이니 절대로 잘못되지 않아야 할 것입니다.」라고 하였다.

임종 시에 부처님을 관(觀)하지도 않고 염불하지도 않되, 다만 잠깐 한 생각을 내어 아미타불이 계신다는 것을 알고만 있어도 이 사람은 숨이 끊어지면 정토에 곧 왕생한다.

臨終不能觀及念 但作生意知有佛 此人氣絶卽往生　　　　　　　-《대법고경大法鼓經》

*《대법고경》은 2권으로 되어 있으며 5세기 중엽 인도출신의 학승 구나발타라가 번역하였다. 법고(法鼓)는 '법을 전하는 북' 이라는 뜻인데, 무명을 깨뜨리고 삿된 것을 타파하는 부처님의 말씀을 법고를 울

리는 것에 비유하였다. 이 경에서는 부처는 영원히 존재한다는 것을 알고 부처의 말씀대로 세상에 대한 애착을 끊어버리면, 그것이 곧 이른바 불교의 이상인 열반이라는 것을 설하고 있다. 특히 부처가 종전에 설교한 바 있는 성문, 연각, 부처에 대한 이 세 가지 교리는 다 사람들을 교화하기 위한 수단에 지나지 않는 것으로서, 결국은 모든 사람들에게 부처가 될 수 있는 성품이 있다는 것을 깨우쳐주고 있는 경전이다.

＊《대법고경》에 「선남자 선여인이 늘 마음을 한 곳에 모으고 모든 부처님의 명호를 부르거나 생각할 수 있다면, 시방세계의 모든 부처님과 모든 현성(賢聖)께서 늘 이 사람을 눈앞에 있는 것처럼 보고 계시리라. 그러므로 이 경(經)을 대법고경이라 부른다. 마땅히 알아야 한다. 이 사람은 시방에 있는 정토에 나기를 발원만 하면 왕생하리라.[若善男子 善女人 常能繫意 稱念諸佛名號者 十方諸佛 一切賢聖 常見此人 如現目前 是故此經名大法鼓 當知此人 十方淨土隨願往生]」라는 말씀이 있다.

＊ 관(觀) : 세밀하게 살피는 마음의 작용을 말한다. 밤에 올빼미가 날개를 접고 먹잇감을 바라보는 것이 觀자의 본래의 의미라고 한다. 가까이 있는 것을 자세히 들여다보는 것을 '견(見)'이라 하고 멀리 있는 것을 큰 눈으로 살피는 것을 '관(觀)'이라 한다. 불교에서 관(觀)하는 수행법으로 부정관(不淨觀)과 백골관(白骨觀)이 유명하다. 사람의 몸은 나고 늙고 병들고 죽는 존재로서 깨끗하고 아름다운 것이 아니라 추한 것뿐이라고 관하는 것이 부정관이고, 사람이 죽어가면서 썩고 썩은 후에 백골만 남은 시체를 보면서 욕심을 떨쳐내는 수행법이 백골관이다.

＊ 남회근 선생은 현대를 살아가는 우리들에게 가장 적합한 수행법으로 부정관이나 백골관을 닦을 것을 권하고 있다. 이 수행의 길로 걸어가야 내 몸이 비로소 적멸(寂滅)을 얻을 수 있다고 강조한다.

＊ 달마대사는 〈혈맥론(血脈論)〉에서 「죽음에 이르렀을 때에도 생사의 분별에 집착하지 않으면 평생을 쌓아온 업장이라도 소멸할 수 있다. 일생을 수행했을지라도 임종에 이르러 생사에 집착하면 그 수행은 물거품이 되고 오히려 마귀의 포로가 되고 만다.」라고 하였다.

부처님 존호尊號를 염념하는 가르침은 경전에 널리 밝혀져 있다. 실로 한번만이라도 부처님의 명호를 염하면 진사겁塵沙劫의 죄를 소멸하고, 십념十念을 갖추면 몸이 정토에 나서 영원히 위급한 환난에서 구제된다. 업장이 녹고 원액寃厄이 소멸하여 길이 고통의 나루를 헤어날 뿐만 아니라, 이 인연에 의탁依托한다면 마침내 각해覺海에 도달한다. 그러므로 경經에도 「만일 어떤 사람이 산란한 마음으로 탑묘중塔廟中에 들어가 단 한번 '나무불南無佛'이라고 부를지라도 모두가 그 인연으로 마침내는 불도佛道를 이루게 된다.」 하였고, 또「부처님의 명호를 받들어 지니는 이는 누구나 제불諸佛께서 호념護念하여 주신다.」고 한 것이다.《보적경寶積經》에서는「높은 소리로 염불하면 마군들이 모두 두려워 흩어진다.」하였고,《문수반야경文殊般若經》에서는「수행하는 이가 스스로 우둔해서 능히 관觀하지 못한다면, 다만 생각과 소리만 계속 이어지게 하라. 그래도 반드시 불국토에 왕생할 수 있으리라.」하였으며,〈대지도론〉에서는「비유컨대, 어떤 사람이 태어날 때부터 곧 날마다 천리 길을 일천 년 동안 다녀서 그 안에 칠보를 가득히 채워 부처님께 공양한다 해도, 어떤 이가 이 뒤의 악세惡世에서 단 한번 부처님의 명호를 일컬어 염하는 것만 같지 못하니, 왜냐하면 이 사람의 복이 저 앞의 사람보다 더욱 뛰어나기 때문이다.」하였다. 또《대품경大品經》에서는「만일 어떤 사람이 산란한 마음으로라도 염불을 한다면, 곧 고액苦厄이 없어지고 그 복이 다함없는 데 이를 것이다.」하였고,《증일아함경》에는「한 염부제의 온갖 중생을 사사四事로 공양한다면 공덕이 한량이 없겠지만 만일 어떤 이가 착한 마음을 계속 이어나가면서 부처님의 명호를 잠시만이라도 부른다면 이 사람의 공덕은 중생을 사사四事로 공양한 공덕을 훨씬 뛰어넘어 생각할 수도 없고 헤아릴 수도 없을 것이다.」하였다.

念尊號教有明文 唱一聲而罪滅塵沙 具十念而形棲淨土 拯危拔難 殄障消冤 非但一期暫拔苦津 託此因緣終投覺海 故經云 若人散亂心 入於塔廟中 一稱南無佛 皆已成佛道 又經云 受持佛名者 皆爲一切諸佛共所護念 寶積經云 高聲念佛 魔軍退散 文殊般若經云 衆生愚鈍觀不能解 但令念聲相續 自得往生佛國 智論云 譬如有人初生墮地 卽得日行千里 足一千年滿中七寶 以用施佛 不如有人於後惡世稱一佛聲其福過彼 大品經云 若人散心念佛 乃至畢苦 其福不盡 增一阿含經云 四事供養 一閻浮提一切衆生功德無量 若有衆生 善心相續 稱佛名號 如一穀牛乳頃 所得功德過上不可思議 無能量者

- 영명연수선사〈만선동귀집〉

* 진사겁(塵沙劫) : 한없이 많은 티끌과 모래와 같이 무궁토록 긴 시간을 말한다.

* 원액(冤厄) : 원통과 재앙.

* 사사(四事) : 스님 혹은 수행자에게 바치는 음식/의복/와구(또는 침구)/의약을 일컫는다.

* 염부제(閻浮提) : 우리 인간이 살고 있는 남염부제를 말한다. 사바세계라고도 한다.

* 위 원문의 '如一穀牛乳頃' 은 '소 젖을 짜는 동안만큼' 의 뜻으로 '짧은 시간' 을 가리킨다.

부처님 법은 높고 낮음이 없이 중생의 근기에 맞으니 묘하고, 약에는 귀천이 없어서 중생의 병을 치료해주니 좋습니다. 그러나 이 사바세계를 살아감에 지금은 말법시대여서 중생의 근기가 어리석고 사악합니다. 팔만사천법문 중에 이 사바세계와 이 말법시대와 중생의 낮은 근기를 감당할 수 있는 묘법은 오직 아미타불의 본원인 칭명염불밖에 없습니다.

조사들께서 염불이야말로 가장 수승하고 가장 쉬우며 극선極善이자 최상이라 하셨습니다. 아미타불 명호는 일체공덕을 모두 다 거두어들이므로 가장 수승합니다. 칭명염불은 어떤 근기이냐를 묻지 않습니다. 그러므로 가장 쉽습니다.

法無高下 應機則妙 藥無貴賤 對症則良 然處是娑婆 時是末法 機是愚惡 八萬四千法門中 堪應此處 此時 此機之妙法 唯有 彌陀本願 稱名念佛 祖師云 念佛最勝最易 極善最上 彌陀名號 攝盡一切功德 故最勝 稱名念佛 不論任何根機 故最易   -〈염불감응록〉

* 연지대사는 〈왕생집〉에서 「말세에 불법(佛法)을 듣고 믿어 지니는 자들 중에는, 지위가 없는 자는 많고 지위가 있는 자는 적으며, 지위가 있으면서 그 지위가 지극히 존귀한 자는 더욱 적다. 그 까닭은 무엇인가. 지위가 높을수록 욕심도 더욱 많고, 욕심이 많을수록 번뇌도 더욱 깊기 때문이다. 이치가 그럴진대 이를 면할 수 있는 자는 드물다.[末世聞法信受 無位者多 有位者少 有位而極於尊貴者倍復少 所以者何 位彌高則欲彌廣 欲彌廣則染彌重 勢所恒然 鮮克免者今也]」라고 하였다.

* 정공법사는 「불법에서는 행문(行門)이 무량무변하여 8만4천 법문이 있다고 말합니다. 법(法)은 방법을 말하고, 문(門)은 길을 말합니다. 이 많은 방법과 길 모두 정(定)을 닦는 것입니다. 사실 정(定)을 닦지 않는 종파가 어디 있겠습니까. 단지 그것을 선정(禪定)이라 부르지 않을 뿐입니다. 정토종의 '일심불란(一心不亂)' 이 선정이고, 교학에서 닦는 '지관(止觀)', 그 지관이 바로 선정이며, 밀종에서 말하는 '삼밀상응

(三密相應), 그 상응(相應)이 바로 선정입니다.」라고 하였다.

　＊ 정공법사는 「불법의 팔만사천법문을 닦는 것은 모두가 정(定)이며, 모두 자성청정심(自性淸淨心)을 닦는 것으로, 단지 방법과 수단만이 다른 것뿐이니, 절대로 스스로 자랑하고 남을 비방해서는 안 됩니다. 그렇지 않으면, 마음이 청정하지 않게 되며, 그 결과 염불을 하여도 일심(一心)을 얻을 수가 없고, 참선을 하여도 선정을 얻을 수가 없으며, 가르침을 배워도 이치를 분명하게 알 수 없으며, 계율을 지켜도 정(定)을 얻을 수가 없습니다. 정(定)은 청정심과 평등심이며, 정(定)으로 인해 지혜가 생깁니다. 이렇게 되면 모든 법에 대해 저절로 공경하게 되며, 자신이 수학한 법문에 대해서도 자연히 열등감이 없게 됩니다.」라고 하였다.

　＊ 남회근 선생은 「대승이든 소승이든 모두 정(定)을 기초로 삼아야 합니다. 불법을 배우면서 정(定)의 경계에 들어서지 못했다면 기초가 없는 겁니다. 재가(在家)든 출가(出家)든 이치는 마찬가지입니다. 하지만 대승의 불법이라면 반드시 인(忍)을 얻어 성취해야 합니다. 무생법인(無生法忍)을 얻어야 비로소 대승의 경계로 진입할 수 있습니다.」라고 하였다.

　＊ 허운선사는 「부처님은 대자비의 마음으로 부득이 팔만사천법문을 설하여, 각양각색으로 근기가 서로 다른 중생들의 탐진치애(貪瞋痴愛)의 팔만사천 습기(習氣)의 병을 다스린 것이니, 마치 순금 빛깔 위에 여러 가지 더러운 때가 끼어 있으므로 우리로 하여금 대패로 깎고, 솔로 털고, 물로 씻고, 헝겊으로 닦아내어 깨끗이 하도록 하신 것과 같습니다. 그런 까닭에 부처님께서 설하신 법, 다시 말해 모든 방편문(方便門)이 다 묘한 법이며, 모두가 생사를 해결하여 성불할 수 있는 길인 것입니다. 다만 그 사람의 근기에 적합한가 아닌가가 문제될 뿐, 굳이 법문의 높고 낮음을 구분할 것이 아닙니다. 중국에 전해지고 있는 가장 일반적인 법문은 종(宗: 선종), 교(敎: 교종), 율(律: 율종), 정(淨: 정토종), 밀(密: 밀교)인데, 이 다섯 가지 법문은 사람마다의 근기와 성향에 따르기 위한 것이니, 어느 것이든지 한 문(門)만 수행하면 됩니다. 한 문에 깊이 들어가는 것이 중요하니, 오래도록 변함없이 나아가면 반드시 성취할 것입니다.」라고 하였다.

　자기의 힘에 의지하고 계정혜 삼학을 닦아 마침내 견혹과 사혹을 끊고 불도佛道를 증득하여 생사윤회에서 벗어나는 것을 보통법문이라 하오.

　진실한 믿음과 간절한 발원을 갖추어 부처님 명호를 지니고, 부처님의 자비력에 기대하고 의지하여 서방정토에 왕생하는 것을 특별법문이라 한다오.

　若仗自力 修戒定慧 以迄斷惑證眞 了生脫死者 名爲通途法門 若具眞信切願 持佛名號 以

＊ 정공법사의 스승인 이병남거사는 「불법수행에는 보통의 길과 특별한 길의 구분이 있다. 정토법문은 특별한 길에 속하고, 두 가지 힘(부처님의 원력과 수행자의 자력을 말함)이 작용하는 법문이어서 보통의 법문과 같지 않다. 일반법문 수행은 신해행증(信解行證)이지만, 정토법문은 신원행(信願行)을 강조한다. 해(解)가 없는 것은 왜 그럴까. 정토법문은 부처님을 제외하고는 알 수 없기 때문이다. 정토법문은 등각보살조차도 아직 훤히 알지 못한다.」 라고 하였다.

＊ 이병남거사는 또 「이 세계는 이미 어지러워져서 설사 불보살이 오신다고 하더라도 구제할 방법이 없다.」 라고 하였다.

＊ 남회근 선생은 「성불하고자 하면 발원을 해야 합니다. 뿐만 아니라 이타적인 원(願)을 발해야 합니다. 그렇지 않으면 성취할 수 없습니다. 절대 기억하시기 바랍니다.」 라고 하였다.

＊ 인광대사는 「정토법문은 이처럼 크고 넓으면서도, 그 수행법 또한 지극히 간단하고 쉽다오. 이러한 까닭에 예부터 정토에 선근(善根)을 깊이 심은 사람이 아니면, 의심 없이 확실히 믿기가 정말 어렵다오. 단지 우리 범부들만 믿지 못하는 것이 아니라, 이승(二乘) 성현들인 성문과 벽지불 중에도 의심하는 분들이 많다오. 또 이승의 성현들만 못 믿는 것이 아니라, 권위보살(權位菩薩: 십지이하의 보살)조차 더러 의심하는 경우도 있다오. 오직 대승의 심위보살(深位菩薩: 십지이상의 보살)들만 비로소 철저하게 이해하고, 의심 없이 확실하게 믿는다오. 따라서 이 정토법문에 대해 깊은 신심을 낼 수만 있다면, 비록 번뇌와 업장에 매인 평범한 범부라 할지라도, 그 종자와 성품은 이미 성문·벽지불의 이승을 훨씬 뛰어넘는 것이 되오.[此法門如是廣大 而其修法又極簡易 由此之故 非宿有淨土善根者 便難諦信無疑 不但凡夫不信 二乘猶多疑之 不但二乘不信 權位菩薩 猶或疑之 唯大乘深位菩薩 方能徹底了當 諦信無疑 能於此法深生信心 雖是具縛凡夫 其種性已超二乘之上]」 라고 하였다.

＊ 염불은 한결같이 간절해야 그 성취를 본다. 간절함에 관한 인도우화가 있어 소개한다.

「어느 날 한 젊은이가 성자(聖者)를 찾아갔는데, 그때 마침 성자는 갠지스 강에서 목욕을 하고 있었다. 젊은이는 성자에게 어떻게 하면 신(神)을 찾을 수 있느냐고 물었다. 그러자 그 성자는 그를 붙잡아 깊은 물속으로 밀어 넣어 버렸다. 젊은이가 숨이 막혀 거의 실신상태가 되었을 때에야 끄집어내니, 젊은이는 거의 초죽음상태가 되어 있었다. 그는 노여움을 꾹 참으며 도저히 믿기지 않는 듯한 얼굴로 물었다. "왜 그러셨습니까." 성자는 말하길, "네가 물속에 들어가 있는 동안 공기를 간절히 원하였던 것 같이 간절하게 신을 찾아라. 그리하면 신을 찾을 것이다." 라고 했다.」

＊ 정토삼부경은 어찌 보면 쉬운 것 같아 보여도, 막상 파고 들어가면 굉장히 심오하고 난해하다는 생각이 든다. 게다가 경의 내용이 믿기 어려운 것이 많다. 그래서 석가세존께서도 《아미타경》에서 정토법문은 일체 세간에서 믿기 어려운 법이라고 하셨다.

아미타불 명호를 부르면 수많은 공덕을 모두 갖추게 된다. 아미타불 명호만 마음에 굳게 새겨 잊지 않으면 모든 수행법을 다 거느리는 것이어서 한 수행법도 빠지지 않는다.

擧其名兮 兼衆德而俱備 專乎持也 統百行以無遺　　　　　　　　　　- 연지대사

＊「지난번 제가 오대산에 머물 때 스승께서 찾아오셔서 큰 자비심으로 저를 이끌어주셨습니다. 그후 스님을 그리워하는 마음이 갈수록 커졌습니다. 제가 오대산을 떠나 남쪽으로 만행(萬行)을 떠났을 때 스님을 뵙고자 했으나 저의 업력이 동쪽 바닷가로 이끄는 바람에 부득이 찾아뵙지 못했습니다. 이곳(광동)에서 10년 세월을 보냈습니다. 지난날 제 도력이 약해 마구니에 크게 흔들리고 귀향까지 간 것은 지혜로운 사람에게 꾸짖음을 받을 만합니다. 그럼에도 아직 그곳에 연연하고 있으니 아마도 숙세의 업인 듯싶습니다. 정법이 쇠퇴하고 올바른 종지(宗旨)가 갈수록 흐려진다지만 우리 스님 법의 깃발 높이 들고 계율 지키며 염불에 진력하신다 들었습니다. 저희 같은 중생들이 이와 같은 큰스님을 만나게 됐으니 얼마나 다행입니까. 가는 편에 향(香)을 보냅니다. 보잘 것 없지만 그 향기가 대중들에 두루 스며들었으면 합니다. 자비롭게 제 편지를 받아주시기를 바랍니다.」

위 편지는 감산대사가 유배에서 풀려날 무렵 운서주굉(연지대사)에게 보낸 편지다. 명나라 감산덕청(1546~1623)대사는 《화엄경》《법화경》 등 대승경전을 비롯해 〈노자〉 〈장자〉 등 중국고전들을 탁월하게 해석한 고승으로 잘 알려져 있다. 그러나 그는 교학뿐 아니라 참선과 염불로 큰 깨달음을 얻었던 수행자이기도 했다. 14세에 이미 《법화경》을 비롯한 대다수 경전을 다 암송했던 감산은 19세에 지극한 염불로 아미타불과 관음보살을 친견했다. 이후 그는 천하를 떠돌며 여러 선지식을 찾아 견문을 넓히고 마침내 31세 때 오대산에서 참선수행으로 '마음이 텅 비고 경계가 고요한[心空境寂]' 경지에 다다랐다. 감산대사는 오랜 만행(萬行)으로 수많은 선지식들을 만났다. 남들이 꺼리는 해우소 청소를 도맡아했던 평생의

도반 묘봉, 늘 힘들 때마다 도움을 주었지만 나중에 옥중에서 이적(異蹟)을 보이며 입적한 달관, 명나라 4대 고승 중 으뜸으로 꼽히는 연지대사 등이 그들이다. 이 중 감산대사가 훗날 아미타불의 후신이라고 극찬했던 연지대사를 만난 것은 막 깨달음을 얻은 1576년 3월이었다. 오대산의 한 토굴에서 하루 한 끼를 밀기울로 연명하던 감산이 깊은 삼매에 들었을 때 마침 연지대사가 찾아온 것이다. 연지대사는 돌아가신 부모의 은혜를 갚기 위해 서른이 넘어 출가한 늦깎이로, 걸망 속에 부모의 위패를 모시고 다니며 수행했던 것으로 유명하다. 또 우글거리는 뱀 떼를 내쫓기도 하고, 염불로 가뭄에 단비를 내리게 하는 등 자비행을 펼쳐 백성으로부터 큰 존경을 받았던 인물이었다. 첫 눈에 상대방의 경지를 꿰뚫어본 이들에게 11년의 나이 차이는 아무런 장애도 되지 않았다. 그리하여 이틀 밤낮을 꼬박 새워가며 이야기꽃을 피우게 되고 나중에는 서로가 서로를 깊이 존경하는 사이가 됐다. 그러나 연지대사가 총림(叢林)을 세워 후학양성에만 진력했던 것과는 달리, 감산대사는 경전강의는 물론 황후의 지원으로 수많은 사찰복원과 불사를 추진했다. 이로 인해 감산대사는 세수(歲壽) 50세에 누명을 쓰고 10여 년간의 긴 유배생활을 보내야 했다. 그는 연지대사의 덕과 행을 칭송하고 다시 만날 것을 기약하지만 결국 다시 만나지는 못했다. 다만 연지대사가 입적한 지 몇 년 지나 감산대사는 노구(老軀)를 이끌고 항주 운서산에 가 그의 탑명(塔銘)을 쓰고 1000여 운서의 제자들에게 법문을 한다. 1623년 10월 11일 한 평생 후학들 지도하기를 게을리 하지 않았던 감산대사는 대중들에게, "나고 죽는 일이 큼을 잊지 말라. 죽음은 금방 닥쳐오느니라.[生死事大 無常迅速]" 라는 말을 남기고 입적했다. 그러나 신기하게도 그의 시신은 며칠이 지나도 산사람과 같았으며 땅 속에 묻고 20년이 지난 뒤 제자들이 호감(護龕)을 파냈을 때도 결가부좌로 앉은 모습이 꼭 산사람 같았다. 감산대사의 육신은 현재 광동성(廣東省) 소관(韶關)에 위치한 남화사(南華寺)에 육조 혜능선사의 육신상과 함께 모셔져 있다.

* 모든 행[百行] : 성불에 이르기 위하여 수행자가 닦는 모든 수행. 곧, 오계(五戒)/십선(十善)/육바라밀(六波羅蜜)/사무량심(四無量心)/사선팔정(四禪八定)/보현행원(普賢行願)/팔정도(八正道)/십념(十念)/참선/간경(看經)/지관(止觀)/참법(懺法)/절하기/위파사나 등 팔만사천법문이 있음. 이 중에서 부처님을 생각하거나 부처님 명호를 부르는 칭명염불이 단연 우위에 있으며 다른 모든 수행을 포섭함.

내가 멸도한 뒤에 말법이 되면 헤아릴 수 없는 중생이 행을 일으켜 도道를 닦겠지만, 한 명도 도를 증득하지 못할 것이니라. 지금이 바로 말법이니라. 지금은 오탁악세인데 오직 정토법문을 닦아야 도를 증득하는 길에 들어설 수 있느니라.

我末法時中 億億衆生起行修道 未有一人得者 當今末法 現是五濁惡世 唯有淨土一門 可通入路

-《월장경月藏經》

＊《아미타경》《유마경》《능엄경》《법화경》 등에 오탁(五濁)이라는 말씀이 자주 나온다. 오탁이란 겁탁(劫濁), 견탁(見濁), 번뇌탁(煩惱濁), 중생탁(衆生濁), 명탁(命濁)을 말한다.

겁탁(劫濁)은 겁난(劫難)을 말하는데, 천재지변과 질병과 전쟁 등 여러 가지 재앙을 말한다. 견탁(見濁)은 사견(邪見)이 많고 사상(思想)이 혼탁한 것을 말하는데(예컨대, 히피족들이나 종말론이나 유물론이나 기(氣) 수련 등이 유행하는 것), 오견(五見: 신견/변견/사견/견취견/계금취견)이 바탕을 이룬다. 번뇌탁(煩惱濁)은 탐진치 삼독(三毒)의 번뇌가 치성한 것을 말하는데, 사혹(思惑: 貪瞋癡慢疑)이 바탕을 이룬다. 중생탁(衆生濁)은 중생이 온갖 악을 행하고, 부모와 스승과 어른을 공경하지 않으며, 악업의 과보를 두려워하지도 않고, 복덕은 쌓지 않으며, 계율을 지키지 않는 것인데, 오온(五蘊: 色受想行識)이 바탕을 이룬다. 명탁(命濁)이란 사람의 수명이 점점 짧아지는 것을 말한다. 먼 옛날 사람의 수명은 8만 4천세였다(성서나 고대 신화를 보면 인간의 수명이 상당히 길었음을 알 수 있다). 지금에 와서는 나쁜 업이 늘어나서, 사람의 수명이 점차 줄어들어 100세까지 사는 사람이 극히 드물다. 견탁과 번뇌탁으로 인해 중생탁과 명탁이 오고 그 결과 겁탁이 초래된다.

＊ 남회근 선생은 「말법에 이르면 인류의 지식은 대단히 진보하고 두뇌는 총명해 집니다. 뇌 부위는 충분히 발육하지만 사지(四肢)는 퇴화합니다. 지금은 말법에 이르지는 않았지만, 우리들이 보는 오늘날의 어린이는 이전의 아이들보다 훨씬 총명합니다. 동시에 사람들은 게을러지고 사지는 갈수록 발달하지 않습니다. 왜냐하면 생활이 기계에 의존하는 비중이 갈수록 커지기 때문입니다. 뿐만 아니라 진정으로 말법에 이르게 되면 사람의 수명도 줄어들게 될 것입니다. 그때의 인심은 장차 나쁘게 변하여 서로 잔인하게 죽이고 최후에는 소수의 몇 사람들만 남아서 인류의 씨가 될 것입니다. 그리하여 인류의 역사문화는 새롭게 시작될 것입니다. 백 년이 지날 때마다 수명은 한 살이 늘고 키는 1촌(寸: 약 3.3cm)이 커집니다. 이렇게 점점 늘어나 사람의 수명이 84,000살에 이를 때가 바로 미륵보살이 인간세계에 오실 때입니다. 이상은 미륵보살하생경(彌勒菩薩下生經)에 분명하게 기록되어 있습니다.」라고 하였다.

＊ 남회근 선생은 「물질문명은 시대가 흐를수록 더욱 발전합니다. 그러나 인문(人文)이나 도덕, 정신으로 말하자면 시대가 갈수록 더욱 타락하고 퇴보합니다. 그러므로 우리가 현재 시대의 진보를 말하는 것은 물질문명의 입장입니다. 불법은 인문적 관점에서 시대를 보고 있습니다. 5백년이 지나면 사람의 지혜는 더욱 더 낮아져, 말법에 이르면 사람의 경우 12세면 아이를 낳을 수 있고, 두뇌가 비상하게 발달한 반면 사지(四肢)나 손발은 갈수록 작아질 것입니다. 지극히 총명하나 지혜가 없고, 초목도 사람을 죽일 수 있을 겁니다. 말을 바꾸면, 재난과 질병과 전쟁이 수시로 존재하는 것이 말법의 시기입니다. 아직 여기에 이르지는 않았습니다.」라고 하였다.

＊ 정공법사는 「지금은 무슨 시대입니까. 무슨 세상입니까. 오탁악세입니다. 오탁악세는 무엇으로부터 왔습니까. 견혹(見惑)에서 온 것이 견탁(見濁)입니다. 그대는 이 세계를 잘못 보고 있고 잘못 생각하고 있어 사실 그대로의 참모습과 완전히 위배되니 이것이 견탁입니다. 견탁으로 인해 번뇌가 생기면 번뇌탁(煩惱濁)이 일어납니다. 그런 까닭에 우리들은 시대가 좋지 않다고 말하는데, 오탁 속의 시대가 바로 겁탁(劫濁)입니다. 겁은 시대를 말하는데, 무엇 때문에 좋지 않습니까. 중생의 견해가 잘못되어 있고, 생각과 사고가 잘못되어 있어 이런 좋지 않은 것들을 만듭니다.」라고 하였다.

＊ 고덕께서 「만약 지극히 간단하고 가장 쉽고 가장 뛰어난 방편인 염불법문이 아니라면, 지금 사람들이 어찌 도(道)에 쉽게 들어갈 수 있겠는가. 지명염불은 '이근(耳根)' 과 '자성을 듣는 것[聞性]' 을 원융하게 합하여 섭지(攝持)하는 교묘한 수행법이자, 착수하기가 가장 간단하고 쉬우며, 언제라도 염불할 수 있고, 어디서라도 닦을 수 있으며, 수행이 번거롭지 않고, 일에 장애가 없으며, 공덕은 지극히 크고, 성취는 빠르니, 실로 방편 중의 최고의 방편이니, 말법시대에 장애는 많고 의심은 많은 지금의 수행자들에게 딱 들어맞는다.[若非至簡最易最殊勝方便之念佛法門 時人豈易入道 持名念佛融合耳根聞性攝持巧妙之法 下手最極簡易 隨時可念 隨地可修 行不繁 事不礙 功極大 成就穩速 實是方便中之最極方便 甚契於末法當今 行人之多障局礙也]」 라고 하였다.

다른 생각 없이 아미타불만 넉자만 부르면 손가락 튕길 수고도 없어 서방정토에 왕생한다. 삼아승기 동안 복과 지혜를 닦지 않아도 단지 나무아미타불 여섯 자에만 의지하면 생사를 벗어나며 한 번 염불에 십지보살을 뛰어넘음을 의심하지 말라. 나무아미타불 여섯 자가 삼승三乘과 삼장십이부와 팔만사천법문을 포함하고 있음을 마땅히 알아야 한다. 만약 누군가 아미타불만 부른다면 이것을 일러 위없이 깊고도 묘한 선禪이라 한다.

一句彌陀無別念 不勞彈指到西方 不用三祇修福慧 但憑六字出乾坤 莫訝一聲超十地 當知六字括三乘 三藏十二部 八萬四千行 若人但念阿彌陀 是名無上深妙禪　　　　-고덕

* 십지(十地)보살 : 보살이 수행하여 성불하기까지 총 51단계의 수행이 있는데, 그중에서 제41계위(階位)부터 제50계위까지의 보살을 십지보살이라 한다. 십지에 이르러서야 보살은 비로소 불성(佛性)을 보며 중생을 구제하고 지혜를 갖추기 때문에 십성(十聖)이라는 성인의 칭호를 받는다. 참고로, 십지의 앞 단계에 있는 보살들은 현(賢)이라 한다.

* 51단계의 수행단계에서 부처님을 믿고 불교를 공부하는 우리 불자(佛子: 부처님의 제자)들은 과연 몇 단계에 해당할까. 참고로 51단계에서 맨 처음 단계는 십신(十信)의 제1단계인 신심(信心)으로, 이는 부처님의 말씀을 한 치의 의심 없이 믿는 마음을 가리킨다. 정공법사는 신심단계를 1학년이라고 보고, 51단계를 51학년이라고 본다면, 우리 불자들은 1학년에도 들지 못하는 그야말로 자격미달이라고 말씀하신다. 정공법사는 88가지의 견혹(見惑)을 다 끊어야 1학년이라고 할 수 있다고 하였다.

* 삼아승기(三阿僧祇) : 아승기(또는 아승지)는 1, 10, 100, 1000, 10000… 하고 세어서 60번째에 나오는 수를 말하므로, 삼아승기는 이 숫자에 3을 곱한 것이다. 즉, 삼아승기 = 3 x 10의 56승(乘)이다. 보살의 경지에 오른 자가 삼아승기동안 육바라밀을 수행하고, 다시 100겁 동안 32상(相)의 복덕인연을 쌓아야 부처의 지위에 오른다.

일념으로 부처님 명호를 부르면 다겁 동안 쌓인 중죄를 영원히 소멸시키고, 열 번 염불한 공덕으로 능히 삼계를 벗어나는 수승한 과보를 받는다. 이와 같은 일들은 낮은 지혜로는 헤아릴 수가 없는 것이다.

一念稱名 永滅多劫重罪 十念念德 能生界外勝報 如是等事 非下智所測

- 원효대사 〈무량수경종요無量壽經宗要〉

* 고려의 대각국사 의천(義天)은 「자은대사(慈恩大師)의 여러 주석은 오직 명(名)과 상(相)에 구애되었

으며, 천태대사의 설법은 오직 이(理)와 관(觀)만을 숭상하였다. 비록 본받을 만한 글이라고는 할 수 있지만, 여러 방면에 통달한 가르침이라고는 할 수 없다. 오직 우리 해동보살(원효)만이 성(性)과 상(相)을 두루 밝혔고, 옛날과 오늘을 바로잡아서 온갖 주장의 단서를 화합하고 일대의 지극히 공정한 논의를 얻었다.」며 법상종과 천태종의 개조인 자은대사와 천태대사가 각각 상(相)과 성(性)만 강조하는 데 비해, 원효대사만이 성(性)과 상(相)을 겸하여 두루 밝혔다고 높이 기렸다. 심지어 원효를 인도 대승불교의 최고 사상가인 마명(馬鳴)이나 용수(龍樹)와 같은 반열로 섬기기도 하였다.

  ＊ 원효대사는 「불도(佛道)는 넓고 탕탕(蕩蕩)하여 걸림이 없고 범주가 없다. 영원히 의지하는 바가 없기에 타당하지 않음이 없다. 이 때문에 일체의 다른 교의(教義)가 모두 다 부처님의 뜻이요, 백가(百家)의 설이 옳지 않음이 없으며, 팔만의 법문이 모두 이치에 들어간다. 그런데 자기가 조금 들은 바 좁은 견해만을 내세워, 그 견해에 동조하면 좋다고 하고 그 견해에 반대하면 잘못이라고 하는 사람이 있다. 마치 갈대 구멍으로 하늘을 보는 사람이, 갈대 구멍으로 하늘을 보지 않은 사람은 모두 하늘을 보지 못하는 자라고 하는 것과도 같다. 이런 것을 일컬어 식견이 적은데도 많다고 믿어서 식견이 많은 사람을 도리어 헐뜯는 어리석음이라고 한다.」라고 하였다.

  ＊ 중국의 〈송고승전(宋高僧傳)〉중 '원효전'에는 원효대사가 〈금강삼매경소(金剛三昧經疏)〉를 짓자, 그 축약본이 중국으로 건너가 널리 읽혔다고 적혀 있다. 또 당나라 현장법사의 오류를 지적한 원효의 상위결정비량(相偉決定比量) 논의가 당나라에 알려지자, 중국의 학승들이 원효가 있는 동쪽을 향해 세 번 절하며 존중하여 찬탄했다는 기록이 일본 스님 장준(藏俊: 1104~1180)의 〈인명대소초(因明大疏抄)〉에 보인다.

  ＊ 고려 후기 일연(一然)이 지은 〈삼국유사(三國遺事)〉에 「(가난하고 무식한 백성들까지도) 모두 부처님 명호를 알게 하고 나무아미타불을 부르게 하였으니, 스님의 교화가 참으로 위대하도다.[皆識佛陀之號 咸作南無之稱 曉之化大矣哉]」라고 하였다.

  ＊ 역시 〈삼국유사〉에 「(원효대사는) 나면서부터 총명하고 남보다 뛰어나서 스승을 따라 배울 것이 없었다.[生而穎異 學不從師]」라고 하였다.

  ＊ 당시 신라에서는 원효대사를 '진나(陳那)보살의 후신', '구룡대사(丘龍大師: 신라의 용)'라 불렀다. 진나(陳那)보살은 유식학(唯識學)과 인명학(因明學)에 정통한 인도의 대학승(大學僧)이다. 원효대사가 지은 〈금강삼매경소(金剛三昧經疏)〉를 당시 인도에서 건너온 번경(飜經) 삼장(三藏)이 〈금강삼매경론(金剛三昧經論)〉이라고 격상하여 부른 사실에서, 원효대사의 위상을 짐작할 수 있다.

* '중생이 있으니 부처도 있고 중생이 없으면 부처도 없다.' 라든가, '마음과 부처와 중생, 이 셋은 차별이 없이 평등하다.[心佛及衆生 是三無差別]', '중생이 아프니까 나도(유마거사를 가리키지만, 실은 부처의 화신임) 아프다.', '중생이 없으면 일체보살이 끝내 성불하지 못한다.[若無衆生 一切菩薩 終不能成無上正覺]', '만약 중생을 존중히 받들어 섬기면 곧 여래를 존중히 받들어 섬기는 것이다.[若於衆生尊重承事 則爲尊重承事如來]' 라는 말씀들이 있다.

* 남회근 선생은 「중생이 사는 이 세계 자체가 바로 도량(道場)입니다. 도피할 필요가 없습니다. 중생이 없다면 성불할 필요도 없습니다. 어떤 이는 이 세상이 너무 어지럽다고 탄식하는데, 저는 말합니다. "세상이 어지럽기 때문에 당신이 할 일이 있는 것입니다. 세상이 어지럽지 않다면 당신이 쓸모가 있겠습니까." 중생이 있기 때문에 성불해서 중생을 구제해야 하는 겁니다. 중생이 없다면 당신은 성불해서 뭐 할 겁니까. 대상이 없지 않습니까.」라고 하였다.

염불은 글자 수가 적어 부르기 쉽고, 어디서나 염불할 수 있으며 언제나 염불할 수 있고, 아무나 염불할 수 있다. 염불하면 천신이 공경하고 악귀가 멀리 떠나며 업장이 소멸되고 복과 지혜가 늘어나며 임종할 때에는 극락에 왕생한다.

字少易念 隨地可念 隨時可念 隨人可念 天神恭敬 惡鬼遠離 業障消除 福慧增長 臨終往生
- 〈안사전서安士全書〉

* 안사전서(安士全書) : 중국 청나라의 주몽안(周夢顔)선생이 지은 책. 그는 유불선(儒佛仙)에 통달하였고, 염불법문을 깊이 믿었다. 살생을 금하는 책을 써서 만선선자(萬善先資)라 이름 붙였고, 사음(邪淫)을 금하는 책을 써서 욕해회광(欲海回狂)이라 이름 하였다. 이 외에 〈음질문광의(陰騭文廣義)〉〈서귀직지(西歸直指)〉를 지었다.

* 인광대사는 〈안사전서〉를 가리켜, 「진실로 집안 대대로 전할 보배이며, 널리 강론하여 펼칠 기서(奇書)라오. 구절구절마다 모두 부처님과 조사들의 심법(心法)이고, 또한 성현의 도맥(道脈)을 잇고 있소. 세상을 정화하고 백성을 교화할 요긴한 도(道)이며, 앞을 밝히고 뒤를 지탱할 신비의 방편이요.」 라고 하였고, 또 인광대사는 주몽안 선생을 가리켜, 「그는 기발한 재주와 미묘한 깨달음으로, 부처님과 조사님들과

성현들의 그윽하고 오묘한 이치를 캐내어, 세간의 사적(事跡)과 문자로 훌륭하게 표현했다.」라고 하였으며, 「그를 일컬어, 보살이 세상에 내려오신 분이라고 말하지 않는다면, 나는 믿지 않겠소.」라고 하였다.

　* 남회근 선생은 「어떤 젊은이들은 저한테 오자마자 무릎 꿇고 절하려고 하는데, 저는 여러분이 공경심이 있으면 문에 들어오자마자 바로 알아봅니다. 그냥 '안녕하세요.' 하고 인사하면 됩니다. 무릎 꿇고 절하는 그런 거 할 필요 없습니다. 저로 하여금 역시 무릎 꿇고 답례하지 않으면 안 되도록 하지 마세요. 여러분들이 착실하게 부처를 배우는 게 저에게 절하는 것보다 낫습니다. 여러분이 부처되면 내가 절합니다.」라고 하였다.

　* 〈대지도론〉에 「겸손하고 두려워하는 것이 '공(恭)'이고, 지(智)와 덕(德)을 받드는 것이 '경(敬)'이다.[謙遜畏難爲恭 推其智德爲敬]」라고 하였다.

　* 남회근 선생은 「우리는 자기를 존중하는 것 외에도 남을 공경하고 존중해야 합니다. 남과 지내면서 남을 존중하지 않는 것은 불경(不敬)입니다. 그런데 법을 공경하고 부처님을 공경하는 것을 정말로 실천했습니까. 마음속에 얼마 동안이나 부처님이 있습니까. 부처님을 배우는 사람은 언제 어디서나 마음속에 부처님이 계시는 것, 이것이 바로 염불입니다. 그러면서도 상(相)에 집착하지 않고, 언제나 불법의 정신을 마음속에 두는 것, 이것이 바로 '경(敬)'입니다.」라고 하였다.

　* 「남을 섬길 줄 알아야 뒤에 사람을 잘 부릴 수 있다.[知事人然後能使人]」라는 말씀이 있다.

　* 고덕께서 「많은 부부간에 언제나 화목하지 못하고, 떠나려고 해도 떠날 수 없고, 잘 지내려고 해도 잘 지내지 못하고 매일 다투며, 서로 관심을 가지지 않고 진정한 감정이 없는 이런 문제가 특별히 보편적으로 많다. 사실 이것은 모두 인과이며, 전세(前世)에 사음(邪淫)의 악업을 지은 것 때문이다. 사음의 과보는 바로 부부간의 불화로써 피차간에 원수를 이루고 서로를 상해(傷害)하면서 설령 하나를 잘못하고 한 번 눈에 거슬리는 것을 보면 마음속이 불편하다. 이것이 바로 인과이다.」라고 하였다.

　　아미타불 넉자는 불왕佛王이며 법왕法王이며 주문의 왕이며 공덕의 왕이다. 오직 아미타불 한 부처님만 부르면 이것이 곧 총지總持이고 총념總念이며 제불諸佛이다. 모든 보살과 모든 경전과 모든 주문과 소위 팔만사천법문이 나무아미타불 여섯 자에 포함된다. 또한 나무아미타불 여섯 자字가 「팔교를 해라該羅하고 오종을 원섭圓攝한다.」고 말한다. 아미타불을 부르면 곧 임종 시 정토에 왕생하며 또한 현세에는 몸과 마음이 안락해진다.

　　一句彌陀是佛王 法王 呪王 功德之王 專念南無阿彌陀佛一佛 卽是總持總念諸佛 諸菩薩

諸經呪諸行門 所謂八萬四千法門 六字全收 亦謂該羅八教 圓攝五宗 卽得臨終往生淨土 亦
獲現世身心安樂
- 〈염불감응록〉

＊고덕께서「일체의 모든 법문을 나무아미타불 여섯 자가 거두어들이니, 오로지 아미타불 한 부처님
만 부르면 시방에 계신 모든 부처님께서 자연히 호념하신다. 호념이란 곧 지키고 보호해주시며 기억하고
생각해 주신다는 뜻이니, 중생을 안온케 하시고 모든 장애와 어려움을 없게 하신다. 고로 아미타불을 부
르면 곧 시방의 모든 부처님을 부르는 것이 되고, 극락정토에 왕생하면 곧 시방의 모든 정토에 왕생하는
것이니, 능히 자기도 이롭게 하고 남도 이롭게 하여 두루 일체 중생을 이롭게 하나니, 아미타불 외에 시방
의 다른 부처님들을 칭념할 필요가 없음을 알라.[一切法門 六字全收 專念南無阿彌陀佛一佛 十方諸佛自
然護念 護念卽是守護憶念 令其安穩 無諸障難 故知 念阿彌陀佛 卽是念十方諸佛 生極樂淨土 卽是生十方
淨土 能以此自利 卽能普利一切 不必改口另外稱念十方諸佛名號」라고 하였다.

＊해라(該羅) : 모조리 포함하다. 망라(網羅)하다.

＊총지(總持) : 모든 것을 다 갖추다. 옛 고덕께서는「아미타불 넉 자가 모든 법의 총지라네.[阿彌陀一
句 萬法之總持」라고 하였다.

＊총념(總念) : 아미타불은 모든 부처님들의 왕이시기에, 아미타불 한 분만 부르면 곧 모든 부처님을
다 부르는 것과 같다. 그러므로 아미타불 한 분의 부처님을 부르는 것을 총념(總念: 모두 다 부름)이라 하
며, 제불(諸佛: 모든 부처님)이라 하는 것이다.

극락에 왕생하려면 많은 선과 많은 복덕을 지어야 한다. 지금 부처님 명호를 꼭 잡아 지
니는 것이 선善중의 선善이요, 복福중의 복福이다. 부처님 명호를 굳게 지니고 아미타불
뵙기를 발원하는 것이야말로 다선근多善根이요, 가장 뛰어난 선근이며, 불가사의한 선근
이다. 고로 지명염불을 정행正行으로 삼고, 다시 이 지명염불을 발보리심으로 삼아라.

欲生彼國 須多善多福 今持名乃善中之善 福中之福 執持名號 願見彌陀 誠多善根 最勝善
根 不可思議善根 故當以持名爲正行 復以持名爲發菩提心
- 연지대사〈미타소초〉

＊ 연지대사는 〈미타소초〉에서 「무량한 법문 중에서 염불이라는 한 문(門)이 최고의 방편이다.[無量門中 念佛一門 最爲方便]」라고 하였다.

＊ 연지대사는 〈미타소초〉에서 「정토법문은 이근기(利根機)와 둔근기(鈍根機)의 모든 근기를 다 거두어들여 모두 다 해탈케 한다. 다른 법문들은, 높으면 하근기는 쉽게 포기해버리고, 낮으면 상근기를 끌어안지 못한다.[此法門爲盡攝利鈍諸根 悉皆度脫 諸餘法門 高之則下機絶分 卑之則不被上根]」라고 하였다.

＊ 연지대사는 〈미타소초〉에서 「염불수행을 제외한 다른 수행으로 도(道)를 배우는 것은 멀고도 멀다. 염불수행으로 정토에 왕생하는 것은 예부터 '지름길[徑路]'이라 불렀다. 길은 좁지만[小] 빠르게[捷] 질러가는 것을 '경(徑)'이라 한다. '소(小)'를 비유해서 말하면, 염불이 힘이 덜 들고 쉽다는 뜻이며, '첩(捷)'을 비유해서 말하면, 염불의 성공률이 빠른 것을 뜻한다. 선도대사의 게송에, '오직 지름길로 질러가는 수행이란 단지 아미타불을 부르는 것, 바로 이것이다.'라고 하였다. 고로 이르길, 다른 수행으로 도(道)를 배우는 것은 '위로 삼계를 벗어나는 것'이라 말하고, 염불하여 정토에 왕생하는 것은 '가로로 삼계를 벗어나는 것'이라 말한다. 마치 벌레가 대나무 속에 들어있는데, 위로 벗어나려면 대나무의 마디마디를 뛰어넘어야 하니 (밖으로) 통하는 것이 어렵지만, 가로로 벗어나려면 (대나무 통 속에서) 한 번에 벗어난다. 다른 수행을 염불에 비하면 염불이 빠르다.[餘門學道 萬里迢遙 念佛往生 古稱徑路也 徑路者 路小而捷名徑 小喻念佛爲力簡易 捷 喻念佛成功之迅速 善導大師偈云 唯有徑路修行 但念阿彌陀佛 是也 故云 餘門學道 名橫出三界 念佛往生 名橫出三界 如蟲在竹 豎則歷節難通 橫則一時透脫 餘門之比念佛 則念佛爲速矣]」라고 하였다.

＊ 〈정토지귀집〉에 「경에 이르기를, 적은 선근과 적은 복덕인연으로는 서방정토에 왕생하지 못한다고 하였다. 대지율사께서 이르시기를, 무릇 보시/ 지계/ 참선/ 경전독송 등 일체의 복덕업(福德業)은 바른 믿음을 내어 정토왕생 발원에 회향하지 않으면 왕생의 인(因)이 되지 못하니, 모두 다 소선근(小善根)이라 한다. 만약 이 경전(아미타경)에 의지하여 부처님 명호를 집지(執持)하면 반드시 정토에 왕생하게 되니, 고로 부처님 명호를 부르는 것을 다선근(多善根)이라 한다는 것을 알라.[經云 不可以少善根福德因緣 得生彼國 大智律師疏云 凡布施持戒禪誦苦行等一切福業 若無正信回向發願 非往生因 皆名少善 若依此經 執持名號 則決定往生 故知稱名是多善根也]」라고 하였다.

＊ 정행(正行) : 한 쪽으로 치우치지 않은 원만한 중도(中道)의 행(行). 수행의 중심이 되는 근본적인 행(行). 위없는 보리(菩提) 즉, 무상정등정각(無上正等正覺)을 얻는 주(主)된 수행. 반대는 조행(助行)임. 정토

법문에서 정행(正行)은 염불, 그중에서도 지명염불(持名念佛)을 말한다. 지명염불은 부처님의 이름을 생각하거나 부르는 것을 말한다. 지명(持名)은《아미타경》에 나오는 집지명호(執持名號)라는 말을 줄인 것이다.

　어떤 중생들이 성불할 수 있느냐고 누가 묻는다면 단연코 염불하는 중생이 성불한다고 답하리라. 염불하면 아미타불의 본원에 의지하여 성불한다. 그러기에 석가세존이 드날리시고 모든 부처님께서 찬탄하신 것이다.

　若人問曰 何等衆生 能得成佛 斷然答曰 念佛衆生 能得成佛 念佛成佛 彌陀本願 釋尊所弘 諸佛所讚
　　　　　　　　　　　　　　　　　　　　　　　　　　　　　　　　　　- 고덕

　염불하는 사람을 한 번 비방하면 천 겁 동안 지옥에 떨어지고, 염불하는 사람을 한 번 찬탄하면 몸 안에 있는 백겁동안 지은 극중한 악업이 소멸한다.

　一度謗念佛人 千劫墮泥犁地獄 一度讚歡念佛人 滅却身中百劫極重惡業
　　　　　　　　　　　　　　　　　　　　　　　　　　　- 《잡집경雜集經》

　＊《칭양제불공덕경(稱揚諸佛功德經)》에 「(부처님을) 믿지 않고 아미타불의 명호공덕을 칭양하는 것을 비방하는 사람이 있으면, 이 사람은 죽고 나서 모두 다섯 겁 동안 아비지옥에 떨어져서 수많은 고통을 모두 받고, 또 백천만겁 동안 아귀가 되고 또 백천만겁 동안 축생이 되어 항상 칼날에 베이는 것 같은 해(害)를 당한다.」 라고 하였다.
　＊《대미타경(大彌陀經)》에 「남녀가 아미타부처님의 음성을 들은 사람이 있어도, 그것을 믿지 않고 경의 말씀도 믿지 않고 비구의 말도 믿지 않아 마음에 의심을 내어 도무지 믿지 않는 사람은, 모두 악도를 따라 어리석게 태어나 숙명을 알지 못하고, 재앙과 악이 다 없어지지 않아 반드시 해탈하지 못한다.」 라고 하였다.
　＊ 당나라의 대행화상(大行和尙)은 「사람이 염불에 뜻과 마음을 두지 않으면 또한 부처님을 비방하는

꼴이 되어 마침내는 정법까지 비방한다. 그런 사람은 곧바로 아비지옥에 들어가 모든 고통을 당하며 지옥에서 나올 기약도 없다.[人不志心念佛 亦謗佛故 遂卽謗法 直入阿鼻地獄 受諸苦痛無有出期]」라고 하였다.

아미타불께서는 본래 깊고 무거운 서원을 세우셔서 광명의 명호로 시방세계를 섭화하고 계신다. 단지 믿는 마음으로 염불을 하되, 길게는 한평생 짧게는 열 번 내지 한 번만이라도 부처님 명호를 부르면 부처님의 원력으로 쉽게 서방정토에 왕생한다.

彌陀世尊 本發深重誓願 以光明名號 攝化十方 但使信心求念 上盡一形 下至十聲一聲等以佛願力 易得往生
- 선도화상 〈왕생예찬往生禮讚〉

* 청화스님은 「광촉(光觸)이란 말이 있습니다. 빛 광(光)자, 접촉할 촉(觸)자, 광촉이란 말을 꼭 기억해 두십시오. 공부가 돼 가면 갈수록 광명(光明)에 우리가 접촉이 됩니다. 부처님의 광명에 접촉이 되면 우리 업장이 순식간, 또 업장이 무겁다 하더라도 굉장한 많은 업장을 녹일 수가 있는 것입니다. 부처님의 광명은 이루 다 형언할 수 없습니다. 어떤 때는 무한의 능력을 갖추는 것입니다. 순식간에 벙어리가 말을 할 수 있는 것입니다. 순식간에 소경이 눈을 뜰 수가 있는 것입니다. 어떠한 것이나 다 할 수 있는 무소불능(無所不能)한 부처님의 그런 불성광명(佛性光明)은 영원한 능력을 다 갖추고 있는 것입니다. 다만 우리 정성이 부족해서 믿음이 부족해서 사무친 마음이 부족해서 우리는 부처님의 광명을 접촉할 수가 없습니다. 지금 여러분들 눈앞에는 광명이 안 보인다 하더라도 사실은 천지우주는 나도 너도 일체 존재 모두가 다 부처님의 청정미묘한 광명, 일체를 나투고 할 수 있는 광명으로 충만해 있는 것입니다. 우주의 저변에는 시공을 초월해서 생명의 자비광명, 자성(自性)광명과 생명의 리듬과 천상의 음악이 충만하여 영원히 흐르고 있습니다. 우리 마음 가운데는 부처도 하느님도 다 들어 있습니다. 물도, 불도 다 들어 있습니다. 따라서 우리 마음이 부처를 생각하면 부처를 생각하는 즉시 우리 마음은 부처입니다. 중생을 생각하면 중생이고, 물을 생각하면 물에 사무치면 그때는 우리 마음이 우리 몸이 물로 화(化)하는 것입니다. 어제 말씀과 같이 불을 생각하여 사무치면 우리 몸에서 불의 광명이 나오는 것입니다. 이와 같이 마음은 소중한 것입니다.」라고 하였다.

정토법문은 정말로 삼세의 모든 부처님께서 중생을 제도하는 중요한 도道라오.

위로는 성인에서부터 아래로는 범부들까지 같이 닦는 묘법이고, 모든 대승경전이 함께 이 근본을 열어보였으며, 역대 조사들이 이를 좇아 수행하지 않은 분이 없었소. 정토법문은 지극히 간단하고 지극히 쉬워서 어리석은 범부라도 또한 능히 할 수 있소.

정토법문을 업신여기는 사람들은 정토법문이 상중하 세 근기에게 두루 가피를 주고 십법계를 모두 거두어들임을 알지 못하오. 《화엄경》 입법계품에서 선재동자가 모든 부처와 동등한 깨달음을 증득한 후, 보현보살이 십대원왕으로 선재동자에게 화장해중과 같이 서방 극락세계에 왕생할 것을 권하였소. 원만한 불과佛果를 얻기를 기약하고 선재동자가 등각을 증득하자 한 명의 범부나 이승二乘이라고는 없는 화장해중과 41분의 법신보살들은 모두 무명을 깨뜨린 삼덕인三德人들임에도, 이들은 오히려 마음을 돌려 염불하여 서방왕생을 원하였다오. 또 화장해 속에는 정토가 헤아릴 수 없이 많은데, 반드시 서방으로 회향하여 극락에 왕생한다는 것을 알 수 있소. 정토법문은 정말 고통스런 윤회를 벗어나는 묘한 문門이요, 부처를 이루는 진짜 지름길이라오. 무릇 일체법문은 오로지 자기의 힘에 의지하는 것이지만, 정토법문은 오로지 부처님의 힘에 의지하오. 일체의 법문은 견혹과 사혹의 업이 깨끗해지고 다해야 바야흐로 생사윤회를 벗어날 수 있지만, 정토법문은 업을 지닌 채 왕생하여 곧 성인의 흐름에 참여할 수 있다오. 부처님께서 세상에 계실 때에는 중생의 색심色心의 업이 뛰어나서 자기의 힘에 의지하여도 도를 증득할 수 있었지만, 지금 말세를 당하여 중생의 근기는 졸렬하고 업은 무겁고 선지식은 드물고 적어서 정토법문을 버리고는 해탈할 길이 없다오.

淨土法門 乃三世諸佛度生之要道 上聖下凡共修之妙法 諸大乘經 咸啟斯要 歷代祖師 莫不遵行 或以淨土法門 至簡至易 雖愚夫愚婦 亦能爲之 遂藐視淨土 不知淨土一門 三根普被 十法齊收 華嚴入法界品 善財菩薩於證齊諸佛之後 普賢菩薩乃以十大願王 勸進善財 及與華藏海衆 令其往生西方極樂世界 以期圓滿佛果 夫善財立登等覺 華藏海衆 無一凡夫二乘 乃四十一位法身大士 破無明證三德之人 尚爾回心念佛 願生西方 又華藏海中 淨土無量 而必回向西方 可知往生極樂 乃出苦之妙門 成眞之捷徑也 夫一切法門 專仗自力 淨土法門 專仗

佛力 一切法門 惑業淨盡 方可了生死 淨土法門 帶業往生 即預聖流 在佛在世時 衆生色心
業勝 依仗自力 或可證道 今當末世 根劣障重 知識希少 若捨淨土 無由解脫

- 인광대사

＊ 삼덕(三德) : 법신덕(法身德)/ 해탈덕(解脫德)/ 반야덕(般若德)을 말함. 법신덕은 정인불성(正因佛性)으로서의 이심(理心)을 말하고, 해탈덕은 연인불성(緣因佛性)으로서의 선심(善心)을, 반야덕은 요인불성(了因佛性)으로서의 혜심(慧心)을 말한다. 천태종에서는 정인불성은 시심시불(是心是佛)을, 연인불성은 시심작불(是心作佛)을, 요인불성은 구경성불(究竟成佛)을 의미한다고 풀이함.

＊ 십법계(十法界) : 지옥/ 아귀/ 축생/ 인간/ 아수라/ 천상/ 성문/ 연각/ 보살/ 부처를 말함.

임종 시 마지막 숨이 끊어지려할 때, 사람이 일생 동안 지은 업이 몰려온다. 마지막 숨을 쉴 때 한 번의 염불로도 극락에 왕생하여 부처님을 친견하게 된다. 염불왕생에 관하여 출가 재가 남녀노소의 임종 시의 갖가지 상서로운 모습은 〈왕생전〉에 수록되어 있으며, 이런 사례는 하도 많아 이루 셀 수가 없다.

인생에서 가장 중요한 일은 염불하여 바로 생사윤회를 마치는 것이다. 어찌 되었든 간에 우리는 자신의 환경에 맞추어 바쁜 시간 속에서도 짬을 내어 조용히 앉아서 한 시간씩 염불하여야 하고 일을 할 때도 마음속으로 염불해야 한다. 그렇지 않고 매일 살생·투도·사음을 일삼고 온갖 업을 짓는다면 삼악도에 떨어짐을 면치 못할 것이며, 육도를 윤회하면서 끝없는 고통을 받게 될 것이다.

부처님이 《능엄경》에서 「너는 나에게 목숨을 빚졌고, 나는 너에게 빚을 갚아야 하니 이러한 인연으로 백 천겁이 지나도록 늘 윤회 속에 있다. 너는 나의 마음을 사랑하고 나는 너의 색色을 가엾이 여기니, 이러한 인연으로 백 천겁이 지나도록 항상 윤회 속에 묶여 있다. 오직 살생·투도偸盜·사음邪淫 세 가지가 근본이며 이러한 인연으로 업의 결과가 이어져 끊이질 않는다.」 하셨다.

살생·투도·사음의 업을 지으면 얼마나 고통스러운가. 받들어 권하건대, 여러분이 하루빨리 염불하고 염불을 많이 해야 한다. 이른바, 염불 한마디에 무량한 복이 늘고 부처님께 한번 예배하면 항하의 모래와 같은 죄업이 소멸된다.

當人臨命終時 最後一息氣欲斷時人一生行業 就隨著最後呼吸 一聲佛去往生極樂世界
得見阿彌陀佛 關於念佛得往生 出家在家男女老幼 臨命終時種種瑞相 都已載在往生傳內
這種例子已不勝枚舉 人生最要緊事就是念佛了生死 無論如何 大家要按照自己環境 忙
裡偷閑來靜坐一會 念一個時間佛 在工作時間也可以心裡默念 不然 如果整天淫 殺盜
妄作奸犯科 造種種業 難免要墮落三途 輪廻六道 將是受苦無盡了 佛在楞嚴經上說 汝
負我命 我還汝債 以是因緣 經百千劫 常在生死 汝愛我心 我憐汝色 以是因緣 經百千
劫 常在纏縛 惟殺盜淫三爲根本 以是因緣 業果相續 造殺盜淫業 是多麼苦 奉勸大家要
快念佛 多念佛 所謂念佛一聲 福增無量 禮佛一拜罪滅河沙　　　　　　　　　　-담허대사

* 청화스님은 「살생을 안 하면 무한한 공덕이 있습니다.」 라고 하였다.

* 부처님께서는 「수레바퀴에 처음과 끝이 없는 것처럼 중생은 육도를 끊임없이 윤회하느니라. 혹 부
모가 되기도 하였고, 남자 여자가 되기도 하였다. 세세생생 서로 은혜를 입었도다.[有情輪廻生六道 猶如
車輪無始終 或爲父母爲男女 生生世世互有恩]」 라고 하였다.

* 남회근 선생은 「살생이란 두려운 것입니다. 그러므로 여러 보살님들께서는 채식하는 겁니다. 하지
만 채식도 살생을 절반 한 셈입니다. 식물도 목숨[命]은 없지만 삶[生]은 있습니다. 삶과 목숨은 구별이 있
습니다. 만물은 생생불식(生生不息:낳고 또 낳아서 쉼이 없음)하고 있습니다. 참으로 살생하지 않는 정도
까지 성취하기란 대단히 어렵습니다. 당신의 선정 공부가 삼선천(三禪天)에 도달하여, 먹지 않고 마시지
않고 호흡하지 않아도 될 정도가 돼야 가능합니다. 그렇지 않으면 당신이 호흡하는 것도 살생하고 있는
것입니다. 공기 중에는 세균이 있기 때문입니다. 엄격히 말해서 살생하지 않기란 너무나 어렵습니다. 우
리들은 우선 자비심이라도 조금 배양할 수밖에 없습니다.」 라고 하였다.

* 누구나 고통을 싫어한다. 질병으로 인한 고통, 사업실패로 인한 고통, 사랑하는 사람과 헤어져야 하
는 고통, 각종 사고로 인한 고통, 번뇌와 망상 등으로 인한 고통 등등… 이러한 고통들은 왜 오는 것일까.
반면 사람이라면 누구나 복을 원한다. 돈을 많이 벌고, 높은 권세를 얻고, 명성을 널리 떨치고, 원하는 대
학교에 들어가고, 자기 뜻대로 일이 이루어지고, 복권에 당첨되고, 무병장수하고, 걱정이나 불안이 없고

등등… 이러한 복덕(福德)들을 누리는 사람들은 우연히 그렇게 된 것일까. 우리가 고통을 겪는 것은 모두 전생의 업장에서 기인하는 것이다. 그 고통을 불러일으킨 것은 어느 누구도 아닌 바로 나 자신이다. 따라서 다른 사람이나 환경을 탓해서는 안 된다. 우리가 복덕을 누리는 것은 전생에 그럴만한 인(因)을 심어 놓았기 때문이다. 예를 들어, 전생에 보시(布施)를 했기 때문에 금생에 부유하게 살거나 부유한 집안에 태어나는 것이다. 그렇다면 고통은 무조건 나쁜 것이고 복덕은 무조건 좋은 것일까. 불교에서 보면 오히려 고통이 권장할만한 것이고 복덕은 피해야 마땅한 것이다.

고통을 당하는 것은 나의 빚(채무)이 자꾸 줄어드는 것에 비유할 수 있고, 복덕을 누리는 것은 나의 통장 잔고가 자꾸 줄어드는 것에 비유할 수 있다. 고통을 받은 만큼 업장이 녹는다고 남회근 선생님은 말씀하신다. 고통을 당할 수록 우리의 업장은 가벼워지고, 복덕을 누릴 수록 우리는 죄를 더 짓고 더 타락할 가능성이 높으며 복덕이 다 소멸되면 고통이 찾아온다. 왜냐하면 우리가 전생에 선인(善因)을 많이 심어 놓았다 하더라도 동시에 악인(惡因)도 많이 심어 놓았을 것이기 때문이다. 악인(惡因)을 많이 심어 놓았음에도 복덕을 누리는 것은 선인(善因)의 과보(果報)가 더 빨리 무르익었기 때문이다. 모든 일은 다 때가 되어야 찾아온다. 잘 익은 감이 덜 익은 감보다 땅에 더 빨리 떨어지는 이치와 같다. 고통을 당하면 나의 무거운 업장이 가벼워지는데, 고통을 속수무책으로 당하고만 있지 말고, 그 와중에서도 세상에 감사하는 마음을 먹고 온갖 선(善)을 쌓으면서 염불 등을 병행하면 금상첨화겠다. 복덕을 누리더라도 지나치게 누리려 하지 말 것이며(예를 들어, 잔칫집에 가서 차려진 음식을 조금만 먹는다든가, 낭비하지 않고 검소하게 산다든가 하는 것), 복덕을 누리면서도 계속 복덕을 쌓으면 자기의 복덕이 오래 간다. 보시(布施)를 할 때 사람들로부터 원망을 듣거나 억울한 일(누명을 쓰거나 오해를 사는 일 등)을 당하거나 질병이 생기거나 사고를 당하게 되면 이것이야말로 최고로 좋은 경우에 속한다. 반대로 보시를 했는데 얼마 지나지 않아 좋은 일이 생기거나 칭찬을 듣거나 상(賞)을 받는 일이 생기면 이것은 그다지 좋은 일이 아니다. 진실한 수행자에게 고통이 온다면 그 고통은 정말로 환영할만한 것이다. 이러한 깊은 이치는 이 책을 잘 읽어보면 알 수 있다.

3) 염불 게송

육조 혜능선사의 염불공덕게

옛날 어떤 이가 육조 혜능선사께 물었다.
「염불에 어떤 이익이 있습니까」
선사께서 답하셨다.

「나무아미타불 여섯 자를 부르는 이것이야말로
만세萬世토록 세간出世을 벗어나는 묘도妙道요
부처를 이루고 조사祖師가 되는 정인正因이요
삼계三界 인천人天의 안목眼目이요
마음을 밝히고 자성自性을 보는 혜등慧燈이요
지옥을 깨부수는 맹장猛將이요
사악한 것들을 베는 보검寶劍이요
오천대장五千大藏의 골수骨髓요
팔만총지八萬總持의 중요한 관문이요
시방허공이 멀고 아득하여 끝이 없음이요
광대한 일성一性의 원명圓明이요
흑암黑暗을 여의는 명등明燈이요
생사生死를 벗어나는 뛰어난 방편이요
고해苦海를 건너는 배요
삼계三界를 뛰어넘는 지름길이다.
이것이 본성미타요, 유심정토이며,
이것이 본사本師이고, 화불化佛이다.
최존最尊 최상最上의 묘문妙門이고

헤아릴 수도 없고 끝도 없는 공덕이자
위대하고 훌륭한 믿음이니라.

　오직 이 나무아미타불 여섯 자를 마음속에 품어서 늘 잃지 말아야 한다. 생각 생각마다
늘 앞에 나타나고, 항상 마음에서 떠나지 아니하여, 일이 없어도 이와 같이 염불하고, 일이
있어도 이와 같이 염불하며, 안락할 때도 이와 같이 염불하고, 병고病苦가 있을 때도 이와
같이 염불하며, 살았을 때에도 이렇게 염불하고, 죽어서도 이렇게 염불하여, 이와 같이 한
생각이 분명하면 무엇을 다시 남에게 물어서 갈 길을 찾으랴. 이른바 오직 아미타불만 생
각하면서 다른 생각 없으면 손가락 퉁길 수고도 없이 서방극락 세계에 가느니라.」

　昔有人問六祖大師 念佛有何利益 六祖答曰 念此一句南無阿彌陀佛 是爲萬世出世之妙
道 成佛作祖之正因 是三界人天之眼目 是明心見性之慧燈 是破地獄之猛將 斬群邪之寶劍
五千大藏之骨髓 八萬總持之要門 十方虛空之無際 廣大一性之圓明 開黑暗之明燈 脫生死
之良方 渡苦海之舟航 出三界之徑路 是本性彌陀 是唯心淨土 卽是本師 卽是化佛 最尊最上
之妙門 無量無邊之功德諸大善信 但要記得這一句阿彌陀佛在懷 莫敎失落 念念常現前 時
時不離心 無事也如是 有事也如是 安樂也如是 病苦也如是 生也如是 死也如是 一念分明
有何問人覓歸之途 所謂一句彌陀無別念 不勞彈指到西方

　* 중국 선종이 낳은 가장 위대한 고승인 육조 혜능선사는 이처럼 염불을 극찬하고 있지만, 다른 한편
《육조단경》에서는 염불을 비판하고 있어 대조를 이루고 있다. 혜능선사는 《육조단경》에서 「미혹에 사로
잡힌 사람은 염불에 의지하여 서방에 왕생하기를 원하고, 깨달음을 얻은 사람은 자기의 심성을 청정히
한다. 그러므로 부처님께서 말씀하시기를, "너의 마음이 청정하다면 부처의 땅이 곧 청정한 것이다.[迷人
念佛生彼 悟者自淨其心 所以佛言 隨其心淨則佛土淨]"고 하였고, 「마음에 청정하지 않은 생각이 일어난
다면 염불하여도 왕생하기가 어렵다.[心起不淨之心 念佛往生難到]」고 하였으며, 「마음을 닦지 않는 미혹
한 자가 서방정토를 생각하면 정토는 멀리 있지만, 마음을 청정히 하는 자라면 정토는 눈 깜짝할 사이에
정토에 난다.」 고 하였고, 「동방인도 마음만 청정하면 곧 아무 죄가 없으며, 비록 서방인이라 할지라도 마

음이 청정하지 못하면 또한 허물이 있는 것이다. 동방인이 죄를 지으면 염불하여 서방에 왕생하기를 바랄 수 있으나, 서방인이 죄를 지으면 염불하여 어느 국토에 왕생하기를 바랄 것인가.[東方人但心淨卽無罪 雖西方人心不淨亦有愆 東方人造罪 念佛求生西方 西方人造罪 念佛求生何國] 라고 하였다. 선종의 제5조 홍인대사도「본래의 진심(眞心)을 지키는 것이 시방세계 모든 부처님을 염(念)하는 것보다 뛰어나다.[守本眞心 勝念十方諸佛] 라고 하였다.

＊ 연지대사의 〈죽창수필〉에 보면,「육조(六祖) 혜능선사는 문자를 알지 못하여 일생 문필을 가까이 하지 않았으니, 육조단경은 모두 다른 사람의 기록에 의하여 태어난 것이다. 그러므로 다소 착오된 부분도 있을 것이다… (중략)… 육조가 사람들에게 서방정토에 태어나 부처님을 친견하도록 가르치지 않고, 단지 천상에만 태어나게 한 것이 과연 옳은 일이겠는가. 이것을 과연 육조가 설(說)했을 것이라고는 나는 믿지 않는다. 그러므로 육조단경에만 집착하여 정토를 비방하는 자는 더욱 큰 잘못을 저지르고 있는 것이다.[六祖示不識字 一生靡事筆硏 壇經皆他人記錄 故多訛誤……六祖不教人生西方見佛 而但使生天可乎 其不足信明矣 故知執壇經而非淨土者 謬之甚者也] 라고 하였다.

＊ 육조 혜능선사의 염불공덕 게송의 출처가 되는 책은 〈선정쌍수집요(禪淨雙修潗要)〉라고 알려져 있다. 위 말씀은 〈연종집요〉〈여산연종보감〉〈귀원직지집〉에도 실려있다.

＊ 서산대사는 〈선가귀감〉에서「육조 혜능스님께서는 "부처는 자기 성품 속에서 이룰 것이지 자기 밖에서 구하지 말라." 고 가르치신 바가 있다. 그러나 이 말씀은 본심(本心)을 바로 가르친 것이다. 이치대로만 말한다면 참으로 그렇지만, 현상으로는 아미타불의 사십팔원(四十八願)이 분명히 있고, 극락세계가 확실히 있는 것이다. 그러므로 누구나 일심으로 열 번만 염불하는 이도 그 원의 힘으로 연꽃 태속에 가서 나고 쉽사리 윤회에서 벗어난다는 것을 삼세(三世)의 부처님들이 다 같이 말씀하시고, 시방세계의 보살들도 모두 그 곳에 태어나기를 발원했던 것이다. 더구나 옛날이나 지금이나 극락세계에 왕생한 사람들의 행적이 분명하게 전해오고 있으니 공부하는 이들이 잘못 알아서는 아니 된다.」라고 하였다.

＊ 염불선(念佛禪)을 주장하신 한국의 청화스님은「동서양의 수많은 성전(聖典) 가운데 육조단경은 가장 직절간명(直截簡明)한 견성오도(見性悟道)의 법문으로서, 우리 중생들을 감분참구(感奮參究)케 하는 절실(切實)한 참선의 성전입니다. 물론 육조단경은 가필첨삭(加筆添削)했다는 비판이 있기는 하나, 귀의자성삼신불(歸依自性三身佛)이나 반야바라밀법문 등은 최상승돈오선문(最上乘頓悟禪門)으로서 인간의 무명을 다스리는 최선의 등명(燈明)입니다.」라고 하였다.

＊ 방륜(方倫)은 〈정법개술〉에서 「이(理)를 중히 여기고 사(事)를 경시하는 수행자들은 가끔 자성미타(自性彌陀)나 유심정토(唯心淨土)의 이론에 빠져 "정토는 곧 마음속에 있는 것으로, 어느 곳에 다시 서방정토가 있을 수 있겠는가." 하고 말하면서, 미타의 48원이나 극락세계의 전반을 모두 부인하려 한다… 이것은 바로 진속이제(眞俗二諦)가 같지 않다는 것을 설파한 것이다. 학자들은 오해하여 경의 뜻을 상실하지 말기 바란다. 육조(六祖)가 서방을 부정한 것도 역시 상주진심(常住眞心)의 입장에서 말한 것으로, 후인(後人)들은 조사의 말씀에 집착하여 극락을 말살하지 말기 바란다. 만약 진제(眞諦)의 입장에서 말한다면 한 법도 존재하지 않아서 부처님도 오히려 행방이 없을 것이니, 어찌 극락국이니 염불왕생이니 하는 일이 있을 수 있겠는가. 」라고 하였다.

＊ '어떤 사람들이 정토법문을 의심 없이 받아들일 수 있을까' 에 관하여, 옛 성현들께서는 두 가지 경우를 들었다. 「첫째는 대보살이다. 화엄회상의 십지보살(十地菩薩)은 처음부터 끝까지 염불을 떠나지 않았다. 둘째, 범부 가운데 선근과 복덕이 두터운 사람이 이 법문을 받아들일 수 있다. 이러한 사람은 과거생에 일찍이 무량무변한 모든 부처여래께 공양을 하였기 때문에 현재 이 법문을 받은 사람에게는 모든 부처여래가 반드시 가피를 내리실 것이다. 그가 몇 년 동안 수행을 한 후 자신도 모르는 사이에 제불보살께서 보호하고 가피를 내리신다는 것을 느낄 수 있다. 일체 제불여래와 보살은 중생이 이 염불법문을 수행하고 배우도록 두루 인도하시기 때문에, 이것은 일승요의(一乘了義)의 법이며, 또한 불법 가운데 가장 진실한 법이다. 부처님께서 오승(五乘: 인/ 천/ 성문/ 연각/ 보살)을 설하신 것은 방편설이며, 사실은 오로지 일승불법(一乘佛法)만이 있을 뿐이다. 」라고 하였다.

＊ 남회근 선생은 「남회근 선생은 「육조 혜능선사는 상상(上上)의 지혜를 가진 분이며, 최상(最上)중의 최상 인물입니다. 이 세상에 최상의 인물이 몇 사람이나 있겠습니까. 하물며 최상중의 최상의 인물은 더 말할 나위가 없습니다. 찾아낼 수 없습니다.」라고 극찬하였다.

＊ 중국 선종의 일대 전환을 이룬 육조 혜능선사는 '80생선지식(八十生善知識)' 이라 불린다. 중국 송나라 때의 고승 원오극근(圓悟克勤)선사는 〈원오록(圓悟錄)〉 찬육조게(讚六祖偈)에서 「육조는 진실로 고불(古佛)이시니 정례(頂禮)하옵니다. 육조께서는 80생 동안 선지식이 되셔서 세속의 글자는 모른다고 나타내 보였지만, 입에서 나오는 대로 말해도 이치에 맞고 조리가 서며 불법의 굴을 꿰뚫었습니다.[稽首曹溪眞古佛 八十生爲善知識 示現不識世文書 信口成章徹法窟]」 라고 하였다. 육조 혜능선사께서는 과거 수많은 전생에 걸쳐 수많은 공덕과 선정을 닦아서 80생 동안 선지식이 되었다는 뜻이다. 조계 혜능선사는 글자를 알지못하여 경전을 읽을 줄 몰랐다고 전한다. 그리하여 제자들이나 멀리서 명성을 듣고 찾아온 수행자들이 경

전에 있는 부처님 말씀을 여쭤 보면, 경전을 읽어달라고 한 후 그 자리에서 경전의 진정한 뜻을 단박에 풀어내었다. 중생에게는 일자무식인 나무꾼으로 나투셨지만, 실은 부처의 화신임을 알아야 한다.

* 팔만총지(八萬總持) : 온갖 공덕을 다 지니고 있음. 대총지(大總持)라는 말과 같다.

* 공덕(功德) : 공(功)은 선행(善行)을 가리키고, 덕(德)은 선심(善心)을 가리킨다. 또 세상 사람들의 예불/ 송경/ 보시/ 공양 등 모두를 공덕이라 한다.[功是指善行 德是指善心 又世人拜佛誦經布施供養等 都叫功德].

* 혜능선사는 《육조단경》에서 공덕(功德)에 대해 「견성(見性)이 곧 공(功)이요, 평등하고 곧음이 곧 덕(德)이다.[見性是功 平直是德]」, 「항상 남을 공경하고 스스로 몸을 닦는 것이 공(功)이요, 스스로 마음을 닦는 것이 덕(德)이다.[常行於敬自修身卽功 自修身心卽德]」 라고 하였다.

* 남회근 선생은 「공덕은 조금씩 쌓여서 되는 겁니다. 그러므로 공덕을 쌓기 위해서는 몸과 입과 마음으로 언제나 일체의 선(善)을 행하고 있어야 한다고 말합니다. 공덕은 일체를 포괄합니다. 공(功)이 있어야 비로소 덕(德)이 있게 됩니다. 게다가 설사 공(功)을 지었다 할지라도 그 때문에 마음에 조그만 교만이라도 일어난다면, 그 공(功)은 즉시 사라져 버립니다. 공덕을 쌓는다는 것은 너무나 어렵습니다.」 라고 하였다.

* 천목(天目) 중봉(中峰)선사는 〈산방야화(山房夜話)〉에서 「남에게 이익을 주려 하는 것이면 모두 선(善)이고, 자신의 이익을 위해서 하는 짓이면 악(惡)입니다. 결과적으로 남에게 이익을 주면 일하는 과정에서 설사 욕을 먹고 배척을 당한다 해도 그것은 선입니다. 그러나 다른 사람들이 아무 말 안 해도 자신에게만 이로운 일이면, 그것은 악입니다. 이 때문에 성현이 중생들을 교화하여 세상을 구제하느라고 쉴 겨를이 없었던 것은 모두 지극히 선한 마음에서 비롯된 것입니다. 그러나 보통 사람들은 이와는 반대입니다. 겉으로 성현처럼 언행을 아름답게 꾸며도 남에게 이익을 주겠다는 생각이 없으면, 이것은 악입니다. 그런데 더욱이 겉모습마저도 포악하고 성낸 모습으로 쉬지 않고 날뛰는 것에 대해서는 더 말할 필요도 없습니다. 행동은 이렇게 하면서도 칭찬을 바라는 것은 말이 되질 않습니다.」 라고 하였다.

* 고덕께서 「오직 아미타불 명호만 부른다면 성인이건 범부건 선한 자건 악한 자건 모두 다 극락세계에 왕생할 수 있다. 윤회를 벗어날 뿐만 아니라 또한 인천(人天)의 중생들을 널리 제도할 수 있으니, 어찌 세간을 벗어나는 묘도(妙道)가 아니겠으며, 성불의 정인(正因: 직접 원인)이 아니겠는가.[若能專稱彌陀佛名 則不論聖凡善惡 皆能往生彌陀淨土 不但脫離輪廻 且能廣度人天 豈非出世之妙道 成佛之正因]」 라고 하였다.

* 고덕께서 「눈이 있어도 등(燈)이 없으면 보이지 않고 등이 있어도 눈이 없으면 볼 수 없다. 염불은 삼계(三界)에 매인 업(業)에서 벗어날 수 있게 해주고, 염불 공덕은 오계(五戒)를 지킨 공덕이나 십선(十善)을

쌓은 공덕이나 사선팔정(四禪八定)을 닦은 공덕보다 훨씬 뛰어나다. 고로 염불은 인도(人道)와 천상(天上)의 안목이다. 만약 염불하지 않으면 인천(人天)의 소경과도 같아 염불이 삼계를 벗어나는 묘도(妙道)임을 보지 못한다. 고로 염불이 곧 명심견성(明心見性)인 것이다. 염불은 자성(自性)을 보고 부처를 이루는 지혜의 등(燈)이니, 염불하지 않으면 성불을 언제 기약할 것인가. 고로 염불하여 왕생하면 어리석은 자라 하더라도 지혜로운 사람임을 알 수 있고, 염불하면 왕생할 수 있다는 것을 알지 못한다면 지혜로운 자라 하더라도 어리석은 사람임을 알 수 있다.[有眼無燈不見 有燈無眼不視 念佛能脫三界業繫 功德遠勝五戒十善四禪八定 故念佛是人天眼目 若不念佛 則人天如盲 不見出離之妙道故念佛卽是明心見性 見性成佛之慧燈 若不念佛 成佛何期 是故能知念佛往生 雖愚亦智 不知念佛往生 雖智亦愚]」라고 하였다.

＊ 고덕께서 「설령 일생에 불연(佛緣)을 만나지 못한 채 부처님을 배우고, 또 선연(善緣)을 만나지 못한 채 선(善)을 행하면 어떤가. 하지만 오직 악연(惡緣)을 만나 악행(惡行)을 하면 임종 시에 지옥의 불이 별안간에 이른다. 부처님 명호를 한 번 부르면 지옥의 불이 붉은 연꽃으로 변하고, 모든 사악한 업에 묶였어도 걸림이 없으며, 많은 마구니와 원통해 하는 친족들은 멀리 숨어버린다. 염불 소리는 마치 사자의 울부짖음과도 같음을 알 수 있다. 사자가 한 번 나오면 모든 짐승들이 종적을 감추어버린다. 또한 등(燈) 하나가 (어두운) 집에 들어가면 긴 세월의 어둠이 단박에 밝아지는 것과 같다. 한 번의 염불이 많은 마구니들을 물러나게 한다.[雖一生未遇佛緣以學佛 未遇善緣以行善 唯遇惡緣以行惡 臨終獄火突至 一稱名號 火化紅蓮 諸邪業繫不礙 群魔冤親遠避 可知念佛音聲 如獅子吼 獅子一出 百獸潛跡 亦如一燈入室 長暗頓明 一佛當令 群魔退聽]」라고 하였다.

＊ 고덕께서 「부처님께서 한평생 설하신 법을 모두 합하여 팔만사천법문이라 한다. 팔만사천법문이 모두 아미타불 넉자에 들어간다. 아미타불 넉자가 팔만사천법문을 모두 지니고 있다. 고로 아미타불이라는 명호에 만 가지 공덕이 돌아간다. 고로 아미타불이라는 명호는 대장경의 골수이자 다라니(多羅尼)의 요문(要門)이다. 아미타불 넉자는 세간을 벗어나는 묘도(妙道)이고, 성불의 정인(正因)이며, 인간과 천상의 안목이자 견성(見性)의 지혜로운 등(燈)이며, 삼보(三寶)의 결정(結晶)이자 만 가지 공덕이 귀의한다.[一大藏教所說之法 總言八萬四千 八萬四千 皆納於一句彌陀名號 彌陀一句 總持八萬四千 故彌陀名號是萬德之所歸 故彌陀名號是大藏之骨髓 是總持之要門 是出世之妙道 是成佛之正因 是人天之眼目 是見性之慧燈 是三寶之結晶 是萬德之所歸]」라고 하였다.

＊ 고덕께서 「인간과 천상의 밤은 길고 우주는 어둡다. 오직 아미타불만이 밝게 빛난다. 염불은 가히

삼계의 기나긴 밤을 깨부순다. 부처님 법은 높고 낮음이 없어서 중생의 병을 다 치료해주니 다 훌륭한 것이다. (그런데) 오직 아미타불 염불만이 견사혹(見思惑)을 끊지 못하더라도 또한 생사윤회를 벗어날 수 있다. 또 열반의 세계인 극락에 왕생한다. 고로 염불은 어리석은 범부가 성인의 경지에 오르고 부처와 조사가 되는 훌륭한 방편인 것이다. 오탁악세를 살아가는 범부들이 이 염불 없이는 생사윤회를 어찌 벗어나리오.[人天長夜 宇宙黮暗 唯無量光佛是明燈 念佛可破三界之長夜 法無高下 對症則良 但念彌陀 雖不斷見思二惑 亦出生死 且生涅槃之極樂 故念佛是超凡入聖成佛作祖之良方也 五濁凡愚 無此良方 生死焉脫]라고 하였다.

＊ 고덕께서「육도는 고통으로 가득 찬 바다인데, 오직 부처님만이 능히 건널 수 있다. 모래 한 알이 비록 가볍다 하나 떨어뜨리면 곧바로 바다 밑에 가라앉는다. 무거운 돌을 배에 실으면 가히 저 언덕에 이를 수 있다. 삼계는 기나긴 밤이다. 오계와 십선과 사선팔정을 닦아도 오히려 벗어날 수 없다. 오직 아미타불 염불만이 십 만억 떨어진 극락이라도 한 생각이면 이를 수 있으니, 고덕께서 염불을 일러 지름길 중의 지름길이요, 또 지름길 중에서도 질러가는 길이다.[六道苦海 唯佛能渡 一沙雖輕 直沉海底 重石乘船 可達彼岸 三界長夜 五戒十善四禪八定 尙未能出 但念彌陀 十萬億程 一念卽至 古德謂之徑中徑又徑也]라고 하였다.

＊ 고덕께서「아미타불이라는 명(名)과 아미타불의 체(體)는 하나이면서 둘이고 둘이면서 하나다. 명(名)과 체(體)는 하나이기 때문이다. 법신(法身)은 형체도 없고 소리도 없으며 말로써 설명할 수 있는 것도 아니고 분별심과 차별심을 여의었다. 중생을 제도하시기 위하여 (굳이) 이름이 있는 것이고 (법계에) 모습을 나투시는 것이니, 이것이 곧 나무아미타불이라는 만 가지 공덕을 갖춘 위대한 이름인 것이다. 고로 아미타불이라는 명호는 아미타불의 화신(化身)이고, 또한 염불수행자의 본사(本師)이며 본불(本佛)이고 본존(本尊)이다. 아미타불이라는 명호를 떠나고서 어느 곳에서 아미타불을 찾을 것이며, 어느 곳에서 본사(本師)를 뵐 것인가.[彌陀名號與彌陀佛體 一而二 二而一 名體一如故 法身無形無聲 離言說相 離心緣相 爲度衆生 垂名現形 卽是南無阿彌陀佛之萬德洪名 故彌陀名號 是彌陀化身也 亦是念佛人之本師本佛本尊也 離彌陀名號 何處覓彌陀 何處見本師乎]라고 하였다.

＊ 고덕께서「아미타불 명호가 곧 법체(法體)다. 명(名)과 체(體)는 분리할 수 없고 서로 융합하여 차별이 없다. 또 삼신(三身)이 곧 일신(一身)이고 의보(依報)와 정보(正報)도 하나이다. 고로 부처님 명호만 부르면 공덕이 허공과 같고 광대하여 끝이 없다. 진여일성(眞如一性)의 원명(圓明)은 부처님 명호와 떨어질 수 없기 때문이다.[彌陀名號 名卽法體 名體不離 名體相卽 且三身卽一身 依正一如 故但念佛名 功德如虛空 廣

大無邊際 眞如一性之圓明 不離名號故]」라고 하였다.

　＊ 일성(一性) : 만물(萬物)의 본성(本性)을 뜻하기도 하고, 불성(佛性)을 이르는 말로 쓰이기도 한다.

　＊「현전(現前)하는 일체의 법이 다 연생(緣生)이요, 연생(緣生)이기 때문에 무생(無生)이며, 무생(無生)이므로 무상(無相)이고 무성(無性)이다. 무성(無性)이므로 일성(一性)이며, 일성(一性)이므로 평등하다. 만법(萬法)을 무심(無心)히 적조(寂照)할 수 있어야 구경(究竟)에 이른다.」라는 말씀이 있다.

　＊ 당나라의 영가(永嘉) 현각(玄覺)선사의 〈증도가(證道歌)〉에「일성(一性)이 모든 성품에 원만히 통하고, 하나의 법이 모든 법을 두루 포함하고 있다. 한 개의 달이 모든 물에 두루 나타나고, 모든 물에 비친 달을 한 개의 달이 포섭한다.[一性圓通一切性 一法遍含一切法 一月普現一切水 一切水月一月攝」라는 구절이 있다.

　＊ 한 생각[一念] : 중생들의 '한 생각'에 따라 고통도 있고 즐거움도 있다. '한 생각'에 따라 지옥과 극락이 나뉘기도 한다. 특히, 임종시의 '한 생각'은 내생을 결정짓기 때문에 천 번 만 번 중요하다. 요컨대, 한 생각 한 생각이 모여 삶을 이루고, 다음 생(生)을 만들어낸다. 현실의 고통을 이겨내고 즐거움에 머무는 사람을 '한 생각을 얻은 사람' 또는, '한 생각을 쉰 사람'이라고 한다. 부처와 중생의 차이는 바로 한 생각을 깨달았느냐 깨닫지 못하였느냐에 달려 있다. 천태종(天台宗)에서는 '일념삼천(一念三千)'이라 하여 한 생각 속에 우주의 모든 것이 다 갖춰진다고 하였다.

　＊ 오천대장(五千大藏) : 중국 당나라의 지승(智昇)이 저술한 불교경전 목록인 〈개원석교록(開元釋敎錄)〉에 수록된 경전 수가 480함(函), 1,076부(部), 5,048권(卷)이다. 오천대장이라는 말이 여기서 유래되었다. 즉, 당나라 때까지만 해도 중국의 불경 수가 대략 오천 권이었음을 알 수 있다. 참고로 한국의 고려대장경(팔만대장경)은 663함(函), 1,562부(部), 6,778권(卷)이고 경판(經板) 수로는 81,258개이며, 총 글자 수는 5,200만여 자(字)다.

　＊ 인천(人天) : 인도(人道)와 천도(天道)를 말한다. 즉, 인간계(=사바세계)와 천상계를 말한다. 인간계 위로 28개의 천상계가 있고, 인간계 아래로 3개의 세계(지옥/ 아귀/ 축생)가 있으며, 28개의 천상계와 인간계 사이에 '아수라'가 있어 총 33천(天)을 이룬다. 33천을 삼계(三界: 욕계/ 색계/ 무색계)라고 부르는데, 중생은 삼계를 끊임없이 윤회한다.

　＊ '나무아미타불' 여섯 자(字)를 '일구(一句)' 또는 '육자(六字)' 또는 '육자법문(六字法門)'이라고 부른다. '나무(南無)'를 뺀 '아미타불'은 일구(一句) 또는 사자(四字) 또는 사자법문(四字法門)이라고 한다.

이 책에 '일구(一句) 나무아미타불(南無阿彌陀佛)' 또는 '일구(一句) 아미타불(阿彌陀佛)' 이라는 표현이
많이 등장하는데, 다른 책들에서는 이것을 '한 마디 나무아미타불' 이라고 옮기는데, 이 책에서는 '나무
아미타불 여섯 자' 또는 '아미타불 넉 자' 로 번역하였음을 밝힌다.

아미타불 넉 자는 사악한 것들을 베어버리는 보배로운 검이요

아미타불 넉 자는 지옥을 부숴버리는 용맹스러운 장수요

아미타불 넉 자는 흑암을 비추는 밝은 등불이요

아미타불 넉 자는 고통스런 사바세계를 건너는 자비로운 배요

아미타불 넉 자는 윤회를 벗어나는 지름길이요

아미타불 넉 자는 생사를 벗어나는 좋은 방편이요

아미타불 넉 자는 부처와 신선이 되는 비결이요

아미타불 넉 자는 골수를 신단神丹으로 바꾸어준다네.

나무아미타불 여섯 자가 팔만사천법문을 전부 거두어들이고

천칠백 개의 공안을 단칼에 베어 버리네.

一句彌陀 是斬群邪之寶劍 一句彌陀 是破地獄之猛將

一句彌陀 是照黑暗之明燈 一句彌陀 是渡苦海之慈航

一句彌陀 是出輪廻之徑路 一句彌陀 是脫生死之良方

一句彌陀 是成佛仙之秘訣 一句彌陀 是換骨髓之神丹

八萬四千法門 六字全收 一千七百葛藤 一刀斬絕   -성암대사

* 부처님은 "지극히 가련한 자가 중생이다.[至可憐愍者也衆生]" 라고 하셨고, 또 "성인(聖人)은 맑고
밝게 깨어 있으면서 사물 밖으로 초연하다.[淸明而超然物外]" 라고 하셨다.

* 중국 도가(道家)에 「신선이란 별다른 게 없다. 단지 환희심만 내고, 근심은 일으키지 않는 것이다.[神
仙無別法 只生歡喜不生愁]」 라는 말이 있다.

* 골수(骨髓) : 피의 응고를 돕는 혈소판, 산소를 날라다 주는 적혈구, 균과 싸우는 백혈구를 만드는 뼈

속의 공간을 말한다.

  * 신단(神丹) : 신묘한 힘을 지닌 환약(丸藥)으로, 중국의 명의(名醫) 화타(華陀)가 만들었다고 함. 신단을 복용하면 신선이 될 수 있다고 함.

  * 갈등(葛藤) : 선문(禪門)에서 '갈등'이란 말은 인간이 쓰는 언어문자를 가리킨다. 즉, 참구(參究)는 하지 않고, 쓸데없이 언어나 문자 또는 알음알이로 선(禪)을 풀이하거나 해석하거나 분석하는 것을 말한다. 또는 실제 수행은 하지 않은 채 경전만 외우거나 지엽적인 것에만 몰두하는 것도 포함된다. 결국, 위 글을 볼 때 갈등은 공안(公案)이나 화두(話頭)를 뜻하는 것으로 풀이된다. 선종에서 공안은 약 1,700개가 있다. 하지만, 경전에 있는 부처님의 말씀 곳곳이 화두임을 알아야 한다. 남회근 선생은 위대한 고승이나 조사님들 가운데에는 처음에는 불교를 배척하다가 나중에서야 불교를 받아들인 분들이 많은데, 이것도 큰 화두라 하였다. 《아미타경》에는 부처님의 설법을 듣는 청중이 1,250인인데, 《무량수경》은 12,000인이고, 《관무량수경》은 1,250인의 비구들과 35,000의 보살들이고, 《금강경》은 1,250인이고, 《능엄경》도 1,250인이고, 《법화경》은 12,000인이고, 《원각경》은 무려 대보살 10만인이고⋯. 이처럼 설법을 듣는 수가 경전마다 다른 것도 화두라 하였다. 또, 각 경전에서 법을 청하고 질문을 하는 이가 어느 경전은 수보리이고(금강경), 어느 경전은 사리불이고(반야심경/유마경), 어느 경전은 아난이고(능엄경/무량수경/관무량수경), 어느 경전은 미륵보살이고(법화경/해심밀경), 어느 경전은 문수보살이고(약사경/유마경), 어느 경전은 관세음보살이고(지장경/천수경)⋯ 이처럼 경전마다 다른 것도 화두라 하였다. 우리가 볼 때에는 이런 것들이 아무 의미 없이 쓰인 것처럼 보이지만, 그 속에는 심오한 의미가 담겨 있는 것이다.

  * 《금강경》에 보면 석가모니 한 부처님을 놓고, 어떤 때는 '불(佛)'이라 표현하고, 어떤 때는 '세존(世尊)', 어떤 때는 '여래(如來)', 어떤 때는 '나[我]'라고 번역했는데, 남회근 선생은 이것도 깊은 의미가 있다고 하였다. 이는 32상(相)이 훌륭하고 문자반야를 증득한 구마라집 법사가 불경을 멋대로 그리고 함부로 번역하지 않았음을 방증(傍證)한다.

영명 연수선사의 선정사료간禪淨四料簡

有禪有淨土　참선수행도 하고 염불수행도 하면

猶如戴角虎　마치 뿔 달린 호랑이 같아

現世爲人師　현세에 사람들의 스승이 되고

來世作佛祖　장래에 부처나 조사祖師가 될 것이다.

無禪有淨土　참선수행은 없더라도 염불수행만 있으면

萬修萬人去　만 사람이 닦아 만 사람이 모두 가나니

若得見彌陀　단지 가서 아미타불을 뵙기만 한다면

何愁不開悟　어찌 깨닫지 못할까 근심 걱정 하리오.

有禪無淨土　참선수행만 있고 염불수행이 없으면

十人九蹉路　열 사람 중 아홉은 길에서 자빠지나니

陰境若現前　저승 경지가 눈앞에 나타나면

瞥爾隨他去　눈 깜짝할 사이 그만 휩쓸려 가버리리.

無禪無淨土　참선수행도 없고 염불수행도 없으면

鐵床竝銅柱　쇠 침대 위에서 구리 기둥 껴안는 격이니

萬劫與千生　억 만겁이 지나고 천만 생을 거치도록

沒箇人依怙　믿고 의지할 사람 몸 하나 얻지 못하리.

＊ 사료간(四料簡)이란 네 수로 된 게송(偈頌)을 말한다. 게송이란 불보살이나 부처님의 말씀 또는 성현들을 찬탄하는 짧은 시(詩)를 말한다. 선정(禪淨)이란 참선과 정토(즉, 염불)를 아울러 이르는 말이다.

＊ 인광대사는 영명연수와 〈선정사료간〉에 대해 「영명대사는 고불(古佛)의 화신(化身)으로, 원력(願力)을 타고 세상에 나오신 분이오. 이 분이 바야흐로 뚜렷한 말로 가르침을 설하고, 글로 써서 널리 전하게

되었소. 그러고도 수행자들이 길을 뚜렷이 구별하지 못해 이해득실이 혼란스러워질까 두려워하여, 사료 간이라는 게송 한 편을 지어 간단명료하고 지극한 마음으로 설법하셨소. 이 사료간은 팔만대장경의 으뜸 요강이자 갈림길을 바로 인도하는 스승이오. 수행자들에게 80자밖에 안 되는 짧은 게송으로 생사윤회를 벗어나 열반을 증득하는 요긴한 길을 단박에 깨닫도록 이끄시니, 중생을 제도하려는 그의 노파심(老婆 心)은 천고(千古)에 다시없을 것이오.[永明大師 以古佛身 乘願出世 方顯垂言教 著書傳揚 又恐學者路頭 不淸 利害混亂 遂極力說出一四料簡偈 可謂提大藏之綱宗 作歧途之導師 使學者于八十字中 頓悟出生死 證涅槃之要道 其救世婆心 千古未有也] 라고 하였다.

　＊ 인광대사는 「영명대사는 아미타불의 화신이신데, 중생을 일깨워 건지기 위하여 대자대비를 베푸셨소. 사료간은 사바고해를 건너는 자비로운 항공모함이며 대장경의 핵심요점이자 수행의 귀감이오.」 라고 하였다.

　＊ 철오선사는 「이 사료간은 진리의 말씀이고 진실한 말씀이며 대자대비심에서 창자가 끊어지듯 비통하게 눈물을 흘리시며 토하신 말씀이다. 수행인이라면 이 말씀을 소홀히 보아 넘기지 않아야 한다.」 라고 하였다.

　＊ 남회근 선생은 「영명 연수선사는 도를 깨달은 뒤에 오로지 염불법문을 제창했습니다. 그의 도덕행 위는 송 · 원 · 명 · 청나라에서부터 현대에까지 줄곧 영향을 미쳤습니다. 그에게 사료간(四料簡)이 있는 데, 대단히 좋습니다. 여러분과 출가 학우들은 마땅히 외워야 합니다.」 라고 하였다.

　＊ 연지대사나 인광대사나 서산대사는 「선(禪)은 부처님의 마음[禪是佛心]」이라고 하였다. 인광대사는 또 「선(禪)은 '우리들이 본래부터 갖추고 있는 진여불성(眞如佛性)'을 말한다.」 고 하였고, 마조(馬祖)선사 의 제자인 혜해(慧海)선사는 「망념(妄念)이 일어나지 않는 것을 선(禪)이라 한다.」 고 하였으며, 천목(天目) 중봉(中峰)선사는 「다만, 자기 마음속의 선(禪)을 깨닫기만 하면 삼계의 만법에 두루한 신령한 근원에 닿 을 것이다.」 라고 하였다.

　＊ 달마대사는 「선(禪)이라는 한 글자는 범부도 성인도 헤아리지 못하는 것이다. 또 말한다. 자성(自性: 본 래성품)을 보는 것이 선(禪)이다. 만약 자성을 보지 못하면, 선이 아니다. 설사 천 권의 경전과 만 권의 논서를 말할 수 있다고 하더라도, 자성을 보지 못한다면, 다만 범부일 뿐 불법(佛法)은 아니다.[禪之一字 非凡聖所測 又云 見本性爲禪 若不見本性 卽非禪也 假使說得千經萬論 若不見本性 只是凡夫 非是佛法] 라고 하였다.

　＊ 남회근 선생은 「여러분이 정좌(靜坐)해서 약간의 청정함을 얻고 약간의 도리를 이해한 것을 선(禪) 이라고 여기고, 계율규범조차도 지키지 않고 오만방자하면서 무지하다면, 그것은 깨달음이 아니라 지옥 종자(地獄種子)입니다.」 라고 하였다.

246

* 인광대사는 「참선(參禪)은 참구(參究)하는 힘이 지극하여, 생각이 고요하고 감정이 사라지는 지경에 이르러, 부모에게서 태어나기 이전의 본래진면목(本來眞面目)을 보는 명심견성(明心見性)을 하여 확철대오(廓徹大悟)에 이르는 것을 목표로 하는 수행을 말한다.」 라고 하였다.

* 인광대사는 「참선은 확철대오하고 완전히 증득(證得)하지 않으면 생사윤회를 벗어나지 못한다. 선(禪)을 참구하는 이들은 오로지 화두(話頭) 참구에만 몰두하여, 마음을 밝히고 자성(自性)을 보기[明心見性]만 바란다오. 근기가 조금만 떨어져도, 명심견성하지 못하는 자가 거의 대부분이며, 설사 이미 명심견성 하였더라도, 미혹과 업장을 완전히 끊지 못하여 여전히 생사윤회를 거듭하는 이가, 또 거의 전부라는 사실을 잘 모른다오.」 라고 하였다.

* 인광대사는 「명심견성을 한 사람이 염불로 정토왕생을 구하면, 임종 때 구품 연화 가운데 최상품(最上品)으로 화생한다오. 눈 깜빡할 사이에 연꽃이 피면서 아미타불을 친견하고 금방 무생법인(無生法忍)을 증득하거나, 최소한 원교(圓敎)의 초주(初住) 지위에 올라, 일백 부처 세계에 부처의 분신(分身)을 나투어, 인연과 근기에 따라 중생을 교화 제도하게 되나니, 이것이 바로 장래에 부처나 조사가 된다는 뜻이오.」 라고 하였다.

* 청나라의 행책(行策)대사가 지은 〈정토경어(淨土警語)〉에 「깨달음을 증득한 후에 정토왕생을 구하는 자는, 가령 정토의 경계인연과 만나게 되면, 번뇌와 습기를 쉽게 끊을 수 있고, 삼매에 쉽게 들어가며, 속히 무생법인을 증득하여 모든 중생을 제도한다. 깨달음을 증득하지는 못하였지만 정토왕생을 구하는 자는 아미타불을 가까이 하니 견성(見性)이 쉽다. 이는 영명연수선사가 말한 '단지 아미타불만 뵈면 어찌 깨닫지 못할까 근심하리오.' 라고 한 경지다.[悟後求生者 藉極樂境緣 結習易斷 三昧易修 速成忍力 度諸衆生也 未悟求生者 爲親近彌陀 易於見性 永明所謂 但見彌陀 何愁不開悟也]」 라고 하였다.

* 정공법사는 「영명연수선사의 사료간에서, 有禪無淨土의 '有' 자(字)에 주의해야 한다. '有禪' 은 대철대오를 말하며, '有淨土' 는 일념 속에서 깊은 마음과 간절한 발원으로 부처님 명호를 단단히 잡고 있는 것을 말한다. 원택(圓澤)선사는 선(禪)을 닦아 대철대오하여 과거와 미래를 알 수 있었음에도 불구하고 오히려 여전히 윤회에 들어갔다.」 라고 하였다.

* 원택선사 : 중국 당나라 때의 선승. 윤회를 피하려고 갖은 애를 썼으나 결국 윤회속에 빠졌음.

* 중국 근대의 고승인 허운선사(虛雲, 1840~1959)는 중국의 불교도들이 음력 11월 17일을 아미타불

의 탄신일로 삼고 있는데, 그 이유가 그 날이 바로 아미타불의 후신(後身)인 영명연수선사께서 탄생하신 날이기 때문이라고 하였다.

   * 중국 근대의 고승인 허운선사는 「근세에 정토를 닦는 사람들은 사료간을 고집하는 사람이 많고, 마음을 비우고 능엄경의 원통게(圓通偈)를 연구하는 사람이 극히 적을 뿐더러, 사료간에 대해서도 그 뜻을 오해하는 사람이 많습니다. 그것은 문수보살을 저버리는 것일 뿐 아니라, 영명 선사마저 잘못된 견해에 끌어넣는 결과가 됩니다. 결국 방편과 실상의 법문에 대해 두루 통하여 이해하지 못하고, 선과 정토의 법을 물과 불, 얼음과 숯의 관계처럼 보게 됩니다… 영명연수선사는 평생토록 많은 말씀을 하셨지만, 선종(禪宗)을 안 좋게 말한 적은 없었습니다… 사료간이 한 번 나오자, 선종과 정토종 간에 갑자기 싸움이 일어났습니다. 정토종 사람들은 말하기를, "선만 닦고 정토를 닦지 않으면 열 사람 중에 아홉이 길을 잘못 든다."고 합니다. 선종만 닦으면 생사를 끝내지 못하지만, 정토만 닦아도 "만인이 닦아서 만인이 간다.", 그리고 참선도 하고 염불도 하면 "호랑이 머리에 뿔이 난 것 같다", "선도 닦지 않고 정토도 닦지 않는 사람은 세간의 악인이다." 합니다. 정토종 사람들은 이런 식으로 선종을 비평하는데, 아직도 뭐가 뭔지 잘 모르면서 참선의 폐단을 계속 이야기합니다. 말세의 수행인들이 하는 참선은 확실히 길을 잘못 드는 경우가 있어서, 영명 선사의 사료간에서 지적하는 것과 다를 것이 없습니다……. 선(禪)은 최상의 일승법(一乘法)인데, 비유하자면 순수한 우유와 같습니다. 그런데 우유를 파는 사람이 매일 물을 조금씩 타게 되면 나중에는 우유의 성분은 전혀 없어지듯이, 부처님 법을 배우는 사람도 순수한 우유에 물이 스며들게 하고 말았습니다. 영명 선사께서 이것을 보시고 물이 스며든 선에 대하여 말씀하시기를, "선만 닦고 정토를 닦지 않으면 열 사람 중에 아홉이 길을 잘못 든다." 고 한 것이지, 순수한 우유 같은 선을 두고 '길을 잘못 든다.' 고 한 것이 아닙니다. 영명 선사가 지자암(智者岩)에 올라가서 선과 정토의 둘을 놓고 제비를 뽑을 때, 그윽한 마음으로 정성껏 기도하고 정토의 제비를 일곱 번이나 뽑았습니다. 만약 선이 좋지 않은 것이었다면 그는 결코 제비뽑기를 하지 않았을 것이고, 만약 정토가 그가 내심 좋아하는 것이었다면, 그는 틀림없이 일곱 번까지 제비를 뽑지도 않고 결정했을 것입니다. 더군다나 영명 선사는 선종 출신으로, 법안종(法眼宗)의 제3대 조사인데, 어떻게 자기의 종(宗)을 억누르면서 선(禪)이 좋지 않다는 이야기를 할 수 있겠습니까……. 저는 평생 어느 한 사람에게도 염불을 하지 말라고 권한 적이 없지만, 다만 다른 사람이 남에게 참선을 하지 말라고 권하는 것은 불만이었습니다. 항상 능엄경에서 "(말법이 되면) 삿된 스승의 설법이 항하사같이 많을 것이다." 고 지적한 것을 생각하면서 안타까웠습니다.

그래서 사료간의 취지를 약간 보태어 설명하자면, 모든 수행인은 다시 사료간의 말에 치우치고 막혀서 참선과 염불의 두 법에 대해 망령되게 높고 낮음으로 나누어서 영명 선사의 뜻을 저버리지 않기를 바랍니다.」라고 하였다.

  ＊달마(達磨)대사는 〈혈맥론(血脈論)〉에서 자성(自性)을 볼 것을 말하면서 「부처란 자기 마음으로 지은 것이거늘, 어찌 이 마음을 여의고 밖으로 찾으리오. 앞 부처님과 뒷 부처님이 다만 마음 하나만을 말씀하셨으니, 마음이 곧 이 부처요 부처가 곧 이 마음이라, 마음 밖에 부처가 없고 부처밖에는 마음이 없느니라. 만약 마음 밖에 부처가 있다고 말하면, 부처는 어디에 있는가. 마음 밖에 부처가 없거늘, 어찌 부처라는 소견을 일으키리오. 서로서로 속여서 미혹하여 근본 마음을 밝게 알지 못하고 무정물(無情物: 불상을 말함)에 얽매여서 자유롭지 못하도다. 만일 믿지 못한다면 스스로 속이는지라 이익이 없느니라. 부처는 허물이 없건만 중생이 뒤집혀[顛倒]서 자기의 마음이 곧 부처인 줄 깨달아 알지도 못하느니라. 자기의 마음이 곧 부처인줄 안다면 마음 밖에서 부처를 찾지 말지어다. 부처가 부처를 제도하지 못하나니 마음을 가지고 부처를 찾으면 부처를 알지 못하리라. 다만 곧 밖의 부처인 것이니, 모두가 자기의 마음이 곧 부처임을 모르는 것이니라. 역시 부처를 가지고 부처에게 절하지 말며 마음을 가지고 부처를 염(念)하지 말라. 부처는 경을 읽지도 않으며 부처는 계를 가지지도 않으며, 부처는 계를 범하지도 않으며, 부처는 지킴도 범함도 없으며, 또한 선과 악을 짓지도 않느니라. 만일 부처를 찾고자 한다면 반드시 곧 자성을 보면 곧 이 부처인 것이요, 자성을 보지 못하고 염불을 하고 경을 가지고 읽고 계를 지니고 계를 지켜도 역시 아무런 이익이 없느니라. 염불은 인과를 얻고 경을 읽으면 총명해지며, 계를 지키면 하늘에 태어나고 보시를 하면 복의 과보를 받으나 부처는 끝내 찾을 수 없느니라. 만일 자기를 분명히 알지 못했거든 반드시 선지식에게 참문해서 생사의 근본을 깨칠지니라. 만일 자성을 보지 못했다면 밝은 선지식이라 할 수 없나니 만약 이와 같지 못하고 비록 십이부경을 다 외운다 하여도 역시 생사를 벗어나지 못하여 삼계를 윤회하며 고통을 받아 벗어날 기한이 없느니라. 옛적에 선성(善性)이란 비구가 십이부경을 다 외웠으나 여전히 윤회를 면치 못한 것은 오직 자성을 보지 못했기 때문이니라… 만일 자성(自性)을 보면 곧 부처요, 자성을 보지 못하면 곧 중생이니라.」라고 하였다.

  ＊연지대사는 〈죽창수필〉에서 「더딘 것으로 말하자면, 염불하는 사람은 누겁(累劫)에 걸쳐 윤회하다가 처음으로 연화에 태어난 것이요, 참선인은 다생(多生)에 부지런히 애를 썼으나 능히 견성(見性)하지 못한 경우다. 빠른 것으로 말하면, 참선인은 그 자리에서 단박에 깨달음을 증득하여 아승기겁을 지나지 않고 법신(法身)을 얻는 경우요, 염불하는 사람은 현생(現生)에 철두철미하여 임종에 상상품(上上品)으로 태어나는

경우를 말하는 것이다.[語其遲 念佛人有累劫蓮花始開 參禪人亦有多生勤苦不能見性者矣 語其速 參禪人有 當下了悟 不歷僧祇獲法身 念佛人亦有見生打徹 臨終上上品生者矣] 라고 하면서, 「사람의 근기는 날카롭 거나 둔한 것이 있고, 체력에도 부지런하고 게으른 것이 있다. 그러므로 이것은 당사자에 관한 문제로서, 피차에 서로 더디고 빠른 것이 있을 수 있다.[根有利鈍 力有勤惰 存乎其人 則彼此互爲遲速] 라고 하였다.

  * 인광대사는 「참선을 어찌 쉽게 말할 수 있겠소. 옛날 위대한 수행자 가운데 조주(趙州)선사 같은 분은 어려서 출가하였지만, 마음자리가 아직 고요해지지 않아 나이 여든이 넘도록 행각(行脚)을 계속했다오. 장경(長慶)선사는 좌선으로 방석 일곱 개를 닳아뜨린 뒤 돌아다녔으며, 설봉(雪峰)선사는 세 번 투자산(投子山)에 올랐고, 아홉 번이나 동산(洞山)에 오르기도 하였소. 이처럼 위대한 조사(祖師)들도 확철대오하기가 그토록 어려웠거늘, 악마에 들린 무리들은 악마의 말을 한 번 듣고서 모두 깨쳤다고 날뛰고 있다오.」라고 하였다.

  * 정공법사는 「중국 선문(禪門)에서는 하루 종일 독송을 하는데, 저녁이 되면 아미타경을 독송하고 아미타불을 부른다. 이것은 조사(祖師)들의 철저한 깨달음이다. 대체로 불법을 배우면서 정토에 나기를 구하지 않는 사람들에 대해, 조사들은 그의 불법이 정통이 아니라고 하였다.」라고 하였다.

  * 연지대사는 〈왕생집〉에서 영명연수선사를 평하여 말하기를, 「우러러 찬탄하노라. 영명(永明)은 선법(禪法)을 얻으면서 마음에 정토를 새겨 두었으니, 자신을 위하고 남을 위하는 넓고 큰 행원(行願)은 그 광명이 만세에 비칠 것이다. 그 분은 하생(下生)한 미륵이실까. 다시 태어난 선도(善導)이실까.[贊曰 永明佩西來直指心印 而刻意淨土 自利利他廣大行願 光昭於萬世 其下生之慈氏歟 其再生之善導歟] 라고 하였다.

  * 정토수행자들이 위 영명연수선사의 〈선정사료간〉을 읽고 나서, 행여 정토법문만 치켜세우고 참선을 깎아내리거나 비방하거나 비웃는 일 등이 절대로 있어서는 안 될 것이다. 참선을 비방하면 곧 정법(正法)을 비방하고 선종의 역대 조사(祖師)들을 욕하는 행위로서 용서받기 어려운 대죄를 짓는 것이다. 위 〈사료간〉을 보자. 참선을 하여 명심견성한 수행자가 정토수행까지 겸하면, 이는 최고의 경지로서 현세에는 사람들의 스승이 되고 장래에는 부처나 조사가 된다고 하지 않는가. 즉, 참선을 하여 명심견성한 사람이 정토법문까지 닦으면, 죽어 서방정토에 왕생하는 즉시 일생보처보살(51계위로서, 성불의 바로 앞 단계임)의 지위에 올라, 시방세계에 부처의 화신으로 나투어 무수한 중생을 구제하게 된다. 참선은 하지 않고, 오직 정토수행만 하여 왕생한 수행자는(설령, 下下品으로 왕생하더라도) 이보다 낮아져서, 만 사람

이 닦으면 만 사람이 모두 정토에 왕생하여 아미타불을 뵙기는 하지만, 단박에 부처나 일생보처보살의 지위에 오르지는 않고, 십지(十地)의 8단계인 부동지(不動地)보살(48계위)에 올라 무생법인을 증득하고 불퇴전의 지위를 얻는다. 요컨대, 참선은 최상승(最上乘)법문임에는 틀림이 없다. 다만, 참선은 상상(上上)근기에게만 적합하고, 중하근기에게는 맞지 않는 법문이라는 것을 알아둘 필요가 있다. 참선법문은 오탁악세를 살아가는 하근기(下根機)인 우리 범부(凡夫)들이 닦기에는 아주 어려운 수행법인 것이다. 그런데, 정토법문(염불수행법)은 상상근기에서부터 최하근기까지 두루 섭수(攝受)하는 법문이기 때문에 우리에게 더 쉽고 적합한 것이다. 영명연수선사께서 "참선수행을 해도 염불수행이 없으면 열 사람 중 아홉은 길에서 자빠진다." 고 하면서 참선을 좋지 않게 보신 이유는, 계율과 경전은 내팽개친 채 구두선(口頭禪)이나 고선(枯禪), 광선(狂禪) 또는 암증선(暗證禪)을 일삼는 당시 선가(禪家)의 무리들을 꾸짖기 위함이었지, 참선을 결코 낮춰서 본 것이 아님을 알아야 한다.

왕생정신게往生正信偈

- 자운참주

서방극락세계에 계신 자비하시고 존귀하신 아미타불께 머리 숙여 절하옵니다.
저는 가지가지 부처님 말씀에 의지하여 반드시 왕생하려는 신심을 성취하렵니다.

대승大乘에 머문 자가 청정한 마음으로 열 번 아미타불을 염하면 임종할 때에 꿈에 부처님을 뵙고 반드시 극락왕생한다고《대보적경》에서 말씀하셨습니다.
오역죄 지은 자들이 지옥의 불덩이가 보이더라도 임종 전 선지식을 만나 용맹심으로 열 번 아미타불을 부르면 왕생한다고《십육관경》에서 말씀하셨습니다.
아미타불의 이름을 듣고 기뻐하고 즐거워하면서 믿는 마음으로 열 번만 염불해도 극락에 왕생하지 못하면 성불하지 않겠노라고 48원에서 말씀하셨습니다.
누구나 아미타불 명호를 듣고 지성심으로 정토에 회향하면 곧 왕생하나니 다만 오역죄와 정법을 비방한 이는 제외한다고《무량수경》에서 말씀하셨습니다.
임종할 때에 관법觀法과 염불은 못하지만 다만 부처님이 계신 줄만 알아도 목숨을 마치면 곧 왕생한다고《대법고경》에서 말씀하셨습니다.

하루 밤 하루 낮에 비단일산을 달고 오로지 왕생을 원하여 염불이 끊이지 않으면 누워 꿈속에 부처님을 뵙고 곧 왕생한다고《무량수경》에서 말씀하셨습니다.

밤낮 하루 동안 아미타불을 불러서 간절히 정진하여 끊이지 않고 돌아가며 서로 권하면 함께 왕생한다고《대비경》에서 말씀하셨습니다.

하루 이틀 내지 7일 동안 아미타불 명호를 꽉 잡고 마음이 산란하지 않으면 임종 시에 부처님이 나타나서 곧 왕생한다고《아미타경》에서 말씀하셨습니다.

누구나 아미타불 명호를 듣고 하루 이틀 지나 차이가 없으면 계념繫念이 현전하여 곧 왕생한다고《반주경》에서 말씀하셨습니다.

10일 낮 10일 밤 육시六時 가운데 오체투지 예불이 끊이지 않으면 현재에 저 부처님을 뵙고 곧 왕생한다고《고음왕경》에서 말씀하셨습니다.

10일 낮 10일 밤 재齋와 계戒를 지키고 번幡과 일산日傘을 달며 향과 등을 올리고 염불이 끊이지 않으면 반드시 왕생한다고《대아미타경》에서 말씀하셨습니다.

누구나 오직 한 부처님만 생각하여 49일 동안 다니거나 앉아서 염불하면 현재에 부처님을 뵈옵고 임종 시 극락에 왕생한다고《대집경》에서 말씀하셨습니다.

누구나 90일 동안 앉아 눕지 아니하고 서원 세워 경행經行하면 삼매 가운데 아미타불을 뵈옵는다고《불립경》에서 말씀하셨습니다.

누구나 서쪽을 향해 앉아 90일 동안 염불하면 삼매를 얻어 임종 시에 부처님 앞에 태어난다고《문수반야경》에서 말씀하셨습니다.

여러 경전에 이 같은 말이 많은데 조금만 뽑아 게송을 기록하니, 원컨대 이 법문을 듣는 이는 올바른 신심을 내길 바라노라. 부처님의 말씀은 진실해 사람을 속이지 않나니 부처님께서 이미 분명히 왕생이 쉽다고 말씀하셨습니다.

바라건대, 각자 바로 믿어 의혹을 갖지 마십시오.

稽首蓋西方安樂蓋刹 彌陀蓋世主大慈尊 我依種種修多羅 成就往生決定信

住大乘者清淨心 十念念彼無量壽 臨終夢佛定往生 大寶積經如是說

五逆地獄衆火現 値善知識發猛心 十念稱佛卽往生 十六觀經如是說

若有歡喜信樂心 下至十念卽往生 若不爾者不成佛 四十八願如是說

諸有聞名生至心 一念回向卽往生 唯除五逆謗正法 無量壽經如是說

臨終不能觀及念 但作生意知有佛 此人氣絕卽往生 大法鼓經如是說

一日一夜懸繒蓋 專念往生心不斷 臥中夢佛卽往生 無量壽經如是說

晝夜一日稱佛名 慇懃精進不斷絕 展轉相勸同往生 大悲經中如是說

一日二日若七日 執持名號心不亂 佛現其前卽往生 阿彌陀經如是說

若人聞彼阿彌陀 一日二日若過等 繫念現前卽往生 般舟經中如是說

十日十夜六時中 五體禮佛念不斷 現見彼佛卽往生 鼓音王經如是說

十日十夜持齋戒 懸繒幡蓋然香燈 繫念不斷得往生 無量壽經如是說

若人專念一方佛 或行或坐七七日 現身見佛卽往生 大集經中如是說

若人自誓常經行 九十日中不坐臥 三昧中見阿彌陀 佛立經中如是說

若人端坐正西向 九十日中常念佛 能成三昧生佛前 文殊般若如是說

我於衆經頌少分 如是說者無窮盡 願同聞者生正信 佛語眞實不欺誑

佛旣顯言易往生 幸各正信無疑惑

＊ 자운참주(慈雲式懺主)는 중국 송나라의 고승이다. 자운은 송나라 진종(眞宗)이 내려준 호(號)이고, 이름은 준식(遵式)이다. 참주(懺主)라는 이름은 항주 영산사에서 금광명참당을 세우고 〈금광명참의(金光名懺儀)〉를 지어 그 법을 행해 예참(禮懺)으로 업을 삼은 까닭에 생긴 칭호이다.

＊ 연지대사는 〈왕생집〉에서 「송(宋) 준식(遵式)은 태주(台州) 임해현(臨海縣) 사람이다. 학행(學行)이 고상(高尙)하여 이름이 양절(兩浙)에 자자하였다. 안양(安養: 정토)에만 뜻을 두어 일찍이 반주삼매(般舟三昧)를 행하여 90일 동안 피를 쏟도록 애썼으며 도량(道場)에 들어가서는 두발의 살갗이 터졌으나 죽음으로 스스로 맹서(盟誓)했다. 꿈에 관음보살이 손가락을 그의 입속에 넣어 몇 마리의 벌레를 끄집어냈으며 또한 손가락 끝에서 감로(甘露)를 꺼내 그의 입에 부어넣었다. 꿈을 깨자 몸과 마음이 가뿐한 가운데 병(病)이 다 나아 있었다. 정토결의행원이문(淨土決疑行願二門)과 정토참법(淨土懺法)을 지어 세상에 남겼다. 천성(天聖: 중국 송나라 인종의 연호로서 1023년-1032년까지 사용됨)때 죽는 날 향을 피워 부처님께 예(禮)하고 제불(諸佛)께서 증명(證明)하사 안양에 왕생케 하소서 하고 발원하고 밤이 되어 앉아서 죽었다.

사람들이 큰 별이 영축봉(靈竺峰)에서 사라지는 것을 보았다. 당시 사람들이 자운참주(慈雲懺主)라고 불렀다. 찬탄하노라. 극진히 참법(懺法)에 애쓰고 자신이 행하면서 만세(萬世)에까지 법을 남긴 이는 고금을 통틀어 한 사람일 따름이다. 심지어 보배의 손으로 벌레를 끄집어내고 감로(甘露)를 입에 부어넣은 일은 지극한 정성이 아니었다면 누가 능히 그런 감응(感應)을 얻을 수 있겠는가.[宋遵式 台州臨海縣人 學行高古 名冠兩浙 專志安養 嘗行般舟三昧 九十日苦學嘔血 入道場兩足皮裂 以死自誓 忽如夢中 見觀音垂手指其口 引出數虫 又指端出甘露 注其口 覺身心淸涼 疾逐愈 著淨土決疑行願 及淨土懺法 行於世天聖間 將化之日 炷香禮佛 願諸佛證明 往生安養 至晩坐脫 人見大星隕於靈鷲峰 時號慈雲懺主云 贊曰 克勤懺法 自行而垂憲萬世 古今一人而已 至於寶手出虫甘露灌口 非精誠之極疇能然乎] 라고 하였다.

  * 선도화상은 〈반주찬(般舟讚)〉에서 아미타불의 중생구제의 서원인 48원을 가리켜, 「하나하나의 서원이 모두 중생을 위한 것이다.[――誓願爲衆生]」라고 하였다.

  *《유가경(瑜伽經)》에 「만일 부처님 가르침의 한 구절의 말씀이라도 듣고 기뻐한다면, 전 우주에 가득 찬 보배를 얻은 것보다도 낫다.」 라는 말씀이 있다.

  * 자운참주의 그 유명한 발원문을 소개한다.

「한마음으로 극락세계에 계신 아미타부처님께 목숨 바쳐 귀의하옵니다. 원하오니, 맑은 빛으로 저를 비추어 주시고, 자비로운 서원으로 저를 거두어 주시옵소서. 제가 지금 바른 생각으로 부처님 명호를 불러, 보리도(깨달음)를 위하여 정토에 왕생하기를 구하옵니다. 아미타부처님께서 과거에 세우신 본원에 "만약 중생이 있어 나의 나라에 왕생하기를 바라면서 지극한 마음으로 즐거이 믿고 내지 열 번만 염불하여도 왕생하지 못한다면 정각을 이루지 않겠다." 하셨나이다. 이 본원에 의지하여 염불하는 인연으로 여래의 큰 서원 바다 가운데에 들어가, 부처님의 자비력을 이어받아 모든 죄를 소멸하고, 선근은 자라나게 하옵소서. 마음은 탐욕과 애욕에 빠지지 않고, 뜻은 뒤바뀌지 않아 선정에 드는 듯 하여 부처님과 극락성중들께서 금대를 손으로 잡고 오시어 저를 맞이해 주시어 한 생각에 극락국에 왕생하게 하시고, 연꽃이 피면 부처님 뵈옵고 일불승의 가르침 듣고는 곧바로 부처님 지혜가 열려 널리 중생을 제도하고 보리의 원을 채우게 하옵소서. 시방삼세 모든 부처님과 모든 대보살님들과 마하반야바라밀에게 귀의하옵니다.[一心歸命 極樂世界 阿彌陀佛 願以淨光照我 慈誓攝我 我今正念 稱如來名 爲菩提道 求生淨土 佛昔本誓 若有衆生 欲生我國 至心信樂 乃至十念 若不生者 不取正覺 以此念佛因緣 得入如來大誓海中 承佛慈力 重罪消滅 善根增長 若臨命終 自知時至 身無病苦 心不貪戀 意不顚倒 如入禪定 佛及聖衆 手執金臺 來迎

接我 於一念頃 生極樂國 花開見佛 卽聞佛乘 頓開佛慧 廣度衆生 滿菩提願 十方三世一切佛 一切菩薩摩訶薩 摩訶般若波羅蜜」

*청정한 마음 : 남회근 선생에 의하면, 청정한 마음이란 착한 생각도 악한 생각도 일어나지 않고, 생각 생각이 공(空)의 경계에 머물러 있는 것을 말한다.

*주야육시(晝夜六時) : '만 하루[一晝夜]'를 '육시(六時)' 곧, 여섯 때로 나눈 것이다. 즉, 아침(오전6시-10시), 일중(日中,10시-오후2시), 일몰(日沒,2시-6시), 초야(初夜,6시-10시), 중야(中夜,10시-오전2시), 후야(後夜,2시-6시)를 말한다. 예전에 절에서는 육시예불(六時禮佛)이라 하여, 하루에 여섯 번 부처님께 예불을 올렸다.

*《아미타경》에는 '주야육시(晝夜六時)'라는 말이 두 번 나온다. 첫째는 「사리불아, 또 저 불국토에는 항상 천상의 음악이 울리며, 땅은 황금으로 되고, 주야육시로 천상의 만다라 꽃이 비 오듯 내리느니라.[又 舍利弗 彼佛國土 常作天樂 黃金爲地 晝夜六時 雨天曼多羅華]」이고, 둘째는 「이 모든 새들이 주야육시로 항상 화평하고 맑은 소리를 내는데, 그 소리에서 오근(五根), 오력(五力), 칠보리분(七菩提分), 팔성도분(八聖道分) 등 법문을 설하는 소리가 흘러나오느니라.[是諸衆鳥 晝夜六時 出和雅音 其音演暢五根五力七菩提分 八聖道分如是等法]」이다.

*경행(經行) : 원래는 법회가 있을 때 경전을 외우면서 부처님의 주위를 계속해서 도는 사찰 내의 의식. 지금은 식사를 마친 뒤나 피곤할 때, 혹은 좌선(坐禪)이나 독경을 하다가 졸음이 오는 경우에 자리에서 일어나 선원(禪院) 안이나 탑 주변 등을 걷는 것을 말한다. 출가한 승려가 불법(佛法)을 수행하는 데 필요한 계율을 자세히 기록한 불교의 율전(律典)인 《사분율(四分律)》에 의하면, 평상시에 경행을 할 경우 다음과 같은 이로움이 있다고 한다. 「첫째, 먼 길을 갈 수 있는 힘이 생기고, 둘째 생각을 가라앉힐 수 있으며, 셋째 병을 줄일 수 있고, 넷째 음식을 소화시켜줄 수 있으며, 다섯째 오랫동안 선정에 머무를 수 있다.」

*계념(繫念) : 생각을 한 곳에 집중함. 생각이 산란하지 않고 한 곳에 묶여(매여) 있음.

아미타불은 염불하는 중생을 극락으로 인도하여 왕생케 하겠노라 서원을 세우셨다. 관세음보살은 정수리에 부처님을 받들고 계시고 대세지보살은 염불하는 중생을 거두어주신다. 극락의 청정한 성중들은 모두 염불로 왕생하셨고 육방제불은 모두 염불을 찬탄하신다. 조사들도 가르침을 펴서 사람들에게 염불을 권하셨다.

지름길로 가는 법문은 오직 염불이 있을 뿐이니, 역대 조사들과 고금의 성현들이 하나같이 모두 염불하였다. 내가 염념念하는 것은 인연이 있어 염불법문을 만났기 때문이다. 염불은 마음을 염하는 것이고, 마음을 염하는 것은 부처님을 염하는 것이다. 입으로는 늘 부처님을 부르고, 마음으로는 늘 부처님을 생각한다. 눈으로는 늘 부처님을 보고 귀로는 늘 염불소리를 들으며 마음으로는 늘 부처님을 생각하고 몸으로는 늘 부처님을 예경하고 향과 꽃과 등과 촛불로 늘 부처님을 공양한다. 행주좌와 어느 때나 부처님을 떠나지 않는다. 고통이든 즐거움이든 역경에 처하든 순경에 처하든 염불을 잊지 않는다. 옷을 입고 밥을 먹는 그 어느 것도 부처가 아닌 것이 없고, 도처 어디든지 모두 다 부처이다. 움직일 때도 부처이고 고요할 때도 부처이며 바쁠 때도 부처이며 한가할 때도 부처이다. 선善도 부처이고 악惡도 부처이다. 생生도 부처이고 사死도 부처이다. 생각 생각이 부처고 마음 마음이 부처다. 무상無常이 닥쳐오면 염불하기에 정말 좋고 숨이 끊어지면 반드시 부처님을 뵙는다.

彌陀有願 接引念佛 觀音菩薩 頭頂戴佛 勢至菩薩 接受念佛

淸淨海衆 皆因念佛 六方諸佛 總讚念佛 祖師啓敎 勸人念佛

捷徑法門 惟有念佛 歷代祖師 個個念佛 古今聖賢 人人念佛

我念有緣 得遇念佛 念佛念心 念心念佛 口常念佛 心常念佛

眼常觀佛 耳常聽佛 意常想佛 身常禮佛 香花燈燭 常供養佛

行住坐臥 常不離佛 苦樂逆順 不忘念佛 着衣吃飯 無不是佛

在在處處 悉皆是佛 動也是佛 靜也是佛 忙也是佛 閑也是佛

善也是佛 惡也是佛 生也是佛 死也是佛 念念是佛 心心是佛

無常來到 正好念佛 撒手歸家 必定見佛

- 고덕

* 대세지보살은 《능엄경》에서 「이 사바세계에서는 염불하는 이들을 모두 거두어 서방정토로 돌아가게 하겠습니다.[今於此界 攝念佛人 生於淨土]」라고 부처님 앞에서 서원하셨다.

* 《능엄경》에 「중생이 부처님을 잊지 않고 생각하면 지금 당장에나 내생에 반드시 부처님을 뵙는

다.「憶佛念佛 現前當來 必定見佛」라고 하였다.

* 불경에서 무상(無常)은 종종 '죽음'을 의미한다. 〈만선동귀집〉에서 말하였다. 「법구경(法句經)에 이르기를, "부처님께서 범지(梵志:범천에 태어나려고 수행하는 청정한 외도 수행자들)에게 말씀하셨다. '세상에는 네 가지의 일이 있어 가히 오래감을 얻지 못한다. 그 네 가지란, 이른바 유상(有常)이라 할지라도 결국에는 무상(無常)으로 돌아가고, 부귀라 할지라도 반드시 빈천(貧賤)하게 되며, 모여 있던 것은 반드시 흩어지게 되고, 강건하던 것도 반드시 죽음을 당하게 된다.'"「法句經云 佛告梵志 世有四事 不可得久 一者有常必無常 二者富貴必貧賤 三者合會必別離 四者 強健必當死」

정토종은 다른 모든 종宗을 뛰어넘고 염불수행은 그 어떤 수행보다 뛰어나다.
아미타불의 48원은 조건이 없다. 중생이 염불하면 반드시 서방정토에 왕생한다.
아미타불의 48원은 자비롭고 조건이 없어서 염불수행자를 반드시 제도하신다.
아미타불의 광명은 시방세계를 두루 비추고 염불수행자를 빠짐없이 거두신다.
염불하면 광명이 현전現前하니 아미타불께서 두루 비춰 섭화하시고 호념하신다.
세상에서 가장 큰 일은 오직 생사生死인데 아미타불 안 부르면 누굴 부르겠는가.
생각 생각마다 임종하는 날로 여기고 마음 마음마다 극락왕생할 때를 준비하라.
정토에 왕생하면 성불하기 쉽지만 예토에서 수행하면 깨달음을 증득하기 어렵다.
삼아승기 동안 복덕과 지혜를 안 닦아도 오직 아미타불 부르면 생사를 벗어난다.
나무아미타불 일성一聲이 십지十地를 뛰어넘고 삼승을 포괄함을 알아야 한다.
염불은 서서히 숙업宿業을 소멸하고 정성을 다하면 저절로 범부가 성인이 된다.
아미타불을 항상 기억하여 잊지 않으면 모든 환병幻病이 저절로 없어진다.
재앙과 재난과 업장은 소멸되며 복덕과 지혜와 선근은 늘어나고 자라난다.
위대한 이름인 나무아미타불 여섯 자를 부르면 정토에 나고 세간世間을 벗어난다.

淨土一宗超諸宗 念佛一行勝諸行 彌陀本願無條件 衆生念佛必往生
本願慈悲無條件 彌陀救度念佛人 光明遍照十方界 攝取不捨念佛人
衆生念佛光明現 彌陀遍照攝護來 世間大事唯生死 不念彌陀更念誰

念念有如臨終日 心心準備往生時 淨土往生成佛易 娑婆修行證道難

不用三祇修福慧 但憑六字出乾坤 莫訝一聲超十地 當知六字括三乘

念佛方能消宿業 竭誠自可轉凡心 萬德洪名常憶念 百般幻病自消除

消災消難消業障 增福增慧增善根 一句彌陀生淨土 六字洪名出世間　　　　　　- 고덕

* 십지(十地) : 보살이 성불하려면 총51계위(階位)를 거쳐야 하는데, 제41위(位)부터 제50위(位)까지를 십지(또는 십지보살)라고 한다. 십지보살의 경지에 이르면 십바라밀 중에서 반야바라밀을 원만히 수행하여 무량백천삼매를 얻고, 욕계/ 색계/ 무색계/ 중생계/ 허공계/ 열반계 등을 모두 알며, 불가사의해탈(不可思議解脫)/ 무장애해탈(無障碍解脫)/ 여래장해탈(如來藏解脫)/ 법계장해탈(法界藏解脫)/ 통달삼세해탈(通達三世解脫) 등의 지혜에 모두 통달하게 된다. 염불수행을 하여 상품상생(上品上生)으로 왕생하면 일생보처보살의 지위를 얻게 되는데, 일생보처보살은 제51위(位)이다. 제52(位)가 구경(究竟)으로서 바로 묘각(妙覺)이자, 무상정등정각(無上正等正覺)이다.

* 생사(生死) : 태어나고 죽는다는 뜻인데, 불교에서는 '윤회(輪回)'와 동의어로 자주 쓰인다.

* 숙업(宿業) : 수많은 전생을 살아오면서 지은 업. 업에는 선업/ 악업/ 무기업(無記業)의 셋이 있다.

* 억념(憶念) : 마음에 깊이 새겨 잊지 않음.

* 환병(幻病) : 중생의 알음알이 병을 말한다. 집착과 분별, 사상(四相: 아상/ 인상/ 중생상/ 수자상), 아집과 법집, 견혹(見惑)과 사혹(思惑), 삼독(三毒) 등은 물론이고, 중생은 어리석고 죄가 많아 부처가 될 수 없다고 믿는다든지, 마음 밖에서 도(道)를 구하는 것 등이 이에 해당한다.

* 〈신화엄경론(新華嚴經論)〉에서「견해가 있으면 범부지만, 알음알이가 사라지면 부처다.[見在卽凡情亡卽佛]」라고 하였고, 선종의 4조(祖)인 도신(道信)대사께서는「참된 것을 구하려 하지 말고, 오직 견해를 쉬어야(내려놓아야) 한다.[不用求眞 惟須息見]」라고 하였다.

　제가 임종할 때 일체의 모든 장애가 다 없어지고 아미타불을 뵙고 바로 극락세계에 왕생하기를 원하옵니다.

願我臨欲命終時 盡除一切諸障礙

面見彼佛阿彌陀 卽得往生安樂刹　　　　　　- 《화엄경》

* 여기서 '나'는 보현보살을 말한다. 중생계에 보살로 나투셨지만, 실은 고불(古佛)의 화현이다.

《화엄경》입법계품에서 선재동자가 가장 마지막에 만난 선지식이 바로 보현보살이며, 보현보살을 만나 비로소 등각(等覺)을 얻은 뒤 극락세계 왕생을 발원한다.

* 정공법사는 「부처님을 공경하는 마음을 모든 중생에게로 돌리는 것이 보현보살의 마음입니다.」라고 하였다.

* 남회근 선생은 《화엄경》은 인간세계가 아닌 색계천(色界天)에서 설법하신 경전이라 하면서 「화엄경은 불경 중에서 대경(大經)중의 하나이면서, 모든 종파의 개요도 포괄하고 있습니다. 화엄회상의 일체 대보살들은 최후에 모두 몸소 합장하고 정토로 회향합니다.」라고 하였다.

* 보현보살은 《화엄경》보현행원품 최후의 게송에서 「나의 이러한 보현의 뛰어난 행(行)과, 끝없이 뛰어난 복을 모두 회향하오니, 두루 원컨대 고해(苦海)에 빠진 모든 중생들이여, 속히 극락세계에 왕생하소서.[我此普賢殊勝行 無邊勝福皆廻向 普願沈溺諸衆生 速往無量光佛刹]」라는 서원을 발하셨다.

제가 임종할 때 모든 장애가 다 없어져
아미타불을 뵙고 극락에 왕생하기를 원하옵니다.
극락세계에 왕생한 후에는 나의 대원이 성취되어
아미타불께서 제 앞에서 수기를 주시옵소서.

願我命終時 滅除諸障碍 面見阿彌陀 往生安樂刹
生彼佛國已 成滿諸大願 阿彌陀如來 現前授我記　　　-《문수사리발원경文殊師利發願經》

* 여기서 '나'는 문수보살을 말한다. 지혜를 대표하는 대보살로서, 역시 구원겁(久遠劫)전에 성불하였지만 보살의 몸으로 다시 나투신 것이다. 〈석문의범(釋門儀範)〉에는 「문수보살은 삼세(三世)의 불모(佛母)이자 칠불(七佛)의 조사(祖師)이다.」라 하였고, 연지대사도 문수보살을 과거 일곱 부처의 조사라고 하신 바 있다.

* 인광대사는 「보현보살과 문수보살은 등각보살로서 부처와 사실상 다르지 않소. 부처와 단지 한 칸 차이밖에 나지 않는 등각보살들도 서방 극락세계에 왕생을 바라고 있소.」라고 하였다. 또 「화장해(華藏海) 세계에는 정토가 무수히 많은데도 반드시 서방극락세계에 왕생하기를 회향하는 걸 보시오. 과연 극

락왕생이야말로 부처가 되는 지름길임을 알 수 있소.」라고 하였다.

　＊ 연지대사는 〈죽창수필〉에서 「화엄경 보현행원품에서, 이루 말할 수 없는 세계해(世界海)와 이루 말할 수 없는 부처님과 보살의 공덕을 열거하면서, 임종 시에 화장세계에 태어나기를 원하지 않고 극락에 태어나기를 구했으니, 누가 정토(염불)를 천박하다 하겠는가.」라고 하였다.

　세존이시여, 저는 시방세계가 다하도록 아미타불께 일심으로 귀의하옵고, 서방정토에 왕생하기를 원하옵니다. 제가 이 논論을 짓고 게송으로 설하옵니다. 원컨대, 아미타불을 뵙고 널리 모든 중생들과 함께 서방정토에 왕생하기를 바라옵니다.

世尊我一心 歸命盡十方 無碍光如來 願生安樂國
我作論說偈 願見彌陀佛 普共諸衆生 往生安樂國

　　　　　　　　　　　　　　　　　　- 세친世親보살 〈왕생론往生論〉

　＊ 앞의 《화엄경》의 말씀이나, 《문수사리발원경》 그리고 〈왕생론〉의 말씀들을 통해 등각(等覺)의 과위(果位)를 증득한 보현보살이나 문수보살, 그리고 세친보살과 같은 위대한 학자(실은 대보살의 화신임)도 서방정토 왕생을 발원하고 있음을 알 수 있다.

　＊ 〈대지도론(大智度論)〉에 「범부중생은 힘(자비력이나 위신력이나 선정력 등)이 없다. 오직 아미타불만 부르면 삼매를 이루고 임종 때 정념(正念)을 유지하여 반드시 정토에 왕생케 한다. 왕생하면 부처님을 뵙고 무생법인을 얻어 삼계에 다시 돌아와 중생을 제도한다.[凡夫無力 唯應專念阿彌陀佛 使成三昧 臨終正念 決定往生 見佛得忍 還來三界救度衆生]」라고 하였다.

　＊ 세친보살의 〈왕생론〉의 원래 이름은 〈무량수경우바리사원생게(無量壽經優婆提舍願生偈)〉이다.

　＊ 무애광여래(無碍光如來) : 아미타불의 다른 이름.

　서방을 가리키는 가르침 그 이치 유독 뛰어나
　하늘같은 부처님 공덕을 어찌 다 헤아리리.
　어두운 거리에서는 해와 달이 되어 주셨고

고통의 바다에서는 건네주는 배가 되어 주셨네.

일곱 겹의 나무들은 주위에 빙 둘러 있고

온갖 보배로 장식한 층층의 집들은 모두 빛을 내고 있네.

석가세존만이 이 정토의 길을 열어 보이신 게 아니라

육방의 모든 부처님께서 모두 칭찬하고 드날리셨네.

指西之敎理偏長 功德如天豈可量

便向昏衢爲日月 還從苦海作舟航

七重行樹皆圍網 百寶層臺盡放光

非但釋尊開此路 六方諸佛共稱揚　　　　　　- 백암栢庵 성총性聰 화상〈백암정토찬栢庵淨土讚〉

＊ 육방(六方)의 모든 부처님 : 《아미타경》에 나오는 말로, 동방/ 서방/ 남방/ 북방/ 상방/ 하방세계에 계시는 부처님을 말한다. 이 부처님들은 석가세존께서 《아미타경》을 설하실 때에 광장설상(廣長舌相)을 내시며, 「너희 중생들은 마땅히 극락세계의 불가사의한 공덕을 찬탄하는 이 경을 믿고, (또한) 모든 부처님께서 호념하시는 이 경을 믿으라.」고 누차 부촉(咐囑)하시면서, 석가세존을 칭찬하시기를 「석가모니부처님은 심히 어렵고 희유한 일을 능히 하셨으며, 시대가 흐리고, 견해가 흐리고, 번뇌가 흐리고, 중생이 흐리고, 목숨이 흐린, 사바세계의 오탁악세에서 위없는 깨달음을 얻으시어 모든 중생을 위하여 일체세간에서 믿기 어려운 법을 말씀하셨다.」라고 하셨다.

＊ 남회근 선생은 오음(五陰) 즉, 색수상행식(色受想行識)에 대해 「색(色)은 지(地)·수(受)·화(火)·풍(風)·공(空)을 말하는데, 물리적이고 물질적인 것을 말합니다. 수(受)는 감각입니다. 기후가 차다거나 덥다거나 편안하다거나 편안하지 않다거나 하는 생각과 감정 등이 모두 수(受)입니다. 상(想)은 생각과 지각(知覺)을 말합니다. 행(行)은 우주 간에 있는 동력(動力)을 말합니다. 식(識)은 정신방면입니다.」라고 하였다.

＊ 정공법사는 중생의 몸에는 크게 괴로움[苦]과 즐거움[樂]의 두 가지가 있고, 중생의 마음에는 크게 근심[憂]과 기쁨[喜]의 두 가지가 있다고 하였다. '삼계(三界)는 고통으로 가득 찬 바다.[三界苦海]' 또는 '삼계는 불타고 있는 집[三界火宅]' 이라고 부른다. 인간이 거주하는 욕계(欲界)에는 고고(苦苦)/ 괴고(壞苦)/ 행고(行苦)의 세 가지가 모두 있고, 색계(色界)에는 괴고(壞苦)와 행고(行苦)의 두 가지만 있으며, 무색

계(無色界)에는 행고(行苦)만 있다. 괴로운 고통, 즉 고고(苦苦)는 팔고(八苦)를 말한다. 여덟 가지의 고통은 생로병사(生老病死)라는 네 고통과, 사랑하는 사람과 헤어지는 고통[愛別離苦]과, 미운 사람과 만나는 고통[怨憎會苦]과, 구하지만 얻지 못하는 고통[求不得苦]과, 오음(五陰)이 불길처럼 확 일어나는 고통[五陰盛苦]을 말한다. 오음(五陰)은 색수상행식(色受想行識)을 말한다. 이 다섯 가지가 불처럼 타오르면서 인간에게 번뇌를 불러일으키기 때문에 앞의 일곱 가지 고통이 오는 것이다. 파괴의 고통인 괴고(壞苦)는 행복한 상태나 집착을 갖는 사물이 파괴되거나 변화해 갈 때 느끼는 정신적 고통과, 사람이 죽어갈 때 신체의 사대(四大)가 분산되는 고통을 말한다. 행고(行苦)는 만법(萬法)이 무상하기 때문에 윤회를 면할 수 없음에서 오는 괴로움이다. 즉, 행고는 욕계·색계·무색계의 삼계 속에서 자유롭지 못하게 계속 태어나야 하는 고통이다.

* 인광대사는 「고고(苦苦)는 오음(五陰)으로 이루어진 우리 몸이 늘 생로병사의 고통을 당하는 것을 말하고, 괴고(壞苦)는 즐거움이 무너지는 고통을 말하며, 행고(行苦)는 고통이나 즐거움이 항상 머무르지 않고 끊임없이 흘러 변하는 것을 뜻하오.」라고 하였다.

* 화상(和尙) : 남회근 선생은 「화상은 '제자에게 도력(道力)을 일으키도록 해줄 수 있는 사람의 스승[人師]'이라는 뜻입니다.」라고 하였고, 정공법사는 「일상생활 가운데서 우리는 출가한 이를 '화상(和尙)'이라 부릅니다. '화상'은 인도말로 친교사(親教師)의 번역어입니다. 즉, 친히 우리를 가르치는 스승이란 뜻입니다.」라고 하였다.

*《선계경善戒經》에 「전다라(栴陀羅: 옥졸·노예 등의 천민계급)나 짐승을 잡는 백정은 비록 악업을 행하더라도 여래의 정법을 감히 파괴하지 못하므로 반드시 삼악도에 떨어진다고 할 수는 없지만, 남의 스승이 되어 제자를 제대로 가르치지 못하여 불법을 깨뜨린다면 이런 자는 반드시 지옥에 떨어질 것이니라.」라는 말씀이 있다.

사바세계에서는 늘 부처님을 뵐 수 없지만
극락세계에서는 연꽃이 피면 부처님을 늘 가까이에서 뵐 수 있다.
사바세계에서는 부처님 말씀을 들을 수 없지만
극락세계에서는 물과 새와 나무와 숲이 모두 묘한 법을 드날린다.
사바세계에서는 악한 사람들로 엉켜있지만

극락세계에서는 일생보처 보살들이 함께 모여 있다.

사바세계에서는 온갖 마구니와 번뇌로 어지럽지만

극락세계에서는 모든 부처님들께서 호념해 주시니 마구니를 멀리 떠난다.

사바세계에서는 윤회의 고통이 그치지 않지만

극락세계에서는 생사윤회를 횡으로 절단하여 윤회를 영원히 벗어난다.

사바세계에서는 삼악도에 태어남을 면하기 어렵지만

극락세계에서는 삼악도를 영원히 여의여 그 이름조차 들을 수 없다.

사바세계에서는 세상의 모든 인연들이 성도成道에 장애가 되지만

극락세계에서는 저절로 모든 인연을 받아들이니 억지로 애쓰지 않아도 된다.

사바세계에서는 수명이 짧아서 목숨을 재촉하지만

극락세계에서는 부처님과 수명이 같아서 한량이 없다.

사바세계에서는 수행이 퇴전하지만

극락세계에서는 정정취에 들어가니 영원히 퇴전하지 않는다.

사바세계에서는 무수한 세월동안 수행해도 도를 성취하기 어렵지만

극락세계에서는 한 생의 행이 원만하면 불과를 성취한다.

此土常不見佛 彼土花開見佛常得親近　此土不聞佛法 彼土水鳥樹林皆宣妙法

此土惡友牽纏 彼土諸上善人俱會一處　此土群魔惱亂 彼土諸佛護念遠離魔事

此土輪回不息 彼土橫截生死永脫輪回　此土難免三途 彼土永離惡道且不聞名

此土塵緣障道 彼土受用自然不俟經營　此土壽命短促 彼土壽與佛同無有限量

此土修行退失 彼土入正定聚永不退轉　此土塵劫難成 彼土一生行滿所作成辦

- 자운참주

＊ 마구니 : 마군(魔軍)이라고도 표기한다. '생명을 빼앗다', '방해하다'가 원래 뜻이다. 서산대사는

「마구니는 생사(生死)를 좋아하는 귀신의 이름이다. 팔만사천 마군이란 팔만사천 번뇌를 뜻한다.」라고

하였고, 또 「모든 경계에 무심(無心)한 것이 부처님의 도(道)이고, 알음알이로 분별하는 것이 마(魔)의 경계

이다.」라고 하였다.

　＊ 원효대사는 〈기신론소별기〉에서 「마구니라고 말할 때 좋은 모습으로 나타나 불법을 방해하는 것은 천마(天魔)이고, 귀신(鬼神)에서 귀(鬼)는 좌선할 때 공부를 방해하는 퇴척귀(堆剔鬼)이며, 신(神)은 시간에 맞추어 나타나 수행자를 괴롭히는 정미신(精媚神)이다. 이들은 부처님의 법을 어지럽혀 삿된 도에 떨어지게 하니 외도라고 한다. 이런 마구니와 귀신들은 세 가지 경계로 수행자의 마음을 어지럽힌다. 첫째는 두려움을 일으킬만한 경계를 만들고, 둘째는 미남 미녀의 모습으로 나타나 애욕을 일으키게 하며, 셋째는 공부하는 사람의 마음에 거슬리지도 않고 마음에 드는 것도 아닌 '불고불락수(不苦不樂受)'의 경계를 만든다.」라고 하였다.

　복덕만 짓고 염불수행은 안 하면 복덕이 다한 뒤 다시 타락하고
　염불수행만 하고 복덕은 안 지으면 도에 들어가기가 아주 괴롭고 힘들며
　복덕도 없으면서 염불수행조차 안 하면 지옥 아귀 축생의 무리에 떨어지고
　염불수행도 하면서 아울러 복덕도 지어야 나중에 불도佛道를 쉽게 증득한다.

　作福不念佛 福盡還沈淪 念佛不作福 入道多苦辛
　無福無念佛 地獄鬼畜群 念佛兼作福 後證兩足尊　　　　－ 연지대사 〈권수사료간勸修四料簡〉

　＊ 복과 염불과의 관계를 논한 연지대사의 〈사료간〉이다. 연지대사는 복을 짓는 구체적인 조목(條目)으로 「부모에게 효순하고 군왕에게 충으로 보답하며 불상을 만들고 경전을 인쇄하며 스님들께 공양하고 스승을 공경하여 섬기며 사찰을 유지보수하고 좋은 책을 널리 보급하며 도살(육식)을 금하고 방생을 행하며 굶는 사람에게 밥을 주고 추위에 떠는 사람에게 옷을 주며 우물을 파고 다리를 수리하며 길을 평평하게 하고 탕약을 끓여 병든 사람들을 간호하며 약을 공급하고 억울함을 풀어주며 형벌을 감해주고 노인을 편안히 공양하며 고아를 사랑으로 길러주고 시신을 매장해주며 관(棺)을 제공해주고 빚을 탕감해주며 재산을 의로운 곳에 기부하고 타인의 유실(遺失)을 보상해주며 근심고통을 구제해주고 재난을 기도하여 물리쳐주며 죽은 영혼을 천도해주고 소송을 화해시켜주며 사람의 목숨을 온전히 살리는 등 위에서 말한 조목들처럼 복을 짓고 중생을 위해 회향하면 모두 가히 극락왕생의 조인(助因)의 자량(資糧)이 된다. 다만

착한 행위가 아니라면 즉시 착한 생각 하나를 해서 온전히 회향하라. 만약 악한 생각이 일어나면 당장 참회하라. 참회와 착한 생각을 또한 회향하고 회향의 인연이 무르익으면 왕생의 인연도 마침내 무르익을 것이다. 큰마음을 내어 중생과 극락을 위해 회향하면 그 복덕이 몹시 불가사의하도다.[孝順父母 忠報君王 裝塑佛像 印造經典 齋供僧伽 敬事師長 營修寺宇 流道善書 禁絕宰殺 買放生命 飯食饑民 衣濟寒凍 開掘義井 修理橋梁 平砌階道 普施茶湯 看療病人 給散藥餌 伸雪冤枉 出減刑罪 安養衰老 撫育孤孩 埋藏屍骨 給與棺木 饒免債負 義讓財産 還他遺失 救濟患苦 祈禳災難 薦拔亡魂 勸和爭訟 生全人命 如上所說作福條目 若以廻向 俱可資助往生 不但善擧 卽起一善念 俱可廻向 若惡念起 當時懺悔 卽此懺悔善念 亦可廻向 廻向緣熟 往生之緣遂熟 若發大心 普爲衆生廻向極樂國土 其福德 大不可思議矣]를 제시하였다.

4) 정토삼부경에 보이는 염불

제가 부처가 될 때 시방세계의 중생들이 내 이름을 듣고 지극한 마음으로 믿고 즐거워하며 모든 선근善根을 일심으로 극락왕생에 회향하고, 서방정토에 태어나기를 원하면서 제 이름을 열 번만 불러도 극락에 왕생하지 못한다면 저는 부처가 되지 않겠나이다. 다만, 오역죄를 범한 사람과 정법正法을 비방한 이는 제외합니다.

我作佛時 十方衆生 聞我名號 至心信樂 所有善根 心心廻向
願生我國 乃至十念 若不生者 不取正覺 唯除五逆 誹謗正法　　　　-《무량수경無量壽經》

* 정토삼경(淨土三經)의 핵(核)이자 부처님 일대시교(一代時敎)의 정화(精華)에 해당하는 구절이다. '나무아미타불' 여섯 글자가 곧 팔만대장경이며, '나무아미타불' 여섯 글자를 부르면 곧 팔만대장경을 다 읽은 것이나 다름없다는 말이 나온 전거(典據)가 되는 구절이다. '나무아미타불' 여섯 글자는 실로, 석가세존이 이 사바세계에 오신 본회(本懷)이자 실로 일대사인연(一大事因緣)이다. '나무아미타불' 여섯 글자는 최대의 밀종(密宗)이며 최고의 비밀이다. '나무아미타불' 여섯 글자는 우주 최고의 만트라(진언)이고, 대광명법장(大光明法藏)이며, 모든 중생을 빠르게 성불케 하는 불가사의한 진언(眞言)이고, 일체의 모든 법문을 포함하는 대총지(大總持)이다.

위 경문(經文)은 아미타불이 성불하시기 전에 국왕의 지위를 버리고 출가하여 법장비구(法藏比丘)로 계셨을 때, 세자재왕불(世自在王佛)이라는 부처님 앞에서 비장한 마음으로 중생구제를 위해 서원(誓願)하셨던 총 48가지 서원 중 제18번째 서원에 해당한다. 그래서 '제18대원(大願)' 또는 '제18원(願)'이라 부른다. 제18원을 그냥 '본원(本願)' 또는 '본원왕(本願王)' 또는 '왕본원(王本願)'이라고도 부른다. 열 번만 염불하면 누구나 극락에 왕생할 수 있다고 하여 제18원을 달리 '염불왕생원(念佛往生願)' 또는 '십념왕생원(十念往生願)' 또는 '십념필생원(十念必生願)'이라고 부른다. 위 경문(經文)은 가히 정토삼부경의 골수(骨髓)이자 정화(精華)에 해당한다. 그리고 부처님의 49년 설법의 대총지(大總持)이자 팔만대장경의 대의(大意)가 위 《무량수경》의 제18원(願)에 모두 담겨있다고 정토의 스승들은 말한다.

* 위 《무량수경》의 말씀을 보고 극락에 왕생하기 위한 요건을 정리해본다. ① 아미타불의 이름을 들

은 후 믿고 즐거워해야 한다(즉, 환희심을 내야 한다). ② 일체의 선근을 극락왕생에 회향해야 한다(작은 선근을 행하더라도 모두 자기의 극락왕생에 돌려야 한다). ③ 극락에 태어나기를 발원해야 한다(발원을 하지 않으면 모든 것이 헛된 것이다). ④ 열 번만이라도 아미타불을 불러야 한다(단 한번만 불러도 된다). ⑤ 정법을 비방하거나 오역죄를 지으면 안 된다.

* 석가모니 부처님께서는 「아미타불의 48원은 모든 부처님의 발원들을 뛰어넘는 발원이다.〔發願逾諸佛〕」라고 하셨다.

* 선도(善導)화상은 〈법사찬진해(法事讚甄解)〉에서 「아미타불의 48원이 비록 광대하다 하나, 모두 제18원으로 돌아간다.[四十八願雖廣 悉歸第十八願]」라고 하였고, 또 〈법사찬(法事讚)〉에서 「48원의 하나하나의 원(願)이 제18원으로 인도된다고 말한다.[──願言 引第十八]」라고 하였으며, 〈불설무량수경전주(佛說無量壽經箋註)〉에서는 「그러므로 제48원 중에서 이 염불왕생원(念佛往生願)이 본원(本願:48대원을 말함)의 왕임을 알라.[故知四十八願之中 以此念佛往生之願 而爲本願中之王也]」라고 하였다.

* 《무량수경》의 위 경문(經文)에 대해, 용수보살은 〈십주비바사론〉 이행품(易行品)에서 「아미타불의 본원이 이와 같으니, 만약 누군가가 아미타불의 명호를 부르고 스스로 귀의한다면, 곧바로 반드시 정(定)에 들어가 무상정등정각을 얻으니, 이러하므로 늘 부처님을 억념(憶念)해야 한다.[阿彌陀佛本願如是 若人念我稱名自歸 卽入必定 得阿耨多羅三藐三菩提 是故常應憶念]」라고 하였다.

* 불경에는 '십념(十念)'이라는 말이 자주 등장하는데, 이 십념의 뜻이 과연 무엇인지를 놓고 해석이 갈리고 있다(참고로, 十에는 '열(ten)' 말고도, '충만한/ 완전한/ 완성된/ 많은' 등의 뜻이 있다).

* 십념 : ① 열 번 염불하다.[즉, 십성(十聲)과 같은 의미] ② 마음속에 잡념이 없이 생각과 생각이 계속 이어지다.[念念相續] ③ 염불/ 염법(念法)/ 염승(念僧)/ 염계(念戒)/ 염시(念施)/ 염천(念天)/ 염휴식(念休息)/ 염안반(念安般)/ 염신(念身)/ 염사(念死)의 열 가지 수행법을 가리키는 말.

이 중 ③번은 《아함경》 등 초기경전에서 나온 것으로 10종(種)의 일에 마음을 집중하는 것을 말하는데, 여기에서는 논의의 대상이 아니므로 제외한다. 다만, 염불·염법·염승은 《아미타경》에 몇 번 보인다. 십념의 뜻을 ①번으로 해석한 분은 선도화상이 대표적이며, 십념의 뜻을 ②번으로 해석한 분은 원효대사가 대표적이라 할 수 있다. 이 책에서는 선도화상의 해석을 따라 '십념=열 번 염불함'으로 풀이한다.

* 선도(善導)화상은 정토삼경에 나오는 염(念)을 칭(稱)이나 성(聲)으로 해석하였다. 즉, 념(念)=칭(稱)=성(聲)으로 보았다. 그리하여 십념(十念)=십성(十聲)으로, 그리고 '염불(念佛)=부처님의 이름을 입으로 부

르는 것'이라고 보았다.

* 선도화상은 위《무량수경》의 제18원에 대해〈관념법문觀念法門〉에서 이렇게 말하였다.「만약 내가 성불하면 시방의 중생들이 내 나라에 태어나기를 발원하여 내 이름을 열 번만이라도 부르면, 나의 원력을 타고 모두 극락에 왕생할 것입니다. 만약 왕생하지 못한다면 나는 부처가 되지 않을 것입니다.[若我成佛 十方衆生 願生我國 稱我名字 下至十聲 乘我願力 若不生者 不取正覺]」라고 하였다.

* 내지십념(乃至十念) : 내지십념은 위로는 한 평생 동안에서부터 아래로는 임종 시의 한 번의 염불까지를 말한다. 내지십념에서 십념은 곧 임종 시 열 번의 칭명염불을 말한다.[乃至十念之十念 卽是臨終之十聲 稱名念佛]. 즉, 내지십념은 많게는 한 평생에서부터, 적게는 열 번·한 번·일념간의 칭명염불을 말한다. 오래 사는 사람은 한 평생 염불하라는 뜻이고, 수명이 짧은 사람은 10년이나 1년 또는 한 달간 염불하라는 뜻이며, 임종이 가까운 사람은 하루나 이틀 또는 열 번이나 한 번 또는 일념지간(一念之間:찰나)에 염불하라는 뜻이다.[乃至十念卽是上盡一形 下至十聲一聲一念之稱名念佛 長命之機則上盡一形之念佛 短命之機則十聲一聲一念之念佛]. 내지십념(乃至十念)에는 시간의 길이나 장소, 죄복(罪福)의 많고 적음 등을 전혀 문제 삼지 않는다는 뜻도 내포되어 있다. 그렇다면 임종시에 한 번만 염불해도 되는데, 굳이 하루나 한 달 또는 1년이나 평생 동안 할 필요가 있을까. 지계(持戒)를 하면서 염불수행을 오래하면 상품(上品)으로 왕생할 수 있는 점에 그 의의가 있는 것이다.

* 〈염불감응록〉에「'내지십념(乃至十念)'이란 바로 부처님 명호를 부르며 자기 자신에게 귀의하는 것을 말한다. 또 위로는 한평생 동안, 아래로는 열 번이나 한 번 또는 일념지간(一念之間:찰나간)에 억념(憶念)하는 것을 말한다.[乃至十念卽是稱名自歸 常應憶念 亦卽是上盡一形 下至十聲一聲一念之念佛]」라고 하였다.

* 동국대 불교학부 보광스님은 내지십념(乃至十念)의 뜻에 대해, '열 번 정도' 또는 '열 번에서 한 번 사이'라고 하였다.

* 그렇다면 십념(十念)과 일념(一念)은 무슨 차이가 있을까. 꼭 열 번씩이나 부처님 명호를 불러야 하는 것인가. 십념이 일념보다 우위에 있는 것인가, 아니면 같은 것인가.〈연종집요〉에「십념하여 왕생하는 것보다도 일념에 왕생하여 불퇴지(不退地)에 오르는 것이 정당하다. 관무량수경에는 십념(十念)이라 한 것은 임종 시에 극병(極病)이 있어서 기운이 없고, 마음이 줄어들므로 십념을 불러서 일념을 돕게 한 것이다. 선업과 악업이 모두 일념에 오는 것인데, 일념이 일체념(一切念)을 갖추었으므로 일념이 십념보다 열(劣)하지 아니하고, 또 십념이 즉 일념이므로, 십념이 일념보다 우월한 것이 없으나, 부처님이 혹 일념을

말하시고 십념을 말씀하신 것은 여래의 뛰어난 방편이시다. 부처님께서 중생을 교화하실 때에 간이(簡易)한 곳에서는 간이하게 말씀하시고, 번거로운 곳에서는 번거롭게 하셨으니, 간이한 곳에서 일념을 가르치신 것은 그 온 정력을 다하는 마음이 치밀하고 한결같으므로 일념이 다념(多念)보다 뛰어난 까닭이고, 또 번다한 곳에서 십념을 가르치신 것은 숙습(宿習:숙세부터 가지고 온 습기)이 짙으므로 다념이라야 제거할 수 있으니, 적은 염으로는 삼매를 이루기 어려운 까닭이다. 그러나 이것은 한 방편에 불과하고, 실은 一이 곧 二요 二가 곧 一인 즉, 일념이다 십념이다 하면서 분별(分別)할 것이 없다.」라고 하였다.

  *《무량수경》에 「미래세계에 경전과 불도(佛道)가 모두 사라질 때, 내가 원력으로 특별히 무량수경을 백 년 동안 더 세상에 머물게 하여 인연 있는 중생들을 널리 제도하겠노라.」고 하였고,《대아미타경》에는 「무량수경마저 없어질 때에는 '아미타불' 네 글자만 남아있게 중생을 제도하나니, 어떤 중생이 이를 믿지 않고 훼방하면 지옥에 들어갈 것이니라.」고 하였다.

  * 정공법사는 「무량수경은 모든 경의 중심이며, 모두 48장으로 되어 있다. 그 가운데 6장의 48원이 이 경전의 중심이며, 제48원 가운데 제18원이 가장 중요하다. 18원이 바로 십념왕생(十念往生)이다. 최후에 이르면 부처님의 교화는 바로 아미타불의 넉자 명호이다. 일심으로 명호를 붙잡으면 부처님께서 49년 동안 설하신 일체 경론법문을 모두 이 아미타부처님의 넉 자 명호 안에 포괄할 수 있다.」고 하였다.

  *〈연종집요〉에 「세상 사람들 중에는 십념왕생이란 말을 듣고, 임종 시에 십념만 하면 왕생할 수 있다고 하여 평시에는 염불하지 아니하고 임종 시에만 십념하려는 이가 있으니, 평시에 염불하지 아니하고 임종의 십념만 믿다가 만일 과거의 인(因)도 없고, 평시에 염불한 공덕도 없는 이로서 불의의 사고나 기타 환경으로 인하여 임종 시에 염불을 못하게 되거나 행사를 법에 맞추어 하지 못하게 되면 왕생할 수 없을 것이다. 그러므로 평상시에 부지런히 염불하여 왕생할 자량(資糧)을 예비하여야 임종 시에 왕생하기 쉬우려니와 왕생의 품위도 반드시 높을 것이다.」고 하였다.

  * 정공법사는 「무량수경의 전체내용은 사실상 이 48원을 해석한 것이며, 대장경은 화엄경을 해석한 것이고, 화엄경은 무량수경을 해석한 것이다.」라고 하였다.

  * 일본의 도은(道隱)대사는 「팔만대장경을 전체적으로 말하면, 법화경과 화엄경은 서분(序分)이요, 무량수경은 정종분(正宗分)이며, 아미타경은 유통분(流通分)이다.」라고 하였다.

  * 정종분 : -본론(핵심)을 뜻함

  *《대보적경》에도 「만일 제가 무등정각(無等正覺)을 증득할 때에, 다른 불국의 모든 중생이 나의 이름을

듣고는 지닌 착한 뿌리를 회향하여 나의 나라에 나기를 원하며 열 번 염불하고 만일 얻어 나지 못할진대 정각을 취하지 않으리라. 오직 무간지옥업을 지어서 정법과 성인을 비방한 자는 제외합니다.」라고 하였다.

* 심심(心心) : 순일한 마음[純一之心] 또는 깨끗한 생각이 계속 이어지는 마음[淨念相繼之心]을 말한다.

* 회향(廻向/ 回向) : 회향(回向)에서 회(回)는 '돌린다'는 뜻이고, 향(向)은 '지향한다'는 뜻이다. 자신이 닦은 공덕을 다른 사람에게로 돌려서 바라는 것(극락왕생 혹은 깨달음 등)을 지향하는 것을 회향이라 한다.[回向者 回者回轉 向者趣向 回轉自身所修功德 而趣向於所期 謂之回向].

* 담란법사의 〈왕생론주(往生論註)〉에 「회향이란 자기의 공덕을 돌려 중생에게 두루 베풀고 함께 아미타불을 뵙고 극락에 왕생하는 것이다.[回向者 回己功德 普施衆生 共見阿彌陀如來 生安樂國]」라고 하였다.

* 티베트불교 황모파(黃帽派: 라마교의 한 파. 황색 법의와 모자를 쓴다)의 근본 성전으로 꼽히는 〈보리도차제(菩提道次第)〉라는 책에 다음과 같은 글이 실려 있다.

「만약 사람이 어떤 공덕을 쌓아 놓고 나서 다음 중의 하나에 회향한다고 합시다. "일체 중생이 바른 스승을 만나는데 저의 공덕을 회향하옵니다." 또는 "일체 중생이 보리심을 발하는데 저의 공덕을 회향하옵니다." 또는 "일체 중생이 사바세계에서 벗어나는데 저의 공덕을 회향하옵니다." 이렇게 하면 일체 중생이 바른 스승을 만날 때까지, 일체 중생이 보리심을 발할 때까지, 일체 중생이 사바세계에서 벗어날 때까지 자기가 쌓은 공덕이 남아 있게 된다.」

* 《무량수경》은 삼배(三輩)를 말하고, 《관무량수경》은 구품(九品)을 말한다. 삼배는 상배(上輩)/ 중배(中輩)/ 하배(下輩)를 말하는 것이고, 구품은 크게 상품(上品)/ 중품(中品)/ 하품(下品)을 말하고, 상품은 다시 상품상생/ 상품중생/ 상품하생으로, 중품은 중품상생/ 중품중생/ 중품하생으로, 하품은 하품상생/ 하품중생/ 하품하생으로 나뉘어 총 구품이 된다. 여기서 우리가 관심을 가져야 할 것은 《무량수경》의 하배(下輩)와 《관무량수경》의 하품하생(下品下生)이다. 오탁악세와 말법(末法)을 살아가는 우리들은 근기가 하열(下劣)하고 둔하며 의심이 많고 의지는 약하여 《무량수경》의 상배/ 중배, 《관무량수경》의 상품/ 중품은 닦지 못한다. 그렇다면 《무량수경》의 하배(下輩)와 《관무량수경》의 하품하생은 무엇인가. 경전을 보자.

* 《무량수경》의 하배(下輩) : 「하배자(下輩者)라 하는 것은, 시방세계의 여러 천신과 인간들 중에서 설령 여러 가지 공덕을 쌓지는 못하더라도, 마땅히 위없는 보리심을 발하고 생각을 오직 한 곳에 모아 다만 열 번만이라도 아미타불을 생각하고 그 명호를 부르면서 지극한 마음으로 극락세계에 태어나고자 원(願)을 세우는 이나, 혹은 심오한 법문을 듣고 환희심으로 믿고 의지하여 의혹을 일으키지 않고 다만 한번이라도 아미타불

을 생각하고 그 명호를 외우며 지극한 마음으로 극락세계에 태어나고자 원을 세우는 이들을 말하느니라.」

＊《관무량수경》의 하품하생(下品下生) : 「하품하생은 늘 악업을 짓는 중생으로서, 오역죄와 십악 등 가지가지의 악업을 지어 그 무거운 죄업의 과보로, 응당 지옥/ 아귀/ 축생 등 삼악도에 떨어져 오랜 겁 동안 한량없는 괴로움을 받을 사람을 말하느니라. 그러나 이와 같은 어리석은 사람도 목숨이 다하려 할 때 선지식을 만나게 되어 선지식이 그를 위하여 여러 가지로 안위(安慰)하여 주고 미묘한 법문을 들려주어 지성으로 부처님을 생각하도록 가르쳐주느니라. 그러나 그는 괴로움이 극심하여 부처님을 생각할 경황 이 없느니라. 그래서 선지식은 다시 그에게 "그대가 만약 부처님을 생각할 수가 없다면 다만 아미타불을 부르도록 하여라.[汝若不能念者 應稱無量壽佛]" 고 타이르느니라. 그래서 이 사람이 지성으로 소리가 끊 기지 않고 아미타불을 열 번만 온전히 부르면, 그는 부처님의 명호를 부른 공덕으로 염불하는 동안에 80 억겁 동안 생사에 헤매는 무거운 죄업을 없애느니라. 그리고 목숨을 마칠 때는 마치 태양과 같은 찬란한 황금의 연꽃이 그 사람 앞에 나타나, 그는 순식간에 바로 극락세계의 보배 연못 연꽃 속에 태어나느니라.」

＊ 위 경문에서는 오역죄(五逆罪)와 정법(正法)을 비방(誹謗)한 사람은 염불을 열 번 해도 정토에 왕생하 지 못한다고 하는 예외를 두었지만,《무량수경》보다 늦게 설해진《관무량수경》의 하품하생에는 정법비 방을 제외하고 오역죄를 지은 사람도 임종 시에 참회하고 지극한 마음으로 염불하면 극락에 왕생할 수 있는 길을 열어 두었다.

＊ 정법(正法)을 비방한 사람은 염불을 해도 극락에 왕생하지 못하는가. 담란법사는 왕생하지 못한다 고 하였고, 선도화상은 왕생할 수 있다고 하였다. 선도화상은 〈법사찬(法事讚)〉에서 「부처님의 원력으로 오역십악을 지은 죄인도 죄가 소멸되어 왕생하고, 정법을 비방한 천제(闡提:믿음이 없거나 정법을 비방 하는 사람)도 마음을 돌리면 모두 왕생한다.[以佛願力 五逆十惡 罪滅得生 謗法闡提 回心皆往]」라고 하였 고, 〈반주찬(般舟讚)〉에서는 「정법을 비방하고 십악을 행한 천제(闡提)라도 마음을 돌려 염불하면 죄가 모 두 없어진다. 날카로운 검이 곧 아미타불의 명호이니 부처님 명호를 한 번 칭념(稱念)하면 죄가 모두 없어 진다.[謗法闡提行十惡 迴心念佛罪皆除 利劍卽是彌陀號 一聲稱念罪皆除]」라고 하였다.

＊ 원효대사는 〈무량수경종요〉에서 「관무량수경에서는 비록 오역죄를 지었지만 대승(大乘)의 가르침 에 의해 참회하는 자는 왕생할 수 있음을 말씀하신 것이며, 무량수경에서는 (죄를 짓고도) 참회를 하지 않 는 자를 말씀하신 것이다. 이와 같은 뜻 때문에 서로 어긋나지 않는다.[彼經說其雖作五逆 依大乘教 得懺 悔者 此經中說不懺悔者 由此義故 不相違也]」라고 하였다.

＊ 담란법사는 〈왕생론주(往生論註)〉에서 「묻는다. 무량수경에서는 왕생을 발원하면 정법비방이나 오역죄를 제외하고는 극락에 모두 왕생한다고 말하는데, 관무량수경은 오역죄나 십악을 짓고 모든 불선(不善)을 갖추어도 또한 왕생한다고 말한다. 이 두 경(經)을 어떻게 회통시킬 것인가. 답한다. 무량수경은 두 종류의 중죄(重罪)를 갖추었다. 하나는 오역죄고 하나는 정법비방이다. 이 두 종류의 죄를 지었기 때문에 왕생하지 못하는 것이다. 관무량수경은 단지 오역죄와 십악(十惡)만 말했고 정법비방은 말하지 않았다. 정법은 비방하지 않기 때문에 왕생할 수 있는 것이다.[問曰無量壽經言 願往生者皆得往生 唯除五逆誹謗正法 觀無量壽經言 作五逆十惡 具諸不善亦得往生 此二經云何會 答曰 一經以具二種重罪 一者五逆二者誹謗正法 以此二種罪故 所以不得往生 一經但言作十惡五逆等罪 不言誹謗正法 以不謗正法故 是故得生]」라고 하였다.

＊ 〈연종집요(蓮宗集要)〉에 「우익대사는 말하기를, "깊은 신심(信心)과 간절한 원(願)을 가지고 염불하면 망상이 많은 이는 곧 하품하생(下品下生)이다." 하였으니, 비록 하품(下品)으로 왕생하더라도 모든 상선인(上善人: 등각보살을 말함)과 한곳에 모여 법락(法樂)을 함께 받게 된다.」라고 하였다.

＊ 서산대사는 〈선가귀감〉에서 「아미타불을 열 번 소리 내어 염불하는 사람은 아미타불의 원력(願力)으로 극락왕생하여 빠르게 윤회에서 벗어난다. 이는 삼세의 모든 부처님께서 저마다 똑같이 말씀하셨고, 시방세계의 보살들도 똑같은 원(願)으로 왕생하였다.[凡念十聲者 承此願力 往生蓮胎 徑脫輪廻 三世諸佛 異口同音 十方菩薩 同願往生]」라고 하였다.

＊ 불교용어 중 나무(南無)/ 보리(菩提)/ 바라밀(波羅蜜)/ 보시(布施)/ 반야(般若)/ 도량(道場)/ 마하(摩訶)/ 사성제(四聖諦)/ 변조(遍照) 등의 단어는 한글음과 한자음이 서로 다른 예(例)에 속한다. 예컨대, '귀의(歸依)'를 뜻하는 '나무(南無)'는 범어(梵語)인 '나모(Namo)'를 소리 나는 대로 옮긴 것인데(이를 音譯 또는 音寫라 한다), 한자어 '南無'는 원칙대로라면 '남무'로 읽어야 하지만, 우리는 '나무'로 읽는다. '깨달음' 또는 '부처가 되겠다는 마음'을 의미하는 '보리(菩提)'는 범어 '보디(bodhi)'를 음역(音譯)한 것으로, 한자는 '보제(菩提)'로 쓰지만, 읽을 때는 '보리'로 읽는다. '미혹의 이 언덕에서 깨달음(열반)의 저 언덕으로 건너감'을 뜻하는 '바라밀(波羅蜜)'은 범어 '파라미타(paramita)'를 음역한 것으로, 한자음은 '파라밀(波羅蜜)'이지만 '바라밀'로 읽고, '조건 없이 널리 베풂'을 뜻하는 '보시(布施)'는 한자대로 읽으면 '포시(布施)'이지만 '보시'로 읽으며, '지혜'를 뜻하는 '반야(般若)'는 팔리어(語) '판냐(panna)'를 음역한 것으로, 한자로는 '반약(般若)'이라고 쓰지만, 우리는 '반야'로 읽는다. 우선, 이렇게 인도의 범어(산스크리트어)를 당시 중국의 역경승(譯經僧)들이 그대로 음역(音譯)한 이유는, 당시 그에 딱 맞는 중국어가 없

었기 때문이기도 하고, 설사 마땅한 중국어가 있더라도 중국어로 옮길 경우 원래의 의미가 퇴색해버릴 수 있기 때문이거나 또는 범어를 존중하는 뜻에서였다.(팔리어 '판냐(paññā)'를 '반야(般若)'로 음역하지 않고 '智'로 번역할 경우, 당시 사람들이 반야를 총명(聰明)으로 해석할 우려가 있어서 반야로 음역한 것이라고 남회근 선생은 말한다.) 그렇다면, 우리나라에서는 왜 한자어를 원음(原音)대로 읽지 않고 다르게 읽는가. 그렇게 하면 발음이 부드럽거나 편하거나 또는 어색하지 않기 때문이다. '남무'보다는 '나무'가, '보제'보다는 '보리'가, '반약'보다는 '반야'가, '사성체'보다는 '사성제'가 발음하기도 쉽고 어색하지도 않고 또 부드럽다. 十方(십방)을 시방으로, 初八日(초팔일)을 초파일로, 석가모니불을 서가모니불로 읽는 것도 같은 맥락에 속한다.

나무아미타불을 열 번만 부르면, 부처님의 명호를 부른 공덕으로, 염불하는 동안에 80억겁 동안 태어나고 죽으면서 지은 중죄가 제거되느니라. 그리고 목숨을 마치면 마치 태양과 같은 찬란한 황금 연꽃이 그 사람 앞에 나타나, 그는 순식간에 바로 극락세계의 연꽃 속에 태어나느니라.

具足十念 稱南無阿彌陀佛 稱佛名故 於念念中 除八十億劫 生死之罪 命終之時 見金蓮華 猶如日輪 住其人前 如一念頃 卽得往生 極樂世界 於蓮華中　　　　　　-《관무량수경觀無量壽經》

＊《관무량수경》의 16관법 중 맨 마지막에 나오는 하품하생(下品下生)이다. 위 경문(經文)의 핵심은 한 번의 염불이 80억겁 동안 생사(生死)를 거듭하면서 지은 죄를 모두 소멸시킨다고 하는데 있다. 1겁도 장구(長久)한 시간인데, 물경(勿驚) 80억겁이다. 실로 불가사의하다.

＊ 조선의 백암 성총대사의 《정토보서(淨土寶書)》에는 「관무량수경에서 말하는 '십념(十念)'은 대개 병들고 야윈 사람, 힘이 약하고 마음이 여린 사람을 위한 것으로 아미타불을 열 번 불러 그 염(念)을 도와준 것이다. 만약 마음이 건강하고 어둡지 않은 사람이라면 한 번 불러 왕생한다. 이는 마치 머리카락 같은 가는 묘목이 백 아름이나 되는 큰 나무로 자라는 것과 같다.」라고 하였다.

＊ 서산대사는 《선가귀감》에서 「염불이란 입으로만 부처님을 외울 때는 송불(誦佛)이라 하고, 마음속에 기억하고 외울 때는 염불이라 한다. 부질없이 중얼거리면서 마음속으로 부처님을 잃어버리면 도에는 아

무런 이익이 없다.[念佛者 在口曰誦 在心曰念 徒誦失念 於道無益]」라고 하였다.

　＊《무량수경》에서는 '내지십념(乃至十念)'을 말하고 있고,《관무량수경》은 '구족십념(具足十念)'을 말하고 있다. 이 둘의 차이는 뭘까. 차이는 없다. 표현만 다를 뿐이다. 정리하면, 임종 시에 부처님을 머릿속으로 생각하거나 혹은 극락왕생을 발원하면서 부처님 이름을 간절하게 한 번만이라도 부르면 극락에 왕생한다. 이것이 아미타불의 48대원의 광대한 자비심이다. 혹자는 '내지십념'은 염불을 열번 하든, 다섯 번 하든, 한 번 하든 하라는 의미인데 반해 '구족십념'은 반드시 열 번을 해야 하는 뜻이라고 새긴다.

　＊원효대사는 〈유심안락도〉에서 「구마라집(鳩摩羅什)법사께서 설명하여 말하기를, "비유하면 어떤 사람이 넓은 들에서 흉악한 도적을 만나 창을 휘두르며 칼을 뽑아들고 찔러 죽이려 좇아온다면 그 사람은 부지런히 달아나다 내[川]를 만나 건너지 않으면 안 되게 된다. 이때 이 사람은 어떻게 하면 이 내를 잘 건널까 하는 방편만을 생각한다. 그리하여 냇가에 이르러 옷을 입은 채로 건너갈까, 옷을 벗고 건너갈까 망설이게 된다. 만일 옷을 입은 채로 건너면 잘 건너지 못할까 두렵고, 또 옷을 벗고 건너려면 시간이 늦을까 두려워진다. 즉, 뒤좇아 오는 도적이 급한데 옷을 벗을 여유가 없다. 오직 이 내를 건너야 한다는 생각뿐 다시 다른 생각은 없다. 마땅히 이 내를 건너야 한다는 이것이 곧 일념이다. 이 일념(一念)을 열 번 생각할 뿐 다른 잡된 생각은 없다." 수행하는 사람도 이와 같아서 만일 부처님의 이름을 생각하거나 부처님의 상호(相好)를 생각하며 이러한 생각을 끊임없이 하여 이렇게 열 번을 하면 이 같은 지극한 마음이 곧 십념인 것이다.[什公說言 譬如有人 於廣野中 値遇惡賊 揮戈拔斂 直來斷殺 其人勤走 視度一河 爾時但念渡河方便 旣至河岸 爲著衣度 爲脫衣度 若著衣衲 恐不得過 若脫衣衲 恐不得暇 但有此念 更無他意 當念度河 卽是一念 此等十念 不雜餘念 行者亦爾 若念佛名 若念佛相等 無間念佛 乃至十念 如是至心 名爲十念]」라고 하였다.

　＊원효대사는 〈무량수경종요〉에서 「오로지 나무아미타불만 부르고 다른 생각이 섞여 있지 않은 것을 일념(一念)이라 하고, 이와 같이 끊임없이 이어지는 지극한 마음을 십념(十念)이라 한다.」라고 하였다.

　＊이원정거사는〈불법도론(佛法導論)〉에서 「십념(十念) 염불이란 연달아 부처님 명호를 부르되, 한 호흡이 다할 때까지가 일념(一念)이고, 이렇게 열 번 하는 것이 십념이다.」라고 하였다.

　＊중국 원나라 임제종의 고승인 천여 유칙선사는 〈정토혹문(淨土或問)〉에서 「십념(十念)이란, 이른 아침마다 서쪽을 향하여 단정히 서서 합장하고, 아미타불을 계속 불러 한 숨이 다할 때까지 하는 것을 일념이라 하고, 이렇게 해서 열 번 숨 쉴 때까지를 십념이라 한다. 단지 숨이 길고 짧음을 따를 뿐, 부처님 이름을 많이 불렀는지 적게 불렀는지는 제한이 없다. 염불소리는 오직 길게 하고, 기운이 쇠하여 숨이 차지

않도록 알맞게 하며, 소리가 높지도 낮지도 않게 하고, 느리지도 빠르지도 않게 하며, 열 번 숨을 쉬는 동안 계속하여 마음이 산란하지 않으면서 정성을 다해서 하는 것을 십념이라 한다.[十念者 每淸晨 面西正立合掌 連聲稱阿彌陀佛 盡一氣爲一念 如是十氣 名爲十念 但隨氣長短 不限佛數多少 唯長唯久 氣極爲度 其佛聲不高不低 不緩不急 調停得中 如是十氣 連屬不斷 意在令心不散 專精爲功 故名此爲十念者]」라고 하였다.

　＊ 담란법사는 세친보살의 〈왕생론(往生論)〉을 주석한 〈왕생론주(往生論註)〉에서 「마음에 다른 생각이 없이 일심(一心)이 계속 이어져 아미타불을 부르면서 열 번을 채우면 이를 십념(十念)이라 한다. 이 십념에서 념(念)의 뜻은 억념(憶念)이다. 부처님의 상호를 따라 부처님 명호를 부르면서 마음속에 십념이 계속 이어져 오로지 아미타불만 마음에 두는 것이 가장 중요하다.[心無他想 一心相續 念阿彌陀 滿十數名爲十念云 此十念之念 以憶念爲義 緣佛相好 稱佛名號 以心十念相續 專心阿彌陀佛 最爲重要]」라고 하였다.

　＊ 중국의 성엄선사는 「마음속에 기타잡념이 생기지 않는 것이 곧 십념상속이고 십념염불이다.[心中沒有出現其他雜念 便是十念相續 也是十念念佛]」라고 하였다.

　＊ 청화스님은 「염불이란 본래 부처인 우리가 본래 부처인 것을 잊어버리고 있다가 부처님 가르침을 만나서 본래 부처인 줄 알고, 부처를 생각하고 부처님의 이름을 부르는 것입니다. 마음으로 부처님의 경계를 생각하면서 입으로 부처님을 외우는 것이 하나가 되어 염불하면, 우리가 한번 부처님을 부를 때마다 그만큼의 우리 업장이 소멸되고, 걸음걸음 소리소리 생각 생각마다 염불을 함으로써 염불삼매에 들어가며, 그리하여 근본 번뇌의 뿌리를 녹이고서 마음을 깨닫게 됩니다.」라고 하였다.

　＊ 남회근 선생은 「관무량수경의 핵심은 16종의 관상(觀想)법문에 있는데, 대승(大乘)과 소승(小乘)을 아우르고 현교(顯敎)와 밀교(密敎)를 두루 융합한 수행법문으로서, 극락세계에 이르는 중요한 길이라고 부를 만합니다.」라고 하였다.

　＊ 인광대사는 「관무량수경에는 정업정인(淨業正因: 극락왕생의 직접 원인)이 나와 있소. 부모님께 효도로 봉양하고, 스승과 어른을 받들어 섬기고, 자비로운 마음으로 살생을 끊고, 십선(十善)을 닦고, 삼귀의(三歸依)를 받들어 지니고, 모든 계율을 갖추어 지키고, 위엄과 예의를 범하지 않고, 보리심을 발하고, 인과응보를 깊이 믿고, 대승경전을 독송하고, 수행에 정진하도록 서로 권하는 것이오. 이 11가지 조목 가운데 어느 하나만 있어도, 깊은 믿음과 간절한 발원으로 극락왕생에 회향 기도하면, 모두 소원을 성취할 수 있다오.」[觀經以孝養父母 奉事師長 慈心不殺 修十善業 及受持三歸 具足衆戒 不犯威儀 與發菩提心 深

信因果 讀誦大乘 勸進行者 爲淨業正因 此十一事 有其一種 以深信願 迴向往生 皆得如願」 라고 하였다.

＊《관무량수경》에 「아미타불의 광명은 시방세계를 두루 비추고, 염불하는 중생을 거두어들여 하나도 버리지 않으신다.[光明遍照十方世界 念佛衆生攝取不捨]」 라고 하였다.

＊ 선도화상은 「불광(佛光)은 두루 시방세계를 비추니, 오직 염불하는 자를 거두어들인다.[佛光普照 唯攝念佛者]」 라고 하였다.

＊ 불광(佛光) : 중생과 부처가 마음 자체에 지니고 있는 지혜의 본체. 불광은 나지도 죽지도 않고 시작도 없고 끝도 없으며 삼세를 관통하고 시방에 두루 존재함.

＊ 청화스님은 「아미타불은 우리들의 본래면목입니다. 우리들의 본래 마음자리입니다. 명나라의 4대 고승들이 하나같이 염불 쪽에 무게를 두었습니다.」 라고 하였다.

＊ 법문(法門) : ①진리나 보리(깨달음)로 들어가는 부처님의 가르침. 8만4천 가지의 방대한 법문이 있음. 이는 중생의 근기와 습기가 모두 다르기 때문이기도 하고, 또 중생의 번뇌가 8만4천 가지나 되기 때문이기도 함. ②스님의 설법(說法).

＊ 정토법문은 달리 염불법문이라고도 한다. 정토법문은 부처님을 간절히 생각하거나 부처님 이름을 집중하여 부름으로써 극락세계에 왕생하는 것을 목표로 하는 수행법을 말한다. 부처님의 본원력에 의지하고, 부처님의 위신력에 올라타는 것이 염불이다.

＊ 고덕께서 「정토법문을 수지(修持: 닦아 지님)하여 오로지 부처님 명호만을 부르는 것은 대선근, 대복덕이다. 과거 숙세에 복덕과 지혜를 심은 사람이 아니라면, 이 정법을 들을 수 없다.[修持淨土 專稱佛名 大善根大福德 若非宿昔福兼慧 於此正法不能聞]」 라고 하였다.

＊ 고덕께서 「악인(惡人)도 염불하면 오히려 구제받는데, 하물며 선인(善人)이 염불하면 어떠하겠는가. 임종 시에 염불해도 오히려 구제받는데, 하물며 평생 동안 염불하면 어떠하겠는가. 임종 시에 조금만 염불해도 오히려 구제받는데, 하물며 평생 동안 많이 염불하면 어떠하겠는가. 임종 시에 조념염불(助念念佛: 주변사람들이 염불해주는 일)만으로도 오히려 구제받는데, 하물며 평생 동안 스스로 염불하면 어떠하겠는가. 임종 시에 염불하는 것도 숙세(宿世: 과거의 수많은 전생)에 심은 선근이 깊어서이거늘, 하물며 평생 동안 염불한 사람은 숙세에 얼마나 많은 선근을 심은 사람이겠는가.[惡人念佛尙救 何況善人念佛 臨終念佛尙救 何況平生念佛 臨終少念尙救 何況平生多念 臨終助念尙救 何況平生自念 臨終念佛宿善深 何況平生念佛]」 라고 하였다.

* '염(念)'이란 지금 일어나는 마음이요, 현재의 마음이며, 항상 하고 있는 마음이다. '염(念)'이란 감응(感應)이다. 내가 부처님을 생각하면 부처님도 나를 생각하시니 감응(感應)의 도(道)가 서로 만난다.[感應道交]. '염(念)'이란 연인을 그리워하는 것과 같아서 밤낮으로 잊지 않는 것이다. '염(念)'이란 끈적끈적함이다. 중생과 부처는 서로 끈적끈적한 한 몸이어서 떨어지지 않는다. '염(念)'이란 잊지 않고 늘 기억하는 것이다. 마치 자식이 어미를 그리워하는 것처럼 늘 마음속에 품고 있는 것이다. '염(念)'이란 부르는 것이다. 아미타불의 본원을 믿고 아미타불을 부르면 범부가 극락에 왕생한다.[念者今心 現在之心 時時之心 念者感也 能念所念 感應道交 念者戀也 如戀情人 日夜不忘 念者粘也 生佛相粘 一體不離 念者憶也 如子憶母 時時在懷 念者稱也 本願稱名 凡夫入報].

* 고덕께서 「만약 중생을 정토에 왕생케 할 수 없다면, 아미타불도 곧 정각(正覺)을 이루시지 못한다. 만약 중생을 정토에 왕생케 할 수 있다면 아미타불도 비로소 정각을 이룰 수 있다. 중생이 만약 왕생할 수 없다면 아미타불이 어찌 정각을 이룰 수 있겠는가. 아미타불이 이미 정각을 이루었다면 중생이 어찌 정토에 왕생할 수 없겠는가. 아미타불의 정각은 중생이 정토에 왕생하느냐에 따라 결정된다. 중생의 정토왕생은 아미타불이 정각을 얻었느냐에 따라 결정된다. 아미타불의 정각은 중생의 정토왕생을 위하여 이루어진다. 중생의 정토왕생은 아미타불의 정각으로 말미암아 이루어진다. 아미타불의 정각은 중생의 정토왕생의 공덕을 위해 이루어진다. 중생의 정토왕생은 아미타불의 정각의 공덕에 의지하는 것이다. 아미타불은 이미 정각을 이루셨다. 중생이 아미타불께 귀명(歸命)하면 반드시 정토에 왕생한다. 아미타불이 이미 정각을 이루셨더라도 중생이 귀명하지 않으면 정토에 왕생할 수 없다. 중생이 정토에 왕생하지 못하면 정각을 이루지 않겠노라고 하신 말씀으로 보아 아미타불의 서원이 무한함을 알 수 있다. 중생의 왕생과 아미타불의 정각, 이 둘은 서로 의지하고 있고 기법일체(機法一體)여서 떨어질 수 없다. 중생이 정토에 왕생하지 못하면 정각을 이루지 않겠노라 하신 아미타불께서는 이미 정각을 이루셨다. 이것은 곧 우리의 왕생이 성취되었다는 것을 뜻한다. 이 도리를 믿고 일심으로 아미타불께 귀명하면 부처님과 한 몸이 되어 자연스럽게 왕생한다.[若不能使眾生往生 彌陀卽不能成正覺 若能夠使眾生往生 彌陀才能夠成正覺 眾生若不能往生 彌陀豈能成正覺 彌陀若已成正覺 眾生豈不能往生 彌陀之正覺 依眾生之往生而定 眾生之往生 依彌陀之正覺而定 彌陀之正覺 爲眾生之往生而成 眾生之往生 由彌陀之正覺而成 彌陀之正覺 成爲眾生往生之功德 眾生之往生 依靠彌陀正覺之功德 彌陀旣已成正覺 眾生歸命必往生 彌陀雖已成正覺 眾生不歸不能生 若不生者之誓可知 不取正覺之言無限 眾生之往生與彌陀之正覺 彼此互相依靠

機法一體不離 若不生者 不取正覺之彌陀旣成正覺 卽是成就我之往生 信知此理 一心歸命 卽與佛一體 自然往生」라고 하였다.

만약 선남자 선여인이 아미타불에 대한 선지식의 가르침을 듣고 아미타불 명호를 꽉 붙잡아 지니면서, 하루 내지 이레 동안 한결같은 마음으로 오직 아미타불의 명호만 부르거나 생각하면, 그 사람의 목숨이 다할 때 아미타불께서 성중聖衆과 함께 그 사람 앞에 나타나시리니, 이 사람은 목숨이 끊어질 때 마음이 뒤바뀌지 아니하면 극락국토에 바로 왕생하느니라.

若有善男子善女人 聞說阿彌陀佛 執持名號 若一日若二日若三日若四日 若五日 若 六日 若七日 一心不亂 其人 臨命終時 阿彌陀佛 與諸聖衆 現在其前 是人終時 心 不顚倒 卽得往生阿彌陀佛國土   -《불설아미타경佛說阿彌陀經》

＊ 위 경문(經文)에서 가장 중요한 것은 무엇일까. 첫 번째로는 정토법문은 짧게는 하루, 길게는 7일이면 성취할 수 있다는 말씀이다. 정토법문을 제외한 그 어떤 법문도 하루 또는 이틀 또는 3일 또는 4일 또는 5일 또는 6일 또는 7일간 닦아 성취할 수 있는 법문은 없다.

정공법사는 「부처님께서는 7일 동안 정진하여 염불하면 법신대사가 백 천 억겁 동안 닦은 것과 동등한 공덕을 얻을 수 있다고 하셨다. 아미타불을 염송하여 주야로 끊어지지 않기를 하루에서 7일 동안 해야 한다. 7일 동안 부처님을 부르는데, 7일 낮 7일 밤 동안 중단해서는 안 되며, 어떤 사람을 보아도 아는 체 해서는 안 된다. 중국 당대(唐代) 육조(六祖) 문하에서 선정을 얻어 깨달은 자가 43명이다. 하지만 혜원법사와 함께 염불하여 득도한 사람은 123명이나 된다. 어느 대덕께서 "선(禪)과 밀(密)은 성취하기가 매우 어렵다. 대륙에서 40년 동안 밀교를 배운 사람은 많았지만, 진정으로 성취한 사람은 겨우 여섯 사람에 불과하다." 하였다.」라고 하였다. 이 말씀은 그 취지가 명확하다. 예로부터 선(禪)이나 밀(密)을 닦아 성취한 사람은 정말로 드물다는 뜻이다. 하지만 정토법문을 통하여 극락에 왕생한 사례는 부지기수다. 극락에 왕생하면 누구나 불퇴전보살(팔지보살)이다. 하품하생(下品下生)으로 왕생해도 마찬가지다.

혜원법사는 69세 때인 서기 402년 염불결사인 백련사(白蓮社)를 만들어 유유민(劉遺民: 본명은 유정지(劉程之)로 제자백가에 능통한 관리 출신이었다. 혜원법사에게 의탁한 후 계율을 출가자보다 더 철저히 지켰다. 삼매에 들면 아미타불을 뵙기도 했고, 길을 가다가 공중에 아미타불이 나타나기도 하였다. 〈조론(肇論)〉을 지은 승조(僧肇)법사는 자신보다 30여년이나 어렸음에도 그를 스승처럼 깍듯이 받들면서 서신으로 자신의 의문점들을 물었다. 법화경을 수백 번 염송하고 이 경전의 공덕으로 모든 생명 있는 존재들이 정토에 왕생하기를 발원했다.) 등 출가자와 속인(俗人) 123명이 동림사(東林寺)에서 모여 아미타불상 앞에서 서약을 하고 염불왕생의 법을 닦아 123명 모두 극락에 왕생한 역사적 사실이 있다. 우리나라 서기 758년 신라의 발징(發徵) 화상의 주도하에 출가자 31인, 재가자 1,820인 등 총 1,851명이 고성 건봉사에서 염불 만일(萬日)결사를 맺었는데, 염불수행 29년만인 786년에 드디어 만일(10,000일)이 되어 출가자 31명이 즉시 상품상생(상품상생으로 왕생하면 즉시 부처의 후보자리에 오른다)하였고, 재가자 913명도 상품상생, 재가자 18명은 상품중생, 재가자 31명은 상품하생하였으며, 나머지는 발징화상이 극락에 왕생한 후 수기(授記)를 받고 무생법인을 깨친 후 다시 돌아와 이들을 구제하라는 말씀을 관세음보살에게 듣고 마침내 왕생했다는 기록이 〈삼국유사〉에 전한다. 이외에도 연지대사의 〈왕생집〉이나 〈염불감응록〉이나 〈염불감응견문기(念佛感應見聞記)〉 등을 보면 극락에 왕생한 사례가 수두룩하다.

정공법사는 「염불법문은 하루에서 7일 동안 기한을 정하여 증득할 수 있다. 과연 어느 법문이 7일 만에 성공할 수 있는지 생각해보기 바란다. 이 때문에 중국 법상종의 개산조사이신 규기(窺基)대사조차도 이 정토법문을 돈극(頓極)인 대승이라고 찬탄한 바 있다.」라고 하였다.

위 경문에서 두 번째로 중요한 것은 '일심불란(一心不亂)' 과 '심부전도(心不顚倒)' 이다.

＊ 위 《불설아미타경》은 삼장법사인 구마라즙께서 중국어로 번역하신 경전이다. 이 경전이 가장 유명하지만, 또 한편으로는 당나라의 현장법사께서 번역하신 《칭찬정토불섭수경(稱讚淨土佛攝受經)》도 있다. 이 경에는 어떻게 기록되어 있는지 같은 구절을 소개한다.

「만일 청정한 믿음을 가진 모든 선남자나 선여인이 이와 같은 무량수불의 한량없고 끝없고 불가사의한 공덕과 명호와 극락세계의 공덕과 장엄을 듣고, 듣고 나서 사유하되, 하루 밤낮이나 이틀이나 사흘이나 나흘이나 닷새나 엿새나 이레 동안 몸과 마음을 한곳에 모아 오직 부처님 명호만 생각하거나 부르면, 이 선남자나 선여인이 목숨이 끊어지려 할 때 무량수불께서 그 한량없이 많은 성문(聲聞)제자들과 보살들이 앞뒤로 에워싼 가운데 그 앞에 와서 머무시고 자비로 도우셔서 마음을 혼란스럽지 않게 하시고, 목숨을 마치면 부처님과 회중을 따라 무량수불의 극락세계인 청정한 불국토에 태어난다.〔若有淨信諸善男子或善女人 得聞如是無量壽佛無量無邊不可思議功德名號極樂世界功德莊嚴 聞已思惟 若一日夜 或二或

三 或四或五 或六或七 繫念不亂 是善男子或善女人 臨命終時 無量壽佛與其無量聲聞弟子菩薩眾俱 前後 圍繞來住其前 慈悲加祐令心不亂 旣捨命已隨佛眾會 生無量壽極樂世界清淨佛土〕」

* 《불설대무량수장엄청정평등각경》에서는 '일심불란' 이라는 말 대신 '집지계념(執持繫念)' 이라는 말을, 당나라의 현장법사가 번역한 《칭찬정토불섭수경》에서는 '계념불란(繫念不亂)' 이란 말을, 《무량수 경》에서는 '일향전념(一向專念)' 을, 대우(大佑)선사가 지은 〈정토지귀집〉에서는 '일향전지(一向專志)' 를, 선도(善導)화상은 '일향전칭(一向專稱)' 을 쓰고 있다. 일심불란/ 집지계념/ 계념불란/ 일향전념/ 일향전지 / 일향전칭이 표현은 제각각 달라도 뜻은 같다. 즉, 몸과 마음을 오직 한 곳에만 모아 잡념과 망상을 거두 고 맑고 고요하게 정신을 부처님 명호 하나에만 집중하는 것이다. 달리 말하면, 일심불란이란 염불수행 을 할 때 마음이 산란하지 않고 지극한 정성과 지극한 신심(信心)으로 오직 부처님 명호만 생각하는 것을 말한다.[修念佛時 心不散亂 至誠信心 專念佛名]. 정토의 스승들께서는 일심불란이 곧 선정(禪定)이고, 선 종에서 흔히 말하는 마음을 밝히고 자성(自性)을 보는 명심견성(明心見性)의 경지라 하였다.

* 선도화상은 일심불란이란 '오직 아미타불의 명호만 부르는 것' 이라고 하였다. 죄악이 많은 범부는 몸과 마음을 한 곳에 집중하고 잡념과 망상을 없애는 것이 불가능한데, 일심불란으로 염불을 해야만 극 락에 왕생할 수 있다고 한다면, 또는 염불삼매를 얻어야만 극락에 왕생할 수 있다고 한다면 성현(聖賢)들 이나 아니면 견혹(見惑) 또는 사혹(思惑)을 완전히 조복시킨 사람들만 극락에 갈 수 있다는 얘기인데, 이 는 아미타불의 대자대비하신 본원(本願: 48원)에 어긋난다는 것이다. 다른 불보살님들의 명호도 부르지 않고, 또 독경이나 진언 등도 하지 않고 오직 아미타불 명호만 부르면 이것이 바로 일심불란이라고 하였 다. 선도화상의 법문을 널리 전하고 있는 대만의 혜정(慧淨)법사는 「아미타불께서 중생을 구제하시는 데 에는 어떠한 조건도 달지 않으셨습니다. 굳이 조건이 있다고 한다면, 왕생을 발원하고 아미타불의 명호 를 부르는 것일 뿐입니다. 그러므로 우리는 먼저 반드시 극락왕생을 발원하는 마음이 있어야 하고, 다음 으로 오로지 아미타불의 명호를 부르면 됩니다. 이런 사람은 100% 왕생합니다. 왜냐하면 아미타불의 발 원이 이미 성취되었기 때문입니다.」라고 하였다.

* 일심불란(一心不亂)에는 사일심불란(事一心不亂)과 이일심불란(理一心不亂)의 두 가지가 있다.

원영법사는 「사일심불란(事一心不亂)이란 염불하는 마음으로 염불의 대상인 부처님의 명호를 오로지 집중하여 염하되(생각하되) 그 염불하는 마음(心)과 입(口)이 서로 합치(合致)되는 것이다. 일심으로 부처 님의 명호를 생각하여 '나무아미타불' 여섯 자가 분명하게 드러나면 마음은 부처를 떠나지 아니하고 부처는 마음을 떠나지 아니하여 생각 생각에 끊어짐이 없는 것을 말한다.」라고 하였다. 정공법사는 「정(定)을 얻으면, 이 정(定)이 번뇌를 끊을 수 있고, 번뇌를 끊으면 사일심불란(事一心不亂)이다.」라고 하였다. 정공법사는 「선정 가운데 지혜가 열린다면, 지혜로 무명을 깨뜨릴 수 있다. 무명(無明)이 깨지는 것이 이일심불란(理一心不亂)이다.」라고 하였다.

* 정공법사는 「사일심불란(事一心不亂)은 염불삼매라고 부른다. 정토법문에서 사일심불란이라고 하는 말은 선가(禪家)에서 선정(禪定)을 얻는다는 말과 같다. 그러나 아직 명심견성은 아니다. 이일심불란(理一心不亂)에 도달해야만 비로소 명심견성이다. 염불법문의 이일심불란(理一心不亂)이 바로 명심견성이며, 바로 삼업청정(三業淸淨)이다.」라고 하였다.

* 연지대사는 「일심불란의 '일심(一心)' 이란 생각[心念]이 있는 것은 아니다. 생각이 없는 것도 아니다. 생각이 있는 것도 아니고 생각이 없는 것도 아니다. 생각이 있지 않은 것도 아니고, 생각이 없지 않은 것도 아니다. 생각을 하면서도 생각이 없는 것, 이것을 일러 '일심' 이라 한다. 일심불란이란 한 생각도 생기지 않는 것과 다르지 않으니, 어찌 돈교(頓敎)가 아니겠는가.[一心不亂中 一心 不以有心念 不以無心念 不以亦有亦無心念 不以非有非無心念 念而無念 是名一心 一心不亂 不異一念不生 焉得非頓]」라고 하였다.

* 원효대사는 〈아미타경소〉에서 「이제 이 아미타경은 이에 곧 두 분 여래가 세상에 나오신 큰 뜻이요, 사부대중이 도(道)에 들어가는 긴요한 문이다.[今是經者 斯乃 兩尊出世之大意 四輩入道之要門]」라고 하였다.

* 〈염불경(念佛鏡)〉에는 「하루만 염불하여도 정토에 왕생하는데 왜 수고롭게 7일간 해야 하는가.」라는 질문에, 「1일과 7일 모두 목숨을 마칠 때에 정토에 왕생한다. (발심이) 빠르면 1일, 늦으면 7일이다.」라고 하였다. 또한 「일념(一念)과 십념(十念) 염불은 염불하는 숫자가 적고 늦게 발심한 사람이기 때문에 하품하생으로 왕생하고, 1일 내지 7일은 염불하는 숫자가 많고 빨리 발심한 사람이기 때문에 상품상생으로 왕생한다.」라고 하였다.

* 우익대사의 〈아미타경요해〉에 「예리한 근기를 가진 사람은 하루면 일심불란(一心不亂)에 이르지만, 둔한 근기를 가진 사람은 7일이 지나야 비로소 일심불란에 이른다. 중근기는 이틀, 사흘, 나흘, 닷새, 엿새 등 일정치 않다. 또 예리한 근기(根機)를 가진 사람은 능히 7일 동안 일심불란할 수 있지만, 둔한 근기는 겨우 하루 동안 일심불란할 수 있다. 중근기는 엿새, 닷새, 나흘, 사흘, 이틀 등 일정하지 않다.[利根一日卽不亂 鈍根七日方不亂 中根二三四五六日不定 又利根能七日不亂 鈍根僅一日不亂 中根六五四三二日不定]」라고 하였다.

＊ 남회근 선생은 「모든 죄업, 모든 번뇌, 고통스러운 일에 부처님 명호를 전심(專心)으로 닦아 가십시오. 더 나아가 개인적으로 1주일 동안 폐관하고 홀로 결심하여 외워 가면 모든 것이 변화할 것입니다. 꼭 1주일도 아닙니다. 만약 심경(心境; 마음 경계)이 전일(專一)할 수 있다면 7시간 동안 만에도 심신을 전환 변화시킬 수 있습니다.」라고 하였다.

＊ 정공법사는 「근기가 총명한 사람은 하루면 일심불란의 경지에 이를 수 있고, 근기가 우둔한 사람은 7일이 되어야 비로소 일심불란에 이를 수 있으며, 근기가 중간 정도인 사람은 2일~6일 등 일정하지 않다」고 하였다.

＊ 남회근 선생은 「여러분, 염불을 가볍게 보지 마십시오. 관세음보살을 외우든 문수보살을 외우든 아미타불을 외우든 잘 외우십시오. 철저하면 공부가 성취됩니다.」라고 하였다.

＊ 선도화상은 〈관념법문(觀念法門)〉에서 「일체의 악을 지은 범부라도 단지 마음을 돌려 아미타불을 불러 정토왕생을 발원하라. 위로는 백년(평생), 아래로는 7일에서 하루, 내지 열 번이나 세 번 또는 한 번만이라도 아미타불을 부르면 임종 시에 부처님께서 성중(聖衆)과 함께 몸소 영접하러 오시니 곧바로 정토에 왕생한다.[一切造罪凡夫 但廻心念阿彌陀佛 願生淨土 上盡百年 下至七日 一日十聲三聲一聲等 命欲終時 佛與聖衆 自來迎接 卽得往生]」라고 하였다.

＊ 선도화상은 〈관경소(觀經疏)〉에서 「일체의 범부는 죄와 복덕이 많고 적음이나 염불한 기간의 길고 짧음을 묻지 않고, 단지 위로는(많게는) 평생토록, 아래로는(짧게는) 하루 내지 7일간 일심으로 아미타불을 부르면 반드시 왕생하나니 절대 의심하지 말라.[一切凡夫 不問罪福多少 時節久近 但能上盡百年 下至一日七日 一心專念 彌陀名號 定得往生 必無疑也]」라고 하였다.

＊ 인광대사는 「문장이 간단하면서 의미가 풍부하고 말이 간결하면서 이치가 함축적이어서 상중하 모든 근기의 중생이 두루 이익을 보고, 구계(九界) 중생이 함께 받들어 행할 만하며 착수하기 쉽고 성공률 높으며 힘 적게 들고 효과 빠르며, 독실하게 한 가지 수행하여 만 가지 공덕을 원만히 성취하여 원인 자리의 마음을 과보 자리의 깨달음에 단박 들어 맞출 수 있는 경전은 오직 불설아미타경만을 손꼽을 것이오.」라고 하였다.

＊ 천태 지자대사는 「성상대사와 남호선사는 불설아미타경을 피를 뽑아 쓰는데, 한 글자 쓸 적마다 부처님을 세 번 돌고 세 번 절하고 세 번 염불하였으니, 이것은 모든 경전 가운데 이 경이 가장 귀중함을 증명한 것이다.」라고 하였다.

＊ 우익대사는 〈아미타경요해〉에서 「화엄경의 심오한 법장(法藏), 법화경의 비밀스런 골수(骨髓), 일체 부처님의 심요(心要), 보살만행의 지침(指針) 모두 다 아미타경에서 말하는 지명염불(持名念佛)을 벗어나 지 아니한다. 이러한 이치를 자세히 찬탄하고 설명하자면 겁이 다하도록 하여도 오히려 다하지 못할 것이다. 지혜 있는 사람은 이와 같은 이치를 스스로 알 것이다.[華嚴奧藏 法華秘髓 一切諸佛之心要 菩薩萬行之司南 皆不出於此矣 欲廣歎述 窮劫莫盡 智者自當知之]」라고 하였다.

＊ 연지대사는 「삼아승기 겁을 뛰어넘는 것은 일념에 있고, 팔만사천 경문을 요약하면 몇 마디 말이다. 지극하여라. 그 오묘함을 생각으로 헤아릴 수 없는 것은 오직 불설아미타경뿐이다.」라고 하였다.

＊ 담허대사는 「법화경은 널리 설한 아미타경이고, 아미타경은 간략하게 설한 법화경이다.」라고 하였다.

＊ 원효대사는 〈아미타경소(阿彌陀經疏)〉에서 「아미타경의 이름만 들어도 곧 일승(一乘)에 들어가 다시는 되돌아오지 않으며, 입으로 아미타부처님의 명호를 염송한즉 삼계를 벗어나 다시 돌아오지 않는다. 하물며 아미타부처님께 예배하고, 집중하여 염불하고, 찬탄하여 읊조리며, 극락의 불보살님과 장엄을 관(觀)하는 수행이겠는가.」라고 하였다.

＊ 남회근 선생은 「공덕과 지혜에 성취가 있는 사람이라야 비로소 선남자, 선여인이라 할 수 있습니다.」라고 하였다.

＊ 정공법사는 「아미타경에서 말하는 '선남자 선여인' 은 다른 경전에서 말하는 선남자 선여인의 의미와 다르다. 여기서 말하는 선남자 선여인은 선근이 많고 복덕이 많으며 인연이 많아야 하며, 또한 진실한 믿음과 간절한 발원으로 일심으로 부처님 명호를 수지하는 사람들을 말한다.」라고 하였다.

＊ 정공법사는 「부처님께서는 7일 동안 정진하고 염불하면 법신대사(法身大士)가 백 천 억겁 동안 닦은 것과 같은 공덕을 얻을 수 있다고 하셨다. 염불당에 들어간 뒤 아미타불 넉 자 명호 이외에는 잡념이 하나도 없어야 한다. 이치(理)는 비록 이와 같지만, 사(事)상으로는 매우 힘들다.」라고 하였다.

＊ 법신대사 : 십지(十地) 위의 보살. 총 11계위(階位)가 있다.

＊ 집지명호(執持名號)에서 '지명염불(持名念佛)' 이란 말이 나왔다. 집지명호는 곧 마음으로는 아미타불의 중생구제를 믿고, 입으로는 아미타불의 명호를 부르는 것을 말한다.[執持名號 卽是心信彌陀救度 口稱彌陀名號].

＊ 우익대사는 〈아미타경요해〉에서 「집지(執持)란 생각 생각마다 부처님을 기억하고 부처님의 명호를 생각하는 것이니, 고로 이것이 사혜(思慧)다. 그러나 여기에는 사지(事持)와 이지(理持)가 있다. '사지(事

持)' 란 서방(西方)에 아미타불이 있다는 것을 믿기는 하나, 이 마음이 부처를 이루고, 이 마음이 곧 부처라는 것에는 통달하지 못한 것을 말한다. 다만, 결연한 뜻을 세워 정토에 왕생하길 발원하기 때문에, 마치 자식이 어머니를 생각하는 것처럼 잠시도 잊어버리는 때가 없는 것이다. '이지(理持)' 란 서방의 아미타불이 내 마음에 다 갖추어져 있고, 아미타불은 내 마음이 만든 것이라는 것을 믿는 것을 말한다. 즉 자심(自心) 속에 갖추어져 있고, 자심이 만든 아미타불이라는 위대한 명호를 마음의 경계로 묶어 이를 잠시도 잊지 않는 것이다.[執持則念念憶佛名號 故是思慧 然有事持理持 事持者信有西方阿彌陀佛 而未達是心作佛 是心是佛 但以決志願求生故 如子憶母 無時暫忘 理持者信西方阿彌陀佛 是我心具 是我心造 卽以自心所具所造洪名 爲繫心之境 令不暫忘也] 라고 하였다.

* 우익대사는 〈아미타경요해〉에서 「묻는다. 7일간 일심불란한다는 것은 평상시를 말하는 것인가, 임종시를 말하는 것인가. 답한다. 평상시를 말하는 것이다. 묻는다. 7일간 일심불란한 후에 다시 미혹한 업을 지으면 왕생할 수 있는가. 답한다. 진정으로 일심불란에 이른 사람은 다시는 미혹한 업을 짓는 일이 없다.[問七日不亂 平時耶 臨終耶 答平時也 問七日不亂之後 復起惑造業 亦得生耶 答果得一心不亂之人 無更起惑造業之事] 라고 하였다. 이 문답내용은 명나라 천여 유칙선사가 지은 〈정토혹문(淨土或問)〉에도 같은 내용의 글이 실려 있다.

* 정공법사는 「밀종(密宗)에는 '관정(灌頂)' 이라는 것이 있다. 관정(灌頂)은 부처님의 지극히 높고 위없는 법문을 당신에게 전수한다는 뜻이다. 제불여래의 지극히 높고 위없는 첫 번째 법문은 바로 아미타경이다. 만약 아미타경을 한 번 읽으면, 일체제불께서 한 번 관정(灌頂)을 해주시는 것과 똑같다.」 라고 하였다.

* 임종 시 마음이 뒤바뀌지 않아야 한다.[臨命終時 心不顚倒 : 임종 시에 정념(正念)이 계속 머물러 있는 것을 말한다. '마음이 뒤바뀐다.[心顚倒]' 함은, 임종 시에 염불한 것을 후회하거나 의심하거나 중단하거나 물러나는 것, 또는 부처님에 대한 믿음이 없어지거나 엷어지는 것도 해당된다. 더 나아가 임종 시에 죽음을 두려워하거나 삶에 집착을 하거나 종교를 바꾸는 것 등을 포함한다. 또 임종 시 또는 임종 후에 삿된 중음(中陰)의 경계에 끌려가는 것도 포함된다.

* 무량수경/ 관무량수경/ 아미타경의 세 경전을 '정토삼부경(淨土三部經)' 또는 '정토삼경(淨土三經)' 이라고 부른다.《무량수경》은 '《대경(大經)》' 이라고도 부르고, 2권으로 구성되어 있다고 하여《쌍권경(雙卷經)》 또는《양권경(兩卷經)》이라고도 부른다.《관무량수경》은 '《관경(觀經)》' 또는 '《십육관경(十六觀

經)’ 이라고도 부르며, 《아미타경》은 ‘《소경(小經)》’ 또는 ‘《일체제불소호념경(一切諸佛所護念經)》’ 또는 줄여서 ‘《호념경(護念經)》’ 이라고도 부른다.

* 《아미타경》의 대의(大意)는 크게 세 가지다. 「먼저 극락세계의 의보(依報)장엄과 정보(正報)장엄의 공덕을 설하여 중생들이 극락을 기뻐하며 그리워하는 마음을 일으키도록 하였다. 그 다음에는 적은 선근으로는 극락에 왕생하지 못하고 오직 지명염불로만 왕생할 수 있음을 분명히 하였다. 마지막으로는 (석가세존의 말씀이 옳다는 것을) 모든 부처님께서 증명해 보이셨는데, 그 증명이 진실함을 보이셨고, 중생들에게 믿고 받들어 지닐 것을 권하여 이끄셨다.[先說依正功德 發起衆生欣慕 次示少善不生 唯明持名得生 後顯諸佛證誠 勸導衆生信受]」

아미타불의 위신력威神力과 광명은 가장 높고 수승殊勝하여 시방의 모든 부처님들이 미칠 수 없느니라.
阿彌陀佛 威神光明 最尊第一 十方諸佛 所不能及   -《무량수경》

* 위신력(威神力) : 불보살께서 가지신 불가사의한 힘을 말한다. 구체적으로 부처님의 네 가지 지혜인 사지(四智)와 6신통과 18불공법 등을 말한다. 경전에 보이는 위신력의 예를 소개한다.

* 《금광명최승왕경》에 「삼천대천세계에 사는 중생들은 부처님의 위신력으로 훌륭하고 묘한 기쁨을 조금도 부족함 없이 받았다. 몸이 불구(不具)인 자는 모두 몸이 온전해졌고, 소경은 볼 수 있게 되고, 귀머거리는 듣게 되고, 벙어리는 말하게 되고, 어리석은 자는 지혜를 얻고, 마음이 산란한 자는 본마음을 되찾고, 헐벗은 자는 옷을 얻고, 천대받던 자는 공경 받고, 더럽던 자는 몸이 깨끗해지는 등, 이 세상의 갖은 이익과 전에 없던 일들이 모두 나타났다.」 고 하였다.

* 《법화경》에 「만일 어떤 이가 이 관세음보살의 이름을 지니면, 그가 혹시 큰 불 속에 들어가더라도 불이 그를 태우지 못할 것이니, 이것은 관세음보살의 위신력 때문이니라.」 라고 하였다.

* 《대반야바라밀다경》에 「반야바라밀다가 큰 위력을 갖춘 것도 이와 같아서 어떤 선남자와 선여인들이 받아 지녀 읽고 외며 부지런히 닦고 배워 이치대로 생각하며 쓰고 해설하며 널리 유포하면 모든 악마들이 이 보살마하살에게 나쁜 짓을 하려 해도 이 반야바라밀다의 위신력 때문에 그 나쁜 일이 그 자리에서 곧 저절로 사라져 없어지는 줄 알지니라.」 라고 하였다.

＊《화엄경》에 「하나하나의 마음속에서 무량한 불국토가 나오느니라. 부처님의 위신력으로 보니 모두 청정하고 때가 없더라.[——心念中 出生無量刹 以佛威神力 悉見淨無垢]」 라고 하였다.

＊《화엄경》에 「이 삼매를 얻은 위신력으로 시방의 모든 세계에 계시는 여러 부처님 여래들과 그 도량에 있는 대중들을 모두 보며, 그러한 세계에 있는 중생들의 가지가지 종류가 각각 같지 않은 것도 보며, 또 저 모든 세계의 같은 것·다른 것·물든 것·깨끗한 것이 각각 차별한 것도 보며, 또 저 모든 세계에 있는 티끌의 모양이 다른 것도 보며, 여러 세계의 모든 중생의 거처하는 궁전들이 가지가지로 장엄하고 가지가지로 성취되고, 그들의 사용하는 여러 가지 도구가 각각 차별한 것도 보며, 또 저 부처님들의 여러 가지 음성으로 법문을 연설하는 갖가지 구절을 듣고, 말씀하는 뜻과 해석하는 말과 성질과 모양의 비밀한 것도 모두 이해하며, 또 저 세계에 있는 온갖 중생의 마음과 근성과 욕망이 각각 차별한 것도 살펴보며, 또 세계에 있는 온갖 중생의 지나간 세상과 오는 세상의 각각 열 세상 동안 일도 기억하며, 또 저 세계의 지나간 세상과 오는 세상의 각각 열 겁(劫) 동안 일도 모두 기억하며, 모든 여래의 열 생애[本生] 동안 지내던 일과 열 번 정각을 이루고 열 번 법의 수레[法輪]를 굴리던 일과 열 가지 신통과 열 가지 마음에 기억함과 열 가지 가르친 경계와 열 가지 법문을 연설함과 열 가지 변재도 모두 기억하였다.」 라고 하였다.

＊《대방광선교방편경》에 「나의 위신력으로써 그로 하여금 항하의 모래 수같이 많은 세계의 여러 부처님 여래를 볼 수 있게 하였다.」 라고 하였다.

＊《대보적경》에 「세존께서는 낮 공양을 하신 뒤 삼매에 들었다. 이 삼매의 위신력으로 삼천대천세계가 진동하였다.」 라고 하였고, 역시 《대보적경》에, 「이 삼매의 위신력으로 이 삼천대천세계에 묘한 꽃이 가득 차면서 무릎까지 쌓였고 백 천의 음악이 동시에 울렸으며, 보배로 된 당기·번기·일산이 갖가지로 장엄되었고, 또 묘한 향기가 이 세계에 두루 풍기는 것이 마치 타화자재천궁(他化自在天宮)과 같았다.」 라고 하였다.

＊《능엄경》에 「드넓은 부처님의 세계[普佛世界]가 여섯 가지로 진동하면서 시방의 티끌처럼 많은 세계가 일시에 열려 나타났다. 부처님께서 위신력으로 이 모든 세계를 합하여 한 세계를 이루시니…」 라고 하였다.

＊《도행반야경》에 「부처님께서 가지신 위신력으로 삼천대천국토의 사천왕들과 모든 석제환인과 범천왕들이 일시에 부처님께서 계신 곳으로 와서…」 하였다.

＊《무량청정평등각경》에 「아난이 일어나기도 전에 무량청정부처님께서 곧 광명과 위신력을 크게 놓

으시어 온 팔방과 위아래에 두루하시니, 모든 끝없는 수의 부처님 국토에 있는 천지가 모두 크게 진동하고 모든 하늘과 끝없는 수의 천지와 보배로 된 수미산과 보배로 된 큰 수미산과 모든 천지와 큰 세계, 작은 세계와 그 속에 있는 큰 지옥과 작은 지옥과 모든 산 숲과 계곡과 어두운 곳이 모두 크게 밝아지고 모두 다 환히 열렸다.」라고 하였다.

＊《반주삼매경》에 「발타화여, 보살이 부처님의 위신력으로 삼매에 들어 동쪽을 향해 백불(百佛), 천불(千佛), 만불(萬佛), 억불(億佛)을 친견하듯이 시방의 모든 부처님을 친견하리라.」하였다.

＊《방광반야경》에 「이 삼매의 위신력으로 삼천대천국토의 땅이 모두 부드러워지고 비스듬해지고 함몰하고 솟았다. 모든 지옥과 아귀와 꿈틀거리는 곤충류와 팔난(八難)이 있는 곳까지 모두 해탈하여 천상 사람들 가운데 태어나게 되어 제6천(第六天)과 같아졌다. 마침내 천상 사람들 가운데 태어나서는 모두 크게 기뻐하면서, 곧 숙명(宿命)을 알게 되었고 부처님 처소에 나아가서 머리를 조아려 법을 받았다. 이와 같이 시방의 갠지스강의 모래 수처럼 많은 국토들의 모든 3악취(惡趣)와 8난이 있는 곳에서도 역시 고통을 멀리 여의게 되어 천상 사람들 가운데 태어나 제6천과 같아졌다.」라고 하였다.

＊《법구비유경》에 「도승이 목욕한 뒤 부처님의 위신력을 받들어 이치에 맞게 설법하자, 금강의 무리 5백 명은 의심이 풀리고 죄악이 사라져 모두 수다원도[須洹道]를 증득하였다.」라고 하였다.

＊《불반니원경(佛般泥洹經)》에, 「부처님께서 아난에게 말씀하셨다. "부처의 위신력은 땅을 흔들리게 할 수 있을 뿐만 아니라 28천(天)까지도 모두 크게 흔들리도록 하니, 부처는 다만 마음을 바르게 하여 그렇게 된 것이다.」라고 하였다.

＊고봉(高峰) 원묘(原妙)화상이 지은 〈선요(禪要)〉에 「설령 염라대왕이나 모든 귀신들을 만나더라도 그들 모두 두 손 모아 공경하리니, 무엇 때문인가. 화두 참구를 하는 사람에게는 반야지혜의 부사의(不思議)한 위신력이 있기 때문이다.」라고 하였다.

＊《불설대승조상공덕경》에 「이렇게 말하고 도끼를 들어 나무를 찍으니, 그 소리가 위로 33천을 뚫고 부처님 계신 곳에 이르렀다. 부처님의 위신력으로 그 소리가 미치는 곳에 있던 중생으로서 이 소리를 들은 이는 죄의 허물과 번뇌가 모두 소멸하여 제거되었다.」라고 하였다.

＊《불설수능엄삼매경》에 「수능엄삼매와 부처님의 위신력으로 그 모든 악마들은 모두 스스로 몸이 다섯 계박(繫縛)에 묶인 것을 본 것이다. 사리불이여, 수능엄삼매를 설하는 곳에 있어서는 만일 내가 현재 있거나 만일 내가 멸도한 후일지라도 그 가운데에 있는 모든 마(魔)와 마의 백성과 및 딴 사람 무리들이라

도 악심(惡心)을 품은 자는 수능엄삼매의 위신력으로 모두 다섯 계박에 묶이리라.」라고 하였다.

＊《불설여래부사의비밀대승경》에 「위력을 쓰지 않고 모든 것에 두루 들어가지만, 몸은 거칠거나 무거움이 없고, 마음은 반연하는 바가 없으며, 백천의 모든 부처님 앞에서 법을 설하지만 물듦도 없고 집착함도 없다. 이 보살은 저 모든 부처님의 위신력으로 건립하였기에 다라니의 지혜·변재를 얻어서 모든 말한 법에 물듦도 없고 집착함도 없으며, 또한 물러남도 없다.」라고 하였다.

＊《정법화경》에 「만일 큰물이나 강물에 휩쓸려서 마음이 공포심에 떨게 됐을 때, 광세음(光世音)보살 명호를 부르면서 일심으로 귀의하면, 그 위신력의 보호를 받아 빠지지 않고 안온하게 나올 수 있으리라.」 하였다.

＊《불설아사세왕경》에 「즉시 그 수많은 보살들은 문수사리보살과 함께 홀연히 그 국토를 떠나 인(忍) 세계의 한 처소로 와서 앉았다. 그 처소는 문수사리보살의 방으로서, 그 안에 수많은 보살을 다 수용할 수 있음은 문수보살의 위신력(威神力)이기 때문이다.」라고 하였다.

＊《불설우란분경》에 「부처님께서는 목건련의 말을 들으시고 말씀하셨다. "너의 어머니는 죄의 뿌리가 깊어서 네가 비록 효순(孝順)하여 이름이 천지를 진동할지라도 너 한 사람의 힘으로는 어찌할 수 없다. 천신(天神)·지신(地神)·사마외도(邪魔外道)·도사(道士)·사천왕신(四天王神)들도 어찌하지 못하니, 반드시 시방의 여러 스님들의 위신력을 얻어야 해탈할 수 있을 것이다.」라고 하였다.

＊《불설불모출생삼법장반야바라밀다경》에 「이렇게 말하고 난 뒤에 가지고 있던 금꽃을 부처님 위로 뿌렸다. 그러자 부처님의 위신력으로 그 꽃은 저절로 허공중에 머물렀다. 이때 세존께서 금색의 깨끗하고 미묘한 빛을 놓으셔서 한량없고 가없는 모든 국토를 두루 비추셨으며, 나아가 범계(梵界)까지 광대하게 비추셨다.」라고 하였다.

오역죄를 짓고 지옥에 떨어질 중생이 지옥의 불길이 앞에 나타날 때 열 번 아미타불을 부르면 곧 왕생한다.

- 《관무량수경》

＊ 함허 득통선사는 「부처님의 광명, 부처님의 수명, 부처님의 공덕 바다는 삼아승기 겁을 지나도록 만행(萬行)을 닦아서 비로소 궁극에 이른 것이다. 단지 부처님의 명호를 생각하면 공덕의 얕고 깊음에 따라

서 모두가 정토에 오르게 하여 수기(授記)를 받고 부처를 이루니 희유하다. 아미타부처님은 서원의 왕이시니 십념(十念)으로도 왕생한다. 십념으로도 왕생한다.」라고 하였다.

* 연지대사는 「서방정토에 왕생하지 못하면 반드시 지옥에 떨어진다.[不生西方 必墮地獄]」라고 하였다.

누구든지 아미타불의 명호를 듣고 뛸 듯이 기뻐하며
한 번만이라도 아미타불의 명호를 부른다면,
분명히 알아두어라. 이 사람은 큰 이익을 얻느니라.
이 사람은 위없는 공덕을 갖추게 되느니라.

其有得聞彼佛名號 歡喜踊躍乃至一念 當知此人爲得大利 則是具足無上功德

-《무량수경》

* 고덕께서 「오늘날 불법을 펴고자 하면 반드시 정토법문을 제창해야 하고, 정토법문을 펴고자 하면 반드시 먼저 무량수경을 널리 유통시켜야 한다. 그래서 사람마다 그것을 지송(持誦)할 수 있다면, 인과(因果)가 자명(自明)해지고 몸과 마음이 자연 청정해지므로 시간이 지나면 평온함은 절로 이른다.」라고 하였다.

* 원효대사는 〈무량수경종요〉에서 「지금 이 경(무량수경)은 대승보살에 대한 가르침의 바른 말씀이요, 불토(佛土)의 인과를 설한 진실의 경전이다. 원(願)과 행(行)의 은밀하고도 깊은 이치를 밝혔으며, 과보로 얻은 공덕이 장원(長遠)함을 나타내 보였다.[今此經者 蓋是菩薩藏敎之格言 佛土因果之眞典也 明願行之密深 現果德之長遠]」라고 하였다.

* 원효대사는 또 〈무량수경종요〉에서 「이 경은 바로 정토의 인과를 근본으로 삼았고, 중생을 섭수하여 정토에 왕생하게 하는 것을 지향점으로 삼았다.[此經 正以淨土因果爲其宗體 攝物往生以爲意致]」라고 하였다.

부처님은 끝없는 대자대비로 삼계의 중생들을 가엾게 여기신다. 부처님께서 이 세상에 나오신 까닭은 진리의 가르침을 밝게 펴서 중생들을 제도하고 중생들에게 진실한 이익으로 은혜를 베풀어 주시기 위해서이다.

如來以無盡大悲 矜哀三界 所以出興於世 光闡道教 欲拯濟群萌 惠以眞實之利

-《무량수경》

  ＊ 원효대사는 〈대승기신론소〉에서 「여래께서는 그가 가진 만 가지 공덕 중에서 오직 대비(大悲)의 힘만을 쓰신다.[佛地所有萬德之中 如來唯用大悲爲力]」라고 하였다.
  ＊《화엄경》에 「마음과 부처와 중생, 이 셋은 차별이 없이 평등하다.[心佛及衆生 是三無差別]」고 하였지만, 다른 한편으로 부처님은 「지극히 가련한 자가 중생이다.[至可憐愍者也衆生]」라고 하셨다.
  ＊ 허운선사는 「중생의 '중(众)' 자(字)는 세 글자를 합성한 것인데, 세 사람이 모여야 중(众)인 것입니다. 중생의 수는 무궁무진하여, 10법계 중에서 부처의 법계[佛法界]를 제외한 나머지 9법계가 모두 중생에 속합니다. 위로 3법계(보살/ 연각/ 성문)는 성인(聖人)의 법계로, 이미 생사고해를 벗어나서 윤회를 받지 않습니다. 나머지 6법계(천상/ 아수라/ 인간/ 아귀/ 축생/ 지옥)는 모두 생사에서 벗어나지 못했습니다. 성인의 3법계도 아직 미세한 습기가 다 없어지지 않았기 때문에 모두 중생에 속하는 것입니다. 습기에는 깊고 얕음이 있어서 위의 3법계는 얕고, 아래의 6법계는 깊은데, 습기가 깊고 중해서 업장이 많기 때문에 고뇌중생(苦惱衆生)이라고 불립니다. 이러한 중생이 죽었다가 태어났다가 하면서 쉬지 않으므로, 그 수량 또한 알기 어렵습니다.」라고 하였다.
  ＊ 衆의 원래 글자는 '众' 임.
  ＊ 남회근 선생은 「성불하려고 생각한다면 일체중생을 떠나서는 안 됩니다. 그러므로 맨 먼저 '사람됨'부터 배우고 행해야 합니다. 다른 사람과 잘 지내지 못하면서도 중생을 제도하고 싶다고요. 자기는 성불하려고 하면서도 남만 보면 다 원수입니다. 남을 질투합니다. 이게 선근을 심는 것일까요. 이것이야말로 마도(魔道)입니다.」라고 하였다.
  ＊ 남회근 선생은 「부처님께서는, 우리 모두가 무연자(無緣慈: 아무 조건 없이 일체중생에게 즐거움을 주는 것)와 동체비(同體悲: 일체중생의 몸을 내 몸처럼 여겨 그들의 고통을 없애주는 것)가 있어야 한다고 가르치십니다. 우리가 이렇게 한 곳에 앉아 있는데, 그 누가 전생에 서로 부모가 된 일이 있었는지 알 수 있겠습니까. 부부가 되었을 수도 있고, 자녀가 되었을 수도 있습니다. 그러기에 당신이 어떤 사람에 대해

못마땅해서 혼내주었다면 당신 전생의 부친을 혹은 전생의 자녀를 혹은 형제자매를 혼내주었는지도 모른다고 말하는 겁니다.」라고 하였다.

＊〈대지도론〉에 「대자(大慈)란 모든 중생들에게 사랑을 주는 일이고, 대비(大悲)는 모든 중생들의 고통을 함께하는 일이다.」라고 하였다.

＊중국 고사(故事)에 「부끄러워하는 마음으로 스스로를 보고, 은혜를 고맙게 여기는 마음으로 세상을 보라.[用慚愧心看自己 用感恩心看世界]」라는 말이 있다.

＊삼계(三界)는 욕계 / 색계 / 무색계를 말하는데, 총 33개의 세계가 있어서 33천(天)이라 부른다. 33천의 맨 아래는 지옥이고, 맨 위는 비상비비상처천(非想非非想處天)이다. 비상비비상처천의 수명은 8만 대겁인데, 인간의 생각으로 보면 영겁에 가까운 세월이겠지만, 결국엔 수명이 다한다. 수명이 다하면 윤회하게 되고 타락하게 된다. 삼계와 극락을 잠깐 비교해보자. 극락세계에는 다섯 가지 탐욕이 없으므로 욕계가 아니요, 극락세계는 땅을 의지하여 있으므로 색계가 아니며, 극락세계는 형상이 있으므로 무색계가 아니다.

시방세계의 항하사수의 모든 부처님들께서 모두 아미타불의 위신력과 공덕과 불가사의함을 찬탄하신다.

十方恒沙 諸佛如來 皆共讚歎 無量壽佛 威神功德 不可思議

-《무량수경》

＊정공법사는 「고덕께서 칭찬하시기를, 무량수경은 중생이 발심하여 오직 아미타불만 부를 수 있다면 모두 다 극락에 왕생한다는 것을 설하고 있다. 뜻이 명확하고 간단 긴요하여 정토종의 제1경이라 부른다. 왜냐하면 바로 질러가는 지름길 중의 지름길이요, 방편중의 방편이며, 절대원융하고, 불가사의하며, 중생을 이롭게 하고 구제해주기 때문이다. 이 경이야말로 으뜸이다.[古德稱讚無量壽經說 衆生能發心專念 皆可往生 明確簡要 稱淨宗第一經 因其直捷中之直捷 方便中之方便 絶待圓融 不可思議 利濟衆生 此經爲最]」라고 하였다.

＊중국 명나라의 초석(楚石)대사는 〈서재정토시(西齋淨土詩)〉에서 「나의 종(宗)인 염불은 오직 나의 자

심(自心)이다. 마음으로 부처를 보고자 하면 마음을 따라 부처가 나타난다. 아미타불은 32상 80종호를 갖추셨는데, 자성(自性)은 본래 우리에게 빠짐없이 갖추어져 있어서, 밖에서 빌리거나 구할 것 없이 신통광명이 미래세가 다하도록 다함이 없다. 이것을 일러 '무량수(無量壽)'라고 한다.[吾宗念佛 唯我自心 心欲見佛 佛從心現 阿彌陀佛 三十二相 八十種好 性本具足 不假外求 神通光明 極未來際 名無量壽」라고 하였다.

*《무량수경》에 「내가 멸도한 후에라도 이 경(經)에 대해 의혹을 일으켜서는 안 되느니라. 미래에 불도(佛道)가 다 사라질 것이다. 그때 나는 대자비심으로 중생을 불쌍히 여겨 특별히 이 경만을 남겨 세상에 백 년 동안 머물게 할 것이니라. 그래서 누구든지 이 경을 만나 그 가르침을 믿고 따르는 이는 그들의 발원대로 모두 극락세계에 왕생할 수 있을 것이니라.[無得以我滅度之後 復生疑惑 當來之世 經道滅盡 我以慈悲哀愍 特留此經 止住百歲 其有衆生 值斯經者 隨意所願 皆可得度]」라는 말씀이 있다.

일체세간 중생의 이익을 위하여 이 믿기 어려운 정토법문을 설하는 것은 지극히 어렵다.
爲一切世間 說此難信之法 是爲甚難
-《아미타경》

* 원효대사의 〈무량수경종요〉에서 「만약에 어떤 사람이 실로 의심을 버리지 못하고 알지 못했다고 하더라도, 스스로를 돌아보라. 마음이 열리지 못했다고 하더라도, 오로지 여래만을 우러러 한결같은 마음으로 엎드려 믿어라. 이와 같은 사람은 그 행업(行業)에 따라 반드시 마음이 열릴 것이니라. 결코 삿되지는 않으리라.」라고 하였다.

*《아미타경》은 극락정토에 있어서의 여러 가지 공덕장엄을 설하고 있다. 이러한 공덕장엄은 국토, 의복, 음식, 그리고 육체나 정신에까지 미치고 있다. 이렇게 공덕장엄을 널리 설하는 이유는 모든 중생으로 하여금 극락정토에 왕생하고자 하는 마음을 내게 하기 위한 것이다. 이것을 원요(願樂)라고 한다. 또 한편으로는 중생의 업인 작은 선근(善根)으로는 왕생할 수 없다고 규정하고 있다. 다만 하루 내지 이레 동안 염불한다면 반드시 왕생할 수 있는 것을 강조하고 있다. 그러나 중생이 이것을 믿기는 매우 어렵다. 그래서 육방(六方)의 항하사제불(恒河沙諸佛)이 광장설(廣長舌)을 내어 삼천대천세계를 두루 덮으면서 증명하고 있으며, 경계하고 있다. 그리고 석가세존을 향하여, "매우 하기 어려운 일을 하셨다." 고 찬탄하고 있

음은 매우 희유한 일이다. 이 부분을 당나라의 선도화상께서 다음과 같이 단언하고 있다. 「이 증명에 의해 중생이 왕생할 수 없다면 육방여래의 광장설은 한 번 입에서 나온 다음에 다시는 입으로 돌아오지 않아 그 혀는 썩어버릴 것이다.」 바꿔 말해서, 왕생극락을 의심하는 것은 육방의 항하사제불의 말씀을 의심하는 것이 되며, 왕생극락을 믿는 것은 미타의 본원을 믿는 것이다. 미타의 본원을 믿는 것은 석존의 말씀을 믿는 것이며, 석존의 말씀을 믿는 것은 육방의 항하사제불의 말씀을 믿는 것이다.(강동균 동아대 교수 말씀에서 발췌했음)

 * 〈대지도론〉에 「석가모니부처님의 본래의 서원이 "나는 나쁜 세상에 나서 도법(道法)으로써 중생을 제도하겠다." 고 하셨다. 부귀나 세간의 쾌락을 위하여 세상에 나오신 것이 아니다.」라고 하였다.

 * 일체세간(一切世間) : 청정한 세계가 아닌 온갖 더러움으로 물든 국토를 말함. 곧 예토(穢土) 또는 사바세계를 말하기도 하고, 윤회가 그치질 않는 삼계를 말하기도 함.

 * 정공법사는 「세상 사람들은 망심(妄心)에 휘둘려 급하지 않은 일에 서로 다투고, 급하지 않은 일에 집착하면서, 생사와 삼계를 벗어나는 큰일에 대해서는 오히려 관심을 두지 않는다. 일반 사람들은 하루 종일 이 극악하고 고통스러운 세상에서 그다지 중요하지 않은 일들로 매우 바쁘다.」 라고 하였다.

 * 믿기 어려운 것은 정토법문뿐만이 아니다. 예를 들어, 《화엄경》은 부처님께서 이 사바세계가 아닌 색계천(色界天)에서 설하신 것이고, 《원각경》은 자성(自性)중에서 설하신 것이며, 《대집경(大集經)》은 제육천(第六天)인 타화자재천(他化自在天)에서 설하신 것이라고 남회근 선생은 말한다. 그런데, 우리는 의심이 많고 어리석어서 이 사실들을 믿지 않는다. 부처님께서 법문을 설하실 때, 천지가 진동하고 하늘에서는 꽃비가 내리며 백호간(白毫間)에서 뿜는 광명이 삼천대천세계를 환히 비춘다는 경전의 말씀을 우리는 그저 비유삼아 하는 말씀으로 알아듣는다. 《법화경》은 온통 우화(寓話)로 가득 차 있는 경전인데, 우리 중생은 이를 믿지 않는다. 능엄주나 신묘장구대다라니(대비주)와 같은 진언(다라니)을 염송할 때도 우리는 이 진언이 최초의 원음(原音)이 아닐 것이라 생각하면서 진언을 염송한다. 이렇게 경전에 나오는 부처님의 말씀을 온통 의심하면서 수행하기 때문에, 수행의 효과도 없고, 공덕은 더욱 없는 것이다.

　모든 부처님은 바로 법계法界의 몸이니, 일체 중생의 마음속에 들어가 계신다. 그러므로 그대들의 마음에 부처님을 생각하면 그 마음이 바로 32상相 80수형호隨形好인 것이니라. 이 마음으로 부처를 이루고 이 마음이 바로 부처이니라. 모든 부처님의 위없이 바른 지혜는 마음에서 생기는 것이니, 마땅히 일심으로 생각을 골똘히 하여, 저 아미타불과 그 지혜공덕인 여래 응공 정변지正遍智를 깊이 관조해야 하느니라.

諸佛如來 是法界身 遍入一切衆生心想中 是故汝等心想佛時 是心卽是 三十二相 八十隨形好 是心作佛 是心是佛 諸佛正遍知海 從心想生 是故應當一心繫念 諦觀彼佛 多陀阿伽度 阿羅呵三藐三佛陀 　　　　　　　　　　　　　　　　　　　　　　　　　　　　　　-《관무량수경》

　＊선종(禪宗)에 '直指人心 見性成佛' 이라는 유명한 말씀이 있다면, 《관무량수경》에는 '是心作佛 是心是佛' 이라는 유명한 말씀이 있다. 直指人心 見性成佛은 '사람의 마음을 곧장 가리켜, 자성(自性)을 보면 부처를 이룬다.' 는 뜻이고, 是心作佛 是心是佛은 '이 마음으로 부처를 이루고, 이 마음이 바로 부처다.' 는 뜻이다. 철오선사는 「直指人心 見性成佛과 是心作佛 是心是佛이 이치는 서로 같아서[理無二致], 견성이 곧 작불이지만[而見性作佛], 수행방법에 있어 견성(見性)은 어렵고 작불(作佛)은 쉬워[以見性難而作佛易故], 그 어렵고 쉬움의 차이가 현격하다.[難易相懸]」고 말씀하신다. 그리고 直指人心 見性成佛은 조사(祖師)님의 말씀인데 반하여, 是心作佛 是心是佛은 부처님의 말씀이니, 어느 것을 따라야 하겠느냐고 반문하신다. 철오선사는 「어떤 것을 견성(見性)이라 하는가. 고도의 선정수행으로 심의식(心意識)을 떠나 바로 본성(本性)의 신령(神靈)한 광명(光明)이 힘차게 드러날 때를 비로소 견성이라 하는 것이니 그래서 어렵다고 하는 것이다.[離心意識 靈光逈露 始爲見性 故難]. 그럼 어떤 것이 작불(作佛)인가. 부처님의 명호를 지니거나 부처님의 거룩한 상호와 부처님 세계의 미묘한 장엄을 관(觀)하는 것[持佛名號 觀佛依正]이 바로 그것이니, 그러므로 쉽다.」 라고 하였다.

　＊철오선사는 「참선은 조사(祖師)님의 말씀이고, 염불은 부처님의 말씀이다. 어느 것이 소중하고 어느 것이 가벼운가. 어느 것을 취하고 어느 것을 버려야 되겠는가. 배우는 이들은 마땅히 참선만이 제일이라는 구습(舊習)을 다 버리고, 마음을 텅 비우고 심기(心氣)를 평안하게 한 다음, 견성(見性)과 작불(作佛)의 차이에 대하여 한번 깊이 생각해 보고 신중히 해야 할 것이다. 그런 즉, 나의 이 말이 틀리지 않다는 것을 수긍하게 되리라.[一是祖語 一是佛語 何重何輕 何取何捨 學者但當盡捨舊習 虛其心 平其氣試一玩味而檢點之 當必首肯是說爲不謬矣]」 라고 하였다.

＊ 법계신(法界身)은 곧 법성신(法性身)이다. 또한 모든 부처의 법신이다.[法界身卽法性身 亦卽諸佛法身].

＊ 是心是佛은 아미타불과 그의 서방정토가 우리의 청정한 마음이 본래 지닌 모습이고, 우리의 청정한 마음이 만들어 낸 것임을 믿는 것이다. 그것은 본래 우리 마음에 있고 우리의 마음이 만들어 낸 아미타불의 위대한 명호에 초점을 맞춰 집중하여 그것을 단 한 순간도 결코 잊지 않음을 의미한다. 우리의 청정한 본래 마음이 아미타불의 원만한 깨달음과 같다는 것을 아는 것이다. 우익대사께서 「유심정토(唯心淨土)와 자성미타(自性彌陀)는 물론이요, 서방정토와 서방의 아미타불 모두 우리들의 심성밖에 있지 않다.」 고 하신 경지이며, 인광대사께서 「아미타불과 극락정토는 모두 우리들의 일념(一念) 심성(心性) 가운데 있다. 즉, 아미타불이 내 마음에 본디 갖추어져 있다.」 라고 말한 경지이다. 「일체가 아미타불 화신(化身)이다.」 라든지, 원효대사의 「일체경계(一切境界)는 본래 일심(一心)이다.」, 또는 《화엄경》의 「마음과 부처와 중생, 이 셋은 차별이 없다.[心佛及衆生 是三無差別]」와 《열반경》의 「일체중생은 모두 불성이 있다.[一切衆生 悉有佛性]」 라는 말씀과 원각경(圓覺經)의 「일체중생은 본래 성불한다.[一切衆生 本來成佛]」 라는 말씀들이 모두 是心是佛을 설명해주는 말들이다. 다시 말하면, 자신의 수행이 온전해져서 바로 아미타불의 성품과 같아지는 것이다.

＊ 인광대사는 「아미타불은 법계의 몸임을 마땅히 알아야 한다. 곧 이 한 이름이 시방삼세 일체 모든 부처님의 명호를 포섭한다.[須知阿彌陀佛 是法界藏身 卽此一名 卽攝十方三世一切佛號]」 라고 하였다.

＊ 인광대사는 「내가 본디 갖추고 있는 부처님의 마음으로, 내 마음이 본디 갖추고 있는 부처님을 생각하라.[以我具佛之心 念我心具之佛]」 라고 하였다.

＊ 고덕께서 「是心是佛은 자성(自性)이다. 자성(自性)이 곧 시불(是佛)이다. 부처는 곧 자성(自性)이다.[是心是佛是自性 自性就是佛 佛就是自性]」 라고 하였다. 중생은 본래가 부처임에도 번뇌와 미혹으로 청정한 자성(自性)을 잃어버려 범부로 산다.

＊ 是心作佛은 아미타불께서 서방정토에 계신다는 것을 믿는 것이다. 그것은 마치 어린아이가 어머니를 그리워하여 단 한 순간도 잊지 못하는 것처럼 정토에 왕생하기를 바라고 결심하여 발원하는 것을 말한다. 아미타불의 성품에 맞추어서 수행을 하는 것이다.

＊ 고덕께서 「이 마음으로 부처를 이루고 이 마음이 바로 부처이다. 삼세제불께서 이 마음이 부처임을 증명하셨으니 육도중생이 본래 부처이다. 다만 미혹과 망상으로 인하여 이 마음이 부처임을 믿으려 하지 않을 뿐이다.[是心作佛 是心是佛 三世諸佛 證此心佛 六道衆生 本來是佛 只因迷妄 不肯信佛]」 라고 하였다.

＊ 고덕께서 「염불이 작불(作佛)이고, 나무아미타불 여섯 자를 염하는 것이 곧 是心作佛이다.」 라고 하였다.

＊ 담란법사는 〈왕생론주〉에서 「是心作佛은 마음이 능히 부처를 만들어 낼 수 있음을 말하는 것이요, 是心是佛은 마음 밖에 부처가 (따로) 없음을 말하는 것이다.[是心作佛者 言心能作佛也 是心是佛者 心外無佛也]」 라고 하였다.

＊ 정공법사는 「자신이 정토를 닦는다고 해서 선종과 밀종을 비판하는데, 선종과 밀종 역시 모두 부처님의 말씀이라는 것을 알아야 한다. 만약 남을 비방한다면, 그것은 법을 비방하는 것이다. 옛날부터 선종과 밀종을 수학하여 성취한 사람은 대단히 많다. 만약 남을 비방한다면, 이는 스님들을 비방하는 것이다. 삼보를 비방하면 마음이 청정하지 않거늘, 어떻게 왕생할 수 있겠는가. 불제자가 수학하는 태도는 화엄경에서 선재동자가 53인의 대선지식을 찾아다닐 적에 자신을 낮추고 남을 찬탄한 태도를 배워야 한다.」 라고 하였다.

＊ 옛 고덕께서는 「보살을 비난하거나 나쁜 말을 하는 것이 삼계(三界)의 중생들을 모두 죽이는 것보다 더 무겁다.」 라고 하였다.

＊ 광덕스님은 「불교는 깨달음의 가르침이다. 그럼 무엇을 깨달으라는 말인가. 나 자신이 불(佛)이라는, 완전자라는 것을 깨달으라는 말이다. 깨달으면 어떠한가. 불(佛)밖에 없게 된다. 불(佛)밖에 없을 때는 어떠한가. 불(佛)도 없고 중생도 없고 시간도 없고 공간도 없고, 불(佛)이 중생이고 중생이 불(佛)인 대자유가 현전(現前)한다.」 라고 하였다.

＊ 황벽 희운선사는 〈전심법요(傳心法要)〉에서 「이 한마음 그대로가 부처일 뿐이니, 부처와 중생이 새삼스레 다를 바가 없다. 중생은 다만 모양에 집착하여 밖에서 구하므로, 구하면 구할수록 점점 더 잃는 것이다. 부처에게 부처를 찾게 하고 마음으로 마음을 붙잡는다면, 겁(劫)이 지나고 몸이 다하더라도 바라는 것은 얻을 수 없는 것이다. 그런데도 중생들은 마음을 쉬고 생각을 잊어버리면 부처가 저절로 눈앞에 나타난다는 사실을 모르고 있다.[唯此一心卽是佛 佛與衆生更無別異 但是衆生著相外求 求之轉失 使佛覓佛 將心捉心 窮劫盡形終不能得 不知息念忘慮佛自現前]」 라고 하였다.

＊ 정공법사는 「서방세계와 아미타불과 관세음보살 등은 모두 자성(自性)이 변화하여 나타난 것이다. 유심(唯心)이 정토이며, 자성이 미타(彌陀)이다. 내가 내 자신을 변화시켜 나타난 정토에 왕생하고자 하는데, 무슨 장애가 있겠는가. 우리들은 서방극락세계의 아미타불이 우리들의 자성이 변화하여 나타난 것이

며, 자신의 마음에는 본래 극락이 갖추어져 있다는 것을 안다. 따라서 아미타불을 부르고 서방극락세계의 의정(依正)장엄을 생각하면, 그것이 바로 자성(自性)으로 돌아가는 것이다. 정토(淨土)와 예토(穢土)는 모두 자성이 변화하여 나타난 것으로, 밖에서 온 것이 아니다. 부처님의 마음과 중생의 마음은 하나이며 둘이 아니다. 온 허공계와 온 법계가 모두 자성(自性)이 변화하여 나타난 것이다.」라고 하였다.

＊ 정목스님은 「정토삼부경 가운데 '이 마음이 부처다.'라고 하는 말씀은 시대를 초월한 법문입니다. 혹자는 이 是心作佛 是心是佛 을 들어 마음이 부처이므로 따로 찾을 것이 없다고 말하기도 합니다. 그러나 이 법문에서 말하는 '이 마음'은 믿음을 일으키지 않은 중생의 마음이 아니라, 중생이 부처님의 지혜를 믿고 저 부처님을 생각하는 마음입니다. 부처님의 지혜를 믿고 마음으로 생각하는 가운데 부처가 들어온다는 것입니다. 진실한 믿음을 일으켜 부처를 향한 실천을 행할 때 비로소 '이 마음이 부처다'라고 말할 수 있다는 것입니다. 일체중생이 불성(佛性)이 있다고 말하지만, 불성은 실체로써 본래 존재하는 것이 아닙니다. 그렇습니다! 부처를 짓는 이 마음은 바로 신심입니다. 신심(信心)이 곧 불성(佛性)입니다.」라고 하였다.

＊ 청화스님은 「관무량수경의 '是心作佛 是心是佛'이라는 이 말씀이 팔만사천법문을 모두 다 포섭해 있습니다.」라고 하였다.

＊ 중국 양(梁)나라 무제 때의 부대사(傅大士)의 유명한 게송을 소개한다.

「밤마다 부처를 안고 자고 아침마다 함께 일어나네. 앉으나 서나 늘 따라 다니고 말할 때나 안 할 때나 함께 있으며 털끝만치도 서로 떨어지지 않으니 몸에 그림자 따르듯 하는구나. 부처가 간 곳 알고자 하는가. 단지 이 말소리 나는 곳이 부처로세.[夜夜抱佛眠 朝朝還共起 起坐鎭常隨 語默同居止 纖毫不相離 如身影相似 欲識佛去處 只這語聲是]」

＊ 우익대사의 〈아미타경요해〉에 다음과 같은 문답이 있다.

문 : "마음이 부처를 만든 것이고, 부처가 마음이라면, 왜 우리 자신의 부처님을 최상이라고 하지 않는가. 왜 다른 부처님들께서는 아미타불이 더 좋다고 하는가."

답 : "정토의 가르침은 모두 아미타불이 바로 우리 자신의 불성이고 우리의 마음임을 이해하는 것이다. 만약 우리가 오해하여 부처님을 '남'이라고 부른다면 미혹한 견해의 한 형태에 떨어진다. 또 만약 우리가 자신의 부처님을 지나치게 강조하면, 이 또한 다른 형태의 미혹한 견해이다."

＊ 청화스님은 자성(自性)은 불성(佛性) 또는 법성(法性)과 같다고 하였다.

＊ 청화스님은 「부처는 모든 번뇌를 끊고 위없는 진리를 깨달아 다른 중생들도 깨닫게 하는 이를 말합니다. 역사적으로는 석가모니불을 말하고, 이상적으로는 우주만유의 실상(實相)인 법신불(法身佛), 곧 영생불멸의 부처를 말하며, 정토법문에서는 아미타불을 말하고, 주관적으로는 마음이 바로 부처라는, 是心是佛 곧 자성불(自性佛)을 말합니다.」 라고 하였다.

＊ 여래 응공 정변지 : 부처님을 비슷한 말로 세 번 중복해서 나열한 것이다.《법화경》이나《약사경》이나《열반경》등 수많은 경전에서 석가모니 부처님께서 다른 부처님을 소개하실 때, 흔히 'ㅇㅇ여래 응공 정변지' 라고 말씀하시거나, 또는 'ㅇㅇ여래 응공 정변지 명행족 선서 세간해 무상사 조어장부 불 세존' 이라고 길게 나열해서 말씀하시는 것을 흔하게 볼 수 있다. 이것이 바로 '여래십호(如來十號)' 인데, 부처님의 공덕과 지혜 등을 다른 표현으로 길게 나열한 것이다.

＊ 정변지(正遍知) : 여래 십호(十號)의 하나. 부처님은 일체종지(一切種智)를 갖추어 일체법(一切法)과 제법실상(諸法實相)에 대해 모르시는 것이 없음.

＊ 32상 80수형호 : 부처님이나 전륜성왕(轉輪聖王)의 몸에 갖추어져 있는 거룩한 용모와 형상 중에서, 특히 현저하게 뛰어난 서른두 가지를 32상(相)이라 하고, 32상을 다시 세밀하게 나누어 놓은 80가지를 80종호(種好) 또는 80수형호(隨形好)라고 한다. 상(相)과 종호(種好)를 합쳐 상호(相好)라고 한다.

＊ 불교에서는 '마음이 곧 부처다.', 또는 '마음밖에 부처가 없다.' 또는 '일체의 모든 것은 마음이 지어낸 것이다.' 라고 한다. 이때의 마음은 무엇을 말하는 것일까. 이때의 마음은 우리의 진여자성(眞如自性)을 말하는 것이지, 중생의 생멸심(生滅心)을 말하는 것이 아니다.

부처님께서 아난에게 말씀하셨다. 「그대는 이러한 말을 잘 지녀야 하느니라. 이러한 말이란 다름이 아닌 바로 아미타불의 명호를 지니는 일이니라.」

佛告阿難 汝好持是語 持是語者 卽持無量壽佛名   -《관무량수경》

＊ 고덕께서 「중생을 이롭게 하기 위해 많은 공덕을 쌓은 고로 마침내 부처님 이름을 원만히 이루셨으므로, 부처님의 뛰어난 공덕이 부처님 이름 속에 들어가 있다. 중생이 부처님의 공덕을 믿고 부처님 이름을 부르면 반드시 그에 상응하는 이익을 얻는다.[爲利益衆生而完成佛名 佛之勝德舍在佛名中 衆生若信其德而稱其名 必得應有之利益]」 라고 하였다.

＊ 연지대사는 〈미타소초〉에서 「'아미타'는 범어다. 이는 '무량(無量)'을 말한다. 아미타불은 공덕과 지혜와 신상(身相)과 광명 등 일체 모든 것이 다 무량하기 때문이다. 아미타불께서 과거 인지(因地)중에 법장비구로 계실 때, 48원을 발하여 지금 서방정토에서 염불하는 사람들이 정토로 돌아가도록 이끌고 계신다. 고로 석가세존께서 중생을 위하여 아미타불을 널리 드날리신 것이다.[阿彌陀是梵語 此云無量 以功德智慧身相光明一切皆悉無量故 是無量佛往昔因中 爲法藏比丘時 發四十八願 今在西方攝念佛人歸于淨土 故釋迦如來爲衆宣揚也]」 라고 하였다.

제가 부처가 될 때, 시방의 중생들이 일심으로 나의 명호를 부르며 밤낮으로 끊이지 않으면, 그가 임종할 때 제가 모든 보살대중들과 함께 그의 앞에 나타나 그를 마중하는데, 잠깐 사이에 즉시 나의 국토에 태어나 아비발치보살이 될 것입니다.

我作佛時 一心念我 晝夜不斷 臨壽終時 我與諸菩薩衆 迎現其前 經須庾間 卽生我刹 作阿惟越致菩薩
                                                                                                                                    -《무량수경》

＊ 아비발치(阿鞞跋致) : 불퇴(不退)·불퇴전(不退轉)의 뜻. 아유월치(阿惟越致)라고도 한다. 보살의 지위에서 다시는 물러나지(미끄러지지) 않는 지위다. 보살8지에 이르러야 아비발치보살이라 부른다. 보살8지(8지 보살)을 부동지(不動地)라 한다. 아비발치 보살이 되어야 격음(隔陰), 즉 윤회속으로 다시들어가도 퇴전하지 않는다. 아비발치 보살의 지위에 이르러야 믿음이 금강석처럼 견고하고 공덕이 원만해지며 밀종을 배울 자격이 있다. 원효대사는 8지 보살의 화신이라고 전한다. 염불수행을 하여 극락에 왕생하면(설사 下下品으로 왕생하더라도) 아비발치 보살의 지위에 오른다. 그래서 염불법문을 '믿기 어려운 법'이라 하는 것이다.
＊ 남회근 선생은 「아미타불의 서방 극락세계는 번뇌가 없고 병통이 없으며 남녀문제가 없습니다. 우리가 진정으로 염불을 잘하여 그곳에 왕생하기를 발원하면 죽자마자 그곳에서 또 다른 생명을 시작하는데 모두 보살들입니다.」라고 하였다.

5) 능엄경에 보이는 염불

　대세지법왕자께서 서방정토에서 같이 온 52보살과 더불어 자리에서 일어나 부처님 발에 정례頂禮를 올리고 말씀드리되,「제가 기억하옵건대, 과거 항하사겁 전에 부처님께서 세상에 오셨는데, 그 부처님의 이름을 '무량광無量光'이라 하셨습니다. 열두 분의 무량광부처님이 일 겁씩 이어 오셨고, 최후의 부처님이 초일월광불이신데, 그 부처님이 저에게 염불삼매念佛三昧를 가르쳐 주시되, "비유하자면, 한 사람은 오로지 만날 생각만 하는데, 한 사람은 오로지 잊어버리기만 한다면, 이 두 사람은 만나도 만나지 못하고, 서로 보더라도 보지 못한다. 그런데 두 사람이 서로 생각하여 두 사람의 생각이 깊어진다면, 이 두 사람은 세세생생토록 그림자가 형상을 따르듯 서로 떨어지지 않는다. 시방세계의 여래께서는 중생을 가엾게 여기시길 마치 어머니가 자식 생각하는 것과 같다. 그러나 자식이 어머니로부터 도망쳐 달아난다면 어머니가 자식을 생각한들 무슨 소용이 있겠는가. 그런데 자식이 어머니 생각하길 어머니가 자식 생각하듯 한다면, 어머니와 자식은 여러 생을 지내면서도 서로 어긋나거나 멀어지지 않는다. 중생이 마음으로 항상 부처님을 잊지 않고 생각하면, 금생이나 내생에 반드시 결정코 부처님을 뵐 것이며, 부처님과 멀리 떨어지지 않으며, 방편을 빌리지 않고도 자연히 마음이 열릴 것이다. 이는 마치 향을 만드는 사람의 몸에 향기가 배는 것과 같다. 이것을 일러 향광장엄香光莊嚴이라 한다." 고 하셨습니다.

　저는 인지因地에서 염불심念佛心으로 무생법인無生法忍에 들어갔나이다. 저는 지금 이 사바세계에서 염불하는 이들을 모두 거두어 서방정토로 돌아가게 하겠습니다. 부처님께서 저에게 원통圓通의 방법을 물으시매, 저는 아무런 다른 선택이 없고, 오로지 육근六根을 모두 거두어들여 정념淨念이 서로 이어져서 삼매를 얻는 것이 제일이나이다.」

　大勢至法王子 與其同倫五十二菩薩 卽從座起 頂禮佛足 而白佛言 我憶往昔 恒河沙劫 有佛出世 名無量光 十二如來 相繼一劫 其最後佛 名超日月光 彼佛敎我 念佛三昧 譬如有人 一專爲憶 一人專忘 如是二人 若逢不逢 或見非見 二人相憶 二憶念深 如是乃至從生至生

同於形影 不相乖異 十方如來 憐念衆生 如母憶子 若子逃逝 雖憶何爲 子若憶母 如母憶時
母子歷生 不相違遠 若衆生心 憶佛念佛 現前當來 必定見佛 去佛不遠 不假方便 自得心開
如染香人 身有香氣 此則名曰 香光莊嚴 我本因地 以念佛心 入無生忍 今於此界 攝念佛人
歸於淨土 佛問圓通 我無選擇 都攝六根 淨念相繼 得三摩 斯爲第一

　　　　　　　　　 - 《능엄경楞嚴經》 대세지보살염불원통장大勢至菩薩念佛圓通章

* 정토법문에서 굉장히 중요한 경전이 《능엄경》인데, 《능엄경》 중에서도 위 대세지보살염불원통장이
다. 글자 수는 비록 적지만, 정토법문의 진수를 남김없이 보여주는 귀중한 말씀이다.

* 정공법사는 「능엄경 대세지보살염불원통장은 능엄경의 정화(精華)이다. 이 장(章)은 아주 짧아서
244자에 불과하지만, 이는 실제로 정토종의 심경(心經)이라고 말할 수 있을 뿐만 아니라 일대장교(一大
藏敎)의 심경(心經)이라고 말할 수 있다.」라고 하였다.

* 인광대사는 「능엄경은 정토법문을 모르는 자가 읽으면 정토 법문을 파괴하는 일등공신이 되고, 반
대로 정토법문을 아는 자가 읽으면 정토법문을 크게 떨치는 훌륭한 전도자가 된다오.[楞嚴一經 不知淨土
者讀之 則爲破淨土之元勳 知淨土者讀之 則爲宏淨土之善導]. 능엄경 대세지보살염불원통장은 정토의 종
지(宗旨)를 펼쳐 보여 주는 최상의 법문이오.」라고 하여 《능엄경》을 정토5경에 편입시켰다.

* 위 경문(經文)에서 보듯이, 부처님은 마치 부모와 같아서 늘 자식을 생각하시고 그리워하시는데, 자
식인 중생은 부모인 부처님을 잊어버리고 멀리 도망쳐버린다. 이에 대해 고덕께서는 「첫째, 부처님은 오
로지 중생을 늘 기억하여 잊지 않는데, 여기에는 두 가지의 뜻이 있다. 하나는 부처님은 대자대비하신 원
(願)을 갖추셨기에 일체의 중생을 관견(觀見)하시기를, "부처와 중생은 본래 한 몸이다. 나는 이제 이미 정
각을 이루었고 이미 열반을 얻었는데, 중생은 오히려 윤회 속에 있어 생사(生死)를 마치지 못하는구나. 고
로 부처는 대비(大悲)의 원(願)을 움직여 오직 중생만을 그리워하노라." 둘째, 부처님은 평등심을 갖추셨
기 때문에, 인지(因地)에서 보살도를 행하실 때, 오히려 생각 생각마다 중생을 버리지 않으셨는데, 하물며
성불하신 지금은 어떠하겠는가. 대지(大地)에 있는 중생들을 보시고는 모두 한 자식처럼 여기시기 때문
에 평등심으로 오직 중생만을 그리워하신다.[佛專憶衆生 有二種意 一佛具大悲願故 觀見一切衆生 與我
本來同體 我今已成正覺 已得涅槃 衆生尙在輪廻 不了生死 故運大悲願 專憶衆生 二佛具平等心故 佛在因
地 爲菩薩時 尙念念不捨衆生 況今成佛 視大地衆生 皆如一子 故以平等心 專憶衆生]」라고 하였다.

＊ 견(見)/ 시(視)/ 관(觀) : 모두 '보다'의 뜻이지만 다르게 쓰인다. '견(見)'은 그저 단순히 사물이나 현상이 시야에 들어오는 것이다. 보이니까 보는 것이다. 수동적이고 무비판적이다. 그냥 눈에 들어오는 그대로를 자기중심적인 시각에서 받아들이는 것이다. '시(視)'는 분별력과 판단력을 가지고 이성적으로 보는 것이다. '관(觀)'이란 스스로 의지를 갖고 전체적인 시각에서 무엇인가를 주시(注視)하는 것이다. 능동적이고 직관적(直觀的)이다. 눈에 들어오는 어떤 사물과 현상을 그대로 받아들이지 않고 마음으로 전체적으로 자세히 관찰하는 것이다. 사물이나 사람을 볼 때 견(見)은 눈과 입으로만 본다는 뜻이요, 관(觀)은 마음(가슴)과 머리로 본다는 뜻이다. 즉, 견(見)은 나무를 보는 것에, 관(觀)은 숲을 보는 것에 비유할 수 있다. 요컨대, 견(見)은 90°로, 시(視)는 180°로, 관(觀)은 360°로 보는 것이다.

＊ 《원각경》에 유명한 '사불견(四不見)'이 나온다. ①어불견수(魚不見水) : 물고기는 (물속에 살면서도) 물을 보지 못한다. ②인불견풍(人不見風): 인간은 (공기 속에 살면서도) 공기를 보지 못한다. ③미불견성(迷不見性) : 미혹한 사람은 (성품을 갖고 있으면서도) 성품을 보지 못한다. ④오불견공(悟不見空) : 깨달은 사람은 ('공'속에 살면서도) 공(空)을 보지 못한다.

＊ 법왕자(法王子) : 팔지(八地)이상의 보살을 일컫는 말. 이에 비해 법왕(法王)은 부처님을 말한다.

＊ 정권법사는 「무릇 일체의 대보살들은 부처의 종자(種子)를 이어 끊어지지 않도록 하고 융성하게 할 책무를 지고, 부처님의 가업을 이어 받아 부처님의 교화를 보필하고 중생을 이롭게 하고 구제하는 중요한 직책을 맡고 있다. 마치 세상에서 아들이 아버지의 가업을 계승함과 같으므로 법왕자라 칭한다.」라고 하였다.

＊ 염(念)과 억(憶)의 차이에 대해, 남회근 선생은 「염(念)은 거친 것이고, 억(憶)은 세밀한 것입니다. 염은 제6식(識)인 의식(意識)이 작용하고 있는 것이지만, 억은 염의 종자가 이미 제8식인 아뢰야식 중에 심어져 뿌리가 굳게 내린 것입니다. 그러므로 대세지보살은 어머니가 자식을 억(憶)하는 비유를 들었습니다. 세상의 어머니들이 자식을 억(憶)하는 것은 비록 입으로는 말하지 않더라도 마음으로 생각하고 있어서 이 마음에 늘 걸려 있습니다. 유가(儒家)에서 '반드시 마음속에 어떤 것을 하나 두어 지키는 바가 있다.'고 말한 것처럼 지극한 정성과 공경입니다. 이 일은 마치 명리(名利)를 추구하듯이 생각 생각마다 부지런해서 잠시도 잊지 않아야 합니다. 남녀 사이의 연애처럼 서로의 그리움이 영원히 맺혀 마음과 마음이 서로 맞으면서 영감(靈感)이 서로 통하듯이 해야 합니다.」라고 하였다.

＊ 중국 북송(北宋)의 혜홍각범(慧洪覺範)선사가 편찬한 〈임간록(林間錄)〉에 「용수보살이 일찍이 관정

부(灌頂部)의 대불정수능엄경(大佛頂首楞嚴經) 10권을 외워 5천축국(五天竺國)에 퍼뜨렸는데, 이 모두가 다른 경전에서는 듣지 못한 것으로서, 오직 심법(心法)에 대한 종지를 담고 있었다. 이에 오천축국에서는 왕이 대대로 이 경전을 엄중 보호하여 함부로 전수하지 않았다. 그리하여 지자대사는 밤낮으로 인도를 향하여 절을 올리며 하루속히 그 경전이 이 땅에 이르러 부처의 혜명(慧命)이 끊임없이 이어지기를 축원하였지만 끝까지 그 경전을 보지 못하였다. 당(唐) 신룡(神龍) 초(705년)에 이르러서야 처음으로 광주(廣州)에 이르러 번역되었다.」라고 하였다.

＊ 인광대사는 「대세지보살께서 갖추신 공덕은 한량이 없으며, 아미타불을 보필하여 자비의 배를 운행하시고, 중생의 고통을 구제하심은 관세음보살과 꼭 같으며, 중생을 서방극락으로 인도하심도 보현보살과 다르지 아니하다. 염불하는 중생을 모두 거두어 서방정토로 돌아가게 하시니, 이 막중한 은혜는 영겁에 잊을 수 없도다. 능엄경 대세지보살염불원통장은 실로 염불법문이 최고의 미묘한 법문이라는 것을 열어 보이고 있다.[勢至菩薩德無疆 輔弼彌陀作慈航 救苦直同觀自在 導西不異普賢王 攝念佛人歸淨土 此恩永劫莫能忘 楞嚴經大勢至菩薩念佛圓通章 實爲念佛最妙開示]」라고 하였다.

＊ 정권법사는 「지금 중생들의 근기에 맞추자면, 대세지보살의 염불원통이 가장 적합하다. 왜냐하면 지금 말세중생은 근성이 둔하고 열악하여, 자성(自性)을 원만히 깨달아 미혹을 끊고 진성(眞性)을 증득하거나 생사를 벗어나 범부를 뛰어 넘어 성인의 경지에 들어갈 수 없기 때문이다.[若對今人說法 則勢至念佛圓通 最爲契機 何以故 因今末法衆生 根性鈍劣 不能圓悟自性 斷惑證眞 了生脫死 超凡入聖]」라고 하였다.

＊〈정토법어〉에 「나무아미타불 한 번 부르면 해오(解悟)냐 불해오(不解悟)냐를 떠나, 마치 향을 만드는 사람 몸에 향기가 배듯이, 생각 생각마다 모두 성불의 진짜 인(因)이 된다.[一聲阿彌陀 無論解與不解 如染香人 身有香氣 念念都是成佛眞因]」라고 하였다.

＊ 정공법사는 「'방편을 빌리지 않아도 저절로 마음이 열린다.[不假方便 自得心開]'에서 '다른 방편을 빌리지 않는다.[不假方便]'는 것은 관상(觀想) 등 다른 법문을 참구할 필요가 없으며, 다만 이 아미타불 넉 자 명호만 쓸 뿐 다른 어떤 법문도 쓰지 않는다는 뜻이고, '마음이 열린다.[心開]'는 것은 일심불란(一心不亂), 명심견성(明心見性)을 말합니다. 바로 이 부처님 명호만 끝까지 외우는 것입니다. 번뇌를 굴복(屈服)시키는 데에서부터 명심견성에 이르기까지, 이 한 가지 방법으로 말입니다. 그러므로 이것은 법문 중에서도 가장 수승하고 가장 특별한 법문입니다.」라고 하였다.

＊ 정공법사는 경문(經文)에 나오는 '향광장엄(香光莊嚴)'은《아미타경》에 나오는 '향광불(香光佛)'을

가리킨다고 하였다.

＊ 본문에 52보살이 나오는데, 왜 하필 52분의 보살일까. 이에 대해 남회근 선생은 「대승보살의 단계
에는 55위(位)가 있는데, 마지막 3위(位)는 부처의 과위[佛位]에 완전히 도달한 것이므로 52분의 보살이라
고 한 것입니다.」라고 하였다. 《능엄경》은 보살이 성불하기 위해서는 55단계를 거쳐 56단계에 오면 성불
한다고 설한다(참고로, 화엄경이나 보살영락경에서는 51단계를 거쳐 52단계에 오면 성불한다고 설함).
즉, 십신(十信: 총 10단계) → 십주(十住: 총 10단계) → 십행(十行: 총 10단계) → 십회향(十廻向: 총 10단
계) → 난위(煖位) → 정위(頂位) → 인위(忍位) → 세제일위(世第一位) → 십지(十地: 총 10단계) → 등각(等
覺) → 묘각(妙覺: 성불)인데, 이 중 마지막 3위(位)란 10지(地)의 마지막인 법운지(法雲地)와 등각과 묘각
을 말한다.

＊ 남회근 선생은 경문(經文)에 나오는 '무량광불(無量光佛)'은 '아미타불'을 가리킨다고 하였다.

＊ 정례(頂禮) : 두 무릎을 꿇고 두 팔꿈치를 땅에 댄 다음 손을 펴서 상대편의 발을 받아 그 발에 자신의
머리를 대는 최상의 예법. 계수례(稽首禮) 또는 오체투지(五體投地)와 같은 말이다. 따라서 귀명정례(歸命
頂禮)라는 말은 '목숨을 바쳐 부처님의 가르침을 믿고 따르겠다는 뜻에서 올리는 정례' 또는 '목숨을 바
쳐 부처님을 공경하고 의지하면서 올리는 정례' 또는 '온몸과 마음을 다해 불법승(佛法僧) 삼보에 귀의
하면서 올리는 정례'를 말한다.

＊ 남회근 선생은 「(염불을 할 때에는) 자기의 내심에서 내는 염불소리를 돌이켜 듣고, 안으로 듣는 염
불소리를 돌이켜 관찰하면서, '나무대세지보살' 혹은 '나무관세음보살'을 한 자 한 자 또박또박 염(念)합
니다. 염(念)과 염(念)이 서로 이어지게 하되, 눈은 밖으로 보지 않고, 귀는 염불소리를 듣습니다. 이렇게
염불소리를 일심불란(一心不亂)하게 염(念)해 나갑니다. 어떤 분은 수십 년을 염하거나 몇 생(生)을 염해도
정념(淨念)을 얻지 못할 지도 모릅니다. 그렇지만 어떤 사람은 아주 짧은 시간에 정념이 서로 이어지는 경
지에 이를 수도 있습니다. 선(善)도 생각하지 않고, 악(惡)도 생각하지 않으며, 생각하지 않는다는 것도 생
각하지 않습니다. 염하면서도 염함이 없고[念而無念], 염함이 없으면서도 염합니다.[無念而念]. 이렇게
정(定)의 상태가 지속되어 가는 것이 바로 '정념(淨念)입니다.'」라고 하였다.

＊ 원효대사는 〈대승기신론소〉에서 귀명(歸命)을 다음과 같이 말씀하셨다. 「귀명(歸命), 이 자(字)는 능
히 귀의(歸依)하는 모습이다. 귀의하는 모습이란 공손히 따른다는 뜻이 귀의의 뜻이며, 취향(趣向)의 뜻이
귀의(歸依)의 뜻이다. 명(命)은 목숨의 뿌리이고, 모든 감각기관을 통제한다. 한 몸의 핵심이니, 오직 명(命)

만이 주(主)가 된다. 모든 생명의 소중함이 이것보다 앞서는 것이 없다. 이 하나뿐인 목숨을 들어서 위없이 존귀(尊貴)하게 받드는 것이다. 이것은 신심(信心)의 극치를 나타내는 것이다. 그러므로' 목숨을 바쳐 귀의한다.' 라고 말하는 것이다. 또 귀명(歸命)이라는 것은 '근원(根源)에 되돌아간다.' 는 뜻이다. 왜냐하면 중생의 여섯 감각기관은 일심(一心)으로부터 일어나나 스스로 근원을 등지고 여섯 개의 대상에 달려가서 흩어지고 만다. 지금 목숨을 들어서 여섯의 감각기관을 모두 거두어들여서 본래의 일심(一心)의 근원에 되돌아가므로 귀명이라고 한다. 돌아갈 일심(一心)은 즉 삼보(三寶)이기 때문이다.」 라고 하였다.

염불하는 모든 중생이 서방정토에 왕생하면 바로 영원히 퇴전하지 않는 지위에 오르며 한 생만 지나면 곧바로 불과佛果를 원만히 성취하게 된다. 그러므로 대세지보살의 염불원통念佛圓通의 성취속도가 원돈직첩圓頓直捷함은 관세음보살의 이근원통耳根圓通과 같아 조금도 다르지 않음을 알라. 그러나 중생의 근기를 거두어들임에 있어서는 염불원통이 이근원통을 능가한다. 왜냐하면 이근원통은 오로지 근기가 예리한 사람만 거두어들이지만, 염불원통은 상중하 세 근기는 물론 예리한 근기와 둔한 근기마저 모두 거두어들이기 때문이다.

所有一切念佛衆生 生到西方 則永不退轉 一生成佛 直至圓滿佛果而後已 故知勢至念佛圓通 成就之速 圓頓直捷 等於觀音耳根圓通 無少相殊 而攝機之普 或且過之 何以故 耳根圓通 但攝利根 念佛圓通 三根普攝 利鈍全收   -정권법사〈능엄경대세지보살염불원통장 강의〉

* 선종의 골수(骨髓)인 《능엄경》에서는 25가지 수행법을 열거하고 있는데, 이 중 가장 뛰어난 수행법이 관세음보살께서 수행하신 25번째 수행법인 이근원통(耳根圓通)이라 하였다. 24번째 수행법은 대세지보살께서 수행하신 염불원통(念佛圓通)인데, 관세음보살께서 닦으신 이근원통이 염불원통보다 뛰어나다고 부처님이 인정하신 것이다. 《능엄경》에서 부처님은 25성인(聖人)의 깨친 동기를 듣고, 부처님께서 문수사리보살에게 "아난과 미래의 중생들이 무상도(無上道)를 구하려면 어느 방편이 가장 수월하겠느냐"고 묻자, 문수보살은 자신도 '듣는 것(耳根)' 으로 증득했으며, 말세중생들을 구원하려면 관세음보살의 이근원통(耳根圓通)이 최고라고 게송으로 대답하는 장면이 나온다.

＊ 이근원통이란 '이근(耳根)을 닦으면 완전한 깨달음에 이른다.' 라는 뜻이다. 눈(眼)은 멀거나 담장이 있으면 볼 수 없고, 코(鼻)도 그러하며, 몸은 접촉해야 대상을 제대로 알 수 있는데 비해, 귀(耳)는 그렇지 않다. 예부터 선사(禪師)들 가운데는 소리를 듣고 돈오(頓悟)하는 경우가 많았다. 예컨대, 백장선사(百丈禪師) 문하에서 어떤 스님이 종소리를 듣고 깨우쳤는데, 백장은 "뛰어나도다. 이것은 관세음보살이 도에 들어갔던 방법이다.[俊哉 此乃觀音入道之門也]" 라고 말하였다. 이 외에 향엄(香嚴)선사는 대나무가 부딪히는 소리에 견성했고, 원오(圓悟)선사는 닭이 날개치는 소리를 듣고 오도하였다. 조선조의 서산휴정(西山休靜)대사가 대낮에 닭 우는 소리를 듣고 오도했다는 것도 같은 맥락에 속한다.

＊ 남회근 선생은 「관세음보살의 이근원통과 대세지보살의 염불원통은 서로 비슷하면서 한 가지 중점이 있습니다. 그것은 '육근(六根)을 모두 거두어들여서 정념(淨念)이 서로 이어지는 것[都攝六根 淨念相繼]' 인데, 반드시 주의해야 합니다. 자기의 내심(內心)에서 내는 염불소리를 돌이켜 듣고, 안으로 듣는 염불소리를 돌이켜 관찰하면서' 나무아미타불' 혹은 '나무관세음보살' 을 한 자 한 자 또박또박 외웁니다. 외우고 외움이 서로 이어지게 하되, 눈은 밖을 보지 않고, 귀는 염불소리를 듣습니다.」 라고 하였다.

＊ 남회근 선생은 「귀를 통해서 소리를 듣는 방법이 도를 이루기에 가장 쉽습니다. 왜 그럴까요. 눈은 오직 앞쪽만 볼 수 있습니다. 어떤 물체가 시선을 가로 막으면 보지 못합니다. 그러므로 안근(眼根)을 이용하여 닦는 것은 원만하지 못합니다. 코를 이용해서 수식지관(數息止觀)을 닦는 것도 원만하지 않습니다. 다섯 개의 감관[五根]가운데서 오직 귀만이 제한을 받지 않아서 어느 쪽[十方]에서 오는 소리든 동시에 감수(感受)할 수 있기 때문에 쉽게 원만히 닦을 수 있습니다. 예컨대 여러분이 마음속으로 염불하고 있다고 합시다. 나무아미타불을 외워도 좋은데, 나무-아-미-타-불 이렇게 한 글자씩 한 글자씩 천천히 외면서 귀는 밖을 듣지 말고 되돌려서 자기의 염불소리를 듣습니다. 한 글자 한 글자 사이를 좀 멀리 띄어서 외우되, 자기가 외는 것을 자기가 듣습니다. 앞의 한 글자가 지나가고 다음 글자가 아직 오지 않았을 때, 그 사이는 비워졌지요. 잡념이 나타나면 곧 나무아미타불 한번 외웁니다. 잡념이 없어 졌을 때는 역시 외우지 않습니다. 석가부처님이 당시에 제자들을 교도할 때에 일반 성문중(聲聞衆)도 모두 부처님의 음성을 듣고서 도에 들고 과위(果位)를 증득했습니다. 왜냐하면 사바세계 중생들은 이근(耳根)이 가장 영민하고 날카롭기 때문에 일체의 수행법은 다 이근(耳根)에 의지해서 전도(傳導)했습니다. 선종이든 정토종이든 밀종이든 어떠한 법문도 관음법문을 떠나지 않습니다.」 라고 하였다.

＊ 유계 전등법사는 「사바세계중생들은 이근(耳根)이 가장 영민(英敏)하여, 다른 오근[眼鼻舌身意]은 이

306

근의 영민함에 미치지 못한다.」라고 하였다. 그런데 위 글에서 정권법사는 염불원통이 이근원통보다 뛰어나다고 하신 것이다. 철오선사는 「이근원통은 오로지 이 사바세계 중생만 끌어들이며, 그중에서도 오직 상근기한테만 이롭다.」라고 하였다.

* 마음을 가장 자극하는 것이 '소리'라고 과학에서도 말한다. 또 우리가 숨 넘어 가는 마지막 순간에 '보는 의식[眼識]'이나 '냄새 맡는 의식[鼻識]'이나 '느끼는 의식[身識]' 등은 죽어 있지만, '듣는 의식[耳識]' 즉, 청각(聽覺)은 마지막까지 살아 있다고 한다. 이는 임종 직전의 환자들을 많이 보는 호스피스나 의사들도 공통적으로 말하는 사실이다.

* 기독교의 경전인 성서(聖書) 로마서 10장 10절에는 「그러므로 믿음은 들음에서 나며 들음은 그리스도의 말씀으로 말미암느니라.[So then faith comes by hearing, and hearing by the word of God]」라는 구절이 있다.

* 성암대사는 〈권수정토시〉에서 「염불원통은 육근을 거두어들인다. 누가 (25원통 중에서) 이근원통만 홀로 뛰어나다고 하는가. 사람들이 능엄경 대세지보살원통장에서 이근원통이 (가장) 수승한 것만 알고, 염불원통이 곧 이근원통마저 거두어들인다는 것은 알지 못한다.[念佛圓通攝六根 耳根誰謂獨超倫 人知楞嚴圓通耳根殊勝 不知念佛卽攝耳根]」라고 하였다.

* 《능엄경》에 「이 사바세계에서 참된 부처님 가르침의 본체는, 소리를 듣는 청정한 기능에 있다.[此方眞教體 清淨在音聞]」라는 구절이 있다.

* 《법화경》 방편품(方便品)에 「이 법을 듣는 자들은 이미 모두 불도를 이루었느니라.[若有聞是法 皆已成佛道]」라는 구절이 두 번이나 나온다.

* 〈치문경훈(緇門警訓)〉에 「능엄회상 가운데 스물다섯 번의 수행 중에 유독 관음보살만을 받드는 것이, 어찌 관음보살만이 뛰어나고 다른 모든 보살은 열등하다는 것이겠습니까.[楞嚴會中二十五行 獨推觀音 豈可便優觀音而劣諸菩薩]」라고 하였다.

* 정공법사는 「능엄경 대세지보살염불원통장에 이르기를, "대세지보살과 그의 동학(同學)들은 처음 귀의부터 시작하여 성불에 이르기까지 닦은 것이 오직 한마음으로 아미타불을 염송하는 것이다." 라고 하였습니다. 정업을 닦는 자들은 다른 법문의 도움이 필요치 않습니다. 처음 발심부터 성불에 이르기까지 오로지 아미타불을 염송하면 됩니다. 그렇다면 어떻게 염송해야 합니까. 그 비결은 바로 '육근(六根)을 거두어들이고, 청정한 생각을 계속 잇는다.' 입니다. '청정한 생각' 이란 염불 시에 조금의 의혹이나

더럽혀짐이 없는 청정한 마음 상태를 일컫습니다. 염불할 때엔 반드시 이와 같이 청정한 마음으로 염해야 합니다. '계속 잇는다.[相續]' 함은 한 구절 이어 또 한 구절 끊임이 없는 것을 말합니다. '물들어 더럽혀지지 않고, 의심하지 않으며, 끊임이 없는 것'은 대세지보살이 우리에게 일러준 염불의 비결입니다. 만약 청정한 생각을 계속 잇고, 육근을 거두어들이면 염불은 결정코 성취할 것입니다.」라고 하였다.

　＊ 염불원통 : 염념(念念)마다 지극한 정성을 다하여 부처님을 생각함으로써 무생법인(無生法忍)을 얻는 것, 또는 육근을 모두 추슬러(거두어) 깨끗한 염불심을 계속 이어 나아가 종국에 삼매를 얻는 것을 말한다.

　＊ 대세지보살께서 닦으신 염불원통은 순전한 염불법문이니, 정말로 우리들의 때와 근기(시기)에 부합한다. 위로는 상근기에서 아래로는 하근기에 이르기까지 모든 사람들이 쉽게 원만히 단박에 곧바로 민첩함을 이룬다. 반면에 관세음보살께서 닦으신 이근(耳根)원통은 근기가 예리한 사람이라야 비로소 닦을 수 있고, 둔한 근기는 이근원통에 의하여 이익을 얻을 수 없다고 정토의 스승들은 말한다.

　＊ 원돈직첩(圓頓直捷) : 원만하게 그리고 단박에 곧바로 질러감.

　어떤 이가 물었다.

「능엄경에서 원통圓通을 선택하면서, 이근원통耳根圓通만을 취하였고 염불법문은 일찍이 뽑힌 적이 없습니다. 그런데 어찌하여 후세에는 부처님의 말씀을 따르지 않고 온 천하가 염불을 따르고 있습니까.」

　이 문제에 대해서는 내가 〈미타소초〉에서 이미 밝힌 적이 있거니와, 이러한 의심과 질문은 다른 사람에게도 끼칠 영향이 적지 않을 것이므로, 다시 그대를 위해 자세히 말하겠다.

　그대는 사바세계의 사람이어서 사바세계만 있는 줄 알지 모르나, 사바세계 이외에 무량무변한 불가설불가설不可說不可說 세계가 있음을 알아야 한다. 이근원통은 사바세계 중생의 근기에 맞게 하신 것이요, 염불법문은 불가설불가설 세계의 중생에 맞게 한 것이다. 그러므로 이근원통은 일방一方 세계의 원통이요, 염불법문은 시방十方 세계의 원통이라 할 수 있는 것이다.

　부처님은 사바세계에 나셨으므로, 우선 사바의 편의에 따라 교敎를 펴신 것이다.

　비유하면, 오늘날 나라 안에 수많은 군과 읍의 선비들이 배우고 익히는 것이, 어떤 지방에서는 〈주역周易〉을 익히고 있고, 어떤 곳에서는 〈시경詩經〉을 익히며, 혹은 〈서경書經〉을 익히는 경우도 있고, 〈춘추春秋〉나 〈예기禮記〉를 익히는 곳도 있다. 그러나 묶어 말하면, 온 나라에서 가장 많이 배우고 있는 것은 〈주역〉이라고 말할 수 있을 것이니, 〈주역〉이 바로 염불법문인 것이다.

또한 수많은 군과 읍에서 편의에 따라 평야에서는 흔히 곡식을 심고, 산림이 많은 곳에서는 주로 과일을 재배하며, 강남지방에서는 물고기나 소금을 파는 이들이 많으니, 솜이나 구슬·옥玉도 이와 마찬가지다. 그러나 묶어 말하면, 온 나라에서 가장 귀히 여기는 것은 벼나 기장·콩·조 따위라고 할 것이니 벼나 조 등이 바로 염불인 것이다.

그대는 현재 사바세계에서 살고 있으니, 스스로 이근원통을 수행하는 것을 누가 말릴 자가 있으랴만, 다만 굳이 이것은 옳게 여기고 저것은 그르다 해서는 안 될 것이다. 만약 이근원통만 고집하여 염불을 없애려 한다면, 마치 다른 경을 익히는 선비가 〈주역〉을 없애려 하거나, 다른 물건을 파는 상인이 곡식 따위를 없애려 하는 것과 같은 것이다. 어찌 이런 이치가 있을 수 있겠는가.

問曰 楞嚴圓通獨取耳根 念佛法門曾未入選 奈何後世不遵聖語 而普天之下多從念佛也 答曰 彌陀疏鈔已有明辨 而此疑此問關係不小 不厭其煩瀆也 更爲子詳言之 子誠娑婆人也 知有娑婆而已 獨不思娑婆而外 有無量無邊不可說不可說世界乎 耳根者 逗娑婆世界衆生之機 念佛者 逗不可說不可說世界衆生之機也 耳根圓通 一方世界之圓通 念佛圓通 十方世界之圓通也 佛出娑婆 姑就娑婆之所宜者示教 故曰 此方 真教體 清淨在音聞 不曰 十方眞教體也 喻如今日國中百千郡邑士子所習 或在一方多習易者 或在一方多習詩者 或在一方多習書者 春秋禮記 亦復如是 統而論之 通國之中 最多習者則周易也 周易者 念佛法門之謂也 復次百千郡邑土地所宜 郊野之區多植穀粟 山林之所多栽果實 江海之處多販魚鹽 綾綿珠玉亦復如是 統而論之 通國之中最多尙者 則稻黍菽粟也 稻黍菽粟者 念佛法門之謂也子居娑婆 自修耳根 誰得而阻之 但不必是此而非彼 如其執耳根而欲掃除念佛 是猶業餘經之士子而欲掃除周易 貨餘物之商民而欲掃除穀粟也 豈理也哉

- 연지대사 〈죽창수필竹窓隨筆〉

* 원통(圓通) : 널리 일체에 빠짐없이 두루 가득차고 융통하여 걸림이 없다는 뜻.

* 연지대사는 〈죽창수필〉에서, 「경전을 볼 때에는 반드시 폭이 넓어야만 비로소 융관(融觀)하여 편집(偏執)에 빠지지 않는다. 가령 능엄경에서 대세지보살이 원통(圓通)에 들지 못한 것을 보인 것만을 읽고, 널리 정토를 찬탄한 다른 경전을 읽지 못했으면, 염불법문은 숭상할 만한 것이 못된다고 생각할 것이다.[看經須是周遍廣博 方得融貫 不致偏執 蓋經有此處建立 彼處掃蕩 此處掃蕩 彼處建立 隨時逐機 無定法故 假使只看楞嚴 見勢至不入圓通 而不廣覽稱讚淨土諸經 便謂念佛法門不足尙矣]」 라고 하였다.

* 인광대사는 「대세지보살께서는 생각을 돌이켜 자성(自性)을 생각하셨고, 관세음보살께서는 들음을 돌이켜 자성(自性)을 들으셨습니다. 이 둘의 공부를 일심으로 융합하여 만덕을 각춘 위대한 부처님 이름을 생각하십시오.[以勢至反念念自性 觀音反聞聞自性 兩重工夫 融於一心 念如來萬德洪名]」 라고 하였다.

* 성암대사는 〈권수정토시(勸修淨土詩)〉에서 「염불원통은 주로 의근(意根)을 거두어들이고 나머지 오근(五根)도 두루 거두어들이지만, 이근원통은 오직 이근(耳根)만 스칠 뿐 나머지 근(根)은 겸하지 못한다. 이근원통은 한 문(門)을 따라 깊이 들어가지만, 염불원통은 모든 근(根)마다 들어갈 수 있다. 이근원통이 염불원통을 거두어들이지 못하지만 염불원통은 능히 이근원통을 거두어들임을 마땅히 알아야 한다. 고로 염불원통은 상중하 세 근기에게 두루 가피를 준다.[念佛主意根 徧攝五根 耳根唯屬耳 不兼餘根 耳根從一門深入 念佛則根根可入 當知耳根不攝念佛 念佛能攝耳根 故此一門 三根普被]」 라고 하였다.

* 철오선사는 「무릇 염불법문은 시방세계의 모든 중생을 끌어들이며, 상중하 세 근기 모두 자비로운 은택(恩澤)을 입습니다. 반면 귀로 소리를 듣는 이근원통은 오로지 이 사바세계의 중생만 끌어들이며, 그중에서도 오직 상근기한테만 이롭습니다. 이근원통은 부처님께서 아난에게 고향 집에 되돌아갈 길을 가리켜 주시기 위하여 문수보살께서 곡진하게 선택하신 것이지, 오직 이근원통만이 수승하고, 염불법문은 졸렬하다는 말씀은 결코 아닙니다. 경전을 독송하는 분들은 이 점을 잘 알지 않으면 안 됩니다.」 라고 하였다.

* 남회근 선생께서 〈주역(周易: 역경)〉을 해설하면서 하신 말씀을 소개한다. 「인생이란 늘 조심하고 근신(謹愼)하는 것입니다. 스승이 도와줄 수 없으니 부모를 모시듯 그렇게 공경하고 조심해야 합니다. 자신만이 스스로를 보호하고 도울 수 있기에 늘 조심해야 합니다. 시간과 공간이 항상 변화한다는 것을 알아서 일체의 일에 엄숙하고 조심스러워야 합니다. 실패할 것이라 해서 포기하는 것은 〈역경(易經)〉을 배운 사람의 태도가 아닙니다. 공자는 도불허행(道不虛行)이라 하여 모든 것이 사람에 달려 있다고 했습니다. 〈역경〉은 우리에게 실패가 극한 상태에 이르더라도 결코 길이 없지 않다고 말합니다. 어떻게 지혜롭게 헤

쳐 나가느냐에 달린 것입니다. 인생이란 소요와 자재(逍遙自在)를 구하는 것입니다. 〈역경〉을 배워 통하려면 머리가 맑고 지혜로워야 합니다. 그렇지 않으면 차츰 달팽이처럼 스스로 갇혀 버리고 맙니다. 〈역경〉의 이치를 이해하고서 그것으로 자기 몸을 닦고 생활에서 실천한다면 반드시 크게 길하고 이롭습니다. 모든 것이 자신의 학문과 수양에 달린 것입니다. 조심조심 반성하며 잘못을 고쳐 나가는 것, 이것이 최고의 철학입니다. 괘(卦) 자체에는 좋고 나쁜 것이 없으며 시간과 이치에 따라 좋고 나쁜 것이 결정됩니다.」

　* 남회근 선생은 「인간의 다섯 가지 감관(感官: 눈/ 귀/ 코/ 혀/ 몸)가운데서 오직 귀[耳]만이 제한을 받지 않아서 어느 쪽[十方]에서 오는 소리든 동시에 감수(感受)할 수 있기 때문에 쉽게 원만히 닦을 수 있습니다.」라고 하였다.

　* 불가설불가설(不可說不可說) : 10의 18,609,191,940,988,822,220,653,298,843,924,824,064승(乘)을 말한다. 《화엄경》에 나오는 수(數)중에서 두 번째로 큰 수다. 가장 큰 수는 불가설불가설전(不可說不可說轉)이다.

　만약 중생의 마음이 부처님을 기억하거나 부처님을 생각한다면
　현생에 혹은 죽은 뒤에라도 틀림없이 부처님을 바로 뵙는다.
　若衆生心 憶佛念佛 現前當來 必正見佛　　　　　　　　　　　　　　　-《능엄경》

　* 《능엄경》의 원래 이름은 《대불정여래밀인수증요의제보살만행수능엄경(大佛頂如來密因修證了義諸菩薩萬行首楞嚴經)》이다. 선종의 골수(骨髓)이자 가장 난해한 경전으로 손꼽히며, 《유마경》《원각경》과 더불어 문장이 아름답기로 유명하다.

　* 고덕께서 「능엄경은 범부가 곧장 부처의 경지에 이르게 하고, 무정(無情)에서 유정(有情)에 이르게 하며, 산하대지, 사성육범(四聖六凡), 수증(修證)과 미오(迷悟), 이사(理事)와 인과(因果)와 계율(戒律) 등을 상세하게 설하고 있습니다.」라고 하였다.

　* 남회근 선생은 「저는 원각경이 확실히 진정한 불법(佛法)이라고 말할 수 있습니다. 원각경과 능엄경은 마땅히 불교의 무상밀부(無上密部)라고 말해야 합니다. 단지 원각경과 능엄경의 문학성이 정말로 아름다워서, 다른 불경의 문자가 여기에 미치지 못했기 때문에, 일부 학자들이 위경(僞經)이라고 여긴 겁니다.」라고 하였다.

＊《능엄경》은 현교(顯教)와 밀교(密敎)를 두루 포괄하고, 성(性)과 상(相)의 중요한 도리를 모두 밝히고 있으며, 선(禪)/ 정(淨)/ 밀(密)/ 율(律)을 모두 섭수(攝受)하고 있는 경전으로서, 선종의 골수(骨髓)이자 요의경(了義經)이며 말법시대에 가장 먼저 소멸되는 경전이기도 하다. 수행의 차제(次第)에 대하여 상세하게 설하고 있으며, 성불의 단계인 묘각(妙覺)에 이르는 길을 밝혀 수행자로 하여금 보리도(菩提道)로 향상해 갈 수 있게 하였다. 또한 보리도의 길에서 발생하는 마(魔)의 경계를 상세히 밝혀 수행자로 하여금 그런 경계를 알아차려 삿된 마(魔)의 길에 떨어지지 않게 하고 있다.

＊《능엄경》에서 부처님이 말씀하시기를, 「내가 손가락을 누르면 해인(海印)이 빛을 발하지만, 그대가 마음을 움직이면 번뇌가 먼저 일어난다.」라는 유명한 말씀이 있다.

＊ 현재 학계에서는 《능엄경》이 부처님의 말씀이 아니라 중국에서 어떤 학장(學匠)에 의해 편찬된 위경(僞經)이라는 설이 지배적이다. 이에 대해 선화상인께서는 「능엄경을 가짜라고 말하는 어리석은 학자와 교수, 대법사들에게 절대로 현혹되지 말아야 할 것이다. 이는 눈 먼 사람이 눈 먼 사람을 이끄는 것처럼 어리석은 일이다. 그들은 무엇에 근거해서 능엄경을 가짜라고 말하는가. 근본적으로 그들은 두 눈을 부릅뜨고 거짓말을 하는 것이다. 아만심이 높고 삿된 견해를 가지고 있으니, 장래 과보를 받을 때 그 고통을 상상조차 할 수 없을 것이다.」라며 일침(一針)을 가하셨고, 남회근 선생께서도 역시 《능엄경》은 위경이 아님을 여러 차례 말씀하신 바 있다.

＊《능엄경》에 「아난아, 이와 같은 세계의 육도중생이 비록 몸과 마음에 살생, 도둑질, 음욕이 없어 세 가지 행(行)이 이미 원만할지라도 만약 대망어(大妄語)를 하면, 선정이 청정함을 얻지 못하고, 애마(愛魔)와 견마(見魔)를 이루어 여래의 종자를 잃게 된다. 소위 말하기를, 도(道)를 증득하지 않고 증득하였다고 말하거나, 혹은 세간에서 자기가 존엄하다고 우월하며 제일이라고 선전한다… (중략) … 부처는 이런 사람은 영원히 선근(善根)을 끊고 다시는 지견(知見)이 없어, 삼악도의 고해(苦海)에 빠져서 삼매를 이루지 못할 것이라고 수기(授記)한다.[阿難 如是世界六道衆生 雖則身心無殺盜婬 三行已圓 若大妄語卽三摩提 不得淸淨 成愛見魔 失如來種 所謂未得謂得 未證言證 或求世間尊勝第一 ……. 佛記是人 永殞善根 無復知見 沈三苦海 不成三昧]」라는 말씀이 있다.

＊ 부처님께서 가신 지는 오래 되었고, 여래의 정법(正法)은 이미 지나갔으며, 상법(像法)도 이미 지나갔다. 지금이 바로 말법(末法)시대이다. 말법(末法)의 말(末)이란 곧 쇠미(衰微), 미단(尾端), 미약(微弱), 근멸(近滅)의 뜻이다. 곧 여래의 정법이 이미 쇠멸할 때가 가까이 왔기에 말법이라 칭한다. 《능엄경》은 여래의

정법안장(正法眼藏)이며, 열반과 해탈을 표시하는 경전이고, 명심견성의 모범이며, 사(邪)를 깨뜨리고 정(正)을 드러내는 대법(大法)이고, 성불하는 도(道)이다. 《능엄경》은 이와 같은 큰 공덕이 있고, 불문(佛門) 가운데 소장경(小藏經)이라 불린다. 천태종/ 화엄종/ 유식종/ 정토종/ 선종/ 율종/ 밀종 등 각 종의 핵심이 담겨 있고, 더욱이 예로부터 지금까지 모든 종파에서 부처님 말씀을 퍼뜨리고 중생을 이롭게 함에 있어 《능엄경》을 인용하지 않고 설법을 하는 경우는 없다. 그러므로 《능엄경》은 팔만사천법문 가운데에서 지극히 숭고한 지위를 차지하고 있다. 이것은 틀림없는 사실인데, 어찌하여 숭고하고 존귀한 대법인 《능엄경》이 (말법이 되면) 가장 먼저 멸하는가. 두 가지 이유가 있다. 하나는 《능엄경》이 사악한 마(魔)들을 깨부수는 성전(聖典)이기 때문이다. 즉, 《능엄경》이 마구니들을 비추어주는 거울이기 때문이다. 《능엄경》이 없어져야 마구니들이 중생들을 현혹시키면서 불법을 무너뜨릴 수 있기 때문이다. 다른 하나는 소수의 학자들이나 승려들이 《능엄경》이 위경(僞經)이니 대승비불설(大乘非佛說)이니 하면서 《능엄경》을 공격하기 때문이다. 이들의 행위는 무간지옥(無間地獄)의 과보를 초래하는 것임을 분명히 알아야 한다고 성현들께서는 한결같이 경고하신다. 부처님께서는 《법멸진경(法滅盡經)》에서 장래 말법시기가 최후에 이르면, 가장 먼저 소멸되는 경전은 《능엄경》과 《반주삼매경》이라고 하셨다.

  * 부처님은 《능엄경》에서 「아난아, 말세의 중생들이 바른 법을 믿지 않고 항상 사특(邪慝)한 소견을 내다가, 문득 이 경전을 만나서 크게 비웃으며 비방하고 부처님의 설법을 그르다고 헐뜯으면, 그 사람은 현재 세상에 업장의 그물에 걸려서 삼재(三災)와 팔난(八難)과 아홉 가지 횡액(橫厄)이 침범하고, 문둥병과 고질병이 항상 그 몸을 얽어매며, 절름발이나 귀머거리나 봉사나 벙어리로 사람들에게 업신여김과 천대를 받다가, 죽자마자 아비지옥에 떨어져서 위의 불은 아래로 통하고 아래의 불은 위로 통하며, 쇠창과 쇠작살이 온 몸에 구멍을 뚫으며, 구리를 녹여 입에 부어 갈비뼈가 녹아나고, 하루 낮 하룻밤 사이에 만 번 죽고 만 번 태어나며, 온갖 고통이 그칠 때가 없으리라.」 라고 하셨다.

  * 선화상인은 「능엄경은 불교의 골수(骨髓)이며, 능엄경이 없다면 불법이 없다고 할 수 있고, 능엄경이 없으면 정법(正法)이 소멸될 것이다.」 라고 하였다.

  * 영명 연수선사는 대작(大作) 〈종경록〉을 지을 때, 《능엄경》에서 많은 근거를 취하였다.

  * 중국 명나라의 영각원현(永覺元賢)선사는 「능엄경은 삼경(三經: 능가경, 금강경, 반야심경을 말함)의 종지를 모두 갖추고 있다. 그러므로 이 경을 정밀히 연구하면 다른 세 경전은 대나무를 쪼개듯 쉽다.」 라고 하였다.

＊ 중국의 허운선사는 말법시대에는 선지식을 만나기 어려우니 《능엄경》을 선지식으로 삼아 수행하라고 하였다.

＊ 고덕께서 「능엄경을 한 번 읽고 나서는 세상의 잡동사니 책을 보지 않게 되었다.」 라고 하였다.

＊ 중국 당나라의 도세(道世)가 저술한 〈법원주림(法苑珠林)〉에는 말법시대가 되면 다섯 가지 혼란한 현상이 나타난다고 했다. 첫째는 비구(比丘)가 속인(俗人)에게서 법(法)을 배우고, 둘째 속인이 윗자리에 앉고 비구는 낮은 자리에 앉으며, 셋째 비구의 설법은 받아들여지지 않고 속인의 설법을 으뜸이라고 하며, 넷째 비구가 악마의 집에 스스로 태어나 세속의 생활을 하며 그것이 옳다고 하므로 불법(佛法)의 옳고 그름이 분명하지 않으며, 다섯째 비구가 아내와 자식과 하인과 하녀를 두고 생활하면서 세속 사람과 다름없이 다투기를 일삼는다고 하였다.

6) 화엄 · 법화경에 보이는 염불

만일 여래께서 멸도하신 후 오백 년이 지나 어떤 여인이 이 경전을 듣고 그 설(說)한 바와 같이 수행하면, 그 목숨을 다 마친 뒤에 극락에 계시는 아미타불이 큰 보살 대중들에게 둘러싸여 계신 곳에 가서 연꽃 가운데의 보배 자리 위에 태어나리라.

若如來滅後 後五百歲中 若有女人 聞是經典 如說修行 於此命終 卽往安樂世界 阿彌陀佛 大菩薩衆 圍繞住處 生蓮華中寶座之上　　　　　　　　　　　　　　　-《법화경法華經》

＊《법화경》은《화엄경》과 함께 대승경전의 왕으로 불린다.《화엄경》뿐만 아니라《법화경》에서도 서방정토 왕생을 말씀하고 있다. 또 범본(梵本)《법화경》의 '관세음보살보문품' 에 보면,「관세음보살께 정례(頂禮)하옵니다. 세자재왕(世自在王)을 스승으로 삼은 법장비구는 세상 사람들의 공양을 받으시고 한량없는 오랜 겁을 닦고 행하여 위없는 바른 깨달음 이루시었네… 서방에 극락이란 정토 있나니 그곳에 중생들 인도하시는 분 아미타부처님이 살고 계시니라.」 라는 게송이 있다.

＊ 이통현 장자의 〈신화엄경론〉에 「법화경은 저 삼승(三乘)의 사람을 인도해서 일승(一乘)의 진실한 가르침으로 돌아가게 한 것이다. 마치 온갖 지류(支流)가 커다란 바다로 귀일하듯이 삼승을 거두어서 하나의 근원으로 돌아가게 한 것이다. 장(藏)법사 등 과거의 대덕(大德)들은 회통(會通)한 가르침을 일승으로 삼았으니, 이는 삼승이 다 함께 법을 듣게 되기 때문이다. 이 이치를 자세히 탐구해서 두 문을 회통해 보면, 법화경은 방편의 근기를 인도해서 진실로 돌아가게 한 것이요, 화엄경은 단박에 대근기에게 제시하여 곧바로 부여한 것이다.」 라고 하였다.

＊ 인광대사는 「법화경에 이르러서야 비로소 인간과 천상, 권법(權法)과 소승(小乘)을 모두 일승으로 포용하여, 세 근기의 중생에게 두루 수기(授記)를 내리시고, 출세간의 회포를 크게 펼치셨다. 일대사인연(一大事因緣) 전체를 남김없이 모두 전하고 당부하였다.」 라고 하였다.

＊ 원효대사는 〈법화경종요〉에서 「묘법연화경은 곧 시방삼세 모든 부처님이 세상에 출현하신 큰 뜻이요, 구도(九道) 사생(四生)이 다 부처 되는 한길로 들어가는 넓은 문이다. 글이 교묘하고 뜻이 깊어 묘법의 극치에 이르렀고, 말이 활짝 펴지고 이치가 탁 트여 법을 드러내지 않음이 없다. 글과 말이 교묘하고 활짝

피었으므로 꽃처럼 화려하면서 그 속에 열매를 품었고, 뜻과 이치가 깊고 트였으므로 진실하면서 방편을 함께 하였다.」라고 하였다.

　＊ 남회근 선생은 「법화경은 능엄경과 함께 선종(禪宗)의 양대 경전입니다. 법화경은 능엄경보다 일찍 중국에 전해졌습니다. 법화경이 중국문화에 끼친 영향은 막대합니다. 문학에서든 어디서든 법화경의 흔적은 도처에서 쉽게 찾을 수 있습니다. 천태대사와 그의 제자들이 천태종을 만들었는데, 이들이 종지로 삼은 것이 바로 법화경이었습니다. 과거 반주삼매(般舟三昧)를 배우던 많은 고승들이 모두 법화경의 노선을 따라 수행했습니다. 사실 법화경은 참으로 어렵지만, 그러기에 진정한 일승(一乘)의 불법(佛法)이라 할 수 있습니다. 법화경은 장자(莊子)와 마찬가지로 온통 우화(寓話)와 이야기입니다. 우화에 우화가 이어져, 다른 것은 거의 찾아볼 수 없을 정도입니다. 참을성 있게 잘 읽어보면 매 구절마다 모두 이치가 담겨 있습니다. 법화경은 도처가 화두(話頭)이며, 모두 진정한 수행 공부를 말하고 있습니다.」라고 하였다.

　＊「지혜를 여는 능엄경, 성불하는 법화경」이라는 말씀이 있다.

　여래의 한 평생 교화 가운데 오직 《화엄경》만이 일생의 원만함을 밝히셨다.

　일생의 원만함의 원인은 맨 끝에 보현보살이 십대원왕十大願王으로 극락세계에 귀향하도록 인도하며, 선재동자와 모든 화장해중華藏海衆에게 함께 이 길로 정진하라고 권청함에 있다. 오호라! 화엄에서 밝히신 뜻은 바로 여기에 있는데, 천하고금에 이를 믿는 자는 적고 의심만 많아 말은 번잡하고 뜻은 애매모호하도다. 내 단지 심장을 갈라 피를 뿌리고 싶을 따름이다.

　釋迦一代時教 惟華嚴明一生圓滿 而一生圓滿之因 則末後普賢行願品中 十大願王導歸安養 且以此勸進華藏海衆 嗟乎 凡夫例登補處 奇倡極談 不可測度華嚴所稟 卻在此經 而天下古今 信尠疑多 辭繁義蝕 餘唯有剖心瀝血而已　　　　　- 우익대사 〈아미타경요해〉

　＊ 우익대사는 〈아미타경요해〉발문에서 「처음 집을 떠나 승려가 되었을 때, 나는 선(禪)수행이 최고인 줄 알았다. 스스로 선사(禪師)임을 자부하면서 경전을 경시했다. 솔직히 부처님의 명호를 부르는 정토 수행법은 보통 사람이나 그보다 더 모자란 근기를 가진 사람들에게 적합한 불교의 한 형태라고 생각했다.

얼마나 어리석고 그릇된 편견을 갖고 있었는지 그때는 몰랐다.」라고 하였다.

＊ 십대원왕(十大願王) : 보현보살의 '십대행원(十大行願)'을 일컫는다. 보현보살의 열 가지 행원(行願)은 모든 원(願)들 중의 으뜸이라 하여 원왕(願王)이라 부른다. 행(行)은 실천 행을, 원(願)은 서원(誓願)을 말하는데, 행원(行願)이란 무엇인가를 이루겠다는 발원(發願)이나 소원을 말한다.

＊ 남회근 선생은 「진정한 수행은 마지막으로 하나의 길, 즉 행원(行願)으로 통합니다. 무엇이 행원일까요. 바로 자신의 심리와 행위를 바르게 닦아 나가는 것입니다.」라고 하였다.

＊《화엄경》입법계품에 「보현보살이 부처님의 거룩한 공덕을 찬탄하고 나서 여러 보살들에게 말했다. "부처님의 공덕은 시방세계 부처님들이 무량겁을 두고 계속해서 말씀할지라도 다할 수 없습니다. 그러한 공덕을 이루려면 열 가지 큰 행원(行願)을 닦아야 합니다. 첫째는 부처님께 예배 공경함이요, 둘째는 부처님을 찬탄함이며, 셋째는 널리 공양(供養)함이요, 넷째는 업장(業障)을 참회함이며, 다섯째는 남의 공덕을 같이 기뻐함이며, 여섯째는 설법해 주기를 청함이며, 일곱째는 부처님이 세상에 오래 계시기를 청함이요, 여덟째는 부처님을 본받아 배움이며, 아홉째는 중생의 뜻에 수순(隨順)함이요, 열째는 닦은 공덕을 중생에게 모두 다 회향(廻向)함입니다."」라고 하였다.

＊ 정공법사는 「보현보살의 10대원(願)의 첫 번째는 예경제불(禮敬諸佛)이고, 두 번째는 칭찬여래(稱讚如來)입니다. 어째서 '칭찬제불'이라 하지 않고 '칭찬여래'라 합니까. 여기에는 깊은 의도가 있습니다. '예경제불'은 형상(形相)에 입각하여 말한 것입니다. 형상에서 보면 모두 다 '공경'해야 합니다. 선한 사람을 만나도 공경하고, 악한 사람을 만나도 공경하여 선악을 구별하지 않고, 삿됨과 바름을 나누지 않아서 정법(正法)도 공경하고 사법(邪法)도 공경하여 공경하지 않는 것 없이 다 공경합니다. '칭찬여래'는 성품(性品)에 입각하여 말한 것입니다. 여기엔 차별이 있습니다. 선한 것은 칭찬하고, 선하지 않는 것은 칭찬하지 않습니다. 즉 공경하되 찬탄하지 않는 것입니다. 차별이 여기에 있습니다. 찬탄은 덕성(德性)을 기준으로 하여 반드시 선한 것, 반드시 정법인 것만 찬탄합니다. 만약 선법이 아니고 정법이 아니라면 찬탄하지 않습니다. 그러나 여전히 공경은 해야 합니다. 왜냐하면 공경은 청정심이고 평등심이므로 설사 다른 종교라 하더라도 공경해야 하고, 만약 그것이 정법 정교라면 찬탄도 해야 합니다. 예를 들어 기독교는 정교(正敎)로서 사람을 도와 천국에 나게 합니다. 물론 그것이 구경(究竟)은 아닙니다. 그러나 천국에 나는 것이 삼악도(三惡道)에 나는 것보다는 낫지 않습니까.」라는 귀한 가르침을 주셨다.

＊《화엄경》에서 보현보살은 부처님이 지니신 거룩한 공덕을 찬탄한 뒤, 「보살이 부처의 공덕을 이루

려면 열 가지 보현행(普賢行)을 닦아야 한다.」고 말한다. 그렇다면 보현행은 어느 곳에서 원만하게 이루어질까. 서방극락세계에서 원만하게 이루어진다. 십대원왕은 극락세계로 귀결된다. 서방극락세계로 가게 되면 이 열 가지 원(願)은 원만하게 이루어진다. 그러므로 《무량수경》은 화엄경의 귀결이 된다. 《화엄경》은 궁극적으로 《무량수경》으로 돌아간다. 《무량수경》은 《화엄경》의 총결론이다. 《무량수경》은 《화엄경》의 정화(精華)라고도 말할 수 있다.

＊정공법사는 「보현행의 특징은 마음의 도량이 마치 허공과 법계처럼 드넓은 데 있다. 그래서 그의 10대원, 하나하나의 서원이 모두 구경원만(究竟圓滿)하다.」라고 하였다.

＊정공법사는 「중국 불교계에서 대승원교나 일승원교의 경전을 언급할 때, 첫째가 화엄경이고, 둘째 법화경이며, 셋째가 범망경(梵網經)이라는 것에 대한 의견은 일치한다. 하지만 무량수경과 아미타경이 일승원교이며, 특히 원돈의 지극함이라는 사실을 잘 알지 못한다. 무량수경을 '중본화엄(中本華嚴)'이라고 칭하며, 화엄경을 '대본화엄(大本華嚴)'이라고 칭하며, 아미타경은 '소본화엄(小本華嚴)'이라고 칭한다.」라고 하였다.

＊정공법사는 「화엄경에서는 법계(法界)를 말하고, 법화경에서는 실상(實相)을 말하고, 아함경에서는 열반(涅槃)을 말하고, 원각경에서는 원각(圓覺)을 말하고, 능가경에서는 여래장(如來藏)을 말하고, 열반경에서는 불성(佛性)을 말하고, 해심밀경에서는 진여(眞如)나 무위(無爲)를 말하고 있다. 실상반야를 증득해야만 비로소 여래의 진실의(眞實義)를 절실하게 이해할 수 있다.」라고 하였다.

＊《화엄경》에는 유식(唯識)과 연기(緣起), 여래장(如來藏) 사상 등 온갖 불교의 사상은 물론 동서고금의 모든 사상이 전부 다 들어 있다는 뜻으로 《잡화경(雜華經)》 또는 《잡화엄(雜華嚴)》이라고도 불린다. 《화엄경》은 처음부터 마지막까지 끊임없이 부처님의 공덕에 대한 믿음을 강조한다.

＊중국 천태대사의 교상판석(敎相判釋)에 의하면, 부처님이 성도(成道) 후 21일 동안 자신의 깨달은 바를 있는 그대로 설한 경전이 《화엄경》인데, 이것을 중생들이 제대로 이해할 수 없었기 때문에 가장 쉬운 경전인 《아함경》을 12년간 설하셨고, 중생의 근기가 조금 수승하여지자 대승경전인 《유마경》 《승만경》 《능가경》 《무량수경》 등 방등부 경전을 8년, 반야부(般若部) 경전을 21년간 설하셨으며, 중생의 근기가 더 수승하여지자 마침내 일승(一乘)의 가르침인 《법화경》을 8년간 설하여 부처님이 이 세상에 출현하신 본래의 뜻을 밝혔고, 최후로 《열반경》을 하룻밤에 설하여 상락아정(常樂我淨)의 도리를 설하셨다고 한다. 참고로, 《법화경》의 경우 인간세계에 있는 《법화경》과 천상세계나 극락세계에 있는 《법화경》이 다름

을 알아야 한다. 극락에 있는 《법화경》은 극락에 왕생한 사람들이 배우는 것으로, 지극히 난해하고 분량도 인간세계의 그것과 견줄 수 없을 정도로 방대하다. 용수보살이 용궁에 가서 《화엄경》 여섯 본(本)을 보았는데, 다섯 본(本) 《화엄경》은 분량이 너무 방대하고 지극히 어려워서 가져오지 않았고, 제일 쉬운 약본(略本) 《화엄경》만 갖고 나와 세상에 유통시켰다고 전한다. 이러한 예는 설화나 허구로 지은 것이 아닌 진실임을 알아야 할 것이다.

＊정공법사는 「불경은 서분(序分), 정종분(定宗分), 유통분(流通分)으로 나누고 있다. 화엄경과 법화경은 일대시교(一代時教) 중에서 단지 서분이며, 무량수경이 바로 정종분이다.」라고 하였다.

＊《화엄경》에 「만약 어떤 선남자 선여인이 시방 무량무변 불가설불가설 불찰(佛刹) 극미진수 일체 세계에 가득한 으뜸가는 묘한 칠보와 또한 모든 인간과 천상에서 가장 수승한 안락으로 저 모든 세계에 있는 중생들에게 보시하며 저 모든 세계에 계시는 불보살께 공양하기를, 저 불찰 극미진수 겁을 지내도록 항상 계속하고 끊기지 아니하여 얻을 공덕과, 다시 어떤 사람이 이 원왕(願王)을 잠깐 동안 듣고 얻을 공덕과를 비교하면 앞에 말한 공덕은 백분의 일도 되지 못하며 천분의 일도 되지 못하며 내지 우바니사타분의 일에도 또한 미치지 못하느니라.[若有善男子善女人 以滿十方無量無變 不可說不可說 佛刹極微塵數 一切世界 上妙七寶 及諸人天最勝安樂 布施爾所一切世界所有衆生 供養爾所一切世界諸佛菩薩 經爾所佛刹極微塵數劫 相續不斷 所得功德 若復有人 聞此願王 一經於耳 所有功德 比前功德 百分不及一 千分不及一 乃至 優婆尼沙陀分 亦不及一]」라고 하였다. 위 말씀에서 '이 원왕(願王)'은 십대행원(十大行願)을 뜻한다.

《화엄경》은 삼장三藏 중의 왕라고 일컬어지는데, 여래께서 처음 정각을 이루신 뒤 41분의 법신대사를 위해 일승묘법一乘妙法을 있는 그대로 설하신 방대한 법문이오.《화엄경》 입법계품入法界品에 보면 보현보살께서 선재동자와 화장해회華藏海會 대중 모두에게 한결같이 십대원왕十大願王으로 서방 극락세계에 왕생하도록 권하지 않소. 거기서 선재동자가 증득한 내용은 이미 보현보살과 같고, 모든 부처님과도 사실상 다르지 않은 이른바 등각等覺보살이오.

화장해회 성중聖衆에는 범부나 성문이나 벽지불이 하나도 없고, 41분의 법신대사法身大士는 모두 무명無明을 깨뜨리고 법성法性을 증득하여 본래의 원력으로 부처가 없는 세계에 부처로 몸을 나툴 수 있는 분들이오. 또 화장해 세계에는 정토가 무수히 많은데도 반드시 서방 극락세계에 왕생하도록 회향하는 것을 보시오. 과연 극락왕생이야말로 고해를 벗어나는 현묘玄妙한 법문이며 부처가 되는 지름길임을 알 수 있소.　　　　　-인광대사

* 청화스님은 보리(菩提), 도(道), 열반, 법성(法性), 실상(實相), 여래(如來), 진여(眞如), 극락… 이런 단어 모두가 부처의 다른 이름에 불과하다고 하였다.

* 법성(法性)은 '모든 법의 성품'을 말한다. 이를 《원각경》에서는 '원각(圓覺)'이라고 하였다.

* 〈대지도론〉에 의하면 「법성(法性)은 열반(涅槃)이라고도 하는데, 열반은 법의 근본 성품이기 때문에 법성이라고도 한다.[言法性者 所謂涅槃 法之本性 故名法性]」라고 하였다.

* 부처님께서 「법성(法性)은 깨치고 보면 다 알 수 있을 것이니, 이것은 시방세계의 모든 부처님이 일시에 나서서 천만년이 다하도록 그 법성을 설명하려 하여도 털끝 하나만큼도 설명하지 못할 만큼 신기하다. 시방허공이 넓지만 법성의 넓이에 비교하면 법성은 대해(大海) 같고 시방허공은 바다 가운데 조그마한 거품 같다. 허공이 억 천만년 동안 무너지지 않고 그대로 있지만, 법성의 생명에 비교하면 눈 깜짝할 사이에 불과하다.」라고 하셨다.

* 《화엄경》에 의하면, 연화장세계의 맨 아래에 풍륜(風輪)이 있고, 풍륜 위에 향수해(香水海)가 있으며, 향수해 가운데 대연화(大蓮華)가 있고, 연화 위에 십불가설, 불찰, 미진수, 찰종(刹種)이 있으니 이것을 화장세계(華藏世界) 또는 화장해회(華藏海會)라 하며 그 많은 찰종(刹種)들은 모두 10중(重)세계로 되어 있다. 그 한복판에 있는 찰종들은 모두 20중세계로 되어 있다. 그 한복판에 있는 찰종의 제 13층에 우리가 살고 있는 사바세계가 있는데, 13불찰 미진수세계로 둘러 싸여 있으며, 사바세계의 서쪽으로 10만억세계를 지나 극락세계가 있으니, 극락세계는 사바세계와 같이 제13층에 있다. 황당하고 허구적인 이야기로 들릴지 모르지만, 절대로 거짓이 아님을 믿어야 한다.

* 선재동자(善財童子) : 선재동자는 《화엄경》 입법계품(入法界品)에 나오는 구도자(求道者)의 이름이다. 선재(善財)라는 이름은 이 동자가 태(胎)에 들 때와 출생할 때에 갖가지 진귀한 보배가 자연히 솟아났다는 데서 기인한다. 동자(童子)란 동진(童眞)이라고도 하며, 팔지 이상의 보살을 뜻한다. 아이 동(童)자가 들어 있다고 하여 어린 아이로 보면 안 될 일이다. 일찍이 남행(南行)하여 53명의 선지식을 참방(參訪)하고 최후에 보현보살을 만나 불도(佛道)를 이룬다.

* 남회근 선생은 「8지 이상의 보살이 되어야 동진(童眞)보살 또는 동자(童子) 보살이라 칭합니다.」라

고 하였다.

* 삼장(三藏) : 경장, 율장, 논장을 합쳐서 부르는 말이다. 삼장에 능통한 스님을 삼장법사(三藏法師)라고 한다.

* 법신대사(法身大士) : 십지(十地)이상의 보살을 말한다. 총 11계위(階位)가 있다. 등지(登地)보살이라고도 한다. 대사(大士)는 보살을 일컫는 칭호이다. 이에 반해 원래 대사(大師)는 부처님을 일컫는다.《도세경(度世經)》에 「개사(開士), 대사(大士), 성사(聖士), 역사(力士), 정사(正士) 등은 모두 보살을 달리 부르는 칭호이다.[開士 大士 聖士 力士 正士等 皆菩薩之異稱]」 라는 말씀이 있다.

십지보살十地菩薩은 처음부터 끝까지 한 순간도 염불을 떠나지 않는다.
十地菩薩 始終不離念佛　　　　　　　　　　　　　　　-《화엄경華嚴經》

*《화엄경》은 부처님께서 깨달으신 내용과 부처님의 광대한 공덕에 대해 설한 경전이다. 범부가 보살이 되고 부처가 되는 과정의 삼현십지(三賢十地)와 불법의 신(信)/ 해(解)/ 행(行)/ 증(證)과 사법계/ 십법계/ 육상원융/ 십현문 등 가장 심오하고 광대무변한 법문이 장엄하게 펼쳐져 있다.

* 남회근 선생은 「화엄경은 만상(萬象)을 포함하고 있는 불교의 대보고(大寶庫)입니다. '화엄경을 읽지 않으면 불가의 부귀를 알지 못한다.[不讀華嚴 不知佛家之富貴]' 고 했습니다. 화엄경의 핵심은 일진법계(一眞法界)를 설하는데 있습니다. 곳곳이 부처요, 중생이 저마다 부처입니다. 한꽃이 한 세계요, 한 잎이 한 여래입니다.[一花一世界 一葉一如來]. 확실히 직지인심(直指人心), 견성성불의 법문이요, 참으로 지극히 크고 대단히 단도직입적입니다.」 라고 하였다.

* 십지보살은 두 가지 뜻으로 쓰인다. 첫째는《화엄경》등에서 설하는 총 51단계의 보살계위 중 제 41위(位)부터 50위(位)까지의 열 분을 가리킬 때도 쓰이고, 둘째는 50위(位)의 보살인 법운지(法雲地)보살을 가리킬 때도 쓰인다. 위 경문의 십지보살은 십지(十地)의 마지막 위(位)인 법운지(法雲地)보살을 가리키는 것으로 보인다. 중국의 남천南泉선사는 「경과 논에 의하면, 십지보살(역시 법운지보살을 말함)은 수능엄삼매(首楞嚴三昧)에 머물면서 모든 부처님들의 비밀의 법장(法藏)을 얻어서, 자연히 일체의 선정과 해탈을 얻는다. 그리고 신통묘용으로 일체의 세계에 색신(色身)을 나타내어서, 혹 등각(等覺)과 정각(正覺)을 이루는 것을 보여주기도 하며, 큰 법륜을 굴리고 열반에 들어간다. 무량한 세계를 털구멍으로 들어가게

하고, 경전 한 구절을 풀이하는데도 무량겁동안 그 뜻을 다 풀지 못하며, 한량없는 천억 중생을 교화하여 무생법인을 얻게 한다.〔據說 十地菩薩 住首楞嚴三昧 得諸佛秘密法藏 自然得一切禪定解脫 神通妙用 至一切世界 普現色身 或示現成等正覺 轉大法輪 入涅槃 使無量入毛孔 演一句經 無量劫其義不盡 教化無量千億衆生 得無生忍〕라고 하였다.

* 남회근 선생은 「화엄경은 색계천(色界天)에서 설하신 것이고, 원각경은 자성(自性)중에서 설하신 것입니다.」이라고 하였다.

* 정공법사는 「부처님께서 도를 이루신 후 최초 21일 동안 화엄경을 설하셨는데, 이는 '정(定)' 속에서 법을 설하신 것으로, 많은 사람이 믿지 않는다.」라고 하였다.

* 연지대사는 〈미타소초(彌陀疏鈔)〉에서 「고로 염불이 보살의 아버지이며 법신(法身)을 낳는다는 것을 알라. 더 나아가 십지보살은 처음부터 끝까지 염불을 떠나지 않는다.〔故知念佛 菩薩之父 生育法身 乃至十地始終 不離念佛〕라고 하였다.

* 감산대사는 〈몽유집(夢遊集)〉에서 「이로써 관(觀)하건대, 화엄경은 곧 최상의 일승(一乘)이다. 보현보살의 법계행(法界行)을 닦고 칭찬하는데, 처음부터 끝까지 염불을 떠나지 않는다. 십지보살은 이미 진여(眞如)를 증득한 분들인데도 오히려 염불을 떠나지 않는다.〔由是觀之 卽華嚴爲最上一乘 而修稱法界行 始終不離念佛 十地聖人 已證眞如 尙不離念佛〕라고 하였다.

* 《열반경》에 「십지보살이 되어도 불성은 아직 명료하게 알지 못한다.〔菩薩地盡十地 尙未明了知見佛性〕라고 하였고, 〈유가사지론(喩伽師地論)〉에 「구경지보살(등각보살)은 어두운 데에서 물건을 보는 것과 같다(즉, 등각보살도 불성을 훤하게 보지는 못한다는 뜻).〔究竟地菩薩 如微闇中見物〕라고 하였으며, 운문(雲門)선사는 「법운지보살의 설법이 구름이 일고 비 오듯 하여도, 견성(見性)은 비단으로 눈을 가린 것과 같다.〔十地菩薩 說法如雲如雨 見性如隔羅縠〕라고 하였다.

　　세상의 티끌을 모두 세어 알 수는 있어도
　　넓은 바닷물을 모두 마셔버릴 수는 있어도
　　허공을 헤아리고 바람을 붙잡아 맬 수는 있어도
　　부처님 공덕은 끝내 다 말할 수 없네.

刹塵心念可數知 大海中水可飮盡 虛空可量風可繫 無能盡說佛功德   -《화엄경》

＊《화엄경》의 게송에 「임종하는 사람을 보면 염불을 권하고, 또 불상을 보여주며 첨앙(瞻仰)케 하며, 그들을 부처님께 귀의케 했으므로 이 광명 얻었도다. [見有臨終勸念佛 又示尊像令瞻敬 俾於佛所深歸仰 是故得成此光明] 라는 구절이 있다.

만일 모든 중생들이 보리심을 내지 못하더라도
부처님 이름 한번 들으면 반드시 깨달음 이루리라.
若有諸衆生 未發菩提心 一得聞佛名 決定成菩提   -《화엄경》

＊ 행책대사의 〈정토경어〉에 「불법에는 무량한 법문이 있는데, 그중에는 쉬운 것도 있고 어려운 것도 있다. 행하기 쉽고 속히 무상보리(無上菩提: 위없는 깨달음, 곧 無上正等正覺을 말함)에 이르고자 하면 마땅히 염불을 해야 한다. 아미타불 명호를 부르면 속히 무상보리를 증득한다.[佛法有無量門 有難有易 欲易行疾至 應當念佛 稱阿彌陀佛名號 疾得無上菩提] 라고 하였다.

＊《범망경》에 「소나 말이나 돼지나 양 같은 짐승을 보면, "너희 축생들은 보리심을 발하라." 고 할 것이며, 이와 같이 마음으로 생각하고 입으로도 말해야 한다. 보살은 산과 숲과 강과 들을 지나갈 때 모든 중생이 보리심을 발하도록 해야 한다.」라고 하였다.

늘 부처님의 이름을 들을 수 있다면, 차라리 고통스런 지옥에 머물지언정 잠시라도 부처님 이름을 듣지 못하는 천상에는 나기를 원하지 않겠습니다.
지나간 옛날 무수겁 동안 고통을 받아 이리저리 떠돌면서 생사윤회 속에 빠진 것은 부처님 이름을 듣지 못했기 때문입니다.
寧在諸惡趣 恒得聞佛名 不欲生善道 暫時不聞佛
所以於往昔 無數劫受苦 流轉生死中 不聞佛名故   -《화엄경》

＊《화엄경》에 「여래를 보는 자는 크고 좋은 이익을 얻고, 부처님 명호를 듣고 믿는 마음을 내면 이것

이 바로 세간의 탑이라네.[若見如來者 爲得大善利 聞佛名生信 則是世間塔]」라고 하였다.

＊《화엄경》에 「무량한 세월동안 일체의 고통을 차라리 달게 받을지언정, 끝내 부처님을 떠나서 자재력(自在力)을 얻지는 않겠노라.[寧於無量劫 具受一切苦 終不遠如來 不睹自在力]」라고 하였다.

＊인광대사는 「옛 사람들이 사찰이나 탑을 크게 세운 것도 알고 보면, 모든 사람들이 사찰이나 탑을 한 번 쳐다본 인연공덕으로 착한 뿌리를 심게 되길 바랐던 마음에서라오.」라고 하였다. 대세지보살의 화신(化身)인 인광대사의 이 말씀에 따르면, 탑이나 불상(佛像) 등을 크게 짓는 것을 무조건 백안시(白眼視)할 일은 아니다. 다만, 탑이나 불상을 무조건 크게 또는 화려하게 치장하여 짓는 일만큼은 옳지 않다고 본다.

7) 염불의 요건(믿음 · 발원 · 수행)

진실로 생사윤회를 벗어나려면 보리심을 내어 깊은 믿음과 발원으로 부처님 명호를 지송하라.

眞爲生死 發菩提心 以深信願 持佛名號

- 철오선사

* 철오선사는 「이 16자는 염불법문의 일대 골수이자 으뜸가는 가르침이다. 만약 진실로 생사윤회를 벗어나겠다는 마음을 내지 않는다면, 일체 모든 법문이나 가르침이 죄다 희론(戲論 : 말장난)에 지나지 않는다.[十六字 爲念佛法門一大綱宗 若眞爲生死之心不發 一切開示 皆爲戲論]」라고 하였다.

* 철오선사는 「소위 깊은 믿음이란 석가모니부처님의 말씀을 믿고, 석가모니의 말씀이 거짓말이 아니며, 아미타불은 대자비심을 가지고 있고, 부처님은 절대 헛된 원을 세우지 않았으며, 또 염불로 정토왕생의 인(因)을 심으면, 반드시 부처님을 뵙고 왕생의 과보(果報)를 얻는다는 것을 믿어야 깊은 믿음이라 한다.[所謂深信者 釋迦如來梵音聲相 決無誑語 彌陀世尊大慈悲心 決無虛願 且以念佛求生之因 必感見佛往生之果]」라고 하였다.

* 인광대사는 철오선사의 위 말씀을 가리켜, 「이 16글자는 정말로 염불법문의 큰 강령(綱領)이자 종지(宗旨)이다.」라고 하였다.

* 《무량수경》에도 「보리심을 내어 한마음으로 오로지 아미타불만을 염(念)한다.[發菩提心 一向專念阿彌陀佛]」라는 구절이 나온다. 정공법사는 이 구절을 정토법문의 '정수(正修)' 또는 '정행(正行)'이라 하였다. '發菩提心 一向專念阿彌陀佛'은 《무량수경》의 삼배왕생(三輩往生: 上輩/ 中輩/ 下輩)에 모두 들어가는 정토왕생의 필수요건이다.

* 우익대사는 〈아미타경요해〉에서 「진실한 마음으로 서방정토에 태어나기를 원하는 것이 바로 위없는 보리심이다.」라고 하였다.

* 정공법사는 「오직 한 마음과 한 뜻으로 정토에 태어나기를 원하는 것이 바로 보리심을 발하는 것이다.」라고 하였다.

* 《화엄경》에 「믿음은 도(道)의 근원이며, 공덕(功德)의 어머니이며, 일체의 모든 선근(善根)을 증장시키며, 일체의 모든 의혹을 제거하고 없애는 것이며, 최상의 도[無上道]가 나타나게 하고 열리게 한다.[信

爲道元功德母 增長一切諸善根 除滅一切 諸疑惑 示現開發無上道」라는 말씀이 있다.

  * 〈대승기신론〉에 「믿음은 마의 경계[魔境]에서 능히 벗어나게 하고, 최상의 해탈도[無上解脫道]를 나타나 보이게 하며, 일체 공덕이 무너지지 않는 씨앗이 되게 하고, 최상의 깨달음이 나올 수 있게 한다.[信能超出衆魔境 示現無上解脫道 一切功德 不壞種 出生無上菩提樹]」라고 하였다.

  * 철오선사는 「무간지옥의 업보를 받지 않으려거든, 여래의 정법을 비방하지 말라.[欲得不招無間業 莫謗如來正法輪]」라고 하였다.

  * 원효대사는 〈무량수경종요〉에서 「대각(大覺)은 사량(思量)의 경계(境界)가 아니니, 바로 우러러 믿어야 한다. 경(經)에서 말씀하신 바를, 스스로의 천박한 식견(識見)으로 판단하지 마라.」라고 하였다.

  * 인광대사는 「이 정토법문에 대해 깊은 신심(信心)을 낼 수만 있다면, 비록 아주 평범한 중생이라도, 그 종자와 성품은 이미 성문 · 벽지불의 이승(二乘)을 훨씬 뛰어넘는 것이 되오. 비유하자면, 황태자는 땅바닥에 넘어지더라도, 뭇 고관대작들을 여전히 압도할 만큼 존귀한 것과 같소.」라고 하였다.

  * 인광대사는 「정말 생사윤회를 벗어나려는 마음이 간절하고, 정토에 대한 믿음이 철저하여, 한 순간도 의혹의 마음이 일지 않아야 하오.[果能生死心切 信得及 不生一念疑惑之心]」라고 하였다.

  * 남회근 선생은 「무엇이 보리심일까요. 보리심을 발하는 것은 바로 '내가 대철대오하여 성불하겠다' 는 마음을 일으키는 것인데, 자기만이 깨달아 성불하겠다는 것이 아니라, 일체 모든 중생으로 하여금 성불하기를 바라는 것입니다. 대자대비심을 일으키고 일체중생을 구하겠다는 마음을 일으켜야 비로소 진정한 발심(發心)입니다.」라고 하였다.

  * 세친보살은 〈왕생론〉에서 「보리심을 낸다 함은 부처가 되기를 원하는 마음이고, 부처가 되기를 바라는 마음이란 곧 중생을 제도하겠다는 마음이며, 중생을 제도하겠다는 마음은 바로 중생을 거두어들여 부처님 나라에 태어나도록 하겠다는 마음이다.[言發菩提心者 正是願作佛心 願作佛心者 則是度衆生心 度衆生心者 則是攝衆生生佛國心]」라고 하였다.

  * 〈대지도론(大智度論)〉에 「보살이 처음 발심할 때, 위없는 도(道)를 위해 발심한 까닭으로 내가 부처가 되었으므로, 보리심이라 이름 한다.[菩薩初發心 緣無上道 我當作佛 名菩提心]」라고 하였다.

  * 중국 당나라 때 인도의 밀교를 가져온 선무외삼장(善無畏三藏)법사와 그의 제자인 일행(一行)선사에 의해 찬술된 〈대일경소(大日經疏)〉에 「보리심이란 일체의 지혜를 구함에 한결같이 뜻을 둔 것을 말한다.[菩提心 名爲一向志求一切智慧]」라고 하였다.

＊《화엄경》에 「보리심이란 종자와도 같아서 능히 일체의 불법을 생기게 한다… 보리심이란 깨끗한 물과 같아서 능히 일체의 번뇌를 씻어버린다. 보리심은 인자한 어머니와 같아서 모든 보살을 낳고 자라게 한다. 보리심으로 인하여 일체의 모든 보살행이 나온다. 삼세의 모든 부처님께서는 보리심을 따라 출생하셨다.[菩提心者 猶如種子 能生一切諸佛法…菩提心者 猶如淨水 能洗一切煩惱…菩提心者 猶如慈母 生長一切諸菩薩…因菩提心 出生一切諸菩薩行 三世如來 從菩提心而得生] 라고 하였다.

＊믿음에는 대체로 네 가지가 있다. 바른 믿음인 정신(正信), 깨끗한 믿음인 정신(淨信), 깊은 믿음인 심신(深信), 흔들림 없는 굳은 믿음인 결정신심[決定信心]이 그것이다. 남회근 선생은 「진정으로 깨달은 뒤라야 비로소 정신(正信)이 생겨납니다. 깨닫지 못하고 증득하기 전에는 모두 미신(迷信)입니다.」 라고 하였다. 청화스님은 「밖에 있는 부처님만을 믿는 것이 아니라, 바로 우리 마음이 부처인 것을 믿어야 참다운 바른 믿음[正信]이 됩니다.」 라고 하였으며, 정공법사는 「해오(解悟)하면 바른 믿음이 나타나고, 증오(證悟)하면 진실한 믿음이 나타납니다.」 라고 하였다.

＊남회근 선생은 「우리가 부처님을 배우면서 어떠한 회의(懷疑: 의심을 품음)도 갖고 있지 않을까요. 부처님을 절대로 믿고 있을까요. 염불을 수십 년 동안 하면 서방극락세계에 왕생할 수 있을까요. 감히 확신하지 못합니다. 많은 사람들이 열심히 공부하고 정진하면서 날마다 아침저녁으로 공부하고 예불 드리고 채식하고 또 이를 회향합니다. 그렇지만 나중에 이르러 이런 생각이 듭니다. '이렇게 하는 것이 정말 공덕이 있을까.' '주문을 외고 경을 읽고 하면 정말 업(業)을 소멸할 수 있을까.' 불교를 믿지만 수시로 회의(懷疑)하고 있습니다. 어떻게 해야 부처님을 바르게 믿을 수 있을까요. 여러분들에게 말씀드립니다. 팔지보살에 이르지 않으면 그렇게 할 수 없습니다. 팔지 이전의 보살들도 퇴전(退轉)할 수 있는데 하물며 우리 같은 범부(凡夫)야 더 말할 나위가 있겠습니까. 일반 사람들이 부처님을 배우는 것은 모두 장사 심리입니다. 며칠 염불하고 나면 의심을 품기 시작합니다. 한편으로는 염불하면서 한편으로는 의심하고, 또 돈도 벌고 싶어 하고, 또 밑질까 걱정합니다.」 라고 하였다.

＊인광대사는 「부처님께서 말씀하신 삼세인과와 생사윤회의 이치는 어두컴컴한 긴 밤을 밝히는 지혜의 태양이고, 염불로 서방 극락세계에 왕생하기를 구하는 정토법문은 생사고해를 벗어나는 자비로운 배임을 알아야 하오. 재난과 액운을 줄이고 없애려면, 이 방법 말고 다른 방법은 없소.」라고 하였다.

＊남회근 선생은 「불학(佛學)은 기본적으로 육도윤회(六道輪廻)와 삼세인과(三世因果) 위에 건립된 것입니다. 그렇지만 수 십 년간의 제 경험에 의하면, 불법을 배우고 도를 배우는 사람들 중에 진정으로 육도

윤회를 믿는 사람은 몇 사람 되지 않습니다. 삼세인과를 믿는 사람은 이보다 더 적었고, 그것도 절대적으로 믿는 것이 아니었습니다. 육도윤회와 삼세인과를 믿지 않으니, 선(禪)이나 밀종, 정토종에 대한 배움이 아무리 훌륭해도 근본적으로 기초가 잘못된 것입니다.」라고 하였다.

＊불교의 수많은 수행법 중에서, 정토법문은 유달리 믿음을 강조한다. 철오선사는 「불법이라는 큰 바다는 믿음이라야 능히 들어갈 수 있으며, 정토법문에서는 믿음이 더욱 중요하다.[佛法大海 信爲能入 淨土一門 信尤爲要]」라고 하였고, 《화엄경》은 「믿음은 도(道)의 근원이며 모든 공덕의 어머니이다.[信爲道源功德母]」라고 하여, 믿음의 중요성을 천명하였다. 마명보살은 〈대승기신론(大乘起信論)〉을 지어 대승(大乘)에 대한 믿음을 불러일으켰고, 중국 선종(禪宗)의 제3대 조사(祖師)인 승찬(僧璨)선사는 '신심(信心)에 대해 명심(銘心)해야 할 글'이라는 뜻의 〈신심명(信心銘)〉을 지어 영원토록 선문(禪門)의 보전(寶典)이 되게 했으며, 《화엄경》에 따르면, 보살이 성불하기까지 51계위(階位)를 거치는데, 그 맨 처음이 십신(十信)이라 하여 믿음으로 시작하고 있고, 번뇌를 누르고 성도(聖道)로 이끄는 다섯 가지 근원인 오근(五根), 즉 신근(信根)/ 진근(進根)/ 염근(念根)/ 정근(定根)/ 혜근(慧根)과, 십일선법[十一善法: 유식학에서 현세(現世)·당세(當世)를 이롭게 하는 온갖 유위(有爲)의 선(善)], 즉 신(信)/ 정진(正進)/ 참(慚)/ 괴(愧)/ 무탐(無貪)/ 무진(無瞋)/ 무치(無癡)/ 경안(輕安)/ 불방일(不放逸)/ 행사(行捨)/ 불해(不害)에서도 역시 믿음이 맨 앞에 위치하고 있다. 또, 우리들이 불교를 배우는 순서이자, 불교의 수행원리인 신해수증(信解修證)에서도 역시 믿음이 출발점이며, 경전의 성립요건인 육성취(六成就), 즉 신(信)/ 문(聞)/ 시(時)/ 주(主)/ 처(處)/ 중(衆)에서도 믿음이 맨 앞에 위치하고 있다.

＊달마대사는 「만약 신심(信心)이 있다면, 이 사람은 부처의 지위에 있는 사람이다. 다만 업(業)이 무거운 고로 믿지 않는 것이다.[若有信心 此人是佛位人 只緣業重故 所以不信]」라고 하였다.

＊선도화상은 「자기 자신은 번뇌를 다 갖춘 범부로서 선근(善根)이 아주 짧고 적어서 삼계를 유전(流轉)하며 화택(火宅)에서 벗어나지 못하는 줄로 알고 있다가, 이제야 아미타불의 본래 서원(誓願)과 그 명호를 열 번 이상 아니 단 한번만 이라도 부르면 결정코 정토에 왕생함을 알고는 조금도 의심하는 생각 없이 믿는 진실한 마음을 심신(深信)이라 한다.」고 하였다.

＊보리심은 대승(大乘)으로 들어가는 유일한 문(門)이다. 왜냐하면 '일체중생을 구하기 위해 부처님의 깨달음을 구하겠습니다.'라는 보리심이 없으면 완전한 깨달음을 성취할 수 없기 때문이다. 보리심을 일으키기 위해서는 먼저 평등심(平等心)을 키워야 한다. 평등심이 없으면 친구나 친척에 대해서는 애착하

는 마음, 적에 대해서는 미워하는 마음이 생기기 때문에 보리심을 일으킬 수 없다. 일체중생은 행복을 누리고, 고통을 피하고 싶어 한다는 점에서 나와 남이 똑같기 때문이다.

그 다음 '이 일체중생이 행복했으면 얼마나 좋을까.' 하는 자애심(慈愛心)을 일으켜야 한다. 자애심을 일으킬 수 있으면 '일체중생이 고통에서 벗어났으면 얼마나 좋을까.' 하는 비민심(悲愍心: 불쌍하고 가엾게 여기는 마음)이 생긴다. 자애심과 비민심을 바탕으로 마음속 깊은 곳에서 일체중생을 위해 완전한 깨달음을 성취하겠다는 열망이 자연스럽게 생긴다. 이것이 보리심이다(이상은 티베트 불교를 전공한 동국대학교 양승규 교수의 글을 인용한 것입니다).

* 대덕께서 「우리는 사람의 몸을 얻어 불법을 듣게 되었으며, 또한 대승불법의 인연과 복덕을 닦게 되었습니다. 그런데 먼저 자기에게 물어보아야 합니다. 불법을 배워 수행하는 것은 무엇을 위함입니까. 해탈을 위한 것입니까. 성불을 위한 것입니까. 만약 당신이 진심으로 해탈을 원하고 부처를 이루려고 한다면, 마땅히 중생을 이롭게 하려는 무거운 책임을 짊어져야 합니다. 여러분 모두는 자세히 생각해 보시길 바랍니다. 육도윤회에 떨어져 끝없는 고난 가운데서 고통을 받고 있는 지옥, 아귀, 축생계의 중생들은 모두 숙세의 우리 부모와 자녀들이란 것을. 만약 당신이 현세의 자기 부모와 자녀가 지옥 속에서 극심한 고통을 받고 있는 것을 안다면 그 마음은 어떻겠습니까. 전생의 부모와 금생의 부모는 무슨 구별이 있습니까. 전생의 자녀와 금생의 자녀가 무슨 구별이 있습니까. 비유하면, 당신에게 작년에 태어난 아들과 금년에 태어난 아들은 무슨 차이가 있습니까. 단지 시간상의 차이만 있을 따름입니다. 우리는 지금 금생의 자녀에 대하여 그렇게 사랑하고 집착하면서 숙세(宿世)의 자녀에 대해서는 그렇지 못합니다. 왜 그러합니까. 여전히 육도윤회를 이해하지 못하고 인과를 깊이 믿지 못하기 때문입니다. 문제는 바로 여기에 있습니다. 지금 많은 사람들이 이런 법문, 저런 법문을 닦고 있는데, 사실 모두 진정으로 불교의 문(門)에 들어오지 못했으며, 가장 기본적인 육도윤회와 삼세인과의 도리조차도 이해하지 못하고 있습니다. 먼저 윤회를 이해하고 인과를 깊이 믿은 연후에 다시 나아가 불법을 배워야 비로소 진정으로 불법을 깨달을 수 있으며, 그전에는 불가능합니다. 아마 여러분은 표면상으로는 불교에 대한 지식들을 장악하고 있겠지만, 그러나 이러한 가장 기본적인 이념을 이해하지 못한다면, 당신이 얻게 되는 것은 모두 진정한 불법이 아닙니다. 진정한 불법은 바로 육도윤회와 삼세인과의 이념으로부터 세워지는 것입니다. 만약 당신이 진심으로 불법을 수행하여 해탈, 성불하려고 생각한다면, 기타 높고 깊은 법문을 닦는 것은 잠시 중요하지 않으며, 공부는 우선 기초를 다지면서 한걸음씩 닦아나가야 최후에는 성취할 수 있습니다. 그렇지 않으면

성취할 수 없습니다.」라고 하였다.

　　만약 믿음과 발원이 견고하면 임종할 때 열 번 혹은 한 번만 염불해도 반드시 왕생한다. 왕생할 수 있는지 여부는 전적으로 믿음과 발원의 유무에 달려 있으며 품위의 우열고하優劣高下는 전적으로 명호 염송의 깊이에 달려 있다.

　　若信願堅固 臨終十念一念 亦決得生 得生與否 全由信願之有無 品位高下 全由持名之深淺

-우익대사

　　＊ 우익대사는 「信願持名(진실한 믿음과 간절한 왕생원을 갖추고 나무아미타불 6자 명호를 지니는 수행)은 아미타경의 요지이니, 신원(信願)은 혜행(慧行)이며, 지명(持名)은 행행(行行)이다. 혜행(慧行)이 앞에서 이끌고 행행(行行)이 올바른 수행이 됨이 마치 눈과 발이 함께 움직이는 것과 같다.[信願持名 一經要旨 信願爲慧行 持名爲行行 故慧行爲前導 行行爲正修 如目足竝運也]」라고 하였다.

　　＊ 우익대사는 「아미타불의 털구멍 하나에서 나오는 광명을 보기만 하면, 이는 곧 시방세계의 무량한 부처님을 뵙는 것이다. 서방극락세계의 한 불국토에 왕생하기만 하면 이는 곧 시방세계의 모든 불국토에 왕생하는 것이다.[但見阿彌陀佛一毛孔光 卽見十方無量諸佛 但生西方極樂一佛國土 卽生十方諸佛淨土]」라고 하였다.

　　＊ 인광대사는 우익대사의 위 말씀 중, 得生與否 全由信願之有無 品位高下 全由持名之深淺 를 가리켜,「이는 천불(千佛)이 세상에 나오셔도 결코 바꿀 수 없는 철칙이오.[乃千佛出世不易之鐵案也]」라고 극찬하였다.

　　＊ 인광대사는 「범부중생이 극락에 왕생할 수 있는 것은, 믿음과 발원으로 아미타불을 감동시키기 때문이오.[以凡夫往生 由信願感佛]」라고 하였다.

　　＊ 천태대사의 〈정토십의론〉과 석지효법사의 〈낙방문류〉 등 많은 책에서 「믿음은 모든 선행의 어머니이며, 의심은 모든 죄악의 뿌리이다.[信者萬善之母 疑者衆惡之根]」라는 구절이 보인다.

　　＊ 방륜은 〈정법개술〉에서 「수행인은 첫째, 정토삼경(淨土三經)은 석존의 진실한 말씀이요, 결코 허광(虛誑)한 것이 아님을 믿어야 한다. 둘째, 우리들이 살고 있는 예토(穢土) 밖에 확실히 정토(淨土)가 있는 줄 믿어야 한다. 셋째, 아미타불이 48원(願)을 발하여 정토를 건립한 사실은 진실하고 확실한 일이어서,

지금도 현존하고 있음을 믿어야 한다. 넷째, 정토에 태어나건 예토에 태어나건 모두 자심(自心)이 능히 조종한 것이어서, 정인(淨因)을 심으면 정과(淨果)를 얻고 예인(穢因)을 심으면 예과(穢果)를 얻는 것이요, 우연히 이루어진 것이 아님을 믿어야 한다. 다섯째, 부처님의 명호를 염(念)할 때의 정념(正念)이 확실히 저 부처님의 마음과 합치하면, 감응(感應)을 발생하여 임종에 그가 접인왕생(接引往生)함을 입게 되는 줄 믿어야 한다. 여섯째, 우리들이 비록 악업이 한량없으나 저 나라에 태어난 후에는 훌륭한 환경과 불보살의 끊임없는 가르침으로 악념(惡念)이 영원히 다시 일어나지 않고 악보(惡報)가 영원히 성숙하지 않을 것임을 믿어야 한다. 일곱째, 자력(自力)과 불력(佛力)이 모두 불가사의하지만 불력(佛力)의 크기가 우리들의 것보다 백 천 만억 배나 초과하므로, 자력이 비록 보잘 것 없더라도 또한 능히 왕생할 수 있음을 믿어야 한다. 여덟째, 부처님께서는 불가사의한 해탈법문이 있어서 한 티끌 속에서 능히 세계를 건립할 수 있다. 가령 시방 중생이 모두 그곳에 태어나더라도 모든 처소나 기구(器具)가 조금도 좁거나 모자라는 법이 없음을 믿어야 한다. 아홉째, 아미타불 넉자 명호를 부를 때마다 저 부처님께서는 모두 들으시고 모두 섭수하시는 줄을 믿어야 한다. 열째, 염불수행자가 명이 다할 때에 저 부처님이 반드시 와서 접인(接引)하여 반드시 극락국에 왕생케 하시고, 절대 다시는 육도윤회에 떨어지지 않게 하시는 줄을 믿어야 한다.」라고 하였다.

일체 세간의 중생들은 정토법문에 믿음을 내기 어렵습니다. 믿음을 내기 어렵다는 말은 무엇입니까. 대략 10가지가 있습니다. 사바세계에 사는 중생들은 전생으로부터 지녀온 습기習氣는 오래 되었고 마음은 편안해서 걱정이 없습니다. 극락세계가 청정하고 장엄하다는 것을 잠깐 들어도 이런 일은 없다고 의심합니다. 이것이 정토법문에 믿음을 내기 어려운 첫 번째 이유입니다.

설사 극락세계가 있다는 것을 믿더라도 「시방十方 불국토에 다 왕생할 수 있거늘, 왜 하필 아미타불이 계시는 극락세계에 왕생해야 하는가.」 하고 또 의심합니다. 이것이 정토법문에 믿음을 내기 어려운 두 번째 이유입니다.

수많은 불국토 중에서도 극락세계에 마땅히 태어나야 한다는 것을 믿더라도, 「이 사바세계와 극락세계의 거리는 십 만억불찰이니 지극히도 먼 극락에 어떻게 갈 수 있겠는가.」 하고 또 의심합니다. 이것이 정토법문에 믿음을 내기 어려운 세 번째 이유입니다.

극락이 여기서 멀지 않다는 것을 설사 믿는다 하더라도 「박지범부縛地凡夫인 중생들은 죄와 업장이 깊고 무거운데, 어떻게 극락에 왕생할 수 있겠는가.」 하고 의심합니다. 이것이 정토법문에 믿음을 내기 어려운 네 번째 이유입니다.

「극락왕생을 인도하는 법문은 정말로 기이하고 미묘한 법문으로서 갖가지 공덕을 쌓아야 하는 것이다. 그런데 부처님 명호만 집지하면 극락에 왕생한다고 하니 믿기 어렵다.」라고 의심합니다. 이것이 정토법문에 믿음을 내기 어려운 다섯 번째 어려움입니다.

「부처님 명호를 집지하면 극락에 왕생한다고 하지만, 이것은 다겁에 걸쳐 수행을 해야 성취를 볼 수 있다. 그런데 하루 내지 7일간 부처님 명호를 부르면 극락에 왕생한다.」라고 의심합니다. 이것이 정토법문에 믿음을 내기 어려운 여섯 번째 어려움입니다.

하루 내지 7일간 부처님 명호를 부르면 극락에 왕생한다는 것은 믿더라도, 「중생은 칠취七趣(지옥 · 아귀 · 축생 · 인 · 신선 · 천상 · 아수라)로 나뉘어 생을 받기에 태생 · 난생 · 습생 · 화생을 여의지 않는다. 그런데 극락에 왕생하는 사람들은 어찌하여 하나같이 연꽃에 화생化生한다는 말인가.」 하고 의심합니다. 이것이 정토법문에 믿음을 내기 어려운 일곱 번째 어려움입니다.

설사 연꽃에 모두 화생한다는 것을 믿더라도, 「이제 도道에 막 들어선 초심자가 수행을 할 때에는 퇴전退轉의 연緣을 많이 겪을 터인데, 어떻게 한 생 만에 극락에 태어나 불퇴전不退轉을 얻는가.」 하고 의심합니다. 이것이 정토법문에 믿음을 내기 어려운 여덟 번째 이유입니다.

설사 극락에 왕생하면 반드시 불퇴전한다는 것을 믿더라도, 「하근기 중생들은 부처님께서 친히 영접하시지만, 뛰어난 지혜를 가진 상근기들은 굳이 꼭 극락에 왕생할 필요가 있을까.」 하고 의심합니다. 이것이 정토법문에 믿음을 내기 어려운 아홉 번째 이유입니다.

상근기들도 왕생한다는 것을 믿더라도, 「다른 경전에서는 부처가 있다고 설하기도 하고 부처가 없다고 설하기도 하며, 혹 정토가 있다고 설하고 또는 정토는 없다고 설하니 의심이 해결되지 않는다.」라고 의심합니다. 이것이 정토법문에 믿음을 내기 어려운 열 번째 이유입니다.

그러므로 일체세간의 중생들은 정토법문에 믿음을 내기 어렵다고 하는 것입니다. 삼악도三惡道의 중생들만 믿기 어려운 것이 아니라 인천人天의 중생들도 오히려 의심합니다.

우매하고 미혹한 중생들만 믿기 어려운 것이 아니라 지혜를 가진 사람들도 더러 의심합니다. 초심자만 의심을 하는 것이 아니라 오랜 기간 수행을 해 온 사람들도 의심을 합니다. 범부들만 의심을 하는 것이 아니라 이승二乘의 성현들도 더러 의심합니다.

그래서 정토법문을 '一切世間難信之法'(일체 세간의 중생들은 믿기 어려운 수행법)이라 하는 것입니다.

淨土法門 一切世間之所難信 言難信者 略擧有十 今居穢土 習久心安 乍聞彼國清淨莊嚴 疑無此事 難信一也 縱信彼國 又疑十方佛刹皆可往生 何必定生極樂 難信二也 縱信當生 又疑娑婆之去極樂十萬億刹 云何極遠而得往彼 難信三也 縱信不遠 又疑縛地凡夫罪障深重 云何遽得往生彼國 難信四也 縱信得生 又疑生此淨土 必有奇妙法門 多種功行 云何但持名號 逐得往生 難信五也 縱信持名 又疑持此名號 必須多歷年劫 乃克成就 云何一日七日 便得生彼 難信六也 縱信七日得生 又疑七趣受生 不離胎卵濕化 云何彼國悉是蓮華化生 難信七也 縱信蓮生 又疑初心入道 多涉退緣 云何一生彼國 便得不退 難信八也 縱信不退 又疑此是接引鈍機衆生 上智利根 不必生彼 難信九也 縱信利根亦生 有疑他經或說有佛 或說無佛 或有淨土 或無淨土 孤疑不決 難信十也 故難信而曰一切世間 是不但惡道難信 而人天猶或疑之 不但愚迷難信 而賢智猶或疑之 不特初機難信 而久修猶或疑之 不特凡夫難信 而二乘猶或疑之 故曰一切世間難信之法

-연지대사

아미타불은 아니 계신 때가 없고 안 계신 곳이 없으며 알지 못하는 것이 없으시다. 아미타불은 늘 내 옆에 계시며 나를 조양調養하시고 나를 기다려 주신다. 내가 만약 마음을 돌려 부처님을 그리워하고 생각하면 부처님도 나와 함께 하셔서 감응의 길이 서로 만난다. 현세에는 호념을 해주시고 임종 시에는 극락으로 접인하여 주신다. 이는 눈앞의 사실인데, 어찌 믿지 않을 것인가.

阿彌陀佛 無時不在 無處不在 無所不知
阿彌陀佛 常在我旁 調攝著我 等待著我
若我回心 憶佛念佛 彌陀與我 感應道交

現世護念 臨終接引 眼前事實 豈能不信

* 남회근 선생은 「부처는 시방삼세에 대해 모르는 것이 없고, 천상과 인간에 대해서도 모르는 것이 없으며 일체의 수행·일체의 법문·사문왜도(邪門歪道)·외도(外道)·정도(正道)에 대해 알지 못하는 것이 없습니다.」라고 하였다.

* 감응도교(感應道交) : 감응의 길이 서로 만난다는 뜻. 내가 부처님을 감동시키면 부처님께서 이에 응하셔서 가피를 주시거나 업장을 소멸시켜주심. 따라서 내가 부처님을 감동시키지 못하면 감응의 길이 막혀 서로 통하지 않게 됨.

* 남회근 선생은 「청정하지 않은 마음으로 감응(感應)을 구하면 통하지 않습니다. 많은 법우들이 법을 공부하고 부처님께 절을 하면서 오랫동안 수지(修持)하지만 제불보살이 감응하지 않습니다. 감응이 있을 리 없습니다. 왜냐하면 당신의 마음이 청정함에 이르지 못했기 때문입니다.」라고 하였다.

* 《능엄경》에 「임종하는 순간에는 따뜻한 체온이 가시기도 전에 일생동안 지은 선악이 한꺼번에 나타난다.[臨命終時 未捨煖觸 一生善惡 俱時頓現]」라는 말씀이 있다.

* 중국 당나라의 영가현각(永嘉玄覺)선사는 〈증도가(證道歌)〉에서 「슬프다, 말세여. 악한 세상이여. 중생들이 박복하여 조복시키기 어렵구나. 성인 가신 지 오래고 사견이 깊어짐이여. 마구니는 강하고 법은 약하여 원해(怨害)가 많도다. 여래의 돈교문 설법을 듣고 삿된 법을 부숴버리지 못함을 한탄하노라. 지음은 마음에 있으나 재앙은 몸으로 받나니 모름지기 사람을 원망하고 허물치 말지어다. 무간지옥의 업보를 부르지 않으려거든 여래의 정법(正法)의 바퀴를 비방하지 말라.[嗟末法惡時世 衆生福薄難調制 去聖遠兮邪見深 魔強法弱多怨害 聞說如來頓教門 恨不滅除令瓦碎 作在心殃在身 不須冤訴更尤人 欲得不招無間業 莫謗如來正法輪]」라고 하였다.

* 영가현각(永嘉玄覺)선사는 「차라리 독사에게 물려 죽을지언정 색(色)은 가까이 하지 마라. 독사에게 물리면 한 번 죽고 말지만, 색에 매달리면 세세생생 천만겁동안 애욕의 쇠사슬에 얽매여 말할 수 없는 고통을 받게 되니 피하고 또 멀리하라.」라는 가르침을 남겼다.

* 「한 사람을 위하여 기도하면 한 사람이 감응(感應)합니다. 열 사람을 위해서 기도하면 열 사람이 감응합니다. 그러나 일체중생을 위하여 기도하면 일체중생이 감응합니다. 일체중생을 위하여 마음을 내는 것이 불보살님의 마음입니다. 불보살의 마음은 일체중생 모두가 간직하고 있는 자성청정심(自性清淨心)

입니다. 참회와 발원으로 본래 간직한 자성청정심을 드러내는 것이 가장 수승한 기도입니다.」라는 글을 어디선가 본 적이 있다.

 * 고덕께서 「자성청점심(自性淸淨心)은 곧 나의 참 마음이다. 불법(佛法)이라고도 하고, 법신(法身)이라고도 하고, 진여(眞如)라고도 하고, 실상(實相)이라고도 하고, 열반(涅槃)이라고도 하고, 법성(法性)이라고도 하는데, 망념(妄念)이 거기에 의지하면 삼계를 이룬다.(즉, 삼계를 윤회한다는 말) [卽吾人之眞心 亦名佛法 亦名法身 亦名眞如 亦名實相 亦名涅槃 亦名法性 亦名法界 妄念依之 而成三界]」라고 하였다.

 * 조양(調養) : 몸과 마음을 보살피거나 병을 낫게 해주는 일.

 * 호념(護念) : 부처님께서 중생이 퇴전(退轉)하지 않게 일체의 장해(障害)로부터 보호하여 주시며, 앞으로 불도(佛道)를 향해 성취해 나가도록 보살펴 주신다는 뜻.《아미타경》에 '일체제불 소호념경(一切諸佛 所護念經) 이라는 구절이 자주 나온다. 이는《아미타경》은 모든 부처님이 호념해주시는 경전이라는 의미이다.

 * 억(憶) : 남회근 선생은 「 '억(憶) 이란 언제나 머릿속에서 떠나지 않고 있는 것을 말합니다.」라고 하면서, 「만약 하루 24시간 내내 부처님을 생각할 수 있다면 성공한 겁니다.」라고 하였다.

 아미타불께서 중생을 제도하신다는 것을 믿는 것이 곧 진실한 공덕이고, 아미타불께서 중생을 제도하신다는 것을 의심하는 것이 곧 무명의 전도顚倒이다. 아미타불께서 중생을 제도하신다는 것을 믿는 것이 곧 절대 선善이며, 아미타불께서 중생을 제도하신다는 것을 의심하는 것이 곧 가장 큰 악惡이다.

　信彌陀救度卽是眞實功德 疑彌陀救度卽是無明顚倒
　信彌陀救度卽是絶對之善 疑彌陀救度卽是最大之惡　　　　　　　　　　 - 고덕

 *《열반경》에 「번뇌(煩惱)의 모든 구속(拘束)과 함께 있는 것을 무명(無明)이라 하고, 온갖 선법(善法)과 함께 있는 것을 명(明)이라 한다.」라고 하였다.

 * 역시《열반경》에 「모든 중생은 불성(佛性)을 가지고 있으나, 무명에 덮여서 해탈하지 못한다.[一切衆生 皆有佛性 無明覆故 不得解脫]」라고 하였다.

* 〈대지도론〉에 「세간에 네 가지의 전도(顚倒)가 있으니, 깨끗하지 않은 것 속에서 깨끗함이 있다 하고, 괴로움 속에서 즐거움이 있다 하며, 무상(無常)한 것 속에서 영원함이 있다 하고, 무아(無我) 속에서 아(我)가 있다 한다.」라고 하였다.

* 남회근 선생은 「과거 현재 미래의 삼세(三世)는 모두 무명(無明)으로부터 일어납니다. 무명이란 마음이 일어나고 생각이 움직이는 것〔起心動念〕을 말합니다. 즉 태어났으되 온 곳을 모르고, 죽되 가는 곳을 모르는 것입니다. 잠도 무명입니다.」라고 하였다.

* 남회근 선생은 「제불보살은 생각이 있을까요. 의념(意念)이 있을까요. 있습니다. 그러나 일으키는 작용이 모두 지극한 선[至善]으로, 조금도 악(惡)이 없고, 조금도 무기(無記)가 없으며, 조금의 무명(無明)도 없습니다.」라고 하였다.

* 당나라의 규봉종밀 선사는 「일체 중생 모두가 '비고 고요하여 신령하게 아는 성품[空寂靈性]'을 갖추고 있는 것으로는 부처님과 다를 바 없습니다. 그렇지만 아득한 옛날부터 오늘날까지 이를 깨닫지 못하고 부질없이 일신(一身)에 집착하여 '나'라는 생각[我相]을 내기에, 사랑과 미움 따위의 정(情)이 생겨나고 그 정을 따라 업이 지어지고 업을 따라 과보를 속에 알아보는 성품은 나거나 죽는 일이 없으니, 이는 마치 꿈속에서 쫓기어도 받게 되어 영겁토록 생로병사(生老病死)가 윤회하는 것입니다. 그러나 이 몸은 변함없이 편안한 것과 같으며 또한 물이 얼어 얼음이 되어도 축축한 성질은 바뀌지 않는 것과 같습니다. 만일 이 이치를 깨닫게 되면 그대로 법신(法身)이니, 본디 태어남이 없는데 어디에 의탁하겠습니까. 신령스러워 어둡지 않고, 밝고 밝아 항시 알아보지만 온 곳도 없고 어디로 가는 곳도 없습니다. 그러나 여러 생에 윤회하면서 망정(妄情)과 집착을 익혀 그것이 성품이 되어 기쁨·성냄·슬픔·즐거움이 미세하고도 끊임없이 진리에 들어오니 이러한 것은 영특하게 통달한 사람이라 해도 갑자기 없애기는 어렵습니다. 그러므로 모름지기 오래도록 살펴서 줄여가고 또 줄여야 합니다. 이는 마치 바람은 갑자기 멈춰도 물결은 서서히 잠자는 것과 같으니 어찌 한 번의 몸으로 닦아서 갑자기 부처님의 기용(機用)과 같아질 수 있겠습니까. 다만 공적(空寂)으로 본체를 삼을지언정 망념(妄念)을 그것이라고 오인하지 말아야 하며, 진지(眞知)로 본심을 삼아 망념을 인정하지 말아야 합니다. 만일 망념이 일어났다 하여도 전혀 망념을 따르지 않는다면 죽음에 이르러도 자연히 업이 그대를 얽어매지 못할 것이며, 설령 중음신(中陰身: 죽은 뒤 다음 몸을 받기 이전 상태)을 받는다 하여도 자유로워 천상이든 인간세계이든 마음대로 의탁할 수 있게 됩니다. 만일 사랑하고 미워하는 마음이 없다면 분단신(分段身: 육도 안에서 윤회를 거듭하는 몸)을 받지 않게 되

므로 자연히 짧은 목숨이 장수하게 되고 추악한 것이 오묘하게 됩니다. 또한 미세하게 흐르던 모든 것이 고요해져서 원만하게 깨달은 큰 지혜만이 오롯이 빛나면 곧 천백억 가지 몸을 나투어 인연 있는 중생을 제도하게 되니 이를 이름하여 '부처'라 하는 것입니다.」라고 하였다.

＊ 남회근 선생은 「당신은 부처님을 연구하고 공부하는 것을 간단하다고 생각합니다. 그래서 누가 당신에게 염불하라고 하면, 어떤 사람은 미신迷信(잘못된 믿음. 이치에 닿지 않은 믿음. 부처님 법에 맞지 않은 것을 믿는 것)이라고 말합니다. 당신이야말로 미신입니다. 당신은 아무 것도 이해 못하고 아무 것도 모릅니다.」라고 하였다.

무엇을 믿음이라 하는가. 첫째, 아미타불의 원력을 믿는 것이다. 둘째, 석가모니부처님의 말씀을 믿는 것이다. 셋째, 육방제불의 찬탄을 믿는 것이다. 무릇 세상의 정인군자正人君子도 거짓말은 하지 않는데 하물며 아미타부처님과 석가모니부처님과 육방제불께서 어찌 거짓말을 하시겠는가. 이것을 믿지 않으면 진실로 구제할 수 없다. 고로 우선 깊은 믿음을 내야 한다. 절대로 의심이나 의혹을 일으켜서는 안 된다. 무엇을 발원이라 하는가. 언제나 사바세계의 고통에 혐오하는 마음을 내고 극락세계에서의 깨달음의 즐거움을 기쁜 마음으로 그리워하는 것이다. 선업이든 악업이든 지은 업을 따라 간다. 선업이거든 정토왕생에 회향하고, 악업이거든 참회하고 정토왕생을 발원하니 여기에 다시는 두 마음이 없어야 한다. 이것을 발원이라 한다. 믿음과 발원이 이미 갖추어지면 비로소 염불이 정행正行이 되고 모든 악을 고치고 선善을 닦는 것이 모두 조행助行이 된다.

지은 공력功力에 따라 깊고 얕은 차이가 있으니 구품九品과 사토四土로 나뉘는데 털끝만큼도 어긋나지 않는다. 오직 모름지기 자신이 간단히 살피면 될 일이지 다른 사람에게 꼭 물어볼 필요가 없다. 이른바 깊은 믿음과 간절한 발원으로 염불하지만 염불할 때 마음이 많이 산란한 자는 곧 하품하생으로 왕생한다. 깊은 믿음과 간절한 발원으로 염불하지만 염불할 때 마음의 산란함이 점점 줄어드는 자는 곧 하품중생으로 왕생한다. 깊은 믿음과 간절한 발원으로 염불하고 염불할 때 다시는 산란하지 않는 자는 곧 하품상생으로 왕생한다. 염순이 사일심불란事一心不亂에 이르고 탐진치가 일어나지 않는 자는 곧 중삼품中三品으로 왕생하고, 염순이 사일심불란事一心不亂에 이르고 걸림 없이 먼저 견혹見惑

과 사혹思惑과 진사혹塵沙惑을 끊고 또한 무명無明을 능히 굴복시켜 끊어버린 자는 곧 상삼품上三品으로 왕생한다. 고로 믿음과 발원으로 부처님 명호를 부르는 자는 능히 구품九品으로 왕생할 수 있다. 이 말은 확실하여 절대로 틀림이 없다.

云何爲信 一者信阿彌陀佛願力 二者信釋迦文佛敎語 三者信六方諸佛讚歎 夫世間正人君子 便無妄語 況彌陀釋迦 六方諸佛 豈有妄語 此而不信 眞不可救 故須先生深信 勿起疑惑 云何爲願 一切時中 厭惡娑婆生死之苦 欣慕淨土菩提之樂 隨有所作 若善若惡 善則廻向求生 惡則懺願求生 更無二志 是名爲願 信願旣具 則念佛方爲正行 改惡修善 皆爲助行 隨功力之淺深 以分九品四土 纖毫不濫 只須自己簡察 不必旁問他人 謂深信切願念佛 而念佛時心多散亂者 卽是下品下生 深信切願念佛 而念佛時散亂漸少者 卽是下品中生 深信切願念佛 而念佛時便不散亂者 卽是下品上生 念到事一心不亂 不起貪瞋癡者 卽是中三品生 念到事一心不亂 任運先斷見思塵沙 亦能伏斷無明者 卽是上三品生 故信願持名者 能歷九品的確不謬也   -우익대사

* 정인군자(正人君子) : 마음이 올바르며 학식(學識)과 덕행(德行)이 높은 사람.

* 공력(功力) : 공덕의 힘. 참고로 발원의 힘은 원력(願力)이라 한다.

* 사일심불란(事一心不亂) : 염불삼매를 말한다. 즉, 입으로 부처님을 생각하거나 부처님의 이름을 부르면서 잠시도 부처님을 잊지 않는 것을 말한다. 사일심불란은 출세간(出世間)의 선정(禪定)이다. 사일심불란의 경지에 이르면 탐진치 삼독(三毒)이 일어나지 않으며, 여기서 더 나아가 삼독은 물론, 견사혹(見思惑)과 무명(無明)마저 끊으면 이일심불란(理一心不亂)에 이른다. 사일심불란에 이르면 중삼품(中三品)으로 왕생하고, 이일심불란에 이르면 상삼품(上三品)으로 왕생한다.

* 중삼품(中三品) : 중품상생/ 중품중생/ 중품하생을 말한다. 정공법사는 「중삼품으로 왕생하는 사람은 몇 달 전에 자기가 열반하리라는 것을 알 수 있다. 이들은 또한 앉거나 선 채로 열반할 수 있다.」라고 하였다.

* 상삼품(上三品) : 상품상생/ 상품중생/ 상품하생을 말한다. 정공법사는 「상삼품으로 왕생하는 사람은 원하는 시기에 열반할 수 있다. 그때에 이들은 아무 병도 없이 앉은 채로 또는 선 채로 열반할 수 있다. 만약 이들이 아직 세상을 떠나고 싶지 않으면 더 오래 머물 수 있다.」라고 하였다.

* 정공법사는 또 「하품으로 왕생하는 사람은 며칠 전에 자기가 열반하리라는 것을 알게 되나, 임종 전에 병고(病苦)를 겪을 수도 있다.」라고 하였다.

* 선종의 일파(一派)인 위앙종(潙仰宗)의 개조(開祖)인 위산(潙山)선사는 〈위산경책(潙山警策)〉에서, 「스스로 일찍이 미리 수행하지 않다가 나이가 들어서야 여러 가지 과오와 허물이 많음을 한탄하며, 죽음에 임해서는 몸부림치며 두려워서 어찌할 줄을 모른다. 비단이 뚫어지면 참새는 날아가니, 식심(識心)이 업(業)을 따라가는 것은 마치 사람이 빚을 지게 되면 가장 큰 빚쟁이가 먼저 끌어당기듯이 마음의 실마리는 여러 갈래지만 무거운 쪽으로 치우쳐 떨어지기 마련이다. 덧없는 살귀(殺鬼)는 순간순간에도 쉬지 않음에 생명은 가히 늘리지 못하고 시간은 가히 기다리지 않으니, 인도(人道)나 천도(天道)나 삼계(三界)에 있어서 응당 이를 면할 수 없다.[自恨早不預修 年晚多諸過咎 臨行揮霍 怕怖慞惶穀穿雀飛 識心隨業 如人負債 强者先牽 心緒多端 重處偏墜 無常殺鬼 念念不停 命不可延 時不可待 人天三有 應未免之]」라고 하였다.

* 허운선사는 「어떤 사람이든지 수행해서 도를 깨치려는 사람은 먼저 인과(因果)를 깊이 믿어야 합니다. 만약 인과를 믿지 않고 함부로 행동하면 도를 못 깨치는 것은 말할 것도 없고, 삼도(三塗)의 고통이 적지 않게 닥쳐올 것입니다. 부처님이 말씀하시기를, "전생의 일을 알고 싶은가. 금생에 받고 있는 것이 그것이다." 하였으며, 또 말씀하시기를, "설사 백 천겁이 지난다 해도 지은 업(業)은 없어지지 않으며, 인(因)과 연(緣)이 만날 때 과보(果報)를 받게 된다." 하였습니다. 능엄경에 이르기를, "원인이 참되지 못하면, 과보(果報)도 굽게 된다.[因地不眞 果招紆曲]" 고 하였습니다. 그러므로 좋은 원인을 심으면 좋은 결과를 맺고 악한 원인을 심으면 악한 결과를 맺게 됩니다. 외를 심으면 외를 얻고, 콩을 심으면 콩을 얻는 것은 필연적인 도리입니다.」라고 하였다.

* 〈티베트의 지혜〉라는 책에 보면 「붓다는 말했다. "우리의 존재는 가을 구름처럼 덧없다. 존재의 삶과 죽음은 마치 춤 동작을 보는 것과 같다. 삶은 하늘에서 번쩍이는 번갯불처럼 잠깐이며 깎아지른 산에서 흘러내리는 급류와 같다." 태어난 것은 죽게 되고 모인 것은 흩어지고 축적한 것은 소모되고 쌓아올린 것은 무너지고 높이 올라간 것은 아래로 떨어집니다. 당신 자신에게 두 가지 질문을 던져보시오. 자신과 모든 사람과 모든 것이 죽어가고 있다는 사실을 순간순간마다 기억하고 있으며 그래서 모든 존재를 언제든지 자비심으로 대하고 있습니까. 죽음과 무상함을 통렬하고도 절박하게 이해해서 매 순간마다 깨달음을 추구하고 있습니까. 두 질문에 대해 당신이 '그렇다'라고 답할 수 있다면 덧없음[無常]을 제대로 이해한 것입니다.」라고 하였다.

＊「내가 심는 나무가 크게 자라 열매를 맺게 되면, 온 세상 사람들을 먹여 살리리라.」라는 발원을 본 적이 있다.

＊《지장보살본원경》에 「보광보살이여, 또 만약 미래세에 어떤 남자나 여인이 오래 병상에 누워 살고자 하거나 죽으려 하여도 마음대로 되지 않고, 혹은 꿈속에 악귀나 집안 친족과 험한 길을 헤매며, 혹은 도깨비에 홀리고 귀신과 함께 놀고 하여 세월이 감에 따라 점점 정신이 흐려지고, 자면서도 처참하게 소리치며 괴로워하는 자는, 이것은 다 업도(業道)에서 죄의 경중을 결정하지 못하여서 죽기도 어렵고 나을 수도 없게 된 것이니, 남녀의 속안(俗眼)으로는 판단할 수 없느니라.」라고 하였다.

염불을 할 때에는 마음의 지극한 정성이 간절하고 긴장하기가

마치 부모상喪을 만난 때의 애절함과 같이

자기 머리에 붙은 불을 끄는 생각과 같이

주릴 때에 밥을 생각하는 것과 같이

목마를 때에 물을 구하는 생각과 같이

병났을 때에 약을 찾는 것과 같이

젖 잃은 아이가 어머니를 찾는 것과 같이

옥獄에 갇혔을 때에 나가기를 바라는 것과 같이

원수가 따라올 때에 피하려는 것과 같이

수재水災나 화재火災에서 벗어나기를 바라는 것과 같이

닭이 알을 품었을 때와 같이

고양이가 쥐를 잡을 때에 하는 것과 같이 하여야 할 것이다.

- 〈연종집요〉

＊철오선사는 「마음을 깨닫기 위해서 염불한다면 염불이 반드시 간절해질 것이며, 부끄럽고 두려운 마음으로 염불한다면 염불이 반드시 간절해질 것이며, 고통을 두려워하는 마음으로 염불한다면 염불이 반드시 간절해질 것이며, 부처님 은혜에 감사하는 마음으로 염불한다면 염불이 반드시 간절해질 것이다.」라고 하였다.

* 인광대사는 「사바세계의 고통을 떠나 극락의 즐거움을 얻으려는 간절하고 절실한 발원을 해야 한다. 그 발원의 간절함은 마치 똥구덩이에 빠진 자가 어서 빨리 빠져 나오려 몸부림치고, 또 감옥에 갇힌 죄수가 한시 바삐 풀려나 고향 집에 돌아가길 생각하는 것처럼 해야 한다.」라고 하였고, 또 「경전에, ‘지옥의 고통을 생각하여 보리심을 내라.[思地獄苦 發菩提心]’는 말씀이 거듭 나온다오. 이는 크게 깨달으신 세존께서 가장 간절하고 요긴하게 일깨워주신 가르침인데도, 애석하게도 사람들은 그렇게 진실하게 생각하려 들지 않는구려[故經中屢云 思地獄苦 發菩提心 此大覺世尊最切要之開示 惜人不肯眞實思想耳]」라고 하였다.

* 묘협대사는 〈중각보왕삼매염불직지〉에서 「아미타부처님의 자비하신 원력(願力)은 법계(法界)에 두루하여 중생들을 제접(諸接)하시며 대섭수(大攝受)하신다. 이러한 까닭으로 시방세계 일체중생이 모두가 아미타부처님의 원력으로 섭지(攝持)되는 것이 마치 자모(慈母)가 어린아이를 사랑스럽게 품에 안고 젖을 먹이며 염려하는 생각을 잃지 않는 것과 같다. 부모가 아이를 사랑하는 것은 한 세상에 그치여 이에 과보가 다하면 문득 쉬게 되지만, 인자한 부처님이 중생들을 생각하여 염려하시는 것은 세세생생(世世生生)에 버려 여의지 않으신다. 이러한 의미가 있음으로 우리 부처님의 대원력 가운데에서 그 명호를 한번만이라도 칭양(稱揚)할 수 있다면 80억겁 생사중죄(生死重罪)를 한꺼번에 능히 소멸할 수 있다고 하신 것처럼 실로 뜻이 심오하다 하겠다.」라고 하였다.

* 〈연종집요〉에 「세상 사람들 중에는 현세(現世)를 발원(發願)하려면 관세음보살을 염하고, 내세(來世)를 발원하려면 아미타불을 염해야 한다는 오해를 가진 이들이 있다. 아미타불은 원래 대비원력(大悲願力)으로 염불하는 중생을 접인(接引)하여 극락세계에 왕생케 함은 물론이거니와 관세음보살과 대세지보살도 극락세계에 계시면서 중생을 접인하여 왕생케 하시는 터인즉, 누구나 극락왕생을 발원하였으면 아미타불을 염하거나 관세음보살을 염하거나 대세지보살을 염하거나 모두 극락에 왕생하는 것이지 관세음보살이라고 현세에서만 중생을 호념(護念)하시는 것은 아니다.」라고 하였다.

염불할 때에는 마땅히 사종심四種心을 내야 한다. 사종심이란 무엇인가. 첫째는 무시이래로 업을 지어 여기까지 왔으니 마땅히 몹시 부끄러워하는 마음을 내야 함이요, 둘째는 이제야 이 법문을 들었으니 마땅히 무척 기뻐하는 마음을 내야 함이요, 셋째는 무시이래로 업장을 지어왔는데, 이 만나기 어렵고도 어려운 정토법을 이제야 만났으니 당연히 억울하고 비통해하는 마음을 내야 함이요, 넷째는 부처님의 자비가 이와 같으니 마땅히 매우 감격하는 마음을 내야 한다.

念佛當生四種心 云何爲四 一無始以來造業至此 當生慚愧心 二得聞此法門 當生忻慶心 三無始業障 此法難遭難遇 當生悲痛心 四佛如是慈悲 當生感激心　　　　　-철오선사

* 정공법사는 「불법을 배움에 있어서 어떤 법문을 배우든 가장 얕은 성취는 바로 환희(歡喜)이다. 만약 불법을 배우면서 즐겁지 않다면 이는 반드시 문제가(불법에 문제가 있는 것이 아니라 우리 자신들의 수행에 문제가 있다) 있는 것이다. 교리에 어긋나지 않았으면 방법이 잘못된 것이다. 진정 불법을 배우는 사람은 선한 사람을 만나든 악한 사람을 만나든, 순조로운 환경에 처하든 어려운 상황에 처하든, 이 모든 것이 자신의 업장소멸을 돕고 복록과 지혜의 증장을 돕는 조연(助緣)으로 본다면, 어떻게 즐겁지 않겠는가.」 라고 하였다.

* 정공법사는 「염불법문은 7일이면 성불할 수 있지만, 이는 보살조차도 믿지 않는다. 보살조차 믿지 못함에도 불구하고 우리들이 믿는 이유는 염불하여 왕생한 사람들을 직접 보았기 때문이다. 사실상 질병 없이 생을 마치는 일이 실제로 있다는 사실을 현상으로는 믿지만, 이론상으로 볼 때는 여전히 납득하기가 어렵다. 만일 오늘 어떤 사람이 한번 이 말을 듣고서 믿어 일심으로 염불한다면, 이 사람은 여러 생에 걸쳐 이미 약간의 겁 동안 수행한 적이 있는 사람일 것이다. 이미 약간 겁을 수행했음에도 불구하고 여전히 범부로 사는 이유는 그가 세상에 대한 미련을 버리지 못하기 때문에 여전히 사바세계에 떨어진 것이니, 사실 너무 억울한 일이다. 염불하는 사람의 선근과 복덕의 깊고 넓음은 일반 보살이나 성문을 뛰어넘으므로, 왕생은 자연스런 현상이며, 절대로 요행(僥倖: 뜻밖에 얻는 행운)이 아니다.」 라고 하였다.

* 정공법사는 「업장을 참회한 후 다시 짓지 않으면 그 감응은 불가사의하다. 매일 염불하면 매일 업장을 소멸하는 것이다. 불법을 배우는데 있어서 순조롭지 않은 것은 다생겁 전의 업장과 관계가 있다. 공경스럽게 부처님께 10만 번의 절을 하면 업장이 곧 소멸될 것이다. 불교 문중(門中)에서 구하여도 감응이 없는 것은 구하는 사람의 업장 때문이다. 업장이 소멸되지 않는 것은 진실한 마음과 믿음이 부족하기 때문이다. 만약 진실한 마음과 믿음으로 참회하면 반드시 감응이 있을 것이다. 매일 불법의 훈습

(薰習: 은연중 젖어듦. 서서히 배어듦)을 받아 의심을 끊고 믿음을 내어 업장을 참회하는 것이다. 업장이 현전하면 업장소멸에 대하여 이해해야 한다. 자기의 과실을 고쳐서 다시는 저지르지 않아야 한다. 우리가 음식을 필요로 하는 것도 업장이다. 먹을 때 참괴심(慚愧心: 몹시 부끄럽게 여기는 마음)과 감사하는 마음을 내어야 한다. 식물은 우리를 위하여 희생하고 봉헌하는 것이며, 우리가 식물의 공양을 받아들이면 반드시 참된 수행을 해야 한다. 우리에게 성취가 있으면 식물들도 공덕이 있게 된다.

평상시 인욕(忍辱)하는 것은 업장을 소멸하는 것이며, 좋은 일은 남들에게 양보하고 나쁜 일은 힘들게 자기가 짊어지면, 업장을 소멸하고 복혜를 증장하는데 무엇보다도 빠르다. 일체의 사람, 일, 물질의 고난은 모두 우리의 업장소멸을 도와준다. 그러므로 우리는 즐겁게 받아들이고 절대로 성내는 마음을 일으키지 않아야 한다. 손해를 보는 것이 복이다. 손해를 받아들이면 이전의 업장은 곧 소멸되어 없어진다.

부처님께서는 우리로 하여금 일심으로 도를 향하게 하며 완전히 업장의 인연을 거들떠보지 않게 한다. 눈에 거슬리는 사람이 있거나 만족스럽지 못한 일이 있으면, 정토왕생에 장애가 될 수 있다. 일생중 절대로 어떤 사람에게도 죄를 짓지 말고 원한을 맺지 않아야 업장이 소멸되고 비로소 왕생할 수 있다. 당신이 진정으로 '일체의 악을 끊고 일체의 선(善)을 닦는다.'는 이치를 이해하면 비로소 업장을 소멸할 수 있다. 즐거이 일체의 업장을 받아들이면, 임종 시에 병이 없을 것이다.」라고 하였다.

다만 깊은 믿음을 갖추고 부처님을 기억하고 생각하며, 거듭 거듭 서방정토에 왕생하기만을 서원하라. 그렇게 하면 마치 자석과 쇳조각이 자연스럽게 달라붙게 되는 것과 같다. 그러나 자석은 쇳조각은 잡아당길 수 있으나, 구리조각을 잡아당길 수는 없다. 쇠바늘이 자석에는 합쳐지지만 옥玉과는 합쳐지지 않는다. 이 비유는 마치 부처님도 인연 있는 중생만을 제도할 뿐, 인연 없는 중생은 제도하시지 못함을 말한다. 중생이 아미타불께 갈구하면 아미타불께서 이에 감응하심이 쉽지만, 중생이 다른 부처님께 구하고 다른 부처님이 이에 감응하심은 쉽지 않다. 그러니 이 어찌 중생과 아미타불의 서원이 서로 깊은 관련이 있다 하지 않겠는가. 그러므로 염불하여 서방정토 왕생을 구하는 사람은 믿음, 발원, 수행의 세 가지 중의 한 가지도 빠뜨리면 안 된다.

只有應當深信而憶佛念佛 一再一再地發下誓願 求願往生於西方淨土 就如同磁石與鍼針 任運自然便可吸取 然而磁石能夠吸鐵 而不能夠吸銅 鐵針能夠相合於磁石 而不能夠相合 於玉 這個譬喻就猶如佛能夠救度有緣的衆生 而不能度無緣之人 衆生容易感應阿彌陀佛 而不 容易感應其他諸佛 這豈不是衆生與阿彌陀佛誓願互和關連者 嗎是以求生西方極樂淨土者 信願行三者 缺一不可

- 유계 전등법사 〈정토생무생론淨土生無生論〉

* 〈대지도론〉에 「부처님께서는 말씀하셨다. "어떤 사람이 조그마한 보시의 복덕을 닦고 조그마한 지계의 복덕을 닦으면서 선법(善法)을 알지 못하더라도 인간 세상에 부귀 안락한 사람이 있다는 말을 듣고는 마음속에 항상 생각하고 집착하고 서원하여 버리지 않는다면 목숨을 마친 뒤에는 부귀 안락한 인간으로 태어난다. 또한 어떤 사람은 조그마한 보시의 복덕과 조그마한 지계의 복덕을 닦으면서 선법을 알지 못하더라도 사천왕천(四天王天)이나 삼십삼천(三十三天)·야마천(夜摩天)·도솔타천(兜率陀天)·화락천(化樂天)이나 타화자재천(他化自在天)이 있다는 말을 듣고는 마음속으로 항상 원한다면 목숨이 다한 뒤에 제각기 원한 곳에 태어난다." 보살도 이와 같아서 깨끗한 세계로의 서원을 닦은 뒤에야 그것을 얻게 되는 것이다. 그러므로 서원에 의해서 수승한 과보를 받게 되는 것임을 알 수 있다. 또한 부처님의 세계를 장엄함은 커다란 일이어서 홀로 행해 공덕을 이룰 수 없는 까닭에 반드시 서원에 의하는 것이다. 비유하자면 비록 소의 힘이 수레를 끌기에 족하지만 반드시 마부(馬夫)가 있어야 목적지에 이를 수 있는 것과 같다. 세계를 맑히고자 하는 서원 역시 그러하니, 복덕은 소와 같고 서원은 마부와 같은 것이다.」라고 하였다.

만약 우리가 정토 법문을 올바로 수행할 적에, 가령 달마대사께서 갑자기 우리 앞에 나타나시어 이렇게 말씀하신다고 합시다.

「나한테는 사람 마음을 곧장 가리켜서 본래 성품을 보고 부처가 되는 참선 법문이 있느니라. 그대가 만약 염불 공부를 놓아 버리기만 하면, 내 그대에게 이 참선 법문을 전해 주리라.」

설령 이렇더라도, 우리는 단지 달마대사께 예를 올리고 이렇게 응답해야 합니다.

「저는 먼저 이미 석가여래로부터 염불법문을 전해 받아, 종신토록 변함없이 받아 지니면서 수행하기로 발원하였습니다. 대사께서 비록 심오하고 미묘한 참선의 도를 가지고 계신다 할지라도, 저는 감히 본래 서원을 스스로 어길 수가 없습니다.」심지어, 석가모니불께서 문득 몸을 나타내시어 또 이렇게 말씀하신다고 칩시다.「내가 전에 염불법문을 설한 것은 단지 일시적인 방편이었음이니라. 이제 그것보다 훨씬 훌륭한 수승법문이 있나니, 그대는 마땅히 염불을 놓아 버릴지어다. 내 그대에게 당장 그 수승법문을 설해주겠노라.」

설령 그렇더라도, 우리는 단지 부처님께 머리를 조아리며 이렇게 여쭐 뿐입니다.

「저는 앞서 세존께 정토법문을 받으면서, 이 한 목숨 붙어 있는 한 결코 바꾸지 않겠다고 발원하였습니다. 여래께서 비록 더욱 수승한 법문을 가지고 계신다 할지라도, 저는 감히 본래 서원을 어길 수가 없습니다.」

비록 부처님이나 조사님께서 몸을 나타내실 지라도, 오히려 그 믿음을 바꾸어서는 안 될 것이거늘, 하물며 마왕魔王이나 외도外道 또는 허망한 사설邪說이 어찌 그 믿음을 뒤흔들거나 미혹시킬 수 있겠습니까. 이와 같이 믿을 수 있다면, 그 믿음은 정말 깊다고 하겠습니다.

若正修淨業時 秖達磨大師 忽現在前 乃曰 吾有直指人心見性成佛之禪 汝但捨置念佛 吾卽以此禪授汝 但當向祖師作禮 謂我先已受釋迦如來念佛法門 發願受持 終身不易 祖師雖有深妙禪道 吾則不敢自違本誓也 縱或釋迦如來 忽爾現身 謂曰 吾先說念佛法門 特一時方便耳 今更有殊勝法門 超于彼者 汝當且置念佛 吾卽爲說勝法 亦倘可向佛稽首陳曰 我先稟受世尊淨業法門 發願一息尚存 決不更張 如來雖有勝法 吾則不敢自違本願也 雖佛祖現身 尚不改其所信 況魔王外道 虛妄邪說 豈足以搖惑之耶 能如是信 其信可謂深矣

-철오선사

＊위 본문의 말씀은 믿음의 중요성을 강조하신 명문장이다. 믿음이 얼마나 중요한지는 다음 두 사례를 보면 알 수 있다.

「옛날 인도의 어떤 사람이 스승에게 가르침을 청했다. 그러자 스승은 그 사람이 그릇이 아님을 알고는 "마리레자!"라고 말했다. 그 말은 '밖으로 나가라'는 뜻이었다. 그런데 그 사람은 그 뜻을 알지 못하고, 그 말을 스승이 자기에게 내린 진언(眞言)으로 믿고 열심히 외웠다. 그랬더니 그 후 자신의 병뿐만 아니라 다른 이들의 병까지 낫게 하는 성취를 얻었다.」

「옛날 티베트의 한 여인이 인도에 장사하러 다니는 아들에게 「인도에 가면 부처님 사리를 구해서 가져다오」라고 부탁하였습니다. 그런데 아들이 세 번씩이나 어머니의 부탁을 잊어버렸다. 그러자 어머니가 다시 길 떠나는 아들에게 이번에도 사리를 구해오지 않으면 죽어 버리겠다고 하였다. 그러나 아들은 이번에도 잊어버리고, 집에 다 와서야 그 생각을 떠올렸다. 어머니가 걱정이 되어 한참을 고민하다가 길가에 죽어 있는 개의 이빨을 가져다 어머니에게 드리면서 "이것이 부처님의 치아사리입니다."라고 하였다. 어머니는 너무나 기뻐하였고 이를 부처님의 진신 사리로 믿고 공경히 모시며 열심히 기도했다. 그러자 그 개의 이빨이 실제 부처님 진신 사리처럼 증식했다.」

＊ 방륜은 〈정법개술〉에서 「불문(佛門)이 비록 넓다 하나, 믿지 않는 중생은 능히 제도하지 못한다.」 라고 하였다.

＊ 외도들도 선정(禪定)을 닦는다. 하지만 부처님을 배우는 사람들은 출리심(出離心)과 보리심 그리고 삼보에 귀의한 바탕을 가지고 선정을 닦기 때문에 해탈의 씨앗이 된다. 그 점에서 외도와 다르다.

또 선정은 삿된 어지러움〔邪亂〕을 떠나고 정법(正法)을 받아들이기 때문에 외도의 선정과는 다르다.

불법의 선정은 외도의 선정과는 달리 일체의 사량분별심(思量分別心)과 시비(是非)를 떠나고 일체가 인연소생임을 자각하여, 일체에 집착하지 않고 걸림이 없으며 오고 가는 것을 막거나 방해하지 않는다. 〈대승기신론〉에 「마땅히 알아야 한다. 외도에게 있는 삼매는 모두 견(見)과 애(愛)와 아만(我慢)을 여의지 못하였는데, 이는 그들이 세간의 명리와 이익에 탐착하기 때문이다.〔應知外道所有三昧 皆不離見愛我慢之心 貪著世間名利恭敬故〕」라는 말씀이 있다.

＊ 기독교에서는 야훼를 전지전능(全知全能)한 존재 또는 절대자라 부른다. 알지 못하는 게 없고, 하지 못하는 일이 없으며, 우주만물을 창조했고, 인간의 모든 운명을 주재한다고 가르친다. 불교에서는 그렇지 않다. 무상정등정각(無上正等正覺)을 이룬 부처님이지만, 못하시는 것이 세 가지 있으니, 이것을 부처님의 '삼불능(三不能)' 이라 부른다. 부처님의 첫 번째 불능은 '불능면정업중생(不能免定業衆生)' 이다. 중생의 정업(定業 : 정해진 업. 중생이 과거생에 지은 업)은 부처님이라도 면하게 해줄 수 없다. 부처님의 두 번째 불능은 '불능도무연중생(不能度無緣衆生)' 이다. 인연이 없는 중생 또는 믿지 않는 중생은 제도하기 어렵다는 것이다. 부처님께서는 모든 중생의 숙업과 근기를 알고 계시지만 인연이 없는 중생은 제도하시지 않는다. 부처님의 세 번째 불능은 '불능진중생계(不能盡衆生界)' 이다. 모든 중생계를 한꺼번에 다 제도할 수는 없다.

* 흔히 달마대사를 중국 선종의 초조(初祖)로 부른다. 하지만 남회근 선생은 「일반인들은 달마조사가 중국에 온 다음에야 비로소 선종이 중국에 전해졌다고 생각합니다. 그러나 달마조사 이전에는 구마라집 법사가 번역한 유마경과 법화경이 영향이 가장 컸으며, 중국문화인 선종의 근본경전이 되었다는 사실을 전혀 모르고 있습니다.」 라고 말한다.

* 남회근 선생은 「석가모니 부처님 당시의 인도에는 62견(見)으로 일컬어지는 다양한 사상들이 난립했습니다. 중아함 3권 13경 도경(度經)에 의하면, 석가모니는 이를 모두 크게 세 가지 유형으로 분류하여 비판했습니다. 이른바 숙명론(宿命論)·신의론(神意論)·우연론(偶然論)의 삼종외도설(三種外道說)인데, 오늘날도 여전히 적용할 수 있습니다. 부처님은 말합니다.

"세상에는 지혜가 있다고 자처하는 세 가지 부류의 사람들이 있으니라. 일체는 숙명(宿命)으로 이루어 졌다고 하는 주장과, 일체는 존우(尊祐, 절대자)의 뜻에 의한 것이라는 주장과, 일체는 인(因)도 없고 연(緣) 도 없이 이루어졌다는 주장이 그것이다. 그러나 이는 진리가 아니며 옳지 않다. 어째서 그런가. 만약 사람 이 행하는 모든 행위가 숙명으로 이루어졌다든가, 존우의 뜻에 의한 것이라든가, 인도 없고 연도 없이 이 루어지는 것이라면 사람들은 살생과 도둑질과 사음과 같은 10가지 악행에서 벗어날 수 없다. 왜냐하면 그것은 숙명적인 것이거나, 존우의 뜻에 의한 것이거나, 인(因)도 없고 연(緣)도 없는 것이기 때문이다. 그 러므로 이 세 가지 주장은 진리가 아니며 옳지 않다. 만약 그런 주장들이 진리라면 사람들은 해야 할 일과 하지 않아야 할 일을 모를 것이며 거기서 벗어나는 방법도 모를 것이다."

이어서 부처님은 이렇게 말합니다.

"내가 스스로 알고 스스로 깨달은 바에 의하면 모든 것은 인(因)과 연(緣)이 합하여 일어난다."

이렇듯 부처님은 진리를 철저하게 깨닫고 연기설(緣起說)을 설하였습니다.

"일체의 생명과 물리세계는 인연으로 생기(生起)하기 때문에 그 자성이 본래 공(空)하다. 그 자성(自性) 이 공하기 때문에 인연으로 생기한다.[緣起性空 性空緣起]. 타력(他力)의 주재자도 없으며 자연히 이루어 져 있는 것도 아니다.[無主宰 非自然]"

부처님은 세상의 모든 종교와 미신을 뒤엎어 버린 것이나 다름없었습니다. 대소승 불법의 이론 기초는 삼세인과(三世因果)와 육도윤회(六道輪廻) 위에 세워져 있습니다.」 라고 하였다.

* 남회근 선생은 「외도는 삐뚤어진 도(道)입니다. 정도(正道)가 아닙니다.」 라고 하였다.

* 남회근 선생은 「여러분들은 언제나 자기의 마음을 공경하고 일체중생을 공경하여서 어떠한 사람도

깔보지 않아야, 비로소 부처님을 믿는 것입니다. 그러므로 부처님은 부처님 눈으로 중생을 본다고 말합니다. 원한과 경시의 눈빛으로 남을 바라보지 않고 자비로운 눈길로 중생을 보아야 부처님을 믿는 것이요, 자기의 마음을 믿는 것입니다. 여러분들은 다 부처님을 믿는 분들이지만, 엄격히 말하면 여러분은 모두 자격미달입니다. 언제나 자기를 공경하고 남을 공경해야 합니다.」라고 하였다.

선도화상은 아미타불의 화신化身이오. 그가 오직 정토법문만 닦으라고 가르치신 것은, 수행자들의 마음과 의지가 확고부동하지 못하여 다른 법문을 전하는 스승들에게 마음이 흔들릴 것을 염려했기 때문이오.

(소승의) 초과初果·이과二果·삼과三果·사과四果의 성인이나, (대승의) 십주十住·십행十行·십회향十廻向·십지十地·등각等覺보살이나, 심지어 시방세계의 모든 부처님께서 차례대로, 허공이 다하도록 법계法界에 두루 몸을 나타내셔서 광명을 떨치시며, 아주 훌륭하고 미묘한 법문을 설하여 정토수행을 놓아버리라고 권하시더라도 이를 받아들이고 싶지 않다고 하셨소. 이는 맨 처음에 오직 정토법문만 닦겠다고 발원했는데, 이 발원을 감히 어길 수 없었기 때문이오.

정토법문을 닦는 사람들은 결코 의심하지 않는 이치를 지녀야 하오. 설령 온 세상 사람들이 죄다 효험이 없다고 하여도, 한 생각의 의심이라도 내서는 안 되오. 이는 부처님과 역대 조사님들의 정성스러운 말씀이 믿고 의지할 만하기 때문이오. 만약 다른 사람들에게 정토법문의 효험이 어떠한지를 묻는다면, 이는 부처님 말씀에 대한 믿음이 지극하지 못한 때문이오.

善導 彌陀化身也 其所示專修 恐行人心志不定 爲餘法門之師所奪 歷叙初二三四果聖人 及住行向地等覺菩薩 末至十方諸佛 盡虛空遍法界 現身放光 勸捨淨土 爲說殊勝妙法 亦不肯受 以最初發願專修淨土 不敢違其所願 修行淨土 有決定不疑之理 何必要問他人之效驗 縱擧世之人 皆無效驗 亦不生一念疑心 以佛祖誠言可憑故 若問他人效驗 便是信佛言未極

- 인광대사

＊ 인광대사는 「자기 힘만 믿고 수행하여 미혹을 끊고 진리를 증득하기란 정말 쉽지 않소. 견혹(見惑)

만 끊기도 폭이 40리나 되는 큰 강물 줄기를 가로막는 것처럼 어렵거늘, 하물며 사혹(思惑)이야 말할 나위가 있겠소. 견혹을 완전히 끊어야 겨우 초과(初果)를 증득하고, 사혹까지 완전히 끊어야 사과(四果)를 증득할 수 있소. 아라한과(阿羅漢果)를 증득해야 생사의 뿌리가 영원히 끊어져 육도 윤회를 더 이상 하지 않게 되는 것이오. 견사혹(見思惑)을 완전히 끊고 업의 습기(習氣)를 뿌리 뽑으면 벽지불(辟支佛)의 과위(果位)를 증득하며, 여기에다 무명(無明)을 쳐부수면 보살의 과위를 증득하게 되오. 더 나아가 무명이 말끔히 사라져 복덕과 지혜가 원만히 이루어지고, 수행의 덕이 지극히 쌓여 성품의 덕이 완전히 드러나면, 곧 부처의 지위에 오르게 되는 것이오.」라고 하였다.

　＊《대반열반경》에 「수다원은 세 가지 번뇌를 끊고 지옥·축생·아귀에 떨어지지 않으며 인간과 천상으로 일곱 번을 오고 가면서, 모든 고통을 끊고 열반에 든다. 이 사람은 오는 세상에 8만 겁을 지내고서 아누다라삼먁삼보리를 이루게 된다. 사다함은 세 가지 결박을 끊고 탐심·진심·치심이 엷어져서 영원히 모든 고통을 끊고 열반에 든다. 이 사람은 오는 세상에 6만 겁을 지내고서 아누다라삼먁삼보리를 이루게 된다. 아나함은 다섯 가지 결박을 끊고 다시는 여기 오지 아니하고 영원히 모든 고통을 끊고 열반에 든다. 이 사람은 오는 세상에 4만 겁을 지내고서 아누다라삼먁삼보리를 이루게 된다. 아라한은 탐욕·성냄·어리석음을 영원히 끊고 번뇌가 남음이 없이 열반에 든다. 이 사람은 오는 세상에 2만 겁을 지내고서 아누다라삼먁삼보리를 이루게 된다.」라고 하였다.

　요즘 사람들을 보니 염불하는 이는 많으나 서방에 나서 성불하는 이는 적으니 왜 그러한가. 여기에는 세 가지 이유가 있다. 하나는 입으로는 염불하나 마음이 착하지 못하여 왕생하지 못하는 것이다. 둘은 입으로는 염불하나 마음에 잡되고 쓸데없는 생각을 하여 왕생하지 못하는 것이다. 셋은 입으로는 염불하나 마음으로는 다만 부귀를 얻을 생각만 하여 왕생하지 못하는 것이다.

　세상 사람들에게 당부하노라. 염불하는 사람은 확고한 신념으로 서방에 나기를 구해야 하며, 혹시 왕생치 못할까 의심하지 말라. 선현先賢들은 모두 이와 같이 하였으며 보통 사람도 할 수 있는 것이다. 그대가 어찌 서방에 나지 않는다고 단정할 수 있겠느냐. 문득 광대한 마음을 내고 견고한 뜻을 세워 서원하기를 「왕생하여 부처님 뵈옵고 법문을 들어 무상과無上果를 얻은 후 중생을 널리 구제하겠다.」라고 다짐하라. 이와 같이 해야 비로소

진정한 염불인이 되어 반드시 성불할 것이다.　　　　　　　-백암성총대사 〈정토보서淨土寶書〉

＊ 남회근 선생은 「부처님을 배우는 대다수의 사람들에겐 대원(大願)이 없습니다. 성심(誠心)과 발원이 없으면 절대로 성취하지 못합니다.」라고 하였다.

＊ 성총대사는 〈정토보서〉 서문에서 「석가세존께서 일생 동안 교화를 펴심에 오묘한 방편 아닌 것이 없다. 그러나 그중에서도 현묘한 도(道)에 곧바로 이르는 지름길을 구한다면 염불하여 정토왕생을 구하는 일보다 나은 것이 없다. 연지대사께서 "염불법문이야말로 바로 오늘 시급히 힘써야 할 종지(宗旨)이다." 라고 하신 것은 바로 이를 말한 것이다. 염불은 참으로 현세를 뛰어넘는 지름길이요, 정토로 가는 자량(資糧)이다.」 라고 하였다.

＊ 백암 성총대사는 〈정토보서〉에서 「중생이 널리 선업(善業)을 닦으나 성취하기 어려운 것은 스스로의 힘에만 의지하기 때문이다. 만약 정토를 닦아 부처님의 원력에 의지한다면 성취하기 쉬울 것이다. 비유하자면 두 사람이 큰 바다를 건너가고자 하는데, 한 사람은 반드시 배를 만들어서 가려하고 다른 한 사람은 방편선[便船]을 기다리는 것과 같다. 자력으로 수행하는 자와 부처님의 원력에 의지하는 자가 서방에 태어나는 것도 이와 같다.」 라고 하였다.

＊ 성총대사는 역시 〈정토보서〉에서 「누가 처음부터 진실한 염불이 되겠는가. 망상을 쥐고 '나무아미타불' 염불하다 보면 세월이 가면 망상은 물거품처럼 고요해지고 진실한 염불이 되는 것이다. 망상을 겁내지 말고 시간 없음을 탓하지 말고 신심이 나지 않음을 탓하지 말고 그냥 꾸준히 염불하다보면 실타래 풀어지듯이 어느 날 그렇게 진실한 염불이 될 것이다.」 라고 하였다.

＊ 무상과(無上果) : '위없는 과위(果位) 라는 뜻으로, 부처의 깨달음을 말함. 불과(佛果)라고도 함.

우리들은 염불할 때 거의 다 한편으로는 염불하면서 망상을 합니다. 망상이 많으면 스스로 뉘우치면서 자기의 죄과罪過 탓으로 여깁니다. 염불하지 않으면 괜찮은데 염불하면 할수록 망상이 일어나고 망상이 일어날수록 화가 나고 화가 날수록 염불합니다. 마침내는 망상을 극복할 수 없으니 아예 깨끗이 포기해버립니다. 자기가 자기를 싫어하고 염불도 헛염불을 합니다. 대개 염불하는 모습은 이런 현상을 벗어나지 못하고 탐욕·성냄·어리석음·교만·의심·후회 등 여러 가지 악습 가운데 떨어져 있습니다. 염불할 때 망상을 두려

위하지 마십시오. 후회하거나 의심하지 마십시오. 무엇보다도 먼저 자기 자신의 염불이 틀림없이 성공하여 절대적으로 서방에 왕생한다고 믿어야 합니다.　　　　　　-남회근 선생

* 망상(妄想) : 잡념/ 갈등/ 번뇌/ 걱정/ 의심/ 교만/ 고집/ 편견/ 욕심/ 분별심/ 후회/ 착한 생각/ 악한 생각/ 착하지도 악하지도 않은 생각/ 진실하지 않은 것을 진실하다고 생각하는 것/ 영원하지 않은 것을 영원하다고 생각하는 것/ 그릇된 견해(예컨대, 인과응보는 없다는 견해) 등을 말한다.

* 남회근 선생은 「평범한 사람은 염불하면 망상이 잡다한데, 청정한 마음으로 염불하는 경지에 진정으로 이를 수 있다면, 한 생각 사이에 바로 성위(聖位)를 증득할 수 있습니다.」라고 하였다.

* 남회근 선생은 「요즘 젊은이들이 가장 탐닉하는 것이 바로 명상(冥想)이니 기(氣) 수련이니 하는 것들인데, 이것은 모두 정신적 유희(遊戲)이자 망상일 뿐입니다. 진정한 기 수련은 이런 것이 아닙니다. 부처님은 일찍이 예언했습니다. 말법시대가 오면 정토종과 밀종이 제일 유행할 것이라고요. 총명한 사람이라면 부처님의 이 말씀만 듣고서도 경각심을 가질 것입니다.」라고 하였다.

* 남회근 선생은 「제가 여러분들의 염불정진법회 하는 것을 보면, 걸으면서 외우고 앉아서도 외우고 앉아 있으면서도 외우는 것은 좋습니다. 그러나 천천히 외워야 합니다. 서둘러 장에 가듯이 해서는 안 됩니다. 방법만 옳다면 경안(輕安)을 발생시키고 정수리가 청량(淸凉)해질 수 있습니다.」라고 하였다.

* 성현께서 「일체의 죄 가운데 의심하는 죄가 제일이고, 일체의 공덕 가운데 믿음이 으뜸이다.[一切罪中 疑罪爲最 一切功德 信爲其首]」라고 하였다.

* 성현께서 「내 몸은 지은 죄가 많아 반드시 지옥에 떨어진다. 오직 부처님만이 구해 주실 수 있으니 달리 다른 방법이 없다. 지극히 중한 죄인은 다른 방편이 없으니, 오직 아미타불만 부르면 극락에 왕생한다.[我身罪重 必墮地獄 唯佛能救 別無他法 極重惡人 無他方便 唯稱彌陀 得生極樂]」라고 하였다.

* 〈대지도론〉에 「모든 번뇌 가운데서 성냄이 가장 무거우며, 착하지 못한 과보 가운데 성냄의 과보가 가장 크다. 다른 번뇌에는 이런 중한 죄가 없으니, 예컨대 석제바나민(釋提婆那民)이 부처님께 게송으로 물은 바와 같다. "어떤 것을 죽이면 안온해지고 어떤 것을 죽이면 후회가 없으며 어떤 것이 독의 근본이 되어서 모든 선근을 죽여 버리나이까. 어떤 것을 죽이면 칭찬받으며 어떤 것을 죽이면 근심이 없습니까." 부처님께서 게송으로 대답하셨다. "성내는 마음을 죽이면 안온하고 성내는 마음을 죽이면 후회가 없으며 성냄이 독의 근본이어서 성냄은 일체의 선근을 멸해 버린다. 성냄을 죽이면 부처님들이 칭찬하시고

성냄을 죽이면 곧 근심이 없어진다."」라고 하였다.

    * 우리 인간은 누구나 교만하다. 알량한 학식을 가졌다 하여 그렇지 못한 사람들을 비웃고, 달팽이 뿔만한 권세를 약자들에게 행사하려 드는 것이 우리 인간의 슬픈 모습이다. 인생을 살면서 정말 교만하고 잘난 척하는 사람들을 많이 보아 왔다. 슬픈 것은 그네들의 못난 버릇을 고칠만한 약이 이 세상엔 없다는 사실이다. 우리는 부처님을 진실로 믿는다고 하지만, 바른 믿음[正信]은 우리가 대철대오를 했을 때에만 가능하다고 남회근 선생은 말씀하신다. 우리가 불상 앞에서 입으로 지심귀명례(至心歸命禮)를 수없이 외치지만, 우리가 명심견성을 했을 때에야 비로소 지심(至心)의 경지에 오른다고 남회근 선생은 일갈하신다. 우리가 부처님을 믿는다고 하지만 다 거짓이라고 남회근 선생은 말씀하신다. 왜냐하면 우리가 진정으로 불법을 믿는다면 한 치의 오차도 없는 인과응보의 법칙이 무서워 나쁜 짓은 절대로 하지 않을 것이라고 한다. 그런데 우리는 불법을 믿는다고 하면서 나쁜 짓은 얼마나 짓고 있는가. 반성하고 또 반성할 일이다.

    뛰어난 방편이란 곧 염불법문을 말하는 것이다. 가히 삼계를 횡橫으로 벗어나니 실로 수행의 지름길이다. 여래께서는 이 염불법문이라는 방편으로 근기가 열등한 중생을 거두어 받아들이고 보호하시어 그들로 하여금 신심이 물러나지 않게 하신다. 오로지 부처님만 염念한다는 것은, 육근을 모두 추슬러 깨끗한 염불심을 계속 이어가는 것을 말한다. 믿음과 염불수행이 이미 돈독하다면 이에 다시 서방정토 왕생을 발원하고 갈구하는 마음을 보태어 이 세 가지 자량資糧이 갖추어진다. 그러므로 서방정토에 왕생하면 아미타불을 뵙고 영원히 악도를 벗어난다. 《능엄경》대세지보살염불원통장大勢至菩薩念佛圓通章에서 말씀하신 바와 같이, 시방의 여래께서는 마치 어머니가 자식을 그리워하듯이 중생을 어여삐 여기신다. (하지만) 세상의 어머니가 자식을 간절히 생각하더라도 자식이 도망간다면 어머니의 간절한 그리움이 무슨 소용이 있겠는가. 그런데 자식이 어머니 생각하길 마치 어머니가 자식 생각할 때와 같이 한다면, 그 어머니와 자식은 세세생생 서로 어긋나거나 멀어지지 않는다. 더 나아가 지금 당장에나 미래에 반드시 부처님을 뵈옵는다. 이 역시 염불하기 때문에 감응感應의 도道가 서로 만나는 것이다.

    勝方便 卽念佛法門 可以橫超三界 乃爲修行捷徑 如來以此方便 攝受護持 劣機衆生 令其

信心不退 專意念佛者 都攝六根 淨念相繼也 信行旣篤 更加願求 三種資糧旣具 故得往生見

佛 永離惡道 如楞嚴勢至圓通章云 十方如來 憐念衆生 如母憶子 子若逃逝 雖憶何爲 若子

憶母 如母憶時 母子歷生 不相違遠 乃至現前當來 必定見佛 此亦念佛因緣 感應道交也

-마명보살〈대승기신론〉

* 대승기신론(大乘起信論): 대승(大乘)에 대한 믿음을 불러일으킨다는 뜻으로 인도의 마명보살이 지었다. 중생으로 하여금 의심을 제거하고 삿된 집착 버리고 대승에 대한 올바른 믿음을 일으켜서 불종자[佛種]가 끊어지지 않게 하려는 까닭으로 이 책을 짓는다고 마명보살은 책에서 밝히고 있다. 대승불교의 진수를 요약해 놓은 것으로서 높이 평가되고 있으며 중국·한국·일본을 비롯한 동아시아 불교의 발전에 큰 영향을 끼쳤다. 이 논은 불교문학상으로 볼 때 최대 걸작 중 하나이며, 그 구성의 치밀성과 정확하고 간결한 문체, 독창적인 철학체계는 모든 불교학자들의 찬탄과 함께 뛰어난 명작으로 평가받는다. 〈대승기신론〉이 대승불교에 미친 영향이 컸던 만큼, 대승기신론에 대한 역대의 주석서는 30종이 넘고, 권수로는 1,000여권이나 된다. 이 중에서 중국 수나라 혜원(慧遠)법사의 〈대승기신론의소(大乘起信論義疏)〉, 신라 원효(元曉)대사의 〈기신론소(起信論疏)〉, 당나라 법장(法藏)국사의 〈대승기신론의기(大乘起信論義記)〉를 '기신론 3소(起信論三疏)' 라고 하는데, 특히 원효대사의 〈기신론소(起信論疏)〉는 〈해동소(海東疏)〉라고도 불렸는데, 원효대사의 논서가 가장 높은 평가를 받고 있다. 중국 화엄경의 1인자였던 현수(賢首) 법장국사는 원효대사의 〈기신론소〉를 크게 존중하였고, 책을 지을 때에 원효대사의 주석과 해석을 대부분 그대로 따랐다.

《대승기신론》의 내용은 일심(一心), 이문(二門), 삼대(三大), 사신(四信), 오행(五行)으로 되어 있다.

원효대사에 의하면, 일심(一心)은 불성(佛性)의 바탕이며, 일심은 중생심(衆生心)이며, 더러운 땅과 깨끗한 나라가 본래 일심이며, 생사와 열반이 마침내 둘이 아니며, 모든 경계가 무한하지만 다 일심 안에 들어간다. 일심이란 더러움과 깨끗함의 모든 법은 그 성품이 둘이 아니고, 참됨과 거짓됨의 두 문은 다름이 없으므로 일(一)이라 부른다. 이문(二門)은 진여문(眞如門)과 생멸문(生滅門)을 말하고, 삼대(三大)는 체(體)·상(相)·용(用)을 말하며, 사신(四信)은 중생에게 진여(眞如: 불성)가 있음을 믿고 그 다음에 삼보(三寶)를 믿는 것을 말한다. 오행(五行)은 보시·지계·인욕·정진·지관(止觀: 止는 禪定이고 觀은 지혜이다)을 말한다. 그리고 마지막으로 믿음이 깊지 못해 안으로는 마음이 용렬하고 밖으로는 인연을 얻지 못해 두려워하며 믿음이 위축되는 중생들을 위해 신심을 보존하고 증장시키는 방편으로 염불을 권하면서 다음과 같이 말한다. 「중생이 이 법을 처음으로 배워 바른 믿음을 구하고자 하나, 그 마음이 겁약하여 이 사바세계에 살고 있으면서 스스로 항상 모든 부처님을 만나, 친히 공양하는 것이 불가능할까 두려워하며, 신심을 성취하기 어렵다고 두렵게 생각하여, 뜻에서 물러나려 하는 자는 마땅히 알지어다. 여래에게는 훌륭한 방편이 있어, 중생의 신심을 섭호(攝護)해 주신다. 오지지 한 뜻으로 염불하는 까닭으로, 발원한대로 극락세계에 태어나 늘 부처님을 뵙고 영원히 악도(惡道)를 벗어난다.〔衆生 初學是法 欲求正信 其心怯弱 以住於此 娑婆世界 自畏不能常値諸佛 親承供養 懼謂信心 難可成就 意欲退者 乃至常勤修習 畢竟得生 住正定故 勝方便者 文云 當知如來有勝方便 攝護其心 謂以專意念佛因緣 隨願得生他方佛土 常見諸佛 永離惡道等〕」

＊ 인광대사는 「능엄경을 보면 대세지보살염불원통장 맨 끝에, "부처님께서 원통(圓通)을 물으셨는데, 저는 별다른 선택이 없습니다. 육근(六根)을 모두 추슬러 청정한 생각이 계속 이어지면 곧 삼매를 얻게 되니, 이것이 바로 제일입니다.〔都攝六根 淨念相繼 得三摩 斯爲第一〕" 라는 구절이 나온다오. 별다른 선택이 없다는 것은 모든 감각기관〔六根: 눈, 귀, 코, 혀, 몸, 뜻〕과 감각의 대상〔六塵: 빛, 소리, 냄새, 맛, 감촉, 생각〕과 육식(六識: 안식, 이식, 비식, 설식, 신식, 의식)을 총동원하여 염불에 전념한다는 뜻이오.」 라고 하였다.

＊ 한국의 성철스님은 〈영원한 자유〉라는 책에서 「대승이나 소승이나 어느 경론이나 할 것 없이, 팔만대장경에서 부처님께서는 한결같이 생사윤회를 말씀하셨습니다. 곧 사람이 죽는 것으로 끝나는 것이 아니고 살아서 지은 업에 따라 몸을 바꾸어 가며 윤회를 한다는 것입니다. 이 윤회는 불교의 핵심이 되는 원리의 하나입니다. 그런데 불교에서는 윤회를 하는 실체를 말할 때, 그것을 영혼이라고 이름 하지 않고 제8 아뢰야식(阿賴耶識)이라고 합니다. 불교에서는 사람의 심리상태를 나눌 때 지금 우리가 보고 듣고 하는 이것을 제6식(識)이라 하고, 그 안의 잠재의식은 제7말나식(末那識)이라 하고, 무의식 상태의 마음은 제8아뢰야식이라고 합니다. 사람의 호흡이 끊어지고 혈맥이 끊어지고 목숨이 끊어져버리면 의식은 완전히 없어지고 오로지 제8 아뢰야식만이 남는 것입니다. 이것은 절대로 없어지지 않는 것입니다. 그래서 무몰식(無沒識) 곧 죽지 않는 식(識), 없어지지 않는 식(識)이라고 합니다. 또 장식(藏識)이라고도 합니다. 과거, 현재, 할 것 없이 모든 기억을 마치 곳간에 물건을 간수해 놓듯 전부 기억해 두고 있다가, 어떤 기회만 되면, 녹음기에서 녹음이 재생되듯이 기억이 전부 되살아나기 때문입니다. 그래서 없어지지 않는다는 뜻에서 말할 때에는 무몰식이라 하고, 모든 것을 다 기억하고 있다는 뜻에서 말할 때에는 장식이라 합니다. 이것이 있기 때문에 미래 겁이 다하도록 윤회를 하는 동시에 무엇이든 한번 스쳐간 것은 하나도 잊어버리지 않는 것입니다.」 라고 하였다.

＊ 정공법사는 「안식(眼識)/ 이식(耳識)/ 비식(鼻識)/ 설식(舌識)/ 신식(身識)은 외부경계의 접촉에 대해 받아들이는 작용을 한다. 제6식인 의식(意識)은 분별(分別)이며, 제7식인 말나식은 집착이며, 제8식은 인상을 남겨두는 것으로, 아뢰야식인 창고 속에 저장하는데, 이것이 종자가 된다.」 라고 하였다.

＊ 인광대사는 「부처님께서 사람에게는 여덟 가지 식(識)이 있다고 말씀하셨소. 안식(眼識)/ 이식(耳識)/ 비식(鼻識)/ 설식(舌識)/ 신식(身識)을 전오식(前五識)이라 하고, 제6식은 의식(意識), 제7식은 말나식, 제8식은 아뢰야식이라 부른다오. 무릇 사람이 생겨날 때에는, 제8식이 가장 먼저 찾아오고, 이어 제7 · 6 · 5식이 차례로 뒤따라온다오. 그리고 죽을 때에는, 전오식(前五識)이 가장 먼저 떠나고, 이어 제 6 · 7식이 떠난 다음, 제8식이 가장 뒤늦게 떠난다오. 제8식인 아뢰야식은 몹시 신령스러워서, 사람이 어머니 뱃속에 수태(受胎)될 때, 맨 먼저 찾아온다오. 그래서 어머니 뱃속에 자리 잡은 태아가 살아 꿈틀거리는 거라오. 사람이 죽으면 아뢰야식은 곧장 떠나지 않고, 반드시 온 몸이 다 차갑게 식기를 기다려, 따뜻한 기운이 조금도 남아있지 않은 뒤에라야, 비로소 이 제8식이 떠나간다오. 그래서 만약 몸 한 곳이라도 따뜻한 기운이 조금만 있다면, 제8식은 아직 떠나가지 않은 것이오. 이때 죽은 자의 몸을 만지고 움직이면 그 고통을 알아차리기 때문에, 옷을 갈아입히거나, 손발을 펴고 굽히거나, 몸을 옮기는 따위의 일을 결코 해서는 안 되오. 만약 조금이라도 만지고 손을 댄다면 그때의 고통은 가장 참기 어렵다오. 단지 입으로 말할 수 없고 몸을 움직일 수 없기 때문에, 표현하지 못하는 것뿐이라오.」 라고 하였다.

＊ 남회근 선생은 「자기가 지은 업은 당연히 갚아야 합니다. 아뢰야식에는 당신이 한 일의 종자(種子)가 모두 머물러 있다가 때가 되면 응보(應報)로 나타나기 때문입니다. 즉, 우리가 신구의(身口意)로 지은 일체의 행위는 모두 아뢰야식에 기록되어 종자로 변하고, 그 인연이 무르익었을 때 현행(現行 : 현재 작용하고 있음)의 과보(果報)로 변합니다.」 라고 하였다.

＊《대집경》에 「정수리는 성인에, 눈은 천상에 생겨난다. 사람은 심장에, 아귀는 배에 모여든다. 축생은 무릎을 통해 떠나가고, 지옥은 발바닥으로 빠져 나간다.[頂聖眼天生 人心餓鬼腹 畜生膝蓋離 地獄脚板出]」 라고 하였다. 이 구절을 '임종징험게(臨終徵驗偈)' 라 한다.

＊ 인광대사는 「죽어 좋은 곳에 태어나는 사람은, 몸의 열기가 아래로부터 위로 올라가고, 나쁜 곳에 태어나는 사람은 반대로 열기가 위로부터 아래로 내려간다. 사람이 죽어 온 몸이 식은 뒤, 마지막 따뜻한 기운이 정수리[頂]에 남아 있으면 성도(聖道: 극락세계)에 왕생하는 것이고, 눈[眼]에 따뜻한 기운이 남으면 천상세계에 태어나는 징험(徵驗)이며, 심장[心]에 모이면 인간계에 환생하며, 배[腹]에 모이면 아귀로 태어나고, 무릎에

남으면 축생으로 태어나며, 마지막 열기가 발바닥에만 남아있으면 지옥에 떨어졌다는 징험인 것이다.」라고 하였다.

＊감응(感應)의 도(道)가 서로 만나다 : 중생이 불보살을 감동시키면, 이에 불보살께서 응하심. 이는 마치 자식이 엄마를 부르면 엄마가 다가와 서로 만나게 되는 이치와 같다. 달빛이 아무리 환하게 비춰도 강물이 출렁이면 달빛은 강물 위에 온전하게 나타나지 않는다. 강물이 출렁이지 않고 잔잔해져야만 달빛이 고스란히 물 위에 나타난다. 여기서 달빛은 불보살을, 강물은 중생에 비유할 수 있다. '하늘은 스스로 돕는 자를 돕는다.' 라는 말과 상통한다.

＊남회근 선생은 「불교에서는 망자(亡者)가 어느 곳으로 윤회하여 갔는지 시험해 볼 수 있다고 말합니다. 이 사람이 만약 사람됨이 좋고 도덕이 좋고 과보가 좋아서 내생에 다시 사람으로 태어날 것이라면 전신의 다른 부위는 먼저 식고 가슴 부분의 따뜻함이 최후에 식습니다. 인간으로 다시 태어나 오는 겁니다. 물론 여전히 윤회 속에 있습니다. 이런 사람이 죽으면 왕왕 하나의 현상이 있는데, 죽기 전에 의식이 또렷하면서 집안일을 다 분부하고 얘기합니다. 그리고 죽을 때의 얼굴 모습이 자상하고 아주 보기 좋습니다. 인간으로 다시 태어나 과보가 이미 나타난 것입니다.

만약 죽은 뒤에 다른 부분은 다 식었지만 이마나 얼굴 부위나 눈 부위가 최후에 식었다면 천상세계로 가서 태어난 것일 수 있습니다. 그러나 여기에는 차이가 있는데, 망자가 여전히 몹시 성내는 모습이라면 아수라로 변합니다. 아수라도 천인의 복보로서 잘 태어난 것이며 승천한 것입니다. 어떤 사람들은 품행이 단정하고 정직한 사람으로 변하되 성깔이 대단합니다. 천인과 아수라는 동등한 복보를 가지고 있습니다. 그러나 아수라는 살생의 습기가 무겁고 성깔이 대단하면서 이기기를 좋아합니다. 「이 어르신이 너를 두들겨 패주겠다. 이, 제기랄」 이렇다면 아수라입니다. 천인은 자상합니다.

만약 다른 부분이 모두 차가워졌는데 정수리 부분이 아직 따뜻하다면 틀림없이 천상세계에 태어납니다. 만약 불교를 배운 사람이라면 좋은 태어남입니다. 만약 수행을 잘했다면 아미타불을 보고 극락세계로 가거나 관세음보살이 영접하는 것을 볼 수도 있습니다.

천인·아수라·인간을 상삼도(上三道)라고 합니다. 위로 향하여 간 것입니다. 왜 위로 향하여 갈 수 있을까요. 《능엄경》에 다음과 같은 두 마디 말이 있습니다. 「순상즉비(純想卽飛) 순정즉타(純情卽墮)」, 정신 수양의 길을 걸어서 수양이 있고 불법도 배웠다면 정신이 상승합니다. 정서적인 길만 걸어 간데다 나쁜 일들을 했다면 추락하여 하삼도(下三道)로 떨어질 것입니다.

하삼도는 축생·아귀·지옥입니다. 온 몸이 식을 때 무릎이 최후에 식는 사람은 축생으로 변합니다. 온 몸이 식을 때 복부가 최후에 식는다면 아귀도로서 아귀로 변합니다. 지옥에 떨어지는 사람은 온 몸이 위로부터 아래로 식어 발바닥을 향해 내려가 발바닥이 최후에 식습니다. 하지만 하삼도에 떨어진 사람의 죽은 모습은 틀림없이 보기 흉합니다. 시험할 길도 거의 없어서 어느 부분이 최후에 식는 지를 당신은 만져볼 기회조차도 없습니다. 특히 현대인들이 어디 그럴 기회가 있겠습니까. 상삼도(上三道)에 태어날 사람에 대해서는 경전의 말에 따라 그런대로 시험해볼 수 있습니다.」라고 하였다.

부처님께서 설하신 경經은 모두 진실한 말씀이며 모두 깊이 믿어야 할 말씀이어서 절대 의심을 내서는 안 될 것이다. 의심은 도道에 장애가 되어 원願과 행行이 일어날 수 없게 한다.

어떤 사람은 「정토는 헛된 것이다. 어찌 그런 곳이 있으랴.」 하며 믿지 않고, 어떤 사람은 「사람이 죽으면 모든 것이 없어지는 것인데 어찌 후세後世가 있으랴.」 하고 믿지 않으며, 어떤 사람은 「여기에 태어나고 저기에 나며 고苦를 받고 낙樂을 받는 것이 모두 우연히 되는 것이니, 어찌 인因을 닦아 과果를 얻는 일이 있으랴.」 하고 믿지 않고, 어떤 사람은 「염불하여 서방에 왕생한다는 것은 어리석은 사람을 꾀어서 선善을 행하게 한 것으로서 사실은 어찌 그런 일이 있으랴.」 생각한다.

「석가모니가 억 만인은 속일 수 있을지언정 나만은 속이지 못한다.」 하면서 믿지 않으며, 「어떤 사람은 서방에 불국佛國이 비록 있다 하더라도 단지 몇 번 부처님의 명호를 부른 것만으로는 왕생하지 못할 것이다.」 하여 믿지 않고, 어떤 사람은 「인간은 탐진치貪瞋痴와 이기심이 매우 많은 존재로서, 비록 극락에 태어나더라도 여전히 생전의 성질을 고치지 못할 것이니, 당장 선인善人으로 변한다는 말은 어불성설이다.」 하면서 믿지 않으며, 어떤 사람은 「이 세상에서는 사람이 악을 저지르면 이치에 따라 낱낱이 그 과보를 받아야 한다. 그런데 지금 극락국에 태어난 후에는 아무 것도 따지지 않고 일률적으로 소멸된다고 말하니, 이것은 인과율에 맞지 않는 일이므로 절대 이런 이치가 있을 수 없다.」 하여 믿지 않으며, 어떤 사람은 「십념十念만으로 반드시 왕생한다는 것은 전적으로 거짓말이다. 만약 모든 중생이 누구나 십념만으로 왕생할 수 있다면 지옥도 텅텅 비고 세상에는 인류가 없을 것이니, 세상에 어찌 이런 일이 있을 수 있으랴.」 하여 믿지 않으며, 어떤 사람은

「국토와 방사房舍와 기구器具는 한도가 있고, 왕생하는 숫자는 꾸역꾸역 몰려와서 한정이 없을 것이다. 이렇게 되면 방사도 모든 물자도 바닥이 나고 말 것이니, 이런 모순이 어디 있는가.」하여 믿지 않으며, 어떤 사람은 「옷을 생각하면 금방 옷이 있고 밥을 생각하면 금방 밥이 있어서 무엇이든 생각하기만 하면 금방 생기되, 인력人力을 빌리지 않고 자연히 생긴다 하니, 이것은 꿈같은 이야기요, 어린애를 속이는 일과 다름이 없다.」하고 믿지 않으며, 어떤 사람은 「극락국의 금지金池와 연지蓮池와 칠보누각은 설계하여 지은 것이 아니요, 재료도 들이지 않고 이루어졌다 하니, 이것은 상고上古의 신화에 불과하여 과학에 맞지 않는다.」고 이야기 하며 믿지 않는다.

결론적으로 말하면, 마치 개미가 인간의 국가와 사회의 갖가지 복잡한 조직과 행동을 추측하려는 것과 같다 할 것이니, 설사 만년을 추측하더라도 도저히 미칠 수 없는 노릇임을 알아야 한다. 왜냐하면 개미는 근본적으로 인간과 다른 존재이기 때문이다. 다시 말하면 우리는 부처가 아닌 이상 어떻게 명백히 부처의 지혜와 신통을 알 수 있을 것인가. 분명히 알 수 없다면 함부로 추측하는 따위의 우愚를 범하지 말아야 할 것이요, 다만 부처님의 말씀을 믿고 실행하여 착오나 공空에 떨어지는 일이 절대 없어야 할 것이다.   -방륜〈정법개술〉

만법은 마음을 따라 일어나고 마음을 따라 멸한다. 우리 석가모니부처님은 늘 이처럼 계율을 지키며 수행을 해도 믿음과 발원이 없으면 정토에 왕생하지는 못하고 오직 인천人天에 태어나는 복보만 받을 것이라 하셨다. 복보가 다하면 윤회하여 이리저리 흘러 다니니 육도를 벗어나기 어렵다. 경전을 보아도 혜안慧眼이 없으면 부처님의 심오한 뜻을 알지 못한다. 후세 사람들은 머리는 총명하나 마음은 어지러워 육도를 벗어나기 어렵다. 지계력持戒力을 극락왕생하는데 회향하도록 발원하라. 이와 같이 불도를 수행하면 절대로 틀림이 없다. 석가세존께서 입으로 말씀하시고 아미타불께서 친히 거두어주시며 모든 부처님께서 호념해주고 모든 호법천신께서 보호해주시니, 이 염불하는 사람은 부처님과 멀지 떨어져 있지 않으니 마땅히 도량에 앉아 대법륜을 굴려 무량한 중생을 널리 제도함을 보게 되리라.

萬法從心生 萬法從心滅 我佛大沙門 常作如是說持戒無信願 不得生淨土 唯得人天福 福

盡受輪廻輾轉難脫離 看經無慧眼 不識佛深意 後世得聰明亂心難出離 發願持戒力 回向生
樂國 如是各行持 千中不失一 釋迦金口說 彌陀親攝受 諸佛皆護念 諸天善護持 見此念佛人
與佛不相遠 應當坐道場 轉於大法輪 普度無邊衆

- 자조종주慈照宗主〈권인발원게勸人發願偈〉

* 자조종주 : 중국 남송 때의 스님. 정토백련종(淨土白蓮宗)을 창종하였음. 이름은 모자원(茅子元).

* 연지대사의 〈왕생집〉에 「송(宋) 자원(子元)은 호가 만사휴(萬事休)로서 평강(平江) 곤산(昆山) 사람이
다. 어렸을 적부터 지관(止觀)을 익히다가 정(定) 중에서 까마귀 소리를 듣고 도(道)를 깨닫고는 "20여 년
동안 종이 위에서[紙上] 찾았으나 찾고 찾아도 더욱 막막할 뿐이었네. 홀연히 까마귀 울음을 듣고 비로소
이제까지 그릇되게 용심(用心)한 줄 알았네." 하고 송(頌)하였다.

남을 위하고자 하는 마음이 간절하여 널리 염불을 권장하고 법계(法界) 중생을 대신하여 예불(禮佛) 참
회하며 극락에 왕생하기를 기도하였다. 백련(白蓮)참당(懺堂)을 짓고 사토삼관선불도(四土三觀選佛圖)를
저술하여 염불종(念佛宗)의 안목(眼目)을 열어보였다. 역순(逆順)의 경계(境界) 속에서도 마음을 움직인 적
이 없었으므로 고종황제(高宗皇帝)가 불러 보고는 자조(慈照)라는 호(號)를 내렸다. 3월 23일 탁성(鐸城)에
서 대중에게 "나는 교화할 인연이 이미 다하였다. 이젠 가야겠다." 하고는 합장한 채 죽었다. 다비를 하
니, 무수히 많은 사리가 나와 나라에서 최승지탑(最勝之塔)이라는 탑호(塔號)를 내렸다.[宋子元 號萬事休
平江崑山人 少習止觀 定中聞鴉聲悟道 頌曰 二十餘年紙上尋 尋來尋去轉沈吟 忽然聽得慈鴉叫始信 從前
錯用心 於是利他心切 普勸念佛 代爲法界衆生 禮佛懺悔 祈生安養 劾白蓮懺堂 述四土三觀 選佛圖 開示
蓮宗眼目 逆順境中 未嘗動念 高宗皇帝召見 賜號慈照 後於鐸城 三月二十三日 告衆曰 吾化緣已畢 時當行
矣 言訖合掌示寂 荼毘舍利無數 較賜最勝之塔」라고 하였다.

* 자조 종주법사는 「행(行)은 있으나 원(願)이 없으면 그 행(行)은 필히 외로울 것이요, 원(願)만 있고 행
(行)이 없으면 그 원(願)은 반드시 헛된 것이다. 행(行)도 없고 원(願)도 없으면 사바세계에 헛되이 사는 것
이며, 행(行)도 있고 원(願)도 있어야 진실로 무위(無爲)에 들어갈 수 있다. 이것이 부처님과 조사님들이 정
업(淨業)을 닦는 근본이다.[有行無願 其行必孤 有願無行 其願必虛 無行無願 空住閻浮 有行有願 眞入無爲
此乃佛祖修淨業之根本也]」라고 하였다.

* 자조 종주법사는 염불하는 사람들이 세 가지를 의심한다고 하였다. 첫째는 자신이 지어 온 악업이

극중(極重)하고 염불수행 기간도 짧아 왕생하지 못할까 두려워하고, 둘째는 자신이 부족하고 빚이 많으며 마음속에 발원도 세우지 못하였고 탐진치도 그치질 않아 왕생하지 못할까 두려워하며, 셋째는 염불을 해도 아미타불이 임종 시에 자기를 접인하러 오시지 않을까 두려워한다고 하면서, 이 세 가지가 장애가 되어 임종 시 정념(正念)을 무너뜨려 왕생을 어렵게 한다고 하였다.

부처님께서 「나의 말은 꿀과 같아서 중간이나 가장자리가 모두 달다. 모두 반드시 믿어 가지라.」 라고 하셨다. 고로, 악인惡人이 지옥에 떨어진다는 말은 믿으면서, 한 번만 염불해도 서방에 태어난다는 말은 믿지 않는다는 것은 참으로 사견邪見이다. 근래 주문呪文을 지니는 자가 다라니에서 말한 공덕이 능히 산과 바다를 바꾸고 귀신을 부릴 수 있으며 갖가지 소원을 성취할 수 있다는 말을 듣고는 뛸 듯이 기뻐하여 믿으면서, 염불을 하면 그 공덕으로 범부에서 성인의 지위로 단박에 오를수 있고 삼계를 초월할 수 있다는 말을 들으면 못마땅해 하며 믿으려 하지 않는다. 이도 사견邪見이기는 마찬가지다. 참으로 슬프다.

佛云吾言如蜜 中邊皆甜 悉宜信受 是故信少惡入地獄 而不信一念生西方 此誠可謂邪見矣 近世喜持呪者 見陀羅尼所說功德 能易山海役鬼神 滿種種求願 則躍然而信 見淨土所說功德 能直入聖階 立超三界 則恬然不介意 其爲邪見等耳 可慨也夫　　　　　－ 연지대사

* 연지대사는 「염불하여 서방정토 왕생을 구하는 것이 큰 덕이요, 큰 복이며, 큰 지혜요, 크게 성스럽고 크게 지혜로운 일이다.[念佛求生西方 是大德大福大智大慧大聖大賢事]」 라고 하였다.

* 남회근 선생은 「불교경전 속에서 말하는 삼계는 모두 28층의 천(天)이 있습니다. 저층인 욕계에서부터 색계ㆍ무색계에 도달합니다. 태양계의 안과 밖, 위와 아래가 욕계입니다. 일체의 욕계중생은 양성 음욕의 생각이 있기 때문에 생명이 있습니다. 사람은 욕계 속에서 있으며 착한 일을 하거나 수행을 하여 천상에 오르더라도 여전히 욕계천 범위 안에 있습니다. 그곳에도 역시 색성향미촉(色聲香味觸)의 오욕이 있을 겁니다. 마찬가지로 색욕과 식욕이 있으며 수명은 인간세상보다 길고 복보는 큽니다. 생존환경도 우리보다 좋습니다. 우리가 절에서 보는 사대천왕은 욕계천의 호법천신입니다. 욕계천에는 33천이 있는데 그중의 천주는 석제환인이라고 한다. 중국인이 말하는 옥황대제입니다. 욕계천의 위는 색계천인데 이미 과학적으로 볼

수 있는 천체가 아닙니다. 가장 높은 천상계는 유정천(有頂天)인데 그곳에서 돌덩이를 하나 떨어뜨리면 65,535년이 지나야 지구에 도달합니다. 유정천의 천주는 대자재천인데 흰옷을 입고 있고 눈이 세 개로서 대보살이 화생한 것입니다. 삼천대천세계의 주(主)가 됩니다. 석가모니부처님이 교화하는 대범천 천주(天主)는 이름이 시기(尸棄)입니다. 다른 이름으로 번역된 것도 있습니다. 색계천에는 많은 범천왕이 있습니다. 그러므로 경문에 1만 범천왕이라고 한다. 만약에 일생동안에 욕망을 억제하고 계율을 수지하면서 수행했으나 깨닫지 못한다면 그 과보는 욕계천에 왕생하는데 지나지 않습니다. 하물며 욕계천의 물질적 환경의 욕망은 더욱 크니 천인으로 태어나서 다시 계율을 파괴하면 더욱 엄중해 질것은 말할 나위가 없습니다. 천인경계는 잘 연구해야 합니다. 현실을 모르고 이상만 높아서는 안 됩니다. 툭하면 금강경을 이야기하고 성공연기(性空緣起)를 말하는데, 사실 불법은 삼세인과 위에 건립됩니다. 조금 닦으면 왕생할 거라고 생각하는데 사실은 여전히 욕계천에 떨어집니다. 사람 몸으로 다시 올지도 모릅니다. 부처님 재세 시에 96종의 외도(外道)가 있었습니다. 오늘날 세계에는 1,2백 개의 종교가 있는데 모두 수도를 말합니다만, 기껏해야 색계천의 불환과(不還果)에 도달해서 이 욕계에 다시 돌아오지 않을지 모릅니다. 이 정도 되기도 이미 어렵습니다. 만약 그렇지 않으면 수행이 다른 천인경계에 이르더라도 여전히 생사윤회 속에 있습니다.」라고 하였다.

＊ 우리인류는 어디에서 왔을까. 불교경전인《세기경(世記經)》《기세경(起世經)》《기세인본경(起世因本經)》〈대지도론〉 등에 보면 색계천(色界天)의 하나인 광음천(光音天)의 천인들이 내려와 정착한 것이라 한다. 이것이 인종(人種)의 시작이라고 남회근 선생은 말씀하신다. 남회근 선생은 광음천의 천인들은 무색계(無色界)에서 내려왔다고 말한다. 따라서 불교는 진화론과 창조론을 둘다 거부한다. 즉, 진화론이나 창조론 모두 틀렸다고 보는 것이다. 굳이 이름을 붙이자면 이주론(移住論)이라고 해야겠다.

＊ 사견(邪見) : 삿된 견해를 말한다. 인과응보를 부정하는 견해가 대표적이다. 〈비담론(毘曇論)〉에서 말하였다. 「무엇을 삿된 견해라고 하는가. 선(善)과 악(惡)의 업보(業報)가 없다고 말하는 것과, 금생(今生)과 후생(後生)이 없다는 것과, 법(法)을 비법(非法)이라 설(說)하고 비법을 법이라고 설하는 것이다.」

만약 타방他方의 중생이 아미타불의 명호를 듣고, 한 생각에 부처님 명호에 대해 깨끗한 믿음을 내어 기뻐하고 좋아하고 즐거워하면서 모든 선근을 서방정토 왕생에 회향하면 그의 발원대로 극락에 왕생하여 불퇴전지不退轉地에 오른다.

若他方衆生聞無量壽如來名號 乃至能發一念淨信 歡喜愛樂 所有善根廻向願生其國者

＊ 방륜은 〈정법개술〉에서 「수행자는 어떤 공덕을 지었건 상관하지 말고, 심지어 한 푼의 돈을 시주하였거나, 한 마리 개미의 목숨을 구해 주었더라도, 이런 일을 한 후에 먼저 아미타불이 나의 면전에 계신다는 것을 생각하고, 합장공경하며 입 속으로 '원이차공덕 장엄불정토 상보사중은 하제삼도고 약유견문자 실발보리심 진차일신보 동생극락국(願以此功德 莊嚴佛淨土 上報四重恩 下濟三道苦 若有見聞者 悉發菩提心 盡此一身報 同生極樂國)' 하고 염하라. 이 게(偈)를 염한 후에는 지은 공덕이 부처님과 나 쌍방의 심력(心力)에 의지하여 극락국(極樂國)으로 가는 자량(資糧)이 되어 불토를 장엄하게 될 것이다. 간단하고 편리한 것을 소개하면 아래 사구(四句)를 염하여도 무방하다. 근이차공덕 공양미타불 원아명종시 즉생극락국(謹以此功德 供養彌陀佛 願我命終時 卽生極樂國) 이렇게 회향한 후에는 지은 공덕이 유루든 무루든 관계없이 모두 장차 무루(無漏)의 출세간법(出世間法)이 될 것이요, 또한 아미타불이 일찍이 제20원을 발한 적이 있으므로 책임지고 섭수치 않을 수 없는 것이다.」 라고 하였다.

＊ 역시 《대보적경》에 「나에겐 염불이라는 광명이 있어 모든 여래께서 칭찬하셨으며, 많은 부처님 앞에서 모든 행(行)을 닦았기에 이러한 광명을 얻었도다.」 라고 하였다.

＊ 〈정토혹문〉에 「천태대사는 십의론(十疑論)에서 다섯 가지 인연 때문에 (정토에 왕생하면) 능히 불퇴전의 지위를 얻는다 하였다. 하나는 아미타불의 대자대비하신 원력과 섭지(攝持)가 있는 고로 퇴전하지 않는다. 두 번째는 불광(佛光)이 항상 비추고 보리심이 늘 증장(增長)하기 때문에 퇴전하지 않는다. 세 번째는 (극락의) 물과 새와 나무와 숲과 바람이 아름다운 음악 소리를 내는데, 모두 고(苦)가 공함을 설한다. 이것을 들으면 항상 부처님을 생각하고 부처님 법을 생각하며 승가(僧伽)를 생각하기 때문에 퇴전하지 않는다. 네 번째는 극락세계에는 모든 보살들께서 좋은 벗이 되어 주시기 때문에 악한 인연이나 경계가 없고, 밖으로는 귀신이나 사악한 마(魔)가 없으며, 안으로는 삼독(三毒) 등이 없어 번뇌가 마침내 일지 않기 때문에 퇴전하지 않는다. 다섯 번째는 일단 극락에 왕생하면 수명이 영겁이고 불보살님과 함께 하니 퇴전하지 않는다. 또 옛 사람께서 이르시기를, 정토에 왕생하기를 발원하지 않으면 그만이지만(상관없지만), 왕생하기를 발원한다면 반드시 왕생한다. 왕생하지 못하면 그만이지만, 왕생하면 영원히 불퇴전의 지위에 오른다.[十疑論云 有五因緣 能令不退 一者阿彌陀佛大悲願力攝持 故不退 二者佛光常照 菩提心常增長 故不退 三者水鳥樹林風聲樂響 皆說苦空 聞者常起念佛念法念僧之心 故不退 四者彼國純諸菩薩以

爲良友 無惡緣境 外無鬼神邪魔 內無三毒等 煩惱畢竟不起 故不退 五者但生彼國 卽壽命永劫 共菩薩佛等 故不退也 又古人云 不願生淨土則已 願生則無不得生 不生則已 生則永不退轉也」라고 하였다.

　＊ 남회근 선생은 「예컨대, 선종조사는 말하기를, 큰 깨달음은 서른여섯 번이고 작은 깨달음 무수히 많아야 한다고 합니다. 그러나 설사 깊이 믿어 10신(十信) · 10주(十住) · 10행(十行) · 10회향(十廻向)에 이르렀다 하더라도 여전히 견고하지 않아서 수행인은 여전히 퇴전할 수 있습니다. 왜냐하면 견지(見地)가 편차가 나고 공덕이 원만하지 못하기 때문에 퇴전(退轉)을 부를 수 있습니다. 팔지보살 이상에 이르러야만 비로소 불퇴전하고 깊은 믿음이 견고하기가 마치 금강석과 같다고 말할 수 있습니다.」 라고 하였다.

　극락왕생을 발원하는 염불행자는 열 가지의 신심[十種信心]을 세워야 한다.

　첫째, 산자는 반드시 죽음을 믿는다. 온 천하에 예로부터 지금까지 한 사람도 죽음을 피한 자는 없다.

　둘째, 사람 목숨이 덧없음을 믿는다. 날숨이 비록 있다 하여도, 들숨은 보장할 수 없다. 숨 한 번 들어오지 않으면 바로 다음 세상이 된다.

　셋째, 윤회의 길이 험난함을 믿는다. 한 순간 생각 차이로 곧장 삼악도에 떨어진다. 사람 몸 얻기는 손톱 위의 흙처럼 적고, 사람 몸 잃기는 대지의 흙처럼 많다.

　넷째, 삼악도에서 고통 받는 시간이 장구長久함을 믿는다. 삼악도는 한 번의 과보가 오천 겁이나 되니, 다시 머리 들고 나올 때가 그 언제일런가.

　다섯째, 부처님 말씀은 절대로 헛되지 않음을 믿는다. 하늘의 해와 달을 떨어뜨릴 수 있고, 신비한 고산을 떠들썩하게 뒤엎을 수 있을지는 몰라도, 모든 부처님의 말씀은 결코 (진실과) 다름이 없다.

　여섯째, 진실로 극락정토가 존재함을 믿는다. 지금 사바세계가 존재하는 것처럼 정토도 명명백백히 실제로 존재한다.

　일곱째, 왕생을 원하면 곧바로 왕생함을 믿는다. 이미 발원하였거나 지금 발원하거나 앞으로 발원한다면, 이미 왕생했거나 지금 왕생하거나 앞으로 왕생할 거라고 경전에 분명히 나와 있으니, 어찌 나를 속이겠는가.

　여덟째, 극락에 왕생하면 세 가지 불퇴전 얻음을 믿는다. 경계가 수승하고 인연이 강력하여 후퇴하는 마음이 일어나지 않는다.

아홉째, 극락에서 한 번의 생이 지나면 성불함을 믿는다. 수명이 한량없으니 무슨 일인들 못하겠는가.

열 번째, 법문의 근본은 오직 마음임을 믿는다. 오직 마음에는 이미 갖추어져 있음과 이루어감의 두 가지 의미가 모두 있다. 이상의 모든 법은 모두 내 마음 안에 본디 갖추어져 있고 내 마음이 짓는다.

정토 법문을 수행하는 사람이 이 열 가지 신심信心만 갖출 수 있다면, 극락정토에 왕생함은 마치 현물 보관증을 가지고 맡겨 놓은 자기 물건을 되찾는 것과 같으니 무슨 어려움이 있겠는가.

一信生必有死 普天之下從古至今曾無一人逃得

二信人命無常 出息雖存入息難保 一息不來卽爲後世

三信輪廻路險 一念之差便墮惡趣 得人身者如爪上土 失人身者如大地土

四信苦趣時長 三途一報百千劫 再出頭來是幾時

五信佛語不虛 此日月輪可令墮落 妙高山王可使傾動 諸佛誠言無有異也

六信實有淨土 如今娑婆無異 的的現有

七信願生卽生 已今當願已今當生 經有明文 豈欺我哉

八信生卽不退 境勝緣强 退心不起

九信一生成佛 壽命無量 何事不辦

十信法本唯心 唯心有具造二義 如上諸法皆我心具皆我心造

修淨業者 能具此十種信心 其樂土之生 如操左券 而取故物 夫何難之有   -철오선사

* 명나라 대우선사가 지은 〈정토지귀집〉에도 이와 비슷한 십종신심(十種信心)이 있어 소개한다.

「생사윤회를 끝내려거든 염불수행을 하라. 열 가지 신심을 내어 생각 생각마다 잊지 말라. 그리하면 반드시 정토에 왕생하여 다시는 퇴전하지 않는 지위에 오른다.

첫째, 부처님께서 설하신 말씀은 진실하여 헛되지 않음을 믿는다.

둘째, 범부는 미혹하고 식신(識神 : 영혼)은 없어지지 않아 육도(六道)를 쉬지 않고 윤회함을 믿는다.

셋째, 이 사바세계는 (염불 이외의 다른) 수행을 하여도 도과(道果)를 얻지 못하고 윤회를 면하지 못함을 믿는다. 윤회에서 벗어나지 못하면 비록 천상에 태어나도 타락을 면치 못함을 믿는다. 극락세계에 왕생한 중생들은 영원히 퇴전이 없음을 믿는다.

여섯째, 정토에 왕생하기를 발원하면 반드시 왕생함을 믿는다.

일곱째, 부처님 명호를 한 번 부르면 80억겁을 윤회하면서 지은 중죄가 소멸됨을 믿는다.

여덟째, 염불하는 사람은 아미타불께서 신통과 광명으로 거두어들이셔서 한 사람도 버리지 않음을 믿는다.

아홉째, 염불하는 사람은 시방세계의 항하사의 한량없는 모든 부처님께서 같이 위신력으로 늘 호념해 주심을 믿는다.

열째, 이미 정토에 왕생하면 수명이 무량하고, 한 번의 생(生)에 위없는 깨달음을 얻음을 믿는다.

이 열 가지에 깊은 믿음을 내지 못하고 의혹을 일으키면 비록 염불을 하여도 왕생하지 못한다.[欲了生死 修行淨業 當發十種信心 念念不忘 決生淨土 得不退轉 一信佛所說法金口誠言眞實不虛 二信凡夫在迷 識神不滅六趣循環不息 三信此土修行未得道果不免輪廻 四信未出輪廻雖生天上不免墮落 五信極樂世界 衆生生者永無退轉 六信衆生發願願生淨土決定往生 七信一稱佛名能滅八十億劫生死重罪 八信念佛之人 阿彌陀佛神通光明攝取不捨 九信念佛之人十方世界恒沙諸佛同以神力時常護念 十信旣生淨土壽命無量 一生當得無上菩提 於此十種 不能深信 生疑惑者 雖念佛而不得往生矣]

* 지자대사의 〈십의론〉에 「서방 정토에 왕생하게 되면, 다섯 가지 인연으로 불퇴전의 경지에 들 수 있다오.

첫째, 아미타부처님께서 대자대비 원력으로 거두어 지켜주시기 때문에 불퇴전을 얻을 수 있소.

둘째, 부처님 광명이 늘 비추기 때문에, 보리심이 늘 증진하기만 하고 줄어들거나 물러남이 없소.

셋째, 물소리·새 소리·나무 소리·바람 소리 등의 음악이 모두 육도 윤회 중생계의 과보가 본디 괴롭고[苦], 비었으며[空], 덧없고[無常], 나라고 할 게 없다[無我]는 진리를 설하기 때문에, 이를 듣는 사람들이 늘 부처님을 생각하고[念佛], 부처님 가르침을 생각하며[念法], 그 가르침을 수행하는 분들을 생각하는[念僧] 마음을 내게 되어 불퇴전에 머문다오.

넷째, 그 서방 정토에서는 순전히 보살들만 있어 훌륭한 벗이 되기 때문에, 사악한 연분이나 경계가 전혀 없소. 밖으로는 사악한 귀신이나 마장이 없고, 안으로는 탐진치 삼독 등의 번뇌가 언제까지라도 전혀 일어나지 않기에, 불퇴전이 된다오.

다섯째, 그 서방 정토에 왕생하면, 수명이 보살이나 부처님과 마찬가지로 영겁토록 계속되기 때문에, 수행이 후퇴하거나 정체할 염려가 없소.」라고 하였다.

＊우익대사는 〈아미타경요해〉에서 「아미타경에서 '집지명호 일심불란'이라 하신 것은, 부처님의 명호로써 부처님의 공덕을 부르라는 뜻이다. 그런데 부처님의 공덕이 불가사의한 까닭에 부처님의 명호 역시 불가사의하다. 부처님의 명호가 불가사의한 까닭에, 설사 산란(散亂)하게 부처님의 명호를 부르더라도 성불의 씨앗이 되며, 명호를 굳게 지녀 잠시도 잊지 않으면 불퇴전에 오르게 된다.[言執持名號一心不亂者 以名召德 德不可思議 故名號亦不可思議 名號功德不可思議 故使散稱爲佛種 執持登不退也]」라고 하였다.

＊인광대사는 「만약 우리가 다겁다생(多劫多生)을 넓게 볼 수만 있다면, 우리가 받는 선악(善惡)의 과보 하나하나가, 소리를 지르면 메아리가 울리고 물체가 있으면 그림자가 따르듯, 털끝만치의 어긋남이 없음을 알게 될 것이오.[若能曠觀多劫多生 則凡所受之善惡果報 一皆如響之應聲 影之隨形 了無差爽也]」라고 하였다.

＊《대집경》에 「수미산을 가히 입으로 불어 움직인다 할지언정, 부처님이 두 말씀을 하신다 하는 것은 불가하다.[須彌可說口吹動 不可說佛有二語]」라고 하였다.

＊《법화경》에 「사리불아, 마땅히 알아야 한다. 모든 부처님들께서 하신 말씀들은 서로 다르지 않으니, 부처님께서 말씀하신 법에 응당 대신력(大信力)을 내야 한다.[舍利弗當知 諸佛語無異 於佛所說法 當生大信力]」라고 하였다.

삼계 화택火宅을 벗어나는 길에는, 횡橫으로 벗어나는 것과 위로 벗어나는 길 두 가지가 있다. 혼자 힘으로 견사혹을 끊고 생사윤회를 벗어나는 것을 '수출삼계豎出三界'라 하는데, 어렵고 공덕이 천천히 이루어진다. 부처님의 자비력에 의지하여 정토에 왕생하는 것을 '횡초삼계橫超三界'라 하는데, 일이 쉽고 공덕이 단박에 이루어진다. 혜원慧遠법사께서 말씀하시기를, 공덕이 크고 앞으로 나아가기가 쉬운 것은 염불이 제일이다. 부처님께서 말씀하셨다. "말세에 억만 명이 수행을 하더라도 그중에 단 한명도 도道를 이루지 못한다. 오직 염불에 의해서만 가히 해탈할 수 있으니, 마치 배를 타고 바다를 건너는 것과 같아서 힘이 들지 않는다." 무릇 염불수행이 서방 정토로 가는 지름길임을 깊이 믿고 지성으로 발원하여 일심으로 염불하면서 정토왕생을 구하는 자야말로 진짜 대장부이다. 혹시라도 믿음이 진실하지 않고 발원이 간절하지 않으며 수행에 온힘을 쏟지 않으면, 비록 부처님의 대자비심이 배[舟]라 하더라도 중생이 배에 오르려 하지 않으니 어찌하겠는가.

出三界火宅 有橫竪兩途 以自力斷惑超生死者 名竪出三界 事難功漸 以佛力接引生西方者 名橫超三界 事易功頓 遠祖云 功高易進念佛爲先 經云末世億億人修行 罕一成道 惟依念佛 可得度脫 如趁船渡海 不勞功力 夫能篤信西方捷徑 至誠發願 一心念佛求往生者 眞丈夫矣 儻信不眞 願不切 行不力 佛雖大慈爲舟 如衆生不肯登舟何哉　　　　　　　- 우익대사

* 수출삼계(竪出三界) : 중생이 삼계(三界)를 위로(세로로) 벗어나는 것을 말한다. 긴 대나무 속의 벌레가 대나무 맨 밑에서 대나무 꼭대기까지 기어올라서 밖으로 벗어나는 것에 비유할 수 있다. 이는 염불 이외의 수행법을 가리킨다.

* 횡초삼계(橫超三界) : 중생이 삼계(三界)를 가로로 벗어나는 것을 말한다. 긴 대나무 속의 벌레가 대나무 벽을 뚫고 밖으로 나가는 것에 비유할 수 있다. 염불, 그중에서도 부처님의 명호를 생각하거나 부르는 지명염불을 가리킨다.

* 혜원법사(慧遠法師) : 정토종(연종)의 초조(初祖)인 중국 진(晉)의 혜원법사(慧遠法師 : 332~414)는 동림사(東林寺)에 있을 때 혜영(慧永)·혜지(慧持)·도생(道生) 등의 명덕(名德)을 비롯하여 유유민(劉遺民)·종병(宗炳)·뇌차종(雷次宗) 등 명유(名儒)와 치소(緇素: 僧俗을 말함) 123명을 모아 무량수불상(無量壽佛像: 아미타불상) 앞에서 맹세를 세우고 서방의 정업(淨業)을 닦게 하였다.

* 연지대사는 〈왕생집〉에서 「찬탄하노라. 진(晉)나라 이전에도 비록 정토의 법(法)이 비록 중국에 전해지긴 했으나, 널리 전하고 힘써 행하여 거리나 집집마다 정토의 법을 깨우치게 된 것은 혜원법사로부터 비롯되었다. 그래서 만대(萬代) 이후에 정업(淨業)을 수행하는 제자들이 스승의 거룩한 뜻을 추존(推尊)하여 정종(淨宗: 정토종)의 시조로 삼게 된 것이다. 참으로 석가모니부처님께서 다시 서방정토를 설하신 것이며, 아미타부처님이 동토(東土)에 현신(現身)한 것이라 할 만 하다. 그 공(功)이 위대하지 않은가[贊曰 晉以前 淨土之旨 雖聞於震旦 而弘闡力行 俾家喩戶曉 則自遠師始 故萬代而下 淨業弟子 推師爲始祖 可謂釋迦再說西方 彌陀現身東土者也. 厥功顧不偉歟]」라고 하였다.

* 혜원법사는 동방의 호법보살(護法菩薩)로 불렸으며, 다른 나라의 스님들은 그를 대승도사(大乘道師)로 칭하면서, 혜원법사가 계신 곳을 향해 향(香)을 사루며 절을 하였다고 한다.

염불공부는 다만 진실한 신심信心이 귀중한 것이니, 첫째로 나는 앞으로 될 부처요, 아미타불은 이미 이루어진 부처로서 그 체體가 둘이 아닌 것인 줄을 믿을 것이고, 둘째로 사바세계는 고통으로 가득한 세계라는 것과 극락은 오직 즐거움만 있는 곳임을 믿어서 고苦를 싫어하고 낙樂을 구할 것이며, 셋째로 지금의 일거일동一擧一動이 모두 서방극락세계로 회향廻向될 수 있음을 믿어야 할 것이다.

만일 회향하지 아니하면, 비록 상품선上品善이라도 왕생하지 못하고 회향할 줄 알면 비록 악행을 지었더라도 빨리 상속심相續心을 끊고 참회하는 마음을 일으키면 참회하는 힘만으로도 능히 왕생할 수 있거늘, 하물며 계戒를 지키고 복덕을 닦는 등 여러 가지 승업勝業으로 어찌 정토에 왕생하지 못할 리가 있으랴. 염불 이라는 한 문門이 백 천 가지 법문을 원만히 포섭하는데, 염불이 정행正行이 되고 계정혜 등이 조행助行이 되어 정正과 조助를 합행合行하면 순풍을 만난 배와 같을 것이고, 다시 판삭(板索: 널빤지와 밧줄)을 가하면 빨리 저 언덕에 이를 것이다.

- 우익대사

* 남회근 선생은 「자기의 자신이 마음을 일으키고 생각을 움직이는 것, 일거수일투족도 또렷이 알아야 합니다. 자신의 행이 죄인지 복인지, 공(功)인지 과(過)인지 자신이 또렷이 보아야 합니다. 이것을 비로소 수행이라고 부릅니다.」라고 하였다.

* 허운선사는 「이 땅의 모든 중생이 오랜 겁이 지나도록 사생육도(四生六道)에 윤회하며 영원히 고해(苦海)에 빠지는 것을 달가워하지 않고, 성불하여 상락아정(常樂我淨)을 얻기를 원한다면, 부처님과 조사께서 가르치신 말씀을 진실로 믿어야 합니다. 만약 일체를 놓아 버리고, 선(善)도 악(惡)도 모두 생각하지 않으면 모든 사람이 그 자리에서 부처를 이룰 것입니다. 그래서 제불보살(諸佛菩薩)과 역대 조사께서 일체 중생을 남김없이 제도하겠다고 발원하신 것이니, 이것은 아무 근거 없이 공연히 발원을 하고 큰 소리를 치신 것이 아닙니다. 지금까지 말한 법(法)이 본래 그러하기 때문이며, 부처님과 조사께서 되풀이해서 천명하시고 부촉(咐囑)하신 진실한 말씀에는 조금도 헛되거나 거짓된 것이 없습니다. 대지의 일체 중생이 무량겁 이래로, 생사고해에 빠져서 가라앉았다 떠올랐다 하면서 윤회를 그치지 않는데, 이는 마음이 미혹하고 전도(顛倒)되어 있어, 깨달음을 등지고 티끌(무명)과 합했기[背覺合塵] 때문입니다. 마치 순금이

똥구덩이에 빠진 것과 같아서 사용하지 못할 것은 아니지만, 그 더러움을 감당하기 어려운 것입니다. 부처님은 대자비의 마음으로 부득이 팔만사천법문을 설하여, 각양각색으로 근기가 서로 다른 중생들의 탐진치애(貪瞋痴愛)의 팔만사천 습기(習氣)의 병을 다스린 것이니, 마친 순금 빛깔 위에 여러 가지 더러운 때가 끼어 있으므로 우리로 하여금 대패로 깎고, 솔로 털고, 물로 씻고, 헝겊으로 닦아 내어 깨끗이 하도록 하신 것과 같습니다. 그런 까닭에 부처님께서 설하신 법, 다시 말해 모든 방편문이 다 묘한 법이며, 모두가 생사를 해결하여 성불할 수 있는 길인 것입니다. 다만 그 사람의 근기에 적합한가 아닌가가 문제될 뿐, 굳이 법문의 높고 낮음을 구분할 것이 아닙니다. 중국에 전해지고 있는 가장 일반적인 법문은, 종(宗: 선종), 교(敎: 교종), 율(律: 율종), 정(淨: 정토종), 밀(密: 밀교)인데, 이 다섯 가지 법문은 사람마다의 근기와 성향에 따르기 위한 것이니, 어느 것이든지 한 문(門)만 수행하면 됩니다. 한 문에 깊이 들어가는 것이 중요하니, 오래도록 변함없이 나아가면 반드시 성취할 것입니다.」라고 하였다.

＊상속심(相續心) : 끊임없이 계속 이어지는 생각. 무언가를 끊임없이 계속 행하려는 마음. 본문에서는 악행(惡行)을 끊임없이 계속 지으려는 마음이라는 뜻.

＊승업(勝業) : 뛰어난(훌륭한) 행업(行業). 즉, 몸과 입과 생각으로 짓는 뛰어난 업으로서, 예컨대 육바라밀/ 사무량심(四無量心)/ 팔정도(八正道)/ 십선(十善)/ 육화경(六和敬) 등이 있음.

《무량수경》에서 「십념十念의 염불로도 극락에 왕생한다.」하신 말씀을 듣고, 이를 분명하게 알지 못하기 때문에 의혹을 일으켜서 말하기를, 「부처님이 경전에서 말씀하신 것 같으면 선업과 악업의 길에서 죄와 복은 없어지지 않으므로 무거운 업에 먼저 이끌려 간다고 하셨으니, 이치로는 몇 번이고 어긋나지 않는다. 일생에 악업을 짓지 않을 수 없는데, 어찌하여 단지 십념만으로 능히 모든 죄를 소멸하고 문득 저 국토에 태어나며, 정정취正定聚에 들어가 영원히 삼악도를 멀리하고 마침내 물러나지 않는다.」 라고 하는가. 또, 「시작이 없는 때로부터 오면서 온갖 번뇌를 일으켜서 삼계에 묶여 갇혀 있고, 서로 얽혀 제약받고 있는데, 어떻게 두 가지 번뇌를 끊지 않고 곧바로 십념만으로 삼계 밖을 벗어난다 하는가.」 하며 의심한다… (중략)……《무량수경》의 말씀은 가히 자신의 얕은 식견으로 생각할 수 없기 때문이다. 믿음을 일으키게 하고자 응당 사물의 상황으로 비유해 보자. 천년 동안 쌓은 풀이 그 높이가 백리가 되지만 불로 태우기를 콩알만큼만 허락하여도 하루에 모두가 소진되어 버릴 것이다. 이때 「천년 동안 쌓은 풀이 어떻게 하루에 모두 소진되겠는가.」 라고 가히 말할 수 있는가.

또한, 앉은뱅이가 스스로의 힘으로 열심히 걷는다면, 요컨대 많은 날을 지나야 1유순由旬에 이를 수 있지만, 만약 남의 배에 의지한다면 바람으로 인한 돛단배의 힘으로 하루 사이에 능히 천리에 이를 수 있을 것이다. 이때, 「앉은뱅이의 몸으로 어떻게 하루 동안 천리에 이를 수 있겠는가.」 라고 말할 수 있는가. 세간의 뱃사공의 몸으로도 오히려 이와 같은 생각 밖의 일을 하는데, 어찌 하물며 여래이신 법왕法王의 힘으로 부사의不思議한 일을 능히 할 수 없겠는가.

謂聞經說十念念佛 得生彼國 由不了故 生疑而言 如佛經說善惡業道 罪福無朽 重者 先牽 理數無差 如何一生無惡不造 但以十念能滅諸罪 便得生彼 入正定聚 永離三途 畢竟不退耶 又無始來 起諸煩惱 繫屬三界而相纏縛 如何不斷二輪煩惱 直以十念出 三界外耶…(중략)…. 經說不可以自淺識思惟 若欲生信 應以事況 譬如千年積薪 其高百里 豆許火燒 一日 都盡 可言千年之積薪 如何一日盡耶 又如躄者 自力勤行 要逕多日至一由旬 若寄他船 因風 帆勢 一日之間 能至千里 可言躄者之身 云何一日至千里耶 世間船師之身 尚作如是絶慮之 事 何況如來法王之勢 而不能作不思議事耶

- 원효대사 〈무량수경종요〉

* 유순(由旬) : 옛 인도의 거리 단위로서, 〈대당서역기〉에서는 1유순을 40리(약15㎞)로 보고 있다.

* 〈삼국유사〉의 저자인 고려의 일연(一然)스님은 「가난하고 무지한 사람들조차 염불할 수 있게 된 것은 다 원효대사 덕분이다.」 라고 평한 바 있다.

* 정공법사는 「부처님께서 미륵보살을 불러 "의혹은 모든 보살에게 커다란 손해가 되며, 큰 이익을 잃는다는 것을 당연히 알아야 한다." 고 말씀하셨다. 간혹 어떤 사람이 불법을 배운 뒤 반신반의하여 여전히 점쟁이나 사주를 보는 사람을 찾아가 관상을 보고 풍수를 보기도 하고, 혹은 길흉화복을 알고자 하는데, 이는 불보살에 대해 신심이 없기 때문이다. 이렇게 여러 가지 잡된 생각이 섞여 있다면 언제 한 마음을 얻을 수 있겠는가. 언제 선정을 얻을 수 있겠는가. 언제 지혜가 열릴 수 있겠는가. 진실로 부처님을

믿는 사람에게는 상서롭지 않은 일이란 없다.」고 하였다.

　오역십악五逆十惡을 저지른 패역무도悖逆無道한 중생이라도, 임종 때 막심한 괴로움에 못 이겨 크게 참회하고, 아미타불의 명호를 간절히 염송하면, 혹 열 번이나 혹은 한 번만 부르더라도 숨이 끊어지면 바로 부처님의 화신化身의 인도를 받아 정토에 왕생할 수 있다오. 단지 굳게 믿고 간절히 발원하며 진실하게 염불수행을 하기만 하면, 누구라도 극락왕생할 수 있기에, 만 명이 닦으면 만 명 모두 정토에 간다고 한 것이라오.

　그렇지만 임종 때 염불 몇 번으로 극락에 왕생할 수 있다는 말은, 그 마음이 지극히 간절하고 맹렬하기 때문에 그처럼 막대한 이익을 얻는다는 뜻임을 알아야 하오. 그저 유유자적하니 염불의 횟수나 기간만 따지면서 미지근하게 수행하는 사람은 왕생할 가망이 별로 없음을 알아야 하오. 일단 정토에 왕생하기만 하면, 아미타불을 친견하고 아미타불의 미묘한 설법을 듣는다오. 비록 더디고 빠른 차이는 있을지라도 성인의 흐름에 참여하게 되면 영원히 불퇴전不退轉의 지위를 증득하게 되오.

　五逆十惡 臨終苦逼 發大慚愧 稱念佛名 或至十聲 或止一聲 直下命終 亦皆蒙佛化身 接引往生 非萬修萬人去乎 然此雖念佛無幾 以極其猛烈 故能獲此巨益 不得以泛泛悠悠者 校量其多少也 旣生西方 見佛聞法 雖有遲速不同 然已高預聖流 永不退轉　　　　　-인광대사

＊ 원효대사는 〈유심안락도〉에서 「사바세계는 갖가지 악(惡)이 있는 세계이기 때문에 그러한 악연(惡緣)으로부터 대부분 퇴전(退轉)하지만, 극락의 보배세계는 순선(純善)의 땅이므로 오직 보리(菩提)로 나아갈 뿐 퇴전이란 없다.[裟婆世界 雜惡之處 於緣多退 安養寶刹純善之地 唯進無退]」라고 하면서, 불퇴전(不退轉)하는 이유로 네 가지 인연을 들었다. 「이 네 가지 인연이란, 첫째 극락세계에서는 오래 살고 병이 없기 때문에 퇴전하지 않지만, 사바세계는 명(命)이 짧고 병이 많기 때문에 퇴전한다. 둘째, 모든 부처님과 보살들이 선지식(善知識)이 되어 주시기 때문에 퇴전하지 않는다. 이것은 경(經)에서, '모든 상선인(上善人)들과 더불어 한 곳에 모여 살기 때문이다.'고 한 것과 같다. 그러나 사바세계는 악지식(惡知識)이 많기 때문에 퇴전하게 된다. 셋째는, 극락세계에는 여인이 없기 때문에 육근(六根)의 경계가 다 도(道)로 나아가는 인연이어서 퇴전하지 않지만 사바세계는 여인이 있기 때문에 퇴전한다. 넷째, 극락세계는 착한 마

음만 있기 때문에 퇴전하지 않는다. 경에서 말하는, "극락세계에서는 털끝만큼의 악(惡)도 지을 여지가 없다." 라고 하였다. 그러나 사바세계는 악한 마음과 무기심(無記心: 선도 악도 아닌 마음)이 있기 때문에 퇴전한다.「言四緣者 一由長命無病故不退 穢土由短命多病故退 二由諸佛菩薩 爲善知識故不退 如經言 得與如是諸上善人 會一處故 穢土由多惡知識故退也 三由無有女人 六根境界 竝是進道緣 故不退 穢土由有女人故退」 라고 하였다.

   * 우익대사는 「참회, 회향, 여기에다 염불까지 한다면 이루지 못할 일이 없다.「懺悔 廻向 再加念佛 無有不成就者」 라고 하였다.

   석가여래께서 이 세상에 나오셔서 가지가지의 법을 설하여 중생을 거두어 인도하셨다. 부처님께서 설하신 가지가지의 법문 중에서, 최고의 지름길은 정토법문으로 이보다 쉬운 지름길은 없다. 오호라, 극락왕생의 가르침인 아미타불의 48원이 없었다면 정토법문의 근본을 열어 보일 수 없었을 테고, 모든 경에서 아미타불의 48원을 설하신 석가여래의 설법이 없었더라면, 정토법문은 세상에 전해지지 못했을 것이다. 아미타불께서 먼저 48원을 세워 중생구제의 뜻을 보이셨고, 석가여래께서는 나중에 경을 설하셔서 이를 증명해 보이셨으니, 이 가르침은 훤하고 분명하여 믿을 수 있으니 의심치 말라.

   釋迦如來出現於世 說種種法接引衆生 於種種門 最捷徑者無以易於西方安養之教也 嗚呼 無無量壽佛之四十八願 則西方之教 無以啓其端 無釋迦如來之演說諸經 則無量壽佛之願 無以傳於世 前佛作願於前 後佛說經於後 此道章明較可信無疑   -〈낙방문류樂邦文類〉

   * 〈낙방문류〉에 「회감(懷感)법사는 결의론(決疑論)에서, 대집일장경(大集日藏經)을 인용하여 말하기를, "작게 염불하면 작은 부처님을 뵙고, 크게 염불하면 큰 부처님을 뵙는다." 라고 하였는데, 풀어 논한다. 크게 염불한다는 것은 큰 소리로 부처님을 부른다는 뜻이고, 작게 염불한다는 것은 작은 소리로 염불한다는 뜻이다. 이것이 부처님의 가르침이니, 어떻게 의혹이 있을 것인가. 이제 모든 학인(學人)들에게 받들어 권하노니, 오직 큰 소리로 염불하라. 그리하면 삼매를 이루기 쉽다. 작은 소리로 염불하면 결국 정신이 제멋대로 흩어져버리지만, 큰 소리로 염불하면 적은 노력에 비해 성과는 많다. 작은 소리로 염불하

면 노력을 많이 해도 성과는 적다. 고로 십념염불이 백 년 동안의 염불을 뛰어넘을 수 있는 것이다. 지금 세상 사람들을 보라. 염불을 하면서 정신을 한 곳에 모으지도 않고, 산란한 마음으로 낮게 소리 내어 염불을 하니, 결국 현세에 성공하는 사람은 적고, 임종 시에 부처님과 감응하는 일이 드문 것이다. 고로 이제 특별히 이 법이 간절하고 장려되어야 함을 열어 보이나니, 무릇 염불할 때에는 일심불란하게 고성(高聲)으로 부처님을 크게 외치고, 이 소리 소리가 끊어지지 않고 계속 이어지면 오래지 않아 공(功)을 이룬다.[懷感法師決疑論中 引大集日藏經云 小念見小佛 大念見大佛 論釋曰 大念者 大聲稱佛也 小念者 小聲稱佛也 斯則聖敎 有何惑哉 奉勸今諸學人 唯須厲聲念佛 三昧易成 小聲稱佛 逐多馳散 大聲稱佛 雖少而功多 若小聲稱佛雖多而功少 故云十念能勝百年 今時多見世人 稱佛都不精專 散心緩聲 逐致現世成功者少 臨終感應事稀 故今特示此法切勸 凡念佛時 一心不亂 高聲唱佛 聲聲相續 不久成功也」라고 하였다.

  ＊접인(接引) : 극락으로 맞이하여 이끌다(인도하다).

  부처님은 삼계의 큰 스승이시고 사생四生의 어진 어버이시므로, 부처님께 귀의하여 믿는 사람의 죄가 항하사만큼 소멸되고, 부처님 명호를 부르는 사람이 얻는 복은 헤아릴 수 없다. 무릇 염불하고자 하는 사람에게 중요한 것은 신심信心을 일으키는 것이다. 만약 마땅히 신심을 일으키지 않으면 헛되어 얻는 바가 없다.

  夫佛者三界大師 四生慈父 歸信者滅罪恒沙 稱念者得福無量 凡欲念佛要起信心 若當無信 空無所獲
                                                                    -〈염불경〉

  ＊사생(四生) : 태생(胎生)/ 난생(卵生)/ 습생(濕生)/ 화생(化生)을 말한다. 태생은 사람이나 개ㆍ소처럼 어미의 뱃속에서 태어나 젖을 먹고, 난생은 새처럼 알에서 태어나는 것을 말하며, 습생은 벌레ㆍ곤충ㆍ모기ㆍ파리처럼 습한 곳에서 태어나는 것을, 화생은 극락이나 지옥처럼 자신의 업력(業力)에 의해 자연히 태어나는 것을 말한다.
  ＊《관무량수경》에 「중생의 업력(業力)은 불가사의하여, 한 생각에 극락정토에 왕생할 수 있으니, 멀다고 걱정할 필요가 없다.[業力不可思議 一念卽得生彼 不須愁遠] 라고 하였다.
  ＊철오선사는 「사람이 빚을 지고 있으면 힘이 센 자가 먼저 끌고 가듯, 이것이 업력이다. 업력이 가장

크긴 하나, 심력은 더욱 크다. 업(業)에는 자성(自性)이 없어 전적으로 마음에 의지한다. 마음은 능히 업을 만들기도 하고 업을 전환시키기도 하는데, 심력만이 오직 무겁기 때문이다.[如人負債 强者先牽 此業力也 業力最大 心力尤大 以業無自性 全依於心 心能造業 心能轉業 故心力唯重] 라고 하였다.

＊인광대사는 「옛날에 지극히 독살스런 어떤 사람은 현생에 몸이 뱀으로 변하고, 지극히 포악스런 사람은 현세의 몸이 호랑이로 변한 사례도 있소. 업력이 너무도 맹렬하게 크면, 당장 그 형체까지 뒤바뀌게 할 수 있거늘, 하물며 사후에 혼식(魂識)이 업장에 이끌려 형체를 바꾸지 못하겠소.」라고 하였다.

＊위산선사는 「업의 과보에 이끌리면, 정말로 피하기 어렵다.[業果所牽 誠難逃避]」라고 하였다.

＊남회근 선생은 「일체의 상(相)을 모두 떠나버리면 바로 부처입니다.[離一切諸相 即名諸佛]. 이것이 진정한 부처입니다. 이렇게 말하면 아마도 여러분은, 그렇다면 대웅전에 있는 부처에게 절할 필요도 없겠구나 생각할지 모르겠습니다. 그러나 절을 해야 합니다. 가짜이면서 진짜이기 때문입니다. 상(相)이란 허망한 겁니다. 그렇지만 이 허망한 상에 예배를 하면서도 스스로의 마음속에 진정한 성실함과 간구함이 있어, (예배를 통해) 이 진실한 성의와 경건함이 드러나면 그것이 바로 '신심(信心)의 청정'이요, 그것을 통해 실상(實相)이 생겨날 수 있기 때문입니다. 이 실상의 경계가 바로 일체의 상을 떠난 것이요, 일체의 상에 집착하지 않은 것입니다. 어떤 사람은 상에 집착하지 않고서도 예불을 드리는데, 이것이 일념의 순간입니다. 합장을 할 필요도 무릎을 꿇을 필요도 없습니다. 일념의 순간에 이미 시방삼세의 모든 부처에게 절을 한 겁니다.」라고 하였다.

＊〈종경록〉에서 「서장(書狀)에서 대혜(大慧) 스님은 "부처님께서 '믿음은 도의 근원이요 공덕의 어머니이다. 온갖 좋은 법을 길러낸다.'라고 하셨고, 또 '믿음은 지혜를 증장시키는 공덕이니 믿음으로 반드시 여래의 땅에 도달할 수 있다.'라고 말씀하셨습니다." 천리를 가려면 첫 걸음이 시작입니다. 십지보살이 장애를 끊고 법을 증득하는 길도 처음 십신(十信)부터 공부에 들어간 뒤 법운지(法雲地)에 올라가서 깨달음을 이루는 것입니다. 처음 환희지(歡喜地)도 믿음으로 기뻐하고 즐거운 마음을 내는 것입니다. 확실하고 늠름하게 반드시 세간과 출세간의 훌륭한 장부가 되고자 하면 모름지기 믿음으로 무쇠를 부어 만든 놈이라야 공부를 해 마칠 수 있습니다. 확실치 않고 어정쩡한 믿음이라면 결코 공부를 해 마칠 수 없습니다.[黃面老子曰 信爲道元功德母 長養一切諸善法 又云信能增長智功德 信能必到如來地 欲行千里 一步爲初 十地菩薩 斷障證法門 初從十信 而入然後 登法雲地 而成正覺 初歡喜地 因信而生歡喜故也 若決定竪起脊梁骨 要做世出世間沒量漢 須是箇生鐵鑄就底 方了得 若半明半暗 半信半不信 決定了不得]」라고 하였다.

＊《열반경》에 「큰 신심(信心)은 곧 불성(佛性)이요, 불성은 곧 여래니라.」라고 하였다.

＊《범망경》에 「온갖 것은 믿음으로 으뜸을 삼으니, 이것이 모든 공덕의 근본이다.」라고 하였다.

＊《화엄경》에 「믿음은 보시(布施)가 되어 나타나서 마음에 인색함이 없게 하며, 믿음은 능히 기쁨을 낳아 부처님의 가르침에 들어가게 하며, 믿음은 능히 지혜의 공덕을 증장(增長)시키며, 믿음은 능히 여래지(如來地)에 반드시 이르게 한다.」라고 하였다.

＊《화엄경》에 「믿음은 제근(諸根)을 청정히 한다. 믿음은 힘이 견고하여 파괴치 못한다. 믿음은 능히 번뇌의 뿌리를 송두리째 뽑아 버린다. 믿음은 능히 부처님의 공덕만을 지향하여 나아간다.」라고 하였다.

＊《화엄경》에 「찰나간이라도 믿음을 낸다면 속히 위없는 깨달음을 증득하리라.[若生一念信 速證無上道]」라고 하였다.

＊〈대승집보살학론(大乘集菩薩學論)〉에 「신근(信根)을 처음으로 일으키면, 공덕이 광대무량하다.」라고 하였다.

＊《출요경(出曜經)》에 「손가락을 퉁기는 정도의 짧은 시간이라도 부처님을 독신(篤信)하여 마음이 바뀌지 아니하면, 그 복이 끝없어서 헤아릴 수 없을 것이다.」라고 하였다.

＊《대보적경(大寶積經)》에 「믿음은 바로 부처님의 아들이다. 그러므로 지혜로운 사람은 마땅히 믿음을 가까이해야 한다.」라고 하였다.

＊《보살영락본업경(菩薩瓔珞本業經)》에 「불자(佛子)야, 만약 온갖 중생이 삼보(三寶)의 바다에 처음으로 들어간다면, 누구나 믿음으로 근본을 삼느니라.」라고 하였다.

모든 부처님의 이름에는 저마다 중생에게 공덕을 베푼 깊은 뜻이 담겨 있으니, 부처님의 명호를 부르면 곧 부처님의 공덕을 부르는 것이나 다름없다. 부처님의 공덕은 능히 중생의 수많은 죄를 없애주고 복덕을 낳게 한다. 부처님 명호도 또한 이와 같아서, 부처님 명호에 담긴 공덕을 믿으면 능히 선善을 생겨나게 하고 죄를 없애주니, 절대 의심해서는 안 된다. 부처님 명호를 부르면 극락에 왕생하나니, 여기에 무슨 의혹이 있겠는가.

諸佛皆德施名 稱名卽稱德 德能滅罪生福 名亦如是 若信佛名 能生善滅罪 決定無疑 稱名往生 此有何惑
- 법위法位대사 〈무량수경의소無量壽經義疏〉

무릇 서방정토 왕생을 구하는 것은 바로 부처님의 힘을 빌리는 것이다.

아미타불께서는 원력으로 중생을 섭수攝受해 주시고

석가세존께서는 정토왕생을 권하시고 칭찬해 주시며

모든 부처님들께서는 염불하는 중생을 호념해 주신다.

이 세 가지는 이미 갖추어졌으니,

만약 신심만 있으면 정토에 왕생하는 것은 무척 쉽다.

夫求生淨土 是假他力 彌陀願攝 釋迦勸讚 諸佛護念 三者備矣 苟有信心 往生甚易

- 고산孤山 지원智圓법사

* 중국 송나라 때의 천태종의 고승인 고산 지원법사(975~1022)는 「오호라! 배움은 잠시라도 게을리 해서는 안 되며 도는 잠시라도 여의어서는 안 된다. 도는 배움으로 말미암아 밝아지는 것이니 배우기를 어찌 게을리 하리오. 성현의 영역에는 도로 말미암아 다다를 것이니 도를 어찌 여윌 수 있으랴. 그러므로 범인(凡人)의 배움이 게으르지 않으면 가히 현인(賢人)에 이를 수 있고, 현인(賢人)의 배움이 게으르지 않으면 가히 성인의 영역에 이를 수 있다. 혹 묻기를 "성인도 배웁니까." 하니 이르되, "이게 무슨 말이며, 이 무슨 말이냐." 범인과 현인도 오히려 배움을 알거늘 어찌 성인이 배움에 게으르리오. 대저 하늘은 강하되 부드러움을 땅에서 능히 배우는 고로 사시사철을 범하지 않고, 땅은 부드럽되 하늘에서 강함을 배우는 고로 능히 금석(金石)을 생산하며, 양(陽)의 기운은 낳는 것이로되 또한 음(陰)의 기운에서 숙살(肅殺: 싸늘한 기운이 초목을 말라 죽게 함)을 배우는 고로 미초(가지와 잎이 미세한 풀)가 죽으며, 음은 숙살이로되 또한 양에서 낳는 기운을 배우는 고로 냉이 · 보리가 자란다고 하였다. 대저 하늘과 땅과 양과 음이여, 서로가 서로에게 배움에 게을리 하지 않으니 그런 까닭에 만물은 성숙하는 것이다. 하늘이 (땅의) 부드러움을 배우지 않았으면 만물을 덮어줄 수 없고, 땅이 (하늘의) 강함을 배우지 않았으면 만물을 실을 수 없다. 양이 음을 배우지 않으면 열 수 없고, 음이 양을 배우지 않으면 닫을 수 없다. 성인도 다르지 않나 니, 성인은 하늘과 땅과 음과 양의 법을 본받아 행하는 분이니, 이 네 가지를 배움에 게을리 하지 않으니 어찌 성인이 태만히 하겠는가. 말하기를, "성인은 나면서부터 안다 하였는데 어찌 배울 필요가 있습니 까." 하니 말하기를, "알고도 배우는 것이 성인이며 배워서 아는 것이 보통 사람이다." 하였으니, 비록 성

인이나 보통 사람이라 할지라도 배움으로 말미암지 않은 자는 없다. 공자께서 이르기를, "군자는 배우지 않으면 안 된다." 하시니, 자로(子路)가 이르기를, "남산에 대나무가 있음에 바로잡지 않아도 스스로 곧으니, 베어서 사용하면 무소의 가죽을 꿰뚫는다 하였습니다. 이를 두고 말하건대 무슨 배울 것이 있겠습니까." 하므로 공자가 이르기를, "화살 끝에 깃을 달고 촉을 갈아 박으면 그 뚫고 들어감이 깊지 않겠는가." 하니 자로가 재차 절을 올리며 이르기를, "삼가 가르침을 받들겠습니다." 하였다. 오호라, 성인의 배움이란 화살 끝에 깃을 달고 촉을 갈아 박으면 그 뚫고 들어감이 깊지 않겠는가. 어찌 나면서부터 안다고 하여 홀로 우뚝한 척 하면서 배우지 않을 것인가…(중략) 내 나이 마흔 넷인데, 비록 병들고 괴로우나 손에서 책을 놓지 않은 것은 초목이나 금수와 같아질까 두려워서다.[嗚乎 學不可須臾怠 道不可須臾離 聖賢之域 由道而至 道可離乎 師範民之學 不怠可以至於賢 賢人之學 不怠可以至於聖 或問聖人學耶 曰是何言歟是 何言歟 凡民與賢猶知學 豈聖人怠於學耶 夫天之剛也 而能學柔於地故 不干四時焉 地之柔也 而能學剛於 天故 能出金石焉 陽之肅殺也 而亦學發生於陽故 薺麥生焉 夫爲天乎地乎陽乎陰乎 交相學而不怠 所以成 萬物 天不學柔則無以覆 地不剛則無以載 陽不學陰則無以啓 陰不學陽則無以閉 聖人無他也 則天地陰陽而 行者 四者學不怠 聖人惡乎怠 曰聖人生而知之 何必學爲 曰知而學聖人也 學而知常人也 雖聖人常人 莫有 不由於學焉 孔子曰 君子不可不學 子路曰 南山有竹 不柔自直 斬而用之 達乎犀革 以此言之 何學之有 孔子 曰 括而羽之 鏃而礪之 其入之不亦深乎 子路再拜曰 敬受敎矣 噫聖人之學 無乃括羽鏃礪 使深入乎 豈生而 知之者 兀然不學耶…行年 四十有四矣 雖病且困 而手未常釋卷 所以懼同於土木禽獸耳」라고 하였다.

＊ 남회근 선생은 「모든 불보살님 중에서 원력(願力)이 가장 큰 분은 아미타불입니다. 아미타불 자신은 보통사람에서부터 수행하여 48개의 대원(大願)을 일으켰습니다. 약사여래는 12개의 대원을 일으켰습니다. 그러므로 시방의 삼세제불(三世諸佛)은 평등하고 평등합니다. 다른 종교에서 오직 한 주재자(主宰者)만 있는 것과는 다릅니다. 우리들이 도를 깨달으면 역시 성불할 수 있으며, 한 세계를 성립시켜 일체중생을 제도할 수 있습니다.」라고 하였다.

무릇 염불수행을 하는 자는 제일 먼저 반드시 정계淨戒를 엄격히 지켜야 한다. 둘째는 보리심을 내야 한다. 셋째는 진실한 믿음과 간절한 발원을 갖추어야 한다. 계율은 모든 법의 근본이 되고, 보리심은 수행의 총사령관이며, 믿음과 발원은 왕생의 앞길 인도자이다.

凡修淨業者 第一必須嚴持淨戒 第二必須發菩提心 第三必須具足眞信切願 戒爲諸法之
基址 菩提心爲修道之主帥 信願爲往生之前導
- 인광대사

* 원효대사는 극락왕생의 정인(正因)이 보리심이고, 조인(助因)이 염불이라 하였다. 원효대사는 「경에
서 말하는 극락왕생의 정인(正因)이란 이른바 보리심이니, 위없는 보리심을 낸다는 것은 세간의 부귀와
즐거움과 이승(二乘)의 열반을 돌아보지 않고 한결같이 삼신(三身)의 보리를 지원(志願)하는 것이니 이것
을 위없는 보리심이라 한다.[經所言正因 謂菩提心 言發無上菩提心者 不顧 世間富樂 及與二乘涅槃 一向
志願三身菩提 是名無上菩提之心]」 라고 하였다.

* 《대보적경》에 「부처님이 아난에게 말씀하셨다. 선남자 선여인아, 극락세계에 태어나 아미타불을 뵙
고자 하거든 마땅히 위없는 보리심을 내야 한다.[佛告阿難 若善男子 善女人 願生極樂世界 欲見無量壽佛
應發無上菩提心]」 라고 하였다.

* 위없는 보리심[無上菩提心]이란 위없는 깨달음[無上正等正覺: 아누다라삼막삼보리]을 얻고 중생을
구제하겠다는 마음을 말한다.

* 남회근 선생은 「보리(菩提)는 아누다라삼막삼보리입니다. 즉 무상정등정각(無上正等正覺)이요, 대
철대오입니다. 진정으로 대보리심을 얻으면 대자비심을 일으키기 마련입니다.」 라고 하였다.

* 남회근 선생은 「 '아누다라' 는 가장 높다는 의미입니다. '삼' 은 바르다는 의미요, '막' 은 평등하다
는 의미입니다. '보리' 는 깨달음이라는 의미입니다. '아누다라삼막삼보리' 라는 말은 번역하기가 쉽지
않습니다. 그래서 원문의 음을 그대로 사용했습니다. 굳이 중국식으로 말하자면 '대철대오(大徹大悟)' 라
는 말과 같습니다. 대철대오라고 해도 그 의미를 완전히 담을 수 없습니다. 왜냐하면 아누다라삼막삼보
리라는 말에는 또 대자비/ 대지혜/ 대원력의 의미가 들어있기 때문입니다. 부처님을 배움에 있어서는 첫
째로 발심해야 하는데, 바로 이 아누다라삼막삼보리심을 발하는 것입니다.」 라고 하였다.

* 《열반경》에 「부처님이 세상에 계실 때에는 부처님을 스승으로 삼고, 부처님이 멸도하신 후에는 계
율을 스승으로 삼으라.[佛在世時 以佛爲師 佛滅度後 以戒爲師]」 라고 하였다.

* 우익대사는 「진정으로 발심하여 서방 극락세계 왕생을 구하는 것이 곧 보리심을 내는 것이다.[眞正
發心求生西方極樂世界 就是發菩提心]」 라고 하였다.

* 《대반열반경》에 「비구들아, 내가 열반에 든 뒤에는 계율을 존중하되, 어둠 속에서 빛을 만난 듯이,

가난한 사람이 보물을 얻은 듯이 소중하게 여겨야 한다. 계율은 너희들의 큰 스승이며, 내가 세상에 더 살아 있다 해도 이와 다름이 없기 때문이다. 비구들아, 계는 해탈의 근본이니라. 이 계를 의지하면, 모든 선정(禪定)이 이로부터 나오고 괴로움을 없애는 지혜가 나온다. 그러므로 비구들아, 너희는 청정한 계를 범하지 말라. 청정한 계를 가지면 좋은 법을 얻을 수 있지만, 청정한 계를 지키지 못하면 온갖 좋은 공덕이 생길 수 없다. 계는 가장 안온한 공덕이 머무는 곳임을 알아라. 모든 것은 쉴 사이 없이 변해가니 부디 마음속의 분별과 망상과 밖의 여러 가지 대상을 버리고 한적한 곳에서 부지런히 정진을 하라. 부지런히 정진하면 어려운 일이 없을 것이다. 한결같은 마음으로 방일(放逸)함을 원수와 도둑을 멀리하듯이 하여라. 나는 방일하지 않았기 때문에 스스로 정각(正覺)을 이루었다. 마치 낙숫물이 떨어져 돌에 구멍을 내는 것과 같이 끊임없이 정진을 하여라. 비구들아. 이것이 여래의 최후의 설법이니라.」라는 말씀이 있다.

오역십악을 지은 사람도 염불하면 부처님의 원력으로 죄가 소멸되어 정토에 왕생한다. 정법을 비방한 천제闡提라도 마음을 돌리면 모두 왕생한다. 죄나 복을 지은 세월이 많든 적든 상관없으니, 마음 마음마다 부처님을 생각하되 절대 의심하지 말라.

以佛願力 五逆十惡 罪滅得生 謗法闡提 回心皆往 無問罪福時多少 心心念佛莫生疑

- 선도화상〈법사찬法事讚〉

＊천제(闡提) : 일천제가(一闡提迦)의 준말로, 일천제(一闡提)라고도 한다. 영원히 선근을 끊었기에 '단선근(斷善根)'이라고 번역한다. 부처님(진리)에 대한 믿음이 전혀 갖추어지지 않은 자 또는 대승법을 비방하는 자 또는 대망어(大妄語)를 하는 사람을 말한다. 고로 부처가 될 수 있는 인(因)을 가지지 못한 사람이다.《열반경》은 일천제에는 불성(佛性)이 없다고 보고 있다.

＊황벽희운(黃檗希運)선사는 〈전심법요(傳心法要)〉에서 「천제(闡提)란 믿음이 갖추어지지 않았다는 뜻이다. 육도(六道)의 모든 중생들과 이승(二乘)들은 불과(佛果: 무상정등정각)가 있음을 믿지 않으니, 그들을 모두 선근(善根)이 끊긴 천제라 한다. 보살이란 불법이 있음을 굳게 믿고 대승과 소승을 차별하지 않으며, 부처와 중생을 같은 법성(法性)으로 본다. 이들을 가리켜 선근이 있는 천제라고 한다.[言闡提者 信不具也 一切六道衆生乃至二乘不信有佛果 皆謂之斷善根闡提 菩薩者 深信有佛法 不見有大乘小乘 佛與衆

生同一法性 乃謂之善根闡提]」라고 하였다.

　불법佛法이라는 큰 바다는 믿음이면 충분히 들어갈 수 있거니와, 정토법문은 믿음이 더욱 중요합니다. 부처님 명호를 지송하는 염불은 곧 모든 부처님의 가장 심오한 법입니다. 오직 다음 생에 부처님이 되실 일생보처一生補處 보살만 조금 알 수 있을 뿐, 그 나머지 모든 성현들은 그 지혜 수준으로 알 수 있는 경지가 아니기 때문에, 단지 믿고 따라야 합니다. 하물며 하열下劣한 범부 중생들이겠습니까.

　佛法大海 信爲能入 淨土一門 信尤爲要 以持名念佛 乃諸佛甚深行處 唯除一生所系菩薩可知少分 自餘一切賢聖 但當遵信而已 非其智分之所能知 況下劣凡夫乎　　　　-철오선사

　＊ 원효대사는 〈대승기신론소〉에서 「믿음은 여러 마(魔)의 경계[魔境]에서 능히 벗어나게 하고, 최상의 해탈도[無上解脫道]를 나타나게 하며, 일체 공덕이 무너지지 않는 씨앗이 되게 하며, 최상의 보리수(깨달음)가 출생할 수 있게 하는 것이다.[信能超出衆魔境 示現無上解脫道 一切功德 不壞種 出生無上菩提樹]」라고 하였다.

　＊ 일생보처보살 : 이번 생만 지나면 다음 생에 반드시 성불할 지위에 있는 보살. 보살의 최고위(最高位)인 등각보살을 가리킨다. 미륵보살이 일생보처보살의 지위에 있다. 극락에 상품상생으로 태어나면 일생보처보살의 지위로 단박에 오른다. 보현보살, 문수보살, 관세음보살은 실은 고불(古佛)의 화현이신데, 중생을 위해 일생보처보살의 모습으로 나투셔서 중생구제를 돕고 계신다.

　＊ 원효대사는 〈무량수경종요〉에서 「극락세계는 인간의 생각[思量]으로는 도저히 헤아릴 수 없고 오직 우러러 믿어야 할 뿐이다.」라고 하였다.

　＊ 원효대사는 〈대승기신론소〉에서 「 '바다.[海]' 라는 말에는 네 가지의 뜻이 있다. 첫째는 깊고 깊다는 뜻이 있으며, 둘째는 넓고 크다는 뜻이 있으며, 셋째는 온갖 보배로운 것들이 무궁하게 있다는 뜻이며, 넷째는 온갖 형상의 그림자를 나타낸다는 뜻이 있다.[海有四義 一者甚深 二者廣大 三者百寶無窮 四者萬像影現]」라고 하였다.

　＊ 남회근 선생은 「사람들은 불법을 배우면서 효과를 추구할 뿐 집착을 놓아버리는 것을 추구하지는

않습니다. "야, 이거 내가 부처님을 배운 뒤로 장사를 하면 할수록 실패하네. 일이 갈수록 순조롭지 못하네." 여러분 우리가 부처님을 배우는 것은 무엇을 배우는 겁니까. 설마 돈을 갈수록 많이 벌기 위한 겁니까. 부처님은 말합니다. "고로 나는 일체보살과 말세의 중생들에게 설하노라. 먼저 무시이래로 윤회의 근본이 되는 것부터 끊어라.[是故我說一切菩薩及末世衆生 先斷無始輪廻根本]" 부처님을 배우려면 먼저 세속의, 계산하고 비교하는 계교심(計較心)·공리심(功利心)을 끊어야 합니다. 먼저 공덕을 추구하고 평안을 추구하는 마음을 놓아버려야 부처님을 배울 수 있습니다.」라고 하였다.

정토를 수행하려면 사바세계의 고통을 혐오하고 서방 정토에 태어나기를 갈망해야 한다. 매일 아미타불의 이름을 부르고, 아미타불께 예배하며, 참회의 경전을 독송해야 한다. 수행자는 굳은 믿음을 갖고, 매일 매일 악업을 줄이고, 서방 정토에 왕생하려는 서원을 세워야 한다.

- 감산대사

＊ 정공법사는 「악업을 지을 때 입으로 짓는 업을 범하기 자장 쉬운데, 자기도 모르는 사이에 입에서 어떤 말을 할까 생각하기도 전에 술술 말이 나오니, 대단히 무서운 일이다. 옛 사람은, "말 한 마디 적게 하고, 부처님 명호 한 번 더 불러라." 고 말하였다.」라고 하였다.

＊ 남회근 선생은 「경전을 읽을 때에 입으로만 읽고 아무 생각이 없다면, 그것은 자기를 속이고 남을 속이는 것으로, 말할 만한 공덕이 조금도 없습니다. 입으로 읽을 때 마음은 경문(經文)에 마음을 기울여야만 합니다. 한 번 더 읽으면 기억암송도 한 번 더 숙련되어야 비로소 진정한 수행입니다.」라고 하였다.

＊ 광덕스님은 「제가 28년 전에 바닷가 근처의 한 시골에서 공부를 하면서 한겨울에 기도를 했습니다. 그때는 방에 불도 때지 않고 냉방에 앉아서 기도를 했는데 천수다라니(=신묘장구대다라니)를 외우고 있었던 것 같습니다. 방에 있다가 졸음이 오면 나가서 포행(布行)을 했습니다. 방에 앉아 있거나 포행을 하거나 끊임없이 염불을 계속했습니다. 한번은 자정쯤 되었는데 바로 뒤꼍 대밭 아래에서 포행을 하고 방에 들어와 앉으니까 누군가 문을 가만히 열고 내 앞에 나타나서 다소곳이 절을 했습니다. 한 젊은 여인이었습니다. 여인은 "좋은 법문해 주셔서 감사합니다." 라고 말하곤 다시 절을 하고 가 버렸습니다. 그분의 모습은 밝지가 않았습니다. 순간 저는 제가 포행하던 대밭 뒤에 동네 당집(=신당)이 있었는데, 그 당에 머무는 주신(主神)이 젊은 여인이라는 사실을 알았습니다. 우리들이 일심으로 염(念)을 하면 내 생명에 깃들

381

어 있는 진리의 파동을 온 누리에 뿌리는 결과를 가져옵니다. 그래서 한 사람이 집에서 일심으로 기도해도 그 집안에 진리의 광명이 가득해지고 또 인연 있는 사람들이 함께 기쁨을 누리게 되는 것입니다. 저는 그때의 경험을 통해서 우리가 육체로 존재하는 듯해도 육체를 넘어선 광명체로서 신령한 생명이 본체이고, 그 본체로서 우리가 살고 있다는 생각을 더욱 굳게 했습니다. 경전을 독송하는 것은 단순한 성대의 진동이 아니라 나의 생명인 진리가 진동하는 것이고 독송함으로써 법의 광명이 그를 감싸고 법의 광명을 방사(放射)한다는 사실을 알아야 합니다. 그렇기 때문에 독송하는 사람에게는 항상 상서로움이 충만해집니다. 일심으로 독송하면 미혹이 사라지고 죄가 무너지며 장애가 제거되고 일체 마(魔)가 고개를 숙입니다. 이를 통하여 청정을 성취하고 제천(諸天)이 환희합니다. 이렇게 보면 부처님의 가르침은 우리들이 가지고 있는 진실한 자기대로 살고 일상생활에서 진리의 광명으로 살라는 것임을 알 수 있습니다. 우리는 믿음을 가지고 경전을 기쁘게 독송하며 말씀을 전하고 행함으로써 우리들 주변을 광명으로 충만하게 하는 불자가 돼야 합니다. 경전 독송에 대한 믿음을 더욱 깊이 하셔서 큰 정진을 하시기 바랍니다.」 라고 하였다.

 * 《현우경》에 「불법을 성취하려면 항상 경전을 즐겨 읽고 외우고 연설해야 한다. 세상 사람이 법을 설해도 여러 하늘 사람이 와서 듣는데 하물며 수행하는 사람이겠느냐. 수행하는 사람이 길을 가면서 경이나 게송을 외우더라도 여러 하늘 사람들은 따라다니면서 그것을 듣는다. 그러므로 경전을 부지런히 외우고 연설해야 한다. 잘못된 사람들은 착한 사람의 이름을 들으면 미워하고 질투하며 나쁜 소문을 듣고는 도리어 기뻐한다. 그러나 착한 사람은 남의 결점을 숨기고 좋은 점은 드러내어 널리 알리며 나쁜 짓을 보면 그것이 번뇌에서 온 줄 알고 가엾이 여겨 용서해 준다.」 라고 하였다.

 * 서산대사는 〈선가귀감〉에서 「예배(禮拜)란 공경하고 굴복(屈伏)시킨다는 뜻이니, 참 성품을 공경하고 무명을 굴복시킨다는 것이다.[禮拜者 敬也伏也 恭敬眞性 屈伏無明]」 라고 하였다.

 * 어느 대덕께서 「예배의 예(禮)는 도리이고 실천이다. 공경과 겸손, 나아가고 물러감에 법도가 있나니, 이를 일컬어 큰 도리라고 하는 것이다. 절[拜]은 좇아 따르는 것이다. 세속에서 절을 두 번 하는 것은 음(陰)과 양(陽)이라는 양의(兩儀)를 따른 것이고, 네 번 절하는 것은 주역의 사괘(四卦)의 사상(四象)을 따른 것이다. 불문(佛門)에서 절을 세 번 하는 것은 삼업(三業: 몸과 말과 생각)으로 공경을 지극히 하여 삼보에 귀의함으로써 삼독을 여의는 것을 표한 것이다. 교심(憍心: 자신을 높이고 남을 낮추는 마음)은 몸과 마음을 방자(放恣)하게 가지는 것이요, 만심(慢心)은 자신이 남보다 더 훌륭하다고 생각하면서 다른 이를 업신여기는 것이며, 치심(癡心)은 높은 이 낮은 이를 분별할 줄 몰라 결례를 하는 것을 일컬으며, 진심(瞋

心)은 상대에 대해 성을 내어 예의를 갖추지 못하는 것을 말한다. 만일 이 네 가지 마음 중 하나라도 가슴에 품게 되면 불경(不敬)한 모양을 밖으로 표출시키게 되고, 결국은 허물을 짓게 되는 것이다.」라고 하였다.

시작을 헤아릴 수 없는 때로부터의 은애恩愛에서 어찌 벗어나며, 시작을 헤아릴 수 없는 원한과 허물을 어찌 풀 것인가. 누겁累劫에 쌓은 죄업은 참회하기 어려우며 누겁에 쌓은 선근은 성숙시키기 어렵다. 수행하더라도 장애가 많기 때문에 비록 수행하여 이룬 바가 있다고 하더라도 끝내는 편협한 소승小乘에 떨어진다. 그러므로 반드시 참 성품에 맞는 대 보리심을 일으켜야 한다. 그렇게 크나큰 보리심을 일으켰다면 마땅히 크나큰 행을 닦되 일체의 수행의 문 가운데 가장 착수하기 쉽고 성공하기 가장 쉬우며 지극히 온당하며 지극히 원만하며 단박에 깨닫는 것은 곧 깊은 믿음과 간절한 발원을 갖추고서 아미타불의 명호를 지니는 것만한 것이 없다. 이른바 깊은 믿음이란, 석가세존의 음성과 가르침은 절대로 중생을 속이지 않으시고, 아미타불의 대자대비하신 중생구제의 마음은 절대로 헛된 원願이 아니며, 또 염불하여 서방정토에 왕생하기를 구하면 반드시 부처님을 뵈옵고 정토에 왕생하는 과보를 감득感得하는 것이, 마치 오이를 심어서 오이를 수확하고 콩을 심어서 콩을 수확하며 소리에는 반드시 메아리가 뒤따르며 그림자가 형상을 뒤따름과 같으니, 원인이 헛되지 않으면 열매도 헛되지 않음을 믿는 것을 말한다.

無始恩愛 何以解脫 無始冤愆 何以解釋 積劫罪業 難以懺除 積劫善根 難以成熟 隨所修行 多諸障緣 縱有所成 終墮偏小 故須稱性發大菩提心也 然大心旣發 應修大行 而於一切行門之中 求其最易下手 最易成就 至極穩當 至極圓頓者 則無如以深信願 持佛名號矣 所謂深信者 釋迦如來梵音聲相 決無誑語 彌陀世尊大慈悲心 決無虛願 且以念佛求生之因 必感見佛往生之果 如種瓜得瓜 種豆得豆 響必應聲 影必隨形 因不虛棄 果無浪得   -철오선사

* 남회근 선생은 「소승불교는 계(戒)로부터 입문하는데 능히 계를 지킬 수 있어야 정을 얻을 수 있고 정이 있어야 혜를 얻을 수 있습니다. 대승불교는 보시, 지계, 인욕, 정진으로부터 나아가서 선정(禪定)에 이르고 최후에 반야지(般若智)에 도달합니다.」 라고 하였다.

＊ 소승(小乘) : 성문(聲聞)이나 연각(벽지불)을 소승이라 한다. 소승은 중생구제보다는 자신의 해탈을 목적으로 하며, 계(戒)를 제일 중시하는데, 계율 중에서도 음계(婬戒)를 가장 경계한다. 대승(大乘)이 살생계(殺生戒)를 가장 중시하는 것과 비교가 된다. 소승법을 닦는 과정은 계(戒)-정(定)-혜(慧)-해탈(解脫)-해탈지견(解脫知見)이다.

＊ 인광대사는 「서방극락세계는 보통의 범부 중생들이 갈 수 없는 곳이라고 말하지 마시오. 설사 소승의 성인들(성문과 벽지불을 말함)이라도 갈 수 없다오. 그곳은 대승(大乘)의 불가사의한 경지이기 때문이오. 소승의 성인도 마음을 돌이켜 대승으로 향하면 갈 수 있소.」라고 하였다.

＊ 영명연수선사의 〈종경록〉에 「온갖 차별을 일으키면 중생의 지견이요, 하나의 도에 집착하여 귀의한다면 이승(二乘)의 지견이며, 차별이 없는 데서 또한 여러 가지 모습을 볼 수 있다면 보살의 지견이다.[若立種種差別 是眾生知見 若融歸一道 是二乘知見 若一亦非一 是菩薩知見]」라고 하였다.

＊ 범음성(梵音聲) : 청정한 소리, 곧 부처님의 음성을 말함.

＊ 교상(教相) : 부처님의 가르침, 곧 경전을 말함.

＊ 누겁(累劫) : 여러 겁, 즉 셀 수 없이 많은 과거전생으로부터 지나 온 한량없는 세월.

지식과 견해가 편협하고 보잘 것 없는 중생들은 자기의 수행이 몹시 얕고 업력業力은 매우 두터워 어떻게 금생에 단박 극락에 왕생할 수 있겠느냐면서, 자조 섞인 체념을 곧잘 내뱉는다오. 중생의 심성이 본디 부처와 둘이 아니기 때문에, 오역십악의 죄를 지어 무간지옥에 떨어질 중생도, 선지식을 만나 염불 법문을 배우면, 열 번이나 불과 몇 번의 간절한 염불로도 임종과 동시에 극락왕생할 수 있는 줄은 모르는 것이오. 《관무량수경》에서 설하신 말씀을 어찌 믿을 수 없단 말이오. 극악무도한 죄인도 왕생할 수 있거늘, 하물며 우리처럼 비록 죄업이 많고 수행 공부가 적기는 하지만, 오역십악보다는 훨씬 나은 보통 중생들이 어떻게 자포자기하여 이처럼 막대한 이익과 소중한 기회를 놓칠 수 있겠소.

부처님께서 스스로 이 정토 법문을 일체 세간 중생들이 믿기 어렵다고 말씀하신 까닭도, 바로 시작하기는 쉬운데 성공률은 매우 높고, 별로 힘들지 않고서도 효과는 매우 빠르기 때문이라오. 크고 넓으면서 간단하며 쉽고 지극히 원만하면서 가장 가깝고 빠른 지름길이라오. 다른 어떤 법문도 이에 따르지 못한다오. 그래서 숙세宿世에 착한 뿌리를 깊이 심지 않은 중생은, 정말 믿고 받아들여 수행하기가 매우 어렵다오. 정토법문은 상중하세 근기를 두루 포용하는데도, 어리석은 사람들이 매양 보잘 것 없는 소승小乘이라고 얕잡아 보면서 배척하고 있소. 이는 결국 대승경전을 제대로 펼쳐보지도 않고, 지혜의 눈이 트인 선지식도 친견하지 못했기 때문이오. 정토법문은 부처님께서 중생들을 두루 제도하시려고 철저한 대자대비심으로 설하신 것임을 모름지기 알아야 하오. 오직 관세음, 대세지, 문수, 보현 등의 보살만이 궁극으로 이 법문을 감당할 수 있다오.

- 인광대사

* 대승경전 : 《법화경》《화엄경》《대반열반경》《반야경》《원각경》《능엄경》《정토삼부경》 등을 대승경전이라 부른다. 《관무량수경》에는 상품(上品)으로 왕생하기 위한 요건으로 대승경전을 지성(至誠)으로 독송하거나 대승의 가르침을 비방하지 말 것을 요구하고 있다.

* 〈정토지귀집〉에 「대승경전은 모든 부처님의 스승이다. 최고의 깨달음인 무상정등정각과 보리(菩提)가 모두 대승경전에서 나온다. 관무량수경에서 세 종류의 정업행(淨業行)과 그리고 상품상생으로 태어나는데 모두 대승경전 독송이 왕생의 행(行)이 되고 있다. 즉 법화경/ 화엄경/ 반야경/ 열반경 등 모든 대승경전과 관무량수경 등 오로지 정토(淨土)만을 설한 정토경전을 염불수행자들은 수지독송해야 한다. 대승법의 힘에 의지하면 반드시 정토에 왕생한다. 옛날 류유민은 법화경을 독송한 인연으로 정토에 왕생하였는데, 임종 시에 법화경에 향(香)을 공양하고는 얼굴을 서쪽에 돌려 단정히 앉아 정토에 화생하였다. 염불을 하는 사람들은 이것을 법칙으로 삼아야 한다. 천태 지자대사께서 대승경전을 독송하는 법에 대해 말하시기를, "경전의 문구는 정확해야 하며, 경전을 읽는 음성은 또박또박 분명하게 하되, 느리거나 빨라서는 안 된다. 경전 속의 문구에 정신을 집중하고 경문(經文)을 대함에 의심이 없어야 어긋남이 없게 된다." [大乘經典 諸佛所師 佛果菩提皆從中出 觀經三種淨業 竝上品上生 皆言讀誦大乘 爲往生之行 卽法華華嚴般若涅槃等諸大乘經 幷觀無量壽佛經等 專談淨土諸大乘經 修淨業人當受持讀誦 仗大乘法力 決取往生 昔劉遺民因誦法華經 得生淨土 臨終然香供養妙法華經 面西端坐而化 修淨業人 當以此爲軌 則天台智者大師云 誦經之法 當使文句分明 音聲辨了 不緩不急 繫緣經中文句 如對文不異 不得謬悷] 하였다.」 라고 하였다.

확고한 신심信心만 있다면 업을 지닌 채 절대 왕생할 수 있습니다. 물론 악업을 소멸시키고 선업을 성취함으로써 선업을 많이 지니고 왕생할 수 있다면 더욱 좋습니다. 선업을 성취하여 원願을 타고 왕생하면 연꽃이 전륜성왕의 윤보輪寶만큼 크지만, 설사 선업이 아직 순수하지 못하여 연꽃이 좀 작더라도 좋습니다. 업은 소멸할 수 없습니다. 대소승의 교리를 막론하고 진정으로 업을 소멸하는 일은 없고, 단지 업의 전환 변화만 있을 뿐입니다. 이것이야말로 정론正論입니다.　　　　　　　　　　　　　　　　　　　　-남회근 선생

　일체의 모든 범부는 죄와 복이 많든 적든, 염불한 세월이 오래 되었든 얼마 되지 않았든, 길게는 백년 짧게는 하루에서 7일간 일심으로 오직 아미타불만 부르면 반드시 정토에 왕생한다. 절대 의심하지 말라.
　一切凡夫 不問罪福多少 時節久近 但能上盡百年 下至一日至七日 一心專念彌陀名號 定得往生 必無疑也　　　　　　　　　　　　　　　　　　　　-선도화상

　오직 아미타불 한 부처님 명호만 불러도, 곧 모든 부처님 명호를 다 부르는 것이다. 아미타불은 공덕이 무량하여 아미타불을 부르면 능히 죄와 업장이 소멸되어 정토에 왕생하니 꼭 의심을 해야 하겠는가.
　但專稱彌陀一佛名號 則是具稱諸佛名號 功德無量 能滅罪障 能生淨土 何必生疑乎
　　　　　　　　　　　　　　　　　　　-경문慶文법사 〈정신법문正信法門〉

　* 대주혜해(大珠慧海)선사께서 지은 〈돈오입도요문론(頓悟入道要門論)〉에서 「마음이 곧 부처라고 믿는 것을 '바른 믿음' 이라고 하고, 마음 밖에서 법을 얻으려는 것을 '삿된 믿음' 이라 한다. 그대로가 부처임을 철저히 밝혀 자기 마음으로 직접 맛보아 의심할 수 없는 확실한 경지에 이르러야만 비로소 바른 믿음이라 할 수 있다. 얼굴만 번듯하고 속은 어리석은 노름꾼 같은 이는 단지 말로만 마음 그대로가 부처라고 떠들고 다닐 뿐이지 사실은 자기 마음도 모르고 있다. 이런 것을 삿된 믿음이라고 한다.」라고 하였다.
　* 〈대지도론〉에서는 '복덕' 과 '지혜' 의 유무에 의해서 부처님과 아라한과 전륜성왕을 비교한다. 복덕과 지혜를 모두 갖추면 부처님이고, 지혜는 있지만 복덕이 없으면 아라한이며, 지혜는 없고 복덕만

있으면 전륜성왕이다. 부처님이나 아라한 모두 삶과 죽음을 초월한 지혜를 갖추고 있지만, 전륜성왕에게는 그런 지혜가 없다. 그러나 아라한의 복덕은 부처님의 그것에 비교조차 안 된다.

모든 중생들은 정각을 얻지 못하고 큰 꿈속에 있으면서 육도六道에 떴다 가라앉았다 하면서 일찍이 쉼이 없습니다. 천상天上은 비록 즐겁지만 업보가 다하면 형상이 쇠잔해지고, 아수라는 화를 잘 내어 전쟁을 일삼는 것을 뛰어난 것으로 여기며, 축생은 날아다니고 뛰어다니면 음식을 다투고 서로 해칩니다. 귀신은 유명幽冥세계의 그늘에서 기갈飢渴에 곤핍을 당하고 있고, 지옥중생은 긴 밤에 고통을 부르짖고 있습니다. 인간세계에 태어난 것이 실로 다행스럽긴 하지만, 생로병사의 온갖 고통이 얽어매고 있습니다. 하지만 서방정토만은 어떤 고통도 없습니다. 연꽃줄기에 몸을 의탁하면 태어나는 고통이 없고, 더위와 추위가 오가지 않으므로 늙는 고통이 없으며, 수명이 무량하여 죽는 고통도 없습니다. 부모와 처자가 없어서 사랑하는 이와 이별하는 고통이 없고, 상선인上善人(등각보살을 말함)들이 모여 있으므로 원수와 미운 사람을 만나는 고통이 없습니다. 화계華襊와 향기로운 음식과 보배구슬을 수용하여 구해도 얻지 못하는 고통과 빈궁의 고통이 없으며, 육신이 공적空寂함을 관조하여 오온五蘊에 집착하는 고통도 없습니다. 유정有情에게 자비의 은혜를 베풀어서 태어나고 싶으면 태어나지만, 적멸寂滅에 안주하지 않으므로 이승二乘의 경계가 아니며, 지혜로 생사를 관조하여 퇴전하지 않으므로 범부의 경계도 아닙니다. 만약 저 국토에 태어나면 모든 고뇌가 없는데도 듣지도 못하고 알지도 못하는 사람이 있으니, 가히 애달프고 가여운 일입니다. 또한 훌륭한 선비들도 세 가지의 믿지 않는 마음을 일으켜 왕생을 구하지 않으니 더욱 애석하고 탄식할 일입니다. 첫째 "나는 부처와 조사를 뛰어넘을 것이므로 정토는 족히 왕생할 곳이 아니다." 하는 것이요, 둘째는 "곳곳이 정토이므로 꼭 서방에 왕생할 필요가 없다." 하는 것이요, 셋째 "극락은 성역이어서 우리와 같은 범부의 무리는 왕생할 수 없다." 하는 것입니다. 행과 지혜가 다함이 없는 보현보살도 아미타부처님의 국토를 보기를 원하셨고, 비록 공空의 이치를 알았지만 유마거사도 항상 정토의 업을 닦았으며, 시방의 여래께서 장광설長廣舌로 찬탄하셨고, 시방의 보살들도 다 같이 왕생하려는 마음이 있었습니다. 시험 삼아 모든 성인들과 비교해서 누가 나은 지를 스스로 헤아려 보십시오. 그런데도 족히 왕생할 것이 없다 하니 무엇 때문에 자신을 속인다는 말입니까. 용맹스러운 조사祖師의 경우에도 마찬가지입니다. 《능가경》에는 미리 수기授記를 주는 글이 있고, 세친보살도 근본종지로 가르쳤으며, 〈무량론〉에도 왕생하기를 구하는 게송이 있습니다. 저들은 모두 뛰어난 성인聖人인데도 서방에 왕생하려고 정진하였습니다. 반드시 왕생할 필요는 없다고 하니 어찌 그리 스스로 교만합니까.

《반주삼매경》에서 말하기를, 「발타화보살이 석가모니부처님께 "미래의 중생들이 어떻게 해야 시방의 모든 부처님을 볼 수 있습니까." 라고 청문하자, 부처님께서 "아미타불을 칭념하면 곧 시방의 모든 부처님을 볼 수 있다." 라고 하셨습니다. 이는 모두가 부처님의 말씀입니다. 부처님 말씀을 믿지 않으면 어떤 말을 믿을 수 있겠으며, 정토에 왕생하지 않으면 어느 국토에 왕생하겠습니까. 자신을 속이고 스스로 교만하여, 자신을 포기하고 청정한 대중을 버리면서 윤회의 세계에 들어가니, 이는 그 누구의 허물입니까.

- 〈직지정토결의집直指淨土決疑集〉

* 직지정토결의집 : 중국 송나라 왕고(王古)가 지은 책.

* 연지대사가 지은 〈왕생집〉에 「송(宋) 왕고(王古)는 자(字)가 민중(敏仲)으로 동도(東都) 사람이다. 벼슬은 예부시랑(禮部侍郎)에 이르렀으면서 자비한 마음으로 백성을 사랑하고 선종에 깊이 계합하였다. 또한 정토법문의 우수함을 깨달아 직지정토결의집(直指淨土決疑集) 3권을 지어 평생 염불을 정근했으며, 염주를 손에서 놓은 적이 없었고, 일상생활에서 늘 서방정관(西方淨觀)으로 불사(佛事)를 삼았다. 어떤 스님이 정(定)에 들어 정토를 노닌 적이 있었는데, 왕고와 갈번(葛繁)이 함께 있는 것을 보았다 한다. 왕생한 것은 분명한 사실이었다.[宋王古 字敏仲 東都人 官禮部侍郎 慈仁愛物 深契禪宗 又悟淨土法門之勝 著直指淨土決疑集三卷 平生精勤念佛 數珠未嘗去手 行住坐臥悉以西方淨觀爲佛事 有僧神遊淨土 見古與葛繁同在焉 往生有明驗矣]」 라고 하였다.

* 남회근 선생은 「부처님을 배움을 진정으로 말하면 부처님을 배움은 공(空)을 배우는 것입니다. 그리고 절대 겸허함입니다. 그 첫째 조건으로 먼저 겸허할 줄 아는 것을 배워야 합니다. 겸허하면 아만(我慢)을 없앱니다. 즉, 인아견(人我見)을 없애는 겁니다. 제가 만약 정말로 저 자신을 사람들의 스승이라고 여긴다면 수행이라 말하지 못합니다. 그렇다면 저 자신은 이미 끝난 겁니다. 그러므로 여러분은 주의해야

합니다. 특히 출가자들은 더욱 유의해야 합니다. 남들이 당신을 공경하는 것은 그가 복전(福田)을 (나를 공경함으로써) 배양(培養)하고 있는 겁니다. 우리가 진흙으로써 그의 복전이 되어줍니다. 자신이 남의 공경을 받으면서, "나는 정말 천상과 인간 세계의 스승이다. 훌륭한 사람이다." 라고 생각한다면 끝장입니다.」 라고 하였다.

* 출가자들이 깊이 새겨야 할 성현의 말씀이 있다. 「불문(佛門)의 쌀 한 톨은 그 크기가 수미산과 같다. 금생에 도를 얻지 못하면 다음 생에 털 쓰고 뿔 달린 축생으로 태어나 갚아야 한다.〔佛門一粒米 大如須彌山 今生不了道 披毛戴角還〕」 현실에서 도피하기 위해 또는 생계를 유지하기 위한 호구책(糊口策)으로 출가를 하거나, 도(道)를 얻기 위해 출가를 했으되 초심을 잃고 시주물(施主物)이나 받아먹으며 적당히 그리고 게을리 살아가는 출가자들에게는 무시무시한 경책의 말씀이 아닐 수 없다.

*《능엄경》에 「성인(聖人)이라는 마음을 품지 않아야, 정말 훌륭한 경계라 부른다. 만약 성인이라는 생각을 하면, 곧장 뭇 사악(邪惡)의 침공을 받는다.〔不作聖心 名善境界 若作聖解 卽受群邪〕」 라고 하였다.

*《무량수경》에 「여래의 지혜의 바다는 너무나 깊고 광대하여 바닥이 없으니, 이승(二乘)이 감히 헤아릴 바가 아니며, 오직 부처님만이 홀로 분명히 아시느니라.〔如來智慧海 深廣無涯底 二乘非所測 唯佛獨明了〕」 라고 하였다.

* 남회근 선생은 「부처님께서 우리들의 세계에 몸을 나타내신 것은, 사람의 육체란 생로병사를 벗어날 수 없음을 일부러 보여주기 위해서 입니다.」 라고 하였다.

* 달마대사는 「이승(二乘)과 외도(外道)는 모두 부처를 알지 못하고, 하나하나 닦아서 깨닫는다고 알고 있으니, 인과(因果)에 떨어져 중생의 업보(業報)를 받고 생사(生死)를 면하지 못한다.〔二乘外道皆無識佛 識數脩證 墮在因果中 是衆生業報 不免生死〕」 라고 하였다.

*《능엄경》에서 부처님은 성문과 연각을 외도종성(外道種性)이라고 하시면서 배척하셨다.

* 고덕께서 「우리가 현재 당하는 고통은 모두 과거 생에 심은 악의 원인과 맺은 악연 때문이다. 지금 불법을 배우면서 이러한 것들을 끊어 제거해야 하며, 다시는 악연을 맺지 않고 악의 인(因)을 심지 않으려고 맹세해야 한다. 마음이 선하면 일체가 선하고, 마음이 악하면 일체가 악하다. 그러니 당신은 발심하여 마음을 청정하게 심지를 선량하게 하면, 당신이 심는 것은 착한 인(因)이며, 맺는 것은 좋은 연(緣)이다. 오늘 어떤 사람이 와서 당신을 속이고 상해(傷害)를 가한다면, 좋아! 이것은 인연을 그치고 빚을 갚는 것이다. 그렇지 않으면 당신은 어떻게 해탈하고 어떻게 생사를 그칠 것인가. 이것은 틀림없이 과거 생에 당신

이 그에게 빚을 진 것이다. 부처님께서 말씀하시기를, 인과(因果)는 헛되지 않은 것이며, 이와 같은 인(因)이 있으면 이와 같은 과(果)가 있게 된다고. 이렇게 생각하면 생각이 통할 것이다. 의혹을 해소하면 고통에서 벗어나게 된다. 이것이 바로 해탈이며, 성취이다. 우리는 무엇에서 해탈하려고 하는가. 바로 번뇌에서 해탈하려고 하며, 고통에서 벗어나려고 하는 것이다. 해탈은 도시를 바꾸는 것이 아니고 이사를 하는 것이 아니며, 지금 당장 번뇌와 고통으로부터 벗어나는 것이다.」라고 하였다.

생사를 되풀이하는 윤회에서 벗어나려는 마음이 정말 간절하고, 한 생각의 의혹도 없이 아미타불을 믿을 수 있다면, 아직 사바세계를 벗어나지 못했더라도 이미 오래 머물 나그네가 아니며, 극락에 왕생하지 못했더라도 이미 극락의 귀한 손님이다.

果能生死心切 信得及不生一念疑惑之心 則雖未出娑婆 已非娑婆之久客 未生極樂 卽是極樂之嘉賓

- 인광대사

8) 아미타불은 부처님들 가운데 왕이시다

아미타불은 모든 부처님들 중의 왕이시며 광명중에서 가장 밝으시다.
諸佛中之王也 光明中之極尊也

-《대아미타경》

＊《대아미타경》은 중국 송나라 때 왕일휴(王日休)거사가 《불설대승무량청정평등각경》《무량수경》《불설아미타삼야삼불살루불단과도인도경》《무량수장엄경》의 4종을 모아 교집(校輯)한 경전이다.

＊《문수반야경》에 「아미타불이야말로 광명중에서 가장 밝으시고 부처님들 중의 왕이시다. 아미타불의 명호를 부르면 아미타불의 본원과 대비하신 원력을 따라 열 번의 염불이나 한 번의 염불로도 오히려 왕생하는데, 하물며 일심으로 부처님을 억념(憶念)하는 일이겠는가.[阿彌陀佛乃光中極尊 佛中之王 稱念彌陀名號 隨佛本願大悲願力 十念一念尚得往生 況一心憶念耶]」라고 하였다.

＊고덕께서 「아미타불은 모든 부처님들 중의 왕이시다. 오직 아미타불 한 부처님만 부르면 이는 곧 시방세계의 모든 부처님을 다 부르는 것이다. 아미타불 한 부처님만을 부르는 것은 쉬운 일이지만, 시방의 모든 부처님을 다 부르는 것은 무척 어렵다.[彌陀是諸佛之王 專念彌陀一佛 即是齊念十方諸佛 念彌陀一佛容易 念十方諸佛困難]」라고 하였다.

아미타불이라는 이름은 시방삼세에 첫째가는 부처님의 명호이다.
阿彌陀 十方三世第一佛號也

- 서산대사 〈선가귀감〉

＊남회근 선생은 「아미타불은 부처님의 명호로서 그 의미는 '무량광무량수(無量光無量壽)' 입니다. 아미타불이라는 명호는 진정한 대밀종이며 진정한 선종이기도 합니다.」라고 하였다.

＊인광대사는 「정토법문은 부처님의 한 평생 가르침 가운데, 그 어느 것도 비견할 수 없는 위력을 지녔소.[淨土一法 一代時教 皆不能比其力用耳]」라고 하였다.

＊시방(十方) : 시방은 사방(四方)과 사유(四維)와 상하(上下)를 모두 일컫는 말이다. 즉, 동서남북과 동

남, 남서, 동북, 서북과 상하(上下)를 가리킨다. 즉, 온 법계이다.[十方 四方四維上下之總稱 卽東南西北東南西南東北西北上下 卽是整個法界].

아미타불 명호를 한 번 부르면, 모든 부처님을 예경하고 부르는 것과 같다.
如稱一阿彌陀佛名 禮召一切諸佛

- 영명 연수선사 〈종경록宗鏡錄〉

* 〈종경록(宗鏡錄)〉에서 '종(宗)'은 중생과 부처님에게 가장 근본이 되는 마음을 뜻하고, '경(鏡)'은 이 세상 모든 것을 빠짐없이 비추어 주는 마음을 거울에 비유한 것이니, '종경록'이란 거울이 온갖 사물을 비추어 주듯 마음에 관한 도리를 남김없이 보여 주며 그 내용을 기록하고 있다는 뜻이다. 연수선사가 〈종경록〉 서문에서 「하나의 마음을 종지로 삼아 온갖 법을 거울처럼 비추고, 법에 대한 깊은 이치를 모아 부처님의 마음을 요약해 보일 것이다.」라고 하였듯이, 연수선사는 "부처님은 마음을 종지로 삼는다."는 말에 근거하여 일심(一心)을 종지로 삼았다(원순스님 말씀 발췌).

* 영명연수선사는 〈종경록〉에서 「법계에 두루 나아가지 못하고 뭇 경전을 폭넓게 연구할 수 없다면, 오직 종경록의 내용만 자세히 살펴보아도 자연히 들어갈 수 있다. 종경록은 바로 모든 법의 요체이자 도(道)에 들어가는 문이다.」라고 하였다.

* 영명연수선사가 지은 〈종경록〉은 선종 최대의 전적(典籍)으로 꼽힌다. 〈인천보감〉에 보면 「적음화상이 종경록에 대해 말하였다. "내가 이 책을 깊이 읽어보니 방등부 계통의 경전을 누비며 넘나든 것이 60종이었으며, 중국과 외국 성현의 말씀을 관통해서 논한 것이 3백가(家)였다. 천태종과 화엄종의 핵심을 알았고 유식(唯識)을 깊이 있게 논하였으며, 세 종파의 다른 이치를 대략 분석하여 하나의 근원으로 귀결시키려 하였다. 그러므로 의문이 마구 생기면 깊은 뜻을 낚고 먼 뜻을 길렀으며, 어두운 점을 쪼개고 파헤칠 때는 치우치고 삿된 견해를 쓸어버렸다." 보각조심(寶覺祖心)선사는 "나는 이 책을 늦게야 보게 된 것이 한스럽다. 평소에 보지 못했던 글과 노력으로는 미칠 수 없는 이치가 그 속에 다 모여 있다."」라고 하였다.

* 중국 임제종의 고승인 천목(天目) 중봉(中峰)선사는 「고금을 통틀어 천하의 사표(師表)는 영명(永明)이 아니면 그 누구란 말인가.」라면서 영명 연수선사를 찬탄하였다.

＊ 천목(天目) 중봉(中峰)선사의 〈산방야화〉에는 「영명선사께서 자세하게 경전을 연구하고 한데 묶어서 변론해 놓은 것이 바로 종경록이다. 종경록은 어느 모로 보더라도 그 전개가 자유자재하고, 어느 부분을 보더라도 도의 근원을 만날 수 있다. 이것이야말로 문자를 사용하여 도를 밝혀놓은 총지문(總持門)인 것이다. 바로 이점 때문에 삼장(三藏)을 연구하는 교종의 학자들이 달마스님과 그 제자들을 불제자가 아니라고 비난하지 못하게 되었다.」라고 하였다.

＊〈임간록(林間錄)〉에 보면 「영명 연수스님은 현수(賢首)·자은(慈恩)·천태(天台)의 3종(三宗)이 서로 얼음과 불같이 어울리지 못하여 불법의 완전한 뜻을 알지 못하기에, 문도(門徒) 가운데 종법(宗法) 대의에 정통한 자를 선발하여 양 누각에 머물게 하고, 많은 경전을 널리 읽혀가면서 서로 의문점을 토론하도록 하였다. 스님 자신은 심종(心宗)의 저울이 되어 그들을 공평하게 달아주었다. 또한 종경록은 대승경론(大乘經論) 60부와 인도, 중국의 어질고 명망 있는 스님 삼백 분의 말씀을 모아 유심(唯心)의 종지를 증명하였다. 그리고는 그것을 백 권의 책으로 완성하여 세상에 전하면서 종경록(宗鏡錄)이라 이름 하였으니, 그 법보시의 이로움이란 참으로 크며 훌륭하다 하겠다. 오늘날 천하의 명산대찰에 그 책이 없는 곳이 없음에도 학인(學人)들은 죽을 때까지 한 차례도 펴보지 않은 채, 오로지 배불리 먹고 실컷 잠자며 근거 없는 말로 유희(遊戲)를 삼고 있으니, 그들을 부처의 은혜에 보답하는 자라 하겠는가. (아니면) 부처의 은혜를 저버리는 자라 하겠는가.[永明和尙以賢首慈恩天台三宗相冰炭 不達大全心館其徒之精法義者 於兩閣博閱義海 更相質難 和尙則以心宗之衡準平之 又集大乘經論六十部 西天此土賢望之言三百家 證成唯心之旨 爲書一百卷傳於世 名曰宗鏡錄 其爲法施之利 可謂博大殊勝矣 今天下名山莫不有之 而學者有終身未嘗展卷者 唯飽食橫眠 游談無根而已 謂之報佛恩乎 負佛恩乎]」라고 하였다.

아미타부처님의 명호를 한 번 부르면 10년간 아침저녁으로 모든 부처님께 예불하고 생각한 공덕과 같으니라.

-《금색미타경金色彌陀經》

＊ 정공법사는 「'불佛 자(字)'는 인도의 범어(梵語)를 음역(音譯)한 것으로 '지혜'·'깨달음'을 의미합니다. 경이 한역(漢譯)될 당시 어째서 '지(智)'·'각(覺)'으로 번역하지 않고 '불타(佛陀)'라는 음역을 차용

(借用)하였을까요. 왜냐하면 불타가 내포하는 뜻이 무한무변(無限無邊)하여 중국의 어휘인 지(智) 또는 각(覺)으로는 그 의미를 완전히 포괄할 수 없었기 때문입니다. '불(佛)' 은 본체로 말하면 지혜요, 작용으로 말하면 깨달음이 됩니다. 본체로 말하는 지혜에는 세 가지가 있습니다. 첫째 '일체지(一切智)' 입니다. 일체지란 현대철학의 용어로 풀이하면 우주 본체를 정확히 이해하는 것입니다. 둘째 '도종지(道種智)' 입니다. 여기서 종(種)이란 갖가지 대단히 많은 현상들을 지칭합니다. 우주의 현상은 그 종류가 무량무변합니다. 이같이 허다한 현상이 어떻게 생겨나고 또 어디서 왔으며, 현상되는 과정은 어떠하고, 그 결과는 어떠한가. 이처럼 우주 만상(萬象)을 정확히 밝힐 수 있는 지혜를 '도종지' 라 합니다. 셋째 '일체종지(一切種智)' 입니다. 우주와 인생의 참 모습을 마침내 원만히 깨달아 털끝만큼의 미혹이나 오차도 없는, 그런 지혜를 '일체종지' 라고 합니다. 석가모니불은 이와 같은 삼종지(三種智)를 구족하셨기 때문에, 그 지혜의 작용으로 말미암아 우주 전체와 인생의 참 모습에 대해 완전하고 정확한 깨달음을 얻게 된 것입니다. 지혜가 작용을 일으키는 것을 큰 깨달음[大覺]이라 하는데, 부처님께서 경에 설하신 깨달음에는 세 가지가 있습니다. 첫째는 스스로 깨닫는 것[自覺]이요, 둘째는 남을 도와 깨닫게 하는 것으로 이를 각타(覺他)라 합니다. 셋째는 원만히 깨닫는 것입니다. 소승교의 아라한(阿羅漢)이나 벽지불(辟支佛)은 스스로 깨달은 이로써 깨달은 후에 능동적으로 남을 도와 깨닫게 하려는 발심을 일으키지 않았기 때문에, 경에서 종종 이러한 이를 소승인(小乘人)이라 일컫습니다.」 라고 하였다.

　＊ 범어 Buddha를 음역한 것이 불타야(佛陀耶)이고, 이를 줄인 것이 불타(佛陀) 또는 불(佛)이다.

　불(佛)이란 '깨달은 자(覺者)' 또는 '각(覺)' 을 뜻한다. 그런데 각(覺)에는 세 가지 의미가 있다. 자각(自覺)/ 각타(覺他)/ 각행원만(覺行圓滿)이 그것이다. 성문(聲聞)이나 벽지불은 자각만 원만하고, 보살은 자각은 물론 각타까지 원만하지만, 부처는 이 세 가지 모두가 원만한 존재이다. 자각(自覺)이란 자기 스스로만 깨닫는 것이고, 각타(覺他)란 자기 스스로도 깨닫고 남도 깨닫게 해 주는 것이다. 각행원만(覺行圓滿)이란 자각과 각타가 부족하거나 편벽하거나 걸림이 있지 않고 원만한 것을 말한다. 정공법사는 유교의 경전인 대학(大學)의 '大學之道 在明明德 在親民 在止於至善' (대학의 도는 밝은 덕을 밝히는 데 있고, 백성과 친하게 함에 있으며, 지극히 선한 곳에 머무르게 하는 데 있다) 구절에서, 在明明德이 자각(自覺)에 해당되고, 在親民이 각타(覺他)이며, 在止於至善이 각행원만(覺行圓滿)이라고 하였다.

　＊ 백장 해회선사의 〈백장록(百丈錄)〉에 「악(惡)에 부딪치는 대로 악에 머무르는 것을 '중생의 깨달음' 이라 하고, 선(善)에 부딪치는 대로 선에 머무르는 것을 '성문의 깨달음' 이라 하며, 선악(善惡) 양쪽에 머

물지 않고 머물지 않음을 옳다고 여기는 자를 '이승(二乘)의 깨달음' 또는 '벽지불의 깨달음' 이라 한다. 선악 양쪽에 머물지 않고 머물지 않는다는 생각도 내지 않음을 '보살의 깨달음' 이라 한다. 또한 머물지 않고 어디에도 머물 것이 없다는 생각을 내지 않아야만 비로소 '부처의 깨달음' 이라 하니, 마치 '부처가 부처에 머물지 않아야 진실한 복전(福田)이라 이름 한다' 고 한 것과 같은 이야기다.」라고 하였다.

　　과거 부처님 현재 부처님이 한량없고 끝이 없으며, 사방四方과 더불어 상하에도 부처님이 역시 헤아릴 수 없이 많습니다. 모든 부처님들 중에서 특별히 아미타불을 칭찬하시고 제일이라 하셨습니다. 이와 같이 높고 수승하시니 역시 희유希有합니다. 아미타불의 큰 위신력威神力과 공덕의 힘은 높고도 수승하여 비할 데 없습니다. 높고도 수승하여 비할 데 없습니다.

　　過去佛 現在佛 無量無邊 四方與 上下方 佛亦無數 於此諸佛 特稱彌陀 而爲第一 如是高勝 亦希有 阿彌陀佛 大威德力 再唱 高勝無比　　　　　　　- 함허涵虛대사 〈미타찬彌陀讚〉

　　시방삼세 모든 부처님들 중에 아미타부처님이 제일이다. 구품으로 중생을 제도하시니 그 위신력과 공덕이 끝이 없다.

　　十方三世佛 阿彌陀第一 九品度衆生 威德無窮極　　　　　　　　　　　-《대아미타경》

　　*《무량수경》에 법장비구의 48대원 중 제 17원이, 「만일 내가 부처될 적에 시방세계 무량국토 중의 모든 부처님께서 나의 이름을 함께 칭찬하고 찬탄하며 내 공덕과 국토가 훌륭하다고 설하시지 않는다면 부처가 되지 않겠습니다.[我作佛時 十方世界無量刹中 無數諸佛 若不共稱歎我名 說我功德國土之善者 不取正覺]」이다. 극락세계는 법장비구의 48대원이 모두 원만하게 성취된 불국토이다.

　　*《무량수경》에는 「아미타불의 광명은 미묘하고 아름다워, 해와 달의 광명보다도 천만 억 배 수승하니, 광명가운데 지극히 존귀하며, 부처님들 가운데 왕이시니라.[阿彌陀佛 光明善好 勝於日月之明千億萬倍 光中極尊 佛中之王]」라고 하였다.

＊ 역시 《무량수경》에 「시방세계 항하강의 모래처럼 모든 부처님께서 모두 함께 아미타불을 찬탄하신다. 아미타불의 위신력과 공덕은 불가사의하다.[十方恒沙 諸佛如來 皆共讚歎 無量壽佛 威神功德 不可思議]」라는 구절이 있다.

＊《무량수경》에 「부처님 정수리에, 변화하여 나타난 원광(圓光)은 어떤 것은 1, 2, 3, 4 유순을 비추고, 어떤 것은 백 천 만억 유순을 비춘다. 모든 부처님의 광명은 어떤 것은 하나 또는 두 개의 불국토를 비추고, 어떤 것은 백 천의 불국토를 비추기도 한다. 오직 아미타불의 광명만은 헤아릴 수 없고 끝없으며 무수히 많은 불국토를 비추느니라. 모든 부처님들의 광명이 비추는 원근(遠近)은, 본래 인지(因地)에서 도(道)를 구할 때의 발원과 공덕의 크기가 같지 않아서 그러한 것으로, 부처를 이룰 때에 각자 자연히 서로 다른 과보를 얻는다. 이는 모두 자연히 성취된 것이지, 미리 계획된 것이 아니니라.[若化頂上圓光 或一二三四由旬 或百千萬億由旬 諸佛光明 或照一二佛刹 或照百千佛刹 惟阿彌陀佛光明 普照無量無邊無數佛刹 諸佛光明所照遠近 本其前世求道所願功德大小不同 至作佛時 各自得之 自在所作不爲預計]」라고 하였다.

＊ 부처님마다 도(道)는 모두 같고 법은 평등하여 위아래의 차별이 없이 똑같은데[佛佛道同 法法平等 無有高下之別 平等無異], 왜 유독 아미타불이 시방의 모든 부처님들 중에서 제일이라 하는가라는 의심을 할 수 있다. ①시방의 모든 부처님 정토 중에서 아미타불의 서방정토가 가장 수승하다. ②시방의 모든 부처님들 중에서 아미타불이 사바세계와의 인연이 가장 깊다. ③아미타불의 원력이 가장 강하고 많다. ④아미타불의 서방정토가 가장 가깝다. ⑤시방 모든 부처님들의 명호들 중에서 아미타불의 명호가 경전에서 가장 많이 언급된다. ⑥아미타불의 명호를 부르는 공덕이 다른 부처님들의 명호를 부르는 공덕보다 수승하다. ⑦석가모니부처님을 비롯해서 다른 많은 부처님들이 아미타불의 명호를 부를 것을 권하고 계신다.

＊ 시방제불 중에서 유독 아미타불이 제일인 까닭은, 인지(因地: 성불하려고 수행 중에 있는 지위)에 있을 때 다른 부처님들과는 달리 특별한 원(願)을 세우셨기 때문이다. 즉, 48원을 세우셨는데 그 원에는 아미타불의 이름을 부르는 모든 중생을 섭수(攝受)하겠노라고 하셨고, 또 명호를 부르는 사람들을 친히 마중 나오시겠다고 약속하셨는 바, 이제 그 48원이 모두 원만히 성취되셔서 아미타불이 되셨고 서방정토를 세우셨으니, 유독 아미타불이 사바세계의 중생과 인연이 깊고, 또 다른 모든 부처님들께서 아미타불을 칭찬하시는 것이다.

＊남회근 선생은 「우리는 부처를 배우면서 하루 24시간 가운데에서 몇 분 동안이나 몇 시간 동안이나 일체의 공덕을 부지런히 닦고 있습니까. 자기 스스로 편안함을 탐하고, 자신의 그 몇 십 근(斤)의 고깃덩이 육체를 먹여 살리는 것 이외에는 일체의 공덕을 닦는 일이 결코 없습니다. 이렇게 하는 것이 어떻게 불법의 실천행이겠습니까.」라고 하였다.

어떤 스님이 조주선사께 물었다.
「모든 부처님에게도 스승이 있습니까, 없습니까.」
「있다.」
「누가 모든 부처님의 스승이십니까.」
조주선사께서 이르시기를,
「아미타불이니라. 아미타불이니라.」

僧問十方諸佛還有師也無 州云有 問如何是諸佛師 州云阿彌陀佛 阿彌陀佛乎

- 조주趙州선사 〈조주록趙州錄〉

＊조주선사는 제자들에게 「너희들이 총림(叢林)에 있으면서 묵언하고 공부만 하여라. 그래도 너희를 벙어리라 하지 않으리. 이렇게 공부하여도 성취가 없다면 이 노승의 머리를 베어가라.」 하였다.

＊〈벽암록(碧巖錄)〉에 조주선사의 어록이 있어 소개한다. 「쇠로 된 부처는 화로를 건너지 못하고, 진흙으로 된 부처는 물을 건너지 못하며, 나무로 된 부처는 불을 건너지 못하나니, 진짜 부처는 마음속에 있다. [金佛不渡爐 泥佛不渡水 木佛不渡火 眞佛內裏坐]」

＊남회근 선생은 「남을 제도(濟度)하는 데는 스승의 도리, 즉 사도(師道)를 중시해야 합니다. 부처님과 조사님들은 인간과 천상 세계의 스승입니다. 사도는 두 가지로 나눕니다. 첫째는 인사(人師)입니다. 도덕품성이 다른 사람들의 모범이 되는 겁니다. 둘째는 경사(經師)인데, 학문 이론을 강(講)하는 것으로 사서오경을 강(講)해서 학문을 전달해 주는 겁니다. 경사가 되기는 쉽지만 경사와 인사를 겸한 자는 역대 이래로 대단히 드물었습니다. 남을 제도한다는 것은 사람들로 하여금 불교를 믿게 하고 무릎 꿇고 절하거나 채식하도록 하는 것만을 말하는 것은 아닙니다. 보리(깨달음)를 증득하게 하고 명심견성하게

해야 철저하게 사람을 제도한 셈입니다. 한 걸음 물러나 말하면, 대철대오하게 까지는 못하더라도 적어도 보리정도(菩提正道)를 배우고 닦는 정지정견(正知正見)을 알게 해주어야 사람들을 제도한 셈입니다.」라고 하였다.

　＊ 남회근 선생은 「석가모니부처님은 인생에서 해결할 길이 없는 생로병사와 번뇌 문제를 탐구하기 위하여 열아홉 살에 왕위를 버리고 출가하였습니다. 그는 대철대오 하고 나서 그 해답을 얻었습니다. 우주와 인생의 이치를 이해했습니다. 우주와 인생과 일체의 사물은 주재자(主宰者)가 없다는 겁니다. 염라대왕이 당신의 생명을 주재하는 것도 아니요, 하나님이 당신의 운명을 주재하는 것도 아니라는 겁니다. 그렇다고 자연(自然)도 아니요, 타력(他力)도 아닙니다. 스스로 오는 것입니다. 일체 만유(萬有)의 생명과 사물은 인연소생(因緣所生)이라는 겁니다.」라고 하였다.

　＊ 남회근 선생은 「일체법은 인연(因緣)으로 생겨나기 때문에 그 자성(自性)이 공(空)합니다. 그러므로 일체법 중에는 ‘나[我]’가 없습니다. 우주만유는 다 인연소생(因緣所生)입니다. 짓는 자도 없고 받는 자도 없습니다. 우리는 언제나 무아(無我)라는 것을 참구해야 합니다. ‘나[我]라는 것’ 이 도대체 무엇일까요. 이 육체일까요. 육체는 하나의 껍데기에 불과합니다. 잠시 빌려 사용하고 있는 겁니다. 그 안에 ‘나’ 는 없습니다. ‘나’ 가 어디에 있는지 진정으로 참구해야 합니다.」라고 하였다.

　＊ 남회근 선생은 「선종의 제2조인 혜가(慧可)조사는 달마대사를 뵙고서 자신의 한 팔마저 잘랐습니다. 우리는 혜가조사가 이처럼 구도(求道)에 온 정성을 다한 사실은 잘 알고 있지만, 그가 출가하기 이전에 이미 여러 학문에 통달한 대학자였다는 사실에 주의를 기울이는 사람은 거의 없습니다. 그는 중국의 산동(山東) 일대에서 주역(周易)을 강의했는데, 그를 믿고 따르는 사람이 아주 많았습니다. 나중에 그는 주역으로는 결코 우주와 인생의 문제를 해결할 수 없다고 느끼던 중 대반야경(大般若經)을 읽고는 우주와 인생의 진정한 진리가 불법 속에 있다고 생각하여 출가했습니다.」라고 하였다.

　＊ 인연(因緣) : 인(因)과 연(緣)이 합쳐진 말이다. ‘인(因)’ 이란 동기(動機) 또는 종자(種子)를 말한다. 즉 어떤 일이 생겨나게 하는 직접적인 원인을 말한다. 식물의 경우 씨앗을 말하고, 사람의 경우 제8식(識)인 아뢰야식을 말한다. 하지만, 인(因)은 연(緣)이 없다면 열매를 맺지 못한다. 예를 들어, 씨앗을 유리병 속에 넣어두면 씨앗이 절대로 발아(發芽)하지 못하는 것과 같다. ‘연(緣)’ 은 기회나 환경을 말한다. 즉, 연(緣)은 결과의 산출을 도와주는 외적·간접적 원인이다. 여기에는 소연연(所緣緣)/ 무간연(無間緣)/ 증상연(增上緣)의 셋이 있다.

* 남회근 선생은 「우리들의 생명의 근원은 반드시 남성의 정자와 여성의 난자가 서로 결합하고 그 위에 정신체(精神體)가 더해져서 이 세 가지 연(緣)이 화합하여 이루어지는 것입니다. 이 세 가지가 인(因)이 되고, 정자와 난자 속에 지니고 있는 부모의 유전자가 증상연입니다. 유전의 요소는 우리들의 생명에 크나큰 영향을 미칩니다. 사람의 생각·행위동작은 아버지나 어머니를 몹시 닮을 수 있습니다. 어떤 사람들의 개성은 부모하고 완전히 상반된 사람도 있습니다. 예를 들면 부모는 얌전한데 태어난 자식은 아주 까불어댑니다. 이것은 유전과 무관할까요. 아닙니다. 이것은 유전의 반동(反動)입니다. 얌전한 사람도 까불어대는 일면이 있기 때문입니다. 다만 그가 억눌러서 감히 드러나지 않다가 다음 대(代)에 나타나게 된 겁니다. 사람은 태어난 다음에는 생각이나 개성 면에서 학교교육이나 가정교육 사회풍조의 영향을 서서히 받게 되는데, 이러한 요소들이 증상연에 해당합니다. 이 밖에 소연연이 있습니다. 현재의 생명은 과거의 종자가 현행을 낳은 것입니다. 전생에 누적된 습성과 부모의 유전자 그리고 받은 교육과 당대 사회의 사상적 조류(潮流)의 영향 등 갖가지 요소가 더하여져 주관적인 생각의식을 형성합니다. 그리고 다시 새로운 생각과 행위를 낳아 다른 사람 및 사물과의 관계를 발생하여 서로 영향을 미치는데, 이것이 바로 소연연입니다. 이러한 현상들이 다시 종자로 변하여 파생하여 갑니다. 이와 같이 끊임없이 순환하는데, 이는 곧 윤회의 이치입니다. 종자가 현행을 낳고 현행이 종자를 낳아서 영원히 간단(間斷)없이 도는 것을 무간연이라고 합니다.」라고 하였다.

* 정공법사는 「부모와 우리의 연(緣)은 증상연입니다. 자녀의 모습이 부모와 아주 닮은 경우에, 현대 학술에서는 유전이라고 하지만 불교에서는 유전이라고 말하지 않습니다. 모습이 어째서 같을까요. 태(胎)에 들어갈 때에 부모의 그 모습을 좋아하면 바로 그 모습에 따라 자기를 빚는 것입니다. 이런 모습은 40세 이전에는 바꾸기가 쉽지 않습니다. 40세 전의 모양은 여러분이 막 태에 들어갈 때의 그 생각이 변해서 나타난 것이기에, 우리는 선천적이라고 부릅니다. 바로 여러분이 태에 들어갈 때에 취한 상(相)인 것이지요. 스스로 지식이 있어서 만약 발심하여 수행한다면 그것은 후천적인 것입니다. 이 상은 변할 수 있지요. 마음에 따라 상이 변합니다. 40세 이후의 상은 대부분 후천적입니다. 여러분이 자비심을 닦으면 모습이 아주 자상해지고, 마음이 아주 흉악하면 남들 보기에 무서운 모습이 될 것입니다.」라고 하였다.

* 남회근 선생은 「불교에는 일존(一尊)의 관념이 없습니다. 우주에는 절재적인 주재자(主宰者)가 없습니다. 심지어 불교는 주장하기를, 중생은 본래 부처이고 일체중생은 평등하다고 합니다. 중생은 단지 본

성을 잃어버린데 불과하다고 합니다. 이것이 다른 종교와 다른 점입니다.」라고 하였다.

* 이 땅에 부처님의 화신(化身)으로 오신 남회근 선생의 말씀을 더 본다. 「잠시라도 조심하지 않으면 곧 문제가 터집니다. 자신을 엄격히 단속할 때만 비로소 문제가 생기지 않을 수 있습니다. 모든 것이 자신에게 달려 있습니다. 다른 사람에게 있는 것도 아니요, 하늘에 있는 신에게 있는 것도 아니며, 외부환경에 있는 것도 아닙니다. 숭배하기 때문에 그 사람을 보호해 준다면 그건 부처가 아닙니다. 부처의 진정한 교의(教義)도 공자와 마찬가지로 '일체가 스스로에게 달렸다'는 것입니다.

주재자는 여러분 자신이며, 여러분 자신의 업(業)의 힘입니다. 그 어떤 교주도 여러분의 주재자가 될 수 없습니다. 이 우주에는 주재자가 없으며 저절로 되는 것이 없습니다. 일체의 것은 모두 인과관계로 엮여 있습니다.」

아미타불 넉자는 아가타약이다. 고치지 못하는 병이 없기 때문이다. 아미타불 넉자는 여의주의 왕이다. 채우지 못하는 원願이 없기 때문이다. 아미타불이라는 명호는 생사고해를 벗어나는 자비로운 배이며, 무명의 긴 밤을 깨워주는 지혜의 등불이고, 부수지 못하는 어둠이 없다. 염불할 때가 곧 부처님을 뵙는 때이며, 왕생을 구하는 때가 곧 정토에 태어나는 때이다.

一句阿彌陀佛 是阿伽陀藥 無病不療 是如意珠王 無願不滿 是生死苦海之慈航 無苦不渡 是無明長夜之慧燈 無暗不破 念佛時卽見佛時 求生時卽往生時　　　　　　　-철오선사

* 철오선사는 「아미타불이라는 이름이 단지 이근(耳根)에 한번 스치기만 해도 부처님과 인연이 있는 것이고, 단지 한 생각 신심(信心)을 낼 수만 있으면 곧바로 부처님과 감응을 일으킬 것이며, 신심이 과연 진실하다면 극락왕생 서원은 굳이 발(發)하려 하지 않아도 저절로 생겨난다. 따라서 단지 믿음과 발원이라는 이 두 법만 항상 마음에 간직해두면 된다. 마치 충신이 성왕(聖王)의 밀지를 받들듯이, 효자가 엄한 아버지의 엄명을 받들듯이, 그렇게 마음에 항상 새겨 간직하고 잊지 않는 것이 염불에서 가장 중요한 것이다.[一句阿彌陀佛 但得一歷耳根 便爲有緣 但能一念信心 便可相應 信心果眞 願不期發而自發 只將此信願二法 常存在心 如忠臣之奉聖君密旨 孝子之受慈父嚴命 憶念不忘 作爲第一件要事]」라고

400

하였다.

　＊불교에서는 서원(발원)을 무척 강조한다. 정토법문의 경우, 믿음이 있어도 서원이 없으면, 극락에 왕생하지 못한다. 정토법문에서 서원은 정토에 왕생하고자 하는 강한 마음을 말한다. 〈대지도론〉에 서원(誓願)과 관련된 말씀이 있어 인용한다. 「복을 짓되 원하는 것이 없으면 표방할 바가 없나니, 서원을 세워 인도자[導御]가 되어야 능히 이루어질 바가 있는 것이다. 비유하자면 금을 녹이는 일은 세공사(細工師)의 뜻에 따를 뿐이요, 만들어질 금에 모양이 정해져 있는 것은 아니다. 묻는다. 서원을 세우지 않으면 복덕을 얻지 못하는가. 답한다. 비록 얻기는 하나 서원이 있는 것만 못하다. 서원은 능히 복을 도우니, 항상 행한 바를 생각하면 복덕이 자라나는 것이다. 묻는다. 서원을 세워야 과보를 얻는다면 어떤 사람이 십악(十惡)을 저지르고도 지옥에 태어나기를 서원하지 않는다면 지옥의 과보도 얻지 않아야 하리라. 답한다. 죄와 복에는 정해진 과보가 있지만, 다만 서원을 세운 이는 적은 복을 닦아도 원력 때문에 큰 과보를 얻게 된다. 앞에서 말하기를, ‘죄의 깊음은 괴롭다.’고 하였는데, 일체 중생은 모두 즐거움을 얻으려 하지 괴로움을 원하는 이는 없다. 그러므로 복에는 한량없는 과보가 있지만, 죄의 과보는 한량이 있는 것이다.」라고 하였다.

　＊원영법사는 「우익대사께서 말씀하신 ‘아가타약 만병총지(阿伽陀藥 萬病總持)’란 무슨 뜻인가. ‘아가타(阿伽陀)’는 범어(梵語)로 ‘널리 보내 버린다(普去)’는 뜻인데, 이는 바로 묘약(妙藥)의 이름이다. 지명염불은 능히 모든 병(病)을 널리 보내 버리는(소멸시키는) 효능이 있으므로 총지(總持: 모든 것을 지님)라고 칭한다.」라고 하였다.

　＊연지대사는 〈죽창수필〉에서 「아가타약이 만병을 다스리건만, 마음이 변덕스러워 믿고 따르려 하지 않으니, 신성(神聖)의 교묘함인들 이를 어찌 하겠는가.[阿伽陀藥 萬病總持 二三其心 莫肯信服 神聖工巧 獨且奈之何哉]」라고 하였다.

　＊아가타(阿伽陀) : 죽지 않게 하는 약, 즉 불사약(不死藥)이나 만병을 치료하는 약을 말하는데, 정토법문에서는 아미타불 또는 아미타불의 명호를 부르는 지명염불(칭명염불)을 일컫는다.

　누가 물었다.

「왜 시방의 모든 부처님을 부르라 하지 않고, 유독 아미타불만 부르라고 하는가.」

　답한다.

「현재, 시방의 모든 부처님들 중에 아미타불이 가장 수승하시고 가장 존귀하시고 가장 자비하시다. 또, 시방의 모든 부처님들 중에 아미타불이 중생과의 인연이 가장 깊으시다. 현재, 시방의 모든 부처님들의 원력 중에 중생을 섭수하시는 원력은 아미타불이 가장 많으시다. 또, 시방의 모든 부처님들의 정토 중에서 아미타불의 정토가 가장 좋다. 그래서 위제희 부인 등이 서방정토를 택한 것이다.

또, 시방의 모든 부처님들의 정토 중에서 아미타불의 정토가 가장 가깝다. 시방의 모든 부처님들 명호 중에 아미타불의 명호를 부르는 공덕이 가장 많다. 그러므로 오로지 아미타불만 부르고 다른 부처님을 부르지 않는 것이다.」

問曰 何故不念十方諸佛 偏念阿彌陀佛 答曰 現在十方佛中 彌陀最勝最尊最慈 又十方佛中 彌陀佛與衆生結緣最深 於現在十方佛中 彌陀佛願力攝衆生最多 又十方佛淨土中 彌陀佛淨土最好 韋提希等選得 又十方淨土中 彌陀淨土最近 十方諸佛名號中 念阿彌陀佛名號功德最多 所以專念彌陀佛 不念餘佛

-〈염불경〉·〈연종집요〉

＊아미타불의 48대원 중 제17원은 제불칭양원(諸佛稱揚願)인데, 「만약 제가 부처가 되어서도 시방 세계의 무량한 모든 부처님들이 모두 저의 이름을 찬탄하지 않는다면 부처가 되지 않겠습니다.」이다. 아미타불께서는 이미 성불하셨으며 이는 곧 제불칭양원을 성취하셨음을 의미한다. 그러므로 우리가 아미타불의 명호를 칭하는 것은 곧 모든 부처님이 찬탄하시는 일이며, 부처님의 근본은 모두 하나이므로, '나무아미타불' 하는 것은 곧 시방세계의 무량한 모든 부처님들의 명호를 부르는 것과 같다.

＊《수원왕생경(隨願往生經)》에 「시방의 모든 불토는 모두 장엄하고 청정하다. 원(願)을 따라 모두 정토에 왕생한다. 다만 아미타불께서 계시는 서방정토만 못하다. 이것은 무슨 뜻인가. 아미타불이 관세음보살과 대세지보살과 함께 처음 발심하셨을 때, 이 법계를 따라 이 중생계로 오셨기 때문이다. 그래서 유독 중생과 인연이 많은 것이다.[十方佛土 皆悉嚴淨 隨願竝得往生 但悉不如無量壽佛國 何意如此 因阿彌陀佛與觀音大勢至 初發心時 從此界去 於此衆生 偏是有緣] 라고 하였다.

＊정권법사는 「왜 시방세계의 모든 부처님께서 중생들에게 다만 아미타불만을 칭념하라고 가르치시

고, 다른 부처님을 칭념하라고 가르치시지 않을까. 이는 모두 시방의 모든 부처님들께서 중생들을 가여워하시는 자비에 있어서는 비록 모두 같으시지만, 중생구제의 원력과 중생을 접인하는 방편에 있어서 오직 아미타불만이 다른 부처님들을 훨씬 초월하시며 뛰어나시기 때문이다.」라고 하였다.

  * 위제희(韋提希) :《관무량수경》에 나오는 왕비로,《관무량수경》의 주인공이다. 부처님께서 만년에 기사굴산에 계실 때 왕사성에서 큰 비극이 일어났다. 태자 아사세가 제바달다의 사주를 받아 왕위를 빼앗기 위해 부친 빈바사라(頻婆娑羅) 왕을 가두고, 아버지를 옹호하는 어머니 위제희 왕비마저 가두어 버렸다. 위제희 부인은 간절히 부처님의 왕림을 기원하였다. 그러자 부처님께서는 즉시, 아난존자와 목련존자를 데리고 신통력으로 부인의 처소에 나투셨다. 그리고 당신의 광명 속에서 시방세계의 정토를 나타내시어 부인에게 보였는데, 그녀는 괴로움이 없고 안락한 극락세계에 왕생할 것을 바라고 그 곳에 태어날 방법을 가르쳐 주시기를 애원하였다. 이윽고 부처님께서는 부인을 위하여 16관법(觀法)을 설하셨다.

   삼승三乘의 성현들은 비록 생사윤회에서는 벗어나셨지만, 대자비심이 없어 우리한테 별 도움이 안 됩니다. 여러 보살님들은 비록 대자비심이 있지만 각자 마음에 증득한 정도가 유한하여, 모든 중생의 소원을 다 채워줄 만큼 두루 이익을 베푸실 수가 없습니다. 그리고 시방세계의 여러 부처님들은 비록 모두 궁극의 진리세계를 증득하셨지만, 우리 중생이 그 부처님들을 감동시키기가 쉽지 않고, 설사 정성이 지극하여 감응感應이 나타날지라도 잠시 고통을 떠날 뿐이지 결코 궁극의 해탈은 아닙니다. 오직 아미타불만이 단지 한번 뵙기만 하면, 곧장 나고 죽는 윤회를 벗어나 고통의 뿌리를 영원히 끊어버리게 됩니다. 오직 이 나무아미타불만이 우리가 마음을 다하고 혼신의 힘을 다해 염송해야 할 명호입니다. 그래서 내가 일찍이 「세간世間과 출세간出世間을 두루 사유思惟해 보아도, 아미타불을 염송 안하고 또 누굴 염송할거냐.」라고 읊었던 것입니다.

   三乘聖人 雖出生死 無大悲心 無益於我 諸菩薩等 雖有大慈悲心 以其心證各有分限 未能普利衆生 滿一切願 十方諸佛 雖皆證窮法界 然我感之不易 縱感極而見 不過暫時離苦 終非究竟 唯阿彌陀佛 但得一見 卽頓脫生死 永斷苦根矣 唯此一句阿彌陀佛 是所當盡心竭力者

予曾有偈云 世間出世思惟徧 不念彌陀更念誰

- 철오선사

* 삼승의 성현들 : 성문(聲聞)/ 연각(緣覺)/ 보살(菩薩)을 말함.

* 세간(世間)/ 출세간(出世間) : 일체생사법(一切生死法)이 세간이고, 불생불멸(不生不滅)하는 열반이 출세간이다. 사성제(四聖諦)에서 고성제(苦聖諦)와 집성제(集聖諦)가 세간에 해당하고, 멸성제(滅聖諦)와 도성제(道聖諦)가 출세간에 해당한다.[一切生死之法爲世間 不生不滅之涅槃爲出世間 如苦集二諦是世間 滅道二諦是出世間].

* 우익대사는 「정성과 공경 두 가지는 미래세가 다하도록 모든 부처님께서 세상에 나오신다 하더라도 바꿀 수 없는 철칙이다. 그러므로 죄악이 깊고 무거운 박지범부(縛地凡夫)인 우리들이 누겁토록 쌓아온 업을 단박에 소멸시키고, 신속하게 무생법인을 증득하고자 하면서 지성심과 공경심을 다하지 않는다면, 이는 마치 뿌리 없는 나무가 번성하기를 바라는 것과 같고, 날개 없는 새가 창공을 날려고 하는 것과 같으니, 이 어찌 될 수 있겠는가.[此二事雖盡未來際諸佛出世 皆不能易也 而吾人以縛地凡夫 欲頓消業累 速證無生 不致力於此 譬如木無根而欲茂 鳥無翼而欲飛 其可得乎] 라고 하였다.

* 성현의 말씀에 「당신이 다른 사람을 일척(一尺) 공경하면, 다른 사람은 당신을 일장(一丈: 一尺의 10배)이나 공경한다.」라고 하였다.

* 서산대사는 〈선가귀감〉에서 「부처님께서 과거현재인과경(過去現在因果經)에서 말씀하셨다. "더러운 손으로 경전을 만지거나, 부처님 앞에서 침을 뱉는 사람들은 다음 생에 반드시 뒷간의 구더기가 될 것이다.[過去現在因果經云 將不淨手 執經卷 在佛前 涕唾者 必當獲厠蟲報]」라고 하였다.

* 「욕심이 없는 것을 '성(聖)' 이라 하고, 욕심이 적은 것을 '현(賢)' 이라 한다.[無欲之謂聖 寡欲之謂賢] 라는 말씀이 있다.

* 불교교리의 깊은 뜻을 약 1,000수의 오언시(五言詩)로 읊은 일종의 불교시집인 〈어제비장전(御製祕藏詮)〉에 '성(聖)' 은 바르다.[正], 원만하다.[圓]는 뜻이며, 장애가 다 없어져서 지혜가 원만하여 법계를 끝까지 증득하게 되면 마침내 성(聖)의 경지에 오른다고 하였다.

왜 시방세계의 모든 부처님께서 중생들에게 다만 아미타불만을 칭념하라고 가르치시고, 다른 부처님을 칭념하라고 가르치시지 않을까.

이는 모두 시방의 모든 부처님들께서 중생들을 가여워 하시는 자비에 있어서는 비록 모두 같으시지만, 중생구제의 원력과 중생을 접인하는 방편에 있어서 오직 아미타불만이 다른 부처님들을 훨씬 초월하시며 뛰어나시기 때문이다.

이런 고로 시방제불께서 아미타불을 찬탄하시고, 최고 제일의 부처님으로 인정하신 것이다. 왜 그런가. 중생이 만약에 시방세계에 있는 정토에 널리 노닐며 시방제불을 가까이 모시고자 한다면, 응당 먼저 서방극락세계에 왕생하여 아미타불을 가까이 모셔야 한다.

그런 연후에 아미타불을 따라 항상 부처님을 배우고 그런 다음 신통력을 갖추어 날아다님이 자유자재하게 되어 이른 아침시간에 시방세계의 십만 억의 부처님께 나아가 공양을 올릴 수 있다. 이런 까닭에 시방제불께서는 이구동성으로 아미타불을 칭념稱念하라고 가르치시고 다른 부처님을 칭념하라고 가르치시지 않는다.

이런 까닭에 고덕古德께서 「내 마음이 내 마음의 부처님께 간절히 구하면[感] 내 마음의 부처님이 곧바로 이에 응답하신다.[應] 감感과 응應은 어느 것이 먼저고 어느 것이 나중에 있는 그런 관계가 아니니, 중생과 부처가 원래 한 몸이다.」고 하셨고, 또 「내 마음이 부처님을 감동시키면 아미타불께서 곧바로 응답하신다. 중생과 아미타불은 본래부터 서로 통通하여 있는 지라 이는 마치 자석이 쇳조각을 흡수함과 같다.」고 하셨다. 이것을 보면 아미타불과 사바세계의 중생 사이에는 유독 인연이 많음을 알 수 있다.

何故十方如來 但教衆生稱念阿彌陀佛 不教衆生稱念餘佛 皆因十方諸佛 憐念衆生之慈悲 雖然佛佛相同 而救度衆生之願力 及接引衆生之方便 唯彌陀世尊 超然殊勝 故十方諸佛稱讚阿彌陀佛 最爲第一 何以故 衆生若欲遍遊十方淨土 親近十方諸佛 應當先歸西方極樂淨土 親近阿彌陀佛 從彼常隨佛學 然後具足神力 飛行自在 一旦之頃 可以供養他方十萬億佛 因是十方諸佛 同教衆生稱念阿彌陀佛 不教衆生稱念餘佛

是以古德云 我心感我佛 我佛卽應我 應感非先後 生佛同一體 又古德云 我心感諸佛 彌陀卽懸應 天性自相關 如磁石吸鐵 觀此可知阿彌陀佛 偏與此土衆生有緣

-정권법사 〈능엄경대세지보살염불원통장강의〉

＊《능엄경》 25원통법문(圓通法門)은 육근(六根)/ 육진(六塵)/ 육식(六識)/ 칠대(七大)의 25가지 수행에 관하여 25분의 성인(聖人)께서 수증(修證)하신 법문으로서, 각각 그 법에서 모두 원통을 얻었음으로 25원통법이라 한다. 육근은 눈/ 코/ 귀/ 혀/ 몸/ 뜻을, 육진은 색(色)/ 성(聲)/ 향(香)/ 미(味)/ 촉(觸)/ 법(法)을, 육식은 안식(眼識)/ 이식(耳識)/ 비식(鼻識)/ 설식(舌識)/ 신식(身識)/ 의식(意識)을, 칠대는 지대(地大)/ 수대(水大)/ 화대(火大)/ 풍대(風大)/ 공대(空大)/ 견대(見大)/ 식대(識大)를 말한다.

혹시라도 아미타부처님을 부르며 생각하는 염불이 수많은 부처님을 부르며 생각하는 공덕만큼 크지 못하다고 생각하지 마시오. 아미타불은 법계장신法界藏身으로 시방 법계의 모든 부처님들의 공덕이 아미타불 한 분께 전부 원만히 갖추어져 있음을 모름지기 알아야 하오. 아미타불 한 분만 입에 올려도 모든 부처님이 빠짐없고 남김없이 전부 포함된다오.

且勿謂緣想一佛 不如緣想多佛之功德大 須知阿彌陀佛 是法界藏身 所有十方法界諸佛功德 阿彌陀佛一佛 全體具足

- 인광대사

＊천태대사께서 지은 〈십의론(十疑論)〉에 「만약 모든 부처님을 염한다면 염불의 경계가 넓어 마음이 산만하여 삼매를 이루기 어렵고, 때문에 왕생을 얻지 못한다. 또 부처님의 법성(法性)은 다르지 않기 때문에 한 부처님의 공덕을 얻음과 모든 부처님의 공덕을 얻음은 다르지 않다. 이 때문에 아미타불을 염하는 것은 곧 모든 부처님을 염하는 것이고, 한 정토에 나는 것은 곧 모든 정토에 나는 것이다. 그러므로 화엄경에서는 "일체 부처님들의 몸은 곧 하나의 부처님 몸이다." 하셨고, 또 비유하면 "밝은 보름달이 모든 물에 비치면 비치는 그림자는 비록 한량없으나 본래의 달은 둘이 아닌 것과 같다." 라고 말씀하셨다.」 라고 하였다.

＊인광대사는 「출가자나 재가자 구별 없이, 위로는 사람들을 공경하고 아래로 사람들과 화합하며, 사람이 능히 인욕(忍辱)하지 못함을 인욕하며, 사람이 능히 하지 못함을 하며, 사람의 수고로움을 대신하는 사람은 아름답소. 고요히 앉아 항상 자기 허물을 생각하며, 한가하게 다른 이의 옳고 그름을 말하지 아니

하며, 걷고 머무르고 앉고 눕고 옷을 입을 때나 밥을 먹을 때나 아침부터 저녁까지 저녁부터 아침까지 오직 한 구절 부처님 명호를 끊어 지지 않게 하며, 혹 적은 소리로 혹 묵념으로 부처님 명호 외에 다른 생각이 나지 않게 하며, 만약에 혹 다른 생각이 일어나면 바로 다른 이의 중요한 가르침을 취하여 없애버리고, 항상 부끄러운 마음과 참회하는 마음을 내며, 만일 공부한 것이 있다면 정말로 나의 공부가 비천함을 알고 스스로 자랑하지 아니하며, 다만 나의 공부만 생각하고 다른 이의 공부는 관여하지 아니하며, 다른 이의 좋은 면만 보고 나쁜 면은 보지 않아야 하오. 모든 이가 다 보살이며 오직 나 한 사람만이 진실로 범부라고 여기시오. 과연 능히 내가 말한 대로 의지해서 수행한다면 결정코 서방극락세계에 왕생할 것이오.」라는 귀한 가르침을 남겼다.

＊정공법사는 아미타불만 염하고 관세음보살이나 다른 부처님을 염하지 않으면 그 불보살님들이 서운해 하시지 않을까 하고 생각하는 것만으로도 큰 죄가 된다고 하였다. 왜냐하면 불보살을 범부(凡夫)로 취급하는 것이기 때문이다.

＊《관무량수경》에 「모든 부처님은 법계를 몸으로 하나니, 일체중생의 마음 가운데 들어가 계신다.[諸佛如來法界身 入一切眾生心想中]」 라고 하였고, 남회근 선생은 이 구절의 뜻은 「중생은 모두 불성이 있다.[眾生皆有佛性]」는 말의 다른 표현이라고 하였다.

＊행책대사의 〈정토경어〉에 「아미타불은 곧 법계장신(法界藏身)이다. 극락세계는 곧 연화장세계이고, 한 부처님을 뵈면 곧 무량한 부처님들을 뵙는 것이다. 한 불국토에 태어나면 곧 무량한 불국토에 태어나는 것이며, 한 부처님을 염(念)하면 곧 일체의 모든 부처님을 염하는 것이니, 곧 일체의 모든 부처님들께서 호념(護念)해 주신다. 그 까닭은 법신(法身)은 둘이 아니고, 중생과 부처도 둘이 아니며, 중생이 부처를 염하면 부처님도 중생을 염하는 것이 둘이 아니기 때문이다.[阿彌陀佛卽法界藏身 極樂世界卽蓮華藏海 見一佛卽是見無量佛 生一 剎卽是生無量 剎念一佛卽是念一切佛 卽爲一切佛所護念 以法身不二故 生佛不二故 能念所念不二故也]」 라고 하였다.

＊고덕께서 「아미타불은 법계의 몸으로, 모든 염불하는 중생의 마음에 들어가 계신다.[阿彌陀佛是法界身 入一切念佛眾生心]」 라고 하였다.

＊법계(法界) : 우주(宇宙)를 가리키는 말이기도 하고, 진리의 세계를 뜻하기도 한다. 또 십법계(十法界)와 동의어이기도 하다. 청화스님은 「여래(如來)란 뜻이나 진여(眞如)란 뜻이나 법계(法界)란 뜻이나 다 같은 뜻입니다.」 라고 하였다.

우리의 영원한 고향은 극락세계입니다. 모든 경전 가운데서 나무아미타불에 관한 법문이 제일 많습니다. 제 아무리 부처님 이름이 많이 나열돼 있다 하더라도 역시 근본은 아미타불이란 말입니다. 왜 그런가 하면 '나무南無'란 '귀의歸依한다', '우리 몸과 마음을 온전히 다 바쳐서 의지한다'는 뜻이고, 아미타불이란 것은 법신法身·보신報身·화신化身을 다 겸해 있단 말입니다. 인생과 우주의 모든 존재의 근본자리인 법신 말입니다. 또는 근본에서 이루어진 현상계 모두와 그 가운데 들어있는 공덕을 다 포함한 포괄적인 이름이 이른바 아미타불이란 말입니다.

-청화스님

* 청화스님은 「이 세상의 개념들 가운데에서 가장 소중한 이름이 부처님 명호입니다.」라고 하였다.

* 남회근 선생은 「불경은 말합니다. '마음과 부처와 중생, 이 세 가지는 차별이 없다.' 이 세 가지는 삼위일체(三位一體)입니다. 부처님은 화신(化身)이요, 마음은 법신(法身)이요, 중생은 보신(報身)입니다.」라고 하였다.

* 남회근 선생은 또 「일체의 중생과 부처에게는 모두 법, 보신, 화신의 세 몸이 있습니다. 법신은 자성(自性)의 본체로서 허공중의 전기(電氣)와 같습니다. 전기는 본래 허공중에 존재하고 있습니다. '여래(如來)'라는 말은 부처가 이룬 법신에 대한 칭호입니다. 보신은 우리가 부모로부터 받은 몸입니다. 이것을 화신이라 할 수도 있습니다. 보신의 성취를 얻어 원만한 보신으로 바뀌면, 비단 병이나 통증이 없어질 뿐만 아니라 완전히 색계(色界) 천인의 몸으로 바뀌게 되며, 헤아릴 수 없이 많은 화신(化身)이 생깁니다. 법신은 곧 여래요, 보신은 곧 세존이며, 화신은 곧 부처입니다. 이론적으로 말하면, 법신은 본체[體]요, 보신은 현상[相]이며, 수없이 많은 화신은 작용[用]입니다.」라고 하였다.

* 〈대승기신론〉에 「부처님의 법신(法身)은 중생의 몸과 평등하여 둘이 아니다.」라고 하였다.

* 원효대사는 「법신(法身)은 큰 지혜요 광명이며, 세상의 모든 대상계를 두루 남김없이 비추어 모든 것을 다 알게 되는 것이며, 있는 그대로를 참되게 하는 힘을 간직하고 있으며, 맑고 깨끗한 마음을 본성으로 하고 있으며, 영원하고 지복(至福)이 있고 자유자재하고 번뇌가 없으며, 인과의 법칙에 의해 변동하는 것이 아니라 스스로 존재하는 것으로서, 중생의 마음을 통해서만 증득될 수 있는 것이다.」라고 하였다.

＊ 임제(臨濟)선사는 「그대의 한 생각 청정한 광명이 법신불이요, 그대의 한 생각 분별없는 광명이 보신 불이요, 그대의 한 생각 차별없는 광명이 화신불이다. 지금 내 앞에서 법문을 듣고 있는 그대들이 바로 삼신불이다. 그대가 삼신불의 공덕을 갖게 되는 것은 마음속에서 부처를 찾으려 하기 때문이요, 자기 밖에서 찾고 있지 않기 때문이다.〔一念淸淨心光卽法身佛 一念無分別心光卽報身佛 一念無差別心光卽化身佛 法報化三身 本性全具 不用向外別求〕라고 하였다.

＊ 청화스님은 「요즈음 카오스(chaos) 이론에서 나비효과(butterfly effect)라는 것이 있지 않습니까. 이런 것은 다행히도 부처님 법을 차근차근 지금 현대 물리학이 밝혀가고 있다고 생각이 되어서 기쁘게 환영을 합니다. 그 나비효과는 나비 한 마리가 영국의 어느 시골 꽃밭에서 공기를 살랑거리면 그것이 원인이 되어서 다음 달 한국의 서울에 폭풍이 일어날 수도 있다는 것입니다. 영국이나 미국이나 그 먼 나라에 있는 나비 한 마리, 그야말로 가벼운 동작 하나가 지금 우리와 불가분(不可分)의 관계를 갖고 있다는 것입니다. 이런 것을 가리켜서 불교의 어려운 말로 중중무진(重重無盡)의 연기법(緣起法)이라, 이렇게 말씀을 합니다. 얽히고 설킨 천지우주의 모든 것이 다 하나의 관계성(關係性) 위에 있습니다. 때문에 어느 것도 관계가 되어 있지 않는 것이 아무 것도 없습니다. 내가 존재하는 것이나 그대가 존재하는 것이나 또는 나무 하나 성장하는 것이나 모두가 다 우주 전체하고 다 관련성이 있습니다. 그러기 때문에 한 말로 하면 이 우주 자체가 이른바 하나의 유기체(有機體)란 말입니다. 내 몸뚱이만 유기체가 아니라 또 동물이나 식물만 유기체가 아니라 우주 전체가 다 관계성 때문에 관계의 고리로 얽히고설킨 하나의 유기체란 말입니다.」 라고 하였다.

＊ 청화스님이 제자인 본연(本然)스님에게 「처음에는 깨달음을 얻기 위해서 염불한다네. 깨달음을 얻고 난 후에는 중생을 위해 염불한다네.」 라는 가르침을 주셨다.

석가모니부처님이 말씀하시되, 「삼천세계의 부처님 가운데서 서방 아미타불이 가장 존귀한 부처님이시다.」 하시고, 또한 시방세계의 모든 부처님이 찬탄하시기를, 「아미타부처님이 제일이니라.」 하셨다. 이런 까닭에 경(經)에서 「말법시대에 만일 선남자 선여인이 아미타불의 명호를 얻어 듣고 열 번 생각하며 염송하면, 비록 극악의 중죄를 지었더라도 능히 지옥의 모든 고통을 면하고, 반드시 구품 연화대에 태어나 성불하기 때문에 다른 모든 부처님보다 수승하시다.」 고 하신 것이다.

- 명연明衍대사 〈염불보권문念佛普勸文〉

＊명연대사 : 조선 숙종 때의 고승. 그의 저서인 〈명연집〉에 염불보권문이 실려 전한다.

＊〈염불보권문〉에 다음과 같은 글이 실려 전한다. 경상도 밀양에 사는 현(玄)씨라는 사람이 평소에 매일 밤낮으로 염불을 3만 번씩 하였는데, 임종을 앞두고 아미타불께서 나타나셔서 다음과 같은 말씀을 하셨다. 「아미타부처님이 말씀하시기를, "너희들 대중은 여러 경전의 부처님과 조사의 말씀을 믿고 들어라. (나는) 무수한 방편을 설하였느니라. 이러한 까닭에 상근기와 중근기는 정법(正法)과 상법(像法)이 견고하여 득도하지만, 하근기의 말법시대에는 여러 문이 열려 있거나 혹은 닫혀 있는 것이니라. 말법에 고통과 번뇌로부터 벗어나고자 하는 사람들을 위하여 설하노라. 이 시대에 일어나야 할 가장 적당한 수행은 정토문이니 왕생을 구하여 염불하는 사람은 누구든지 극락세계에 왕생할 것이니라.」

정말로 염불법문이 가장 빠른 지름길 수행이며, 대장경의 가르침에 따라 바로 최상의 근기를 맞이할 뿐만 아니라, 중하근기의 대중도 끌어들인다. 부처나 조사나 교종이나 선종이나 할 것 없이 모두 정토 법문을 수행하여 한 근원으로 돌아간다. 이 문(門)에 들어가는 자는 무량한 법문을 모두 증득(證得)하기 때문이다.

-진헐眞歇 료了선사 〈정토설淨土說〉

＊정공법사는 「대승과 소승을 비교하면, 대승은 가까운 길로 걸어가는 것이며, 다시 대승법문과 선종을 비교하면, 선종이 또한 가까운 길로 걸어가는 것이다. 다시 선종과 정종(염불)을 비교하면, 정종이 더욱 가까운 길이다. 경전에서는 하루에서 7일까지 염불하면 왕생할 수 있다고 하였다.」라고 하였다.

＊우리는 고려대장경(팔만대장경)을 자랑스러워하지만, 정작 세계 불교학자들은 우리의 고려대장경보다는 일본의 '대정신수대장경(大正新修大藏經)'을 즐겨 인용하고 있고, 이 대장경이 세계불교문헌의 표준이 되었다는 것을 알아야 한다. 우리의 고려대장경을 저본(底本)으로 한 대정신수대장경(大正新修大藏經)은 일본 학계가 총동원되어 13년간(1912~1925)의 노력으로 완성한 세계 최대의 대장경이다. 이 대장경은 분량이 고려대장경의 2배 정도이다. 분량은 고려대장경+중국의 한역 대장경+인도의 범어(산스크리트어)+팔리어 원전을 총망라하였고, 둔황에서 출토된 경전은 물론 기독교의 성서(聖書)까지 수록되어 있으며, 불교미술품을 사진으로 촬영하여 수록하기까지 하였다. 대승경전과 상좌부 경전의 경·율·논을 각각 구분하여 편찬하였고, 한문 문장에 토를 달고 인도와 중국의 여러 경들의 다른 점을 주해(註解)

하여 놓았다. 그뒤 10년 후, 6년간 팔리어 원전을 60권 70책의 남전대장경이라는 이름으로 완역하였다.

　부처님은 위없는 법의 왕이시다. 모든 대보살들을 법의 신하로 삼는다. 모든 신하들이 받들고 중히 여기는 바는 오직 불법의 왕인 부처님이다. 어떤 한 보살이 스스로 생각하기를, 과거에 반야를 비방하여 악도에 떨어져 무량한 고통을 받았는데, 다시 무량겁의 세월이 지나 다른 수행을 해도 윤회를 벗어나지 못하다가 뒷날 선지식을 만나니 그가 아미타불을 염하게 하였다. 아미타불을 염하자, 즉시 죄와 업장을 멸하고 육도를 벗어나 정토에 왕생하였다. 내가 이제 마땅히 아미타불께 감사의 예를 올려야겠다. 왜 아미타불인가. 부모나 친구나 사람이나 천상의 왕 등은 내가 윤회를 벗어나도록 제도해 주지 못하는데, 오직 아미타부처님만은 원력으로 중생을 섭수하시니, 이 때문에 윤회를 벗어나는 것이다.

　게송으로 말한다.

　「사람이 부처가 되기를 발원한다면, 마음으로 아미타불을 부르거나 생각하여라. 그리하면 곧 부처님께서 몸을 나투시니, 고로 내가 귀명의 예를 올립니다.」

　또 말하기를, 부처님께서 세상에 계실 때에 어느 한 노인이 출가를 하고자 하였는데, 제자인 사리불이 허락하지 않았다. 부처님이 이 사람을 관觀하여 보니, 한량없는 겁 이전에 나무꾼이었는데, 호랑이가 접근해오자 나무 위에 올라가 자기도 모르게 '나무불南無佛' 하였다. 이 작은 선善으로 부처님을 만나 출가를 하였고 아라한과를 얻게 되었으니, 이렇게 부처님 명호를 한 번 탄식하면서 부르는 것만으로도 오히려 해탈할 수 있는데, 하물며 평생토록 부처님 명호를 부르는 것이겠는가.

　佛是無上法王 諸大菩薩以爲法臣 諸臣所尊重者 唯佛法王也 有一菩薩 自念往昔謗般若 墮惡道 受無量苦 復經無量劫來 雖修餘行 不能得出苦海 後遇善知識 敎念阿彌陀佛 卽得滅除罪障 超生淨土 我今應當禮謝阿彌陀佛 何以彼 父母親友人天王等 不能度我出離苦海 唯阿彌陀佛願力攝受 是以得出苦海 偈云 若人願作佛 心念阿彌陀 卽得爲現身 故我皈命禮 又云 佛世一老人求出家 舍利弗不許 佛觀此人 曩劫採樵 爲虎所逼 上樹失聲念南無佛 有此微善 遇佛得度 獲羅漢果 吁一稱其名 尙得解脫 況終身念佛乎　　　　－용수보살〈대지도론〉

＊《대반열반경》위덕왕보살품에 보면, 「선지식이란 중생에게 나쁜 업을 버리고 선한 업을 쌓게 하는 이를 가리키며, 진정한 선지식은 부처와 보살이다.」라고 하였다.

＊《열반경》에 「선지식은 지혜로운 의사와 같다. 병과 약을 알고 증상에 따라 그 약을 주어 우리의 마음병을 낫게 하기 때문이다. 선지식은 뱃사공과 같다. 우리를 이 생사의 바다에서 저 언덕으로 건네주기 때문이다.」라고 하였다. 석가세존도 선지식을 가까이 하는 것은 불도(佛道)를 반이나 이룬 것과 다름이 없다고 하셨다.

＊부처와 보살은 어떤 차이가 있을까. 흔히 부처는 법왕(法王), 보살은 법신(法臣)이라고 부른다. 《능엄경》에 「스스로 제도하지 못하고서 다른 사람을 먼저 제도하고자 하는 것은 보살의 발심(發心)이요, 스스로 원만히 깨닫고서 다른 사람을 깨닫게 하는 것은 여래의 처세(處世)이다.[自未得度 先度人者 菩薩發心 自覺已圓 能覺他者 如來應世]」라는 말씀이 있다.

삼가 듣자오매, 티끌과 모래 같은 국토에서 서방정토를 가장 즐거운 곳이라 하고, 시방의 부처님들 가운데서 아미타불이 가장 높은 명호라 합니다. 칠보로 장엄한 땅에는 아름다운 나무가 줄을 지어 서 있고, 여덟 가지 진귀한 공덕의 못에는 연꽃이 서로 비칩니다. 황금의 월면月面은 붉은 연꽃 가운데 빼어나고, 백옥白玉의 호광毫光은 세계 안을 두루 비춥니다. 광명의 화불化佛은 삼십육 만억으로서 그 이름이 같고, 청정한 보살들은 끝없는 향수해香水海의 권속입니다. 진묵겁塵墨劫 동안 도를 닦을 때 지승왕자智勝王子로서 자재왕自在王 앞에서 발심하고 이내 법장비구法藏比丘라 하였는데, 48원願을 내니 원願마다 다 중생을 제도하기 위함이요, 16관문觀門을 여니 문마다 중생을 모두 거두어 교화하는 것이었습니다. 항상 고해苦海에 인자한 배가 되시니 물에 빠진 이를 구제한 것이 무수하고, 항상 연향蓮鄕의 지름길이 되시니 진실을 모르는 이를 얼마나 지도하셨던가.

- 편양鞭羊언기彦機선사 〈편양당집鞭羊堂集〉

＊편양(鞭羊) 언기(彦機)선사 : 조선 중기의 고승(1581~1644)

＊16관문(觀門) : 《관무량수경》에 석가세존께서 위제희 부인과 다음 세상에 태어날 중생들을 위해 그들이 극락세계에 가서 태어나는 한 방편으로 제시한 16가지 관법(觀法) 수행을 말한다.

412

일관(日觀: 日想觀), 수관(水觀: 水想觀), 지상관(地想觀), 보수관(寶樹觀), 보지관(寶池觀), 보루관(寶樓觀), 화좌관(華座觀), 상상관(像想觀), 진신관(眞身觀), 관음관(觀音觀), 세지관(勢至觀), 보관(普觀), 잡상관(雜想觀), 상배관(上輩觀), 중배관(中輩觀), 하배관(下輩觀)을 말한다. 이 16가지 수행법들을 관상염불(觀想念佛)이라 하는데, 선도화상은 「말법시대 중생은 정신과 의식이 날뛰고 건방지며 마음은 거칠고 경계는 세밀하여, 16관법 수행을 성취하기 어렵다.」 라고 하였다.

* 편양 언기선사는 같은 책에서 「염불문의 공부는 다니거나 섰거나 앉았거나 누웠거나 항상 서방을 향하여 존안(尊顔)을 바라보고 생각하면서 잊지 않으면 목숨을 마칠 때에는 아미타불이 상련대(上蓮臺)로 영접할 것이다.」 라고 하였다.

* 편양 언기선사는 「부처님은 법음(法音)을 직접 듣지 못한 말세(末世) 중생들을 위하여, 16관문(觀門)을 따로 세우고, 아미타불을 정성껏 생각하여 연화정토(蓮花淨土)에 왕생하게 하며, 다시 관세음보살이 32응신(應身)과 천수천안(千手千眼)과 팔만사천의 손과 눈으로 6취(趣)에서 고통 받는 중생들을 구제하는 것을 찬탄하되, 혹은 물에 빠지고 불에 타거나 감옥과 도적과 호랑이와 음흉한 여러 어려움을 당했을 때 지성으로 이름을 부르며 생각하면 다 그것을 면한다고 합니다. 만일 어떤 사람이 과거(科擧)에 올라 벼슬자리를 구하거나 복과 수명을 구하거나 단정한 남녀를 구하거나 혹은 공후(公侯)와 장상(將相)의 높은 관직을 구하거나 혹은 부처 나라에 가서 나기를 구하여 아미타부처님의 이름을 부르면서 기도하고 빌면 보살은 묘한 지혜의 힘으로 밝은 거울이 물건을 비추는 것처럼 무슨 소원이라도 다 이룰 수 있으니, 이것이 이른바 염불문(念佛門)입니다. 대개 중생이 미(迷)한다는 것은 이것을 잘 모르는 것이요, 불조(佛祖)가 닦아 증득한다는 것은 이것을 증득하는 것입니다. …(중략)… 참선이 곧 염불이요 염불이 곧 참선이니, 여기에는 아무런 간격이 없습니다.」 라고 하였다.

* 백옥(白玉)의 호광(毫光) : 백호광(白毫光)을 비유해서 말한 것이다. 백호(白毫)는 부처의 32상(相) 가운데 하나로, 양쪽 눈썹 사이에 난 흰 털을 말하는 것이니, 백호광(白毫光)은 백호에서 뿜는 광명을 말한다. 불상(佛像)에서 가장 중요한 길상(吉相)으로, 대승불교에서는 부처님의 광명이 무량세계에 비친다고 하며, 부처뿐만 아니라 보살상에도 있을 수 있다. 이 털은 오른쪽으로 말려 있고 빛을 발하며 부드럽고 눈처럼 희다고 되어 있다. 부처님이 탄생했을 때, 아사타(阿私陀) 선인(仙人)이 이 흰 털을 당겨서 재어 보니 1장 5척이었고, 무량한 빛이 났다고 한다. 부처님의 길상 중에서 가장 공덕이 크며, 어떠한 상(相)의 공덕도 이 상이 지닌 공덕의 아주 작은 부분에도 미치지 못한다고 한다. 부처님의 공덕을 찬탄한 게송인 찬불

게(讚佛偈)에 '부처님의 백호는 수미산 다섯 바퀴를 휘돌아 감싼다.[白毫宛轉五須彌]' 라는 구절이 있다.

＊ 삼십육만억 : 우리가 자주 염송하는 '장엄염불(莊嚴念佛)'은 경전이나 고승들의 어록에서 좋은 구절만을 발췌하여 묶은 것인데, 그중에 이런 구절이 보인다. 「서방극락세계에 귀의하옵니다. 극락세계에 계시는 삼십육 만억 일십일만 구천오백의 화신불(化身佛)은 모두가 같은 이름을 가졌는데, 모두 아미타불이라 합니다.[南無西方極樂世界 三十六萬億 一十一萬九千五百 同名同號阿彌陀佛]」 위 구절은 왕일휴 거사의 〈용서정토문(龍舒淨土文)〉, 비석화상의 〈염불삼매보왕론(念佛三昧寶王論)〉, 종효법사의 〈낙방문류(樂邦文類)〉, 〈대과보왕론(大課寶王論)〉, 왕자성거사의 〈예념미타도량참법〉에 나온다. 당나라 때의 고승인 비석(飛錫)화상의 〈염불삼매보왕론〉에 보면 「옛날 석가모니부처님께서 세상에 계시면서 중생을 교화하실 때, 어떤 속가의 늙은 두 사람이 곡식 한말을 가지고 수를 세어 가면서 아미타불을 염하여 정토왕생을 원하시는 것을 보시고 말씀하셨다. "내게 다른 방편이 있느니라. 너희로 하여금 염불 한 번에 많은 곡식을 세어 가면서 염불한 것과 같게 하리라." 하시고는 마침내 위 불명(佛名: 三十六萬億 一十一萬九千五百 同名同號阿彌陀佛을 말함)을 염송하게 하셨다.[昔釋迦牟尼佛住世行化 至一俗舍見翁婆二人 以穀一斗 記數共念阿彌陀佛 願生淨土 佛言 我有異方便 令汝於一聲中念得多穀之數 遂令念上佛名]」 라고 하였다. 이 말씀은, 나무아미타불 염불을 한 번 하면 곡식 한 개, 두 번 하면 두 개…이렇게 해서 곡식 한 말[斗: 한 말은 18리터임]이 다 될 때까지 염불하는 것과, 위 '三十六萬億 一十一萬九千五百 同名同號阿彌陀佛' 을 한 번 염하는 공덕이 같다는 뜻이다.

＊ 지승왕자(智勝王子) : 《법화경》에 등장하는 대통지승여래(大通智勝如來)를 말함. 이 부처님의 16왕자가 출가하여 모두 성불하였는데, 그중 아홉 번째 왕자는 아미타불이시고, 열여섯 번째 왕자는 석가모니불이시다. 아미타불은 성불하시기 전 보살로 계실 때 이름이 '법장비구'였는데, 세자재왕여래 앞에서 그 유명한 48원을 발(發)하신 후 무량한 세월 동안 보살행을 닦아 마침내 성불하셨다.

정법을 비방한 죄는 심히 무거워서 오역죄보다 더하다. 이처럼 무거운 죄도 오직 아미타불만 부르면 비로소 죄를 소멸시킬 수 있다. 아미타불만 부르면 무거운 죄도 오히려 소멸할 수 있는데, 하물며 가벼운 죄임에랴. 만약 염불을 하지 않으면 가벼운 죄도 소멸할 수 없는데, 하물며 무거운 죄임에랴. 모래 한 알이 비록 가볍다 하지만 바로 떨어뜨리면 바다 밑으로 가라앉고, 무거운 돌로 배에 실으면 저 언덕에 이를 수 있다.

誹謗正法之罪甚重 過於五逆 如此重罪 唯有念阿彌陀佛 方得消滅 但念彌陀 重罪尚滅 何
況輕罪 若不念佛 輕罪不滅 何況重罪 一沙雖輕 直沈海底 重石乘船 可達彼岸

-〈염불감응록〉

＊염불감응록 : 대만의 혜정慧淨법사(1950~)가 편집한 책이다. 당나라의 선도화상을 사숙(私淑)했다.
계율을 엄격하게 지키며, 염불에 전념하고 있다.

＊〈염불감응록〉에 다음과 같은 문답이 실려 있다. 「질문: 어째서 염불을 하면 극락에 반드시 왕생하는
것 이외에 재난을 소멸하고 복이 자라나며 수명을 연장하는 등 갖가지 현세의 이익들이 있는가.

답: 아미타불이라는 명호가 범부들로 하여금 왕생하여 성불을 할 수 있도록 하는 이유는 명호가 텅 비
어 아무것도 없는 것이 아니고 위없는 공덕을 원만하게 갖추고 있기 때문이다. 무량무변한 공덕을 갖추
었기 때문에 업장을 소멸하고 복과 지혜가 자라나게 할 수 있는 것이다. 업장이 소멸되면 당연히 병이 낫
고 수명이 연장되며 재난이 사라지고, 복과 지혜가 자라나면 자연히 여러 인연들이 잘 모여서 원하는 일
들이 뜻대로 다 이루어지게 된다. 설사 이러한 사실을 모른 채 구하지 않아도 자연히 이루어지고 반드시
이루어진다.」

＊언덕 : 피안(彼岸)을 말한다. 도피안(到彼岸)은 언덕에 도달하는 것을 말한다. 이를 바라밀(波羅蜜)이
라 한다. 이 언덕은 무슨 언덕일까. 남회근 선생은 「성불(成佛)의 언덕이요, 고해(苦海)를 벗어난 언덕이
다.」라고 하였다.

＊남회근 선생은 「여러분 중의 어떤 분은 반야심경을 이해한다고 생각하고 입에서 나오는 대로 함부
로 말하는데, 법을 비방하고 장래에 나쁜 과보를 받을 짓을 하지 말기 바랍니다.」라고 하였다.

극악한 중죄를 지은 악인에게 다른 방편은 없다. 오직 아미타불을 불러야 극락에 왕생한다.
極重惡人 無他方便 唯稱彌陀 得生極樂　　　　　　　-원신대사〈왕생요집往生要集〉

＊남회근 선생은 「보살도를 배우는 사람들은 위로는 선지식을 친근히 해야 하며, 아래로는 악인(惡人)
을 미워하지 않고 조복심(調伏心: 악인을 착한 사람으로, 또는 악행을 선행으로 전환시키겠다는 마음)을
일으켜야 합니다. 나쁜 사람에 대해서도 자비로워야 하고 그를 연민(憐愍: 불쌍하고 가엾게 여김)히 해야

합니다. 설사 그 사람이 진정으로 옳지 않다 하더라도 그를 증오해서는 안 됩니다. 부처를 배우는 것은 중생을 제도코자 아닙니까. 착한 사람도 물론 제도해야 하지만, 악한 사람은 더욱 제도해야 합니다. 세상에는 나쁜 사람이 있기 때문에 부처님이 교화할 필요가 있는 겁니다. 나쁜 사람이 없는데 그 사람한테 성불하기를 바란다면 뭐하겠습니까.」라고 하였다.

＊ 이 세상에 쓸모없는 것은 존재하지 않는다. 심지어 어떤 쓸모도 없어 보이는 먼지조차도 하늘에 올라가 구름을 만들어 비나 눈을 내리게 한다. 즉, 먼지가 없으면 비나 눈이 내릴 수 없는 것이다. 또 먼지가 없으면 석양의 아름다운 노을도 생겨날 수 없고, 푸른 하늘도 볼 수 없다.

아미타불께서 내게 나무아미타불 염불 가르치시어
입으로 아미타불 부르고 귀로 아미타불 염불 소리 듣네.
아미타불, 아미타불 끊이지 않고 계속 외워 나가면
원래 아미타불인 내가 아미타불을 염하는 것이네.

彌陀教我念彌陀 口念彌陀聽彌陀 彌陀彌陀直念去 原來彌陀念彌陀   - 하련거 거사

＊ 하련거 거사는 5종(種)의《무량수경》번역본을 한데 모아 가장 완벽한 형태의《무량수경》을 만들었는데, 이 회집본(會集本)이《불설대승무량수장엄청정평등각경》이다.

＊ 5종의 번역본 :《무량청정평등각경(無量淸淨平等覺經)》《불설제불아미타삼야삼불살루불단과도인도경(佛說諸佛阿彌陀三耶三佛薩樓佛檀過度人道經)》《무량수경》《무량수여래회(無量壽如來會)》《불설대승무량수장엄경(佛說大乘無量壽莊嚴經)》을 말한다. 이들 중에서 우리가 가장 많이 보는 경전이 바로《무량수경》이며 가장 널리 유통되었다. 이《무량수경》은 중국의 삼국시대 위(魏)나라에 왔던 인도의 스님인 강승개(康僧鎧) 역경승께서 한역(漢譯)하신 경전이다.

＊ 하련거 거사는「부처님께서 하신 말씀은 믿기가 어렵다. 진실로 믿기가 어렵다. 만억(萬億) 사람 가운데 한 두 사람만이 알고 있을 뿐이다.」라는 말씀을 남겼다.

＊ 정공법사는「회집(會集) 작업의 위대한 정도로 보아 확실히 하련거 거사는 절대 보통사람이 아닌 불보살의 화신임을 알 수 있다. 진실로 보살이 이 시대의 중생을 가엾게 여기시고 또한 이 시대 중생의 성불

의 기연(機緣)이 완숙하였기에 대보살을 세간에 보내시어 우리를 위해 이 위대하고 수승한 경전을 정리해 주셨다. 그리하여 이 법문을 말법(末法) 9천년 동안 크게 펼치어 널리 한량없는 중생을 제도할 수 있게 하셨다.」라고 하였다.

　＊정공법사는 「하련거 거사는 분명 다시 태어나신 분이다. 그는 무량수경을 회집하기 위해서 3년 동안 문을 닫고서 원고를 10번이나 고쳤으며, 심지어 혜명(慧明) 노화상의 인가를 얻을 만큼 대단히 신중하였다. 하련거 거사는 왕생하기 전에 이 무량수경 회집본은 앞으로 해외에서 중국으로 전해질 것이며, 또한 나중에는 전 세계에 두루 전해질 것이라고 암시하였다. 그가 한 말은 머지않아 실현될 것이다.」라고 하였다.

　＊정공법사는 「하련거 거사는 박학다식하고 크게 통달한 분이다. 그는 종설(宗說: 선과 교)을 겸통하였고, 또한 밀종(密宗)의 대덕이셨으며, 현교(顯敎)와 밀교(密敎)에 원융(圓融)하셨으므로, 그가 지은 회집본은 대단히 원만하고 대단히 훌륭하다. 가장 중요하고 가장 정수(精華)가 되는 경문이 모두 이 회집본 안에 수록되어 있다. 회집본에는 5종의 원본 경전이 포함되어 있다.」라고 하였다.

　＊남회근 선생은 「부처는 모습으로 볼 수 있는 것이 아닙니다. 모습으로 부처를 보는 것은 잘못된 것입니다. 그렇다면 이렇게 물을지도 모르겠습니다. 절에서는 왜 우상을 숭배하느냐고요. 그러나 그것은 우상이 아닙니다. 진정한 불법은 다른 종교와 마찬가지로 우상숭배를 반대합니다. 그렇다면 왜 그려놓은 부처나 새겨놓은 보살에게 절을 할까요. 그것은 부처의 모습을 통해 자신의 공경심을 끌어내기 위함입니다. 절을 하는 것은 그림이나 조각에게 하는 것이 아니라 자신에게 하는 것입니다. 어떤 종교든 최고의 이치는 마찬가지입니다. 다른 사람이 자신을 구하는 것이 아니라 자기 자신이 스스로를 구합니다. 일념으로 공경을 다했다면, 그림이 진짜 부처냐 아니냐 말할 필요 없습니다. 나무토막을 보고 절을 했든 흙덩어리를 보고 절을 했든 오직 일념으로 성심성의를 다했다면 성공한 겁니다. 부처는 말합니다. 그것은 "나로 인해 그대들이 공경스럽게 되는 것[因我禮汝]" 입니다. 그것은 나에게 절하는 것이 아니라 그대 자신에게 절하는 것입니다.」라고 하였다.

　＊남회근 선생은 「부처님이 세상을 떠나신 뒤에는 불상(佛像)을 모셔야 합니다. 이렇게 하는 것은 결코 우상숭배가 아니라 불상으로 인하여 나를 세우는 것입니다. 불상을 이용하여 자기 스스로 공경심, 겸손한 마음, 자비심을 일으키는 것입니다. 부처님께 절을 할 때에는 부처님이 살아서 내 앞에 계시는 것처럼 해야 합니다. 한 생각이 지성(至誠)스러우면 자기와 타자(他者)가 상응(相應)합니다. 정성이 있으면 영험(靈驗)이 있습니다. 여러분이 부처님께 절을 할 때, 마음으로 공경하지 않고 정성스럽지 않으면서 그저 운

동으로 여긴다면 설사 일만 번을 절을 해도 소용이 없습니다. 합장을 하고 부처님을 지극히 공경스럽게 대하면 당신의 마음은 겸손하고 침착해지면서 이익을 얻는 것은 당신 자신입니다. 절대 주의해야 합니다. 이치는 바로 지성과 공경입니다.」라고 하였다.

　＊ 남회근 선생은 「기독교에서는 우상을 숭배하지 말 것을 중시하면서도 십자가에 절을 합니다. 불교에서는 우상을 반대하면서도 왜 애를 쓰며 불상에 절을 할까요. 사실은 불상에 절을 하는 것이 아니라 자기의 마음에게 절을 하는 것입니다. 당신이 일념으로 정성을 다해 공경스럽게 절을 해 가다보면, 마음에는 잡념이 없고, 마음이 곧 부처님입니다. 뿐만 아니라 불상을 진짜 부처님으로 여기고 절을 올리면, '만법이 오직 마음의 나타남이기 때문에[萬法唯心]' 당신의 정성스러운 마음으로 인해 감응(感應)의 도리가 교류하여 스스로 돕는 자를 하늘이 돕습니다. 당신의 마음이 지어낼 수만 있다면, 그것은 바로 진짜로서 자연히 효과가 있습니다.」라고 하였다.

　＊ 남회근 선생은 「어떤 종교라도 우상숭배에 반대하지만 불교도 예외는 아닙니다. 그렇다면 우리는 왜 예불(禮佛)을 하는 것일까요. 우리도 그것이 우상(偶像)인줄 알고 있습니다. 하지만 예불은 스스로 진정한 공경심이 우러나와서 하는 것이기 때문에 우상이다, 우상이 아니다 하는 차원의 문제가 아닙니다. 만약 이 우상에게 절했기 때문에 복을 받을 것이라 생각한다면 그것이야말로 착각입니다. 그것은 종교를 이해하지 못해서 그런 것입니다. 진정한 종교라면 우상에게 절을 하지 않습니다. 우상이 나타내는 것은 진심(眞心)이며 공경(恭敬)의 정신이기 때문에 우상은 결코 잘못된 것이 아닙니다.」라고 하였다.

　＊ 남회근 선생은 「부처님께 절하고 기도해야 한다는 생각은 잘못된 겁니다. 부처님이나 보살님이 자기를 굽어 살펴 주실 거라 생각하지만, 사실 부처님은 그런 한가한 일에 관여하지 않습니다. 복이란 스스로 구하는 것이니, 스스로 도운 후 하늘도 돕습니다. 말하자면 자신이 스스로 도운 후에야 불보살님도 그를 도울 수 있습니다. 나쁜 일을 저지르고 부처님 앞에 달려가 아무리 사죄하여도 부처님이 죄를 용서해 줄 수 없습니다. 불가능합니다. 스스로 마음을 깨끗이 할 수 없으면 부처님도 그를 감응시킬 수 없습니다. 일체의 것은 스스로 하기에 달려 있습니다.」라고 하였다.

　＊ 철오선사는 「염불은 내가 본디 갖추고 있는 부처님의 마음으로써, 내 마음이 본디 갖추고 있는 부처님을 생각하는 것입니다.[以我具佛之心 念我心具之佛]. 내 마음이 본디 갖추고 있는 부처님께서, 어찌 내가 본디 갖추고 있는 부처님의 마음에 호응하시지 않겠습니까.」라고 하였다.

　＊ 염불선(念佛禪)을 주창한 청화 스님은 「아미타불을 친견했다면 정도(正道)인가, 사도(邪道)인가. 자기가 자

418

기를 봤다 하리다. 둥근 것은 둥근 것을 보지 못한다 하리다. 부처가 부처를 염한다 하리다. 즉, 불불(佛佛)이 불상견(不相見)이로다. 자기 안에서 자기를 부르고 있다 하리다. 아미타불은 자성(自性)의 이름입니다.」라고 하였다.

＊「내가 탑에 절하면 탑도 나에게 절한다. 내가 부처에게 절하면 부처도 나에게 절한다.」라는 말이 있고, 「부처님의 명호를 염송하면 부처님의 공덕이 곧 나의 공덕이 된다.」는 성현의 말씀이 있다.

＊정공법사는 「아미타불을 생각하는 것은 곧 법계(法界) 전체를 생각하는 것이다. 중생과 부처는 하나의 이성(理性)이다. 이(理)는 이체(理體)이며, 성(性)은 진여본성(眞如本性)이다. 이체는 법계 전체이며 또한 아미타불이며 또한 제불여래이며 또한 일체중생이며 또한 나 자신이다. 이는 진정한 사실이다. 부처님 명호를 부르는 것은 또한 자신의 진여본성을 부르는 것이다. 아미타불은 일체 제불(諸佛)의 이름이며 원만구경(圓滿究竟)한 만덕(萬德)을 갖추었다.」라고 하였다.

＊〈불법도론(佛法導論)〉에 「옛 사람들이 '유심정토(唯心淨土) 자성미타(自性彌陀)'라고 하신 것은 서방정토가 오직 마음을 벗어나지 않고 아미타불이 자성을 떠나지 않는다는 뜻이다. 나의 마음이 부처의 마음이고, 그 부처는 곧 내 마음속의 부처이며, 마음과 부처는 둘이 아닌 하나이다. 그렇다면 미타 마음속의 중생이 중생 마음속의 미타를 생각[念]하는데, 어찌 중생 마음속의 미타가 미타 마음속의 중생에게 감응하지 않을 리가 있겠는가. 다시 말해, 내가 갖추고 있는 부처의 마음으로 내 마음에 갖추어진 부처를 생각[念]하는데, 어찌 내 마음에 갖추어진 부처가 내가 갖추고 있는 부처의 마음에 감응을 하지 않을 수 있단 말인가.」라고 하였다.

＊인광대사는 「아미타불은 내 마음에 본래 갖춰져 있다.[阿彌陀佛 我心本具]」라고 하였다.

＊중국 명나라 전등(傳燈)대사는 「극락은 바깥에 있는 다른 국토가 아니라 원래 오직 내 마음 속에 있는 정토[我唯心之淨土]이며, 아미타불 또한 바깥에 있는 다른 부처님이 아니라 원래 내 본성 안의 아미타불[我本性之彌陀]이다.」라고 하였다.

＊「모든 것은 연결되어 있다.」, 「너는 나의 또다른 이름」, 「너한테 하는 것이 나한테 하는 것이다.」, 「나는 나의 하나님이다. 나의 하나님 외에 다른 나를 볼 수 없다.」 등등의 말씀이 있다.

＊〈법계도기총수록〉에 「이미 이루어진 부처[他佛]가 바로 나에게 다가올 과불[當果佛]이니, 왜냐하면 다른 이가 성불할 때에 곧 삼세 부처님의 평등한 과(果)를 얻기 때문이다. 또 나의 당과불(當果佛)이 바로 다른 이가 지금 이루는 부처이니, 왜냐하면 내가 당과불을 얻는 때에 곧 삼세 부처님의 평등한 법을 얻기 때문이다. 이와 같이 바뀌어서 다시 서로 평등하여, 평등한 차별 없는 과덕(果德)이다. 또 이 나의 부처가

일체 법계의 유정(有情)·무정(無情) 가운데 온전히 지어져 있어서 어느 한 물건도 내 몸의 부처 아님이 없기 때문이다. 만약 자기 몸의 부처에게 절할 수 있다면 절하지 못할 어떠한 물건도 없을 것이다. 이것은 심대한 요지이니, 항상 생각해 볼 일이다.」라고 하였다.

  * 청화스님은 「염불도 결국 부처님과 하나가 되기 위해서 하는 것입니다. 부처님을 떠나지 않기 위해서 항시 염불을 합니다. 사방이 본래 부처니까 말입니다. 앞을 보나 뒤를 보나 위를 보나 아래를 보나 결국은 부처인 것뿐이니까, 부처를 안 떠나기 위해 염불을 하는 것입니다.」라고 하였다.

  * 부처님은《무량수경》을 가장 먼저 설하셨고, 그 다음에《관무량수경》, 마지막에《아미타경》을 설하셨다.《무량수경》의 핵심은 48원(그중에서도 제18원)이고,《관무량수경》의 핵심은 16관법(그중에서도 제16관법인 하품하생)이며,《아미타경》의 핵심은 지명염불(칭명염불)임을 기억해야 한다.

  아미타불이란 명호는 무량무변하고 불가사의하며 심심비밀甚深秘密하고 수승 미묘한 무상공덕無上功德을 다 갖추고 있다. 왜 그러한가.

  아미타불 넉 자字 속에 시방삼세 일체제불, 일체보살, 성문 아라한, 일체의 모든 경전, 다라니신주, 무량행법無量行法이 다 들어 있다. 이런 까닭에 저 부처님의 명호는 곧 위없이 진실하고 지극한 대승의 법이고, 위없이 수승 청정한 요의了義의 묘행妙行이며, 위없이 가장 수승하고 미묘한 다라니이다.

  게송으로 설한다.

  아阿 자는 시방삼세불十方三世佛이고
  미彌 자는 일체제보살一切諸菩薩이며
  타陀 자는 팔만제성교八萬諸聖　인데
  아미타阿彌陀, 이 석 자에 삼보三寶를 다 갖추었네.

  사리불아, 만약 중생이 아미타불의 불가사의한 공덕을 설하시는 것을 듣고 뛰며 기뻐하면서 지극한 마음으로 아미타불을 부르고, 깊은 신심으로 게으르지 아니하면 현재의 몸으로 비할 데 없는 즐거움을 누리고, 빈천한 처지가 부귀한 것으로 바뀌며, 숙세의 질병으로 인한 고통을 면하고, 단명할 목숨이 장수하고, 자손이 번영하고 심신이 안락하며 모든 일이 뜻대로 되느니라. 이와 같은 공덕은 가히 헤아릴 수 없다. 그러므로 나무아미타불 여섯 자는 부처의 왕이며 법의 왕이며 다라니의 왕이며 공덕의 왕이니라. 아미타불 한 분만 부르면 이는 곧 모든 부처, 모든 보살, 모든 다라니, 모든 수행문 소위 팔만사천법문을 모두 지니는 것이니, 나무아미타불 여섯 자가 모든 것을 거두어들이며, 이미 임종 시에 서방 정토왕생을 한 것이고, 또한 현세에는 심신이 안락해질 것이다.

阿彌陀佛名號 具足無量無邊 不可思議 甚深秘密 殊勝微妙 無上功德 所以者阿彌陀佛三字中 有十方三世一切諸佛 一切諸菩薩 聲聞 阿羅漢 一切諸經 陀羅尼神呪 無量行法 是故彼佛名號 卽是爲無上眞實至極大乘之法 卽是爲無上殊勝淸淨了義妙行 卽是爲無上最勝微妙陀羅尼 而說偈曰 阿字十方三世佛 彌字一切諸菩薩 陀字八萬諸聖敎 三字之中是具足 舍利弗 若有衆生 聞說阿彌陀佛 不可思議功德 歡喜踊躍 至心稱念 深信不懈 於現在身 受無比樂 或轉貧賤獲得富貴 或得果免宿業所迫病患之苦 或轉短命得壽延長 或得子孫繁榮 身心安樂 如意滿足 如是功德 不可稱計 故知一句彌陀是佛王 法王 呪王 功德之王 專念南無阿彌陀佛一佛 卽是總持總念諸佛 諸菩薩 諸經呪 諸行門 所謂 八萬四千法門 六字全收 旣得臨終往生淨土 亦獲現世身心安樂

《불설아미타불근본비밀신주경佛說阿彌陀佛根本秘密神呪經》

＊염불선(念佛禪)을 주창한 청화스님은 「아미타불의 아(阿)자는 화신(化身)을 의미하고, 미(彌)자는 보신(報身)을 의미하며, 타(陀)자는 법신(法身)을 의미합니다. 화신, 보신, 법신은 셋이 아니고 하나이기 때문에 삼신일불(三身一佛)입니다.」 라고 하였다.

＊청화스님은 염불선(念佛禪)에 대해 「염불선은 '내 마음이 부처고, 천지우주 역시 부처다' 하는 생각을 마치 어미닭이 계란을 품듯 하면서 참선하고 공부하는 것을 말합니다. 지(知), 정(情), 의(意) 모두를 갖춘 염불선은 결코 근기(根機) 낮은 중생들을 위한 것이 아닙니다.」 라고 하였다.

＊고덕은 「아(阿)는 가로로 시방세계에 두루 미친다는 뜻이요, 미(彌)는 세로로 삼제(三際: 과거/ 현재/ 미래)가 다함이요, 타(陀)는 널리 광명을 비춘다는 뜻이다.[阿是橫遍十方 彌是豎窮三際 陀是光明遍照]」 라고 하였다.

＊《관무량수경》에 「아미타불의 원광(圓光) 속에는 백 만억 나유타 항하사만큼의 화신불(化身佛)이 계신다. 하나하나의 화신불 속에는 또한 무수히 많은 화신 보살들이 계시는데, 이 보살들을 시자(侍者)로 삼는다.[無量壽佛於圓光中 有百萬億那由他恒河沙化佛 ──化佛 亦有衆多無數化菩薩 以爲侍者]」라고 하였다.

＊《관무량수경》에 「아미타불에게는 8만4천의 상호가 있는데, 하나하나의 상호 속에 각각 8만4천의 수형호가 있고, 그 하나하나의 수형호에는 다시 8만4천의 광명이 있느니라. 그 하나하나의 광명은 시방세계를 두루 비추는데, 아미타불을 부르는 중생을 하나도 버리지 않으시고 모두 거두어들이신다.[無量壽佛有八萬四千相 ──相中 各有八萬四千隨形好 ──好中 復有八萬四千光明 ──光明遍照十方世界 念佛衆生攝取不捨]」라고 하였다.

＊ 남회근 선생은 「다라니는 범어(梵語)입니다. 총지(總持), 총강(總綱)이라는 의미입니다. 다라니는 팔만사천법문의 근본총법(根本總法)입니다. 다라니에는 ‘능지능차(能持能遮)’ 라는 의미가 담겨 있습니다. 능지(能持)란 선법(善法)이 물러나지 않도록 한다는 의미요, 능차(能遮)란 악법(惡法)이 생겨나지 않도록 한다는 의미입니다.」 라고 하였다.

＊ 남회근 선생은 「‘ 다라니’ 는 범음(梵音)입니다. 중국어로 번역하면 총지(總持)인데, 일체의 대총강(大總綱)이라는 뜻입니다. 밀종에서는 주문을 통틀어 다라니라고 하는데, 각 주문마다 담고 있는 의미가 너무나 많아 일시에 다 풀이할 수 없기 때문입니다. 주문을 풀이할 수 있을까요 없을까요. 가능합니다. 주문을 해석해내면 바로 경전이 됩니다. 주문은 일반적으로 해석하지 않는데 왜 그럴까요. 여러분이 허튼 생각을 하고 멋대로 추리하여 주해(註解)를 함부로 더하지 않도록 하기 위해서입니다. 왜 8만4천 다라니가 있을까요. 중생에게는 8만4천 가지 번뇌가 있고, 그 번뇌마다 그것을 대치(對治)하는 다라니가 있기 때문입니다. 도를 깨달은 후에는 8만4천 가지 번뇌를 8만4천 다라니로 전환시킬 수 있습니다. 부처님은 대신변경(大神變經)에서 “일체의 음성이 다 다라니이다.[一切音聲皆爲陀羅尼]” 라고 하셨는데 바로 그런 이치입니다.」 라고 하였다.

＊〈연종집요〉에 「나무아미타불 여섯 자(字)의 공덕은 다음과 같다. ‘나(南)’ 는 항하사성공덕(恒河沙聖功德)이 빠짐없이 갖추어져 있다. ‘무(無)’ 는 돌아간 7대 조상이 고(苦)를 여의고 낙(樂)을 얻는다. ‘아(阿)’ 는 삼십삼천태허(三十三天太虛)가 진동한다. ‘미(彌)’ 는 무량억겁생사(無量億劫生死)의 죄가 단번에 없어진다. ‘타(陀)’ 는 팔만사천 마군(魔群)이 갑자기 없어진다. ‘불(佛)’ 은 팔만사천의 무명업식(無明業識)이 한

꺼번에 없어진다.」라고 하였다.

＊우익대사는 〈아미타경요해〉에서 「석가여래께서는 중생을 절대 속이는 말씀을 하지 않으셨음을 믿고, 아미타불은 절대 헛된 발원을 하지 않으셨음을 믿으며, 육방제불(六方諸佛)의 장광설(長廣說)은 결코 두 말씀을 하시지 않으셨음을 믿어야 한다.[信釋迦如來 決無誑語 彌陀世尊 決無虛願 六方諸佛廣長舌 決無二言]」라고 하였다.

＊고덕께서 「위대한 성호(聖號)인 나무아미타불 여섯 자 중의 한 글자인 '아(阿)' 자는 공덕이 이미 무량하다. 아(阿)자로부터 일체의 다라니가 나오고, 일체의 다라니로부터 일체의 부처가 나온다. 아(阿)자의 공덕이 이와 같으니 고로 아미타불의 명호가 지닌 공덕을 가히 알 수 있다.[六字洪名中一個阿字 功德已是無量 自阿字出一切陀羅尼 自一切陀羅尼生一切佛 阿字功德如是 故佛號之功德可知矣]」라고 하였다.

단지 아미타불 넉 자만 불러도 충분합니다. 사람이 임종할 때에 장차 숨이 끊어지려는데 이 넉자도 부르지 못할 때에는, 마음을 한 대상에 묶되 아미타불의 '아' 자字에 묶고, '아…' 하기만 해도 충분합니다. 절대 충분합니다. 저의 이 말에 대해서는 절대 책임집니다. 만약 제 말이 틀렸다면 저는 지옥에 갈겁니다.

하지만 절대 기억해야 할 것은, 마음을 한 대상에 묶어두되 아미타불의 이 '아' 자에 묶어두어야 한다는 것입니다. 심지어 이 한 소리도 미처 소리를 내어 외지 못하고 숨이 끊어질 지경일 때에는 소리를 내지 말고 그저 기억하고 생각하기만 해도 충분합니다.

아미타불 이 넉자는 바로 하나의 대비밀입니다.

'아阿' 자의 함의含意는 헤아릴 수 없음[無量無邊], 끝없고 다함없음[無際無盡], 끊임없이 이어짐[生生不息], 광명을 열어 발함[開發光明], 무한無限, 공空, 대大, 청정淸淨 등 등 많은 의미를 담고 있습니다.

'미彌'는 시간 또는 수명의 무한한 연장이나 펼침, 끝없이 연속됨, 그침 없는 연속이나 펼침 등의 의미가 담겨 있습니다.

'타陀'는 광명을 뜻하는데, 무한한 광명, 무량한 광명, 무변무제無邊無際의 광명, 무진無盡의 광명이 커서 밖이 없고[大而無外], 작아서 안이 없다.[小而無內]는 의미가 담겨 있습니다.

정토법문은 이 사바세계 중생들을 제도하는 하나의 가장 방편적인 첩경입니다. 보통 일반인들은 정토법문을 현교顯教 중의 한 가지 법문일 뿐이라고 여기는데, 사실상 하나의 거대한 밀장密藏이자 대단히 심오하고 비밀스런 대밀승大密乘입니다. 뿐만 아니라 가장 방편적이고 가장 수행하기 쉽고 가장 쉽게 성취하는 대 비밀법문입니다. 이 법문은 중국에서 1천여 년이나 유행하면서 이미 상중하 세 근기를 두루 가피하였습니다.   -남회근 선생

* 우리는《아미타경》을 쉬운 경전, 또는 믿기 힘든 경전, 또는 수준이 낮은 경전이라고 생각하는 경향이 있다. 하지만, 남회근 선생은《아미타경》이야말로 밀교중의 밀교이며, 대장경의 7할(즉, 70%)을 알아야만 제대로 알 수 있는 경전이라 하였다. 중생의 천박한 식견(識見)으로 불경을 함부로 평가하거나 무시하는 일은 절대로 없어야 하겠다.

아미타불을 염하면 곧 모든 부처님을 염하는 것이며, 한 정토에 왕생함이 또한 곧 모든 부처님의 정토에 왕생함이 되는 것이오. 그래서《화엄경》에서 부처님은 이렇게 말씀하셨소. 「일체 모든 부처님의 몸은 곧 한 부처님의 몸이고 한 부처님의 마음이며 한 부처님의 지혜라네. 위신력과 무외심無畏心 또한 그러하네.」 또 이렇게 말씀하셨소.

「비유하자면 맑고 둥근 달이 모든 물에 두루 비추듯, 물 속 그림자 비록 수 없어도 본래 달은 결코 둘이 아닐세. 이와 같이 걸림 없는 지혜로 위없는 바른 깨달음 이루신 분 일체 국토에 두루 모습 나타내셔도 부처님 몸은 본디 둘이 아닐세.」 지혜로운 이는 비유로써 이해하고 깨닫는다오. 지혜로운 이여, 그대는 일체의 모든 달그림자가 곧 한 달의 그림자이고, 거꾸로 한 달의 그림자가 곧 일체 모든 달그림자인 줄 깨닫겠소.

달과 그림자가 둘이 아니지 않소. 만약 그렇다면, 마찬가지로 한 부처님이 곧 일체의 모든 부처님이시고, 거꾸로 일체의 모든 부처님이 곧 한 부처님이신 줄도 아시겠구려. 법신은 본디 둘이 아니기 때문이오. 이러한 까닭에 한 부처님을 치열하게 지성으로 염송하는 것이 곧 일체 모든 부처님을 염송하는 것이라오.

爲此念阿彌陀佛 卽念一切佛 生一淨土 卽生一切淨土 故華嚴經云 一切諸佛身 卽是一佛身 一心一智慧力 無畏亦然 又云 譬如淨滿月 普應一切水 影像雖無量 本月未曾二 如是無礙 智 成就等正覺 應現一切刹佛身無有二 智者以譬喻 得解 智者若能達一切月影 卽一月影 一月影卽一切月影 月影無二 故一佛卽一切佛 一切佛卽一佛 法身無二 故熾然念一佛時 卽是念一切佛也

- 천태天台대사 〈정토십의론淨土十疑論〉

* 천태대사께서 병세가 있어 제자가 약을 올리겠다고 하자, 「약으로 병은 제거할 수 있겠으나, 수명을 늘릴 수야 있겠느냐.」 하며 거절하였다. 제자가 「이곳에서 떠나가시면 어디에 태어나시며, 누구를 다음의 종사로 모셔야 합니까.」 하고 물으니, 「나의 스승과 도반들이 관세음보살을 호위하고 나를 맞이하러 와 있다. 계율이 그대의 스승이며 사종삼매(四種三昧)가 그대의 밝은 인도자이다.」 라고 말하고는, 「세간에서처럼 곡하며 울거나 상복을 입는 것은 옳지 않다.」 고 부연하였다. 말씀을 마치자 결가부좌를 하고 삼보를 부르면서 삼매에 들어간 듯 입적하였다.

* 역시 지자대사의 〈십의론〉에 보면, 「또 대지도론에서 이렇게 말씀하셨소. "비유하자면 갓난아기가 어머니 품을 떠날 수 없는 것과 같다. 만약에 어머니 품을 벗어난다면, 더러 깊은 구덩이나 우물에 빠지거나 또는 젖에 굶주려 죽을 것이다. 또한 비유하자면 새끼 새가 날개에 깃털이 완전히 자라나지 않았을 때에는, 단지 나무에 의지하여 가지 사이나 옮겨갈 수 있을 뿐, 멀리 공중으로 날아가지는 못하는 것과도 같다. 날개에 깃털이 온전히 자라나야, 비로소 허공에 날아올라 걸림 없이 자유자재로 비행할 수 있다."」 라고 하여, 타력의 중요성을 설파하였다.

* 남회근 선생은 「부처님마다 그 도(道)는 같기에, 아미타불을 염(念)하는 것이 바로 시방제불의 대광명법장(大光明法藏)을 염하는 것임을 알아야 합니다.」 라고 하였다.

모든 부처님들께서는 서원을 세우시고 무량한 세월에 걸친 수행으로 부처님 명호를 얻으셨으니, 부처님 명호만 부르면 만 가지 공덕을 다 갖출 수 있는 것이다. 하물며 부처님 중의 왕이신 아미타불을 부르면 어떠하겠는가.

諸佛願行成此果名 但能念號俱包衆德 況佛中之王　　　 - 자은慈恩대사 〈서방요결西方要訣〉

숙세에 지은 죄 무겁다 하여 십념염불 공덕 가볍다 의심 말라.

만년 세월 어둠 속에 있던 방도 해가 비추는 즉시 밝아진다네.

모든 부처님은 아미타불께 귀의하고

아미타불 염하면 모든 부처님 염하는 것이라네.

극락에 왕생하면 모든 정토에 왕생하는 것이니

경전에 이르길, 일향전념一向專念으로 염불하라 하셨네.

삼세의 모든 여래께서 세상에 나오신 원래 본뜻은

오직 아미타불의 불가사의한 본원本願을 설하기 위함이네.

일체 죄 가운데 의심하는 죄가 제일이고

일체 공덕 가운데 믿음이 최고라네.

일이 있든 없든 한가하든 분주하든

아미타불 넉자를 마음과 몸에서 여의지 말라.

이 몸은 죄가 무거워서 반드시 지옥에 떨어질 텐데

오직 부처님만이 구제할 수 있을 뿐 달리 다른 방법은 없네.

莫疑宿業重 十念功德輕 萬年有闇室 日照當時明 諸佛皆歸彌陀佛 念彌陀卽念諸佛 生極
樂卽生諸土 經言一向專念佛 三世諸如來 出世正本意 唯說阿彌陀 不可思議願一切罪中 疑
罪爲最 一切功德 信爲其首 有事無事 隨閑隨忙 一句彌陀 不離心口 我 身罪重 必墮地獄 唯
佛能救 別無他法　　　　　　　　　　　　　　　　　　　　　　　　　 - 고덕

　*본원(本願) : 부처님이 맨 처음 깨달음을 성취하고자 발심(發心)을 할 때 세우셨던 서원(誓願). 본원 속
에는 자리이타(自利利他) 즉, 상구보리 하화중생(上求菩提 下化衆生)하는 요소가 대거 들어간다. 보통 본
원하면 아미타불이 법장비구 때 세운《무량수경》의 48원(願)을 가리킨다. 그리고 본원이 가진 힘, 다시 말
하면 중생을 구제하는 본원의 불가사의한 힘을 본원력(本願力)이라 한다. 중생은 자력(自力)으로는 해탈

이 힘들기 때문에 부처님의 본원력에 의지하거나 본원력에 올라타는데, 이를 타력(他力) 또는 타력문(他力門)이라 한다.

일체의 선업을 중생의 이익을 위해 회향하여도 아미타불만 부르는 염불수행만 못하고, 만행萬行을 다 갖추어 모두 극락왕생에 회향하여도 염불수행이 가장 귀하다. 인연 있는 모든 이들에게 늘 염불할 것을 널리 권하라. 그리하면 관세음보살과 대세지보살이 동학同學이 되리라.

一切善業廻生利 不如專念彌陀號 萬行俱廻皆得往

念佛一行最爲尊 普勸有緣常念佛 觀音大勢爲同學   - 선도화상〈반주찬般舟讚〉

＊천태대사의 〈정토십의론〉의 서문(序文)을 지은 양걸(楊傑)은 서문에서 「아미타부처님께서는 극락정토에서 중생들을 거두어 받아들이는 교주이시고, 석가여래께서는 여기 사바세계에서 극락정토를 가리켜 안내하시는 스승이시며, 관세음보살과 대세지보살께서는 부처님을 도와 중생교화를 널리 펼치시는 분들이시다.[阿彌陀佛 淨土攝受之主也 釋迦如來 指導淨土之師也 觀音勢至 助佛揚化者也]」라고 하였다.

＊인광대사는 「정토법문은 여래께서 철저한 대자비심으로 모든 중생을 두루 제도하시는 법문이오. 미혹을 끊을 힘이 없는 범부 중생들에게, 믿음과 발원으로 아미타불 명호를 염송하여 금생에 생사를 해탈하고, 관세음보살 및 대세지보살과 함께 불도수행의 반려자가 되도록 가르치신 것이오.[淨土法門者 如來徹底悲心 普度衆生之法門也 令彼無力斷惑 具縛凡夫 信願持名 現生了脫 與觀音勢至同爲伴侶]」라고 하였다.

＊정공법사는 「불문(佛門)에서는 부처님과 우리는 사제간(師弟間)이고, 보살과 우리는 동학(同學)임을 분명히 설명하고 있습니다. - 보살은 부처님의 초기 제자이고, 우리는 부처님 현재의 제자입니다. - 따라서 우리와 보살은 전후기의 법우(法友)이고, 보살은 우리의 선배가 됩니다. 이 일은 분명히 짚고 넘어가야 합니다.」라고 하였다.

＊부처님은 「이미 일어난 악(惡)은 더 이상 일어나지 않게 하고, 아직 일어나지 않은 악은 일어나지 않게 하며, 이미 일어난 선(善)은 더욱 일어나게 하고, 아직 일어나지 않은 선은 더욱 북돋워 일어나게 하

라.」라는 말씀을 하셨다.

　＊〈대지도론〉에 「관세음보살의 명호를 염(念)하면 모두가 액난(厄難)에서 벗어난다.」라고 하였다.

　＊동학(同學) : 같은 학교에서 또는 같은 스승 아래서 함께 공부함. 또는 함께 공부한 사람들. 극락에 왕
생하면 아미타불이라는 스승 밑에서 관세음보살과 대세지보살과 도반(道伴)이 되어 부처님으로부터 수
기(授記)를 받고 장차 성불해서 무수히 많은 세계에 여러 가지 몸으로 나투어 중생을 제도한다.

　＊《대비경(大悲經)》에 「관세음보살은 과거 무량겁 가운데 이미 일찍 성불하셔서, 그 명호가 정법명여
래이시다. 그의 대자대비한 원력 때문에 변함없이 보살로 나투신다. 그대들은 마땅히 관세음보살에게 늘
공양해야 한다. 관세음보살의 명호를 일심(一心)으로 부르면, 무량한 복덕을 얻을 수 있고, 무량한 죄업이
소멸하여 임종 후 아미타불의 극락세계에 왕생한다.[觀世音菩薩 於過去無量劫中 早已成佛 其名號正法
明如來 由於祂的大悲願力 仍然示現爲菩薩 大家應當常供養觀世音菩薩 專心稱念觀世音菩薩名號　可以
得無量福德 可減無量罪業 臨命終後往生 阿彌陀佛極樂世界]」라고 하였다.

　＊관세음보살과 대세지보살은 아미타불의 좌우 협시(脅侍)보살로서 아미타불의 중생교화를 돕고 계
신다. 이 세 불보살님을 '서방삼성(西方三聖)'이라 부른다. 극락에 왕생하는 중생은 임종 시에 아미타불
께서 관세음보살·대세지보살과 함께 영접하러 오신다.

9) 염불은 모든 법문을 뛰어넘는다

어찌 참선과 염불이 다르겠는가. 석가세존의 한평생 교화의 도道가 염불이라는 한 법문을 벗어나지 않는다. 또 염불은 한량없이 광대하여 모든 근기를 다 거두어들이므로 밖이 없다. 어찌 어리석은 자와 지혜로운 자 사이에 차이가 있겠는가. 받들어 권하노니 후현後賢들이여, 정토법문에서 다른 견해를 내지 말라.

豈特禪佛不二 擧釋迦一代施化之道 不出念佛一法門矣 又此法門量廣大 故攝機無外 何間愚智之根 奉勸後賢 於此法門 莫生異見

-묘협妙叶 대사〈보왕삼매염불직지寶王三昧念佛直指〉

＊중국 근대의 고승인 허운선사는 「선(禪)의 목적은 마음을 밝히고 자성(自性)을 보는데 있다. 마음의 오염이 없어지면 진실로 자성(自性: 자기의 본래 성품)의 참 모습을 보게 된다. 오염이란 바로 망상과 집착이고 자성(自性)이란 곧 여래의 지혜와 덕상(德相)이다. 여래의 지혜와 덕상은 모든 부처님과 중생이 다 같이 갖추고 있으며 둘이 아니고 차별도 없다. 참선이란 마음을 밝히고 자성(自性)을 보는 것이다. 이것은 자기의 본래면목(本來面目)을 참구하여 뚫는 것이니, 이른바 '밝게 자기의 마음을 깨닫고 환하게 본래의 성품을 본다.' 는 이 법의 문(門)은 부처님께서 연꽃을 드신 것으로부터 시작되었다. 선종(禪宗)은 달마조사께서 중국에 전래함으로써 시작되었으며 육조(六祖) 혜능선사 이후 선풍(禪風)이 널리 퍼져 고금에 떨쳤다. 달마스님이 중국에 오셔서 '사람의 마음을 바로 가리켜 성품을 보고 부처를 이룬다.' 고 하심은 대지의 모든 중생이 다 부처라는 명백한 가르침이다. 일체 중생이 만일 오랜 세월 동안 사생(四生)과 육도(六道)에 윤회하며 길이 괴로움의 바다에 빠지는 것을 좋아하지 아니하고 열반의 경지인 부처가 되기를 원한다면 진실로 부처님과 조사의 정성스런 말씀을 믿어야 한다. 일체를 놓고 선도 악도 모두 사량(思量)하지 않는다면 모든 사람이 그 자리에서 부처를 이룰 것이다. 그래서 모든 부처님과 보살과 역대의 조사께서 일체 중생의 제도를 발원하였으니, 이것은 근거가 없는 헛된 발원이 아니며 헛된 말씀이 아니다. 위에서 설한 바처럼 법은 이와 같고 또한 부처님과 조사께서 거듭거듭 밝혀 간곡히 부촉하신 진실한 말씀에도 터럭만큼의 헛됨과 거짓이 없다. 일체 중생은 어쩔 수 없이 한없는 세월을 나고 죽는 고통의 바다에

빠져 나왔다가 들어갔다가 하면서, 윤회를 그치지 않고 미혹하여 뒤집히고 깨달음을 등지고 티끌과 합했다.[背覺合塵] 이것은 마치 순금이 똥구덩이에 빠진 것과 같아서 사용하지 못할 바는 아니지만 그 더러움은 감당하기 어렵다.」라고 하였다.

＊ 남회근 선생은 「중국의 불법(佛法)에서 선종의 가장 고명한 한 글자는 '참(參)' 자(字)입니다. '참(參)'이란 참고함이요 사유함 · 의심 · 연구 · 파고들어감 · 탐구함 등 많은 내용을 포함하고 있습니다. 선종의 한 글자인 참(參)자는 곧 '정사유(正思惟)' 라는 의미로서 문제를 연구해야 합니다. 참(參)자에 불법의 정신이 있고 오직 선종에만 있습니다. 일체를 부정하고 참구합니다. 당신이 참구하여 뚫어내지 못한 채 믿는다면 온전히 미신이 됩니다. 불법은 미신을 반대합니다.」라고 하였다.

＊ 달마대사는 〈혈맥론(血脈論)〉에서 「만약 자성(自性: 본래성품)을 보지 못한다면, 선지식이라고 할 수가 없다. 만약 이와 같지 못하면, 비록 십이부경을 설명할 수 있더라도 역시 생사윤회를 면하지 못할 것이고, 삼계에서 받는 고통을 벗어날 기약이 없을 것이다. 옛날 선성(善星) 비구는 십이부경을 외울 줄 알았지만, 도리어 스스로는 윤회를 면하지 못했으니, 자성을 보지 못했기 때문이다. 선성(善星)이 이미 그와 같았는데, 오늘날 사람들이 서너 권의 경론(經論)을 강의할 수 있는 것을 불법이라고 여긴다면, 어리석은 사람이다.[若不見性 卽不名善知識 若不如此 縱說得十二部經 亦不免生死輪廻 三界受苦 無出期時 昔有善星比丘 誦得十二部經 猶自不免輪廻 緣爲不見性 善星旣如此 今時人 講得三五本經論 以爲佛法者愚人也]」라고 하였다.

어떤 사람이 억 만의 재물과 보배를 가지고 널리 여러 보살과 중생들에게 보시하면 그 복덕이 비록 크기는 하지만, 다른 어떤 사람이 다른 사람에게 한 번 아미타불을 부르게 한 공덕보다는 못하다.

- 《대방등대집경大方等大集經》

＊ 역시 《대방등대집경》에 「"가령, 어떤 사람이 일곱 가지 보배로 시방의 헤아릴 수 없는 삼천대천세계를 가득 채워서 보시하고, 또 다시 의복과 음식 등 가지가지 일을 모든 중생에게 공양하여 모두 아라한과에 이르도록 한다면 그 복이 많겠느냐." 현호보살이 세존께 말씀드렸다. "그 복이 매우 많습니다." 부처님께서 현호보살에게 말씀하셨다. "어떤 사람이 한 번 아미타불을 염하여 부르도록 권하는 것만 같지 못

하다. 그 공덕은 앞에서 말한 공덕을 능가하니 다른 사람에게 권하는 것도 그러하거늘 하물며 자신이 염하여 부르는 경우이겠는가. 또 한 번 염하여 부르는 것도 그러하거늘 하물며 여러 번 칭념하는 것이겠는가."」라는 말씀이 있다.

  ＊《다라니집경》에「가령 전륜왕이 십 만세 동안 사천하(四天下)를 일곱 가지 보배로 가득 채우고 시방의 모든 부처님께 공양하는 것보다, 어떤 사람이 손가락 한번 튕기는 동안에 평등심으로 좌선하여 모든 중생을 가엽게 여겨 아미타불을 염하여 부르는 것이 더 수승하다. 이 공덕으로 저 아미타부처님 국토에 태어나 아난의 입이 불에 타는 것을 구제한다.」라고 하였다.

  ＊남회근 선생은「여러분들이 병도 적고 고통이 적으려면 금생에 남에게 약(藥)을 많이 보시해야 합니다. 그러면 미래 생에 질병이 적고 고통도 적을 것입니다. 만약에 여러분들이 여러분들을 위해서 타산(打算)하여 모든 일에 자기만 좋기를 바란다면, 아마 금생에서조차 당신을 상대해 주는 사람이 없을 텐데 하물며 미래 생에서 이겠습니까.」라고 하였다.

  ＊밀라레빠의〈십만송(十萬頌)〉에「가난한 자에게 자비심으로 보시함은 삼세제불(三世諸佛)에게 공양함이요. 일체 중생은 부모 같나니 차별하면 무지하고 해로운 일이네. 자기가 지닌 행복은 실은 타인으로부터 가져온 것, 남에게 도움을 베풀면 그 보답으로 행복을 가져다주네. 남에게 해로운 행위는 다만 그대 자신을 해칠 뿐이네.」라고 하였다.

  ＊공덕과 복덕은 어떻게 다를까. 한번 정리해 보았다.

  염불을 하는 것은 공덕일까, 아니면 복덕일까. 경전을 독송하는 것은 공덕일까, 아니면 복덕일까. 방생은 공덕일까, 아니면 복덕일까, 절을 세우는 것은 공덕일까, 복덕일까, 염불은 무조건 공덕만 되고 복덕은 안 되는 것일까, 아니면 둘 다 되는 것인가.

  무량무변한 공덕이라는 말은 있어도 무량무변한 복덕이라는 말은 들어본 적이 없는 것 같다. 염불공덕이라는 말은 있어도 염불복덕이라는 말은 쓰지 않는다. 내 생각에 방생을 하는 것은 복덕에 속할 것 같은데 선지식들께서는 공덕이라고 한다.《법화경》의 제17품부터 19품은 분별공덕품·수희공덕품·법사공덕품인데, 법화경을 믿거나 외우거나 남에게 말해주는 등의 공덕을 찬탄하는 내용들로 이루어져 있다. 그런가 하면,《금강경》에는 사구게(四句偈)를 다른 사람에게 말해주면 얻는 복덕(공덕이 아님)이 말할 수 없이 크다고 누차 설하고 있고, 또《금강경》을 수지독송(受持讀誦)하면 무량무변한 공덕을 성취한다고 설한다. 경전을 읽는 것이 어느 경에서는 공덕이, 어느 경에서는 복덕이 된다고 설한다. 공덕과 복덕을 같은 의미로 쓰는 경우가 있다고 하는데, 이 경우가 그런 경우가 아닌지 조심스럽게 생각해본다. 아니면 아래에서도 또 나오지만, 성문과 연각의 두 성인들께서 받는 무루복(無漏福)을 말하는 것은 아닌지도 모르겠다. 선지식의 여법(如法)한 가르침이 절실히 필요하다. 공덕이 들어가는 말에 수희공덕(隨喜功德: 남의 선행을 보고 진심으로 따라서 기뻐하는 것), 경을 지닌 공덕(持經功德), 선근공덕(善根功德), 희유공덕(希有功德) 등이 있다.

한편, 불교에서는 오계와 십선, 육바라밀 중에서 지혜를 뺀 보시 · 지계 · 인욕 · 정진 · 선정 · 사무량심(四無量心), 스승을 공경하고 부모에게 효도하고 다리를 놓아주고 우물을 파주며 절이나 탑을 세우고 다른 사람의 시신을 장사지내 주는 것 등을 보통 복덕으로 분류한다. 그리고 복덕으로 받는 과보(댓가)를 복보(福報)라고 한다.

불법은 '복혜쌍수(福慧雙修)' 라 하여 복덕과 지혜 둘을 겸수(兼修)할 것을 강조한다.(공덕과 지혜가 아니다) 부처님을 가리키는 말 중에 '양족존(兩足尊)' 이 있다. 양족존을 두 가지로 다르게 해석하는데, 그 중의 하나가 부처님은 「복덕과 지혜 둘을 원만히 갖춘 분」이라는 해석이 있다. 공덕과 지혜가 아니고 복덕과 지혜이다. 왜 공덕이 아니고 복덕일까. 이 의문은 이 글을 읽어보면 답이 나온다. 공덕에는 복덕이 이미 포함되어 있으며(그래서 염불을 하면 복덕은 자연히 따라오게 된다), 경전에 따라서는 공덕과 복덕을 같은 의미로 사용한 경전도 있다. 또 공덕의 의미에 대해서는 고승들마다 다양한 견해들이 있다.(그래서 공덕이 복덕보다 더 어렵다) 그리고 공덕과 복덕의 구별이 쉽지만은 않다. 여러분이 읽는 이 글은 내가 나름대로 힘들게 공부하고 찾고 한 결과물이다. 사족(蛇足)을 붙인다면, 한국 불교의 교학(敎學) 수준이 속히 발전하기를 빌어본다.

중생에게는 공덕도 중요하고 복덕도 중요하다. 공덕만 닦으려고 하고 복덕은 멀리하거나 무시해서는 안 된다. 쉽게 말하면, 염불도 중요하지만 보시 등의 선행들도 무척 중요한 것이다. 남회근 선생은 선행(善行) 즉, 복덕을 지어야 선정(禪定)이 나온다고 누차 강조하셨다. 복덕을 쌓아야 지혜가 나온다는 말씀도 많이 하셨다.

복덕을 지으려면 그 대상이 필요한데, 이를 '복전(福田: 복덕을 심는 밭)' 이라 한다. 그런데 공덕을 심는 밭이라는 뜻의 '공전(功田)' 이라는 말은 어디에도 없다. 왜 그럴까. 복전에는 불보살님이 우선이 된다고 생각하겠지만 부처님이 설하신 경전이나 진신사리도 복전이고, 모든 성현들, 스님들(계를 지키는 스님이라면 더 큰 복전이 된다), 스승(스승은 무조건 공경해야 함을 공부하면서 배웠다), 부모님, 병자들, 빈

자들, 장애인 등등 모든 중생이 불보살님과 동등한 무게를 지닌 복전이라는 것을 알아야 하겠다.

복덕에는 세 종류가 있다. ①인간이 받는 유루복(有漏福: 새어 나가는 복이라는 뜻으로 인간계와 천상계에 태어나는 복보를 얻지만 삼계를 벗어나지는 못함)과 ②성문과 연각의 두 성인이 받는 무루복(無漏福: 새어 나가지 않는 복이라는 뜻으로, 삼계를 벗어나게 됨)과 ③부처의 과위에 도달한 사람이 받는 원만무상복(圓滿無上福: 원만하고 위없는 복이라는 뜻으로, 번뇌가 다하고 지혜가 극에 달한 복. 이 복덕의 힘으로 위로는 불도를 구하고 아래로는 일체중생을 구제한다. 아! 부처가 되어서도 받으시는 복이 있다는 것을 비로소 알았다)이 그것이다.〔人間有漏之福 二乘聖人無漏之福 以及佛道圓滿無上之福〕

남회근 선생은 「진정한 복보는 무엇일까요. 청정무위(清淨無爲)입니다. 말하자면 천상의 복보로서, 바로 청복(清福)입니다. 불법을 공부하여 공성(空性), 즉 자성(自性)의 청정무위를 증득하고 대지혜를 성취하는 것, 깨달음을 얻어 성불하는 것, 이것이야말로 진정한 복보(福報)라 할 수 있습니다.」라고 하였다. 아! 진정한 복보는 성불하는 것이었다. 그렇다면 진정한 공덕도 성불하는 것일 것이다.

아래에서는 인간이 받는 유루복만 공덕과 대비하여 설명한다.

1. 공덕은 삼업(三業: 몸과 말과 마음)을 청정하게 해야 얻지만, 복덕은 삼업을 청정하게 하지 않아도 얻는다.

2. 무루(無漏)여서 쌓으면 삼계를 벗어나는 것은 공덕이고, 유루(有漏)여서 쌓으면 기껏해야 인천(人天: 인간과 천상)에 태어날 과보를 얻을 뿐 삼계를 벗어나지는 못하는 것은 복덕이다.

3. 상(相)을 떠나면 공덕이고 그렇지 못하면 복덕이다.

그런데 《금강경》에 「만약 보살이 상(相)에 머물지 않고 보시하면, 그 복덕은 헤아릴 수 없다.〔若菩薩不住相布施 其福德不可思量〕」라는 말씀이 나온다. 공덕이 아니고 복덕이다! 불보살이 받는 원만무상복을 말하는 것이 아닌가 한다.

4. 공덕(功德)의 공(功)은 곧 지혜요, 덕(德)은 곧 공덕을 말한다.

5. 공덕은 청정한 마음으로 일체의 선법(善法)을 행하고 일체의 악법(惡法)을 끊어 버렸을 때 얻지만, 오염된 마음으로 악을 끊었을 때에는 복덕을 얻는다.

6. 보시(布施)의 경우, 공덕은 법보시(法布施)를 위주로 하나 복덕은 재보시(財布施)를 위주로 한다.

7. 공덕은 자리이타(自利利他: 자기도 이롭게 하고 남도 이롭게 함)에 중심을 두나, 복덕은 이타(利他: 남을 이롭게 함)에 중심을 둔다.

8. 공덕은 청정한 선업을 지어야 얻는다.

9. 육조 혜능선사는 「절을 짓고 보시하며 공양을 올리는 것은 다만 복을 닦는 것이다. 복을 공덕이라고 하지는 말라. 공덕은 법신(法身)에 있지 복밭(福田)에 있지 않다.〔造寺布施供養只是修福 不可將福以爲功德 功德在法身 非在於福田〕」라고 하였다.

10. 공덕은 보리심과 청정심(번뇌와 망상이 없는 마음)이 있어야 한다. 공덕을 쌓으면 삼계를 벗어나 결국엔 열반을 얻게 된다.

11. 염불하여 얻는 공덕은 무엇일까. 극락왕생이다. 그렇다면 염불로 얻는 복덕은 무엇일까. 선근을 심고 재앙이 없어지고 수명이 늘어나는〔消災延壽〕 것 등이다.

12. 공덕의 과보는 다함이 없지만〔綿綿而無窮〕 복덕의 과보는 다할 때가 있다〔有盡時〕.

13. 남회근 선생은 「공덕과 복덕은 다릅니다. 공덕(功德)은 공(功)을 쌓고 덕(德)을 누적(累積)시키는 것입니다. 공덕은 수행을 통해 조금씩 조금씩 누적시켜 나가는 겁니다. 마치 어떤 공정을 하루에 얼마씩 조금씩 쌓아가는 것이 공(功)입니다. 이 공력(功力)이 어떤 구체적인 결과로 나타냈을 때가 공덕입니다. 복덕에는 두 가지가 있습니다. 홍복(鴻福)과 청복(淸福)입니다. 홍복은 우리가 흔히 말하는 세간(世間)의 복을 말하고, 청복은 출세간(出世間)의 복입니다. 일〔事〕이 없거나 마음에 번뇌 망상이 없거나 적막과 고요함, 평안한 것은 더할 수 없는 청복입니다.」라고 하였다.

14. 〈오등회원(五燈會元)〉〈신승전(神僧傳)〉〈벽암록(碧巖錄)〉 등에는 중국 양나라 무제(武帝)와 달마대사가 나눈 대화가 실려 있다. 이 일화는 공덕과 복덕이 어떻게 다른지 잘 말해 준다.

「양무제가 물었다. "짐이 왕위에 오른 이후로 절을 짓고 경전을 쓰고 승려들을 만든 일을 가히 다 기록할 수 없을 정도로 많은데 어떤 공덕이 있습니까." 달마대사가 답했다. "아무런 공덕이 없습니다." "어찌하여 공덕이 없습니까." "이런 것은 다만 인간으로나 천상에 태어날 수 있는 작은 과보이며 모두가 새어나가는〔漏〕 인(因)일 뿐입니다. 마치 그림자가 형체를 따르는 것과 같아서 비록 잠깐 있으나 실다운 것이 아닙니다." "그렇다면 어떤 것이 참다운 공덕입니까" "청정한 지혜는 미묘하고 원만하여 본체는 스스로 공적합니다. 이와 같은 공덕은 세상의 일로는 구할 수 없습니다."〔帝問曰朕 卽位已來 造寺寫經度僧 不可勝記 有何功德 師云 片無功德 帝曰何以無功德 師曰此但人天小果 有漏之因 如影隨形 雖有非實 帝曰如何是眞功德 答曰淨智妙圓 體自空寂 如是功德 不以世求〕

15. 부처님께서 설하셨다. 「모든 것을 꿰뚫어보아 일체를 내려놓아라. 일체의 법상에 집착하지 마라.

이것이야말로 진정한 대지혜요 대반야이며 대공덕이니라.〔看破放下 不執著一切法相 才是眞正大智慧 大般若 大功德〕」

16. 육조 혜능선사는 「견성(見性)이 공(功)이고 평등(平等: 육조단경의 어떤 판본에서는 평등이 平直으로 되어 있다)이 덕(德)이다. 생각 생각에 막힘이 없이 본성의 진실한 묘용을 항상 볼 수 있다면 이것을 일러 공덕이라 한다.〔見性是功 平等是德 念念無滯 常見本性 眞實妙用 名爲功德〕」라고 하였다.

17. 대덕께서 「공(功)은 계(戒)와 정(定)이고, 덕(德)은 지혜(즉, 반야)이다. 공(功)은 번뇌와 티끌처럼 많은 무명을 끊어 없앤 것이고, 덕(德)은 본성 가운데 있는 지혜가 드러난 것이다.〔功是戒定 德是智慧 修功是斷煩惱塵沙無明 德是本性中之智慧現前〕」라고 하였다.

18. 대덕께서 「수행이 공(功)이고 신심(身心)이 청정한 것이 덕(德)이다. 내심(內心)의 어리석음을 없앤 것이 공(功)이고 지혜가 드러난 것이 덕(德)이다.」라고 하였다.

19. 남회근 선생은 「복덕의 성취를 구하고자 한다면 모든 악을 행하지 않고 온갖 선을 받들어 행해야 합니다.」라고 하였다.

성불에 가까운 길이 대승이다. 대승 중에서도 참선이 가까운 길이다. 참선과 염불을 서로 견주면 염불이 성불에 가장 가까운 길이다.

成佛近路是大乘 大乘中禪是近路 禪與淨相比 念佛是最近之路　　　　　　　　- 고덕

만萬 가지 행行 중 가장 긴요하고 빠른 것은 정토법문보다 나은 게 없다고 본사本師이신 석가세존께서 말씀하셨을 뿐만 아니라 시방의 모든 부처님들께서도 다 함께 전하고 증명하셨네.

萬行之中爲急要 迅速無過淨土門 不但本師金口說 十方諸佛共傳證
- 법조法照대사〈정토오회법사찬淨土五會法事讚〉

＊ 선도(善導)대사의 후신이라 불렸던 법조대사는〈정토오회염불약법사의찬(淨土五會念佛略法事義贊)〉에서, 「지금 좌선하는 사람은 마땅히 염불도 해야 한다. 어찌 똑같이 염(念)을 여의고 무념(無念)을 구

435

하며, 생(生)을 여의고 무생(無生)을 구하며, 부처님 상호(相好)를 여의고 법신(法身)을 구하며, 문자를 여의고 해탈을 구하는가. 이와 같은 사람은 단멸견(斷滅見)에 머물러 부처님을 비방하고 경(經)을 비방하는 것으로 불법(佛法)이 쇠퇴하는 업을 이루고 무간지옥에 떨어진다. 무릇 수도함에 있어 가히 비방하는 것을 삼가야 한다.」라고 하여, 당시 정토를 비방하던 선가(禪家)를 꾸짖었다.

* 본사(本師) : '근본스승' 이라는 뜻으로, 석가모니부처님을 가리킴. 석가모니부처님은 우리 중생에게 팔만사천법문이라는 방대한 법문을 49년간 설하셨으니, 이 분이야말로 우리 중생들에게는 근본 스승이 된다. 이미 한량없이 오랜 세월 전에 성불하셨으나(법화경 여래수량품), 인간의 모습으로 사바세계에 나투서서 성불하신 모습을 보여주시고 짐짓 열반에 드신 모습을 연출하셨다.

이 사바세계에서는 수행하면서 도道에 정진하기가 정말로 어렵거니와, 저 극락정토에 왕생하면 부처님 되기가 참으로 쉽습니다. 거기서는 부처님 되기가 쉽기 때문에 단 한 번의 생애에 뜻을 이룰 수 있지만, 여기 사바세계에서는 정진하기도 어려운 까닭에 오랜 겁을 지나도 도道를 이루지 못합니다. 이런 까닭에 우리보다 앞서 오신 성현들께서 누구나 한결같이 극락정토를 향해 가셨으며, 천 가지 경전과 만 가지 논설이 모두 도처에서 극락왕생을 지시하고 계십니다. 말세의 수행으로는 이보다 나은 법문이 결코 없기 때문입니다.

-성암대사

* 남회근 선생은 「열반경에서 말하기를, 부처님이 장차 열반하려 하면서 마왕(魔王) 파순(波旬)에게 묻습니다. "자, 내가 이 사바세계를 떠나고자 한다. 그대는 기쁜가." 마왕이 말합니다. "기쁘기도 하고 기쁘지 않기도 합니다." 부처님이 말합니다. "내가 멸도한지 5백년 후에도 나의 제자가 있고, 정법(正法)이 아직은 세상에 머물 수 있다. 그 5백년 후에는 무슨 방법으로 불법을 파괴할 것인가." 이런 내용은 열반경에 다 있는 일인데, 마왕 파순은 대답합니다. "당신은 안심하고 가십시오. 내게는 방법이 있습니다. 내가 당신의 의복을 입고, 당신의 밥을 먹으며 당신의 경전을 강의하는 겁니다." 부처님이 말합니다. "아, 그대는 그렇게 할 수 있다. 대단하다." 이것은 마(魔)가 불법을 파괴하겠다는 원력(願力)인데, 우리는 그런 시대가 오고 있음을 목도하고 있습니다.」라고 하였다. 그러면서 마왕파순은 천상계의 대마왕인데, 대마왕은 십지(十地)보살이 변한 것이라고 하였다. 파순은 일부러 마왕의 길을 걸어감으로써 사람들을 단련시

키고 있다고 하였다.

　＊〈염불감응록〉에「사바세계를 떠나려는 마음을 내면, 즉시 명부에서 이름이 지워진다. 극락에 왕생하겠다는 마음을 내면 어찌 정토에 내 이름이 내걸리지 않겠는가. 자력(自力)도 이러하거늘, 하물며 타력은 말할 것이 있겠는가.[發出離心 卽冥府除名 發願生心 豈不淨土掛號乎 此是自力 何況他力]」라고 하였다.

　혜일慧日대사가 이레 동안 머리를 조아리고 음식을 끊고 목숨 마칠 것을 기약하며 기도하였다. 이레날 밤이 되자 홀연히 관세음보살께서 자주금빛 몸을 나타내 보배연꽃에 앉아 손을 늘어뜨려 스님의 이마를 어루만지며 이렇게 말씀해 주시는 것을 보았다.

　「그대가 불법佛法을 전해 스스로를 이롭게 하고 남을 이롭게 하려면, 오직 서방극락세계 아미타불을 부를 것이니, 정토 법문이 다른 모든 수행들보다 뛰어나다는 사실을 알아야 한다.」

　日乃七日叩頭 又斷食 畢命爲期 至七日夜 忽見觀音現紫金身 座寶蓮花 垂手摩頂曰 汝欲傳法自利利他 唯念西方極樂世界阿彌陀佛 當知淨土法門 勝過諸行

　　　　　　　　　　　　　　　　　　　　- 연지대사〈치문숭행록緇門崇行錄〉

　＊혜일대사(慧日大師) : 중국 당나라 때 자민삼장(慈愍三藏)이라 일컬어지던 고승으로, 담란, 선도, 도작대사 등이 정토종을 크게 일으킨 이래 다시 정토종을 현창한 고승이다.

　＊치문숭행록 : 연지대사가 부처님께서 살아계시던 때부터 중국 명나라 시대에 이르기까지 덕행(德行)이 높았던 출가 사문(沙門)들의 행적을 모은 책이다.

　＊관세음보살의 대자대비하심을 찬탄하는 게송을 소개한다.

　관세음보살의 미묘함은 이루 다 말할 수 없어라.[觀音菩薩妙難酬]

　청정하고 장엄한 상호(相好)를 수많은 겁 닦으셨네.[淸淨莊嚴累劫修]

　32응신(應身)으로 무수히 많은 불국토에 나투시며[三十二應遍塵刹]

　백천만겁토록 사바세계 중생을 교화하시네.[百千萬劫化閻浮]

병 속의 감로(甘露)를 언제나 중생들에게 뿌리시고[瓶中甘露常時灑]

손에 드신 버들가지는 세월을 알 수가 없다네.[手內楊柳不計秋]

고통을 구해주길 비는 곳엔 어디나 응하시며[千處祈求千處應]

고해(苦海)에서 늘 중생을 건네주는 배가 되시네.[苦海常作度人舟]

　＊ 치문(緇門)에서 '치(緇)'는 머리를 깎고 먹물 옷을 입은 검소한 수행자를 뜻하고, '문(門)'은 올곧은 수행을 통하여 부처님 세상으로 들어가는 문을 말한다.

　법문이 많다고 하지만 중요한 두 가지 법은 참선과 염불 두 가지 뿐이다. 이 두 가지 방법이 생사해탈에 가장 쉬운 방편문(方便門)이다. 선(禪)은 오직 자력(自力)에만 의존하나, 정토수행은 부처님의 가피력까지도 겸했다. 그러므로 두 가지 방편문을 서로 비교한다면, 정토수행이 지금 사람들의 근기에 가장 부합한다. 마치 바다를 건너려는 사람이 반드시 안전하고 빠른 배에 의존해야만 신속히 저 언덕에 도달하는 것과 같다.

　法門雖多 其要唯二 曰禪與淨 了脫最易 禪唯自力 淨兼佛力 二法相校 淨最契機 如人渡海 須仗舟船 速得到岸
　　　　　　　　　　　　　　　　　　　　　　　　　　　　　　　　　- 우익대사

　＊ 염불은 믿음과 발원으로 부처님의 명호를 일심불란하게 부르거나 생각함으로써 극락에 왕생한다. 극락에 왕생하면 단박에 성현의 경지에 오르고 불퇴전의 지위를 증득한다. 그리고 부처님으로부터 장래에 성불할 것이라는 수기(授記)를 받은 후 시방세계에 수없이 많은 화신(化身)을 나투어 중생을 구제한다. 염불은 일심불란(一心不亂)이 최후의 관문이고, 참선은 깨달음을 중시한다. 즉, 마음을 밝히고 자성(自性)을 보는 명심견성(明心見性)을 통해 단박에 부처의 지위에 오르고자 한다. 참선법문에서는 증득(證得) 또는 증오(證悟)를 중시한다. 제자가 증득을 얻었는지의 여부는 스승이 인가(認可)해 주지만, 스승이 없을 경우에는 결국 경전을 통해 확인해 볼 수밖에 없다. 아미타불의 후신(後身)으로 불리는 중국의 영명 연수 선사는 그의 대작 〈종경록〉에서 깨달음의 열 가지 기준을 제시해 놓고 있다. 즉, 이 열 가지 관문을 모두 꿰뚫어야 비로소 부처의 깨달음을 얻었다고 할 수 있다. 소개한다.

「①자성(自性)을 뚜렷이 볼 수 있는 것이 마치 대낮에 물건을 보듯, 문수보살처럼 그렇게 지혜로울 수 있는가.[還得了了見性 如畫觀色 似文殊等否].

②사람을 만나고 상황에 대처하며, 색깔을 보고 소리를 들으며, 발을 들어 올리고 놓으며, 눈을 뜨거나 감는 것이 모두 밝고 뛰어나 도(道)와 상응하는가.[還逢緣對境 見色聞聲 舉足下足 開眼合眼 悉得明宗 與道相應否].

③부처님의 가르침과 조사들의 말을 깊이 듣고도 두려워하지 않으며, 이들을 모두 살펴도 의심스런 곳이 없는가.[還覽一代時教 及從上祖師言句 聞深不怖 皆得諦了 無疑否].

④온갖 질문에 대해 하나하나 따진 뒤 능히 네 가지 변재(辯才)를 갖추어 모든 의문을 풀어줄 수 있는가.[還因差別問難 種種徵詰 能具四辯 盡決他疑否].

⑤언제 어디서든 지혜가 막힘없이 드러나 생각 생각마다 깨어 있어 어떤 법에도 방해받지 않고 한순간에도 끊어지지 않게 할 수 있는가.[還於一切時 一切處 智照無滯 念念圓通 不見一法能爲障 未曾一剎那中 暫令間斷否].

⑥일체의 순경계(順境界)와 역경계(逆境界), 좋은 경계 나쁜 경계가 나타날 때마다, 그 자리에서 모두 알아 차려 그것을 타파할 수 있는가.[還於一切逆順好惡境界現前之時 不爲間隔盡識得破否].

⑦온갖 밝은 법문이 마음에 있으니 하나하나의 미세함을 보아 본체가 일어나는 곳을 알며 생사의 뿌리에 어지럽게 미혹되지 않을 수 있는가.[還於百法明門心境之內一一得見微細體性根原起處 不爲生死根塵之所惑亂否].

⑧일상의 행주좌와(行住坐臥) 때, 공경히 마주 대하고 있을 때, 옷 입과 밥 먹을 때, 일을 맡아 처리 할 때에도 일일이 진실을 알아볼 수 있는가.[還向四威儀中 行住坐臥欽承祗對 著衣喫飯 執作施爲之時 一一辯得眞實否].

⑨부처가 있다 없다, 중생이 있다 없다, 칭찬이나 비방, 옳다 그르다 하는 말을 들어도 마음이 움직이지 않을 수 있는가.[還聞說有佛無佛 有衆生無衆生 或讚或毀 或是或非 得一心不動否].

⑩온갖 지혜에 대하여 모두 밝게 통하여, 성(性)과 상(相)에 모두 통해 이(理)와 사(事)에 얽매이지 않으며, 어떤 법도 그 근원을 알 수 있으며, 세상에 오신 그 어떤 성현들의 말씀에도 의문이 없을 수 있는가.[還聞差別之智 皆能明達 性相俱通理事無滯 無有一法不鑒其原 乃至千聖出世 得不疑否」

이미 깨달음을 얻은 보살들도 염불을 버리지 않는다. 왜냐하면 염불을 하지 않고서는 정각正覺을 얻을 수 없기 때문이다. 우리들은 모든 조사들이 염불하여 마음을 깨달은 것임을 알 수 있다. 누구나 일심불란一心不亂하게 염불하면 모든 번뇌가 사라짐을 알게 된다. 자기 마음을 분명하게 밝히면, 이것을 깨달음이라 부른다. 이처럼 염불이 곧 참선이고, 참선하면 정토에 왕생한다. 예로부터 이 의문이 해결되지 않은 채 오늘에 이르렀다. 나는 염불과 참선이 다르다는 견해를 산산이 부순다. 참선이 곧 염불이라는 견해를 버리고 엉터리 견해를 내는 것은 모두 마구니의 장난이지 부처님 법이 아니다.

菩薩旣悟 而不捨念佛 是則非念佛無以成正覺 安知諸祖 不以念佛而悟心耶 若念佛念到 一心不亂 煩惱消除 了明自心 卽名爲悟 如此則念佛卽是參禪 參禪乃生淨土 此是古今未決 之疑 此說破盡 而禪淨分別之見 以此全消 若捨此別生妄議 皆是魔說 非佛法也

- 감산대사

* 감산대사는 〈몽유집절요(夢遊集節要)〉에서 「염불이 임종 시 일심불란에 이르면, 이것이 바로 생사를 뛰어넘어 정토에 왕생하는 때인 것이다.[念到臨命終時 一心不亂 便是超生淨土之時也] 라고 하였다.

* 정공법사는 「염불의 성취에는 세 가지 수준이 있다. 상위(上位) 수준은 이일심불란(理一心不亂)이고, 중위(中位) 수준은 부처님을 항시 잊지 않은 사일심불란(事一心不亂)이며, 하위(下位) 수준은 끊임없이 아미타불을 염불하는 것이다. 염불의 상위 수준에 이르면 우리는 마음대로 이 세상을 초월하고, 언제고 원할 때 떠날 수 있는 능력을 가질 수 있다. 언제고 우리가 가기를 원하면, 아미타부처님이 우리를 서방 정토로 인도하러 오실 것이다. 비록 우리가 이 수준의 성취를 이루어 편안하게 죽을 수 있어도 이 세상에 더 오래 머무는 것이 최선이다. 무량수경에서 이 사바세계에서 하루 수행하는 것이 정토에서 백년 수행하는 것과 같다고 하셨기 때문이다.」 라고 하였다.

* 연지대사는 「'집지명호(執持名號) 일심불란(一心不亂),' 이 여덟 글자야말로 속박을 풀어주는 비밀 법문이자 생사를 벗어나는 당당한 대로(大路)이다. 아침에도 염불하고 저녁에도 염불하며 갈 때도 염불하고 앉아 있을 때도 염불하며 이 염불이 끊이지 않고 계속되면 저절로 삼매를 이루게 되니, 달리 구할 것이 뭐가 있는가.[執持名號 一心不亂 此八個字 卽解粘去縛秘密法門 卽出生死堂堂大路 朝念暮念 行念坐念 念念相續 自成三昧 莫更他求也] 라고 하였다.

염불과 참선이 같지 않다고 의심하는 이가 있는데, 그것은 참선이란 다만 마음을 알고 성품을 보려 함이요, 염불은 자기 성품이 미타彌陀요, 마음이 곧 정토임을 모르는 데서 오는 것이니, 어찌 그 이치에 둘이 있으랴.

부처님 말씀하시기를, 「부처님을 잊지 않고 생각하면 현세나 내생에 반드시 부처님을 뵈리라.」 하셨으니, 이미 현세에서 부처님을 뵙는 것이 어찌 참선을 하여 도道를 깨닫는 것과 다를 것인가. 오직 아미타불 넉자를 화두 삼아 온종일 분명히 들어 쉬지 않고 한 생각도 나지 않는 데에 이르면, 차서次序를 밟지 않고 바로 부처님의 경지에 뛰어오르리라.

有自疑念佛與參禪不同 不知參禪 只圖識心見性 念佛者 悟自性彌陀 唯心淨土 豈有二理 經云憶佛念佛 現前當來 必定見佛 旣曰現前見佛 則與參禪悟道 有何異哉 但將阿彌陀佛四字 做箇話頭 二六時中 直下提至於一念不生 不涉階梯 徑超佛地

- 천여天如 유칙惟則선사 〈천여칙선사보설天如則禪師普說〉

＊백암 성총대사는 〈정토보서(淨土寶書)〉에서 「참선하여 크게 깨달으면 마침내 생사윤회를 벗어날 것이다. 이는 실로 좋은 방법이지만 여기에 이르는 자는 백 명 중에 두세 명도 안 된다. 그러나 서방 정토업을 닦으면 윤회에서 빨리 벗어나 생사에 구애받지 않을 것은 너무 분명하여 만 명 중에 한 명도 빠뜨림이 없을 것이다. 만약 서방 정토업을 닦지 않으면 업연(業緣)을 따라가는 것을 피하지 못한다.」 라고 하였다.

＊《증일아함경》에서 「대지(大地)는 깨끗한 것도 받아들이고 더러운 똥과 오줌도 받아들인다. 그러면서도 깨끗하다 더럽다는 분별이 없다. 수행하는 사람도 마음을 대지와 같이 해야 한다. 나쁜 것을 받거나 좋은 것을 받더라도 조금도 좋아하거나 싫어하는 분별을 내지 말고 오직 자비로써 중생을 대해야 한다.」 라고 하였다.

＊남회근 선생은 「정토법문과 선(禪)의 차이는 어디에 있을까요. 아주 분명하게도 석가세존은 정토염불법문에 대한 가르침으로서 우리들에게 "마음으로 부처님을 생각하고, 일심(一心)으로 생각을 묶어 저 부처님을 자세히 관(觀)하라." 고 합니다. 그렇다면 부처님의 말씀대로, 일심으로 생각을 묶어(단속하여) 저 부처님을 자세히 관(觀)하면 되는 것일까요. 그렇지 않습니다. 일심으로 생각을 묶어 저 부처님을 자세히 관(觀)하는 것은 단지 정(定)을 닦는 요긴한 법문일 뿐입니다. 그런데 불법에서 추구하는 것은 정(定)과

혜(慧)의 균등한 수행[定慧等持]인데, 이 지혜의 힘을 어떻게 수행해야 할까요. 불법의 이치[佛理]를 참구(參究)하는 것 외에도, 선심(善心)과 복덕(福德)에 의지해서 배양해야 합니다. 선심과 복덕이 부족하면, 마치 쇠를 제련할 때 화력(火力)이 부족한 것과 같아서, 업력(業力)과 습기(習氣)를 철저하게 변화시킬 수 없습니다.」라고 하였다.

　＊ 남회근 선생은 「자기의 마음이 일어나고 생각이 움직이는 것을 생각 생각마다 관조(觀照)해야 비로소 올바른 수행길입니다. 여러분이 지혜를 구하고 복덕을 구하고 싶으면 이처럼 닦아야 합니다. 왜 그럴까요. 마음을 분명히 관찰하는 것이 바로 지혜이기 때문입니다. 자기 심념(心念)의 시비선악(是非善惡)에 대해서 모두 또렷이 알아서 나쁜 생각은 버리고 착한 생각을 증가시키면 공덕은 자연히 증장합니다.」라고 하였다.

　＊《육조단경》에 「마음이 집착하지 않는 것을 선(禪)이라 한다.[心不執着 名爲禪]」라고 하였다.

　＊ 정공법사는 「금강경에서 ‘상(相)을 취하지 않는다.[不取於相]’라고 한 것은 선(禪)이고, ‘여여(如如)하여 움직이지 않는다.[如如不同]’라고 한 것은 정(定)입니다.」라고 하였다.

　＊ 정목(正牧)스님은 「선(禪)은 무상무념(無想無念)의 도(道)이며, 염불은 유상유념(有想有念)의 도(道)다.」라고 하였다.

　＊ 차서(次序) : 차례 또는 순서라는 뜻.《능엄경》에 의하면, 대개 범부가 성불하는 데는 건혜지(乾慧智)에서 성불까지 55개의 차례가 있다. 그러나 선문(禪門)에서는 ‘마음을 보는 한 법이 모든 행을 다 갖춘다.’고 하고 또 ‘사람의 마음을 바로 가리켜 단박에 부처를 이룬다.’하여 하등의 차서(순서)를 두지 않는다.

　＊ 위 천여 유칙선사의 〈천여칙선사보설〉은 연지대사가 지은 〈선관책진(禪關策進)〉에도 인용되어 있다.

　부처님이 이 세상에 출현하신 후 49년 동안 설법하셨는데, 후인들이 그 설법을 결집하여 3장 12부가 되었다. 중생들의 근기가 같지 않은 까닭에, 그에 대한 가르침 또한 달랐다. 중국으로 전해진 후 3장 12부는 선종禪宗, 교종敎宗, 율종律宗, 밀종密宗, 정토종淨土宗 다섯 가지의 종宗으로 나눠졌다.

　5대종에서 선종은 교외별전敎外別傳으로서 오로지 선정禪定을 닦는다. 직지인심直指人心 견성성불見性成佛이다. 교종은 먼저 깨달은 다음 닦으며, 닦음으로써 증득證得한다.

율종은 부처님의 계율을 지키며 우선 몸을 잡고, 다음에 마음을 다잡는다. 오계, 십계, 이백 오십계, 보살계, 삼취정계 등과 같다. 계율을 청정히 지킴으로써 계戒로 말미암아 정정이 생기고, 정定으로 말미암아 혜慧가 생긴다. 밀종은 전적으로 주력呪力을 하여 삼밀三密이 상응해야 한다. 위의 이 네 종宗을 비교하면 처음 손대는데 조금 어려운 점이 있다. 오직 정 토종만이 가장 간편하고 직접적이다. 오로지 나무아미타불만 외우고 일심불란一心不亂이 되면 부처님의 영접을 받아 극락왕생을 할 수 있다. 근기가 좋던 나쁘던 모두 섭수攝受될 수 있다. 정토를 닦을 때 유일한 행지行持는 바로 정성껏 염불하는 것이다.

佛出世後 說法四十九年經後人結集起來 成三藏十二部 因爲衆生根性不一 對於所稟敎法 亦異 傳到中國之後 就在這三藏十二部之中 大致分出來宗敎律密淨五大宗 這並 不是佛特 意分出這五大宗來 在佛經裡面也 查不出有什麼宗 什麼派 是爲了適合衆生根性 在自然趨 勢中 後人繼續前人 各宗所學 才建立了這五大宗 五大宗的宗門下 是敎外別傳 專門修禪 功 直指人心 見性成佛 敎下門頭是先悟後修 由修而證律宗是專持佛的戒律 先以執身 次第 攝心 如五戒 十戒二百五十戒菩薩戒三聚淨戒等 由於嚴淨戒律故 乃能由戒生定 因定發慧 密宗是專門持呪 注重事項須三密相應 這四宗比較起來 最初入手都稍難一點 惟獨淨土宗 最簡單 最直捷 只堅持一句南無阿彌陀佛 念至一心不亂 卽可蒙佛接引往生極樂 無論利根 鈍根都能攝受 修淨土法門唯一行持 就是誠心念佛

-담허대사

* 주력(呪力) : 부처님의 공덕이 담겨 있는 다라니를 정성껏 외움으로써, 이 다라니와 하나가 되는 힘 을 '주력' 이라고 한다.

* 삼밀(三密) : 신밀(身密)/ 구밀(口密)/ 의밀(意密)을 말함. 밀종에서는 몸으로는 두 손을 결인(結印)하고, 입으로는 진언(眞言)을 외며 마음으로는 본존(本尊)을 관(觀)하면 즉신성불(卽身成佛)할 수 있다고 한다.

* 일심불란(一心不亂) : 마음을 한 곳에 집중하여 잡념이나 망상이 전혀 없고, 맑고 고요하여 움직이지 않는 경지를 말함.

* 천목 중봉선사가 지은 〈산방야화(山房夜話)〉에 「밀종(密宗)은 봄에 해당하고, 천태(天台), 현수(賢首),

자은(慈恩) 등의 교종(敎宗)은 여름에 해당하며, 남산의 율종(律宗)은 가을에 해당하고, 달마스님의 선(禪)은 겨울에 해당합니다. 요약해서 말해보겠습니다. 밀종은 부처님께서 큰 자비로써 중생을 제도하는 마음을 선양(宣揚)했고, 교종은 부처님께서 큰 지혜로써 중생들의 불성을 개시오입(開示悟入)하는 데에 공을 세웠으며, 율종은 부처님께서 단아하고 엄숙한 몸가짐으로써 훌륭한 실천의 표본을 선양한 것입니다. 끝으로 선종은 부처님께서 깨우치신 뚜렷한 마음을 전하신 것입니다. 이것은 마치 사계절을 혼동해서는 안 되는 것과 흡사합니다.」 라고 하였다.

  * 행지(行持) : 수행자가 지녀야 할 행(行)을 말한다. 행(行)은 수행을, 지(持)는 수행을 게을리하지 않고 그 수행으로써 얻은 경지를 계속 지속하는 것을 뜻한다.

  참선은 확철대오廓徹大悟하고 완전히 미혹을 끊고 진리를 증득證得하지 않으면 생사윤회를 벗어날 수 없소. 대보살의 근기와 성품을 지닌 사람이라면 확철대오하면서 증득하여 스스로 삼계 고해苦海를 벗어나 영원히 생사윤회를 해탈함과 동시에 위로 불도佛道를 추구하고 아래로 중생을 교화하여 복덕과 지혜의 기초를 튼튼히 다질 수 있을 것이오. 그러나 이러한 대보살의 근기와 성품을 갖춘 경우는, 이른바 확철대오 했다는 사람들 가운데서 백천 분의 일이나 될까 말까 할 따름이라오. 그 나머지 근기가 조금이라도 처지는 사람은 제아무리 미묘한 도道를 확철대오를 했을지라도, 견혹見惑과 사혹思惑을 완전히 끊을 수 없어서 여전히 삼계에서 생사윤회를 되풀이해야 한다오. 지금 말법시대에 확철대오한 사람도 눈 씻고 찾아보기 어려운 현실인데, 하물며 확철대오한 바를 증득한 사람은 말할 나위가 있겠소.

- 인광대사

  * 인광대사는 「염불법문은 자력(自力)과 불력(佛力) 두 가지를 다 갖추었소. 고로 견혹(見惑)과 사혹(思惑)을 이미 끊은 자는 속히 법신(法身)을 증득하고, 견혹과 사혹을 끊지 못한 자는 업을 가지고 왕생한다오.[念佛法門 自力佛力二皆具足 故得已斷惑業者 速證法身 具足惑業者 帶業往生]」 라고 하였다.

  * 우익대사는 「참선하는 자가 서방에 왕생하고 싶다면 (참선을) 염불로 바꿀 필요는 없다. 다만 믿음과

발원을 갖추고 참선하면 곧 이것이 정토수행이다. 또한 염불이 일심불란의 경지에 이르면 주관과 객관을 모두 잊고 곧바로 무생법인을 증득한다. 이 어찌 도를 깨침이 아니겠는가. 그러므로 참선과 염불은 둘 다 도를 깨칠 수 있으며, 둘 다 서방에 왕생할 수 있다. 다만 의심[疑情]이 있으면 곧 참선이고, 의심이 없으면 곧 염불이다. 사람들이 수행을 시작할 때 스스로 살필지어다.[禪者欲生西方 不必改爲念佛 但具信願 則參禪卽淨土行也 又念佛至一心不亂 能所兩忘 卽得無生法忍 豈非悟道 故參禪念佛 俱能悟道 俱能生西也 但有疑則參 無疑則念 在人下手時自酌耳]」라고 하였다.

＊ 정공법사는「만약 번뇌를 조복(調伏)시킬 수 없다면, 선(禪)을 배운다는 말은 헛소리에 지나지 않는다. 염불법문은 업(業)을 가지고 정토에 왕생하므로 번뇌를 끊지 않아도 되며, 단지 잠시 조복하기만 하면 왕생할 수 있다. 이것은 부처님이 직접 눈으로 보신 것이기 때문에, "내가 이러한 이익을 보았기 때문에 이러한 말을 한다.[我見是利 故說此言]"라고 말씀하신 것이다.」라고 하였다.

＊ 남회근 선생은「성내는 마음이나 생각이 다들 자신에게는 없다고 생각합니다. 화를 크게 냄은 당연히 성내는 생각입니다. 남을 미워하고, 사람을 속이고 하늘을 원망하고 남을 탓하는 것 이 모두가 성냄입니다. 시비(是非)를 분명히 함도 성냄입니다. 혹은 어떤 일에도 성내지 않을 거라고 말하는 것도 깔끔함을 좋아하는 것으로, 지저분한 것을 보면 참지 못하는 것도 성냄입니다. 한 생각 성냄이 바로 싫어서 미워함입니다. 당신은 염불을 합니다. 정좌(靜坐)를 합니다. 그런데 아무리 염불을 잘 하더라도 사혹(思惑: 탐욕, 성냄, 어리석음, 교만, 의심)이나 이 심리행위를 조금도 전환시키지 못한다면 부처님을 배운다는 말을 하지 말아야 합니다. 이게 진정한 불법입니다. 염불을 하든 참선을 하든 밀교수행을 하든 무슨 수행을 하든지 간에 모두 소용이 없습니다. 반드시 이 사혹을 끊어야 합니다.」라고 하였다.

어떤 이가 말했다.「참선과 염불법문은 길은 서로 다르나 집에 도착하는 것은 진실로 같다. 그러나 참선을 해서 깨닫지 못한 사람은 인천人天에 머무를 뿐이지만, 염불을 해서 깨닫지 못한 사람은 그래도 극락에 갈 수 있다. 이것으로 비교해 보면 참선은 염불에 미치지 못하는 것 아닌가.」

답한다.

깨닫지 못해도 염불수행으로 정토에 왕생한다고 하는 것은, 염불의 정성과 간절함이 극에 이르렀기 때문이다. 만약 참선하는 자가 역시 저와 같이 정성과 간절함으로 한다면, 깨달음을 얻지 못해 인천에 태어난다 해도 깨달음을 얻기가 멀지 않아 다시 세상에 오면 혜근慧根이 단박에 자라나고 단박에 깨달음을 증득하니 가히 (그 경지를) 헤아릴 수 없다. 염불을 해도 깨달음을 얻지 못한 자는 비록 정토에 왕생해도 결국 의성疑城과 태옥胎獄 가운데 떨어져 범부의 알음알이가 다 교화되기를 기다려 비로소 부처님을 뵐 수 있으니 (이렇게 보면) 염불이 어찌 참선보다 뛰어나다고 하겠는가. 대저 참선법문과 염불법문은 근기에 들어맞는 것은 다르지만 공부를 해야 하는 것은 다름이 없다.

　　或曰 兩途到家 誠爲不異 但參禪未悟者 止滯人天 念佛未悟者 尙可往生 以此校之 似參禪不及念佛耳 曰未悟往生者 必念佛極其誠切 若參禪者亦如彼之誠切 則雖止滯人天 取悟不遠 再出頭來 慧根頓發 超證菩提 未可限量 念佛而未悟者 雖得往生 終墮疑城胎獄之中 俟期情識陶盡 始得見佛 豈可勝於參禪者乎 蓋禪淨二門 應機不同而功用無別

- 영각永覺 원현元賢선사

*　영각 원현선사 : 중국 명나라 때의 고승.

*　《무량수경》에도 ①부처님의 지혜나 공덕을 의심하지만 염불수행은 계속하거나 ②자신이 금생(今生)에 선(善)이 적고 악(惡)이 많은 것만 알고, 다생겁의 전생동안 자신이 쌓은 선근복덕에 대해서는 알지 못하여 믿음을 일으키지 않고, 따라서 극락에 왕생하는 것에 의지가 굳건하지 않아 망설이고 일심으로 부처님께 의지하는 바가 없으되, 다만 염불수행을 계속한 사람들은 극락에 왕생하긴 하지만 극락세계의 변두리에 있는 칠보성(七寶城)이라는 의성(疑城) 속에 갇혀 5백세 동안 부처님을 뵙지도 못하고 설법을 듣지도 못하며 보살과 성문들을 만날 수도 없으며, 헤아릴 수 없는 부처님의 처소에 두루 돌아다니며 공양을 하지도 못하는데, 이들을 태생(胎生)이라고 한다 하였다.

*　인천(人天) : 육도(六道) 중에서 인간계와 천상계를 아울러 일컫는 말.

*　정식(情識) : 범부의 알음알이를 말한다. 참고로 성인의 깨달음은 성해(聖解)라 한다. 범부의 알음알이는 보잘것없는 것이고, 성인의 견지(見地)나 깨달음은 위대하다는 생각은 모두 변견(邊見)에 해당한다. 변견이란 한쪽에 치우쳐 시비 분별로써 자기주장만 하는 잘못된 견해를 말한다. 이 변견을 타파하기 위하여 범부의 알음알이에서 실체가 없다는 공성(空性)을 보고, 마찬가지로 성인의 깨달음에서도 공성을

보아, 범부와 성인 양쪽에 대한 집착을 다 벗어나야 한다. 이것이 중도(中道)이다.

  * 참선은 의심이 우선이지만, 염불은 믿음이 우선이다. 참선은 믿기는 쉬워도 행하기는 어렵지만, 염불은 행하기는 쉬워도 믿기는 어렵다.

「무슨 인연으로 모든 부처님을 염송하라 하십니까.」

부처님께서 말씀하셨다.「마땅히 알라. 염불하는 자라면 이 사람은 바로 문수사리보살과 다르지 않느니라.」

「무슨 까닭으로 제불세존들께서는 염불삼매에서 노니시는 것입니까.」

「수능엄삼매 등 모든 큰 삼매가 나오기 시작하는 곳이기 때문이니라. 그러므로 알라. 여러 불법에 들어가려면 방편이 정말 많지만, 만약 한 마디로 많은 방편문을 갖춘 것을 말한다면 염불보다 나은 것이 없느니라. 왜 그러한가. 일체 현성이 저마다 염불로부터 나오며, 일체지혜가 모두 염불로부터 있기 때문이니라.」

  以何因緣令念諸佛 佛言 若念佛者 當知是人卽與文殊師利等無有異 以何故此三昧者諸佛世尊之所遊戲 首楞嚴等諸大三昧始出生處 是知將入諸佛法 方便誠多 若以一言而具衆門 無過念佛 所以者何 一切賢聖皆從念佛而生 一切智慧皆從念佛而有

                                    - 천태대사〈오방편염불문五方便念佛門〉

  *《관불삼매해경(觀佛三昧海經)》에는 「염불삼매를 성취하려면 오연(五緣)이 있으니, 첫째는 계행(戒行)을 지켜 범하지 마라. 둘째는 사견(邪見)을 일으키지 마라. 셋째는 아첨하며 교만하지 마라. 넷째는 자기 마음에 맞지 않는다고 성내며 원망하고 질투하지 마라. 다섯째는 용맹하고 굳세게 정진하라.」라고 하였다.

  * 천태 지자대사의 스승인 남악혜사(南岳慧思, 515~577)선사께서 임종할 때의 일화를 소개한다.

「혜사선사는 남악(南岳)에 들어가면서 제자들에게, "나는 이 산에서 딱 10년을 머물고 멀리 갈 것" 이라고 말한 적이 있는데, 과연 10년이 되자 선사께서는 입적을 예고하였다. 문도들을 모아놓고 여러 날 설법하며 간곡하게 가르쳤으나 제자들은 기대에 부응하지 못하였다. 이에 "만일 신명을 아끼지 않고 항상 법화삼매와 염불삼매, 방등참법(方等懺法) 등을 닦는 이가 열 명만 있다면, 나는 필요한 모든 것을 직접 공급하면서 외호(外護)하리라. 하지만 이를 행할 이가 없다면 나는 떠나갈 것이다." 하고 말하였다. 이에 대해 끝내 응하는 이가 없자 휘장을 치고 입적하려 하였다. 영변(靈辯)이라는 제자가 자기도 모르게 곡을 하자 선사는 그를 꾸짖었다. "악마는 나가거라. 성인들이 영접하러 와서 다음 몸 받을 곳을 의논하고 있는데 어찌하여 놀라게 하는가." 하면서 단정히 앉아 합장하고 염불하면서 입적하였다. 안색은 살아있을 때와 똑같았고 묘한 향기가 방안에 가득하였다. 때는 태건(太建)9년(577) 6월 22일, 세수 63세요 법랍은 49년이었다. 선사는 생전에 대중들에게 늘 다음과 같이 훈시하였다. "도의 근원은 멀지 않고 성품의 바다는 아득하지 않다. 다만 자신을 향해 구할 것이지 남에게서 찾지 말라. 찾아도 얻지 못할 것이요, 얻는다면 참된 것이 아니다."」

모든 수행문 중에 염불만한 것이 없다. 내가 과거 오랜 겁 중에 염불로 일체종지를 얻었느니라. 일체 모든 법과 반야바라밀다와 가지가지의 깊은 선정과 모든 부처님의 지혜가 모두 염불에서 나온다. 고로 염불은 모든 법의 왕임을 알라. 너는 마땅히 제법(諸法)의 왕인 아미타불을 염해야 한다 .

諸修行門 無如念佛 我過去劫中 因念佛故得一切種智 是故一切諸法 般若波羅密多 什深禪定 乃至諸佛正遍知海 皆從念佛而生 故知念佛諸法之王 汝當念諸法之王　　　-문수보살

＊ 위 말씀은 중국 당나라의 법조(法照)대사께서 중국 오대산을 순례하고 있을 때, 문수보살을 뵈었는데, 이때 문수보살께서 법조대사에게 하신 말씀이다.

＊〈대지도론〉에「 '반야바라밀' 은 바로 모든 부처님의 어머니이다. 삼매는 오직 산란한 마음을 가다듬어 지혜를 이룰 수 있게 하지만, 모든 법의 실상(實相)은 볼 수가 없다. 그러나 반야바라밀은 모든 법을 두루 관찰하고 실상을 분별하면서 일마다 통달하지 못함이 없고 일마다 성취하지 못함이 없나니, 이렇게 공덕이 크기 때문에 어머니라 한다. 만일 반야바라밀이 없으면 그 밖의 다섯 가지 일은 바라밀이라고 하지 못한다. 다섯 가지의 바라밀이 반야를 여의면 바라밀이라는 이름을 얻지 못한다. 다섯 가지 바라밀은 마치 소경과 같고, 반야바라밀은 마치 눈과 같으며, 다섯 가지 바라밀은 마치 굽지 않은 병에 물을 담은

것과 같고, 반야바라밀은 잘 구운 병에 물을 담은 것과 같으며, 다섯 가지 바라밀은 마치 새에 두 날개가 없는 것과 같고, 반야바라밀은 마치 두 날개를 가진 새와 같다. 이와 같은 갖가지 인연 때문에 반야바라밀은 큰일을 성취할 수 있나니, 이 때문에 "모든 공덕과 소원을 얻고자 한다면 반야바라밀을 배워야 한다." 라고 말씀하셨던 것이다.」 라고 하여 반야바라밀의 공덕을 찬탄하였다.

　＊〈만선동귀집〉에 「보시하되 반야(般若)가 없다면 일세(一世)의 영화는 얻는다 하더라도 뒤에는 반드시 나머지 빚을 갚아야 하는 재앙에 이를 것이며, 계(戒)를 지니되 반야가 없으면 잠깐은 욕계(欲界)의 천상(天上)에 난다 하여도 보(報)가 다하면 도리어 윤회의 바퀴에 떨어지고 말 것이며, 인욕(忍辱)하되 반야가 없으면 형상이 단정한 보(報)는 얻는다 하더라도 적멸인(寂滅忍)은 마침내 증득하지 못할 것이며, 정진(精進)하되 반야가 없으면 한낱 생멸하는 공(功)만 일으키는지라, 진상(眞常)의 대해(大海)에는 나아가지 못하며, 선(禪)을 하되 반야가 없다면 다만 색계선(色界禪)을 행하는 것이어서 금강정(金剛定)에는 들지 못할 것이며, 또한 만선(萬善)을 행하되 반야가 없다면 헛되이 유루인(有漏因)만을 이루는지라 끝내 무위(無爲)의 과(果)에는 계합하지 못할 것이다. 그러므로 알라. 반야란 곧 험난한 길을 잘 인도해주는 길잡이요, 캄캄한 방 안을 밝혀주는 등불이며, 생사의 바다를 건너는 지혜 돛대요, 번뇌를 치료하는 어진 의사이며, 삿된 산을 무너뜨리는 큰 바람이요, 마군(魔軍)을 파멸하는 용맹한 장수며, 캄캄한 길을 비춰주는 햇빛이요, 혼혼(昏昏)한 업식(業識)을 놀라게 하는 번갯불이며, 우맹(愚盲)의 눈을 치료하는 금바늘이요, 갈애(渴愛)를 씻어주는 감로(甘露)이며, 어리석음의 그물을 잘라내는 지혜의 칼이며, 가난을 구제하는 보배 구슬이니, 이와 같이 반야를 밝히지 못하고서는 어떤 만행(萬行)이라 할지라도 한갓 허설(虛說)이 되고 만다.」 라고 하였다.

　＊〈대지도론〉에 「무명(無明)이 바로 없어지면, 그것을 '일체종지(一切種智)'라 한다.」 라고 하였다.

　＊ 부처님의 지혜는 공간적으로는 시방(十方)을 다하고, 시간적으로는 삼세(三世)를 다하는 완전하고 원만한 지혜이다.

　문수보살이 법조法照대사에게 「그대가 염불을 하고 있으니, 지금이 바로 바른 때이다. 여러 가지 수행의 방편들이 있지만 염불보다 뛰어난 것은 없다. 왜 그러한가. 내가 과거 겁 가운데에서 수행할 때 염불하여 일체종지一切種智를 얻었기 때문이다. 따라서 일체의 모든 법과 반야바라밀의 깊은 선정이나 모든 부처님들이 다 염불로부터 나온 것이다. 그러한 까닭으로 알아야 한다. 염불은 모든 법法의 왕이니, 너는 마땅히 늘 아미타불을 생각하여 쉼이 없게 할지어다.」라고 하셨다.

　법조대사께서「어떻게 염하여야 합니까.」하고 또 물으니, 문수보살께서「이 사바세계의 서쪽에 아미타불이 계신데, 그 부처님의 원력願力이 불가사의하다. 네가 만일 아미타부처님을 염念하되 생각을 이어가면서 중단 없이 계속한다면 수명을 마친 뒤에 극락세계에 반드시 왕생하여 영원히 무상보리도無上菩提道에서 퇴전하지 않게 될 것이니라.」라고 하셨다.

　이 말씀을 마치자, 두 분의 보살께서 각기 금빛 손을 펴서 법조대사의 정수리를 어루만지시며 수기하시기를,「네가 염불을 하는 까닭에 머지않아 무상정등보리無上正等菩提를 증득證得할 것이니라. 만일 모든 선남자 선여인이 속히 성불하고자 한다면, 염불보다 더 나은 법문이 없으니, 무상보리無上菩提를 속히 증득하게 될 것이니라.」라고 하셨다.

　文殊報言 汝今念佛 今正是時 諸修行門 無過念佛 所以者何 我於過去劫中 因念佛故 得一切種智 是故一切諸佛法 般若波羅蜜甚深禪定 乃至諸佛 皆從念佛而生 故知念佛是諸法之王 汝當常念無上法王 令無休息 師又問 當云何念 文殊言 此世界西 有阿彌陀佛 彼佛願力 不可思議 汝當繼念 令無間斷 命終之後 決定往生 永不退轉 說是語已 時二大聖 各舒金手 摩師頂 爲授記曰 汝以念佛故 不久證無上正等菩提 若善男女等 願疾成佛者 無過念佛則能速證無上菩提
　　　　　　　　　　　　　　　　　　　　　　　　　　　　　 -〈왕생록往生錄〉

　＊〈왕생록〉법조대사편 말미에는「문수보살은 지혜가 제일이고 과거 일곱 부처의 조사(祖師)였으며, 보현보살은 여래의 장자(長子)로서 만행(萬行)을 구족하신 보살이다. 이러한 대성인들께서 말씀하시기를, 염불은 제법(諸法)의 왕이라 하셨으며, 속히 성불함에는 염불만한 것이 없다고 분명히 말씀하셨는데, 그 어찌 믿지 않을 것이며 이 수승한 법을 내놓고 다른 법을 수행하겠는가.」라고 하였다.

　＊영명연수 선사의〈만선동귀집〉에「삼보에 귀의하는 것은 온갖 수행 가운데서도 가장 으뜸가는 복전(福田)이다. 굳센 마음을 일으켜 무너지지 않는 믿음을 갖추게 하고, '다섯 가지 두려움[五怖畏: 不活畏/ 惡名畏/ 死畏/ 惡道畏/ 大威德畏]'을 여의게 하며, 위없는 깨달음을 이루게 하는 첫 인연이 되고, 온갖 선법(善法)을 두루 포용한다. 대보은경(大報恩經)에 이르기를, "저 아사세왕이 오역죄가 있어서 마땅히 아비

지옥에 떨어질 것이나, 지극한 마음으로 뉘우치고 삼보를 염한 까닭에 아비지옥죄를 멸할 수 있었다." 라고 하였는데, 이것이 곧 삼보의 구호력(救護力)이다.[歸命三寶無上福田 起堅固心 具不壞信 離五怖畏 成三菩提 最初之因緣 攝一切善法 大報恩經云 如阿闍世王 雖有逆罪應入阿鼻獄 以誠心向佛故 滅阿鼻罪 是謂三寶救護力也]」라고 하였다.

* 무상법왕(無上法王) : 법왕은 부처님을 말하니, 무상법왕은 부처님 중의 왕이신 아미타불을 말함.

염불하여 극락왕생을 구하는 정토법문은, 실로 시방의 모든 부처님께서 널리 일체중생을 건지시는 중요한 길이고, 구법계九法界의 중생이 매우 빨리 불과佛果를 증득하는 묘한 문門이다. 모든 대승경전은 모두 이 중요한 법문을 열어 보인다. 특히 정토삼경淨土三經은 전적으로 그와 같은 이치를 밝히고 있다. 그런데 세상 사람들은 인습적으로 그와 같은 이치를 관찰하지 못하고 정토법문을 얕고 낮은 가르침이라고 깔본다. 그리하여 정토법문은 부처님의 교해教海의 굉장한 깊이와 선종의 곧바로 질러감에 미치지 못한다고 말하면서 교해와 선종을 드높이고, 정토법문은 억누르며 혼자만의 노력으로 수행하는 것을 높이 여기고 부처님의 가피를 싫어한다. 하지만 인仁을 당해서 굳이 사양辭讓하거나 의義를 보고도 이를 행하지 않는 것은, 곧 여래의 철저한 대자비심을 가두어 펼치지 못하게 하고, 중생으로 하여금 고통을 벗어나는 지름길을 막아 통하지 못하게 하는 것이다.

念佛求生淨土一法 乃十方諸佛 普度衆生之要道 九界衆生 速證佛果之妙門 諸大乘經 皆啟斯要 淨土三經 專明其致 世多習矣不察 視爲淺近 謂不若教海之宏深 禪宗之直捷 每揚宗教而抑淨土 尙自力而惡佛加 當仁固讓 見義不爲 致如來徹底悲心 鬱而不暢衆生出苦捷徑 塞而罔通   - 인광대사

* 교해(教海) : 부처님께서 한평생 설하신 경전을 말함. 교문(教門)이라고도 한다.

* 청화스님은 「대승경전은 화엄경이나 법화경이나 열반경이나 반야경이나 관무량수경이나 육조단경이나 모두 한결같이 선(禪)과 교(敎)와 정토염불을 원융(圓融)하게 회통(會通)한 아누다라삼먁삼보리(=무상정등정각)입니다. 방편가설(方便假說)과 인연비유(因緣譬喩)를 생략하고 오로지 생명의 실상인 진

여실상(眞如實相)을 단박에 깨닫는 견성오도(見性悟道)만을 역설(力說)한 것을 선(禪)이라 하고, 언어문자로 성문, 연각, 보살 등 모든 근기들을 두루 살펴 극명하게 표현한 것은 교(敎)이며, 진여불성인 우주생명에 온전히 귀명(歸命)하여 수희참구(隨喜參究)하는 것이 정토염불이라는 법문입니다.」라고 하였다.

  * 인광대사는 「세존께서 설하신 일체의 존귀한 대승경전은 현교(顯敎)나 밀교(密敎)를 막론하고, 모두 그 근본도리가 유심(唯心)에 바탕하고 실상(實相)에 부합하오. 진실로 모든 대승경전은 모든 부처님의 어머니이고 보살들의 스승님이며, 삼세(三世) 여래의 법신사리(法身舍利)이자, 구계(九界) 중생들이 고해(苦海)를 벗어나도록 인도하는 자비로운 배[慈船]라오. 비록 가장 높은 부처의 과보를 증득했을지라도, 여전히 법(法)을 공경해야 하오.」라고 하였다.

  * 《열반경》에 「법은 모든 부처의 어머니이니, 부처님은 법으로부터 생겨난다. 삼세 여래께서는 모두 법을 공양한다.[法是佛母 佛從法生 三世如來 皆供養法]」라고 하였고, 《금강경》에 「일체의 부처님과 부처님의 무상정등정각이 모두 이 경전(금강경)에서 나온다.」라고 하였다.

  * 인광대사는 「부처님이 멸도하신 후 천수백년 동안 계속 세상에 출현하신 고승 대덕들은, 대부분 옛 부처님들이 다시 오셨거나, 법신보살들이 다시 나투신 화신(化身)이라오.」라고 하였다.

  * 《능엄경》에서 부처님은 「내가 멸도한 후 보살이나 아라한이 말법 세상에서 갖가지 모습으로 나타나 중생들과 동사섭(同事攝)을 하면서도, "내가 진실한 보살이며 참된 아라한이다." 라고 스스로 말하거나, 부처님의 밀인(密因)을 누설하고 말세의 사람들에게 경솔하게 말해서는 안 된다. 그러나 오직 생명이 끝날 때에 은밀하게 부촉하는 것만은 제외된다.」라고 말씀하셨다.

  선종禪宗은 명심견성明心見性을 말하고, 정토종은 일심불란一心不亂을 말한다. 일심불란이 바로 명심견성이다. 우리들은 오직 일심불란을 구할 뿐이다. 만약 정토에 태어나지 않는다면 반드시 전처럼 윤회할 것이다. 설사 일생동안 수행을 잘하고 또한 훌륭하여 내생의 과보가 삼선도三善道에 있다고 하더라도, 모태母胎에 들어가 다시 태어나면 전생의 일은 깨끗이 다 잊어버린다. 설사 불법을 배운다고 하더라도 처음부터 다시 배워야 하며, 만의 하나 인연을 만나는 데 문제가 있으면 장애와 번거로움은 더욱 커진다. 대승경전 속의 문수와 보현 같은 대보살들은 모두 상상근기上上根機의 사람들이다. 그들조차 한결같이 염불하여 정토에 태어나기를 구했으니, 우리들은 이 점을 깊이 생각해 보아야 할 것이다.

아직 불법을 배우지 않았을 때는 하늘을 원망하고 남을 탓하였다. 내가 남보다 훨씬 뛰어난데 도대체 왜 내가 얻은 것이 남보다 부족한가. 이는 그가 한번 마시고 한번 먹고 하는 일조차 모두 전생에 정해지지 않은 것이 없다는 것을 모르기 때문이다. 만약 삼세三世 인연의 도리를 분명하게 알면 마음은 많이 편안해진다. 만약 불법을 배우지 않으면 얼마나 많은 죄업을 지었는지 전혀 알지 못한다.   -정공법사

* 일심불란 : 한가지에만 마음을 집중하고 다른 것에는 주의를 돌리거나 흐트러지지 않음.

* 남회근 선생은 「아미타경이 제시하는 방법은 대단히 간단하여, 아미타불만 염(念)하면 됩니다. 그러나 염하여 일심불란에 이르러야 합니다. 마음 마음마다 생각 생각마다 아미타불이 떠나지 않아야 합니다. 차를 마실 때에도, 밥을 먹을 때에도 아미타불을 염하는 정도에 이르는 것이 쉬운 일이겠습니까.」라고 하였다.

* 정공법사는 「선종(禪宗)의 목표는 명심견성이다. 명심(明心)이란 광명을 회복하여 무명(無明)을 끊어버리는 것이다. 명심이 곧 견성(見性)이고, 견성이 곧 명심이다. 견성(見性)하고 싶으면 먼저 견사혹(見思惑)을 끊고 또 진사번뇌(塵沙煩惱)를 깨뜨려야 한다. 그런 후에 다시 일품(一品)의 무명도 깨뜨려야만 비로소 명심견성할 수 있다.」라고 하였다.

* 정공법사는 「운명이 좋지 않으면 마땅히 자기를 되돌아보고 금생과 전생의 죄업을 참회하고, 마음을 비워 잘못을 고치고 선을 행하여야 할 것이며, 절대로 하늘을 원망하거나 남을 탓하지 않아야 한다. 이렇게 하면 악업이 날로 소멸되고 선한 인연이 날로 증가하여 보이지 않은 가운데 항상 가피를 입어 저절로 화(禍)가 복으로 바뀌거나 길상(吉祥)함을 얻게 될 것이다. 만약 운명이 좋으면 더욱 보시에 힘써 복을 심고 널리 착한 인연을 심으면 자연히 복덕이 계속 이어질 것이다. 하지만 마땅히 알아야 한다. 부귀영화는 잠깐사이에 공(空)으로 변하며, 꿈과 같고 환화(幻花)와 같고 물거품과 같고 그림자와 같아서 조금도 미련을 두지 않아야 한다. 이렇게 태연하게 그것을 대하면 물질에 얽매이지 않고 소요자재(逍遙自在)하면서 편안하게 지낼 수 있다. 진정으로 생사를 그쳐 윤회를 벗어나며, 정토에 왕생하고 불도를 이루기 위해서는, 반드시 인과(因果)를 깊이 믿고 악을 그치고 선을 행하는 것에서부터 시작해야 한다. 이것이 불제자로서 운명의 문제에 대하여 마땅히 가져야 할 태도이다.」라고 하였다.

* 선종(禪宗)은 문자를 세우지 아니하고[不立文字], 교(敎) 이외로 따로 전하며[敎外別傳], 곧바로 마음을 가리켜[直指人心], 본성을 바로 보아 부처가 되는 것[見性成佛]을 종지(宗旨)로 삼는 불교의 종파다. 선

종 또는 선불교(禪佛敎)는 중국화한 불교로서 노장사상(老莊思想)의 영향을 많이 받았고, 통일신라시대 때 우리나라로 소개된 뒤 현재 한국불교의 주류(主流)로 자리 잡았다.

＊성현께서 「당신이 아무리 열심히 노력하더라도 세속의 일들은 끝이 없다. 윤회계의 모든 일들은 언제나 재앙으로 끝이 난다. 그러나 당신이 불법(佛法)을 수행한다면 모든 것이 빠르게 성취될 것이다. 불법을 수행한 결과는 영원히 도(道)의 종자로 남는다.」라고 하였다.

＊밀라레빠의 〈십만송〉에는 태아가 어머니 뱃속에서 겪는 고통을 이렇게 노래하고 있다.

「욕정과 증오에 휘말려 어머니의 자궁으로 들어가네. 바위틈에 붙잡힌 물고기같이 자궁 속에서 배설물을 베개 삼아 피와 황액(黃液)속에 잠드네. 오물 속으로 밀어 넣어져 고통을 당하며 나쁜 카르마(업)로 나쁜 몸 받아 태어나네. 전생을 기억한들 한 마디 말 못하고 때로는 뜨거워 타는 듯하고 때로는 추워서 어는 듯 하다가 아홉 달이 지나면 자궁에서 나오나니 집게로 집어내듯 고통을 당하네. 자궁에서 나올 때 머리는 짓눌리니 가시덤불 구덩이에 내던져진 듯한 괴로움을 받네. 어머니 무릎위에 놓인 작디작은 그 몸은 매에게 붙잡힌 참새 같기만 하네. 아기의 보드라운 몸에서 오물과 검은 피 씻어내나니 살갗이 벗겨지는 고통을 받네. 탯줄을 자를 때면 척추를 끊어내는 고통을 느끼네. 담요에 싸여서 요람에 눕힐 때면 사슬에 묶여 감옥에 갇히는 느낌이네. '태어남 없는' 진리를 깨닫지 못한 이는 태어남의 끔찍한 고통을 피할 수 없으리. 수행을 미룰 시간이 없네. 죽을 때 무엇보다 절실하게 필요한 것은 거룩한 진리이나니 그대, 부처님의 가르침을 쉬지 말고 수행해야 하리라.」 하였다.

＊유계 전등법사는 〈정토법어〉에서 「보살도 한번 중음(윤회)을 거치면 더 어두워지고, 초과(初果: 수다원과)을 얻은 수행자도 다시 모태(母胎)에 들어가면 어리석어진다.[菩薩有隔陰之昏 初果有入胎之昧]」라고 하였다.

만약 교敎를 닦는다면, 반드시 경전에 대한 원만한 해오解悟가 크게 열려야 하고, 만약 선禪을 닦는다면 (화두를 깨치고 자성을 보는 등) 첩첩관문을 곧장 꿰뚫어야 한다. 그런 다음에야 비로소 도 닦는 것을 논할 수 있다. 그렇지 못하면, 눈 먼 봉사가 문고리 잡는 격이니, 담장에 부딪치고 벽에 머리 찧다가 마침내 구덩이에 떨어지고 늪에 빠지는 꼴을 면할 수 없다. 그러나 정토법문 하나만큼은 그렇지 않다. 여기서 십 만억 국토를 지나서 극락이 있고, 아미타불이라는 부처님이 현재 설법하고 계신다. 단지 그곳에 왕생하기를 발원하고 그 부처님 명호만 지송하면 된다. 이는 석가모니부처님께서 마음과 눈으로 친히 아시고 보신 경계로서, 보살이나 벽지불이나 성문의 삼승三乘 성현들이 지견知見으로 알 수 있는 바가 아니다. 우리는 단지 그곳에 왕생하길 발원하며, 부처님 명호만 지송하면 곧장 그곳에 왕생할 수 있다. 이는 곧 부처님의 지견을 우리 자신의 지견으로 삼는 것이며, 그 밖의 다른 지견知見이나 깨달음의 법문을 구할 필요가 없다. 다른 법문은 반드시 깨달은 뒤에 법에 따라 갈고 닦아 익히며 마음을 다잡아 선정禪定을 이루고, 선정으로 말미암아 지혜가 터지고, 지혜로 말미암아 미혹迷惑을 끊어야 한다. 터진 지혜에는 우열이 있게 마련이고, 끊은 미혹에도 깊이의 차이는 있는 법이니, 그런 것을 모두 따진 다음에야 바야흐로 후퇴할지 안 할지가 판가름 난다. 그러나 이 정토법문은 다만 믿음과 발원으로 부처님 명호만 지송하고 한 마음이 흐트러지지 않는 경지에만 이르면 된다. 또, 다른 법문은 먼저 현재의 업장을 깨끗이 참회하여야 하나, 정토 법문을 닦는 이는 업장을 지닌 채 왕생할 수 있고, 염불 한 번에 팔십 억겁 동안 태어나고 죽으면서 지은 중죄가 모두 소멸한다. 다른 법문은 번뇌를 죄다 끊어야 한다. 견혹見惑과 사혹思惑이 조금이라도 남아 있으면 육신의 윤회가 끝없이 이어지며, 성현과 범부중생이 함께 사는 동거국토를 결코 벗어나지 못한다. 오직 정토법문만이 가로로 삼계를 벗어나며, 번뇌를 죄다 끊지 않아도 여기 사바세계의 동거국토로부터 저기 극락정토의 동거국토로 왕생할 수 있다.

若依教乘 必大開圓解 若依宗門 必直透重關 然後得論修道 否則便爲盲修瞎鍊 不免撞牆磕壁 墮阬落塹矣 唯淨土一門則不然 從是西方過十萬億佛土 有世界名曰極樂 其土有佛 號阿彌陀 今現在說法 但發願持名 卽得往生 此乃佛心佛眼親知親見之境界 非彼三乘賢聖所能知見也 但當深信佛言 依此而發願持名 卽是以佛知見爲知見 不必求別悟門也 餘門修道 必悟後依法修習 攝心成定 因定發慧 因慧斷惑 所發之慧有勝劣 所斷之惑有淺深 然後方可論其退與不退 唯此淨土門中 唯以信願之心 專持名號 持至一心不亂 淨業卽爲大成 身後決定往生 一得往生 便永不退轉 又餘門修道 先須懺其現業 若現業不懺 卽能障道 則進修無路矣 修淨業者 乃帶業往生 不須懺業 以至心念佛一聲 能滅八十億劫生死重罪故 又餘門修道 須斷煩惱 若見思煩惱分毫未盡 則分段生死不盡 不能出離同居國

土 唯修淨業 乃橫出三界 不斷煩惱 從此同居 生彼同居 一生彼土　　　　- 철오선사

 ＊정공법사는「'업장참회'는 불법수행에 있어 관건(關鍵)이요, 중추(中樞)인 것입니다. 따라서 모든 수
행법은 모두 업장참회로부터 시작됩니다. 그러나 이 업장을 끊기란 쉽지가 않습니다. 업장이 있으면 수
행은 절대로 성취할 수 없습니다. 한량없고 끝이 없는 법문 가운데 오직 정토법문만이 특이합니다. 정토
법문에서는 설사 우리가 지중한 업장을 지었거나, 심지어 오역죄의 중죄를 지어 아비지옥에 떨어질 때까
지 그 업장이 소멸되지 않았다 해도 진정으로 원을 세워 참회하고, '아미타불'을 염송하여 왕생 정토하
기를 서원한다면, 업장이 소멸되어 바로 성불을 이루어 자신의 주인이 된다고 설합니다. 그런 까닭에 자
운(慈雲)대사가, "아미타불, 이 한 구절이 모든 경문과 다라니가 소멸시키지 못한 업장을 소멸시킨다." 고
한 것입니다. 이 말은 함부로 한 말이 아닙니다. 진실로 그러하기 때문에 무량수경에서 그 증거를 찾을 수
있습니다.」라고 하였다.

 ＊원영대사는「요즘 세상 사람들은 모두 선종을 가장 뛰어난 수행법으로 받들고 있다. 선종은 돈교(頓
敎)의 법문으로 문득 생사에서 벗어나지 않고 문득 깨달음의 경지에 오르는 것이다. 이 말 또한 틀리지 않
다. 그러나 지혜가 날카로운 상근기라야 한 생에 불도(佛道)를 이룰 수 있는 것이다.」라고 하였다.

 ＊인광대사는「선종은 깨달음을 얻는 것을 일로 삼고, 정종(淨宗: 정토종)은 극락에 왕생함을 일로 삼
소. 깨달음을 얻어도 극락에 왕생하지 못하는 자는 백(百)에 구십(九十)이나 되지만, 극락에 왕생한 사람
중에서 깨달음을 얻지 못하는 사람은 만 명 중에 하나도 없다오.[宗門以開悟爲事 淨宗以往生爲事 開悟而
不往生者 百有九十 往生而不開悟者 萬無有一]」라고 하였다.

 ＊청화스님은「깨달음에는 해오(解悟)와 증오(證悟)가 있습니다. 해오란, 이론적으로 체(體)와 용(用)과
성(性)과 상을(相)을 다 안다는 것이고, 증오는 염불을 하든 화두를 들든 마음을 오직 하나로 모아서 다른
생각 없이 부처님의 정견(正見)에 이른 것을 말합니다. 삼매에 들어서 증명이 되어야 증오입니다. 이에 이
르러야 도인(道人)이고 성인이며 이치로 아는 것은 도인이 못된 현자(賢者)일 뿐입니다.」라고 하였다.

 ＊지견(知見) : 불지견(佛知見)에 이르지 못한 지견이 중생의 지견이고 이승(二乘)의 지견이다. 중생의
지견은 미혹되고 상(相)과 무명에 가려서 불성(佛性)을 보지 못하는 불완전한 지견이다. 제법실상(諸法實
相)의 진리를 남김없이 깨달아 비추어보는 부처님의 지혜를 불지견(佛知見)이라 한다. 천태종에 삼제설
(三諦說)이 있다. 삼제란 공제(空諦)·가제(假諦)·중제(中諦)를 말한다. 공제란 진리의 측면에서 보면 이

세상은 인연을 따라 생겨난 것이므로 공(空)이라고 보는 것이고, 가제란 이 세상의 고정불변한 듯한 모든 것이 실제는 헛된 것에 지나지 않는다고 보는 것이며, 중제는 제법(諸法)의 실상을 공(空)이나 가(假)의 일면으로 관찰할 것이 아니라 중도(中道)의 입장에서 진리를 관찰하는 것이다.

＊《법화경》에 「모든 부처님이 세간(世間)에 출현하시는 까닭은 중생으로 하여금 불지견(佛知見)을 깨닫게 하기 위함이니라.[諸佛世尊 出現於世欲令衆生 悟佛知見故]」라는 말씀이 있다.

＊불지견(佛知見)에 이르지 못한 지견이 중생의 지견이고 이승(二乘)의 지견이다. 중생의 지견은 미혹되고 상(相)과 무명에 가려서 불성(佛性)을 보지 못하는 불완전한 지견이다.

＊철오선사는 「오직 믿음은 깊은 것이 중요하고, 발원은 간절한 것이 중요하며, 명호를 부를 때에는 마음을 한 곳에 모으고 부지런히 하는 것이 중요하다. 정말로 깊은 믿음과 간절한 발원으로 마음을 집중하여 부지런히 부처님 명호를 부른다면, 바로 이것이 불지견(佛知見)으로 우리 지견을 삼는 것이며, 또한 바로 이것이 생각 생각마다 불지견으로 중생의 지견을 다스리는 것이 된다.[但信貴深 願貴切 持名貴專勤 果以深切專勤之心 信願持名 卽是以佛知見而爲知見 亦卽是念念中 以佛知見 治衆生知見也]」라고 하였다.

＊철오선사는 「'나'가 없어[無我] 신령스러운 것이 부처님의 지견이요, '나[我]'가 있어 몽매(蒙昧)한 것이 중생의 지견이다. 중생과 부처님의 지견(知見)은 다를 게 없지만, 단지 허망한 '나'하나가 끼어든 것이 다를 뿐이다. 무릇 큰 미혹의 근본은 '나'에 있으며, 나 가운데 가장 애착하는 대상은 몸보다 더한 게 없다. 진실로 신견(身見)이 사라지지 않고, 나에 대한 집착이 부서지지 않는다면, 생사윤회가 어찌 저절로 멈출 수 있겠는가.[無我而靈者 佛知見也 有我而昧者 衆生知見也 生佛知見無殊 特一妄我間之耳 夫大迷之本存乎我 而我之最愛者莫過身 苟衆生之身見不亡 我執不破 則生死輪回 曷能自已]」라고 하였다.

＊신견(身見)/ 변견(邊見)/ 사견(邪見)/ 견취견(見取見)/ 계금취견(戒禁取見)/ 탐(貪)/ 진(瞋)/ 치(癡)/ 만(慢)/ 의(疑)를 열 가지 번뇌(미혹) 즉, 십사(十使)라고 하는데, 철오선사는 「이 열 가지 미혹을 총칭하여 중생의 지견이라고 한다.[然此十使 總名衆生知見]」라고 하였다.

나는 평소에 염불을 숭상해 왔으나, 애써 사람들에게 경전 읽기를 권하고 있다. 왜 그러한가. 염불의 가르침이 어찌 저절로 온 것이겠는가. 부처님의 가르침이 경전에 기록되지 않았다면, 오늘의 중생이 어떻게 10만 억 불찰佛刹 밖에 아미타불이 계신 줄 알겠는가. 또 참선하는 이들은 교외별전敎外別傳을 핑계로 내세우고 있으나, 교敎를 버리고 참구하는 것은 삿된 인因이요, 교를 버리고 깨달음을 구하는 것은 삿된 해오解悟임을 모르는 것이다. 비록 그대가 참구하여 깨달았다 하더라도 반드시 경전으로써 인증印證해서 교教에 합치되지 않는다면, 모두 삿된 것이다. 그러므로 유교를 배우는 자는 반드시 육경六經과 사서四書를 저울로 삼아야 하고, 부처님을 배우는 자는 반드시 삼장십이부를 모범으로 삼아야 한다.

予一生崇尙念佛 然勤勤懇懇勸人看教 何以故 念佛之說 何自來乎 非金口所宣, 明載簡冊 今日衆生 何由而知十萬億刹 之外有阿彌陀也 其參禪者 藉口教外別傳 不知離教而參 是邪因也 離教而悟 是邪解也 饒汝參而得悟 必須以教印證 不與教合 悉邪也 是故學儒者必以六經四子爲權衡 學佛者必以三藏十二部爲模楷　　　　　- 연지대사 〈죽창수필〉

만일 다른 법문을 닦으면 다만 자기의 힘에만 의지하는 것인데 자기의 힘은 넉넉지 못하여 혹 옆길로 갈수도 있고, 혹 중도에 마魔가 생길수도 있으며, 혹 공부 중에 죽어 내생에 공부를 계속하지 못하면 십중팔구 전생의 공덕이 없어지는 것이니, 이런 법문은 모두 위태로운 것이다. 오직 염불법문은 자기 염불의 힘과 부처님의 힘을 겸하였으므로, 다만 진실히 염불하면 왕생 못할 이유가 없고, 다만 아미타불 명호를 안고 일생동안 생각하면 항상 제불諸佛의 호념護念하심을 얻으며, 또한 부처님 광명이 생기거나 다음 생에 잊어버리는 일이 없다. 염불하는 중생은 아미타불께서 원을 따라 영접해 주시니, 이것은 곧 두 힘이 일시에 반드시 부처님을 뵈옵고 극락에 왕생하여 삼계 고해를 뛰어넘고 구품연대九品蓮臺에 화생化生하여 물러나지 않는 자리에 올라 앉아 무생법인無生法忍을 증득하게 되는 것이다. 세상 사람들이 선禪을 최상승最上乘이라 하여 많이 받드는데 선(禪)은 돈교頓教 법문이다. 단박에 생사를 벗어나 불지佛地에 오르는 것이니 이 말은 틀리지는 않는다. 그러나 그것은 상상上上 근기라야 일생에 성취할 수 있고, 하근기下根機는 도저히 성취할 수 없으며, 중근기中根機는 일생에 반드시 성취하는 것은 아니어서, 십중팔구 후생後生에는 전생 공부가 어두워지는 것이다. 송나라 청초당靑草堂은 선문禪門의 종장宗匠이다. 일생에 정진하다가 말년에 어느 정승이 고향에 돌아오는데 거동이 굉장함을 보고 문득 부러운 마음을 내었더니, 후생에 결국 증씨의 아들로 태어나 젊어서 과거에 합격하여 재상이 되었으니, 이것은 일생 동안 참선한 업을 한평생의 부귀공명과 바꾼 것이니, 어찌 아깝지 아니한가.

若依其他法門修習 但憑自己之力 倘自力不足 或錯入歧路 或中途成魔 或功行未成 世緣已畢 來生不能繼續修持 則前功盡廢 此皆危殆之事 惟有念佛法門 而有自他二力可恃 自力卽自己一心念佛之心力 他力卽阿彌陀佛 因地所發 四十八願之願力 自力之外 更加他力 但肯老實念佛 無不往生淨土 祇要抱定一句佛號 一生持念到底 常爲諸佛之所護念 常爲佛光之所照觸 一心求生淨土 自不至錯入歧路 亦不會中途成魔 以及隔生遺忘之危殆 念佛衆生臨命終時 阿彌陀佛 因中發願 現身接引 此卽會二力於一時 收成功於一念 決定親見佛身 往生極樂 於彈指頃 業卸娑婆 神遊淨土 橫超三界苦海 託質九品蓮臺 位居不退地 果證無生忍 故古德云 修行以念佛爲穩當 誠哉是言也 現在世人 群推禪宗 爲最上乘 乃是頓教法門可以頓出生死 頓超佛地 斯言亦復不謬 然須有上根利智之機 方可一生事辦 倘屬下根 自是完全絕分 卽使中根 亦未必一生能了 隔世多昧前修 到底總不穩當 如宋朝青草堂 爲禪門宗匠 一生精進 晚年見宰相 告老還鄉 十分榮耀 忽動一念羨慕之心 身後竟生曾氏爲子 年少登科 官至宰相 以前生之禪業 換一世之功名 豈不惜乎　　　　　-성암대사

* 중국 청나라 때 태어나신 성암대사는 '영명연수선사께서 원(願)을 타고 사바세계에 다시 오신 분[永明延壽禪師 乘願再來]' 이라는 칭송을 받았다.

대만의 종진덕鍾進德이란 거사는 여든 살까지 선禪과 밀密과 교教에 대해 깊이 연구하였다. 그는 「지금 내가 나이를 많이 먹었지만 배운 것은 하나도 쓸모가 없다. 현재는 염불에만 전념하고 있으며, 매일 30,000보를 걷고, 30,000번 소리 내어 아미타불 명호를 부르고 있다.」고 했다.

오계五戒와 십선十善을 함께 수행하면 사람이나 하늘의 몸을 얻을 수 있다. 선禪을 닦고, 가르침을 배우고, 지관止觀을 배워서는 삼계를 벗어나기 매우 어렵다. 담허대사는 「일생동안 선정禪定을 얻은 사람은 있다는 말을 들었으나, 참선해서 깨달은 사람은 본 적이 없다.」고 말하였다.　　　　　-정공법사

＊ 중국의 원음거사는 〈능엄경요해〉에서 「견성(見性)해서 깨달아도 아직은 생사윤회를 마친 것이 아니다. 깨달은 뒤에도 무명(無明)이 여전히 남아 있어서 갈 곳이 있어야 하기 때문에, 선종의 대덕(大德)들은 깨닫고 난 후 방향을 바꾸어 다시 정토법문을 닦은 이들이 있었다. 서방극락세계는 일생보처(一生補處)로서 공부가 향상(向上)할 수 있고 여기처럼 빙빙 돌고 윤회하면서 한 번은 공부가 진보했다가 한 번은 미끄러져 내려오는, 그런 일이 없기 때문이다. 이런 도리는 멋대로 얘기하는 게 아니다. 선종도 정토법문을 닦아야 한다는 얘기를 하면 어떤 사람은 잘못 이해한다. 자신이 선종을 닦는 게 제일이라고 생각하는데 다시 방향을 바꿔 정토법문을 닦는다면 한 등급 내려온 게 아니냐는 것이다. 그건 당신이 이 도리를 이해하지 못한 것이다. 선(禪)이 바로 정토고 정토가 선이란 것을 알아야 한다. 근본적으로 별개의 것이 아닌데 어디에 등급을 내려가는 일이 있을 수 있겠는가. 정토종은 상중하 세 근기를 두루 섭수하지만, 선종은 오직 한 가지 근기인 상상(上上)의 근기만 섭수할 수 있고 중하의 근기는 섭수할 길이 없다. 그러므로 정토법문이 대단히 좋다고 말하는 것이다.」 라고 하였다.

＊ 대주혜해(大珠慧海)선사는 〈돈오입도요문론(頓悟入道要門論)〉에서 「육조혜능은 이런 말씀을 하셨다. "부처님은 항상 선정 속에 계셨으며, 선정에 들지 않을 때가 없었다."」 라고 하였다.

＊ 청화스님은 「오계를 지키면 하나의 계마다, 살생이면 불살생계, 계(戒) 하나마다 5부신(部神)이 지켜줘서 5x5=25, 25선신(善神)들이 우리를 지켜줍니다.」 라고 하였다.

＊ 지관(止觀) : 지(止)는 일체의 망념을 그치는 것이고, 관(觀)은 일체의 진리를 관찰하는 것이다. 지(止)는 정(定)에 속하고, 관(觀)은 혜(慧)에 속한다. 지관은 곧 정혜(定慧)를 같이 닦는다는 뜻이다.[止是止息一切妄念 觀是觀察一切眞理 止屬於定 觀屬於慧 止觀就是定慧雙修的意思]

＊ 남회근 선생은 「부처님이 설하신 한량없는 법문들은 모두 지관(止觀)으로 요약됩니다. '지(止)'는 마음을 하나의 대상에 집중하거나 마음이 집중되어진 상태라는 의미이고, '관(觀)'은 법을 사유(思惟)하고 결단(抉斷) 간택(揀擇)하는 것입니다. 지(止)의 수행은 불법(佛法)만이 갖고 있는 방법이 아닙니다. 어떠한 외도(外道), 어떠한 종교, 어떠한 교파도 반드시 지(止)를 수행해야 비로소 성취가 있을 수 있습니다. 설사 부적을 그리고 주문을 외우고 내지는 이단[邪門]의 외도라도 역시 지(止)를 수행해야 합니다.」 라고 하였다.

＊ 남회근 선생은 「지(止)란 일체망념 잡생각을 그치고 지극한 선[至善]에 머무르는 것입니다. 일념으로 청정한 생각[淨念]에 있는 겁니다. 그런 다음에 관(觀)을 일으켜서 일체의 부처님을 참구해야 합니다.」 라고 하였다.

＊ 남회근 선생은 「 '지(止)' 란 마음을 전일(專一)하게 하는 겁니다. 지(止)는 '전일유가(專一瑜伽)' 라고
도 합니다. '유가(瑜伽)' 는 심신이 서로 감응 조화하여 전일(專一)의 경계에 도달하는 것입니다. 부처님을
배우고 도를 배우는 것은 말하지 않더라도, 세상의 어떠한 일도, 예컨대 학문·사업·기술·무술·예술
도 전일하지 않으면 성취가 없을 겁니다. 그러나 전일(專一)하기란 매우 어렵습니다. 예를 들면 독서하거
나 소설을 보면서 한편을 보고 나서는 그 앞 편을 잊어버리기도 하고, 책을 절반까지 읽었을 때 자신이 이
런 저런 허튼 생각을 하고 있음을 갑자기 발견하고 또 처음부터 다시 보곤 합니다. 그렇지요? 만약 진정
으로 전일한 상태에 도달하면, 기억력이 대단히 강해서 매 글자 매 구절마다 머릿속에 또렷이 새겨지며
영원히 기억됩니다. 만약 자신이 뭔가 쉽게 잊어버린다고 느낀다거나, 과거의 일이 기억나지 않거나, 물
건을 어디다 두었는지를 늘 잊어버린다거나, 가는 곳마다 물건을 흘린다면, 마음이 전일하지 못하고 산
란한 까닭입니다. 어떤 사람들은 외모로 보면 조용해 보이지만 사실 그의 머릿속에서는 생각이 멈춘 적
이 없습니다. 그래서 전일하기란 일반인들에게는 대단히 곤란합니다. 석가모니불은 "제심일처 무사불판
(制心一處 無事不辦)" 이라고 말씀했습니다. 단지 마음을 한 곳에 집중하기만 하면, 성공하지 못할 일이
없다는 겁니다. 닦아서 성불하고 싶다면 닦아서 성불할 수 있을 것입니다. 부처님의 말씀은 이렇게 간단
합니다. 하지만 그 누구도 그렇게 해내지 못합니다. 마음을 전일하게 할 수 없기 때문에 많은 방법을 설했
던 겁니다. 예를 들면, 염불·주문·관상(觀想)… 등등 갖가지 공부는 그 목적이 전일을 추구하여 얻는 데
에 있습니다.」 라고 하였다.

＊ 남회근 선생은 「기억하기 바랍니다, 부처님을 배우는 첫걸음은 바로 사마타행(奢摩他行)을 닦는 것
입니다. 즉, 지(止)를 닦는 것입니다. 후세에 유행하게 된 지명(持名)염불은 반드시 일심불란(一心不亂)의
경지에까지 이르러야 합니다. 즉, 지(止)를 얻는 것입니다. 이것이 정토법문의 맨 첫걸음입니다. 가장 기
본적인 한걸음이 역시 최후의 한걸음이라 할 수 있습니다. 어떠한 법문이든지 먼저 지(止)를 닦아야 성취
할 수 있습니다.」 라고 하였다.

＊ 영명 연수선사는 「만약 음행(淫行)을 버리지 않으면 청정한 종자가 끊어지고, 술을 끊지 않으면 지혜
종자가 끊어지며, 도둑질을 버리지 않으면 일체의 자비 종자가 끊어진다.」 라고 하였다.

＊ 인광대사는 「염불법문이 비록 업장을 짊어진 채 왕생한다 하지만, 만약 음란의 습기(習氣)가 단단히
맺혀 있으면, 부처님과의 통로가 막혀 감응도교(感應道交)가 어렵게 된다오.[念佛門 雖則帶業往生 然若
淫習固結 則便與佛隔 難於感應道交矣]」 라고 하였다.

* 남회근 선생은 「좁은 의미의 음행(淫行)은 남녀사이의 성관계입니다. 넓은 의미의 음행은 지나치게 누리는 것입니다. 향락을 탐하고 쾌감을 자극하는 것을 음행이라고 부릅니다.」라고 하였다.

* 정공법사는 「만약 현교(顯敎)에 통달하지 못했다면 밀교(密敎)를 배울 자격이 없습니다. 밀(密)은 가행(加行)에 속하는 것으로, 공부 위에 조금 더한다는 뜻입니다. 그러므로 엄격하게 말하면, 밀교를 공부하려면 먼저 삼장 경전을 공부하여야 합니다. 불법의 이론과 방법과 경계에 대해 완전 명료하게 알아야만 비로소 밀교의 주문(呪文)으로 가지(加持)할 수 있습니다. 만약 현교의 교리를 완전히 이해하지 못한 채 밀교를 공부한다면 맹목적인 수련이 되어서 성공하지 못합니다.」라고 하였다.

나는 일찍이 꿈속에서 극락세계와 아미타부처님을 뵈었고, 설법도 들었다. 그때 아미타부처님께서 나에게 스스로 수행하여 다른 이를 교화하고 염불의 바른 법을 수지하라고 말씀하셨다. 그래서 나는 36세부터 선禪과 염불을 함께 닦았고, 삼귀의계三歸依戒를 줄 때나 경전을 가르치는 법회에서 대중에게 발심 염불하여 정토에 왕생하기를 발원하라고 권하여 왔다. 수행 가운데 염불수행이 가장 온당하다. 그러니 마땅히 지명염불持名念佛을 정행正行으로 삼고, 여러 가지 선업을 닦는 것은 조행助行으로 삼아야 한다. 정행과 조행을 함께 행하면 순풍을 만난 배에 노를 젓는 힘이 더해지는 것이니, 극락정토에 왕생할 뿐만 아니라 그 품계도 높을 것이다.

- 원영대사

* 원영대사는 「지명염불은 반드시 삼업이 청정해야 한다. 입으로는 부처님 이름을 부르고 마음은 산란함을 그쳐야 한다. 염(念)은 마음을 따라 일어나고 소리는 입을 따라 나온다. 소리는 귀를 따라 들어가니 글자마다 분명하게 구절마다 똑똑하게 밤낮으로 끊임없이 해야 한다. 마치 마음과 입이 상응하여 깨끗한 생각이 계속 이어지면 반드시 일심불란을 얻는다.[持名念佛 一定要三業淸淨 口念佛號 心止散亂 念從心起 聲從口出 音從耳入 字字分明 句句淸楚 日夜無間 如是心口相應 淨念相繼 必得一心不亂]」라고 하였다.

* 정공법사는 「삼귀의(三歸儀)는 귀의불(歸依佛)/ 귀의법(歸依法)/ 귀의승(歸依僧)입니다. 그런데 요즘에 이르러 불법을 배우는 이들에게 불법승 삼귀의를 말하면 적지 않은 사람이 잘못 이해하여, '귀의불'

하면 불상(佛像)을 떠올리고, '귀의법' 하면 경전을 떠올리며, '귀의승' 하면 출가인을 떠올리는 등 삼귀의의 뜻을 완전히 왜곡시켜 버립니다. 이는 크게 잘못된 것입니다. 육조 혜능대사께서는 후학들이 삼귀의에 대해 잘못 이해할 것을 걱정하여 《단경》에서 삼귀의를 설명할 때, 귀의불·귀의법·귀의승이란 글귀를 사용하지 않았습니다. 그는 삼귀의의 의미에 착안하여 불법승 세 글자를 빼고 귀의각(歸依覺)/ 귀의정(歸依正)/ 귀의정(歸依淨)이라 말했습니다.

불(佛)이란 곧 깨달음을 의미합니다. '법(法)'은 정(正)입니다. 즉 법은 바르게 알고 바르게 보는 정지(正知), 정견(正見)을 의미합니다. '승(僧)'은 청정(淸淨)입니다. 우리의 여섯 가지 인식기관인 육근(六根)이 청정하여 한 점의 티끌에도 더럽혀지지 않음을 의미합니다. 그런 까닭에 수행의 주된 의지처는 바로 자성각(自性覺)·자성정(自性正)·자성정(自性淨)입니다. 이를 일컬어 '자성삼보(自性三寶)'라 하는데, 이 자성삼보야말로 진실한 우리의 의지처입니다. 먼저 '귀의불'에 대해 설명하겠습니다. 무엇을 귀의라 합니까. '귀(歸)'는 되돌아간다 또는 회심回心한다는 뜻이고, '의(依)'는 의지한다는 뜻입니다. 우리는 불쌍하게도 구원겁(久遠劫)에서부터 의지할 곳 없이 육도(六道) 속에서 유전(流轉) 윤회를 거듭하였습니다. 이는 참된 선지식을 만나지 못했고, 좋은 스승을 만나지 못한 까닭입니다. 그러다 오늘에 이르러 좋은 스승을 만나니 그는 우리에게 자성각에 의지하여 미혹됨과 전도됨에서 돌이켜 개심(改心)하라고 가르칩니다. 자성은 본래 깨달음이므로 귀의불은 바깥의 부처님께 귀의하는 것이 아니라 자성불에게 귀의하는 것입니다. 정토종에서는 흔히 '자성미타(自性彌陀)'와 '유심정토(唯心淨土)'를 말합니다. 미타는 자성이 변화하여 나타난 것입니다. 미타불뿐만 아니라 석가모니불도 자성이 변화한 것이고, 시방 삼세의 모든 여래와 부처님 또한 모두 자성이 변화하여 나타난 부처님입니다. 그러므로 우리가 귀의해야 할 대상은 자성불이고, 이것이 바로 자성각입니다. 부처란 깨달음을 의미합니다. 이제부터 우리는 깨달아서 미혹되지 않도록 해야 합니다. 사람에 대해서든, 사실에 대해서든, 사물에 대해서든, 반드시 깨달아 절대 미혹되는 일이 없어야 합니다. 깨달아서 미혹되지 않아야 참된 귀의입니다.

만약 그대가 부처님께 귀의하고서 여전히 미혹하고 전도된다면, 그대는 결코 돌이킨 것이 아니고 의지할 것도 없게 됩니다. 바꿔 말하면 진정으로 귀의한 것이 아닙니다. 그러한 귀의는 유명무실하므로 호법신장의 가호도 받지 못하고 감응도 얻지 못합니다. 그러므로 반드시 자성각에 귀의해야 함을 분명히 알아야 합니다. 두 번째 '귀의법'에서, '법(法)'은 우주와 인생을 보는 관점과 견해가 진상(眞相)과 완전하게 일치하는 것을 말합니다. 다시 말해 우주와 인생에 대한 정확한 사고와 정확한 견해입니다. 이것이 바로 불경에서 흔히 말하는 '바른 앎 바른 견해' 혹은 '부처의 앎 부처의 견해'이고, 자성의 법보(法寶)여서 바깥에서 얻어지는 것이 아닙니다. 부처님께서는 우리에게 잘못된 생각과 잘못된 견해를 돌이켜 자성의 바른 앎과 바른 견해에 의지하라 가르치십니다. 이것을 '귀의법'이라 합니다. '법'은 자성의 앎과 견해여서 남을 따라가는 것이 아닙니다. 세 번째 '승(僧)'이란 청정을 의미합니다. 즉 육근(六根) 청정을 뜻합니다. 육근이란 안이비설신의(眼耳鼻舌身意)의 6가지 감각기관을 말합니다. 이 육근이 접촉하는 외부 환경인 육진(六塵)에는 색성향미촉법(色聲香味觸法)이 있습니다. 범부의 육근이 육진과 접촉하게 되면 대체로 외부 환경에 의해 물들어 더럽게 됩니다. 다시 말해, 자신의 뜻에 순응되는 외부 환경을 접촉하게 되면 탐심(貪心)이 생기는데, 탐심이 곧 물들어 더럽게 되는 것입니다. 만약 자신의 뜻에 위배되는 환경과 접촉하게 되면 진심(瞋心)이 일어나는데, 진심 또한 물들어 더럽혀진 마음입니다.

그러므로 여러분! 오욕(五欲)과 칠정(七情)은 모두 물들어 더럽혀진 마음임을 알아야 합니다. 이것이 바로 마음자리의 더럽혀짐이라 합니다. 부처님께서 우리에게 이르시기를 자성은 본래 청정한 것이라 더럽혀진 적이 없었다 하셨습니다. 우리는 마땅히 더럽혀진 모든 것을 돌이켜 자신의 청정심에 의지해야 합니다. 이것을 '귀의승'이라 합니다. 삼귀의를 총괄적으로 말하자면, '귀의불'은 깨달아서 미혹되지 않는 것이고, '귀의법'은 바르기 때문에 삿되지 않는 것이며, '귀의승'은 청정하여 더럽혀지지 않는 것입니다. 부처님께서 우리에게 설하신 수지 수행의 3대 요강(세 개의 기준)이 바로 '각(覺)·정(正)·정(淨)'인데, 이를 일컬어 자성삼보(自性三寶)라 합니다. 각(覺)·정(正)·정(淨)은 사람마다 다 갖추고 있습니다. 다만 이전까지 그것을 잊고 있었을 뿐입니다. 이제부터라도 돌이키어 자기의 자성삼보에 의지하여야 합니다. 부처님께서 우리에게 이르시기를 시시각각 각(覺)·정(正)·정(淨)을 생각해야 하고, 생각 생각마다 각(覺)·정(正)·정(淨)을 떠올려야 한다고 하셨습니다. 각(覺)·정(正)·정(淨)으로 우리의 생각과 견해 그리고 언행을 수정하는 것이 삼귀의이고, 이러한 삼귀의가 진정한 귀의입니다.」라고 하였다.

＊육조 혜능선사는《육조단경》에서 「자기 마음이 자성(自性)에 귀의하는 것이 참된 부처에 귀의하는 것이다. 자기에게 귀의하는 것이란, 자성 속에 선하지 못한 마음, 질투하는 마음, 교만한 마음, '내가 나다'하는 마음, 속이고 거짓된 마음, 남을 업신여기는 마음, 잘난척하는 마음, 삿된 견해를 가진 마음, 우쭐대는 마음, 어떤 때에서라도 선하지 않은 행위를 없애고, 항상 자기의 허물을 스스로 보며, 타인의 좋고 나쁨을 말하지 않는 것이 자기에게 귀의하는 것이다. 늘 모름지기 마음을 낮추어 두루 공경하는 것이, 곧 자성을 보아 통달하여 다시는 걸림이 없는 것이 곧 자기에게 귀의하는 것이다.[自心歸依自性 是歸依眞佛

自歸依者 除却自性中 不善心 嫉妬心 驕慢心 吾我心 誑妄心 輕人心 慢人心 邪見心 貢高心 及一切時中 不善之行 常自見己過 不說他人好惡 是自歸依 常須下心 普行恭敬 卽是見性通達 更無滯碍 是自歸依」라고 하였다.

과거의 조사님들이나 천태지자대사, 영명 연수선사, 우익대사, 철오선사 등과 같은 분들도 최후에는 모두 정토에 귀의하셨다. 왜냐하면 다른 수행을 하면 가끔 근기가 맞지 않거나, 혹은 그에 딱 맞는 사람의 가르침을 받지 않았을 때 잘못된 길로 들어서기 쉽고 그 병폐가 크기 때문이다.

하지만 염불하는 사람은 믿음, 발원, 수행만 구족하면, 이미 부처님의 힘을 의지하고 또 자력에 의지하니 절대 길을 잘못 들어서는 일이 없다. 그러기에 염불법문은 가장 쉽고 가장 빠른 첩경이다. 다른 수행은 오직 자신의 힘에 의지하여 삼계내의 견혹과 사혹을 끊어야만 비로소 진리를 증득하여 육도윤회를 벗어날 수 있다. 말은 무척 쉽지만 실제로 상당한 공부가 없으면 성공하기 어렵다.

정토수행에는 하나의 특별한 좋은 점이 있다. 업장을 짊어지고 왕생할 수 있다는 점이다. 극락세계에 태어난 후에 아미타부처님의 힘과 관세음보살에 의지하고, 대세지보살 그리고 기타 등각보살들이 한곳에 모여 다 같이 청정한 마음으로 수행하니 장차 서서히 업이 다하고 본성이 텅 비게 된다.

過去祖師們 如天台智者大師 永明壽禪師 蕅益大師 徹悟禪師等 末了都歸於淨土 專門念佛 因爲修其他宗 往往爲了根器不適合 或者遇不到相當人指導 會出毛病走錯路 念佛人 只要信願行具足 脚踏實地去念 旣仗佛力又仗人力 絶不會走錯路的 所以說念佛法門最方便最直捷 修其他宗都是仗自力 能斷惑才能證眞 說起來很容易 實際上沒有相當功夫不容易做到 修淨土法門有一種特別好處 可以帶業往生 到極樂世界之後 仗阿彌陀佛力量和觀世音菩薩 大勢至菩薩及其他諸上善人聚會一處 共同熏修 將來慢慢就可以業盡情空　　　-담허대사

* 연지대사는 〈미타소초〉에서 「믿음이란 중생과 부처가 둘이 아니기에, 중생이 염불하면 결정코 왕생

할 수 있으며 끝내는 성불할 수 있다고 믿는 것을 말한다. 경(經)에서 말씀하신 것처럼 "너희들은 모두 마땅히 나의 말을 믿고 받아들여야 한다." 고 설하신 것이 이것이다. 발원이란 믿음이 헛된 믿음이 아니어서, 마치 자식이 어머니를 생각하는 것처럼 우러러 의지하고 사모하여 반드시 왕생하고자 원하는 것을 말한다. 경에서 말씀하신 것처럼, '마땅히 저 국토에 왕생하기를 발원하라.' 고 설하신 것이 이것이다. 염불행이란 발원이 헛된 발원이 아니어서, 항상 정진 수행하여 생각 생각이 서로 이어져 끊어짐이 없는 것을 말한다. 경에서 말씀하신 것처럼, '명호를 굳게 지녀 한 마음이 흐트러지지 않는다.' 고 설하신 것이 이것이다. 이 세 가지 일을 자량(資糧: 밑천)이라 부른다. 자량이 충분하지 않으면 앞으로 나아갈 수가 없다. 또한 이 세 가지는 솥의 세 다리와 같아서, 다리가 모두 없거나 하나만 갖추고 둘은 모자라거나 둘은 갖추고 하나가 모자란다 해도 모두 왕생할 수 없다.[信謂信佛不二 衆生念佛 定得往生 究竟成佛故 如經所云 汝等皆當信受我語是也 願謂信非徒信 如子憶母 瞻依向慕 必欲往生故 如經所云 應當發願 生彼國土是也 行謂願非虛願 常行精進 念念相續 無有間斷故 如經所云 執持名號 一心不亂是也 此之三事 號爲資糧 資糧不充 罔克前進 又復此三 如鼎三足 或俱無 或具一缺二 或具二缺一 皆不可也] 라고 하였다.

＊염불을 해도 왜 부처님의 감응이 없을까요. ①가장 중요한 원인은 정성과 공경이 부족해서입니다. 절을 할 때 방석을 두 개 이상씩 깔고 하거나, 불보살의 명호나 불경이 인쇄된 천이나 방석을 밟거나 깔고 앉거나, 불경(佛經)을 세속의 책들과 섞어놓거나, 불경(佛經)앞에서 음란한 말이나 행위 또는 나쁜 말이나 부정한 짓 또는 화를 내기 때문입니다. 법당에서 핸드폰 소리가 요란하게 나도 부끄러워하는 마음이 없고, 법당에서 큰 소리로 떠들며, 방석을 툭 던지는가 하면, 법당용 책을 집으로 가져가고… 이런 불경(不敬)한 행위는 너무나 많습니다. ②계교심(計較心) 내지 공리심(功利心)때문입니다. 염불을 많이 했다고 자랑하거나 염불을 10만 번이나 했으니 좋은 일이 있겠지, 염불이 가장 뛰어난 수행법인데 진언이나 염송하고 있으니 참 답답하다, 염불을 이 정도 했으니 나는 극락에 가는 티켓을 예매해 놓은 거야, 아파트가 매매되려면 염불을 적어도 만 번은 해야 될 거야, 염불을 많이 했으니 불보살님이 나를 알아주시겠지, 염불을 이렇게 많이 했는데, 부처님은 왜 몰라주시는 거야? 염불을 할수록 일이 꼬여가네, 염불이 나하고는 안 맞나보다, 이런 심리가 바로 여기에 해당합니다. ③염불을 하더라도 악행(惡行)을 계속 짓기 때문입니다. 계율은 스님들이나 지키는 것으로 치부합니다. 육식을 즐기고 살생을 멈추지 않습니다. 회사 전화를 물 쓰듯 쓰고, 세금을 탈루하며, 거짓말을 밥 먹듯이 해댑니다. 부모와 가족들한테 함부로 하고, 음란물을 즐겨 보며, 불법을 쉽게 저지릅니다. ④염불은 하지만 심지(心地)나 심행(心行)이 올바르지 않기 때

문입니다. 세상에 대한 불만, 사람들에 대한 원망, 환경에 대한 불평이 가득하고, 일이 뜻대로 되지 않음을 한탄하며, 남을 미워하고 남에게 피해를 끼치며, 예의와 도덕을 모릅니다. 남을 무시하고 한없이 게으르며 말을 함부로 하고 인과(因果)를 무시합니다. ⑤오만함 때문입니다. 염불을 한다고 하여 참선 등 다른 법문을 비방하고, 조사님이나 성현들을 함부로 평가하며, 경전을 자기 멋대로 해석하고 남을 잘못 가르쳐 그들의 혜명(慧命)을 끊어놓고, 자신보다 수행이력이 부족한 사람들을 보면 비웃습니다. 그러면서 자신이 무슨 죄를 짓고 있는지 도무지 모릅니다. 남회근 선생은 말씀하십니다. 「성인(聖人)이란 한평생 자신을 살피는 사람입니다.」 우리는 위의 과오들을 범하지 말고, 늘 자신을 살펴야 할 줄로 압니다.

10) 염불은 참 쉽다

비록 일생동안 악업惡業만을 지었더라도 단지 마음을 한곳에 붙들어 매고 오로지 정성을 다해 늘 염불한다면 일체의 모든 장애가 저절로 없어지고 반드시 왕생하거늘 어찌 생각하지 않는가. 도무지 왕생할 마음이 없는 것인가.

縱使一形造惡 但能繫意專精常能念佛 一切諸障 自然消除 定得往生 何不思量 都無去心
- 도작선사 〈안락집〉

＊ 도작선사는 〈안락집〉에서 「만행(萬行)을 닦아 회향만 할 수 있어도 다 왕생하지만, 염불이라는 한 가지 행(行)이야말로 장차 왕생하는 가장 중요한 길이 된다.[所修萬行 但能廻向 莫不皆生 然念佛一行 將爲要路]」라고 하였다.

＊ 인광대사는 「지금 사람들은 불상(佛像) 보기를 흙과 나무로만 여기고 불경(佛經) 보기를 종이 뭉치로 본다오. 그런즉 비록 신심이 있어 불경을 독송하고 받아 지닌다고 하여도 역시 입에 침만 돌게 할 뿐, 무슨 실다운 수행의 이익을 얻을 수 있겠소. 그러한 태도는 비록 성불의 먼 인연은 될지라도 한편으로는 무례하고 방자한 죄는 상상할 수도 없을 것이오.[今人視佛像如土木 視佛經如故紙 縱有信心 讀誦受持 亦不過供其口頭滑利而已 有何實益之可論也 雖種遠因 而藝慢之罪 有不堪設想者]」라고 하였다.

＊ 〈연종집요〉에 「불경(佛經)이나 주문(呪文)도 불상(佛像)과 같이 공경하는 마음으로 대하여야 하며 깨끗한 곳에 두되 경에 다른 외전(外典)이나 물건을 놓지 말 것이며, 또 경(經)을 볼 때에는 깨끗한 손으로 단정히 앉아서 보고, 몸을 파탈(擺脫)하였을 때나 누웠을 때와 같이 술 취하였을 때에는 보지 말 것이며, 경(經)을 베개로 삼지 말고 아무리 헌 경이라도 불을 때서는 안 된다. 부처님의 경전과 세간(世間)의 서적이 문자는 비록 같으나, 불경은 중생을 널리 이롭게 하는 것이며, 천룡팔부(天龍八部)가 모두 옳은 줄로 믿고 받드는 것이므로, 이것을 평범한 서적에 비할 것이 아니다. 세간의 폐서(廢書)는 설사 다 태워 버리더라도, 오직 불경만은 태워 버릴 수 없나니, 불경의 복혜(福慧)가 사람에게 미치는 것이 세간의 서적보다 월등한 까닭이다.」라고 하였다.

오호라! 아미타불의 명호는 지니고 부르기가 무척 쉽고 극락세계에 왕생하기는 매우 쉽다. 그런데도 중생들은 염불할 줄 몰라서 왕생하지 못한다면 부처님인들 그런 중생들을 어찌하랴! 무릇 악업을 지으면 삼악도에 떨어지고, 아미타불을 부르면 극락에 왕생한다. 이 두 가지 법문은 모두 부처님 말씀이다. 그런데 세상 사람들은 지옥에 떨어질까 근심 걱정하면서도, 극락왕생은 의심하는 자가 대부분이니, 이 또한 미혹한 것은 아닌가.

噫 彌陀甚易持淨土 甚易往衆生 不能持不能往 佛如衆生何 夫造惡業入苦趣 念彌陀生極
樂 二者皆佛言也 世人憂墮地獄 而疑往生者 不亦惑哉
- 양걸 楊傑

마음을 오직 한곳에 모아 염불하기 때문에, 발원한대로 타방의 불토佛土에 태어나서 항상 부처님을 친견하고 영원히 악도惡道를 떠난다고 말한다. 만약 사람들이 오직 서방극락세계의 아미타불을 생각하고 닦은 선근善根을 회향하여 저 세계에 나기를 원하면 곧 왕생한다. 항상 부처님을 뵙기 때문에 끝까지 퇴전이 없다.

謂以專意念佛因緣 隨願得生他方佛土 常見於佛 永離惡道 如修多羅說 若人專念 西方極
樂世界阿彌陀佛 所修善根 廻向願求生彼世界 卽得往生 常見佛故 終無有退
- 마명보살 〈대승기신론〉

* 원효대사는 〈대승기신론소〉에서 「마명보살이 무연대비(無緣大悲)로써, 저 무명(無明)의 망령된 바람이 마음의 바다를 움직여서 쉽게 떠다니게 하는 것을 불쌍히 여기고, 이 본각(本覺)의 참된 성품에 장애를 일으켜 긴 꿈에 잠들어서 깨어나기 어렵게 한 것을 가엾게 여겨서, 이에 동체지력(同體智力)으로 감내하면서 이 논(論)을 지었다. 여래의 깊고 오묘한 뜻을 담은 경을 찬술하여, 배우고자 하는 사람들에게는 잠시라도 이 논의 한 축을 펴서 삼장(三藏)의 뜻을 두루 탐구하게 하는데 있으며, 도를 닦는 사람들을 위해서는 온갖 경계를 영원히 繩게 하여 드디어 일심(一心)의 근원에 돌아가게 하는데 있다… (중략)… 이것은 모든 논의 근본이 되는 종지인 것이며, 여러 논쟁을 평정하는 주인이라고 말한다. 백팔법문(百八法門)의 넓은 가르침인 《능가경》을 총괄하여 상(相)의 오염에 대해 자성의 청정함을 보여주었고, 아유사국에

서 설한 15장(章)의 그윽한 이치인 《승만경》을 널리 종합하였으며, 곡림(鵠林)에서 설한 일미(一味)의 종지인 《열반경》과, 영축산에서 설한 둘이 아닌 진리를 설한 《법화경》과, 《금광명고경》과 《대승동성경》에서 설한 부처님의 삼신(三身)의 최상의 과보와, 《화엄경》과 《영락경》의 네 가지 수행단계인 청정한 업인과, 《대품반야경》과 《대집방등경》의 넓고 큰 지극한 도리와, 《대승대방등일장경》과 《대방등대집월장경》의 은밀하고도 현묘한 법문에 이르기까지, 무릇 이와 같은 경전들의 진리 가운데서 여러 경전의 핵심을 하나로 꿰뚫은 것은 오직 이 기신론뿐이다.[馬鳴菩薩 無緣大悲 傷彼無明妄風 動心海而易漂 愍此本覺眞性 睡長夢而難悟 於是同體智力 堪造此論 贊述如來深經奧義 欲使爲學者暫開一軸 遍探三藏之旨 爲道者永息萬境 遂還一心之原 是謂諸論之祖宗 羣諍之評主也 總括滅百八之廣誥 示性淨於相染 普綜蹂闇十五之幽致 至如鵠林一味之宗 鷲山無二之趣 金鼓同性三身之極果 華嚴瓔珞四階之深因 大品大集曠蕩之至道 日藏月藏微密之玄門 凡此等輩中衆典之肝心 一以貫之者 其唯此論乎」 라고 하였다.

＊마명보살은 〈대승기신론〉을 지은 이유를 「중생으로 하여금 의혹과 삿된 집착을 버리고 대승에 대한 바른 믿음을 일으켜서 부처의 종자가 끊어지지 않게 하려는 까닭이다.[爲欲令衆生 除疑捨邪執 起大乘正信 佛種不斷故」 라고 하였고, 또 「이 논(論)은 여래의 광대하고 심오한 진리의 끝없는 뜻을 모두 거두고자 하기 때문에 마땅히 이 논을 설하려고 하는 것이다.[爲欲總攝如來廣大深法無邊義故 應說此論」 라고 하였다.

＊연지대사는 〈죽창수필〉에서 「대승기신론은 말은 간략하나 내용은 풍부하며, 문장이 정미(精微)하고 이치가 지극하여 대승(大乘)의 모든 요의경(了義經)을 종합했으니, 한 글자 한 구(句)도 더하거나 뺄 수 없다.[起信言約義豐 辭精理極 總括大乘諸了義經 一句一字不可得而增減者也」 라고 하였다.

＊연지대사의 〈왕생집〉에는 「마명보살은 천축(인도)의 제12조(祖)로서 일찍이 대승기신론을 저술한 적이 있었다. 나중에는 정토에 왕생하는 길을 가장 간절하게 밝혔다.[馬鳴菩薩 西天第十二祖 嘗著起信論 後明求生淨土 最爲切要」 라고 하였다.

＊남회근 선생은 「여러분들이 경전을 읽고 누구에게 회향하겠다는, 이 한 생각이 움직이기만 하면 이미 회향한 것입니다. 애를 써서 생각하거나 특별히 말할 필요가 없습니다. 당신이 심념(心念)이 전일(專一)하면 심파(心波)가 방사(放射)하는 힘이 커서 영향을 일으킬 수 있습니다. 심념이 집중되지 않으면 영향을 미칠 수 없습니다. 일체의 인과(因果), 즉 착한 원인을 심으면 착한 과보를 받고 악한 원인을 심으면 악한 과보를 받는 것 역시 회향입니다.」 라고 하였다.

아미타불에 대한 믿음이 확고하고 왕생하겠다는 발원이 간절하다면, 비록 산란한 마음으로 염불해도 극락에 반드시 왕생한다.[信得決 願得切 雖散心念佛 亦必往生]」

- 우익대사

*당대 세계최고의 석학인 남회근 선생은 자신의 원(願)이 「대지의 천만 송이를 모두 회향하여 아미타불 정토의 몸에 공양하리라.[盡廻大地花千萬 供養彌陀淨土身]」 라고 하였다.

*남회근 선생은 「제가 여러분들의 염불정진법회 하는 것을 보면 걸으면서 (부처님 명호를) 외우고 앉아서도 외우고, 그러면서 하루 종일 바쁘기 이를 데가 없습니다. 걸어가면서도 외우고 앉아 있으면서 외우는 것은 좋습니다. 그러나 천천히 외워야 합니다. 서둘러 장에 가듯이 해서는 안 됩니다.」 라고 하였다.

*인광대사는 「임종 시에는 반드시 극락에 왕생하겠다는 결연한 마음을 굳게 지녀야 하오. 설령 평범한 사람의 몸이 아닌 인간이나 천상의 왕, 또는 스님의 몸을 내세에 받고 싶다는 발원을 해서는 안 된다오. 또 출가해서 하나를 들으면 천개를 깨닫고 대총지(大總持)를 얻어 불법을 널리 펼치고 중생을 두루 이롭게 하는 고승 대덕으로 태어나고 싶다는 생각은 손톱만큼도 해서는 안 되오.」 라고 하였다.

*《법화경》 방편품(方便品)에 「어떤 사람이 산란한 마음으로 탑묘(塔廟: 부처님의 사리를 봉안한 탑)안에 들어가 '나무불(南無佛)'이라고 한 번 부르면 이미 모두 성불하였노라.[若人散亂心 入於塔廟中 一稱南無佛 皆已成佛道]」 라는 구절이 있다.

아미타불은 염송하기 매우 쉽고, 서방정토에는 왕생하기 매우 쉽다. 그대가 만약 염불을 했음에도 정토에 왕생하지 못한다면 나는 마땅히 발설지옥에 떨어질 것이다.

彌陀甚易念 淨土甚易生 汝若念佛不生淨土 老僧當墮拔舌地獄

- 사심死心 신新선사 〈권수정토문勸修淨土文〉

*사심(死心) 신(新)선사 : 중국 송나라 때 선문(禪門)의 거장이다. 「참선하는 사람은 염불하기가 정말 좋다. 혹시 근기가 둔하여 금생에 (참선으로) 확철대오 할 수 있을까 의심스러운 이는, 아미타불의 원력을 빌어 정토에 왕생하라.[參禪人正好念佛 根機或鈍 恐今生未能大悟 且假彌陀願力 接引往生]」 라고 하였다.

*《무량수장엄경(無量壽莊嚴經)》에 「저 아미타불은 와도 온 곳이 없고 가도 간 곳이 없으며 생겨나지

도 않고 멸(滅)하지도 않는다. 다만 중생을 구제하겠다는 발원에 보답하고자 현재 서방정토에서 (설법하고) 계신다.[彼佛如來 來無所來 去無所去 無生無滅 非過現未來 但以酬願度生 現在西方]」라고 하였다.

오로지 아미타불 넉 자 명호를 부르기만 하면 되는데, 이는 아주 간단하여 팔만사천법문에 비교할 수 없을 만큼 쉽다. 아미타불이라는 명호는 삼계를 뛰어넘고 생사윤회에서 벗어나게 한다.

-정공법사

＊정공법사는 「부처님께서 우리들을 위하여 팔만사천법문을 설하셨다 하여 이런 것들을 모두 배우라 하신 것은 아닙니다. 그것은 다만 각기 다른 근기의 중생에게 맞추기 위함입니다. 즉, 부처님께서 한량없는 법문을 시설(示說)하신 의도는 여러 가지 견해, 상이한 사상, 같지 않은 취미를 가진 중생들로 하여금 개개인마다 모두 성취하게 하기 위함입니다. 이것이 바로 불법의 위대함이고 세심함이니, 이른바 '길은 달라도 목적지는 같다' 이고 '법문평등(法門平等)' 입니다. 옛날 중국에서 학문을 가르칠 때 우선 다섯 살 남짓의 아이에게 삼자경(三字經)을 읽게 하였습니다. 삼자경에 이르기를, "가르침의 도리는 오직 하나에만 집중하는 것이 으뜸이다.[敎之道 貴以專]" 고 하였다. 삼자경도 이와 같은데, 하물며 위없는 심오한 불법을 전일(專一)하게 하지 않으면 어떻게 성취할 수 있겠습니까. 불법을 수학함에 있어서 가장 중요한 것은 한 가지 법문에 깊이 들어가는 것입니다. 이것저것 많은 법문에 손을 대서는 안 됩니다. 법문이 많을수록 미혹이 커지어 오히려 깨달음을 성취하기 어려워집니다. 어떤 법문이든 핵심은 '전일(專一)' 에 있습니다. 만약 어떤 법문이든 전일하게 닦아 나간다면 반드시 성취하게 됩니다. 정토를 배우는 이들은 절대 선종이나 밀종과 같은 타 종파를 비방해서는 안 됩니다. 왜이겠습니까. 그들이 걷는 길이 비록 우리와 다르지만 목표는 같기 때문입니다. 여러분! 한 법문을 깊이 연구하고 배워서 훤히 깨친다면, 선정을 얻게 되고 지혜가 열린다는 사실을 반드시 아셔야 합니다. 옛사람들은 이 단계에서 일반적으로 5년 동안 수행을 합니다. 이 5년 동안에는 오직 하나의 법문에만 매진하고, 5년이 지난 뒤에부터 널리 경론을 배우러 다닙니다. 그때가 되면 안광에 빛이 나고, 경의 이치를 절로 깨달을 수 있습니다. 한 법문에 깊이 들어가는 것부터 배워야 합니다. 이른바 옛사람이 말한 '한 가지 경에 통달하면 모든 경에 다 통달한다.' 가 그것입니다. 어떤 경전을 선택해도 상관없습니다. 중요한 것은 한 법문에 깊이 들어가는 것입니다. 먼저 선택한 경

전을 통달하지 못했다면 절대 다음 경전을 봐서는 안 됩니다. 무엇을 통달이라 합니까. 깨달음을 통달이라 합니다. 즉 하나의 경전을 통해 선정을 얻고 지혜가 열리는 것을 통달이라 합니다. 그런 연후에 다른 경전을 본다면, 한 번 보면 바로 통달하게 됩니다. 만약 어떤 사람이, '이 법문이 좋고 저 경전이 뛰어나다' 고 한다 해도 참고 흔들림이 없어야 합니다. 누가 뭐라 해도 잠시 듣지도 보지도 말고 한 쪽에 두십시오. 후에 자신의 지혜가 자라나면 그때 가서 보십시오. 만약 지혜가 눈앞에 펼쳐지지 않는다면 봐서는 안 됩니다. 죽는 힘을 다해 한사코 한 법문에만 매진하는 사람은 성공할 확률이 높습니다. 이것이 수행의 성공 비법입니다.」 라고 하였다.

＊허운선사도 「신심(信心)이 갖추어졌다면 곧 한 가지 법문을 정해서 계속 수행해야 하며, 이랬다저랬다 바꾸어서는 안 됩니다. 말할 것도 없이 염불도 좋고 진언도 좋고 참선도 좋습니다. 아무튼 한 법문으로 일관되게 해 나가되 다시 물러서거나 후회하지 않아야 합니다. 그렇지 않으면 오늘도 이루지 못하고 내일도 그럴 것이며, 올해도 이루지 못하고 내년에도 역시 그러하며, 금생(今生)에도 이루지 못하고 내생(來生)에도 역시 그러할 것입니다. 위산(潙山)선사께서 말씀하시기를, "만약 세세생생에 물러서지 않으면 반드시 부처의 자리에 오를 수 있다.[生生若能不退 佛階決定可期]" 하였습니다. 어떤 이들은 마음을 정하지 못하고 오늘은 이 선지식이 염불이 좋다고 하는 말을 듣고 한 이틀 염불을 해 보다가, 내일은 다른 선지식이 참선이 좋다고 하는 말을 듣고는 또 한 이틀 참선을 해 봅니다. 이렇게 동으로 갔다가 서로 갔다가 하면서 한 평생을 허비하다가 죽음에 이르면, 지금까지 한 것이 조금도 성과를 거두지 못하니, 어찌 억울하고 원통하지 않겠습니까.」 라고 하였다.

대개 중생은 많은 장애가 있기 때문에 여러 가지 도업道業을 닦는 도중에 그만두는 일이 허다하다. 그러나 오직 염불하는 자는 만 명 중에 한 사람도 실패하지 않는다. 염불하는 사람들은 시방의 무량한 부처님과 일체 보살을 널리 뵙게 되고, 무수한 불보살이 주위에서 옹호하신다. 만약에 현세에 공덕을 얻지 못하면 후세에 뵙고 뜻에 따라 반드시 정토에 태어나 공양을 받을 것이다. 말법시대에 태어나 정토를 구하지 않고 무엇을 하려는가. 사람들은 흔히 정토법문에 대하여 의심과 비방하는 마음을 일으켜서, 정토를 구하여 그곳에 태어나고자 하는 사람들을 보면 비웃고 말리지만, 이것은 자신과 타인을 함께 잘못 인도하는 일이다. 슬프고도 슬프다.

　　　　　　　　　　　　　　　　　　　　　　　　－운묵雲默 무기無寄대사

* 운묵 무기대사 : 고려후기 천태종 계열의 고승으로, 〈석가여래행적송〉 등을 지었다.

 * 해동 화엄종의 종조(宗祖)인 의상대사는 오로지 안양(安養: 극락)을 구하여, 평생 서쪽을 등지지 않고 앉았다. 그 제자 중에 죄를 범한 한 비구가 있어, 법에 의해 그를 물리치매, 무리들로부터 떠났다. 그는 다른 곳을 유행(遊行)하면서도 스승을 사모해 상(像)을 만들어 지니고 다녔다. 스승이 그 소식을 듣고 불러서 말했다. 「네가 만약 진실로 나를 억념(憶念)했다면, 나는 일생 동안 서쪽을 등지지 않고 앉는데, 그 상(像)도 역시 감응할 것이다.」 이에 상을 서쪽을 등지게 했지만, 상이 스스로 몸을 돌려 서쪽을 향해 앉았다. 스승이 그를 훌륭하게 여겨, 죄를 용서하고 다시 받아들였다는 이야기가 〈석가여래행적송〉에 실려 있다. 이것을 통해 의상의 지극한 정토신앙을 짐작할 수 있고, 의상대사가 창건한 부석사의 무량수전에 아미타좌상이 봉안되어 있는 이유를 알 수 있다. 부석사(浮石寺)는 신라 화엄종의 근본도량임에도 불구하고 그 가람배치는 미타정토신앙을 배경으로 하고 있다. 부석사의 석단(石段)은 일주문에서 무량수전까지 크게 세 구획으로 나누고 구체적으로는 9단으로 구분된다. 이는 《관무량수경》에 나오는 구품왕생(九品往生)을 의미하고, 안양루(安養樓)를 지나서, 무량수전에 이르러 아미타불을 친견할 수 있도록 배치된 것도 정토신앙과 관계된다.

 * 정공법사는 「옛날 중국에서는 불법을 배울 때 먼저 5년간 계를 배웠습니다. 이 '계(戒)' 라는 것은 삼장(三藏)에서 말하는 율장이 아니고, 스승의 훈계를 지키는, 즉 스승이 정한 규칙을 따르는 것입니다. 이 제자가 장래에 성공할지 실패할지는 전적으로 스승에게 달렸으므로 스승이 그 책임을 집니다. 이것이 소위 말하는 사도(師道)입니다. 요즘은 사실적으로 말해 이런 사도는 찾아 볼 수 없습니다. 왜일까요. 스승은 책임지려 하지 않고, 제자 또한 진지하게 배우려 하지 않기 때문입니다. 사도의 쇠락은 이 시대의 비극이 아닐 수 없습니다. 요즘 제자들은 스승을 존경하지 않고, 스승은 제자를 돌보지도 않고, 그를 성취시키려는 염원과 배려도 없습니다. 5년 동안 계를 배운다는 것이 곧 중국 사람이 말하는 제자가 스승의 법을 잇는 '사승(師承)' 입니다.

 그렇다면 무슨 계를 배우는 것일까요. 간단히 말해 계 · 정 · 혜 3학의 기초를 배양하는 것을 말합니다. 이것은 스승의 책임이고, 이외에 스승이 달리 제자에게 가르칠 것이 없습니다. 마치 선종에서의 '은사맞이' 처럼 이 5년 동안 스승이 제자에게 무엇을 시키든 일단 일이 주어지면 제자는 얌전히 착실히 그 일을 해야 합니다. 그 일이란 매우 간단한 수행으로 절대 바꾸지 않고 매일 똑같이 반복합니다. 그래서 제자는 무미건조함을 느끼고, 도량에서 보낸 5년 동안 아무것도 배우지 못했다고 여깁니다. 사실 그가 배운 것은 매우 많은데 스스로 알지 못할 뿐입니다.

무엇을 배웠을까요. 번뇌가 적어졌습니다. 그로 하여금 이것도 보지 말라, 저것도 보지 말라는 등 제약이 많습니다. 만약 이것을 잘 지켜낸다면 이 5년이란 시간은 그야말로 복혜(福慧)를 동시에 닦는 것이 됩니다. '복' 이란 무엇입니까.

매일 절에서 일을 하니 보시행을 닦는 것이 아니겠습니까! 출가를 하였기 때문에 몸에 보시할 돈이 없습니다. 그러므로 매일 노동으로 보시바라밀을 닦고, 공양행을 닦은 것입니다.

또한 날마다 이것도 들어서는 안 된다, 저것도 보아서는 안 된다는 등, 감각기관인 육근(六根)을 모두 막아버리고 거두어들여 버리니 마음이 정해지고 청정해지는 것은 당연지사입니다. 이것이 바로 '혜(慧)' 입니다. 그런 까닭에 스승은 제자에게 복을 닦게 하고, 계를 닦게 하며, 정을 닦게 하고, 혜를 닦도록 가르칩니다. 다만 그의 가르침에 흔적이 없을 뿐입니다.

교종에서도 선종과 마찬가지로 이런 교수법을 채택하고 있습니다. 법화종(法華宗)을 보더라도 그러합니다. 일단 천태종 도량에 들어와 스승을 맞이한 후부터 그곳 스승 역시 제자들에게 일상의 일을 시킵니다. 때로는 마당을 쓸게 하고, 때로는 물을 길어오게 하고, 때로는 공양간에서 허드렛일을 거들라 합니다. 그런 뒤에 경을 읽도록 합니다.

천태종은 《법화경》을 소의경전으로 하는데, 스승은 제자에게 《법화경》을 주고 한 5년 읽어 외우게 합니다. 일을 할 때는 경전을 내려놓고, 일이 없을 때는 경을 봅니다. 경을 보는 것 외에 그들은 아무것도 하지 않고 오직 잡일만 합니다.

이렇게 5년을 하다 보면 진정한 수행이 됩니다. 이는 결코 초학자를 하인처럼 부려먹기 위해서가 아닙니다. 만약 초학자를 하인으로 대한다 하면, 그것이 계정혜를 닦는 참다운 수행이고 수학의 기초를 다지는 것임을 모르고 하는 소리입니다.

5년 동안 제자들로 하여금 복덕과 지혜를 닦게 하고, 그런 뒤에 다시 강원 같은 곳에서 1년, 2년 강경을 듣게 한다면, 그들의 깨달음은 열릴 것이고, 마음을 밝히어 성품을 보게 될 것입니다.

〈고승전(高僧傳)〉을 보면 옛사람의 이러한 교수법을 볼 수 있는데, 그들은 제자가 절에 오래 머물지 않아도 불과(佛果)를 증득케 하고, 깨달음이 열리게 합니다. 그러나 요즘 사람들은 한 도량에서 30년, 또는 50년, 심지어 한평생을 살아도 깨달음을 얻지 못합니다.

설사 삼장(三藏)을 모두 다 외울 정도로 읽었다 해도 여전히 깨닫지 못하고, 겨우 약간의 불교학 상식만을 얻게 됩니다. 그것은 번뇌를 끊거나 혹은 지혜를 여는데 아무런 도움이 되지 못합니다. 그래서 스승을 가까이 모시어 스승에게 나아갈 길을 인도 받아야 합니다.

처음 그 길을 갈 때는 혹여 무미건조하다 여길지도 모릅니다. 그러나 이 단계가 지나고 나면 그때 맛볼 수 있는 환희란 불가사의한 것이고, 그 환희는 진정 얻고자 한 것을 얻은 희열입니다.

오늘날 우리의 불법 수학은 심각한 잘못을 범하고 있는데, 처음부터 '넓게 배우고 많이 알려는 것' 때문입니다. 옛 고덕들은 '번뇌 끊기' 부터 배웠습니다. 즉 '다함없는 번뇌를 맹세코 끊겠습니다.' 가 그것입니다. 번뇌가 모두 끊어지는 순간에 정·혜가 완성됩니다. 그런 연후에 다시 "한량없는 법문을 맹세코 다 배우겠습니다." 하는 것은 바른 길이니 단계를 뛰어넘어선 안 됩니다.

요즘 사람들이 불법수학을 할 때 범하는 과실은 바로 번뇌를 먼저 끊지 않고 처음부터 광범위하게 배우고, 심지어 더 많이 배우면 배울수록 좋다고 생각하기 때문입니다.

청량 대사는 이러한 수학방법을 두고 '앎은 있으나 행이 없는[有解無行]' 이라 했습니다. 이는 그저 알음알이의 측면에만 노력을 기울이고 자신의 진정한 공부에는 소홀히 하는 것입니다.

번뇌도 끊지 않고, 청정심도 닦지 않은 채 널리 배우고 많이 배우면 오히려 삿된 견해를 증장시키는 결과를 초래합니다. 이런 사람이 아는 것은 모두 삿된 지견(知見)이고 바른 지견이 아니라 하는데, 이는 참으로 이치에 맞는 말입니다.」라고 하였다.

＊〈석가여래행적송〉에 다음과 같은 게송이 있다.

「때때로 세 가지의 업을 삼가고 악한 이와 서로 만나 사귀지 말며

삼보에 지심으로 귀의하여서 오계와 팔관재계(八關齋戒)를 지킬지니라.

십중계(十重戒)와 사십팔경계(四十八輕戒) 나아가서 팔만(八萬)의 계(戒)를 지니어

비록 굳게 다 지키지 못한다 해도 날마다 외워서 생각할지니라.

중생에게 보시하고 편안히 참고 정진하여 선정과 지혜 닦으며

경을 읽고 외우며 경론 베끼고 불보살께 절하며 부처님의 명호를 부르라.」

정토법문은 가장 간단한 수행방법입니다. 모든 위대한 보살들이 이를 칭찬하셨습니다. 문수보살이 이를 칭찬하셨고, 보현보살도 《화엄경》보현행원품普賢行願品에서 모든 중생에게 정토왕생을 구할 것을 간곡히 타이르셨습니다. 보현보살 스스로도 부처님 명호를 염

念하여 왕생을 구하셨습니다. 관세음보살 역시 부처님을 염하고 계시고, 《능엄경》에서도 대세지보살께서 부처님 명호를 염하는 이 법문을 칭찬하시고 이것으로 어떻게 원통圓通을 얻는지 묘사하고 있습니다. 따라서 과거의 모든 위대한 보살들이 정토법문을 칭찬하셨고 닦으셨습니다. 과거의 모든 조사들은 먼저 참선을 연구하여 깨달으시고, 오로지 부처님 명호를 염하셨습니다. 그들이 부처님 명호를 염할 때마다 그들의 입으로부터 화신불化身佛을 나오게 하는 분들이 있었습니다. 영명수永明壽선사가 그러한 방식이셨습니다. 보다 최근에는 인광대사가 염불을 전적으로 주장하셨고, 허운虛雲대화상도 염불을 주장하셨습니다. 그것은 시방의 모든 부처님께서 칭찬하신 가장 간단하고 가장 편리하며 가장 완전한 법문입니다. 《아미타경》에서 육방六方의 부처님들께서 각자 크고 긴 혀를 내어서 삼천대천세계를 덮고서 이 법문을 얼마나 칭찬하시고 계시는지 묘사하지 않았습니까. 이는 최상의 수행이고, 모든 이들은 말법시대에 특히 이를 수행하여야 합니다.　　　　-선화상인

* 남회근 선생은 「우리는 오늘날 아직 말세에 이르지 않았지만, 말법시대에 이르면 불상이나 경전조차도 없게 되고, 오직 '나무아미타불' 여섯 자만 남게 됩니다. 우리들이 사는 지금은 상법(像法)시대라서 불상이 있고 경전이 유통되고 있으니 그래도 좋은 시대라고 할 수 있습니다. 말법시대에 이르면 비참해집니다. 인류가 서로 죽이고, 풀이나 나무조차도 사람을 죽일 수 있습니다.」라고 하였다.

* 인광대사는 《아미타경》《무량수경》《관무량수경》의 정토삼부경과, 《능엄경》의 대세지보살염불원통장 그리고 《화엄경》의 보현행원품을 정토5경이라 하여 매우 중시하였다.

* 부처님 멸도 후 5백년간을 정법(正法), 그 후 1천년간을 상법(像法), 그 이후 1만년간을 말법(末法)이라 한다(어떤 경에서는 정법과 상법이 각각 1천년이고 말법이 1만년이라고 함). 정법은 교(敎: 가르침, 교학)와 행(行: 수행)과 그 증(證: 과위 증득)의 셋이 모두 갖춰진 시대이고, 상법은 교(敎)와 행(行)만 있을 뿐 증(證)이 없는 시대이며, 말법은 교(敎)만 있고, 행(行)과 증(證)이 없는 시대이다. 교(敎)만 있다는 것은, 부처님의 가르침인 불경(불상 등 포함)과 불경을 배우는 사람들은 존재하나 가르침대로 수행하지도 않고 과위를 증득하는 일은 더더욱 없다는 것을 말한다. 말법마저 지나면 교(敎)도 없는 법멸(法滅)이 온다. 시대적으로 보면 지금은 말법이 분명하나, 남회근 선생은 지금은 상법이라 말한다.

* 원통(圓通): 널리 일체에 빠짐없이 두루 가득차고 융통하여 걸림이 없음.

오역십악五逆十惡을 지은 죄인이라도 임종 순간에 지옥의 모습이 보일 때 정신과 의식을 놓지 말고, 선지식이 염불을 가르쳐 주거든 큰 두려움과 부끄러움으로 살아온 날들을 깊이 참회하면서 간절하게 염불하시오. 그러면 고작 몇 번의 염불소리와 함께 목숨이 끊어질지라도, 부처님의 자비로운 가피력으로 극락왕생할 수 있다오. 누구든 마음만 있으면 모두 염불할 수 있고, 모두 극락에 왕생할 수 있소. 우리들이 수없이 생사윤회를 거듭하면서 지어온 악업은 끝없이 많소. 만약 자기의 힘에만 의지해, 그 번뇌와 미혹의 악업을 모두 소멸시키고 생사를 해탈하려고 한다면, 이는 하늘에 오르기보다 훨씬 더 어렵소. 그러나 부처님께서 설하신 정토법문을 믿고, 진실한 믿음과 간절한 발원으로 아미타불 명호를 염송하여 극락왕생을 구한다면, 업력의 크고 작음을 가리지 않고, 누구나 모두 부처님의 자비력에 의지해 왕생할 수 있소. 오직 믿음을 가지고 염불하여 극락에 왕생하길 구하고, 다른 생각일랑 아예 품지도 마시오. 정말 이렇게만 한다면, 아무리 중병에 걸린 환자라도 수명이 아직 다하지 않았으면 빨리 나을 것이고, 수명이 다 되었다면 곧장 왕생할 것이오.　-인광대사

＊ 대세지보살의 후신(後身)이라 불리는 인광대사는 요즘 사람들이 세상의 총명과 재주로 불학을 연구하다가, 조그만 이치를 터득하면 큰 깨달음을 얻은 듯 우쭐해하고 교만해하는 세태를 비판하셨다. 그러면서 「천수백년 동안 계속 세상에 출현하신 고승대덕들은, 대부분 옛 부처님들이 다시 오셨거나 법신보살들이 나투신 화신(化身)이오.」라고 하면서, 《능엄경》에 있는 한 구절을 인용하였다. 「내가 열반한 뒤 여러 보살과 아라한에게 미래 말법 세상 가운데 인연 따라 각종 형상의 몸을 나투어, 중생을 제도하는 법륜을 굴리도록 명하리라. 혹은 사문(沙門), 백의거사, 군왕, 고관대작, 동남(童男), 동녀(童女)가 되거나 또는 창녀, 과부나 간음·도둑·도살·장사하는 자가 되어, 그들과 함께 일하면서 불도를 찬양 칭송하여, 그들의 몸과 마음이 삼매에 들도록 이끌리라.」

＊ 〈대지도론〉에 「죽을 때에 임해서 잠깐의 마음이 어찌 평생의 행력(行力)보다 뛰어나다 하는가. 임종 때의 마음은 잠깐이지만 심력(心力)의 맹렬한 것이 불이나 독과도 같은지라, 비록 작지만 능히 큰일을 짓는 것이다. 이때의 마음이란 결정코 용맹하고 굳세어 능히 백년의 행력을 이기므로, 곧 이 마음을 대심(大心)이라 부르는 것이며, 아울러 제근(諸根)의 급한 것이 마치 사람의 적진(敵陣)에 들어갔을 때 목숨을 아끼지 않는 것과 같으므로 또한 굳세다고 하는 것이다.」라고 하였다.

부처님의 말씀에 따르면, 극락정토에 왕생하는 데 도리어 열 가지 쉬움이 있다.

첫째는 아미타불의 원력이 무거워 정토에 왕생하기 쉽고, 둘째는 극락이 중생을 거부하지 않아 태어나기 쉬운 것이라고《무량수경》에서 말씀하셨고, 셋째는 시방의 모든 부처님께서 섭수攝受하시니 정토왕생이 쉬운 것이라고《칭찬정토경稱讚淨土經》에서 말씀하셨고, 넷째는 동방의 한 부처님께서 도우시니 발원을 이루기 쉬운 것이라고《약사본원경藥師本願經》에서 말씀하셨고, 다섯째는 두 분의 대성자께서 오시어 영접하시니 정토왕생이 쉬운 것이라고《무량수경》에서 말씀하셨고, 여섯째는 여덟 분의 대보살께서 맞이해 주시니 왕생이 쉬운 것이라고 또《약사본원경藥師本願經》에서 말씀하셨고, 일곱째는 열 가지 원원을 봉행하니 태어나기가 쉬운 것이라고《화엄경》행원품行願品에서 말씀하셨고, 여덟째는 한 가지 경을 베껴 쓰면 왕생할 수 있으니 쉬운 것이라고《결정광명경決定光明經》에서 말씀하셨고, 아홉째는 선善을 흩어 회향하면 왕생할 수 있으니 쉬운 것이라고《대보적경大寶積經》에서 말씀하셨고, 열째는 조금만 염불하여도 왕생하게 되는 것이라고《십육관경十六觀經》에서 말씀하셨다.

准諸經說 還有十易 一彌陀願重得生易 二極樂不逆得生易 無量壽經 三十方諸佛攝受易 稱讚淨土經 四東方一佛助成易 藥師本願經 五二大聖者來迎易 無量壽經 六八大菩薩引去易 亦藥師經 七奉行十願得生易 華嚴經行願品 八書寫一經得生易 決定光明經 九散善廻向得生易 大寶積經 十少時念佛得生易 十六觀經
                                        - 왕자성〈예념미타도량참법〉

＊ 두 분의 대성자(大聖者) : 관세음보살과 대세지보살을 말함.

＊ 남회근 선생은 「서방극락세계의 두 분의 대보살은 한 분은 관세음보살이요, 또 한 분은 대세지보살입니다. 관세음보살을 다른 언어로 불러도 모두 괴로움을 벗어나게 해 줍니다. 그 크나큰 자비와 위신(威神)은 불가사의합니다. 과거 무량겁 중에 이미 성불하셨는데, 대비원력(大悲願力)으로 중생의 안락을 위하기 때문에 보살의 모습으로 시현(示現)합니다. 대세지보살의 의미는 지혜의 빛으로 일체를 두루 비춤으로써, 지옥 · 아귀 · 축생의 삼악도(三惡道)를 떠나 무상의 힘[無上力]을 얻게 하는 까닭에 대세지(大勢至)라 부릅니다.」라고 하였다.

* 여덟 분의 대보살 : 문수보살, 관세음보살, 득대세(得大勢)보살, 무진의(無盡意)보살, 미륵보살, 보단화(寶檀華)보살, 약왕(藥王)보살, 약상(藥上)보살.

* 열 가지 원(願) : 보현보살의 10대 행원(行願)을 말한다.

*《십육관경》:《관무량수경》을 달리 부르는 말.

대저 정토법문은 이치가 지극하고 가르침이 원융하여 단박에 부처를 이루는 법문이며, 수행이 참으로 간단하고 쉬워서 힘써 수행하면 과위를 속히 증득하며, 노력이 적어도 성공률이 높다. 이치가 깊지 않아 범부라도 쉽게 알 수 있고, 이치가 깊어 성현조차도 헤아리지 못한다. 상중하 세 근기에게 두루 가피를 주고, 모든 중생을 골고루 거두어들이며, 고통의 바다에 빠진 중생을 건져준다. 정토법문은 믿음이 가장 중요하며, 말법시대의 병을 회복시켜주는 뛰어난 처방이다. 이 지름길을 놓아두고 생사를 어찌 벗어나려 하는가. 이 법문을 버리고서 윤회를 언제 벗어나려 하는가. 부질없이 지금 염불을 믿지 않는 자는 많고, 깊은 믿음을 가진 자는 적도다. 어떤 이들은 (염불법문을) 상相에 집착한다고 꾸짖고 소승이라고 헐뜯는다.

原夫淨土一門 理極頓圓 事誠簡易 在因強而得果疾 用力少而成功多 淺之則夫婦與知 深之則聖賢莫測 三根普被 萬類均收 撈漉苦海之魚 信爲巨網 挽回末法之症 的是奇方 離斯捷徑 出生死以奚從 捨此法門 脫輪回而何日 但今時泛念者多 深信者少 或有訶爲著相 貶作小乘
- 성암대사 〈권수정토시〉

* 인광대사는 「세간의 미치광이들이 더러 교법(教法)의 이치를 제대로 살펴보지도 않은 채, 평범하고 어리석은 아낙네들도 모두 이 법문을 수행할 수 있다는 이유 하나만으로, 소승(小乘)이라고 여겨 무시하기 일쑤라오. 이 법문이 화엄경에서 한 생(生)에 성불하는 시종일관 제일의 법문인 줄은 모르고 있소」라고 하였다.

* 정공법사는 「소승인에게는 여전히 분별심과 집착이 남아 있어 제도하기를 좋은 사람만을 제도하고, 제도하기 싫은 사람은 제도하지 않습니다. 또한 소승인은 중생이 그에게 배움을 구하면 기꺼이 가르치지만, 중생이 요구하지 않으면 자발적으로 가르치지 않습니다. 대승의 보살은 그렇지 않습니다. 무량

수경에 이르기를, '보살은 중생을 위해 불청객이 된다.' 하였습니다. 당신이 그를 찾지 않아도 그는 당신을 찾아옵니다. 그들은 불법을 자발적으로 중생에게 소개하고 중생에게 추천하는데, 이것이 보살의 주된 업무입니다. 그래서 보살의 마음은 아라한이나 연각의 마음과 다릅니다. 이것이 사홍서원(四弘誓願) 가운데 첫 번째 원(願)인 '한량없는 중생을 다 제도하리라.' 입니다.」라고 하였다.

＊대승불교권 국가에 속한 한국의 불자들은 흔히 소승불교를 무시하고 폄훼한다. 소승경전인《아함경》이나《수타니파타》등보다는 대승경전인《금강경》《법화경》《능엄경》등이 더 선호되고 더 많이 연구된다. 하지만 성현들께서는 소승이 없이 어떻게 대승이 존재할 수 있겠느냐며, 절대로 소승을 무시하지 말라고 단호하게 말씀하신다.

＊우익대사는「십론경에서 이르기를, "소승을 익히지 않으면 어떻게 대승을 배울 수 있겠는가." [十輪經云 不習小乘法 何能學大乘]」라고 하였다.

염불법문은 남자건 여자건, 출가자건 재가자건, 귀한 사람이든 천한 사람이든, 지혜로운 사람이든 어리석은 사람이든 따지지 않으니, 이 세상에 염불하지 못할 사람은 아무도 없습니다.

부귀한 사람은 쓰고 지낼 재산이 넉넉하게 갖추어져 먹고 살 걱정이 없으니 염불하기에 정말 좋고, 가난한 사람은 집안이 단출하여 신경 쓸 일이 적으니 염불하기에 정말 좋습니다.

자식을 이미 둔 사람은 조상 제사와 가문을 맡길 수 있으니 염불하기에 정말 좋고, 자식이 없는 사람은 홀몸으로 자유자재로우니 염불하기에 정말 좋습니다.

자식이 효성스러우면 편안히 봉양 받을 수 있으니 염불하기에 정말 좋고, 자식이 불효막심하면 낳아 길러준 은애恩愛를 떨칠 수 있으니 염불하기에 정말 좋습니다.

아무 질병도 없는 사람은 몸이 건강하니 염불하기에 정말 좋고, 몸에 질병이 많은 사람은 죽음이 가까운 줄 알므로 염불하기에 정말 좋습니다.

나이가 많이 든 노인은 남은 세월이 얼마 남지 않았으니 염불하기에 정말 좋고, 나이가 적은 젊은이는 정신이 맑고 기력이 넘치니 염불하기에 정말 좋습니다.

한가한 사람은 마음을 흐트러뜨릴 일이 없으니 염불하기에 정말 좋고, 바빠서 정신없는 사람은 바쁜 가운데 틈을 내어 염불하기에 정말 좋습니다.

출가하여 수행하는 사람은 세속 만물 밖에 소요유逍遙遊하니 염불하기에 정말 좋고, 집에 있는 거사는 세속 집안이 불타는 집인 줄을 아니 염불하기에 정말 좋습니다.

총명한 사람은 정토법문을 훤히 통달하여 염불하기에 정말 좋고, 어리석은 사람은 달리 특별한 재능이 없으니 염불하기에 정말 좋습니다.

계율을 지니고 수행하는 사람은 계율이 곧 부처님 법도이니 염불하기에 정말 좋고, 경전을 보며 수행하는 사람은 경전이 곧 부처님의 설법이니 염불하기에 정말 좋으며, 참선을 하며 수행하는 사람은 참선이 곧 부처님의 마음이니 염불하기에 정말 좋고, 도를 이미 깨달은 사람은 깨달음이 곧 불과佛果를 증득한 것이니 염불하기에 정말 좋습니다.

그래서 우리 모두에게 두루 염불을 권하오니, 발등에 불 떨어진 것처럼 시급히 염불하여 아홉 품계의 연화에 왕생합시다. 연화가 피어나면 부처님을 뵈올 수 있고, 부처님을 뵈면 법문을 들을 수 있으며, 마침내는 궁극의 불도佛道를 이루어 자기 마음이 본래 부처임을 비로소 알게 될 것입니다.

念佛法門 不論男女僧俗 貴賤賢愚 無有一人 不堪念佛 若人富貴 受用現成 正好念佛 若人貧窮 家小累少 正好念佛 若人有子 宗祀得託 正好念佛 若人無子 孤身自由 正好念佛 若人子孝 安受供養 正好念佛 若人子逆 免生恩愛 正好念佛 若人無病 趁身康健 正好念佛 若人有病 切近無常 正好念佛 若人年老 光景無多 正好念佛 若人年少 精神清利 正好念佛 若人處閒 心無事擾 正好念佛 若人處忙 忙裏偸閒 正好念佛 若人出家 逍遙物外 正好念佛 若人在家 知是火宅 正好念佛 若人聰明 通曉淨土 正好念佛 若人愚魯 別無所能 正好念佛 若人持律 律是佛制 正好念佛 若人看經 經是佛說 正好念佛 若人參禪 禪是佛心 正好念佛 若人悟道 悟須佛證 正好念佛 普勸諸人 火急念佛 九品往生 華開見佛 見佛聞法 究竟成佛 始知自心 本來是佛
- 연지대사 〈권염불문勸念佛文〉

＊연지대사는 「요즘 사람들이 염불하려 들지 않는 것은 단지 서방정토를 얕잡아 보기 때문입니다. 서방정토에 왕생하는 것은 바로 가장 큰 공덕과 복덕과 지혜를 두루 갖춘 위대한 성현만이 가능한 일이며, 사바세계를 정토로 바꾸는 일입니다. 그래서 우리 석가모니부처님께서 대자대비로 이 염불법문을 가르

쳐 주셨으니, 그 공덕은 천지(天地)보다 훨씬 크고, 그 은혜는 부모님보다 더 막중하여, 이 몸을 다 박살내고 뼈를 죄다 빻아도 보답하지 못합니다.」라고 하였다.

* 연지대사는 「저도 어렸을 적에는 염불할 줄 몰랐습니다. 그런데 이웃집의 한 할머니께서 매일 수천 번씩 염불하시는 걸 보고서, 왜 그렇게 하시는지 여쭈어 보았더니, 할머니께서 "전에 남편이 돌아가실 때 염불을 하셨는데, 아주 편안하게 잘 가셔서 나도 이렇게 염불한다오. 남편이 돌아가실 때 아무런 별다른 질병도 없었고, 단지 다른 사람을 한번 불러 보더니 돌아가셨다오." 하는 것이었소. 그런데 출가 스님들이 어찌하여 염불하지 않는단 말입니까.」라고 하였다.

* 고덕께서 「무릇 염불의 미묘함은, 불법을 떠나지 않고도 세간법을 행할 수 있는데 있으며, 세간법을 그만두지 않고도 불법을 증득할 수 있다는데 있다.[夫淨土念佛之妙 在於不離佛法而行世法 不廢世法而證佛法]」라고 하였다.

* 《법화경》에 「이 법은 법위에 머물지만, 세간의 모습을 항상 띠고 있다.[是法住法位 世間相常住]」라고 하였는데, 남회근 선생은 이에 대해 「부처님은 진정한 불법이 세간에도 있고 출세간에도 있다고 말합니다. '이 법은 법위에 머문다.[是法住法位]'는 이 법은 도(道)에 합일(合一)하여 본래부터 존재한다는 뜻이고, '세간의 모습을 항상 띠고 있다.[世間相常住]'는 이 법이 영원히 도(道)에 합일하지만 꼭 세간을 떠나야만 이룰 수 있는 것은 아니라는 뜻입니다.」라고 하였다.

* 남회근 선생은 「대승불법에서는 불법이 세간 속에 있다고 말합니다. 세간이 너무나 고통스럽고 악(惡)하기 때문에 바로 이곳에서 스스로를 제도하고, 다른 사람을 제도해야 합니다. 불법이 세간을 떠나지 않는다고 해서 수도(修道)를 하면서 한편으로 부귀공명과 주색(酒色)을 모두 바래서는 안 됩니다. 불법이 이미 세간 속에 있으니, 세속을 떠날 필요가 없다고 생각해서는 안 됩니다. 그런 일은 없으며 그렇기에 더더욱 세속(여기서는 삼계를 말함)을 떠나야 합니다.」라고 하였다.

* 《금강경》에 「여래란 곧 모든 법과 같다.[如來者 卽諸法如義]」라는 말씀이 있다. 남회근 선생은 이 구절을 풀이하면서 「이 구절이 가장 중요합니다. 불법을 배우는 사람은 반드시 마음에 새겨두어야 합니다. 부처는 어디에 있습니까. 불당에 있습니까. 절에 있습니까. 서쪽 하늘에 있습니까. 이건 엉터리입니다. 부처는 바로 여러분 계시는 곳에 있습니다. 세상의 일체법은 모두 불법(佛法)으로서, 불법이 아닌 것이 없습니다. 어느 때 어느 곳이든, 어떤 티끌 속에든, 깨끗한 곳이든 더러운 곳이든, 도처에 부처는 모습을 드러내고 있습니다. 이것이 바로 여래입니다.」라고 하였다.

＊《금강경》에 「일체의 모든 법이 모두 불법이다.[一切法 皆是佛法]」이라는 구절도 있다.

＊육조 혜능선사는 「불법은 세간에 있으니, 세간의 깨달음을 떠나지 않는다. 세간을 떠나서 보리(菩提)를 구하는 것은, 마치 토끼의 뿔을 구하는 것과 같다.[佛法在世間 不離世間覺 離世覓菩提 恰如求兎角]」라고 하였다.

＊정공법사는 「과거에는 제사를 모시는 것이 매우 특별한 행사였다. 예로서, 그 행사를 주제(主祭)하는 사람들은 3일 전부터 단식하고 목욕하였다. 그들은 조그만 방에 머물면서 집착을 끊으려고 노력하면서 청정한 마음을 닦았다. 그들은 마치 조상의 영혼들이 참석한 것처럼 생각하면서 제사를 모셨다. 불자들은 이를 관상(觀想)이라 부른다. 제사 때 진정으로 조상들을 공경하면, 영혼들이 나타난다.」라고 하였다.

＊소요유(逍遙遊) : 마음이 가는 대로 이리저리 자유롭게 거닐면서 자연을 벗 삼아 풍취를 즐기며 한가로이 사는 삶. 어디에도 얽매이지 않고 걸림 없이 유유자적(悠悠自適)하게 사는 자유로운 삶.

＊세간(世間)/ 출세간(出世間) : 세간 또는 세간법(世間法)은 생멸법/ 오온법(五蘊法)/ 사상(四相: 아상 · 인상 · 중생상 · 수자상)/ 육범(六凡: 천상 · 인간 · 수라 · 축생 · 아귀 · 지옥)/ 복덕/ 구차제정(九次第定)에서 첫번째부터 여덟 번째까지의 정(定)/ 인간이 거주하는 이 세계/ 번뇌와 망상으로 가득한 삼계 육도의 세계/ 불교 이외의 가르침(유교나 도교 그리고 外道 등)/ 불요의(不了義)의 가르침 등을 말하고, 출세간 또는 출세간법은 불생불멸/ 해탈/ 열반/ 사성(四聖: 부처 · 보살 · 연각 · 성문)/ 구차제정에서 마지막 정(定)인 멸진정(滅盡定)/ 삼계를 벗어나 윤회하지 않는 세계/ 부처의 가르침/ 요의(了義)의 가르침 등을 말한다.

내가 이로써 보건대,

지혜로운 자는 의심을 끊을 수 있기 때문에 극락에 쉽게 왕생할 수 있다.

선정에 드는 이는 마음이 흐트러지지 않기 때문에 쉽게 왕생할 수 있다.

계율을 잘 지키는 자는 온갖 오염을 멀리하기 때문에 쉽게 왕생할 수 있다.

보시를 즐겨하는 이는 '나[我]'라는 생각이 없어서 쉽게 왕생할 수 있다.

인욕을 잘하는 자는 성내지 않기 때문에 쉽게 왕생할 수 있다.

용맹스럽게 정진하는 이는 뒤로 물러나지 않기에 쉽게 왕생할 수 있다.

선善도 악도 짓지 않는 자는 생각이 한결같기 때문에 쉽게 왕생할 수 있다.

온갖 죄악을 지어 업보가 눈앞에 나타나는 이는, 정말로 부끄러워하고 두려워하기 때문에 쉽게 왕생할 수 있다.

吾以是觀之 智慧者易生 能斷疑故 禪定者易生 不散亂故 持戒者易生 遠諸染故 布施者易生 不我有故 忍辱者易生 不瞋恚故 精進者易生 不退轉故 不造善不作惡者易生 念能一故 諸惡已作 業報已現者易生 實慚懼故
- 양걸

* 당나라의 영가 현각선사는 〈영가집(永嘉集)〉 서문에서 「계율이 없으면 선정이 없고, 선정이 없으면 지혜가 일어나지 않는다.[非戒不禪 非禪不慧]」 라고 하였다.

*《능엄경》에 「섭심(攝心: 경계에 매달리는 마음을 단속하여 거두어들임)이 계(戒)가 되니, 계에서 정(定)이 나오며, 정(定)에서 지혜가 일어난다. 계정혜 이 셋을 '삼무루학(三無漏學)'이라 이름 한다.[攝心爲戒 因戒生定 因定發慧 是則名爲三無漏學]」 라고 하였다.

* 남회근 선생은 「경미한 분노는 에(恚 : 성낼 에)이고, 그 보다 더 무거운 분노는 발노(發怒 : 분노함)입니다. 진정으로 무겁게 성내는 것은 진(瞋 : 눈부릅뜰 진)입니다. 즉, 한심(恨心 : 증오하는 마음)입니다. 진한심(瞋恨心)이 있는 사람은 아마 축생도에 떨어질지도 모릅니다. 왜냐하면 그의 모든 신경과 근육은 일종의 증오(憎惡)의 뜻을 지니고 있기 때문입니다. 아주 엄중한 일입니다.」 라고 하였다.

* 남회근 선생은 「'진(瞋)'이란 어떤 것일까요. 하늘을 원망하고 사람을 나무라는 것이 바로 진(瞋)입니다. 이것이 진(瞋)의 뿌리입니다. 환경에 대해, 일체의 것에 대해 만족하지 못해 불만을 계속 지니고 있는 것이 바로 진(瞋)의 시작입니다.」 라고 하였다.

* 남회근 선생은 「남이 욕하고 모욕을 주고 못살게 구는 것은, 당신의 죄업을 일찌감치 소멸시키고, 일찌감치 청정하게 하고, 일찌감치 도(道)를 이루도록 도와주는 것이니, 마땅히 그에게 감사해야 합니다.」 라고 하였다.

* 〈대지도론〉에 「인욕(忍辱)을 행하는 사람은 욕설을 퍼붓는 이를 보면 마치 부모가 젖먹이를 보듯 하면서 그가 성을 내어 욕하는 것을 보고 더욱더 사랑하게 여김이 깊어져야 하며, 또 다시 생각하기를 "저 사람이 나에게 악을 끼치는 것은 바로 업의 인연이어서 전세(前世)에 나 자신이 지은 것이니, 이제 당연히 받아야 한다. 만일 성을 내면서 갚으면 다시 뒷날의 고통을 만드는 것이 되는데 언제 풀리게 되겠느

485

냐. 만일 지금 참지 않으면 영영 괴로움을 여의지 못한다." 고 하나니, 이 때문에 성을 내지 않아야 한다.」
라고 하였다.

* 정(定) : 마음을 한 곳에 머물게 하여 흩어지지 않게 하는 것. 삼매(三昧)와 같은 뜻.

석가모니부처님은 사바세계에 있는 모든 중생들을 제도하기 위하여 정토법문을 설하셨습니다. 그 분은 사람들로 하여금 정토에 왕생하는 원을 세우고 아미타불 명호를 외우도록 당부하셨습니다. 이 경이로운 법문은 《아미타경》에 설해졌고, 시방의 모든 부처님들이 칭찬하셨습니다. 정토(염불)는 이 말세의 모든 중생들에게 적합한 특별한 법문입니다.

혼자 정토법을 수행하는 사람은 부처님께 절하고, 《아미타경》이나 《금강경》을 읽습니다. 다음에 아미타불 명호를 5천 번에서 만 번 외운 후, 극락세계에 왕생을 발원하면서 다음과 같이 말해야 합니다.

「구품연대九品蓮臺를 부모로 삼아 서방 극락세계에 왕생하기 발원합니다. 연꽃이 활짝 필 때 불퇴전不退轉보살들과 도반道伴으로 아미타불을 뵙고 궁극의 도를 깨달으려 합니다.」 아침저녁으로 이와 같이 수행해야 합니다.

이러한 시간 외에도, 수행자는 하루 종일 생각 생각마다 끊임없이 부처님 명호를 외우고, 아미타부처님의 명호를 마치 자기 생명처럼 항상 마음에 지녀야 합니다. 걸을 때나, 서 있을 때나, 앉아있을 때나, 누워있을 때나 항상 아미타부처님의 명호를 외워야 합니다. 어려운 일이나 또는 좋은 일이 생겨 화가 나거나 즐거울 때에도, 화나 번뇌를 그치려면 단지 아미타불의 명호만 외우면 됩니다.

이러한 번뇌가 생사의 뿌리이기에, 우리는 번뇌를 떠나고 생사의 고통을 면하기 위하여 부처님의 명호를 외워야 합니다. 번뇌를 여의기 위하여 부처님의 명호를 외우는 사람은 생사의 윤회를 끝낼 수 있습니다. 만일 부처님의 명호를 외우면서 번뇌를 극복할 수 있다면, 그 사람은 꿈속에서도 번뇌를 극복할 수 있습니다. 만일 꿈속에서도 번뇌를 극복할 수 있다면, 병들었을 때에도 번뇌를 극복할 수 있습니다. 그리고 병들었을 때에도 번뇌를 극복할 수 있다면, 마지막 임종의 순간에도 번뇌를 극복할 수 있습니다.

이 일은 어렵지 않습니다. 다만 생사의 윤회를 끝내기 위해서는 진실하고 간절한 마음이 필요합니다. 다른 어떤 것도 생각하지 않고, 오랜 기간 아미타불의 명호만 외우면, 여러분은 커다란 지복至福을 얻게 됩니다. 모든 수행자들은 이 법을 이해해야 합니다. 누구라도 부처님 명호를 외우고 이 법을 수행할 수 있는 사람이 진실한 수행자입니다. 이 법을 버리는 사람은 이러한 목적을 달성하기 위한 더 좋은 길을 찾을 수 없습니다.

정토법문을 수행하는 사람은 단 한 번의 생에 정토왕생을 성취할 수 있습니다. 여러 경전에서, 이 법이야 말로 정토로 직행하는 가장 빠른 지름길이라고 누차 설하고 있습니다. 단지 부처님 명호를 외우는 이 지름길을 택하기만 하면 됩니다. 이 경이로운 법을 버리고 따로 택할 더 좋은 길이 없습니다.

여러분은 오직 염불에 집중하여, 하루에《아미타경》을 두 번, 그리고 부처님의 명호를 수천 번 또는 만 번 이상 생각 생각마다 끊임없이 외우기만 하면 됩니다. 이것이 바로 화두요, 여러분의 본래면목本來面目입니다.

여러분은 죽은 후에 무슨 일이 생기는지, 어떤 생生이 오는지 궁금할 것입니다. 금생에서 악한 원인을 만든 사람은 죽은 후 악한 경계가 나타나는 것을 볼 것입니다. 그러나 정토왕생을 발원하면서 부처님 명호를 부른 사람은 임종 순간에 아미타불의 국토인 정토가 그 앞에 나타나는 것을 보게 될 것입니다.

수많은 방편들이 있으나, 부처님과 조사들에 의하면, 정토법이 특히 중요합니다. 여러분의 본래 마음을 알거나, 자성自性을 볼 필요가 없습니다. 단지 부처님의 명호를 외우는 것만이 필요합니다. '부처'는 깨달은 사람을 의미합니다. 만일 여러분이 생각 생각마다 단 한 순간도 부처님을 잊지 않고 그 명호를 외운다면, 생각마다 깨달은 것이 됩니다. 만일 여러분이 마음속에 부처님을 잊어버리면, 그것은 깨달음이 아닙니다. 만일 여러분이 꿈속에서도 낮과 같이 부처님 명호를 생각할 수가 있다면, 이것이 항상 염불하는 것입니다. 만일 여러분의 마음이 지금도 어지럽지 않고, 임종 순간에도 어지럽지 않으면, 틀림없이 정토에 왕생할 것입니다.

- 감산대사

* 감산대사는 「부처님께서 설하신 수행법은 생사윤회를 벗어나는 것인데, 방편의 문(門)은 많지만 오

487

직 염불을 하여 정토왕생을 구하는 것이야말로 가장 지름길이 되고 가장 중요한 것이다. 지금 정토수행을 닦으려면 반드시 청정한 마음을 근본으로 삼아야 한다. 자기 마음을 청정히 해야 한다는 것은, 제일 먼저 계근(戒根)을 청정히 해야 함을 말한다. 몸으로 짓는 세 가지 악(惡), 입으로 짓는 네 가지 악(惡), 그리고 생각으로 짓는 세 가지 악(惡), 이것을 십악(十惡)이라 한다. 십악은 삼도(三途: 지옥, 아귀, 축생)를 윤회하는 원인이다. 지금 지계(持戒)가 중요한데, 먼저 삼업(三業: 몸과 입과 생각으로 짓는 업)을 청정히 하면 마음이 저절로 청정해진다. 만약 몸으로 살생, 도둑질, 사음을 행하지 않으면 신업(身業)이 청정해진다. 입으로 망어(妄語: 거짓말), 기어(綺語: 간사하거나 음란한 말), 양설(兩舌: 이간질하는 말), 악구(惡口: 욕설, 험한 말)를 하지 않으면 구업(口業)이 청정해진다. 생각으로 탐내거나 성내거나 어리석지 않으면, 의업(意業)이 청정해진다. 이와 같이 십악을 영원히 끊으면 삼업이 얼음처럼 청정해진다. 이것이 청정한 마음의 요체다. 이 청정한 마음속에 사바세계의 고통을 혐오하고 극락세계 왕생을 발원하면서 염불을 정행(正行)으로 세운다. 염불은 생사를 끊겠다는 마음이 간절해야 한다.[佛說修行出生死法 方便多門 唯有念佛求生淨土 最爲捷要 今修行淨業 必以淨心爲本 要淨自心 第一先要戒根清淨 以身三口四意三 此十惡業 乃三途苦因 今持戒之要 先須三業 清淨 則心自淨 若身不殺盜淫 則身業清淨 口不妄言綺語兩舌惡口 則口業清淨 意不貪瞋癡 則意業清淨 如此十惡永斷 三業冰清 是爲淨心之要 於此 清淨心中 厭娑婆苦 發願往生安養 立念佛正行 念佛要爲生死心切] 라고 하였다.

 * 티베트의 정신적 스승이자 관세음보살의 화신으로 일컬어지는 달라이라마는 「우리가 어떻게 또는 어디에서 다시 태어나게 되느냐 하는 것은 일반적으로 업(業)에 의해서 결정되겠지만, 죽는 순간에 지녔던 마음의 상태가 다음 생의 향방에 영향을 미칠 수 있다.」라고 하였다.

 * 소갈 린포체가 지은 〈티베트의 지혜〉라는 책에 「사람이 죽어 중음(中陰) 상태에 있으면 투시력이 있다. 그 투시력에 의해 지혜로 충만한 스승의 마음을 똑바로 볼 수 있고, 스승이 그 자리에서 마음의 본성을 제시하면 당장 속박에서 벗어날 수 있다. 누군가 죽었을 때 우리가 무엇을 행하고 어떻게 생각하고 어떻게 처신하느냐는 결정적으로 중요하며, 우리의 미래에 상상할 수 없을 정도로 커다란 영향을 미친다는 사실을 알 수 있다. 따라서 사랑하는 사람이 죽은 후 그를 혼란스럽게 하거나 해치지 않기 위해 모든 행동을 조심해야 한다. 그는 무슨 일이 일어나는지 볼 수 있을 뿐만 아니라 살아 있는 사람의 마음을 직접 읽을 수 있기 때문이다.」라고 하였다.

 * 남회근 선생은 「생명이 죽고 나서 아직 또 다른 생명으로 태어나기 전까지 존재하는 중간단계를 중

음(中陰)이라 부릅니다. 우리는 보통 그것을 영혼이라 부릅니다. 중음신은 신통(神通)이 있습니다. 사람이 죽은 후 중음신(中陰神)으로 변하면 공간적인 장애가 없습니다. 자기의 친척이나 애인이 미국에 있더라도 생각만 하면 즉시 그들 곁으로 갈 수 있습니다. 그리고 미국 친구에게 자신이 이미 죽었으니 괴로워하지 말라고 말하지만 상대방은 듣지 못합니다. 중음신은 우리 살아있는 사람이 하는 말은 다 알아 들을 수 있습니다. 중음신은 당신이 무슨 일을 하든지 수시로 와서 봅니다. 사람이 죽은 후 중음신이 생겨날 때까지는 마치 잠에서 깨어나는 것과 같습니다. 이 단계를 중음신이라 부르는데, 마치 살아있는 것 같아 자신이 몸도 볼 수 있고 볼 수도 들을 수도 있다고 느낍니다. 외국에서 친구가 그를 위하여 울면 다 듣습니다. 중음신은 다섯 가지 신통이 있습니다. 즉, 신족통(神足通)·천안통(天眼通)·천이통(天耳通)·타심통(他心通)·숙명통(宿命通)이 나타납니다. 어느 곳이든 갈 수 있습니다. 산하(山河)와 장벽, 시간과 공간이 장애가 되지 않습니다. 이런 물리세계는 중음신에게 조금도 장애가 되지 않습니다. 그 빠르기는 빛의 속도보다도 더 빠릅니다. 우리는 그것을 염속(念速)이라 부르는데 정말 빠릅니다. 중음신은 진정한 눈·코·혀·귀·대뇌·신체가 없지만 일체를 볼 수 있습니다. 색(色: 형태와 색깔)·성(聲: 소리)·향(香: 냄새)·미(味: 맛)·촉(觸: 신체에 접촉하여 지각함)·법(法: 생각과 의식의 대상), 이 모두에 감응할 줄 압니다.

　사실은 사람이 죽은 후 중음신으로 있기가 쉽지는 않습니다. 일생동안 좋은 일을 많이 한 착한 사람이나 수행을 한 사람은 사후에 중음신이 없습니다. 이런 사람은 기(氣)가 끊어지자마자 승천(昇天)하거나, 수행에 성공한 출가자나 재가자(在家者)는 극락세계에 왕생하거나 기타의 불국토에 왕생합니다. 기(氣)가 끊어질 듯 말듯 할 때 이미 그런 불국토에 왕생하기 때문에 중음신을 거치지 않습니다. 나쁜 사람은 곧바로 아귀나 축생으로 변하거나 지옥으로 떨어지는데, 이 경우도 중음신이 없고 바로 갑니다. 어떤 사람들은 아직 죽지 않았지만, 이미 그의 몸은 절반이나 축생으로 변해있는데도 그 자신은 아직 모르고 있습니다. 어떤 사람은 지옥에 이미 절반은 떨어져 있으면서도 이 세상에 아직 살고 있습니다. 많은 사람들이 아직 중음신의 시기에 이르지 않았어도 이미 변해 있습니다. 이것이 바로 인과(因果)입니다.」라고 하였다.

　＊〈전등록〉에 「선악의 과보에는 삼시(三時)가 있다. 평범한 사람들은 단지 어진 사람이 요절하고 포악한 사람이 장수하며, 거역하는 자가 길하고 의로운 자가 흉한 것을 보고는 문득 인과(因果)가 없고 죄와 복이 허망하다고 하나니, 그림자와 메아리가 서로 따르듯이 만 겁(劫)을 지나더라도 마멸되지 않는 것임을 모른다.」라고 하였다.

　＊남회근 선생은 「숙명통은 진정한 정(定)으로부터 옵니다. 그렇지만 어떤 사람들은 정(定)을 닦지 않

아도 숙명통이 있습니다. 이것을 보통(報通)이라고 합니다. 선(善)의 업보로부터 온 것입니다. 다생다세 동안 부처님의 명호를 외웠거나 혹은 약사여래를 수지(修持)했거나 아미타불을 외웠거나 석가모니불을 불렀거나 했기 때문에 이 일생의 선보(善報)가 나타나기 시작하여 태어나자마자 숙명통이 있는 것입니다. 그러므로 보통(報通)은 정(定)을 닦아서 오는 게 아닙니다. 숙명통을 얻은 사람은 전생에 고양이였는지, 개였는지, 바퀴벌레였는지, 미꾸라지였는지를 압니다. 만약 바퀴벌레나, 개미나, 미꾸라지 등등은 먼저 고양이나 개 같은 것 등으로 한 등급 높은 동물로 변해야 합니다. 그런 다음에 비로소 사람 몸으로 전환할 수 있는데 아주 쉽지 않습니다.」라고 하였다.

    * 대만의 고승인 성엄선사(聖嚴: 1930-2009)는 「자성(自性)은 달리 진여(眞如), 제법의 근본, 일체중생의 근원, 제불(諸佛)의 본질, 청정성(淸淨性), 본성(本性)이라고도 불린다. 자성을 화엄경에서는 '일진법계(一眞法界)'라고 부르고, 법화경에서는 '진여일실(眞如一實)', 열반경에서는 '대반열반(大般涅槃)', '비밀장(秘密藏)' 또는 '불성(佛性)'이라고 하며, 능엄경에서는 '여래장(如來藏)'이라고 하고, 유식학에서는 '아뢰야식(阿賴耶識)' 혹은 '대원경지(大圓鏡智)'라고 한다.」라고 하였다.

    * 성엄선사는 〈염불생정토(念佛生淨土)〉에서 「나는 늘 염불한다. 게다가 다른 사람들에게 늘 염불하게 하고, 다른 사람들에게 염불을 권한다.[我常念佛 也常 敎人念佛 勸人念佛]」라고 하였다.

아미타불 염불을 하면 사람으로 하여금 다시 생명의 생기生機를 창조하게 할 수 있습니다. 악을 없애고 선을 행하며, 재난을 소멸하고 수명을 연장하며, 고난을 극복할 수 있습니다. 만일 때가 되어 숨이 끊어질 때에는 한 생각에 서방극락세계 아미타불 국토에 왕생할 수 있습니다. 그럼 염불법문에서 염念은 도대체 어떻게 염한다는 말일까요. 이는 엄중하므로 반드시 똑똑하게 인식해야 합니다. 우리는 지금 염불이란 말만 꺼내면 틀림없이 대부분의 사람들은 곧바로 아미타불을 생각할 뿐만 아니라, 입을 벌리고 소리를 내어 외웁니다. 마치 소리 내어 외지 않으면 염불로 여기지 않는 것 같습니다. 이는 일종의 잘못된 관념입니다.

    우리는 마땅히 '염念'을 이렇게 이해해야 합니다. 진정한 염불로서의 '염(念)'이란 사실 마음속으로 생각만 해도 곧 염한 것이 된다는 사실을 말입니다. 염불을 자기가 진심으로 사랑하는 자녀를 그리워하듯이, 아침저녁으로 생각하면서 시시각각으로 심두心頭에 간직한 채 해간다면 염불 길에 오르기 쉽습니다. 그렇지 않고 그저 입으로만 염불을 보여

주고, 마음으로는 딴 생각을 하고 있다면, 그것은 말로만 하는 것으로 이는 훗날 (극락왕생에) 증거가 되지 않습니다.

- 남회근 선생

＊남회근 선생은 「염(念)이란 어떤 일을 마음속에 항상 걸어놓고 잊지 않는 것입니다. 예를 들어 자기의 부모님이 곧 돌아가시려 하는데 자기는 밖에서 근무하면서 손님을 접대해야 한다고 합시다. 비록 일을 처리하거나 말을 하지만 마음속에는 집안에 있는 어버이가 잊히지 않습니다. 일부러 생각하려고 하지 않아도 생각이 시종 마음속에 걸려 있습니다. 이것을 '염(念)' 이라고 한다. 염불은 마음속에서 생각하고 있고 머물러 있는 것입니다. 그저 입으로만 아미타불…아미타불… 부르는 것이 아닙니다.」 라고 하였다.

＊남회근 선생은 「염(念)이란 온 마음 온 뜻으로 생각하는 것을 말하는 것이지, 그저 입으로 부처님 명호를 부르면 된다는 뜻이 아닙니다.」 라고 하였다.

＊남회근 선생은 「평범하고 또 평범하게 사람 노릇하고 성실하고 또 성실하게 수행하십시오.[平平實實做人 老老實實修行]」 라고 하였다.

＊심두(心頭) : 마음. 마음속.

우리는 염불하면서도 무엇을 염불이라 하는지도 모릅니다. 이것은 자기를 속이는 것으로 자기가 자기를 저버리는 것입니다. 이제 비유를 들어보겠습니다. 당신이 남에게 빚을 져서 내일 오후 4시 30분 전까지 은행에 충분한 현금을 예치하지 않으면 수표를 부도내게 된다고 합시다. 당신은 자연히 수표를 부도낸 범인이 되고, 얼마 있지 않아 법원에서는 당신을 구치소에 집어넣으라고 할 겁니다. 그런데 사실 당신은 그 자금을 마련할 길이 없습니다. 그럼에도 당신은 여기 앉아서 염불하고 있습니다.

하지만 마음속에서는 내일 오후 4시 30분 전에 그 수표가 은행에 돌아오면 어떻게 해야 할지 계속 걱정입니다. 그야말로 잠시라도 마음을 놓지 못하고 근심 걱정에 싸여 있습니다. 생각 생각마다 잊을 수 없습니다. 마음이 온통 이 일에만 매달려 있으면서 잊히지 않습니다. 바로 이와 같은 염念이야말로 우리가 염불할 때 필요한 염念입니다.

- 남회근 선생

*《증일아함경》에 「여래의 참된 제자는 지나간 일을 슬퍼하지 않고 아직 오지 않은 미래를 근심하지 않는다. 오직 지금 당장 해야 할 일에만 전념한다. 그래서 그들의 얼굴은 근심, 걱정이 없이 밝고 환하다. 어리석은 사람들은 아직 오지 않은 미래에 대한 걱정과 지나간 과거에 대한 슬픔과 걱정으로 얼굴이 어두워서 마치 잘려진 갈대가 햇볕에 말라버리는 것과 같다.」라는 말씀이 있다.

무릇 수행법이란 실로 부처님께서 중생들의 질병을 치료해주시는 양약이다. 질병이 많다보니 약도 광대하여 그 수가 항하의 모래알보다 많은 형편이다. (그 많은 수행법 중에서) 지극히 빠른 지름길이자 가장 간단명료하고 긴요한 법문은 극락정토 왕생을 구하는 염불 법문보다 뛰어난 것이 없다. 정토법문은 가히 생사윤회를 재빨리 벗어나는 현묘玄妙한 관문이자, 깨달음의 도道를 신속히 성취하는 비결이다.

夫修行法門 乃如來對病之良藥也 藥隨病廣 數逾恆沙 求其至捷徑 最簡要者莫勝於念佛 求生淨土法門 可謂速出生死之玄關 疾成覺道之祕訣也

- 유계 전등법사〈정토법어淨土法語〉

육도는 고통으로 가득 찬 바다인데, 오직 부처님만이 건너갈 수 있습니다. 모래 한 알이 비록 가벼워도 떨어뜨리면 바다 밑으로 바로 가라앉지만, 무거운 돌이라도 배에 태우면 저 언덕에 도달할 수 있는 것과 같습니다. 삼계三界의 밤은 길고 오계십선五戒十善이나 사선팔정四禪八定을 닦아도 오히려 삼계를 벗어날 수 없습니다. 하지만, 아미타불만 부르면 십 만억 떨어진 극락이라도 한 생각이면 이를 수 있으니, 고덕께서는 이를 일러 지름길 중의 지름길이요, 지름길 중에서도 질러가는 길이라고 하셨습니다.

六道苦海 唯佛能渡 一沙雖輕 直沉海底 重石乘船 可達彼岸 三界長夜 五戒十善四禪八定 尚未能出 但念彌陀 十萬億程 一念卽至 古德謂之徑中徑又徑也

- 혜정慧淨법사

＊혜정법사는 또 「단지 아미타불만 부르면 서방정토에 왕생하나니, 서방정토에 왕생하면 광명과 수명이 부처님과 차이가 없다.[若但念彌陀往生 其土則光明壽命同佛無異]」라고 하였다.

＊남회근 선생은 「몸으로 짓는 세 가지 업은 살생 · 도둑질 · 사음입니다. 마음으로 짓는 세 가지 업은 탐욕 · 성냄 · 어리석음입니다. 입으로 짓는 네 가지 업은 거짓말 · 이간질하는 말 · 악담 · 꾸며대는 말입니다. 이 열 가지 수행이 원만해졌다면 계행은 저절로 청정해집니다. 우리가 알듯이 불법을 세분하면 삼승(三乘)에 그치는 것이 아닙니다. 오승(五乘)으로 인승 · 천승 · 성문승 · 연각승 · 보살승이 있습니다. 부처를 배움에 있어 첫걸음은 인승(人乘)노릇부터 잘 하는 것입니다. 사람조차도 제대로 되지 않았다면 기초가 없습니다. 사람됨을 제대로 행하지 않았다면 천상계에 태어날 자격도 없는데도 아라한이 되고 보살 과위를 얻고 싶다고요? 인승의 기초는, 심지어는 오승 전체의 기초도 모두 십선(十善)위에 건립됩니다. 십선을 행할 수 있고 난 다음에 선(善)의 과보를 일체중생에 회향해야 비로소 지계(持戒)성취의 기준이 됩니다. 그런 다음에 불국에 왕생할 수 있습니다.」라고 하였다.

＊남회근 선생은 「어떤 사람을 대할 때 단정적으로 경솔히 말해서는 안 됩니다. 많은 보살의 화신(化身)들이 비밀행(秘密行)을 하고 있습니다. 표면적으로 보는 것과 그 내심은 다릅니다. 이것을 뚜렷이 알지 못하고 함부로 단정적인 말을 내뱉게 되면 구과(口過)를 저지르게 됩니다. 이 구과(口過)는 아주 엄중합니다. 어떤 경우는 지옥의 과보를 받아야 하기도 합니다. 조그만 잘못이라도 반드시 인과(因果)가 있는 법입니다.」라고 하였다.

＊조선 후기 이덕무(李德懋)가 지은 〈세정석담(歲精惜譚)〉에 「얼굴을 곱게 꾸미고 모양을 아양스럽게 굴면 비록 장부(丈夫)라도 부인보다 못하며, 기색을 평온하게 하고 마음을 바르게 하면 비록 미천한 하인배라도 군자가 될 수 있다. 글을 읽으면서 속된 말을 하는 것은 닭과 개를 대하여도 부끄러운 일이요, 손님을 보내면서 시비를 논하는 것은 아마 귀신도 가증스럽게 여길 것이다. 말이 경솔하면 비록 재상의 지위에 있어도 노예나 다름없고 걸음걸이가 방정맞으면 비록 나이 많은 늙은이라도 아이들보다 못하다.」라는 말씀이 있다.

진헐 료화상께서 이르셨다. 「부처님마다 손을 내밀어 중생을 교화하시고, 조사님들마다 서로 전하셨으니, 오직 이 일 말고 다시 다른 일이 뭐가 있겠는가. 석가세존께서 49년간 300회 넘게 설법을 하셨는데, 유독 정토법문에 있어서는 아주 간곡하게 찬탄하시는 말씀을 그치지 않으셨으니, 정토법문이야말로 범부의 지위에서 단박에 성인의 경지로 뛰어넘는 지름길이 아니겠는가. 하지만 이 법문은 정말로 쉽고도 정말로 어렵다. 무릇 집지명호는 많은 복덕과 선善을 닦아 지극하고 간절한 마음으로 회향하면 곧바로 왕생한다. 오도를 횡으로 절단하고 삼계를 단박에 뛰어넘으며 다겁을 지내지 않아도 곧바로 불퇴의 지위에 오르니, 어찌 간단하고 쉽지 않은가.」

　眞歇和尚云 佛佛授手 祖祖相傳 惟此一事 更無餘事 世尊說法四十九年三百餘會 獨於淨土之教 諄諄讚說而不已 得非以是爲超凡入聖之捷徑乎 然此法門誠易誠難 夫執持名號 修衆福善 至心廻向 即得往生 則橫截五道 頓超三有 直階不退 不歷多祇 豈非簡易

- 행책行策대사 〈정토경어淨土警語〉

* 〈정토경어〉는 중국 청나라 때의 고승으로, 연종(정토종)의 제10조(祖)로 추앙받는 절류(截流) 행책대사께서 지은 책이다. 선(禪)을 닦았고, 천태학의 교리를 열람하고는 선정(禪定)을 닦아 법화삼매(法華三昧)를 증득하기도 했다. 정토법문을 널리 선양하였다.

* 행책대사는 「진헐 료대사는 선종의 대덕(大德)이시다. 대철대오하신 후 만년(晩 年)에 이르러서는 오직 염불수행만 하여 서방정토왕생을 구하였다.[眞歇大師是禪宗大德 大徹大悟之後 到了晩年 專修淨土 求生西方]」라고 하였다.

* 역시 〈정토경어〉에 「오탁악세에 아비발치(불퇴전)의 지위에 오르기란 매우 어렵다. 만약 염불삼매를 믿으면 아미타불의 원력을 타고 섭지(攝持)를 받고서 성중(聖衆)의 영접을 받아 반드시 정토에 왕생한다. 다른 방편의 힘을 빌리지 않고도 마음이 저절로 열려 세세생생토록 퇴전하지 않으니, 부처의 자리에 오를 수 있다.[五濁惡世 求阿 鞞 跋致甚難 若信念佛三昧 乘彼佛願力 攝持接引 決定往生 不假方便 自得心開 生生不退 佛階可期]」라고 하였다.

* 역시 〈정토경어〉에 「정토법문은 모든 중생을 널리 섭수(攝受)한다. 정토에 왕생하면 다시는 퇴전하지 않는다. 무량수경은 삼배(三輩)로 중생을 접인하는 바, 상품은 해오(解悟)를 근본으로 삼고, 중품은 계율과 십선(十善)을 근본으로 삼으며, 하품은 선(善)은 하나도 없고 오로지 악(惡)만 지은 중생인데, 오직 임종 때 선지식을 만나, 일념으로 신심(信心)을 내면 죄가 소멸되어 극락에 왕생하는 사람을 가리킨다.[淨土

廣攝諸根 咸登不退 大本三輩 上品以解悟爲本 中品以戒善爲本 下品純惡無善 惟臨終遇善友 一念信心 滅罪往生」라고 하였다.

  ＊ 역시 〈정토경어〉에 「부처님은 모든 경전에서 염불을 널리 찬탄하셨다. '염불법문은 불가사의한 공덕이 있다.', '정토법문은 세간의 중생들이 믿기 어려운 법이다.', '일체의 모든 부처님께서 (집지명호를 설한 아미타경을) 호념하신다.', '정토법문은 위없이 깊고도 묘한 선(禪)이다.', '염불법문은 뛰어나고 특별한 방편이다.', '염불삼매는 삼매중의 왕이다.' 등등의 말씀들이 그 예이다. 그런데 말세의 중생들은 어찌하여 유독 염불법문에 대해서는 의심과 미혹을 일으키기를 좋아하는가. (이러한 의심과 미혹함으로 인해) 더 나아가 다른 깨끗한 믿음까지도 무너뜨리고, 다른 선행에 걸림이 되니, 박복하고 지혜가 적은 사람들의 습기(習氣: 숙생에서부터 가지고 온 버릇)가 늘 이렇구나[諸經廣讚淨土 曰不可思議功德 曰世間難信之法 曰一切佛護念 曰無上深妙禪 曰勝異方便 曰三昧中王等 奈末世衆生 偏於念佛法門 好起疑惑 乃至破他淨信 障他善行 薄福少智人 往往習氣如是]」라고 하였다.

  ＊ "이 법문은 정말로 쉽고도 정말로 어렵다" : 염불법문이 수행하기는 쉽지만, 진실로 믿기는 어렵다는 뜻으로 해석된다.

  불보살께서 중생이 고해에서 깊이 빠져 나올 길이 없는 것을 안타깝게 여기시고 스스로 서원하시기를, 「위신력으로 사람들에게 정토에 나기를 권하리라.」 하였으나, 다만 사람들이 믿지 않을까 걱정하여, 만약 믿는 마음으로 기꺼이 왕생하려고만 한다면, 비록 죄악이 있더라도 왕생하지 못하는 이가 없게 하셨다.

  대저 자비롭지 않으면 부처가 될 수 없고, 중생을 제도하지 못하면 부처가 될 수 없으며, 큰 위신력이 없으면 부처가 될 수 없다. 자비를 행하기 때문에 중생이 괴로움에 빠진 것을 보고 제도할 생각을 하며, 위신력이 있기 때문에 중생을 제도하려는 마음을 이룰 수 있고, 중생을 제도하려는 공덕을 이룰 수 있나니, 이것이 바로 부처가 되는 까닭이다.

  무릇 믿음은 '한 생각[一念]'이다. 사람이 살아갈 때, 마음이 가고자 하면 몸이 따라가고, 마음이 머물고자 하면 몸도 따라 머무나니, 몸은 항상 생각을 따르기 때문이다. 몸이 죽을 때에도 오직 한 생각일 따름이다. 한 생각이 정토에 있으면 반드시 정토에 태어난다. 하물며 불보살께서 사람들을 왕생하도록 이끌어주면 정토왕생이 어찌 쉽지 않겠는가.

佛與菩薩 憫念眾生 沈淪苦海 無由得出 故自誓願 威力勸人生淨土 唯恐人之不信 若信心 肯往 雖有罪惡 亦無不生 蓋不慈悲 不足爲佛 不度眾生 不足爲佛 不有大威力 不足爲佛 爲慈 悲故 見眾生沈苦 而欲濟渡 有威力故 能遂濟渡之心 能成濟渡之功 此所以爲佛也 蓋信者一 念也 若人生時 心念要去 身則隨去 心念要住 身則隨住 是身常隨念 若身壞時 唯一念而已 是 以一念在淨土 則必生淨土 況佛菩薩 又引人往生乎

　　　　　　　　　　　　　　　　　　　　　　　　　-백암 성총대사 〈정토보서〉

* 백암 성총대사는 〈정토보서〉의 정토기신문(淨土起信文)에서「화엄경에서 말하였다. "믿음은 손이 다. 사람이 손이 있으면 보배 있는 곳으로 가서 마음대로 집어갈 것이나, 손이 없으면 얻는 것이 없다. 이와 마찬가지로, 불법에 입문하는 자는 신심(信心)의 손으로 마음껏 도법(道法)의 보배를 집어가지만, 만약에 신 심이 없으면 얻는 바가 없을 것이다." 비유하건대, 어떤 사람이 큰 성(城)에 들어가면 반드시 먼저 편히 쉴 곳 을 찾은 다음 나가서 일을 보고, 저물녘에 어둠이 밀려오면 묵을 곳으로 돌아오는 것과 같다. 쉴 곳을 찾는 다는 것은 정토(淨土)를 닦는 것을 말한다. 저물어 어둠이 밀려온다는 것은 큰 어려움이 다가오고 있음을 말 한다. 묵을 곳이 있다는 것은 연꽃 가운데 태어나 악취(惡趣: 지옥/ 아귀/ 축생)에 떨어지지 않는 것을 말한 다. 또 비유하건대, 봄에 먼 길을 갈 때 미리 비옷을 준비하는 것은 소나기가 갑자기 내릴 때, 흠뻑 젖어 낭패 당하는 근심을 겪지 않으려 하는 것과 같다. 미리 비옷을 준비하는 것은 정토를 닦는 것을 말한다. 소나기가 갑자기 내리는 것은 대명(大命: 죽음)이 장차 다할 것임을 말한다. 흠뻑 젖는 낭패의 근심이 없다는 것은 악 취(惡趣)에 흠뻑 빠져 괴로움을 받지 않는다는 것을 말한다. 또한 먼저 편안히 쉴 곳을 찾는다면, 맡은 일을 방해받지 않으면서 볼 수 있을 것이고, 미리 비옷을 준비한다면 먼 행로(行路)를 방해받지 않고 갈 수 있을 것이니, 정토업(淨土業)을 닦는 사람은 반드시 먼저 믿음과 발원을 일으켜야 한다.」라고 하였다.

　　정토법문을 수행하면 부처님과 보살님이 모두 칭송하시고 찬탄하시며, 재가在家와 출 가出家에서 정토에 왕생한 이가 적지 아니한데, 하물며 오늘날의 말법 시대에 이 정토법 문을 닦는 것은 쉽고 빠른 길이라 말할 만합니다. 그러나 이 수행에서도 역시 육근六根의 번뇌를 씻어 버리고 아만我慢을 겪어 부러뜨리지 않으면 안 될 것입니다.

　　修行淨土 佛及菩薩皆所稱歎 在家出家 往生非一 況今末法之中 修此門者 可謂捷徑 然於

是中間 亦須洗去根塵 摧折我慢   - 〈치문경훈緇門經訓〉

* 치문경훈(緇門經訓) : 중국의 역대 선지식들이 노파심절(老婆心切)한 마음으로, 후대 학인(學人)들을 위하여 수행에 도움이 될 만한 유문(遺文)을 모아 편집한 글이다.

* 〈치문경훈〉에 '僧重則法重 僧輕則法輕 이라는 유명한 글귀가 있다. 「불교도들이 훌륭하면 법도 훌륭하게 비춰지고 전달되기도 하지만, 불교도들이 시원찮으면 법도 시원찮게 비춰지고 제대로 전달되지 않는다.」라고 해석하거나(원순스님), 또는 「수행자들이 수행자다우면 법(法)도 존중받고, 수행자들이 수행자답지 않으면 법(法)도 무시 받는다.」라고 해석하기도 한다.

* 유계 전등법사는 〈정토법어〉에서 「불보살님들께서 입 아프게 자세히 되풀이하면서 지극한 말씀으로 칭송 찬탄하셨으며, 또 역대 조사들께서 깊이 통달하여 널리 펼치시고 사람들이 마음으로 높이 받들어 행하는 법문으로는, 오직 극락세계에 왕생하는 염불법문이 최고 제일입니다.[求其苦口叮嚀 極言稱歎 列祖弘通 人心崇奉 惟極樂世界念佛一門爲究竟]」라고 하였다.

* 《유마경》에 「아누다라삼먁삼보리심을 일으킨다면, 이것이 진정한 출가이며 구족계(具足戒)를 받은 것이나 다름없다.[發阿耨多羅三藐 三菩提心 是卽出家 是卽具足]」라는 말씀이 나온다.

* 〈만선동귀집〉에 「본연경(本緣經)에서 이르기를, "다만 하루 동안만이라도 출가를 행하면, 20겁 동안을 삼악도에 떨어지지 아니하리라." 라고 하였으며, 또 승기율(僧祇律)에서는 "다만 하루 동안만이라도 출가하여 범행(梵行)을 닦는 이는 육백 육천육십 세의 삼도고(三塗苦)를 여의리라.[本緣經云 以一日一夜出家故 二十劫不墮三惡道 僧祇律云 以一日一夜出家修梵行者 離六百六千六十歲三塗苦]」라고 하였다.

사람이든 사람이 아닌 자든 부처님께서 펼치신 말씀은 게송 하나, 한 구절이라도 받들어 믿지 않는 이가 없는데, 유독 정토에 대하여 의심이 있는 것은 무슨 일인가. 이것은 정토에 들어가는 문이 매우 넓고 매우 큰데, 닦는 법은 너무 간단하고 너무 쉬운 까닭이다. 매우 넓고 매우 크고 간단하고 쉽기 때문에, 들으면 의심하지 않을 수가 없다. 이른바 넓고 크다는 것은 일체 근기를 모조리 다 포섭하여 위로는 등각等覺의 과위에 오른 자 가운데 일생보처보살도 역시 왕생을 구하고, 아래로는 어리석은 범부와 오역십악을 범한 무지한 자라도 임종 때 염불하여 죄를 참회하고 정토에 귀의하면 모두 정토에 왕생한다.

凡金口所宣 一偈一句 而人非人等 莫不信受奉行 獨於淨土之說 則間有疑者 何哉 良由淨

土敎門 至廣至大 淨土修法 至簡至易 以其廣大而簡易故 聞者不能不疑焉 所謂廣大者 一

切機根 攝收都盡 上而至於等覺位中 一生補處菩薩 亦生淨土 下而至於愚夫愚婦 與夫五逆

十惡無知之徒 臨終但能念佛悔過 歸心淨土者 悉獲往生也

- 천여 유칙선사〈정토혹문淨土或問〉

* 육조 혜능선사는《육조단경》에서「무엇을 참(懺)이라 하고, 무엇을 회(悔)라 하는가. '참(懺)'이란 지
나간 허물을 뉘우치는 것이다. 전날에 지은 악업, 즉 어리석고 교만하고 허황하고 시기하고 질투한 죄를
뉘우쳐 다시는 일어나지 않도록 하는 것을 일러 참(懺)이라 한다. '회(悔)'란 앞으로 범하기 쉬운 허물을
조심하여 그 죄를 미리 깨달아 끊어 버리고 다시는 범하지 않겠다고 결심하는 것이다. 범부들은 어리석
어서 지난 허물은 뉘우칠 줄 알지만 앞으로 닥칠 허물은 조심할 줄 몰라 뉘우치지 않기 때문에 지나간 죄
도 없어지지 않고 새로운 허물이 잇달아 생기게 되니, 이것을 어찌 참회라 할 것인가.[云何名懺 云何名悔
懺者 懺其前愆 從前所有惡業 愚迷憍誑 嫉妒等罪 悉皆盡懺 願不復起 是名爲懺 悔者 悔其後過 從今已後
所有惡業 愚迷憍誑 嫉妒等罪 今已覺悟悉皆永斷 不復更作 是名爲悔 故稱懺悔 凡夫愚迷 只知懺其前愆 不
知悔其後過 以不悔故 前愆不滅 後過又生 前愆旣不滅 後過復又生 何名懺悔]」라고 하였다.

*《화엄경》십지품(十地品)에「십악(十惡)을 지으면 지옥·아귀·축생의 몸을 받는다. 십선(十善)을 지
으면 인간계와 천상계 내지 유정천(有頂天)의 몸을 받는 인(因)이 된다.[十不善業道 是地獄畜生餓鬼受生
因 十善業道 是人天乃至有頂處受生因]」라고 하였다.

* 남회근 선생은「불경에 근거하면, 질투는 남자의 몸에서 여자의 몸으로 바뀌는 근본 업력입니다. 질
투를 좀 듣기 좋게 말하면 자존심이라고 부릅니다. 자존심이란 바로 증상만, 아만이 이름을 바꾼 것입니
다. 오직 남을 돕는 것, 남을 칭찬하고 남을 배양하는 것, 모두 남이 잘 되기를 바라고 모든 영광은 남에게
돌리는 것, 이것이야말로 질투하지 않는다는 정도(正道)에 도달한 것입니다.」라고 하였다.

고덕古德께서 말씀하셨다.

세상의 일곱 가지 재난을 없애고 싶거든 마땅히 나무아미타불하고 염불해야 한다. 염불
의 공덕은 끝이 없다. 대를 이를 자식을 구하고, 수명을 늘리고, 질병이 낫고, 재난이 그치

고, 공명을 얻고, 집안이 편안해지고, 직업을 구하고, 재산을 늘리고, 원한과 맺힌 것을 풀고, 부모를 천도하고 망자를 구제하려면 모두 염불로 할 일이지 다른 수행법을 섞을 필요는 없다.

염불은 간단하고 쉽고 원융하며 단박에 이룬다.

염불은 방법이 가장 간단하고 효과는 가장 빠르며 공덕은 가장 크다.

염불은 착수하기가 쉽고 성공률은 높으며 노력은 적게 들이면서 효과는 빠르다.

염불은 현세에서는 안락과 평온을 얻고 또한 임종 시에는 정토에 왕생하며 단지 자기만 복을 받는 게 아니라 식구들까지도 혜택을 받게 한다.

염불은 방편중의 방편이고, 곧바로 통하는 길 중의 길이고, 간단한 방법 중에서 가장 간단한 방법이고, 쉬운 수행 중에서 가장 쉬운 수행이고, 사람마다 수행할 수 있고, 사람마다 증득할 수 있다. 염불하는 사람은 귀신이 해칠 수 없고, 지옥의 시왕十王이 감히 잡으러 오지 못한다. 염불하는 사람은 주변 사십 리에 광명이 몸을 비추고 마군魔軍이 침범하지 못한다. 염불하는 사람의 정수리에는 아미타불께서 항상 계시면서 밤낮으로 지켜주시고 원한 있는 집안이 해악을 끼치지 못하게 하시니, 현세에는 항상 안온하고 임종 시에는 자연스럽게 정토에 왕생한다.

古德言 欲消世間七災難 應念南無阿彌陀 念佛功德無邊 凡求子嗣 延壽命 瘉疾病 解災難 取功名 安家宅 謀職業 益資財 甚至解冤 釋結 薦親度亡 皆可以念佛爲之 不需夾雜其他行法 念佛簡易圓頓 念佛方法最簡 效果最快 功德最高 念佛下手易而成功高 用力少而得效速 念佛既獲現世安穩 亦得臨終往生 不但自己蒙福 亦使家人受惠 念佛方便中的方便 直接中的直接 簡單中的最簡單 易行中的最易行 人人可行 人人可證 念佛人 鬼神不能害 十王不敢召 念佛人 有四十里光明燭身 魔不能犯念佛人 阿彌陀佛 常住其頂 日夜擁護 不令冤家而得其便 現世常得安穩 臨終任運往生　　　　　　　　　　　　　　　　　　-고덕

*《비유경》에 귀신과 관련된 말씀이 있어 소개한다.「어떤 사람이 술을 팔았는데, 귀신이 나타나서 술을 마시고는 주인에게 말했다. "내일 한 사람이 꽃을 들고 몸에 금은을 갖고 호수 속에서 목욕을 하다가

갑자기 죽어서 나오질 못할 테니, 당신이 가서 금은을 취해도 이후에 근심이 없을 것이다." 다음날 주인이 동정을 살피니, 과연 한 사람이 물에 들어가서 목욕하는 것이 보였다. 그는 언덕에 올라가 옷을 입다가 땅에 넘어져 죽었다. 술을 파는 사람은 앞으로 다가가서 금은을 취했다. 다음날 귀신이 오자 주인이 물었다. "나는 이 사람이 옷을 입고 떠나려다가 죽는 걸 보았다. 어째서 물속에서 그를 죽이지 않았는가." 귀신이 대답했다. "나는 단지 사람의 수명과 죄와 복이 이를 것인지 이르지 않을 것인지만 알 뿐이지, 사람을 살릴 수도 없고 사람을 죽일 수도 없고 사람으로 하여금 부귀하거나 빈천해지도록 할 수도 없다. 다만 사람으로 하여금 악을 짓고 살생을 범하게 하고 싶으면 그 사람이 쇠퇴한 틈을 타서 그를 교란시키며, 재앙과 복을 말해서 사람들로 하여금 이를 위해 사당에 제사를 마련하도록 할 뿐이다."」

　＊혜정법사는 「예전에 법사님 한 분이 미국에 부처님 법을 전하러 가셨습니다. 그분께서 대중을 이끌고 법당에서 염불을 하고 있었는데, 염불이 막 끝나는 시간에 어떤 미국인 한 분이 그 법사님을 찬탄하며 "스님! 스님! 저는 신통력을 배우는 사람입니다. 제가 법당에서 염불하고 계시는 대중을 보았는데, 경건하고 정성스럽게 염불하는 사람은 그 몸에서 나는 광명이 매우 커서, 그 크기가 지구를 감쌀 만큼 컸습니다. 그다지 경건하지도 정성스럽지도 않게 단지 입만 벌름거리며 염불하는 사람의 경우에는 그 광명이 아주 작아서 단지 입가에만 들락거릴 뿐이었습니다. 이러한 뛰어난 광경을 직접 보았기 때문에 저도 불교를 배우고자 합니다."라고 했다고 합니다. 우리가 입을 벌려 염불하기만 하면 아미타불께서는 우리의 몸으로 드나드시며 광명을 놓으십니다. 우리들의 눈에는 보이지 않지만, 귀신들이나 불보살님들은 모두 광명이 나오는 것을 볼 수 있습니다. 우리가 염불을 하면 귀신이 우리를 방해하지 못할 뿐만 아니라, 심지어 우리가 다른 사람과 원한이 있다 해도, 염불을 하고 있기 때문에 그 원한이 풀릴 수 있으며, 지금 이후로 다시는 당신에게 빚을 독촉하지도 않을 것입니다. 우리가 염불을 하면 어느새 귀신과 중음신이 제도되며, 우리가 염불을 하기 때문에 조상님들도 제도되고 자손들도 보호받게 됩니다. 그런 까닭에 염불이야말로 가장 쉽고 가장 뛰어난 법문인 것입니다. 부처님 명호가 있으면 우리의 생명도 있는 것이요, 부처님 명호가 없으면 우리의 생명도 역시 없는 것입니다. 왜냐하면 이 부처님 명호가 없으면 죽은 뒤에 곧바로 염라대왕 앞에 가서 심판을 받게 되는데, 그러면 매우 비참해지기 때문입니다.」라고 하였다.

11) 참회 外

우리들이 받고 있는 갖가지 재난들은 모두 우리들이 과거에 지은 악업이 불러온 것이고, 그로 인하여 현재 우리가 많은 고통을 받고 있는 것이오. 그러므로 이러한 악업은 우리들이 과거세에 심은 악인惡因에 의하여 만들어진 것임을 잘 알아야 하오. 그 고통스러운 과보果報를 받지 않으려면 모름지기 고통의 원인을 제거하여야 하는데, 과거에 지은 고통의 원인은 염불로써 참회하면 능히 소멸할 수 있소.

吾人所受種種災難 皆是過去惡業所招 以致感受現在苦果 故知此惡業者 卽過去惡因之所造成也 欲免苦果 須去苦因 過去已種之苦因 念佛懺悔 乃能消去　　　- 인광대사

* 남회근 선생은 「부처님은 우리들에게 말씀하시기를, 참회하려면 미움 · 사랑 · 질투 · 아첨 · 왜곡의 심리들을 제거해야 한다고 합니다. 내심(內心)을 깨끗이 하는 것이야 말로 참회입니다. 불당(佛堂)에 달려가 한바탕 우는 것이 참회가 아닙니다. 우는 것은 정서적인 발작으로 울고 나면 기분이 가라앉습니다. 그것은 울어서 피곤하게 된 결과 다른 일이 생각나지 않기 때문입니다. 부처님 앞이나 하나님 앞에서 꿇어앉아서 한바탕 울고 참회하고 나면 편안하다거나 하나님의 영감을 얻었다거나 보살의 가피를 받았다고 생각하지 말기 바랍니다. 그것은 피곤함 때문입니다. 불보살의 감응(感應)이 아닙니다. 믿지 못하겠거든 몇 시간 지난 뒤에 밥 배불리 먹고 체력이 넉넉해지면 성깔이 다시 나타납니다. 주의해야 합니다. 무엇이 진정한 참회인지 분명히 알아야 합니다.」라고 하였다.

* 남회근 선생은 「사람이 만약 간탐질투(慳 : 인색, 貪: 탐욕, 嫉妬: 질투)를 없앨 수 있다면 그 이면(裏面)은 무엇일까요. 오직 남을 돕는 것입니다. 남을 칭찬하고 남을 배려하는 것입니다. 모두 남이 잘 되기를 바라고 모든 영광은 남에게 돌리는 것입니다. 그것이야말로 질투하지 않는다는 정도(正道)에 도달한 것입니다. 무엇이 부처님을 배운다는 것일까요. 이게 바로 부처님을 배우는 것입니다! 당신은 조아려 부처님에게 절하고 경전을 외우고 채식하고 부처님에게 보우해달라고 구하는 것이 부처님을 배우는 것이라고 생각하십니까. 당신은 역시 이 네 글자가 당신을 좀 보우해 주도록 바라는 게 좋습니다. 당신이 간탐질투(慳貪嫉妬)라는 이 네 글자를 정말로 없애버리면 당신은 성불의 길을 절반을 걷고도 남습니다. 간탐

501

질투(慳貪嫉妬)하고 자찬훼타(自讚毁他: 자신을 칭찬하고 남을 깎아내림)하는 길로 걸어간다면 마땅히 삼악도에 떨어집니다. 삼악도에서 무량천세토록 극심한 고통을 받습니다. 지극히 큰 고초를 받습니다.」라고 하였다.

* 인광대사는 「지금 세상 사람들이 정토법문을 버릴 것 같으면, 과(果)를 증득하는 것이 전혀 없게 된다오. 진실로 성인께서 이 세상을 떠나신지 오래되었고, 사람들의 근기는 볼품없고 초라하여 부처님의 힘에 의지하지 않으면 해탈하기가 정말 어렵다오.[卽今之世 若捨淨土 則果證全無 良以去聖時遙 人根陋劣 匪仗佛力 決難解脫]」라고 하였다.

* 〈대승기신론〉에 「작은 죄라도 마음에 두려움을 내어 참회하고 부끄러워하며 고치고 뉘우치고, 부처님이 금하고 경계한 바를 가볍게 여기지마라.[小罪心生怖畏 慙愧改悔 不得輕於如來所制禁戒]」라는 말씀이 있다.

* 고덕께서 「우리가 좌선을 하고 염불을 하는 것은 본래 생사를 끝내기 위해서이지만, 어리석음과 제잘난 마음 때문에 욕된 것을 참아내지 못하고, 습기를 제거하지 못하기 때문에, 비록 선인(善因)을 닦는다 해도 여전히 괴로운 과보[苦果]를 면치 못하고, 생사(生死)가 끝나지 않으며, 업을 따라 과보를 받습니다.」라고 하였다.

* 과보(果報) : 인과응보(因果應報) 또는 인연과보(因緣果報)를 줄인 말. 자기가 지은 업(業)으로 인해서 자기가 받게 되는 결과를 말하는데, 업보(業報)라고도 한다. 업(業)에는 선업/ 악업/ 무기업(無記業)의 셋이 있다. 선업(善業)을 지으면 선과(善果)를 받게 되고, 악업(惡業)을 지으면 악과(惡果)를 받게 된다. 금생에 업을 짓고 금생에 받는 과보를 현보(現報), 금생에 업을 짓고 다음 생에 받는 과보를 후보(後報)라 한다.

* 성현께서 「선업과 악업은 마침내 그 과보가 있으니, 단지 과보가 일찍 오느냐 늦게 오느냐의 차이가 있을 뿐이다.[善惡到頭終有報 只爭來早與遲]」라고 하였다.

* 남회근 선생은 「다들 게으름 피우기 좋아하고, 세속을 떠나 정좌수행하기 좋아하며, 일을 하고 싶어 하지 않는 것은 무기업(無記業)에 속합니다. 무기업의 과보는 엄중합니다.」라고 하였다.

* 남회근 선생은 「운명은 누가 주관하는 것일까요. 하느님도 아니요, 염라대왕도 아니요, 불보살도 아닙니다. 자기가 만드는 것이요, 마음이 만드는 것입니다. 금생에서의 과보(果報)는 과거 생에서의 종자(種子)가 현행(現行)한 것입니다. 금생에서의 생리적인 행위와 심리적인 행위는 또 내생의 종자로 변합니다.」라고 하였다.

＊남회근 선생은 「계율을 범하고서 절을 만 배를 해도 소용이 없습니다. (아닙니다) 쓸모 있습니다! 그것은 당신이 착한 마음으로 머리를 조아려 절을 했으니 (언젠가는) 좋은 과보를 받을 겁니다. 그러나 계율을 어긴 빚은 따로 계산해야 합니다. 두 개의 장부를 상쇄할 수 없습니다. 선에는 선한 과보가 있고 악에는 악한 과보가 있습니다. 상쇄시키거나 희석시킬 수 없습니다. 인정으로는 묽게 할 수 있지만, 우주법칙은 희석시킬 수 없습니다. 마치 어둠과 빛이 중화(中和)될 수 없는 도리와 마찬가지입니다. 인과보응은 우주간의 천연 법칙입니다. 미신도 아닙니다. 어떤 사람이 주인 노릇하는 것도 아닙니다. 천도는 되돌려주는 것을 좋아합니다.〔天道好還〕」라고 하였다.

＊정공법사는 「우리의 삼업(三業), 즉 신업(身業) · 구업(口業) · 의업(意業)이 아미타불과 같아질 때 우리는 그 분의 화신(化身)이 됩니다. 우리는 그 분이 본원(本願)을 이루기 위하여 이 세상에 돌아온 것입니다. 원래 우리는 업(業)의 빚을 갚기 위하여 이 세상에 환생했으나, 지금은 우리 모두가 서원(誓願)의 힘에 의하여 이 세상에 온 아미타부처님이 된 것입니다.」라고 하였다.

＊남회근 선생은 「기억력이 좋지 않은 여러분들은 책을 읽어도 기억하지 못하는 것은 전생에 지은 무기업(無記業: 아무 생각이 없음. 善도 아니고 惡도 아닌 생각이나 행위)이 무거운 것입니다. 무기업의 과보는 축생도(畜生道)입니다. 그러므로 여러분들은 정좌할 때 주의해야 합니다. 애를 써서 무념(無念)을 추구하는데 모두 혼침(昏沈: 졸린 듯 정신이 멍하거나 졸리거나 아무 생각이 없는 것) 가운데 떨어져 있습니다. 한참 동안 닦았지만 결과적으로 소의 태(胎)나 말의 뱃속으로 들어가 버립니다. 무엇이 정(定)일까요. 정(定)의 그림자조차도 모르면서 무념이 바로 정(定)이라고 생각합니다. 당신의 그 무념은 바로 소의 태나 말의 뱃속으로 들어가는 원인이 됩니다. 작은 혼침은 무기(無記)요, 실념(失念)입니다. 주의하십시오! 수행은 함부로 하는 것이 아닙니다.」라고 하였다.

 달마대사께서 말씀하셨다.

「염불이란 무엇인가. '염念' 이란 기억하는 것으로서, 계행을 기억해 지니고 정근하기를 잊지 않는 것이다. '불佛' 이란 깨닫는 것으로서, 몸과 마음을 살펴 악이 일어나지 않게 하는 것이다. 입에 있으면 외운다 하고 마음에 있으면 생각한다 하나니, 한갓 외우기만 하고 생각하기를 버리면 도道에 무슨 이익이 있겠는가.」

- 보조국사 지눌知訥 〈수삼밀증염불삼매문修三密證念佛三昧門〉

* 달마대사는 〈달마어록(達磨語錄)〉에서 「입으로만 외우는 송(誦)과, 마음으로 생각하는 염(念)은 이름과 뜻이 아득히 다르다. 입으로만 하면 외운다 하고, 마음으로 하면 염한다고 한다. 그러므로 염하는 것은 마음에서 일어나는 것이므로 곧 깨닫는 수행의 문이요, 외우는 것은 입으로 하는 입에 속하는 것이므로 이것은 곧 음성의 형상임을 알아야 한다. 형상에 집착하여 복을 구하는 것은 마침내 옳음이 없다.」라고 하였다.

* 보조국사 지눌은 〈염불요문(念佛要門)〉에서 「'부처[佛]'란 깨달음이니, 참 마음을 살피고 비추어 보아 항상 깨달아 알고 뚜렷이 밝아 어둡지 않은 것이다. 그러므로 무념(無念)의 일념(一念)을 깨달아 알고 뚜렷이 밝아, 밝고 뚜렷하여 생각이 끊어지면 이것을 일러 진정한 염불이라 한다.[佛者覺也 省照眞心 常覺不昧也 故無念之一念覺了圓明 圓明絶慮 是謂眞念佛也]」라고 하였다.

적실寂室화상께서 말씀하셨다.

「세상 사람아, 정토를 닦으려 하거든 지금 몸이 건강할 때에 부지런히 닦아야 한다. 만일에 지금은 바쁘니까 조금 한가하거든 닦겠다 하거나, 지금은 가난하니까 부자가 되거든 닦겠다 하거나, 아직 나이 젊으니까 늙어지거든 닦겠다 하면서 닦지 아니 하다가 별안간 죽게 되면 잘못된 뒤에 아무리 후회하여도 어찌할 수가 없으리라.」

- 〈연종집요〉

* 적실(寂室)화상 : 14세기 일본의 선승(禪僧, 1290-1367)

* 남회근 선생은 「자신의 젊었을 때의 사진을 한 번 보십시오. 그때의 당신과 3년 전의 당신, 작년의 당신은 벌써 죽었습니다. 우리는 살아있다고 느끼고 있지만, 사실 당신은 날마다 날마다 다 지나갔습니다. 이 육신의 나[我]는 참나[眞我]가 아닙니다. 몸은 고통이요 번뇌요, 온갖 병이 모여 있는 곳입니다. 이 몸은 고통의 근본입니다. 이 몸은 번뇌의 근본입니다. 우리의 심신의 모든 고통은 이 육신 때문에 오는 겁니다. 불경에 말했듯이 우리의 일생 가운데 걸릴 수 있는 병은 크게 분류하여 셈해 보면 404가지가 있습니다. 지수화풍(地水火風) 이 사대(四大) 하나마다 발생하는 병으로 101가지가 있습니다. 같은 의미로 노자(老子)는 이렇게 표현했습니다. "나에게 큰 근심이 있는 까닭은 내게 몸이 있기 때문이다. 내게 몸이 없게 되면 내게 무슨 근심이 있겠는가.[吾所以有大患者 爲吾有身 及吾無身 吾有何患]" 유마경에서 말합니다. "여러분, 이와

같은 몸을 지혜가 밝은 사람은 의지하지 않습니다.[諸仁者 如此身 明智者所不怙]」라고 하였다.

사바세계 떠나기를 발원할 때에는 마치 죄수가 감옥에서 빠져 나가기를 갈망하는 것과 같이 한다면 다시는 사바세계에 대한 미련을 털끝만큼도 갖지 않을 것이오. 서방정토 왕생을 발원할 때에는 마치 집 떠난 나그네가 고향을 생각하듯이 간절하게 한다면 어찌 인습에만 젖어 있을 수 있겠소.

願離娑婆如囚之欲出牢獄 絶無繫戀之心
願生西方如客之思歸故鄕 豈有因循之念　　　　　　　　　　　- 인광대사

* 인광대사는 「정토법문은 석가모니 부처의 한 평생 가르침 중에서도 특별한 가르침이자 모든 법의 근본이다. 범부와 성인 둘 다 모두 제도하고, 상중하 세 근기를 두루 가피하며, 선종과 교종과 율종이 함께 귀의하며, 착수하기는 쉽고 성공할 가능성은 높으며, 힘은 적게 들고 효과는 빠르다. 정말로 구계의 중생이 성불하는 첩경이며, 본사이신 석가모니불께서 이 세상에 오신 원래 뜻을 크게 드날리는 법문이다.[淨土法門者 如來一代時敎之特別法門也 爲諸法之本源 擧凡聖而悉度 上中下三根普被 禪敎律一道同歸 下手易而成功高 用力少而得效速 允爲九界衆生歸眞之捷徑 大暢本師釋迦出世之本懷]」라고 하였다.

* 인광대사는 「정토법문은 몹시 심오하여 헤아리기 어렵다. 비록 모든 부처님과 우리 석가세존께서 서로 번갈아 가며 믿음을 권하셨어도, 세상에 의심하는 사람은 오히려 더욱 많기만 하다. 세간의 범부 중생만 믿지 못하는 것이 아니라, 참선과 교법에 깊이 통달했다는 선지식들도 더러 의심하는 이가 많고, 이미 진리[眞諦]를 증득하여 업장이 다 소멸되고 감정이 텅 비었다는 성문이나 벽지불 중에도 더러 의심하는 분이 있다. 또 이들 작은 성인[小聖] 뿐만 아니라, 권위보살(權位菩薩: 하급보살)조차도 의심하는 경우가 있다. 법신대사(法身大士)에 이르면, 비록 진실하게 믿기는 하지만, 궁극 근원까지 철저히 알지는 못한다.[然此法門 甚深難測 雖經諸佛本師交相勸信 而世之疑者 猶復甚多 不但世智凡情不信 卽深通宗敎之知識 猶或疑之 不但知識不信 卽已證眞諦 業盡情空之聲聞緣覺 猶或疑之 不但小聖不信 卽權位菩薩 猶或疑之 卽法身大士 雖能諦信 尙不能窮源徹底]」라고 하였다.

* 인광대사는 「염불할 때 마음이 한 곳으로 모아지지 않는 것은, 생사윤회에서 벗어나고자 하는 마음

이 간절하지 않기 때문이오.「念佛心不歸— 由於生死心不切」라고 하였다.

　＊인습(因襲) : ①전통이라는 이유만으로 내려오는 불합리한 전통이나 관습(慣習)을 말함. 인신공양(人身供養)이나 중국의 전족(纏足), 순장(殉葬) 등을 비롯하여 축첩(蓄妾), 여성차별, 아동학대, 근친혼(近親婚), 조혼(早婚) 등을 들 수 있음. ②몸에 배어 좀처럼 고쳐지지 않는 오랜 버릇.

　＊점, 사주팔자(역술), 관상(觀相) 등은 정말 효험이 있는 것일까. 한국인들은 점이나 사주풀이ㆍ관상ㆍ풍수ㆍ토정비결ㆍ타로카드 등에 관심이 많기로 유명한데, 이에 들어가는 돈이 1년에 무려 2조원(많게는 4조원)이나 된다는 통계가 있다. 이른바 운세(運勢)산업이다. 운세산업은 섹스산업과 더불어 앞으로도 유망하기 그지없는 산업이다. 점이나 사주 등을 보는 것은 이른바 무속신앙으로서 불교와는 아무런 관련이 없다는 것을 알아야 한다. 부처님은《아함경》등에서 「사주를 보고 천문을 보아 점을 치는 행위들은 나의 제자가 할 일이 아니다.」, 「사람이 점쟁이가 되어서 많은 사람을 그릇되게 꾀어 재물을 구한다면, 이 죄로 말미암아 지옥 속에서 한없는 고통을 받아야 하고, 지옥 생활이 끝난 다음에는 그 죄로 인해 악업의 몸을 얻고 태어나 계속 고통을 받게 될 것이다.」, 「절대로 점을 치거나 사주, 관상 등을 직업으로 삼지 말라.」라고 하셨으며, 기독교의 성경에서도 「복술자나 길흉을 말하는 자나 요술을 하는 자나 무당을 너희 중에 용납하지 말라.」라는 말씀이 신명기편에 나온다. 불자들이 정말 명심해야 할 말씀이다.

　한번 타고난 운명은 절대 고치지 못하는 것일까. 불교는 숙명론(宿命論)에 기초하고 있는가. 아니다. 모두 틀렸다. 불교는 운명개조론에 입각하고 있다. 자신의 타고난 업(운명)을 얼마든지 고칠 수 있는 것이다. 이에 관한 법상스님의 좋은 말씀이 있어 길게 전재(轉載)한다.

　「불교에서는 운명이나 숙명 대신에 스스로의 삶을 내 스스로 결정지을 수 있다는 인과(因果), 업보(業報)론에 기초하고 있다. 어느 정도의 부를 축적하고 살 것인지, 어느 정도의 학벌과 능력과 외모를 가지고 살아갈 것인지, 어디에서 어떤 일을 하며 얼마 정도의 행복을 누리다가 언제쯤 죽게 될 것인지에 대해 누구나 태어나면서부터 어느 정도 정해진 업력(業力)을 받고 태어난다.

　일반적인 경우라면 어떤 배우자를 만날 것인지, 어느 정도의 대학이나 학벌을 가지게 될 것인지, 어떤 회사에 취직하여 어느 정도까지 진급을 하게 될 것인지, 어떤 인연을 만나서 그들에게 어떤 도움을 받게 될 것인지, 언제 어떤 병이나 사고로 얼마만큼 고통을 겪게 될 것인지, 돈과 재산은 어느 정도를 벌어 쓸 수 있을 것인지, 그렇게 살다가 언제쯤 몇 살 쯤 죽어갈 것인지, 그런 것들에 대한 삶의 윤곽이 전생의 업식(業識)에 의해 어느 정도 결정되어 있을 수밖에 없다. 그러나 그렇다고 해서 내 전생의 업을 그대로 받

506

을 것이니 이번 생은 내가 아무리 발버둥 치더라도 절대 그 업을 벗어날 수 없다고 생각한다면 큰 오산이다. 그것도 인생 일대의 가장 큰 실수를 저지르게 되는 것이다.

업이라는 것이 무엇인가. 우리가 (전생과 금생에) 말로 행동으로 생각으로 짓는 모든 행위의 기록들이다. 전생, 또 오랜 전생을 이어오며 지어왔던 온갖 행위들이 지금 내 안에서 기본적으로 이번 생을 어떻게 펼쳐나가게 될지에 대해 결정짓게 되는 것이다. 그렇다면 그 결정의 원인은 내 과거의 행위에 있다. 내 과거의 온갖 행위들에 의해 내 현실이 만들어지고 있는 것이다. 그러면 결론은 무엇인가. 결론은 내 현재의 행위에 따라 또 다시 내 미래가 바뀔 수밖에 없다는 것이다. 지극히 당연한 결론이다. 자신의 행위에 따라, 자신의 마음에 따라, 자신의 욕심과 집착의 크기에 따라, 자신의 마음공부와 수행과 기도의 정도에 따라, 내 삶은 언제든지 180도 확연히 달라질 수 있다.

달라질 수 있는 정도가 아니라 끊임없이 우리 삶은 그 궤도를 수정해 나가고 있다. 지금 이 순간에도 내일 있을, 내년에 있을 내 삶의 궤도가 내 행위에 따라 끊임없이 수정되고 있다. 그것을 운명이나 숙명이라고 이름 짓지 않고 업(業)이라고 이름한데는 그만한 이유가 있는 것이다. 운명이나 숙명은 바꿀 수 없는 것인데 반해 업이라는 것은 언제고 바꿀 수 있으며, 바꿀 수 있는 정도가 아니라 순간순간 변화하는 특성을 가지기 때문이다. 오늘 힘겹게 살아가는 소년소녀 가장을 만나 따뜻한 마음을 나누어 주고, 필요한 것들을 나누어 주었다면 바로 그 한 번의 행위가 1년 뒤 파산할 지 모르는 업연을 2년 뒤로 늦춰줄 수도 있다. 이웃들에게 부처님의 가르침을 전하고, 힘겹게 살아가는 이웃과 벗을 찾아가 위로해 주고, 지혜로운 삶의 길을 안내 해 주었다면, 이번 생에는 있지도 않았을 선지식 스승과의 인연이 생겨날 수도 있다. 오늘 부처님께 나아가 기도하고 마음을 비우며 그동안 가지고 있던 욕심과 집착을 말끔히 비워냈다면 다음 달에 닥칠지 모를 급성 위장염이나 위암 판정이 10년 쯤 뒤로 늦춰지게 될 수도 있다. 오래도록 마음속에 응어리 져 있던 미워하는 원수에 대한 불같은 화를 다스리고, 마음 깊은 곳에서 용서를 해 주었다면 몇 달 뒤에 닥칠지 모를 화병이 소멸될 수도 있다. 필요하다고 그때 그때 사 들이고, 여유가 있다고 아끼지 않고, 절약하지 않았던 삶의 습관이 10년 뒤에 올 퇴직을 1년 뒤로 앞당길 수도 있고, 나보다 못난 사람, 가난한 사람을 업신여기는 한 마디의 말이 지금의 내 높은 지위를 1년 빨리 끌어내릴 수도 있다.

어디 그 뿐인가. 파리나 모기, 풀벌레와 작은 곤충들의 생명을 별 생각 없이 죽이거나 괴롭혔다면 그것은 내 명(命)을 몇 년씩 앞당기는 일이 될 수도 있고, 산을 함부로 깎고, 나무를 함부로 베는 행위로 인해 자연재해가 일어났을 때, 폭풍우가 내가 사는 지역을 강타했을 때 바로 내가 사는 집이 무너지고, 내 터전이 깎여나갈 수도 있다. 지금 이 순간 나는 어떤 행위를 하고 있는가. 지금 이 순간 내가 하는 행위에 따라 운명이라고 생각했던 나의 업은 엄청난 변화를 겪는다.

불교의 제행무상(諸行無常)이라는 이치에 따르면 그 어떤 것도 정해진 것은 없다. 업이라는 것 또한 끊임없이 변하는 것이다. 우리의 행위가 매일 매일 달라지고 지속된다는 것은 받아야 할 업의 과보 또한 끊임없이 달라지고 있음을 의미한다. 신구의(身口意) 삼업(三業)을 돌이켜 보라. 매일 매일 몸으로, 입으로, 생각으로 어떤 행위를 해 왔는가를 놓치지 말고 살피라. 삼업에 대한 일기를 쓰는 것도 좋은 방법이다. 삼업 일기장은 크게 세 단락으로 나뉠 것이다. 첫 번째 단락은 몸의 행위를, 두 번째는 입으로 쏟아낸 말의 행위를, 세 번째는 마음에서 일으킨 온갖 생각의 행위들을 적는 것이다. 며칠, 몇 주, 몇 달 동안 삼업의 일기장을 쓰다 보면 업의 일정한 패턴을 살필 수 있을 것이다. 주로 어떤 악업을 많이 짓고 있는지, 어떤 선업들을 많이 행하고 있는지, 복은 얼마나 짓고 있는지, 죄는 얼마나 짓고 있는지, 탐욕에 따른 행위가 많은지, 성냄에 따른 행위가 많은지, 다양한 업의 패턴을 살펴보면 이제부터 내 삶이 어떻게 펼쳐질지가 파노라마처럼 펼쳐질 것이다. 물론 전생부터 이어 온 내가 모르는 업들은 제쳐두더라도 삶에 대한 획기적이며 경이로운 성찰이 찾아 올 것이다. 업의 내용은 일반적으로 선한 것들의 종류와 악한 것들의 종류가 있다. 말로써 하는 구업을 지을 때도 칭찬을 하거나, 조언을 해 주거나, 진리를 설해 주거나, 따뜻한 격려를 해 주는 등의 선을 베푸는 행위가 있을 수 있고, 비난을 하거나, 욕설을 하거나, 이간질을 하거나, 꾸며낸 말을 하는 등의 악을 행할 수도 있다.

마음으로써 하는 의업 또한 마음속으로 미워하거나, 성내거나, 욕심내거나, 어리석은 생각을 하는 등의 악한 것들이 있고, 사랑하고 자비로운 마음을 내며, 소박, 정직, 지혜, 나눔 등의 아름답고 선한 것들도 있다. 일반적으로 우리들이 행하는 거의 모든 행위는 선하거나 악한 쪽으로 향한다. 선한 쪽으로 우리의 업을 펼쳐내는 것, 바로 거기에 우리의 운명을 바꿀 수 있는 열쇠가 담겨 있다.

업을 변화시키는 첫 번째 가장 큰 행위가 바로 보시행이다. 선을 행하는 것, 내 것을 나누는 것, 그것이야말로 우리 삶을 아름답게 가꾸어 가는, 업을 뛰어넘는 최고 단계의 실천 수행이다.

월급에서 일정부분을 떼어 내 불우한 이웃을 돕기 위해 사용하는 것, 진리와 지혜를 많은 이들에게 전해 주기 위해 전법하는 것, 필요가 아닌 욕망으로 많은 물건을 사들이기보다는 꼭 필요한 것들만 소박하게 구입하여 쓰는 것, 내 것이 아니라고, 소모품이라고, 돈이 넉넉하다고 낭비하기보다는 물 한 방울이라도 아껴 쓰고 근검절약하는 것, 힘들고 어려운 이웃에게 힘이 되어 주는 것, 만나는 모든 이들에게 부담을 주지 않고, 두려움을 주지 않아 나를 만나는 모든 이들이 평안을 느끼도록 하는 것...이러한 작지만 분명한 한 가지 보시의 행이 내 앞에 펼쳐질 앞으로의 삶을 하나씩 하나씩 바꾸어 간다. 이러한 이타적인 업의 행위야말로 내 삶을 바꾸고, 내 미래를 바꾸는 결정적인 요소다.

두 번째로 운명을 뛰어넘는 요소가 바로 수행이다. 마음에 욕망과 집착을 비우고, 번뇌와 아상(我相)을 놓고 비우는 삶, 그것이야말로 업을 뛰어넘는 비결이다. 내가 잘났다는 생각, 내가 옳다는 아집을 놓아버리는 것, 내 소유와 내 물건이라는 소유욕을 놓아버리는 것, 모든 판단과 분별을 쉬는 것, 시비 분별을 끊고 올라오는 모든 생각들을 묵묵히 지켜보는 것, 좌복을 깔고 앉아 좌선에 드는 것, 경전을 공부하고, 독경하며, 지혜의 말씀을 사유하는 것, 매일 아침이나 저녁으로 108배 절 수행을 하는 것, 부처님이나 보살님의 명호를 염불하거나 다라니, 진언을 독송하는 것... 이러한 작지만 분명한 지혜를 닦는 비움의 수행이 내 앞에 펼쳐질 앞으로의 삶을 하나씩 하나씩 바꾸어 간다. 이러한 자리적인 청정한 수행이야말로 내 삶을 바꾸고, 내 미래를 바꾸는 결정적인 요소다.

이치가 이러할진대 점을 보고, 사주팔자를 보며, 운명과 관상을 본다는 것이야말로 얼마나 어리석은가. 사주팔자를 보며, 운명을 점치는 것은 이미 주어진 업을 더욱 강화시켜 더 이상 내 스스로 업을 변화 발전시킴으로써 업의 뛰어넘을 수 있는 본연의 무한한 능력을 축소시키고 만다.

사주를 점쳐 볼 바로 그 시간에 차라리 "일체 모든 이들이 고통에서 소멸되고 평안하소서 안락하소서 행복하소서" 라는 자비의 게송을 읊는 것이 더욱 내 운명을 바꿀 수 있는 더욱 지혜로운 방법이다. 운명을 거부하는 것은 모든 고의 시작이며, 운명에 순응하는 것은 평범한 수준이지만, 운명을 스스로 바꾸고 개척해 나가는 것이야말로 지혜로운 수행자가 가야 할 당당한 삶의 길이다.」

염불은 가장 시급한 일이다. 그러므로 할 수만 있으면 언제 어느 때를 막론하고 시행하여, 늙거나 병들 때까지 기다려서는 안 된다. 부처님께서는 사람의 목숨은 호흡하는 사이에 있다고 하시면서, 우리들은 언제 어느 때고 죽을 가능성이 있음을 설파하셨다. 그러니 아무도 자신의 수명을 연장시킬 수 없고, 아무도 이를 보장할 수 없다. 고인이 말하기를, 「어제는 길에서 달리는 말처럼 뛰놀더니, 오늘은 관속에서 이미 잠든 시체네.」 하였으니, 결코 귓전으로 흘러들을 말씀이 아니다. 그러므로 죽음이 갑자기 임박하는 것에 대비하여 시시각각 언제나 염불을 잊지 않아야 한다. 이와 같이 해야만 비로소 최후의 일찰나에 허둥지둥 몸 둘 바 몰라 하지 않게 된다. 나는 지금 건강하다. 차후 노쇠했을 때나 염불하리라고 생각해서는 안 된다. 그때는 이미 늦다. 이러한 계획은 전혀 오산이다.

- 방륜 〈정법개술〉

* 방륜(方倫) : 중국 복건성 복주 사람으로 해군 사관학교를 졸업하고 교수 등을 역임하였다. 평생 정토에 전념하였다.

* 서산대사의 〈선가귀감〉에 「대저 참선하는 이들은 네 가지 은혜가 매우 깊은 줄 아는가. 사대(四大)의 인연으로 모인 이 몸뚱이가 순간순간 쇠잔해 가고 있음을 아는가. 우리 목숨이 오직 호흡하는 순간에 달린 것을 아는가. 일찍이 부처님이나 조사 같은 분을 만나고서도 그대로 지나쳐 버리지는 않았는가. 위없는 법을 듣고서 기쁘고 다행한 생각을 잠시라도 잊지 않고 있는가. 공부하는 곳을 떠나지 않고 수행자다운 절개를 지키는가. 곁에 있는 사람들과 쓸데없는 잡담이나 하며 지내지 않는가. 분주히 시비를 일삼고 있지 않는가. 화두가 어느 때나 또렷이 들리고 있는가. 남과 이야기할 때도 화두가 끊임없이 들리는가. 보고 듣고 알아차릴 때도 한결 같은가. 제 공부를 돌아보아 불조(佛祖)를 붙잡을 만한가. 금생에 반드시 부처님의 혜명(慧命)을 이을 수 있는가. 평소 편안할 때에 지옥의 고통을 생각하는가. 이 육신으로 반드시 윤회를 벗어날 자신이 있는가. 나에게 해롭거나 이로운 경계가 닥쳐 올 때 마음이 한결같아 움직이지 않는가. 이것이 참선하는 이들의 일상에 자주 점검해야 할 도리이니, 옛 사람이 이르기를, "이 몸을 금생에 건지지 못한다면 다시 어느 세상에서 건지랴." 고 하셨느니라.」 라고 하였다.

* 일찍이 옛 조사는 제자들에게 이렇게 가르쳤다. 「이 하루의 목숨은 존중해야 할 신명(神明)이다. 존경해야 할 송장이다. 이와 같은 목숨이니 스스로도 사랑하고 스스로도 존중해야 한다.」

* 《유마경》에서 유마거사는 「여러분, 이 몸은 무상한 것이고, 강하지 못한 것이며, 무력하고, 견고하지도 못하며, 빨리 썩어 가는 것이므로 믿을 것이 못 됩니다.[諸仁者 是身無常 無疆 無力 無堅 速朽之法 不可信也]」 라고 하였다.

* 남회근 선생은 「석가모니불께서 어느 날 제자들에게 이렇게 물었습니다. "사람의 목숨은 어느 정도로 짧으냐." 어떤 제자가 이렇게 대답했습니다. "오늘 저녁 잠자기 전에 옷 벗고 신발을 벗어 침대 앞에 놓고, 내일 아침 일어나 다시 입고 신을 수 있을지 알 수 없습니다." 물론 다른 여러 대답이 있었지만 모두 물음에 맞는 대답이 아니었습니다. 오직 한 제자가 이렇게 대답했습니다. "목숨은 호흡 사이에 있습니

다." 이 호흡이 나간 다음 다시 들어오지 않으면 곧 죽습니다. 생명의 짧고 무상하기는 바로 이렇게 한 번 들이 쉬고 내 쉬는 호흡 사이에 있습니다. 우리들이 살아오고 있는 것은 이 호흡에 의지하여 이루어지고 있는 것입니다. 호흡이 한 번 들이쉬지 못하면 곧 죽습니다.」라고 하였다.

사람의 한평생이 얼마나 되는지를 마땅히 생각해보라. 눈 깜짝할 동안에 번갯불처럼 지나간다. 늙지 않고 병들지 않았을 적에 몸과 마음을 가다듬어 세상일을 떨쳐버리고, 하루 살면 하루 동안 부처님을 부르고, 한 시간 겨를 있으면 한 시간 동안 부처님 명호를 부르라. 그러다가 목숨이 다할 때, 제 명에 죽든 비명에 죽든, 나의 노자路資는 이미 마련되었으니, 나의 앞길은 쉽고 편하다. 만일 이렇게 하지 않으면 후회하여도 되돌리기 어려우니, 생각하고 또 생각할 일이다.

當思人生在世 能有幾時 石火電光 眨眼便過 趁此未老未病之前 抖擻身心 撥棄世事 得一日光陰 念一日佛名 得一時工夫 修一時淨業 由他臨命終時 好死惡死 我之盤纏預辦了也 我之前程穩穩當當了也 若不如此 後悔難追 思之思之   -천여 유칙선사

＊남회근 선생은 「저는 늘 말하기를, 사람이 사는 일생이란 바로 다음 세 마디라고 합니다. '영문을 모른 채 태어나, 어쩔 수 없이 살아가고, 까닭을 모른 채 죽어갑니다.' 그러므로 부처님께서는 "일체가 다 괴로움이다.[一切皆苦]" 고 말씀하셨습니다.」라고 하였다.

＊성엄(聖嚴)선사는 「육도(六道)에는 인구가 고르게 배분되어 있지 않습니다. 인간계에 존재하는 중생들의 수는 다른 세계에 비하면 아주 적습니다. 오늘날 인구가 많아졌다고 해서 사람으로 태어나는 것이 쉽다고 생각하면 안 됩니다. 예컨대, 동물과 같은 다른 생명들이 그들의 업을 다했는데, 선업(善業)을 지은 것이 있어 인간으로 환생할지도 모릅니다.」라고 하였다.

＊〈인천보감〉에 실려 있는 고사(故事)를 소개한다. 「광효지안(光孝志安)선사가 하루는 선정(禪定)에 들어 두 스님이 난간에 기대서서 이야기하는 것을 보았다. 그런데 천신(天神)이 둘러싸고 이야기를 경청하다가 조금 뒤에 갑자기 악귀가 나타나 침을 뱉고 욕을 하며 사라져 버리는 것이었다. 나중에 난간에 기대섰던 스님들에게 까닭을 물어보니, 처음에는 불법(佛法)을 이야기 하다가 뒤에는 세상사(世上事)를 얘기

했다고 하였다. 이에 선사는 말하기를, "한가한 이야기도 이러한데 하물며 불법을 주관하는 사람이 북을 울리고 법당에 올라가서 쓸데없는 이야기를 하랴." 하고는 이때부터 종신토록 한 번도 세상일을 말한 적이 없었다. 선사가 죽어서 화장을 했는데, 혀는 타지 않고 붉은 연꽃잎같이 부드러웠다.」

* 운문선사의 〈운문광록(雲門廣錄)〉에 「시간은 사람을 기다려 주지 않으며, 내쉬는 숨은 들이쉴 숨을 보장하지 못한다. 더 이상 어찌 몸과 마음을 한가하게 다른 곳에 쓰랴. 꼭 마음에 새기도록 하고 몸조심하라.」 라고 하였다.

* 《불설장수멸죄호제동자다라니경(佛說長壽滅罪護諸童子陀羅尼經)》에 「세간에는 참회로도 없애기 어려운 다섯 가지의 죄가 있다. 다섯 가지가 무엇인가. 첫째는 아버지를 죽이는 것이요, 둘째는 어머니를 죽이는 것이며, 셋째는 태아를 죽이는 것이며, 넷째는 부처님 몸에 피를 내는 것이며, 다섯째는 화합하는 승가(僧伽)를 깨뜨리는 것이다. 이와 같은 악업은 없애는 데에는 많은 어려움이 있어서 죽으면 마땅히 아비지옥에 떨어진다.[世間五種 懺悔難滅 何等爲五 一者殺父 二者殺母 三者殺胎 四者出佛身血 五者破和合僧 如此惡業 衆難消滅 當墮阿鼻地獄]」 라는 말씀이 있다.

세상에서 가장 소중한 것은 정신보다 더한 것이 없고, 세상에서 가장 아까운 것은 시간만한 것이 없다. 한 생각이 청정하면 곧 불계佛界가 일어나고, 일념이 청정하지 못하면 곧 구계九界가 일어나는 것이다. 무릇 한 생각이 움직이면 곧 십계十界의 종자가 되는 것이니, 소중하지 않은가. 이 날도 이미 지나갔으니 목숨도 따라서 줄어들었다. 시간이 곧 목숨이니 아깝지 않은가. 정신이 소중하다는 것을 안다면 낭비하지 말라. 생각 생각마다 부처님 명호를 집지執持하고 세월을 헛되이 보내지 않으면 염불수행을 항상 청정한 마음으로 수행하는 것이나 다름없다. 만약 정토법문을 버려두고 따로 삼승법三乘法을 닦으면 또한 정신을 낭비하는 것이고, 이는 작은 쥐를 보고 천근이나 되는 활을 쏘는 것과도 같다. 하물며 유루복有漏福을 닦으면서 육도를 윤회하는 생사업生死業이나 지으며 살 것인가.

世之最可珍重者 莫過精神 世之最可愛惜者 莫過光陰 一念淨卽佛界緣起 一念染卽九界生因 凡動一念 卽十界種子 可不珍重乎 是日已過 命亦隨減 一寸時光 卽一寸命光 可不愛惜乎 苟知精神之可珍重 則不浪用 則念念執持佛名 光陰不虛度 則刻刻熏修淨業 倘置佛名

而別修三乘聖行 亦是浪用精神 亦是千鈞之弩 爲鼷鼠而發機 況造六凡生死之業乎

- 철오선사

＊삼승법(三乘法) : 성문(聲聞)/ 연각(緣覺)/ 보살(菩薩)에 대한 세 가지 교법(敎法). 부처님이 처음부터 일불승(一佛乘)을 설하지 않으시고 삼승법을 먼저 설하신 이유는, 어리석은 중생들이 일불승을 먼저 듣게 되면, 부처님을 만나 뵈려 하지도 않고 또 친근히 하려는 마음도 없으면서 생각하기를, '부처님의 도(道)는 매우 멀고멀어서 오래도록 부지런히 고행(苦行)을 닦아야만 필경에 성취하리라.' 할 것이므로, 부처님께서는 중생 마음의 약함과 졸렬함을 아시고, 방편의 힘으로써 삼승을 먼저 설하신 것이다. 소승(小乘) 또는 삼승의 가르침으로는 참다운 열반은 얻을 수 없고, 오직 일불승법(一佛乘法)에 의해서만 진실한 열반을 얻을 수 있기 때문이다.

＊《화엄경》에 「선남자여, 모든 범부들은 부처님의 방편임을 몰라서 삼승법이 있다고 고집하며, 삼계가 모두 마음으로 생긴 것임을 알지 못하며, 삼세의 모든 부처님 법이 자기 마음으로 나타나는 것인 줄을 알지 못한다.」라고 하였고, 《법화경》에 「여러 부처님은 방편의 힘으로 삼승을 분별해 설하지만, 오직 일불승뿐이니라. 다만, 쉽게 하려고 이승(二乘)을 설한 것이니라.」라고 하였으며, 《광박엄정불퇴전륜경(廣博嚴淨不退轉輪經)》에 「사바세계의 중생들은 마음으로 소승법을 즐거워하고 대승은 감내할 수 없기 때문에, 모든 여래께서는 방편의 힘으로써 삼승법을 설하시는 것이니라. 그곳 모든 중생들은 대승법을 받아 감내하지 못하기 때문에 석가부처님께서 오탁악세(五濁惡世)에 태어나시어 이러한 방편으로써 삼승법을 분별하여 설하시는 것이니라.」라고 하였고, 《입능가경(入楞伽經)》에 「어리석은 사람은 삼승법(三乘法)이 있다고 말한다.」라고 하였다.

＊유루복(有漏福) : 대가를 바라거나, 누가 알아주길 바라는 마음에서 쌓은 복덕, 즉 상(相)에 집착하여 지은 복덕을 말한다. 유루복은 인천(人天)에 태어나는 복보만 받을 뿐이며, 이는 결국 타락으로 귀결된다.

＊사성육범(四聖六凡) : 사성(四聖)이란 부처・보살・연각・성문을 말하고, 육범(六凡)이란 천상・인간・수라・축생・아귀・지옥을 말한다. 사성(四聖)은 출세간(出世間)이자 오계(悟界)에 해당하고, 육범(六凡)은 세간(世間)이자 미계(迷界)에 해당한다. 사성육범(四聖六凡)을 십법계(十法界)라 하고, 여기서 부처를 뺀 것이 구법계(九法界)이다.

몇 생을 닦지 않았거늘 밤낮을 헛되이 나날만 보내고,

빈 몸으로 얼마를 살려고 일생을 닦지 않는가.

덧없는 이 몸은 반드시 마침이 있으리니,

다음 생을 어찌할꼬. 정말 급하고 급한 일일세.

幾生不修 虛過日夜 幾活空身 一生不修

身必有終 後身何乎 莫速急乎 莫速急乎

- 원효대사 〈발심수행장發心修行章〉

＊《유마경》에 「이 몸은 거품덩이 같아서 잡을 수도 만질 수도 없고, 이 몸은 물거품과 같아서 오래도록 지탱할 수가 없다.[是身如聚沫 不可撮摩 是身如泡 不可久立]」라고 하였다.

＊원효대사는 「옷을 만드는 데에는 작은 바늘이 필요한 것이니, 비록 큰 창이 있더라도 소용이 없고, 비를 피할 때에도 작은 우산 하나면 충분한 것이니, 하늘이 드넓다 하여도 따로 큰 것을 구할 필요가 없다. 그러하므로 작고 하찮다 하여 가볍게 여기지 말지니, 그 타고난 바와 생김새에 따라 모두 값진 보배가 되는 것이다.」라고 하였다.

＊위산(潙山)선사는 〈경책(警策)〉에서 「(이 몸은) 아침에 살았다가 저녁엔 죽어 없어지니, 찰나에 세상을 달리한다(윤회한다). 비유하자면 봄날의 서리요, 새벽의 이슬과 같아서 어느 새 없어져 버린다. 이 몸은 물가의 위태로운 나무와 같고, 우물 속에 갇힌 등나무 줄기에 매달린 꼴이니, 어찌 오래 간다고 하리오. 생각 생각이 어찌나 빠른지 한 찰나 사이 숨 한번 돌리면 곧 다음 생이니 어찌 편안하게 헛되이 세월을 보내는가.[朝存夕亡 刹那異世 譬如春霜曉露 숙忽卽無 岸樹井藤 豈能長久 念念迅速 一刹那間 轉息卽是來生 何乃晏然空過]」라고 하였다.

＊위산선사는 또 「소리가 부드러우면 메아리가 순하고 모양이 곧으면 그림자도 단정하다. 인과(因果)는 분명한 것인데 어찌 근심 걱정이 없으리오. 고로 경(經)에 이르기를, "설사 백천만겁이 지나도 지은 업은 없어지지 않아서 인연이 모일 때 과보를 되돌려 받는다." 하였다. 그러므로 알라. 이 때문에 삼계(三界)의 형벌이 촘촘히 죄여와 사람을 죽인다는 사실을 알고, 부지런히 노력하여 세월을 헛되이 보내지 말아야 한다.[聲和響順 形直影端 因果歷然 豈無憂懼 故經云 假使百千劫 所作業不無 因緣會遇時 果報還自受 故知三界刑罰 縈絆殺人 努力勤修 莫空過日]」라고 하였다.

＊임제선사는 〈임제록〉에서 「만약 참되고 바르게 도를 배우는 이는 세상의 허물을 찾지 않는다.[若是眞正學道人 不求世間過]」 라고 하였다.

＊달마대사는 〈혈맥론(血脈論)〉에서 「살고 죽는 일이 크니, 헛되이 시간을 보내서는 안 된다.[生死事大 不得空過]」 라고 하였다.

＊육조 혜능선사는 「남의 허물을 말하지 마라. 남의 허물을 보면 곧 자기 허물은 그보다 크다.」 라고 하였다.

＊「백 가지 허물을 봤을 때 백 가지 허물을 덮어주면 백 가지 선업이 쌓인다.」 라는 말씀이 있다.

＊〈예념미타도량참법〉에서 「진실로 범부들은 번뇌가 무거워서 탐애(貪愛)하고 혼미하여 죄 짓기를 마음대로 하며, 지옥의 고통이 길다는 것을 두려워하지 않고 평생을 방일(放逸)하게 오직 사치와 화려함만을 즐긴다. 닦아 나아갈 줄을 알지 못하다가 임종이 가까워서야 비로소 귀의하니, 비록 정성을 다하려 하나 마음이 어찌 집중되겠는가. 어리둥절한 사이에 의지를 잃으면 의지할 법이 없어 고스란히 삼악도로 들어가나니, 가엾고 불쌍하여 의지할 데도 기댈 데도 없고 나아갈 곳도 돌아갈 곳도 없다.[良爲凡夫垢重 貪愛昏迷 造罪恣情 不怖泥犂痛苦長劫 平生放逸 但嗜奢華 不知修進 臨終苦逼 方始歸依 縱欲處誠 注心何地 荒忙失志 無法可憑 甘入三塗 可悲可愍 無依無怙 無趣無歸]」 라고 하였다.

고인古人이 말하기를, 「늙기를 기다려 도를 배우려고 하지 말라. 외로운 무덤은 모두 젊은 사람들 것이니!」 하였습니다. 사람은 늙어지면 온갖 고통이 따라오니, 귀는 잘 들리지 않고, 눈은 침침하며, 팔 다리는 힘이 없고, 귀는 잘 들리지 못하며, 잠도 잘 안 오고, 잘 걷지도 못하는데, 이런 고초는 젊은 사람들은 잘 이해하지 못하는 것입니다. 우리도 젊을 때에는 여러분과 마찬가지였습니다. 늙어서 멍청해진 것을 보면 도무지 마음에 들지 않았습니다. 말을 해도 잘 알아듣지 못하고 눈물 콧물이 흐르는 것을 보면 싫어하는 마음이 생기고, 노인과 함께 사는 것을 겁냈습니다. 지금은 제가 늙고 보니 비로소 노인의 괴로움을 알겠는데, 사람은 늙으면 하루 같지 않습니다.

저는 (중국 공산당이 사찰에 난입해 스님들을 죽이고 나를 고문한) 운문사변의 소란이 있고 난 뒤부터는 아닌 게 아니라 하루가 하루 같지 않았습니다. 어느 새 하루아침에 병석에 누워 있게 되어 온갖 고통이 저를 휘감으며 핍박해 왔습니다. 도업道業을 이루지 못해 생사를 끝내지 못했으니, 숨 한 번 내쉬고 돌아오지 않으면 또 태어나야 하니 말입니다. 「아무 것도 가져가지 못하니, 업業만 남아서 생을 따른다.[萬般將不去 惟有業隨生]」고 했습니다. 젊어서 닦지 않고서 만년晚年에야 이런 줄을 알게 됩니다.

동산洞山선사께서 어떤 스님에게 물었습니다. 「세간에서 무엇이 가장 괴로운가.」 그 스님이 답하기를, 「지옥이 가장 괴롭습니다.」 했습니다. 동산선사는 「그렇지 않네. 이 옷을 입고서 큰일을 밝히지 못하는 것이야말로 괴로운 것이네.」 하였습니다. 큰일을 밝힐 수 있다면 지옥인地獄因이 없으므로 지옥은 괴롭다고 할 수 없고, 자기 마음을 알지 못하는 것이 가장 괴로운 것입니다.

큰일을 밝히고자 하면 힘써 정진해야지 어영부영 지내면 안 됩니다. 낮에 인연에 응하고 일을 만날 때 주인 노릇을 해야 합니다. 낮에 주인 노릇을 할 수 있어야 비로소 꿈속에서도 주인 노릇을 할 수 있고 나아가 병중에도 주인 노릇을 할 수 있습니다. 이렇게 주인 노릇을 할 수 있으려면 평상시에 억지로라도 주인 노릇을 할 수 있으면 도를 깨쳐서 생사를 끝내기 쉽습니다. 하지만 도를 깨치지 못하면 생사는 끝낼 수 없습니다.

도를 깨치기는 어렵지 않습니다. 요컨대 생사심生死心이 간절해야 하고, 오래도록 견고하게 도를 향하는 마음을 갖추어서 죽을 때까지 물러서지 않아야 합니다. 금생에 물러서지 않으면 비록 깨치지 못한다 하더라도 다음 생에 다시 노력하게 되니, 어찌 깨닫지

못할 리가 있겠습니까 힘써 정진하고 참회심과 견고심을 내어, 오늘 이랬다 내일 저랬다 하지 마십시오. 한 문門에 깊이 들어가야 수행이 됩니다.

-허운虛雲선사

* 동산(洞山) : 중국 선종 오가(五家)의 하나인 조동종(曹洞宗)의 종조인 동산양개(洞山良价)선사를 말한다. 양개선사는 「부처와 조사 보기를 원수같이 하여야만 비로소 공부하게 된다.」 라고 하였다.

* 동산 양개선사가 출가를 하면서 어머니에게 쓴 편지가 〈치문경훈〉에 수록되어 있는데, 소개한다. 「… (앞부분 생략)… 어려서는 곧 젖 먹여 준 애정이 무거워 길러주신 은혜가 깊으오니, 설사 재물을 가져가다 드리더라도 끝내 보답하기가 어려울 것이요, 설령 희생(犧牲)을 써서 받들어 봉양하더라도 어찌 오래도록 할 수 있겠습니까. 그러기에 효경(孝經)에서도 "날마다 세 가지의 희생을 써서 봉양하더라도 여전

히 효(孝)를 다하지 못한다." 라고 하였으니, 서로 간에 끌어당겨 (세속사에) 빠져 들어 길이 윤회에 들어가기에, 끝없는 은혜에 보답하려 한다면 출가의 공덕과 같은 것은 없을 것입니다. (출가하여) 생과 사에 대한 갈애(渴愛)의 강(江)을 끊어버리고, 번뇌의 고해(苦海)를 건넌다면, 천생(天生)의 부모에게 보답하고, 만겁의 어버이에게 보답하는 것이어서, 삼계의 네 가지 큰 은혜를 갚지 못함이 없을 것입니다. 때문에, "한 아들이 출가하면 9족(九族)이 천상에 태어난다." 라고 하였으니, 저는 금생의 신명(身命)이 다하도록 집에 돌아가지 않기를 맹세하고, 영겁의 육진(六塵)과 육근(六根)을 가지고 단박에 반야(般若)를 밝히려 합니다. 삼가 생각하옵건대, 부모님께서는 마음으로 들으시고 기껍게 버리시어, 사사로운 마음으로 세속의 인연을 부여잡지 마시고, 정반왕(淨飯王: 석가모니부처님의 아버지)을 배우시며 마야부인(석가모니부처님의 어머니)을 본받으소서. 다른 때에 훗날 부처님 회상(會上)에서 서로 만날 것이기에 지금은 잠깐 서로 이별해야겠습니다. 저는 부모님에게 짓는 오역죄를 거부하는 것이 아니라, 세월이 사람을 기다려 주지 않기 때문입니다. "이 몸이 금생에 피안(彼岸)으로 부랴부랴 가지 않는다면, 다시 어느 생을 기다려서 이 몸을 피안으로 건너겠는가." 라는 말이 있습니다. 삼가 부모님께서는 부디 저를 기억하지 마소서[稚則乳哺情重,養育恩深 若把賄賂供資 終難報答 若作血食侍養 安得久長 故孝經云 日用三牲之養 猶爲不孝也 相牽沈沒 永入輪廻 欲報罔極之恩 未若出家功德 截生死之愛河 越煩惱之苦海 報千生之父母 答萬劫之慈親 三有四恩 無不報矣 故云一子出家 九族生天 良价捨今生之身命 誓不還家 將永劫之根塵 頓明般若 伏惟 父母心聞喜捨 意莫攀緣 學淨飯之國王 效摩耶之聖后 他時異日 佛會上相逢 此日今時 且相離別 良价非拒五逆於甘旨 盖時不待人 故云 此身不向今生度 更待何生度 身 伏冀尊懷 莫相記憶]

＊허운선사는「석가여래는 49년간 법을 설하시면서 삼백여 회의 경을 설하셨지만, 삼장 십이부 가운데로 섭수(攝受)되었습니다. 삼장이란 경장, 율장, 논장을 가리킵니다. 삼장이 가르치는 것은 계정혜(戒定慧)를 벗어나지 않는다. 다시 요약해서 말하자면, 인과(因果) 두 글자로 불법의 전부를 포괄하고도 남음이 없습니다. 인과 두 자는 모든 성인과 범부, 세간과 출세간 모두를 포함하고 있습니다. 인(因)은 인연이며, 과(果)는 과보입니다. 비유하면 곡식을 심는 것과 같이 한 알의 곡식의 씨는 인이 되며, 햇빛과 비바람은 연이 되고 열매를 맺어 수확하는 것은 과가 됩니다. 만약 인연이 없으면 절대로 결과도 없습니다. 일체의 성현이 성현이 된 까닭은 바로 인과(因果)를 명확히 인식한 때문입니다. 범부는 과보를 두려워하고 보살은 원인을 두려워합니다. 범부는 단지 나쁜 과보를 두려워하는데, 나쁜 과보가 악한 원인에서 연(緣)이 일어난 것은 모르고 평상시에 함부로 행동하여 일시의 즐거움만 도모하고, 그 즐거움이 괴로움의 원인임을

모릅니다. 보살은 그렇지 않습니다. 평상시 일거수일투족을 삼가면서 처음을 신중하게 하여 악한 원인이 없으니 어찌 나쁜 과보를 불러오겠습니까. 설령 나쁜 과보가 있어도 모두 아주 오래전의 원인이며, 기왕 이전의 인을 심었으면 이후의 과보는 피하기 어려운 것입니다. 그러므로 과보를 느낄 때는 편안하게 받아들이며 조금도 두려움이 없습니다. 이것이 인과를 밝게 인식한다는 것입니다. 비록 성현이 인과에 어둡지 않더라도 이전에 심은 나쁜 원인은 반드시 괴로운 과보를 느끼게 됩니다. 만약 이러한 도리를 이해하면 일상생활에서 순경계(順境界)든 역경계(逆境界)든, 괴로움·즐거움·슬픔·기쁨을 만나더라도 일체의 경계는 모두 이전에 원인이 있는 것입니다. 그래서 경계상에서 망령되게 미움과 사랑의 마음을 내지 않고 자연히 놓아버리면, 일심으로 뜻이 도에 있게 되니, 무명과 아만, 습기와 결점들 모두 장애가 없게 되어 자연히 도에 들어가기가 쉽게 됩니다.」라고 하였다.

＊허운선사는 「계정혜를 부지런히 닦고 탐진치를 소멸하라. 도량을 보존하고 사원(寺院)의 청규(淸規)를 지켜가려면 오직 한 글자뿐이니 바로 계(戒)다.」란 말을 남기고, 부처님이 그러셨듯이 오른쪽 옆구리를 바닥에 대고 누운 채 입적했다. 그는 부모님의 극락왕생을 기원하며 보타락가산(補陀落迦山)에서 오대산(五臺山)에 이르는 장장 4000km를 폭설과 홍수 등 숱한 죽음의 고비를 넘기면서도 포기하지 않고 3년간 3보1배를 했다.

악한 일을 했더라도 이것을 고백하고 뉘우치고 부끄러워하여 다시 그런 악을 저지르지 않도록 할 일이다. 탁한 물에 투명한 구슬을 넣으면 물은 맑아지듯이, 안개와 구름이 걷히면 달은 곧 맑아지듯이, 설사 악을 지었다 하더라도 뉘우친다면 그 잘못은 사라지게 된다.

－《열반경涅槃經》

＊원효대사는 〈대승육정참회(大乘六情懺悔)〉에서 「지금 부처님 앞에서 깊이 참괴심(큰 부끄러움)을 내고 보리심을 일으켜 정성껏 참회하여야 한다. 나와 중생이 무시이래로 무명(無明)에 취하여 지은 죄가 헤아릴 수 없고 오역죄와 십악을 짓지 않음이 없었으며, 스스로도 짓고 남을 시켜 짓게 하고, 남이 죄 짓는 것을 보고 따라 기뻐했던 그 수많은 죄는 가히 셀 수가 없다. 이는 모든 부처님과 성인들께서 증명하시고 아시는 바다. 이미 지은 죄는 깊이 참회할 것이며, 아직 짓지 않은 죄는 감히 지어서는 안 된다.[故今佛前深生慙愧 發菩提心懺悔 我及衆生無始以來 無明所醉作罪無量 五逆十惡無所不造 自作敎他見作隨喜

如是重罪不可稱數 諸佛賢聖之所證知 已作之罪深生慚愧 所未作者更不敢作」라고 하였다.

* 인광대사는 「재가자인지 출가자인지를 막론하고 반드시 윗사람을 공경하고 아랫사람과는 화목해야 하오. 남이 참지 못하는 것을 참을 수 있어야 하고, 남이 하지 못하는 것을 할 줄 알아야 합니다.

남의 수고를 대신하고 남의 아름다움을 완성시켜 주며 고요하게 앉아 자기가 과거에 지은 허물들을 늘 생각하시오. 한가하게 앉아 다른 이의 단점들을 말하지 말고, 가거나 머물거나 앉거나 눕거나 옷을 입거나 밥을 먹거나 아침부터 저녁까지 또 저녁부터 아침까지 ??나무아미타불?? 여섯 자를 중간에 끊어짐 없이 작은 소리든 마음속으로든 부처님 명호를 부르시오. 부처님 명호 이외엔 다른 어떤 생각도 일으켜서는 안 되오. 만약 망념이 일어나거든 그 자리에서 없애버리시오. 늘 참괴심(늘 부끄러워하는 마음)과 참회심을 일으키시오. 수행을 하더라도 자기의 공부가 대단히 부족하다고 느껴서 자랑을 해서는 안 되오. 오직 자기 자신만 신경 쓸 뿐 다른 사람들을 의식하지 마시오.

다른 이의 좋은 점만 보고 나쁜 점은 보지 마시오. 일체의 모든 이들을 보살로 여기고, 오직 나 한사람만은 범부라 여기시오. 이렇게 내가 말한 바대로 수행한다면, 반드시 서방 극락세계에 왕생할 수 있소. 〔無論在家出家 必須上敬下和 忍人所不能忍 行人所不能行 代人之勞 成人之美 靜坐常思己過 閑談不論人非 行住坐臥 穿衣吃飯 從朝至暮 從暮至朝 一句佛號 不令間斷 或小聲念 或默念 除念佛外 不起別念 若或妄念一起 當下就要教他消滅 常生慚愧之心及懺悔心 縱有修持 總覺我工夫很淺 不自矜夸 只管自家 不管人家 只看好樣子 不看壞樣子 看一切人都是菩薩 唯我一人實是凡夫 果能依我所說修行 決定可生西方極樂世界〕라고 하였다.

*방륜은 〈정법개술〉에서 「만약 전에 잘못을 저지른 일이 있으면 반드시 지금부터 깨끗이 고치고 다시는 짓지 말라. 불문(佛門)은 광대하여 참회하기를 허락하였으니, 참회한 후에는 영원히 다시는 범하지 말라. 허물을 뉘우치고 널리 착한 일을 행하면 죄과는 없어지고 만다. 마치 독을 담은 그릇을 깨끗이 씻고 난 후에는 전혀 독이 없는 것과 같다.」라고 하였다.

*《사십이장경》에 「사람에게 허물이 있어 스스로 그릇됨을 알고서 악함을 고치고 선을 행한다면, 죄는 저절로 소멸되리라.〔若人有過 自解知非 改惡行善 罪自消滅〕」라고 하였다.

*영명연수 선사는 〈만선동귀집〉에서 「열반경에서 부처님은 "한 가지의 선심(善心)을 닦으면, 백 가지의 악(惡)을 무너뜨릴 수 있으니, 마치 작은 금강석(金剛石) 한 조각이 능히 수미산을 무너뜨리고, 조그만 불씨가 능히 온 세상을 태우며, 조그만 독약이 능히 수많은 생명을 해칠 수 있듯이, 작은 선(善)도 그와 같

이 능히 큰 악(惡)을 파괴할 수 있는 것이다.” 고 하셨다.[涅槃經云 佛說 修一善心破百種惡 如少金剛能壞須彌 亦如少火能燒一切 如少毒藥能害衆生 少善亦爾能破大惡]」라고 하였다.

＊성현의 말씀에 「사람이 하늘 가득 큰 죄를 지었어도, 한 번 참회하면 바로 사라진다.[人有彌天大罪 一悔便消] 라고 하였고, 또 「허물을 뉘우치는 것은 병을 낫게 하는 좋은 처방이요, 사람을 대하는 묘한 법이며, 운명을 개척하는 중요한 비결이며, 하늘의 마음을 돌리는 큰 길이다.[悔過是 好病良方 處人妙法 造命要訣 回天大路] 라고 하였다.

＊《육조단경》에 「한 생각이 악(惡)하면 받는 과보(果報)가 천년 동안 쌓아온 선(善)을 물리쳐 그치게 하고, 한 생각이 선(善)하면 받는 과보가 천년의 악을 물리쳐 없앤다.[一念惡 報却千年善止 一念善 報却千年惡滅] 라고 하였다.

＊정공법사는 「말과 행동에서 잘못을 범하게 되면 반드시 깊이 스스로 잘못을 참회해야 한다.[所作如犯 則自悔過] 사람은 성현이 아니기 때문에 누가 잘못이 없을 수 있겠는가. 성현 가운데서도 대성(大聖)만이 과실을 면할 수 있다. 잘못을 알고 능히 고치니, 선(善)이 이보다 더 큰 것이 없다. 자신이 자신의 잘못을 아는 것이 깨달음이다. 깨달은 후에는 수행해야 한다.」 라고 하였다.

＊〈치문경훈〉에 「말이 선(善)하면 천리 밖에서도 감응하고, 말이 선하지 않으면 천리 밖에서도 어긋난다.[言善則千里之外應之 言不善則千里之外違之] 라고 하였다.

＊유교 경전인 〈상서(尙書)〉에 「미치광이라도 오직 망념(妄念)을 이겨내면 성인이 되고, 성인이라도 오직 올바른 생각을 잊어버리면 미치광이가 된다.[惟狂克念作聖 惟聖罔念作狂] 라고 하였다.

삼계가 편안치 못한 것이 마치 불난 집과 같다. 온갖 고통으로 가득 차 매우 무섭고 두렵도다. 항상 생로병사의 우환이 있어 이와 같은 불길이 활활 타올라 그칠 줄 모른다.

三界無安 猶如火宅 衆苦充滿 甚可怖畏 常有生老 病死憂患 如是等火 熾然不息

-《법화경》

＊영명연수선사는 〈만선동귀집〉에서 「경에 이르기를, “금생에 악을 행함이 적고, 선행을 많이 쌓은 이는 지옥의 중(重)함을 돌려 현세에 미리 가볍게 받고, 혹은 선을 적게 쌓고 악을 많이 행하면 곧 현세에서 가볍게 받고 지옥에서 무겁게 받으리라. 그러나 순전히 선행만을 쌓아 한결같이 힘쓰는 이는, 예컨대 현

세에 잠시라도 두통을 앓음이 곧 백 천세의 지옥업을 멸하는 것이다." 라고 하였으니, 이러므로 보살은 "원컨대, 금생에 모든 악업이 다 갚아지고 (죽어서)악도에 들어 고통에 시달리는 일이 없어지이다." 고 발원하는 것이다. 악하게만 살았던 사람은 현재에 비록 고통스러운 일을 당하지는 않더라도 반드시 과보가 아비지옥에 있는지라, 끝없이 태워지고 쉴 새 없이 고통을 받는다. 하지만 이런 사람이라 할지라도 힘껏 수행하여 그 수행력이 마침내 이르러 윤회에서 벗어나게 되면 임종 시에 비록 경미한 고통을 느낄지라도 반드시 무시이래의 악업이 일시에 다 녹아버린다.」 라고 하였다.

＊인광대사는 「당나라 때 유명한 고승 현장(玄奘)법사도 임종 시 약간의 병고를 겪어, 마음속으로 자기가 번역한 경전에 혹시라도 잘못이 있지는 않나 의심을 했소. 그러자 한 보살이 나타나, "그대가 전생에 지은 죄악의 과보가 이 자그마한 병고로 모두 소멸되었으니, 의심하지 말라." 고 그를 위로했다오.[玄奘 法師臨終亦稍有病苦 心疑所譯之經 或有錯謬 有菩薩安慰言 汝往劫罪報 悉於此小苦消之 勿懷疑也]」 라고 하였다.

＊인광대사는 또 「(염불했던 사람이) 임종 때 삐쩍 여위고 질병으로 고통을 겪는 것은, 아마도 틀림없이 오랜 겁 동안 지어온 업장 탓이오. 본디 나중에 더욱 무겁게 받아야 할 과보가, 독실한 염불수행 덕분에 현재의 가벼운 과보로 앞당겨져 나타나는 것이오. 그래서 금강경에서도, "금강경을 수지독송 한다고 남에게 업신여김을 당하는 사람은, 그 가벼운 모욕으로 말미암아 전생에 지은 죄업으로 오랜 겁 동안 겪어야 할 삼악도의 고통이 대신 소멸된다." 고 말씀하셨소[臨終之瘦削 及病苦 乃多劫之業障 以彼篤修淨業 殆轉重報後報 爲現報輕報耳 汝謂由修持精進 致身體日弱 此語不恰當 兼有令信心淺者 因玆退惰之過 須知念佛之人 決定能消除業障 其有業障現前者 係轉將來墮三塗之惡報 以現在之病苦卽了之也 金剛經謂持金剛經者 由被人輕賤之小辱 便滅多劫三塗惡道之苦]」 라고 하였다.

＊인광대사는 「염불하다가 병을 얻는 것도, 사실 알고 보면 무량겁 이래로 쌓여 온 업력(業力)이 터져 나온 때문이오. 좀 더 상세히 말하자면, 염불에 정진(精進)한 공덕으로 원래는 뒤늦게 나타날 과보가 마침내 앞당겨 현재의 과보로 닥쳐온 것이고, 또 무거운 과보가 가볍게 바뀌어 나타난 것이라오. 그 병 하나로, 얼마나 무한한 겁 동안 삼악도를 윤회해야 할 죄악이 소멸되는지 알 수 없다오.」 라고 하였다.

지귀자知歸子라는 이가 선도화상에게 물었다.

「세상에 가장 큰 일은 죽고 사는 일을 뛰어 넘는 것은 없습니다. 한번 숨을 들이 쉬었다 다시 오지 않으면, 이에 다음 생이 되어 버리니 한 생각 잘못 되면 문득 윤회에 떨어지는 것입니다. 어릴 적부터 가르침을 받아 염불로 왕생하는 법에 대해서는 그 이치를 비록 밝혔으나, 병들어 죽음에 이르는 때가 되면 마음이 산란할 것을 두려워하고 아울러 집안사람들이 정념正念을 흔들어 염불하는 것을 잃을까 염려되오니 엎드려 바라오니, 거듭 돌아갈 방법을 보여 주시어 윤회에 빠지는 고통을 벗어나게 하여주소서.」하였다.

선도화상이 대답하여 말했다.

「기특하십니다. 당신의 질문은 중요한 것입니다. 대개 사람들이 임종을 맞이할 때에 정토에 왕생하고자 하면, 미리 준비하여 죽음을 두려워하지 않고 살기를 탐하지 않으며 스스로 이렇게 생각하여야 합니다. '나의 현재 몸은 고통이 많고 깨끗하지 못하며 악업으로 갖가지에 얽혀 있으니, 이 더러운 몸을 버리면 곧 정토에 왕생한다. 저 곳에서 무량한 즐거움을 얻어 부처님을 뵙고 법을 들어 고통을 멀리하여 해탈할 것이다. 이것이 뜻에 맞는 일이니, 헌 옷을 벗어 버리고 보배의 새 옷을 갈아입는 것과 같은 것이다.' 라고 생각해야 합니다.

그리고 몸과 마음을 송두리째 놓아 버리고 삶에 대하여 탐하거나 집착하지 말아야 합니다. 병환이 있으면 고통의 정도를 막론하고 무상함을 생각하여 일심으로 죽음을 기다려야 합니다. 또한 가족들과 병문안 오는 사람들과 왕래하여 절하며 찾아오는 사람들에게 부탁하여 환자 앞에 와서는 오직 염불만 하고, 눈앞에서 한가하게 잡담을 하거나 집안의 크고 작은 일들을 말하지 말도록 해야 합니다. 역시 부드러운 말로 위로하여 축원하며 편히 오래 살라는 말을 하지 말아야 합니다. 이런 말은 속절없어 재앙이 미치는 말이며 병을 악화시키는 말일 뿐이기 때문입니다. 가족들도 임종이 매우 가까워졌을 때는 눈물을 흘리거나 울음을 터뜨리지 말아야 합니다. 혹 정신을 산란하게 하여 염불하는 마음을 잃게 할 수 있으므로 다만 아미타불만을 생각하고 함께 고성으로 환자를 위하여 염불하고, 기운이 끊어지기를 지켜보고 기운이 다하여 마치는 때를 기다렸다가 비로소 곡소리를 내어야 합니다. 혹, 정토에 대하여 분명히 해설하는 사람이 있다면 자주 와서 권할 것이니, 그런 도리가 가장 아름다운 것입니다. 만약 이와 같이 한다면 천만 명이라도 왕생한다는데 반드시 의심하지 말아야 합니다. 이것은 분명하고 긴요하며 절실한 뜻이니, 마땅히 믿고 행하여야 할 것입니다.」

知歸子致問於淨業和尙曰 世之大者 莫越生死 一息不來 乃屬後世 一念若錯 便墮輪廻 小
子累蒙開誨 念佛往生之法 其理雖明 又恐病來死至之時 心識散亂 仍慮家人惑動正念 忘失
淨因 伏望 重示歸逕之方 俾脫沈輪之苦 師曰 奇哉斯問之要也 凡人臨命終時 欲得往生淨土
者 須先準備 不得怕死貪生 常自思念 我現在之身多有衆苦 不淨惡業種種交纏 若得捨此穢
身 卽得往生淨土 受無量快樂 見佛聞法 離苦解脫 乃是稱意之事 如脫臭弊之衣 得著珍御之
服 放下身心 莫生貪著　　有病患 莫論輕重 便念無常 一念待死 須囑家人看病人 往來揖問
人 凡來我前 但爲我念佛 不得說眼前雜閑之事 家緣長短之事 亦不須軟語安慰呪願安樂之
詞 此皆是虛華不實殃及之語 及至病重 命將不可之時 家人親屬 不得來前垂淚哭泣 發嗟嘆
懊惱之聲 惑亂心神失其正念 但敎記取阿彌陀佛 一時高聲 爲我念佛 守令氣絶待氣盡了
方可哀哭 更或有明解淨土之人 頻來策勵 其理最佳 若如此者 千萬往生 必無疑慮也 此是端
的要急之旨 當信而行
- 선도화상 〈임종정념결臨終正念訣〉

＊하루 중에서 가장 중요한 때는 잠들기 전이고, 일생 중에서 가장 중요한 때는 임종 순간이다. 고승들
께서는 한평생 열심히 염불을 했어도 임종 순간에 정념(正念)이 흐트러지면 극락왕생이 힘들다고 누누이
말씀하신다. 특히, 망자를 위해 주변 사람이 함께 염불해주는 조념(助念) 염불의 중요성을 강조하신다.

＊지귀자(知歸子) : 중국 명나라 석무온(釋無慍)스님이 쓴 〈산암잡록〉에 보면 「온일관(溫日觀)이라는
자는 알 수 없는 인물이다. 그의 아호는 지귀자(知歸子)이며, 어려서 서당에서 공부한 후 선림(禪林)에 들
어왔다. 얽매임 없는 천성으로 도를 즐기며 작은 예절에 구애받지 않았지만, 마음만은 정토에 매어두고
경황 중에라도 잠시를 잊어본 적이 없었다.」 라고 하였다.

＊서산대사는 〈선가귀감〉에서 「몸에는 생로병사(生老病死)가 있고, 법계에는 성주괴공(成住壞空)이
있으며, 마음에는 생주이멸(生住異滅)이 있다.[身有生老病死 界有成住壞空 心有生住異滅]」 라고 하였다.

＊남회근 선생은 임종시에 또는 숨이 끊어진 후에는 ①정념(正念)을 잃지 말고 ②어떤 경계(境界)가 보
이든 상관하지 말며 ③어떤 유혹에도 이끌리지 말고 ④그 어떤 것도 무서워하거나 두려워하지 않는다.
그리고 ①부처님만 생각하거나 ②부처님 이름을 부르거나 ③불상(佛像)을 떠올리거나 ④부처님의 광명

을 따라가라는 귀한 말씀을 주셨다. 이렇게 하면 다음 생(生)의 생명은 달라지거나, 극락에 왕생한다고 하였다.

* 《대품경(大品經)》에 「만일 어떤 사람이 산란한 마음으로 염불을 해도, 고(苦)를 여의고 그 복도 끝이 없을 것이다. 하물며 마음을 고요하게 하고 집중해서 염불하면 어떠하겠는가. 일심불란에서부터 열 번의 염불 모두 극락에 왕생한다.[若人散心念佛 亦得離苦 其福不盡 況定意念佛也 上至一心不亂 下至十念成功]」라고 하였다.

* 유교경전인 〈춘추좌전(春秋左傳)〉에 「화(禍)와 복(福)은 문이 따로 없다. 오직 사람이 불러들일 뿐이다.[禍福無門 唯人所召]」라고 하였다.

* 노자(老子)는 「화(禍)는 복(福)에 의지하며, 복(福) 속에 화(禍)가 엎드려 있다.[禍兮福之所倚 福兮禍之所伏]」라고 하였고, 또 「하늘은 사사로운 친함이 없다. 언제나 착한 사람과 함께 한다.[天道無親 常與善人]」라고 하였다.

* 순자(荀子)는 「화(禍)와 복(福)은 함께 있다. 그것들이 어느 문으로 들어올지는 알 수 없다.」라고 하였다.

* 〈회남자(淮南子)〉에 「화(禍)가 오는 것은 사람이 스스로 생기게 한 것이고, 복(福)이 오는 것도 사람이 스스로 이룬 것이다. 화와 복이 들어오는 문은 같다. 이로움과 해로움은 함께 있는 법이다.」라고 하였고, 또 「자기를 아는 자는 남을 원망하지 않고, 천명을 아는 자는 하늘을 원망하지 않는다. 복은 자기에게서 싹트고 화도 자기로부터 나오는 것이다.」라고 하였다.

* 〈서경(書經)〉에 「하늘이 내리는 재앙은 피할 수 있으나, 스스로 만든 재앙은 피할 수가 없다.[天作孼 猶可違 自作孼不可逭]」라고 하였다.

인간은 사바세계의 애욕 속에서 홀로 태어나서 홀로 죽는 것이며, 홀로 가고 홀로 오는 것이다. 고통과 즐거움은 스스로가 감당하며 대신할 자가 없느니라. 선악은 변화가 아주 빨라, 태어나는 곳에 따라 다르며, 길이 달라 만나려고 해도 기약이 없느니라. 어찌 몸이 튼튼할 때 노력해서 선을 닦지 않고 무엇을 기다리려고 하는가.

人在愛欲之中 獨生獨死 獨去獨來 苦樂自當 無有代者 善惡變化 追逐所生 道路不同 會見無期 何不於強健時 努力修善 欲何待乎
-《무량수경》

염불수행이 비록 숙세의 업장을 소멸시킨다고 하나, 정말 숙세의 악업을 소멸하려 한다면 반드시 숙세의 악업에 대하여 크게 부끄러워하고 눈물로 반성하여야 하며 그 악업으로 인하여 미래세에 엄청난 악보를 받을 것에 대하여 두려워하여야 하오. 그리고 다시 자신을 이롭게 하고 남을 손상케 하려는 중생의 마음을 돌려 널리 중생을 이롭게 하려는 보살행을 행하여야 하오. 그런즉 숙세의 악업이든 현세에 지은 악업이든 그 모든 악업이 이러한 대보리심 가운데 계시는 부처님 명호가 지닌 광명에 의지하여 깨끗하게 소멸된다오.

雖曰念佛能減宿業 然須生大慚愧 生大怖畏 轉衆生之損人利己心 行菩薩之普利衆生行 則若宿業 若現業 皆彼此大菩提心中之佛號光明 爲之消滅淨盡也　　　　　- 인광대사

　*《화엄경》보살명난품(菩薩明難品)에 「부처님의 지혜는 과거, 현재, 미래에 걸쳐 막힘이 없고 그 경지는 마치 허공과 같다. 부처님의 경지는 그 자성이 참으로 청정하여 생각이나 분별로는 알 수 없다. 부처님의 경지는 업도 아니고 번뇌도 아니며 고요해서 걸릴 데도 없다. 그러나 평등하고 한결같이 중생의 세계에서 작용한다. 모든 중생의 마음은 과거, 현재, 미래 속에 있고 부처님은 한 생각에 중생의 마음을 샅샅이 꿰뚫어보고 계신다.」라고 하였다.

　* 남회근 선생은 「공자께서 말씀하신 ‘불천노(不遷怒: 분노를 남에게 옮기지 않음), 불이과(不二過: 같은 잘못을 두 번 범하지 않음)’ 는 바로 업장들을 정화시키는 방법들입니다.」라고 하였다.

　* 인광대사는 「정말로 하늘을 원망하지도 않고 남을 탓하지도 않으면서, 청정한 마음으로 염불할 수만 있다면, 숙세의 업장은 끓는 물에 눈 녹듯이 말끔히 소멸될 것이오.(果能不怨不尤 淨心念佛 其消業也 如湯消雪)」라고 하였다.

　* 인광대사는 「자기에게 이로움이 있기를 바란다면, 반드시 먼저 남을 이롭게 해야 하오.(欲求自利 必先利他)」라고 하였다.

　* 남회근 선생은 「한 생각이 지성(至誠)스러우면 자기와 타재(他者)가 상응합니다. 정성을 다하면 반드시 영험이 있습니다. 시방삼세의 일체 제불에게 더할 나위 없이 정성스럽고 공경스럽게 꿇어앉아 절을 합니다. 온 정성을 다하여 지금까지 지은 죄과(罪過)들을 참회합니다. 자기가 이전에 지었던 더러움을 깨끗이 하고 자기의 심념(心念)을 정화시킵니다. 이렇게 밤낮으로 정성과 공경을 다해 예배하고 참회하기

를 21일 동안 합니다. 이렇게 정성과 공경을 다하여 예배하고 참회하면 몸과 마음에 자연히 반응이 일어납니다. 그리고 제불보살이 감응하여 머리꼭대기에서 시원함이 발생하면서 온갖 병이 사라집니다. 뿐만 아니라 어떤 빛이 머리꼭대기로부터 흘러내려오는 것을 느낄 수 있습니다.」라고 하였다.

　사람의 목숨은 깊은 산의 계곡물보다 더 빨라서 오늘 살아 있다 해도 내일을 보장할 수 없다. 어떻게 악법惡法에 머물러 있을 것인가. 젊은 육체는 어느덧 늙어 달리는 말과도 같다. 그것을 믿는다면 어찌 교만을 일으키겠는가.

-《열반경》

　＊ 밀라레빠의 〈십만송(十萬頌)〉에 「스승은 한때 이렇게 말씀하셨네. "인생은 물거품 같나니 무상(無常)하고 속절없이 변하기에 장담할 수 없느니라. 인간의 삶이란 빈 집에 몰래 숨어들어가는 도둑과 같나니 그대는 이 어리석음을 알지 않느냐. 청춘은 한순간에 시들어 버리는 여름철 꽃과 같고, 노쇠는 벌판에 번진 들불과 같아 삽시간에 그대 뒤를 따라잡네." 부처님은 한때 말씀하셨네. "생사(生死)는 해가 뜨고 지는 것과 같나니 왔는가 생각될 때 가버리노라." 새총에 맞은 작은 새처럼 질병은 느닷없이 찾아오네. 건강도 때가 되면 그대를 떠나리라. 마지막 불꽃이 가물거리는 기름 다한 등잔불처럼 죽음은 그대에게 다가오나니 세상에 영원한 것은 없음을 그대에게 보장하노라.」라고 하였다.

　＊ 〈사교의(四教儀)〉에서 말하기를, 「인(因)을 지을 때에 오상(五常), 오계(五戒)와 중품(中品)의 십선(十善)을 행하면 인간 세상의 몸을 받는다.」라고 하였다. 사람의 몸을 받았을지라도 오계와 십선을 행한 인(因)의 정도에 따라 상중하(上中下)가 같지 않으므로, 사람이 되어도 귀천(貴賤)이 다른 과(果)를 받는다는 뜻이다.

　＊ 당나라 운문종(雲門宗)의 개조(開祖)인 운문문언(雲門文偃)선사의 〈운문광록(雲門廣錄)〉에 「세월은 사람을 기다려 주지 않으니 하루아침에 죽는 날이 닥치면 그 앞에서 무엇을 가지고 어찌해 보겠느냐. 끓는 물에 떨어진 조개나 게처럼 허우적대봤자 소용없다. 허공을 날치기하는 그대의 사기술로는 더 이상 큰소리칠 수 없으리라. 얼쩡거리며 시간을 부질없이 보내지 말라. 한번 사람의 몸을 잃으면 만겁에도 회복하지 못하리라. 이는 작은 일이 아니니 당장 눈앞에 보이는 것만을 믿지 말라.」라고 하였다.

　＊《정법염처경(正法念處經)》에 「임종시에는 도풍(刀風)이 모두 일어나 천 개의 뾰족한 칼로 몸을 찌르

는 것 같다.」라고 하였다.

　＊《범망경》에 「사람의 몸을 한번 잃으면, 만겁이 지나도 사람 몸을 되찾지 못한다.[一失人身 萬劫不復]」라고 하였다.

　＊고덕께서 「사람의 몸은 얻기 어려운데 이미 얻었고 불법은 듣기 어려운데 이미 들었다. 이 몸을 금생에 제도하지 못하면 어느 생에 이 몸을 제도할까.[人身難得今已得 佛法難聞今已聞 此身不向今生度 更向何生度此身]」라고 하였다.

　＊《열반경》에 「사람의 몸은 마치 우담바라가 피는 것처럼 얻기 어렵다.[人身難得 如優曇花]」라고 하였다.

　＊우담바라 : 부처님이나 전륜성왕이 이 세상에 출현하실 때만 핀다는 꽃.

　＊고덕께서 「하늘이 복을 내리실 때에는 먼저 그 사람의 지혜가 열리게 하고, 하늘이 벌을 내리실 때에는 먼저 그 사람의 혼을 빼앗는다. 부끄러워함과 분발과 허물을 고치면 하늘이 지혜를 열리게 하신다. 세월을 헛되이 보내고 어리석고 게으르며 스스로를 속이고 허물을 감추면 하늘이 혼을 빼앗아간다.[天錫之福 先開其慧 天降之罰 先奪其魄 慚愧奮發改過 皆天開其慧者也 悠忽昏惰自欺飾非 皆天奪其魄者也]」라고 하였다.

　사람 몸을 잃기란 대지 위의 흙처럼 많고, 사람 몸을 얻기란 손톱 위의 흙처럼 적으니, 사람 몸을 얻기가 어찌 쉬운 일이겠습니까. 인간 세상의 중생들이 태어나서 자라고 늙어 죽을 때까지 눈으로 보고 귀로 듣는 것들이, 참으로 세속의 번뇌가 아닌 것이 없고 생사를 끊임없이 윤회하게 하는 업의 인연이 아닌 게 없습니다. 그러니 부처님 가르침을 어찌 쉽게 들을 수 있겠습니까.

　사람 몸 받기도 이미 어렵거늘, 하물며 남자 몸을 받아 육근六根이 온전히 갖추어지기는 얼마나 어렵겠습니까. 그리고 부처님의 가르침을 듣기도 이미 어렵거늘, 하물며 아미타불 명호를 듣고 정토 법문을 알기는 또한 얼마나 어렵겠습니까. 그런데 우리는 다행스럽게도 얻기 어려운 사람 몸을 얻었고, 또 듣기 어려운 부처님 가르침을 들었습니다. 그렇게 부처님 가르침을 듣고도 오히려 믿으려 하지 않거나, 믿어도 깊이 믿지 않는다면 얼마나 안타까운 일이겠습니까.

失人身者 如大地土 得人身者 如爪上土 人身豈易得乎 人道眾生 從生至壯 以及老死 眼
之所見 耳之所聞 無非世間塵勞生死業緣耳 佛法豈易聞乎 得人身已難 況得男子身 六根具
足尤難 聞佛法已難 況聞彌陀名號 淨土法門尤難 何幸而得難得之人身 何幸而聞難聞之佛
法 聞之而猶不肯信 不深爲可惜也哉   -철오선사

＊남회근 선생은 「부처님이 말씀하셨습니다. "사람 몸 얻기 어렵고, 부처님의 나라에 태어나기 어렵
다. 밝은 스승 만나기 어렵고, 불법을 만나기 어렵다.[人身難得 中土難生 明師難遇 佛法難聞]" 부처님은
말씀하시기를, "사람 몸을 얻기 어려움은 마치 거대한 바다에 사는 거북이가 해면에 떠올라와 때마침 수
면에 떠 있는 수레바퀴 구멍에 그 머리를 집어넣을 수 있는 것과 같다." 고 했습니다. 이런 기회가 이렇게
어렵습니다. 우리가 젊었을 때 부처님이 너무나 과장해서 말씀하셨다고 생각했습니다. 그런데 훗날 태아
가 성립하는 이치를 이해하고 나서야 부처님의 고명함에 크게 탄복했습니다. 우리가 알듯이 남성이 한번
배설하는 정충(精蟲)의 숫자는 마치 수 억 마리의 눈먼 거북이들이 바다 가운데서 있듯이 여자 몸에 들어
가서 배란과 딱 만나게 됩니다. 건강한 난자는 오직 하나 뿐인데, 그 많은 정충 중에서도 오직 하나만이
그 난자와 결합하고 그 나머지는 모두 희생됩니다. 난자가 수정(受精)하여 태(胎)를 이루고 난 후에도 십
개월 동안 임신기간을 편안히 넘길 수 있어야 합니다. 뿐만 아니라 순산(順產)해야 합니다. 그래야 비로소
사람이 세상에 태어납니다. 정말 얻기 어렵지요. 우리는 다행히도 사람 몸을 얻었고 또 상법(像法)시기에
불법을 들을 수 있으니, 자신이 잘 수행하지 않는다면 다음 기회는 아마 백 천만 겁이 지나도 만나기 어렵
게 될 겁니다.[百千萬劫難遭遇]」 라고 하였다.

＊경전에 「부처님께서 손으로 흙 한줌을 집어 드시고 아난에게 물으셨다. "내 손의 흙이 많으냐, 대지
의 흙이 많으냐." 아난이 "당연히 대지의 흙이 훨씬 많습니다." 고 대답했다. 그러자 부처님께서 이렇게
비유하셨다. "사람 몸 얻기란 내 손의 흙과 같고, 사람 몸 잃기란 대지의 흙과 같으니라.[所以佛以手拈土
問阿難曰 我手土多 大地土多 阿難對佛 大地土多 佛言 得人身者 如手中土 失人身者 如大地]」 라는 말씀
이 있다.

＊성현께서 말하셨다. 「인간으로 태어날 가능성은 아주 적다. 경전에서 말한다. "지옥 중생이 세상의
먼지만큼 많다면 아귀는 강의 모래 만큼이며 축생은 술독의 술밥 낱알 만큼이고 아수라는 눈보라속의 눈
송이 만큼이며 천인과 인간은 손톱 위의 먼지만큼 적다." 따라서 일반적으로 천인의 몸을 얻는 것은 어려

우며, 그보다도 수행할 기회와 유리한 조건을 갖춘 인간으로 태어나는 것은 훨씬 더 어렵다. 지금 우리가 살펴보아도, 인간이 동물에 비해 숫자가 얼마나 적은지 언제라도 직접 볼 수 있다. 여름철에 흙덩이 하나에 살고 있는 벌레나 혹은 개미집 하나에 살고 있는 개미의 숫자만큼 남섬부주에 사는 사람들이 많지 않다. 인간의 경우를 보아도, 가르침의 빛이 없는 변방에 사는 사람들의 숫자에 비교해 보면, 수승한 법이 전파된 곳에 태어난 사람은 매우 적다. 이러한 것들을 사유하면서 본인이 진실한 수행의 기회와 유리한 조건을 갖춘 것에 대해 기뻐해야 한다.」

　＊ 육근(六根) : ①안근(眼根: 시각기관과 시각능력) ②이근(耳根: 청각기관과 청각능력) ③비근(鼻根: 후각기관과 후각능력) ④설근(舌根: 미각기관과 미각능력) ⑤신근(身根: 촉각기관과 촉각능력) ⑥의근(意根: 사유기관과 사유능력) 등을 가리킴.

《보살처태경菩薩處胎經》에서 말하였다.

「눈먼 거북일지라도 때로는 바닷물에 뜬 나무를 우연히 만날 수 있지만, 사람이 한 번 목숨을 잃으면 억겁토록 다시 회복하기 어렵다. 바닷물이 비록 깊고 광대하다 하나 삼백삼십육이므로, 바늘 한 개를 떨어뜨렸다 해도 그것을 찾는 일은 오히려 가능할 것이다.」 라고 하였고, 또 「내가 무수겁토록 생사윤회의 길에 왕래하면서 몸을 버리고 또 받음에 포태법胞胎法을 여의지 않았었다. 내가 이렇게 지나온 바를 두루 헤아려, 그 가운데 하나만을 기억해 보더라도 순전히 흰 개의 몸만을 받았던 것이 그 뼈를 한 데다 쌓는다면, 수억의 수미산만큼이나 되어서, 어느 곳이든 바늘로 땅에 꽂아 내 몸 아닌 데가 없을 터인데, 하물며 다른 색을 가진 개로 받았던 몸까지 헤아리자면, 그 수를 어찌 다 알 수 있으랴. 그러므로 나는 그 마음을 잘 섭攝하여 다시는 탐착貪着하거나 방일放逸하지 않는 것이다.」 라고 하였다.

　실로 잠깐 동안 얻은 사람의 몸이니 만큼, 하루 종일 한 순간이라도 부디 선행할 것을 잊지 말지니, 찰나 동안이라 할지라도 악업이란 참으로 쉽게 자라나기 때문이다. 이토록 만나기 힘든 금생의 사람의 몸인 것을 어찌 헛되이 흘러가도록 용인容認하는가.

菩薩處胎經云 盲龜浮木孔 時時猶可値 人一失命根 億劫復難是 海水深廣大 三百三十六

一針沒海底 求之尚可得 又云 吾從無數劫 往來生死道 捨身復受身 不離胞胎法 計我所經歷
記一不記餘 純作白狗身 積骨億須彌 以利針地種 無不値我體 何況雜色狗 其數不可量 吾
故攝其心 不貪著放逸 是以暫得人身 於十二時中不可頃剋忘善剎那長惡 此便難逢 豈容空過

- 〈만선동귀집〉

* 삼백삼십육(336) : 《화엄경》에 나오는 연화세계(蓮華世界) 또는 화장해(華藏海)의 구조를 보면, 우주
(=器世界)의 맨 아래에는 풍륜(風輪)이 있고, 그 위에는 수륜(水輪)이, 그 위에는 금륜(金輪)이 있고, 그 위
에 9산8해(九山八海)가 있는데, 그 중심이 수미산(須彌山)이며, 수미산 정상에 도리천(忉利天=삼십삼천)
이 있는데, 그 곳의 천주는 제석천왕(帝釋天王)이다. 수미산 주위에는 4대주(大洲)가 있는데, 북구로주/ 남
섬부주/ 동승신주/ 서우화주가 그것으로, 우리 인간은 이 중 남섬부주에 산다. 수미산의 높이는 336만 리
(= 8만 유순)이고, 바닷물에 잠긴 부분도 336만 리라고 한다. 육조 혜능선사도 수미산의 높이와 넓이는
삼백 삼십육만 리라고 하였다.

정토를 장엄하는 아미타불의 48대원이 성취된 극락의 연꽃연못과 보배나무는 가기 쉬
운 곳인데도 사람이 없구나. 지옥의 불덩이 수레를 눈앞에 보고 참회할 수 있는 사람이면
그래도 극락에 가서 날 수 있는데, 하물며 계율과 지혜를 청정한 마음으로 닦은 사람이겠
는가. 부처님의 말씀은 진실하여 사람을 속이지 않는다.

四十八願莊嚴淨土華池寶樹 易往無人 火車相見能改悔者 尚復往生 況戒慧熏 梵音聲相
實不誑
- 〈인천보감人天寶鑑〉

* 인천보감 : 중국 남송 때 담수(曇秀)가 사람들에게 귀감이 될 만한 일들을 모은 책. 주로 고승들의 이
야기이며, 중국 총림에서는 이 책을 선림7부서(禪林七部書) 중의 하나로 높이 평가하고 있다.
* 조선의 초의(草衣)선사가 지은 〈일지암문집(一枝庵文集)〉에 「범망경에서도 "중생이 부처의 계를 받
으면 제불(諸佛)의 지위에 들 수 있다." 하였다. 계율은 큰 도의 밑바탕이고 괴로운 바다를 건너기 위한 배
와 뗏목이다. 법신을 장엄하되 계(戒)로써 끈을 삼고 번뇌를 제거하되 계(戒)로써 청량제를 삼으니, 사람

들에게 계(戒)가 어찌 중대하지 아니한가.」라고 하였다.

 *《원각경》에 「만약 말법시대에 근기가 둔한 중생이 도를 구하려 하나 성취하지 못한다면, 과거 생에 지은 업장 때문이니 마땅히 부지런히 참회하고 항상 업장을 끊어 없애기를 바라는 마음을 일으키며, 먼저 증오·사랑·질투·아첨·왜곡하려는 마음을 끊고, 향상(向上)하려는 마음을 구하여야 한다.[若後末世鈍根衆生 心欲求道不得成就 由昔業障 當勤懺悔 常起悕望 先斷憎愛 嫉妬諂曲 求勝上心]」라는 말씀이 있다.

 *남회근 선생은 「참회라는 두 글자를 우리는 잘 알고 있습니다. 특히 부처님을 배우는 우리들은 툭하면 참회합니다. 불보살님 앞에 나아가 절 몇 번하고 한바탕 울고는 "저는 참회하고 있습니다." 고 합니다. 하지만 그렇게 하고 난 다음에는 또 옛날 모습 그대로입니다. 이렇게 하는 것이 참회일까요. 이것은 참회가 아닙니다. 이것은 속임수를 쓴 것이요, 자기를 속이는 것입니다. 참회란 이전에 지었던 잘못을 영원히 다시 범하지 않고 앞으로는 악한 행위는 하지 않고 선한 행위만 하는 것입니다.」라고 하였다.

　그대의 용모는 쇠약하다. 그대의 몸은 병들었고 부패되었다. 그대의 생명은 늦가을 내팽개쳐진 표주박과 같고 길가에 뒹구는 백골과 같다. 그대는 결국 죽음으로 돌아갈 것이다. 뼈를 가지고 만든 성 위에 피와 살을 씌우고 늙음과 죽음, 도도함과 위선僞善으로 장식한 거기에 무슨 즐거움이 있겠는가.

-《소부경전小部經典》

　구더기가 측간에 살고 있는 것을 개나 양이 보면 구더기의 고통이 더할 수 없이 클 것으로 생각하지만, 구더기는 고통을 전혀 모를 뿐만 아니라 오히려 즐거워한다. 개나 양이 더러운 우리에 살고 있는 것을 우리들이 보면 그 고통이 더할 수 없이 클 것으로 생각하지만, 개나 양은 고통을 모를 뿐 아니라 오히려 즐거워한다. 사람들이 사바세계에 사는 것을 천인天人들이 보고는 그 고통이 한량없을 것으로 생각하지만, 사바세계의 중생들은 고통을 모를 뿐 아니라 오히려 이를 즐거움으로 삼는다. 이를 궁극까지 추론해 보면, 천상의 고락苦樂도 (정토에 왕생한 사람들이 보면) 즐거움은 오래가지 않고 고통은 한량없다. 이 이치를 안다면, 정토왕생을 구할 때에는 만 마리의 소도 당기지 못할 만큼 굳세야 할 것이다.

廁蟲之在廁也 自犬羊視之不勝其苦 而廁蟲不知苦 方以爲樂也 犬羊之在地也 自人視之
不勝其苦 而犬羊不知苦 方以爲樂也 人之在世也 自天視之不勝其苦 而人不知苦 方以爲樂
也 推而極之 天之苦樂亦猶是也 知此而求生淨土 萬牛莫挽矣　　　　- 연지대사〈죽창수필〉

　*세친보살이 지은〈섭대승론석(攝大乘論釋)〉에,「인간이 더럽다고 여기는 곳을 축생은 깨끗하고 승묘
(勝妙)한 곳, 곧 살만한 곳으로 보고, 인간이 깨끗하고 승묘한 곳으로 보는 곳을 여러 하늘은 더러운 곳으
로 본다. 이와 같이 중생은 똑같은 현상에 대해 마음이 다른 것을 보기 때문에 대상은 진실한 것이 아님을
알아야 한다.」고 나와 있다.

　*《무량수경》에「극락세계는 이렇게 좋고 왕생은 쉽건만 가려고 하는 사람은 없구나.[無極之勝道 易
往而無人]」라는 말씀이 있다.

　*원효대사는〈무량수경종요〉에서「정토는 지극히 청정하고 지극히 즐거워서 생각으로 헤아릴 수 있
는 곳이 아니다. 끝이 없고 한이 없는데 어찌 말로써 능히 다할 수 있겠는가.[極淨極樂 非心意之所度 無際
無限 豈言說之能盡]」라고 하였다.

　*〈정토법어〉에「사바세계에는 고통이 많아 오래 머물 곳이 못된다. 정토는 지극히 즐거운 곳이어서
참으로 영원히 머물 고향이다.[世間多苦 不是久居之地 淨土極樂 才是永生之鄕]」라고 하였다.

　비유하면, 마치 천 길이나 되는 깊은 구덩이 아래에 똥과 오줌, 모든 벌레, 피고름, 추위
와 더위, 배고픔과 목마름, 매질, 구속, 살육, 근심과 슬픔, 울부짖음, 고뇌와 그리고 더러운
것이 그 속에 가득 차 있는데 어떤 어리석은 중생은 이 구덩이를 즐겁게 집착하여 오히려
쾌락이라고 여긴다.

譬如有坑 深百千丈 下有屎尿 諸蟲膿血 寒熱飢渴 鞭打繫縛 斬斫誅戮 憂悲嘷哭 苦惱臭
穢 充滿其中 有癡衆生 樂著此坑 將爲快樂　　　　- 도선道宣율사〈정심계관법淨心戒觀法〉

　세상의 일체의 심한 고통 가운데 나고 죽는 고통보다 더 극심한 것은 없다. 나고 죽는 것
을 끝마치지 못하면, 나고 죽고 죽고 나며 거듭 나고 거듭 죽는다. 이 배에 들어갔다가 다

른 배에 또 들어가며, 이 가죽포대(자궁)를 뒤집어썼다가 다시 다른 가죽포대를 뒤집어쓴다. 그러한 고통을 이미 감당할 수 없으며 게다가 윤회를 벗어나지 않으면 타락을 면할 수 없으니, 돼지 뱃속·개 뱃속 어디인들 뚫지 못하며, 나귀가죽포대 말가죽포대 어느 것인들 취하지 않겠는가. 사람의 몸이야 말로 가장 얻기 어려우며 가장 잃기 쉽나니, 한 생각을 어기면 곧 삼악도에 들어가며 삼악도에 들기는 쉽지만 이를 벗어나기는 어려우며, 지옥의 시간은 장구하고 고통은 무겁도다.

世間一切重苦 無過生死 生死不了 生死死生 生生死死 出一胞胎 入一胞胎 捨一皮袋 取一皮袋 苦已不堪 況輪廻未出 難免墮落 豬胞胎 狗胞胎 何所不鑽 驢皮袋 馬皮袋 何所不取 此個人身 最爲難得 最易打失 一念之差 便入惡趣 三途易入而難出 地獄時長而苦重

-철오선사

* 인광대사는 「세간의 일체 법은 모두 고통이고[苦], 텅 비었으며[空], 덧없고[無常], 나[我]라는 것이 없으며[無我], 깨끗하지 못하다.[不淨]라는 사실을 분명히 알아야 한다.」 라고 하였고, 선종 위앙종(潙仰宗)의 개조인 위산(潙山)선사는 「사람의 몸을 한 번 잃으면 만겁을 지나더라도 다시 회복하기 어렵다. 충고하는 말이 귀에는 거슬리지만 어찌 마음에 새기지 않겠는가.[一失人身 萬劫不復 忠言逆耳 豈不銘心]」 라고 하였다.

*《유마경》에 중생의 허망한 몸에 관한 부처님의 말씀이 있어 소개한다.
「이 몸은 불꽃과 같아서, 갈애(渴愛)로부터 생겨난 것이고[是身如燄 從渴愛生]
이 몸은 파초와 같아서, 그 속에 견고한 실체가 없고[是身如芭蕉 中無有堅]
이 몸은 허깨비와 같아서, 뒤바뀐 생각 때문에 생겨난 것이고[是身如幻 從顚倒起]
이 몸은 꿈과 같아서, 허망한 견해로 된 것이고[是身如夢 爲虛妄見]
이 몸은 그림자와 같아서, 지은 선악 등 업의 인연을 따라 나타나고[是身如影 從業緣現]
이 몸은 메아리와 같아서, 여러 가지 인연의 결합에 속하고[是身如響 屬諸因緣]
이 몸은 뜬 구름과 같아서, 잠깐 사이에 변하고 사라지고[是身如浮雲 須臾變滅]
이 몸은 번개와 같아서, 생각생각 사이에 머물러 있지 않고[是身如電 念念不住]

이 몸은 주인이 없으니, 대지와 같고[是身無主 爲如地]

이 몸은 진실한 자아가 없으니, 불과 같고[是身無我 爲如火]

이 몸은 영원한 수명이 없으니, 바람과 같고[是身無壽 爲如風]

이 몸은 견실하지 않고 신식(神識)이 지수화풍 사대(四大)를 집으로 삼고 있고[是身不實 四大爲家]

이 몸은 공한 것이니, 나[我]와 나의 것[我所]을 떠나 있다.[是身爲空 離我我所]

이 몸은 지각함이 없는 것이니, 풀과 나무와 기왓장과 조약돌과 같다.[是身無知 如草木瓦礫]

이 몸은 동작할 줄 알지 못하니, 풍대의 힘으로 굴러간다.[是身無作 風力所轉]

이 몸은 깨끗하지 않으니, 더러운 것이 가득 차 있다. 이 몸은 거짓인 것이니, 설사 씻고 옷을 입고 밥을 먹는다 해도 끝내는 반드시 닳아서 없어지게 된다. 이 몸은 재난이니, 101가지 병으로 시달린다.[是身不淨 穢惡充滿 是身爲虛僞 雖假以澡浴衣食 必歸磨滅 是身爲災 百一病惱]

이 몸은 오래된 우물과 같아서 늙음에 쫓기고 있다. 이 몸은 죽을 날이 정해져 있지는 않으나, 언젠가는 반드시 죽어야 한다.[是身如丘井 爲老所逼 是身無定 爲要當死]」

＊ 갈애(渴愛) : '간절하게 사랑한다(좋아한다)' 는 뜻인데, 남회근 선생은 「범부의 몸은 갈애로부터 생겨납니다. 부모 두 사람이 욕망을 탐하여 교합(交合)하는 인연이 있고, 여기에 우리들의 중음신(中陰身)이 더해지는, 이 세 가지 인연이 화합해서[三緣和合] 태(胎)속에 들어갑니다.」 라고 하였다.

죽음이 찾아오면 이제 아무도 그대를 따라갈 수 없다. 떼를 지어 자는 새들도 밤이면 모여들지만 아침이 되면 각자 날아가듯이, 그대 또한 사랑하는 아내와 남편, 가족과 친구 모두와 헤어져 혼자 저 세상으로 가리. 여기 끝까지 그대를 따라오는 것은 그대가 지은 선과 악뿐이다.

- 일본 고승 도겐道元 〈정법안장正法眼藏〉

우습다, 이 몸이여. 아홉 구멍에서는 항상 더러운 것이 흘러나오고, 백 천 가지 부스럼 덩어리를 한 조각 얇은 가죽으로 싸 놓았구나. 또 가죽 주머니에는 똥이 가득 담기고, 피고름 뭉치라. 냄새나고 더러워 조금도 탐나거나 아까울 것이 없다. 하물며 백년을 보살핀들 숨 한 번 끊어지면 낱낱이 흩어져 그 은혜를 저버리지 않겠는가. 이 몸은 애욕의 근본이므로 그것이 허망한 줄 알게 되면 애욕愛欲도 저절로 사라질 것이다. 이를 탐착貪着하는 데서 한량없는 허물과 근심 걱정이 일어나기 때문에 여기 특별히 밝혀 수행인의 눈을 밝혀주려는 것이다.

흙, 물, 불 그리고 바람의 기운으로 이루어진 이 몸뚱이는 주인이 없이 늘 다투고 있으므로, 하나같이 네 원수가 임시로 모여 있다고 말할 수 있다. 이 몸뚱이는 하나같이 은혜를 모르는 네 마리 뱀들을 기른다고 볼 수 있다. 내가 그 허망함을 모르므로 다른 사람의 일로 성을 내며 잘난 체를 하고, 다른 사람들도 그 허망함을 깨닫지 못하므로, 내 일로 화를 내며 거만을 떨기도 한다. 이는 두 귀신이 송장 하나를 놓고 싸우는 것과 같다. 송장이란 그 본체는 물거품처럼 곧 사라질 거품덩어리요, 깨면 사라질 한바탕 꿈과 같은 것이며, 늙고 병들어 고통을 동반하는 괴로움 덩어리이고, 똥을 뱃속에 가득 담은 똥더미라고도 하니, 한갓 썩어 없어질 뿐만 아니라 또한 더럽기 짝이 없는 것이다.

- 서산대사 〈선가귀감〉

《보적경寶積經》에서 우리 몸에 40종의 허물이 있음을 관觀하라 하였으니, 이를테면, 「이 몸이란 탐욕의 감옥과도 같아 항상 번뇌에 얽혀 매여있고, 더러운 구덩이라서 언제나 온갖 벌레들의 먹이가 되며, 변소간과도 같아 다섯 가지로 부정不淨하고, 새는 자루와 같아 아홉 구멍이 뚫려 있으며, 진에瞋恚의 독사라 언제나 해칠 마음을 일으켜 혜명慧命을 상잔傷殘하고, 우치愚癡의 나찰이라 아견我見을 고집하여 지신智身을 삼키며, 또한 악한 도적을 온 세상이 다 싫어함과도 같고, 죽은 짐승과 같이 여겨 모든 현자賢者께서 모두 버리시며, 파초나 물거품이 견고하지 못함과 같고, 불 그림자나 전깃불과 같이 덧없으며, 비록 마시고 먹이지만 끝내는 도리어 원수를 짓고, 매양 잘 길러도 마침내는 은혜 갚기를 잊어버린다.」라고 하는 등 비유를 들자면 한 둘이 아니어서 이루 다 말하기가 어렵다.

寶積經 觀身有四十種過患 或云 貪欲之獄 恒爲煩惱之所繫纏 臭穢之坑 常被諸蟲之所唼食 似行廁而五種不淨 若漏囊而九孔常穿 瞋礙毒蛇起害心 而傷殘慧命 愚癡羅刹執我見而吞噉智身 猶惡賊而擧世皆嫌 類死狗而諸賢並棄 不堅如芭蕉水沫 無常似焰影

電光 雖灌啄而反作冤讎 每將養而罔知恩報 廣誚非一 難可具言　　　　　- 〈만선동귀집〉

　과거 윤회의 업을 따라 생각하면 몇 천 겁을 흑암지옥에 떨어지고 무간지옥에 들어가 고통을 받았을 것인가. 불도를 구하고자 하여도 선지식을 만나지 못하고 오랜 겁을 생사에 빠져 깨닫지 못한 채 갖은 악업을 지은 것이 그 얼마일 것인가. 때때로 생각하면 긴 슬픔을 깨닫지 못한 것이니 게을리 지내다가 다시 그전 같은 재난을 받지 말아야겠다. 그리고 누가 나에게 지금의 인생을 만나 만물의 영장이 되어 도 닦는 길을 어둡지 않게 한 것인가.

　참으로 눈면 거북이 나무를 만남이요, 겨자씨가 바늘에 꽂힌 격이다. 그 다행함을 어찌 다 말할 수 있으랴. 내가 만약 물러설 마음을 내거나 게으름을 부려 항상 뒤로 미루다가 그만 목숨을 잃고 지옥에라도 떨어져 갖은 고통을 받을 때 한 마디 불법을 들어 믿고 받들어 괴로움을 벗고자 한들 어찌 다시 얻게 될 것인가.

　위태로운 데에 이르러서는 뉘우쳐도 소용이 없다.

　　　　　　　　　　　　　　　　　　　　- 보조국사 지눌 〈수심결修心訣〉

　* 영명연수선사의 〈만선동귀집〉에 「제위경(提謂經)에 이르기를, "마치 한 사람은 수미산 위에서 실을 아래로 드리우고, 또 한 사람은 아래에서 바늘로 그 실을 꿰려 하는데, 그 한 가운데에는 맹렬한 회오리바람이 불어 실을 날리면 좀처럼 바늘귀에 꿰어 넣기가 어렵듯, 사람의 몸을 얻기는 이보다 심한 것이다." [提謂經云 如有一人在須彌山上以纖縷下之 一人在下持針迎之 中有旋嵐猛風 吹縷難入針孔 人身難得甚 過於是]」 라고 하였다.

　* 남회근 선생은 「생각해 보십시오. 우리들의 일생동안의 시간 중에 95%는 이 몸뚱이를 위해서 바쁩니다. 이 몸은 잠이 필요하므로 침대에 누워서 인생의 절반이 지나갑니다. 배가 고프므로 세끼 밥을 먹어야 하니 정말 바쁩니다. 먹을거리를 사와서 씻고 삶고 볶아야 합니다. 다 먹고 나서는 또 씻어야 합니다. 또 먹어놓아도 배설해야 하니 번거롭습니다. 아침에 일어나면 세수를 해야 하고, 추우면 옷을 더 끼워 입어야 하고, 더우면 옷을 또 벗어야 합니다. 생활하기 위해서 일을 해야 하고, 화를 참아야 합니다. 일생토록 바쁩니다. 그랬음에도 내 몸은 끝내 내 것이 아닙니다. 최후에는 화장터의 화로로 돌아갑니다. 보세요.

우리들이 이 몸에 속아서 얼마나 힘들었는지를. 중생은 전도(顚倒)되었습니다. 이 밖에도 이익을 구하고 명예를 구하게 되면 더 바쁩니다. 일생동안 바쁘지만 결과는 어떠합니까. 사람이란 정말 가련합니다.」라고 하였다.

*《지장보살본원경》에 무간지옥(無間地獄)에서 받는 고통이 나와 있다. 일부를 소개한다.

「또, 모든 죄인이 온갖 고초를 골고루 다 받는데, 천백 야차(夜叉)와 악귀들이 어금니는 칼날 같고, 눈은 번개 빛 같으며, 손은 또 구리쇠 손톱으로 되어 있는데 죄인을 잡아 끌어당깁니다. 또 어떤 야차는 큰 쇠창을 가지고 죄인의 몸을 찌르는데, 혹은 입과 코를 찌르며, 혹은 배나 등을 찔러 공중으로 던졌다가 도로 받아서 평상위에 놓기도 합니다. 또 쇠로 된 뱀이 있어서 죄인의 목을 감아 조이고, 또 온몸 마디마디에 긴 못을 박기도 하며, 또 혀를 빼어 쟁기로 갈고, 죄인의 창자를 끄집어내어서 토막토막 자르며, 구리 쇳물을 입에 붓기도 하고, 뜨거운 철사로 몸을 감아서 만 번 죽였다 만 번 살렸다 하나니, 업으로 받는 것이 이와 같아서 억 겁을 지내도 벗어날 기약이 없습니다. 그러다가 이 세계가 무너질 때는 딴 세계로 옮겨 가서 나고, 그 세계가 또 무너지면 다른 세계로 옮겨가고, 또 옮겨가고 하다가, 이 세계가 또 이루어지면 다시 돌아옵니다. 무간지옥의 죄보가 이러하옵니다.」

중생이 임종 시 아직 체온을 잃기 전에 일생 동안 지은 선악의 업이 한꺼번에 일시에 나타난다. 이때 마음 가운데 깨끗한 생각이 더욱 강해지면 위로 날아가서 바로 천상의 몸을 받게 된다. 이렇게 깨끗한 생각이 강한 가운데 복과 지혜와 청정한 원력까지 갖추면, 자연히 마음이 열리어 시방세계의 부처님을 뵙게 되며, 발원한대로 모두 정토에 왕생한다.

衆生臨命終時 尚未捨棄暖觸 一生所造善惡之業 一時頓時而顯現 此時心中如果是純想 卽向上飛行 必定可以生於天上 若是在純想飛心之中 兼修福德兼修智慧 以及 清淨願力 自然便可心地開明 見到十方諸佛 一切佛國淨土 隨願皆可以往生   -《능엄경》

*철오선사는 「능엄경은 맨 처음에 여래장 성품을 뚜렷이 내보이셨으니, 부처가 될 수 있는 진짜 원인을 밝히신 것이며, 그 다음으로는 원통(圓通)하는 방법들을 엄선하셨으니, 부처가 되는 미묘한 행(行)을 보이신 것이다.[楞嚴最初顯示藏性 明成佛之眞因也 其次揀選圓通 示成佛之妙行也]」라고 하였다.

＊ 고덕께서 「일어난 마음과 움직이는 생각을 천지신명은 다 알고, 인간의 공과 허물을 다 기록하여 추호도 빠뜨리지 않는다.[舉心動念 天地皆知 記功記過 纖毫不失]」라고 하였고, 노자(老子)는 「하늘의 그물이 매우 넓고 성글지만 (인간의 선악을) 하나도 빠뜨리지 않는다.[天網恢恢 疎而不失]」라고 하였다.

＊ 진역본(晉譯本)《화엄경》에 「사람이 삶을 따르듯이, (사람을 따라다니는) 두 종류의 천신이 있는데, 늘 사람을 따라다니며 옆에서 호위한다. 하나는 동생(同生)이라 하고, 또 하나는 동명(同名)이라 한다. 천신은 늘 사람을 보지만, 사람은 천신을 보지 못한다.[如人從生 有二種天 常隨侍衞 一曰同生 二曰同名 天常見人 人不見天]」라고 하였고, 《약사경(藥師經)》에 「구생신이 있으니, 인간의 죄와 복덕을 다 기록하여 염라왕에게 바친다.[有俱生神 具書罪福 與閻魔王]」하였으며, 〈가상소(嘉祥疏)〉에 「일체중생에게는 모두 신(神)이 있는데, 하나는 동생(同生)이라 하고 또 하나는 동명(同名)이라 한다. 동생녀는 오른쪽 어깨 위에서 인간이 짓는 죄를 기록하고, 동명남은 왼쪽 어깨 위에서 인간이 짓는 선을 기록한다.[一切衆生皆有神 一名同生 二名同名 同生女在右肩上書其作惡 同名男在左肩上書其作善]」라고 하였고, 《오계경(五戒經)》에 「천신은 중생의 선악을 기록한다.[天神記錄衆生善惡也]」라고 하였다.

＊ 남회근 선생은 「원력(願力)이 견고할수록 불보살의 가피(加被)를 쉽게 받습니다. 당신이 진정으로 원력이 있으면 자연히 불보살의 가피를 얻을 수 있습니다. 많은 사람들이 불보살 앞에서 절을 하면서 "보살님! 저를 가피해 주십시오." 라고 합니다. 마치 절만 하면 무슨 일이든지 상관하지 않아도 보살이 도와줄 것처럼 말입니다. 이것이 무슨 심리일까요. 의뢰심(依賴心)입니다. 그래서 저는 늘 젊은이에게 말하기를, "너는 부처님을 배우러 오지 말라. 먼저 가서 사람됨부터 배워라." 고 합니다. 사람노릇 조차도 제대로 못하면서 어떻게 부처님을 배울 수 있겠습니까. 그렇지 않습니까. 예컨대 가피를 구하고 가지(加持)를 구하는 이러한 의뢰심으로 어떻게 부처님을 배울 수 있겠습니까. 가피라는 것은 당신 자신이 먼저 건전해지고 그 다음에 비호(庇護)를 더해서 서로 감응(感應)하는 것입니다. 자신이 노력하지 않고 자신이 열심히 공부하지 않으면 불보살이 가피해주고 싶어도 가피해 줄 수 없는 것입니다.」라고 하였다.

선악의 업이란 스스로 지을 때에는 일생 동안에 나타나지 않다가 어찌하여 목숨이 다할 즈음에야 갑자기 나타나는가. 인생이란 한낱 꿈과 같아서 꿈속에 있을 때는 꿈인지 아닌지를 어찌 스스로 알 수 있겠는가. 모름지기 꿈속에서 깨어날 때 꿈속의 일들이 훤히 저절로 나타나니 찾을 필요가 없다. 선업과 악업도 마찬가지다.

善惡之業所自作時 一生之中何不自見 至捨壽時方始頓現者 人生如夢 方作夢時 豈能自
知是夢非夢 要須覺時 夢中之事 了然自現 不時尋繹亦復如是   -《보적경》

＊〈대지도론〉에 「사람이 처음 죽는 날을 자세히 살펴보면, 하직하는 말을 하고 숨을 멈추어 갑자기
죽게 되면 온 집안사람들이 놀라 슬피 통곡하면서 하늘을 보고 울부짖으며 하는 말이 "갑자기 어디로
가시기에 숨이 끊어지고 몸이 차가워지면서 의식이 없는가." 라고 한다. 이것은 참으로 두려운 일이며
이를 면(免)할 수 있는 경우를 보지 못한다. 비유하건대 마치 겁(劫)이 다하여 불이 탈 때에는 빠짐없이 모
두 다 태워버리는 것과 같다. 이러한 게송이 있다. 「죽음이 다가오면 빈부(貧富)가 없고 부지런히 닦을 선
악(善惡)도 없으며 귀한 이도 없고 천한 이도 없으니 늙은이건 젊은이건 면할 이가 없다. 빌고 간청해도
구제될 수 없고 속임수를 써도 여의(如意)치 못하며 막고 겨루어도 벗어날 수 없으니 어디서도 면할 수
있는 곳이 없다.」 죽음의 법을 일컬어 은혜와 사람을 영원히 여의는 곳이라 하나니, 온갖 생명이 있는 이
라면 죽음을 싫어한다. 그러나 그것을 싫어한다 하더라도 거기서 벗어날 수 있는 이는 없다. 우리의 몸
도 오래지 않아서 당연히 이렇게 나무나 돌과 같이 되면서 의식이 없어질 것이다. 우리는 이제 오욕(五欲)
을 탐착하면서 죽음이 다가온 것도 모르고 있다가 소나 양과 같이 죽어서는 안 된다. 소나 양이나 날짐승
·길짐승은 비록 죽음을 눈앞에 두고도 뛰놀고 울고 지저귀면서 스스로 그것을 깨닫지 못하지만, 우리는
이미 사람의 몸을 얻어 좋고 나쁨을 분별할 줄 알므로 마땅히 죽지 않는 감로(甘露)의 법을 구해야 한다.」
라고 하였다.

＊감로의 법 : 죽지 않는 법.

＊〈대지도론〉에는 수행자들이 썩은 사람의 시체를 보면서 이렇게 관(觀)할 것을 주문하고 있다.

「나의 몸도 역시 이렇게 되어서 이런 법을 벗어나지 못하게 되리라. 몸속에서는 식(識)이 주인이 되어
이 몸을 부리면서 보고 듣고 말하고 죄를 짓고 복을 지으며 이것을 스스로 귀히 여겼으나, 이제는 어디로
가버린 것인가. 지금은 빈 집만이 남았을 뿐이구나. 이 몸은 매력 있는 긴 눈과 우뚝한 코며 편편한 이마
와 두둑한 눈썹 등 이 같은 아름다움이 사람들의 마음을 반하게 했으리라. 그런데 지금은 부풀어 오른 모
습을 볼 뿐이니 그 아름다움은 어디에 있을까. 남녀의 모습조차 분간할 수 없구나. 좋은 향을 몸에 바르고
으뜸가는 옷을 입었으며 화려한 비단으로 장식했을 것인데, 지금은 악취가 풍기고 썩어 문드러져서 더럽
혀져 있으니, 이것이 바로 그의 진실한 모습이요 먼저의 화려한 장식은 모두가 임시로 빌린 것일 것이다.

이 시체가 아직 문드러지기 전에는, 사람들이 애착하던 것이었겠지만, 지금은 썩어 문드러져서 다시는 본래의 모습은 없고, 다만 먹다 남은 찌꺼기만 흩어져 있구나.」

＊ 욕실에 들어가 거울 앞에 서서 내 알몸을 바라봅니다. 멋있지도 않고 볼품도 없습니다. 무엇이 그리 못마땅한지 얼굴은 잔뜩 일그러져 있고, 그동안 얼마나 먹어댔는지 배는 잔뜩 나와 있습니다. 도무지 잘 보아줄만한 구석이 하나도 없습니다. 한심스럽고 못나 보입니다. 머리엔 일 푼의 지식과 쓸모없는 망상으로 가득 차 있고, 마음은 온통 욕심과 분노와 교만으로 채워져 있습니다. 그러다가 갑작스러운 질병이나 사고로 몸져눕거나 죽을 것이 분명합니다. 태어났으되 온 곳을 알지 못하고 죽되 어디로 가는지 알지 못합니다. 평생 남의 눈만 의식하면서 살다가 허망하게 홀로 떠나갈 겁니다.

우리네 인생은 한편의 연극과 닮아 있습니다. 무대가 설치되면 감독이 배우들에게 일일이 지시합니다. 배우들은 갖가지 분장을 한 채 바삐 무대 위에 오릅니다. 무대 위에서 짧은 시간 내에 관객들을 웃기고 울린 후 무대 위에서 총총히 내려갑니다. 내려가자마자 관객들한테 즉시 잊힙니다. 어느 관객도 배우들을 영원히 기억해주지 않습니다. 게다가 배우들은 자기의 진짜 모습이 아닌 남에게 보여주기 위한 모습으로 변장한 채 대본에 따라 연출된 모습으로 관객들 앞에 서서 한바탕 쇼를 펼칩니다. 이 과정에서 배우들은 철저히 감독의 지시에 따라 움직입니다. 그리고서는 총총히 내려옵니다. 너무나도 허망하고 덧없습니다. 남회근 선생은 유사(有史) 이래로 인간이 만들어놓은 모든 제도와 문화와 행위들은 모두 괴상한 연애소설일 뿐이라고 하였습니다. 이 덧없는 인생에서 진정한 '나' 는 어디에 있습니까.

세상 사람들은 어진 사람이 요절하고 포악한 사람은 도리어 장수하고, 하늘을 거역하는 자는 길하고 의로운 자는 흉한 것만을 볼 뿐이라고 한다. 그래서 옛날에 지었던 것을 지금에 받고, 지금에 지은 것은 후세에 받는다는 것을 어떻게 알겠는가. 이를 두려워하여 업을 짓지 않을지언정, 오는 과보를 받지 않는 자가 어찌 있겠는가. 그러므로 성인이 하늘을 원망하지도 않고 사람들을 탓하지도 않았던 것은 확실한 이유가 있었다. 그러나 어리석은 사람은 하늘을 원망하고 남을 탓한다. 실제로는 그것이 자기에게서 나왔다는 사실을 모르는 것이다.

- 천목天目 중봉中峰선사 〈동어서화東語西話〉

＊동어서화(東語西話) : 중국 강남의 고불(古佛)로 불렸던 중봉선사가 〈산방야화〉를 세상에 내놓으니, 그 책에 대한 비난과 오해가 많아 그것을 해명하려고 펴낸 책이다.

＊중봉선사는 〈동어서화〉에서 「정토도 마음이며 참선도 또한 마음으로서 본체는 하나이지만, 이름을 서로 달리했을 뿐이다. 어리석은 사람은 그 명칭에 집착하여 그 본체에 미혹하고, 반면에 깨달은 사람은 그 본체를 알아서 이름에 매달리지 않는다. 모름지기 참선을 하는 목적은 생사의 문제를 투철하게 해결하는 데에 있으며, 또한 염불하여 정토에 왕생하기를 바라는 것도 오직 생사문제를 확실히 해결하자는 데에 그 목적이 있다. 성인들께서 중생을 교화하시는 방법은 수천수만 가지이지만 목적은 오직 한 가지, 생사문제를 해결하려는 것이다.」 라고 하였다.

＊《열반경》에 「모든 중생이 받는 고통과 즐거움의 과보가 모두 다 현세의 업 때문인 것만은 아니다. 그 원인은 과거세에도 있다는 것을 알아야 한다. 그러므로 현재에 있어서 업의 원인을 짓지 않는다면, 미래에 받아야 할 과보도 없는 것이다.」 라고 하였다.

＊《인과경(因果經)》에 「전생에 지은 인(因)을 알고자 하는가. 금생에 받고 있는 과보가 그것이다. 후세에 받을 과보를 알고자 하는가. 금생에서 짓고 있는 일이 그것이다.」 라고 하였다.

＊고덕께서 「우리의 신체가 병이 들어 고통을 참을 수 없을 때 마음으로 조급해하면 안 된다. 우선 당신은 알아야 한다. 이것은 자기의 인과이며, 틀림없이 자기가 이전에 살생을 하였기 때문에 비로소 단명하고 병이 많은 과보를 받게 되었다는 것을 인정해야 한다. 당신이 이런 도리를 믿고 그런 연후에 이치와 법대로 살생의 악업을 참회할 수 있으면, 과거의 지은 악업을 소멸할 수 있다. 업이 소멸되어야 과보도 자연히 없어지며, 신체의 병도 소멸될 것이다. 그 다음 당신이 만약 건강하고 장수하기를 원한다면 다른 생명을 애호하고 방생을 많이 하면, 당신은 건강장수의 과보를 얻을 수 있다. 이것이 바로 인과를 바꾸는 것이다. 많은 사람들이 돈을 벌고 부자가 되기를 바라지만 시종 뜻대로 잘 되지 않고 가난한 것은 전세(前世)에 훔치는 악업을 지었기 때문이다. 운명에 재물이 있어야 돈을 많이 벌 수 있다. 운명 가운데 재물이 없으면 언제나 재물을 추구하고 돈을 버는 꿈을 꾸어도 소용이 없다. 당신은 인과를 믿어야 하며, 성심으로 참회해야 비로소 훔친 악업을 없앨 수 있으며, 빈궁의 과보를 제거할 수 있다. 당신이 만약 부자가 되기를 생각한다면, 보답을 바라지 않고 자기를 바쳐야 한다. 집에서건 직장에서, 재물이든 지혜를 막론하고 자기의 일체를 바치기를 아끼지 않아야 한다. 불법에서 이야기하는 세 가지의 보시 - 재보시, 법보시, 무외보시 - 이 모두를 바치면 당신에게는 비로소 재물이 들어올 것이다.

지금 많은 사람들은 언제나 복을 소모하고만 있으니 복이 쌓일 리가 없는 것이다. 집에서든 직장에서든 우리는 복을 닦고 복의 과보를 아끼고 복을 쌓아나가야 하며, 복의 과보를 소모하면 안 된다. 도량에서건 다른 곳에서건 당신이 만약 이것이 다른 사람의 것이고 모두의 것이고 국가의 것이라고 생각하고 아끼지 않고 함부로 마구 사용한다면, 이것은 실제로 복을 가장 많이 소모하는 것이다. 당신이 이런 자원과 재물을 얻고 사용할 수 있는 것도 당신 자신의 복보이다.」라고 하였다.

한 가지 선한 행을 하면 백 가지 악을 깨는 것과 같다. 마치 작은 금강석이 수미산을 무너뜨리는 것 같고, 작은 불이 온갖 것을 태우는 것 같으며, 소량의 독약이 중생을 해치는 것과 같다. 이처럼 비록 작은 선이라 할지라도 그 실제는 크다는 것을 알아야 한다. 왜냐하면 작은 선이 큰 악을 깨뜨리는 까닭이다.

- 《열반경》

* 성현의 말씀에 「선한 마음이 진실하고 간절하면, 곧 한 가지 행(行)이 가히 만 가지 선(善)을 당해낼 수 있다.[善心眞切 卽一行可當萬善]」라고 하였고, 또 「하늘은 죄를 뉘우친 사람을 벌하지 않는다.[上天不罪悔過之人]」라고 하였다.
* 《열반경》에 「어떤 사람이 아들 일곱을 두었는데 그중의 하나가 병들었다 하자. 부모의 사랑이 평등치 않음은 아니건만 병든 자식에게 마음이 기울 것이다. 여래의 자비도 온갖 중생에게 평등치 않으심은 아니건만 죄를 지은 중생에게 마음이 기우신다.」라는 귀한 말씀이 있다.

몇 겁이나 괴로운 육도六道를 돌고 돌았던가.
금생에 받은 인간의 몸 참으로 다행일세.
권하노니, 어서 아미타불 염불하소.
부디 이 좋은 때를 놓치지 말게.
육도에 윤회하기 언제나 그칠 것인가.
떨어질 곳 생각하면 실로 근심스러워라.
오직 염불에 기대어 부지런히 정진하여

세상 번뇌 떨쳐버리고 극락으로 돌아가세.　　　　　　　　　　　　　　　- 나옹懶翁화상

 　　＊나옹화상은 「명리(名利)를 구함은 나비가 불에 뛰어들고, 색(色)과 소리에 빠져 즐김은 게가 끓는 물에 떨어지는 꼴이네. 쓸개가 부서지고 혼이 나가는 것 모두 돌아보지 않나니, 곰곰이 생각하면 누구를 위해 바쁜가.[沽名苟利蛾投焰 嗜色聲蟹落湯 膽碎魂亡渾不顧 細思端的爲誰忙]」라고 하였다.

걸음걸음마다 소리소리마다 생각생각마다

오직 아미타불

步步聲聲念念 唯在阿彌陀佛　　　　　　　　　　　- 천태대사〈마하지관摩訶止觀〉

＊천태 지자대사는 「정토를 장엄하는 아미타불의 48원과 꽃 연못 보배나무에 머물기는 쉬우나 사람이 없다. 지옥의 불덩이 수레를 눈앞에 보고 참회할 수 있는 사람이면 그래도 극락에 가서 날 수 있는데, 하물며 계율과 지혜를 닦은 사람이겠는가. 이들은 늘 도를 닦아온 수행력이 있으므로 결실이 헛되지 않으며, 부처님의 음성과 모습은 진실로 사람을 속이지 않는다.」라고 하였다.

＊청화스님은 「마하지관은 천태 지의선사가 부처님의 일대시교(一代時敎)를 다 모아서 한 체계로 묶어 제일 지혜가 수승한 사람에게 제시한 고도의 수행법입니다.」라고 하였다.

만약 사람이 오직 아미타불의 명호만 부르면, 이것을 위없이 깊고도 묘한 선禪이라 한다.

若人但念彌陀佛 是名無上深妙禪　　　　　　　　　　　-《대집경大集經》

＊선(禪)이란 무엇인가. 인광대사는 「선(禪)이란 우리가 본래부터 갖추고 있는 진여불성(眞如佛性)으로, 이를 선종에서는 부모가 나를 낳아주기 이전의 본래진면목(本來眞面目)이라 한다.」라고 하였다.

＊서산대사는 〈선가귀감〉에서 「무언(無言)으로 무언(無言)에 이르는 것이 선(禪)이요, 유언(有言)으로 무언(無言)에 이르는 것이 교(敎)이다. 결국 마음은 선법(禪法)이요, 말은 교법(敎法)이다.[以無言 至於無言者 禪也 以有言 至於無言者 敎也 乃至心是禪法也 語是敎法也]」라고 하였다.

정토법문은 선종과 교종을 깊이 아는 자가 아니면 믿지 않으며, 염불의 즐거움은 진정
으로 열심히 수행하는 자가 아니면 알지 못한다.

淨土法門 非深明宗教者不信 念佛之樂 非眞用功者不知

- 인광대사

석가모니부처님께서 이 사바세계에 오셔서 이 오탁악세를 어서 떠나 서방정토에 왕생
할 것을 권하시고, 아미타불께서는 저 서방정토에 계시면서 모든 중생이 서방정토에 왕
생하도록 이끌고 계신다.

至如牟尼善逝現此穢土 誠五濁而勸往 彌陀如來御彼淨國 引三輩而導生

- 원효대사 〈아미타경소阿彌陀經疏〉

＊〈임간록(林間錄)〉에 보면 「당대(唐代)의 원효(元曉)스님은 해동(海東: 신라) 사람이다. 처음 바다를 건
너 중국에 와서 도(道)를 찾아 명산을 돌아다녔다. 황량한 산길을 홀로 걷는데 밤이 깊어 무덤 사이에서
자게 되었다. 이때 몹시 목이 말라 굴속에서 손으로 물을 떠 마셨는데 매우 달고 시원하였다. 그러나 새벽
녘에 일어나 보니 그것은 다름 아닌 해골 속에 고인 물이었다. 몹시 메스꺼워 토해 버리려고 하다가 문득
크게 깨닫고 탄식하며 말하였다. "마음이 나면 온갖 법이 생기고, 마음이 사라지면 해골이 여래와 둘이
아니다. 부처님께서 '삼계가 오직 마음' 이라 하셨는데, 어찌 나를 속이는 말이겠는가." 그리하여 스님은
바로 해동으로 돌아가 화엄경소(華嚴經疏)를 써서 원돈교(圓頓教)를 크게 밝혔다.[唐僧元曉者 海東人 初
航海而至 將訪道名山 獨行荒陂 夜宿塚間 渴甚 引手掬水于穴中 得泉甘涼 黎明視之 髑髏也 大惡之 盡欲
嘔去 忽猛省 嘆曰 心生則種種法生 心滅則髑髏不二 如來大師曰 三界唯心 豈欺我哉 遂不復求師 卽日還
海東 疏華嚴經 大弘圓頓之教]고 하였다.

＊중국 〈송고승전(宋高僧傳)〉에 원효대사를 평하기를 「삼학(三學)에 널리 통하여 신라에서 그를 일컬
어 '만인을 대적할 만하다' 고 하였으니, 정밀한 의해(義解)가 신(神)의 경지에 들어감이 이와 같았다.[蓋三
學之淹通 彼土謂爲萬人之敵 精義入神爲若此也] 라고 하였다.

＊원효대사는 〈아미타경소〉에서 「 '불설(佛說)' 이란 부처님 입으로 말씀하신 것이어서, 천대(千代)를

지나도 끊어지지 않는 가르침이라는 뜻이다.」라고 하였다.

  * 삼배(三輩) : 《무량수경》에 나오는 말로, 중생을 그 업행(業行)의 얕고 깊음에 따라서 상중하의 세 가지로 분류한 것을 말한다.

  상배(上輩)는 ①욕심을 버리고 출가하여 사문(스님)이 됨 ②보리심을 일으킴 ③한결같은 마음으로 아미타불을 염함 ④여러 가지 선근 공덕을 쌓음 ⑤저 극락세계에 왕생하고자 원을 세운 사람을 말하고,

  중배(中輩)는 ①정성을 다하여 극락세계에 태어나고자 원을 세움 ②비록 출가하여 큰 공덕을 닦지는 못하더라도 마땅히 보리심을 냄 ③일념으로 아미타불을 염함 ④다소의 착한 일과 계율을 받들어 지님 ⑤탑을 세우고 불상도 조성하며 승가에 공양을 함 ⑥부처님 앞에 비단 일산을 바치고 등불을 밝히며 꽃 뿌리고 향을 사름 ⑦이러한 공덕을 회향하여 저 극락세계에 태어나고자 원을 세운 사람을 말하며,

  하배(下輩)는 ①여러 공덕을 쌓지는 못하더라도 마땅히 위없는 보리심을 발함 ②생각을 한 곳에 모아 다만 열 번이라도 아미타불을 부르고 그 이름을 외우며 지극한 마음으로 극락세계에 태어나고자 원을 세움 ③심오한 법문을 듣고 즐거운 환희심으로 믿고 의지하여 의혹을 일으키지 않고 다만 한 번 생각만이라도 아미타불을 생각하고 그 명호를 외우며 지극한 마음으로 극락세계에 태어나고자 원을 세운 사람을 말한다.

  위 셋의 공통점으로 '보리심을 일으키는 것' 과 '극락세계에 왕생하기를 발원하는 것' 이 들어 간다는 것을 알 수 있다.

  *《무량수경》에 설해진 이 삼배는 《관무량수경》에 설해진 구품(九品)과 어떤 연관관계에 있는가에 대해, 중국의 담란(曇鸞)법사와 혜원(慧遠)법사, 신라의 법위(法位)대사와 경흥(憬興)대사는 상배는 상품과 일치하고, 중배는 중품과, 하배는 하품과 일치한다고 보았다.

  내 나이 일흔 하나, 다시는 풍월을 읊지 않겠노라. 경전을 보는데 눈이 피곤하고, 복을 지으려니 빠른 세월이 두렵다. 어떻게 심안心眼을 제도할까. 아미타불을 한 번 부르는 일이네. 걸어 다닐 때에도 아미타불, 앉아있을 때에도 아미타불, 화살처럼 바쁠지라도 아미타불, 아미타불을 그치지 아니하네. 날은 저무는데 길은 멀고, 나의 인생이 이미 잘못되었다 할지라도 아침저녁 청정한 마음으로 오직 아미타불만 부른다. 달인이 나를 보고 웃든 말든 폐일언蔽一言하고 오직 아미타불만 부른다. 세상사에 통달한들 무엇 하겠으며 통달하지 아니한들 또한 어찌하겠는가. 널리 법계중생들에게 권하니, 다함께 아미타불 염불하세.

余年七十一 不復事吟哦 看經費眼力 作福畏奔波

何以度心眼 一聲阿彌陀 行也阿彌陀 坐也阿彌陀

縱饒忙似箭 不廢阿彌陀 日暮而途遠 吾生已蹉跎

旦夕清淨心 但念阿彌陀 達人應笑我 多却阿彌陀

達又作麼生 不達又如何 普勸法界衆 同念阿彌陀

- 백거이白居易

*백거이(白居易) : 중국 당나라 때의 유명한 시인이자 정치가(772-846). 자(字)는 낙천(樂天)이다.

당나라의 대표적 문사(文士)인 이백(李白), 두보(杜甫), 한유(韓愈)와 더불어 '이두한백(李杜韓白)'으로 불릴 정도로 문학적 재능이 뛰어났다. 태어나자마자 글자를 알았다고 한다. 작품으로 '장한가(長恨歌)' 와 '비파행(琵琶行)' 등이 있다.

*〈전등록(傳燈錄)〉에 보면, 당 헌종 원화(元和)년간에 백거이가 항주자사(杭州刺史)로 부임했는데, 항주 근처의 사찰에 도림(道林)선사라는 이름난 고승이 있었다. 도림선사는 소나무 위에 올라가 좌선을 하는 일이 많았다. 선사의 모습이 마치 새가 나무 위에 둥지를 틀고 있는 것과 비슷하다 하여, 사람들이 도림선사를 '새둥지 선사'라는 뜻으로 조과(鳥窠)선사라고 불렀다. 백거이가 조과선사를 찾아와서 나눈 대화는 무척 유명하다. 나무 위에 올라가 있는 선사를 보고, "계신 곳이 심히 위험합니다." 라고 하니, 선사가 말하기를, "나보다 태수가 위험한 것이 더욱 심하오." "선사는 나무위에 있고 저는 땅에 안전하게 있거늘 어찌하여 더 위험하단 말이오." "땔감과 불이 서로 어울려 타듯이 번뇌의 불이 서로 교차하고, 식성(識性: 마음)이 멈추지 않으니 위험할 수밖에 없지 않소." 라고 하였다. 백거이가 다시 물었다.

"무엇이 불법의 대의입니까[如何是佛法大義]"

"어떤 악이라도 짓지 말고 온갖 선을 잘 받들어 행하는 것입니다.[諸惡莫作 衆善奉行]"

"세살 먹은 아이도 그렇게는 말할 줄 압니다.[三歲孩兒也解恁麼道]"

"세살 먹은 아이도 비록 말할 수는 있지만, 팔십 먹은 노인도 실천하기는 어렵다네.[三歲孩兒雖得道 八十老人行不得]" 라고 하였다. 백거이는 그 자리에서 도림선사에게 귀의하여 불법의 수행을 돈독히 하였으며, 말년에는 출가하여 불제자(佛弟子)로서 생을 마쳤다.

*연지대사의 〈왕생집〉에 「당나라 백거이는 관직이 중대부태자소부(中大夫太子小傅)를 지냈다. 집을 버려 향산사(香山寺)를 만들고는, 호(號)를 향산거사(香山居士)라 하였다. 만년에 풍질을 앓게 되자, 봉전

(棒錢) 3만(萬)을 내어 서방극락세계를 한 부(部), 그리고 (무량수경에 의지해) 의보(依報)와 정보(正報)를 장엄하였다. 그리고는 정례(頂禮)하여 발원하면서, 다음과 같은 게(偈)를 써서 찬탄하였다. "극락세계 청정한 국토는 모든 악도(惡道)와 모든 고통이 없습니다. 원하오니, 저같이 늙고 병든 자와 함께 무량수불이 계신 곳에 다 같이 태어나길 바라옵니다.[唐白居易 官中大夫太子少傅 捨宅爲香山寺 號香山居士晚 歲患風痺 出俸錢三萬 繪西方極樂世界一部依正莊嚴 悉按無量壽經 靡不曲盡頂禮發願 以偈贊曰 極樂世界清淨土 無諸惡道及衆苦 願如我身老病者 同生無量壽佛所]" 라고 하였다.

* 남회근 선생은 「천재(天才)는 어떻게 온 것일까요. 모두 다생다세(多生多世)에 어느 한 방면에 탐하고 집착하기 좋아하는 종자가 폭발한 것입니다. 그래서 어떤 사람들은 태어나서는 선천적으로 그림을 잘 그리고 태어나면서 글자를 압니다. 당나라 왕조 때의 백거이(白居易)는 세 살 때에 '之'와 '無' 자 두 글자를 알아보았습니다. 집안사람들은 믿어지지 않아서 한 무더기 엉망진창 뒤죽박죽인 글자들을 가지고 그를 실험했습니다. 그는 역시 찾아낼 수 있었습니다. 이게 바로 아뢰야식 근성의 문제입니다.」라고 하였다.

부처님은 광대하고 원만한 깨달음으로 무량한 세계에 가득 차 계시는데, 나는 전도된 생각으로 생사 속에서 나고 죽는 것을 되풀이 하고 있네. 어떻게 한 생각에 정토에 왕생할 수 있는가. 우리가 무시이래 지은 업이 본래 한 생각을 따라 일어났기 때문일세. 이미 한 생각을 따라 일어났다면 도로 한 생각 따라 소멸시킬 수 있으리. 생멸이 소멸되어 사라진 곳에 나와 부처가 한 몸이 되네.

佛以大圓覺 充塞恒沙界 我以顚倒想 出沒生死中 云何以一念 得往生淨土 造無始業 本從一念生 旣從一念生 還從一念滅 生滅滅盡處 則我與佛同
　　　　　　　　　　　　　　　　　　　　　　　　　　　　-소동파

* 소동파(蘇東坡) : 중국 송나라 때의 문장가이자 정치가. 본명은 소식(蘇軾). 동파(東坡)는 그의 호. 아버지 소순(蘇洵), 동생 소철(蘇轍)과 함께 '삼소(三蘇)'로 일컬어진다. 그리고 이들은 모두 당송팔대가(唐宋八大家)에 속한다. 재능이 특출하여 시와 문장과 글씨와 그림 모두에 훌륭한 작품을 남겼으며, 좌담(座談)을 잘하고 해학(諧謔)에 능하여 누구에게나 호감을 주었으므로 많은 문인들이 모여들었다고 한다. 당시(唐詩)가 서정적인 데 대하여, 그의 시(詩)는 철학적 요소가 짙었고 새로운 시경(詩境)을 개척하였다는

평가를 받고 있다. 그는 사상의 폭이 매우 넓어서 유가(儒家)사상을 근간으로 했지만 도가(道家)사상과 불가(佛家)사상에도 심취해 있었다. 유가사상은 그로 하여금 끝까지 관직을 지키며 지식인으로서의 사명을 다하게 하는 원동력이 되었고 도가사상과 불가사상은 곤경에 처할 때마다 쓰러지지 않도록 그를 붙잡아 주는 버팀목이 되었다. 그리고 이러한 그의 폭넓은 사상은 다양한 작풍을 형성하는 토대가 되었다. 대표작인 〈적벽부(赤壁賦)〉는 불후의 명작으로 널리 애송되고 있다.

＊소동파는 중국 운문종(雲門宗)의 고승인 오조(五祖) 계(戒)선사의 후신(後身)으로 유명하다. 인광대사나 연지대사 등 많은 고승들께서는 소동파가 오조(五祖) 계(戒)선사의 후신이라고 말씀하신다. 인광대사는 「참선을 하여 설령 확철대오 했을지라도, 예컨대 오조(五祖) 계(戒)선사나 초당(草堂) 청(淸)선사 같은 대가들도 오히려 생사를 해탈하지 못했다오. 오조 계선사가 소동파로 태어나고, 초당 청선사가 노공(魯公)으로 태어난 것은 그래도 괜찮은 편이오. 그러나 해인(海印) 신(信)선사가 주방어(朱防禦)의 딸로 태어난 것은 참기 어려운 타락이오.」 라고 하였다.

＊연지대사는 〈죽창수필〉에서 「홍각범이 말하기를, "동파거사는 문장과 덕행이 뛰어났고, 또한 불법에 대해 깊은 이해를 가지고 있었으나, 마음속에 장생술(長生術)을 잊지 못하더니, 끝내 그 공을 이루지 못했을 뿐만 아니라, 도리어 이 때문에 병들어 죽었다." 하였다. 동파도 그러한데 하물며 다른 사람들이랴.[洪覺範謂東坡文章德行炳煥千古 又深入佛法 而不能忘情於長生之術 非唯無功 反坐此病卒 予謂東坡尙爾]」 라고 하였다.

＊중국 남송의 대천보제(大川普濟) 스님이 선종의 계보(系譜)를 밝힌 〈오등회원(五燈會元)〉에 실려 있는 소동파의 무정설법(無情說法) 게송을 소개한다. 「시냇물 소리 그대로가 부처님 설법이요, 산의 모습 그대로가 어찌 청정법신이 아니겠는가. 밤사이 보고 들은 팔만사천법문을, 뒷날 사람들에게 어떻게 알려 줄까[溪聲便是廣長舌 山色豈非淸淨身 夜來八萬四千偈 他日如何擧示人]」

＊중국 선종의 운문종(雲門宗)의 개조인 운문(雲門)선사는 「일체의 모든 소리가 부처님의 음성이요, 일체의 모든 형상(形相)이 부처님의 형상이다. 천지와 나는 같은 뿌리이고, 만물이 나와 한 몸이다.[一切聲是佛聲 一切色是佛色 天地汝我同根 萬物汝我一體]」 라고 하였다.

＊소동파가 만년에 유배형을 살 때 경계로 삼았다는 '서사계(書四戒)' 를 소개한다.

「나고 들 때 타는 가마와 수레는 걷지 못하게 만드는 기계이고, 잘 꾸민 방과 좋은 집은 질병을 부르는 것들이다. 흰 이와 고운 눈썹의 여인(즉, 미인)은 목숨을 찍는 도끼이고, 달고 무르고 기름지고 맛이 진한 음식은 창자를 썩게 만드는 약이다.[出輿入輦 蹷痿之機 洞房淸宮 寒熱之媒 皓齒蛾眉 伐性之斧 甘脆肥膿 腐腸之藥]」

무릇 염불수행자들이 정토에 왕생하고자 하면, 세간이 일체무상一切無常하고, 생겨남이 있으면 반드시 무너짐이 있으며, 태어나면 반드시 죽음이 있다는 것을 늘 생각해야 한다. 만약 불법을 직접 듣지 못했다면, 죽어도 다시 몸을 받아 삼계를 바퀴처럼 돌고 돌아 사생四生으로 육도를 윤회하니 해탈할 기약이 없다.

내가 이제 인연이 있어 정법을 듣게 되었으니 정업을 닦아 오직 부처님만을 생각하리라. 부모로부터 받은 이 보신을 버리고 마땅히 정토왕생을 구하여 저 연화대에 들어가 모든 쾌락을 누리고 생사윤회를 영원히 벗어나 깨달음에서 퇴전하지 않으리라. 이것이야말로 대장부가 평생토록 해내야 하는 일이다. 약간의 질병이 있을 때에는 몸과 마음을 앞으로 하되 여유 있고 안정되게 하여야 한다. 의심을 절대 일으키지 말고 서쪽을 향해 바르게 앉아 아미타불과 관세음보살과 대세지보살과 무수히 많은 화신불이 그 앞에 계신다고 오직 생각해야 한다. 일심으로 나무아미타불만 칭념하여 소리 소리가 끊기지 않고, 세상의 어떤 일도 그리워하지 않고 미련을 갖지 않으면 수행자라 진실로 믿을만하다.

정말로 서방극락세계에 왕생하고자 한다면, 오직 한 생각으로 아미타불 명호를 꽉 붙들어 지녀라. 오직 이 한 생각이 우리의 근본 스승이요, 오직 이 한 생각이 바로 화불이시며, 오직 이 한 생각이 지옥을 부수는 사나운 장수요, 오직 이 한 생각이 사악한 것들을 베어 버리는 보검이요, 오직 이 한 생각이 흑암을 밝히는 밝은 등燈이요, 오직 이 한 생각이 고해苦海를 건너는 큰 배요, 오직 이 한 생각이 생사윤회를 벗어나는 뛰어난 방편이요, 오직 이 한 생각이 삼계를 벗어나는 지름길이다.

凡修念佛之人 欲生淨土 每念世間一切無常 成必有壞生必有死 若不親聞佛法 則捨身受身 輪轉三界 四生六道 無解脫期 我今有緣 得聞正法 得修淨業 唯佛爲念 捨此報身 當生淨土 入彼蓮胎 受諸快樂 永脫生死 不退菩提 此乃大丈夫平生之能事也 纔有疾病 正要向前坦蕩身心 莫生疑慮 直須西向正坐 專想阿彌陀佛 與觀世音大勢至菩薩 及無數化佛 現在其前

一心稱念南無阿彌陀佛 聲聲不絶 於諸世間一切事務 不得思念 不得貪戀 眞信修行之人 端
的是要生西方極樂世界 專意一念 持一句阿彌陀佛 只此一念 是我本師 只此一念 即是化佛
只此一念 是破地獄之猛將 只此一念 是斬群邪之寶劍 只此一念 是開黑闇之明燈 只此一念
是度苦海之大船 只此一念 是脫生死之良方 只此一念 是出三界之徑路

- 우담優曇화상〈연종보감蓮宗寶鑑〉

＊ 우담화상(?~1330) : 중국 원나라 때의 고승. 20세에 출가했음.

＊〈연종보감〉의 이름이나 일부내용이 연지대사의〈왕생집〉이나〈염불경책〉에 소개되어 있다.

＊ 연지대사의〈왕생집〉에「찬탄하노라. 백장선사에서 시작하여 우담화상에 이르렀구나. 역대의 고덕
(古德)들께서 정토를 받들어 수행하지 않은 분들이 없었도다. 오호라. 훌륭하도다.[贊曰 始百丈 終優曇 歷
代尊宿 無不奉行淨土 嗚呼盛哉]」라고 하였다.

＊〈임제록〉에서 임제선사는「여러분, 삼계는 편안하지 않아 마치 불타는 집과 같소. 이곳은 그대들이
오래 머무를 곳이 못되오. 무상(無常)이라는 사람을 죽이는 귀신이 한 찰나 사이에 귀한 사람이나 천한 사
람, 나이 먹은 사람이나 어린 사람이나 가리지 않소. [大德 三界無安 猶如火宅 此不是儞久停住處 無常殺
鬼 一刹那間 不揀貴賤老少]」라고 하였다.

＊ 영명 연수선사의〈종경록〉에「무상(無常)에 두 종류가 있으니, 눈에 보이는 사물이 시시각각으로 허
물어져 가고 있는 무상[敗壞無常]과 생각이 순간순간 변해 가는 무상[念念無常]이다. 사람들은 다만 눈에
보이는 사물이 시시각각으로 허물어져 가는 무상만 알고, 생각이 순간순간 변해 가는 무상은 깨닫지 못
하고 있다. 조사(祖師)들께서는 무상을 "움직이고 있으면서도 고요하고, 가고 있으면서도 머무는 것과 같
다." 하셨고, 부처님은 "무상은 빠르기가 마치 흐르는 물과도 같다." 하셨다.[夫無常有二 一者 敗壞無常
二者 念念無常. 人只知壞滅無常 而不覺念念無常. 論云 若動而靜 似去而留 經說 無常速疾 猶似流動]」라
는 말씀이 있다. 위 말씀에 대해, 한국의 원순스님은「늦가을 고운 단풍잎이 찬바람에 휘날려 땅에 떨어
지면 사람들은 허무하고 쓸쓸하여 무상(無常)하다고 합니다. 또 멀쩡하던 사람이 갑자기 중병에 걸려 죽
기라도 하면 슬프고 막막하여 이 세상이 무상하다고 합니다. 이처럼 세간에서 허무하다는 뜻으로 많이
쓰이는 무상이란 표현은 본디 불교에서 나온 말인데, 참뜻은 '덧없이 흐르는 세월 속에서 이 세상 모든
것은 인연이 흩어지면 사라지니[諸行無常]' '영원불변한 내 것으로 집착할 그 어떤 고정된 실체도 없다

[諸法無我]' 는 것입니다. 화엄경에서는 '일체유심조(一切唯心造)' 라 하여 '모든 현상은 오직 마음이 만들어낸 것' 이라 합니다. 이 말처럼 눈앞에 드러나는 모든 현상에 차별이 있을지라도 이를 만들어 낸 것은 마음이니, 온갖 현상의 근원에 있는 이 마음의 성품을 공적이라 합니다. '공적(空寂)' 이란 모든 시비와 분별이 끊어져 고요하고 잔잔하여 영원히 변하지 않는 것입니다. 이 자리가 사물이 지닌 성품의 근원입니다.」라고 하였다.

말법시대에는 억만 사람이 수행을 하더라도 그중 한 명이라도 도道를 얻기가 어렵다. 오직 염불에 의지하여야만 생사윤회를 벗어날 수 있다.
末法億億人修行 罕有一人得道 惟依念佛法門 得度生死   -《대집경》

* 염불의 우수한 점 : ①행하기 쉽다. ②업을 가지고 왕생한다.[帶業往生] ③죽을 때 불보살의 영접을 받는다. ④영원히 삼계를 벗어난다. ⑤삼계를 횡(橫)으로 벗어난다. ⑥극락에 왕생하자마자 성인의 반열에 오른다. ⑦영원히 퇴전하지 않는다. ⑧불보살과 함께 거주한다.[凡聖同居土] ⑨왕생하면 수명이 무량하다. ⑩성불한 후 중생을 구제한다.

* 역시 《대집경》에 「말법시대에는 무수 억의 사람이 오로지 자력(自力)에만 의존한 계정혜 수행을 해도 그중 단 한 사람이라도 번뇌와 업혹(業惑)을 끊고 성위도과(聖位道果)를 증득하기 어려우나, 다만 신원(信願) 염불법문에 의지하고 이와 겸하여 아미타불의 본서원력(本誓願力)에 의지하여 서방정토에 왕생하기를 구한 즉 모두 다 생사고(生死苦)를 해탈할 수 있느니라.」고 하였다.

* 도작(道綽)선사는 〈안락집(安樂集)〉에서 「오호라! 지금이 바로 말법시대다. 이 불가사의한 정토법문을 버리고 어찌 잘 되겠는가.[嗚呼 今正是其時矣 捨此不可思議法門 其何能淑]」 라고 하였다.

* 선도화상은 염불의 네 가지 공덕[念佛四德]을 말하였다. 「부처님 명호를 부르는 여섯 자, 즉 나무아미타불은 곧 부처를 찬탄하는 것이고, 곧 참회하는 것이며, 곧 일체의 선근을 정토장엄에 발원회향하는 것이다.[稱佛六字 卽歎佛 卽懺悔 卽發願廻向 一切善根莊嚴淨土]」 라고 하였다.

* 영명연수선사께서 지은 〈만선동귀집〉에 「대저 '소리[聲]' 란 온갖 뜻을 간직하는 곳간이며, 말[言]이란 것도 모든 해탈의 문이 된다. 일체가 소리로서 왕래함에 소리가 곧 법계(法界)가 되는 것이다. 경에 이르기를, '낱낱 모든 법 가운데, 낱낱이 모두 일체법을 포함하여 있다.' 고 하였다. 이러므로 한 마디의 언

음(言音) 가운데도 모든 것을 망라하여 밖이 없고 시방세계가 다 구족하며, 또한 겸하여 삼제(三諦)의 이치가 두루 원만한줄 알 수 있을 것이다.[夫聲爲衆義之府 言皆解脫之門 一切趣聲 聲爲法界 經云 ─ ─諸法中 皆舍─切法 故知─言音中包羅無外 十界具足三諦理圓] 라고 하였다.

 * 사람이 입 밖으로 내는 소리는 오묘하고 불가사의한 면이 많다. 《법화경》과 《유마경》에는 「음성과 언어로 불사(佛事)를 짓는다.」고 하였다. 우리가 부처님 말씀에 절대 믿음을 가지고 청정한 마음과 계율로 무장한 채 보리심을 발하여 염불하면 그 공덕이 얼마나 클 것인가.

 * 〈대승기신론〉에 「신심(信心)에 네 가지가 있으니 무엇인가. 첫째는 근본(根本)을 믿음이니, 이른바 즐거이 진여(眞如)의 법(法)을 생각하는 까닭이요, 둘째는 부처님에게 무량한 공덕이 있음을 믿음이니 항상 가까이해서 공양하고 공경할 것을 생각하며, 선근(善根)을 일으켜서 일체지(一切智) 구하기를 원함이요, 셋째는 법에 큰 이익이 있는 것을 믿음이니, 항상 모든 바라밀(波羅蜜) 수행하기를 생각하는 까닭이요, 넷째는 승(僧)이 능히 올바로 수행하여 자리이타(自利利他)함을 믿음이니, 항상 즐거이 모든 보살중(菩薩衆)을 가까이해서 여실(如實)한 행을 배우기를 구하는 까닭이다.[信心有四種 云何爲四 一者 信根本 所謂樂念眞如法故 二者 信佛有無量功德 常念親近 供養恭敬 發起善根 願求─切智故 三者 信法有大利益 常念修行諸波羅蜜故 四者 信僧能正修行 自利利他 常樂親近諸菩薩衆 求學如實行故] 라고 하였다.

 십념왕생十念往生이라는 말이 있습니다.
 우리가 살아 있을 때 수많은 업장을 지었다고 해도 죽을 때 간절한 마음으로 나무아미타불을 열 번만 부르면 극락세계에 태어난다는 뜻입니다. 우리 마음은 본래 부처이고 불성佛性입니다. 그렇기 때문에 정말 진실한 마음으로 간절히 부처님 명호를 외면 그 순간에 우리 마음은 비약飛躍합니다. 마음은 분명 모양도 없고 이름도 없지만, 눈에 보이지 않는다고 해서 마음이 없다고 생각하는 사람은 없습니다. 부처님 역시 마찬가지입니다. 석가모니부처님은 사람들 눈에 보이라고 모양을 나투신 것이지, 참다운 부처님은 법신불, 이른바 불성佛性인데 그 부처님은 모양도 없고 이름도 없습니다. 우리 마음은 부처와 똑같은 것입니다. 어느 누구의 마음이든지 우주에 충만해 있고, 동시에 그것이 바로 불성이기 때문에 수많은 공덕을 갖추고 있습니다. 누구의 마음이든지 자비도 있고 지혜도 있고, 폐병이나 나병균을 이길 수 있는 힘도 다 갖추고 있습니다. 수많은 공덕을 가지고 있는 것이 우리 마음이고 불성이고 부처인데, 하물며 돈을 좀 버는 것이나 높은 지위를 얻는 일 같은 것은 문제될 것이 없습니다. 우리 마음이라는 것이 만능의 자리이기 때문에 건강이나 재주나 운수나 그런 것은 사실 큰 문제가 아닙니다. 마음만 먹으면 못할 일이 없다는 것은 누구나 다 아는 이야기입니다. 그러나 눈에 보이는 재물이나 명예나 지위를 얻는 것에 집착해서 마음을 잘못 쓰면 그때는 정작 우리가 정말로 가야 될 고향 길을 더디 가게 되고, 업만 짓는 일에 생명을 낭비하는 것입니다. 금생에서도 먹고 살아야 하니 재물도 있어야 하고 명예도 추구하게 되지만, 그렇다 하더라도 기본적인 마음 자세는 항시 부처님 가르침대로, 성자聖者의 가르침대로 따라야 합니다. 그렇게 하다가 결정적인 단계에 이르러서는 모두가 다 부처님 가르침만 따르는 쪽으로 방향을 돌려야 합니다. 참 생명으로 가는 길을 전적으로 따라야 합니다. 그래서 최상의 개념인 나무아미타불을 항상 외야 합니다. 운전을 할 때도 밥을 먹을 때도 화장실을 갈 때도, 어느 때나 중단되지 않도록 해야 합니다. 그래야 염불소리에 이끌려서 온 신장神將들이 한시도 나를 떠나지 않고 지킵니다. 어느 순간에 사고를 당할지 모르는 것이 세상인데, 항상 속으로 염불을 하고 있으면 그 염불소리 때문에 액운을 피할 수 있습니다. 우리가 금생에 염불을 많이 하고 극락세계에 갈 때는 아미타불과 그 보살들이 우리를 마중 나옵니다. 따라서 부처님 명호를 외는 생활이라는 것은 자식에게나 부모에게나 일가친척에게나 친구에게나 어느 누구한테나 가장 좋은 선물이 됩니다. 아미타불은 나한테만 있는 것이 아니라 내 주인공인 동시에 너의 주인공이 되는 것이고, 또는 우주의 주인공이고, 우리가 돌아가야 할 우리 극락세계의 주인공입니다. 나무아미타불을 정말로 빠짐없이 또는 끊임없이 하시기 바랍니다.

－청화스님

염불을 할 때에는 '나무아미타불' 여섯 글자를 입안에서 또렷또렷하게 염송하면서, 마음속으로도 또렷또렷 염송하고, 그 염송 소리를 귓속에서도 또렷또렷 들어야 하오. 그리고 '나무아미타불' 하고 염불하면서 첫 번째부터 열 번째까지 횟수를 세시오. 열 번째까지 횟수를 속으로 기억하여 센 다음에는, 다시 첫 번째부터 열 번째까지 횟수 세는 일을 계속 되풀이하시오. 이렇게 하면 일심불란一心不亂의 경지도 저절로 얻어질 것이오.

염불의 횟수를 기억하면서 하는 염불법이 가장 미묘한 방편임을 비로소 알 수 있소. 이 염불법은 내가 너무도 많이 직접 행하여 경험함으로써 그 미묘함을 알게 된 것이며, 근거 없이 억지를 부려 하는 말이 아니오.

-인광대사

＊인광대사는 「나의 소원은, 천하의 뒤에 오는 둔한 근기의 중생들과 더불어 모두 함께 정토법문을 닦아 만인이 극락에 왕생하는 것뿐이오.[願與天下後世鈍根者共之 令萬修萬人去耳]」라고 하였다.

＊연지대사께서 '일심불란(一心不亂)'에 대해 말씀하시기를, 「일심(一心)이란 올바른 경계에 오직 마음을 모으는 것이고, 불란(不亂)이란 망념(妄念)이 일어나지 않는 것이다.[一心者 專注正境也 不亂者 不生妄念]」라고 하였다.

＊철오선사는 「일심불란이야말로 정토수행의 궁극 귀향점이며, 극락왕생의 대문(大門)이다. 만약 이 문에 들어서지 못한다면, 극락왕생이 끝내 확실하지 않을 터이니, 공부하는 사람들이 힘써 노력하지 않을 수 있겠는가.[一心不亂 乃淨業之歸宿 淨土之大門 若未入此門 終非穩妥 學者可不勉哉]」라고 하였다.

아무리 많은 복을 닦더라도 아미타불의 명호를 마음에 확고히 새기는 것만 못하고, 아무리 많은 선행을 짓더라도 자비희사慈悲喜捨의 사무량심四無量心을 내는 것보다는 못하다. 잠시라도 부처님 명호를 온 마음을 다해 부르는 것이 백 년 동안의 보시布施보다 낫고, 사무량심四無量心을 내면 수 겁 동안의 수행보다 낫다. 본래 염불은 미래세에 부처님이 될 거라는 약속과 같은데, 이런 마음을 내지 않고 하는 염불이 무슨 소용이 있겠는가.

-성암대사

＊자비희사(慈悲喜捨) : 중생을 사랑하고 가엾게 여기며 기쁜 마음으로 베푸는 일로, 이를 사무량심(四無量心)이라고 한다. 《대반열반경》에 「여래(如來)가 곧 자비희사요, 자비희사가 곧 해탈이고, 해탈이 곧 열반이며, 열반이 곧 자비희사라 하였거늘, 이런 이치를 분별하지 못하나니, 고로 지혜를 구족(具足)하지 못하였다 하느니라.」라고 하였다.

＊성암대사는 「도(道)에 들어가는 중요한 문(門)으로는 발심(發心)이 으뜸이다. 도(道)를 닦는데 있어 시

급한 일은 우선 원(願)을 세워야 한다. 발심이 되면 중생을 가히 구제할 수 있고, 원(願)이 세워지면 불도(佛道)를 이룰 수 있다.[入道要門 發心爲首 修道急務 立願當先 心發則衆生可渡 願立則佛道堪成] 라고 하였다.

염불은 시방세계 항하강의 모래처럼 많은 부처님들께서 한입으로 찬탄하시고 역대 성현들께서도 받들어 지니셨다. 염불은 온갖 일에 걸림 없어 승속남녀를 막론하고 유식한 사람이든 무식한 사람이든 귀한 사람이건 천한 사람이건 생업을 폐하지 않고도, 농부이면 농사짓고 직녀織女이면 길쌈하며 노는 입에 아미타불, 길게는 육자六字염불, 짧게는 사자四字염불, 행주좌와行住坐臥 어묵동정語默動靜 고성高聲이나 은념隱念이나 육자六字 사자四字 염불하여 극락가세.

염불은 염치없이 평생에 말을 잡고 소를 도살한 극악한 사람도 임종에 염불하면 지옥보地獄報를 소멸하고 극락으로 바로 가리. 아미타불 말벗삼아 생각 생각에 아미타불, 틈날 때마다 아미타불, 곳곳마다 아미타불, 일할 때마다 아미타불, 일생에 이러하면 극락가기 어렵지 않네. 아미타불 명호를 밤낮 없이 많이 외우라. 신심으로 염불하여 선망부모 천도하고 일체중생 제도하여 세상사 다 버리고 연화선蓮華船을 얻어 타고 극락으로 어서 가세.

－나옹화상 〈승원가僧元歌〉

＊나옹화상의 〈승원가〉를 약간 수정하여 재편집한 것임을 알립니다.

＊1347년 나옹스님은 고려 불교계에 새로운 선풍(禪風)을 불어넣고 활로를 모색하기 위해 중국으로 구법여행을 떠났다. 스님이 먼저 찾은 곳은 일곱 살 때 자신에게 무생계(無生戒)를 주었던 인도인 대선사 지공(指空)스님이 머물고 계셨던 연경 법원사. 지공선사는 나옹 스님을 보고 "서천(西天: 인도를 말함)의 20인과 동토(東土: 중국을 말함)의 72인이 있으나 그 중에도 일등인이요, 찾기 힘든 인물" 이라고 칭찬을 아끼지 않았다.

＊육자(六字) 염불 : 「나무아미타불」 여섯 글자로 하는 염불.

＊사자(四字) 염불 : 「아미타불」 네 자로 하는 염불.

＊티벳불교 경전인 《백업경(百業經)》에 「임종 시의 발원대로 내생에 몸을 받는다.」 라고 하였다.

＊나옹화상은 누이에게 보내는 편지글에서 「아미타불은 어디에 계시는가. 마음에 꽉 붙들어 매어 절대 잊지 말게. 생각이 다하고 다하여 무념에 이르게 되면 육문(六門: 눈,귀,코,혀,몸,마음)에서 늘 자색 금빛 광명을 뿜으리.〔阿彌陀佛在何方 着得心頭切莫忘 念到念窮無念處 六門常放紫金光〕」라고 하였다.

일념으로 아미타불 염불하면 곧 무량한 죄업이 소멸하고,

현세에는 비할 수 없는 즐거움을 얻으며,

다음 생에는 청정한 극락세계에 태어나네.

一念阿彌陀 卽滅無量罪 現受無比樂 後生淸淨土

- 비석飛錫화상〈염불삼매보왕론念佛三昧寶王論〉

＊비석화상 : 중국 당나라 때의 고승. 처음엔 율학을 배우고 이어서 천태지관을 수행했다. 많은 불경을 번역하는데 참여했다.

어떤 사람이 한 번 염불한 공덕을 16으로 나누어 일세계一世界의 중생에게 보시하는데 3개월이 걸렸다.

念佛一口分作十六分功德 若有一人布施一世界衆生經三月　　　　　-《열반경》

＊정공법사는 「재보시(財布施)는 재물과 복을 얻게 하고, 법보시(法布施)는 총명과 지혜를 얻게 해주며, 무외보시(無畏布施)는 건강과 장수를 얻게 합니다. 그러므로 재복, 총명과 지혜, 그리고 건강과 장수 이 세 가지 과보를 얻으려면 반드시 재시(財施)·법시(法施)·무외시(無畏施), 이 세 가지 인(因)을 닦아야 합니다. 세간 사람이 금생에서 이런 과보를 받는 것은 대개 전생에 닦아 놓은 것이고, 소수 사람들만이 금생에 닦아서 금생에 받습니다. 이번 생에 만약 적극적으로 수행하면, 다음 생까지 기다릴 필요 없이 이번 생에서 바로 과보를 받습니다. 이것이 바로 과보입니다. 그래서 과보는 반드시 그 인(因)을 닦아야 얻을 수 있는데, 이는 영원히 변하지 않는 법칙입니다.」라고 하였다.

＊〈만선동귀집〉에 「미증유경(未曾有經)에 이르기를, 재시(財施)는 등잔불과 같아서 다만 조그만 방만

을 밝힐 수 있거니와, 법시(法施)는 햇빛과 같아서 멀리 천하를 비춘다.[未曾有經云 財施如燈但明小室 法施若日 遠照天下] 라고 하였다.

　＊일세계(一世界) : 중앙의 수미산을 중심으로 9산8해(九山八海)가 있고, 그 주위를 철위산이 감싸고 있는데, 이 한 세계를 '일세계' 라 하며 일사천하(一四天下)라고도 한다. 일세계가 1,000개인 것을 소천(小天) 세계라 한다.

　가령 한 달 동안 의복과 음식으로 일체 중생에게 항상 공양하더라도, 어떤 사람이 잠깐 동안 염불하여 얻는 공덕의 16분의 1에도 미치지 못한다.
　假使一月 常以衣食 供養一切衆生 不如有人一念念佛所得功德十六分之一　-《대반열반경》

　＊남회근 선생은 「법보시를 행하는 사람은 언제 어디서나 심리상으로 생각 생각 사이에 어떻게 중생을 구제할까 하고 있습니다. 중생에게는 번뇌가 있고 고통이 있으니 내가 어떻게 구제해야겠다는 이런 대비심(大悲心)을 일으켜야 합니다. 이렇게 하는 것을 법공양이라고 합니다. 나를 잊고 일체중생을 구제하겠다는 대비심을 일으켜야 법공양이 됩니다. 진정한 법공양은 자신이 도(道)를 깨닫는 겁니다. 여러분이 아누다라삼먁삼보리를 증득하여 대철대오 하는 것이 법공양이요, 진정한 법보시입니다.」 라고 하였다.
　＊남회근 선생은 「불교에서 말하는 법보시는 지혜보시입니다. 교육이 바로 지혜보시입니다. 법보시를 진정으로 할 수 있어야 십지(十地)보살의 법운지(法雲地)보살이 됩니다.」 라고 하였다.
　＊남회근 선생은 「일체중생을 사랑하고 보호하는 것도 법보시입니다.」라고 하였다.
　＊남회근 선생은 「우리가 남의 공양을 받을 때에는 자기가 지은 행위에 무슨 공덕이 있는지를 점검하고 반성해 봐야 합니다. 무슨 공덕, 무슨 능력으로 이런 공양을 받는 건가요. 제가 늘 하는 말인데, 계율에 두 마디가 있습니다. "자기의 공덕을 자세히 생각하고, 공양이 온 곳을 헤아려 보아라.[忖己功德 量彼來處]」 라고 하였다.

　설령 한 달 동안 옷과 음식으로 일체 중생을 공양하더라도 어떤 사람이 한 번 염불하는 것만 못하다.
　假使以一個月之時間 常以衣食供養一切衆生 不如有人一念念佛　-《대반열반경大般涅槃經》

＊《열반경(涅槃經)》에는 소승불교의 《열반경》과 대승불교의 《열반경》이 있다. 대승불교의 《열반경》은 《대반열반경(大般涅槃經)》이라고도 불린다. 《대반열반경》 여래성품(如來性品)에 유명한 사의사불의(四依四不依: 네 가지를 의지하고, 다른 네 가지는 의지하지 말라)가 있다.

첫째, 의법불의인(依法不依人)이다. 법에 의하고 사람에 의하지 말라는 뜻이다. 법이란 부처님께서 설하신 삼장12부를 말한다. 사람이란 부처를 제외한 구법계(九法界)의 중생을 뜻한다. 불과(佛果)를 증득하기 전에는 중생은 불지견(佛知見)이 열리지 않아 부처님의 심오한 뜻을 정확히 알기 어렵기 때문에 부처님이 설하신 경에만 의지하여야 한다. 경 이외에 논(論)이나 소(疏)가 있다. 논이란 경을 풀이한 것이고, 소(疏)는 논을 풀이한 것이다. 조사님들이나 고승들께서 설하신 논(論)은 어디까지나 2차적 재료일 뿐이고, 중심은 어디가지나 경(經)이어야 한다. 유명한 논으로는 용수보살께서 《대품반야경》을 주석한 〈대지도론〉, 마명보살의 〈대승기신론〉, 원효대사의 〈금강삼매경론〉, 무착보살의 〈유가사지론〉 등이 유명하다. 논은 어디가지나 2차 기준일 뿐이고, 우리는 경을 제 1의 기준으로 삼아야 한다.

둘째, 의의불의어(依義不依語)이다. 의(義)에 의지하되 말(문자)에 의지하지 않는다.

의(義)는 중도실상(中道實相) 또는 제법실상(諸法實相)의 도리를 말하고, 어(語)는 인간이 쓰는 언어문자, 학문, 철학, 세속상의 진리를 말한다. 이들은 모두 불완전한데다 불법과는 한참이나 거리가 멀다. 이들이 아무리 고도(高度)하고 난해하다 해도 불법에는 견주지 못한다. 이들에 의지하면 삼계를 절대로 벗어나지 못한다. 세간상의 학문을 성취하면 기껏해야 다음 생에 철학자나 위대한 사상가로 태어날 뿐이라고 남회근 선생은 말한다.

셋째, 의요의불의불요의(依了義不依不了義)이다. 요의경(了義經)에 의지하고 불요의경(不了義經)에 의지하지 않는다. 요의경(了義經)은 제법실상의 도리를 남김없이 완전히 다 드러낸 경전이고, 불요의경(不了義經)은 그렇지 못한 경을 말한다. 남회근 선생에 의하면, 《금강경》 《법화경》 《화엄경》 《원각경》 《능엄경》 《능가경》 등은 모두 요의경에 속한다.

넷째, 의지불의식(依智不依識)이다. 지혜에 의지하고 식(識)에 의지하지 않는다. 여기서 말하는 식(識)은 지식을 뜻하는 게 아니라 인간의 제 6식(識)인 의식(意識)을 말한다. 제 6식을 '헤아리고 판단하여[計度] 분별한다' 라는 뜻에서 계탁분별(計度分別)이라고도 하고, 의정(意情)이라고 말한다. 제 6식은 번뇌망상과 사량분별(思量分別)과 견해(見解: 알음알이)를 일으키지만, 한편으로는 제 6식이 무심(無心)의 경지에 이르면 묘관찰지(妙觀察智) 즉, 반야의 경계로 진입한다. 여기서 무심이란 《금강경》의 「過去心 不可得 現在心 不可

得 未來心 不可得」을 말한다고 남회근 선생은 말한다.

＊남회근 선생은 「불법은 지혜에 의거하고 식識(제 6식)에 의거하지 않는 겁니다. 불법은 지혜의 학문이지 맹목적인 미신이 아닙니다. 또한 틀에 박힌 공부도 아닙니다. 진정한 지혜는 우리들의 의식망상에 근거하여 함부로 추측하는 것이 아닙니다」라고 하였다.

＊불보살은 심식心食, 즉 마음으로 공양을 받고, 천신天神은 견식見食, 즉 눈으로 공양을 받으며, 영혼(귀신)은 촉식觸食, 즉 온 몸으로 음식의 진기眞氣를 빨아들이고, 인간은 구식口食이라서 입으로 먹는다.

＊남회근 선생은 「많은 사람들이 위로 부처님께만 공양할 줄 알지 사회의 빈궁한 사람들에 대해서는 거들떠보기조차 하지 않는 일이 종종 있는데, 이는 처음부터 불법佛法이 아닙니다. 당신이 이 세상에서 가장 가난한 사람이나 곤란에 처한 사람에게 공양하거나 보시를 하는 것은 한 부처님께 공양하는 것보다 낫다는 것을 기억하십시오.」라고 하였다.

＊일념一念 : ①지극히 짧은 시간(찰나) ②오직 한결같은 마음. 하나의 대상에 집중된 상태. 한곳에 마음을 집중하여 산란하지 않은 것 ③한 생각 ④호흡이 한 번 들어오고 나가는 것.

어떤 사람이 최상의 음식 · 의복 · 침구 · 의약품을 삼천대천세계에 있는 모든 아라한이나 연각緣覺 성인들에게 공양하여 얻는 복덕보다는, 어떤 사람이 한 번 합장하고 한 번 염불하여 얻는 복덕이 더 크다.

若人以四事極好之物 供養三千大千世界滿中阿羅漢辟支聖人 所得福德 不如有人一合掌 一稱南無佛陀   - 〈낙방문류樂邦文類〉

＊낙방문류樂邦文類 : 중국 남송南宋 때의 석지효石芝曉법사가 편찬한 책.

＊연지대사는 〈왕생집〉에서 「석지효법사는 월당순月堂詢 공公의 법을 계승한 분으로, 교학敎學에 통철洞徹했으면서도 정업淨業으로 사람들을 교화하였다. 정토에 관한 여러 대장경을 모은 낙방문류(樂邦文類)가 세상에 전하고 있다.[石芝曉法師 嗣月堂詢公 洞徹敎部 以淨業化人 嘗集大藏諸書 有樂邦文類行世]」라고 하였다.

＊남회근 선생은 「한 개의 태양계가 한 개의 천하입니다. 1천 개의 태양계가 1개의 소천세계입니다. 1천

개의 소천세계가 1개의 중천세계입니다. 1천개의 중천세계가 1개의 대천세계입니다. 이 숫자의 크기는 현대의 천문학의 연구와 약속이나 한 듯이 들어맞습니다. 과학연구는 우주 속에는 알 수 없고 셀 수 없을 정도의 태양계가 있다고 여기는데, 부처님은 2, 3천 년 전에 이미 이와 같은 우주관을 제시했습니다.」라고 하였다.

　＊남회근 선생은 「불교는 천인(天人)과 우주의 관계에 대해 말하는데, 적어도 오늘에 이르기까지, 이 세상의 어떤 종교나 과학·철학보다도 훨씬 뛰어납니다. 불교의 우주관은 대단히 훌륭합니다. 오늘날의 과학이 밝혀낸 것은 불교의 우주관에 주해(註解)를 달아놓은 것이나 다름없습니다. 불교에 따르면, 우주에는 태양계와 같은 세계가 무수히 많습니다. 지구는 태양계 속에서도 아주 작은 한 세계입니다. 색계천은 이미 이 태양계의 범위를 벗어납니다. 무색계는 더욱 멀고도 큽니다. 일찍이 부처님은 이렇게 비유하신 적이 있습니다. 색계천에서 우리가 사는 인간계까지 돌멩이 하나를 던지면 12만 억년이 지나야 비로소 도달한다고요. 사람이 죽은 후 천상에 태어나기 위해서는 공덕과 선행을 닦지 않으면 안 됩니다. 엄격히 말하면, 선행(善行)과 선정(禪定)은 관계가 있습니다.」라고 하였다.

　＊남회근 선생은 「종교를 신앙하는 많은 사람들이 그들의 교주에 대해서는, 부처님이든 하느님이든 공경 공양하는 마음이 대단하지만, 자기 부모에 대해서는 원수같이 대합니다. 여러분은 일체중생에게 공양해야 합니다. 하물며 부모에게는 말할 필요가 있겠습니까. 자기 눈앞의 가족들조차 제도하지 못하는 사람들이 무슨 일체중생을 제도하겠다고 말하겠습니까. 그야말로 범죄입니다.」라고 하였다.

　가령 큰 곳간을 열어 한 달 동안 일체중생에게 보시하여 얻은 공덕보다, 어떤 사람이 염불을 한 번 한 공덕이 비교할 수 없을 정도로 더 크다.

　假令開大庫藏 一月之中 布施一切衆生 所得功德 不如有人稱佛一聲 功德過前 不可較量

-《열반경》

　＊〈대승기신론〉에 「어떻게 보시문(布施門)을 수행하는가. 만약 일체중생이 와서 구하여 찾는 자를 보면 소유한 재물을 힘을 따라서 베풀어 주어 자기의 간탐(慳貪: 인색하고 탐욕스러움)을 버리고 상대방을 기쁘게 하며, 만약 액난과 공포와 위험스러운 핍박을 보면 자기가 감당할 바를 따라 무외(無畏)를 베풀어 주며, 만약 어떤 중생이 와서 법을 구하면 자기가 능히 아는 바를 따라 방편으로 설하되, 응당 명리(名利)와 공경을 탐하지 아니하고, 오직 자리이타(自利利他)만을 생각하여 보리(菩提)에 회향한다.[云何修行施門

若見一切來求索者 所有財物隨力施與 以自捨慳貪 令彼歡喜 若見厄難 恐怖危逼 隨己堪任 施與無畏 若有衆生來求法者 隨己能解 方便爲說 不應貪求名利恭敬 唯念自利利他 迴向菩提故」라고 하였다.

＊「도(道)는 나를 위한 일이며, 덕(德)은 남을 위한 일이다. 도를 닦음은 끝이 있을지라도, 덕을 쌓음에는 끝이 없다.」라는 말이 있다.

＊연지대사는 「지금 세상 사람들 중에 염불하는 자들은 많은데, 정토에 왕생하여 성불하는 자들은 왜 적은가.[或問今見世人念佛者多 生西方成佛者少何也]」라는 질문에 대하여, 세 가지 이유를 들어 답하였다. 첫째, 입으로는 염불을 해도 마음속에 악한 생각으로 가득 차 있기 때문이다.[一者口雖念佛 心中不善]. 그래서 연지대사는 공덕을 쌓고 복덕을 닦으며[積德修福], 부모에게 효순하고[孝順父母], 형제끼리 화목하며[兄弟相愛], 이 외에 지성신실(至誠信實), 유화인내(柔和忍耐), 공평정직(公平正直), 불살생(不殺生) 등을 지킬 것을 주장하였다. 둘째, 입으로는 염불을 해도 마음이 날뛰고 어지럽기 때문이다.[二者口雖念佛 心中胡思亂想]. 셋째, 입으로는 염불해도 마음속에는 오직 부귀를 구하기 때문이다.[三者口雖念佛 心中只願求生富貴].

＊〈만선동귀집〉에 「상법결의경(像法決疑經)에서 부처님이 이르시기를, "어떤 사람이 무량한 세월을 몸으로 시방의 모든 부처님 및 모든 보살과 성문 대중께 공양하더라도, 배고파 우는 축생에게 한 덩이 밥을 베풀어주는 것만 못하나니, 그의 베풂이 헤아릴 수 없이 뛰어나기 때문이다." 하였고, 또 장부론(丈夫論)에서는 "자비심으로 한 사람에게 베푸는 공덕이 대지(大地)와 같다면, 자기의 이익을 위하여 일체 중생에게 베푸는 것은 그 과보가 겨자씨만큼이나 보잘것없다. 이와 같이 어려움을 당한 한 사람을 구하는 것이, 어렵지 않은 일체에게 베푸는 것보다 비교할 수 없이 뛰어나니, 수많은 별이 비록 빛이 있으나, 한 달빛의 밝음만 못한 것과 같다." 하였다.[像法決疑經云 佛言 若人於阿僧祇劫 以身供養十方諸佛竝諸菩薩 及聲聞衆 不如有人施與畜生一口之食 其福勝彼 百千萬倍無量無邊 丈夫論云 悲心施一人 功德如大地 爲己施一切 得報如芥子 救一厄難人 勝餘一切施 衆星雖有光 不如一月明」라고 하였다.

＊〈산방야화〉에 「부처님께서 이르시기를, "다섯 번만 부처님 명호를 불러도 무수한 보물로 보시한 복보다 훌륭하다." 고 하셨다.」라고 하였다.

사람이 사천하四天下에 가득한 칠보七寶를 가지고 불보살과 연각緣覺과 성문聲聞께 공양하면 얻는 복이 매우 많겠지만, 다른 사람에게 염불 한 번을 권하는 것만 못하다. 염불 한 번을 권하는 것이 공양하는 복보다 더 수승하다.

若人以四天下七寶 供養佛及菩薩緣覺聲聞 得福甚多 不如勸人 念佛一聲 其福勝彼

- 〈귀원직지歸元直指〉

* 귀원직지(歸元直指) : 중국 명나라 천의종본(天衣宗本)선사가 지은 책.

* 사천하(四天下) : 불교에 의하면, 중앙에 수미산(須彌山)이 있고, 그 사방(四方)에 네 개의 인간계가 있다고 한다. 동쪽에 동승신주(東勝身洲), 서쪽에 서우화주(西牛貨洲), 남쪽에 남섬부주(남염부제), 북쪽에 북구로주(北俱盧洲)가 있다. 이 중 우리 인간은 남섬부주(南贍浮洲)에 살고 있으며, 부처는 남섬부주에만 출현한다. 일사천하(一四天下)를 일세계(一世界)라고도 한다.

* 인광대사는 「북구로주의 사람들은 고통이 전혀 없어서, 도(道)에 입문할 수가 없다오. 그런데 우리 남염부제에는 고통스러운 일이 몹시 많아서, 불도(佛道)에 입문하여 생사윤회를 끝마치는 사람이 수를 헤아릴 수 없을 정도라오.」 라고 하였다.

* 남회근 선생은 「부처님께서 모든 부처는 성불하기 전에 반드시 이 사바세계로 와야 한다고 말합니다. 다른 세계에서는 성불하기가 어렵다는 것입니다. 예를 들어, 천인(天人)은 성불하기가 어렵습니다. 북구로주(北俱盧洲)에 사는 사람들은 성불하기가 정말 어렵습니다. 복보(福報)가 너무 많아 즐거움만 있을 뿐 고통이 없기 때문입니다. 고통의 자극이 없으니 그곳에 사는 사람들은 (세상을) 싫어하는 마음이 일어나지 않습니다. 그러므로 일체중생이 성불하고자 한다면 반드시 이 사바세계로 와야 합니다. 이 사바세계는 선(善)과 악(惡)이 반반쯤 뒤섞여 있고, 고통과 쾌락 그리고 그 밖의 모든 것이 고루 뒤섞여 있어서 괴로운 일이 무척 많습니다. 그러나 고통스럽기 때문에 수도(修道)하기가 쉽습니다.」 라고 하였다.

* 남회근 선생은 「성불하고자 하는 대보살들은 반드시 사바세계로 와야 빠르게 성취할 수 있습니다. 왜냐하면 이곳에는 괴로움과 즐거움, 선과 악, 번뇌와 청정함 등 여러 층면이 다 구비되어 있고, 범부와 성인이 함께 살고 있으며, 마구니와 부처가 함께 있으면서 곳곳마다 장애가 있어 해탈혜력(解脫慧力)을 분발시키기 쉽기 때문입니다. 그래서 타방세계보다 도리어 빨리 성취하기 쉽습니다. 이 역시 부처님께서 말씀하신 도리입니다. 그렇다면 서방극락세계의 대보살들이 우리가 있는 이곳으로 오는지도 모릅니다. 보현보살이 말씀하신 것을 보지 않습니까. "이와 같은 위없는 대도사들이 시방의 모든 국토에 가득 찼느

니라.[如是無上大導師 充滿十方諸佛國]" 고 말입니다.」 라고 하였다.

  * 〈대지도론〉에서 「범부는 천안(天眼)으로 아무리 많이 보아도 사천하(四天下)까지만 본다.」 라고 하였다.

  대자大慈보살께서 염불수행을 권하는 게송에서,「두 사람에게 염불수행을 권하면 자신이 염불수행에 정진하는 것에 견줄 수 있고, 십여 명에게 염불을 권하면 복덕은 이미 헤아릴 수 없다. 백 명과 천 명에게 염불을 권하면 이를 진보살眞菩薩이라 부르고, 또 만 명 이상의 사람에게 염불을 권하면 이 사람은 곧 아미타불이다. 이를 보고 알지니, 서방극락세계를 말하는 자라면 그 마음을 광대하게 발하여 사람들마다 이런 도를 알게 함으로써 어찌 무량한 복덕을 쌓지 않을 것인가. 사람들에게 이 가르침을 권하여 모두 알게 하면 무량한 복보를 쌓는 것이다.」 라고 하였다.

  大慈菩薩勸修西方偈云 能勸二人修 比自己精進 勸至十餘人 福德已無量 如勸百與千 名爲眞菩薩 又能過萬數 卽是阿彌陀 觀此則知西方之說者豈可不廣大其心 而使人人共知此道 以積無量福報乎

- 왕일휴王日休〈용서증광정토문龍舒增廣淨土文〉

  * 인광대사는 「다른 사람들에게 염불하도록 권장하는 것이 정말 제일의 공덕이 되긴 하오. 그렇지만 우선 아래로는 처자식과 형제로부터, 위로는 부모와 조부모께도 모두 권장해야 하오. 가정에서 권속(眷屬: 식구들)들에게 간곡한 방법으로 생사해탈의 불가사의한 미묘 법문을 전하지 못하고, 밖으로 남에게만 권장한다면 되겠소? 근본은 놓아두고 말단(末端)만 좇으며, 먼 남만 이롭게 하고 가까운 친족은 생각지도 않는다면, 말이 되겠소?」 라는 귀한 가르침을 주셨다.
  * 왕일휴(王日休) : 중국 송나라 때의 사람.《대아미타경》을 회집하였고, 평생 염불수행을 전념하여 극락에 왕생하였다.

  비유컨대, 어떤 사람이 세상에 나면서부터 날마다 천리 길을 천 년 동안 다닌 그 땅 안에 칠보를 가득히 채워 부처님께 공양한다 해도, 어떤 이가 뒤에 올 악세惡世에서 단 한번 부처님의 명호를 칭념稱念하는 것만 못하다. 왜냐하면 이 사람의 복덕이 저 앞의 사람보다 훨씬 뛰어나기 때문이다.

譬如有人 初生墮地 卽能一日行千里 足一千年 滿中七寶 奉施於佛 不如有人 於後惡世 一聲稱念阿彌陀佛名號 其福勝彼

- 용수보살 〈대지도론〉

* 용수보살은 「자신이 아는 바는 저 석가모니부처님의 대해(大海)에 비하면 쌀 한톨[一米]에 불과하다.」고 하였다.

* 용수보살은 또 「사람이 속히 불퇴전지에 이르고자 한다면 마땅히 공경하는 마음으로 부처님 명호를 꽉 붙잡아야 한다.[若人疾欲至 不退轉地者 應以恭敬心 執持稱名號]」라고 하였다.

세상에서 어린 아이가 큰 불이나 물난리에 쫓겨 큰 소리로 살려달라고 애절하게 부르짖으면 부모가 이 소리를 듣고 급히 달려가 구해 내듯이, 사람들이 임종할 때 큰 소리로 염불하면 부처님은 신통력을 갖고 계시므로 반드시 오셔서 그를 맞이해 갈 것이다. 이 때문에 부처님의 자비는 부모보다 더 지극정성이요, 중생의 생사는 물이나 불의 재앙보다 더 심한 것이다.

世間稚兒 迫於水火 高聲大叫則 父母聞之 急走救援 如人臨命終時 高聲念佛則 佛具神通 決定來迎爾 是故大聖慈悲 勝於父母也 衆生生死甚於水火也   - 서산대사 〈선가귀감〉

* 《화엄경》에 「부처는 불가설불가설(不可說不可說) 불찰(佛刹) 미진수(微塵數) 세계 중에 있는 중생의 마음을 다 분별해 아신다.」라고 하였다.

* 남회근 선생은 「부처를 배운 사람이라 할지라도 진정으로 자비로운 사람은 드뭅니다. 모두다 한계가 있을 뿐입니다. 자기중심적으로 약간의 동정심이 있을 뿐입니다. 게다가 그렇게 하는 시간도 아주 짧

습니다.」라고 하였다.

* 인광대사는 「부처님의 자비는 광대하여 오직 중생을 제도하는 것을 일로 삼으신다오.[以佛慈廣大 專以度生爲事]」라고 하였다.

* 〈연종집요〉에서 고성염불(高聲念佛)의 공덕을 열 가지 나열하였다. ①능배수면(能排睡眠) : 능히 잠을 밀어낸다. ②천마경포(天摩驚怖) : 천마가 놀라고 무서워한다. ③성변시방(聲遍十方) : 소리가 시방에 두루 가득 찬다. ④삼도식고(三途息苦) : 삼도의 고통이 쉬게 된다. ⑤외성불입(外聲不入) : 바깥소리가 들어오지 아니한다. ⑥염심불산(念心不散) : 염불하는 마음이 흐트러지지 않는다. ⑦용맹정진(勇猛精進) : 용맹하게 정진하여 도(道)에 나아간다. ⑧제불환희(諸佛歡喜) : 모든 부처님이 크게 기뻐하신다. ⑨삼매현전(三昧現前) : 삼매가 앞에 나타난다. ⑩왕생정토(往生淨土) : 극락에 왕생한다.」

《보살내계경菩薩內戒經》에서 말하였다. 「보살에게는 세 가지 발원이 있다. 그중 두 번째 발원은, "내가 목숨이 다하면 아미타불앞에 왕생하는 것입니다."이다.」

菩薩內戒經云 菩薩有三願 其第二願 願我命終 往生阿彌陀佛前   - 연지대사 〈왕생집〉

* 《보살내계경》에 「보살에게는 세 가지 발원이 있다. 무엇이 셋인가. 첫째가 마땅히 부처가 되는 것이고, 두 번째가 서방정토에 왕생하는 것이며, 세 번째는 부처님으로부터 장차 부처가 될 것이라는 수기(授記)를 받는 것이다. 이것이 세 가지 발원이다.[菩薩當知三願乃爲菩薩 何謂三 一願我當作佛 二願我往生阿彌陀佛前 三願我世世與佛相値佛當授我 是爲三願]」라고 하였다.

* 연지대사는 〈왕생집〉에서 「주굉(袾宏: 연지대사의 이름)은 보잘 것 없는 범부로서 겨우 분수나 알고 살아갈 뿐이요, 평생에 애쓰고 노력한 것은 오직 나무아미타불 여섯 자일 따름이다. 이젠 늙었다. 만약 누가 물어오는 자가 있으면 반드시 이렇게 대답할 뿐이다. 그러나 혹시 물어 볼 곳이 없어 억견(臆見)에 사로잡힐까 두렵다. 더욱이 나는 이제 쇠약하고 병이 들어 대답하기에도 곤란하다. 그래서 삼가 불보살이 설한 경론(經論)과 고금의 대선지식(大善知識)이나 대거사(大居士) 등의 갖가지 저술들을 그 제목과 이름을 아래에 소개한다. 보이는 대로 자세히 열람(閱覽)하고 깊이 사량(思量)하여 생각해주기 바란다. 믿고 믿지 않고는 고명(高明)한 이들만이 판단할 것이다.[袾宏下劣凡夫 安分守愚 平生所務 惟是南無阿彌陀佛 六字 今老矣 倘有問者 必以此答 猶恐無徵 涉於臆見 況復衰病 艱於語言 謹將佛菩薩所說經論 及古今諸

大知識 大居士等 種種著述 題名開後幸隨所見詳閱而深玩焉 可信與否 惟高明裁之」라고 하였다.

* 선화상인은 「지금은 말법 시대입니다. 많은 법신대사(法身大師)가 자비의 배를 몰고 사바세계로 와서 중생을 교화하며 중생을 각성시키면서 삿된 지견인 마설(魔說)을 멀리 떠나게 하고 바른 지견의 부처님 법문을 가까이 하게 이끌어줍니다. 가르침에 따라 봉행하고 법에 의거하여 수행하며 계율을 엄수하고 실행하면 이것이 바로 정법(正法)이고, 그렇지 않으면 그것은 삿된 법입니다. 무릇 계율에 부합하지 않는 것은 절대로 해서는 안 되며, 계율에 부합하면 힘써 행하는 것이야말로 보살이 가야 할 길입니다. 보살은 절대로 사사로이 자기의 이익을 도모하지 않으며, 결코 명예를 추구하지 않습니다. 보살은 절절한 자비심으로 간곡하게 잘 인도하고 중생을 교화하여 이고득락(離苦得樂)하게 합니다. 보살은 중생의 이익으로 출발점을 삼으며, 자기의 이익을 앞세우지 않습니다. 이것이 바로 보살의 정신입니다. 보살은 자비의 심장을 가지고 감정으로 일을 처리하지 않습니다. 무연자비(無緣慈悲)와 동체대비(同體大悲)의 사상을 가지고 있으며, 절대로 분별심을 일켜 중생을 보지 않으며, 모든 중생은 제도될 수 있다고 생각합니다. 노고를 마다하지 않고 원망을 두려워하지 않으며, 불철주야로 물에 빠진 중생을 구하여 고해에서 벗어나게 합니다. 이것을 자기가 마땅히 해야 할 일이라 생각합니다. 그렇기 때문에 보살은 신통을 얻게 되고, 보살이 신통이 있으면 신통을 나타낼 수 있는 것입니다.」라고 하였다.

* 남회근 선생은 「보살은 오명(五明)을 갖추어야 합니다. 무엇이 오명일까요. 첫째, 인명(因明)입니다. 인명은 논리를 말합니다. 보살은 일체의 이론적 학문을 알지 못하는 바가 없습니다. 둘째, 성명(聲明)입니다. 중국어든 일본어든 다 이해할 줄 압니다. 셋째, 의방명(醫方明)입니다. 보살은 의학적인 이치와 의학의 원리를 이해합니다. 그래야 기회 있을 때마다 중생을 구할 수 있습니다. 넷째, 공교명(工巧明)인데, 일체의 과학기술도 이해합니다. 다섯째는 내명(內明)입니다. 내명이 가장 중요한데, 내명은 명심견성(明心見性)하여 도를 깨달은 것입니다. 도를 깨닫지 못했다면, 앞의 네 가지 명(明)에 아무리 정통해도 세간법에 지나지 않습니다.」라고 하였다.

〈왕생전〉에 실린 임종 시의 상서로운 모습이 승속僧俗, 남녀, 노소 등등 분명한데, 이런 기록들이 어찌 나를 속이겠는가. 이처럼 믿는다면, 저 극락세계의 기쁨을 원하며 즐겨하길 스스로 간절히 하여야 한다. 즉, 이 사바세계의 고통을 두루 살펴 혐오심嫌惡心을 내고 떠나려는 생각이 깊어야 한다. 마치 악취가 진동하고 구더기가 우글대는 똥구덩이에서

566

빠져나오려는 것과 같이, 감옥에서 속히 출감하려는 것과 같이 생각하여야 한다. 이러한 사바세계의 고통 가운데에서 저 극락세계의 기쁨을 멀리 관찰하여 이를 흔쾌히 여기고 기뻐하길 스스로 간절히 하되, 마치 객지에서 고향에 돌아가듯 하고 보물이 쌓여 있는 곳으로 달려가듯 하여야 한다. 내가 늘 말하는 것처럼, 갈증이 날 때 물 마실 생각을 하듯이, 허기질 때 밥 먹을 생각하듯이, 몸 아플 때 약을 생각하듯이, 어린아이가 자비한 어머니 생각하듯이, 원수 맺은 사람이 칼을 들고 다가오는 것을 피하듯이, 거센 물길이나 화염 속에서 구조를 간절히 기다리듯이 하여야 한다. 과연 능히 이와 같이 간절할 수 있다면 일체의 경계와 인연은 그 사람의 간절한 마음을 흔들지 못할 것이다. 그런 다음 이렇게 간절한 믿음과 발원을 갖춘 마음으로 아미타불의 명호를 굳게 지녀야 한다. 한번 아미타불의 명호를 소리 내어 염불하면 구품연화대에 한번 종자種子를 심게 되고, 염불은 왕생의 정인(正因: 직접 원인)이 된다. 곧 모름지기 마음 마음이 서로 잇고 생각 생각에 차질 없이 전념專念으로 오직 부지런하고 순일純一하게 끊어짐 없게 하고 오래될수록 더욱 견고하게 거듭 지니면서, 거듭 간절하게 오래 오래 지속하면 염불공부가 저절로 한 덩어리를 이루어 일심불란一心不亂에 들어가게 된다. 이렇게 정성을 다하였는데도 정토에 왕생하지 못한다면 이는 석가세존께서 광어(誑語: 속이는 말)를 하신 것이며, 아미타불께서 헛된 원을 세우신 것이 되나니, 이러한 이치가 어찌 있을 수 있겠는가.

-철오선사

＊정공법사는 「불법을 수행하는 총강령은 선정(禪定)을 닦는 것이다. 어떠한 법문을 막론하고 모두 선정을 닦는 것이며, 다만 방법과 수단이 다를 뿐이다. 염불은 일심불란을 구해야 하며, 일심불란이 바로 선정이다.」라고 하였다.

＊도선율사는 〈정심계관법〉에서 「경(經)에, "받은 용모가 단정하고 심성이 정결(淨潔)한 것은 제천(諸天) 가운데서 온 것이요, 피부가 거칠고 더러우며 베푸는 것을 좋아하지 않는 것은 축생 가운데서 온 것이며, 형색이 추악하고 눈이 어둡고 지혜가 적은 것은 지옥 가운데서 왔고, 거동(擧動)이 경망하고 침착하지 못한 것은 전생에 원숭이였으며, 기민한 행동으로 희롱하는 것은 기생이나 창녀였고, 심성에 아첨과 간살이 많은 것은 귀신 중에서 온 것이다. 대략 그것을 말할 수 있지만 넓게는 다하기 어렵다." 라고 하였다.

일도(一道) 가운데 항하의 모래와 같은 인과가 있어서 한 마리 개미의 몸을 받는 것도 오히려 다겁을 겪는데 하물며 다른 형상과 다른 도(道) 가운데 받는 것을 이루 말할 수 있겠는가. 이러한 까닭에 생사가 끝이 없는 것이다. 너는 자세히 관찰하여야 한다. 목숨이 끊어질 때 큰 고통을 받고, 몸을 받아 태어날 때 다시 큰 고통을 받는다. 이와 같은 고통을 이미 진겁(塵劫)을 겪었으며, 이미 무수한 몸을 버리면서 끝없는 고통을 받았다. 어리석은 사람은 그중에서 오히려 방일(放逸)하니, 너는 그러한 것을 생각해서 부지런히 (삼계에서) 출리(出離)를 구하여라.」라고 하였다.

실제로 극락세계에 아미타부처님이 계시고 아미타불이 세운 48대원이 있으므로, 아미타불을 열 번 소리 내어 염불하는 사람은 이 원력의 힘으로 극락에 왕생하여 빠르게 윤회에서 벗어날 것이다. 삼세의 모든 부처님이 저마다 똑같이 말씀하셨고, 시방세계의 보살들도 그곳에 태어나기를 원하신다.

또한, 옛날이나 지금이나 극락세계에 왕생한 사람들의 행적이 분명히 전해지니, 바라옵건대 모든 수행자들은 염불의 뜻을 착각하지 말고 부지런히 이 공부에 힘쓰고 또 힘쓸 일이다.

實有極樂世界阿彌陀佛 有四十八大願 凡念十聲者 承此願力 往生蓮臺 徑脫輪廻 三世諸佛 異口同音 十方菩薩 同願往生 又況古今 往生之人 傳記昭昭 願諸行者 愼勿錯認 勉之勉之
- 서산대사 〈선가귀감〉

* 옛 성현께서 「범부의 죄악이 비록 무겁다 하나, 불력(佛力)에 견주면 드넓은 바다 속의 좁쌀 한 톨에 불과하다. 돌의 성질은 무거워서 큰 바다 속에 던지면 반드시 가라앉지만, 큰 배에 던지면 반드시 뜬다. 범부의 죄악이 무거워 삼계에 의지하면(태어나면) 반드시 타락하게 되나, 부처님의 원력의 배[願船]에 의지하면 반드시 구제받는다.[凡夫之罪雖重 較之佛力 不啻滄海一粟 石之性重 投於大海必沈 投之大船必浮 凡夫罪重 投於三界必墮 投之願船必度]」라고 하였다.

부처님께서는 법왕法王이 되어 사람으로 하여금 갖가지 선법善法을 얻게 하신다. 이런 까닭으로 사람은 먼저 마땅히 부처님을 염念하여야 한다. 염불은 무량한 겁동안 지은 무거운 죄를 적게 하고 엷게 하여 선정에 이르도록 한다. 지극한 마음으로 부처님을 생각하면 부처님도 또한 나를 생각하신다.

- 〈사유락요법〉

＊연지대사는 〈왕생집〉에서 「아미타부처님의 광명은 무량하여 시방(十方)의 국토를 비춘다. 만약 지극한 마음으로 염불하기만 하면, 설사 육신(肉身)의 눈은 밝아지지 않더라도 반드시 마음의 눈은 환히 열릴 것이다. 그런데 요즘의 눈먼 맹인(盲人)들은 가끔 무당이 되어 살생하는 업을 짓는 것을 보게 된다. 이는 어두운데서 다시 어두운 곳으로 들어가는 격이라고 말할 수 있으리니, 끝내 밝은 하늘을 볼 수 없다. 슬프다. 내가 어떻게 하면 이런 이야기를 온 천하의 눈먼 맹인들에게 들려줄 수 있을까[彌陀光明無量 照十方國 苟至心憶念 就使肉睛不朗 當必心目洞開 而今時瞽者 往往作師巫 造殺業 是謂從冥入冥 終無時得睹天日矣 嗟乎 吾安能以此 普告盡世之盲人乎]」 라고 하였다.

내가 인지因地에서 악지식惡知識을 만나 반야般若를 비방한 죄로 악도에 떨어져 무량겁을 지나도록 벗어나지 못하였으나, 다시 어느 때에 선지식의 가르침에 의지하여 염불삼매를 행하였더니, 그때에 곧 모든 업장을 벗어버리고 비로소 해탈을 얻었다. 이와 같이 크나큰 이익이 있기 때문에 부처님을 떠나기를 원치 않는 것이다.

我於因地遇惡知識 誹謗般若墮於惡道 經無量劫雖未得出 復於一時依善知識 教行念佛三昧 其時卽能幷遣諸障 方得解脫 有斯大益故 不願離佛　　　- 〈대지도론〉 · 〈만선동귀집〉

＊〈대지도론〉은 제2의 석가모니라 불리는 인도의 용수(龍樹)보살이 《대품반야경》을 주해한 책이다.
＊서산대사가 지은 〈선가귀감〉에, 「부모를 죽인 자는 부처님 앞에서 참회할 수 있으나, 반야지혜를 비방하는 자는 어디에도 참회할 길이 없다.[殺父母者 佛前懺悔 謗般若者 懺悔無路]」 라고 하였다.
＊육조 혜능대사께서 「대승이란 지혜가 광대해서 능히 일체법을 바르게 건립하는 것이요, 최상승이란 더러운 법이라도 가히 싫어하는 소견을 갖지 않으며, 깨끗한 법을 구하는 소견도 갖지 않고, 제도할 중

생이란 소견도 갖지 않으며, 열반을 증득한다는 소견도 갖지 않고, 중생을 제도한다는 마음도 짓지 않으며, 또한 중생을 제도하지 않는다는 마음도 짓지 않으니, 이것을 최상승이라 이름 하며 또한 일체지(一切智)라 이름하고 또한 무생인(無生忍)이라 이름 하며 또한 대반야(大般若)라 이름 하는 것이다.」고 하였다.

* 남회근 선생은 「성불이란 지혜의 성취이지 맹목적인 미신이 아닙니다. 공부 역시 공부의 누적(累積)도 아닙니다. 지(止)를 닦고 난 후에 관(觀)을 닦고, 관(觀)으로 말미암아 혜(慧)를 성취합니다. 관(觀)은 혜(慧)의 원인이요, 혜(慧)는 관(觀)의 결과입니다. 보리(菩提)를 증득하고 도체(道體)를 깨닫는 것을 반야(般若)라고 합니다.」 라고 하였다.

* 〈대지도론〉에 「보살은 늘 염불삼매를 잘 닦기 때문에, 늘 태어나는 곳마다 모든 부처를 만난다. 반주삼매경에서 설한 것처럼, 보살이 이 염불삼매에 들어가면 즉시 아미타불께서 계시는 나라에 태어난다.[菩薩常善修念佛三昧因緣故 所生常值諸佛 如般舟三昧經中說 菩薩入是三昧 卽現生阿彌陀國]」 라고 하였다.

* 〈치문경훈〉에 「구마라집(鳩摩羅什)법사께서 처음에 소승(小乘)을 배울 때, 반두달다(盤頭達多)의 발 아래 엎드려 예를 올리고 공부하였으니 이는 아랫사람이 윗사람을 공경하는 귀존(貴尊)의 예를 갖춘 것이다. 후에 대승(大乘)을 성취한 구마라집에게 다시 반두달다가 엎드려 예를 올리고 공부하니, 이는 윗사람이 아랫사람을 공경하는 것으로 이를 존현(尊賢)이라 한다.[鳩摩羅什 初學小敎 頂禮盤頭達多 此下敬上 謂之貴尊 盤頭達多 晚求大法 復禮鳩摩羅什 此上敬下 謂之尊賢]」 라는 글이 실려 있다.

* 인지(因地) : 보살이 아직 불과(佛果)를 증득하지 못했을 때, 즉 수행중인 지위에 있을 때를 말한다.[菩薩尚未證得佛果 在因中修行時的地位] 예컨대, 석사학위생이 최종 목표인 박사학위를 취득하기 위해 열심히 공부를 하는 과정에 비유할 수 있다. 이에 반해, 수행으로 도달한 부처의 경지는 과위(果位) 또는 과지(果地)라고 한다.

* 《능엄경》에 「인지(因地)가 참되지 못하면, 과보(果報)가 굽게 된다.[因地不眞, 果招紆曲]」 라는 말씀이 있다.

* 해탈(解脫) : 《법화경》에 「온갖 고통과 속박으로부터 벗어나는 것을 해탈이라 한다.[離諸苦縛 名得解脫]」 라는 말씀이 있다.

세존께서 처음으로 정각을 이루시고, 모든 중생을 위하여 불승佛乘을 널리 펴셨다. 그러나 중생의 근기가 불승에 통하기 어렵게 되자, 이에 저 일승一乘가운데 삼승三乘의 법을 보이셨다. 그리고 다시 저 삼승三乘가운데 정토법문을 나타내셨다. 이제는 부처님께서 떠나신 지도 세월이 오래되었고, 중생의 번뇌도 날로 무성해지고 있다. 이러한 까닭으로 삼승에 의지해서는 신묘한 깨달음을 발發하여 성인聖人의 지위를 초월하기가 어렵고, 정토법문을 버리고는 어찌할 바를 몰라 타락할 위험이 있다. 그러니 이 정토법문을 의지하지 않고서는 어떻게 재빨리 생사를 벗어날 수 있겠는가. 위대하도다. 참으로 말세의 숙병宿病을 고칠 수 있는 신비한 효험이 있는 영약靈藥이라 할 수 있을 것이다. 그러나 옛날에는 효험이 많았으나 지금은 그 영험靈驗이 드문 것은 이에 그 허물이 어디에 있는가. 입으로 정토를 부르면서도 마음은 사바세계를 떠나지 못하고, 굳게 깨달음을 구하는 선인先人들의 열정에 미치지 못할 따름이다.

世尊始成正覺 爲諸有情普演佛乘 旣而機難盡投 由是於一乘中示三乘法 而復於三乘中出淨土一門 今去佛日遠情塵日滋 進之不能發神解超聖階 退之俔俔乎有淪墜之險 而匪仗此門 其何從疾脫生死 大矣哉 可謂起末世沈痾必效之靈藥也 顧古之效多今之效 尠其咎安在 則亦口淨土心娑婆 而堅勇明悟不及前輩云爾

                                          - 연지대사〈왕생집〉

＊ 모든 중생이 다함께 성불할 수 있다고 하는 가르침을 불승(佛乘) 또는 일승(一乘) 또는 일불승(一佛乘)이라고 한다. 여기서 '일(一)'은 부처님의 한 마음[一心]을 말한다. 따라서 일승(一乘)은 한량없이 큰 부처님의 한 마음에 중생을 모두 태우고 성불의 길로 인도하는 것을 말한다.

＊ 육조혜능 선사는《육조단경》에서 「삼승(三乘)으로 나눈 것은 미혹한 사람을 위한 까닭이니, 너는 오직 일불승만을 의지하라.」라고 하였다.

＊ 인광대사는 「정토 법문을 버리고 다른 법문을 닦는다면 (이는) 번뇌에 묶인 범부들이 생사를 벗어나는 원인이 되지 못할 뿐 아니라, 십지보살에 이른 성인들조차도 역시 깨달음을 원만히 하기 어렵다.[捨此別修 不但具縛凡夫 莫由出離生死 卽十地聖人 亦難圓滿菩提]」라고 하였다.

＊ 황벽희운선사는 〈전심법요〉에서 「여래께서 세간에 나타나시어 일승(一乘)의 참된 법을 말씀하시려하나, 중생들은 부처님을 믿지 않고 비방하여 고통의 바다에 빠지게 될 것이며, 그렇다고 부처님께서 전

혀 말씀하시지 않는다면 설법에 인색한 간탐(慳貪)에 떨어져 중생을 위하는 것이 못된다고 하시사, 현묘한 도를 널리 베푸시고 방편을 세워 삼승(三乘)이 있음을 말씀하셨다. 그래서 대승과 소승의 방편이 생겼고, 깨달음에도 깊고 얕음의 차이가 있게 되었으나, 이것은 모두 근본법이 아니다. 고로 일승만이 참되고, 이승(二乘)은 참되지 않다.[如來現世 欲說一乘眞法則衆生不信興謗 沒於苦海 若都不說 則墮慳貪 不爲衆生溥捨妙道 遂設方便說有三乘 乘有大小 得有淺深 皆非本法 故云唯有一乘道餘二則非眞] 라고 하였다.

　＊삼승(三乘) : 성문/ 연각/ 보살을 말한다. 성문과 연각을 이승(二乘)이라고 한다.

　＊연지대사는〈죽창수필〉에서「경(經)에, "성문(聲聞)은 누가 욕설을 하거나 헐뜯으면 묵묵히 참고 있거나, 아예 이를 피해 버린다. 그러나 보살은 그렇지 않다. 자비를 더하여 친자식과 같이 사랑하여 갖은 방편으로 제도한다." 하였다. 보살의 자비는 성문에 비할 바가 아님을 알 수 있다.[經云 聲聞人於罵者 害者或嘿然或遠離 菩薩則不然 更加慈心 愛之如子 方便濟度 故遠勝聲聞 不可爲比] 라고 하였다.

　＊남회근 선생은「무엇을 성문(聲聞)이라 할까요. 스스로는 깨우치지 못해 전적으로 스승의 교화(敎化)에 의지하는 자입니다. 우리는 모두 성문입니다.」라고 하였다.

　＊남회근 선생은「성문승(聲聞僧)은 출세간(出世間)에 치우쳐 있어서 세상 속에 감히 뛰어 들려고 하지 않습니다. 연각(緣覺)은 벽지불(辟支佛)이라고도 하고 독각불(獨覺佛)이라고도 하는데, 부처님이 세상에 출현하지 않는 말법시대에 어떤 수행자들은 과거 생에 부처님을 배웠던 종자(種子)가 폭발하여 인연이 성숙해서 본성을 스스로 깨닫는데, 이를 연각이라 합니다.」라고 하였다.

　＊《화엄경》에「성문은 상품(上品)의 십선(十善)을 지혜롭게 닦되 마음이 좁고 열등하며 삼계를 두려워하고 대비(大悲)가 없으며, 다른 이의 가르침의 음성을 듣고서야 깨닫기 때문에 성문승(聲聞乘)이라 하느니라.」라고 하였다.

　＊《법화경》에「바깥으로 드러나는 것은 성문이다.[外現是聲聞] 라는 구절이 있다.

　＊《원각경》에「성문들이 증득한 원각의 경계는 몸과 마음과 언어에 대한 집착이 다 끊어졌지만, 마침내 여래가 몸소 증득하여 나타난 열반에는 도달하지 못하였다.[但諸聲聞所圓境界 身心語言皆悉斷滅 終不能至彼之親證所現涅槃] 이라는 구절이 있다.

　＊《화엄경》에「연각은 적정(寂靜)한 고독을 좋아할 뿐, 설법 교화하지 않으며, 자리(自利)의 행(行)만 있고 이타(利他)의 행이 없기에 대비심을 가지고 중생을 구원하는 일이 없고, 따라서 불과(佛果)에 이르지 못한다.」고 하였다.

* 규봉종밀 선사는 「부처님께서 경을 말씀하신 근본 뜻을 이렇게 말씀하셨다. "내가 이 세상에 나온 것은 오직 한 가지의 큰 인연 때문이다." 한가지의 큰일이란 바로 중생들에게 부처의 지혜를 열어 주고 부처의 도에 들어가게 하려는 것이다. 비록 한량없는 방편과 여러 가지 인연과 비유의 말씀으로 법을 말씀하셨지만 이 법은 모두 부처를 향한 깨달음으로 나아가기 위한 것이었다.

그러므로 부처님은 이렇게 말씀하셨다. "내가 보리수 아래에서 깨달음을 얻었을 때, 일체의 중생들이 바른 깨달음을 얻었고 일체의 중생이 열반에 든 것을 보았다. 한 중생도 부처의 지혜를 갖추지 않은 이가 없지만 단지 망상과 집착으로 인해 그것을 깨닫지 못할 뿐이다. 내가 이제 성스러운 도로써 가르쳐 그 망상을 영원히 여의고 자기 몸 가운데 있는 부처의 넓고 큰 지혜를 나와 다름없이 깨닫게 해주겠다." 이것이 바로 일불승(一佛乘), 즉 성불을 위한 까닭이었다. 그러나 중생들의 마음이 어둡고 어리석음이 많아 즐거움에만 탐닉하고 있으므로 제도하기가 어려웠다. 그래서 부처님은 깨달음을 얻은 후 21일 동안 이런 생각을 하셨다. '만일 바로 성불하는 길만을 말한다면 중생들은 그 뜻을 이해하지 못해 믿지도 않을 뿐만 아니라 나를 헐뜯고 비방하게 될 것이다. 이렇게 되면 나를 헐뜯고 비방한 죄로 중생들을 지옥에 떨어지게 할 뿐이다. 그렇다고 만일 소승으로 교화한다면 진리에 어긋나는 일이니 옳지 못하다.' 부처님은 자신이 깨달은 진리를 어떻게 중생들에게 전해 줄까하는 생각으로 여러 날을 보내다가 마침내 과거의 부처님들이 행한 방편력(方便力)을 생각해 낸 것이다. 과거의 부처님들도 모두 소승(小乘)으로써 이끌어낸 뒤에 마침내 일불승에 들어가게 한 것을 안 까닭에 부처님 역시 삼승(三乘)을 설하신 것이다. 삼승이란 성문승, 연각승, 보살승을 말한다. 성문승은 부처님의 설법을 들어야만 해탈할 수 있는 것을 말하며, 연각승이란 스승에 의지하지 않고 스스로 12인연법을 알아서 잎이 피고 꽃이 지는 이치를 깨닫는 것을 말하며, 보살승이란 육바라밀에 의해서 스스로 해탈하고 남도 해탈케 하여 부처가 되는 것을 말한다.」라고 하였다.

* 부처님이 깨달으신 진리는 무엇일까. 그것은 연기법(緣起法)이다. 부처님이 해탈, 열반을 성취하셨다고 했을 때 그것은 곧 진리를 깨달았다는 말이고 바로 그 진리가 연기법인 것이다. 연기를 보는 것이야말로 부처님이 깨달은 진리를 보는 것이다. 삼법인(三法印), 사성제(四聖諦), 팔정도, 무상(無常), 고(苦), 공(空), 무아, 자비, 일체법, 12연기, 업과 윤회 등의 근본불교 교리에서부터 부파, 대승불교 교리에 이르기까지 연기법을 벗어나는 교리나 사상은 없다. 모두가 연기법의 각론(各論)이며, 연기법을 쉽게 설명하기 위한 수많은 방편들에 불과하다(한국의 법상스님 법문 발췌).

573

비구와 비구니든, 우바새와 우바이든, 부처님 말씀대로 계율을 빠짐없이 지키며 한 곳에 홀로 앉아 생각을 그치고 서방정토에서 지금도 설법하고 계시는 아미타불을 생각하면서, 경전에서 설하신 것을 들은 바대로 생각하여야 한다. 이곳에서 십 만억 떨어진 불국토인 극락세계를 일심으로 생각하면서 만 하루 내지 만 이레 동안 부처님 명호를 부르면 이레를 지나 아미타불을 뵙게 되리라.

其有比丘比丘尼 優婆塞優婆夷 如法行持戒完具 獨一處止念西方阿彌陀佛今現在 隨所聞當念 去此千億萬佛刹 其國名須摩提 一心念之 一日一夜若七日七夜 過七日已後見之

- 《반주삼매경》

＊《반주삼매경》은 부처님께서 발타화보살(현호보살)의 요청에 따라 반주삼매의 법문(法門)을 해설한 경전인데, 기원전 1세기경에 성립된 것으로 추정되고 있다. 정토경 가운데서도 초기에 편찬된 것으로 원효대사도 〈반주삼매경략기(般舟三昧經略記)〉와 〈반주삼매경소(般舟三昧經疏)〉를 저술했고, 중국과 일본의 고승들 중에는 이 경전에 바탕을 두고 수행한 분이 많다.

＊《반주삼매경》이 중국에 수입되기 전에 중국인들은 석가모니부처님 한 분만 알고 있었으나, 《반주삼매경》이 들어오면서 비로소 아미타부처님을 알게 되었다. 혜원(慧遠)법사께서 동림사(東林寺)에서 백련결사를 할 때에 이 《반주삼매경》에 의지하였기 때문에, 이 경이 염불에 끼친 영향이 크다.

＊ '반주(般舟)' 는 '불현전(佛現前: 부처가 바로 앞에 나타나 계심)' 의 뜻이니, '반주삼매' 란 부처님이 앞에 계신 것을 볼 수 있는 삼매, 즉 '불현전삼매(佛現前三昧)' 를 말한다.

＊ 인광대사는 「계율은 부처님의 몸이고, 경전은 부처님의 말씀이며, 선(禪)은 부처님의 마음이다.[律者佛身 敎者佛語 禪者佛心]」 라고 하였다.

＊ 우바새/ 우바이 : 우바새는 남자 재가(在家)신도를, 우바이는 여자 재가신도를 가리킨다. 즉, 출가하지 않고 집에서 계율을 지키며 불교의 가르침을 믿고 따르는 신도들을 가리킨다.

범부라 할지라도 아미타불의 중생구제를 믿고 받아들인다면 이것이 곧 대복보요, 대지혜다. 오로지 아미타불 명호만 부른다면 이것이 곧 대선근이요, 대공덕이다. 자신이 믿고 남도 믿도록 하면 이것이 곧 대자비요, 대원력이다.

雖是凡夫 若信受彌陀救度 卽是大福報 大智慧 若專稱彌陀佛名 卽是大善根 大功德 若自信教人信 卽是大慈悲 大願力
- 고덕

* 남회근 선생은 「아미타불을 외는 염불은 왕생법으로서 진실한 것입니다. 저 극락세계는 도대체 우리들이 사는 이 사바세계와의 거리가 얼마나 멀까요. 무량수(無量數)의 거리입니다. 너무나 멉니다. 그렇게 먼 거리를 우리가 왕생할 수 있을까요. 부처님은 말씀하십니다. "그대의 마음의 힘이 강하고 임종할 때 마음이 산란하지 않고, 그때에 당신의 마음을 놓아버리면, 설사 당신이 나쁜 사람이요 대악인(大惡人)이며 죄업이 깊고 무거울지라도, 단지 나무아미타불을 한 번만 일으켜 외우면, 그것도 입으로 외우는 것이 아니라 마음속으로 외우면 업을 지닌 채 서방 극락세계에 왕생한다." 그곳에 도착한 뒤에는 번뇌가 전혀 없습니다. 하루 종일 수행하며 부처가 되기를 생각합니다. 당신이 서방 극락세계에서 성불하고 나서 각종의 세계에 다시 돌아옵니다. 지구에 돌아와 중생을 제도합니다. 중생은 저마다 본래 부처입니다. 그러므로 아미타불을 부르면서 부처님의 국토에 왕생하기를 발원하는 것입니다.」라고 하였다.

* 남회근 선생은 「제불보살은 하나의 일대사(一大事) 인연을 위해서 세상에 출현하십니다. 즉, 일체중생에게 이익을 주기 위하여 세상에 출현하고 자기의 생사를 마치고 해탈하는 것을 보여줍니다. 이것이 바로 불법의 참정신입니다. 우리들이 부처를 배움은 모두 다른 사람을 위해서 배우는 것이지 자기를 위함이 아니라는, 이런 정신이 없다면 불자(佛子)라고 할 수 없습니다. 일반적인 범부, 윤회하는 중생은 온통 자기만을 위하여 이해타산(利害打算)을 따지고 요구하고 합니다. 보살의 기미라고는 조금도 없습니다.」 라고 하였다.

《관무량수경》에 보면 「하품하생下品下生하는 중생은 이른바 오역십악을 저질러 장차 아비지옥에 떨어질 죄인인데도, 선지식의 가르침을 받고 임종 시 나무아미타불을 열 번이나 단지 몇 번만 염송하고 목숨이 다하더라도, 부처님의 영접을 받아 극락에 왕생할 수 있다.」고 나와 있소. 이를 보면 위로는 등각보살도 정토바깥으로 벗어날 수 없으며, 아래로는 극악무도한 죄인조차도 정토 안으로 들어갈 수 있소. 그 공덕과 이익은 부처님 한 평생의 모든 가르침을 초월해 있소.

觀無量壽佛經 下品下生 乃五逆十惡 將墮阿鼻地獄之人 蒙善知識 教以念佛 或念十聲 或但數聲 即便命終 亦得蒙佛接引 往生西方 觀此 則上自等覺菩薩 不能出於其外 下至逆惡罪人 亦可入於其中 其功德利益 出於一代時 教之
                                                                          - 인광대사

* 《화엄경》에서 선재동자가 53인을 만나 도를 구하는데, 이들이 모두 선지식이다. 《화엄경》에서는 선지식을 가리켜 「사람들을 인도하여 일체지(一切智)로 가게 하는 문이며 수레이며 배이며 횃불이며 길이며 다리이다.」라고 하였다.

* 아미타불의 후신이라 불리는 영명연수선사는 「만일 진정한 선지식을 만나거든 간절한 마음으로 묻고 배워라. 설사 수행해도 깨닫지 못하고, 배워서 이루어지는 것이 없다 할지라도 오랫동안 듣게 되면 절로 도의 종자가 되어 세세생생 악도에 떨어지지 않고, 사람의 몸을 받아서 언젠가는 하나를 들으면 천을 깨닫게 될 것이다. 진실로 말한다. 참된 선지식은 사람 가운데 큰 인연이 되며, 능히 중생을 교화하여 불성(佛性)을 얻어 보게 한다.」라고 하였다.

* 달마대사는 〈혈맥론(血脈論)〉에서 「만약 스스로 밝게 깨닫지 못하면, 반드시 선지식(善知識)을 찾아서 생사(生死)의 근본을 밝혀내어야 한다.[若自己不明了 須參善知識了却生死根本]」라고 하였다.

* 달마대사는 〈혈맥론〉에서 「만약 급히 스승을 찾지 않는다면, 헛되이 일생을 보낼 것이다.[若不急尋師 空過一生]」라고 하였다.

* 남회근 선생은 「남의 스승이 되고 싶어 하는 사람은 유의해야 합니다. 여러 가지 법보(法寶)를 모을 수 있어야 합니다. 무량한 법문을 배워서 일체중생의 과거 전생의 인과와 근기가 다름을 이해하고, 중생의 심리를 알아서 중생의 마음이 일어나고 생각이 움직이는 것을 모두 다 알 수 있어야 합니다.」라고 하였다.

* 〈연종집요〉에서는 성암대사의 말씀을 인용하여 「성암대사는 "세간(世間)의 사소한 기술(技術)도 스승이 있어야 하거늘, 하물며 불법에 있어서겠는가." 하셨으니, 공부하는 데는 선지식을 만나야 하는 것이며, 임종 때에는 선지식이 더욱 긴요한 것이다.」라고 하였다.

* 《원각경》에 「말세의 중생들이 광대한 마음을 내려거든 선지식을 구해야 할 것이다. 수행을 하려거든 일체의 정지견(正知見)을 가진 사람을 구해야 한다. 마음이 상(相)에 머무르지 않고 성문(聲聞)이나 연각(緣覺)의 경계에 집착하지 않은 사람을 구해야 한다.[末世衆生將發大心 求善知識 欲修行者 當求一切正知見人 心不住相 不著聲聞緣覺境界]」라고 하였다.

576

＊ 인광대사는 「불경은 사람들에게 항상 참회하여, 무명(無明)을 완전히 끊고 불도(佛道)를 원만히 이루라고 가르치고 있소. 비록 지위가 등각(等覺)에까지 이른 미륵보살조차도, 매일같이 시방세계 모든 부처님께 예경(禮敬)을 드리며, 무명이 깨끗이 사라져 법신을 원만히 증득하기만 기원한다오. 하물며 그 아래의 보살이나 벽지불, 성문은 말할 나위가 있겠소.」라고 하였다.

일체범부는 죄와 복의 많고 적음, 염불 기간의 길고 짧음을 묻지 않는다. 길게는 백 년에서부터 짧게는 1일 내지 7일간 일심으로 오로지 아미타불 명호만 염하면 반드시 정토에 왕생하니 절대 의심하지 말라.

一切凡夫 不問罪福多少 時節久近 但能上盡百年 下至一日至七日 一心專念彌陀名號 定得往生 必無疑也
　　　　　　　　　　　　　　　　　　　　　　　　　　　　　　　- 선도화상

＊ 선도화상은 염불을 정심염불(定心念佛)과 산심염불(散心念佛)로 나누었다. 염불할 때 잡념이 없이 한 생각만을 갖고 하는 것을 정심염불이라 하고, 여러 가지 생각을 갖고 산란한 마음으로 하는 염불을 산심염불이라 한다. 정심염불은 예리한 근기를 가진 사람[利根人]이 수행하는 것이고, 산심염불은 둔한 근기를 가진 사람[鈍根人]이 수행하는 것이라고 하였다.

＊ 선도화상은 〈관경소(觀經疏)〉에서 「자력(自力)으로 나머지 모든 수행을 하여도 이것을 선(善)이라 부를 수 있겠지만, 염불에 비하면 전혀 비교가 안 된다.[自餘衆行 雖名是善 若比念佛者 全非比較也]」라고 하였다.

＊ 선도화상은 「아미타불을 부를 때마다, 즉시 한 줄기 광명이 입안에서 저절로 날아오른다.[每念一句佛號 卽有一道光明自口中飛出]」라고 하였다.

＊ 소강(少康)대사는 「아미타불을 한 번 부를 때마다, 즉시 입 안에서 한 부처님이 나오시는데, 열 번 부처님 명호를 부르면 열 분의 부처님이 입 안에서 나오신다.[每唱念一聲佛號 就有一尊佛像從口中出 念佛十聲 就有十尊佛從口中出]」라고 하였다.

＊ 성현께서 「오역십악(五逆十惡)의 죄가 비록 극악하긴 하나 아미타불을 믿는 사람은 결국에는 극락에 왕생하고, 오계십선(五戒十善)이 비록 대선(大善)이긴 하지만, (오계십선을 행해도) 아미타불을 의심하면 (삼

악도로) 떨어짐을 면하기 어렵다.〔五逆十惡固然極惡 但信彌陀者終必得救 五戒十善固然大善 但疑彌陀者難免墮落〕라는 귀한 말씀을 남기셨고, 또 「아미타불의 중생 구제를 뛰어넘는 선(善)은 없고, 아미타불의 중생 구제를 의심하는 죄보다 더 큰 죄는 없다.〔無善能勝彌陀救度之善 無罪能疑彌陀救度之罪〕」라고 하였다.

염불삼매는 모든 삼매 중의 왕이며, 모든 삼매를 능히 포함하고 거두어들인다. 염불하여 염념(念念)이 일심불란一心不亂의 경지에 이르면 바로 염불삼매를 이룬다.

又念佛三昧 爲一切三昧中王 而能統攝一切三昧 念佛念到一心不亂 直成念佛三昧

- 정권법사 〈능엄경대세지보살염불원통장강의〉

＊인광대사는 「염불삼매라는 것은 말하기는 쉬운 듯한데, 실제로 몸소 얻기는 정말 어렵소. 단지 마음을 추슬러 간절히 염불하기를 꾸준히 오래 지속하다 보면 저절로 얻어지게 되오.」라고 하였다.

＊《문수반야경》에 「한 부처님의 공덕을 생각하면 곧 무량한 모든 부처님의 공덕을 갖춘다. 왜냐하면 염불삼매를 증득했기 때문이니라.〔念一佛功德卽具無量諸佛功德 所以證得念佛三昧〕」라고 하였다.

＊중국의 모릉운(毛凌雲) 거사가 지은 〈염불법요(念佛法要)〉라는 책에 「부처님 명호를 생각하거나 부를 때에는 한 글자 한 글자마다 입으로 내는 소리와 염불하는 사람의 마음이 서로 의지하여야 하며, 조금이라도 세상 생각과 섞여서는 안 된다. 이러한 염불이 지속되면 무르익게 되는데, 또 마치 고양이가 쥐를 잡는 것처럼 오래도록 붙잡으면 바로 염불삼매에 들어가게 되어, 반드시 극락에 왕생하고 보련화(寶蓮華)에 앉아 불퇴지에 오른다.〔持名念佛之法 必須字字句句 聲心相依 不雜分毫世念 久久成熟 又如貓捕鼠 久久不失 則入正憶念佛三昧 決定得生極樂 坐寶蓮華 登不退地〕」라는 말씀이 있다.

처음 발심하여 염불할 때 극락세계의 보배연못에 연꽃의 씨가 싹튼다. 그후 정진을 거듭하여 퇴전하지 아니하면 날마다 연꽃이 성장을 거듭하고, 연꽃은 점점 증장增長하여 활짝 핀다. 수행의 공덕이 크고 작음에 따라 연꽃의 휘황찬란한 광명에 크고 작은 차이가 있게 된다.

그러나 만약 게으르거나 정토 공부한 것을 후회하거나 혹시 잡된 나쁜 생각을 하면 연꽃은 날마다 마르고 초췌하게 되며, 만약에 그러한 잘못을 깊이 참회하고 잘못을 고쳐 새로워진다면 연꽃은 화려함에 선명함을 더하게 되고, 만약에 그렇게 참회하고 잘못을 고치지 아니하면 연꽃의 싹은 말라 종자마저 없어지고 만다. 또한 묻노니, 이 불가사의한 연꽃은 누가 그 종자를 심는 것인가. 현재와 미래는 서로 의지하여 존재한다. 이 말 가운데 정답이 있다.

是故說初發心念佛之人 極樂世界的七寶蓮池 已經萌發蓮華的種子 若是能夠精進不退 便能每日增益而生長 蓮華漸漸可以增長盛開 隨著其修行的功德 有大小不同的輝煌光明 其中若是懈怠退失後悔或是間雜惡念 蓮華便日漸乾枯憔悴 如果能夠懺悔而改過自新 蓮華便能回復鮮豔美麗 如果不能懺悔改過 蓮華的苗芽便焦枯 種子必敗壞 且問此不可思議之蓮華 是由誰種植呢 現在和未來互相依附而存在 這樣的話才有其意旨歸向也

- 유계 전등법사 〈정토생무생론〉

* 청나라 도패(道霈)대사는 「전등대사는 천태종의 일심삼관(一心三觀)의 교관(敎觀)에 입각하여 〈정토생무생론〉을 지으셨는데, 이 논(論)은 이치가 원만하여 갖추지 않은 것이 없고, 사상(事相)이 철저하여 사무치지 않은 것이 없으니 이는 바로 정토법문의 으뜸 가르침이며 왕생극락의 첩경이다. 그러므로 당시 대사께서 논을 지으신 후 법좌에 올라 사부대중을 위하여 설법을 하실 때에 하늘 음악이 허공에 울려 퍼진 것을 법좌에 참여한 대중들이 함께 들었다. 매일 설법할 적마다 하늘음악이 울려 퍼졌는데, 이 논의 강설이 끝나서야 비로소 하늘음악이 멎었다. 그 영험함이 그와 같이 불가사의하니 정토를 닦는 사람이 이 논에 의지하여 받아 지님에 다시 무슨 의심이 있겠느냐.」라고 하였다.

항상 지극한 마음으로 오로지 부처님만 생각하여 잊지 않을 수 있다면, 산림山林에 있거나 마을에 있거나, 또는 낮이건 밤이건 앉았건 누웠건, 모든 부처님께서 이 사람을 늘 눈앞에 있는 듯 보고 계시리라.

常能至心 專念佛者 若在山林 若在聚落 若晝若夜 若坐若臥 諸佛世尊 常見此人 如現目前

-《열반경》

누가 묻기를, 「견성見性해서 도道를 깨치면 생사를 벗어나거늘, 하필 생각을 한곳에 집중하고 아미타불을 불러 서방정토에 나라고 하십니까.」

답하노라. 「수행하는 사람은 참으로 잘 살필지니라. 사람이 물을 마셔 보아야 차고 뜨거움을 아는 거와 같이, 이제 귀감을 두어 많은 의혹을 깨뜨리노라. 모든 어진이여, 자기의 행해行解를 마땅히 관觀하여 보아라. 견성하고 도를 깨쳐 부처님으로 부터 수기授記를 받고, 조사祖師의 맥을 잇기를 능히 마명馬鳴보살이나 용수龍樹보살과 같이 할 수 있는가. 걸림 없는 변재辯才를 얻고 법화삼매法華三昧를 증득하기를 능히 천태 지자智者대사와 같이 할 수 있는가. 모든 가르침에서 다 내세우는 행해겸수行解兼修를, 남악南嶽 혜충慧忠국사와 같이 닦을 수 있겠는가. 이 모든 대사들께서 말씀과 교敎를 펴 왕생을 권하였으니, 이것은 나도 이롭고 다른 이도 이롭게 하기 위함이다. 어찌 나와 남을 그르치기 좋아 하리오. 하물며 부처님께서 간절하게 입으로 찬탄하시고, 옛 성현들도 부처님의 가르침을 좇아 절대로 어기지 않았다.

〈왕생전〉에 실린 대덕大德과 그들이 남긴 기이한 자취가 한없이 많으니 잘 보면 알 것이다. 스스로 비추어보고 또 스스로 헤아려보건대, 목숨을 마칠 때에 생사왕래를 자재自在할 수 있는가. 시작도 없는 때로부터 지은 악업의 중한 장애가 나타나지 않겠는가. 현재 이 몸이 능히 윤회를 벗어나겠는가. 삼악도 여러 길 가운데를 자유로 오고 가되 절대로 고뇌가 없겠는가. 천상의 인간과 시방 세계에 마음대로 의탁하되 절대로 장애가 없겠는가. 이를 확실히 알아서 자신이 있고 그와 같이 하려면 어찌 잘 해야 하는지 알면 괜찮지만, 만일 그렇지 못할진대 한때 교만한 마음으로 영겁의 고통을 장만하고 자신의 선과 이익을 잃어버리니 장차 누구를 원망하리오. 슬프고 슬프도다.」

問但見性悟道 便超生死 何用繫念彼佛 求生他土

答眞修行人 應自審察 如人飮水 冷暖自知 今存龜鑑 以破多惑 諸仁者 當觀自己行解 見性悟道 受如來記 紹祖師位 能如馬鳴龍樹否 得無礙辯才 證法華三昧 能如天台智者否 宗說皆通 行解兼修 能如忠國師否 此諸大士 皆明垂言敎 深勸往生 蓋是自利利他 豈肯誤人自誤 況大雄讚歎 金口叮嚀 希從昔賢 恭稟佛敕 定不謬誤也 如往生傳所載 古今高士事蹟 顯著

非一 宜勤觀覽 以自照知 又當自度 臨終之時 生死去住 定得自在否 自無始來 惡業重障 定不現前否 此一報身 定脫輪廻否 三途惡道 異類中行 出沒自由 定無苦惱否 天上人間 十方世界 隨意寄託 定無滯惱否 若也了了自信得及 何善如之 若其未也 莫以一時貢高 卻致永劫沈淪 自失善利 將復尤誰 嗚呼哀哉

- 영명 연수선사

* 행해(行解) : 수행과 지해(知解)를 말함. 지해(知解)는 해오(解悟), 즉 이치상의 깨달음 또는 문자상의 깨달음을 말한다.

* 천태대사께서 도(道)를 수행하다 크게 깨우치니, 스승인 남악혜사선사께서 칭찬하며 말했다. 「대장경을 외우는 아무리 큰 지식을 가진 사람도 너의 한없는 법문에는 당하지 못할 것이다.」 과연 천태대사는 만고에 빛나는 스승이 되었다.

* 남회근 선생은 「오직 도(道)를 얻은 사람만이 생로병사의 속박에서 해탈하여 우주만법의 주인이 되어 어떠한 시간과 공간도 초월하여 시방삼세에 존재하면서 진정한 관자재(觀自在)의 경지에 도달할 수 있습니다.」라고 하였다.

「극락세계는 수승殊勝하고 미묘하여 부처님들이 거처하는 곳이다. 연화대는 범부가 갈 곳이 아니다. 이치상 범부는 범부의 땅으로 가고 성인은 성인의 도량을 밟아야 하는데, 어찌 낮고 하찮은 범부가 그렇게 장엄한 곳에 가 태어날 수 있단 말인가.」 라고 누가 묻는다면, 「범부가 극락세계에서 노닐 수 없다면 어찌 부처님이 오탁악세를 밟을 수 있겠는가. 비록 부처님이라 하더라도 중생을 교화하기 위해 오탁악세에 내려오시고, 또한 범부라 하여도 부처님께 공양을 드리기 위하여 정토에 나게 되는 것이다.」 라고 대답하리라.

淨土勝妙 是法王所居 蓮華(臺)藏 非凡夫行處 理須凡行凡地 聖踐聖場 寧得底下凡夫 生斯妙處 若凡夫卽不得遊於淨土 旣是法王 何得踐於五濁 雖是法王 爲化衆生故 遊於五濁 亦雖是凡夫 爲供養佛故 生於淨土

- 원효대사〈유심안락도遊心安樂道〉

* 아미타불의 후신인 중국의 영명연수선사는 그의 저서〈종경록〉에서 말하기를, 「원효 스님의 지혜

가 환히 빛남은 마치 해나 달과 같다. 학식은 인천(人天)의 마음을 꿰뚫었고, 정법(正法)을 온전히 깨달아 진여(眞如)의 밀밀(密密)한 뜻에 계합하였다. 스님은 과연 대오(大悟)하고 대철(大徹)한 분이시다.」라고 극찬하였다.

* 청화스님의 스승이신 금타대화상(金陀大和尙)은 원효대사와 조선의 진묵(震默)대사를 팔지(八地)보살의 화신이라 하였고, 서산대사를 사지(四地)보살의 화신이라 하였다.

* 대각국사 의천은 원효대사를 원효성사(聖師), 원효보살로 격상시킨 장본인으로,「원효성사 오른쪽에 가는 선철(先哲)은 없다. 오직 용수(龍樹)와 마명(馬鳴)만이 원효성사와 짝할 수 있다.」고 하였다.

* 중국의 〈송고승전(宋高僧傳)〉은 원효대사에 대해,「총각의 나이에 흔쾌히 불법(佛法)에 입문하여 스승을 따라 학업을 받았는데, 다니는 곳이 일정함이 없었으며, 의해(義解)의 세계를 용맹하게 격파하고 문장의 진영을 씩씩하게 횡행하여 굳세고 흔들림 없이 정진하여 물러남이 없었다. 삼학(三學: 戒定慧)에 널리 통하여 신라에서 그를 일컬어 '만인을 대적할 만하다'고 하였으니, 정밀한 의해가 신(神)의 경지에 들어감이 이와 같았다. 일찍이 의상(義湘) 법사와 함께, 현장삼장(玄奘 三藏)과 자은(慈恩)의 문하(門下)를 흠모하여 당나라에 들어가려 했으나, 그 인연에 차질이 생겨서 갈 생각을 그만두고 여기저기 돌아다녔다. 얼마 안 되어, 말하는 것이 사납고 함부로 하였으며 행적을 나타냄이 어그러지고 거칠었으니, 거사들과 함께 주막이나 기생집에 드나들었다. 지공(誌公)화상(중국 양나라의 고승)처럼 금속으로 된 칼이나 쇠로 된 석장(錫杖)을 가지고 있으면서, 혹은 소(疏)를 지어 화엄경을 강론하기도 하고 혹은 거문고를 어루만지며 사우(祠宇)에서 즐기기도 하였으며, 혹은 여염집에 기숙하기도 하고, 혹은 산이나 강가에서 좌선(坐禪)을 하기도 하였으니, 마음 내키는 대로 하여 도무지 일정한 법식이 없었다.[丱髫之年 惠然入法 隨師稟業 遊處無恒 勇擊義圍 雄橫文陣 桓桓然 桓桓然 進無前却 蓋三學之淹通 彼土謂之萬人之敵 精義入神 爲若此也 嘗與湘法師入唐 慕奘 三藏慈恩之門 厥緣旣差 息心遊往 無何發言狂悖 示跡乖疎 同居士入酒肆倡家 若誌公持金刀鐵錫 或製疏以講雜華 或撫琴以樂祠宇 或閭閻寓宿 或山水坐禪 任意隨機 都無定檢]」라고 하였다.

* 염불을 크게 선양(宣揚)한 연종(蓮宗)의 초조(初祖) 혜원(慧遠)법사는 원효대사를 가리켜,「몸은 동이(東夷)에 있어도, 그 덕은 당나라를 덮었는데, 가히 불세출의 위인이라 할 만 하다.」라고 하였다.

염念이란 마음으로부터 하는 것이다. 마음으로 생각하고 기억하여 잊어버리지 않는 것을 염이라 한다. 유교로 비유하면, 선비가 생각 생각에 공자를 생각하고 기억하면 공자에 거의 가깝게 갈 수 있지 않겠는가. 지금, 생각 생각에 오욕五欲을 생각하고 그리워하는 것은 잘못이라 하지 않으면서, 도리어 부처를 생각하는 것은 그르다 하는구나.

念從心 心思憶而不忘 故名曰念 試以儒喩儒者念念思憶孔子 其去孔子不亦庶幾乎 今念念思憶五欲 不以爲非 而反以念佛爲非　　　　　　　　　　　　　　- 연지대사 〈죽창수필〉

* 유교의 비조(鼻祖)인 공자(仲尼: 孔丘)와 도교의 종조(宗祖)인 노자는 과연 누구인가. 부처님과 고승들께서는 이들이 바로 대보살의 화현이라 말씀하신다.

* 영명연수 선사의 〈만선동귀집〉에 「기세계경(起世界經)에서 부처님이 "내가 성자(聖者) 둘을 진단(震旦: 중국)에 보내 교화를 행하게 하였는데, 하나는 노자로서 곧 가섭보살이요, 또 하나는 공자로서 곧 유동보살이다." 하셨다. 예부터 지금까지 인간을 이롭게 하시는 모든 분들이 밀화보살(密化菩薩)임을 분명히 알 수 있다. 이는 오직 보살만이 밝게 아실 일이요, 범부들은 헤아릴 수 있는 바가 아니다.[起世界經云 佛言 我遣二聖往震旦行化 一者老子 是迦葉菩薩 二者孔子 是儒童菩薩 明知自古及今 但有利益於人間者 皆是密化菩薩 惟大士之所明 非常情之所測]」라고 하였다.

* 〈대장일람집〉에서 「변정론(辯正論)서 말하였다. '중니(仲尼)는 곧 유동(儒童)보살이었다. 먼저 이 땅에서 유행하면서 방편행으로 점차 교화했으며, 오탁(五濁)의 세상을 불쌍히 여겨 구제하려고 오상(五常 : 仁義禮智信)을 선포하였다.'」라고 하였다.

* 〈파사론(破邪論)〉에서 「부처님께선 세 명의 제자를 진단(震旦)으로 보내서 교화하게 했다. 유동(儒童)보살은 공구(孔丘)라고 했으며, 광정(光淨)보살은 안회(顔回)라고 칭했으며, 마하가섭(摩訶迦葉)은 노자(老子)라고 칭하였다.」고 하였다.

* 공자를 유동(儒童) 보살이라 하였는데, 동(童) 자를 쓴 것을 보면 공자는 8지보살 위의 보살임을 알 수 있다. 참고로, 문수보살을 달리 문수사리동자(童子)라고도 부른다.

* 중국의 선화상인은 「노자와 공자는 모두 보살의 응화신(應化身)이다. 유교, 불교, 도교는 셋이면서 하나이고, 하나이면서 셋이다.[老子孔子都是菩薩應化 儒釋道三而一 一而三]」라고 말한 적이 있다. 선화상인은 공자께서 나이 40세를 불혹(不惑)이라 한 것은 돈이나 명예 또는 색(色)과 같은 외물(外物)에 흔들리지 않는 부동심(不動心)을 얻어 미혹을 끊은 반야의 지혜가 현전(現前)한 경지이고, 나이 50세를 지천명

(知天命)이라 하였는데 이는 숙명통을 얻은 것이고, 나이 60세를 이순(耳順)이라 하였는데 이는 천안통을 얻었다는 뜻이며, 공자가 70세를 종심(從心)이라 한 것은 공자가 누진통(漏盡通)을 얻었다는 뜻이라 하였다. 그러면서 선화상인은 불교와 유교가 다르지 않으며, 다만 유교는 세간법(世間法)이고, 불교는 출세간법(出世間法)이라 하였다.

  * 연지대사도 〈죽창수필〉에서 「공자는 유동보살이다. 그러한즉 유교경전을 읽고도 족히 생사를 마칠 수 있다. 불경은 어떻습니까. 부처님께서는 묘한 이치를 삼장에서 두루 말씀하셨으나 유교경전은 천백마디 말 중에 겨우 한 둘에 미칠 뿐이다. 공자도 알지 못했던 것은 아니었으나 다만 공자는 세간의 이치를 주장하셨고, 석가세존은 출세간의 이치를 말씀하신 것이다. 그 의도는 비록 다르지 않으나, 그 문(門)을 펼칠 때는 같지가 않은 것이다. 배우는 사람들은 부득불 (자기의 근기와 성향에 따라) 각자 그 길을 좇아 간 것이다.[仲尼之爲儒童菩薩也 然則讀儒書足了生死 何以佛爲 曰佛談如是妙理 遍於三藏 其在儒書 千百言中而偶一及也 仲尼非不知也 仲尼主世間法 釋迦主出世間法也 心雖無二 而門庭施設不同 學者不得不各從其門也]」라고 하였고, 또 「공자께서 인도에 태어나셨더라면 반드시 불법을 선양(宣揚)하여 중생을 제도했을 것이요, 석가세존께서 노(魯)나라에 태어나셨더라면 반드시 유도(儒道)를 천양(闡揚)하여 만세를 교화하셨을 것이다.」라고 하였다.

  * 공자와 노자를 대보살의 화신으로 부는 것은 감산대사도 마찬가지였다. 감산대사는 그의 저서 〈노자도덕경해(老子道德經解)〉에서 부처의 가르침을 배우는 사람들도 공자나 노자의 가르침을 알아야 한다고 말한다. 감산대사는 「공자와 노자는 곧 부처의 화신이다. 후세에 불교를 배우려는 사람들이 만약 노자를 알지 못하면 곧바로 단멸(斷滅)한 허공 속으로 빠져 들어가서 눈앞의 법마다 모두 장애가 되고, 모든 일마다 해탈을 얻지 못할 것이다. 만약 공자를 알지 못하면 단지 불법(佛法)에만 나아가며 속세를 떠나 결코 세상의 도와 사람들의 심정을 알지 못하고 만나는 사람들에게 곧바로 도(道)의 현묘함만 설하려 들 것이다. 이는 마치 조금도 쓸모가 없는 고양이 머리를 팔려는 것과 같다.[孔老卽佛之化身也 後世學佛之徒 若不知老 則直管往虛空裏看將去 目前法法都是障碍 事事不得解脫 若不知孔子 單單將佛法法涉世 決不知世道人情 逢人便說玄妙 如賣死猫頭 一毫沒用處]」라고 하였다.

  * 감산대사는 또 〈노자도덕경해(老子道德經解)〉에서 「공자는 세상을 경영하는데 전념했고, 노자는 세상을 잊는데 전념했으며, 부처는 세상을 벗어나는데 전념했다.[孔子專於經世 老子專於忘世 佛專於出世]」라고 하였다.

* 정공법사는 우익대사의 〈아미타경요해〉를 풀이한 글에서, 「나는 성숙하지 않은 견해를 하나 가지고 있다. 그것은 공자와 노자는 대보살의 화신이라고 생각한다는 점이다. 그들은 석가모니불께서 먼저 보낸 선진부대(先陣部隊)이다. 부처님께서는 그들을 중국에 보내 중국인들에게 먼저 하나의 철학기초를 마련하게 한 다음 광대하고 정미(精微)한 불가(佛家)사상을 받아들일 수 있도록 하셨다.」라고 하였다.

* 남회근 선생은 「세간(世間)에 들어와 보살노선을 걸어간 사람은 아주 적었습니다. 중국의 성인인 공자 같은 사람이 이런 노선을 걸었습니다. 공자는 성현의 경계에 도달할 수 있었지만, 번뇌의 뿌리를 없애버리지 못해 최고의 보살 경계는 아니었으며 원만하기에는 부족했습니다.」라고 하였다.

* 남회근 선생은 「석가모니 부처가 공자보다 사람의 마음을 전환 변화[轉化]시키는데 더 비중을 두었습니다. 뿐만 아니라 온갖 악(惡)의 근원이자 온갖 선(善)의 근본이 되는 마음에 대해서 더욱 깊고 철저하게 탐구했습니다.」라고 하였다.

* 인광대사는 공자께서 자손들이 백 세대(世代)에 지속할 공덕[百世之德]을 쌓으셨다고 자주 찬탄하셨다.

* 정공법사는 「공자의 교육이 일세(一世), 즉 일생을 말하는 것이라면, 불법은 삼세(三世), 즉 과거 · 현재 · 미래를 말하는 교육입니다. 불교는 불타(佛陀)의 가르침입니다. 즉, 온 세상 중생을 위해 불타가 설하신 지극히 선하고 원만한 가르침입니다.」라고 하였다.

* 〈광홍명집(廣弘明集)〉에 보면 「열자(列子)에 따르면, "예전에 상(商)나라의 태재(太宰) 비(嚭)가 공구(孔丘)에게 '그대는 성인인가.' 라고 묻자, 공구(공자)가 '나는 아는 것이 많고 잘 기억할 뿐이지 성인은 아니다.' 라고 하였다. 다시 '3황(皇)이 성인인가.' 라고 묻자, '3황은 지혜와 용기가 가상하나 성인인지는 나도 모르겠다.' 라고 하였다. 다시 '5제(帝)는 성인인가.' 라고 묻자, '5제는 어짊과 신의가 가상하나 성인인지는 나도 모르겠다.' 라고 하였다. 다시 '3황이 성인인가.' 라고 묻자, '3황이 때를 바르게 잘 썼으나, 성인인지는 나도 모르겠다.' 라고 하였다. 이에 태재가 놀라서 '그렇다면 도대체 누가 성인인가.' 라고 캐물으니, 공구가 안색이 변하면서 뜸을 들이다가 '서방에 성인이 계신데, 다스리지 않아도 어지럽지 않고 말하지 않아도 저절로 믿고 교화하지 않아도 저절로 행해지기에 너무나 위대해서 백성이 무어라 이름 붙이지도 못한다.' 고 답했다" 고 합니다. 만약 3황과 5제가 반드시 성인이라면, 어째서 공자가 이를 말하지 않고 숨겨서 바로 성인을 감춘 죄를 범할 리가 있었겠습니까. 이로써 추측해보면, 부처님이야말로 대성인이신 것을 미루어 알 수 있습니다.」라고 하였다.

* 〈대장일람집〉에서 「파사론(破邪論)에서 말하였다. "오(吳)나라 왕이 말했다. 공자와 노자를 부처님

과 비교할 수 있습니까, 없습니까. 감택(闞澤)이 말했다. 멀어도 한참 멉니다. 왜냐 하면 공자와 노자가 시설(示說)한 가르침은 하늘의 제도와 작용을 본받은 것이라서 감히 하늘을 어기지 못하지만, 모든 부처님께서 시설한 가르침은 하늘을 본받아서 봉행(奉行)하는 것이라 감히 부처를 어기지 못하기 때문입니다. 이렇게 보면, 실로 비교할 수 없음이 명백합니다."」라고 하였다.

＊ 송나라의 대학자인 주희(朱熹)가 남긴 〈주자어류(朱子語類)〉에, 「하늘이 공자를 내지 않았다면, 만고의 세월이 칠흑의 밤과 같이 어두웠을 것이다.[天不生仲尼 萬古長如夜]」라고 하였고, 사마천(司馬遷)은 「천자 왕후로부터 나라 안의 육예(六藝)를 담론하는 모든 사람에 이르기까지, 공자의 말씀을 판단기준으로 삼으니, 그는 지극한 성인[至聖]이라고 말할 수 있겠다.[自天子王侯中國言六藝者 折中于夫子 可謂至聖矣]」고 하였으며, 원(元)나라 무종(武宗)은 공자를 기리는 비문(碑文)에서, 「공자가 아니면 공자이전의 성인이 밝혀지지 않았을 것이고, 공자가 아니면 공자 이후의 성인이 본받지 못할 것이니, 이른바 요순(堯舜)의 도를 계승하여 말씀을 펴셨고, 문왕과 무왕의 법도를 밝히시어, 백왕의 모범이 되었으니 만세의 사표라 할만하다.[蓋聞 先孔子而聖者 非孔子無以明 後孔子而聖者 非孔子無以法 所謂祖述堯舜 憲章文武 儀範百王 萬世師表者也]」라고 극찬하였다.

＊ 공자에 대한 존칭(尊稱)이나 시호(諡號)는 무척이나 다양하다. 세상은 공자에게 소왕(素王), 포성선니공(褒成宣尼公), 문성니부(文聖尼父), 태사(太師), 공선부(孔宣父), 문선왕(文宣王), 현성문선왕(玄聖文宣王), 지성문선왕(至聖文宣王), 대성지성문선왕(大成至聖文宣王), 지성선사(至聖先師), 대성지성문선선사(大成至聖文宣先師), 만세사표(萬世師表), 공성인(孔聖人), 공부자(孔夫子) 등의 덕호(德號)를 부여하였다.

＊ 오욕(五欲/ 五慾) : 세상에서는 재욕(財欲)/ 성욕(性欲)/ 식욕(食欲)/ 명예욕(名譽欲)/ 수면욕(睡眠欲)의 다섯 가지를 오욕이라고 하지만, 불교에서는 다르다. 남회근 선생은 「욕망에는 오욕(五欲)이 있는데, 오욕은 다시 큰 오욕[大五欲]과 작은 오욕[小五欲]으로 나눕니다. 색성향미촉(色聲香味觸)은 큰 오욕입니다. 예컨대, 사람은 아름다운 것을 보기 좋아하고, 귀를 즐겁게 해주는 음악을 듣기 좋아합니다. 좋은 향기를 맡기 좋아하고, 맛있는 음식을 먹기 좋아하며, 물질생활의 향수(享受)를 좋아합니다. 작은 다섯 가지의 욕망은 무엇일까요. 작은 오욕(五欲)은 소시교포촉(笑視交抱觸)입니다. 남녀 사이에 서로 웃거나[笑] 보거나[視] 교접하거나[交] 포옹하거나[抱] 만지거나[觸] 하는 것입니다. 욕계중의 중생은 모두 암컷과 수컷의 관계로써 비로소 생명이 있게 됩니다. 태양계 이내의 인간을 포함한 축생/ 아귀/ 지옥은 모두 욕계(欲界)에 속합니다.」라고 하였다.

＊ 남회근 선생의 말씀과 경전을 정리하면 이렇다. 「욕계는 태양계 내에 위치하고 있고, 색계부터는 태양

계를 벗어나 있다. 도리천을 달리 33천이라 하는데, 33층이 아니다. 33천은 마치 연합국과 비슷하다. 50개의 주(州)가 합쳐진 연합국(연방국)인 미국과 비슷한 조직이다. 33천을 통솔하는 천주(天主)는 제석(帝釋)으로 아미타경에도 나오는 석제환인(釋帝桓因)이 바로 제석이다. 도교에 나오는 옥황상제는 바로 제석을 말한다. 야마천(夜摩天)에는 태양과 달이 없다. 야마천의 천인들이 자체 발광(發光)한다. 화락천(化樂天)은 남녀가 한 번 웃으면 성교가 이루어진다. 아기는 남성의 무릎 부근에서 태어난다. 타화자재천(他化自在天)의 천주는 마왕 파순(波旬)으로 욕계의 왕이다. 타화자재천의 남녀가 눈으로 한 번 보기만 하면 성교가 이루어진다. 타인의 즐거움을 빼앗아 자기의 즐거움으로 삼는다. 천인들은 누진통(漏盡通)을 제외한 5가지의 신통을 가지고 있다.」

어떤 사람이 말하기를, 「공자의 말씀을 따라서 유교의 가르침을 자신의 중심으로 삼으면 어찌 살아생전에 이익이 되지 않겠는가. 하필 정토를 말할 필요가 있는가.」라고 하였다.

이에 대답한다.

「이는 세간법일 뿐 출세간법이 아닙니다. 세간법世間法은 윤회에서 벗어날 수 없지만, 출세간법出世間法은 곧장 윤회를 벗어나게 합니다. 정토문의 수행은 생전에도 이익을 주고 또 몸이 죽은 후에도 이익이 있으니, 출세간법을 겸하고 있기 때문입니다.」

사람들이 갑자기 정토의 모습에 관해서 들으면 대부분의 사람들이 믿지 않는 것은 이상할 것이 없습니다. 대개의 사람들은 눈앞에 보이는 것에 구애되어 눈앞에 볼 수 없는 것을 말하면 무시해버립니다. 이도 또한 이와 같을 뿐입니다. 가령 누추한 시골의 더러운 땅에 거처하는 사람이 어떻게 넓은 저택의 청정함을 알겠으며, 조그만 그릇의 변변치 않은 음식을 먹는 사람이 어떻게 식전食前의 방장方丈을 알겠으며, 다 떨어진 궤짝에 변변치 않은 물건을 넣어둔 사람이 어찌 하늘창고가 가득 차서 넘치는 것을 알겠습니까. 그러므로 사바의 혼탁한 세계에 거처하면서 청청불토가 있다는 것을 믿지 않습니다. 그 때문에 포태胞胎에서 생장한 사람은 연화대 가운데 화생하는 것을 알지 못하고 수명이 백 년에 불과한 사람은 저 항하의 모래와 같은 수의 수명이 있다는 것을 알지 못하며, 옷과 음식을 지어서 얻는 사람은 자연의 의식衣食을 알지 못하고, 근심과 고뇌를 떠나야 쾌락이 있다고 생각하는 사람은 순일純一한 쾌락이 있다는 것을 알지 못합니다. 그기에 부처님의 말씀이 목전에 보이지 않는다고 해서 믿지 않아서는 안 되기에 방편의 말로 사람들을 간절하게 경계한 것이지 방편의 말로 사람을 속인 것은 아닙니다. 세상 사람들이 거짓말을 하는 것은 이익을 얻으려고 하는 것이 아니면 해로움을 피하고자 하는 것입니다. 부처님께서는 세상에서 구할 것이 없는데 무슨 이익을 엿보려 하겠으며, 부처님께서는 생사를 칼로 허공을 베는 것처럼 보시는데 무슨 해로움을 피하려 함이 있겠습니까. 이러하므로 부처님께서 허망한 말을 하실 까닭이 없습니다.　　　　　-왕일휴〈용서정토문龍舒淨土門〉

　＊ 식전(食前)의 방장(方丈) : 〈맹자〉에 나오는 말로, 산해진미(山海珍味)를 뜻한다.
　＊ 왕자성이 집록한 〈예념미타도량참법〉에 보면 〈용서정토문〉서문을 지은 장원장대(將元張待)라는 사람이 친구 왕일휴를 평가하기를, 「친구인 왕허중(왕일휴를 말함)은 단아하고 조용하며 간소하고 고결한 사람이다. 학문에 통달하여 육경(六經)과 제자백가의 문장 수십만을 가르치고 전수하다가 하루아침에 버리고는 말하였다. "이는 모두가 업을 익히는 것일 뿐 구경(究竟)의 법은 아니다. 나는 오직 서방정토에만 귀의할 것이다." 이로부터 정진하여 오로지 부처님만을 염하고 나이 육십에 베옷을 입고 채소음식을 먹었으며, 발이 부르트도록 천리 길을 오가며 사람들을 가르치고, 비바람과 추위, 더위에도 서두르지 않고 근심거리를 놓아버리고 거처하면서 천배(千拜)를 일과로 삼아 밤이 깊어야 침상에 들었다. 눈에는 혁혁한 광채가 있어서 보는 사람마다 도가 있는 선비라고 말하였다.」 라고 하였다.

　하루 종일 수행자는 생각 생각마다 끊임없이 부처님 명호를 외우고, 아미타부처님의 명호를 마치 자기 생명처럼 항상 마음에 지녀야 한다. 걸을 때나, 서있을 때나, 앉아있을 때나, 누워있을 때나 항상 아미타부처님의 명호를 외워야 한다. 어려운 일이나 또는 좋은 일이 생겨 화가 나거나 즐거울 때에도, 화난 번뇌를 그치려면 단지 아미타불의 명호만 외우면 된다.
　이러한 번뇌가 생사의 뿌리이므로, 우리는 번뇌를 떠나고 생사의 고통을 면하기 위하여 부처님의 명호를 외워야 한다.
　번뇌를 떠나기 위하여 부처님의 명호를 외우는 사람은 생사윤회를 끝낼 수 있다. 만일 부처님의 명호를 외우면서 번뇌를 극복할 수 있다면, 그 사람은 꿈속에서도 번뇌를 극복할 수 있다. 만일 꿈속에서도 번뇌를 극복할 수 있다면, 병들었을 때에도 번뇌를 극복할 수 있다. 그리고 병들었을 때에도 번뇌를 극복할 수 있다면, 마지막 임종의 순간에도 번뇌를 극복할 수 있다. 이 일이 이처럼 분명하니, 이 사람은 정토에 왕생할 수 있다. 이 일은 어렵지 않다. 다만 생사의 윤회를 끝내기 위해서는 진실하고 간절한 마음이 필요하다. 다른 어떤 것도 생각하지 않고, 오랜 기간 아미타부처님의 명호만 부르면, 여러분은 커다란 지복至福을 얻게 된다. 모든 수행자들은 이 법을 이해해야 한다.

누구라도 부처님 명호를 외우고 이 법을 수행할 수 있는 사람이 진실한 수행자이다. 이 법을 버리는 사람은 이러한 목적을 달성하기 위한 더 좋은 길을 찾을 수 없다. 정토법을 수행하는 사람은 단 한 번의 생애에 정토왕생을 성취할 수 있다. 여러 경經에서 이 법이야말로 정토로 직행하는 가장 빠른 지름길이라고 누차 설해져 있다. 단지 부처님 명호를 외우는 이 지름길을 택하기만 하면 된다. 이 경이로운 법을 버리고 따로 택할 더 좋은 길이 없다.

-감산대사

만약 사람이 속히 불퇴전지不退轉地에 오르고자 한다면, 마땅히 공경심으로 부처님의 명호를 집지執持해야 한다. 만약 보살이 이 몸으로 불퇴전지에 올라 아누다라삼먁삼보리를 성취하려면 마땅히 시방의 모든 부처님을 생각하고 그 명호를 불러야 한다.

若人欲疾至 不退轉地者 應以恭敬心 執持稱名號 若菩薩欲於此身得至 阿惟越致地 成就
阿耨多羅三藐三菩提者 應當念是十方諸佛 稱其名號　-용수보살〈십주비바사론十住毘婆沙論〉

* 《무량수경》에 「누구든지 아미타불의 명호를 듣고 기쁜 마음으로 신심(信心)을 내어 잠시라도 지성으로 극락세계에 태어나기를 원하는 이는, 그 부처님의 원력으로 바로 왕생하여 마음이 다시 물러나지 않는 불퇴전의 자리에 머물게 되느니라. 그러나, 오역죄와 정법을 비방한 자는 그럴 수 없느니라.」 라고 하였다.

* 《아미타경》에 「극락국토에 태어난 중생들은 모두 다 불퇴전보살이니라.[極樂國土衆生生者 皆是阿鞞跋致]」 라고 하였다.

* 영명연수선사의 〈만선동귀집〉에 「연화(蓮華)에 화생하면 부처님께서 친히 영접하여 문득 보살의 지

위에 오르며, 단박에 여래의 집에 태어나 길이 불퇴전에 처하고, 모두가 보리(菩提)의 수기를 받아 몸엔 광명의 묘상(妙相)을 갖추며 보수(寶樹)의 향대(香臺)를 거닐면서 시방에 두루 공양하고 정신을 삼매에 평안히 하여 귀에 부딪침에 언제나 대승법을 들으며 또한 어깨를 지나침에 모두가 보처(補處)의 인(人)을 이웃하나니, 생각 생각이 텅 비어 오묘하고 마음 마음이 맑고 고요하여 번뇌의 불꽃이 소멸하였고 애욕의 샘이 영원히 마른지라, 악취(惡趣)라는 이름도 오히려 들을 수 없거든 어찌 다시 윤회하는 일이 있겠는가.」라고 하였다.

* 남회근 선생은 「팔지(八地)보살 경계에 이르지 않으면 여전히 퇴전할 가능성이 있습니다. 팔지보살의 부동지(不動地)를 지나야 비로소 불퇴전을 말할 희망이 있습니다.」라고 하였다.

* 용수보살은 〈십주비바사론〉에서 「만약 보살이 이 몸으로 불퇴전의 땅에 이르러 아누다라삼먁삼보리를 성취하고자 한다면 응당히 바로 시방의 부처님, 그 명호를 불러야 한다. 아미타불 등의 부처님 및 모든 대보살(大菩薩)의 명호를 외우고 일념으로 염(念)하면 불퇴전을 얻는다.」라고 하였다.

* 남회근 선생은 「구함이 없는 마음으로 불법승(佛法僧) 삼보(三寶)를 경건하고 정성스럽게 공경하십시오. 삼보에 대해 경의를 품고 존중하여야 자신이 이익을 얻을 수 있습니다.」라고 하였다.

* 남회근 선생은 「마음속에 한 부처님을 생각하고 있는 것이 진정한 염불입니다. 시시각각 마음속에 부처님이 있는 겁니다. 입으로 하는 것이 아닙니다. '여래께서 항상 살아계신 것처럼 한다.[還同如來常住之日]'거나, 유교(儒敎)의 '신(神)을 공경하기를 마치 신(神)이 살아 있는 것처럼 한다.[敬神如神在]'는 말과 같습니다. 부처님께 절을 할 때에는 부처님이 살아서 내 앞에 계시는 것처럼 하는 겁니다. 정성스러우면 영험이 있습니다. 여러분이 절을 할 때, 마음으로 공경하지 않고 정성도 없으면서 절을 그저 운동으로 여긴다면 설사 일만 번을 해도 소용이 없습니다. 절대 주의해야 합니다. 이치는 바로 정성과 공경에 있습니다. 부처님께 향이나 꽃이나 물 등을 공양할 때에도 정성스럽고 공경스러워야 합니다. 그렇지 않으면 공양할 필요가 없습니다. 소용없습니다. 소용없을 뿐만 아니라 죄과(罪過)가 엄중합니다.」라고 하였다.

일심으로 염불하면 만 가지 인연을 내려놓는 것이니, 이것이 곧 보시요,

일심으로 염불하면 모든 번뇌를 조복시키는 것이니, 이것이 곧 지계요,

일심으로 염불하면 다투지도 않고 구하지도 않으니, 이것이 곧 인욕이요,

일심으로 염불하면 점점 순일純一해지니, 이것이 곧 정진이요,

일심으로 염불하면 망념이 일지 않으니, 이것이 곧 선정이요,

믿음과 발원을 갖고 일심으로 염불하면 왕생하니, 이것이 곧 지혜니라.

一心念佛 放下萬緣卽佈施 一心念佛 伏諸煩惱卽持戒

一心念佛 無諍無求卽忍辱 一心念佛 不稍夾雜卽精進

一心念佛 妄念不起卽禪定 一心念佛 信願往生卽智慧　　　　　　　　　　　- 고덕

＊ 마조도일선사의 제자인 대주혜해선사께서 지은 〈돈오입도요문론〉에 「망념(妄念)이 일어나지 아니함이 선(禪)이요, 앉아서 본성(本性)을 보는 것이 정(定)이니라. 본성이란 너의 무생심(無生心)이요, 정이란 경계를 대(對)함에 무심(無心)하여 팔풍(八風)에 움직이지 아니함이니라. 팔풍이란 이익[利]과 손실[衰], 헐뜯음[毁]과 높이 기림[譽], 칭찬[稱]과 비웃음[譏] 그리고 괴로움[苦]과 즐거움[樂]이다.[妄念不生爲禪 坐見本性爲定 本性者是汝無生心 定者對境無心 八風不能動 八風者利衰毁譽稱譏苦樂]」 라고 하였다.

＊ 남회근 선생은 「우리 자신의 생명을 가지고 참구해 봅시다. 지금 모두들 여기 앉아 있습니다만, 만약에 무아(無我)라고 말한다면, 아마 그저 말해본 것일 뿐 분명히 내가 여기 앉아 있다는 것을 느끼는데, 어떻게 무아라고 말할까요. '나[我]라는 것' 이 도대체 무엇일까요. 이 육체일까요. 육체는 하나의 껍데기에 불과합니다. 잠시 빌려 사용하고 있는 것입니다. 그 안에 '나' 가 없습니다. '나' 가 어디에 있는지 진정으로 참구해야 합니다. 중생은 본래 무아(無我)입니다. 그런데 '아(我)' 가 있다고 멋대로 허망하게 인정합니다. 이것이야말로 진정한 대망념(大妄念)입니다. 어째서 무아가 되지 않을까요. 세 가지 잘못을 범하기 때문입니다. '나' 라는 것이 있고, '짓는 자' 가 있고, '받는 자' 가 있다고 생각하기 때문입니다. 정좌(靜坐)를 하자마자 혹은 염불을 하자마자 여러분은 무의식적으로 '내' 가 공부한다는 생각이 있게 됩니다. 공부할 때에 여러분이 관상(觀想)을 하든 진언을 수지하든 기(氣)를 수련하든 부처님 명호를 부르든, 모두 다 자기 스스로 조작을 하고 있는 겁니다. 가장 큰 잘못은 받는 자가 있다는 겁니다.」 라고 하였다.

진실로 염불한다면 몸과 마음을 다 내려놓을 수 있으니 곧 대보시요,

진실로 염불한다면 다시는 탐진치가 일어나지 않으니 곧 대지계요,

진실로 염불한다면 옳고 그름, 나와 너를 따지지 않으니 곧 대인욕이요,

진실로 염불한다면 중간에 멈추지 않고 염불수행만 하니 곧 대정진이요,

진실로 염불한다면 다시는 망상이 날뛰지 않으니 곧 대선정이요,

진실로 염불한다면 다른 법문에 현혹되지 않으니 곧 대지혜다.

眞能念佛 放下身心世界 卽大布施

眞能念佛 不復起貪瞋癡 卽大持戒

眞能念佛 不計是非人我 卽大忍辱

眞能念佛 不稍間斷夾雜 卽大精進

眞能念佛 不復妄想馳逐 卽大禪定

眞能念佛 不爲他歧所惑 卽大智慧   - 우익대사

* 부처님께서 「설령 시방(十方)세계에 가득 찬 음식과 의복과 금은보화를 가지고 시방세계의 부처님께 공양을 올리고 천만년 동안 예배를 드리면 그 공덕이 클 것이다. 그러나 이 많은 공덕도 고통 받는 중생을 잠깐 도와준 공덕에 비하면 천 만분의 일, 억 만분의 일에도 미치지 못한다.」 라고 하셨다.

* 《부사의경(不思議經)》에서 「만약 내가 분별하면 부처님이 앞에 있고 분별이 없으면 볼 수 있는 어떤 부처님도 없다. 생각이 부처님을 만드는 것이지 생각을 떠난 자리에 부처님은 없다. 이와 같이 삼계의 모든 법은 마음을 벗어나지 않는다.[若我分別 佛卽現前 若無分別 都無所見 想能作佛 離想無有 如是三界 一切諸法 皆不離心]」 라고 하였다. 근본과 하나가 되어 '나' 가 사라질 때 주객(主客)이 사라지고 온갖 시비(是非)와 분별(分別)이 끊어진다. 모든 시비와 분별이 끊어진 곳에서 부처님의 지혜광명이 드러나고 팔만사천 법문의 뜻을 온전히 알게 된다고 한다.

* 남회근 선생은 「탐욕ㆍ성냄ㆍ어리석음은 사람의 심리상의 나쁜 근성입니다. 불학에서는 이를 삼독(三毒)이라고 부릅니다. 탐심이 원인을 일으켜서 당하는 악한 과보는 수재(水災)ㆍ흉년[饑荒]ㆍ육도(六道) 중에서의 악귀도입니다. 성내는 마음의 과보는 화재(火災)ㆍ전쟁ㆍ지옥도입니다. 어리석은 마음의 과보는 풍재(風災)ㆍ돌림병[瘟疫]ㆍ축생도입니다. 사람이 세상에 살면서 좋지 않은 일 당하는 과보는, 많은 생에 걸쳐 누적되어온 탐욕ㆍ성냄ㆍ어리석음의 삼독이 초래한 것입니다. 우리 스스로에게는 지옥종성(地獄種性)이 있습니다. 왜냐하면 성내는 마음이 크기 때문입니다. 우리 스스로에게는 축생종성이 있습니

다. 왜냐하면 어리석은 마음이 크기 때문입니다. 우리 스스로에게는 아귀종성이 있습니다. 왜냐하면 탐욕심이 크기 때문입니다.」라고 하였다.

＊남회근 선생은 「책을 많이 읽은 사람일수록, 불법(佛法)을 많이 들은 사람일수록, 불학(佛學)을 깊이 이해할수록, 이것저것 따지는 마음이 큽니다. 그야말로 어떻게 고칠 방법이 없습니다. 어느 나라에서나 마찬가지입니다. 지식인들의 사람됨은 무지몽매한 사람들보다 더 나쁩니다. 그래서 더 다투기 쉽습니다. 오직 자기의 생각만이 옳다고 여깁니다. 지식적인 학문을 많이 가질수록 도리어 빨리 타락합니다.」라고 하였다.

《정토삼경淨土三經》은 그다지 깊은 이론을 설하고 있지 않는 것이 사실이다.

그런데 어떤 자는 「염불은 학리學理가 없으므로 우부우부愚夫愚婦를 속이기에 적당하다. 고로, 고명高明한 자가 닦을만한 법문은 못된다.」하고 말한다.

또한 어떤 자는 「내가 만약 염불한다면 바로 우부우부愚夫愚婦가 되어 다른 사람들에게 비웃음을 당할 것이다.」한다. 이러한 생각들은 절대 오해다.

정토의 경서經書가 이론을 설하지 않은 것은 오직 실행만을 권하기 위한 것으로, 결코 학리가 없는 것은 아니다. 아니, 학리가 너무 깊어서 다 설하지 못하는 것일 뿐이다. 만약 이것을 설하면 저것을 잃게 되고, 한 가지를 설하면 만 가지를 잃게 되므로 아예 설하지 않는 것만 못한 것이다. 이것이 이론을 설하지 않고 단지 수지하기만을 권한 이유이다. 만약 수지受持하기만 한다면 일체 이론이 저절로 그 안에 포함되어, 마치 대해大海 속에 목욕하는 자는 백천百川의 물을 이미 수용한 것과 같다 할 것이다. 만약 염불의 깊은 뜻이나 경계에 대해 말하려 한다면 오직 부처님께서나 비로소 그 구경究竟을 아실 것이요, 문수나 보현 대세지 같은 대보살들도 그 궁극은 짐작하지 못한다. 지명염불만을 가지고 생각해 보자.

만약 실제 불가사의한 공덕이 없다면 어찌하여《아미타경》에서 석존께서 「이 경은 육방六方의 모든 부처님께서 칭찬하고 호념하신다.」하였겠는가.

- 방륜〈정법개술〉

* 정공법사는 「정토삼경 중에서 아미타경과 무량수경이 모두 염불을 제창하고 있습니다. 관무량수경의 수행방법은 관상(觀像)염불, 관상(觀想)염불, 지명(持名)염불인데 지명염불을 가장 나중에 두고 있습니다. 불교를 배우는 사람들은 특별한 주의를 요합니다. 불경에서는 항상 가장 좋은 것을 제일 마지막에 배치한다는 것을 말입니다. 관무량수경에서 지명염불이 제일 마지막에 위치해 있습니다.[淨土三經中阿彌陀經與無量壽經都提倡念佛 觀無量壽經的方法有觀想觀像持名 但它把持名擺在最後 學佛同修要特別注意 佛經中常把最好的放在最後 十六觀中把持名排在最後]」라고 하였다.

* 원영법사는 「아미타불이라는 명호는 만 가지 덕을 빠짐없이 갖추고 있어서 모든 부처님들께서 호념하시며, 고로 이 명호를 받아지니는 자도 반드시 모든 부처님들이 호념하신다.[阿彌陀佛名號 具足萬德 爲諸佛所護念 故受持者 亦必爲諸佛護念也]」라고 하였다.

* 중국 당나라의 영가(永嘉)선사는 <증도가(證道歌)>에서 「거짓말로 중생을 속이면, 한없는 겁 동안 발설지옥의 과보(果報)를 스스로 부르는 것이다.[若將妄語誑 衆生 自招拔舌塵沙劫]」라고 하였다.

* 남회근 선생은 「당신이 깨달음을 증득하지 않고서 '불법은 닦을 필요가 없다' 느니, 깨달음을 얻지 못했으면서도 얻었다고 말하면, 거짓말하지 말라는 망어계(妄語戒)를 범하는 것입니다. 그것은 무간지옥의 죄이며, 밀종에서 보면 금강지옥의 죄가 됩니다.」라고 하였다.

* 남회근 선생은 「수지(受持)란 경전의 내용을 받아들일 뿐만 아니라, 거기에 의거해 지속적으로 수양한다는 뜻입니다. 이치상으로만 받아들이는 것은 아무 소용이 없습니다. 불법을 진정으로 이해하고 몸과 마음으로 받아들여 변화가 생겼을 때 비로소 받아들였다[受]고 할 수 있습니다. 그러나 단지 받아들이는 것만으로는 불충분합니다. 영원히 그 상황, 그 경계를 유지해야 합니다. 이렇게 해야 '수지(受持)' 라 할 수 있습니다. 어떤 사람은 날마다 금강경을 암송하는 것을 '수지' 라고 하지만, 이것은 그냥 읽어 나가는 것에 불과합니다.」라고 하였다.

* 구경(究竟) : 더 이상 갈 데가 없는 궁극(최후)의 깨달음. 부처의 깨달음.

* 학리(學理) : 깊은 학문의 원리나 이치. 교리(敎理)상의 심오한 뜻.

정법을 비방하고 십악을 범한 천제闡提라도 마음을 돌려 염불하면 죄가 모두 없어진다. 날카로운 검이 곧 아미타불 명호이니 한 번만이라도 아미타불을 부르면 죄가 다 없어진다. 생각 생각마다 부처님 이름을 부르고 늘 참회하라. 사람이 부처님을 생각하면 부처님도 그 사람을 돌아보고 잊지 않으신다네.

　誹法闡提行十惡 回心念佛罪皆除 利劍卽是彌陀號 一聲稱念罪皆除 念念稱名常懺悔　人
能念佛佛還憶
　　　　　　　　　　　　　　　　　　　　　　　　　　-선도화상 〈반주찬般舟讚〉

　*《관무량수경》에 「무량수불에는 8만4천 종류의 상호가 있고, 하나하나의 상호마다 각각 8만4천 개
의 수형호(隨形好)가 있으며, 그 낱낱의 상호 중에는 다시 8만4천 개의 광명이 있고, 낱낱의 광명이 시방
세계를 두루 비추어 염불하는 중생을 버리지 않고 거두어들이느니라. 그러한 광명과 상호와 화신불(化身
佛)에 대해서는 이루 다 말할 수 없으니, 오로지 상상하고 기억하여 마음으로 밝게 볼 수 있도록 하여라.
이와 같이 볼 수 있는 사람은 곧 시방의 모든 부처님을 보는 것이며, 모든 부처님을 보기 때문에 염불삼매
(念佛三昧)라고 이름 하느니라. 이렇게 관(觀)하는 것을 모든 부처님의 몸을 관한다.[觀一切佛身]고 하며,
부처님의 몸을 관하므로 또한 부처님의 마음도 보게 되는 것이니라. 모든 부처님의 마음이란 대자비(大
慈悲)가 곧 그것이니, 무연자비(無緣慈悲)로써 모든 중생을 거두시기 때문이니라.」라고 하였다.

　염불하여 더러운 사바세계를 버리고 청정한 극락세계를 구하는 것이야말로 대승大乘
에 대한 올바른 믿음을 일으킨 것이고, 대승에 대한 광대한 서원을 낸 것이다.
　念佛捨穢取淨 正是起大乘正信 而發大乘宏願　　　　　　-원영대사 〈아미타경요해강의〉

　* 남회근 선생은 「대승보살도는 간단히 말해서 여덟 자인데, 영원히 다 실천할 수 없습니다. "난인능
인, 난행능행[難忍能忍, 難行能行]" 입니다. 사람이 참을 수 없는 바를 참고, 사람이 행할 수 없는 바를 행
하는 겁니다. 그렇게 할 수 있다면 '결정대승(決定大乘)' 입니다. 결코 퇴전하지 않습니다.」라는 귀한 가
르침을 주셨다.
　* 원효대사는 〈대승기신론소〉에서 「대승이라는 것은 헤아릴 수 없고, 한계가 없으며, 걸림이 없기 때
문에 일체에 두루 원만한 것을 말한다. 비유하건대, 대승은 허공과 같이 광대해서 일체 중생을 포용하고,
성문승이나 벽지불과 같지 않기 때문에 대승이라고 이름 한 것이다.[大乘者 謂無量無邊無崖故 普遍一切
喩如虛空 廣大容受一切衆生故 不與聲聞辟支佛共故 名爲大乘]」라고 하였다.

경전에서 말한 것처럼, 적은 선근善根과 적은 복덕福德으로는 저 서방정토에 왕생하지 못한다. 아미타불에 대한 (석가세존의) 설법을 듣고 아미타불의 명호를 집지執持하기를, 하루 이틀 내지 칠일동안 일심불란一心不亂하면, 그 사람이 임종할 때 부처님과 여러 성현들께서 앞에 나타나시고 접인接引하여 곧바로 서방정토에 왕생한다. 그러므로 아미타불의 명호를 집지하는 것이 많은 선근과 많은 복덕을 심는 인연임을 알라.

如經有云 不可以少善根福德因緣 得生彼國 若有聞說阿彌陀佛 執持名號 一日二日乃至七日 一心不亂 其人命終 佛與衆聖現前接引 卽得往生 故知執持名號 卽是多善根多福德因緣也

- 묘협대사 〈보왕삼매염불직지〉

＊〈정토법어〉에 「보리정도(菩提正道)를 선근이라 하는데, 곧 친인(親因)이다. 보시, 지계, 참선 등과 같은 갖가지 조도(助道)는 복덕이라 하는데, 곧 조연(助緣)이다. 성문이나 연각은 보리(菩提)를 위해 닦은 선근이 적고, 인간과 천상은 유루(有漏)의 복업을 지었기에 복덕이 적어, 모두 다 정토에 날 수 없다. 오직 믿음과 발원으로 부처님 명호를 집지하여 한 번 염불하면 곧바로 많은 선근과 복덕을 다 갖춘다. 산란한 마음으로 부처님 명호를 불러도 선근과 복덕이 또한 헤아릴 수 없거늘, 하물며 일심불란임에랴.[菩提正道名善根 卽親因 種種助道施戒禪等 名福德卽助緣 聲聞緣覺菩提善根少 人天有漏福業 福德少 皆不可生淨土 唯以信願執持名號 則一一聲 悉具多善根福德 散心稱名 福善亦不可量 況一心不亂哉」 라고 하였다.

＊우익대사는 「오직 부처님 명호만 집지(執持)하면 지름길로 불퇴전지에 오른다. 집지명호는 기이하고 특별하고 뛰어나고 미묘하여 생각하거나 헤아릴 수 없는 제일의 방편이니, 부처님 명호를 집지하기란 어려운 일 중에서도 더욱 어려운 일이다. 믿음과 발원으로 '나무아미타불' 하고 한 번 장엄하면, 겁탁(劫濁)이 청정해회(淸淨海會)로 바뀌고, 견탁(見濁)은 무량광(無量光)으로 바뀌며, 번뇌탁(煩惱濁)은 상적광(常寂光)으로 바뀌고, 중생탁(衆生濁)은 연화화생(蓮花化生)으로 바뀌며, 명탁(命濁)은 무량수(無量壽)로 바뀐다. 고로 아미타불을 한 번 부르는 것이 곧 석가세존께서 오탁악세에서 무상보리(無上菩提)를 증득한 법인 것이다.[但持名號徑登不退 奇特勝妙超出思議第一方便 更爲難中之難 信願莊嚴一聲阿彌陀佛 轉劫濁爲淸淨海會 轉見濁爲無量光 轉煩惱濁爲常寂光 轉衆生濁爲蓮華化生 轉命濁爲無量壽 故一聲阿彌陀佛 卽釋迦本師於五濁惡世 所得之阿耨多羅三藐三菩提法」 라고 하였다.

596

＊ 복덕(福德)은 이른바 유루복(有漏福)으로서 인천(人天)에 태어나는 복보(福報)를 받는다. 〈치문경훈〉에 「일찍이 말하기를, 모든 괴로움 가운데 병의 고통이 가장 심하고, 복을 짓는 일 가운데 병자(病者)를 보살피는 것이 으뜸이라 하였다. 이러한 까닭에 옛사람들은 병을 선지식으로 삼았고, 밝은 사람은 간병하는 것을 복전(福田)으로 삼았다.[嘗謂 諸苦之中 病苦爲深 作福之中 省病爲最 是故 古人以有病爲善知識 曉人以看病爲福田」 라고 하였다.

＊ 남회근 선생은 「참선을 하는 사람에게 첫째로 중요한 것은 발심(發心)입니다. 즉, 개인의 굳센 의지입니다. 그리고 하나 분명히 알아야 할 사실은, 만약 곧바로 위없는 보리(菩提)를 향해 나아가 돈오(頓悟)하고자 한다면, 절대로 조그만 복덕이나 인연으로는 성공할 수 없다는 것입니다. 무릇 인승(人乘)/ 천승(天乘)/ 성문승(聲聞僧)/ 연각승(緣覺僧)으로부터 대승(大乘)에 이르기까지의 오승도(五乘道) 속에 나열되어 있는 육바라밀 만행(萬行)의 모든 수련법과, 복덕자량을 쌓는 일체의 선법(善法)을 모두 절실히 지키고 닦아야만 비로소 가능합니다. 달리 말하면 크나큰 희생과 노력 없이 약간의 조그만 총명이나 복보(福報) 또는 선행으로 보리(菩提)를 깨닫는 것은 절대로 불가능하다는 것입니다. 그러기에 달마대사는 이렇게 말했습니다. "모든 부처님들의 무상묘도(無上妙道)는 억겁에 걸친 정진과, 실천하기 어려운 것을 실천하고, 참기 어려운 것을 참아낸 것이다. 어찌 작은 공덕과 작은 지혜, 경솔한 마음과 교만한 마음으로 부처님의 정법을 얻기를 바라고 헛된 정진수고를 하리요." 」라고 하였다.

＊ 옛 성현께서 「비록 악한 사람이라 하더라도 아미타불을 부르고 정토왕생을 발원한다면, 이 사람은 또한 이 세상의 대선인(大善人)보다 뛰어나다.[雖是惡人 若念彌陀 願生淨土 亦勝世間大善人」 라고 하였다.

＊ 철오선사는 「아미타불 넉자는 왕생의 문을 활짝 열어젖힌다. 이것이 바로 다복덕(多福德)으로, 적은 선근이 아니다.[一句彌陀 開往生門 是多福德 非少善根」 라고 하였다.

＊ 고덕께서 「아미타경에서 부처님은 분명히 말씀하셨다. "다선근과 다복덕은 염불에 있느니라." 이 외에는 말씀하지 않으셨다. 계정혜(戒定慧) 삼학(三學)과 육바라밀이 다선근이고 다복덕이라고는 말씀하지 않으셨다.[經中明言 多善福在念佛 此外不言 不言三學六度是多善福」 라고 하였다.

＊ 중국의 대지(大智)율사(1048~1116)는 〈아미타경의소(阿彌陀經義疏)〉에서 「부처님께서 지명염불의 공덕을 분명히 말씀하시고자, 먼저 (지명염불을 제외한) 나머지 선(善)은 모두 소선근(少善根)이라고 폄하하셨다. 소위 보시, 지계, 절 건립, 불상 조성, 예송(禮誦: 예를 갖추고 경전을 외우는 일), 좌선, 참념(懺念), 고행(苦行) 등 일체의 복(福)을 짓는 일을 하더라도 바른 믿음 없이 회향하고 왕생을 구한다면 모두 소

선(少善)에 불과한 것이다. 이는 정토왕생의 인(因)이 아니다. 아미타경에 의하면, 부처님의 명호를 꼭 붙잡고 잠시도 잊지 않으면 반드시 정토에 왕생한다. 즉, 부처님 명호를 부르는 것이야말로 다선근(多善根)이요, 다복덕(多福德)임을 알라.[如來欲明持名功德 先貶餘善爲少善根 所謂佈施持戒立寺造像禮誦坐禪懺念苦行一切福業 若無正信 廻向願求 皆爲少善 非往生因 若依此經 執持名號 決定往生 卽知稱名是多善根多福德也] 라고 하였다.

＊ 정공법사는 「불법은 어디서부터 배워야 할까요. 늘 한 권의 경전을 읽는 것에서부터 시작해야 합니다. 뜻을 알아야 합니까. 알 필요가 없습니다. 왜냐하면 번뇌가 끊이지 않았고, 복혜(福慧)가 구족되지 않은 상태에서 아는 그 모든 것은 전부 삿된 지견(知見)이고 잘못된 것이기 때문입니다. 그렇다면 왜 늘 이 한 권의 경전만 읽어야 하겠습니까. 여러분! 경을 읽는 것은 선종에서 화두를 참구하는 것과 다를 바 없고, 밀종의 삼밀가지(三密加持)와 다르지 않다는 것을 알아야 합니다. 이 모두는 다만 방법의 차이일 뿐입니다. 경을 읽는 이유는 계정혜 삼학(三學)을 한 번에 완성하기 위함입니다. 여러분! 계율이란 '모든 악행을 짓지 말고, 모든 선행을 받들어 행하라.[諸惡莫作 衆善奉行] 는 것입니다. 우리가 경을 읽을 때는 마음속에 허튼 생각을 갖지 않기 때문에 당연히 '모든 악행' 은 '짓지 않음' 이 됩니다. 또한 경전은 부처님의 진여 법성에서 흘러나온 언어 문자이기 때문에 이보다 더 선(善)한 것은 없습니다. 그러므로 독경은 바로 '모든 선행 받들어 행함' 이 됩니다. 그렇기 때문에 독경할 때는 계율이 원만해지므로 하나하나 닦을 필요가 없습니다. 경을 읽을 때는 전념(專念)해야 합니다. 전념하고 몰두하는 것이 정(定)을 닦는 것입니다. 또 경을 읽을 때 처음부터 끝까지 잘못 읽지 않고, 빠뜨림 없이 읽고, 또렷이 분명하게 읽은 것이 바로 혜, 즉 지혜를 닦는 것입니다. 그러므로 경을 독송하는 것은 '계정혜' 삼학의 겸수(兼修)입니다. 만약 경을 읽을 때 한편으로는 경을 읽고, 다른 한편으로는 그 내용을 연구하고 이해하려 한다면, 그건 경전을 세간의 서적과 같이 여기는 것이 되므로 계정혜 삼학은 거기에 없습니다. 이러한 것은 수행이라 할 수 없습니다. 그래서 독경을 수행의 기초, 수행의 근본이라 말하는 것이니 여러분 절대 가벼이 보지 마십시오.」 라고 하였다.

여래께서 비록 선근공덕善根功德을 짓는데 팔만사천법문이 있다고 설說하셨지만, 오직 염불이라는 한 수행문만이 최상법이다. 여래께서 비록 많은 선근공덕을 설하셨지만 오직 염불이라는 한 법만이 다선근多善根이고 다복덕多福德이다. 이 외 다른 잡선雜善을 염불과 비교하면 모두 소선근小善根이며 소복덕小福德이다. 염불법문에 다른 수행문은 실로 미칠 바가 못 된다. 그렇기 때문에 염불의 한 수행문이 다선근이고 다복덕인줄 알라.

如來雖說諸善功德八萬四千法門 唯有念佛一門 是最上法如來雖說諸善功德 唯有念佛一門是多善根是多福德 自餘雜善若望念佛 總是小善根小福德 念佛法門實非餘門所及也 故知念佛一門是多善根多福德
- 〈염불경〉

＊ 염불경(念佛鏡) : 중국 당나라의 도경(道鏡)·선도(善道)스님이 염불에 관한 것을 문답으로 정리한 책.

＊〈염불경〉에 「아미타불을 부르는 것과, 좌선(坐禪)하여 마음을 보려고 하고 무생관(無生觀)을 짓는 것은 어떠한가. 아미타불을 염(念)하여 정토에 왕생하면 속히 부처의 과보(果報)를 증득하는 것이, 무생관문(無生觀門)보다 백 천만 배나 뛰어나다.[問念阿彌陀佛 何如坐禪看心作無生觀 答念阿彌陀佛往生淨土速成佛果 勝於無生觀門百千萬倍]」라고 자문자답(自問自答)하면서, 「무생관을 이루면 장수천(長壽天)에 태어나 8만 대겁을 지나 다시 악도(惡道)에 떨어진다. 무생관은 만 가지 가운데 한 가지라도 이루는 사람이 없으며, 시기가 적절하지 않고, 가령 성취하여 장수천에 태어나더라도 삼계(三界)를 벗어나지 못한다.[無生觀成生長壽天 經八萬大劫還墮惡道 無生觀萬中無一得成就者 爲不時宜 假令得成生長壽天 不出三界]」라고 하였고, 「법왕본기에 의하면, 말법에 들어간 지 200년 동안은 염불하는 시기이지 좌선하는 시기가 아니다.[准法王本記 入末法來二百餘年 是念佛時 不是坐禪時]」라고 하였다. 그러면서 〈염불경〉은《법화경》에 나오는 「대통지승여래(大通智勝佛如來)는 10겁을 도량(道場)에 앉아 있었지만, 불법(佛法)이 드러나지 않아 불도를 이룰 수 없었다.[大通智勝佛 十劫坐道場 佛法不現前 不得成佛道]」는 구절을 예로 들면서, 무생관(無生觀)으로는 성불이 늦다고 하였고, 염불은 부처님의 원력을 입기 때문에[乘佛願力故] 성불이 빠르다고 하였다.

＊ 장수천(長壽天) : 색계천의 무상천(無想天)을 말하는데, 외도(外道)들이 많이 거주하는 곳이다. 불교에서는 장수천에 태어나는 것을 팔난(八難)의 하나로 여겨서, 좋지 않은 곳으로 본다.

＊ 연지대사는 〈죽창수필〉에서 마음을 보거나[看心/ 觀心], 무생관을 닦는 것이 염불하는 공덕보다 백천 만 배 적다고 한 〈염불경〉에 대하여, 「내가 보건대, 이것은 바로 영명연수선사가 지은 사료간(四料簡)의 소위 '선(禪)만 있고 정토(淨土)는 없는 경우[有禪無淨土]'를 말한다. 마음을 보는 것에만 집착하여 극

락이 있다는 것을 믿지 않거나, 무생(無生)에만 집착하여 정토에 왕생한다는 사실을 믿지 않는다면, 마음이 곧 국토요, 생(生)이 곧 무생(無生)임을 알지 못하는 것이니, 이는 편공(偏空)의 견해로서, 원돈(圓頓)의 선(禪)이 아닌 것이다.[予以爲正四料簡所謂有禪無淨土者是也 但執觀心 不信有極樂淨土 但執無生 不信有 淨土往生 則未達卽心卽土 不知生卽無生 偏空之見 非圓頓之禪也」라고 하였다.

면 절에 가서 향을 사르는 것보다 집에 편안히 앉아 염불하는 것이 더 낫다.

삿된 스승에게 공양하기보다 부모에게 효순孝順하며 염불하는 것이 더 낫다.

정법正法을 방해하는 친구를 여럿 사귀는 것보다 혼자 몸으로 청정하게 염불하는 것이 더 낫다.

외도外道의 글을 읽는 것보다 일자무식인 체 염불하는 것이 더 낫다.

망령되이 선禪의 이치를 깨달았다고 스스로를 높이는 것보다 성실하게 계율을 지키며 염불하는 것이 더 낫다.

요귀들과 감응感應하여 통하기를 바라는 것보다 인과因果를 바로 믿어 염불하는 것이 더 낫다.

요약하여 말하면, 마음을 바로잡아 악을 없애고 이와 같이 염불하는 이를 선인善人이라 부르고, 마음을 가다듬어 흐트러지지 않게 하고 이와 같이 염불하는 이를 현인賢人이라 부르며, 마음을 깨우쳐 견사혹見思惑을 끊은 채 이와 같이 염불하는 이를 성인聖人이라 부른다.

千里燒香 不如安坐家堂念佛 供奉邪師 不如孝順父母念佛 廣交魔友 不如獨身 淸淨念佛 寄庫來生 不如現在作福念佛 許願保禳 不如悔過自新念佛 習學外道文書 不如一字不識念 佛 無知妄談禪理 不如老實持戒念佛 希求妖鬼靈通 不如正信因果念佛 以要言之 端心滅惡 如是念佛 號曰善人 攝心除散 如是念佛 號曰賢人 悟心斷惑 如是念佛 號曰聖人

- 연지대사

* 부처님께서 열반에 드실 때 최후로 부촉(咐囑)하셨다. 「설령 내가 없더라도 계(戒)를 스승으로 삼아

잘 지키면 내가 살아 있는 것과 같으니, 부디부디 슬퍼하지 말고 오직 계로써 스승삼아 열심히 수행하라. 너희가 계를 지키지 못하면 내가 천 년 만 년 살아 있더라도 소용이 없느니라.」

＊《열반경》에 「계를 지니고 정법을 보호하는 비구가 정법을 무너뜨리는 비구를 보고 곧 몰아내거나 꾸짖음과 나무람으로 다스려 징계하였다면, 마땅히 알라. 이 사람이 얻은 복은 한량없이 많은 것이니 이루 다 헤아릴 수 없느니라. 그러나 만일 그대로 둔 채 꾸짖고 나무라고 몰아내지 않거나 죄를 들어 말해주지 않는 이는, 마땅히 알라. 이 사람은 불법 가운데 원수(怨讐)이다. 그러므로 능히 쫓아내고 꾸짖고 나무라는 이라야 곧 나의 제자이니라.」라는 말씀이 있다.

＊남회근 선생은 많은 사람들이 불학(佛學)을 공부하지만 조그만 진척도 없다고 하면서, 「시종 생로병사(生老病死)의 고통을 벗어날 수 없습니다. 심지어는 부처를 배웠기 때문에 생로병사가 더 엄중하게 변해버렸다고 말할 수 있습니다. 왜 그럴까요. 그 이유는 자신들의 저술이나 발언, 설법이 더욱 잘못된 인과를 범함으로써 사람들의 혜명(慧命)을 끊어놓았기 때문입니다. 일체법은 연기성공(緣起性空)으로서, 공(空)을 '없음'으로 그들은 생각합니다. 만약에 공이란 곧 '없음'이라면 우리도 부처를 배울 필요가 없습니다.」라고 하였다.

＊남회근 선생은 「여러분은 절대 외도(外道)를 경시하지 마십시오. 외도도 모두 공부하는 것을 강조합니다. 모두 진실하게 채식을 하고 또 술을 마시지 않습니다. 그들의 행실은 자칭 불제자(佛弟子)라는 여러분들보다 더 철저한지 모릅니다. 외도가 수련하면 최고로는 무색계(無色界)에 왕생할 수 있습니다. 색계천을 초월했다는 것은 대단한 겁니다. 하지만 외도는 수련(修鍊) 조작에 의한 것이므로 수련 조작하지 않으면 하루아침에 퇴전하여 예전대로 육도에 윤회할 수 있습니다. 진정한 불법은 한 가지를 깨달으면 천 가지를 깨닫고 영원히 퇴전하지 않습니다. 대승보살은 팔지(八地) 이상의 과위(果位)에 도달해야 비로소 한 번의 생(生)을 받아 퇴전하지 않습니다.」라고 하였다.

＊고덕께서 「외도(外道)는 총명하나 지혜가 없다.」라고 하였다.

서방정토가 여기서 멀지 않다고 하지만, 마음에 청정하지 못한 생각이 일어나면 염불하더라도 정토에 왕생하기 어렵다. 십악十惡을 없애는 것이 곧 십만 리 길을 가는 것 같고, 팔사八邪가 없으면 곧 팔천 리 길을 가는 것과 같다. 매 순간마다 자기의 청정한 성품을 지키고 유지할 수 있다면 손가락을 튕기는 짧은 순간에 서방에 왕생한다. 사군아, 십선十

善을 행하기만 한다면 어찌 구태여 다시 왕생을 발원할 필요가 있겠느냐. 십악의 마음을 끊지 못하면 어느 부처가 와서 맞이하겠느냐.

西方去此不遠 心起不淨之心 念佛往生難到 除惡卽行十萬 無八邪卽過八千 但行眞心到
如彈指 使君但行十善 何須更願往生 不斷十惡之心 何佛卽來迎請

- 육조 혜능선사《육조단경六祖檀經》

* 남회근 선생은 「부처님 명호를 한번 부르면 몸과 입과 마음의 삼업(三業)이 전일(專一)해 집니다. 그래서 한 생각 무량한 지혜, 무량한 광명, 무량한 역량이 이 한 점에 집중됩니다. 이것은 하나의 과학으로서 한 개의 자장(磁場: 자기(磁氣)의 작용이 미치는 범위)이나 마찬가지입니다. 저 큰 자전(磁電)이 한번 오면 마치 지구의 인력(引力)처럼 모든 것을 다 빨아 당깁니다. 그러므로 환경이 허락되면 당신은 집에서나 혹은 선당(禪堂)에서 자리에 올라 큰 소리로 염불하십시오. 그러면 당신은 온통 청정한 광명의 정토에 들어갑니다. 당신이 입을 열어 소리 내어 염불할 때 몸과 입과 마음을 하나로 모아서, 눈은 밖을 보지 않고 돌이켜서 자기의 내면을 관찰합니다. 귀는 밖의 소리를 듣지 않고 자기의 염불소리 한 글자마다 자기의 내면으로부터 일어나는 것을 듣습니다. 혀는 입천장을 두드리면서 염불하고, 몸은 단정히 앉아 고요하여 움직이지 않습니다. 이렇게 염불해가면 당신 자신이 온통 한 덩이 광명의 청정 속으로 들어가 비할 바 없는 감응이 있을 겁니다.」라고 하였다.

* 팔사(八邪) : 진리를 잘못 보는 여덟 가지 견해를 말함. 곧 생(生)/ 멸(滅)/ 단(斷)/ 상(常)/ 일(一)/ 이(異)/ 거(去)/ 래(來)를 말한다. 반대는 팔부(八不 : 不生/ 不滅/ 不斷/ 不常/ 不一/ 不異/ 不去/ 不來)이다.

* 여덟 가지 잘못된 견해인 팔사(八邪)를 부정하는 것이 팔부(八不)인데, 팔부(八不)에 의하여 모든 집착과 분별을 떠나면, 모든 것이 그대로 실상(實相; 만물의 본래 모습)이 되는 도리가 나타나는데, 이를 중도(中道)라고 한다. 이처럼 팔부중도(八不中道)는 어리석고 삿된 견해를 끊어 없애는 바른 가르침이다. 아래에서는 팔부(八不)를 둘씩 묶어, 불생불멸(不生不滅)/ 부단불상(不斷不常)/ 불일불이(不一不異)/ 불거불래(不去不來)로 보기로 한다.

①불생불멸(不生不滅)이란 삼라만상은 인연의 있고 없음에 따라 생멸변화(生滅變化)할 뿐이요, 현상 그 자체에는 아무런 자성(自性), 즉 실체성이 없음을 말한다. 예를 들면, 노끈은 삼[麻]과 사람의 힘으로 이

루어진 일시적 거짓에 불과하며, 노끈이라는 고정적인 자성이 없다. 그러므로 노끈의 생멸이란 것은 노끈의 자성을 인정한, 노끈의 자성을 중심으로 한 인식상의 분별망념일 뿐이요, 실체로서의 노끈은 생(生)한 적이 없었으며 또한 멸(滅)한 바도 없는 것이다. 본래 무생(無生)이다. 남회근 선생은 「과거 물리학에서는 촛불이 다 타면 없어지는 것으로 생각했지만, 현대 물리학에서는 에너지는 불변이며 에너지와 질량은 상호 변화하면서 불생불멸한다고 말합니다.」 라고 하였다.

②불상부단(不常不斷)이란 윤회상에 있는 중생의 몸과 영혼은 항상 존재하지 않음을 말한다. 우유가 발효되어 버터나 치즈가 되었을 때, 버터나 치즈에는 우유가 조금도 남아 있지 않는 것과 마찬가지이다. 그러나 전생(前生)과 내생(來生)이 전혀 무관한 것은 아니다. 우유가 없이는 버터나 치즈가 생길 수 없기 때문이다.

③불거불래(不去不來)란 진리의 당체(當體)는 가고 오는 체성(體性)이 아니며 시방(十方)에 편만(遍滿)한 채 한결같이 변함없는 여여부동(如如不動)임을 말한다. 만일 법성(法性)에 가고 옴이 있다면 일체 존체와 그 생멸변화에 대해서 시방에 일관하는 상주법성은 될 수 없기 때문이다.

④불일불이(不一不異)란 연기(緣起)로 생(生)한 현상적 존재들은 독립체로서 고정적인 자성을 갖고서 존재하는 것이 아니라 인연에 따라 일시적으로 나타난 거짓 상(相)임을 만한다. 그 존재들의 참 성품은 동일한 진여법성으로서 하나이다. 그러므로 현상적 존재들의 서로 다르지 않다. 별개의 존재가 아닌 한 몸으로 이어져 있는 것처럼 하나도 아니면서 다르지도 않다.

* 선도(善導)화상은 〈관경소(觀經疏)〉에서 「혼자 가만히 생각해보니, 진여(眞如)는 광대하여 오승(五乘: 인/ 천/ 성문/ 연각/ 보살)이 그 너비를 헤아릴 수 없고, 법성(法性)은 깊고 높아 십성(十聖: 십지보살)도 그 끝을 다 알 수 없다.」 라고 하였다.

* 남회근 선생은 「대철대오란 우주만유(宇宙萬有) 생명의 궁극을 철저하게 아는 것입니다. 석가모니 부처님은 도(道)를 깨닫고 성불하셨는데, 무슨 도(道)를 깨달았을까요. 일체생명의 본체(本體)는 태어나지도 죽지도 않는다는 것을 아셨습니다. 이것을 깨달아 성불한 겁니다.」 라고 하였다.

* 십선(十善) : ①산목숨을 죽이지 말라.[不殺生] ②훔치지 말라.[不偸盜] ③음행하지 말라.[不邪淫] ④거짓말하지 말라.[不妄語] ⑤이간질하는 말을 하지 말라.[不兩舌] ⑥험담이나 욕설을 하지 말라.[不惡口] ⑦교묘하게 꾸미는 말이나 음담패설을 하지 말라.[不綺語] ⑧탐욕을 부리지 말라.[不貪欲] ⑨성내지 말라.[不瞋恚] ⑩삿된 소견을 내지 말라.[不邪見]

* 보조국사 지눌은 「요즈음 속인들이나 삿된 무리들이 십악(十惡)과 팔사(八邪)를 끊지 않고, 오계와 십선도 닦지 않고, 잘못된 이해와 사사로운 정으로 망령되이 염불하려 하되, 삿된 소원을 떨어 놓고 방자하게 서방정토에 나려 하니, 그것은 모난 나무를 둥근 구멍에 끼우려는 것과 같다. 그런 사람은 제 생각으로는 염불을 한다고 생각하지마는 부처의 뜻이 어찌 그 삿된 생각에 맞아 주겠는가. 그러므로 파계하고 부처를 비방하면서 망령되이 진실과 청정을 구하는 죄로, 깊은 번뇌를 거듭한 끝에 죽어서는 지옥에 떨어져 그 몸과 마음을 스스로 해치거늘 그것이 누구의 허물이겠는가. 너희는 계를 지니는 것으로 본받음을 보여 먼저 십악과 팔사를 끊고 다음에는 오계와 십선을 닦아 과거의 허물을 뉘우쳐야 한다.[近來 白衣邪徒 不斷十惡八邪 不修五戒十善 以曲會私情 妄求念佛 披露邪願 欲生西方 是乃如將方木逗圓孔也 如此之人 自意雖持其念佛佛意何契其邪念乎 是以破戒謗佛 妄求眞淨之罪 幽結極重 故死墮地獄 自傷身心 是誰過歟 汝等戒侶觀鑑于茲 先斷十惡八邪 次持五戒十善 懺悔前非]」라고 하였다.

* 남회근 선생은 「우리는 하루 종일 진정으로 선(善)한 생각은 하지 않으며, 대부분 흐리멍덩하게 세월을 보냅니다. 염불을 하면서도 육근(六根)은 도처에서 난동을 부리고 있습니다. 여러분이 선종이니 무슨 종(宗)이니 내세우며, 공덕이라고는 조금도 쌓지 않고 진보하려면 그건 불가능합니다. 만약 마음을 바꿔 선(善)의 경계를 조금이라도 높인다면 지혜는 그만치 진보합니다. 여기에는 융통성이 없습니다.」라고 하였다.

* 〈법원주림〉에 「미증유경(未曾有經)에서 말하였으니, "하품(下品)의 십선(十善)이란 이른바 찰나간이요, 중품의 십선이란 한 끼 먹을 시간이며, 상품의 십선이란 아침에서 낮까지이다. 이 시간 동안이나마 마음에 십선을 생각하고 십악을 그쳐도 (도솔천에) 왕생할 수 있다. 그러므로 승냥이도 마음에 십선을 생각하면서 7일 동안 아무것도 먹지 않으면 도솔천에 왕생한다.[未曾有經云 下品十善 謂一念頃 中品十善 謂一食頃 上品十善 謂從旦至午 於此時中心念十善止於十惡 亦得往生 故野干心念十善 七日不食生兜率天]」라고 하였다.

* 《증일아함경》에 「나는 어떤 사람이 극락에 갈 지 미리 아느니라. 그가 마음속으로 어떤 생각을 하는지를 관찰해보면, 마치 팔을 굽혔다가 펴는 것처럼 쉽게 극락에 태어난다는 것을 알 수 있다. 그가 극락에 태어나는 것은 이유가 있다. 마음속으로 착한 생각을 하기 때문이다. 그러므로 만일 어떤 사람이 지금 착한 일을 한다면 그에게 말하리라. 만약 지금 그대가 목숨을 마친다면 바로 극락에 태어날 것이라고. 왜냐하면 마음으로 착한 행을 했기 때문이다. 그러므로 수행자들이여. 그대들은 항상 마음을 항복받아 나쁜 생각을 하지 말고 착한 생각을 하라. 깨끗한 생각을 내고 더러운 행을 하지 말라. 그대들은 반드시 이렇게

공부를 해나가야 한다.」라는 말씀이 있다.

＊중국 고전인 〈경행록(景行錄)〉에 「남과 원수를 맺는 것은 재앙을 심는 것이고, 선(善)을 버려두고 행하지 않는 것은 스스로를 해치는 것이다.[結怨於人 謂之種禍 捨善不爲 謂之自賊]」라고 하였고, 또 「은혜와 의(義)를 널리 베풀라. 사람이 어느 곳에선들 서로 만나지 않겠는가. 원수와 원한을 맺지 말라. 길이 좁은 곳에서 만나면 돌아서서 피하기 어렵다.[恩義廣施 人生何處不相逢 讐怨莫結 路逢狹處難回避]」라고 하였다.

＊진심(眞心) : 분별을 일으키지 않는 마음. 번뇌와 망상을 일으키지 않는 마음. 모든 분별과 대립이 소멸된 마음 상태. 중생이 본디 갖추고 있는 청정한 성품.

부처님께서 「염불 한 번에 복덕이 헤아릴 수 없이 늘어나고, 부처님께 드린 절 한 번으로 갠지스 강 모래 수만큼의 죄가 소멸된다.」라고 하셨다. 염불의 공덕은 뛰어나다. 장차 부처님의 위신력에 의지하면 번뇌와 업장을 없앨 수 있고, 또 극락세계에 왕생할 것이다. 왕생하면 연꽃이 피어 부처님을 뵙고 법음을 들으면 불지견佛知見이 열린다.

佛經云 念佛一聲 福增無量 禮佛一拜 罪滅河沙 念佛功德殊勝 將來仗佛威神力 滅除煩惱業 更能往生極樂世界 花開見佛 聞悉法音 開佛知見   - 고덕

＊중국 수(隋)나라 때의 고승이자 삼론종(三論宗)의 중흥조인 가상(嘉祥)대사는 「부처님은 무량한 공덕을 갖고 계시므로 부처님을 부르면 무량한 공덕을 짓게 된다. 고로 부처님을 부르면 무량한 죄를 없앨 수 있다.[佛有無量功德 念佛無量功德 故得滅無量罪]」라고 하였다.

＊불지견(佛知見) : 제법실상(諸法實相)의 이치를 깨닫고 비추어 보는 부처님의 지혜.

＊하련거거사께서 회집하신 《아미타경》에 「오로지 부처님 명호만 부르기 때문에 온갖 죄가 다 소멸되느니라.[專持名號 以稱名故 諸罪消滅]」라는 구절이 있다.

이 염불법문을 닦아 정토에 왕생을 구한다면, 범부의 자리에 있다 하여도 한 생만 지나면, 즉시 삼계三界 오도五道의 생사윤회를 횡횡으로 절단하여, 모든 유有를 바로 초월하고 부처님의 접인接引을 받아 서방정토에 단박에 왕생한다.

若能修此念佛法門 求生淨土 雖在凡地 不出一生 卽便橫截三界五道生死 徑超諸有 蒙佛
接引 頓生安養
- 묘협대사 〈보왕삼매염불직지〉

＊ 정공법사는 「삼계는 모두 고통이다. 특히 욕계 속에는 고고(苦苦), 괴고(壞苦), 행고(行苦)가 모두 있다.
네 개의 선천(禪天)에 태어나는 것을 색계라고 한다. 색계는 욕망을 항복받아 재물 · 여가 · 명예 · 음식 ·
수면이 없어져서 고고(苦苦)는 없으나, 괴고와 행고는 여전히 남아 있다. 무색계에 태어나면 색신(色身)이
없고 신식(神識)만 있어, 괴고(壞苦)는 없으나 행고(行苦)는 여전히 남아 있다. 수명은 한계가 있어 가장 높은
비상비비상천(非想非非想天)에 이르면 수명은 8만 대겁이지만, 여전히 행고가 있어서 영원히 그대로 유지
하여 움직이지 않을 수가 없다. 일단 수명이 다하면 여전히 윤회 속으로 들어간다.」 라고 하였다.

＊ 삼계(三界) : 욕계/ 색계/ 무색계를 말한다. 욕계의 중생들은 형상으로 존재하고, 색계는 빛으로 존재
하며, 무색계는 빛으로도 존재하지 않는다고 남회근 선생은 말한다.

＊ 오도(五道) : 지옥계/ 축생계/ 아귀계/ 인간계/ 아수라계.

하늘 위 하늘 아래에 부처님 같으신 분 없으시네.
온 시방세계 둘러보아도 또 비교할 만한 이 없네.
이 세상에 있는 모든 것을 내가 다 살펴보았지만
부처님같이 존귀한 분 어디에도 찾을 수가 없네.

天上天下無如佛 十方世界亦無比
世間所有我盡見 一切無有如佛者
-《불본행집경佛本行集經》·〈대지도론〉

＊《본생경(本生經)》에 의하면, 석가모니부처님이 성불하시기 전 보살로 계실 때, 저사불(底沙佛)이라
는 부처님 회상에서 미륵보살과 함께 도반이 되어 수행하였다. 저사불께서 화광삼매(火光三昧)에 드신
모습을 석가보살에게 보여주자, 그 광명이 너무나 장엄 찬란하여 황홀한 동경과 환희용약하는 마음이 사
무쳐 넋을 잃고, 저사불의 존안(尊顔)을 우러러 뵈면서 한 발을 든 채로 7주야(七晝夜) 동안 밤낮으로 위
게송을 읊어 저사불을 찬탄한 공덕으로 미륵보살보다 9겁을 앞서 성불하였다고 한다. 이 내용은 〈아비달

마론(阿毘達摩論)에도 나온다.

* 〈대지도론〉에 「천문경(天問經)에서 말하길, 온갖 법을 바르게 알고, 온갖 장애에서 해탈을 얻었으며, 모든 공덕을 성취한 이는 오직 부처님 한 분 뿐이다.」라고 하였다.

* 역시 〈대지도론〉에 「오직 부처님 한 분만이 홀로 제일이시니, 삼계의 부모이시며 일체지(一切智)로다. 그 일체지에 대해 더불어 견줄 자 없으니, 비할 바 없이 희유하신 세존께 머리 숙여 절합니다.」라는 게송이 있다.

* 남회근 선생은 「생명의 본래(本來)를 보고, 우주의 본래를 본 사람을 '불(佛)'이라 하고, 혹은 '불타(佛陀)'라고 번역합니다. 불타(佛陀)는 '깨닫다.[覺悟]'는 뜻으로서, 우주와 인생 등 일체의 문제를 분명하게 알았다는 것입니다. 수천 년 전에 모든 문제를 철저하게 해결한 이 사람을 석가모니불이라고 합니다. 그는 우주와 인생의 이치를 이해했습니다. 우주와 인생과 사물은 주재자(主宰者)가 없다는 겁니다. 염라대왕이 당신의 생명을 주재하는 것도 아니요, 하느님이 당신의 운명을 주재하는 것도 아니라는 겁니다. 그렇지만 자연도 아니요, 유물(唯物)이 변화한 것도 아닙니다. 일체만유(一切萬有)의 생명과 사물은 인연소생(因緣所生)이라는 겁니다. 인연소생은 어떻게 오는 것일까요. 스스로 오는 것입니다. 주재자가 없습니다. 타력(他力)도 아니고 자연(自然)도 아닙니다. 석가모니불은 32살 때부터 세상에 나와 이 이치를 널리 알리기 시작했습니다. 당시 인도 사람들은 석가모니불이 설한 이런 이치에 대단히 큰 충격을 받았습니다. 주재자가 없고 자연이 아니라고 설하자, 그들은 석가모니불을 무신론자(無神論者)로 여겼습니다. 사실은 그들이 잘못 안 겁니다. 석가모니불은 결코 신의 존재를 부정하지 않았습니다. 다만 신과 인간을 동일한 본체로 본 겁니다. 석가모니는 사람들에게 모든 생명이 함께 갖고 있는 이 본체(本體)를 찾아내야 한다고 제창했습니다. 이 생명의 본체를 찾아낸 것을 무상정등정각(無上正等正覺)이라고도 하고, 아누다라삼먁삼보리라고도 말합니다. 그러므로 불법(佛法)은 미신이 아닌 대지혜의 성취입니다.」라고 하였다.

육욕천의 천인들에게는 오쇠五衰가 나타나고 삼선천에는 풍재風災가 있다. 그대들이 비비상천에 가려고 수행하는 것이 서방정토에 왕생하려는 것만 못하다.

六欲天上現五衰 三禪天上有風災 要君修到非非想 不如西方歸去來   -천태 대사

* 육욕천(六欲天) : 욕계(欲界)의 여섯 하늘로, 사왕천(四王天)/ 도리천(忉利天)/ 야마천(夜摩天)/ 도솔천

607

(兜率天)/ 화락천(化樂天)/ 타화자재천(他化自在天)을 말한다.

　＊ 오쇠(五衰) : 욕계에 사는 천인의 수명이 다 끝나려 할 때, 신체에 나타나는 다섯 가지 쇠퇴의 징후를 말한다. ①옷이 더러워진다. ②머리에 쓰고 있는 화관(花冠)이 시든다. ③몸에서 냄새가 난다. ④겨드랑이 밑에서 땀이 난다. ⑤천상세계가 더 이상 즐겁지 않다. 천인들은 오쇠 현상이 나타나면 공포와 두려움을 느끼는데 마치 지옥의 고통과 같다고 한다.

　＊ 풍재(風災) : 우주는 80겁을 대주기로, 20겁을 단위주기로 하여 성주괴공(成住壞空)을 무한히 반복하는데, 화재(火災)에는 태양이 일곱 개가 출현하여 큰 불을 일으켜 먼저 지옥에서부터 색계(色界)인 초선천까지를 다 태워 버리고, 다음 수재(水災)에는 큰 장마 비가 일어나 제2선천(第二禪天) 아래가 다 침몰되고, 다음에 풍재(風災)에는 큰 바람이 일어 서로 치고 받으면서 제3선천(第三禪天) 아래를 불어 버린다. 화재와 수재와 풍재를 삼재(三災)라 한다.

　＊ (비상)비비상천 : 삼계 28천 중에서 가장 높은 곳에 위치한 하늘로 수명은 8만4천 대겁이다. 이곳에 태어나도 천상의 수명이 다하면 윤회 속으로 빠져들게 되고, 그리하면 반드시 타락하게 된다. 《열반경》에, 「비록 범천의 몸을 받거나 비상비비상천에 태어나도 명이 다하면 다시 삼악도로 떨어진다.[雖復得受梵天之身 乃至非想非非想天 命終還墮三惡道中]」 라고 하였다.

　＊ 〈대장일람집〉에 「모든 천(天)은 비록 즐거움을 누리지만, 복이 다하면 윤회한다. 그리하여 마침내 고(苦)의 덩어리가 되는데, 어째서 모든 고(苦)를 닦아서 그로 인해 고(苦)의 과보를 구하는가. 모두 해탈의 바르고 참된 도가 아니다.」 라고 하였다.

　＊ 성엄선사는 「천인(天人)들은 깨달음을 얻어 윤회에서 해탈하지 못합니다. 천인들은 쾌락과 희열에 빠져 있고, 따라서 불법(佛法)을 닦을 열망을 가지고 있지 않습니다. 천상계에서 그들이 누리는 수명이 대단히 길기는 하지만, 궁극적으로 그것도 끝이 납니다. 그들은 마지막 순간이 실제로 닥쳐오기 전까지는 그에 대해 아무런 의식이 없습니다. 그 마지막 순간이 닥쳐오면 그들은 아무도 알아차리지 못하는 가운데 혼자서 가야 합니다. 왜입니까. 다른 모든 천인들은 그들 자신의 쾌락에 워낙 빠져있기 때문에, 누군가가 없어져도 알아차리지 못하기 때문입니다. 그래서 천인이 다른 곳에서 다시 태어나면, 그의 괴로움은 계속됩니다. 왜냐하면 그들의 업이 다 소진(消盡)되지 않기 때문입니다.」 라고 하였다.

　＊ 남회근 선생은 「육욕천(六欲天)의 천인의 수명은 우리보다 훨씬 더 길며, 우리와 같은 고통과 번뇌가 없습니다. 이들의 복보(福報)는 아주 큰데, 모두가 훌륭한 일을 했거나 선행을 닦았거나 공부를 한 사

람들입니다. 그러나 아직은 남녀 간의 욕념(欲念)을 벗어나지 못했기에 이를 육욕천이라 합니다. 비록 욕념은 벗어나지 못했지만 이미 욕념을 높은 경계에까지 끌어올렸기에 능히 육욕천에 오를 수 있었던 겁니다. 천인들은 여자 뱃속에서 태어나지 않습니다. 경전에 의하면, 사천왕천(四天王天)의 천인들은 부모의 어깨 위에서, 혹은 가슴 속에서 다섯 살쯤 된 아이의 모습으로 갑자기 태어납니다. 남자라면 천자(天子)의 왼쪽 무릎에서 태어나고, 여자라면 천녀(天女)의 두 넓적다리 속에서 태어납니다. 색계천의 천인들은 아버지로부터 태어나는데 정수리가 갈라지면서 태어납니다. 천인의 머리에는 모두 꽃으로 된 모자가 있는데, 죽을 때가 되면 이 꽃 모자가 먼저 시들며, 이 때 천인은 모두 눈물을 흘립니다. 이 천인은 죽어 하계(下界)로 떨어지는데, 하계에 이르면 우리 같은 인간으로 변합니다. 인류는 남성과 여성이 육체로써 관계하여 자식을 낳지만, 욕계천의 야마천(夜摩天)의 천인들은 손을 잡는 것으로 관계하며, 도솔천의 천인들은 마음으로써 관계하고, 타화자재천(他化自在天)은 서로 바라봄으로써 관계합니다. 색계의 천인들은 눈으로 정(情)을 전하는 것만으로도 가능합니다. 무색계의 천인들은 서로 바라보는 것조차도 불필요합니다. 단지 한 생각만 움직이면 바로 자식을 낳을 수 있습니다.」라고 하였다.

＊ 육욕천(六欲天)의 하나인 도리천(忉利天)을 《장아함경》《화엄경》〈대지도론〉〈경률이상〉 등에 의거해서 살펴보자. 「도리천은 수미산 꼭대기에 자리하며 33개의 천궁(天宮)이 있고, 왕 이름은 석제환인(釋提桓因)이다. 음식과 혼인은 사왕천인(四王天人)과 같다. 몸이 서로 가까워지면 기(氣)로써 음행(淫行)이 이루어진다. 삼업(三業)이 착하면 도리천에 나는데 자연 화생(化生)으로 천인(天人)의 무릎 위에 나타나며 세 살 되는 아이만큼 작다. 태어난 천인은 "이는 나의 아들이다. 나의 딸이다." 고 하는 말을 알고, 스스로가 전세(前世)에 보시하고 계율을 지녔음을 알게 된다. 음식을 얻고자 하면 그대로 금 그릇에 가득 차거니와 복의 깊고 얕음에 따라 음식의 훌륭함과 못함이 있음은 사천왕천과 같다. 수명이 다하려 하면 오쇠(五衰)가 나타나고, 이때 도리천인들은 공포를 느낀다.」

＊ 삼선천(三禪天) : 색계(色界)에는 모두 18개의 천(天)이 있다. 아래에서부터 그 위로 3개의 천(天)을 초선천(初禪天), 그 위 3개의 천(天)을 이선천(二禪天), 그 위 3개의 천(天)을 삼선천(三禪天), 그 위 9개의 천(天)을 사선천(四禪天)이라 부른다. 소정천(少淨天)/ 무량정천(無量淨天)/ 변정천(遍淨天)이 삼선천(三禪天)에 해당한다. 수명이 소정천은 16겁, 무량정천은 32겁, 변정천은 64겁이다.

아미타불을 부르면 중생과 부처님 사이에 감응이 있어 염불하는 즉시 육근六根이 청정해진다. 예를 들어, 지금 부처님을 뵙기를 바라면서 염불한다고 하자. 눈은 항상 부처님을 보게 되니 곧 안근眼根이 청정해지고, 귀로는 자신과 대중의 염불소리를 들으니 곧 이근耳根이 청정해지며, 코로는 향로 속의 향기를 맡으니 곧 비근鼻根이 청정해지고, 혀로는 반복해서 염불만 하니 곧 설근舌根이 청정해지며, 이 몸은 청정한 도량 안에서 매일 부처님께 절을 올리니 곧 신근身根이 청정해지고, 입으로는 부처님을 부르고 몸으로는 부처님께 절하며 마음속으로는 부처님을 생각하니 곧 의근意根이 청정해진다. 육근이 청정해지면 삼업이 청정해진다.

一句阿彌陀佛念得相應 當下卽得六根清淨 例如今在念佛期裡面 眼常看佛 就是眼根清淨 耳聽自己及大衆念佛聲音 就是耳根清淨 鼻子嗅著爐裡香氣 就是鼻根清淨 舌頭反來覆去念佛 就是舌根清淨 身體在清淨道場裡 天天向佛拜佛 就是身根清淨 念佛 拜佛 心裡想佛 就是意根清淨 六根清淨則三業清淨

-담허대사

* 육근(六根) : 온갖 번뇌와 업장을 일으키는 근본이 되는 눈(眼)/ 귀(耳)/ 코(鼻)/ 혀(舌)/ 몸(身)/ 생각(意)의 여섯 가지를 말한다. '여섯 도둑' 이라는 뜻에서 육적(六賊)이라고도 한다.

* 원효대사는 〈대승기신론소〉에서 「신근(信根)이 이미 세워졌다면 곧 불도(佛道)에 들어갈 수 있는 것이며, 불도(佛道)에 들어가면 무궁한 보배를 얻을 수가 있다.[信根旣立 卽入佛道 入佛道已 得無窮寶]」 라고 하였다.

* 달마대사는 「중생은 삼독(三毒)과 육적(六賊)으로 말미암아 몸과 마음이 어지러워지고 생사(生死)의 구렁에 빠져 육도(六道)를 윤회하면서 온갖 고통을 받는다. 이를테면 강물이 원래 조그마한 샘물에서 시작하여 끊기지 않고 흐르면 시내를 이루고 마침내는 만경창파(萬頃蒼波)를 이루게 되나, 어떤 사람이 그 물줄기의 근원을 끊으면 모든 흐름이 다 쉬게 된다. 이와 같이 해탈을 구하는 사람도 삼독을 돌이켜 삼취정계(三聚淨戒)를 이루고, 육적(六賊)을 돌이켜 육바라밀을 이루면 저절로 모든 고뇌에서 벗어나게 될 것이다. 삼계에 태어남은 오로지 마음으로 되는 것이니 만약 마음을 깨달으면 삼계에 있으면서 곧 삼계에서 벗어나게 된다. 삼계라는 것은 곧 삼독이다. 탐내는 마음이 욕계(欲界)가 되고, 성내는 마음이 색계(色界)가 되며, 어리석은 마음이 무색계(無色界)가 된다. 삼독심(三毒心)이 갖가지 악을 짓고 맺어 업을 이루고 육도에 윤회하게 되니 이것을 삼계라 한다. 또 삼독이 짓는 무겁고 가벼운 업을 따라 과보를 받는 것도

같지 않아 여섯 곳으로 나뉘게 되니 이것을 육도라 한다. 그러나 악업은 오로지 자기 마음에서 일어난다는 것을 알아야 한다. 그러므로 마음을 잘 거둬 그릇되고 악한 것을 버리면 삼계와 육도를 윤회하는 괴로움은 저절로 소멸되고 모든 고뇌에서 벗어나게 될 것이니 이것을 해탈(解脫)이라 한다.」라고 하였다.

　＊위 본문과 비슷한 글이 있어 소개한다.「마음으로 부처님 명호를 한 자 한 자 분명하게 생각하면 이것이 곧 의근(意根)을 거두어들이는 것이고, 입으로 부처님 명호를 뚜렷하게 부르면 이것이 곧 설근(舌根)을 거두어들이는 것이고, 귀로 부처님 명호를 분명하고 뚜렷이 들으면 이것이 곧 이근(耳根)을 거두어들이는 것이고, 염불하면서 눈으로 여기저기 두리번거리지 않으면 이것이 곧 안근(眼根)을 거두어들이는 것이고, 염불하면서 코로 좋은 냄새나 향기를 맡지 않으면 이것이 곧 비근(鼻根)을 거두어들이는 것이고, 염불하면서 몸이 게으르거나 방일(放逸: 제 멋대로 행동함)하지 않으면 이것이 신근(身根)을 거두어들이는 것이다. 이와 같이 육근(六根)을 모두 거두어들여 밤낮없이 멈추지 않고 염불에 정진하면 반드시 일심불란을 얻는다.〔心念佛號 字字分明 卽攝意根 口稱佛號 句句淸楚 卽攝舌根 耳聞佛號 明明白白 卽攝耳根 眼不東張西望 卽攝眼根 鼻不攀緣香塵 卽攝鼻根 身不懈怠放逸 卽攝身根 如是六根都攝 不捨晝夜 精進念佛 必得一心不亂〕」

　우리가 부처님을 생각하지 않아도, 부처님께서는 오히려 우리를 생각하시거늘, 우리가 부처님을 간절히 생각한다면, 부처님께서는 반드시 우리를 더욱 더 생각하실 것이다.

我不念佛 佛尙念我 我今懇切念佛 佛必轉更念我矣　　　　　　　　　　－철오선사

　시끄럽지 않은 한가한 곳에서 모든 산란한 생각과 상相도 버리고 마음을 한 부처님에게만 집중하라. 오직 부처님 명호만 부르면서 부처님이 계신 곳을 따라 몸을 단정히 하고 바로 앉아, 한 부처님에 대한 생각 생각이 끊어지지 않으면, 즉시 그 생각 속에서 과거나 현재나 미래의 모든 부처님들을 다 볼 수 있느니라.

應處空閑 捨諸亂意 不取相貌 繫心一佛 專稱名號 隨佛方所 端身正向 能於一佛 念念相續 卽是念中 能見過去未來現在諸佛　　－도신道信대사〈입도안심요방편법문入道安心要方便法門〉

* 도신(道信) : 중국 선종의 제 4조인 도신대사(580~651)는 「부처를 생각하는 그 마음이 바로 부처요, 망념을 내면 범부다.[卽念佛心是佛 妄念是凡夫]」라고 하였다. 청화(淸華)스님께서는 염불선(念佛禪)의 연원(淵源)을 제4조 도신대사에게 두고 있다고 하였다.

* 지자대사의 〈정토십의론〉에 「한 부처님의 공덕을 구한다고 해도, 일체 부처님의 공덕과 전혀 차이가 없다. 부처님 법의 성품이 한결같이 똑같기 때문이다. 이러한 까닭에 아미타부처님을 사념(염송)함이 곧바로 일체 부처님을 사념(思念)함이며, 한 (극락)정토에 왕생하면 곧 모든 불국토에 왕생하는 것이다.」라고 하였다.

* 남회근 선생은 「도를 깨닫고 나면, 일백·일천·일만·일억 내지는 말로 할 수 없고 셈으로 헤아릴 수 없이 많은 일체의 부처님들이 재주를 부리고 광대놀음을 하면서 갖가지 방편(方便)을 시험하고 있다는 것을 비로소 알게 됩니다. 아미타불이든 약사불이든 모두 '마치 허공 꽃이 어지럽게 일어났다가 어지럽게 소멸하는 것과 같으며[猶如空華 亂起亂滅]', 마치 허공의 꽃처럼 어지럽게 일어나 어지럽게 사라짐과 같습니다. 이때에 비로소 부처를 꾸짖고 조사를 욕할 수 있는 자격이 있습니다. 그러나 여러분은 함부로 꾸짖어서는 안 됩니다. 만약 꾸짖는다면 입가에 즉시 부스럼이 날 겁니다. 옛날에 어떤 선종의 조사스님이 88분의 부처님 이름 글자를 바지에 써서 입고 다녔습니다. 그의 제자도 이를 흉내 내었는데, 결과적으로 하반신이 모두 문드러지며 썩었습니다. 그럼 왜 이 조사스님은 88분의 부처님 이름 글자를 바짓가랑이에다 써서 입었을까요. 그 이유는, 그가 보니 이 사람들이 너무 상(相)에 집착하여, 온몸에서 부처님 냄새를 풍기고 얼굴은 부처님 분위기를 띠어 사람들로 하여금 견딜 수 없게 했기 때문입니다. 그는 이런 사람들의 집착을 깨뜨리기 위하여 그렇게 할 수 있었습니다. 그러나 여러분이 그 경지에 이르지 않고는 불보살을 존경해야 함은 말할 것도 없고 한 분의 호법신이나 귀신·토지신도 존경해야 합니다. 심지어 어떤 사람이나 어떤 아이에 대해서도 존중해야 합니다.」라고 하였다.

염불의 공덕이 지극해지면 언제 어느 곳에나 아미타불의 참 몸이 그윽이 앞에 나타나며, 임종 시에는 아미타불과 여러 성중들의 영접을 받아 구품九品 연화대를 타고 상품上품으로 왕생한다.

念佛功極 於日日時時一切處 阿彌陀佛眞體冥現其前 臨命終時迎入 九品蓮臺上品往生

- 보조국사 지눌 〈염불요문念佛要門〉

* 〈법원주림〉에서 「아미타고음성왕다라니경(阿彌陀鼓音聲王陀羅尼經)에 말하였다. "그때 세존께서는 모든 비구들에게 말씀하셨다. 서방 안락세계에 지금 부처님이 계시니 이름을 아미타(阿彌陀)라 한다. 만일 사중(四衆)으로서 그 부처님 명호를 올바로 수지(受持)할 수 있으면 이 공덕으로 그가 임종할 때에, 아미타불께서 그 대중과 함께 그 사람에게 가서 그가 볼 수 있도록 하실 것이다. 그가 아미타불을 보고 곧 기뻐하면 그 공덕은 배로 불어날 것이다."」라고 하였다.

* 남회근 선생은 「상품상생(上品上生)하려면 지성심(至誠心), 심심(深心), 회향발원심(廻向發願心) 이 세 가지 마음을 일으켜야 한다고 말합니다. 다시 말해, 자비로운 마음에서 살생하지 않고[慈心不殺], 계행을 두루 갖추며[具諸戒行], 대승경전을 독송하며[讀誦大乘方等經典], 육념(六念)인 염불 · 염법(念法) · 염승(念僧) · 염계(念戒) · 염천(念天)을 수행하고, 세상을 이롭게 하고 사람들을 구제하겠다는[利世救人] 발원을 회향하면서, 저 나라에 태어나기를 발원해야 합니다.」라고 하였다.

* 회향발원(廻向發願) : 당나라의 선도화상은 자신이 행한 신구의(身口意) 삼업(三業)의 선근은 물론, 타인이 삼업으로 선근을 행하면 그것도 즐거워하고(수희찬탄), 타인의 선행을 즐거워해준 선근까지도 모두 왕생을 위해 회향해서 왕생을 발원하는 것을 회향발원심이라 하였다. 다시 말하면 왕생을 위해 일체 자타(自他)의 선근을 극락왕생에 회향하는 마음을 회향발원심이라 하였다. 예를 들어, 극락에 왕생하기 위해서는 '100'이라는 공덕이 필요하다고 하자. 어떤 사람이 보시를 하고 나서 그 공덕을 자기의 극락왕생에 회향하면 1점이 되고, 채식을 평생토록 한 후 역시 그 공덕을 자기의 극락왕생에 회향했더니 12점이 되었고, 수희찬탄 하고나서 역시 그 공덕을 자기의 극락왕생에 회향했더니 20점이 되었고, 염불수행을 오랜 세월동안 한 후 그 공덕을 자기의 극락왕생에 회향했더니 60점이 되었다. 이렇게 자기가 공덕을 짓고나서 그 공덕을 자기의 극락왕생에 돌리는(보태는) 것을 '회향발원'이라 한다.

* 우익대사는 「지금 나의 모든 선한 행(行: 행위, 동작, 마음 등)을 서방 극락왕생에 모두 다 회향하라. 회향하지 않으면 최고의 선(善)을 행하더라도 또한 왕생하지 못한다. 비록 최고의 선을 행해도 자기의 극락왕생에 회향하려 하지 않는다면 역시 왕생하지 못한다. 아무리 작은 선이라도 극락왕생에 회향한다면 또한 왕생할 수 있다.〔現前一擧一動 皆可廻向西方 若不廻向 雖上品善亦不得往生 縱得上品善 若不肯廻向 亦不得往生 若芝麻小善 肯發願廻向 亦得往生〕라고 하였다.

* 정공법사는 「모든 행(行)마다, 언제나, 어디서나, 일체의 경계(境界)과 연(緣) 가운데 순경(順境)이든 역경(逆境)을 가리지 아니하고 늘 아미타불을 생각하되, 일심으로 서방세계 왕생을 향하고, 일심으로 아

미타불만 부르면, 이것을 일러 회향발원심이라 한다.[一切行 一切時 一切處 一切境緣之中 無論順逆 常作此想 一心嚮往西方世界 一心專念阿彌陀佛 卽名廻向發願心] 라고 하면서, 「여기서 일체행은 행주좌와(行住坐臥)와 신구의(身口意) 삼업(三業)을 말하고, 경(境)은 물질환경을, 연(緣)은 사람환경(즉, 사람들과의 관계)을 말한다.」 고 하였다.

이미 <왕생전往生傳>에 실린 임종 시의 상서로운 모습들이 하나하나 또렷또렷 전해지는데, 이들 실록實錄이 또한 어찌 우리를 속이고 있겠습니까. 이와 같이 확신을 하고 나면, 극락왕생의 발원이 저절로 간절해질 것입니다. 만약 저 극락세계의 즐거움을 가지고, 이 사바세계의 괴로움을 되돌아본다면, 마치 똥구덩이를 벗어나고 감옥에서 빠져나오고 싶은 것만큼이나, 이 사바고해를 싫어하고 떠나려는 마음이 저절로 강렬해질 것입니다.

반대로 이 사바세계의 괴로움을 가지고, 저 극락국토의 즐거움을 멀리 관망한다면, 마치 고향에 되돌아가고 보물창고에 달려가는 것만큼이나, 극락세계를 기뻐하고 가고 싶은 마음이 저절로 간절해질 것입니다.

요컨대, 마치 목마른 자가 물 마시는 걸 생각하듯이, 굶주린 자가 밥 먹기를 생각하듯이, 또한 병들어 신음하는 자가 좋은 약을 먹고 낫기를 바라듯이, 어린 아이가 자애로운 어머니를 그리워하듯이, 극락왕생을 발원하는 것입니다. 그리고 마치 원수가 칼을 들고 뒤쫓아 오는 걸 피해 달아나듯이, 또한 물속이나 불속에 빠져 다급하게 구원을 구하듯이, 그렇게 사바고해 벗어나기를 발원하는 것입니다. 정말로 이렇게만 간절히 발원한다면, 어떠한 경계나 연분도 결코 우리 마음을 끌어당겨 뒤흔들지 못할 것입니다.

그러한 다음에 이러한 믿음과 발원의 마음을 가지고, '나무아미타불' 이라는 명호를 단단히 붙잡고 지송합니다. 부처님 명호를 한번 지송할 때마다 구품연화의 종자가 하나씩 심어지며, 한 구절 염송할 때마다 극락왕생의 정인正因이 하나씩 다져집니다. 부처님 명호를 염송할 때에는, 모름지기 곧장 마음과 마음이 계속 이어지고, 생각과 생각이 조금도 어긋나지 않도록 하며, 오직 염불에만 전념하고 오직 부지런히 염불하여, 조금도 잡념망상이 끼어들거나 염불이 끊이지 않도록 닦아야 합니다. 염불을 오래할수록 믿음이 더욱 견고해지고, 지송을 계속할수록 발원이 더욱 간절해져서, 그렇게 오래오래 지속하다 보면, 저절로 한 덩어리가 되어 한 마음 흐트러지지 않는 일심불란一心不亂의 경지에 들게 됩니다.

진실로 이와 같이 염불하고서도 만약 극락정토에 왕생하지 못하는 사람이 있다면, 석가여래는 곧 거짓말쟁이가 되고, 아미타불은 부질없는 발원을 한 셈이 되는데, 과연 그럴 리가 있겠습니까.

往生傳載臨終瑞相 班班列列 豈欺我哉 如此信已 願樂自切 以彼土之樂 回觀娑婆之苦 厭離自深 如離厠阮 如出牢獄 以娑婆之苦 遙觀彼土之樂 欣樂自切 如歸故鄕 如奔寶所 總之如渴思飮 如饑思食 如病苦之思良藥 如嬰兒之思慈母 如避怨家之持刀相迫 如墮水火而急求救援 果能如此懇切 一切境緣 莫能引轉矣 然後以此信願之心 執持名號 持一聲是一九蓮種子 念一句是一往生正因 直須心心相續 念念無差 唯專唯勤 無雜無間 愈久愈堅 轉持轉切久之久之 自成片段 入一心不亂矣 誠然如此 若不往生者 釋迦如來 便爲誑語 彌陀世尊 便爲虛願 有是理乎哉
　　　　　　　　　　　　　　　　　　　　　　　　　　　　　　　　　　　-철오선사

사바세계의 중생이 염불수행의 공덕으로 서방극락에 왕생하는 것은 곧 횡횡으로 삼계를 뛰어넘는 것이다. 그러면 생사윤회를 빨리 벗어나며 문득 삼불퇴三不退를 증득하고, 수명이 부처님과 같이 무량무변한 아승기겁이다. 위로 삼계를 벗어나는 것은 마치 개미가 높은 산을 오르는 것과 같지만, 횡으로(옆으로) 삼계를 초월하는 것은 마치 돛단배가 순조롭게 물 위를 가는 것과 같다. 비유를 하면 이렇다. 죽순 속에 애벌레 한 마리가 들어 있다. 시간이 지나 죽순이 대나무로 자라는 동안 애벌레도 자라서 대나무 밖으로 나가려고 애쓴다. 만약 그 벌레가 위로 올라가려고 대나무의 마디를 물어뜯어 구멍을 내면 다시 그 위에 마디가 있다. 그 마디를 뜯어서 구멍을 내면 계속해서 그 위에 마디가 있어서, 아무리 열심히 노력해도 대나무 끝에 도달하기 전에 죽고 마는 것과 같다. 이것이 바로 중생이 구차제정九次第定을 닦아 위로 생사에서 벗어나려 하는 것이다. 그런데 만약 대나무 옆에 구멍을 내게 되면 구멍이 뚫리자마자 바로 대나무에서 벗어날 수 있다. 이것이 바로 중생이 일념으로 염불수행을 하여 횡횡으로 생사를 초월하는 것이다.
　　　　　　　　　　　　　　　　　　　　　-원영대사 〈권수염불법문勸修念佛法門〉

무엇을 가로로 생사를 뛰어 넘는 것이라고 하는가.

염불하여 극락에 가는 것이 바로 그것이다. 극락과 사바세계는 연화장세계 제 13층에 같이 있는데, 연화장세계는 20층으로 되어 있다. 《아미타경》에 여기서부터 서쪽으로 십만억 국토를 지나 극락세계가 있다고 했으니, 사바세계 중생이 염불공부가 성취되어 극락에 왕생하면 이것이 곧 가로로 삼계를 뛰어나서 빨리 생사를 벗고 세 가지 불퇴를 증득하고 수명이 무량하니 이것이 최후의 몸이라 다시 생사를 받지 않지만, 원력願力으로 중생을 제도하기 위하여 다른 세계에 가서 몸을 받기도 한다. 위로 삼계를 벗어남은 개미가 높은 산에 오르는 것과 같고, 가로로 삼계를 벗어남은 순한 바람에 배를 띄우는 것과 같다. 또 비유하면 죽순 안에 벌레가 하나 있는데, 죽순이 커서 대나무가 되어도 벌레는 대나무 속에 있다. 밖으로 나가려 하는데 만일 위로 나가려고 한 마디를 뚫으면 또 한 마디가 있고 또 여러 마디가 있어 아무리 뚫으려 하나 힘이 약해서 끝까지 뚫지 못하고 결국 죽고 마는 것이니, 이것은 중생이 구차제정九次第定을 위로 닦아 생사를 벗어나는데 비유한 것이오.

만일 벌레가 대껍질을 용맹스럽게 뚫으면 쉽게 밖으로 나올 수가 있다. 이것은 중생이 염불 법문을 닦아 가로로 생사를 벗어나는데 비유한 것이니, 그 어렵고 쉬운 것이 하늘과 땅 차이다. 염불법문이 빨리 생사를 벗어나지만 명을 마칠 때에 가장 큰 관문이 있다. 과연 생전에 신심과 원력이 깊고 간절하며 깨끗한 수행이 성취되어 일심불란一心不亂을 얻으면, 가히 때가 되는 줄 미리 알고 바른 생각이 들어서서 일체 경계와 인연에 걸림이 없어져서 그 왕생하는 것이 선정에 들어가는 것과 같으며, 잠깐 동안 연꽃에 화생하여 세 가지 물러가지 않음을 증득하는 것이다. 만일 일심불란이 되지 않으면 반드시 도반道伴들이 도우는 염불을 해서 정념正念을 도와줘야 왕생할 수 있게 된다. 가장 두려운 것은 임종시에 여러 가지 일로 마음을 요란하게 하여 정념을 잃어버리면 왕생을 못하게 되니, 무릇 도반들과 집안 권속들은 이 이치를 잘 알아서 반드시 조념助念 염불을 해야 한다. 재가在家거사들은 평생에 염불하여 왕생을 원하였으면 집안일과 죽은 후에 여러 가지 일을 미리 권속에게 부탁하고 임종할 때는 일체 마음이 걸림이 없어야 한다. 애정으로 울고 슬픈 기색을 내어 병자의 마음을 요란케 말고 오직 염불만 도와 줄 것이니, 이와 같이 하면 틀림없이 왕생할 것이요, 이렇게 못하면 큰일을 그르치는 것이다.

-성암省庵대사

  * 조념(助念) 염불 : 죽어가는 사람을 위해 주변 사람들이 염불을 해 주는 일.

  * 남회근 선생은「고통이 극에 다다른 사람에게 당신이 염불을 하라고 권하는 것은 헛된 일입니다. 그가 생각하는 것은 오로지 병의 고통뿐이므로, 먼저 그의 고통을 해결해 주어야 합니다. 입에 부처님을 달고 다니는 할머니 아주머니 식으로 여러분들이 병문안 가서 함부로 헛된 말들을 하지 말기를 바랍니다.」라고 하였다.

  * 구차제정 : 사선(四禪), 사무색(四無色), 멸수상정(滅受想定)의 9종류의 선정(禪定)을 말한다. 4선8정(四禪八定)이라고도 한다. 자세히 보면, ①초선(初禪) ②제이선(第二禪) ③제삼선(第三禪) ④제사선(第四禪) ⑤공무변처정(空無邊處定) ⑥식무변처정(識無邊處定) ⑦무소유처정(無所有處定) ⑧비상비비상처정(非想非非想處定) ⑨상수멸정(想受滅定)이다. 앞의 여덟 선정은 유루(有漏)의 선정이지만, 마지막 단계인 상수멸정(=멸진정)은 눈귀코혀몸뜻[眼耳鼻舌身意]의 육식작용(六識作用)이 완전히 멸해버린 삼매를 말하는 것으로, 무루(無漏)의 선정이다. 아라한이 증득한 것이 바로 구차제정이며, 이를 출세간(出世間)의 선정(禪定)이라 한다. 즉, 욕망에 찬 범부의 세계에 다시 태어나지 않는, 또한 물러나 후퇴하는 일이 없는 단계의 삼매이다. 이 아홉 가지의 선정은 순차적으로 올라가는 것이며, 한꺼번에 뛰어넘을 수 없기에 구차제정(九次第定)이라 한 것이다.

  * 철오선사는「견혹(見惑)과 사혹(思惑)이 터럭 끝만큼이라도 남아 있으면, 이 육신의 생사윤회는 결코 벗어날 수 없다. 이걸 일컬어, '위로 삼계를 벗어난다.' 고 하는데, 심히 어렵고도 심히 어렵다.[若見思二惑 毫髮未盡 分段生死 不能出離 此所謂豎出三界也 甚難甚難]」라고 하였다.

  * 원영대사는〈권수염불법문〉에서 염불의 12가지 공덕을 열거하였다.

「첫째, 염불은 극락왕생의 인연을 일으킨다. 둘째, 염불이 곧 수행이다. 셋째, 염불이 가장 온당하다. 넷째, 염불은 뛰어난 방편이다. 다섯 째, 염불은 능히 업장을 없앨 수 있다. 여섯 째, 염불로는 세간의 복보를 구하지 마라. 일곱 째, 염불은 능히 번뇌를 끊어버린다. 여덟 째, 염불은 속히 생사윤회에서 벗어나게 한다. 아홉째, 염불은 삼학(三學)을 빠짐없이 갖추고 있다. 열째, 염불은 모든 근기를 두루 거두어들인다. 열한 번째, 염불은 가히 중생을 제도한다. 열두 번째, 염불은 부처를 이루게 하는 도(道)이다.[念佛發起因緣第一 念佛卽是修行第二 念佛最爲穩當第三 念佛有勝方便第四 念佛能消業障第五 念佛莫求福報第六 念佛能斷煩惱第七 念佛速了生死第八 念佛具足三學第九 念佛普攝群機第十 念佛可度衆生第十一 念佛得成佛道第十二]」

중생의 마음은 물과 같고 아미타불은 달과 같소. 중생이 믿음과 발원을 함께 갖추고 지성으로 염불하여 부처님을 감동시키면 부처님이 응답을 보인다오. 마치 물이 맑고 고요하면 달의 모습이 저절로 비추어지듯이 말이오. 반면, 마음이 청정하지 못하거나 정성스럽지 못하고 탐진치와 어울리면, 부처님과는 서로 멀어질 수밖에 없소. 마치 물이 혼탁하거나 움직이면 달이 빠짐없이 비추더라도 물에 뚜렷하게 나타나지 않는 이치와 같소.

衆生之心如水 阿彌陀佛如月 衆生信願具足 至誠感佛 則佛應之 如水淸月現也 若心不淸淨 不至誠 與貪瞋癡相應 與佛相背 如水濁而動 月雖不遺照臨 而不能昭彰影現　　　-인광대사

* 인광대사는 「탐욕·성냄·어리석음 세 가지는 생사윤회의 근본원인이고, 믿음·발원·수행 세 가지는 생사윤회를 끝마치는 미묘한 법문이오.[貪瞋癡三 爲生死根本 信願行三 爲了生死妙法]」라고 하였다.

* 인광대사는 「믿음과 발원이 진실하고 간절하면 비록 마음속이 청정하지 못하더라도 역시 왕생할 수 있다오.[信願眞切 雖未能心中淸淨 亦得往生]」라고 하였다.

* 원효대사는 〈발심수행장(發心修行章)〉에서 「막지 않는데도 천당에 가는 사람이 적은 것은 탐진치 삼독과 번뇌를 재물로 삼은 까닭이요, 유혹하지 않는데도 악도에 들어가는 사람이 많은 것은 오욕락 즐기는 것을 망령되게 마음의 보배로 삼기 때문이다.[無防天堂 少往至者 三毒煩惱 爲自家財 無誘惡道 多往入者 四蛇五欲 爲妄心寶]」라고 하였다.

* 남회근 선생은 「일체중생이 정념(淨念)의 마음의 광명을 방사(放射)하면, 제불보살의 무량광(無量光)과 합해져 하나가 됩니다. 이 속에는 우주의 무한한 신비가 감춰져 있으며, 이는 최대의 밀종(密宗)이자 최대의 과학입니다. 일반 사람들은 번뇌 망상의 심념(心念)이 바르지 않아서 정(定)을 얻어 혜(慧)를 발할 수 없기 때문에 보지 못하는 겁니다.」라고 하였다.

* 정념(淨念) : 망상으로 산란(散亂)하지도 않고, 혼침(昏沈)으로 흐리멍덩하지도 어둡지도 않음.

* 남회근 선생은 「선(善)도 생각하지 않고, 악(惡)도 생각하지 않으면서, 생각하지 않는다는 것도 생각하지 않습니다. 염하면서도 염함이 없고[念而無念], 염함이 없으면서도 염합니다.[無念而念]. 이렇게 정(定)의 상태가 지속되어 가는 것이 정념(淨念)입니다.」라고 하였다.

* 달마대사는 〈관심론(觀心論)〉에서 「지금 탐욕·성냄·어리석음 등의 삼독심만 없애면 이것이 곧 삼

아승기겁을 뛰어넘는 것이 되는데, 말세 중생들은 어리석고 둔하여 부처님의 깊고 묘한 삼아승기겁의 비밀한 말씀을 이해하지 못하고 그저 한량없는 겁을 지내야만 성불한다고 말한다. 이 어찌 말세에 수행하는 사람들로 하여금 잘못 알게 하고 의심을 내게 하여 보리도(菩提道)에서 퇴전하게 하는 것이 아니겠는가.[今者能除貪嗔癡等三毒心 是則名爲度得三大阿僧祇劫 末世衆生愚癡鈍根 不解如來甚深妙義三阿僧祇秘密之說 遂言歷此塵劫方得成佛 末劫豈不疑誤修行之人 退菩提道也] 라고 하였다.

＊ 불교에서는 탐진치, 즉 탐내고 성내고 어리석은 것을 삼독(三毒)이라 하여 지극히 경계하지만, 이 외에도 '오개(五蓋)'와 '십전(十纏)'이라는 것도 있음을 알아둘 필요가 있다. 오개란 탐욕, 들뜸과 후회, 의심, 혼침 수면, 성냄 등의 다섯 가지 번뇌를 가리키고, 십전이란 자신에게 부끄러워할 줄 모르는 무괴(無愧), 남에게 부끄러워할 줄 모르는 무참(無慚), 질투, 인색, 후회, 수면, 들뜸, 혼침(昏沈), 성냄, 잘못을 덮어 숨기는 것을 가리킨다.

양차공楊次公이 말하였다.

「만약 발심하여 아미타 명호를 부를 수 있다면, 즉시 왕생하여 강가의 모래같이 많은 부처님들이 입을 모아 칭찬하고 시방의 보살들이 함께 살고자 하는 마음을 갖게 될 것이다. 그러므로 부처님 말씀을 믿지 못한다면 무슨 말을 믿을 것이며, 정토가 가서 날 만한 곳이 아니라면 어느 땅이 가서 날 만한 곳인가. 스스로 자기의 신령함을 버린다면 그것은 누구의 허물이겠는가.」

楊次公云 若能發心念彼佛號 卽得往生 河沙諸佛有同舌之讚 十方菩薩 有同住之心 佛言不信何言可信 不生淨土何土可生 自棄己靈是誰之咎　　　　　　　　　　-〈인천보감〉

＊ 양차공 : 중국 송나라 때의 사람으로, 양걸(楊傑)을 말한다. 차공(次公)은 그의 자(字)다.

「애욕(愛慾)이 무겁지 않으면 사바세계에 태어나지 아니하고, 염불이 한결같지 못하면 극락정토에 왕생하지 못한다.[愛不重 不生娑婆 念不一 不生極樂]」라는 유명한 말씀을 남겼다.

＊ 중국 명나라의 유계 전등법사는 양차공의 위 말을 인용하면서 이렇게 말하였다. 「'애욕이 무겁지 않으면 사바세계에 태어나지 아니하고, 염불이 한결같지 못하면 극락정토에 왕생하지 못한다.' 이 두 구절은 가히 안 보이는 눈을 깎아내는 금도끼요, 불치병을 낫게 하는 성약이다.[愛不重不生娑婆 念不一 不生

極樂 此兩語 可謂刮腎眼之金鎞治膏肓之聖藥」라고 하였다.

＊ 연지대사의 〈왕생집〉에 「양차공은 일찍이 이렇게 말한 적이 있었다. "중생의 근기는 날카롭고 둔한 차이가 있으나, 누구나 알 수 있고 누구나 행할 수 있는 법문은 오직 서방정토일 뿐이다. 일심으로 관(觀)하여 어지러운 마음을 거두기만 하면 부처님의 원력에 의지하여 반드시 왕생할 수 있다."」라고 하였다.

＊ 〈동도사략(東都事略)〉에 보면 「양걸(楊傑)거사는 천의의회(天衣義懷, 992~1064)선사를 스승으로 모시고 참선하였는데, 태산(泰山)에서 관리로 근무할 때 어느 날 해가 떠오르는 것을 보고 홀연히 대오하였다. 후에 몸이 아픈 어머니를 간병하기 위해 낙향하여 대장경을 열람하고는 정토수행을 결심하였다. 아미타불상을 조성하여 수행하는 한편, 〈십의론(十疑論)〉의 서문을 짓는 등 평생 동안 정토관련 저술을 하였다. 왕중회(王仲回)라는 관리는 양걸과 같은 고향사람이었다. 양걸을 따라 염불수행을 하면서, "어떻게 해야 끊어짐이 없이 염불 할 수 있느냐?" 라고 물은 적이 있다. 양걸은 다음과 같이 대답했다. "한번 믿은 후에 다시는 의심하지 말게. (의심하면) 크게 끊어지는 것일세."

다음 해, 양걸이 단양(丹陽) 태수로 재직할 때 꿈에 왕중회가 나타나서 말했다. "자네 덕분에 지금 극락세계로 왕생했네. 고마워서 인사를 하러 왔네." 그리고 절을 하고 사라졌다. 그후, 양걸은 자신이 죽을 날을 미리 알고 여러 친구들에게 두루 인사를 한 다음 입적하였다. 양걸이 죽은 후 형왕부인(荊王夫人)이란 사람이 꿈에 서방정토를 유람하였다가, 어떤 사람이 보배로 몸을 장식한 체 연꽃 위에 앉아 옷깃을 바람에 휘날리는 것을 보았다. 누구냐고 물으니 양걸이라고 대답하였다.」라는 글이 실려 있다.

＊ 양차공이 남긴 '사세게(辭世偈: 세상을 하직하며 남긴 시)'를 보자.

「삶도 연연할 것이 없고, 죽음도 버릴 것 없네. (인생은) 허공 속의 한 점 구름인 듯, 기왕 어긋난 일 서방극락에 가려네.[生亦無可戀 死亦無可捨 太虛空中之乎者也 將錯就錯 西方極樂]」

내가 죄업을 지을 때마다 부처님께서는 나를 경고하고 일깨우시며, 내가 고통을 받을 때면 나를 건져 올려 주시고, 내가 목숨을 바쳐 부처님 가르침에 귀의할 때는 나를 따뜻이 맞아 감싸 주시며, 내가 수행하는 동안에는 나를 자비 가피로 보호해 주십니다. 이처럼 여러 가지로 부처님께서 나를 위하시는 까닭은, 오직 내가 부처님을 생각하길 바라시고, 내가 극락왕생하길 바라시며, 내가 온갖 고통을 영원히 벗어나서 온갖 진리의 기쁨을 맘껏 누리길 바라시고, 그래서 내가 이제는 부처님 가르침으로 일체 중생을 교화하고 제도하면서, 마침내 다음 생에 부처가 되는 일생보처의 자리에 오르길 기원하고 계십니다. 아!
부처님의 깊으신 은혜와 두터운 공덕이 나를 낳아주신 부모에게 가히 비할 수 있을까.

我造業時 佛則警覺我 我受苦時 佛則拔濟我 我皈命時 佛則攝受我 我修行時 佛則加被我
佛之所以種種爲我者 不過欲我念佛也 欲我往生也 欲我永脫衆苦 廣受法樂也 欲我展轉化
度一切衆生 直至一生補佛而後已也 噫! 佛之深恩重德 非父母所可比　　　　　-철오선사

*　청화스님은 「부처님의 가르침은 철두철미 사실을 사실대로 말씀하고, 또 진리 그대로 조금도 굴곡
이 없이 말씀을 하신 것입니다. 가장 완벽한 과학, 가장 궁극적인 철학, 가장 행복스러운 종교, 이것이 바
로 부처님 가르침입니다.」 라고 하였다.
*　〈대지도론〉에 「아득한 옛적부터 미래세가 다하도록 이 몸이 끊임없이 부처님을 모셔도 가여운 중
생들을 제도하지 못한다면 부처님의 참된 은혜에 미치지 못하네.」 라는 게송이 있다.

　어떤 중생이 아미타불을 부르면서 정토에 태어나길 발원하면, 아미타불께서 스물다섯
의 대보살을 보내시어 수행자를 보살펴, 가거나 앉거나 머물거나 눕거나 밤이거나 낮이
거나 어떤 때 어떤 곳을 가리지 않고 악귀나 악신이 끼어들지 못하게 한다.

若有衆生念阿彌陀佛願往生者 彼佛卽遣二十五菩薩 擁護行者 若行若坐 若住若臥 若晝
若夜 一切時一切處 不令惡鬼惡神 得其便也　　　　　-《예참의십왕생경禮懺儀十往生經》

*　《왕생경(往生經)》에 「중생이 아미타불을 생각하면 보살이 항상 따르며 지키므로 귀신이 틈을 얻지
못한다.」고 하였다.
*　스물다섯분의 보살 : 관세음보살, 대세지보살, 약왕보살, 약상보살, 보현보살, 법자재보살, 사자후보
살, 다라니보살, 허공장보살, 불장보살, 보장보살, 금장보살, 금강장보살, 산해혜보살, 광명왕보살, 화엄
왕보살, 중보왕보살, 월광왕보살, 일조왕보살, 삼매왕보살, 정자재왕보살, 대자재왕보살, 백상왕보살, 대
위덕왕보살, 무변신보살.

바쁜 중에도 한가함을 취하고 시끄러움 가운데서도 고요함을 취하여, 매일 삼만 번이나 만 번이나 삼천 번 또는 천 번 염불하겠다는 일과日課를 정해 놓고 하루라도 방일하게 보내지 말라. 또한 특별히 바빠 잠깐도 한가한 틈이 없는 자는 매일 새벽마다 반드시 십념十念을 할지니, 오래 공덕이 쌓이게 되면 또한 헛되지 않을 것이다. 염불 외에 송경誦經·예불·참회·발원하며 갖가지 인연을 맺고 갖가지 복덕도 지을 일이다. 힘 따라 보시를 행하며 모든 선과 공덕을 닦아 극락왕생의 조인助因으로 삼아라. 작은 선善이라도 반드시 정토에 회향廻向하라. 이와 같이 노력하면 반드시 정토에 왕생할 뿐 아니라 또한 품위品位도 높을지니라.

須忙裏偸閑 鬧中取靜 每日或念三萬聲 一萬聲 三千聲 一千聲 定爲日課 不容一日放過 又有冗忙之極 頃刻無閒者 每日晨朝 必須十念 積久功成 亦不虛棄 念佛之外 或念經禮佛 懺悔發願 種種結緣 種種作福 隨力布施 修諸善功以助之 凡一毫之善 皆須回向西方 如此 用功 非惟決定往生 亦且增高品位矣
　　　　　　　　　　　　　　　　　　　　　　　-천여유칙선사 〈정토혹문〉

* 천여 유칙선사는 「남녀 모두 다 정토법문을 닦을 수 있으며, 지혜 있는 사람이나 어리석은 사람 모두 정토법문을 받아들일 수 있다.」고 하였다.

* 철오선사는 「정토혹문은 참선자들의 고루(固陋)한 의심을 모아 시원히 풀어주었다.」라고 하였다.

* 〈정토혹문〉에 「오탁악세를 살아가는 사람들은 모두 죄를 짓습니다. 설사 오역중죄를 짓지는 않았더라도 나머지 죄업이 있는데, 누가 없다고 할 수 있겠습니까. 만약 참회를 하여 죄업을 없애지 않더라도, 다만 임종 시에 염불하면 능히 왕생할 수 있습니까. 답한다. 역시 왕생한다. 이것은 바로 전적으로 아미타불의 불가사의한 대원력(大願力)에 의지하기 때문이다.[問五濁惡世 人皆有罪 縱未造五逆重罪 其餘罪業 孰能無之 苟不懺悔消滅 但只臨終念佛 能往生乎 答亦得生也 此乃全藉彌陀不思議之大願力也]」라고 하였다.

* 〈법원주림(法苑珠林)〉에서 《증일아함경(增一阿含經)》을 인용하여 말하였다.

「예불(禮佛)에는 다섯 가지 공덕이 있다. 첫째는 단정(端正)함이니, 부처님의 상호(相好)를 뵘으로써 존상(尊像)을 낳기 때문이다. 둘째는 좋은 소리를 얻는 것이니, 부처의 등정각(等正覺)을 노래하고 읊기 때문이다. 셋째는 재물이 많고 넉넉한 것이니, 향과 꽃을 갖추어서 공양으로 삼기 때문이다. 넷째는 태어나는 곳이 고귀한 것이니, 무릎을 땅에 대고 장궤(長跪) 자세로 예를 드리기 때문이다. 다섯째는 천상에 태어나니, (절하면서) 염불한 공덕이 그러하기 때문이다.」라고 하였다.

 * 〈예념미타도량참법〉에 「날마다 잠깐씩 조그마한 선행이라도 하면 뒷날 만겁(萬劫)의 자량(資糧)이 될 것이며, 현세에는 맑은 업이 늘어나고 나쁜 인연이 점점 쉴 것이며, 사람들에게 존경받고 신들이 도우며 재앙이 물러가고 복이 올 것이다.[日修片時之少善 後爲萬劫之資粮 現世則白業頓增 惡緣漸息 人敬而神祐 禍去而福來]」라고 하였다.

 * 송경(誦經)은 경전을 외워서 읽는 것이고, 독경(讀經)은 경전을 보고 읽는 것을 말한다. 송경이든 독경이든 경전을 읽을 때, 경전의 구절을 음미하거나 이해(또는 분별)해 가면서 읽어야 할까, 아니면 그 의미를 알려고 하지 않고 무조건 읽기만 해도 공덕이 되는 것일까. 성현들께서는 한결 같이 말씀하신다. 즉, 경전을 읽을 때에는 그 뜻을 알려고 하지 말고 무조건 정성을 들여(즉, 불보살께서 앞에 앉아 계신다고 상상을 하고) 읽기만 하면 된다고 하신다. 명심해야 할 일이다.

 * "작은 선(善)이라도 반드시 정토에 회향하라." 라는 말은, 우리가 작은 선행을 하고 나서, "저의 이 작은 선행을 저의 극락왕생에 회향하옵니다." 라고 하라는 뜻이다. 그리하면, 이 작은 선행도 내가 극락에 왕생하는데 보탬, 즉 자량(資糧: 돈과 식량)이 되어 그만큼 왕생하기가 쉬워진다.

《관무량수경》에서 정업淨業의 정인正因을 밝히면서, 부모에게 효양孝養하는 것이 제일이라 하였다. 그러므로 부모에게 불효하는 사람은 하루 종일 염불하더라도 부처님이 기뻐하지 않으실 것임을 알겠다.

觀經叙淨業正因 以孝養父母爲第一 故知不孝之人 終日念佛 佛亦不喜

- 연지대사 〈왕생집〉

 * 경전에 「부모를 공양한 공덕은 일생보처 보살을 공양한 공덕과 같다.」고 하였고, 《증일아함경》에는 「부모를 효도로써 섬기는 데서 받는 과보는, 보살이 받는 과보와 동등하다.」라고 하였다.
 * 인광대사는 부모님이 살아계시면 채식과 염불을 하시면서 서방정토 왕생을 발원하시도록 간곡하게 권해야 하며, 이미 작고 하셨다면 부모님을 위해 염불을 독실하게 수행하여 회향기도 하라고 하였다. 이러한 효도가 최고 궁극의 효도라 하였다.

* 연지대사는 「부모님이 돌아가신 후 일년 내내 늘 부모 조상님들을 천도해 드려야 하며, 이미 해탈을 얻으셨다고 자부하고 천도재를 행하지 않아서는 안 된다.」라고 하였다.

* 《사십이장경》에 「무릇 사람이 천지의 귀신을 다 섬긴다 해도 그 부모에게 효도함만 못하다. 부모야 말로 최고의 신(神)이기 때문이다.」라고 하였다.

* 《열반경》에 「만약 부모를 해(害)하는 자가 있다면, 그는 무량 아승기겁에 걸쳐 재앙을 받아야 한다.」라고 하였다.

* 《부모은중경(父母恩重經)》에 「부처님께서 아난에게 이르셨다. "불효자는 죽어서 아비지옥에 떨어진다."」라고 하였다.

* 《지장경(地藏經)》에 「만약 중생이 있어서 부모에게 불효하여, 혹 부모를 죽이는 데까지 이른다면, 무간지옥에 떨어져 천만억겁(千萬億劫)이 지나도록 나오려 해도 나올 때가 없을 것이다.」라고 하였다.

* 《대승본생심지관경(大乘本生心地觀經)》에 「부모의 은혜란 아버지의 자은(慈恩)이요, 어머니의 비은(悲恩)이다. 말세의 중생들은 은혜를 깊이 깨닫지 못하고 항상 부모의 덕을 등지고 있다. 아버지의 은혜는 산처럼 높고 어머니의 은혜는 바다처럼 깊다. 내가 이 세상에 한 겁 동안이나 머물면서 부모님의 은혜를 설한다 하더라도 다할 수가 없다. 내가 부모의 은혜에 대하여 설한 것은 마치 파리가 바닷물을 마신 것과 같을 뿐이다. 대지가 무겁다고 하지만 어머니의 은혜는 그보다 더 무겁고 태산이 높다고 하지만 어머니의 은혜는 그보다 더 높다. 어머니 살아 계심이 최고의 부자요, 어머니 돌아가심이 가난이다. 어떤 사람이 정성을 다해 부처인 나에게 공양하고, 또 한 사람은 부지런히 부모님께 효행을 닦는다면 이 두 사람의 복덕은 다르지 않아서 삼세에 걸쳐 한량없는 복을 누리게 된다.」라고 하였다.

* 《부모은중난보경(父母恩重難報經)》에 「설령 어떤 사람이, 왼쪽 어깨에는 아버지를 업고 오른쪽 어깨에는 어머니를 업고 살갗이 닳아 뼈가 드러나고 뼈가 닳아서 골수가 드러나도록, 수미산을 돌아 백 천겁의 세월이 지나 피가 흐르고 흘러 발꿈치까지 잠긴다 해도 부모님의 깊은 은혜는 오히려 갚을 수 없다.[假使有人 左肩擔父 右肩擔母 研皮至骨 穿骨至髓 繞須彌山 經百千劫 血流沒踝 猶不能報父母深恩]」라고 하였다.

* 《불설삼세인과경》에 「너희는 부모에게 효도하라. 마땅히 부모가 아니면 너희가 어찌 이 몸을 세상에 태어나게 되었으며, 설사 태어났더라도 핏덩이 연약한 몸으로 어찌 홀로 성장할 수 있었겠느냐. 여인이 한 번 아이를 출산할 때에 3말 3되의 붉은 피를 흘리고, 여덟 섬 너 말이나 되는 젖을 먹여 양육하였느니라. 부모가 있으므로 우주의 근본 되는 이 몸을 얻게 됨이요, 사람의 의무와 책임을 가르쳐 오늘의 너희

624

로 길러 주셨느니라. 그러므로 부모가 생존 시에는 지성으로 봉양할 것이며, 혹시 세상을 떠난 후에는 영가를 잘 봉안하여 부모의 왕생극락을 발원할 것이며, 설령 자신의 부모가 아니더라도 병약한 노인을 내 부모같이 보호 봉양하여라. 너희가 너의 부모를 마땅히 봉양하면 삼보천룡(三寶天龍)이 항상 보호하여 줄 것이며, 부모가 무력할 때 부모에게 불효한다면 선신(善神)은 자연히 너를 본받아 직접 앙화(殃禍)를 내릴 것이며, 늙어 병약할 때에는 반드시 너도 버림을 받을 것이니라.」라고 하였다.

＊공자는 「요즈음은 부모에게 물질로써 봉양함을 효도라고 한다. 그러나 개나 말도 집에 두고 먹이지 않는가. 공경하는 마음이 여기에 따르지 않는다면 무엇으로써 구별하랴.[今之孝者是謂能養 至於犬馬皆能有養 不敬何而別乎]」라고 하였다.

＊정업(淨業) : 남회근 선생은 「정업은 선업(善業)이 아닙니다. 선과 악은 상대적입니다. 악업은 없고 선업만 있어도 정업(淨業)이라 할 수 없습니다. 정업이란 선악의 양변(兩邊)에 다 집착하지 않는 것입니다. 집착함도 의지함도 없습니다.[不着不依]. 유(有)도 아니고 공(空)도 아닙니다.[非有非空]. 부처님의 경계는 정업(淨業)입니다.」라고 하였다.

＊정인(正因) : 바른 원인. 직접적 원인.

문수보살은 과거 일곱 부처의 조사祖師였으며, 보현보살은 만행萬行의 종조宗祖였으나 정토에 왕생할 것을 마치 한 입에서 나오듯 간곡히 타이르셨다. 사바세계의 유능한 보좌관輔佐官이며 극락의 측신側臣인 것이 또한 분명하다. 그러므로 염불을 업신여기며 왕생을 발원하지 않는 것은 잘못이다.

文殊七佛之祖 普賢萬行攸宗 而淨土往生 諄諄如出一口 娑婆良弼 卽安養親臣 明亦甚矣 薄淨土而不願往生謬哉
- 연지대사 〈왕생집〉

＊중국 명나라 때의 고승인 연지대사는 고봉선사의 계열인 소암덕보(笑嚴德寶)선사의 법을 이어받은 선종의 조사이고, 변융(徧融)선사의 뒤를 이은 화엄종의 종사(宗師)이며, 연종의 8대 조사이다. 이렇게 쟁쟁한 선종의 법맥을 이어 받으신 선사(禪師)지만, 「내가 평생 애쓴 것은 나무아미타불 여섯 자 밖에 없다. 노실(老實)하게 염불하라.」라고 하였다.

＊ 노실(老實) : 성실(誠實)을 뜻함.

＊ 연지대사는 〈미타소초(彌陀疏鈔)〉에서 「성문(聲聞)의 마음을 내면 보리심을 내는 것이 아니다. 이는 다만 자신의 문제(깨달음)만 해결하는 것이므로 소선근(少善根)이다. 오로지 부처님 명호만 꽉 잡아 지니고, 이를 위없는 깨달음 증득에 회향하면, 이것이야말로 불도(佛道)를 구하는 것으로, 자기도 이롭고 다른 이도 이롭게 하는 것이므로 다선근(多善根)이 되는 것이다. 복을 닦아 공덕을 이루면 이를 복덕이라 하는데, 인간이나 천상에 태어나는 유루복(有漏福)의 과보를 받아 삼계를 뛰어넘을 수 없으니 소복덕(少福德)이다. 오로지 부처님 명호만 꽉 잡아 지니고 뭇 선(善)을 받들어 행하면 온갖 선(善)이 정토를 장엄하므로 다복덕(多福德)이 된다. 선근은 곧 직접적인 인(因)이니 이것이 근본이고, 복덕은 보조적인 연(緣)이다. 이것들을 일러 인연이라 한다.[發聲聞心 不發菩提心 只求自了是少善根 專持名號 廻向無上菩提 求成佛道 自利利他 爲多善根 修福所成功德 謂福德 修人天有漏福報 不能超三界 是少福德 專持名號 衆善奉行 萬善 莊嚴淨土爲多福德 善根是親因 是根本 福德爲助緣 謂之因緣]」 라고 하였다.

＊ 남회근 선생은 「보현보살은 불법 가운데서 행원(行願)을 대표합니다. 부처님을 배우기는 쉽지만 행원은 어렵습니다. 도를 깨달은 뒤에는 수행해야 합니다. 수행(修行)이란 자기의 행위를 수정(修正)하는 것입니다. 내면의 마음을 일으키고 생각을 움직이는 심리행위로부터 외면의 행위에 이르기까지 자기의 행위를 수정하는 것입니다. 이른바 자비심을 일으키는 것으로, 실제로 반드시 실천해야 합니다. 날마다 집안의 불당(佛堂)에서 자비를 말하지만, 여러분은 누구에게 자비를 베풀었습니까. 그건 남이 여러분에게 자비를 베푼 것입니다. 보살도를 행하려면 대원력(大願力)을 갖춰야 합니다. 코끼리는 보현보살을 상징합니다. 인도의 코끼리는 사막에서의 낙타와 같습니다. 등에는 무거운 짐을 싣고 사람을 대신해서 힘들고 수고로운 일을 합니다. 보살도를 행하는 것은 중생을 위하여 그들의 고난을 대신 짊어지는 것입니다. 자비행원(慈悲行願)은 고통스러운 것입니다. 좋은 일을 하겠다고 발심(發心)하면 먼저 욕먹을 준비를 해야 합니다. 좋은 일을 다 하고 나면 남들이 당신을 비방합니다. 당신이 명예와 이익을 위해 일했다고 말합니다. 이런 말을 듣고서도 당신은 마음속으로 얼음과자를 먹은 것처럼 편안히 해야 합니다. 남이야 어떻게 오해를 하든지 상관하지 말아야 합니다. 우리는 늘 남의 수고를 떠맡기는 쉽지만, 남의 원망은 떠맡기는 어렵다고 말합니다. 보살도를 행하려면 수고를 떠맡고 원망을 떠맡아야 합니다.」 라고 하였다.

＊ 문수보살은 보현보살과 함께 비로자나불을 협시(脇侍)하고 있는 화엄삼성(華嚴三聖) 가운데 한 분이시다.

626

* 만행(萬行) : 보살이 불과(佛果)를 증득하기 위해 닦는 일체의 수행을 말한다.

사람들이 어찌하여 수행하여 극락세계에 왕생하려 하지 않는 것인가.

내가 아는 한 재상宰相이 평생 동안 물고기를 많이 죽인 죄를 알고 있다. 만년에 중풍中風과 흡사한 병을 얻었다. 내가 그 사람이 죄보罪報를 받아 나쁜 병에 걸려 고통 받는 것을 불쌍히 여겨 찾아가서 보고 아미타부처님을 부르기를 권하였더니, 완강하게 부정하면서 즐거이 부르려 하지 않고 다만 나와 잡다한 이야기만을 하였다.

어찌 악업의 장애를 받아 질병에 걸려 혼미해진 것이 아니겠는가. 한마음 돌이켜 선善을 생각하지 못하고 눈을 감아버린 후에는 어찌하려는가. 이러한 까닭으로 이 정토문淨土門을 수행하는 사람은 급히 서둘러서 한 생각을 돌이켜야만 한다. 세상에서 낮이 있으면 반드시 밤이 있고 추위가 있으면 반드시 더위가 있다는 것은 사람들이 모두 아는 것이어서 숨길 수가 없는 일이다. 그런데 생生이 있으면 반드시 사死가 있다고 말하면 사람들은 꺼려하면서 즐겁게 말을 하지 않는 것은 무엇 때문인가. 이는 사리에 통하지 못해서 크게 어두운 것이니, 소위 '나[我]'라는 것은 애초에 죽지 않고 오직 업연業緣이 다해서 떠나는 것임을 알지 못하기 때문일 것이다. 그러므로 정토문을 수행하지 않아서는 안 된다. 정토의 업업을 수행함으로써 연화대蓮華臺 가운데 태어나 청허淸虛한 몸과 한량없는 수명을 받고 온갖 생사의 고뇌에서 벗어날 수 있기 때문이다.

人何爲而不修乎 予一相識平生多殺魚之罪 晚年得疾有似中風 予憐其罪惡疾苦 乃往見之 勸念阿彌陀佛 堅不肯念 但與予說雜 豈非無惡業所障疾病所昏 已不能廻心念善 閉眼之後將奈之何 故修此者宜急早回首也 世間晝必有夜 寒必有暑 人所共知不可隱者 若曰生必有死 人乃諱之 不肯說出 何大蔽也 蓋不知所謂我者初不曾死 唯業緣盡而去耳 故不可不修淨土 以求蓮華中生 而受淸靈之身無極之壽 以脫一切生死苦惱也

- 왕일휴거사 〈용서정토문〉

* 연지대사는 〈왕생집〉에서 「왕일휴는 서방정토를 권발(勸發)함에 가장 간절했던 사람이라고 표현하

는 것은 괜한 말이 아니다. 심지어 임종 시에 수승하고 기이한 상서(祥瑞)는 천고에 빛나는 것이었다. 아! 어찌 정토의 성현이 세간에 내려와 중생을 교화했던 분이 아니겠는가.」라고 하였다. 왕거사는 특히 살생을 하지 말아야 한다고 훈계하여 '고기 먹지 않는 것'을 큰 선(善)이라고 하였다.

＊ 우익대사가 지은 〈정토성현록〉에는 「왕일휴거사는 용서지방 사람으로 송나라 고종 때 국학진사의 벼슬을 하다가 관직을 버리고 낙향하였다. 유교와 불교의 경전을 널리 공부하고 나서 모든 것을 버리고 오직 정토만을 수행하였는데, 채식을 하고 매일 천배를 올리며 〈용서정토문〉을 저술하였다. 왕일휴는 입적하기 3일 전, 여러 도반들과 미리 작별인사를 나누었다. 평소처럼 염불을 하다가 새벽 1시경, 홀연히 '나무아미타불'을 여러 차례 부르더니 "부처님께서 나를 영접하러 오셨다." 하고는 선 채로 입적하였다. 한편, 같은 지방에 사는 이필언(李彌彦)이라는 사람이 병에 걸렸는데, 꿈에서 자칭 용서거사라는 사람이 나타나 "일어나서 쌀죽을 먹으면 곧 병이 나을 것이오. 그대에게 수행의 빠른 길을 일러주겠소." 라고 하였다. 이필언은 "매일 염불을 끊임없이 하겠습니다." 라고 약속하고 꿈에서 깨었는데, 용서거사의 말처럼 쌀죽을 먹으니 병이 씻은 듯이 나았다. 이필언은 꿈에서 만난 사람이 누구인지 처음에는 몰랐다가, 나중에 왕일휴의 초상화를 보고 나서야 그가 용서거사인 것을 알았다. 이필언은 용서거사가 신비롭게 입적했다는 이야기를 듣고 감동을 받아서, 이 사실을 주위에 널리 알렸고, 마침내 용서지방 사람들 모두가 왕일휴를 존숭하게 되었다. 후에 여원익(呂元益)이란 사람이 〈용서정토문〉을 다시 간행하였는데, 출판을 위해 제작한 목판에서 사리가 3과(顆) 나왔다.」고 기록되어 있다.

＊ 인광대사는 「무릇 움직이거나 꿈틀거리는 것들은 모두 지각(知覺)이 있어서 삶을 탐하고 죽음을 겁낸다. 그들이 아끼는 것은 오직 목숨뿐이다. 만일 생명을 죽이는 것을 즐거워하여 죽이고 먹는다면, 현생이나 후세에나 반드시 보복을 받는다.[凡屬動物 皆有知覺 貪生怕死 唯命是惜 若戲頑殺 及殺而食 現生後世 決定報復]」라고 하였다.

＊ 인광대사는 「모든 악업 중에서 오직 살생하는 죄업이 가장 무겁다. 온 천하에 살생업을 짓지 않는 사람이 자못 없도다. 평생에 한 번도 살생을 하지 않았어도 그 사람이 매일 고기를 먹는다면 이는 매일 살생하는 것이나 다를 바 없다. 왜냐하면 살생을 하지 아니하면 먹는 고기가 있을 수 없기 때문이다. 소나 돼지를 도살하는 백정이나 야생동물을 잡는 사냥꾼이나 바다와 강의 물고기를 잡는 어부는 모두 어육(魚肉)을 먹는 사람들의 수요에 공급하기 위하여 대신 살생하는 것이다. 그런즉 어육을 먹느냐 채소를 먹느냐 하는 문제는 우리들이 지금보다 더 나은 몸을 받느냐 아니면 축생의 몸이나 지옥으로 떨어지느냐 하

는 큰 갈림길이며, 천하가 혼란해지느냐 평화로워지느냐 하는 큰 근본이 되므로 중대사이고 사소한 일이 아니다. 그 자신의 몸을 아끼고 모든 사람들을 널리 아끼며 장수하고 안락하여 그대가 즐겁고 편안하게 오래 살고 불의의 재앙이나 화를 입지 않으려거든, 마땅히 살생을 금하고 채식을 하여야 한다. 이것만이 천재지변과 사람으로부터 입는 화(禍)를 당하지 않는 제일 좋은 묘법이다.[諸惡業中 唯殺最重 普天之下 殆無不造殺業之人 卽畢生不曾殺生 而日日食肉 卽日日殺生 以非殺決無有肉故 以屠者獵者漁者 皆爲供 給食肉者之所需 而代爲之殺 然則食肉吃素一關 實爲吾人昇沈 天下治亂之本 非細故也 其有自愛其身 兼 愛普天人民 欲令長壽安樂 不罹意外災禍者 當以戒殺吃素爲挽回天災人禍之第一妙法]」라고 하였다.

　＊《열반경》에 「살생의 죄에 세 가지가 있으니, 이른바 하(下)와 중(中)과 상(上)이다. 하(下)라는 것은 개미 새끼에서부터 모든 축생에 이르기까지를 하(下)의 살생이라고 하는데, 지옥·아귀·축생에 떨어져서 하(下)의 고통을 갖추어 받는다. 왜냐하면 이 모든 축생은 선근이 미약하기 때문이다. 그래서 살생하는 자는 죄의 과보를 갖추어 받는다. 중(中)의 살생이라는 것은 범부(凡夫)로부터 아나함(阿那含)에 이르기까지를 중이라고 하는데, 이들을 죽이면 삼악도(三惡道)에 떨어져서 중(中)의 고통을 갖추어 받는다. 상(上)의 살생이라는 것은 부모로부터 아라한, 벽지불까지를 상이라 하는데, 이들을 죽이면 아비의 대지옥 가운데 떨어져서 상(上)의 고통을 갖추어 받는다.」라고 하였다.

　＊ 영명연수 선사의 〈만선동귀집〉에 「정법념경(正法念經)에는 "절을 하나 세우는 것이 죽어가는 사람 하나 구원하는 것만 못하다." 하였다. 경전을 두루 열람하여 온갖 복되는 일들을 헤아려 본다면 실로 자비심만한 것이 없으니, 참으로 일체의 생명을 가엾게 여겨 구원하는 복덕이 가장 큰 것이다.[正法念經云 造一所寺 不如救一人命 墮藍本經校量衆福 總不如慈心 愍傷一切蠢動含識之類 其福最勝]」라고 하였다.

　＊ 고덕께서 「모든 사람들이 색(色)을 그리워하고 재물을 탐낸다. 이것은 전부 사람 몸을 잃는 지름길이다. 날마다 술을 마시고 고기를 먹으니, 지옥에 갈 깊은 뿌리를 심지 않는 것이 없다.[個個戀色貪財 盡是失人身捷徑 日日飮酒食肉 無非種地獄深根]」라고 하였다.

　＊ 연지대사께서 「내가 지금 세상 사람들을 불쌍히 여겨 아뢰노니, 널리 살생을 금하기를 권한다. 더욱이 힘닿는 데까지 방생을 하라. 그리하면 염불에 가피가 내리고 복덕을 늘리고 높일 뿐 아니라, 반드시 발원대로 극락에 왕생하여 영원히 윤회를 벗어나니 공덕이 무량하다.[我今哀告世人 普勸戒殺 更能隨力放生 加持念佛 不但增崇福德 必當隨願往生 永脫輪廻 功德無量]」라고 하였다.

　＊ 철오선사는 「(왕일휴거사의) 용서정토문은 초발심자들을 정토로 인도하는데, 정밀하고 상세하고 간

곡하게(간절하고 정성스럽게) 안내하고 있다.」 라고 하였다.

한 사람이 물었다.

「어떤 사람은 일생동안 정성스럽고 부지런히 염불을 하였으나, 임종 시에 잠깐 퇴회退
悔하는 마음을 내었기 때문에 끝내 왕생하지 못했으며, 어떤 자는 평생 악한 일만 저지르
다가 임종 시에 발심發心 염불하여 마침내 왕생할 수 있었다 합니다. 착한 자는 어찌하여
뜻을 이루지 못하였고, 악한 자가 도리어 이익을 얻습니까.」

아! 악한 일만 저지르다가 임종에 정념正念을 갖는 자는, 천만 명에 한 두 사람일 뿐이
다. 만약 숙세에 심은 선근이 아니었으면 임종 시에 고통이 핍박하여 혼미하고 산란할 지
경인데 어떻게 능히 정념을 일으킬 수 있겠는가.

또, 착한 사람이 퇴회하는 것도 천만인 중에 한 두어 사람일 뿐이다. 만약 정말로 이런
일이 있었다면, 반드시 일생에 태만하게 염불했던 자였을 것이니, 이른바 정성스럽고 부
지런한 자는 아니었을 것이다.

정성스러우면 마음에 산란散亂이 없고, 부지런하면 마음에 잠깐의 틈도 없다. 어찌 퇴
회할 마음을 내겠는가. 그러므로 악한 자는 시급히 반성하고 수행하여, 임종 시에 이러한
요행이 있을 것이라는 망상을 해서는 안 될 것이요, 진심으로 정토를 찾는 자는 더욱 정근
精勤하여 임종 시에 퇴회할까 근심하지 말라.

一人問 有人一生精勤念佛 臨終一念退悔 遂不得生 有人一生積惡 臨終發心念佛 遂得往
生 則善者何爲反受虧 而惡者何爲反得利也 噫! 積惡而臨終正念者 千萬人中之一人耳 苟
非宿世善根 臨終痛苦逼迫 昏迷瞀亂 何由而能發起正念乎 善人臨終退悔 亦千萬人中之一
人耳 卽有之 必其一生念佛悠悠之徒 非所謂精勤者 精則心無雜亂 勤則心無間歇 何由而生
退悔乎 是則爲惡者急宜修省 毋妄想臨終有此僥倖 眞心求淨土者 但益自精勤 勿憂臨終之
退悔也
- 연지대사 〈죽창수필〉

＊《능엄경》에 「일체 세간에 삶과 죽음이 끊이지 않아 살아서는 습기(習氣)를 따르고 죽어서는 변화를

따르다가 막상 임종할 순간에는 따뜻한 체온이 가시기도 전에 일생의 선악이 한꺼번에 나타난다.[一切世間 生死相續 生從順習 死從流變 臨命終時 未捨煖觸 一生善惡 俱時頓現]고 하였고, 《보적경(寶積經)》에 「선악의 업이란 스스로 지을 때에는 일생 동안에 나타나지 않다가 어찌하여 목숨이 다할 즈음에야 갑자기 나타나는가. 인생이란 한낱 꿈이라 꿈속에 있을 때는 꿈인지 아닌지를 스스로 알 수 있겠는가. 모름지기 꿈속에서 깨어날 때 꿈속의 일들이 훤히 저절로 나타나서 찾을 필요 없으니 선악업도 마찬가지다.[善惡之業所自作時 一生之中何不自見 至捨壽時方始頓現者 人生如夢 方作夢時 豈能自知是夢非夢 要須覺時 夢中之事了然自現]」라고 하였다.

　＊ 남회근 선생은 「선천적으로 갖고 태어난 의식이나 습관은 대부분 전생에서 가지고 온 습기(習氣)입니다. 이것으로 인해 사람마다 개성이 달라집니다. 어떤 사람은 웃기를 좋아하고, 어떤 사람은 화를 잘 내곤 하는데, 모두 전생에서 갖고 온 것들입니다.」라고 하였다.

　＊퇴회(退悔) : 생전에 염불을 했으나, 임종 시에 마음이 바뀌거나 의심하거나 또는 후회함.

　＊《유마경》에 「여러분, 부처의 몸을 얻어 모든 중생의 병을 끊고자 원한다면 마땅히 아누다라삼먁삼보리심을 일으켜야 합니다.[諸仁者 欲得佛身 斷一切衆生病者 當發阿耨多羅三藐三菩提心]」라고 하였다. 남회근 선생은 《유마경》의 이 구절을 풀이하면서, 「법신을 얻어 생로병사를 끝내려면 아누다라삼먁삼보리심을 발해야 합니다. 대심(大心)을 발해야 합니다. 무상정등정각심을 발하고 대철대오를 추구하는 마음을 발해야 합니다. 그래야 진정한 발심이요 보리심을 발한 것입니다. 보리심은 자비심이기도 합니다. 진정으로 발심한 사람은 중생에 대해 반드시 자비롭습니다.」라고 하였다.

　염불하면 극락에 왕생한다는 것을 알 수 있다면 어리석은 사람일지라도 또한 지혜가 있는 것이며, 염불하면 극락에 왕생한다는 것을 알지 못하면 지혜로운 사람일지라도 또한 어리석은 것이다.

　能知念佛往生 雖愚亦智 不知念佛往生 雖智亦愚 　　　　　　　　　　　　　- 고덕

　참으로 진실하게 '나무아미타불' 이 한 구절을 밥 먹듯 옷 입듯 매일 염송할 수 있으면, 계정혜戒定慧가 다 갖추어지고 경經과 율律과 논論도 모두 갖추어 진다는 것을 보장할 수 있다. 또한 교教를 배우든 배우지 않든 이런 것은 도무지 문제가 되지 않고, 명을 마친

후에는 극락에 태어날 것임을 보장할 수 있다.

이와 같이 막중한 책임을 내가 감히 맡을 수 있는 자격이 있다는 뜻은 아니다. 아미타불은 중생을 극락국으로 인도하려는 48대원을 세우셨으므로 접인도사接人導師라고 부르고 있으니, 이 분이 제 1보증인이며 제 1책임자시다. 또한 석가모니불도 《정토삼경》을 설하시어 널리 정토를 권하셨으니, 이 분이 제 2보증인이며 제 2책임자시다. 더욱이 시방의 항하사수恒河沙數의 모든 부처님들도 모두 정토법문을 칭찬하시고 《아미타경》을 호념하시니, 그 분들도 모두 보증인이시며 책임자이신 것이다. 이와 같이 허다한 부처님이 보증인이 되고 책임자가 되셨으니, 이러고도 만약 거듭 믿지 않는다면 더 이상 어떻게 할 수 있겠는가. 땅을 치고 통곡할 뿐 더 이상 어떻게 할 도리가 없다.

- 방륜 〈정법개술〉

＊「사바세계의 교주이신 석가세존은 비원(悲願)이 너무 깊으셔서 고통 받는 중생들이 화택(火宅)을 벗어나도록 구제하겠노라 서원하셨고, 극락도사이신 아미타불은 자심(慈心)이 광대하셔서 미혹한 중생들이 연지에 들어오는 것을 늘 맞이하신다네.[娑婆 敎主 悲願宏深 誓度苦人離火宅 極樂導師 慈心廣大 常迎迷子入蓮池]」라는 고덕(古德)의 게송이 있다.

＊접인도사(接人導師) : 사람을 영접하여 극락으로 인도하는 스승이라는 뜻으로, 아미타불을 말함.

＊이 세상 살아 있는 모든 존재의 구제를 위해 석가모니부처님께서 49년간 불법을 펴셨고, 극락정토에 계시는 아미타불께서는 시작도 끝도 없는 무량한 세계에서 고통 받고 있는 온갖 중생들을 구제하기 위해 48대원의 본원력을 열고 계시며, 아프고 괴로워하는 중생들을 위해 약사여래불께서 구제의 대자비로 손짓하시고, 악한 죄업으로 지옥같이 사는 사람을 위해 지장보살이, 크고 작은 소원 성취를 위해 관세음보살이, 그밖에 수없이 많은 불보살님들이 모든 중생을 위해 청하지 않는 벗이 되어 항상 우리 곁에 존재하고 계심을 우리는 알아야 한다.

염불은 부처님의 은혜에 보답하는 것이다.
念佛者 感佛之恩也

- 영명 연수선사

* 인광대사는 「육도 중생계가 결코 우리 자신의 거주처가 아니며, 극락정토야말로 본래 고향인 것이오. 돌이켜 생각해 보면, 시작도 없는 과거세부터 여태까지 불법을 제대로 듣지 못했기 때문에, 이처럼 진귀한 마음과 성품을 본래 지니고 있으면서도 아무 까닭도 없이 억울하게 윤회하는 고통을 받아 왔소. 정말로 눈물을 펑펑 쏟으며 대성통곡하여 소리가 삼천대천세계를 진동하고, 마음이 갈기갈기 찢어지며 창자가 조각조각 끊어질 일이오. 그러니 (정토법문을 일러주신) 부처님의 은혜와 공덕을 생각하면, 어찌 천지자연이나 부모의 백 천만 배밖에 안 되겠소. 설령 이 몸이 다 부서지고 뼈가 가루가 되도록 보답할 지라도 부처님의 은혜는 다 갚을 수 없을 것이오.[人天六道 不是自己住處 實報寂光 乃爲本有家鄉 回思從無始來 未聞佛說 雖則具此心性 無端枉受輪廻 眞堪痛哭流涕 聲震大千 心片片裂 腸寸寸斷矣 此恩此德 過彼天地父母 奚啻百千萬倍 縱粉身碎骨 曷能報答]」라고 하였다.

* 〈대지도론〉에 「은혜를 알면 은혜를 갚아야 한다. 어떤 사람은, "나는 숙세(宿世)에 지은 복덕의 인연으로 마땅히 얻는 것이다." 고 말한다. 또 어떤 사람은 "나는 자연히 존귀해졌는데, 당신은 무슨 은혜가 있다고 하는가." 라고 한다. 이러한 삿된 견해에 떨어진 인간은 비록 숙세에 즐거움의 원인이 있더라도 지금의 세상사와 화합하지 못한다면 즐거움을 얻을 길이 없다. 비유하면 마치 곡식을 땅에 심었는데 비가 내리지 않으면 나지 못하는 것과 같다. 땅에서 능히 곡식이 자라나기 때문에 비에는 은혜가 없다고 말해서는 안 된다. 비록 받아 누리는 것이 숙세에 심은 바이더라도, 부모와 처자 그리고 공양하고 받들어 주는 사람이 어찌 은혜의 일부가 아니겠는가.」라고 하였다.

* 《능엄경》에 아난존자께서 지은 게송이 있다. 「이 깊은 마음을 진진찰찰의 중생의 성불에 바치겠나이다. 이것이 곧 부처님의 은혜에 보답함이라 이름 하나이다.[將此深心奉塵刹 是則名爲報佛恩]」

* 〈대지도론〉에 「보살은 중생을 가엾이 여기고 염려하기를 부모가 자식을 염려하는 것보다 더하여 그 자비로운 마음이 골수에 사무치나니…」라고 하였고, 또 「모든 부처님의 대비(大悲)는 골수까지 사무치며 세계의 아름답고 추함을 가리지 않고 제도해야 할 이에 맞춰 그들을 교화하신다.」라고 하였다.

* 원영대사는 「중생이 염불로 왕생하여 횡으로 삼계를 벗어나는 것이, 참으로 부처님의 은혜를 갚는 것이다.」라고 하였다.

* 고려의 나옹화상은 '진진찰찰법왕신(塵塵刹刹法王身)' 즉, 티끌처럼 무수히 많은 모든 존재가 모두 부처님의 몸이라 하였다.

* 〈보등록(普燈錄)〉에 「산하대지(山河大地)가 부처의 몸을 그대로 드러낸다.[山河竝大地全露法王身]」

라고 하였다.

* 「삼라만상(森羅萬象) 두두물물(頭頭物物)이 부처가 아님이 없다.」라는 말이 있다.

* 영명 연수선사의 〈팔일성해탈문(八溢聖解脫門)〉에 「부처님께 예배하는 것[禮佛]은 부처님의 공덕을 공경하는 것이고, 부처님을 생각한다는 것[念佛]은 부처님의 은혜에 감사하는 것이며, 계를 지킨다는 것[持戒]은 부처님의 행(行)을 행한다는 것이고, 경전을 본다는 것[看經]은 부처님의 이치를 밝히는 것이며, 고요히 앉아 마음을 집중하여 선을 닦는다는 것[坐禪]은 부처님의 경계에 도달하는 것이고, 선을 참구한다는 것[參禪]은 부처님의 마음에 합치하는 것이며, 깨달음을 얻는다는 것[得悟]은 부처님의 도를 증득하는 것이고, 법을 설한다는 것[說法]은 부처님의 서원을 원만하게 하는 것이다.[禮佛者敬佛之德也 念佛者感佛之恩也 持戒者行佛之行也 看經者明佛之理也 坐禪者達佛之境也 參禪者合佛之心也 得悟者證佛之道也 說法者滿佛之願也]」라고 하였다.

이 정토법문을 수지修持하는데 구품九品이 있어 사람들마다 수행할 수 있으니, 비록 죄악을 범한 사람이라도 부처님께서는 버리시지 않으신다. 한 마음을 돌이켜 선善으로 향하면 선善하게 되기 때문이다.

그러므로 이 십념법문十念法門은 사람들이 모두 함께 수행할 수 있으니, 비유하면 오랫동안 어두웠던 방이라도 등불이 한번 비치면 밝아지는 것과 같다. 따라서 소와 말을 잡는 사람이라도 칼을 내려놓으면 또한 수행할 수 있다. 어렵지도 않고 모든 세속의 일을 방해하지 않는다. 그 때문에 관직에 있는 사람에게는 업무를 보는 데 방해가 없고, 선비가 독서하고 수양하는데 방해가 없으며, 상인이 물건 파는 것을 방해하지 않고, 농부에게는 씨 뿌리고 밭 가는데 방해가 되지 않으며, 공문公門에 있어서는 사무를 처리하는데 방해가 되지 않고, 승려들에게는 좌선하거나 독송하는 데 방해가 되지 않아서, 일체 모든 일을 행함에 서로 방해가 되지 않는다. 그렇기 때문에 그 수지공부修持工夫가 아침에 차 한 잔 마시는 짧은 시간에도 나타난다고 한 것이다. 그리하여 마침내는 만만萬萬 겁劫에 무너지지 않는 자산이 되는데도 사람들은 무엇 때문에 닦지 않는가.

지금 여기에 물건을 파는 사람이 있다고 하자. 그 사람이 일전一錢으로 이전二錢의 이자를 얻으면 반드시 기뻐하면서 이자를 많이 얻었다고 생각한다. 또 길을 가는 사람이 하루에 이틀 일정의 거리를 가면 또한 기뻐하면서 간 거리가 많다고 여긴다. 이는 외물外物에서 조금 얻고 기뻐하는 것이다. 어떤 사람이 이전二錢으로 일전一錢 가치의 물건을 얻으면 반드시 근심하면서 본전을 잃었다고 생각하고, 이틀에 하루 일정의 거리를 가면 또한 근심하면서 하루를 허비했다고 여긴다. 이는 외물을 조금 잃고 근심하는 것이다. 무엇 때문에 우리 몸에 주어진 세월은 유한한데 잘못된 일에 골몰하면서 큰 것을 잃어버리는 데도 근심하지 않으며, 정토의 인연을 만나기 어려운데 지금 다행스럽게 만나서 얻은 것이 큰데도 기뻐하지 않는가. 이는 다만 조그만 득실得失만을 보고서 기뻐하고 근심할줄은 알면서 득실이 큰 것에 이르러서는 알지 못하는 것이니, 깊이 생각하지 않음이 어찌 그리 심한가. 더구나 시간을 허비하지도 않고 힘을 매우 적게 쓰면서도 그 효험과 공덕은 말로 다할 수 없는 것이 있는데 무엇 때문에 닦지 않는가. 이치가 이와 같은데도 수행하지 않으니 가히 애통하고 애석하기 그지없다.

- 왕일휴〈용서정토문〉

* 인광대사는 「용서정토문은 초심자들을 인도하기에 안성맞춤인 제일 기묘한 책이요. 일체중생을 두루 이롭게 하려면, 이 책으로부터 시작하는 것이 좋소.」라고 하였다.

* 원효대사는 〈아미타경소(阿彌陀經疏)〉에서 「부처님의 이름을 입으로 외우면 삼계를 벗어나 (다시는) 되돌아오지 않는다.[口誦佛號則出三界而不還]」라고 하였다.

* 정공법사는 「만일 우리가 정토 수행자로서, 아무런 망념 없이 무량수경 한편을 독송한다면, 이는 경이로운 일이다. 우리의 마음은 전 우주의 과거, 현재, 미래의 부처님들의 마음과 합치한다. 따라서 우리는 청정하고, 평등하고, 진실하고 공경하는 마음으로 경을 독송해야 한다. 그러나 만일 우리가 망념을 갖고 경을 독송하면, 우리의 마음은 부처님의 마음이 될 수 없다.」라고 하였다.

* 성엄선사는 「배가 지나간 물 위에는 흔적이 남지 않고, 새가 날아간 허공에는 자취가 남지 않듯이, 성패(成敗)와 득실(得失)이 마음에 파동을 일으키지 않는 그것이 곧 자재 해탈하는 대지혜이다.」라고 하였다.

화룡점정畵龍點睛이라는 고사성어가 있습니다.

용을 그려 놓고 마지막으로 용의 눈동자에 점을 찍는다는 뜻입니다. 중국의 한 화가가 실물과 똑같은 용의 그림을 그린 후 마지막으로 눈동자를 그려 넣자 갑작스레 번개와 천둥이 치면서 그 용이 승천해 버렸다는 이야기에서 비롯된 말로 가장 중요한 부분을 완성시킨다는 의미입니다.

불교에 있어서도 화룡점정에 해당하는 것이 있습니다. 바로 염불과 극락세계입니다. 물론 불교에는 우리 인생의 일체만사를 다 해결할 수 있을 정도로 깊고 오묘한 여러 가지 훌륭한 가르침이 많습니다. 그러나 불교의 수많은 가르침 중에서 부처님을 간절히 생각하고 또 부처님의 이름을 외운다는 것과, 우리의 이상향인 극락세계에 태어난다는 개념이 없다고 생각할 때는 불교가 참다운 종교의 역할을 할 수가 없습니다. 염불이나 극락세계라는 소중한 개념이 없으면 불교는 종교가 아닌 하나의 철학이 되고 마는 것입니다. 이와 같이 극락세계라는 개념은 불교 가르침의 화룡점정이라 할 정도로 아주 중요한 부처님의 가르침입니다.

왜냐하면 나무아미타불은 세상의 모든 개념 가운데 가장 고귀한 개념이기 때문입니다. 불교에서는 이를 무생청정보주명호無生淸淨寶珠名號라고 합니다. 생사를 초월한 보배 구슬 같은 이름이란 말입니다. 세상에서 가장 깊고, 가장 행복스럽고, 가장 위대한 이름, 이것이 부처님 이름 나무아미타불입니다.

최상의 이름을 갖는 부처님이기 때문에 그 이름 가운데는 이루 헤아리지 못할 만큼의 공덕이 있습니다. 부처님의 이름은 삼세제불三世諸佛이 본래 의지할 곳입니다. 또한 세상에서 가장 강력하고 가장 무서우면서도 가장 자비롭고 가장 지혜로운 이름입니다. 그렇기 때문에 신장이나 귀신이나 천상의 천신들이나 모든 존재가 아미타불을 숭앙하고 받들고 지킵니다.

우리가 이론도 철학도 뜻도 모르고 나무아미타불을 한 번 외운다고 해도, 그 이름의 공덕으로 인해 모든 신장이 우리를 지키는 것입니다. 세상에서 가장 권위가 있고 두려운 이름이 또 부처님의 이름이기 때문에 부처님의 이름을 부르는 사람에게는 나쁜 것들이 얼씬도 못합니다.

동시에 선신善神들은 법을 지키려고 해서, 우리가 염불하면 우리를 에워싸고 있습니다. 그러기 때문에 어떤 의미에서나 가장 소중한 공부방법이, 또는 우리 마음을 가장 쉽게 통일시키는 방법이 바로 염불입니다.　　　　　　　　　　　　　　　　　　　-청화스님

* 청화스님은 「우리한테 부처님처럼 무량한 공덕이 갖춰져 있음을 확신하기 위해서 염불을 하는 것입니다. 부처와 나와 둘이 아니라는 뜻을 되새기기 위해서 염불을 하는 것입니다. 부처와 내가 둘이 아니라는 그 생각을 떠나지 않기 위해서 염불을 하는 것입니다.」라고 하였다.

인因은 단지 하루 내지 7일만 닦아도 과果는 영원히 불퇴전지不退轉地를 얻는다고 하였는데, 이와 같은 경계境界는 사람의 눈과 귀를 놀라게 한다.

부처님이 계실 때나 혹 정법正法 중에는 중생의 복덕이 훌륭하고 믿음과 지혜가 깊고 두터워 부처님께서 한번 설설說하심을 듣고 믿어 의심치 않으나, 상법像法과 말법末法 시대에는 유정有情이 복덕이 열등하고 믿음과 지혜가 엷어 이와 같은 법을 들으면 곧 의심을 내고 비방한다. 이런 까닭으로 석가세존께서 이 경經을 설설說하실 때에 시방의 헤아릴 수 없는 여래께서 크게 신통변화를 나타내시고, 진실한 말씀을 발發하시어 세존께서 설하신 것이 잘못이 아님을 증명하셨는데도, 지금 믿음이 없는 자들이 서방정토의 업을 닦는다는 말을 듣고는 삿되다고 물리쳐 버리고 정법을 비방한다. 어찌 두렵지 않다 말하겠는가. 무릇 삼보三寶의 제자는 마땅히 오직 부처님 말씀을 믿기를, 마치 신하가 반드시 왕의 말을 믿듯이, 자식이 반드시 아버지의 교훈을 믿듯이 하여야 한다. 만약 믿지 않는다면 어찌 충신효자라는 이름을 얻을 수 있겠는가. 사부대중이 같이 부처님을 스승으로 삼으면서 부처님 말씀을 믿지 않으면 불자佛子가 아니며, 이는 곧 악마의 권속眷屬이니 이와 같은 사람은 깊이 두려워해야 한다. 모든 중생이 경經의 말씀을 깊이 믿지 못하고 이런 의심을 갖는 것은 모두 무명에 의한 미혹 때문에 전도顚倒된 생각을 망령되게 일으키기 때문이고, 의혹으로 인해서 삼악도에 떨어지는 것이니 후회해서 무엇 하겠는가. 대중들은 마땅히 부처님 말씀에 의지해서 가르침대로 수행하여 의심하지 말라. 우리가 무시이래無始以來로 지금까지 지녀온 모든 의혹과 중죄업장重罪業障을 만약 참회하여 제거하지 않는다면 왕생할 길이 없으니, 마땅히 각각 사람마다 머리에 타는 불을 끄듯 예참禮懺을 구하여 속히 청정케 하여서 아직 짓지 않은 죄는 감히 다시 짓지 않도록 하며, 서로 지극한 마음으로 오체투지하여 세간의 대자비하신 부처님께 귀의할지니라.

因則唯修一日七日 果則永得阿鞞跋致 如是境界駭人耳目 若佛在日 或正法中 衆生福勝
信智深厚 聞佛一說 諦信無疑 奈以像末法中有情福劣信智淺薄 聞如是法 便生疑謗 故釋迦
世尊說此經時 即有十方十殑伽沙諸佛如來 現大神變 發誠諦言 證我世尊所說非謬 仍自今
有無信之人 聞修西方淨土業者 撥之爲邪謗法之愆 云何不怖 凡是三寶弟子 應須諦信佛語
如爲臣者必信王言 若爲子者必信父訓 若其不信 豈得名爲忠臣孝子 若四衆等以佛爲師 不
信佛語 便非佛子 乃是魔民 如是之人 深可怖畏 而諸衆生所以不能深信經語有此疑者 皆由
無明惑故 妄起顛倒 因疑惑故 墮三惡道 悔何所及 大衆當依佛語 如教修行 不得疑惑 所有
我等無始至今 一切疑惑重罪業障 若不懺除 無由往生 宜各人人如救頭然 求哀禮懺 速
令淸淨未作之罪 不敢更作 相與志心 五體投地 歸依世間大慈悲父

- 왕자성 〈예념미타도량참법〉

＊참회는 빠르고 원만한 서원성취의 비결이다.《화엄경》에 「만약 중생이 짓는 악업에 형상이 있다면,
이 허공계를 꽉 채우고도 남을 것이다.[若此惡業有體相者 盡虛空界不能容受]」라는 말씀이 있다.

옛 고승들께서는 그릇이 될 만한 제자가 들어오면 공부는 일절 가르치지 않고 일부러 청소나 밥 짓기
나 빨래와 같은 허드렛일을 오래토록 혹독하게 시켰다. 이유가 무엇일까. 제자의 두터운 업장을 녹여주
기 위해서다. 그 고된 일들을 몇 년 동안 말없이 제대로 한 제자는 업장이 얼마나 많이 녹을까. 이렇게 업
장이 많이 녹은 뒤에야 스승은 비로소 공부를 가르쳤다. 업장이 많이 녹았으니 공부는 파죽지세로 진일
보한다. 그리고 곧 과위(果位)를 얻는다. 우리는 부처님 법을 배운다 하면서 얼마나 인내하고 공부를 얼마
나 제대로 했는지 돌아봐야 한다. 부처님 법을 배운다 하면서 교만하고 거드름을 피우지는 않았는지를
말이다. 과위(果位)도 얻지 못했으면서 '자성미타(自性彌陀)'니 '유심정토(唯心淨土)'니 '살불살조(殺佛
殺祖)'니 '계율은 방편이다.'라는 말들을 함부로 입에 올리지는 않았는지 엄격하게 자문해 보아야 한다.
이러한 말씀들은 오직 무상정등정각을 얻으신 세존께서 하실 때에만 허물이 없는 것이다. 우리 중생들이
함부로 할 수 있는 말이 절대 아니란 뜻이다.

누구는 염불법문이 늙은이에게게나 맞는 낮은 수행법이 아닌가 하고 말한다오.
이는 정토법문을 전혀 모르고 하는 말이오. 이것은 지혜 있고 공덕을 짓는 이가 할 말이

아니오. 왜 그런가. 정토법문을 믿고 수행할 수 있는 이는 수많은 생을 통해 수행공덕을 쌓은 큰 지혜인으로 낮은 근기의 사람이 아니기 때문이오.

《무량수경》에 「이미 복덕과 지혜를 닦지 않은 이는 이 정토법문의 가르침을 들을 수 없다.」 하셨고, 또 「어떤 선남자 선여인이 아미타부처님의 이름을 듣고 기쁜 마음을 일으켜 우러러 아미타불께 귀의하고 염불수행을 한다면 이런 이는 작은 근기가 아니니라. 그런 사람은 나의 가르침을 실천하는 제자 가운데 가장 으뜸가는 제자임을 알아야 한다.」 하셨소.

참으로 정토법문을 듣고 맑은 믿음으로 받들어 실천하는 이는, 헤아릴 수 없이 많은 지난 생에 수없이 많은 부처님께 공양하고, 수행한 복덕과 지혜는 크고 깊은 이들로서 으뜸가는 부처님의 제자인 것이오. 부처님조차도 찬탄하신 이 법문을 힘써 수행하는 염불행자를 얕잡아 보는 일은 참으로 삼가고 삼갈 일이오.

염불법문의 수승한 공덕은 《화엄경》이나 《법화경》에서도 잘 밝혀 주고 있소. 더 깊이 공부해 보려는 이는 정토5부경을 보면 되오.

《무량수경》에서는 극락세계와 아미타불의 원이 어떤 것인지 알 수 있고, 《관무량수경》에서는 염불법문이 높고 깊은 유식唯識수행의 뿌리임을 알 수 있으며, 《아미타경》에서는 근기가 서로 다른 중생들이 염불수행으로 빠짐없이 구제를 받는 불가사의한 경계를 알 수 있소. 또 《능엄경》 대세지보살염불원통장과 《화엄경》 보현보살행원품에서는 시방세계 모든 큰 보살들이 깨달음의 과위에 올라서야 염불법문의 뛰어남을 알고 한마음으로 염불하고 부처를 이루어 모든 중생들에게 염불해서 극락정토에 태어나길 가르치신다는 것을 알 수 있소.

아! 우리가 지금 이같이 수승한 염불법문을 만나게 된 것은 얼마나 큰 행복이오. 이번 생에 이같이 으뜸가는 법문을 만났으니 무너지지 않는 믿음과 간절한 발원을 세우고 한마음으로 아미타불을 부르면서 정토왕생을 바라시오. 이번 생에 만난 이 귀중한 인연을 헛되이 지나쳐버려서는 안 되오.　　　　　　　　　　　　　　　　　　　-인광대사

＊ 중국 위산선사는 「옛 스님께서는 "대도(大道)는 오직 마음이니 마음이 곧 부처님이다." 라고 하였다. 다만 한마음에 의지하여 닦는 그 자체가 근본지(根本智)이고 또한 무분별지(無分別智)이다. 이 지혜는 모

든 것을 분별할 수 있어 본디 '모든 것을 아는 지혜'를 갖추었기 때문에 두루 헤아리고 생각하는 중생의 마음과는 다르다. 그러므로 알아야 한다. 마음을 가진 존재는 모두 다 성불해 있으니 지금의 행이 곧 부처님의 행과 같다. 앉아도 부처님이 앉고 말해도 부처님이 말하며 침묵해도 부처님이 침묵하는 것이다. 그러므로 "무간지옥의 국토와 중생이 언제나 지극한 성인의 마음에 있고, 모든 부처님의 법신이 미혹한 범부의 한 생각을 떠나지 않는다."고 말한다. 이는 나눌 수 있는 것이 아니기에 하나인 전체로써 거둔다고 말할 수 있다. 이 도리를 믿지 않으면 끝내 범부인 것이고, 이를 분명히 알고 있으면 본래부터 부처님이다. 그러므로 성불의 이치는 참 성품의 입장에선 허허롭고 깊은 도리이지만, 중생의 모습을 따라 여러 근기에 맞추다 보면 여러 가지가 있게 된다.[先德云 夫大道唯心 卽心是佛. 只依一心而修 卽是根本之智 亦是無分別智 卽能分別無窮 自具一切智故 不同起心 遍計 故知凡有心者 悉皆成佛 如今行是佛行 坐是佛坐 語是佛語 默是佛默. 所以云 阿鼻依正 常處極聖之自心 諸佛法身 不離下凡之一念. 此非分得 可謂全收 以不信故 決定爲凡 以明了故 舊來成佛 然成佛之義 約性虛玄 隨相對機 卽有多種」라고 하였다.

＊유식(唯識) : 모든 존재란 허상에 불과하며 마음의 작용인 식(識)이 연기(緣起)하여 나타난 현상에 불과하다고 보는 것을 말한다. 즉 삼계유심(三界唯心)이고, 만법유식(萬法唯識: 마음이 일어나면 온갖 법이 일어나고, 마음이 멸하면 온갖 법이 멸함)이다. 유식을 기반으로 하는 종파가 바로 법상종(法相宗)인데, 중국 당나라 때 현장법사가 중국에 처음 소개했고, 그의 제자 규기대사(자은대사)에 의해 체계화되었다. 상당히 고차원적이며, 그 이론이 대단히 복잡난해하고 정치(精緻)하여 오래 지속되지는 못하였다.

＊유식학에 의하면, 마음[心]은 여러 가지 정신활동과 몸과 입과 의지로 어떤 행위를 하게 하는 작용을 하고, 생각[意]은 생각하고 행동하도록 하는 동시에 본성을 잘못 이해하여 집착하면서 번뇌를 일으키는 작용을 하며, 알음알이[識]는 모든 대상을 식별하고 좋다, 나쁘다 등으로 인식하게 한다.

＊유식학에 의하면, 인간에게는 안식(眼識)/ 이식(耳識)/ 비식(鼻識)/ 설식(舌識)/ 신식(身識)/ 의식(意識)/ 말나식(末那識)/ 아뢰야식(阿賴耶識)이 있다. 여기서 안식(眼識)/ 이식(耳識)/ 비식(鼻識)/ 설식(舌識)/ 신식(身識)을 전5식(前五識)이라 하고, 의식(意識)을 제6식(識), 말나식(末那識)을 제7식(識) 또는 분별식(分別識), 아뢰야식(阿賴耶識)을 제8식(識) 또는 근본식(根本識) 또는 저장식(貯藏識)이라 한다.

＊제6식(識)인 의식(意識)은 전5식(前五識)과 함께 현상계(現象界)를 인식하며 대상에 대하여 착한 성품인지 나쁜 성품인지 착하지도 나쁘지도 않은 성품인지 등의 내용을 결정한다. 그리고 현상계의 대상이 없이 단독으로 실체가 없는 이름이나 모양을 대상으로 작용하기도 하고[獨散意識], 꿈 가운데에서 활동

하기도 하고[夢中意識], 선정을 통해 마음의 안정을 가져오기도 한다.[定中意識]. 이와 같이 의식은 현재의 사물을 헤아리고[現量], 여러 가지를 비교하여 판단하며[比量], 그릇되게 판단하기[非量]도 하는 등 여러 가지 작용을 한다.

  * 제7식(識)인 말나식(末那識)은 '생각하고 헤아린다' 하여 사량식(思量識)이라고도 부른다. 말나식은 감각 기관을 통해 감각 대상을 받아들일 때 분별하여 어리석음, 착각, 교만, 애착 등을 일으킨다. 말나식은 우리의 자아의식과 이기심의 근원이라 할 수 있으며, 의식이 의지하는 곳이면서 아뢰야식에 의지하여 활동한다. 말나식은 평등하고 지혜로운 무아(無我)의 마음을 착각하여 나에 대한 집착과 법(경계)에 대한 집착 등의 근본번뇌를 일으킨다. 그리하여 내심(內心)이 혼탁해지고, '참나'를 망각하기도 하고, 나에 대한 편견을 일으키기도 하며[我見], 자기 자신만이 제일이라는 생각을 하고[我慢], 자신에 대한 애착으로 배타적인 차별심을 내는[我愛] 근본번뇌를 일으킨다. 말나식은 선과 악의 마음작용을 끊임없이 일으키고 많은 업을 짓도록 하여 윤회하는 원동력이 된다.

  * 제8식(識)인 아뢰야식(阿賴耶識)은 말나식에 대해 뿌리와 같은 역할을 하므로 근본식(根本識)이라고 한다. 그리고 저장식(貯藏識)이라고도 하는데, 인식 기관을 통해 인식의 대상을 받아들여 분별하여 저장하기 때문이다. 현재의 생명체로서 현실을 전개하는 주체가 되고 동시에 윤회의 주체가 되며, 단절되지 않고 과보를 받는다는 의미에서 과보식(果報識)이라고도 한다. 전생과 현생 그리고 내생으로 윤회하면서 다른 과보를 받게 하는 기능을 가지고 있으므로 이숙식(異熟識)이라고도 한다. 우리들의 모든 행위는 씨앗이 되어 아뢰야식에 저장되고, 계속적으로 새로 짓는 업에 의해 싹터 자라고 성숙하게 된다. 그리고 열매가 완전히 성숙하면 과보(果報)가 되어 다시 우리가 체험하게 되는 것이다.

  * 남회근 선생은 「제 8식(識)인 아뢰야식은 과거 · 현재 · 미래의 일체 종자(種子)를 능히 저장할 수 있으며, 저장한 것을 단단히 붙들고 있기 때문에 그것이 일으키는 작용은 각종의 인연에 따라, 각각의 시간이나 지역에 따라 달리 무르익습니다. 이것은 윤회의 과보(果報)를 가리키는 것으로, 이렇게 달리 무르익은 장부는 컴퓨터로도 제대로 파악할 수 없습니다. 정말로 복잡하게 뒤얽혀 있습니다.」라고 하였다.

  * 정토5부경(淨土五部經) : 《아미타경》, 《무량수경》, 《관무량수경》, 《화엄경》의 보현행원품, 《능엄경》의 대세지보살염불원통장을 말한다. 이 외에, 마명보살의 〈대승기신론〉, 세친보살의 〈왕생론〉도 정토법문에서 중요시되는 경전이다.

많은 사람들이 일생동안 불법佛法을 배웠지만 죽음이 닥쳐왔을 때에는 염불이 되지를 않습니다. 염불을 하지 못합니다. 염불을 하고 싶지만 염불이 되지 않습니다. 그 사람이 평소에 지혜가 없어서 입으로 나무아미타불을 해야 염불인 것으로 생각했기 때문입니다. 옳지 않습니다. 임종 때에 이르면 비록 입으로는 한 글자도 염송할 수 없지만 마음속으로는 여전히 부처님이나 준제보살님을 생각합니다. 이런 생각이 있으면 이것을 바로 염불이라고 합니다. 여러분들이 주의하도록 말씀드립니다.

- 남회근 선생

＊ 염불은 꼭 입으로 소리를 내야만 염불이 아니라, 마음속으로 부처님을 떠올리는 것도 염불임을 강조하는 소중한 법문이다. 사견(私見)이지만, 남회근 선생은 당대 최고의 석학이자 대선지식이며 대선사이셨다(2012년에 입적하셨음). 이 분의 저서들을 읽어보면 타의 추종을 불허하는 방대한 지식, 현묘한 수증(修證), 거침없고 막힘없는 변재와 문장에 그저 감탄한다.

＊ 정공법사는「최대의 관건은 마지막 한 생각에 달려 있습니다. 평상시의 염불은 마치 군사를 양성하는 일과 같으며, 최후의 염불은 전쟁을 하는 것과 같아 그 힘이 특히 강대합니다. 승부는 이 한 번의 행동에 달려있습니다. 평상시 더욱 익숙하게 부르면 부를수록 임종할 때 더욱 가망성이 있으니, 행자(行者)는 특별히 유의하기 바랍니다.」라고 하였다.

＊ 청화스님은「불경에 보면 십념왕생(十念往生)이라 했습니다. 평소에 잘못 살았다 하더라도 죽을 때 좋은 마음으로 열 번만 나무아미타불, 나무관세음보살을 외운다면 그 공덕으로 해서 좋은데 태어난다는 것입니다. 임종 때 우리 마음의 자세가 굉장히 중요한 것입니다. 그렇기 때문에 불교에서는 임종 공부라, 평상 공부도 필요하지만 임종 공부를 나이 자신 사람들은 아주 소중하게 생각합니다. 저도 나이를 먹었습니다만 나이가 들어 황혼이 되면 참 주의해야 됩니다. 평소에 내가 무던히 양심대로 살았거니 안심할 것이 아니라, 정말로 죽을 때까지 고이고이 잘 살아서 꼭 내생에는 좋은데 가서 태어나야 합니다.」라고 하였다.

＊ 준제보살(准提菩薩) : 삼세제불의 모(母)로서 무량진점겁 전에 다보여래(多寶如來) 다음으로 불과(佛果)를 이룬 부처님이라 한다. 7억 부처님의 어머니여서 칠구지불모(七俱胝佛母)라 불린다. 정공법사는 준제보살은 관세음보살의 화신이라 말한다. 한국의 현성스님은「왜 준제보살을 불모(佛母)라고 한 것일

까요. 그것은 준제보살이 우리의 청정한 근본 마음자리이기 때문입니다. 불모는 부처를 낳고 부처를 양육하는 어머니로서, 불경에서는 이를 다양하게 표현합니다. 반야경에서는 반야지(般若智)가 불모요, 열반경에서는 불성(佛性)이 불모요, 선(禪)에서는 무심(無心)이 불모요, 준제경에서는 청정(清淨)을 불모로 삼고 있습니다.」 라고 하였다.

＊황벽희운선사는 〈전심법요〉에서 「갠지스 강의 모래란 것을 부처님께서 말씀하셨는데, 이 모래는 모든 불·보살과 제석(帝釋), 범천 및 하늘 무리들이 자기를 밟고 지나간다 해도 기뻐하지 않고, 소나 양·벌레·개미 등이 자기를 밟고 지난다 해도 성내지 않음을 말씀하신 것이다. 또한 갠지스 강의 모래는 보배나 향기를 탐하지도 않으며, 똥·오줌 냄새나는 더러운 것도 싫어하지 않는다. 이런 마음이 곧 무심(無心)한 마음으로서, 모든 모양을 떠난 것이다.[恒河沙者 佛說是沙 諸佛菩薩釋梵諸天步履而過 沙亦不喜 牛羊蟲蟻踐踏而行 沙亦不怒 珍寶馨香沙亦不貪 糞尿臭穢沙亦不惡 此心卽無心之心 離一切相]」 라고 하였다.

어떤 사람들은 일생동안 부처님을 배웠지만, 최후에는 병원에 누워서 짧고 급하게 숨만 쉬고 있는데, 옆에 있는 사람이 염불을 하라고 말하지만 염불을 할 수가 없습니다. 기氣가 없어졌기 때문입니다. 제 친구들 중에는 이런 이들이 많은데, 염불을 평생 동안 해 왔기에, 제가 찾아가서 그더러 염불하라고 하지만, 가련하게도 몇 십 년을 했어도 무엇이 염불인지 모릅니다. 그저 아미타불…아미타불…입으로만 외우는 것이 염불인 줄로 생각하고, 최후에는 병상에 누워서 입도 움직이지 못하게 되어 속수무책입니다. 진정한 염불이란 꼭 입으로 외워야 되는 것이 아니라, 마음속으로 부처님을 생각하면 되는 겁니다. 꼭 무슨 장엄한 불상佛像을 떠올려야만 하는 것은 아닙니다. 마치 임종 직전에 보고 싶은 아들이 도착하지 않은 것을 생각하고, 넘어가는 숨을 참아가며 마음속에 그리운 마음이 걸려 있는 것처럼 하면 됩니다. 우리는 아들을 그리워하고, 애인을 그리워하는 이 한 생각의 대상을 부처님으로 바꾸기만 하면 됩니다. 안타깝게도 일생동안 염불을 해 왔지만, 내내 이 도리를 알지 못했던 사람들이 많았습니다. 임종 전에 그 사람더러 염불하라고 하지만, 그는 염불이 되질 않습니다. 맞습니다. 그는 기氣가 흩어져 버렸기 때문입니다. 아미타불의 아……아……소리가 나오지 않으면서 생각도 이어지지를 않습니다. 하지만 제가 그더러 염불하라고 청하면, 그는 염불이 나오지 않는다는 뜻으로 머리를 가로젓습니다. 그런데,

이때에 그는 이미 부처님을 생각한 것 아닙니까.

-남회근 선생

＊ 남회근 선생은 「심각하게 위급한 지경에 처했을 때, 오직 아미타불이라는 이 '한 생각[一念]' 만 남아 있으면서 부처님에 대한 생각이 마음에 깊이 각인되어 있으면 의지처가 됩니다. 만약 사람이 임종 시에 이런 한 생각이 있다면 반드시 서방극락세계에 왕생하여 연꽃으로 화생(化生)하여 태어납니다.」 라고 하였다.

＊ 남회근 선생은 염불할 때는 천천히 염불을 하되 자기가 내는 염불소리를 자기 귀로 집중해서 들어야 한다고 강조한다.

＊ 남회근 선생은 「부처님은 말씀하시기를, 가령 어떤 사람이 원한(怨恨)이 있는 사람을 보더라도 자기의 부모처럼 여기라고 하는데, 이는 얼마나 어려운 일입니까. 원한이 있는 사람을 자기의 가족처럼 보고 원한이 있는 사람이나 친한 사람에게나 평등해야 부처님을 배우는 사람입니다. 은혜와 원한을 너무 분명하게 가려서는 안 됩니다. 그럼 은혜와 원한을 가리지 않는 게 좋을까요. 그래서도 안 됩니다. 은혜와 원한, 시비선악을 분명하게 가리면서도 포용할 수 있어야 합니다. 부처님을 배우는 사람은 일체의 중생을 자기의 부모처럼 보고 일체의 중생을 자기 자녀처럼 봐야 합니다. 또 자기의 자녀는 일반중생으로 보아야 합니다. 불법의 기본은 자비와 평등에 있습니다. 수행방법 면에서도 역시 평등하여 좋고 나쁨이나 애증(愛憎)이 없습니다. 불교를 믿고 나서 불교를 믿지 않는 사람이나 혹은 다른 종교를 믿는 사람을 깔보아서는 안 됩니다. 선종을 배우고 나서는 정토종을 깔보아서는 안 됩니다. 밀종을 배우고 나서는 밀종이야말로 성불할 수 있다고 생각해서는 안 됩니다. 정토종을 배우고 나면 선종은 확실한 공부가 아니라고 생각해서는 안 됩니다. 8만4천 가지 법문은 어느 것은 좋고 어느 것은 나쁘다는 게 없습니다. 중요한 것은 당신의 근기와 상응하여 성실하게 수행할 수 있느냐 없느냐에 있습니다. 능엄경에서 '귀원성무이(歸元性無二), 방편유다문(方便有多門)' 이라고 말했습니다.」 라고 하였다.

그대가 정토왕생을 발원하고 부처님 명호를 외운다 할지라도, 왕생을 보장받기 위해서는 생사의 뿌리를 끊어야 한다. 무엇이 생사의 뿌리인가. 세상에 있는 모든 것에 욕심을 내어 집착하는 것이다. 집에서 염불할 때, 그대의 아들이나 딸, 손자들 또는 소유물을 보게 되면, 이들에게 애착심을 내게 된다. 그러나 바로 이것이 생사의 뿌리이다. 그대 몸 주변의 모든 것들에 마음을 굽힌다. 그대가 입으로는 부처님 명호를 외울지 모르나, 만일 애착의 뿌리가 마음에 남아 있어 이를 한시라도 잊지 못한다면 염불에 집중하지 못하는 것은 당연하다. 아름다운 빛깔이나 유쾌한 소리, 맛, 몸에 닿는 촉감 등 즐거움을 가져오는 모든 것들도 괴로움의 원인이 된다. 괴로움의 다른 원인들로는 분노, 증오, 집착 그리고 외도外道의 삿된 견해에 빠지는 것이다. 이 모든 것들을 믿어서는 안 된다. 그대는 오직 염불에만 집중하여, 하루에 《아미타경》을 두 번, 그리고 부처님의 명호를 수천 번 또는 만 번 이상 끊임없이 외우기만 하면 된다. 이것이 바로 화두話頭요, 그대의 본래면목本來面目이다. 수많은 방편들이 있으나, 부처님과 조사님들에 의하면, 정토법이 특히 중요하다. 그대의 본마음을 알거나, 자성自性을 볼 필요가 없다. 단지 부처님의 명호를 외우는 것만이 필요하다. '부처'란 단어는 깨달은 사람을 의미한다. 만일 그대가 생각 생각마다 단 한 순간도 부처님을 잊지 않고 그 명호를 외운다면, 생각마다 깨달은 생각이 된다. 만일 그대가 마음속에 부처님을 잊어버리면, 그것은 깨달음이 아니다. 만일 그대가 꿈속에서도 낮과 같이 부처님 명호를 외울 수가 있다면, 이것이 항상 염불하는 것이다. 만일 그대의 마음이 지금도 어지럽지 않고, 임종 순간에도 어지럽지 않으면, 틀림없이 정토에 왕생할 것이다.

- 감산대사

* 백장회해선사께서 지으신 〈백장광록(百丈廣錄)〉에 「열반경에서는 이렇게 말하였다. "세 가지 악한 욕심이 있다. 첫째는 사부대중(四部大衆)이 에워 싸주었으면 하는 욕심이고, 둘째는 모든 사람이 내 문도(門徒)가 되어 주었으면 하는 욕심이며, 셋째는 모든 사람들이 내가 성인이나 아라한임을 알아주었으면 하는 욕심이다". 또한 가섭경(迦葉經)에서는 이렇게 말하였다. "첫째는 미래의 부처님을 뵈었으면 하는 것이며, 둘째는 전륜왕(轉輪王)이 되고 싶어 하는 것이고, 셋째는 찰리(刹利)의 큰 성씨를 가졌으면 하는 것이며, 넷째는 바라문의 큰 성씨를 가졌으면 하는 것이며, 나아가서는 생사를 싫어하고 열반을 구하는 것이다. 이상의 악한 욕심부터 먼저 끊어야 한다. 집착하고 물들어 요동하는 마음이 있기만 하면 그것을 '악한 욕심'이라 하는데, 모두가 육욕천(六欲天)에 들어가 파순(波旬)에게 부림을 당할 것이다."」라고 하였다.

* 원영대사는 「'부처[佛陀]'란 천상/ 아수라/ 인간/ 아귀/ 축생/ 지옥의 육도(六道)와 성문/ 연각/ 보살

의 삼승(三乘)을 합한 구법계(九法界)의 미몽(迷夢)을 완전히 벗어나 털끝만큼의 미몽도 남아 있지 않은 최상의 깨달음을 성취하여 홀로 존귀하신 분에 대한 호칭이다. 부처에는 첫째 자각(自覺)이라는 뜻이 있다. 이는 육도범부의 중생이 미몽 속에 있음에 비해 부처님은 이를 완전히 벗어나 어떠한 미몽도 없는 깨달음의 경지에 있음을 말하는 것이고, 둘째는 각타(覺他)의 뜻이 있다. 이는 성문과 연각 이승(二乘)은 자기 스스로도 완전한 깨달음을 얻지 못했을 뿐만 아니라 다른 중생들을 깨닫게 하는 데도 전혀 관심이 없다. 이에 비해 부처님은 스스로의 완전한 깨달음은 물론 일체 중생을 깨닫게 하는 데 모두 원만하다는 뜻이다. 셋째로 각만(覺滿)의 뜻이 있는 데, 이는 부처님께서는 보살들이 권교(權敎: 방편의 가르침)와 실교(實敎: 실다운 궁극의 가르침)에 의하여 수행하고 중생을 제도하여 스스로의 깨달음과 중생을 깨닫게 함을 다 같이 추구하지만 그러한 각행(覺行)이 원만하지 못한 것을 초월하고 내지는 부처를 이루기 1단계 전에 이른 등각보살까지도 초월하였음을 의미한다. 이는 마치 15일의 달, 즉 보름날의 달에, 14일의 달을 비교함과 같으니 후자는 전자에 비해 아직 1등급의 차이가 있기 때문이다. 오로지 부처님만이 자각(自覺), 각타(覺他) 및 각행(覺行) 세 가지가 원만(圓滿)하다. 이것을 부처님의 삼각원만(三覺圓滿)이라 한다. 요약하면 일체의 모든 공덕을 빠짐없이 갖추시고 구계를 초월하여 홀로 존귀하신 분이라야 세존(世尊: 구계 중생으로부터 존경받는 분)이라는 칭호를 감당할 만하다.」라고 하였다.

* 감산대사는 「염불은 본래 생사윤회를 초월하기 위함이네. 반드시 먼저 생사를 윤회하는 마음을 알아야 한다. 치애(癡愛)가 바로 생사윤회의 뿌리가 되나니, 그 뿌리를 뽑지 않고서는 해탈은 어렵다.[念佛本是超生死 先須要識生死心 癡愛便是生死根 不拔其根難解脫]」라고 하였다.

* 남회근 선생은 「부처를 배우는 목적이 삼계를 해탈하여 육도윤회를 뛰어넘고 우리의 본래면목으로 되돌아가 성불하기 위함입니다.」라고 하였다.

* 자성(自性) : 본래성품(本來性品) 또는 본래면목(本來面目). 모든 번뇌를 떠난 중생의 본래 마음. 모든 사람이 태어나면서부터 가지고 있는 불성(佛性). 자성은 불생불멸(不生不滅)하고 무시무종(無始無終)하며 부증불감(不增不減)한다.

* 육조 혜능선사는 「자성(自性)이 한 순간 악한 생각을 일으키면 만겁의 선한 원인을 없애고, 자성이 한 순간 선한 생각을 일으키면 갠지스 강 모래알만큼 많은 악한 일을 없앤다.[自性起一念惡 滅萬劫善因 自性起一念善 得恒沙惡盡]」라고 하였다.

* 치애(癡愛) : 인간이 본디 가지고 있는 습기(習氣)를 말한다. 예컨대, 남녀 간의 사랑/ 재물 등에 대한

집착/미혹/망상/번뇌 등을 포괄한다.

열 가지 선업善業을 받들고 오계五戒를 지녀도 오히려 고통을 면하지 못하고, 십악十惡과 오역죄를 범하면 응당 무간지옥에 떨어진다. 하지만 한순간 부처님의 명호를 부르면 죄가 가볍거나 무겁거나 가릴 것 없이 모두 여의게 하여 영원히 삼계를 벗어나도록 하시니, 역시 희유希有하다. 삼천대천세계에 가득하도록 칠보七寶를 보시하면 그 공덕은 이미 무량하며, 또 중생을 교화하여 사과四果를 증득하게 하면 그 공덕 역시 끝이 없다. 그러나 사람들에게 염불을 권하면 그 공덕은 그보다 더 뛰어나다.

- 함허涵虛대사

* 《보은경(報恩經)》에 「부처님께서 말씀하셨다. "부모와 스님들에 대해선 마땅히 찬탄해야 한다. 출가 사문은 삼계(三界)를 벗어나는 복전(福田)이며, 부모는 삼계안의 수승한 복전이다."」라고 하였다.

* 〈대지도론〉에 「비록 갖가지 복전(福田)이 있다 하더라도, 부처님이 으뜸가는 복전이다.」라고 하였다.

* 〈대지도론〉에 「'부처님의 밭[佛田]'이라 함은 시방과 삼세(三世)의 모든 부처님이니, 그 부처님께서 세간에 계시거나 또는 형상이나 또는 사리(舍利)나 또는 부처님을 염[念佛]하기만 해도 된다. 법보(法寶: 경전)는 비록 부처님의 스승이라 할지라도 만일 부처님께서 그 법을 말씀하지 않으셨다면 아무 소용이 없다. 마치 비록 좋은 약이 있다 할지라도 좋은 의사가 없으면 그 약은 소용이 없는 것과 같나니, 이 때문에 법보는 비록 윗자리에 있다 하더라도 그 앞에 불보(佛寶)를 말씀하고 있는데 하물며 승보(僧寶: 출가한 스님)이겠는가.」라고 하였다.

* 도선율사는 〈정심계관법〉에서 「대천세계가 다 부처님의 털구멍 가운데 있는데, 사람의 잘못을 현성(賢聖)이 어찌 알지 못하겠는가.[大千世界在佛毛孔 豈容屛過賢聖不知]」라고 하였다.

지극한 마음으로 염불 한 번만 하면 80억겁 동안 지은 중죄를 소멸시킬 수 있다. 이것은 분명하고 확실하다. 무엇 때문인가. 지극한 마음으로 하기 때문이다. 만약 지극한 마음이 아니면 죄도 멸하지 못한다. 성인의 말씀이 터무니없다고 말하지 말라.

至心念佛一聲 滅八十億劫重罪 此其明徵乎 所以者何 至心故也 若匪至心 罪則不滅 毋曰

聖訓之無稽哉　　　　　　　　　　　　　　　　　　- 연지대사 〈왕생집〉

　염불삼매는 일체의 모든 법을 다 포섭하노니, 이는 성문聲聞과 연각緣覺의 이승二乘 경계가 아니다.

　念佛三昧則爲總攝一切諸法 是故非聲聞緣覺二乘境界　　　　-《보살염불삼매경》

　＊ 도작대사는 〈안락집〉에서 「화엄경에서 말하기를, "이 염불삼매야말로 곧 일체의 삼매 중의 왕이다.[華嚴經云此念佛三昧 卽是一切三昧中王]"」라고 하였다.

　＊ 당나라의 비석화상은 〈염불삼매보왕론(念佛三昧寶王論)〉에서 「염불삼매는 선(善)중의 최고의 선이요, 만행의 으뜸이니, 고로 삼매의 왕이라 한다.[念佛三昧 善之最上 萬行元首 故曰三昧王焉]」라고 하였다.

　＊ 역시《보살염불삼매경》에서 「부처님께서 불공견(不空見)보살에게 말씀하셨다. "이 염불삼매를 모든 선근의 어머니라고 한다면 이런 말을 바른 말이라고 한다."」라고 하였다. 또 「모든 부처님께서 말씀하신 염불삼매라는 것이 있는데, 보살이 이 삼매를 닦으면 항상 정토에 태어나 떠나지 않고 부처님을 뵈오며, 세간이나 출세간의 변재(辯才)를 다 갖추고 기필코 위없는 보리(菩提)를 속히 얻습니다.」라고 하였다.

　＊ 성문(聲聞)과 연각(緣覺)은 소승(小乘)의 성자(聖者)들로서 개인의 해탈에만 관심이 있고, 중생의 구제에는 관심이 없다. 남회근 선생은 「소승은 인간세상의 책임을 일체 상관하지 않습니다. 마치 남은 마땅히 죽어야 하고 오직 세상에서 자기만이 수도하는게 제일인 것 같습니다. 그러므로 최후에는 소승은 외도(外道)이며 잘못된 길로 나아갑니다. 소승은 공(空)에 치우친 나머지 공(空)이 구경(究竟: 궁극적 깨달음)이라 여깁니다. 소승은 일체의 유위법(有爲法)을 두려워하고 작위(作爲)가 있음을 두려워합니다. 대승보살은 철저히 도(道)를 깨달았기에 유위법을 버리지 않습니다. 소승은 어떤 것도 감히 움직이지 않고 일체를 비워버리면 바로 구경(究竟)이라고 생각합니다. 그러므로 원력(願力)이 없습니다. 대승보살들은 세세생생 영원히 세간(世間)에서 일체중생을 제도하겠다고 발원합니다.」라고 하였다.

　＊ 대덕께서 말씀하셨다. 「이승(二乘)은 본바탕인 마음자리를 알지 못한 채 물질과 정신의 다섯 가지 요소〔五蘊〕로 이루어진 몸과 마음을 싫어하여, 스스로 분별하여 일으키는 번뇌인 견혹(見惑)과 사혹(思惑)을 끊고 한 쪽으로 치우친 공(空)의 이치만을 증득함으로써 홀로 삼계(三界)를 벗어날 뿐, 중생을 제도하고자 하는 마음이 없기 때문에 '그릇된 사람' 이라고 한다.」

* 백장회해선사의 〈백장광록〉에 「본래 성품은 무엇이라 이름 붙일 수 없어서 본래 범부도 아니고 성인도 아니며, 더러움도 깨끗함도 아니며, 공(空)도 유(有)도 선(善)도 악(惡)도 아니다. 단, 이것이 모든 염법(染法)에 어울리면 그것을 인간·천상의 이승(二乘)의 경계라 이름 하는 것이다.」라고 하였다.

* 대덕께서 말씀하셨다. 「수행자의 마음가짐에 따라 초급과 중급과 고급의 세 종류로 나눌 수 있다. 초급은 다음 생에 좋은 곳에 태어나기를 바라면서 수행하는 사람이고, 중급은 자신이 윤회의 고통에서 벗어나는 것을 목적으로 수행하는 사람이고, 고급은 모든 중생들을 윤회에서 해탈시키기 위해서 부처의 경지에 오르고 싶어 하는 사람이다.」

* 서산대사는 〈선가귀감〉에서 「번뇌를 없애 나가는 것, 이것을 이승(二乘)이라 하고, 번뇌가 더 이상 생기지 않는 것을 대열반이라 한다.[斷煩惱 名二乘 煩惱不生 名大涅槃]」라고 하였다.

*《유마경》에 「제가 보기에는, 소승(小乘)은 지혜가 미천함이 마치 장님과 같아 모든 중생의 근성이 예리한지 우둔한지를 분별할 수 없습니다.[我觀小乘智慧微淺 猶如盲人 不能分別一切衆生根之利鈍]」라고 하였다.

* 성문과 연각, 즉 이승(二乘)은 혼자 고요히 있기를 좋아해서 세속을 떠나고자 한다. 자신의 깨달음만 중시하여 중생구제에는 관심이 없는 성자(聖者)들이다. 한 가지 법에만 집착하여 원융하지 못하고 적멸(寂滅)에 안주(安住)한다. 이들은 성불(成佛)은 꿈도 꾸어보지 못하는 소승의 수행자들로, 기껏 아라한과(阿羅漢果)를 얻으려 한다.《무량수경》에는 극락세계에 이들 성문과 연각이 무수히 많다고 설해져 있는데, 여기서 말하는 성문과 연각은 소승(小乘) 아라한이 아닌 대승(大乘) 아라한을 말한다고 원영대사는 말했다. 이들 대승 아라한과 연각은 다만 견사미혹(見思迷惑)을 끊었을 뿐, 아직 미세한 진사(塵沙) 미혹과 41품의 무명(無明)은 끊지 못했다.

설사 당신이 삼장십이부 팔만대장경을 다 외울 수 있다 할지라도 생사生死가 닥쳐왔을 때는 감당하지 못합니다.

육신인 사대四大가 분리되는 그 고통은 당신이 수지修持가 없다면 조금도 어쩔 길이 없습니다. 저도 젊었을 때 제 자신이 뭐든지 다 이해했다고 생각했습니다. 그런데 엄중하다는 것을 점차 알게 되면서 감히 주제넘지 않기로 했습니다. 제 자신이 고생했던 경험으로 여러분들에게 가르쳐드리는데, 증득해야 비로소 진짜 알게 됩니다. 여러분이 생각으로 이해한 것은 소용이 없습니다.

염불공부를 잘 해 가십시오. 자신이 윤회 가운데서 길을 헤매지 않도록 나무아미타불을 염불하여 극락에 왕생하십시오. 극락에 갔다고 결코 이미 성불한 것은 아닙니다. 유학을 잘 가는 겁니다. 그곳 환경에서는 제불보살이 수시로 설법하십니다. 학비도 낼 필요 없고 비바람도 없습니다. 얼마나 좋고 얼마나 편리합니까. 이 문제를 반드시 분명히 알아야 합니다. 1, 2천년 이래로 참선을 배운 많은 사람들이 수지 공부가 높은 경지에 이르지 못하여 결국은 역시 생사윤회 속으로 들어가지 않으면 안 되었습니다. 특별히 이 점을 제시하니 주의하시기 바랍니다.

-남회근 선생

＊ 남회근 선생은 「인간의 육체는 사대(四大)가 합성된 것입니다. 지수화풍(地水火風) 사대가 화합하여 이루어진 것입니다. 견고한 물질을 지대(地大)라 합니다. 돌이나 땅이나 산 같은 것인데, 인체에서 말하면 뼈나 근육이 그것입니다. 수대(水大)는 지구상의 빗물이나 얼음이나 눈[雪] 같은 것들인데, 인체로 말하면 혈액·고름·가래·오줌·땀 등이 모두 해당합니다. 화대(火大)는 외부의 태양에너지인데, 인체 내에서는 체온이 이에 해당합니다. 풍대(風大)는 대자연의 기류(氣流)나 인체의 호흡이 이에 속합니다. 우리의 신체는 이런 것들이 합하여 이루어진 기기(機器)입니다. 그러나 이런 것들은 나[我]가 아닙니다. 단지 나의 소속일 뿐으로 그저 수십 년 동안의 사용권만 가지고 있을 뿐입니다. 우리가 세상을 떠날 때에는 대지(大地)에게 돌려주어야 합니다.」 라고 하였다.

＊《원각경》에 「나의 지금 이 몸은 사대(四大)가 화합하여 이루어진 것이다. 이른바 머리카락·털·손발톱·치아·피부·살·힘줄·뼈·골수·머릿골·더러운 때·피부색 등은 모두 지대(地大)에 속한다. 침·콧물·고름·피·진액(津液)·연말(涎沫)·가래·눈물·정(精)·기(氣)·대소변은 모두 수대(水大)에 속한다. 따뜻한 기운은 화대(火大)에 속한다. 몸의 활동과 호흡 작용은 풍대(風大)에 속한다. 이 사대의 요소가 각각 분리되면 지금의 허망한 몸은 어디에 있겠는가. 곧 알라, 이 몸은 마침내 실체가 없으니 화합하여 형상이 이루어진 것으로 실제로는 환화와 같으며, 사대가 인연으로 가화합(假和合)하여 몸을 이루고 허망하게 육근이 있느니라.[我今此身四大和合 所謂髮毛爪齒皮肉筋骨髓腦垢色 皆歸於地 唾涕膿血津液涎沫痰淚精氣大小便利 皆歸於水 暖氣歸火 動轉歸風 四大各離 今者妄身當在何處 卽知此身畢竟無體

和合爲相 實同幻化 四緣假合 妄有六根」라는 말씀이 있다.

　＊남회근 선생은 「 '환화(幻化) 는 없다는 것이 결코 아니라 현재는 있는 것입니다. 마치 꿈을 꾸는 것과 같아서 꿈속에서의 갖가지 느낌은 그것이 없다고 말할 수 없습니다. 꿈꿀 때에는 감각이 아주 진실합니다. 깨고 나서야 가짜라는 것을 깨닫습니다. 사실 우리들은 현재에도 꿈을 꾸고 있는 것입니다. 세간의 일체는 모두 환화(幻化)라는 것을 증득해야 합니다. 우리들 현재의 모습도 영상(影像)에 지나지 않을 뿐입니다. 모두 자기 업력(業力)의 반영입니다. 사람의 마음은 각기 그 얼굴처럼 다르고 저마다 자기의 업력이 있습니다. 그러므로 사람은 저마다 생김새가 다릅니다.」라고 하였다.

　＊《법화경》 방편품에 「중생은 온갖 애욕의 인연으로 얽혀서 죽으면 삼악도에 떨어지며 육도를 윤회하면서 모든 괴로움을 빠짐없이 다 받는다.〔以諸欲因緣 墜墮三惡道 輪廻六趣中 備受諸苦毒〕」,《법화경》 여래수량품에 「내가 모든 중생을 보니 윤회의 바다에 빠져 있구나.〔我見諸衆生 沒在於苦海〕」,《승천왕반야경(勝天王般若經)》에 「중생들이 기나긴 밤에 육도를 흘러 다니면서 윤회의 고통이 멈추질 않는데, 모두 탐착과 애욕 때문이다.〔衆生長夜 流轉六道 苦輪不息 皆由貪愛〕」라는 말씀들이 있다.

　일반적으로 정토수행을 열심히 하는 사람들이 항상 입에다 부처님 명호를 달고 지내는 것은 물론 기뻐할 현상입니다. 그러나 염불할 때 마음이 부처님과 상응하고 마음속에서 부처님을 진정으로 생각하고 있기를, 마치 사랑하는 사람이 눈앞에 역력히 떠오르면서 떠나지 않듯이, 그렇게 일심으로 생각을 묶어서 부처님의 모습이 마음속에 있는지를 절실하게 한 번 점검해보아야 합니다. 만약 그렇지 않다면, '이 마음이 부처를 짓지 않았으며, 이 마음이 부처가 아닌 것' 으로, 아미타불도 앞에 나타나지 않고, 극락세계도 영원히 저 아득한 서쪽 하늘에 있게 됩니다.
　　　　　　　　　　　　　　　　　　　　　　　　　　-남회근 선생

　＊ '이 마음이 부처를 이루고, 이 마음이 바로 부처다.〔是心作佛 是心是佛〕 라는 말은 《관무량수경》에 나온다.
　＊청화스님은 「 '시심시불(是心是佛) 은 관무량수경에 있는 가장 중요한 법문입니다. 또 이 법문은 팔만 사천 법문을 모두 다 포섭해 있습니다. '부처님은 모든 공덕을 원만히 갖춘 우주의 생명이다.' 이렇게 생각할 때는 만(萬) 가지 공덕을 갖춘 그 생명이 나한테나 너한테나 다 들어 있는 것입니다. 우리 마음이 그와 같이 부처님의 만 가지 공덕을 다 갖추고 있습니다.」라고 하였다.

*《금강경》의 구결(口訣: 간략하게 요점을 정리한 어구)은 「마땅히 머무는 바 없이 그 마음을 내라.[應無所住而生其心]」이고,《법화경》의 구결은 「오직 일승법만 있을 뿐 이승(二乘) 삼승(三乘)은 없다.[惟一乘法無二無三]」이며,《화엄경》의 구결은 「지혜의 몸을 성취하니, 이는 다른 사람의 깨달음에 의한 것이 아니다.[成就慧身 不由他悟]」이고,《아미타경》의 구결은 「부처님의 명호를 꽉 지녀 잊지 않으며 일심이 흐트러지지 않는다.[執持名號 一心不亂]」이며,《관무량수경》의 구결은 「이 마음으로 부처를 이루고, 이 마음이 바로 부처이다.[是心作佛 是心是佛]」라는 말씀이 있다.

*「유마경(維摩經)은 불사(不思)를 종지(宗旨)로 삼고, 금강경은 무주(無住)를 종지로 삼으며, 화엄경은 법계(法界)를 종지로 삼고, 열반경은 불성(佛性)을 종지로 삼는다.[維摩經以不思爲宗 金剛經以無住爲宗 華嚴經以法界爲宗 涅槃經以佛性爲宗]」라는 말씀도 있다.

만약에 세상 사람들이 밤낮으로 하루 동안 아미타불을 부르고 부지런히 생각하여 잊어버리지 않고, 또한 다른 사람에게 권하면 곧 함께 서방정토에 태어나리라.

-《대비경大悲經》

* 역시《대비경》에 「부처님 명호를 한 번 부르면, 이 선근으로 열반의 경계에 들어가나니, 가히 끝이 없도다.[一稱佛名 以是善根 入涅槃界 不可窮盡]」라고 하였다.

염불법문의 근본 묘체는 정토삼경에 있습니다. 그리고《화엄경》의 보현행원품이 보여주는 바는 더욱이 빠뜨릴 수 없는 근본 행원입니다.

선재동자가 십신만심十信滿心으로 덕운德雲비구를 참방했을 때, 덕운비구는 염불법문을 가르쳐주면서 초주初住에 들어가 불과佛果를 분증分證하라고 가르쳐 주었습니다. 이로부터 53분의 선지식을 차근차근 참방參訪하면서 법문을 듣고 또 증득하면서 2주住부터 10지地까지 40위位를 거칩니다. 최후에는 보현보살처에서 보현보살의 가르침을 받고 부처님의 위신력을 가피받아 마침내 보현보살과 평등하고 부처님과 동등한 등각等覺을 이룹니다. 그런 다음 보현보살은 십대원왕으로 극락세계에 돌아가라고 인도합니다. 선재동자와 화장해의 성중聖衆들로 하여금 함께 나아가 극락세계에 태어나기를 구하도록 권유합니다. 그리하여 불과佛果를 원만히 하도록 도모하라고 합니다. 그러므로 염불법문은 범부에서 시작하여 들어갈 수 있으며, 마지막에 등각보살에 이르기까지 그 밖을 뛰어넘을 수 없습니다.

실로 염불법문은 시방삼세의 일체제불이 위로는 불도를 이루고 아래로는 중생을 교화함에 있어 시작을 이루고 끝을 이루는 총지법문입니다. 그래서 구법계가 함께 귀의하고 시방세계가 함께 찬탄하며 모든 경전이 함께 밝히고 모든 논論이 고르게 드높이는 것입니다.

- 인광대사

* 인광대사는 「보현행원품은 그 의리(義理: 뜻과 이치)가 매우 크고 넓으며, 문자는 미묘하기 그지없소. 독송하다 보면 누구나 나와 중생의 분별심이나 집착을 씻은 듯이 놓아버릴 수 있소. 정토에 왕생할 선근이 날로 자라게 하는 경전이니, 스스로 행하면서 남에게도 권해야 마땅하오.」라고 하였다.

* 선도화상은 「극락은 무위의 열반 경계요, 염불이 곧 열반의 문이로다[極樂無爲涅槃界 念佛卽是涅槃門].」라고 하였다.

* 정공법사는 「선재동자의 53참(參)에서, 53분의 선지식들이 각자 공부한 법문은 다 다릅니다. 이는 무량법문, 8만4천 법문을 다 공부했다는 말입니다. 그러나 마지막 무상정등정각에 이르러서는, 보현보살이 10대원왕을 발하여 극락으로 돌아가도록 인도하였습니다. 무상정등정각은 오직 서방 극락세계에서만 완성할 수 있다는 것을 설명하는 것입니다. 이로써 이 법문이 얼마나 수승한지 알 수 있습니다.」라고 하였다.

* 보리도차제〉에 「붓다는 중생들을 해탈시키고 보리심은 붓다를 만든다.」라는 말씀이 있다.

그 논리가 마치 「사람은 책을 만들고 책은 사람을 만든다.」라는 말과 같다.

* 남회근 선생은 「선지식은 작은 길을 걸어가지 않습니다. 즉, 성문(聲聞)과 연각(緣覺) 경계에 집착하지 않습니다. 성문은 소승도(小乘道)의 나한(羅漢) 경계입니다. 연각은 독각불(獨覺佛)인데, 벽지불(辟支佛)이라고도 하며 중승도(中乘道)에 속합니다. 오직 대승(大乘)의 길을 가는 사람만이 선지식이라고 불릴 자격이 있습니다.」라고 하였다.

* 달마대사는 〈혈맥론〉에서 「그러므로 불성(佛性)은 자신에게 있지만, 스승을 말미암지 않는다면, 끝내 밝혀낼 수가 없다. 스승을 말미암지 않고 깨닫는 자는 매우 희귀하다.[然則佛性自有 若不因師 終不明

了 不因師悟者 萬中希有]」라고 하였다.

　* 부처님께서 이르셨다. 「천하의 어진 벗 가운데 스승을 능가하는 이는 없다. 만일 몸을 마치도록 도(道)를 행하더라도 가히 스스로를 이롭게 하는 자리(自利)는 되지만 스승의 은혜를 갚는 것은 아니다. 부모가 비록 낳아서 길러 주고 가르쳐 주지만 그것으로써 삼악도를 여의지는 못한다. 오직 스승만이 우리를 가르치고 인도하여 생사의 괴로움을 여의게 하고 열반의 즐거움을 얻게 하느니라. 혹 스승의 가르침을 믿고 받들지 않거나 나쁜 말로 비방하고 시비를 일으키면 불법을 마침내 쇠퇴하게 하는 것이니, 스승을 비방하고 스승을 헐뜯으며, 스승을 미워하고 스승을 질투하는 사람은 법 가운데 큰 마귀요 지옥 종자이니라.」

　* 덕운비구(德雲比丘) :《화엄경》입법계품(入法界品)에서 선재동자가 문수보살의 안내로 만난 첫 번째 선지식. 여기서 덕운비구는 선재동자에게 부처님의 경계와 지혜와 광명을 생각하라고 하면서 다양한 염불문(念佛門)을 제시한다.

　* 분증(分證) : 보살의 51계위 중 41위(位)인 환희지(歡喜地)부터 51위(位)인 등각(等覺)까지의 증득을 말한다. ‘부분적인 깨우침’ 또는 ‘원만하지 못한 깨우침’ 또는 ‘아직은 구경각(究竟覺)에 이르지 못한 깨우침’을 의미한다. 반대말은 원증(圓證)인데, ‘원만한 깨달음’ 또는 ‘완전한 깨달음’을 의미한다. 이는 묘각(妙覺)이자 불과(佛果)인 무상정등정각을 말한다.

　죄의 장애가 이미 많은데, 어떻게 열 번 염불하는 것으로 능히 다겁多劫 동안 지은 죄를 제거할 수 있다고 말하는가. 열 번 부처님의 명호를 부르고 염念하는 공덕은 반드시 다겁 동안 지은 죄를 소멸한다. 무엇으로 알 수 있는가. 비유를 들어 보겠다. 어떤 사람이 천 일 동안 섶을 쌓았는데 불로 그것을 태우면 반나절이 지나지 않아 섶을 다 태워버리는 것과 같다. 죄업의 번뇌는 마치 섶을 쌓은 것과 같고, 염불 공덕은 활활 타오르는 불과 같아 한량없는 세월을 지나온 죄업이라도 열 번 아미타불을 염함으로써 일체 죄의 장애가 다 소멸되는 것이다. 또 죄의 장애는 암실暗室과 같고 염불은 밝은 등불과 같아, 천 년 동안 있던 암실도 밝은 등불을 가지고 그 암실을 비추면 잠깐 동안에 어둠이 제거된다. 염불하는 공덕도 또한 이와 같아 한량없는 세월을 지나온 죄의 장애라도 아미타불을 염하는 공덕으로 인해 일체 죄의 장애가 다 소멸된다. 그런 까닭에 염불이 반드시 다겁 동안 지은 죄를 없애는 줄 알라.

問罪障既多 何故念佛十口乃能除滅多劫等罪 答十口佛名定能除滅多劫等罪 何以得
知 擧喩釋者 譬如有人積薪千日 起火焚之 不經半日燒薪總盡 罪業煩惱猶如柴薪 念佛功
德猶如猛火 無量劫來罪障由念十口阿彌陀佛功德 一切罪障總皆消滅 又罪障猶如闇室
念佛猶如明燈 千年闇室明燈纔照 其闇悉除 念佛功德亦復如是 無量劫來罪障由念阿彌
陀佛功德 一切罪障悉消滅 故知念佛定能滅除多劫等罪

- 〈염불경〉

*〈연종집요〉에 「짧은 시간 (염불하는) 심력(心力)이 능히 종신토록 악을 지어온 사람을 이기는 것이
니 비록 짧은 시간이라 하더라도 그 힘이 맹렬하여 이 마음의 맹렬한 결심이 곧 대심(大心)이며 몸을 버
리는 일이 급하기가 마치 전쟁터에 들어간 사람이 신명(身命)을 아끼지 아니함과 같은 것이다. 염불할
때에 반드시 깊은 후회가 있어서 자신의 온 정력을 다하는 마음과 부처님의 원력(願力)으로 얻은 이 십
념이 능히 백천만념(百千萬念)을 당해내는 것이다. 그러므로 경에 말씀하시기를, "일체 중생이 아미타
불의 원력에 지지(支持)되어 세세(世世)에 놓지 아니하니 이 뜻이 있으므로 부처님의 대원해(大願海) 중
에서 그 이름을 한 번 일컬으면 능히 80억겁 생사중죄를 멸하고 곧 부처님을 따라서 왕생한다." 고 하였
다.」라고 하였다.

어떤 이가 물었다.
「우리 중생들은 시작도 없는 옛적부터 한량없는 악업을 지어 왔습니다. 금생에 다행히
사람 모습으로 태어나기 했지만 참다운 선지식을 만나지 못하였고, 그래서 또다시 죄악
이란 죄악은 짓지 않은 게 없을 정도로 모든 죄업을 짓고 있습니다. 그런데 어떻게 목숨이
끊어지는 순간에 '나무아미타불' 명호를 열 번만 염송하면 곧장 극락정토에 왕생하여 시
방 삼계를 벗어나고 생사윤회의 악업을 끝마칠 수 있다고 하십니까.」
천태대사께서 답하셨다.
「중생들이 시작도 없는 아득한 옛날부터 지어 온 선행과 악업의 종자가 얼마나 많고 얼

마나 강한지는 결코 알 수도 없다. 다만 목숨이 다할 때 선지식을 만나 (그 가르침을 믿고 따라) '나무아미타불' 명호를 열 번 만이라도 염송해 낼 수 있는 사람이라면, 모두 숙세의 선행공덕이 그만큼 강하기 때문에 비로소 임종에 선지식을 만나 열 번의 염불을 성취할 수 있는 것이다.

만약 악업이 많은 중생이라면, 그런 선지식을 만날 수조차 없는 법인데, 하물며 어떻게 목숨이 끊어지는 그런 순간에 (정신을 집중하여) 열 번의 염불을 성취할 수 있겠는가. 또 그대가 (질문하는 걸 보니) 시작도 없는 아득한 옛날부터 지어온 악업만 아주 무겁게 생각하고, 목숨이 다할 때 '나무아미타불' 염송 열 번 해내는 공덕은 대수롭지 않게 가벼이 여기는 모양인데, 이제 세 가지 도리로 비교해 본다면, 악업과 공덕의 경중이라는 게 꼭 일정하게 정해지는 것도 아니고, 또 그 시간의 길고 짧음이나 수량의 많고 적음에만 달린 것도 아님을 알 수 있다. 그 세 가지 도리가 무엇인가 하면, 첫째는 마음에 달려 있고, 둘째는 연분에 달려 있으며, 셋째는 의지 결정決定 여하에 달려 있다. 첫째, 마음에 달려 있다 함은 이렇다. 중생이 죄악을 지을 때는 허망하고 앞뒤가 전도顚倒된 번뇌 망상에서 말미암지만, 염불하는 것은 선지식으로부터 아미타불의 진실하고 공덕 원만한 명호에 대해 설법을 들음으로써 비롯된다. 이렇듯이 하나는 허망하고 하나는 진실하니, 어떻게 둘을 서로 나란히 비교할 수 있겠는가. 비유하자면 마치 만 년 동안 깜깜했던 암실에 햇빛이 잠시만 비쳐 들어도 암흑은 단박에 사라져 버리는 것과 같다. 어찌 오래된 암흑이라고 해서 순간의 햇빛에 사라지지 않을 리가 있겠는가. 둘째, 연분에 달려 있다 함은 이러하다. 죄악을 지을 때는, 허망하고 어둡고 어리석은 마음이 허망한 경계의 연분을 만나 본말이 뒤바뀌어 죄악을 짓게 된다. 그러나 염불하는 마음은 부처님의 청정하고 진실하며 공덕 원만한 명호를 듣고서 '위없는 보리심[無上菩提心]'을 연분으로 생겨나기 마련이다. 이처럼 하나는 거짓되고 하나는 진실하니, 어떻게 둘을 서로 나란히 비교할 수 있겠는가. 비유하자면 마치 어떤 사람이 독화살에 맞았는데, 독이 극렬하고 화살이 깊이 박혀 근육을 손상시킴은 물론 뼈까지 파괴되었으나, 한번 독약을 말끔히 사라지게 하는 신령스런 북 소리를 듣자마자, 금세 화살이 저절로 뽑혀 나오고 독기운도 스스로 풀려 버리는 것과 같다. 그런데 이 경우 화살이 좀 깊이 박히고 독이 극렬하다고 해서, 어찌 안 빠지고 해독 안 될

리가 있겠는가.

셋째, 의지 결정에 달려 있다 함은 또 이러하다. 죄악을 지을 때는, (해도 그만, 안 해도 그만인 상황에서 이거 한번 해볼까 하는) 한가한 마음과 (나중에 뉘우치고 속죄할 기회가 있겠지 하고) 뒷날을 은근히 기대는 마음이 으레 있기 마련이다. 하지만 염불할 때는, 지금 당장 숨넘어가면 생명이 끝날 판인데, 그런 한가한 마음과 뒷날을 기대는 마음이 도대체 있을 수 없다. 그래서 착한 마음으로 맹렬하고 예리하게 정신 바짝 차려 염불하게 되므로, 곧장 극락정토에 왕생할 수 있다. 비유하자면, 열 겹으로 묶은 밧줄은 천 사람도 끊을 수 없지만, 어린 아이가 칼 한번 휘두르면 순식간에 두 동강 나는 것과 같다. 또 천년 동안 쌓아 놓은 장작더미가 콩알만한 불씨 가지고도 짧은 시간에 죄다 타버리는 것과 같다. 그리고 반대로 말하자면 어떤 사람이 한 평생 동안 열 가지 선업[十善業]을 꾸준히 닦아 마땅히 천상에 올라가야 할 인연인데, 임종 때 한 순간의 결정적인 삿된 생각을 품음으로써 곧장 아비지옥에 떨어지는 것과도 마찬가지 이치다.

악업이라는 게 허망한데도 불구하고, 임종 때 한 생각이 맹렬하고 예리했던 까닭에, 오히려 한 평생 동안의 선행 공덕을 죄다 물리치고 지옥이라는 악도惡道에 떨어지게 만든 것이다. 하물며 임종 때 맹렬하고 간절한 마음으로 염불한다면, 한가한 생각 없는 진실한 마음의 선행공덕은 오죽하겠는가. 그러한 결연한 마음의 염불공덕으로, 시작도 없는 아득한 옛날부터 지어온 악업을 말끔히 물리치고 극락정토에 왕생할 수 없다면, 이는 정말 말도 안 된다.

또 경전에 말씀하시기를, 한 순간의 염불 공덕으로 80억 겁 동안 생사윤회의 죄업을 소멸시킨다고 하는데, 이는 염불할 때의 마음이 아주 맹렬하고 예리하기 때문이다.」

問衆生無始已來 造無量業 今生一形不逢善知識 又復作一切罪業 無惡不造 云何臨終十念成就 即得往生 出過三界結業之事 云何可通 答衆生無始已來 善惡業種 多少強弱 並不得知 但能臨終遇善知識 十念成就者 皆是宿善業強始得遇善知識 十念成就 若惡業多者 善知識尚不可逢 何可論十念成就 又汝以無始已來 惡業爲重 臨終十念爲輕者 今以道理三種校量 輕重不定 不在時節久近多少 云何爲三 一者在心 二者在緣 三者在決定 在心者 造罪之

時 從自虛妄顚倒生 念佛者 從善知識 聞說阿彌陀佛眞實功德名號生 一虛一實 豈得相比 譬如萬年闇室 日光暫至 而闇頓滅 豈以久來之闇 不肯滅耶 在緣者 造罪之時 從虛妄癡闇心緣虛妄境界顚倒生 念佛之心 從聞佛淸淨眞實功德名號 緣無上菩提心生 一眞一僞 豈得相比 譬如有人 被毒箭中 箭深毒慘 傷肌破骨 一聞滅除藥鼓 卽箭出毒除 豈以箭深毒慘 而不肯出也 在決定者 造罪之時 以有間心 有後心也 念佛之時 以無間心 無後心 遂卽捨命 善心猛利 是以卽生 譬如十圍之索 千夫不制 童子揮劍 須臾兩分 又如千年積柴 以一豆火焚 少時卽盡 又如有人 一生已來 修十善業 應得生天 臨終之時 起一念決定邪見 卽墮阿鼻地獄 惡業虛妄 以猛利故 尙能排一生之善業 令墮惡道 豈況臨終猛心念佛 眞實無間善業 不能排無始惡業 得生淨土 無有是處 又云 一念念佛 滅八十億劫生死之罪 爲念佛時 心猛利故

- 천태대사 〈정토십의론〉

＊천태대사는「부처님의 은혜는 마치 공기처럼 이 누리에 두루 퍼져 있어서 사람들은 매일 그것을 쓰면서 생활하고 있다. 그러나 사람들은 이 사실을 알지 못하고 있다.」라고 하였다.

＊천태대사는 천태종의 제3조이지만 사실상 종조(宗祖)와 같은 인물로,〈마하지관〉〈법화현의〉〈법화문구〉〈석선바라밀차제법문〉 등 수많은 저술을 남겼다. 정토관련 문헌으로는 유일하게 〈정토십의론〉이 있는데, 그가 저술한 다른 문헌들 중 유일하게 정토사상을 담고 있어서 실제로 저자가 천태대사가 맞는지 의문이 들기도 한다. 그러나 천태대사의 임종 시 기록을 보면, 제자들에게《법화경》과《무량수경》을 독송하게 하였고, 아미타불의 48원을 찬탄하는 게송을 임종게로 남겼다.

＊원효대사는 천태대사를 가리켜「선정과 지혜에 모두 통달하여, 범부는 물론 성인조차도 (그 경지를) 알 수 없는 분」이라고 극찬하였다.

＊도선국사의〈정심계관법〉에「경에 이르기를, "사람이 태어나면서부터 두 가지의 천신이 있어서 밤낮으로 몸과 더불어 함께하며, 사람과 함께 나이를 먹는다. 한 순간 선악을 지어도, 마침내 다 현전(現前)하나니 악이 많으면 천신이 수명을 줄이고, 선이 강하면 명이 늘어난다.[經曰人從生 卽有二種天 晝夜與身俱 共人同受年 一念爲善惡 了了皆現前 惡多天減算 善强命長延]"」라고 하였다.

＊〈대지도론〉에「일체 중생이 임종 시에 죽는 고통이 매우 절박하여, 대단히 두려워하는 마음이 생기므로 이때에 선지식(善知識)을 만나서 대용맹(大勇猛)을 발하여 마음과 마음이 계속하여 끊어지지 않으

면, 이것이 증상선근(增上善根)이 되어 곧 왕생케 되는 것이다.」라고 하였다.

＊《유일마니보경(遺日摩尼寶經)》에 「부처님께서 가섭보살에게 말씀하셨다. "중생이 비록 수천거억만 겁(數千巨億萬劫)을 애욕중(愛慾中)에서 죄에 덮여 있더라도, 만일 불경을 듣고 한 번 돌이켜 선(善)을 생각하면 죄가 즉시 사라져 없어진다.[佛告迦葉菩薩 衆生雖復數千巨億萬劫在愛欲中爲罪所覆 若聞佛經一反念善 罪卽消盡也]"」라고 하였다.

무상정등정각을 성취하신 부처님을 둘러싼 조사님들

＊〈연종집요〉에 「안락집(安樂集)에서 말하기를, '마치 사람이 적(敵)을 대하여 진(陣)을 쳐부술 때에 평생에 있는 힘을 다 쓰는 것 같이, 이 십념의 선근(善根)도 그러한 것이고, 또 임종 시에 일념의 사견증상악심(邪見增上惡心)이 생기면 능히 삼계(三界)의 복이 기울어서 곧 악도(惡道)에 들어가게 된다."」라고 하였다.

＊정공법사는 「임종할 때 반드시 삶을 탐하고 죽음을 두려워하고, 상(相)을 취하여 분별(分別)하는 것은 왕생에 장애가 된다. 우리들이 임종할 때 순조롭게 갈 수 있다고 확실하게 말하기 어렵다. 공부는 평상시 해야 한다.」라고 하였다.

부처님의 비밀한 뜻이 크고도 깊어서 교문(敎)門을 다 밝히기가 어려워, 삼현십성三賢十

聖도 헤아려 기웃거릴 것이 아니다. 하물며 우리가 바깥에서 가벼운 털끝만큼을 믿는다고 감히 부처님의 뜻을 알겠는가. 우러러 생각해보니 석가모니부처님은 이곳에서 중생을 극락으로 보내시고, 아미타부처님은 저 국토에서 중생을 맞이하신다. 저곳에서는 부르시고, 이곳에서는 보내시니 어찌 가지 않겠는가.

佛密意弘深教門難曉 三賢十聖弗測所闚況我信外輕毛敢知旨趣 仰惟釋迦此方發遣 彌陀卽彼國來迎 彼喚此遣 豈容不去也

- 선도화상 〈관경소觀經疏〉

* 〈정토법어〉에 「선남자야, 네가 부처님 이름을 부른 까닭에 모든 죄가 소멸되고 내가 너를 맞이하러 왔노라.[善男子 以汝稱佛名故 諸罪消滅 我來迎汝]」라고 하였다.

* 교문(敎門) : 부처님께서 한 평생 말씀하신 가르침을 말한다. 대장경 또는 일대시교(一代時敎) 또는 팔만대장경이라고도 한다. 구체적으로는 인천교(人天敎)/ 소승교(小乘敎)/ 대승교(大乘敎)/ 돈교(頓敎)/ 원교(圓敎)를 말한다. 화엄경/ 법화경/ 원각경/ 열반경/ 능엄경 등이 원교에 들어가는데, 정토의 스승들께서는 정토삼부경이야말로 최극원돈(最極圓頓) 또는 원돈대법(圓頓大法)이라고 말한다.

* 〈전등록(傳燈錄)〉에 「모든 부처님이 일대사인연(一大事因緣)을 위해 이 세상에 나오셨다. 중생의 근기의 크고 작음에 따라 중생을 인도하시므로 삼승(三乘)과 돈점(頓漸) 따위 교리가 생겨 교문(敎門)이 되었다.[諸佛出世爲一大事故 隨機小大而引導之 遂有十地三乘頓漸等旨 以爲敎門]」라고 하였다.

* 연지대사의 〈왕생집〉에 「어떤 이가, "염불한다고 하여 정토에 태어날 수 있겠습니까." 하고 물었다. 선도화상께서 답하였다. '네가 (부처님을) 생각한 만큼 너의 발원이 이루어진다. 한번 생각하면 한 광명이 입에서 나오고, 열 번이나 혹은 백 번이면 광명도 마찬가지다.[或問 念佛生淨土耶 師曰 如汝所念 逐汝所願 乃自念一聲 有一光明從其口出 十至於百 光亦如之]」라고 하였다.

고덕古德께서 「성문聲聞은 출태出胎에서 매昧하고, 보살도 오히려 격음隔陰에서 매昧한다.」 하니, 내가 처음에는 이 말을 듣고 의심하기를, 「성문은 이미 육통六通을 갖추었고, 보살은 정혜定慧를 쌍수雙修하는데, 어찌하여 모두 혼매昏昧를 면치 못한다 하신 것일까하였다.

그후 나와 다른 사람들의 일을 가지고 살펴보니 그런 줄을 알 수 있었으니, 어제 저녁의 일도 날이 새면 금방 잊어버리는 수가 있는데 하물며 격음이겠는가. 또한 잠시 방을 옮겨 잠자리를 정했을 경우에, 한밤중에 일어나면 남북南北도 제대로 구별하지 못하는 수가 있는데 하물며 출태이겠는가.

그러나 저 성현들의 혼미昏迷는 잠깐 미迷했다가 금방 밝아지거니와, 우리들 범부는 종래 혼미하기만 한 것이다. 그러므로 우리가 할 일은 바로 정념正念을 굳게 지켜 찰나에도 광명을 잃지 않거나, 정성을 다하여 정토에 태어나기를 구하는 것이니, 정토에 태어나면 혼매를 염려할 것이 없다. 만약 마음을 방탕히 하거나 정토를 버리면, 참으로 위태로운 일을 면할 수 없을 것이다.

古云 聲聞尚昧出胎 菩薩猶昏隔陰 予初疑聲聞已具六通 菩薩雙修定慧 何由昏昧均未能免 及考之自己 稽之他人 昨宵之事 平日忽爾茫然 況隔陰乎 乍遷一房 夜起不知南北 況出胎乎 彼諸賢聖之昏昧 蓋暫昏而即明 俄昧而旋覺者也 而我等凡夫 則終於昏昧而不自知也 捨身受身 利害有如此者 爲今之計 直須堅凝正心 毋使刹那失照而復懇苦虔誠 求生淨土 生淨土 則昏昧不足慮矣 既放其心 復撥淨土危乎哉
- 연지대사〈죽창수필〉

* 성문(聲聞) : 부처님 친설(親說)을 듣거나 경전을 보고 깨달음을 얻은 자. 원래는 부처님 제자를 뜻하였음. 사제(四諦)의 이치를 깨달아 남음이 없는 열반에 들어가는 것을 목적으로 삼는다. 소승(小乘)으로 분류되며 수다원, 사다함, 아나함, 아라한으로 나아간다.

* 초과(수다원)는 깨달음을 얻고 난 후 일곱 번을 인간세계에 태어나야 무생(無生)에 도달하고, 이과(二果: 사다함)는 인간세계(욕계)에 한 번 태어나야 하며, 삼과(三果: 아나함)는 인간세계(욕계)에 다시는 태어나지 않고, 사과(四果)인 아라한은 삼계를 초월한 경지다. 아라한은 태어나지도 않고 영원히 번뇌가 없으며 마(魔)의 장애가 없고 마음속의 적(賊)이 뿌리 뽑혀 영원히 청정하고 빛나는 경지이다.

* 인광대사는「수다원은 아직 일곱 번 천상에 올라갔다가 다시 일곱 번 인간에 내려와야 하는 윤회가 남아 있소. 하지만 그의 도력(道力)은 마음대로 움직여도 살생 계율을 범하지 않는 경지라오. 그래서 그가 가는 곳마다 벌레들이 저절로 피한다오. 수다원이 땅을 파서 농사를 지으면, 흙 속의 벌레가 네 치[寸]이상 떨어지게 옮겨 간다오. 하물며 사다함, 아나함, 아라한이야 말할 게 있겠소.」라고 하였다.

661

＊ 부처님은 견혹과 사혹을 끊는 것을 40절류(截流)에 비유하셨다. 류(流)는 폭포를 말하는데, 40리나 되는 폭포를 단박에 막아 물이 흐르지 않게 하는 것처럼 어렵다고 하셨다. 88결사(結使)의 견혹을 완전히 다 끊고 난후에 천상과 인간계를 일곱 차례 왕래하여야 비로소 사혹을 다 끊을 수 있으니 그 세월이 얼마나 장구(長久)한가.

아라한과阿羅漢果는 소승(小乘)의 극과(極果)로서, 더 이상 배울 것이 없다는 의미로 무학(無學), 모든 악(惡)을 여의었다는 의미로 이악(離惡), 마땅히 공양 받아야 한다는 의미로 응공(應供), 번뇌라는 적(賊)을 죽였으므로 살적(殺賊), 미혹한 삼계(三界)에 다시 태어나지 않으므로 불생(不生)이라고 부른다. 아라한은 삼계 25종의 번뇌를 벗어나 분단생사(分段生死)를 초월하였으며, 여래의 부촉을 받아 천인(天人)의 공양을 받을 만하며 일체 중생을 이롭게 하고 복되게 하는 존재이다. 성문은 사성제(四聖諦)를 닦는다.

＊ 아라한이 견혹과 사혹을 완전히 끊은데 비하여, 연각(벽지불, 독각)은 견사혹은 물론이고 습기(習氣)까지 완전히 끊은 존재로서 12연기(緣起)를 닦는다. 성문보다 훨씬 총명하고 수행이 깊다. 상품의 십선으로 청정하게 수행하되 남의 가르침에 의존치 않고 인연을 따라 스스로 깨닫기 때문에 연각이라 한다. 대비(大悲)의 방편이 모자라기 때문이요, 인연의 법칙을 분명히 알기에 독각(獨覺) 또는 연각(緣覺)이라 한다.

＊ 성문과 연지불은 정각(正覺)을, 보살은 무상정각(無上正覺)을, 부처는 무상정등정각(無上正等正覺)을 증득하였다. 성문과 연지불은 일체지(一切智)를, 보살은 도종지(道種智)를, 부처는 일체종지(一切種智)를 얻었다. 성문과 연각은 견사혹(見思惑)을 끊었고, 보살은 견사혹에다 습기(習氣)까지 끊었으며, 부처는 여기에다 무명(無明)까지 끊은 존재이다. 성문과 연각은 자각(自覺)만 원만하고, 보살은 자각과 각타(覺他)가 원만하고, 부처는 자각과 각타와 각행(覺行)이 모두 원만한 자이다.

＊《법구경》에 「저 아라한처럼 깨끗한 이를 모함하거나 헐뜯지 말라. 뭇 사람이 그를 찬탄하고 범천이나 제석도 그를 칭찬한다.[如羅漢淨 莫而誣謗 諸人咨嗟 梵釋所稱]」 라는 말씀이 있다.

＊ 연지대사는 〈정토의변(淨土疑辯)〉에서 「정토법문은 (이치가) 얕은 것 같으면서도 깊고, 가까운 것 같으면서도 멀고, 어려운 것 같으면서도 쉽고, 쉬우면서도 어렵다…요즘 사람들은 깨달음을 얘기하는 것을 좋아하고, 생사윤회 마치는 것을 얘기하기 좋아하지만, 이 사바세계에서 깨달음을 얻기란 매우 어렵다는 것을 알지 못한다. 이것을 일러 위로 삼계를 뛰어넘는다고 한다. 사다함(斯陀含)조차도 오히려 천상과 인간계에 한 번씩 태어나야 하는데, 하물며 범부는 오죽 하겠는가. 이 사바세계의 중생들이 염불수행하면 모두 극락에 먼저 왕생하고 난 후 깨달음을 얻는다. 극락에 왕생하는 정토법문을 일러 횡으로 삼계

를 뛰어넘는다고 부르는데, 결코 틀림이 없다.[淨土法門 似淺而深 似近而遠 似難而易 似易而難……今人 多好說參悟 好說了生死 不知在此土了悟甚難 謂之 譬超三界 斯陀含猶一往一來 況凡夫乎 此土衆生 多是 先生西方 然後了悟 生西方一門 謂之橫超三界 萬無一失] 라고 하였다.

　＊남회근 선생은 「부처님께서 말씀하셨습니다. "대단히 높은 선정의 힘과 지혜가 있는 대보살 · 대아 라한이라야 환생하더라도 미혹하지 않는다." 라고요. 불경에서는 일반의 대아라한이나 대보살에게는 격 음지미(隔陰之迷)가 있다고 했습니다. 여자의 태속에 들어가거나 태에 머무르거나 태에서 나오거나 온통 미혹해 버립니다. 전생의 일을 다 잊어버립니다.」 라고 하였다.

　＊또 남회근 선생은 「제8지(地)에 이른 보살은 태(胎)에서 머무르거나 나올 때 그래도 약간의 자신은 있습니다. 10지(地) 이상의 보살이라야 태(胎)에서 나올 때 미혹하지 않습니다.」 라고 하였다.

　＊영명연수선사도 〈만선동귀집〉에서 「성문(聲聞)도 태(胎)에서 나올 때에는 오히려 매(昧)해 버리고, 보 살도 오히려 격음의 일에 혼미(昏迷)해 버리니 하물며 생사에 얽매인 하천(下賤)의 범부이겠는가…(중 략)…. 그러나 이제 말법에 당하여 이러한 현재의 오탁악세에서는 다행히 오직 정토수행의 한 문(門)이 있 어 가히 통하여 길에 들 수 있나니 마땅히 알아야 한다. 자행(自行)만으로는 원성(圓成)키 어려우나 타력 (他力)은 쉽다. 마치 어리석고 못난 사람이 전륜왕의 세력에 붙어서 사천하(四天下)를 날아다니며, 범부의 몸이 선약(仙藥)의 공덕을 빌려서 삼도(三島)를 날아오르는 것과 같아서 속히 상응(相應)함을 얻으리니, 자 비하신 부처님의 지취(旨趣)가 간곡하심을 모름지기 뼛속깊이 새겨야 할 것이다.[聲聞尙昧出胎 菩薩猶昏 隔陰 況具縛生死 底下凡夫 寧不被生苦所羈 死魔所繫…. 當今末法 現是五濁惡世 唯有淨土一門 可通入路 當知自行難圓 他力易就 如劣士附輪王之勢 飛遊四天 凡質託仙藥之功 昇騰三島 實爲易行之道 疾得相應 慈旨叮嚀 須銘肌骨] 라고 하였다.

　＊정공법사는 「오늘날 세간에는 부귀한 사람들이 매우 많은데, 그들은 모두 전생에 선(善)을 닦음으로 인해 금생에 복을 누리는 것이다. 그러나 어떤 사람은 불법을 만나도 결코 믿지 않는데, 이는 바로 격음지 미(隔陰之迷)로 삼세(三世)의 원한(怨恨)을 면하기 어렵다. 그러므로 사람들에게 불법을 배울 것을 권하여 정토법문을 닦게 해야 한다. 비록 기꺼이 믿지 않더라도 정토의 씨앗은 심어진다.」 라고 하였다.

　＊명나라 4대 고승중의 한 분인 연지대사는 교(敎)를 떠나서는 선(禪)을 참구할 수 없다고 생각하여 독 경(讀經)의 중요성을 강조하였고, 염불하는 것이 해탈의 좋은 방법이라고 하였다. 스스로 "나는 평생 동 안 염불을 숭상했다." 라고 하였으며, 유불도(儒佛道) 삼교(三敎)가 원래 하나임을 제창했다.

＊ 원영대사의 〈아미타경요해강의〉에 「하루는 문수보살께서 동자(童子)로 화현(化現)하시어 연지대사를 찾아 오셨다. 이에 대사는 문수동자에게 "그대는 양발에 흙이 묻어 있는 것을 보니 멀리서 온 것 같구나." 라고 말했다. 그러자 문수동자는 "연지수(蓮池水)가 유명하다는 말을 듣고 특별히 연지수에 몸의 때를 씻으러 왔습니다." 라고 말씀하셨다. 그러자 대사는 다시 "연지는 그 깊이가 만 길이나 되지만 그대가 빠져 죽을까 걱정하지는 않는다." 라고 하셨다. 그러자 문수동자는 다시 "그럼 저는 양손으로 허공을 꽉 잡고 한발은 연지 밑바닥까지 내밀어 딛고 서있겠습니다." 하는 법담(法談)을 주고받았다는 일화가 있다.」 라고 하였다.

＊ 출태(出胎) : 어머니 뱃속에서 나옴.

＊ 매(昧)=혼매(昏昧)=혼미(昏迷) : 사리판단이 어둡고 어리석음.

＊ 격음(隔陰) : 세상에 다시 태어남.

어떤 사람이 물었다.

「열 번 염불이나 한 번의 염불로도 왕생할 수 있는데, 어찌하여 7일이 필요한가.」

답한다.

「만약 평소에 7일 동안의 공부가 없으면, 어찌 임종할 때 열 번 염불이나 한 번 염불이 있을 수 있겠는가. 설사 하하품下下品에서 오역십악을 지은 사람이라도 숙세의 인因이 성숙하였기 때문에 감응하여 임종할 때 착한 벗을 만나게 되면 그는 듣고서 문득 발원한다. (그런데) 이러한 일은 만 사람 중에 한 사람도 있을까 말까 하는데, 어찌 요행을 바라는가.」

問一念十念竝得生 何須七日 答若無平時七日功夫 安有臨終十念一念 縱下下品逆惡之人 竝是夙因成熟 故感臨終遇善友 聞便信願 此事萬中無一 豈可僥倖

- 우익대사 〈아미타경요해〉

＊《무상경(無常經)》에 「만약 임종할 때라면 병을 간호하는 다른 사람은 단지 부처님 명호만을 불러서 그 소리가 끊기지 않도록 하되, 병자의 마음을 따라서 그 명호를 불러야 한다. 병자는 나투신 부처님과 보

살들이 향기로운 꽃으로 맞이하는 걸 보면 문득 환희심이 생기면서, 몸도 고통스럽지 않고 마음도 산란하지 않아서 정견심(正見心)이 일어남이 마치 선정(禪定)에 들어간 것과 같다. 이윽고 목숨을 마치면, 반드시 삼도(三塗)의 고통으로 퇴전(退轉)하지 않고 즉시 부처님 앞에 태어난다. 만약 재가인(在家人)이 목숨을 마친 후라면 반드시 죽은 자가 쓰던 옷과 물건을 취해서 나눌 수 있는 것은 셋으로 나누어 삼보(三寶)에 보시해야 한다. 이로 말미암아 죽은 자의 업이 소멸되고 복이 생기는데, 죽은 시체가 입고 있던 옷이나 물건을 함께 해선 안 된다. 왜냐하면 이익이 없기 때문이다. 만약 출가한 사람이라면 소유하고 있던 옷이나 물건을 모든 계율의 가르침대로 해야 한다.」라고 하였다.

염불을 비유하자면, 마치 젖먹이 아이의 우는 소리와 같아서 부모가 그것을 듣고 급히 와 구한다. 배고프면 밥을 주고 추우면 옷을 주며 더우면 서늘하게 해주는 것은 부모의 힘이지 어린아이가 능히 할 수 있는 일이 아니다. 염불하는 사람도 이와 같아, 부처님을 부르면 부처님께서는 대자비로 그 소리를 찾아 바로 구해 주신다는 것을 알라. 모든 죄업을 부처님께서 모두 멸해 주시고, 모든 병환을 낫게 해주시며, 모든 업장을 부처님께서 물리쳐 주시는 것이 마치 부모가 자식을 돌보는 모습과 비슷하다.

念佛喩 如孩子哭聲 父母聞之急來相救 飢卽與食 寒卽與衣 熱卽與涼 是父母力 非是子能 念佛之人亦復如是 唯知念佛 佛大慈悲尋聲卽救 所有罪業佛與滅却 所有病患佛與差却 所有諸障佛與拂却 猶如父母養子相似

- 〈염불경〉

＊《무량수경》에서 부처님은 이렇게 말씀하신다. 「내가 너희들을 불쌍히 여기는 마음은 부모가 자식을 생각하는 마음보다 훨씬 깊으니라.[我哀汝等 甚於父母念子]」

＊정공법사는 「자녀에 대한 부모의 은덕(恩德)은 일세(一世)이지만, 불보살께서 중생을 불쌍히 여기시는 것은 세세생생으로 영원히 돌보신다. 입이 닳도록 우리들에게 악(惡)을 버리고 선(善)을 닦으며, 생사(生死)를 끊을 것을 권하신다.」라고 하였다.

재가자든 출가자든 반드시 어른을 공경하고 아랫사람과는 화목해야 하오. 다른 사람들이 참을 수 없는 것을 참고, 다른 사람들이 행할 수 없는 것을 행하며, 다른 사람의 수고를 대신하고, 다른 사람의 아름다움을 완성해주시오. 고요히 앉아 자기의 허물을 늘 생각하되 한가하게 남의 잘못이나 얘기하고 있지 마시오. 걷거나 머물거나 앉거나 누워 있을 때 그리고 옷 입고 밥 먹을 때와, 아침부터 저녁까지 그리고 저녁부터 아침까지 늘 아미타불의 명호를 부르시오.

無論在家出家 必須上敬下和 忍人所不能忍 行人所不能行 代人之勞 成人之美 靜坐常思
己過 閑談不論人非 行住坐臥 穿衣吃飯 從朝至暮 從暮至朝 一句佛號   - 인광대사

* 범본(梵本)《법화경》에 「다른 사람의 좋은 점과 나쁜 점, 배울 점과 모자라는 점을 말하지 말고 오직 염불만 하라. 그리하면 윤회에 떨어지지 않고 속히 서방정토에 태어나리라.[不說他人好惡長短 唯專念佛 速生淨土 不墮沉淪]」라는 말씀이 있다.

* 글을 한번 지어 보았습니다.

「당신은 지금까지 염불을 해 오셨습니다. 당신은 지금부터 염불을 하실 분입니다.

그렇다면 당신은 더없이 훌륭하고[上上人] 더없이 뛰어난[希有人] 분입니다.

왜냐하면 극락에 곧 초대되실 귀빈이기 때문입니다.[極樂之嘉賓]

당신께서는 부귀영화를 누리는 사람을 부러워하겠지만

천인天人들은 염불하는 당신을 오히려 부러워합니다.

성공하거나 부유하게 사는 사람들을 부러워하지 마십시오.

그들은 윤회를 벗어나지 못할 테지만 당신은 곧 극락에 태어날 분입니다.

학벌이 좋거나 지식이 많은 사람들을 부러워하지 마십시오.

그들은 교만하여 많은 죄를 짓고 또다시 윤회할 테지만 당신은 곧 극락에 태어날 분입니다.

건강하거나 장수하는 사람들을 부러워하지 마십시오.

건강과 장수는 오래가지 않아서 곧 무상(無常)이 닥쳐오면 윤회에 빠질 것이지만 당신은 곧 극락에 태어날 분입니다.

오계나 십선을 잘 닦는 분들을 부러워하지 마십시오. 오계와 십선은 잘 닦지만 염불은 안 하는 사람보

다 오계와 십선은 닦지 못해도 염불하는 공덕이 백 천 만배 뛰어납니다.

대문장가나 대연설가나 대서예가들을 부러워하지 마십시오.

그들의 큰 재주는 죽음과 함께 사라지며 윤회를 벗어나는데 아무런 도움도 되지 않습니다. 이들의 재주가 반딧불이라면 당신의 염불 공덕은 태양과 같습니다.

총명하거나 잘 생겼거나 상상력이 뛰어나거나 부지런하거나 존경을 받거나 인기가 많거나 예쁜 아내를 두었거나 훌륭한 자식을 두었거나 능력이 출중하거나 하는 사람들을 부러워하지 마십시오. 세상의 온갖 것들은 꿈과 같고 환상과 같고 물거품과 같고 그림자와 같고 이슬과 같고 번개와 같아서〔一切有爲法如夢幻泡影 如露亦如電〕모두 덧없는 것입니다.

극락에 왕생한 사람들은 가난한 사람, 못 배운 사람, 집안이 별볼일 없는 사람, 지혜가 없는 사람이 훨씬 많습니다. 부유한 사람, 많이 배운 사람, 지위가 높은 사람, 인기가 많은 사람들… 이들은 교만하기 십상이어서 설사 선지식이 이들에게 염불하라고 하면 염불을 하지도 않을뿐더러 염불을 무시하고 심지어 비방하기 때문에, 결국엔 삼악도에 떨어지는 과보를 받습니다.」

내가 일찍이 말하기를, 「법화경은 널리 설한 아미타경이고, 아미타경은 간략히 설한 법화경이다.」했다. 두 경전은 모두 최상승最上乘의 법을 설하였다.

《아미타경》에 설하시기를, 「만약 어떤 선남자 선여인이 아미타부처님의 이름을 듣고 그 이름을 혹 하루나 이틀 사흘…. 이레 동안 한 마음으로 아미타불의 이름을 외우되, 조금도 마음이 흐트러지지 않으면 그 사람이 목숨을 마칠 때에는 아미타부처님과 모든 성인들께서 그 앞에 나타나시므로 이 사람이 목숨을 마칠 찰나에 마음이 뒤바뀌지 아니하면 곧 아미타부처님의 극락세계에 태어나게 되느니라.」하였다.

《법화경》약왕본사품藥王本事品에는, 「이 경전을 듣고 설한바 대로 수행하여 목숨이 마칠 때에 곧 안락세계의 아미타불과 대보살무리가 모여 머무는 곳에 가서, 연화 가운데 보좌寶座위에 태어날 것이다.」하였는데, 그 뜻은 완전히 같다.

《아미타경》에서 설하신 국토장엄·부처님의 수명·부처님의 광명 또는 육방불六方佛, 제불호념諸佛護念 등은 비록 《법화경》과 문장의 모습과 어구語句의 배치에 넓고 간략의 차이는 있으나, 그 경계와 의의意義는 둘이 아니다.

-담허대사

* 철오선사는 「법화경은 처음부터 끝까지 불지견(佛知見)을 깨달아 들어가도록 열어보여 주고 계시는데, 이 또한 처음부터 끝까지 온통 유일한 염불법문이 아니겠는가.[法華一經 從始至終 無非開示悟入佛知佛見 此非始終唯一念佛法門耶]」 라고 하였다.

* 《아미타경》의 원래 제목은 《불설아미타경(佛說阿彌陀經)》이다. 원효대사는 〈아미타경소(阿彌陀經疏)〉에서 「'불설(佛說)' 이라는 말은, 부처님께서 입으로 말씀하신 것으로, 천대(千代)를 지나도 끊어지지 않는 가르침이다.[言佛說者 從金口之所出 千代不刊之敎]」 라고 하였다.

큰 바다에서 목욕한 사람은 이미 백 갈래의 냇물을 다 쓴 것과 같이, 부처님의 명호를 염하는 사람은 반드시 온갖 삼매를 한꺼번에 이루는 것이다. 또 마치 수청주水淸珠를 탁한 물에 넣으면 아무리 탁한 물이라도 맑아지지 않음이 없는 것처럼, 어지러운 마음에 염불을 던지면 아무리 어지러운 마음이라도 부처를 이루지 못함이 없는 것이다.

浴大海者 己用於百川 念佛名者 必成於三昧 亦猶淸珠下於濁水 濁水不得不淸 念佛投於亂心 亂心不得不佛

　　　　　　　　　　　　　　　　　　　　　　　　-비석화상 〈염불삼매보왕론〉

* 비석화상은 「염불삼매는 모든 선(善) 가운데 최상이며, 만 가지 행(行) 가운데 원수(元首)이기 때문에 삼매의 왕이라 한다.」 라고 하였고, 또 「염불을 비방한 사람은 아비지옥에 태어난다.[謗于念佛 生阿鼻地獄]」 라고 하였다.

만약 누가 어떤 중생이 성불할 수 있느냐고 물으면
단연코 염불하는 중생이 성불한다고 답하리라.
염불하면 성불한다는 것이 아미타부처님의 본원이시고
염불하면 성불한다고 석가세존께서 널리 말씀하셨으며
염불하면 성불한다고 모든 부처님께서 찬탄하셨노라.

若人問曰 何等衆生 能得成佛 斷然答曰 念佛衆生

能得成佛 念佛成佛 彌陀本願 釋尊所弘 諸佛所讚   - 〈염불감응록〉

* 역시 〈염불감응록〉에 「부처님께 한 번 절을 올리면 무량한 복을 얻고, 부처님의 명호를 한 번 부르면 헤아릴 수 없이 많은 죄를 없앤다.[禮佛一拜 獲福無量 念佛一聲 罪滅河沙]」 라고 하였다.

오직 현생에서 결정코 범부를 초월하여 성인의 경지에 들어 발원한대로 성취할 수 있는 것은 오직 정토법문 뿐이오. 부처님께서 서원으로 거두어주시는 힘에 의지하고 자신의 믿음과 발원과 염불의 진실함에 의지한다면, 깨달아 증득했느냐의 여부를 막론하고, 심지어 번뇌의 미혹됨을 조금도 끊지 못한 자라 할지라도 똑같이 부처님의 자비력에 의지하여 현생에서 바로 서방에 왕생할 수 있소.

이미 왕생을 하게 되면 깨달아 증득한 자는 곧바로 상품上品에 오르고, 아직 미혹을 끊지 못한 자도 역시 성인의 흐름에 곧 참여하게 된다오.   - 인광대사

* 남회근 선생은 「상품상생으로 왕생한 후, 아미타불과 많은 보살들의 몸과 그 상호(相好)들이 원만히 갖추어져 있음을 보고 무생법인을 깨달으며, 잠깐 동안에 모든 부처님을 차례차례 시봉(侍奉)하고 불법을 익히면서 두루 시방세계에 다니고, 모든 부처님 앞에서 차례로 수기(授記)를 받은 후, 무량백천다라니문(無量百千多羅尼門)을 얻으면, 이것이 선종에서 말하는, 하나를 깨달으면 백 가지 천 가지를 깨닫는다는 대철대오(大徹大悟)와 대체로 대등합니다.」 라고 하였다.

* 연지대사는 〈왕생집〉에서 「서방에 왕생할 길을 찾는 것은 무생법인(無生法忍)을 깨달아 불퇴지(不退地)에 오르고자 함이다. 그런데 이미 무생법인을 얻었고 불퇴(不退)를 얻었으면서 다시 정토에 왕생코자 했으니 보살이 여래를 가까이 하고자 하는 마음이어야만 이와 같을 수 있는 것이다. 요즘은 구박범부(具縛凡夫)가 무생법인의 힘도 충분치 못하고 퇴보하는 인연은 무한(無限)하면서 정토에 마음을 기울이지 않고 있으니 이를 어떻게 말하면 좋을 것인가. 참으로 불쌍한 자라고 부르지 않을 수 없다.[求生西方 爲欲悟無生忍登不退地也 已得忍已得不退 而復求生 菩薩之樂近如來乃如此 今具縛凡夫 忍力未充 退緣無限 而不刻心淨土 謂之何哉 是則名爲可憐愍者]」 라고 하였다.

옛날에 한 대자大慈보살이 이렇게 말씀하신 적이 있다.

「그대가 만약 단지 두 사람에게만 정토법문을 닦을 것을 권하여 그들이 극락에 왕생하였다면, 그대가 임종할 때 이 두 사람이 반드시 와서 그대를 맞이할 것이니, 그 과보果報는 정말로 불가사의하니라.」

-정공법사

＊ 인광대사는 「무릇 한 사람에게 염불을 권하여 정토에 왕생케 하면, 곧 한 중생을 성불케 하는 것이다. 무릇 성불하여 부처가 되면 무수히 많은 중생을 반드시 제도하나니 그 공덕이 (염불을 권한) 나로부터 비롯된 것이다. 따라서 그 공덕의 이익을 어떻게 헤아릴 수 있겠는가.[夫勸一人生淨土 卽成就一衆生作佛 凡成佛必度無量衆生 而其功由我始 其功德利益 何可思議也哉] 라고 하였다.

＊ 정공법사는 「부처님께서 경전 속에서 이렇게 말씀하셨습니다. "서방세계는 참으로 좋다. 서방세계보다 더 좋은 곳이 있을까. 그곳은 유일하게 다른 세계를 초월할 수 있으니, 첫째 업을 가지고 왕생하는 것이며, 둘째 왕생하여 물러나지 않는 것이며, 셋째 왕생한 이후 일생에 부처를 이루는 것이다. 이것이 서방세계의 가장 우수한 점이다." 라고 하였다.

＊ 정공법사는 「 '업을 가지고 왕생한다.[帶業往生]' 라는 말은, 업습(業習)의 종자를 가지고 가는 것이지, 현행(現行)을 가지고 간다는 뜻은 아닙니다. 번뇌가 끊어지지 않았더라도 조복(調伏)시킬 수만 있으면 그렇게도 왕생할 수 있지만, 만약 번뇌가 아직 있어서 생각마다 모두 번뇌라면 그건 안 됩니다. 그래서는 왕생할 수 없습니다. 번뇌의 뿌리는 끊어지지 않았더라도 절대 일어나 움직이지는 않아야 합니다. 예를 들어 우리에게 탐심(貪心)이 있다면, 탐(貪)에는 탐의 종자가 있기 마련입니다. 그래서 탐심이 일어나면 현행(現行: 아뢰야식에 저장되어 있는 종자가 인연이 성숙하여 구체적으로 나타나는 일)이고, 탐심이 일어나지 않을 때라 해도 종자는 여전히 존재하며 탐심이 끊어진 것은 아닙니다. 업을 가지고 (정토에) 왕생한다는 것은 종자를 가지고, 습기를 가지고 간다는 말이지, 절대 현행하는 채로 가는 것이 아닙니다. 그러므로 우리는 평소 생활 속에서 번뇌가 현행하지 않도록 주의하여야 합니다. 번뇌는 오욕(五欲) 칠정(七情)을 말하지요. 마음속에 늘 이런 생각이 일어난다면 아무리 부처님 명호를 많이 외워도 헛일입니다.」 라고 하였다.

＊ 정공법사는 「세상 사람들 중에는 복의 과보가 많아 지위가 높은 제왕과 재상이나 부귀한 사람들이 있다. 그런데 사람은 부귀하면 할수록 지은 업은 더욱 무겁기 마련이다. 장래 어디에 태어나느냐 하는 것

은 업력(業力)에 이끌려가는 것이고 자신이 주관할 수 없다. 만약 업력을 바꾸고자 한다면, 그 유일한 방법은 원력(願力)으로 업력을 항복시키는 일이다. 오늘 다행히 불문(佛門)에서 하나의 살길을 찾았다. 선지식은 우리들을 이끌어줄 뿐만 아니라, 모든 불보살들이 이구동성으로 염불법문을 호념하고 계신다. 특히 말법시대에는 이 방법 이외에는 우리가 걸어갈 다른 길은 없다.」라고 하였다.

＊정공법사는「구법계(九法界) 중생의 일체 인과(因果)는 모두 두 가지 힘, 즉 업력(業力)과 원력(願力)일 뿐이다. 육도 중생은 자신이 주관할 수 없기 때문에 업력의 지배를 받는다. 삼계의 성인 가운데 나한(羅漢) 이상은 화신(化身)으로 세상에 와서 중생을 구제하는데, 이는 원력에 의해 다시 온 것이다. 부처님께서 우리에게 큰 원을 일으킬 것을 권하셨는데, 원력이 강하면 업력을 뛰어넘을 수 있기 때문이다.」라고 하였다.

＊정공법사는「서방에 왕생한 후에는 저절로 신통을 얻게 되며, 부처님의 본원가피를 받게 되어 팔지보살의 경계에 도달할 수 있다. 그 능력은 아미타불과 같고, 우주 전체를 모두 볼 수 있다.」라고 하였다.

＊정공법사는「육도(六道) 속에서는 모두가 개개인이 혼자 가고 혼자 오며, 자신의 업력의 지배를 받는다. 업력 가운데 가장 중요한 원인은 생각이다. 생각이 있으면 업(業)이 있다. 한 번 선(善)을 생각하면 과보(果報)는 삼선도(三善道)에 있으며, 한 번 악(惡)을 생각하면 과보는 삼악도에 있다.」라고 하였다.

지금은 상법像法이 이미 지난 말법시대다. 오탁악세五濁惡世 속에서 오고五苦를 당하며 사는 중생들은 죄의 뿌리가 깊기 때문에 오직 염불하는 힘이라야 곧 죄근罪根을 없앨 수 있고, 근심과 번뇌를 반드시 여의어 생사윤회를 영원히 끊을 수 있다. 만약 염불하지 않으면 어떻게 아미타불을 뵙고 극락세계에 왕생할 수 있겠는가.

今時像末已後 濁惡世中五苦衆生 罪根深者 唯念佛力 卽能除得罪根 必離憂惱生死永斷
若不念佛 何以得見阿彌陀佛極樂世界
- 법조대사〈정토오회염불송경관행의淨土五會念佛誦經觀行儀〉

＊법조대사는 같은 책에서「게다가 보살위(菩薩位)에 올라 성과(聖果)를 증득한 보살들도 오히려 부처님 명호를 불러 정토에 왕생하여 아미타불을 친히 받들기를 원하는데, 하물며 번뇌와 망상에 묶인 범부

중생들은 털끝만큼도 번뇌를 끊지 못했으면서, 부처님의 원력(願力)에 올라타기를 좋아하지 않는다면, 자력(自力)으로는 미래세가 다하도록 삼악도에 빠져 어찌 나올 기약을 할 것이며 어떻게 부처님을 뵙겠는가.[且菩薩位階聖果 尙念佛名 願生淨土 親奉彌陀 況諸具縛凡夫 煩惱一毫未能斷得 若不樂乘佛願力 自力盡未來際 沈淪惡趣 豈有出期 何得見佛」라고 하였다.

　＊법조대사는 「오탁악세에서 수행을 하면 많이 퇴전하므로 염불하여 정토에 왕생함만 못하다. 그곳에 태어나면 자연히 정각을 이루고 다시 사바세계에 돌아와 (중생을 위해) 다리와 나루터가 되리라.[五濁修行多退轉 不如念佛往西方 到彼自然成正覺 還來苦海作津梁」라고 하였다.

　＊중국 근대의 고승인 허운(虛雲)선사는 「중생이 육도를 윤회하는 근본은 음욕(淫欲) 때문이고, 중생이 삼계를 유전(流轉)하는 것은 사랑 때문이다.」라고 하였다.

　＊고덕께서 「음(淫)이 생사의 근본이며, 살도음망어(殺盜淫妄語)가 지옥의 근본이다.」라고 하였다.

　＊《능엄경》에 「만약 모든 세계의 육도중생(六道衆生)이 그 마음에 음(淫)이 없다면 생사의 이어짐을 따르지 않는다. 네가 삼매를 닦는 것은 본시 진로(塵勞)를 벗어나려는 것이지만, 음심(淫心)을 없애지 못하면 진로(塵勞: 번뇌)를 벗어날 수 없다. 비록 많은 지혜가 있고 선정(禪定)이 현전한다 하더라도, 음(淫)을 끊지 못하면 반드시 마도(魔道)에 떨어진다.」라고 하였다.

　＊《정법념처경(正法念處經)》에 「지옥중생들은 지옥 불을 겪어야 하고, 아귀는 굶주림과 목마름을 겪어야 하며, 축생들은 서로 잡아먹고 먹히는 고통을 겪어야 한다. 인간들은 짧은 수명으로 고통을 겪어야 하고, 아수라들은 다투고 싸우는 고통을 겪어야 하며, 천신(天神)들은 나태함으로 고통을 겪어야 되니, 윤회계에서는 평안이 바늘 끝만큼도 존재하지 않는다.」라고 하였다.

　＊남회근 선생은 「여러분, 함부로 성관계를 가져서는 안 됩니다. 여러분들은 (주위에) 보는 사람이 없다고 생각하겠지요. 두 사람이 성관계를 갖고 있을 때, 그 곁에는 수억 명의 중음신(中陰神)들이 보고 있습니다. 중음신들이 환생할 기회를 찾고 있는 것이지요. 중음신은 남녀가 성관계를 갖고 있는 것을 보고, 이 남녀가 자기와 인연이 있으면 곧바로 (자궁으로) 빨려 들어가서 자식으로 변합니다.」라고 하였다.

　＊원효대사는 〈발심수행장(發心修行章)〉에서 「수행자가 색(色)을 그리워하면, 선신(善神)이 버리고 떠난다.[道人戀色 善神捨離]」라고 하였다.

　＊오고(五苦) : 생고(生苦)/ 노고(老苦)/ 병고(病苦)/ 사고(死苦)/ 애별리고(愛別離苦)

염불하는 사람은 사람 가운데 가장 향기로운 연꽃인 분다리화임을 알아야 한다.

관세음보살과 대세지보살이 그의 가장 좋은 벗이 되리라.

若念佛者 當知此人是人中 分陀利華 觀音勢至 爲其勝友　　　　　　　-《관무량수경》

 * 정공법사는「분다리화는 곧 천엽백련이다. 세상에는 드물게 있는데, 그 존귀함이 중생계에 있는 가장 아름다운 꽃을 훨씬 뛰어넘는다.[芬陀利華 卽是千葉白蓮 世間罕有 其尊貴遠超衆花之上]」라고 하였다.

 * 정권법사는「대세지보살과 관세음보살께서는 본시 서방 극락세계의 아미타불을 보좌하는 두 대보살이시니, 아미타불께서 시방세계에 분신(分身)하심에 따라 두 보살께서도 또한 시방세계에 분신하여 부처님을 돕고 교화를 펴시어 중생을 널리 제도하신다.[勢至與觀音 本是輔佐西方極樂世界阿彌陀佛之二大菩薩 因彌陀分身十方 故二菩薩亦分身十方 助佛揚化 普度衆生]」라고 하였다.

 *《대승장엄보왕경大乘莊嚴寶王經》에「관세음보살은 가지가지의 몸으로 변해 나투시며, 무수한 백천억 나유타겁 동안 유정중생을 구제하여 극락세계에 왕생케 하셔서 아미타불을 뵙게 하시고, 부처님 법의 요체를 들으셔서 모두 다 보리도를 이루게 하신다.[觀世音菩薩變現種種身 救度無數百千俱胝那由他有情 令得往生極樂世界 見無量壽如來 得聞法要 皆令當得成菩提道]」라고 하였다.

 * 인광대사는「사실, 관세음보살은 이미 아주 오래 전에 성불하시어, 정법명(正法明)이라는 명호를 얻으셨소. 단지 그 분의 자비심이 너무도 간절하신 까닭에, 비록 상적광토(常寂光土)에 안주하시면서도, 실보(實報)/ 방편(方便)/ 동거(同居)의 세 국토에도 모습을 나투시는 거라오. 관세음보살은 단지 중생들에게 이익만 있다면, 달려가 도와주지 않음이 없소. 오로지 일심으로 관세음보살을 부르면, 부르는 즉시 보살이 은연 중 그윽이 나타나 가호(加護)해 주신다오. '관세음(觀世音)'이라 부르는 것은 관세음보살이 인지(因地)에 있을 때, 듣는 성품을 관조(觀照)하여 원만하고 통달한 도(道)를 증득하였고, 과지(果地)에 있을 때에는 중생들이 자기 명호 부르는 소리를 관(觀)하여 보호 구제를 베푸셨기 때문에, 관세음이라는 명호를 얻었다오.」라고 하였다.

 * 남회근 선생은「관세음보살은 아주 멀고 먼 과거에 이미 성불하셨으며, 명호는 정법명여래(正法明如來)입니다. 이 고불(古佛)은 원력(願力)이 크고 깊으며 불가사의합니다. 천백억화신을 갖고 있어서 시방세계에 두루 존재하면서 과거 현재 미래가 다하도록 어떠한 위급한 재난 속에서도 일체의 유정(有情)들을 구해내 줍니다. 그래서 관세음보살의 성상(聖像)은 때로는 천수천안(千手千眼)을 가진 모습을 하고 갖

가지 모양의 장엄법보(莊嚴法寶)를 지니고 있는데, 이것은 정법명여래의 무궁무진한 비밀장(秘密藏)을 상징하고 일체만법을 꿰뚫은 지혜를 상징합니다.」라고 하였다.

　*남회근 선생은 「수행을 해도 궤도에 오르지 못하고, 지혜가 열리지 않으며, 복보(福報)가 갖추어지지 못했다면 관세음보살에게 간청하십시오. 고대에 선종(禪宗)에서는 많은 조사(祖師)들이 오로지 일심으로 '나무대자대비 구고구난 광대영감 관세음보살(南無大慈大悲 救苦救難 廣大靈感 觀世音菩薩)'을 외워서 대철대오 했습니다.」라고 하였다.

　* '대세지(大勢至)'란 말은 지혜광명이 모든 중생에게 비치어 삼도(三途; 지옥,아귀,축생)를 여의고 위없는 힘을 얻게 한다는 뜻이기도 하고, 또한 대세지보살이 발을 디디면 삼천대천세계와 마군(魔群)의 궁전이 진동하므로 대세지라 한다. 이 보살은 그가 지닌 지혜의 광명으로 일체세계와 일체중생을 두루 비추어 삼도(三途)의 고통을 여의고 위없는 깨달음을 향한 보리의 힘을 얻게 하므로 대세지라고 이름 한다.

　*《법화경》 관세음보살보문품에 「선남자야, 만일 한량없는 백 천 만억 중생이 갖가지 괴로움을 당할 적에, 관세음보살의 이름을 듣고 일심으로 그 이름을 부르면 관세음보살이 그 음성을 즉시 관(觀)하고 다 해탈하게 하느니라.[善男子 若有無量百千萬億衆生受諸苦惱 聞是觀世音菩薩 一心稱名 觀世音菩薩 卽時 觀其音聲 皆得解脫]」라고 하였다.

　*《무량수경》에 「극락세계의 보살들 가운데, 가장 존귀한 두 보살이 있는데, 뛰어나고 불가사의한 광명은 두루 삼천대천세계를 비춘다고 부처님께서 말씀하시자, 아난이 부처님께 여쭈어 물었다. "그 두 보살의 이름은 무엇이옵니까."

　부처님께서 말씀하셨다. "한 분은 관세음이라 하고, 또 한 분은 대세지라 하느니라. 이 두 보살은 일찍이 이 사바세계에서 보살행을 닦다가 수명이 다하자 홀연히 몸이 바뀌어, 저 극락세계에 태어나게 되었느니라."」라는 말씀이 있다.

만약 중병에 걸린 사람이 있으면 아미타불을 열 번 염한다.

　염송할 때는 먼저 아미타불을 찬탄하고 나서 이렇게 말한다.

　「오늘 아침 병에 걸린 비구 모인某人이 있나이다. 다생多生에 걸친 원한이 모두 없어지게 하소서. 한량없는 세월의 허물을 참회하나이다. 특히 지성으로 청정한 성중을 우러러 의지하나이다. 부처님 성호를 청양稱揚하오니 깊은 재앙을 씻어내 주소서.」

그리고 나무아미타불 여섯 자를 백 번, 나무관세음보살과 나무대세지보살과 나무일체청정대해중보살을 각각 열 번씩 한다. 그리고 다음과 같이 말하면서 회향한다. 「엎드려 원하건대, 병에 걸린 비구 모인某人이 (세상과의) 모든 인연이 아직 다하지 않았으면 속히 경안輕安을 얻게 하시고, 만일 대명大命을 피하기 어려우면 원하건대 극락에 왕생하게 하소서. 시방삼세일체제불….」 염불을 할 때에는 대중이 마음을 청정하게 추슬러야 하고, 잡념망상에 이끌리지 않아야 한다.

如病重爲十念阿彌陀佛 念時先白贊云 今晨則爲在病比丘某甲 釋多生之冤對 懺累劫之愆尤 特運至誠仰投淸衆 稱揚聖號蕩滌深殃 仰憑尊衆念 南無阿彌陀佛一百聲 觀世音菩薩大勢至菩薩 淸淨大海衆菩薩各十聲 回向云 (伏願在病比丘某甲 諸緣未盡早逐輕安 大命難逃徑生安養 十方三世云云) 當念佛時衆宜攝心 淸淨 不得雜念攀緣

- 백장百丈 회해懷海선사 〈칙수백장청규勅修百丈淸規〉

＊ 선문의 거장이자 〈선원청규(禪院淸規)〉를 제정하신 중국 당나라 백장선사께서 병승(病僧)이나 망승(亡僧)을 위해 염불을 강조하신 대목이다. 선종에서 견성(見性)을 하여 대철대오에 이르지 못하면 염불을 하여 극락세계에 왕생하는 것이 최선의 길임을 보여주는 소중한 법문이다.

＊ 아미타불을 찬탄한다 함은 바로 '찬불게(讚佛偈)'를 말하는 것으로 아래와 같다.

아미타불신금색(阿彌陀佛身金色) 아미타부처님의 몸은 황금빛이라네.

상호광명무등륜(相好光明無等倫) 32상 80수형호에서 뿜는 광명은 그 누구도 견줄 이 없으며

백호완전오수미(白毫宛轉五須彌) 미간의 백호는 수미산을 다섯 바퀴 휘돌아 감싸고

감목징청사대해(紺目澄淸四大海) 맑고 깨끗하며 검푸른 눈동자는 사대 바다를 맑게 비추네.

광중화불무수억(光中化佛無數億) 아미타불의 원광(圓光) 속에는 한량없는 화신불이 계시고

화보살중역무변(化菩薩衆亦無邊) 그 화신불 속에는 또한 한량없는 보살들이 계시네.

사십팔원도중생(四十八願度衆生) 48원으로 일체중생을 건지시고

구품함령등피안(九品咸令登彼岸) 중생을 구품으로 영접하여 피안에 오르게 하시네.

＊ 〈백장청규〉를 계승한 다른 판본으로 1103년 운문종(雲門宗)의 종색(宗賾)선사가 편찬하신 〈선원청

규〉에도 다음과 같은 구절들이 보인다.「중병에 걸린 사람은 아미타불을 열 번 불러 아미타불을 찬탄하고, 대중은 병자를 위해 아미타불과 사성(四聖)의 명호를 길게 염불하라.」「환자가 만일 도안(道眼)이 정명(精明)하지 못하면, 아울러 아미타불을 염하여 정토왕생을 기원하도록 권하라.[若非道眼精明 竝勸令專念阿彌陀佛]」고 하고 있다. 이것은 자력신앙인 선종(禪宗)에서 타력신앙인 정토사상을 수용하는 한 단면을 보여주고 있다.

  ＊경안(輕安) : 마음이 가볍고 고요하며 편안한 상태.

  경經에서「이 사바세계에서의 하루 수도修道가 타방의 1겁보다 낫다.」고 하였다. 왜냐하면 사바세계는 번뇌의 해침이 많아 참을 수 있는 사람이 드물기 때문이다. 비록 모든 고통을 참고 공덕을 쉽게 쌓을지라도 정토에는 번뇌가 없어 불도를 이루기 어렵다. 불법 가운데서 물러나고자 하는 마음이 있다면 반드시 과거를 기억해라. 무량한 겁이 지나도록 지옥 속에서 맹렬한 불로 태우고 몸을 부수는 등의 고통을 받아 도피할 곳이 없으니, 사람 가운데 고통스러운 것이 백 천 만억이라도 저 지옥의 눈 한번 깜빡이는 짧은 순간보다 무겁지 않다.

  經云 此國一日修道 勝他方一劫 何以故 此中多惱害 能忍者希 雖忍諸苦 功德易長 淨土
無惱 佛道難成 於佛法中 若欲退心 當憶過去 經無量劫 在地獄中 受熾猛火 碎身等苦 無逃
避處 人中苦者 百千萬億 不重於彼 一瞬目頃   - 도선율사 〈정심계관법〉

  ＊도선율사는 남산율종의 종주(宗主)로서 중국 불교의 승가의 기틀을 바로잡으신 분으로 수행자의 면모를 갖추고 있을 뿐만 아니라, 당대 굴지의 사학자로서 찬란한 업적을 남긴 대종교가이며 대학자로 높이 평가받았다. 종남산에 머물면서 백천사를 건립하였으며 《사분율(四分律)》을 연구하여 널리 선양하였는데 이것이 남산율종이다. 후에 현장법사가 인도에서 돌아와 역경 사업을 진행할 때에 참여하여 수백 권의 율부와 전기를 써냈는데, 도선대사는 35부 188권의 저작을 하고 《법화경》《열반경》〈성실론〉〈섭대승론〉 등에 의지하여 《사분율》을 받들고 남산율종의 조사가 되었다. 〈사분률행사초(四分律行事鈔)〉(3권)를 비롯한 이른바 계율학의 5대부(五大部)를 포함하여 양(梁)나라 초에서 당나라 초 스님들의 전기인 〈속

고승전(續高僧傳)》(30권), 인도 지리에 대한 기록인 《석가방지(釋迦方志)》(10권), 도교를 낮추고 불교를 선양하려는 의도에서 쓰인 《집고금불도논형(集古今佛道論衡)》(4권), 불교를 옹호하는 논서의 집대성이라고도 할 수 있는 《광홍명집(廣弘明集)》(30권) 등, 35부(部) 188권에 이르는 방대한 양의 저서를 남겼다. 특히 《광홍명집》은 승우(僧祐 : 445~518)의 《홍명집》을 계승하여 발전시킨 것으로서 중국불교사를 연구하는 데 필수적인 자료로 평가되고 있다.

＊《정심계관법》은 도선율사가 중국 수주(隋州)의 흥당사(興唐寺)에서 하안거 중에 있을 때, 늦게 출가하여 스승을 오래 모시지 못하고 태산(泰山)의 영암사(靈巖寺)에 있는 자인(慈忍)이라는 제자에게 '마음을 깨끗이 하여 삼가고 조심스럽게 관찰하라' 는 뜻으로 적어 보낸 것이다.

＊도선율사는 《정심계관법》에서 이렇게 말하였다.

「원컨대 금일 후로부터, 법계의 주인이 되어 조그만 욕심도 일체의 여인도 탐하지 말라. 원컨대 금일 후로부터, 불도를 이루어서 일체 모든 중생을 미워하지 말고 성내어 괴롭히지 말라. 원컨대 금일 후로부터, 진여를 증득하여 전도된 마음을 일으켜서 세간의 육진을 취착하지 말라, 원컨대 금일 후로부터, 무위의 언덕에 도달할 때까지 반연심(緣에 따라 반응하는 마음)을 일으키거나, 모든 그릇된 분별을 마음에 두지 말라. 이제 보리심을 발하였으니 세세생생 팔난을 초월하고 널리 서원하여 기약하고 나서, 도심에서 물러나지 말라.[願從今日後 乃成法界主 不起一慾心 貪染一切女 願從今日後 乃至成佛道 於一切衆生 不嫌不瞋惱 願從今日後 乃至證眞如 不起顚倒心 取著世六塵 願從今日後 乃至無爲岸 不起攀緣心 念諸惡覺觀 今發菩提心 生生超八難 弘誓要期已 道心勿退散]」

＊「이 사바세계에서의 하루 수도(修道)가 타방의 1겁보다 낫다.」는 구절은 《무량수경》에 나온다.

남을 돕는 것이 곧 자기를 돕는 것이요, 남을 구제하는 것이 곧 자기를 구하는 것임을 알아야 합니다. 인과응보는 밝아서 털끝만큼도 어긋나지 않습니다. 나 자신에게 재난이 있는데 도와주는 사람이 없을 경우 불보살님의 성호를 부르면 틀림없이 불보살님의 보이지 않는 도움과 가호를 입습니다. 모든 사람들이 악을 행하지 않고 선善을 받들어 행할 수 있다면 자연이 천하가 태평해지고 백성들은 안락해질 것입니다. 그러나 이것도 오히려 완전한 법이 아닙니다. 어떤 것이야말로 완전하면서도 궁극적인 방법일까요.

그것은 염불하여 서방 극락세계에 태어나 생사를 해탈하기를 구하는 것입니다. 그리고 삿된 생각을 막고 자기 분수를 다해야 합니다. 그렇게 하면 국운을 전환시킬 수 있을 뿐만 아니라 재난도 소멸시킬 수 있습니다.

- 인광대사

＊남회근 국사는 「마음을 일으키고 생각을 움직이는 것이 모두 인과(因果)요, 심성을 전환 변화시키는 것이 수행입니다.[起心動念皆因果 轉變心性是修持]」라고 하였다.

＊남회근 선생은 「계율을 범하고서 절을 만 배를 해도 소용이 없습니다. (아닙니다) 쓸모 있습니다! 당신이 착한 마음으로 머리를 조아렸다면 앞으로 좋은 과보를 받을 것입니다. 그러나 빚은 따로 계산해야 합니다.(계율을 어긴 것과 절을 올린 것의) 두 장부가 상쇄되지 못합니다. 선에는 선한 과보(果報)가 있고 악에는 악한 과보가 있습니다. 상쇄시키거나 희석시킬 수 없습니다. 인정으로는 묽게 할 수 있지만, 우주 법칙은 희석시킬 수 없습니다. 마치 어둠과 빛이 중화될 수 없는 도리와 마찬가지입니다. 인과보응(因果報應)은 우주간의 천연 법칙입니다. 미신도 아닙니다. 다른 사람이 나의 주인 노릇을 하는 것이 아닙니다. 천도는 돌아오기를 좋아합니다.〔天道好還〕라는 귀중한 말씀을 들려 주셨다.

＊남회근 선생은 「부모 형제자매의 육친(六親) 사이는 과거의 다생(多生)에 걸친 인연이 억념(憶念: 오로지 그리워하고 간절히 생각함)에서 오는 경우가 허다합니다. 그 속의 인과(因果)는 대단히 묘한데, 때로는 자기가 안고 있는 손녀가 바로 전생의 부모일 수도 있습니다. 서로 너무나 사랑한 나머지 쌍둥이로 태어나는 사람도 많습니다. 전생에 원한관계였던 사람이 금생에 부부가 되어 날마다 함께 지내면서 일생동안 삐걱거립니다. 인과응보는 컴퓨터보다 빠른데 모두 억념(憶念)하는 데서 오는 겁니다. 억념하는 힘은 대단히 큽니다. 그림자가 영원히 신체를 따라다니는 것과 같습니다.」라고 하였다.

＊인광대사는 「인과(因果)는 세간과 출세간의 성인이 천하를 다스려 태평하게 하고, 일체중생을 제도 하여 해탈하게 하는 큰 방편이다.[因果者世出世間聖人 平治天下度脫衆生之大權也]」라고 하였다.

＊인광대사는 또 「인과응보의 법칙은 특히 계율 가운데 가장 중요한 핵심 뼈대라오. 만약 사람이 인과 응보의 법칙을 잘 모르거나, 또는 인과응보를 적당히 속이면서 눈 가리고 아웅 한다면, 이 또한 모두 계율을 어기는 것이오. 염불 수행하는 사람은, 마음 움직이고 생각 품는 것까지 항상 부처와 딱 들어맞아야 하오. 그러면 계율과 교학(敎學)과 참선과 정토가 한꺼번에 나란히 수행된다오.」라고 하였다.

＊어느 대덕께서 「불법이라는 대해의 근본열쇠는 인과(因果)를 밝히는 데 있다. 일체의 선악의 근원은

마음에서 일어난다. 생각을 바꾸는 사이에 받을 과보는 이미 갖추어져 있다. 한 생각이 선(善)하면 위태로움이 편안함으로 바뀌고, 한 생각이 악(惡)하면 복보(福報)를 덜어내니 그 수가 얼마인지 헤아릴 수 없다. 소위 '봄에 좁쌀 한 알을 심으면 가을에 만개의 곡식을 거둔다.' 고로 마음에 인과(因果) 두 글자를 새겨서 마음이 움직일 때 악한 생각이 일지 않도록 하라. 일을 처리하거나 사람을 만날 때에는 악한 일을 짓지 말라. 늘 조심하면서 수행에 힘쓰기를 오래 하면 업이 사라져 지혜가 환해지고 허물이 없어져 덕이 밝아질 것이다.[佛法大海 根本之鑰 在明因果 一切善惡根源 起於方寸 轉念之間 果報已具 一念善 轉危爲安 一念惡 折損福報 不知凡幾 所謂春種一粒粟 秋收萬顆子 故心銘因果 存心動念之際 不起惡念 應事接物之時 不作邪事 兢業修持 勉爲旣久 則業消智朗 過無而德明]라는 가르침을 주셨다.

  * 정공법사는 「인과응보는 조금도 어긋남이 없다. 이것은 자연적인 감응이며, 절대로 하느님이나 불보살이 그 일을 주관하는 것이 아니다. 세상 사람들은 미혹되고 전도되어 많은 죄악을 짓은 결과 여전히 갚아야 하는 것은 자기 자신에게 있다. 불법을 배운 뒤에는 악의 과보가 대단히 무겁다는 것을 알기 때문에 절대로 감히 악을 저지를 수가 없다.」 라고 하였다.

  * 《보살영락본업경(菩薩瓔珞本業經)》에 「인과(因果)란 무엇인가. 우리가 짓는 선악(善惡)을 인(因)이라 부르고, 그 때문에 받는 고락(苦樂)을 과(果)라고 부르며, 과(果)의 근거를 이루는 것을 인(因)이라 하고, 인(因)을 근거로 하여 생기(生起)하는 것을 과(果)라 한다. 이와 같이 근거와 생기가 서로 의존해 있는 것을 한데 묶어 인과(因果)라 한다.」라는 말씀이 있다.

  * 허운선사는 「인과의 도리는 매우 미묘하여 마치 종자를 심어 과실을 따는 것과 같이 먼저 익은 것이 먼저 떨어진다. 가령 내가 비록 금생에 선업을 짓더라도 도리어 악한 과보를 불러오는 것은 모두 과거의 악업이 먼저 익은 까닭이다. 금생에 비록 착하더라도 과거의 악업이 이미 성숙되었으면 먼저 악한 과보를 받지 않을 수 없다. 금생의 선업이 아직 익지 않은 까닭으로 현재 선한 과보를 받을 수 없는 것이다. 이러한 도리를 믿는 자는 반드시 의혹이 없을 것이다.」 라고 하였다.

  * 원효대사께서 지으신 〈보살영락본업경소(菩薩瓔珞本業經疏)〉에 「인과의 도리는 터럭만큼도 어긋남이 없다는 것을 알아야 한다.〔當知因果道理 毫釐無差違耶〕」라는 말씀이 있다.

  * 〈참법(懺法)〉에서 말하였다. 「보리심을 발해서 시방계(十方界)에 가득 차면, 동방의 중생을 바라보니 다 아버지이고, 서방의 중생은 다 어머니이고, 남방의 중생은 다 형이고, 북방의 중생은 다 동생이고, 하방(下方)의 중생은 다 자매이고, 상방(上方)의 중생은 다 스승이고, 나머지 사유(四維)는 다 사문과 바라문

등이다. 만약 고통을 받게 되면 그 고통에서 구제하겠다는 서원을 해야 하며, 저들이 즐거움을 받게 되거든 내 일처럼 차이가 없어야 한다. 항상 중생을 제도해야 하겠다는 마음을 내어 저들이 부처가 되지 못하거든 먼저 성불을 해서는 안 된다.」

＊성현께서 「조상이 덕을 쌓으면, 자손 중에 반드시 흥하는 자가 있다.[祖宗積德 子孫必有興者]」라고 하였고, 「덕(德)은 운명에서 벗어날 수 있게 하고, 도(道)는 가히 하늘의 마음을 돌릴 수 있다.[德能出數 道可回天]」라고 하였다.

염불수행을 하여 정토왕생을 구하는 사람은 늘 이렇게 자신을 일깨워야 합니다.

「사바세계에서 한 애착이라도 훌훌 털어 버리지 못하면 임종에 이 애착에 이끌려 왕생할 수 없을 텐데, 하물며 애착이 많으면 오죽할까. 또 극락정토는 한 생각이라도 오롯이 집중하지 못하면 임종에 이 생각에 얽매여 왕생할 수 없을 텐데, 하물며 망상이 많으면 오죽할까.」

무릇 극락왕생의 걸림돌이 되는 애착은, 가벼운 것도 있고 무거운 것도 있으며, 두터운 것도 있고 얇은 것도 있으며, 자신의 몸과 마음 같은 정보正報도 있고 세간의 사물이나 환경 같은 의보依報도 있습니다.

구체적인 예를 들자면, 부모, 처자식, 형제, 친구, 부귀공명, 문장, 재주, 도술, 기예, 의복, 음식, 가옥, 전답, 산림, 화초, 보석, 골동품 등, 온갖 미묘하고 좋은 물건들을 일일이 셀 수 없습니다. 크게는 태산보다도 무겁고, 작게는 새털보다 가볍습니다. 요컨대, 한 물건이라도 마음에서 잊지 못하는 것이 바로 애착이고, 한 생각이라도 마음에서 놓지 못하는 것이 또한 애착입니다. 한 가지 애착이라도 마음속에 품으면 염불이 하나로 오롯이 집중되지 못하고, 한 생각이라도 오롯이 일념으로 집중되지 못하면 극락왕생할 수 없습니다.

오호라! 「애착(애욕)이 무겁지 않으면 사바세계에 태어나지 아니하고, 염불이 한결같지 못하면 극락정토에 왕생하지 못한다.」이 두 구절의 말씀은 정말로 눈 속의 가시를 뽑아내는 황금 핀이고, 급소의 불치병을 고치는 거룩한 약입니다.

念佛求生淨土之人 尋常有娑婆一愛之不輕 則臨終爲此愛之所牽 而不得生 矧多愛乎 卽
極樂有一念之不一 則臨終爲此念之所轉 而不得生 矧多念乎 蓋愛之所以爲愛者 有輕焉 重
焉 厚焉 薄焉 正報焉 依報焉 歷擧其目 則父母妻子 昆弟朋友 功名富貴 文章詩賦 道術技藝
衣服飮食 屋室田園 林泉花卉 珍寶玩物 種種妙好 不可枚盡 大而重於泰山 小而輕於鴻毛
有一物之不忘 愛也 有一念之不遺 愛也 有一愛之存於懷 則念不一 有一念之不歸於一 則不
得生 嗚呼 愛不重不生娑婆 念不一不生極樂 此兩語 可謂刮翳眼之金鎞 治膏肓之聖藥

- 유계 전등법사 〈정토법어〉

＊정보(正報) : 수많은 전생을 살아오면서 그 과보로 받은 자기의 몸. 중생세간(世間)이라고도 한다. 누구의 피부는 검고 누구는 하얗다. 누구는 건강한데, 누구는 선천적으로 허약한 것 등이 이에 해당한다. 부처님의 32상(相) 80종호(種好)도 정보(正報)에 해당한다.

＊의보(依報) : 자기가 의지하고 있는 환경. 국토나 의식주 등을 말함.기세간(器世間)이라고도 한다. 시대적 또는 사회적 환경, 재산이 있고 없음, 거주환경, 운명 등이 이에 해당한다. 아미타불의 서방정토는 의보(依報)에 해당한다.

＊경전에는 현생에 아무리 선량하게 살았더라도 죽을 때 악한 마음을 품으면 지옥에 떨어질 수 있고, 그 반대로 금생에 아무리 악독한 짓을 많이 했더라도 죽을 때 선한 마음을 품으면 좋은 곳에 태어날 수 있다는 말씀이 많다.

＊〈대지도론〉에 「묻는다. 죽으려 할 때에 잠깐 사이의 마음이 어떻게 종신토록 행한 힘보다 뛰어날 수 있는가. 답한다. 이 마음은 비록 잠시 동안이기는 하나 그 마음의 힘이 맹렬하고 날카로우니, 마치 불과도 같고 독과도 같아서 비록 적은 것이라 하더라도 큰일을 이룰 수 있다. 이 죽으려 할 때의 마음은 결정코 맹렬하고 씩씩하기 때문에 백 년 동안 행한 힘보다 수승하다.」라고 하였다.

갓난아기가 젖을 먹으면 그 맛을 몰라도 몸이 저절로 자라나고,
병자가 약을 먹으면 약 성분을 몰라도 자연히 낫는다.
알든 모르든 염불하면 정토에 왕생하는 것도 또한 이와 같다.

嬰兒吸乳 雖不識味 身自生長

病人服藥 不識藥性 任運得瘥

知或不知 念佛往生 亦復如是

＊〈염불감응록〉에 「다른 사람에게 염불을 권하면 같이 정토에 왕생한다.[勸人念佛合生淨土]」라고 하였다.

＊인광대사는 「다른 사람에게 서방정토 왕생을 구하도록 권하면, 이것은 바로 범부를 성불케 하는 것이니, 공덕이 가장 크다. 이러한 공덕을 정토왕생에 회향하면 (정토에 왕생하고자 하는) 원(願)을 반드시 이룬다.[勸人念佛求生西方 卽是成就凡夫作佛 功德最大 以此功德回向往生 必滿所願]」라고 하였다.

＊성현께서 「두 사람에게 염불을 권하면 자기가 염불을 한 것과 같아서 그 공덕이 위대하고, 100명에게 염불을 권하는 사람은 보살이며, 10,000명에게 염불을 권하는 사람은 아미타불의 화신이다.[勸二人念佛比自己念佛功德大 勸百人念佛就是菩薩 勸萬人念佛就是阿彌陀佛化身]」라고 하였다.

석존이 멸도하신 후

정법正法 오백년간은 지계持戒가 견고하고,

상법像法 천 년간은 좌선坐禪이 견고하며,

말법末法 만 년간은 염불이 견고하다.

本師滅度後 正法五百年持戒得堅固

像法千年坐禪得堅固 末法一萬年念佛得堅固

- 《상법결의경像法決疑經》

＊《유마경》에 「삼계(三界)에 있으면서 몸과 마음이 움직이지 않는 것을 좌선(坐禪)이라 한다. 무심(無心)한 가운데 행동하는 것을 좌선이라 한다. 번뇌를 끊지 않고 열반에 드는 것을 좌선이라 한다.」라는 말씀이 있다.

＊인광대사는 「말법시대의 범부가 성과(聖果)를 증득하려 해도, 염불에 의지하지 않으면 다 미친 것이고 허망한 것이다.[末世凡夫 欲證聖果 不依淨土 皆屬狂妄也]」라고 하였다.

* 정공법사는 「부처는 결코 멸도(滅度)하시지 않는다. 하지만 부처님이 이 세상에 상주(常住)하시지 않는 이유를 응당 알아야 한다. 부처님이 만약 이 세상에 상주하신다면 불법(佛法)을 배울 사람이 없을 것이다. 부처님이 3천년을 살고 있으면, 우리들은 부처님을 따르지 않을 것이기 때문에, 빨리 열반에 드시는 것을 연극으로 보이신 것이다.」라고 하였다.

* 영명연수 선사의 〈만선동귀집〉에 「상법결의경에서 이르기를, "어떤 사람이 무량한 세월을 몸으로 시방세계의 모든 부처님과 보살과 성문 대중께 공양하더라도, 배고파하는 축생에게 한 덩이 밥을 베풀어 주는 것만 못하나니, 그가 베푼 복덕이 헤아릴 수도 없고 끝도 없기 때문이다." 라 하였다.[像法決疑經云 佛言 若人於阿僧祇劫 以身供養十方諸佛并諸菩薩及聲聞衆 不如有人施與畜生一口之食 其福勝彼 百千萬倍無量無邊]」라고 하였다.

오호라. 중생들이 오가는 곳은 육도六道이다. 귀신은 어두운 곳에서 근심하는 괴로움이 있고, 새와 짐승은 잡힐까봐 날고 도망가는 슬픔이 있고, 아수라는 성을 내고, 제천諸天은 한창 즐거워하고 있다. 그러므로 생각을 바로잡아 보리菩提로 나아갈 이는 오직 사람만이 가능하다. 그러나 사람이면서 그렇게 하지 않는다면 난들 어떻게 하겠는가. 나는 저번에 대승경전을 열람하면서 요의승了義乘의 경론에서 말한 것을 살펴보았다. 거기에는 한 법도 삼학三學으로 돌아가지 않는 것이 없었고, 어떠한 부처도 계정혜戒定慧에 의지하지 않고는 성불하는 법이 없었다.

嗚呼 衆生之所以往來者 六途也 鬼神沈幽 愁之苦 鳥獸懷之悲 修羅方瞋 諸天正樂 可以整心慮趣菩提者 唯人道能爲耳 人而不爲 吾未 如之何也矣 知訥囊閱大乘 歷觀了義乘經論所說 無有一法 不歸三學之門 無有一佛 不藉三學而成道也

- 보조국사 지눌 〈정혜결사문定慧結社文〉

* 인광대사는 「타심통(他心通)으로 보면, 귀신이 (수는) 적지만 가깝게 존재한다오. 업장이 다 사라지고 정(情)이 텅 비게 되면, 마치 보물 거울을 갖다 들이댄 것처럼, 귀신의 형상이 그대로 비추어 나타난다오.」라고 하였다.

＊청화스님은「설령 우리가 죽을 때 남을 굉장히 미워한 채 죽으면 그것은 틀림없이 싸움 잘하는 아수라 세계에 태어납니다. 또 죽는 순간에 독한 마음, 잔인한 마음을 품을 때는 지옥 가서 태어난다는 것입니다. 그러나 설사 금생에 좀 나쁜 일을 했다 하더라도 죽을 무렵에 좋은 스승 만나서 정말로 본래가 다 부처 아닌가, 원래 번뇌라는 것은 씨앗이 없는 게 아닌가, 번뇌는 근본 자취가 없지 않은가, 이렇게 우리가 마음을 돌이켜서 부처님만 오로지 믿고 밀고 나간다고 생각할 때는 평소에 별로 좋지 않은 사람도 그 임종 때 좋은 마음 때문에 좋은데 가서 태어난다는 것입니다.」라고 하였다.

＊남회근 선생은「중국의 사서(四書) 가운데 대학(大學)은 이렇게 말하고 있습니다. "대학지도재명명덕(大學之道在明明德), 재친민(在親民), 재지어지선(在止於至善). 지지이후유정(知止而後有定), 정이후능정(定而後能靜), 정이후능안(靜而後能安), 안이후능려(安而後能慮), 려이후능득(慮而後能得)." 제가 어린 시절 공부할 때 선생님은 저더러 이 단락을 외우라고 가르쳤지만, 저는 그 뜻에 대해서는 이해하지 못했습니다. 선생님은 묻지 말라고 하시면서 기억해 놓으면 장래에 언젠가는 제가 자연히 깨달을 날이 있을 것이라고 말했습니다. 그때는 속으로 못마땅하게 여기면서 이게 무슨 선생님인가 하고 생각했습니다. 중년이 되고 나서야 정말로 자연히 알게 되었습니다. 이른바 '명명덕(明明德)'은 바로 명심견성(明心見性), 대철대오(大徹大悟)를 가리킵니다. 어떻게 명심견성할까요. '지지이후유정(知止而後有定)', 지(止)의 공부가 이루어진 뒤에야 정(定)이 있습니다. '정이후능정(定而後能靜)', 정(定)의 상태가 이루어진 뒤에야 진정으로 고요해질 수 있습니다. '정이후능안(靜而後能安)', 고요해진 뒤에야 편안해질 수 있으며, '안이후능려(安而後能慮)', 편안해진 뒤에야 사려할 수 있습니다. 여기서의 '려(慮)'자는 우려를 가리키는 것이 아니라 사유(思惟)한다는 의미입니다. '려이후능득(慮而後能得)', 사유를 통해야만 지혜의 성취에 도달할 수 있으며 명덕을 거쳐 명심견성할 수 있습니다. 이것은 계정혜(戒定慧)의 단계순서를 대단히 분명하게 말해 놓은 겁니다.」라고 하였다.

＊고덕께서「그릇됨을 막고 악(惡)을 그치는 것을 계(戒)라 하고, 육근(六根)이 경계를 만나도 마음이 연(緣)을 따르지 않는 것을 정(定)이라 하며, 육경(六境)이 모두 텅 비어 비추어 봐도 의혹이 없는 것을 혜(慧)라 한다.[防非止惡謂之戒 六根涉境 心不隨緣名定 六境俱空 照見無惑名慧]」라고 하였다.

시방의 모든 불국토의 중생과 보살들 속에는 모든 법신불과 보신불께서 화신(化身)으로 나투어 계시는데, 모두 아미타불을 따라 극락세계 속에서 나왔느니라.

十方諸剎土衆生菩薩中 所有法報佛化身及變化 皆從無量壽極樂界中出

- 《대승입능가경大乘入楞伽經》

＊ 대만의 문수법사는 「석가세존께서 중생을 위하여 팔만사천법문을 펼쳐 보이셨는데, 그 문문(門門)마다 다 도에 들어갈 수 있고, 문문마다 다 윤회생사를 해탈할 수 있으며, 원만히 불도(佛道)를 이룰 수 있다. 다만 일정한 경우에는 자기 개인의 역량에 의지해야 하고, 법에 맞게 수지(修持)하며 게으르지 않고 정진해도, 오히려 삼대아승기겁이 지나야 비로소 불위(佛位)에 오른다. 만약 마장(魔障)이 나타나면 퇴타(退墮)해 버리고 만다. 한번 사람의 몸을 잃으면 만겁이 지나도 회복하지 못하니 실로 어렵고 험하다. 염불법문은 물론 자기의 노력이 있어야 한다. 단지 아미타불의 자비하신 원력(願力)에 의지하면 부처님의 부지(扶持)와 접인(接引)으로 확실히 삼계를 횡으로 벗어나고 육도를 태어나고 죽으며 윤회하는 것을 초월하여 가장 안전하고 청정하고 가장 쾌락한 극락세계에 태어난다.〔釋尊爲我們所開示的八萬四千法門 門門皆可入道 門門皆可以解脫生死 圓成佛道 但一定要淸 自己個人的力量 如法修持 精進不懈 還要經過三大阿僧祇劫 始登佛位 若然魔障出現 就會退墮 一失人身 萬劫不復 實在艱險 念佛法門 固然也要自己努力 但憑藉阿彌陀佛的慈悲願力 扶持與接引 保證卽生可以橫出三界 超越六道生死輪迴 到達最安全 最靠淨也 最快樂的地方〕라고 하였다.

＊ 육조 혜능선사는 《육조단경》에서 「삼신불(三身佛)은 자성(自性) 안에 들어 있으므로 세상 사람들이 모두 갖고 있다. 그들은 마음이 미혹하여 마음 안에서 자성을 보지 못하고 밖에서 삼신여래(三身如來)를 찾을 줄만 알지 자성 안에 삼신불이 있음을 알지 못한다. 그대들이 내 법을 듣고 그대들 자신의 성품에 삼신불이 있음을 보도록 하여라. 이 삼신불은 자성에서 생긴 것으로 밖에서 구할 수 있는 것이 아니다.〔三身佛在自性中世人總有 爲自心迷不見內性 外覓三身如來 不見自身中有三身佛 汝等聽說 令汝等於自身中見自性有三身佛 此三身佛 從自性生 不從外得〕라고 하였다.

＊ 남회근 선생은 「부처님이 정수리에서 광명을 놓는 것은 법신(法身)의 신통에 속하고, 미간(眉間)에서 광명을 놓는 것은 보신(報身)의 신통에 해당하며, 입술에서 광명을 놓는 것은 화신(化身)의 신통에 속합니다.」 라고 하였다.

＊ 일대사인연(一大事因緣)을 위해 우리와 함께 했던 부처님을 화신(化身)이라 한다. 응화신(應化身) 또는 변화신(變化身)이라고도 하는데, 특정한 시간과 장소에 특정한 사람들을 구제하기 위하기 위해 출현

하는 것을 말한다. 인도에 출현하신 석가모니부처님을 포함해서 과거 7불과 미래불인 미륵불처럼 구체적인 부처님들을 모두 응화신(應化身)이라 한다. 어리석은 중생들은 실제로 보거나 들어야 믿는다. 그래서 부처님께서는 중생을 제도하기 위해서 중생과 같은 모습으로 출현하여 중생이 이해할 수 있는 표현으로 가르침을 설했다. 이러한 화신불은 중생구제를 위하여 구체적인 모습으로 우리 곁에 출현하기 때문에 중생과 같은 유한성을 지닌다. 태어남과 함께 입멸(入滅)의 모습을 보이는 특징이 있다. 응신(應身)은 중생의 근기에 따라 교화하기 편리한 모습을 나타내어 설법하는 부처님이다. 범부의 몸을 취하는 경우도 있고 범천(梵天)을 비롯한 제석과 마왕, 심지어는 축생의 모습으로 나타나는 경우도 있다. 그래서 천백억(千百億)화신이라고 말한다. 천백억화신으로 변화하는 것은 중생들의 근기와 바람들이 그만큼 다르기 때문이다. 화신은 컵에 담긴 물과 같은 것이다. 컵의 모양과 크기만큼만 물이 담기듯이 그렇게 중생의 근기에 맞게 깨달음의 세계로 인도하는 분을 말한다. 시대와 공간을 초월하여 오롯하게 중생들을 위해 출현하신 부처님이다. 《열반경》에 "모든 부처님께서 본보기로 삼는 대상은 법이다. 법이 영원하기 때문에 부처님도 영원하다"라고 하였다. 또한 화신불은 법신불과 보신불을 본체로 하고 중생을 교화의 대상으로 본다. 본체가 다함이 없기 때문에 화신불 또한 다함이 없다. 마치 달에 비유하자면 하늘의 달은 하나지만 보신불의 작용으로 강이면 강, 호수면 호수마다 달빛이 비춰진 물 표면에 달이 뜬다. 강의 숫자와 호수의 숫자만큼 달은 비춰진다. 이렇게 바라보는 사람의 시야에 한결같은 모습으로 나타나는 것이 화신불인 것이다.(조계종 교육원 교육국장인 가섭스님의 글을 약간 수정하여 전재한 것임)

정토를 천시하는 자가 "염불은 어리석은 사람들이나 행할 도道다." 하므로, 천여天如 화상이 이를 꾸짖기를, "어리석은 사람들이나 닦을 도라고 업신여기지 말라. 그것은 바로 마명보살, 용수보살, 문수보살, 보현보살을 업신여기는 것이다." 하였다. 그래서 내가 〈미타소초〉를 지어 그 깊은 뜻을 밝힌 적이 있거니와, 이것을 보고 또 어떤 이는 「이 경의 해석이 지나치게 깊지 않습니까. 이것은 필경 어리석은 남녀들이나 행할 도에 불과합니다.」 하였다. 아! 부처님께서 「이 경經은 믿기 어려운 법문이니라.」 하시더니, 정말로 그렇지 않은가.

淺淨土者 以爲愚夫愚婦所行道 天如斥之 謂非鄙愚夫愚婦 是鄙馬鳴龍樹文殊普賢也 故予作彌陀經疏鈔 乃發其甚深旨趣 則又以爲解此經不宜太深 是畢竟愚夫愚婦所行道也 佛

謂此經難信之法 不其然乎   - 연지대사 〈죽창수필〉

＊ 정공법사는 「지장보살에게서는 효경(孝敬)을 배우고, 나아가 관세음보살에게서는 자비(慈悲)를, 문수보살에게서는 지혜(智慧)를, 보현보살에게서는 대원대행(大願大行)을 배워야 합니다.」라고 하였다.

불법을 배우는 일대사一大事는 모름지기 사람으로서 인간의 기본적인 도리를 극진히 다한 연후에야 비로소 불도佛道의 길로 나아갈 수 있소. 부모에게 효도하고, 형제간에 우애를 돈독히 하며, 나라에 충성하고, 말한 바를 반드시 잘 지키며, 예절을 잘 지키고, 의리가 있으며, 근검하고, 부끄러움을 아는 것 등의 도리가 바로 인간의 기본 도리라오.

만약 이러한 도리 중의 단 한 가지라도 실천하지 않는다면, 비록 하루 종일 부처님을 받든다 하여도 어찌 부처님의 가피를 입을 수 있겠소. 진정 부처님의 가르침은 세간世間과 출세간出世間의 모든 선법善法을 다 포함하고 있는 까닭에 부모 된 사람에게는 자녀에게 자애慈愛를 베풀라 하시며, 자식 된 사람에게는 부모에게 효도하라고 말씀하고 계시오. 이와 같이 각자 사람으로서의 기본 도리를 다한 연후에야 출세간의 법을 닦을 수 있는 것이오.

                                                      - 인광대사

＊ 정공법사는 「과거는 시작이 없으며, 미래는 끝남이 없다는 것이 바로 효(孝)자의 뜻이다. 외국인들은 중국인들이 왜 조상에게 제사를 지내는지 잘 이해하지 못한다. 그 이유는 그들은 일체 중생과 자신이 한 몸으로, 종(縱)으로는 삼세를 다하고 횡(橫)으로는 시방을 두루하며, 전 우주가 바로 하나의 자신임을 알지 못하기 때문이다. 그러므로 자비에 무슨 분별이 있겠는가. 부처님께서 중생을 구제하시고자 함이 중생을 감격시키고자 하신 것이겠는가. 아니다. 왜냐하면 부처와 중생은 근본적으로 일체이기 때문이다. 우리들은 먼 조상조차도 기억해야 하거늘, 눈앞의 부모에게 공경하지 않고 효도하지 않는 도리가 어디에 있을 수 있겠는가.」라고 하였다.

＊ 성현께서 「부끄러움을 모르는 것보다 더 큰 악은 없고, 말이 많은 것보다 더 큰 허물은 없다.[惡莫大於無恥 過莫大於多言]」라고 하였다.

＊《인욕경(忍辱經)》에 「선이 극에 이르러도 효보다 크지 않고, 악이 극에 이르러도 불효보다 크지 않다.[善至極莫大於孝 惡至極莫大於不孝]」라는 말씀이 있다.

＊《효자경(孝子經)》에 「부처님께서 말씀하셨다. "자식이 어버이를 봉양함에 감로의 백 가지 맛으로 그 입에 맞게 하고, 천상 음악의 갖가지 소리로 그 귀를 즐겁게 하고, 이름난 의복으로 그 몸을 광채 나게 하고, 양어깨에 짊어지고서 사해(四海)를 두루 다닌다면, 효의 큼이 이보다 높을 수 없는 것 아닙니까."

세존께서 말씀하셨다. "아직 효라고 할 수 없다. 만약 어버이가 완고하고 어두워서 삼보(三寶)를 받들지 않고, 흉포하게 학대하고 잔인하고 사나우며, 자기 물건이 아닌 것을 외람되게 훔치고, 외부의 색(色)에 마음이 물들고, 도리에 맞지 않게 거짓말을 하며, 술을 탐닉하고 취해서 주정을 부리고 정진(正眞)을 위배하는 흉악함이 이와 같다면, 자식은 마땅히 깨달음을 열어 주는 마음으로 정도(正道)를 숭상하고 부처님의 오계(五戒)를 받들 것을 강력히 간해야 한다. 즉 어질고 두려하여서 살생하지 않고, 청정하고 겸손해서 도둑질하지 않고, 정결(貞潔)해서 음란하지 않고, 믿음을 지켜서 속이지 않고, 효도하고 순종하면서 취하지 않는 것이다. 이렇게 두 어버이가 세상에 계실 때는 항상 편안하게 해드리고 죽어서는 천상에 태어나서 모든 부처님의 회상에서 설법을 들을 수 있도록 한다면, 괴로운 이별이 길더라도 오직 이것만을 효라고 한다."」라고 하였다.

＊〈연종보감〉에 「염불은 만 가지 법의 요체이고, 효도는 백 가지 행의 으뜸이다. 효심(孝心)이 곧 불심(佛心)이고, 효행이 불행(佛行)이 아님이 없다. 누구나 부처와 같아지려면 부모에게 효도해야 한다. 고로, 종색 자각선사께서 "효(孝)라는 한 글자는 모든 오묘함으로 들어가는 문(門)"이라 했으며, 부처님은 효를 으뜸으로 삼았고, 범망경은 효를 계(戒)로 삼으라 했다.[念佛乃諸法之要 孝養爲百行之先 孝心卽是佛心 孝行無非佛行 欲得道同諸佛 先須孝養二親 故頤禪師云孝之一字 衆妙之門 佛語以孝爲宗 佛經以孝爲戒]」라고 하였다.

자식이 되어 부지런히 일해서 부모를 봉양하여 안심安心하게 하는 것, 이것을 곧 효도라 하고, 입신출세하여 조상님들의 이름을 드날리는 것, 이것을 곧 대효大孝라 한다면, 염불법문을 권하여 정토에 나게 하는 것, 이것은 곧 대효 중의 대효라 할 것이다. 나는 늦게 세상에 태어나 겨우 불법을 만나자마자 부모님이 돌아가시는 슬픔을 당했으니, 그 비통悲痛을 무엇에 비기겠는가. 비록 추모하려 하였으나 어쩔 수 없는 일이었다. 삼가 모든 사람들에게 부탁하노니, 부모님이 살아계시거든 하루 빨리 염불을 하시도록 권해 드리고, 돌아가신 날에는 3년 동안 불사佛事를 행할 것이요, 불가능한 경우에는 1주년이나 혹은 49일 동안만이라도 이를 잊지 말라. 낳아 길러주신 부모의 은혜를 꼭 갚으려면 반드시 이를 명심하라.

爲人子女 能夠服侍奉養父母 讓父母得到安心 這就是孝了 能夠做一個德才兼備的人 造福社會 光宗耀祖 這就是大孝了 勸父母修學淨土法門 使他們將來能夠往生淨土 脫離生死輪廻 這是大孝中的大孝 我剛聞到佛法的時候 父母就去世了 這使我悲痛到了極點 雖然想補救 但已是不可能了 因此奉告大家 父母在堂 早勸念佛 父母命終 要爲他們念佛三年 如果事務繁忙 或念一年 或念七七四十九天 都可以 要報父母養育之恩 這件要緊的事不可不知
- 연지대사 〈죽창수필〉

＊불사(佛事) : 사찰 건립, 불경 간행, 불상이나 불화 조상, 승복(僧服) 공양, 방생, 49재, 천도재 등.

＊연지대사는 역시 〈죽창수필〉에서 「출세간의 효도는 부모님을 권하여 계를 지키고 도를 행하게 하며, 일심으로 염불하여 왕생을 구하게 하여 영원히 사생(四生)을 벗어나고, 길이 육취(六趣)를 떠나서 연화대에 태어나 아미타부처님을 친근하여 불퇴전을 얻게 하는 것이니, 자식이 어버이의 은혜에 보답하는 길이 이보다 더 큰 것은 없다.」고 하였다.

＊인광대사는 「설사 제아무리 큰 효도로 하늘을 감동시킨다고 할지라도, 부모의 심성(心性)과 해탈에는 별로 보탬이 되지 않소. 하물며 살생(殺生)하여 부모를 봉양하거나 제사 지내면, 그 원한을 부모님께 돌리는 것이 되어, 부모님은 영겁토록 살생의 빚을 갚느라 허덕이실 것이오. 모든 남자는 나의 아버지이고, 모든 여자는 나의 어머니이니, 육도 중생이 모두 나의 부모인 것이오. 그러니 동물을 살해하여 먹으면 나의 부모를 살해하여 먹는 것이고, 여자를 간음하면 나의 어머니를 간음하는 것이 된다오. 그래서 불교의 효도는 사생육도(四生六道)에 두루 미치고, 시작도 없는 과거부터 끝없는 미래까지 영원히 걸치는 거라오.」라고 하였다.

＊성현께서 「한 때라도 아미타불을 잊지 않으면 살아서는 안온(安穩)하고 죽으면 정토에 왕생한다. 한 때라도 부모를 잊지 말아 부모님이 살아계실 때는 봉양하고 돌아가시면 천도를 해 드린다.[一時一刻不忘彌陀 生得安穩死往淨土 一時一刻不忘父母 生則奉養死則追薦]」라고 하였다.

＊《아함경》에 「효에는 세 가지가 있다. 의식(衣食)을 제공함은 하품(下品)의 효양(孝養)이요, 어버이의 마음을 기쁘게 함은 중품(中品)의 효양이며, 부모님의 공덕을 여러 부처님께 회향함은 상품(上品)의 효양이라 한다.」라고 하였다.

＊시경(詩經)에 「슬프도다. 부모는 나를 낳았기 때문에 평생 고생만 하셨다.」 라고 하였다.

＊강태공은 「내가 아버지께 효도하면 자식이 또한 나에게 효도한다. 내가 어버이께 효도하지 않는데, 자식이 어찌 나에게 효도하겠는가.」 라고 하였다.

＊장자(莊子)는 「부모를 공경하는 효행은 쉬우나, 부모를 사랑하는 효행은 어렵다.」 고 하였다.

＊불경에 「부모를 사랑하는 사람은 남을 미워하지 않으며, 부모를 공경하는 사람은 남을 얕보지 않는다.」 라고 하였다.

＊율곡 이이는 「천하의 모든 물건 중에는 내 몸보다 더 소중한 것이 없다. 그런데 이 몸은 부모가 주신 것이다.」 라고 하였다.

　금세기 인간사회의 혼란은 이미 극에 달했는바, 그 근본원인은 모두 부모 된 사람들의 잘못된 인습因襲에 있소. 즉 부모 된 사람들이 자녀를 가르치는 기본 도리를 알지 못하여 도덕과 인의仁義 및 인과응보의 도리를 자녀에게 가르치지 않기 때문이오. 지금의 부모 된 사람들은 오로지 자녀를 너무 귀여워하고 아낄 줄만 알고 바른 도리에 입각하여 엄히 훈계할 줄은 모르므로 자녀들을 교만하게 만들고, 자녀들을 자신의 이익만을 챙기는 교활하고 변화무쌍한 인간으로 성장하게 한다오. 그러므로 천부적으로 착하여 도리를 아는 아이들도 나쁜 습관에 의해 차츰 미친 듯 망령된 행동을 하게 되며, 천부적으로 도리를 모르는 아이들은 지나칠 정도로 완고한 어리석음에 빠지게 되오.

　그렇기 때문에 그런 아이들이 인간의 기본예의를 벗어나고 본분을 망각한 행동을 수시로 저지르는 것이오. 부모 된 사람이 자녀를 가르치는 인간의 기본 도리에 진력盡力한다면 세상이 어찌 이렇게 혼란하고 문란할 수 있겠소.

　옛날에 자녀를 잘못 가르친 것은 오히려 크게 문제되지 않아서, 아이가 부모에게 단순히 효도하지 않고 큰 그릇이 되지 못할 정도이지만, 지금에 자녀를 제대로 가르치지 못한 것은 그로 인하여 입는 화禍는 가히 상상할 수조차 없소.

세상에 착한 사람이 많지 않은 것은 모두 가정에서의 바른 교육이 되지 않았기 때문이오. 가정교육이 잘되기 위해서는 어머니 된 사람의 자녀에 대한 가르침이 가장 중요하오. 왜냐하면 사람은 갓난아기 때부터 어머니와 같이 있으면서 자신의 성정性情이 모친의 영향을 받아 도야陶冶되기 때문이라오. 그러므로 여자는 남편을 돕고 자녀를 잘 키우는 것을 천직으로 알아야 하오. 현명한 여자가 아니라면 어찌 현명한 처와 어머니가 되겠소. 이렇기 때문에 여자아이를 잘 키우고 그로 하여금 삼세인과三世因果를 잘 알게 하는 것은, 실로 천하를 태평하게 하는 가장 올바르고 근본이 되며 가장 청정하고 가장 근원이 되는 도道인 것이오.
                                                                    - 인광대사

 * 인광대사는 「불경에, '보살은 원인을 두려워하고 중생은 결과를 두려워한다.[菩薩畏因 衆生畏果]' 는 말이 있소. 보살은 나쁜 원인을 끊어 버리기 때문에, 죄악과 업장이 사라지고 공덕이 원만히 쌓여 가서 끝내 부처가 되고야 만다오. 그런데 중생은 늘 나쁜 원인만 지으면서 나쁜 과보를 피하려고 하니, 이는 비유하자면 햇빛 아래 서서 그림자가 생기지 않길 바라는 것과 같아서 정신없이 헛수고만 하는 격이오. 흔히 뭘 모르는 어리석은 이는 조그만 착한 일을 해놓고는 큰 복을 바라기 일쑤요. 그러다가 한 번 역경(逆境)이라도 만나면 곧장 "착한 일을 하는데도 재앙을 당하니 인과법칙이란 말짱 빈말이다." 라고 불평하오. 그로부터 처음 품었던 마음을 후회하고 뒷 꽁무니를 빼면서 도리어 불법(佛法)을 비방하기도 하는구려. 그들이 어찌 인과응보가 삼세에 걸쳐 나타나고[報通三世], 그를 돌려 뒤바꾸는 것이 마음이라는 오묘한 이치를 알겠소. 인과응보가 어떻게 삼세에 걸쳐 나타나는 줄 아오? 금생에 지은 선악의 과보로 금생에 화복(禍福)을 받는 것이 현보(現報)이고, 금생에 지은 선악의 과보로 내생에 화복을 받는 것이 생보(生報)라오. 그리고 금생에 지은 선악의 과보를 미래의 제3생이나 제4생 또 백 천 만생 뒤에야 비로소 받는 경우는 후보(後報)라고 하오. 후보는 결과가 나타나는 시기가 일정하지 않지만, 자기가 지은 업보를 받지 않는 법은 결코 없소. 예컨대 선비가 과거시험 공부를 하여 몇 년 만에 급제하고 평생 부귀공명을 누리는 것은 보통사람의 육안으로도 볼 수 있는 현보라 하겠소. 그러나 아버지나 할아버지가 학문을 중시하여 자손 대(代)에 이르러 크게 운이 트이는 것은 보통사람 눈으로는 알아보기 어렵고 천안으로나 알 수 있는 생보로 비유되겠소.」 라고 하였다.

 * 인광대사는 「다른 사람의 자녀들을 성현의 영역에 들도록 인도하는 것은 진실로 음덕(陰德)에 속하는 일이오. 하지만 자기의 자녀들을 성현의 영역으로 이끄는 것도 음덕에 속한다오. 어린 자식이 말할 수

있는 때부터 즉시 나무아미타불과 나무관세음보살의 명호를 염송하도록 가르치는 것보다 더 큰 사랑은 없소.」라고 하였다.

　＊ 인광대사는 「무량 아승기겁에 걸친 인과(因果)는 오직 오안(五眼)을 두루 갖추신 부처님만이 훤히 내다보실 수 있소.」라고 하였다.

　＊ 정공법사는 「화엄경에서 '보리심을 잃어버리고 모든 선법(善法)을 닦는 것을 마업(魔業: 악마의 소행)이라고 이름 한다.' 고 하였다. 불가(佛家)에서는 삼세원(三世怨)을 말하고 있다. 금생에서 선(善)을 닦고 내생에서 복을 누리고 나면 세 번째 생에서는 반드시 타락하게 된다. 이것이 바로 마업이다. 세상 사람들이 아무리 훌륭한 일을 하여도 부처님께서는 결코 찬탄하지 않으신다. 그 이유는 잘 하지 못하면 결국에는 반드시 삼세원에 떨어지기 때문이다. 현재 사회에서 큰 돈을 버는 사람은 모두 전생에 닦은 과보이다. 그가 금생에 만약 다시 사회에 대해 크게 보시를 하는 공헌을 하게 되면, 그는 내생에 역시 커다란 복의 과보를 받게 된다. 그러나 만약 금생에서 복을 누릴 생각만 하고 복의 과보를 다 누리게 되면, 반드시 부대적으로 많은 악업을 짓게 되어 내생에는 반드시 고통의 과보를 받게 된다. 만약 그가 지혜가 있어 보리심을 잃어버리지 않는다면, 내생의 과보는 완전히 다를 것이다. 염불하여 정토에 태어나기를 구하는데, 그 목적은 생사윤회에서 벗어나기 위함이며, 그 가운데 가장 중요한 것은 바로 마지막 임종할 때의 염불이다. 사람이 태어나 세상에 살아갈 적에 현전의 복의 과보를 요구하지 않고 이 복의 과보를 마지막 임종할 때까지 남겨놓는다면, 부처님께서 오셔서 극락정토로 인도하실 것이며, 질병 없이 생을 마치게 된다. 이것이 바로 가장 커다란 복의 과보이다. 나는 이러한 예를 너무나 많이 들었다.」라고 하였다.

　＊ 선화상인은 「무릇 학질(말라리아), 암(癌) 등과 같은 악한 질병은 모두 내면의 귀신이 지배하여, 사람의 오장육부를 뒤틀리게 만들고, 사대(四大)를 조화롭지 못하게 한 것으로서 다 업장(業障)이라는 귀신이 장난치는 것이다. 왜냐하면 만일 사람이 숙세의 업장이 있으면 때가 되어 귀신이 빚을 갚으러 오기 때문이며, 또한 그 사람의 양기(陽氣)가 부족하면 음기(陰氣)가 성하고 양기가 쇠하므로 귀신이 그 틈을 얻어 들어오기 때문이다. 그대가 만약 항상 번뇌가 없고 지혜가 현전(現前)하면 귀신이 비집고 들어올 틈을 얻지 못한다. 일단 욕념(欲念), 무명(無明)이 일어나면 귀신이 뚫고 들어오기가 쉽다. 따라서 세상의 모든 질병은 인과(因果)에 의한 것이다. 심지어 모기가 물고, 벌이 쏘는 것, 나아가 인간세상에서 만나는 모든 것이 다 인(因)과 과(果)가 서로 교차하는 것임을 알아야 한다. 사람이 만약 이런 도리를 깨달으면 잘못된 일은 털끝만큼도 할 수 없으며, 한번 잘못된 일을 저지르면 그에 대한 과보(果報)를 받아야 한다는 것을 알 것이다.」라고 하였다.

＊ 성현께서 「번성은 쇠퇴의 시작이고, 복(福)은 화(禍)의 토대이다. 화(禍)가 없는 것보다 큰 복은 없고, 복을 바라는 것보다 큰 화(禍)는 없다.[盛者衰之始 福者禍之基 福莫大於無禍 禍莫大於邀福]」 라고 하였다.

＊ 「세상에는 남과 싸워 이기기 좋아하는 사람만 있지 불의(不義)를 보고 비분강개하는 사람은 없고, 남의 원망을 사는 사람만 있지 은혜에 감사하는 사람은 없다. 제 재주를 뽐내는 자는 있어도 남의 재능을 아끼는 사람은 없고, 일신(一身)의 복을 구하는 자는 있어도 남에게 덕을 쌓는 이는 없다. 단지 어떻게 하면 잘 살까 하고 헤아리는 사람은 있지만, 어떻게 삶을 마칠지에 대해 생각하는 사람은 없다. 가까운 일에 대한 걱정은 하면서도 먼 장래의 일을 생각하지는 않으며, 제 처자식 걱정만 할뿐 부모 걱정하는 이는 없다. 간혹 이런 이가 있다면 어진 사람이라 말할 수 있지 않을까[世間但有好勝人 無慷慨人 但有積怨人 無感恩人 但有炫才人 無憐才人 但有邀福人 無積德人 但有爲生計人 未有爲死計人 但有爲近計人 未有爲遠計人 但有憂妻子人 無有憂父母人 間亦有之 可不謂賢乎]」 라는 글이 청나라 주량공(周亮工)의 〈뢰고당척독삼선결린집(賴古堂尺牘三選結隣集)〉에 실려 있다.

＊ 남회근 선생은 「가난은 슬퍼할 일이지만, 부유함은 더욱 두려워할 일입니다.〔貧窮可悲 富有更可怕〕」 라고 하였다.

아미타불 녁자 명호가 마음속의 만병을 치료하고 장구한 세월에 걸쳐 쌓여온 모든 잡념, 업장, 시비是非, 허망虛妄을 한 순간에 쓸어버려 본래면목인 법신으로 변화시킨다. 「부처님을 생각하고 부처님을 그리워하면 틀림없이 부처가 되느니라.」 고 한 정토종의 말은 바로 이 원리를 말해주는 것이다. 이렇게 수지修持하여 부처가 되지 못하였더라도 막대한 이익을 얻는다. 왜냐하면 만념萬念을 일념一念에 귀착시키면 임종 시에 마음의 혼란이 없이 아미타불의 영접을 받아 서방연지西方蓮池로 업을 지닌 채 왕생할 수 있기 때문이다. 서방 극락국에서는 괴로움이 없을 뿐만 아니라, 영원히 타락하지 않고 절대로 물러나거나 돌아서지 않도록 담보해준다. 그리고 온전한 수행과정을 통하여 무생법인을 오증悟證하고 지혜의 꽃이 필 때 부처님을 뵙고 시종일관 극락의 정토에서 지낸다.

- 관정寬淨선사 〈정토선정의淨土禪精義〉

＊ 중국 허운선사의 제자인 관정선사는 동굴 속에서 선정 수행을 하던 중 관세음보살의 안내로 극락에

유람하고 돌아와 기록을 남긴 분으로 유명하다. 유람 중 아미타불을 뵈었는데, 아미타부처님으로부터 친히 「염불선(念佛禪)은 과거에서부터 내려온 8만4천 법문의 총결정체이며, 심령을 다스리는 총화합약이라고 할 수 있느니라.」는 말씀을 들었다고 하였다.

　＊무생법인(無生法忍)의 심오한 뜻은, 《법화경》의 「제법종본래 상자적멸상(諸法從本來 常自寂滅相)」, 《반야심경》의 「시제법공상 불생불멸 불구부정 부증불감(是諸法空相 不生不滅 不垢不淨 不增不減)」, 의상대사(義湘大師)의 〈법성게(法性偈)〉중 「제법부동본래적(諸法不動本來寂)」에 잘 나타나 있다 할 것이다.

　＊무생법인을 깨달으면 팔지(八地) 이상의 보살이다. 팔지 이상의 보살이 되어야 철저한 절대무욕(絶對無欲)의 경지에 이른다고 남회근 선생은 말한다. 또, 팔지 이상의 보살이 되면 드디어 퇴전(退轉)할 가능성이 아예 없어진다.

　＊남회근 선생은 「진정으로 일체의 법이 무아(無我)임을 안다면, 무아(無我)의 경계에 이르게 되며, 자연 무생법인(無生法忍)의 경계에 이르게 됩니다.」라고 하였다.

　어떤 사람은 「사방세계의 무량한 중생이 모두 염불하여 왕생한다면 극락세계는 어떻게 그 많은 중생을 다 수용할 수 있겠는가.」라고 묻는다.

　그러나 푸른 바다는 온갖 강물이 다 흘러들어가도 넘치지 않고, 거울은 만 가지 모습을 담아도 또 담을 수 있음을 모르고 하는 말이다. 세간의 사물도 이러한데, 하물며 아미타부처님의 광대한 원력과 불가사의한 힘으로 성취된 끝없는 장엄국토에 어찌 무량한 중생을 수용할 수 없겠는가.
　　　　　　　　　　　　　　　　　　　　　　　　　　　　　　　　　　　-원영대사

　＊선도화상은 「범부가 부처님의 원력(願力)을 얻어 타면 반드시 정토에 왕생한다.[凡夫乘佛願力 定得往生]」라고 하였다.

　이때 세존께서는 선난제에게 말씀하시고 아난에게 명하셨다.

　「너희들은 마땅히 미래 중생의 죄 많은 자들을 구해야 한다. 죄를 없애기 위한 까닭에 염불하도록 가르쳐라. 염불은 모든 업장業障과 보장報障과 번뇌장煩惱障을 없애느니라. 염불이란 마땅히 먼저 단정히 앉아서 두 손을 마주 잡고 눈을 감고 혀를 들어 잇몸을 향하게 하고, 일심으로 생각을 묶어 집중해서 마음과 마음이 서로 모아져 흩어지지 않게 하여 마음이 정정의 상태가 되게 해야 한다.」

爾時世尊告禪難提及敕阿難汝等當教未來衆生罪業多者 爲除罪故 教使念佛以念佛故 除諸業障報障煩惱障 念佛者當先端坐 叉手閉眼擧舌向 齶一心繫念心心相注 使不分散心旣定已
─《선비요법경禪秘要法經》

* 《선비요법경》 : 석가모니부처님께서 직접 제자들을 해탈의 길로 지도하신 구체적인 선(禪) 수행법을 담고 있는 중요한 경전이다. 구마라집(鳩摩羅什)법사 등이 한역(漢譯)하였다. 부정관(不淨觀)/ 백골관(白骨觀)/ 사대관(四大觀)/ 신염처관(身念處觀)/ 수식관(數息觀) 등 여러 가지 관법(觀法)에 대해서도 설하였다.

* 보조국사 지눌(知訥)은 〈염불요문(念佛要門)〉에서 「탐욕이 많은 중생은 부정관(不淨觀)을, 분노가 많은 중생은 자비관(慈悲觀)을, 산심(散心)이 많은 중생은 수식관(數息觀)을, 어리석은 중생은 인연관(因緣觀)을, 업장(業障)이 많은 중생은 염불관(念佛觀)을 하라.[多貪衆生不淨觀 多嗔衆生慈悲觀 多散衆生數息觀 愚痴衆生因緣觀 多障衆生念佛觀]」라고 하였다.

* 달마대사의 〈남천축국보리달마선사관문(南天竺國菩提達磨禪師觀門)〉에 보면 「선(禪)은 어지러운 마음이 일어나지 않음을 말한다. 생각도 없고 움직임도 없는 것이 선정(禪定)이다. 마음을 단정히 하고 생각을 바로 하여, 생(生)도 없고 멸(滅)도 없으며 감도 없고 옴도 없이 고요히 움직이지 않는 것을 일러 선정(禪定)이라 한다. 말을 비우고 생각을 깨끗이 하여 마음으로 깨달아 고요 속에 침잠하여, 갈 때나 머물 때나 앉았거나 누웠거나 언제나 고요하여 흐트러짐이 없는 까닭에 선정이라 한다.」라고 하였다.

* 《원각경》에 「걸림 없는 청정한 지혜는 다 선정에 의지해 난다.[無碍清淨慧 皆依禪定生]」라고 하였다.

* 《선문경(禪門經)》에 이르기를 「부처님의 성스러운 지혜인 일체종지(一切種智)를 구하려고 하면 선정(禪定)이 요긴한 것이니 만약 선정이 없으면 망상(妄想)이 시끄럽게 일어나서 그 선근(善根)을 무너뜨린다.[禪門經云 求佛聖智 卽要禪定 若無禪定 念想喧動 壞其善根]」라고 하였다.

* 보장(報障) : 천태대사의 〈육묘법문(六妙法門)〉에 의하면, 보장(報障)이란 금생에 착하지 못하여 마음이 거칠고 흔들려 산란한 장애물의 경계 안에 들어가는 일을 말한다.

* 번뇌장(煩惱障) : 천태대사의 〈육묘법문(六妙法門)〉에 의하면, 십사(十使) 등 일체의 번뇌를 말한다.

십사(十使)는 열 가지 번뇌를 뜻하는데, 신견(身見)/ 변견(邊見)/ 사견(邪見)/ 견취견(見取見)/ 계금취견(戒禁取見)/ 탐(貪)/ 진(瞋)/ 치(癡)/ 만(慢)/ 의(疑)가 그것이다.

　* 보조국사 지눌은 〈염불요문(念佛要門)〉에서 「몸을 사랑해 업을 짓는 것을 보장(報障)이라 하고, 계속 이어지는 애욕을 번뇌장(煩惱障)이라 한다.[愛身造業 名報障 相續愛欲 名煩惱障]」라고 하였다.

　* 번뇌장(煩惱障)과 업장(業障)과 보장(報障)을 삼장(三障)이라고 부른다. 업장은 언어·동작 또는 마음으로 악업을 지어 정도(正道)를 방해하는 장애이며, 보장은 지옥·아귀·축생 등의 과보를 받아 불법(佛法)을 들을 수 없는 장애를 말한다.

　평소의 수행여부는 그만 두고 「무릇 임종 시에 염불하면서 마음이 고요한 이는 누구를 막론하고 모두 서방에 왕생할 수 있다.」 하였으니, 반드시 미리 유념해 두어야 할 것이다. 이 책을 읽는 자들은 후사품後四品으로 왕생하는 중생이 생전에는 염불을 한 적이 없고, 심지어 갖은 악을 저지르다가 임종 시에 선지식의 가르침을 받고 십념十念의 명호를 부르고서 곧 왕생했다는 사실을 듣고 생각하기를, 「임종 시에 선지식이 지시하는 것만을 의지하고서도 누구나 왕생할 수 있다면, 평소에 굳이 염불할 필요가 없을 것이요, 악을 짓는 것에 상관없이 죽을 때 열 번만 염불하면 금방 왕생할 수 있겠구나.」 하고 생각할 것이다.

　이러한 생각은 매우 잘못된 것이다. 평소에 염불한 것이 임종에도 습관이 되어 부처님의 접인 왕생을 입게 되는 것이니 이것이 정상적인 현상이요, 평소에는 염불하지 않다가 임종 시에 선지식의 가르침을 받고 이윽고 정념正念을 일으키는 것은 예외적인 현상인 것이다. 세상 사람들이 죽을 때의 모습은 실로 천태만상이다. 예를 들면, 자기가 평소 잠들던 안방에서 병들어 죽지 못하고, 감옥이나 길에서 죽거나 벌판이나 병원의 수술대 위에서 죽을 때는 어떻게 할 것인가. 부근에 선지식이 없을 때는 어떻게 할 것인가. 비록 집에서 죽더라도 가족들의 정신이 허둥지둥하여 어쩔 줄 모르거나, (부처님을) 믿지 않거나 달갑게 여기지 아니하여 선지식을 청할 줄 모를 때는 어떻게 할 것인가. 갑자기 명이 다하여 미처 선지식을 청할 사이가 없을 때는 어떻게 할 것인가. 선지식이 이미 왔더라도 병자가 정신이 혼미하여 능히 법을 들을 수 없을 때는 어떻게 할 것인가. 병이 중하여 고통이 심할 때 신경이 착란하여 태도가 거칠어져서, 좋은 말도 듣지 않으려 하거나 염불을 달가워하지 않을 때는 어떻게 할 것인가. 이런 경우가 모두 문제인 것이다.

만약 평소에 염불을 하지 않았거나 정토에 왕생하겠다는 원원願을 발하지 않았다가, 임종에 이르러 선지식이 염불하게 하기를 기다린다면, 혹시 임종에 풍기風氣로 몸을 가눌 수 없거나 극도로 고통스러울 때에는 염불을 기억하려 하여도 당연히 불가능한 일이 되고 말 것이다.

결론적으로 말하면, 선지식을 의지하는 것은 자신을 의지하는 것만 못하며, 임종 때를 의지하는 것은 평소를 의지하는 것만 못하다.

- 방륜 〈정법개술〉

* 후사품(後四品) : 정토에 왕생하는 구품 가운데, 중품하생/ 하품상생/ 하품중생/ 하품하생을 말함.

* 남회근 선생은 「고덕(古德)중 진정한 선지식은 인과응보를 깊이 알아서, 절대 자기 자신을 속이고 남을 속이지 않는다는 사실을 알아야 합니다. 그러니 그런 선지식들의 말씀을 어찌 믿지 않을 수 있겠습니까.」 라고 하였다.

* 인광대사는 「인과응보를 믿는 것은 도(道)에 들어가는 첫 관문이오. 사실 인과응보를 독실하게 믿는 일도 결코 쉽지 않소. 소승의 초과(初果: 수다원)나 대승의 초지(初地: 십지의 첫 단계)에 이르러야, 진실로 인과응보를 독실하게 믿을 수 있다오.」 라고 하였다.

어떤 사람이 「자기 마음이 정토이니 새삼스레 정토에 가서 날 것이 무엇이며, 자기 성품이 아미타불이니 굳이 아미타불을 보려고 애쓸 것이 무엇인가.」 라고 말하는데, 이 말이 옳은 것 같지만 틀렸다.

저 부처님은 탐욕과 성냄이 없는데, 나도 탐냄이 없고 성냄도 없단 말인가. 부처님은 지옥을 연화세계로 손쉽게 바꾸지만, 나는 지은 업 때문에 지옥에 떨어질까 늘 걱정하는데, 하물며 지옥을 연화세계로 바꿀 수 있단 말인가. 저 부처님은 헤아릴 수 없이 많은 세계를 바로 눈앞에서 보듯 하지만, 나는 담 너머의 일도 오히려 알지 못하는데, 하물며 시방세계를 눈앞에서 펼쳐볼 수 있단 말인가.

이 때문에 사람마다 그 성품이 부처라도 행실은 중생이니, 그 모습과 쓰임새를 논한다면 (부처와는) 하늘과 땅만큼의 차이가 있다. 규봉圭峰선사께서 말씀하시기를, 「부처의 이치를 실로 단숨에 깨치더라도 중생의 행실은 끝내 점차 고쳐나가야 할 것이다.」 하였으니, 참으로 옳은 말씀이다. 그런즉 자신의 성품이 아미타불이라는 사람에게 묻겠다. 그대 말대로라면 이 세상에 존재하는 석가모니와 아미타불이 어찌 있을 수 있겠는가. 스스로 조금만 생각해보면 어찌 이 사실을 저절로 알 수 없겠는가. 죽을 때 생사의 고통에서 정말 자재自在할 수 있겠는가. 그렇지 못하다면 한때의 잘난 마음으로 인하여 영원히 삼악도에 떨어지지 말지어다.

　有人云 自心淨土 淨土不可生 自性彌陀 彌陀不可見 此言似是而非也 彼佛 無貪無瞋 我亦無貪無瞋乎 彼佛 變地獄 作蓮花 易於反掌 我則 以業力 常恐自墮於地獄 況變作蓮花乎 彼佛 觀無量世界 如在目前 我則 隔壁事 猶不知 況見十方世界 如目前乎 是故 人人性則雖佛 而行則衆生 論其相用 天地懸隔 圭峰云 設實頓悟 終須漸行 誠哉是言也 然卽寄語自性彌陀者 豈有天性釋迦自然彌陀耶 須自忖量 豈不自知 臨命終時 生死苦際 定得自在否 若不如是 莫以一時貢高 却致永劫沈墮

　　　　　　　　　　　　　　　　　　　　　　　- 서산대사 〈선가귀감〉

* 규봉(圭峰) : 규봉종밀(圭峰宗密,780-841)법사를 일컫는다. 중국 당나라 화엄종 제5조이다. 유학(儒學)에 능통했으나 807년에 우연히 도원(道圓)선사를 만나 출가하여 선(禪)을 공부했다. 이후 청량대사(清涼大師) 징관(澄觀)의 〈화엄경소(華嚴經疏)〉를 읽고 크게 깨쳤다. 교(敎)와 선(禪)의 일치를 주장했다.
* 영명 연수선사의 〈만선동귀집〉에 「대장엄법문경(大莊嚴法門經)에서, "성내고 원망하는 이는 백 겁 동안 애써 쌓은 선업(善業)을 한꺼번에 없앤다." 라고 하였으며, 화엄경에서는 "보살이 한 번 진심(瞋心)을 일으키면 온갖 장애의 문이 열린다." 라고 하였고, 또, "공덕을 겁탈하는 도적으로 진에(瞋恚)보다 더한 것이 없다." 라고 하였으며, 또, "온갖 마음 가운데 진심(瞋心)이 대도(大道)의 원적(冤賊)이 된다." 고도 하였다.[大莊嚴法門經云 瞋恨者能滅百劫所作善業 華嚴經云 菩薩起一瞋心 能生百萬障門 又經云 劫功德賊無過瞋恚 又意地起瞋 大道冤賊] 라고 하였다.

　어떤 이가 물었다.

「저는 25세 때 별안간 병이 나서 걷지 못하게 됐는데 절에 가서 불공드리고 나았습니다. 그런데 근래 기독교인이 말하기를, 내생을 생각해서 예수를 믿으라 하니 어찌할까요.」

광덕스님께서 답하셨다.

「예수님을 바로 믿고 사랑을 행하면 내생엔 천당(천상)에 갈 것입니다. 그러나 부처님을 믿어 극락에 나면 끝없는 자유를 얻고 성불하여 온 세상을 마음대로 출입하며 좋은 일을 할 수 있는 것이니 내생이라면 극락보다 나은 데는 없지요. 천상은 유한이며 윤회가 있고, 극락은 무한이며 퇴전이 없습니다.」

- 광덕光德스님

* 서울 잠실에 있는 불광사(佛光寺)를 창건하고 월간지 〈불광〉을 창간한 광덕스님은 「경전에 다 써 있으니 붓 잡을 시간에 경전을 보라.」 고 권했고, 차 한 잔 우려마시는 것조차 사치라고 마다했다. 또한 절 어느 곳에나 '청정막방일(淸淨莫放逸: 청정하게 계율을 잘 지키고 방일하지 마라)' 이라는 《열반경》 경구를 붙여놓고 대중 스님들의 사중 생활을 독려했을 정도로 방일을 경계했다. 한평생 최상의 주문인 '마하반야바라밀(摩訶般若波羅蜜)' 을 염송할 것을 주창하셨다.

* 광덕스님은 「반야경에는 이런 말씀이 있습니다. "어떤 선남자 선여인이 반야바라밀 법문을 숭배하고 온갖 공양구(供養具)로써 공양하였을 때와, 한 편에 부처님의 사리탑을 공경하고 공양을 올렸을 때와 어느 쪽이 더 큰 복덕이 있는가." 이에 대하여 대답하기를, "부처님은 완전무결한 최상 공덕을 갖추었으니 그 부처님은 어떤 도를 닦아서 최상 무극의 도를 깨달았는가." 반문하고, "그것은 반야바라밀을 배웠기 때문" 이라고 말하고 있습니다. 또 부처님을 여래(如來)라고 부르는 것은 그 신체의 특성 때문에 그렇게 부르는 것이 아니라, 반야바라밀을 이루었기 때문에 여래라고 부른다고 하고, 결론적으로 반야바라밀을 공양하면 참으로 부처님을 공양하는 것이라고 말씀하고 있습니다. 그리고 이어서, "반야바라밀은 여래의 진정한 몸이니 모든 부처님은 법신이요, 물리적 존재인 신체가 아니니 여래는 마땅히 법신이라고 보아야 하고, 여래는 곧 반야바라밀에서 나툰 바' 라고 말씀하고 있습니다. 또 경에는 반야바라밀이 '제불(諸佛)의 어머니' 로 비유되고 있습니다. 그래서 반야바라밀은 여래의 어머니이고 낳으신 어버이시며, 여래에게 일체를 아시는 공덕성을 나타나게 한다고 하였다. 그러기에 옛 조사들도 항상 반야바라밀을 염하고 반야경을 지송하면 견성(見性)한다고 말한 것입니다. 금강경에는 일체 제불과 제불의 법이 반야바

라밀에서 나온다고 말씀한 것을 여실히 아실 것입니다. 또 "세존은 반야바라밀과 다르지 아니하며 반야바라밀은 세존과 다르지 아니하며 세존이 곧 반야바라밀이요, 반야바라밀이 곧 세존"이라고도 말씀하고 계십니다. 이상 몇 가지만 살펴보아도 제불(諸佛)의 근원이 반야바라밀이며, 일체 중생의 성불할 법문도 반야바라밀이며, 반야바라밀이 일체 공덕을 나타내는 근본임을 알 수 있습니다. 다시 말을 바꾸면, 반야바라밀이 법이며 진리이며 일체 공덕의 원천이며 삼세제불의 진면목이고, 우리가 소망을 이루고 내지 성불하는 통로라는 사실을 알 수 있습니다. 그렇다면 우리가 생각하고 믿고 행할 근본 과제가 무엇이겠습니까. 우리는 반야바라밀을 깨달아야 하며, 반야바라밀의 공덕을 알고 믿어야 하며, 반야바라밀에 친숙하도록 끊임없이 노력하여야겠습니다. 이것이 가장 수승한 수행이 아닐 수 없습니다.」라고 하였다.

＊ 광덕스님은 「기도 성취의 장애 요인 가운데는, 부모님과 조상님께 감사하고 있는가, 또 가족 간에 서로 정신적으로 잘 화합하고 있는가, 그리고 특별히 부부 사이에 대립심이 없는가, 미움과 원망스런 감정 품은 것이 없는가를 보아야 합니다. 가족 서로의 정신적인 조화가 안 되어서 가족끼리 서로 대립하고, 마음 가운데 서로 허락하지 않고 마음 가운데 서로 통하지 않고, 마음 가운데 서로 덮어두고, 마음 가운데 숨겨 두고 말 안 하고 있고, 그렇게 가족 가운데 통하지 않는 부분을 가지고 있지 않는지 돌아보아야 합니다. 그것은 막히는 것입니다. 부처님과도 막히는 것입니다. 내 마음이 어디든지 벽을 쌓고 있다는 것은 바로 부처님과 벽을 쌓고 있는 것입니다.」라고 하였다.

＊ 광덕스님은 또 「집안에 우환이 있거나 일신에 병이 생기는 것은 마음이 조화를 잃었거나 부모형제나 이웃들과 원망하고 대립하거나 부처님 뜻과 어긋난 증거이므로 이러한 때 저희들은 진심으로 참회하고 화합하고 몸과 마음을 바쳐 일체에 감사해야 하겠습니다. 경 말씀에, '일체중생을 섬기되 부모와 같이 하고 스승과 같이 하고 아라한 내지 부처님과 같게 하라.'고 말씀하셨으며 그러할 때 부처님의 한량없는 공덕이 우리의 것으로 흘러 들어온다고 하셨습니다. 저희들은 맹세코 어느 때나 부처님께 감사하겠습니다. 나라와 겨레에 감사하겠습니다. 조상님과 부모님께 감사하겠습니다. 형제에게 감사하겠습니다. 아내에게 감사하겠습니다. 남편에게 감사하겠습니다. 자식들이나 아랫사람이나 모든 벗 모든 이웃들에게 감사하겠습니다. 아무런 조건 없이 진정으로 감사하겠습니다. 저희들이 이와 같이 조화하고 화목하고 섬기고 사랑하는 곳에 불보살님은 저희들과 함께 하시며 부처님의 위덕은 거침없이 나타나시는 것을 깊이 배웠습니다.」라고 하였다.

＊ 남회근 선생은 「불법의 관점에서 볼 때 사람이 천상에 태어나는 것은 간단한 일이 아닙니다. 선근

복덕을 갖추는 게 꼭 필요합니다. 기독교나 이슬람교 같은 다른 종교에서 수행하는 것은 천상세계를 생각하는 법문에 해당합니다.」라고 하였다.

＊ 남회근 선생은 「기독교에서는 하느님이 전능(全能)하다고 말하는데, 이 이론은 성립하지 않습니다. 하느님이 전능하다면 왜 또 마귀(사탄)이라는 존재가 있을까요. 하느님이 전능하다면 어째서 하느님을 믿지 않는 사람이 있는 걸까요. 이로써 하느님에게도 불능(不能)이 있음을 알 수 있습니다.」라고 하였다.

＊ 성엄(聖嚴)선사는 중국 당나라 때의 고승인 영가(永嘉) 현각(玄覺)선사의 〈증도가(證道歌)〉를 강해(講解)하면서, 「기독교인들은 천당이 영원한 것이어서 한번 들어가면 영원히 벗어나지 않는다고 믿습니다. 부처님의 가르침에 따르면, 천당도 시간적 영향을 받고 변화를 겪습니다. 여러분은 보시의 공덕과 선행으로 천당에 환생할 수 있지만, 이것은 또 하나의 유한한 삶의 형태입니다. 천당에서의 수명은 길게는 수백만 년, 수억 년까지 이를 수도 있겠지만, 결국에는 죽게 되고 그러고 나면 다시 인간 세상으로 오거나 심지어는 인간 세상 아닌 곳으로도 가게 됩니다.」라고 하였다.

＊ 인도의 용수보살은 그의 저서 〈중론(中論)〉에서 「만약 세상을 만든 자가 있어서 세상이 존재한다면, 세상을 만든 자는 누가 만들었는가.」라고 반문하면서, 소위 기독교에서 말하는 조물주(절대자)의 존재를 부정하였다. 기독교의 교리대로 절대자가 이 우주를 창조했다면, 그 절대자는 누가 창조했는가라는 물음인 것이다. 기독교는 이에 대해 답을 해야 한다. 성서 출애굽기 3장 14절에는 조물주는 누가 창조한 것이 아니라 '스스로 있는 자(I AM WHO I AM)' 라고 나와 있는데, 이 말은 부처님의 핵심 가르침인 연기법(緣起法)에 어긋나기 때문에 불교에서는 인정할 수 없는 것이다.

＊ 연기법(緣起法)에 의하면, 현재의 결과는 앞의 원인에 의지하고 앞의 원인은 그 앞의 원인에 의지하여 다함이 없다. 끝없이 원인과 결과가 서로 상속하여 다함이 없으니 최초의 원인을 찾을 수 없고, 최초의 원인을 찾을 수 없으므로 원인과 결과로 이루어진 세상 만물의 시작과 끝은 존재하지 않는다. 말 그대로 무시무종(無始無終)이다.

＊ 연지대사는 〈죽창수필〉에서, 기독교의 천주(天主=야훼=하느님)에 대한 귀한 말씀을 남기셨다. 소개한다. 「저들이(기독교인 지칭) 천주를 숭배하고 섬긴다 하지만, 하늘에 대해서 그다지 자세히 알고 있지 않은 듯하다. 경전에 의하여 증명해 보리라. 저들이 말하는 천주란, 곧 도리천왕(忉利天王)으로서, 1사천하(四天下) 33천(天)의 주인이다. 이 1사천하가 천 개인 것을 소천세계(小天世界)라 한다. 그렇다면 천 명의 천주(天主)가 있는 셈이다. 또한, 소천이 천 개인 것을 중천세계(中千世界)라 하니, 백만의 천주가 있는

셈이다. 또 중천이 천 개인 것을 대천세계(大千世界)라 하니, 십억 명의 천주가 있는 셈이다. 이 삼천대천세계를 다스리는 자는 대범천왕(大梵天王)으로서, 저들이 말하는 천주는, 범천왕이 볼 적에는, 주(周)나라의 천자(天子)가 1800제후를 보듯 하는 정도밖에 안 된다. 저들이 알고 있는 것은 겨우 십억 천주 중의 하나일 뿐인 셈이다. 이렇게 보면, 다른 욕계(欲界)의 제천(諸天)이나, 더 위로 올라가서 색계(色界), 다시 더 위로 올라가서 무색계(無色界)의 제천(諸天)은 전혀 알지 못하고 있는 것이다…(중략)… 저들이 비록 총명하고 지혜로운 자들이긴 하지만, 아직 불경을 읽지 못했으므로, 이렇게 천착(舛錯: 잘못되고 어긋남)한 언설을 늘어놓게 된 것이니 그다지 괴이쩍은 일도 아니다… (중략)… 만약 내가 시기심으로 속임수나 궤변으로써 일부러 천주의 가르침을 꺾거나 파괴하려 했다면, 천주의 위령(威靈: 위엄 있는 신령)이 환하게 비추어 보사, 반드시 사나운 천신(天神)으로 하여금 땅으로 내려가 이를 다스리게 할 것이고, 천토(天討: 하늘이 벌을 내림)로써 바로잡을 것이다.[彼雖崇事天主 而天之說實所未諳 按經以證 彼所稱天主者 忉利天王也 一四天下 三十三天之主也 此一四天下 從一數之而至於千 名小千世界 則有千天主矣 又從一小千數之而復至於千 名中千世界 則有百萬天主矣 又從一中千數之而復至於千 名大千世界 則有萬億天主矣 統此三千大千世界者 大梵天王是也 彼所稱最尊無上之天主 梵天視之 略似周天子視千八百諸侯也 彼所知者 萬億天主中之一耳 餘欲界諸天皆所未知也 又上而色界諸天 又上而無色界諸天 皆所未知也……. 彼雖聰慧 未讀佛經 何怪乎立言之舛也… 倘予懷妬忌心 立詭異說 故沮壞彼王教 則天主威靈洞照 當使猛烈天神下治之 以飭天討]」라고 하였다.

 ＊정공법사는 「나는 남경에서 학문을 탐구할 때, 일찍이 교회에서 2년 동안 기독교를 공부하였다. 그 덕분에 나는 신구약전서(新舊約全書)를 두 번이나 읽은 적이 있으며, 또한 이슬람교를 1년 공부한 적도 있다. 교회에서는 내가 세례(洗禮)받기를 원하였지만, 나는 그것은 받아들이지 않았다. 그것은 교회에서는 내가 가지고 있는 많은 의문점에 대해 해답을 구할 수 없었기 때문이었다.」라고 하였다.

 ＊근대 대만의 고승인 인순(印順)법사는, 기독교에서 말하는 천당과 불교에서 말하는 극락의 차이를 이렇게 설명했다. 「서방정토는 완전히 평등하여 어떠한 계급도 없고, 누구나 부처가 될 수 있음에 반하여, 천당은 하느님만이 하느님이어서 그 누구도 하느님이 될 수 없다. 또, 천당에 한 번 가면 다시는 수행할 필요가 없는 데 반해, 정토는 왕생한 이후에도 성불할 때까지 계속해서 수행을 해야 한다는 점이 다르며, 또 기독교에서 말하는 천당은 불교의 도리천(忉利天)을 말하는 것으로, 이는 욕계(欲界)에 속하여 복과 수명이 다하면 다시 윤회 속으로 빠지게 된다. 정토는 한 번 왕생하면 다시는 퇴전(退轉)하지도 않고 윤회를

완전히 벗어난다.」

* 정공법사는 「염불법문의 믿음과 다른 종교의 믿음은 다르다. 미국 텍사스 주(州)의 달라스(Dallas)에서 몇 분의 기독교 인사들을 만난 적이 있다. 그들은 하나같이 기독교는 하느님을 믿으며, 하느님을 믿게 되면 천당에서 태어난다고 생각하였다. 이는 정종(淨宗)의 신도와 마찬가지의 생각이다. 다른 점이라면, 기독교에서 하느님을 믿는 것은 다른 대상을 믿는 것이지만, 우리들은 먼저 자신을 믿고 그 다음에 다른 대상을 믿는다. 우익대사의 아미타경요해에서 '중생과 부처가 둘이 아님을 믿는다.[信生佛不二]'고 말하고 있다.」라고 하였다.

* 정공법사는 「다른 종교 신도들은 천당에 가서 영생(永生)을 누리게 해 달라고 기도합니다. 천상에 태어나는 것이 바로 영생이고, 그것이 구경(究竟: 궁극의 깨달음)이라고 생각하니까요. 그러나 이건 잘못 알고 있는 것입니다. 불교를 공부하는 사람들은 절대 천당(천상)을 부러워하지 않습니다.」라고 하였다.

* 정공법사는 「우주 만상(萬象)을 정확하고 명료하게 아는 지혜를 도종지(道種智)라고 합니다. 도종지의 종(種)은 종류입니다. 우주 공간에는 동물·식물·광물 가릴 것 없이 헤아릴 수 없이 많은 종류들이 있습니다. 이렇게 많은 종류들이 어떻게 생겨났을까요. 보통 사람들은 알 수가 없습니다. 분명 신이 만들었을 것이라고 생각합니다. 하지만 신이 만물을 만들었다면 신은 너무 바빴을 겁니다. 하루 종일 아침부터 저녁까지 만들어야 했을 테니까요. 게다가 기껏 사람들을 만들어놨더니 나중에 또 신(神)에게 반발까지 합니다. 그렇다면 이건 신이 스스로 골칫거리를 만든 것이 아니겠습니까. 여기에 대해서는 종교학자들도 답을 찾지 못하고, 그저 신이 만들었으려니 생각만 하고 있습니다. 그런데 신은 어디서 나왔습니까. 사람의 마음속에서 변화되어 나온 것입니다. 하느님이 만물을 만들었다면 그럼 누가 하느님을 만들었습니까. 우리 모두가 하느님을 만든 것입니다. 우리가 그를 신으로, 하느님으로 인정하지 않으면, 그도 어쩔 방법이 없습니다. 그러니 하느님이 만든 것은 아닙니다.」라고 하였다.

* 정공법사는 「다른 종교에서는 천제(天帝, 불교의 도리천주를 말함)를 조물주라고 봅니다. 하지만 불교에서 진정한 조물주는 마음[心 또는 識]이라고 합니다. 일체의 법은 오직 마음[唯心]에서 나타난 것이고, 오직 마음[唯識]이 변한 것입니다. 마치 우리가 꿈을 꿀 때에, 꿈속의 경계(境界)를 우리 마음이 만드는 것처럼 말입니다. 모든 법은 마음이 짓고[萬法心造, 一切唯心造, 萬法唯心所現], 스스로 인과를 바꾸며[自轉因果], 오직 나만이 홀로 존귀[唯我獨尊]합니다.」라고 하였다.

* 남회근 선생은 「천주교, 기독교, 이슬람교도 인과응보를 말합니다. 좋은 일을 한 사람은 천당에 올라

가고, 나쁜 일을 한 사람은 지옥에 떨어집니다. 그렇다면 인과(因果)는 누가 주관하는 걸까요. 누가 사건을 판단하고 당신으로 하여금 응보(應報)를 받게 할까요. 불교에서는 당신의 죄를 심판하는 어떤 존재가 있다고 인정하지 않습니다. 당신을 지옥에 떨어지게 하고, 천당에 오르게 하는 존재가 있다는 것을 인정하지 않습니다. 왜 인정하지 않을까요. 왜냐하면 그것은 (당연한) 인과(因果)의 도리로서 대과학(大科學)이기 때문입니다. 천상에 오르고 지옥에 떨어지는 등 육도를 윤회하는 것과, 삼세(三世)의 육도윤회와 삼세의 과보(果報)는 모두 누가 그렇게 시켜서 그런 것이 아니라 우리 스스로가 만든 것입니다.」라고 하였다.

　＊ 현재 대만의 스님이신 성운(星雲)대사는 어느 책에서 「옛날 송나라 때, 계종(季宗)이 천축(天竺: 인도)에서 온 승려에게 물었습니다. "관세음보살은 손에 염주를 들고 누구를 염불하십니까." "관세음보살을 염불하지요." "아니 왜 자신이 자신의 명호를 부릅니까." "남에게 부탁하기보다 자신에게서 구하는 것이 나으니까요."」라는 이야기를 들려 주셨다.

　＊ 남회근 선생은 「당연한 말이지만 길은 스스로 가야 합니다. 다른 사람한테 구하는 것보다 자신에게서 구하는 것이 더 낫습니다. 진정으로 인과를 믿는다면 마음이 일어나고 움직이는 곳부터 점검해야 합니다. 이렇게 하는 것이 지혜요, 수행입니다. 바깥으로 향하면 하늘을 원망하고 다른 사람을 탓하게 됩니다. 우상을 숭배하고 다른 사람을 의지해 경계를 즐기려 합니다. 이는 자신을 속이고 타인을 기만하는 일입니다.」라고 하였다.

　＊ 중국의 임제(林濟)선사는 〈임제록(林濟錄)〉에서 「도를 배우는 벗들이여. 참 부처는 형상이 없고 참된 법은 모양이 없다. 그대들은 그와 같은 변화로 나타난 허깨비에서 이런 모양을 짓고 저런 모양을 짓는구나. 설사 그런 것을 구하여 얻는다 하더라도 모두 여우의 혼령들이며 결코 참된 부처가 아니다. 이는 바로 외도의 견해인 것이다. 진정으로 도를 배우는 사람이라면 부처마저도 취하지 않으며 보살과 나한도 취하지 않고 삼계의 뛰어난 경계도 취하지 않을 것이다. 멀리 홀로 벗어나 사물에 전혀 구애되지 않는다. 하늘과 땅이 뒤집힌다 해도 나는 더 이상 의혹이 없다. 시방세계의 모든 부처님이 앞에 나타난다 하여도 한 생각도 기쁜 마음이 없다. 삼악도의 지옥이 갑자기 나타난다 하여도 한 생각도 두려운 마음이 없다. 어째서 그런가. 나는 모든 법은 공(空)한 모습이라 변화하면 곧 있고 변화하지 않으면 없는 것으로 본다. 삼계(三界)는 오직 마음이고, 만법(萬法)도 오직 마음이 변해서 나타난 것이기 때문이다. 그러므로 꿈이요 환상이요 헛꽃인 것을 무엇 하려 수고로이 붙잡으려 하는가.[道流 眞佛無形 眞法無相 儞祇麼幻化上頭 作模作樣 設求得者 皆是野狐精魅 幷不是眞佛 是外道見解 夫如眞學道人 幷不取佛 不取菩薩羅漢 不取三界殊勝

迥然獨脫 不與物拘 乾坤倒覆 我更不疑 十方諸佛現前 無一念心喜三塗地獄頓現 無一念心怖 緣何如此 我見諸法空相 變卽有 不變卽無 三界唯心 萬法唯識 所以 夢幻空花 何勞把捉」라고 하였다.

＊ 대주(大珠) 혜해(慧海)선사의 〈돈오입도요문론(頓悟入道要門論)〉에 「능가경(楞伽經)에 이르기를 "마음이 생(生)하면 일체만법이 생(生)하고 마음이 멸(滅)하면 일체만법이 멸(滅)한다." 라고 하였고, 유마경(維摩經)에 이르기를 "정토(淨土)를 얻으려고 하면 마땅히 그 마음을 깨끗이 하여야 하나니 그 마음이 청정하면 불국토가 청정하다." 라고 하였으며, 유교경(遺敎經)에 이르기를 "마음을 한 곳으로 모아 제어하면 성취하지 못하는 일이 없다." 라고 하였고, 어떤 경에서는 "성인은 마음을 구하되 부처를 구하지 아니하고, 어리석은 사람은 부처를 구하고 마음을 구하지 않는다." 라고 하였으며, 지혜로운 자는 마음을 조절하되 몸을 조절하지 않고, 어리석은 자는 몸을 조절하되 마음은 조절하지 않으며, 불명경(佛名經)에 이르기를 "죄는 마음에서 났다가 다시 마음을 좇아서 없어진다." 라고 하였다. 그러므로 선악과 일체의 모든 것은 마음으로부터 말미암은 것이니, 그런 까닭에 마음이 근본인 것이다. 만약 해탈을 구하는 사람이라면 먼저 모름지기 근본을 알아야 한다. 만약 이런 이치를 통달하지 못하고 쓸데없는 노력을 허비하여 밖으로 나타난 모양에서 구한다면 옳지 않느니라. 선문경(禪門經)에 이르기를 "바깥 모양에서 구한다면 비록 몇 겁을 지난다 해도 마침내 이루지 못할 것이요, 안으로 마음을 관조하여 깨치면 한 생각 사이에 보리(菩提)를 증(證)한다." 라고 하였느니라.[楞伽經云 心生卽種種法生 心滅卽種種法滅 維摩經云 欲得淨土 當淨其心 隨其心淨 卽佛土淨 遺敎經云 但制心一處 無事不辨 經云 聖人 求心不求佛 愚人 求佛不求心 智人 調心不調身 愚人 調身不調心 佛名經云 罪從心生 還從心滅 故知善惡一切皆由自心 所以心爲根本也 若求解脫者 先須識根本 若不達此理 虛費功勞 於外相求 無有是處 禪門經云於外相求 雖經劫數 從不能成 於內覺觀 如一念頃 卽證菩提]」라고 하였다.

＊ 정공법사는 「석가모니불께서 출생하실 때에 하신 첫 마디가 "하늘 위와 하늘 아래에 오직 나 홀로 존귀하다.[天上天下 唯我獨尊]" 였습니다. 여기에서의 '나[我]' 는 자성(自性)을 가리키며, 진여본성(眞如本性)을 말하는 것이지, 사람으로서의 몸을 가리키는 것이 아닙니다.」 라고 하였다.

＊ 남회근 선생은 「석가모니 부처님은 출생하자마자 곧바로 일곱 걸음을 걸었습니다. 그리고 한 손으로 하늘을 가리키고 한 손으로는 땅을 가리키면서 다음과 같은 한 마디를 했습니다. "천상천하 유아독존(天上天下唯我獨尊)". 말을 마치자 더 이상 말을 하지 않고 보통의 갓난아기로 변했습니다. 오늘날 현대인들이 이게 어떻게 가능하냐고 의심을 품었습니다. 그렇지만 동서 문화의 역사를 연구해보면, 옛사람들

은 태어나면서부터 말을 할 줄 알았고 동작을 할 줄 아는 사람이 많았습니다. 석가모니 한 사람만이 아니었습니다.」라고 하였다.

＊남회근 선생은 「자타증애(自他憎愛)를 없애버리고 일체에 평등하여 남을 자기처럼 사랑할 수 있어야 부처님을 배우는 행위입니다. 그러나 누가 그렇게 할 수 있습니까. 남을 자기처럼 사랑한다는 말은 누구나 다 할 줄 알지만, 이해(利害)관계의 대목에 이르자마자 당연히 내가 제일이지 남이 또 어디에 있던가요. 어떤 사람의 수행은 평소에는 알아볼 수가 없습니다. 이해관계의 대목에 부딪쳤을 때에야 진정으로 시험해볼 수 있습니다. 특히 종교인들은 다른 사람들을 배제하는 심리가 특별히 강합니다. "아! 당신은 기독교인이군요." 하는 그런 분위기가 나오면서 평등하지 못하고 자비롭지 못합니다. 왜 종교를 신앙하면 남을 배제하기 쉬울까요. 자기가 믿는 종교야말로 옳고 남이 믿는 건 틀렸다고 생각하기 때문입니다. '若復有人 觀彼怨家 如己父母 必無有二 卽除諸病(또 어떤 사람이 원한을 입힌 사람을 자기의 부모처럼 여기고 완전한 평등심을 지닌다면 모든 질병에서 벗어날 수 있다)' 어느 불교인이 이 단락의 말대로 할 수 있을까요. 늘 말하지만 저는 불교도가 아닙니다. 왜냐하면 저는 불교인이 될 자격이 없기 때문입니다. 부처님은 말씀하시기를, 가령 어떤 사람이 원한이 있는 사람을 보더라도 자기의 부모처럼 여기라고 하는데, 이는 얼마나 어려운 일입니까! 원한이 있는 사람을 자기의 가족처럼 보고 원한이 있는 사람이나 친한 사람에게나 평등해야 부처님을 배우는 사람입니다. 은혜와 원한을 너무 분명하게 가려서는 안 됩니다. 그럼 은혜와 원한을 가리지 않는 게 좋을까요. 그래서도 안 됩니다. 은혜와 원한, 시비선악을 분명하게 가리면서도 포용할 수 있어야 합니다. 불교를 믿고 나서 불교를 믿지 않는 사람이나 혹은 다른 종교를 믿는 사람을 깔보아서는 안 됩니다. 선종을 배우고 나서는 정토종을 깔보아서는 안 됩니다. 밀종을 배우고 나서는 밀종이야말로 성불할 수 있다고 생각해서는 안 됩니다. 정토종을 배우고 나면 선종은 확실한 공부가 아니라고 생각해서는 안 됩니다. 8만4천 가지 법문은 어느 것은 좋고 어느 것은 나쁘다는 게 없습니다. 중요한 것은 당신의 근기와 상응하여 성실하게 수행할 수 있느냐 없느냐에 있습니다.」 라고 하였다.

＊남회근 선생은 「예수께서는 서양에서 그렇게 많은 사람들을 교화하셨으니, 그 분도 역시 성인입니다. 십자가에 못 박혀 선혈을 뚝뚝 흘리셨는데 얼마나 아프셨겠습니까. 그렇지만 남을 원망하지 않았습니다. 자신은 세상 사람들을 위하여 속죄(贖罪)한다고 했습니다. 이 말씀에 근거하여 저는 그 분에게 절하지 않으면 안 됩니다. 참으로 훌륭한 보살이니까요.」 라고 하였다.

＊남회근 선생은 「여러분들이 가르침에 따라 수행하고 열심히 노력하면서 공부하면 자연히 불보살의

가피를 얻을 것입니다. 당신이 진정으로 원력이 있으면 자연히 불보살의 가피를 얻을 수 있습니다. 기독교의 성경에는 문둥병에 걸린 사람들이 예수를 보고 재빨리 예수에게 자신들을 구해달라고 기구하는 얘기가 나옵니다. 이 병자들은 예수의 옷자락을 만지자 병이 곧바로 나았습니다. 그래서 무릎을 꿇고 예수에게 감사했습니다. 예수가 말했습니다. "나에게 감사하지 마십시오. 당신 자신에게 감사하십시오." 맞습니다! 왜 자기에게 감사해야 할까요. 믿으면 구원을 얻기 때문입니다. 예수가 한 이 말은 고명(高明)합니다. 조금도 잘못이 없습니다.」라고 하였다.

　＊남회근 선생은 「영혼은 환생할 수 있다는 것을 원래 서양 문화에서는 인정하지 않았는데 지금은 바뀌었습니다. 비교적 보편적으로 인정할 뿐만 아니라 추적해보고 있습니다. 미국인들의 경우, 현재 생명과학 · 인지(認知)과학을 연구하고 있습니다. 사람의 영혼이 전생과 후생, 삼세(三世)의 인과(因果)가 있는지를 연구하고 있습니다. 바꾸어 말하면 서양의 문화, 기독교 문화는 삼세인과를 믿지 않았는데 지금은 온통 바뀌고 있는 중입니다.」라고 하였다.

　＊남회근 선생은 「공자, 노자, 석가모니불, 예수, 마호메트. 이 다섯 분의 교주(敎主)는 일체생명의 본체는 불생불멸(不生不滅)한다는 이치를 알았지만, 도(道)를 전하고 전파하는 방법이 달라 지역상황에 맞추었을 뿐입니다. 그중에서도 가장 철저하게 말씀하신 분은 석가모니부처님이십니다.」라고 하였다.

　＊남회근 선생은 「저는 늘 기독교의 목사나 천주교의 신부, 이슬람교의 아홍(성직자)에게 우스개 이야기를 하는데 진담이기도 합니다. 저는 말합니다. 당신들은 한 집마다 천당을 하나씩 열어놓고 또 좋은 음식으로 초대를 합니다. 하지만 당신들의 장사는 부처님을 뛰어넘을 수 없습니다. 여러분들의 천당은 단지 하나의 작은 장사일 뿐입니다.」라고 하였다.

　＊남회근 선생은 「저는 늘 기독교의 목사나 천주교의 신부, 이슬람교의 아홍(성직자)에게 우스개 이야기를 하는데 진담이기도 합니다. 저는 말합니다. 당신들은 한 집마다 천당을 하나씩 열어놓고 또 좋은 음식으로 초대를 합니다. 하지만 당신들의 장사는 부처님을 뛰어넘을 수 없습니다. 여러분들의 천당은 단지 하나의 작은 장사일 뿐입니다.」라고 하였다.

　＊기독교가 단기간 내에 한국에서 급속하게 전파된 이유는 무엇일까.

　①3 · 1운동 때 기독교계가 보여준 항일정신. ②예수만 믿으면 누구나 천국에 간다는 교리를 내세워 쉽고 빨리 확산됨(이에 비해 불교는 전생에 지은 업을 피할 수 없다고 함). ③창조신인 야훼(여호와)를 영어로 God이라 하는데, 이를 '하느님'이라고 번역하여 기독교가 널리 퍼지는데 크게 기여하였음(하느님

은 우리의 고유어인 한울님에서→하늘님→하느님으로 바뀐 것인데, 기독교가 이를 참칭(僭稱)한 것임). ④기독교=미국='세련된 것'이라는 인식이 확산됨. ⑤절이 산속에 위치한데 비해, 교회는 도심(都心)에 위치해 있어 전도(傳道)에 절대적으로 유리했음. ⑥대통령을 비롯하여 사회 지도층의 상당수가 기독교 신자임. ⑦기독교 초기 선교사들이 헌신적으로 한국 사회에 기여함(학교, 병원 등을 세움). ⑧공격적인 전도(傳道)운동. ⑨한국인 특유의 사대주의(과거에는 중국을, 현대에는 미국을 숭상하거나 추종하거나 의존함). ⑩불교가 오계(五戒)나 인과응보나 업(業)의 가르침을 내세워 극락에 가기가 어렵다는 인식을 준데 비하여, 기독교는 오직 예수만 믿으면 천국에 갈 수 있다는 교리를 전면에 내세워 호응을 얻음. ⑪불교는 기독교에 비하여 한문으로 되어 있어 어렵고 경전도 방대하며 교리자체가 난해하지만(반야심경을 제대로 이해하는 사람이 얼마나 될까), 기독교의 성서는 이에 비해 상대적으로 쉽고 교리 자체가 간단하다.

　＊그렇다면 기독교가 가진 한계는 무엇일까.

　①인류의 역사를 6,000년 이라고 봄. ②예수를 믿지 않으면 지옥에 간다고 가르침. ③윤회를 인정하지 않음(사람은 딱 한번만 태어나고 죽은 다음에는 하느님의 심판을 받는다고 함). ④장애인으로 태어나는 이유를 설명 못함. ⑤구약성서에 나오는 창세기나 출애굽기 등의 내용이 주변 국가들의 신화와 거의 비슷함. ⑥삶의 근본적인 물음에 전혀 답변을 못함. ⑦예수가 13살부터 30살까지 인도 등지에서 불교 등 여러 종교를 배운 사실이 밝혀짐. ⑧성서에는 불경에서 베낀 것이라고 볼 수밖에 없는 내용들이 광범위하게 분포해 있음(개신교에서는 위경(僞經)으로, 천주교에서는 외경(外經)으로 간주하는 '도마복음서'에는 불교의 가르침과 너무나 유사한 내용이 다수 나옴).

　＊남회근 선생은 「불법과 기타의 다른 종교가 다른 점은 일체의 중생이 모두 성불할 수 있다고 보는 점입니다. 다른 종교에서는 단지 '그(예를 들어, 조물주·회집자 註)'만 가능하며, 우리는 '그'의 도움을 기다려야 합니다. 모든 것은 '그'를 따라야 하며, '그' 외에는 모두 옳지 않습니다. 불교에서는 일체 중생이 모두 부처이며 평등하다고 봅니다. 그렇다면 중생들이 왜 성불하지 못할까요. 자기의 마음을 찾지 못하기 때문입니다. 만약 (자성을) 스스로 깨달아 잃어버리지 않는다면 곧 성불합니다.」라고 하였다.

　＊남회근 선생은 「예수는 실종 십 몇 년 동안 인도에 와서 불법을 구했습니다.[耶穌失踪十几年是到印度求佛法]」라고 하면서, 「서양인들은 예수의 일생을 연구하면서 십 몇 년 간 그의 종적을 찾지 못했습니다. 이제 연구해 내서 예수의 실종된 십 몇 년간을 알게 되었습니다. 그는 인도와 티베트 쪽에서 부처님을 배웠습니다.[所以西方人研究耶穌一輩子 有十几年找不到他的踪迹 现在研究出来 晓得耶穌失踪的十

708

年几他正在印度西藏边上学佛] 라고 하였다.

　＊남회근 선생은 「모든 종교나 철학은 최초의 조물주가 무엇인지, 그 누가 주재(主宰)하고 있는지, 최초의 현상은 어느 때 시작되었는지를 추적하여 찾아보고 있습니다. 불교에서의 결론은 '시작 없는 시작' 이라는 겁니다. 마치 하나의 둥근 원(圓)과 같아서 점마다 시작점이자 종점이 될 수 있습니다. 소위 시작점과 종점은 하나의 가정(假定)에 불과합니다. 우주의 법칙은 원주적(圓周的: 동그랗고 둥근 것)입니다. 원만(圓滿: 동그랗고 둥글다)한 것입니다. 생성되지도 않고 소멸하지도 않음이요, 오지도 않고 가지도 않습니다. 능히 생겨나게 하고 소멸하게 하며 가게 하고 오게 하는 그것은 생멸거래(生滅去來)가 없습니다.」 라고 하였다.

　＊남회근 선생은 「서양 종교에서는 하느님이 자신의 형상대로 인간을 만들었으니 우리더러 더 이상 캐묻지 말라고 가르칩니다. 그렇다면 하느님의 형상은 어떤 모습일까요. 알 수 없습니다. 서양의 종교는 여기에서 멈추고 그 이상 묻지 말라면서, 다만 믿으면 구원받고 믿지 않으면 구원받을 수 없다고 말합니다. 그러나 동양의 종교에서는 믿는 자는 구원을 얻고, 믿지 않는 자는 더욱 구원해야 한다고 가르칩니다. 좋은 사람도 구원해야 하지만, 나쁜 사람은 더욱 구원해야 합니다. 동양의 종교에서는 인생을 그 누군가가 주재(主宰)하는 것으로 보지 않기 때문에, 하느님도 신(神)도 아닌 다른 명칭을 정해 놓았습니다. 즉, 최초의 원인[第一因]이라는 것인데, 이 최초의 원인은 어디에서 온 것일까요. 최초의 인종(人種)은 어디에서 왔을까요. 불교나 도교는 인간을 생물로부터 진화해 온 것으로 보지 않으며, 또 어떤 주재자가 창조한 것이나 우연한 존재로 보지도 않습니다. 우리 인간은 광음천(光音天)의 천인들이 내려온 것입니다.」라고 하였다.

　사람의 몸은 얻기 어렵고 부처님 법을 만나기는 더욱 어렵다. 그러므로 여러 가지 밝은 것 중에서 해가 으뜸이며, 여러 가지 지혜 중에서는 부처님의 지혜가 최고라 한다. 왜냐하면 부처님께서는 대비심을 일으켜 항상 일체 중생의 이익을 위하여 머리와 눈과 뼛골과 머릿골로써 중생을 구제하시기 때문이다. 그런데 어찌 방심하여 염불에 전념하지 않고 두터운 은혜를 저버리려 하는가. 만일 부처님께서 세상에 나오지 않으셨다면 인도人道와 천도天道에 태어나지 못했을 것이고 열반의 길도 없었을 것이다. 만일 사람이 향과 꽃으로 공양하거나 골육骨肉과 혈수血髓로 탑을 세워 공양하더라도, 수행인이 아직 법공양으로 열반에 이르지 않았다면 오히려 부처님의 은혜를 저버리는 것이다. 설령 마땅히 염불을 하더라도 헛되어 얻는 것이 없다. 오히려 마음을 삼가고 마음을 한 곳에 모아 부처님을 잊지 않는 것이 부처님의 은혜에 보답하는 것이다. 하물며 어찌 염불을 하지 않고 여러 삼매와 지혜를 얻어 성불할 수 있으랴.

人身難得佛法難遇 故曰衆明日爲最 諸智佛爲最 所以者何佛與大悲常爲一切故 頭目髓腦救濟衆生 何可放心不專念佛而孤負重恩 若佛不出世則無人道天道 涅槃之道 若人香華供養以骨肉血髓起塔供養 未若行人以法供養得至涅槃 雖然猶負佛恩 設當念佛空無所獲猶應勤心專念不忘以報佛恩 何況念佛得諸三昧智慧成佛　　　　　-《좌선삼매경坐禪三昧經》

＊ 역시《좌선삼매경》에 「보살은 좌선할 때 일체의 것을 생각하지 않고 오직 한 부처님만 생각한다. 그러므로 곧 삼매에 든다.[菩薩坐禪 不念一切 惟念一佛 卽得三昧]」 라고 하였다.

＊ 경(經)에서 「대세지보살께서 염불삼매는 삼매 중에서 최고 제일이다.[念佛三昧 最爲第一]」 라고 하였다.

＊ 〈대지도론〉에 「만일 온갖 부처님께서 세간에 출현하지 않으셨다면 삼승(三乘)과 열반의 도가 없고 항상 삼계(三界)의 감옥에 갇혀 있으면서 영원히 벗어날 기약이 없을 테지만, 만일 세간에 부처님이 계시면 중생은 삼계의 감옥에서 벗어날 수 있다.」 라고 하였다.

＊ 부처님과 고승들께서는 누누이 사람의 몸으로 태어나기가 지극히 어렵다고 하셨다. 한 번 사람의 몸을 잃으면 만겁이 지나도 회복하기 어렵다고 하셨다. 그렇다면 자살(自殺)은 어떨까.

＊ 정공법사는 「가끔 생각을 잘못한 사람들이 자살을 하면서, 그렇게 하면 모든 것이 다 끝난다고 여기는데, 여러분 이렇게 죽었다가는 정말 큰일 납니다. 이 세상이 괴롭다고 자살을 한다면, 49일 후에 다시 태어나면서 더 큰 고통을 받게 됩니다. 고통에 고통을 더하면서 영원히 끝나지 않지요. 정말 무서운 일입니다.」 라고 하였다.

＊ 남회근 선생은 「사람의 몸을 얻기는 어렵습니다. 이 생명 존재는 쉽지 않은 것입니다. 그러기에 불교에서는 자살을 계율을 범하는 것으로 여기고 자살을 허락하지 않습니다. 자살은 도리어 당신 자신이 죄에다 죄를 더하는 것입니다. 형기(刑期)가 끝나지 않았는데 탈옥하는 것이나 마찬가지여서 더욱 고통을 당해야 하고 형벌도 가중됩니다. 그러므로 자살은 해탈하는 방법이 아닙니다.」 라고 하였다.

＊ 남회근 선생은 「여러분들은 보두 인보살(因菩薩)입니다. 법에서는 만 19세 이상의 국민은 누구나 선거권이 있다고 규정하고 있는데, 바로 이런 것입니다. 일체중생은 단지 영성(靈性)만 갖추고 있으면 모두

인보살입니다. 만약 보살의 경지를 성취하면 과보살(果菩薩)입니다. 그러므로 여러분은 자신이 보살이라는 것을 대담하게 인정하셔도 좋습니다. 보살계(菩薩戒)에서는 자살이 허락되지 않으며, 고의로 신체를 훼손한 것까지도 보살계를 범한 것이 됩니다. 부처님의 몸에 피를 흐르게 한 것과 같은 겁니다. 이 신체는 곧 보살의 것이기 때문에 마음대로 손상시킬 수 없습니다.」라고 하였다.

  *《대열반경(大涅槃經)》에 게송으로 이르기를,「세상에 태어날 때 사람 되기 어렵고 부처님 세상 만나기 또한 어려우니, 마치 큰 바다 가운데 눈 먼 거북이 물에 뜬 나무를 만나는 것과 같네.[生世爲人難 値佛世亦難 猶如大海中 盲龜遇浮木]」라고 하였다.

  * 법공양(法供養) : 진리를 가르쳐 주거나 경전을 강의거나 불서(佛書)를 인쇄 · 출판하여 널리 보시하는 것을 흔히 법공양이라고 한다. 남회근 선생은 중생을 위해 대비심(大悲心)을 일으키는 것도 법공양이지만, 자신이 도(道)를 깨달아 무상정등정각을 얻는 것이 진정한 법공양이라 하였다.《화엄경》에 법공양의 정의가 나와 있다.「선남자여, 모든 공양가운데 법공양이 으뜸이 되나니, 이른바 ①부처님 말씀대로 수행하는 공양이며, ②중생을 이롭게 하는 공양이며, ③중생을 섭수하는 공양이며, ④중생의 고통을 대신받는 공양이며, ⑤선근을 부지런히 닦는 공양이며, ⑥보살업을 버리지 않는 공양이며, ⑦보리심을 여의지 않는 공양이니라.」

혜원慧遠법사는 사람들에게 사바세계를 버리고 정토를 구하기를 권하였다. 그의 가르침을 보면,「금과 은은 마음을 더럽히는 더러운 물건이요, 벼슬은 몸을 얽어매는 고구苦具와 같은 것입니다. 여색은 목숨을 뺏는 도끼와 같은 것이며, 화려한 옷과 맛있는 음식, 전원과 옥택屋宅 따위는 모두 삼계에 떨어지게 하는 함정입니다. 오직 인간 세상을 벗어나 연화회상에 태어나기를 기원합시다. 더 무엇을 흠모하고 부러워하겠습니까.」하였다.

  내가 전에 〈재가진실수행문在家眞實修行文〉이라는 글을 써서 세상 사람들에게 권한 적이 있거니와 그 내용은 대략 이런 것이었다.

「무릇 진실로 수행하려는 자는 굳이 무리를 짓거나 모임을 만들 것은 아니다. 집안에 조용한 방이 있을 것이니, 그 곳에서 문을 닫고 염불하는 것이 좋을 것이다. 또한 굳이 스님들에게만 공양할 것은 아니다. 집안에 부모가 계실 것이니 효순한 마음으로 봉양하면서 염불하는 것이 옳을 것이다. 또 꼭 밖으로 나돌며 강의를 들으려 할 것은 아니다. 집에 경전이 있을 것이니 부처님의 가르침에 의지하면서 염불하는 것이 좋을 것이다. 또한 오직 절에만 시주할 것은 아니다. 가난한 친척, 이웃, 급박한 사람들에게 알리면서 염불하는 것이 좋을 것이다.」

遠師勸人舍娑婆而求淨土 其教以金銀爲染心之穢物 以爵祿爲羈身之苦具 以女色爲伐命之斧斤 以華衣美食田園屋宅爲墮落三界之坑井 惟願脫人世而胎九蓮 則何歆何羨 予曾有在家眞實修行文勸世 其大意謂 凡實修者不必成群作會 家有靜室 閉門念佛可也 不必供奉邪師 家有父母 孝順念佛可也 不必外馳聽講 家有經書 依教念佛可也 不必惟施空門 家有貧難宗戚 鄰里知識周急念佛可也

- 연지대사 〈죽창수필〉

＊중국 정토종(연종)의 초조(初祖)로 불리는 진(晉)의 혜원법사는 다음과 같은 유언을 남겼다.

「내가 명을 마치고 나거든 나의 시체를 묻지 말고 태우지 말고 산(山) 만당이 소나무 밑에다 그냥 놔두어 산으로서 무덤을 삼을 것이니, 시체를 저 흙덩이나 나무등걸과 다를 바가 없도록 해 주기를 바라노라. 옛사람들도 모두 그와 같이 하였느니라. 너희들은 나의 뜻을 어기지 말지어다. 그리고 특히 부탁할 것은 부처님의 말씀은 호리(毫釐) 일언(一言)도 헛된 것이 없나니 그 모두를 진실하게 믿을 것이며, 그리고 부처님의 진리는 매(昧)하지 않는 것이니 정성이 지극하면 대자대비하신 부처님께서 반드시 도와주시는 것이며, 결정코 극락세계로 접인해 주실 것이니, 간절한 마음으로 정성을 다하여 염불에 노력하여 힘쓰고 힘쓸지어다.」

＊부휴(浮休)선사는 《추천부모소(追薦父母疏)》에서, 「법계의 함령(含靈)이 다 불법의 가피를 입었고 하늘과 같이 끝이 없으매, 나를 낳으신 부모님의 은혜를 정성껏 갚아야 합니다. 그러므로 자비(慈悲)의 문을 두드려, 그 저승의 길을 닦아야 할 것인데, 만일 귀의하는 마음이 간절하면, 어찌 그 감응(感應)이 더디겠습니까.」 라고 하였다.

＊《보살하색욕경(菩薩訶色欲經)》에 「여색은 세상의 칼과 족쇄다. 범부가 여색을 그리워하고 집착하면 스스로 빠져나올 수 없다. 여색은 세상의 무거운 우환거리여서 범부들이 그것에 빠지면 죽음에 이르러서도 어쩔 수 없다. 여색은 세상의 재앙이어서 범부들이 여색을 만나면 만나지 않을 재앙이 없다.[女色者世間之枷鎖 凡夫戀著 不能自拔 女色者 世間之重患 凡夫困之 至死不免 女色者 世間之衰禍 凡夫遭之 無厄不至]」 라고 하였다.

712

부처님의 명호를 부르는 염불은 시방세계 일체제불과 석가여래께서도 찬탄하신 것이니, 이보다 더 좋은 일은 없습니다. 그러므로 염불이야말로 온갖 선善을 받들어 행하는 일입니다. 염불하는 마음 바탕이 청정하여 한 생각 잡된 생각도 없게 하는 것이 정정을 닦는 것입니다. 정정이 있다면 이 한 구절 부처님 명호가 명확하고 명백하여 글자 하나하나가 분명해지니, 이것은 바로 혜慧를 닦는 일입니다. 따라서, 계정혜 삼학三學이 바로 이 부처님 명호 한 구절로 단 한 번에 모두 원만하게 닦아집니다. 부처님 명호를 끊어지지 않게 해야 합니다. 일단 끊어졌다 하면 바로 미혹되기 때문입니다. 한 생각이 끊어지면 한 생각이 미혹되고, 생각 생각이 다 끊어지면 생각 생각마다 다 미혹됩니다. 그러므로 부처님 명호를 절대 끊어지게 해서는 안 됩니다. 망상이 일어나면 바로 아미타불 염불로 바꾸어야 합니다. 아침부터 저녁까지 아미타불 이 한 구절을 염송하면서 부처님 명호 한 구절이 다음 한 구절로 이어지게 하여 망상이 스며들지 못하게 만든다면, 그렇다면 성공한 것입니다.

염불은 참으로 중요합니다. 그 공덕은 한량없고 끝없으며 더할 나위 없이 수승합니다. 단지 이 일생의 업장만 소멸하는 것이 아니고 무량겁 이전의 업장까지도 모두 다 소멸할 수 있습니다. 우리가 하는 생각 생각이 모두 다 부처님뿐이라면 망념이 있을 리 없으며 업장도 그대로 소멸됩니다. 염불을 하지 않을 때에는 망상, 다시 말하면 업장이 일어나 설치게 됩니다. 그러므로 우리는 끊임없이 항상 염불을 하여야만 비로소 업장을 소멸할 수 있습니다. 의심하지 않고 따지지 않고 쉬지 않아야만 공부는 기필코 힘을 얻을 수 있습니다. 이것이 염불 비결입니다. 「생각 생각마다 부처님 명호를 잡아 지닌다.」고 했습니다.

부처님 명호를 집지執持하는 일이 일체의 공덕 가운데에서도 제일가는 공덕이며, 일체의 수승한 일 가운데 비길 데 없이 가장 수승한 일입니다. 우리의 정신을 부처님 명호를 잡아 지니는 데에 사용하여야 합니다. 또, 「시간을 헛되이 보내지 않으려면 시시각각 정업淨業을 수행해야 한다.」고 했습니다. 생각과 생각을 이렇게 이어간다면 시간을 헛되이 보내지 않는 것입니다. 반대로 부처님 명호를 잃는다면 여러분이 무엇을 하건 그 시간은 다 헛되이 보낸 것이 됩니다. 오직 하나 부처님 명호를 외는 일만이 시간을 헛되이 보내지 않는 유일한 방법입니다.

-정공법사

* 남회근 선생은 「정토법문을 닦는 여러분은 특별히 주의해야 합니다. 부처님 명호를 몇 마디 부르는 것만으로 왕생할 수 있다고 생각하지 마십시오. 여러분이 염불할 때 부모가 자식을 생각하듯이 해야 한다는 것은 '공(功)'을 닦는 것일 뿐입니다. 여러분은 또 '공덕을 원만히 갖춘다.[具足功德]' 할 때의 '덕(德)'이 있어야 합니다.」라고 하였다. 여기서 남회근 선생께서 말하는 덕(德)은 계율을 지키며 일체의 악을 짓지 않고 일체의 선(善)을 받들어 행하는 것을 가리킨다.

모름지기 염불법문은 방자하고 오만한 지견知見을 버릴 수 있어야만 비로소 이익을 얻을 수 있으며 그 사람의 지혜가 성현과 같을 지라도 마땅히 안중眼中에도 두지 말아야 한다. 진실로 극락세계에 왕생하려 해야 하고, 진실로 생사를 대적하려 해야지 말로만 끝내려 해서는 안 된다. 반드시 착실하게 요긴한 일로 생각하고 수행해야 한다.

만약에 반쯤 나아갔다 반쯤 물러나고, 믿었다가 의심했다가, 또 경전을 독송했다가, 법회도 열었다가, 또 요긴하지도 않은 선禪을 얘기하기를 좋아한다던가, 또는 길흉화복을 얘기한다던가, 신을 보고 귀신을 보았다는 말을 하거나 한다면 죽음에 이르러서 과연 무슨 일에 쓸모가 있겠으며 어떻게 윤회에서 벗어날 수 있겠는가. 잠시 3장12부를 다른 사람에게 양보하여 깨닫게 하고, 팔만사천법문도 다른 사람들에게 양보하여 닦도록 하며, 그가 알든지 모르든지, 견성을 하였든지 못하였든지, 일절 상관 말고 오로지 한 구절 아미타불만 기억하며 염송하여 잊어버리지 않고 마치 수미산에 기대어 있는 것처럼 아무리 흔들어도 움직이지 않아야 한다.

염불방법은 비록 각자 자신의 형편에 맞게 꼭 한 가지 방법을 고집할 필요는 없지만 정해진 기도시간외에 아침부터 저녁까지 염불을 잊지 말아야 한다. 다른 일로 끊어졌을 때 일이 끝나면 곧바로 염불을 해야 한다.

걷고, 머물고, 앉고, 눕고, 팔을 들어 숟가락을 집고, 허리를 굽히고, 돌리고, 우러르나 수그리나, 움직이나 정지하나, 한가하나 바쁘나, 언제 어디서나 이 '나무아미타불' 여섯 자가 마음과 입을 떠나서는 안 되고 한 글자 한 글자를 마음에다 착실하게 새겨야 하며 구구절절 서방을 구하겠다는 마음이 우러나와야 한다.

매번 염불하는 사람들을 만나보면 평소에는 전부 정토왕생을 원한다고 말하지만, 임종이 되었을 때 갑자기 내심이 혼란스러워져 죽음을 두려워하고 방황을 한다. 한 생각의 실수로 역겁歷劫을 윤회해야 하니 어찌 처음의 마음과 크게 어긋나지 아니한가. 질병이 생기면 마땅히 몸과 마음을 편안하게 하고, 의심하고 걱정하는 마음을 내지 말며 반드시 서방을 향하여 정념正念을 일으켜 일심으로 아미타불 명호를 불러야 한다. 마땅히 이 몸은 괴로움이 많음을 생각하여 이 고통의 세계를 벗어나 정토에 왕생하여 한량없는 쾌락을 받는다면 얼마나 흡족할 만한 일인가. 마치 다 해진 옷을 벗어 던지고 진귀한 옷을 갈아입는 것과 같은데 누가 아직도 다 해진 옷에 미련을 두겠는가.

- 이원정李圓淨거사 〈불법도론佛法導論〉

* 인광대사는 이원정거사의 〈불법도론〉서문(序文)을 쓰셨다. 그 서문에서 「이원정(李圓淨)거사님이 정토4경을 토대로 고덕(古德)이 저술한 뜻을 백화문(白話文)으로 바꾸어 정종(淨宗)을 밝히고 있다. 비록 10가지 과목(科目)으로 나열하고 문장이 만 자(字) 가까이 되지만, 한 글자, 한 뜻도 모두 불경과 조사님들의 말씀을 근거로 하였으며 절대 자신의 의견을 내세워 스스로 뽐내며 사람들을 잘못된 길로 인도하여 법을 무너지게 하는 허물이 없다.」 라고 하였다.

* 수미산(須彌山) : 한 소천(小天)세계의 중심부에 솟아있는 산. 세친보살의 〈구사론(俱舍論)〉에 의하면 물 위의 높이가 8만 유순, 물 아래 잠긴 부분의 깊이가 8만 유순이며, 꼭대기에는 제석천이 있고 중턱에는 사천왕이 산다고 한다. 수미산 주위에는 남섬부주(=사바세계)를 비롯한 4대주(四大洲)가 동서남북에 있고, 남섬부주 아래에 지옥이 있다고 한다. 수미산 위의 공중에는 욕계천, 색계천, 무색계천이 차례로 있다고 한다.

부처님을 늘 기억하고 생각하여 잊지 않으면 몸과 입과 마음으로 짓는 삼업三業이 부처님을 여의지 않아 현생에서는 안락과 평온을 얻고 임종 시에는 극락에 왕생한다네.

常憶佛念佛 三業不離佛 現生得安穩 臨終生極樂

- 혜정慧淨법사 〈관경사첩소觀經四帖疏〉

* 혜정법사 : 중국 당나라 때의 고승으로, 「염불하는 사람은 부처님께서 정수리에 머무르시고 광명이 몸을 감싸며 제불이 호념하고 보살이 같이하며 천신이 호위하고 지신이 공경하며 재난이 사라지고 병 없

이 오래 사네.[念佛之人 彌陀住頂 光明繞身 諸佛護念 菩薩相隨 天神擁衛 地祇恭敬 消災免難 卻病延年]」 라고 하였다.

한 생각 아미타불을 생각하면 한 생각이 그대로 부처이고
생각마다 아미타불을 생각하면 생각 생각이 그대로 부처이다.
一念相應 一念佛 念念相應 念念佛也.　　　　　　　　　　　　　　-우익대사

* 우익대사는 「나무아미타불하고 한 번 부르는 것이 바로 석가모니불께서 이 오탁악세에서 무상정등 정각을 얻은 방법이다. 무상정등정각이야말로 성불하는 법이다.[一聲阿彌陀佛 就是本師釋迦牟尼佛於五 濁惡世所得之阿耨多羅三藐三菩提法 無上正等正覺 卽是成佛之法]」 라고 하였다. 정공법사는 우익대사 의 이 말씀에 대해, 「이전 분들은 지나쳤는데, 우익대사가 처음 알아낸 것이다.」 라고 하였다.

* 남회근 선생은 「부처님 명호를 한 번 부르면 몸과 입과 마음의 삼업(三業)이 전일(專一)해집니다. 그 래서 한 생각 무량한 지혜, 무량한 광명, 무량한 힘이 이 염불에 집중됩니다. 이것은 하나의 과학으로서 한 개의 자장(磁場: 염불하는 사람의 주위에 생기는 광명을 뜻함)이나 마찬가지입니다. 당신이 큰 소리로 염불하면 당신은 온통 청정한 광명의 정토에 들어갑니다. 당신이 입을 열고 소리를 내어 염불할 때 몸과 입과 마음을 하나로 모아서, 눈은 밖을 보지 않고 돌이켜서 자기의 내면을 관찰합니다. 귀는 밖의 소리를 듣지 않고 자기의 염불소리 한 글자마다 자기의 내면으로부터 일어나는 것을 듣습니다. 나무아미타불... 나무아미타불... 한 자 한 자 뚜렷이 듣습니다. 다른 사람이 듣지 못합니다. 그렇게 염불하다가 최후에는 부처님 명호가 사라집니다. 온갖 인연이 놓아지고 한 생각도 일지 않습니다. 모든 번뇌고통이 없고 감각 도 없으면서 한 생각 청정한 정(定)의 상태가 지속됩니다. 이것이 바로 염불삼매인데, 빨리 정(定)을 얻습 니다.」라고 하였다.

입으로 늘 부처님을 부르면 부처님께서 곧바로 들으시며
몸으로 늘 부처님을 예경하면 부처님께서 곧바로 보시며
마음으로 늘 부처님을 생각하면 부처님께서 곧바로 아시니
중생이 부처님을 잊지않고 늘 생각하면 부처님도 그리하신다.

口常稱佛 佛卽聞之 身常禮佛 佛卽見之 心常念佛 佛卽知之 衆生憶念佛者 佛亦憶念衆生

- 선도화상

* 남회근 선생은 「욕계천의 천인들도 우리와 마찬가지로 색신(色身)이 있습니다. 색계천의 천인에 이르면 육신이 없습니다. 오직 광명신[光身]만 있어서 있는 듯 없는 듯합니다. 저 무색계의 천인들은 광명신조차도 없습니다. 그렇지만 정(情)이라는 한 생각은 남아 있습니다. 아무리 큰 성취가 있다 할지라도 부모 · 자녀 · 형제 · 남녀의 정을 끊을 수 없다면 영원히 삼계를 뛰어 넘을 수 없습니다. 그렇다면 문제가 나타나는데, 정이 끊어진 바에야 어찌하여 보살이라고 부를까요. 보살은 유정(有情)이라는 뜻입니다. 일체의 제불은 정(情)이 있습니다. 중국에는 속담 한마디가 있습니다. '속되지 않음이 바로 신선의 풍골이요, 다정함이 곧 부처님의 마음이다.[不俗卽仙骨 多情乃佛心]' 부처님이 일체중생을 제도하는 것은 정이 많은 것[多情] 아닙니까. 그 분들은 이미 정(情)과 욕(欲)을 자비로 변화시켰습니다. 물론 논리적 입장에서 말하면 자비가 곧 정이 있는 겁니다. 그렇지만 불보살이 정이 있음은 일체의 중생에 대하여 대자대비라는 크나큰 정을 가지고 있는 것[大有情]입니다. 그러므로 모든 불보살은 모두다 우리들을 크게 사랑하는 사람[大情人]입니다. 당신이 그분들을 생각하면 그분들은 당신을 생각할 겁니다. 여러분들을 가피할 겁니다. 이 정(情)은 세속적인 정이 아닙니다. 일체 중생을 사랑하는 진정한 자비입니다.」라고 하였다.

* 천상의 천인들은 인간들처럼 어떤 과거의 일을 생각해서 발심을 하거나, 남의 고통을 보고서 자비심이 생기는 등의 선행을 하지 않는다. 과거 생에 쌓아둔 복덕만을 꺼내서 사용하기 때문에 결국 그 복덕이 다 없어지게 되고, 그 후에는 다시 윤회의 길로 떨어진다.

불법佛法을 듣기가 어찌 쉽겠는가. 사람의 몸을 얻기는 매우 어렵다. 하물며 남자의 몸을 얻기도 어려운데, 육근을 모두 갖추기는 더욱 어렵다. 불법佛法을 듣는 것도 이미 어려운 일인데, 하물며 아미타불의 명호를 듣고 정토법문을 만나기는 더욱 어렵다.

佛法豈易聞乎 得人身已難 況得男子身 六根具足尤難 聞佛法已難 況聞彌陀名號 淨土法門尤難

- 철오선사

무릇 염불이란 정념正念을 닦아야 한다. 궁극의 도를 완전히 깨달으면 정正이고 깨닫지 못하면 사邪가 된다. 정념을 닦으면 반드시 정토에 왕생하지만, 사념邪念이 일면 어찌 피안彼岸에 이르겠는가. '불佛'이란 깨달음을 말하는 것이니, 이른바 몸과 마음을 잘 살펴 악이 일어나지 않게 하는 것이다. '염念'이란 억억이니, 늘 기억하며 계행戒行을 지녀 잊지 않고 부지런히 정진하는 것이다. 뜻이 이와 같으니, 이를 일러 염이라 한다. 고로 염이란 '마음'에 있는 것이지 '말'에 있는 것이 아님을 알아야 한다.

夫念佛者 當須正念 了義爲正 不了義爲邪 正念必得往生 邪念云何達彼 佛者覺也 所謂覺察 身心 勿令起惡 念者憶也 所謂憶持戒行不忘 精進勤了 如是義名爲念 故知念在於心 不在於言

- 달마대사 〈파상론破相論〉

* 〈벽암록(碧巖錄)〉에 보면 지공(誌公)화상이 양(梁)나라 무제(武帝)에게 「달마대사는 관세음보살이시며 부처님의 심인을 전하는 분입니다.[此是觀音大士 傳佛心印]」라고 하는 대목이 나온다.

* 〈혈맥론(血脈論)〉에 나오는 달마대사의 전법게(傳法偈)를 소개한다. 「내가 이 땅(중국을 지칭)에 온 뜻은, 법을 전하여 중생을 제도하기 위함이라. 한 송이 꽃에 다섯 잎 피니 열매 저절로 열리리라.[吾本來此土 傳法救迷情 一花五開葉 結果自然成]」 이 전법게를 해설하면 이렇다. 내가 인도에서 중국으로 건너온 것은 불법을 널리 전파해서 중생들을 구제하려는 것이다. 한 송이 꽃에서 다섯 개의 잎이 피어난다는 것은 불법이 장차 크게 발전하고 많은 사람들이 제도를 받게 될 것이라는 뜻이다. 여기서 한 송이의 꽃은 달마대사를 의미하고, 다섯 개의 꽃잎은 달마 이후의 혜가·승찬·도신·홍인·혜능을 의미하기도 하고, 혜능 이후의 오가(五家), 곧 위앙종·임제종·조동종·운문종·법안종을 의미하기도 한다.

* 관세음보살의 화신인 달마대사는 「마음이 진실하지 못하면서 입으로 공연히 부처님 이름만 부르면 오히려 남과 나를 구분하는 분별심만 생긴다. 그런 미혹한 마음을 가지고는 부처를 볼 수 없으니 염불하느라 공연히 공력(功力)만 허비하게 된다. 바른 생각을 가진 사람은 극락에 태어날 수 있지만 삿된 생각을 가진 사람이 어떻게 극락에 도달할 수 있겠는가. 부처님이 입에 있으면 호불(號佛)이지만, 부처님이 마음에 있으면 염불(念佛)이다. 염불은 부처님의 가르침을 잊지 않고 부지런히 실천하는 것을 말한다.」라고 하였다.

* 달마대사는 〈혈맥론(血脈論)〉에서 「인도의 27조사가 다만 차례차례 심인(心印)을 전했을 뿐이며, 나는 이제 이 땅에 와서 오직 돈교대승(頓敎大乘)의 즉심시불(卽心是佛)만을 전할 뿐, 지계(持戒)나 보시(布施)나 정진(精進)이나 고행(苦行)을 말하지는 않았다.[自西天二十八祖 只是遞傳心印 吾今來此土 唯傳頓敎大乘卽心是佛 不言戒施 精進苦行]」라고 하였다.

* 황벽희운선사는 〈전심법요〉에서 「달마스님께서 서쪽에서 오시어 모든 사람이 다 부처임을 가르쳐 주셨다. 그런데도 너희는 아직도 그것을 모르고 범성(凡聖)에 집착하고 마음을 밖으로 내달리며 도리어 스스로 마음을 미혹시키고 있다. 그러므로 너희에게 말하기를 '마음 그대로가 곧 부처'라고 하였으니, 한 생각 뜻이 생기면 그 즉시 육도(六道)의 다른 곳에 떨어지게 된다. 시작 없는 옛날부터 오늘날과 한결같이 다르지 않아 어떠한 다른 법이 없었으니, 그러므로 그것을 일컬어 정등각(正等覺)을 성취했다고 하느니라.[祖師西來直指一切人全體是佛 汝今不識 執凡執聖向外馳騁 還自迷心 所以向汝道 卽心是佛 一念情生即墮異趣 無始已來不異今日 無有異法故名成等正覺]」라고 하였다.

* 달마대사의 〈혈맥론〉에 나오는 주요 말씀을 소개한다.

「밖으로는 모든 인연을 쉬고, 안으로는 마음에 헐떡거림이 없이 마음이 장벽과 같아야 가히 도(道)에 들어갈 수 있느니라.[外息諸緣 內心無喘 心如墻壁 可以入道]」

「이 마음을 제외하고 얻을 수 있는 다른 부처는 결코 없으며, 이 마음을 떠나 밖에서 깨달음과 열반을 절대로 찾을 수 없다.[除此心外 終無別佛可得 離此心外 覓菩提涅槃 無有是處]」

「허공을 붙잡을 수 없는 것처럼, 이 마음을 없애고 밖에서 부처를 찾을 수는 결코 없다.[是捉空不得 除此心外覓佛 終不得也]」

「부처란 스스로의 마음이 만들어내는 것인데, 어떻게 이 마음을 떠나 따로 부처를 찾는가.[佛是自心作得 因何離此心外覓佛]」

「마음이 곧 부처이고 부처가 곧 마음이다. 마음 밖에 부처 없고 부처 밖에 마음 없다.[心卽是佛 佛卽是心 心外無佛 佛外無心]」

「밖에서 부처를 찾기만 하면, 모두 자기 마음이 바로 부처임을 알지 못하는 것이다.[但是外覓佛者 盡是不識自心是佛]」

「만약 자성(自性: 본래성품)을 보지 못한다면, 염불하고 경을 외우고 재(齋)를 지내고 계(戒)를 지킨다고 하여도 이익 될 것이 없다.[若不見性 念佛誦經持齋持戒 亦無益處]」

「염불하면 인과(因果)를 얻고, 경을 외우면 총명(聰明)을 얻고, 계(戒)를 지키면 하늘에 태어날 수 있고, 보시(布施)하면 복된 과보(果報)를 얻지만, 끝내 부처를 찾지는 못한다.[念佛得因果 誦經得聰明 持戒得生天 布施得福報 覓佛終不得也]」

「자성을 본다면 곧 부처이고, 자성을 보지 못하면 곧 중생이다.[若見性卽是佛 不見性卽是衆生]」

「성불이란 모름지기 자성(自性)을 보는 것이다.[成佛須是見性]」

「부처는 업을 짓는 사람이 아니니, 부처에게는 인과(因果)가 없다.[佛是無業人 無因果]」

「자성을 보지 못하고도 불도(佛道)를 이룰 수 있는 경우는 절대 없다.[若不見性 得成佛道 無有是處]」

「어떤 사람은 인과(因果)를 무시하고 마구 악업(惡業)을 짓고는, 망령되게 말하기를 '본래 공(空)이니 악한 일을 해도 허물이 없다.' 고 한다. 이러한 사람은 무간흑암지옥(無間黑暗地獄)에 떨어져 영원토록 벗어날 기약이 없다.[有人撥無因果 熾然作惡業 妄言本空作惡無過 如此之人 墮無間黑闇地獄 永無出期]」

「이 마음은 헤아릴 수 없는 과거로부터 지금과 다르지 않아서, 생기거나 사라진 적이 없다. 생기지도 않고, 소멸하지도 않고, 증가하지도 않고, 감소하지도 않고, 더럽지도 않고, 깨끗하지도 않고, 좋지도 않고, 나쁘지도 않고, 오지도 않고, 가지도 않고, 옳고 그름도 없고, 남녀의 모습도 없고, 승속(僧俗)과 노소(老少)도 없고, 성인(聖人)도 없고, 범부도 없고, 부처도 없고, 중생도 없고, 닦아서 깨달음도 없고, 원인도 결과도 없고, 근력(筋力)도 없고, 용모(容貌)도 없다. 마치 허공과 같아서, 가질 수도 없고, 버릴 수도 없고, 산이나 강이나 석벽(石壁)이 가로막을 수도 없다. 나타나고 사라지고 가고 옴에, 자재(自在)하고 신령스레 통한다.[此心從無始曠大劫來 與如今不別 未曾有生死 不生不滅 不增不減 不垢不淨 不好不惡 不來不去 亦無是非 亦無男女相 亦無僧俗老少 無聖無凡 亦無佛亦無衆生 亦無修證 亦無因果 亦無筋力 亦無相貌猶如虛空 取不得捨不得 山河石壁不能爲礙出沒往來 自在神通]」

「전도(顚倒)된 중생은 자기 마음이 곧 부처임을 알지 못하고, 밖으로 치달려 찾느라 하루 종일 바쁘다. 염불하고 예불(禮佛)하지만, 부처가 어디에 있는가.[顚倒衆生 不知自心是佛 向外馳求 終日忙忙 念佛禮佛 佛在何處]」

「자기 마음이 바로 부처이니 부처를 가지고 부처에게 절해서는 안 된다. 부처와 보살의 모습이 문득 앞에 나타나더라도, 결코 절하고 공경할 필요가 없다.[自心是佛 不應將佛禮佛 但是有佛及菩薩相貌 忽爾現前 亦切不用禮敬]」

「만약 부처라는 견해, 법이라는 견해를 내고, 부처라는 모습, 보살이라는 모습을 내어서, 공경하고 귀중하게 여긴다면, 스스로 중생의 처지 속으로 떨어지는 것이다.[若起佛見法見 及佛菩薩等相貌而生敬重 自墮衆生位中]」

「자성이 곧 마음이고, 마음이 곧 부처이고, 부처가 곧 도(道)이고, 도가 곧 선(禪)이다.[性卽是心 心卽是佛 佛卽是道 道卽是禪]」

「만약 자성을 본다면, 12부 경전도 모두 부질없는 문자(文字)에 불과하다.[若見本性十二部經 總是閑文字]」

「자성을 보지 못한 사람은, 경을 읽고 염불하고 늘 배움에 열심히 공부하고 하루 종일 도를 행하고, 늘 배움에 앉아서 눕지 않고 두루 배우고 많이 듣는 것을 불법(佛法)으로 삼는다. 이러한 중생들은 모두가 불법을 비방하는 사람들이다.[但不見性人 讀經念佛 長學精進 六時行道 長學坐不臥 廣學多聞 以爲佛法 此等衆生 盡是謗佛法人]」

생사를 끊임없이 윤회하는 악연惡緣에서 벗어나고자 하면, 모름지기 보리菩提의 정로正路를 따라야 하는데, 그러려면 모름지기 염불해야 한다. 염불이라는 한 문門은 수행에 중요한 나루터로, 마음을 가다듬어 흐트러지지 않게 하는 것이 중요한 관건이다. 이로부터 염불의 뜻을 간략하고 확실하게 보면, 염念이란 분명히 마음에 기억하여 잊어버리지 않는다는 뜻이다.

欲違生死之惡緣 須順菩提之正路 故須念佛 然念佛一門 修行之要津 攝心之關鍵 因此略明念佛之義 言念者 明記不忘爲義   -규봉圭峰 종밀宗密대사〈보현행원품소초普賢行願品疏鈔〉

＊염(念)이란 무엇인가. 규봉 종밀대사의 말씀대로, 분명히 기억하여 잊지 않는 것[明記不忘]을 말한다. 이러한 정의(定義)는〈대지도론〉이나〈구사론〉또는〈성유식론〉에 보인다.〈구사론〉에서 「염이란 외부에 나타난 인식의 대상(색성향미촉법 등)을 분명히 기억하여 잊지 않는 것을 일컫는다.[念謂對所緣之事 明記不忘]」라고 하였다.

＊〈임간록〉에 「규봉(圭峯) 종밀(宗密)대사가 일용게(日用偈)에서 말했다. "옳은 일을 하는 것이 깨달음의 마음이요, 옳지 못한 일을 하는 것이 어지러운 마음이다. 어지러운 마음은 정(情)을 따라 움직이다가 죽음에 이르면 업보에 이끌려가지만, 깨달음의 마음은 정(情)에서 나오지 아니하기에 죽음에 이르러 업보를 바꿀 수 있다.[圭峰日用偈曰 作有義事 是惺悟心 作無義事 是散亂心 散亂隨情轉 臨終被業牽 惺悟不

由情 臨終能轉業)」」라고 하였다.

　＊ 허운선사는 「부처님의 법문은 많지만, 각 문(門)이 다 생사(生死)를 요달(了達)하는 것입니다. 그래서 능엄경에서 말하기를, "근원으로 돌아가면 성품은 둘이 있을 수 없지만, 방편에는 많은 문(門)이 있다.[歸元性無二 方便有多門]" 라고 한 것입니다. 그래서 능엄경에서 25분의 성자(聖者)가 각기 한 문(門)만 오로지 닦은 것입니다. 만일 한 성자가 여러 문(門)을 욕심내서 닦으면 오히려 원통(圓通)을 얻지 못할 수도 있습니다. 그래서 경에, "62억 항하사처럼 많은 보살들의 성호를 염하는 것보다 관세음보살 한 분의 성호를 염하는 것이 더 낫다." 고 한 것입니다.」 라고 하였다.

　＊〈산방야화(山房夜話)〉에 「모름지기 참선을 하는 목적은 생사(生死)를 투철하게 해결하는데 있으며, 또한 염불하여 정토에 왕생하기를 바라는 것도 오직 생사문제를 확실하게 해결하자는데 그 목적이 있습니다. 성인들께서 중생을 교화하시는 방법은 수천수만 가지이지만, 목적은 오직 한 가지, 생사를 해결하려는 것입니다. 그러니 생사의 굴레에서 벗어나려면 오직 한 문(門)이라도 깊숙이 들어가야지, 이것저것 겸수(兼修)를 해서는 안 됩니다.」 라고 하였다.

　＊ 남회근 선생은 「불법(佛法)은 대단히 과학적인 실증(實證)입니다. 그러므로 여러분들은 각자 자기의 길을 걸어가되, 개인별로 한 가지 수행법을 정해서 깊이 들어가 죽을 때까지 변치 않아야 합니다. 어떤 분은 염불을 한다면 그대로 닦아가고, 어떤 분은 대비주(大悲呪: 신묘장구대다라니를 말함)를 외는 습관이 있다면 대비주를 지니십시오. 육자대명주(六字大明呪: 옴마니반메훔을 말함)를 외워 일심불란에 도달하는 사람이 있다면 그것을 계속 외우십시오. 어느 법문이든 상관없습니다. 그러나 이리저리 바꾸어서는 안 됩니다. 각자의 길을 가되, 한 가지 수행법을 정하면 됩니다. "저는 어떤 수행법으로도 공부가 되지 않습니다." 하는 분이 있으시다면, 관세음보살을 염하십시오.」 라고 하였다.

　그때 세존께서 비구들에게 「서방극락세계에는 현재 부처님이 계시는데, 이름이 아미타불이시다. 만일 어떤 사중(四衆)이 능히 그 부처님의 명호를 받아 지니면 그 공덕으로 임종할 때에 아미타불이 직접 대중을 거느리시고 그 사람에게 가셔서 그로 하여금 보게 하시고, 보고서 곧 다행스럽고 기쁘다는 생각을 내면 공덕이 곱이나 늘어날 것이다. 이 인연으로 태어나는 곳마다 태로 태어나는 더러운 몸을 영원히 여의고 곱고 묘한 보배연꽃 안에 자연스럽게 화생하여 큰 신통을 갖추어 광명이 두루 할 것이니, 그때에 항하사 수만큼의 부처님들께서 다 같이 저 극락세계를 찬탄하실 것이다.」라고 말씀하셨다.

-《불설다라니집경佛說陀羅尼集經》

* 남회근 선생은 「오신통 중 천안통(天眼通)이 가장 나타나기 어려운데, 일단 천안통이 나타나면 나머지 네 신통도 계속 나타납니다. 그렇지만 사람마다 타고난 근기가 다르기 때문에, 어떤 사람은 단지 한 가지 신통만 나타날 수 있고, 어떤 사람은 여러 신통이 동시에 나타나기도 해 일정하지 않습니다. 천안통이 나타나면 눈을 감든 뜨든 시방(十方) 허공과 산하대지를 모두 또렷이 볼 수 있습니다. 미세한 먼지 속까지도 투명한 유리 속을 보듯 조금도 막힘없이 낱낱이 볼 수 있습니다. 무릇 자신이 보고 싶은 사물을 심념(心念)만 일으키기만 하면 즉시 볼 수 있습니다. 다른 신통도 이와 비슷합니다.」라고 하였다.

* 남회근 선생은 「불법(佛法)의 표식은 연꽃입니다. 연꽃은 가장 더러운 진흙 수렁 속에서 자라야 꽃이 핍니다. 만약에 깨끗한 땅에서라면 도리어 연꽃이 자라날 수 없습니다. 이것이 바로 부처를 배우는 정신입니다. 고난이 심한 곳에서 수행할수록 그만큼 성취가 더 있을 수 있습니다. 여러분이 이 세상을 도피하고자 하여 자기 혼자만 청정한 곳에 가고자 수지(修持)한다면 성공하지 못할 겁니다. 이것이 정통 불법입니다.」라고 하였다.

* 선화상인은 「무엇을 신통이라 하는가. 묘한 작용, 헤아리기 어려움을 '신(神)'이라 하며, 무애자재(無碍自在)함을 '통(通)'이라 한다. 헤아릴 수 없고 장애가 없는 사람은 자재(自在)한 힘을 쓸 수 있으니 천변만화(千變萬化)하며, 이는 보통사람이 헤아릴 수 없는 불가사의한 경계이다.」라고 하였다.

* 선화상인은 「아라한의 신통과 보살의 신통은 같지 않습니다. 아라한의 신통은 일정한 한계가 있어 단지 삼천대천세계 이내의 사물을 볼 수 있고 들을 수 있으며, 팔만 대겁 이내의 인연만 알 수 있습니다. 마음을 내어 관찰해야만 비로소 알 수 있지요. 그러나 보살의 신통은 한량이 없으며 미진(微塵) 속의 세계, 세계 속의 미진, 무량세계의 부처님을 볼 수 있으며, 무량세계 제불의 묘법을 설하는 소리를 들을 수 있으며, 무량세계 가운데의 일체중생의 생각[心念]을 알 수 있으며, 팔만대겁 밖의 인연도 알 수 있으며, 또한 정(定) 중에서 관찰할 필요 없이 한번 생각하면 곧 알 수 있습니다. 보살은 보살도를 행하여 공덕이 원만하기 때문에 이러한 갖가지의 신통을 얻을 수 있는 것입니다. 우리들이 만약 보살심을 발하여 보살도를 행하면 여러 가지의 신통을 얻을 수 있고, 단지 수행하여 원만하게 되면 구하지 않아도 저절로 얻게 됩니다.」라고 하였다.

* 사중(四衆) : 비구/ 비구니/ 우바새/ 우바이를 말한다. 비구(比丘)는 출가하여 구족계(具足戒)를 받은 남자

스님으로 250계(戒)를 받아 지닌다. 비구니(比丘尼)는 출가하여 구족계를 받은 여자 스님으로 348계를 받아 지닌다. 스님들은 머리와 수염을 깎아야 하며, 원칙적으로 탁발(托鉢: 걸식)을 해야 한다. 스님들이 입는 옷을 가사(袈裟) 또는 납의(衲衣)라고 한다. 우바새(優婆塞)는 출가하지 않고 재가(在家)에서 부처의 가르침에 따라 수행하는 남자 신도이고, 우바이(優婆夷)는 출가하지 않고 재가에서 부처의 가르침에 따라 수행하는 여자 신도이다. 우바새는 거사(居士)라고도 하는데, 인도의 유마거사 · 중국의 방(龐)거사 · 한국의 부설(浮雪)거사 등이 유명하고, 당대에는 남회근 거사가 유명하다. 사중(四衆)을 사부대중(四部大衆)이라고도 한다.

원元 지정至正 15년(1355) 겨울, 장사성張嗣誠이 호주 강절 지방을 침공하자, 승상이 경산사의 말사 화성사化城寺 승려 혜공慧恭에게 그 고을 백성을 집결시켜 경계의 산마루를 방어하라고 명하였다. 어느 날 적병이 경계를 침범하자, 혜공스님은 향병鄕兵을 거느리고 격전을 벌여, 적병은 패해서 도망가고 40여 명의 포로를 잡아 관가로 송치하는 도중 서호西湖의 조과사鳥窠寺에서 유숙하게 되었다. 동이 텄을 때, 마침 조과사의 전 주지였던 요주饒州 천녕사天寧寺 모대유謀大猷라는 스님이 느린 걸음으로 행랑을 산책하자, 포로들은 스님의 우아한 모습과 쉬지 않고 염불하는 소리를 듣고서, 마침내 모두가 「노스님! 우리를 구해주십시오.」라고 소리쳤다. 스님께서는, 「나는 너희들을 구해줄 수 없지만 너희들이 지극정성으로 ‘나무 구고구난救苦救難 아미타불’을 하면 아미타불이 너희를 구해줄 것이다.」라고 하니, 포로 가운데 세 사람은 스님의 말을 믿고서 쉬지 않고 큰소리로 염불을 하였다. 이윽고 관리가 포로를 데리고 출발하려고 모두 형틀의 쇠고랑을 바꾸어 묶었는데, 우연히 이 세 사람은 형틀이 없어 새끼줄로만 묶어놓았다. 관가에 도착하여 죄수를 심사할 때도 관리가 유별나게 이 세 사람만을 국문하였다. 그중 한 사람은 보리밭을 다듬다가 적병에게 붙잡혀 왔다고 진술하였고, 나머지 두 사람은 원래 명주明州 봉화현奉化縣의 톱[鋸]을 다루는 장인匠人이였는데, 이곳에 고용되어 일하다가 사로잡혔다고 하여 이 세 사람은 풀려나게 되었다. 그들은 조과사를 찾아 대유스님에게 감사의 절을 올린 후 떠나갔다. 내 곰곰이 생각해보니, 우리 아미타불은 서원誓願이 깊으셔서 염불하는 자는 임종 때 영험을 얻을 뿐만 아니라, 현세에서 처형되려는 죄수까지도 그의 가호加護로 풀려나게 하신다. 그럼에도 불구하고 믿지 않는 사람은 나도 어쩔 수 없는 일이다.

元至正十五冬 張嗣誠侵湖江淛丞相委令逕山屬院化城僧惠恭團結鄉民守禦界嶺 一日賊
兵犯境 恭率鄉民與之格戰 賊敗走 獲四十餘人 送至官 夜宿西湖鳥窠寺 黎明 適前住饒州天
寧謀大獻徐步廊廡間 囚者見師神觀閑雅 持誦不輟 乃齊聲告曰 長老救我 師曰 我救你不
得 你若至誠稱念南無救苦救難阿彌陀佛 卻救得你 中間有三人信受其言 高聲稱念不輟口
旣而官司取發 衆囚俱易枷鎖 偶至此三人 缺刑具 但繫以繩耳 旣到審 囚官獨鞫勘此三人 一
人供正治麥畦被虜 二人供元是明州奉化鋸匠 來此傭作被虜 三人遂獲縱免 乃別鳥窠拜謝
大獻而去 竊念我佛阿彌陀誓願深廣 稱其名者 非獨臨終獲驗 而現世遭大辟刑者 亦可賴免
人而不信 吾未如之何也已
　　　　　　　　　　　　　　　　　　　　　　　　　　　　　-〈산암잡록山庵雜錄〉

* 〈산암잡록〉을 지은 중국 명나라 석무온(釋無慍) 화상은, 「나는 평소 스승과 도반이 강론했던 법어들
과 강호에서 보고 들은 일 가운데 기연(機緣)의 문답과 선악의 인과응보, 그리고 말 한마디, 행동 하나, 낱
낱의 처신 등을, 시대의 선후와 인물의 귀천을 가리지 않고 후배들을 일깨울 수 있는 일이라면 생각나는
대로 붓 가는 대로 사실에 근거하여 기록하고 이를 '산암잡록(山庵雜錄)'이라 이름 하였다.」고 하였다.

누가 물었다.

「임종 때 선善을 하기만 해도 왕생한다면 미리 훌륭한 업을 닦을 필요가 있는가.」

답한다.

「사람의 수명은 그 길고 짧음을 알 수 없다. 더러는 병이 들어 혼미하거나, 더러는 때가
아닌데 갑자기 죽어, 미리 생전에 지은 선업이 없으면 후세의 재앙을 피하기 어렵다. 미리
선연善緣을 지으면 아마 이러한 허물을 막을 수 있을 것이다. 〈군의론群疑論〉에서 말하기
를, 임종 시 염불할 수 없는 열 가지 경우가 있다고 하였다. 첫째는 좋은 친구를 만나지 못
한 경우이고, 둘째는 병이 몸을 얽어 염불할 경황이 없는 경우이고, 셋째는 풍을 맞아 말
을 못하여 부처님 명호를 부를 수 없는 경우이고, 넷째는 미처 정신이 나가 쏟아지는 생각
들을 억누를 수 없는 경우이고, 여섯째는 갑자기 승냥이나 여우를 만났으나 도울 친구가
없는 경우이고, 일곱째는 임종 때 나쁜 친구가 그 믿는 마음을 깨뜨릴 경우이고, 여덟째는
너무 많이 먹어 혼미한 중에 죽는 경우이고, 아홉째는 전투 중에 갑자기 윤회를 받을 경우

이고, 열 번째는 갑자기 높은 벼랑에서 떨어져 다쳐서 죽을 경우이다. 이와 같은 경우에는 임종 시 열 번의 염불을 할 수가 없다.」

問曰 臨終作善 便得往生 何假預前修諸勝業 答曰 人生壽夭 難測短長 或卽病困昏迷 或卽非時奄逝 旣闕生前之善 難逃後世之殃 預作善緣 恐防斯咎 群疑論云 十種命終 不得念佛 一則善友未必相遇 二則或疾苦纏身 不遑念佛 三或偏風失語 不得稱名 四或狂亂失心 注想難剋 五或俄逢水火 不暇志誠 六或輒遇豺狼 無其善友 七或臨終惡友壞彼信心 八或飽食過多 昏迷致命 九或軍作鬪戰 奄爾輪廻 十或忽墮高巖 傷中身命 如此不得待臨終十念也

- 자은대사 〈자은통찬慈恩通讚〉

* 고덕께서 「흉년에 재앙을 구제해주면 공덕이 무량하고, 임종 시 염불하여 얻는 이익이 가장 크다.[荒年救災功德無量 臨終念佛利益極大]」 라고 하였다.
* 유가(儒家)의 사서오경(四書五經)의 하나인 〈대학(大學)〉에 보면 「남이 악한 일 하는 것을 좋아하고, 남이 좋은 일 하는 것을 시기하면, 재앙이 반드시 자신에게 미친다.[好人所惡 惡人所好 災必逮夫身]」 라고 하였다.

정토법문은 부처님의 원력에 의하기 때문에 열 번의 염불만으로 곧바로 극락에 왕생한다. 극락에 왕생하기 때문에 삼계 윤회를 면한다. 다시는 윤회하지 않기 때문에 재빨리 첫 번째 깨달음을 얻는다. 부처님은 「내가 부처가 될 적에 그 나라 안의 중생들이 정정취에 머물지 못하고 필경에 열반을 얻지 못한다면 부처가 되지 않겠나이다.」 라고 발원하셨다. 이러한 부처님의 원력에 의하기 때문에 정정취에 머물러 반드시 열반을 얻어 퇴전退轉의 어려움 없이 속히 두 번째 깨달음을 얻는다.

緣佛願力故十念念佛便得往生 得往生故卽免三界輪轉之事 無輪轉故 所以得速一證也 願言 設我得佛 國中人天不住正定聚必至滅度者不取正覺 緣佛願力故住正定聚 住正定聚 故必至滅度無諸廻伏之難 所以得速 二證也

- 담란법사 〈왕생론주〉

＊담란법사는 〈왕생론주〉 서문(序文)에서 「용수보살의 십주비바사론을 신중히 살펴보면, 보살이 아비발치[不退轉]를 구하는 데는 두 가지 길이 있다. 첫째는 난행도(難行道)요, 둘째는 이행도(易行道)다. 난행도는 말하자면, 오탁(五濁)의 세상에, 그리고 부처님이 계시지 않는 때에 아비발치를 구하기가 어렵다는 것이다. 이것이 어려운 것은 이에 여러 가지 길이 있어서이다. 다섯과 세 가지로써 자세히 말하여 의미를 보이고자 한다. 첫째, 외도(外道)이니 보살의 법을 어지럽게 한다. 둘째, 성문(聲聞)이니 자신의 이익으로 대자비(大慈悲)에 장애가 된다. 셋째, 무원악인(無願惡人)이니 다른 사람의 수승한 덕을 깨뜨린다. 넷째, 전도선과(顚到善果)이니 청정한 선행을 능히 파괴한다. 다섯째, 유시자력(唯是自力)이니 타력(他力)에 의지함이 없다. 이와 같은 등의 일은 눈을 대면 모두가 그렇다. 비유하자면 마치 육지에서 걸어가면 힘든 것과 같은 것이다. 이행도는 말하자면, 단지 부처님을 믿는 인연[信佛因緣]으로 정토에 태어나기를 원하는 것이다. 부처님의 원력에 힘입어 문득 저 청정토에 능히 왕생하는 것이다. 부처님의 원력에 의지하여 곧 대승 정정(正定)의 무리에 들어가는 것이다. '정정(正定)'은 곧 아비발치이다. 이행도를 비유하자면, 마치 물 위에서 배를 타고 가면 즐거운 것과 같다.」 라고 하였다.

＊담란법사는 〈왕생론주〉에서 「저 아미타불의 명호는 능히 중생의 일체 무명(無明)을 파괴하고, 능히 중생의 일체의 원(願)을 이루어 주신다. 이 여래의 명호 및 저 국토의 명호는 능히 일체의 악을 그치게 한다.」 라고 하였다.

＊담란법사는 〈왕생론주〉에서 「아미타불이라는 명호는 진실하고 청정하며 무량한 공덕을 갖춘 명호이며, 지극하고 위없는 청정한 보주명호다.[眞實淸淨無量功德名號 至極無上淸淨寶珠名號]」 라고 하였다.

＊담란법사는 「저는 서방정토에 귀의하나니, 이것은 바로 모든 불국토에 귀의하는 것입니다. 저는 일심으로 아미타불을 찬탄하옵나니, 원컨대 시방세계를 두루 다니며 걸림 없는 사람이 되게 하소서.[我歸阿彌陀淨土 卽是歸命諸佛國 我以一心讚一佛 願遍十方無礙人]」 라고 하였다.

＊인광대사는 「담란법사는 육신보살이오.[鸞法師 肉身菩薩也]」 라고 하였다.

＊〈정토지귀집〉에 「정토에 왕생하면 오역죄의 높고 낮음을 묻지 않는다. 임종 시의 십념염불로 왕생한 사람이라도 또한 불퇴전지에 오르니 모두 정정취라 한다.[若生安養 不論高下五逆罪人 臨終十念 得往生者 亦得不退 故云皆正定聚]」 라고 하였다.

＊《무량수경》에 「저 극락세계에 왕생하는 중생들은 모두 반드시 성불할 수 있는 이들로서, 성불이 결정된 정정취에 머물게 되는데, 그 까닭은 극락세계는 성불하는데 잘못 결정된 사정취(邪定聚)나, 아직 성

불하기로 결정되지 않은 부정취(不定聚)는 없기 때문이니라.」라고 하였다.

　이 사바세계에 사는 사람은 세속의 시끄러움과 번잡함에 싫증을 내고, 난야蘭若의 적정寂靜을 흠모하지 않는 이가 없으므로 집을 버리고 출가하는 이가 있으면 은근히 찬탄하는 것이다. 사바세계의 온갖 고통이 어떻게 속세의 시끄러움과 번잡함을 그치게 할 수 있겠으며, 극락의 편안함과 자재함이 어찌 난야의 적정寂靜함만 못하겠는가. 출가가 훌륭한 줄 알면서 왕생은 원하지 않으니, 이것이 첫 번째 미혹이다.

　머나먼 길의 신고辛苦를 겪으면서 부지런히 먼 곳에 있는 선지식을 구하는 것은 대개 생사의 큰일을 결택하여 드러내고자 함이다. 아미타부처님의 색심色心의 업은 뛰어나고 원력은 넓고 깊어서 원음圓音을 한 번 펼치면 도道에 명쾌하게 부합하지 않음이 없다. 선지식 참방을 원하면서 아미타부처님을 뵙고자 하지 않는 것이 두 번째 미혹이다.

　총림叢林의 많은 대중들은 유유히 노는 것을 즐기고, (그렇지않은) 일부 대중들마저 (부처님을) 의지하려 하지 않으나, 극락세계에는 일생보처 보살들의 수가 매우 많아서 모든 일생보처 보살들이 한 곳에 모두 모여 있다. 총림은 친근히 하려 하면서 청정해중淸淨海衆을 흠모하지 않으니, 이것이 세 번째 미혹이다.

　이곳 사바세계에서 사는 사람들은 수명이 백세를 넘지 못하여, 어릴 때는 어리석고 늙어서는 질병이 들며, 게다가 혼침昏沈과 수면에 빠져있는 시간이 태반이다. 보살도 오히려 격음隔陰의 혼침이 있고, 성문聲聞도 오히려 태胎에서 나오면 우매하게 되어 총명함을 열에 아홉은 잃어버려서 불퇴의 지위에 오르지 못하니, 가히 마음이 오싹하게 두려운 일이다. 서방정토에 사는 사람은 수명이 한량없고, 한번 연꽃 봉우리에 의탁하면 다시는 쉴 새 없이 이어지는 생사윤회의 괴로움이 없어서 곧장 깨달음에 이른다. 그 때문에 문득 불퇴전의 지위를 얻어서 부처의 자리에 오르는 것을 반드시 기약할 수 있다. 사바세계에 유전하면서 짧은 세월은 덧없이 빨리 흐르지만 정토의 장구한 세월은 모르는 것이 네 번째 미혹이다.

　불퇴의 지위에 머무르고 무생無生의 과果를 증득하여, 욕계에 있으면서도 욕심이 없고, 번뇌의 세계에 거처하면서도 번뇌가 없어야만 비로소 무연無緣의 자비를 일으켜 온 중생을 한 몸같이 여기는 대자대비를 내어 번뇌의 세계로되돌아가 오탁의 세계에서 화광동진和光同塵할수 있다.

견문이 얕고 지혜가 단순한 사람이 간혹 작은 선업善業을 짓고 그에 따르는 좋은 과보를 얻고서는 문득 중생계를 멀리 벗어나고 십지十地를 뛰어넘었다고 여기면서, 정토를 손가락질하고 사바세계에 탐을 내어 연모戀慕한다. 눈을 가리고 공空으로 돌아갔다고 하며, 마치 유랑하면서 소, 말과 어깨를 나란히 하고, 진흙 밭에서 뒹굴면서 자신이 어떤 사람인지를 알지 못하며, 대승권교 보살과 비교하여 헤아리고 있으니, 그것이 다섯 번째 미혹이다.

그러므로 부처님께서 말씀하시기를, 「마땅히 서원을 발하여 저 아미타부처님 국토에 왕생하기를 원해야 하는데, 부처님의 진실한 말씀을 믿지 않고 정토에 왕생하기를 원하지 않으니 어찌 크게 미혹한 것이 아니겠는가.」라고 하였다.

此方之人 無不厭俗舍之喧煩 慕蘭若之寂靜 故有捨家出家 則慇懃讚歎 而娑婆衆苦 何止俗舍之喧煩 極樂優游 豈直蘭若之寂靜 知出家爲美 而不願往生 其惑一也 萬里辛勤 遠求知識者 蓋以發明大事 決擇死生 而彌陀世尊 色心業勝 願力洪深 一演圓音 無不明契 願參知識 而不欲見佛 其惑二也 叢林廣衆皆樂棲遲 少衆道場 不欲依附 而極樂世界 一生補處其數甚多 諸上善人俱會一處 既欲親近叢林 而不慕淸淨海衆 其惑三也 此方之人 上壽不過百歲 而童癡老耄疾病相仍 昏沈睡眠 常居太半 菩薩猶昏隔陰 聲聞尙昧出胎 則尺璧寸陰 十喪其九 而未登不退 可謂寒心 西方之人 壽命無量 一託蓮苞更無死苦 相續無間 直至菩提 所以便獲阿惟越致 佛階決定可期 流轉娑婆 促景而迷於淨土長年 其惑四也 若乃位居不退 果證無生 在欲無欲 居塵不塵 方能與無緣慈 運同體悲 廻入塵勞 和光五濁 其有淺聞單慧 或與少善相應 便謂永出四流高超十地 詆訶淨土 耽戀娑婆 掩目空歸 宛然流浪並肩牛馬 接武泥犁 不知自是 何人 擬比大權菩薩 其惑五也 故經曰 應當發願願生彼國 則不信諸佛誠言 不願往生淨土 豈不甚迷

-종색 자각선사

* 종색(宗賾) 자각(慈覺)선사 : 중국 송나라 정토종과 운문종 계통의 고승이다. 어려서 아버지를 여의고 어머니에게 효도를 다하였다. 유교 경전에 널리 통하고 문장에도 능했다. 어머니를 방장실(方丈室) 동쪽 방에 모시고 부지런히 염불하다가 만년에 사부대중을 거느리고 연사(蓮社)를 결성하여 극락왕생하는 법을 닦았다. 저서에 〈좌선의〉 〈선원청규〉 등이 있다.

＊ 난야(蘭若) : 아란야(阿蘭若)의 준말. 적정처(寂靜處) 또는 무쟁처(無諍處)라고 번역한다. 시끄러움이 없고 한적해서 수행하기에 좋은 곳으로, 삼림이나 들판 또는 모래사장 등을 가리킨다.

＊ 출가(出家) : 출가에는 세 가지가 있다. 첫 번째는 어버이를 여의니 세속의 집을 나서는 것이요, 두 번째는 도를 깨우치니 오온(五蘊)의 집을 나서는 것이요, 세 번째는 불과(佛果)를 증득하니 삼계(三界)의 집을 나서는 것이다.

＊ 남회근 선생은 「세속에 깊이 들어가 세속적인 마(魔)를 항복시킬 수 있는 것이 바로 큰 출가입니다.」라고 하였다.

＊ 남회근 선생은 「정좌(靜坐)하는 동안 혼침(昏沈)에 빠져 잠든 것 같기도 하고 아닌 것 같기도 하다고 느낀다면 이런 현상이 청정함이라고 여기지 말기 바랍니다. 조심하십시오. 이런 상태로 오래 앉아 있고 나면 뇌가 퇴화하고 기억력, 각성능력[悟力]은 갈수록 나빠져서, 축생도(畜生道)에 떨어지는 비참한 과보를 받을 수 있습니다.」라고 하였다.

＊《대반야경》에 「한 보살이 있어 만일 다른 보살을 업신여기되, 설사 1찰나(75분의 1초, 즉 0.013초) 동안 업신여겼더라도 1겁을 지나도록 불도(佛道)와 멀어지게 될 것이며, 그리하여 1겁을 지난 뒤에야 다시 불도를 닦을 수 있나니, 그러므로 스스로를 높이지 말 것이며, 또한 다른 보살을 낮추어 보지 말 것이니라.」라는 말씀이 있다.

＊ 청화스님은 「출가한 사람들의 허물을 말하는 것이 가장 죄가 무겁습니다. 집을 떠나서 세속을 떠나서 진리를 공부하는 분들은 비구나 비구니나 신부나 수녀나 모두가 거기에 포함됩니다. 좋은 스님네와 나쁜 스님네, 계행을 청정하게 지키는 스님과 못 지키는 스님을 대비해서 말씀을 해도 안 됩니다. 자기만 최선을 다 할 것이지 이러한 스님들의 허물을 말하는 것은 그만큼 자기 스스로의 선근(善根)을 감소시키는 것입니다.」라고 하였다. 또 청화스님은 혼침과 산란심(散亂心)을 줄이려면 음식을 적게 먹거나 덜 짜게 먹어야 한다고 하였다.

＊ 율장《십송률》을 해석한〈살바다론(薩婆多論)〉에 「차라리 탑을 깨뜨리고 불상을 허물지언정 남을 향해서 비구의 허물을 말하지 말지니, 만일 허물을 말하면 곧 불법의 몸을 허물어뜨리는 것이니라.」라는 말씀이 있다. 우리 불자들이 가슴 깊이 새겨야 할 말씀이다. 출가 사문이 큰 죄를 짓거나 허물이 있어도 이를 비판하거나 헐뜯거나 비방해서는 절대 안 될 일이다.

＊ 색심(色心) : 색과 심을 아울러 일컫는 말. 색(色)은 유형의 물질을 가리키고, 심(心)은 무형의 정신을 가리킨다.[色是指有形的物質 心是指無形的精神]. 부처님의 32상(相)80종호(種好)는 색(色)에 해당한다.

* 연지대사는 〈죽창수필〉에서 「삼승성현(三乘聖賢)도 오히려 생을 바꾸어 부모의 태(胎)에서 나올 적에 잠깐 동안의 혼미(昏迷)가 있는데, 구박범부(具縛凡夫)가 한 껍질을 벗고 또 한 껍질에 들어가서 부모 뱃속에서 거꾸로 태어나면서 어찌 전생의 일을 기억할 수 있겠는가.[乘賢聖 肯有隔陰出胎作時之昏 況具縛凡夫 脫一殼 入一殼 從母腹中顚倒而下 尙何能記憶前生耶]」라고 하였다.

* 격음(隔陰) : 중음(中陰)을 거쳐 세상에 다시 태어남. 부처님이나 대보살이 아니라면 이 과정에서 전생의 일을 다 잊어버리게 되는데, 이를 격음지미(隔陰之迷) 또는 격음지혼(隔陰之昏)이라고 한다.

어떤 이가 물었다.

「중생이 지은 악업은 산처럼 쌓여서 이 모든 악업이 정토왕생을 가로막습니다. 작은 선善으로는 이 악업을 제거하지 못하는데, 무슨 이유로 《관무량수경》에서는 임종 시에 열 번의 염불로 왕생할 수 있다고 하는 것입니까.」

답한다.

「마음은 업業의 주인이고 생을 이끄는 근본이다. 임종할 때의 마음은 오히려 눈동자와 같아 능히 일체 모든 업이 따라간다. 만약 임종할 때의 마음이 악하면 능히 일체 악업을 이끌어 악도惡道 가운데 태어나게 한다. 만약 임종할 때의 마음이 선하면 능히 일체의 선업을 이끌어 선도善道 가운데 태어나게 한다. 비유컨대, 용이 움직이면 구름이 용을 따르는 것과 같이, 마음이 만약 서쪽으로 갈 업業이면 또한 그것을 따른다.」

問曰衆生惡業其猶積山 此諸惡業障乎淨土 非小善能除 何故觀經云 臨命終十念卽得往生 答曰 心是業主 牽生之本 臨終之心 猶如眼目 能遵一切諸業 若臨終心惡 能引一切惡業 生惡道中 若臨終心善 能引一切善業 生善道中 譬如龍行 雲則隨之 心若西逝業 亦隨之也

- 가재대사 〈정토론〉

* 가재대사 : 중국 당나라 때의 고승. 원효대사(617~686)와 비슷한 시대의 인물이었던 당(唐) 가재대사(생몰년 不詳)의 〈정토론(淨土論)〉과 원효대사의 〈유심안락도〉에는 비슷한 내용이 있어 눈길을 끈다. 원효대사는 〈유심안락도〉에서 「중생의 악업은 매우 무거워서 능히 정토에 왕생하는 것을 막으니, 작은 선(善)으로는 능히

그 업장을 없애지 못한다. 그런데 무슨 이유로 관경(觀經)에서 말하기를 "임종할 때에 십념(十念)만으로도 왕생함을 얻는다고 하였습니까." 답한다. 마음이 이 업의 주인이고 생(生)을 받는 근본이기 때문에, 임종할 때의 마음은 오히려 마치 눈과 같아서 능히 모든 업을 이끄는 것이다. 그러니 만일 임종할 때의 마음이 악하면 능히 모든 악업을 이끌고, 만일 임종할 때에 마음이 착한 사람은 능히 모든 착한 업을 이끄는 것이다. 마치 용이 가는데 구름이 따르는 것과 같아서 마음이 서방 극락으로 가면 업 또한 따르게 되는 것이다.[問衆生惡業甚重 能障於淨土 非小善能除 何故觀經云 臨終十念卽得往生也 答心是業主 受生之本 臨終之心 猶如眼目 能導一切業 若臨終心惡 能引一切惡業 若心善者 能引一切善業 如龍所行 雲卽隨之 心若西逝業亦隨之]」라고 하였다.

* 악도(惡道) : 삼악도를 말하는 것으로, 지옥/ 아귀/ 축생을 말함.

* 선도(善道) : 인간/ 아수라/ 천상을 말함.

염불하여 정토에 왕생하기를 구하는 자와 초심을 일으켜 여타餘他의 선법善法을 닦는 자는 그 우열이 같지 않습니다. 여타의 선법을 수행하는 자는 오직 자력만을 의지하므로 오랜 겁이 걸려야 하고, 수행에서 퇴전하지 않아야만 거룩한 과果를 얻을 수 있어서 매우 어렵지만, 염불하여 정토에 왕생하기를 구하는 자는 아미타불에 의지해서 아미타불의 크신 원력을 섭지攝持하여 버리지 않으면, 조금 퇴전하거나 타락함이 있더라도 매우 쉬운 일입니다.

비유하면, 두 사람이 모두 바다를 건너서 보배 산에 가려 하는 것과 같습니다. 한 사람은 나무의 씨를 심어서 그 나무가 성장하기를 기다렸다가 배를 만들려고 하는데, 매우 오랜 세월이 걸리고 많은 장애와 어려움이 있어서 자력으로 바다를 건널 수 없으니, 여타의 선법을 닦는 자가 또한 이와 같습니다.

한 사람은 해안에서 큰 배가 있는 대상인大商人을 만나 유연한 말[柔軟語]로 대상인에게 알려 가엾게 여겨 허락해 주기를 청하면 즉시 배에 올라 오랜 세월이 걸리지 않고 보배가 있는 곳에 이를 수 있으니, 아미타불에 의거하여 그 원력을 섭지하고 염불하여 정토에 왕생하기를 구하는 자도 또한 이와 같습니다.

과거로부터 한량없는 겁 동안 항상 고통과 괴로움을 받은 한 사람 한 사람의 중생이 일겁 동안에 쌓아놓은 뼈가 왕사성의 비부루산毗富樓山과 같고, 마신 우유의 양이 사대해수四大海水와 같으며, 흘린 피가 사대해수 만큼 많고, 부모 등이 임종했을 때 곡을 하고 울면서 눈에서 흘린 눈물이 사대해수 만큼 많으나, 생사의 세계에 빠져 있으면서 오랜 겁 동안 부처님을 만나지 못하였습니다.

 또 부처님께서 세상에 출현하셔서도 천축 사위성의 많은 사람들은 보지도 듣지도 못하였고, 진단震旦에서는 알지도 못하고 깨닫지도 못하였습니다. 삼악도의 중생은 여덟 가지 어려움의 업장이 두터워서 모든 부처님을 만나지 못합니다. 부처님께서는 세상에 드물게 나타나시므로 부처님 계신 곳에 태어나기 어려우며, 인연이 없으면 태어난다 해도 부처님을 만나지 못하는데 경사스럽게도 우리는 이 경(무량수경을 말함)을 만났습니다.

- 왕자성 〈예념미타도량참법〉

 * 영명연수선사의 〈만선동귀집〉에, 「말법시대를 만나 이러한 현재의 오탁악세(五濁惡世)에서는 다행히 오직 정토법문이라는 한 문(門)이 있어 가히 통하여 길에 들 수 있나니 마땅히 알라. 자행(自行)만으론 원성(圓成)키 어려우나 타력은 쉬운지라 마치 열사(劣士)가 전륜왕의 세력에 붙여서 사천하(四天下)를 날아다니며, 범부의 몸이 선약(仙藥)의 공덕을 빌려서 삼도(三道)를 날아오르는 것과 같아서 속히 상응(相應)함을 얻으리니, 자비하신 분의 지취(旨趣)가 간곡하심을 모름지기 뼛속 깊이 새겨야 할 것이다.」라고 하였다.

 * 남회근 선생은 「선법(善法)은 보리(菩提)를 증득하는 것입니다. 마음이 일어나고 생각을 움직임에 있어 착하지 않은 것이 하나도 없는 것입니다. 진정한 선법은 정토입니다. 내면적으로는 마음의 정토요, 외면적으로는 극락세계의 아미타불의 정토입니다.」라고 하였다.

 * 섭지(攝持) : 불보살이 대자비심으로 중생을 거두고 돌보며 중생은 불보살에게 신심을 바치는 것, 또는 수행자의 신심(信心)에 부처님이 감응(感應)하는 것, 또는 중생이 불보살의 위신력을 받는 것을 말한다. 〈보왕삼매염불직지〉에 「시방세계 일체중생이 모두가 아미타부처님의 원력(願力)에 섭지(攝持)되는 것이, 마치 자모(慈母)가 어린아이를 사랑스럽게 품에 안고 젖을 먹이며 염려하는 생각을 잃어버리지 않음과 같다.」라고 하였고, 《방광반야경》에 「보살은 항상 육바라밀로써 중생을 섭지한다.」라고 하였으며, 인광대사는 「그러나 정토법문을 제외한 다른 수행법은 모두 자력(自力)의 수지(修持)에만 의지하는 것이어서 견사혹을 끊고 진리를 증득해야 생사윤회를 벗어날 수 있다. 부처님 자비력의 섭지(攝持)가 전혀 없는 것이다.[然此諸法 皆須自力修持 斷惑證眞 了生脫死 絕無他力攝持]」라고 하였다.

 * 인광대사는 「말법의 중생은 복덕과 지혜는 박천(薄淺)하고 업장은 두텁고 깊어 정법(淨法)을 닦을 수

없다. 자력에 의지하여 견사혹(見思惑)을 끊고 진리를 증득하여 생사윤회를 마치려하지만 정말로 어렵고도 어렵다.[末法衆生福薄慧淺 障厚業深 不修淨法 欲仗自力斷惑證眞 以了生死 則萬難萬難]」라고 하였다.

＊중국 청나라의 자운(慈雲)대사는 「세상 사람들의 업장은 깊고 두터워서 일체의 모든 경전과 주문과 참법(懺法)으로도 업장을 없앨 수 없을 때에, 최후로 아미타불 이 넉자가 소멸할 수 있으니, 가장 효과적인 방법은 염불이다.[世間人業障深重 所有一切經 咒 懺法都不能消除時 最後這一句佛號可以消掉 最有效的方法是念佛]」라고 하였다.

＊부처님은 자력(自力)으로 성불하려면 3아승기 동안 수행하여 견혹(見惑)과 사혹(思惑)을 완전히 끊고, 다시 100겁 동안 보살의 인지(因地)를 닦아야 비로소 32상 80종호의 원만한 덕상(德相)을 갖추고 무상정등정각을 이룬다고 하셨다. 그러나 정토법문은 믿음과 발원과 염불수행의 3요소만 갖추면 업장을 짊어진 채 극락에 왕생하며, 한 번 극락에 왕생하면 영원히 생사윤회를 벗어난다고 하셨다. 이미 깨달아 증득한 사람은 단박에 부처자리에 오르고, 설령 아직 깨닫지 못한 범부라 하더라도 불퇴전의 지위를 얻는다 하셨다.

＊진단(震旦) : 중국을 달리 이르는 말.

＊여덟 가지 어려움 : 팔난(八難)을 말한다. 팔난은 부처를 볼 수 없고, 가르침도 들을 수 없는 여덟 가지 어려움을 뜻하는 말이다. 즉, ①지옥 ②아귀 ③축생 ④장수천(長壽天) ⑤북울단월 ⑥봉사·귀머거리·벙어리 ⑦세지변총(世智辯聰) ⑧불전불후(佛前佛後)를 말한다.

＊비부루산 : 고대 인도에 있던 마가다국의 도읍지인 왕사성(王舍城)의 동북쪽에 인접해 있는 산. 원래는 비부라산(毘富羅山)이었는데, 석가세존께서 계실 때 비부루산으로 불렸다.

비록 경전과 불상이 세상에 있으나 한 사람도 우러러 받드는 이 없고, 비구比丘들은 속된 행만 자주 지으며 성현 또한 나타나지 아니하도다. 그때 불상 스스로 무너져 버리고 경전은 수명을 다해 용궁으로 돌아가지만, 오직 아미타부처님 법이 있어서 백년간 이 세상에 머물게 되리. 모든 인연 있는 중생 이끌어 주사 극락세계 모두 태어나게 하시니 아미타부처님의 자비의 서원 가장 깊고 간절함을 이로써 알라.

정법과 상법에는 사람들의 마음이 순수하고 소박하였기 때문에, 많은 성현들이 범부의 형상으로 화현化現하여, 빛을 누그러뜨리고 티끌세상과 함께 하면서[和光同塵] 법을 널리 펴 중생을 이롭게 하였다. 그러나 말법의 끝에 이르면 사람들이 의심과 아첨이 많아져 정법을 등지고 삿됨으로 향하여 교화를 받아들이는 이가 없으므로 성현들이 숨어서 나타나지 않는다.

〈십주비바사론〉에서 말한다.

「부처님이 열반에 드신 지 일 만년 뒤에는 불상佛像이 스스로 무너져 버리고 경전은 용궁으로 되돌아가며, 모든 비구의 무리들은 세속의 무리와 똑같아져서 다만 가사를 입고 머리를 깎았을 따름이다.」

또《무량수경》은 이렇게 말한다.

「말세에는 법이 사라져 용궁으로 흘러 들어가지만, 특별히 이 경전은 백년간 세상에 머물러 있으면서 중생을 이끌어 저 극락정토에 가서 태어나게 하리라.」

- 〈석가여래행적송釋迦如來行蹟頌〉

* 석가여래행적송 : 고려 후기의 고승 운묵(雲默)대사가 석가세존의 생애와 불교의 전파 내력 등에 관한 776구의 게송(偈頌)과, 거기에다 주석을 붙인 책. 상편에서는 부처님의 일생과 인도불교를, 하편에는 불교가 중국에 전해온 것과 말세(末世)의 불교도에 대한 교훈으로 엮어 있다.

* 우익대사는 「진실로 타인을 이롭게 하는 것은 자신을 이롭게 하는 것이고, 타인을 괴롭히는 것은 자신을 괴롭히는 것임을 반드시 알아야 한다.[詎 知利人卽是利己 害人甚於害己]」 라고 하였다.

* 화광동진(和光同塵) : 〈노자〉에 나온다. 빛을 감추고 티끌 속에 섞여 산다는 뜻으로, 자기의 뛰어난 지덕(智德)을 나타내지 않고 세류(世流)에 따르는 것을 일컫는다. 또는 불보살이나 성현께서 중생을 구제하시기 위하여 그 본색을 숨기고 인간세계에 나타남을 이르는 말이다. 영명(永明)선사는 〈유심결(唯心訣)〉에서 「빛을 부드럽게 하더라도 한 무리를 짓지 않고[和光而不群], 티끌과 함께 하더라도 물들지 않는다.[同塵而不染]」 라고 하였다. 이는 비록 자기의 빼어남을 부드럽게 하여 세속의 속인과 어울린다 하더라도 스스로의 자아(自我)를 지키고, 스스로의 자존(自尊)을 버려서는 안 된다는 가르침이다.

염불하는 많은 사람들이 미신에 빠져 있습니다. 아침부터 저녁까지 종일 아미타불을 외우면 아미타불께서 자기를 지켜주고 도와주리라 생각하지요. 아미타불은 자기를 상대도 않으리라는 생각은 하지 못합니다. 아무 효과가 없다는 걸 어떻게 아냐고요.

설사 하루에 부처님 명호를 십만 번 부른다 하여도 성질은 여전히 사나워서, 남들이 한번 기분 나쁘게 하면 몇날 며칠을 화내고 그러다가 몇 마디 좋은 말을 해주면 또 며칠씩 기뻐한다면, 이래서야 무슨 소용이 있겠습니까. 이는 번뇌가 조금도 끊어지지 않고 번뇌가 자주 일어나는 것이므로, 부처님 명호가 번뇌를 누르지 못하여 극락에 왕생도 하지 못합니다.

극락세계에 왕생하려면 하루에 몇 번이나 부처님 명호를 불러야 아미타불께서 와서 맞이하여 인도해 주시는지에 대해 부처님은 말씀하신 적이 없습니다.

정토종의 경론을 다 뒤져도 그런 말은 없습니다. 조건이라면 한 마음으로 어지럽지 않은 것[一心不亂]과 마음이 전도되지 않는 것[心不顚倒]이지요.

평생에 단 한 번 부처님 명호를 부르더라도 그 한 번의 부처님 명호를 일심불란하게 부른다면 왕생할 수 있습니다. 하루에 십만 번 부처님 명호를 부르더라도 일심불란하게 하지 않으면 극락에 갈 수 없습니다.

《아미타경》에 아주 분명히 나와 있습니다. 왕생의 기준은 일심불란과 심부전도라고 말입니다. 번뇌장煩惱障을 깨뜨리는 것이 일심불란一心不亂이고, 소지장所知障을 깨뜨리는 것이 심부전도心不顚倒입니다.

-정공법사

* 번뇌장(煩惱障) : 탐냄[貪], 성냄[瞋], 어리석음[癡], 집착, 증오, 아상(我相)과 같이 깨달음에 방해가 되는 장애를 말한다. 번뇌장은 곧 아집(我執)이니, 나에 대한 이기적인 집착이다. 인간의 몸은 오온(五蘊)이 화합한 존재에 불과한 것인데, 실체가 있는 '나[我]'라고 집착하는 번뇌이다. 번뇌장은 마음(또는 一心)을 가려서 마음이 해탈하지 못하게 하고, 업을 지어 생을 받아, 다섯 길에 윤회하게 한다. 남회근 선생은 「무엇이 번뇌장일까요. 예를 들면 우리가 정좌(靜坐)를 하는 동안 마음속에서는 잡념이 어지러워 고요해질 수가 없습니다. 혹은 다리가 아프고 땅깁니다. 이런 것은 번뇌장, 곧 사장(事障)입니다.」라고 하였다. 원효대사는 〈금강삼매경론(金剛三昧經論)〉에서 번뇌장이 중생의 근본고(根本苦)이므로, 번뇌장의 극복이야말로 불성(佛性)의 첩경이라고 보았다.

* 소지장(所知障) : 이전부터 알고 있는 지식이나 알음알이가 깨달음에 장애가 되는 것을 말한다. 편견, 증상만(增上慢), 지적(知的) 교만, 분별심(分別心), 차별심(差別心) 등이 해당된다. 소지장은 혜(慧)를 가려 혜해탈(慧解脫)을 못하게 하고, 제 마음을 훤히 알지 못하게 하며, 제법의 실상(實相)을 사무치게 알지 못하게 함으로써 비록 삼계에 나고서도 이승(二乘: 성문과 벽지불)에 걸려 성불하지 못하게 한다. 소지장

은 곧 법집(法執)이자 지장(智障)에 해당한다.

＊ 정공법사는 「여러분! 알아야 합니다. 범부가 성불하지 못하는 데에는 두 가지 즉, 집착과 장애 때문입니다. 하나는 아집(我執)이고, 다른 하나는 법집(法執)입니다. 아집을 없애면 아라한과(阿羅漢果)를 증득하게 되고, 법집까지 없애면 부처가 됩니다. 항상 자기만을 생각하는 사람은 매일 아집이 늘어나는데, 설사 모든 선법(善法)을 닦는다 하더라도 그것은 그저 집착만 증장시킬 뿐입니다. 집착을 없애지 못했기 때문에 부처님께서 이를 악(惡)이라 하신 것입니다. 당신이 삼계(三界)에서 벗어날 생각이 없다면 상관이 없지만, 삼계를 벗어나려 한다면 반드시 아집과 법집을 없애야 합니다. 아집은 번뇌장(煩惱障)이라 번뇌의 근원입니다. 법집은 소지장(所知障)의 근원입니다.」라고 하였다.

＊ 정공법사는 「상등(上等)으로 왕생하는 사람은 이일심불난(理一心不亂)이다. 중등(中等)으로 왕생하는 사람은 번뇌장은 이미 깨트렸지만 소지장은 아직 깨뜨리지 못하였다. 하등(下等)으로 왕생하는 사람은 번뇌장과 소지장 둘 다 아직 깨뜨리지는 못했지만 조절할 수는 있다. 비록 장애가 존재하기는 하지만 그것이 작용을 일으키지 못한다. 이는 마치 돌이 풀을 누르고 있는 것과 같은 이치로, 그 상태로 업을 가지고 왕생할 수 있다.」고 하였다.

＊ 육조 혜능선사는 《육조단경》에서 「선(善)하지 않은 마음을 품고 있으면 염불해도 왕생하기 어렵다.[若懷不善之心 念佛往生難到]」라고 하였다.

진실로 염불할 수만 있다면, 무병장수와 집안의 순경順境과 자손의 발전 그리고 모든 인연이 뜻대로 되고, 만사가 길상吉祥하게 되는 것과 같은 세간의 복보는 구하지 않아도 저절로 얻어짐을 알아야 하오. 세상의 복보福報만 구하고 극락왕생을 위해 회향을 하지 않으면, 세간의 복보를 얻어도 오히려 보잘 것 없고 마음은 한곳에 모이지 못하여 정토왕생이 더욱 어려울 것이 확실하오.

須知眞能念佛 不求世間福報而自得世間福報 如長壽無病 家門淸泰 子孫發達 諸緣如意 萬事吉祥等 若求世間福報 不肯廻向往生 所得世間福報 反爲下劣 而心不專一 往生更難決定矣

-인광대사

＊〈제경요집(諸經要集)〉에「만약 어떤 빈궁한 사람이 재물로써 보시할 수 없어도 남이 보시행을 닦는 걸 보면서 수희(隨喜)하는 마음을 낸다면 수희의 복된 과보(果報)는 보시하는 것과 다르지 않다.」라고 하였다.

＊행책대사는 〈정토경어〉에서「진실한 믿음을 갖추고 터럭 하나만큼의 작은 선이라도, 먼지 하나만큼 의 복덕이라도 서방정토 왕생에 모두 회향하면 정토를 장엄할 수 있다.[具足眞信 雖一毫之善 一塵之福 皆可回向西方 莊嚴淨土]」라고 하였다.

＊〈보리도차제〉에「불보살들께서 과거의 무수한 생(生)에 걸쳐 수행하셨던 것을 우리가 사유(思惟)하 면서 따라 기뻐한다면[隨喜] 불보살님이 쌓으신 그 무량한 공덕의 10분의 1을 쌓게 된다.」라는 말씀이 있다.

염불하는 사람은 아미타불께서 그 사람의 정수리에 늘 머물러 계시면서 밤낮으로 옹호 하시며 원한 가진 사람들이 해악을 끼치지 못하게 하시고 살아서는 늘 편안함을 얻게 하 며 죽을 때는 자유롭게 왕생하게 하신다.

念佛人阿彌陀佛常住其頂 日夜擁護 不令冤家而得其便 現世常得安穩 臨終任運往生

- 연지대사 〈미타소초〉

＊인광대사는「홍법대사(弘法大士)들이 예로부터 지금까지 〈아미타경에〉 얼마나 많은 주해를 달아 찬양했는 지 모르오. 그 가운데 지극히 광대하고 정밀 미묘한 것은, 연지대사의 소초(疏鈔)만한 게 없소.」라고 하였다.

＊우익대사는「예부터 아미타경에 주(註)와 소(疏)를 붙인 분들이 많이 계셨지만, 세월이 오래되고 인 멸(湮滅)되어 그분들의 주소(註疏)는 남아 있는 것이 몇 안 된다. 그리하여 새로이 운서화상(연지대사)께서 미타소초를 저술하셨는데, 이는 광대하고 정교하며 미묘하다.[古來註疏 代不乏人 世遠就湮 所存無幾 雲 棲和尙 著爲疏 鈔廣大精微]」라고 하였고, 원영대사는 우익대사의 이 말씀에 대하여 보충설명을 하기를, 「광대(廣大)하다고 하신 것은, 연지대사의 아미타경 소초의 문언(文言)이 큰 바다처럼 넓고 넓어 걸림이 없다는 것을 뜻하며, 또한 정미(精微)하다 하신 것은 대사의 경해석의 의미와 이치가 명백하고 미묘하여 경의 요지를 조금도 빠뜨리지 아니하고 극명하게 드러내셨다는 것을 뜻하나니, 대사의 경문 해석은 가히 고금에 위없이 고상하고 훌륭한 해석이라 하겠다.」라고 하였다.

시작도 없는 무량겁 동안 오역십악을 비롯한 온갖 죄업을 안 지은 게 어디 있으며, 삼도 팔난三途八難을 포함한 온갖 고통을 안 받은 게 무엇인가. 말하자니 부끄럽기 짝이 없고, 생각만 해도 두렵기 그지없다. 그런데도 가령 지금 염불을 하지 않고, 예전처럼 온갖 죄업을 짓는데 골몰하며, 예전처럼 온갖 고통을 당하는데 파묻혀 있다면, 정말 부끄럽지 않고 정말 두렵지 않을 수 있겠는가.

이제 부처님께서 대자대비심으로 생각 생각마다 우리를 기억하시고 염려하시며 거두어 교화해주심을 알았다면, 우리는 이제 부처님 은혜에 몹시 감격하여서라도 마땅히 염불하여야 한다. 과거 무량겁 동안 줄곧 온갖 억울한 고통을 당해왔으므로, 그러한 고통에서 벗어나기 위해서라도 마땅히 염불해야 한다.

이미 지은 죄업도 어찌할 수가 없는데, 앞으로도 죄업을 더 이상 지을 수 있는가. 부끄럽고 두려운 마음이 들기 때문에라도 마땅히 염불해야 한다. 부처님과 한 몸인 심성을 본래 가지고 있다면, 지금인들 어찌 없겠는가. 다만 깨닫고 증득하지 못할 따름이다. 그러니 그러한 심성을 깨닫기 위해서라도 마땅히 염불해야 한다. 마음을 깨닫기 위해서 염불한다면 염불이 반드시 간절해질 것이며, 부끄럽고 두려운 마음으로 염불한다면 염불이 반드시 간절해질 것이며, 고통을 두려워하는 마음으로 염불한다면 염불이 반드시 간절해질 것이며, 부처님 은혜에 감사하는 마음으로 염불한다면 염불이 반드시 간절해질 것이다.

우리가 부처님을 생각하지 않아도, 부처님께서는 오히려 우리를 생각하시거늘, 우리가 부처님을 간절히 생각한다면, 부처님께서는 반드시 우리를 더욱 더 생각하실 것이다. 그래서 대세지보살께서 이렇게 말씀하신 것이다.

「시방세계의 모든 부처님께서 중생을 불쌍히 생각하심은, 마치 어머니가 자식을 생각하는 것과 같으니라. 자식이 만약 달아난다면, 비록 어머니가 아무리 생각한들 무슨 소용이 있겠느냐. 만약 어머니가 자식 생각하듯이 자식이 어머니를 생각한다면, 어머니와 자식은 세세생생 서로 멀리 떨어지지 않을 것이다. 마찬가지로, 만약 중생이 마음으로 부처님을 그리워하고 부처님을 생각한다면, 지금 당장이나 미래에 반드시 부처님을 친견하고 부처님과 멀리 떨어지지 않을 것이며, 어떤 방편을 빌릴 필요가 없이 저절로 마음이 활짝 열릴 것이니라.」

이는 《능엄경》에서 대세지보살께서 몸소 증명하고 실제로 도달하신 경계를 간과 쓸개까지 꺼내 보이듯이 허심탄회하게 고백하신 말씀이다. 우리가 부처님을 생각하면, 반드시 부처님을 뵈올 수 있다.   ―철오선사

  ＊정공법사는 「부처님은 중생들을 공경하신다. 부처님은 중생과 부처가 결코 차별이 없다는 것을 아시기 때문이다. 하지만 중생들은 부처님을 공경하지 않는다. 남을 공경하지 않는 것은 바로 자신을 공경하지 않는 것이다.」 라고 하였다.

  ＊삼도(三途) : 지옥/ 축생/ 아귀를 말함. 삼악도(三惡道)라고도 함.

염불 법문이
모든법문중에서

가장 뛰어나다.
[諸佛法中勝]

7
염불 및 왕생의 30가지 공덕

1. 모든 죄를 멸한다.[滅除諸罪]

2. 공덕이 끝이 없다.[功德無邊]

3. 임종 시에 마음이 전도되지 않는다.[臨命終時心不顚倒]

4. 염불이라는 한 법문이 많은 법문을 원섭한다.[念佛一法攝多法]

5. 목숨을 마칠 때에 부처님이 스스로 와 맞이하신다.[命終之時佛自來迎]

6. 시방의 모든 부처님이 같이 믿고 염불하기를 권하신다.[十方諸佛同勸信念]

7. 몸에 있는 질병이 염불하면 모두 제거된다.[所有疾患念佛總除]

8. 모든 불법 가운데 염불법문이 가장 뛰어나다.[諸佛法中勝]

9. 모든 부처님이 똑같이 증명하셨다.[諸佛同證]

10. 모든 부처님이 같이 호념하신다.[諸佛同護]

11. 적은 공덕으로도 속히 정토에 왕생한다.[用少功德速生淨土]

12. 연화대 가운데 화생한다.[華臺中化生]

13. 몸이 황금색이다.[身黃金色]

14. 수명이 장원하다.[壽命長遠]

15. 오래 살고 죽지 않는다.[長生不死]

16. 몸에는 광명이 있다.[身有光明]

17. 서른두 가지 상相을 갖춘다.[具三十二相]

18. 여섯 가지 신통을 얻는다.[獲六神通]

19. 무생법인을 얻는다.[得無生法忍]

20. 항상 모든 부처님을 친견한다.[常見諸佛]

21. 모든 보살과 더불어 반려자가 된다.[與諸菩薩共爲伴侶]

22. 향화와 음악으로 하루 여섯 때에 공양을 올린다.[香華音樂六時供養]

23. 옷과 음식이 자연히 생겨 오래토록 다함이 없다.[衣食自然長劫無盡]

24. 자유로이 도에 나아가 바로 보리에 이른다.[任運進道直至菩提]

25. 항상 젊고 늙은 모습이 없다.[常得少年無有老相]

26. 항상 건강하고 아플 때가 없다.[常得强健無有病時]

27. 다시는 삼악도에 떨어지지 않는다.[更不重墮三途地獄]

28. 태어남이 자유자재하다.[受生自在]

29. 낮과 밤 여섯 때에 항상 묘한 법을 듣는다.[晝夜六時常聞妙法]

30. 불퇴전지에 머무른다.[住不退地]

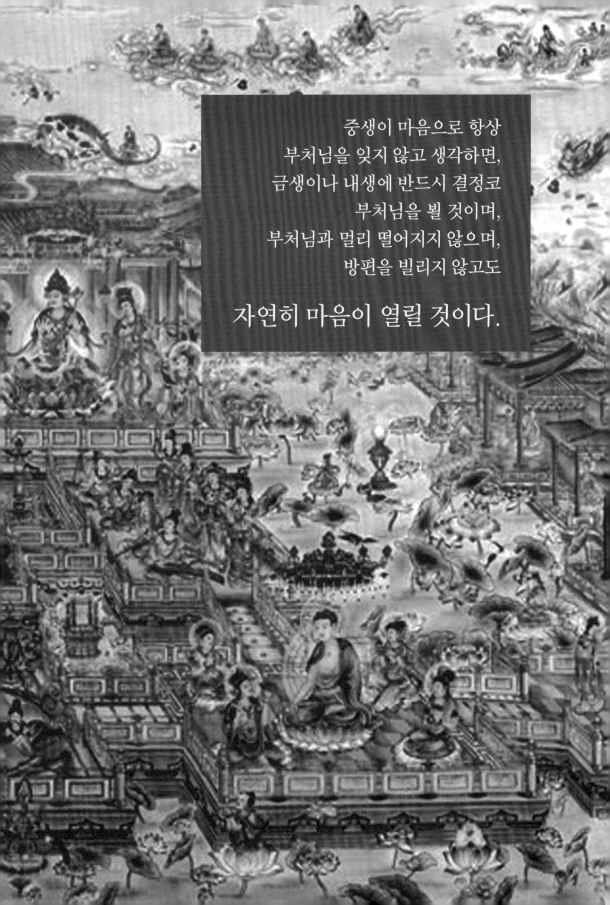

중생이 마음으로 항상
부처님을 잊지 않고 생각하면,
금생이나 내생에 반드시 결정코
부처님을 뵐 것이며,
부처님과 멀리 떨어지지 않으며,
방편을 빌리지 않고도

자연히 마음이 열릴 것이다.

8
능엄경 대세지보살염불원통장
大勢至菩薩念佛圓通章

大勢至法王子 與其同倫 五十二菩薩 卽從座起 頂禮佛足 而白佛言
대세지법왕자 여기동륜 오십이보살 즉종좌기 정례불족 이백불언

我憶往昔 恒河沙劫 有佛出世 名無量光 十二如來 相繼一劫
아억왕석 항하사겁 유불출세 명무량광 십이여래 상계일겁

其最後佛 名超日月光 彼佛敎我 念佛三昧 譬如有人 一專爲憶
기최후불 명초일월광 피불교아 염불삼매 비여유인 일전위억

一人專忘 如是二人 若逢不逢 或見非見 二人相憶 二憶念深
일인전망 여시이인 약봉불봉 혹견비견 이인상억 이억념심

如是乃至 從生至生 同於形影 不相乖異 十方如來 憐念衆生
여시내지 종생지생 동어형영 불상괴이 시방여래 연념중생

如母憶子 若子逃逝 雖憶何爲 子若憶母 如母憶時 母子歷生
여모억자 약자도서 수억하위 자약억모 여모억시 모자력생

不相違遠 若衆生心 憶佛念佛 現前當來 必定見佛 去佛不遠
불상위원 약중생심 억불념불 현전당래 필정견불 거불불원

748

不假方便 自得心開 如染香人 身有香氣 此則名曰 香光莊嚴
불가방편 자득심개 여염향인 신유향기 차즉명왈 향광장엄

我本因地 以念佛心 入無生忍 今於此界 攝念佛人 歸於淨土
아본인지 이념불심 입무생인 금어차계 섭념불인 귀어정토

佛問圓通 我無選擇 都攝六根 淨念相繼 得三摩地 斯爲第一
불문 원통 아무선택 도섭육근 정념상계 득삼마지 사위제일

대세지법왕자께서 서방정토에서 같이 온 52보살과 더불어 자리에서 일어나 부처님 발에 정례頂禮를 올리고 말씀드리되,「제가 기억하옵건대, 과거 항하사겁 전에 부처님께서 세상에 오셨는데, 그 부처님의 이름을 '무량광無量光'이라 하셨습니다. 열두 분의 무량광 부처님이 일 겁씩 이어 오셨고, 최후의 부처님이 초일월광불이신데, 그 부처님이 저에게 염불삼매念佛三昧를 가르쳐 주시되, "비유하자면, 한 사람은 오로지 만날 생각만 하는데, 한 사람은 오로지 잊어버리기만 한다면, 이 두 사람은 만나도 만나지 못하고, 서로 보더라도 보지 못한다. 그런데 두 사람이 서로 생각하여 두 사람의 생각이 깊어진다면, 이 두 사람은 세세생생토록 그림자가 형상을 따르듯 서로 떨어지지 않는다. 시방세계의 여래께서는 중생을 가엾게 여기시길 마치 어머니가 자식 생각하는 것과 같다. 그러나 자식이 어머니로부터 도망쳐 달아난다면 어머니가 자식을 생각한들 무슨 소용이 있겠는가. 그런데 자식이 어머니 생각하길 어머니가 자식 생각하듯 한다면, 어머니와 자식은 여러 생을 지내면서도 서로 어긋나거나 멀어지지 않는다. 중생이 마음으로 항상 부처님을 잊지 않고 생각하면, 금생이나 내생에 반드시 결정코 부처님을 뵐 것이며, 부처님과 멀리 떨어지지 않으며, 방편을 빌리지 않고도 자연히 마음이 열릴 것이다. 이는 마치 향을 만드는 사람의 몸에 향기가 배는 것과 같다. 이것을 일러 향광장엄香光莊嚴이라 한다." 고 하셨습니다.
저는 인지因地에서 염불심念佛心으로 무생법인無生法忍에 들어갔나이다. 저는 지금 이 사바세계에서 염불하는 이들을 모두 거두어 서방정토로 돌아가게 하겠습니다. 부처님께서 저에게 원통圓通의 방법을 물으시매, 저는 아무런 다른 선택이 없고, 오로지 육근六根을 모두 거두어들여 정념淨念이 서로 이어져서 삼매를 얻는 것이 제일이나이다.」

제가 부처가 될 때
시방세계의 무량한 불국토의
모든 부처님께서 만약 함께
나의 이름을 찬탄하면서
나의 공덕과 불국토의 미묘함을
말하지 않는다면

나는 부처가 되지 않겠습니다.

9

《무량수경》의 48원

-하련거 거사의 회집본(會集本)

一. 國無惡道願

二. 不墮惡趣願

我若證得無上菩提 成正覺已 所居佛剎 具足無量不可思議功德
아약증득무상보리 성정각이 소거불찰 구족무량불가사의공덕

莊嚴 無有地獄餓鬼禽獸 蜎飛蠕動之類 所有一切衆生 以及焰
장엄 무유지옥아귀금수 연비연동지류 소유일체중생 이급염

摩羅界 三惡道中 來生我剎 受我法化悉成 阿耨多羅三藐三菩提
마라계 삼악도중 내생아찰 수아법화실성 아누다라삼먁삼보리

不復更墮惡趣 得是願乃作佛 不得是願 不取無上正覺
불부경타악취 득시원내작불 부득시원 불취무상정각

三. 身悉金色願

四. 三十二相願

五. 身無差別願

我作佛時 十方世界 所有衆生 令生我剎 皆具紫磨眞金色身 三
아작불시 시방세계 소유중생 영생아찰 개구자마진금색신 삼

十二種大丈夫相 端正淨潔 悉同一類 若形貌差別 有好醜者 不
십이종대장부상 단정정결 실동일류 약형모차별 유호추자 불

取正覺
취정각

六. 宿命通願
七. 天眼通願
八. 天耳通願

我作佛時 所有衆生 生我國者 自知無量劫時宿命 所作善惡 皆
아작불시 소유중생 생아국자 자지무량겁시숙명 소작선악 개

能洞視徹聽 知十方去來現在之事 不得是願 不取正覺
능통시철청 지시방거래현재지사 부득시원 불취정각

九. 他心通願

我作佛時 所有衆生 生我國者 皆得他心智通 若不悉知億那由他
아작불시 소유중생 생아국자 개득타심지통 약불실지억나유타

百千佛刹 衆生心念者 不取正覺
백천불찰 중생심념자 불취정각

十. 神足通願
十一. 遍供諸佛願

我作佛時 所有衆生 生我國者 皆得神通自在 波羅蜜多 於一念
아작불시 소유중생 생아국자 개득신통자재 바라밀다 어일념

頃 不能超過億那由他百千佛刹 周遍巡歷供養諸佛者 不取正覺
경 불능초과억나유타백천불찰 주변순력공양제불자 불취정각

十二. 定成正覺願

我作佛時 所有衆生 生我國者 遠離分別 諸根寂靜 若不決定成
아작불시 소유중생 생아국자 원리분별 제근적정 약불결정성

等正覺 證大涅槃者 不取正覺
등정각 증대열반자 불취정각

十三. 光明無量願
十四. 觸光安樂願

我作佛時 光明無量 普照十方 節勝諸佛 勝於日月之明 千萬億
아작불시 광명무량 보조시방 절승제불 승어일월지명 천만억

倍 若有衆生 見我光明 照觸其身 莫不安樂 慈心作善 來生我國
배 약유중생 견아광명 조촉기신 막불안락 자심작선 내생아국

若不爾者 不取正覺
약불이자 불취정각

十五. 壽命無量願
十六. 聲聞無數願

我作佛時 壽命無量 國中聲聞天人無數 壽命亦皆無量 假令三千
아작불시 수명무량 국중성문천인무수 수명역개무량 가령삼천

大千世界衆生 悉成緣覺 於百千劫 悉共計校 若能知其量數者
대천세계중생 실성연각 어백천겁 실공계교 약능지기량수자

不取正覺
불취정각

十七. 諸佛稱歎願

我作佛時 十方世界無量刹中無數諸佛 若不共稱歎我名 說我功
아작불시 시방세계무량찰중무수제불 약불공칭탄아명 설아공

德國土之善者 不取正覺
덕국토지선자 불취정각

十八. 十念必生願

我作佛時 十方衆生 聞我名號 至心信樂 所有善根 心心廻向 願
아작불시 시방중생 문아명호 지심신락 소유선근 심심회향 원

生我國 乃至十念 若不生者 不取正覺 唯除五逆 誹謗正法
생아국 내지십념 약불생자 불취정각 유제오역 비방정법

十九. 聞名發心願
二十. 臨終接引願

我作佛時 十方衆生 聞我名號 發菩提心 修諸功德 奉行六波羅
아작불시 시방중생 문아명호 발보리심 수제공덕 봉행육바라

蜜 堅固不退 復以善根廻向 願生我國 一心念我 晝夜不斷 臨壽
밀 견고불퇴 부이선근회향 원생아국 일심염아 주야부단 임수

終時 我與諸菩薩衆迎現其前經須臾間 卽生我刹 作阿惟越致 菩
종시 아여제보살중영현기전경수유간 즉생아찰 작아유월치 보

薩 不得是願 不取正覺
살 부득시원 불취정각

二十一. 悔過得生願

我作佛時 十方衆生 聞我名號 繫念我國 發菩提心 堅固不退
아작불시 시방중생 문아명호 계념아국 발보리심 견고불퇴

植衆德本 至心廻向 欲生極樂 無不遂者 若有宿惡 聞我名字
식중덕본 지심회향 욕생극락 무불수자 약유숙악 문아명자

卽自悔過 爲道作善 便持經戒 願生我刹 命終不復更三惡道 卽
즉자회과 위도작선 편지경계 원생아찰 명종불부경삼악도 즉

生我國 若不爾者 不取正覺
생아국 약불이자 불취정각

二十二. 國無女人願

二十三. 厭女轉男願

二十四. 蓮華化生願

我作佛時 國無婦女 若有女人 聞我名字 得淸淨信 發菩提心 厭
아작불시 국무부녀 약유여인 문아명자 득청정신 발보리심 염

患女身 願生我國 命終卽化男子 來我刹土 十方世界諸衆生類
환여신 원생아국 명종즉화남자 내아찰토 시방세계제중생류

生我國者 皆於七寶池蓮華中化生 若不爾者 不取正覺
생아국자 개어칠보지연화중화생 약불이자 불취정각

二十五. 天人禮敬願

二十六. 聞名得福願

二十七. 修殊勝行願

我作佛時 十方衆生 聞我名字 歡喜信樂 禮拜歸命 以淸淨心 修
아작불시 시방중생 문아명자 환희신락 예배귀명 이청정심 수

菩薩行 諸天世人 莫不致敬 若聞我名 壽終之後 生尊貴家 諸根
보살행 제천세인 막불치경 약문아명 수종지후 생존귀가 제근

無缺 常修殊勝梵行 若不爾者 不取正覺
무결 상수수승범행 약불이자 불취정각

二十八. 國無不善願

二十九. 住正定聚願

三十. 樂如漏盡願

三十一. 不貪計身願

我作佛時 國中無不善名 所有衆生 生我國者 皆同一心 住於定
아작불시 국중무불선명 소유중생 생아국자 개동일심 주어정

聚 永離熱惱 心得淸凉 所受快樂 猶如漏盡比丘 若起想念 貪計
취 영리열뇌 심득청량 소수쾌락 유여누진비구 약기상념 탐계

身者 不取正覺
신자 불취정각

三十二. 那羅延身願

三十三. 光明慧辯願

三十四. 善談法要願

我作佛時 生我國者 善根無量 皆得金剛那羅延身 堅固之力 身
아작불시 생아국자 선근무량 개득금강나라연신 견고지력 신

頂皆有光明照耀 成就一切智慧 獲得無邊辯才 善談諸法秘要 說
정개유광명조요 성취일체지혜 획득무변변재 선담제법비요 설

經行道 語如鐘聲 若不爾者 不取正覺
경행도 어여종성 약불이자 불취정각

三十五. 一生補處願

三十六. 敎化隨意願

我作佛時 所有衆生 生我國者 究竟必至一生補處 除其本願 爲
아작불시 소유중생 생아국자 구경필지일생보처 제기본원 위

衆生故 被弘誓鎧 教化一切有情 皆發信心 修菩提行 行普賢道
중생고 피홍서개 교화일체유정 개발신심 수보리행 행보현도

雖生他方世界 永離惡趣 或樂說法 或樂聽法 或現神足 隨意修
수생타방세계 영리악취 혹요설법 혹요청법 혹현신족 수의수

習 無不圓滿 若不爾者 不取正覺
습 무불원만 약불이자 불취정각

三十七. 衣食自至願
三十八. 應念受供願

我作佛時 生我國者 所須飮食 衣服 種種供具 隨意卽至 無不
아작불시 생아국자 소수음식 의복 종종공구 수의즉지 무불

滿願 十方諸佛 應念受其供養 若不爾者 不取正覺
만원 시방제불 응념수기공양 약불이자 불취정각

三十九. 莊嚴無盡願

我作佛時 國中萬物 嚴淨光麗 形色殊特 窮微極妙 無能稱量 其諸
아작불시 국중만물 엄정광려 형색수특 궁미극묘 무능칭량 기제

衆生 雖具天眼 有能辨其形色 光相名數 及總宣說者 不取正覺
중생 수구천안 유능변기형색 광상명수 급총선설자 불취정각

四十. 無量色樹願
四十一. 樹現佛利願

我作佛時 國中無量色樹 高或百千由旬 道場樹高 四百萬里 諸
아작불시 국중무량색수 고혹백천유순 도량수고 사백만리 제

菩薩中 雖有善根劣者 亦能了知 欲見諸佛淨國莊嚴 悉於寶樹間
보살중 수유선근열자 역능요지 욕견제불정국장엄 실어보수간

見 猶如明鏡 睹其面像 若不爾者 不取正覺
견 유여명경 도기면상 약불이자 불취정각

四十二. 徹照十方願

我作佛時 所居佛剎 廣博嚴淨 光瑩如鏡 徹照十方無量 無數不
아작불시 소거불찰 광박엄정 광영여경 철조시방무량 무수불

可思議諸佛世界 眾生睹者 生希有心 若不爾者 不取正覺
가사의제불세계 중생도자 생희유심 약불이자 불취정각

四十三. 寶香普熏願

我作佛時 下從地際 上至虛空 宮殿樓觀 池流華樹 國土所有一
아작불시 하종지제 상지허공 궁전누관 지류화수 국토소유일

切萬物 皆以無量寶香合成 其香普熏十方世界眾生聞者 皆修佛
체만물 개이무량보향합성 기향보훈시방세계중생문자 개수불

行 若不爾者 不取正覺
행 약불이자 불취정각

四十四. 普等三昧願
四十五. 定中供佛願

我作佛時 十方佛剎諸菩薩眾 聞我名已 皆悉逮得淸淨解脫 普等
아작불시 시방불찰제보살중 문아명이 개실체득청정해탈 보등

三昧 諸深總持 住三摩地 至於成佛 定中常供無量無邊一切諸
삼매 제심총지 주삼마지 지어성불 정중상공무량무변일체제

佛 不失定意 若不爾者 不取正覺
불 불실정의 약불이자 불취정각

四十六. 獲陀羅尼願
四十七. 聞名得忍願
四十八. 現證不退願

我作佛時 他方世界諸菩薩衆 聞我名者 證離生法 獲陀羅尼 淸
아작불시 타방세계제보살중 문아명자 증리생법 획다라니 청

淨歡喜 得平等住 修菩薩行 具足德本 應時不獲一二三忍 於諸
정환희 득평등주 수보살행 구족덕본 응시불획일이삼인 어제

佛法 不能現證不退轉者 不取正覺
불법 불능현증불퇴전자 불취정각

＊〈춘향전〉, 〈흥부전〉, 〈삼국지〉와 같은 고대소설, 〈춘향가〉나 〈수궁가〉와 같은 판소리, 〈명심보감〉이나 〈손자병법〉과 같은 고전 등은 수많은 이본(異本)이 존재한다. 예를 들어, 〈춘향전〉이라는 소설을 애초에 지은 사람은 한 사람이었겠지만, 이 소설을 많은 사람들이 베끼고 전달하는 과정에서 많은 것들이 첨삭되고, 여기에 그 지방만의 특색인 지방색(地方色)과 세월의 흔적이 덧칠해지면 결국 원본(原本)과는 많은 차이가 생기는 이본(異本) 〈춘향전〉이 탄생하게 된다.

불교 경전도 마찬가지다. 산스크리트어로 된 불경 원본을 한문으로 번역한 사람은 시대마다 나라마다 많이 존재했기 때문에 번역본이 다수 존재할 수밖에 없다. 《법화경》의 경우, 구마라집(鳩摩羅什) 법사가 번역한 《묘법연화경》, 축법호(竺法護) 삼장법사가 번역한 《정법화경(正法華經)》, 그리고 사나굴다(闍那崛多) 법사와 달마급다(達摩笈多) 법사가 함께 번역한 《첨품묘법연화경(添品妙法蓮華經)》의 세 본(本)이 대표적인 번역본이다. 이 세 본(本) 중에 원전과 가장 가까운 본(本)은 《정법화경》이고, 문장이 아름답기로 유명하여 가장 널리 읽히고 유포된 번역본은 구마라집 법사가 번역한 《묘법연화경》이다.

《무량수경》의 경우, 한역(漢譯)은 12차례에 걸쳐 이루어졌으나 현존하는 것은 다음의 5가지이다. ① 후한(後漢)의 지루가참(支婁迦讖) 법사가 번역한 《무량청정평등각경(無量淸淨平等覺經)》, ② 오(吳)의 지

겸(支謙) 거사가 번역한 《불설제불아미타삼야삼불살루불단과도인도경(佛說諸佛阿彌陀三耶三佛薩樓佛檀過度人道經)》인데, 이를 줄여서 《아미타경》 또는 《무량수경》이라고도 부른다. 여기서의 《아미타경》은 우리가 흔히 말하는 그 《아미타경》이 아님을 유의하자. 우리가 흔히 말하는 《아미타경》은 구마라집 법사가 번역한 것이다. ③조위(曹魏)의 강승개(康僧鎧) 법사가 번역한 《불설무량수경(佛說無量壽經)》, ④당(唐)의 보리유지(菩提流志) 법사가 번역한 《대보적경무량수여래회(大寶積經無量壽如來會)》인데, 이를 줄여서 《무량수여래회》라고 부른다. ⑤송(宋)의 법현(法賢) 법사가 번역한 《대승무량수장엄경(無量壽莊嚴經)》. 이중 강승개 법사의 번역본인 《불설무량수경》이 가장 널리 유포되었다(우리나라도 마찬가지). 이 다섯 본의 경전은 물론 약간씩 내용이 다르다. 그래서 이 다섯 경전의 미진한 부분들을 보충하여 다시 회집(會集)하려는 노력들이 있었고, 이렇게 해서 4종의 회집본(會集本)이 탄생하게 되었다. 송나라 때의 왕용서(王龍舒) 거사가 회집한 《대아미타경》, 청나라의 팽제청(彭際淸) 거사가 회집한 《무량수경》, 청나라의 위원(魏源) 거사가 회집한 《마하아미타경(摩訶阿彌陀經)》, 대만의 하련거(夏蓮居:1884-1965) 거사가 회집한 《불설대승무량수장엄청정평등각경(佛說大乘無量壽莊嚴淸淨平等覺經)》이 그것이다. 이 4종의 회집본 중에서 대덕(大德)들이나 인광대사께서는 하련거 거사가 회집한 회집본이 가장 완벽하고 훌륭하다고 평하였다. 그래서 이 책에서도 하련거 거사의 회집본을 싣게 된 것이다.

762

우리말《무량수경》48원

1. 불국토에 악도惡道가 없기를 바라는 원
2. 악취에 떨어지지 않기를 바라는 원

제가 위없는 보리를 증득하고 정각을 이룬 다음에 거주하는 불국토는 무량하고 불가사의한 공덕 장엄을 갖출 것입니다. 저의 불국토에는 지옥 아귀 금수 기어 다니거나 날아다니거나 꿈틀거리는 벌레들이 없기를 발원합니다.

모든 일체 중생과 염마라계閻魔羅界는 삼악도 속에서 나의 불국토로 와서 나의 법의 교화를 받아 모두가 아누다라삼막삼보리를 성취하여 다시는 악취에 떨어지지 않을 것입니다. 이상의 두 가지 원을 실현하면 나는 바로 부처가 될 것이지만 이 원을 실천하지 못한다면 위없는 정각을 취하지 않겠습니다.

3. 몸이 모두 금색이 되기를 바라는 원
4. 32상호를 갖추기를 바라는 원
5. 몸에 차별이 없기를 바라는 원

제가 부처가 될 때 시방세계의 모든 중생들로 하여금 나의 불국토에 태어나 모두가 영원히 변하지 않는 찬란한 금색의 몸을 갖추게 할 것입니다.

제가 부처가 될 때 시방세계의 모든 중생이 나의 불국토에 왕생하면 모두가 32종의 대장부 모습을 갖출 것입니다.

제가 부처가 될 때 시방세계의 모든 중생이 나의 불국토에 왕생하게 되면 용모가 단정하고 심신이 청결하여 모두가 똑같은 몸이어서 생긴 모습이 차별이 없을 것입니다. 그러나 만약 생긴 모습에 차별이 있고 잘나고 못난 사람이 있다면 부처가 되지 않겠습니다.

6. 숙명통 얻기를 바라는 원

7. 천안통 얻기 바라는 원

8. 천이통 얻기를 바라는 원

제가 부처가 될 때 모든 나의 불국토에 태어나는 중생들은 스스로 과거 무량한 겁 동안 지은 일체 선악의 과보를 알 수 있습니다.

제가 부처가 될 때 불국토에 태어나는 모든 중생은 꿰뚫어 볼 수 있고 분명하게 들을 수 있어서 시방세계의 과거와 현재와 미래의 일을 알게 될 것입니다. 만약 이상의 세 가지 원이 실현되지 않는다면 나는 부처가 되지 않겠습니다.

9. 타심통 얻기를 바라는 원

제가 부처가 될 때 나의 불국토에 태어나는 모든 중생은 타심통을 얻을 수 있습니다. 만약 백 천억 나유타의 불국토의 모든 중생의 마음을 다 알지 못한다면 나는 부처를 이루지 않겠습니다.

10. 신족통 얻기를 바라는 원

11. 모든 부처님께 공양하기를 바라는 원

제가 부처가 될 때 나의 불국토에 태어나는 모든 중생은 모두가 신통이 자재한 힘을 원만하게 갖추고 대원만을 얻어 장애가 없을 것입니다.

제가 부처가 될 적에 나의 불국토에 태어나는 모든 중생은 일 찰나에 백 천억 나유타의 불국토를 지나 두루 다니면서 모든 부처님께 공양할 수 없다면 나는 부처가 되지 않겠습니다.

12. 반드시 정각을 이루기를 바란다는 원

제가 부처가 될 때 나의 불국토에 태어나는 모든 중생은 일체의 분별심을 멀리 여의고 육근이 적정寂靜할 것입니다. 만약 그들이 등정각等正覺을 이루어 대반야를 증득하지 못한다면 나는 부처가 되지 않겠습니다.

13. 광명이 무량하기를 바라는 원
14. 광명이 몸에 닿으면 안락하기를 바라는 원

제가 부처가 될 때 광명이 무량하여 널리 시방세계를 비추고 광명이 모든 부처님의 광명보다 뛰어날 것이며 해나 달의 광명보다 천만 억 배 수승하기를 발원합니다.

제가 부처가 될 적에 만약 어떤 중생이 나의 광명을 보거나 나의 광명이 그의 몸을 비추게 되면 안락을 얻지 못할 사람이 없을 것이며 그는 자비심으로 선을 행하여 장래에 반드시 나의 불국토에 왕생할 것입니다.

만약 이상의 두 가지 원을 실현할 수 없다면 나는 부처가 되지 않겠습니다.

15. 수명이 무량하기를 바라는 원
16. 성문이 무수하기를 바라는 원

제가 부처가 될 때 나의 수명은 무량한데 불국토 안의 무수한 성문과 천인의 수명 역시 모두가 무량하기를 원합니다.

제가 부처가 될 적에 가령 삼천대천세계의 중생이 모두 연각이 되어 백 천겁 동안 모두 세어서 만약 그 수를 알 수 있다면 나는 부처가 되지 않겠습니다.

17. 모든 부처님께서 찬탄하시길 바라는 원

제가 부처가 될 때 시방세계의 무량한 불국토의 모든 부처님께서 만약 함께 나의 이름을 찬탄하면서 나의 공덕과 불국토의 미묘함을 말하지 않는다면 나는 부처가 되지 않겠습니다.

18. 열 번만이라도 아미타불을 부르면 반드시 왕생하기를 바라는 원

제가 부처가 될 때 시방세계의 중생들이 내 이름을 듣고 지극한 마음으로 믿고 즐거워하면서 자신들이 닦은 선근善根을 일심으로 극락왕생에 회향하고 서방정토에 태어나기를 원하면서 제 이름을 열 번만 불러도 극락에 왕생하지 못한다면 저는 부처가 되지 않겠나이다. 다만 오역죄를 범한 사람과 정법正法을 비방한 이는 제외합니다.

19. 명호를 듣고 발보리심하기를 바라는 원
20. 명호를 듣고 발심하기를 바라는 원

제가 부처가 될 때 시방의 중생들은 저의 명호를 듣고 수승한 보리심을 일으킬 것입니다. 청정심으로 일체 공덕을 닦고 육바라밀을 공경스럽게 행하여 그들의 신심은 견고하고 물러나지 않으며 다시 선근을 회향하여 나의 불국토에 태어나기를 발원할 것입니다.

제가 부처가 될 때 시방의 중생들이 일심으로 저의 명호를 부르며 밤낮으로 끊이지 않으면 그가 임종할 때 제가 모든 보살대중들과 함께 그의 앞에 나타나 그를 마중하는데 잠깐 사이에 즉시 저의 불국토에 태어나 아비발치보살이 될 것입니다.

이상의 두 가지 원을 실현하지 못한다면 부처가 되지 않겠습니다.

21. 잘못을 참회하고 서방에 태어나기를 바라는 원

제가 부처가 될 때 시방의 중생들은 저의 명호를 듣고 오직 저의 불국토만 생각하면서 보리심을 일으켜 신심이 견고하여 물러나지 않으며 모든 공덕의 근본을 심을 것입니다. 다시 지극한 마음으로 회향하여 극락세계에 태어나기를 바라면 이루지 못할 사람이 없을 것입니다. 만약 어떤 사람이 과거 생에 지극히 무거운 죄악을 지었지만 저의 이름을 듣고 즉시 스스로 잘못을 참회하여 도를 행하고 선을 행하여 즉시 경전의 가르침을 수지하고 저의 불국토에 태어나기를 발원한다면 이 사람은 임종할 때 다시는 삼악도를 거치지 않고 즉시 나의 불국토에 태어날 것입니다.

만약 이와 같지 않다면 저는 부처가 되지 않겠습니다.

22. 나라에 여자가 없기를 바라는 원
23. 여자의 몸을 싫어하여 남자로 변하기를 바라는 원
24. 연꽃에서 화생하기를 바라는 원

제가 부처가 될 때 나의 불국토 안에는 여자가 없을 것입니다.

제가 부처가 될 때 만약 어떤 여인이 나의 이름을 듣는다면 그 여인은 청정한 믿음을 얻고 보리심을 일으켜 여인의 몸을 싫어하고 근심하여 나의 불국토에 태어나기를 발원할 것입니다. 그리하면 이 사람은 명이 다하면 즉시 남자의 몸으로 변화하여 나의 불국토에 태어날 것입니다.

제가 부처가 될 때 시방세계의 모든 중생들이 대저 저의 불국토에 태어나는 사람은 모두 칠보 연못의 연꽃 속에서 화생할 것입니다.

이상 세 가지 원이 이루어지지 않는다면 저는 부처가 되지 않겠습니다.

25. 천인이 예경하기를 바라는 원
26. 명호를 들으면 복을 얻기를 바라는 원
27. 수승한 행을 닦기를 바라는 원

제가 부처가 될 때 시방의 중생이 저의 이름을 들은 후에는 환희심을 일으키고 염불법 문을 깊이 믿고 즐거워하면서 아울러 예배하고 귀의하여 청정한 마음으로 보살행을 닦기를 발원합니다. 제천諸天과 세간의 사람들이 공경하지 않는 사람이 없을 것입니다.

제가 부처가 될 때 만약 시방중생이 저의 명호를 들으면 임종할 때에 존귀한 집안에 태어날 것이며 육근에 결함이 없을 것입니다.

제가 부처가 될 때 시방의 중생들이 항상 수승한 범행梵行을 닦을 것입니다.

이상의 세 가지 원이 이루어지지 않는다면 저는 부처가 되지 않겠습니다.

28. 나라에 선하지 않은 이름이 없기를 바라는 원
29. 반드시 부처가 되기를 바라는 원
30. 받는 즐거움이 번뇌가 다 끊어진 아라한과 같기를 바라는 원
31. 몸에 집착하고 분별하지 않기를 바라는 원

제가 부처가 될 때 저의 극락세계에는 선하지 않은 이름이 없을 것입니다.

제가 부처가 될 때 시방세계의 모든 중생이 저의 극락세계에 태어나면 모두 같은 마음이며 한 생만 지나면 반드시 부처가 되는 정정취에 머물게 될 것입니다.

제가 부처가 될 때 극락세계에 태어난 모든 중생은 영원히 일체번뇌를 떠날 것이며 마음의 청량함을 얻게 될 것이니 그들이 누리는 쾌락은 마치 번뇌가 다 끊어진 아라한과 같을 것입니다.

제가 부처가 될 때 극락세계에 왕생하는 중생이 만약 모든 법에 대해 분별심을 일으키고 몸에 대해 탐착하는 마음을 일으킨다면 저는 부처가 되지 않겠습니다.

32. 나라연의 몸을 얻기를 바라는 원
33. 광명과 지혜와 변재를 얻기를 바라는 원
34. 법의 비요를 잘 연설하기를 바라는 원

제가 부처가 될 때 극락세계에 왕생하는 중생은 선근이 무량하여 모두 금강나라연金剛那羅延과 같이 견고한 몸을 갖게 될 것입니다.

제가 부처가 될 때 극락세계에 왕생하는 중생은 정수리에서 광명이 나와 시방세계를 환하게 비추어 일체지一切智를 성취하고 한량없는 변재辯才를 얻게 될 것입니다.

제가 부처가 될 때 나의 불국토에 태어나는 중생은 모든 법의 깊고도 오묘한 뜻[法秘要]을 잘 설할 수 있을 것이며 경을 설하고 도를 행하는데 그의 말이 마치 종소리와 같이 멀리까지 전해질 것입니다.

이상의 세 가지 원이 이루어지지 않는다면 저는 부처가 되지 않겠습니다.

35. 일생보처에 이르기를 바라는 원
36. 원하는 바에 따라 교화하기를 바라는 원

제가 부처가 될 때 나의 불국토에 태어나는 모든 사람은 마침내 반드시 일생보처에 이르게 될 것입니다.

나의 48원은 중생을 위한 것이기 때문에 큰 서원의 갑옷을 입고 일체 중생을 교화하여 믿는 마음을 일으키게 하고 보리행을 닦아 보현의 도를 행하게 할 것입니다. 비록 타방세계에 태어난다고 하더라도 영원히 악취를 떠날 것입니다. 그들 가운데 혹자는 즐거이 법을 설하고 혹자는 즐거이 법을 들으며 혹자는 신족통을 보여주어 중생들로 하여금 뜻에 따라 닦고 익혀서 원만하지 않음이 없게 할 것입니다.

만약 이와 같지 않다면 저는 부처가 되지 않겠습니다.

37. 의복이 저절로 이르기를 바라는 원
38. 생각대로 공양하기를 바라는 원

제가 부처가 될 때 나의 불국토에 태어나는 사람은 필요로 하는 의복과 여러 가지 공양구는 자신의 마음에 따라 즉시 앞에 나타나 원대로 되지 않음이 없을 것입니다.

제가 부처가 될 때 나의 불국토에 태어나는 사람이 만약 모든 부처님을 공양하고자 하면 시방의 모든 부처님께서 그들이 생각한대로 공양을 받을 것입니다.

이상 두 가지 원이 이루어지지 않는다면 저는 부처가 되지 않겠습니다.

39. 장엄이 다함이 없기를 바라는 원

제가 부처가 될 때 불국토 안의 모든 만물은 장엄하고 청정하며 빛이 나고 화려하며 형색形色이 수승하고 훌륭하며 지극히 미묘하여 측량할 수 없습니다. 극락세계의 모든 중생이 비록 천안을 구족할지라도 불국토 안의 만물의 모습과 광명과 이름과 수량을 모두 말할 수 있다면 저는 정각을 이루지 않겠습니다.

40. 무량한 보배나무가 자라기를 바라는 원
41. 보배나무에 불국토가 나타나기를 바라는 원

제가 부처가 될 때 불국토 안에 무량한 보배나무가 있을 것입니다. 높이가 어떤 것은 백 유순이고 어떤 것은 천 유순입니다. 도량의 보리수는 높이가 4백만 리에 달하며 모든 보살 가운데 선근이 비록 열악한 사람이 있다고 하더라도 역시 분명하게 알 수 있습니다.

제가 부처가 될 때 극락세계의 중생이 시방의 모든 불국토의 장엄을 보고자 하면 모두 보배나무 사이로도 볼 수 있는 것이 마치 맑은 거울에 자신의 얼굴을 비쳐보는 것과 같을 것입니다.

만약 이 두 가지 원이 이루어지지 않는다면 저는 부처가 되지 않겠습니다.

42. 시방세계를 철저하게 비추기를 바라는 원

제가 부처가 될 때 거주하는 불국토는 광활하고 장엄하고 깨끗하며 광명이 거울과 같이 맑아서 시방의 무량하고 무수하며 불가사의한 불국토를 비출 것입니다. 시방세계의 중생들이 극락세계의 광명을 본다면 희유한 마음을 일으킬 것입니다.

만약 이 원이 이루어지지 않는다면 저는 부처가 되지 않겠습니다.

43. 보배향이 두루 퍼지기를 바라는 원

제가 부처가 될 때 아래로는 땅에서부터 위로는 허공에 이르기까지 궁전과 누각과 연못과 꽃나무와 국토의 만물은 모두 무량한 보배향으로 이루어져 있을 것입니다. 보배향기는 시방세계에 두루 퍼져 중생이 이를 맡으면 부처의 청정한 행을 닦을 것입니다.

만약 이 원을 이루지 못한다면 저는 부처가 되지 않겠습니다.

44. 보등삼매를 이루기를 바라는 원
45. 선정 속에 부처님께 공양하기를 바라는 원

제가 부처가 될 때 시방의 모든 불국토의 보살대중들이 모두가 제 이름을 들은 후에는 모두 청정삼매 해탈삼매 보등삼매를 증득할 것이며 일체법을 모두 지니고 깊이 알아 삼매에 머물러 부처가 될 것입니다.

제가 부처가 될 때 시방세계의 모든 보살이 단지 나의 이름을 듣기만 해도 선정 속에서 항상 시방의 무량무변한 모든 부처님께 공양을 하고 선정을 잃어버리지 않을 것입니다.

만약 이 두 가지 원이 이루어지지 않는다면 저는 부처가 되지 않겠습니다.

46. 다라니를 얻기를 바라는 원
47. 이름을 듣고 인忍을 얻기를 바라는 원
48. 불퇴전을 증득하기를 바라는 원

제가 부처가 될 때 타방세계의 보살들이 제 이름을 들으면 생사를 영원히 여의는 법을 증득하고 다라니를 얻을 것입니다.

제가 부처가 될 때 타방세계의 보살들이 저의 이름을 들으면 몸과 마음이 청정하고 기뻐하여 부처님과 똑같이 평등삼매에 머물며 보살행을 닦고 공덕의 근본을 갖추어 즉시 음향인音響忍 유순인柔順忍 무생법인無生法忍을 얻을 것입니다.

제가 부처가 될 때 타방세계의 보살들이 저의 이름을 듣고서 모든 불법에서 물러나지 않는 불퇴전을 증득할 수 없다면 저는 부처가 되지 않겠습니다.

아미타불과 관세음보살,
대세지보살을 비롯한 많은 성중들이
수행자 앞에 자마금(紫磨金)의
연화대를 가지고 나타나
대승의 심오한 이치를 안 것을 찬탄하시며

그대를 맞으러 왔노라
말씀하신다.

10
《관무량수경》의 구품왕생
九品往生

요건	임종 시 현상	왕생의 과보
上品上生 1.세 가지 마음 ①지극히 정성스러운 마음 ②깊은 믿음 ③회향발원심 2.세 가지 선근 ①자비심으로 살생하지 않고 지계수행하며 ②대승경전을 지성으로 독송하며 ③육념(六念)을 닦아 이 선근공덕을 극락왕생 발원에 회향하고 이러한 공덕을 1~7일간 닦는 사람. ※위 세 가지 마음과 세 가지 선근을 모두 갖추어야 하는 것이 아니라 둘 중의 하나만 갖추면 됨.	아미타불과 관세음보살, 대세지보살을 비롯한 셀 수 없이 많은 화신불과 수많은 비구 등 성문 대중 그리고 셀 수 없이 많은 천인 등이 칠보궁전과 함께 나타난다. 아미타불께서 광명을 발하여 수행자를 비추고 손을 내미시어 영접하시며, 관세음보살은 금강대(金剛臺)를 가지고 대세지보살과 함께 그 수행자 앞에 가까이 이르러 수행자를 찬탄하고 격려하시면, 수행자는 이미 금강대를 타고 순식간에 극락에 왕생한다.	왕생하자마자 상호가 원만하신 아미타불과 여러 보살들을 뵙고 보배 숲에서 광명을 발하며 오묘한 법을 연설하면 그 법문을 듣고 무생법인을 깨달아 잠깐 동안에 시방법계의 모든 부처님들을 예배 공경하고 차례로 수기를 받고 극락세계로 돌아와 헤아릴 수없이 많은 신통지혜인 백 천 다라니문(陀羅尼門)을 얻는다.

	요건	임종 시 현상	왕생의 과보
上品中生	대승경전을 독송하거나 외우지는 못하더라도, 그 뜻을 알고 깊은 진리의 이치에 놀라거나 두려워하지 않으며, 깊이 인과의 도리를 믿고, 대승의 가르침을 비방하지 않으면서 이러한 공덕을 극락왕생 발원에 회향하는 사람.	아미타불과 관세음보살, 대세지보살을 비롯한 많은 성중들이 수행자 앞에 자마금(紫磨金)의 연화대를 가지고 나타나 대승의 심오한 이치를 안 것을 찬탄하시며 그대를 맞으러 왔노라 말씀하신다. 부처님과 보살님들이 천 분의 화신불(化身佛)과 일시에 손을 내미시면 수행자는 이미 자마금의 연화대에 앉아 있으면서 부처님을 찬탄하고 순식간에 극락에 왕생한다.	칠보 연못의 커다란 보배 연꽃과 같은 자마금빛 연화대에 왕생하여 하루가 지나면 연꽃이 피고 자신의 몸도 자마금색으로 변하며 발밑에도 보배 연꽃이 있으며 부처님과 보살님들이 모두 광명을 놓아 수행자의 몸을 비추면 눈이 열리고 마음이 밝아져서 생전에 대승의 이치를 익힌 공덕으로 말미암아 온갖 소리들이 깊은 진리의 이치를 설함을 듣고 금대에서 내려와 부처님께 합장 예배하며 찬탄하여 7일이 지나면 불퇴전의 경지에 들어가 시방법계의 모든 부처님들을 섬기고 모든 삼매를 닦아 1소겁이 지나면 무생법인을 얻어 부처님으로부터 수기를 받는다.
上品下生	인과의 도리를 믿고 대승의 가르침을 비방하지 않으며 위없는 깨달음을 얻겠다고 발원하여 이러한 공덕을 극락왕생 발원에 회향하는 사람.	아미타불과 관세음보살, 대세지보살을 비롯한 많은 성중들이 금련화(金蓮華)를 가지고 오백의 화신불로 나투어 영접한다. 오백 화신불이 일시에 손을 내밀어 수행자를 칭찬하면, 수행자는 이미 황금 연꽃에 앉아 있다. 그러나 그 순간 연꽃은 오므라들고 부처님을 따라 칠보 연못에 왕생한다.	칠보 연못에 태어나 하루밤낮이 지나 연꽃이 피고 7일 만에 어렴풋이 부처님을 뵙는데, 21일이 지나면 비로소 분명히 부처님을 뵙게 되며 온갖 소리들이 깊은 진리의 이치를 설함을 듣게 된다. 그리하여 시방법계의 모든 부처님들께 공양을 올리며 모든 부처님들께 깊고 미묘한 법문을 듣고 3소겁이 지나면 온갖 도리를 깨닫고 환희지(歡喜地)에 머물게 된다.

	요건	임종 시 현상	왕생의 과보
中品上生	오계(五戒)와 팔재계(八齋戒)를 지키며 오역죄와 갖가지 잘못을 범하지않고이러한선근공덕을 회향하여 극락정토에 왕생하기를 발원하는 사람.	아미타불과 여러 비구들과 성중들이 금색 광명을 발하면서 수행자를 맞이한다. 부처님께서 세간의 고(苦), 공(空), 무상(無常), 무아(無我)의 진리를 설하시면 수행자는 기쁨에 넘치고 이미 연화대(蓮華臺)에 앉아 있다. 수행자가 고개를 미처 들기도 전에 극락에 왕생한다.	수행자를 감싸고 있던 연꽃이 피어나는데, 연꽃이 필 때 바람소리와 물소리와 새소리 등 모든 소리가 사성제(四聖諦)의 법을 설하는 것을 듣고 즉시 아라한의 깨달음에 들어가 삼명(三明) 육신통(六神通)이 열리며 팔해탈(八解脫)을 갖춘다.
中品中生	밤낮 하루 동안 팔재계나 사미계(沙彌戒) 또는 구족계(具足戒)를 지키고 위의(威儀)를 어지럽히지 않는 이러한 공덕을 회향하여 극락정토에 왕생하기를 발원하는 사람.	아미타불과 여러 성중들이 금색 광명을 발하며 수행자가 삼세제불(三世諸佛)의 가르침을 따른 까닭에 그대를 맞이하노라고 칭찬하시면서 칠보연화(七寶蓮華)를 가지고 수행자 앞에 나투신다. 수행자는 이때 연꽃 위에 이미 앉아 있으며, 그 순간 연꽃은 오므라져 극락세계의 보배 연못 가운데 태어난다.	7일이 지나면 연꽃이 다시 피어나는데, 수행자는 합장하면서 부처님을 찬탄하고 법문을 듣고 나서 기쁨에 넘쳐 바로 수다원(須陀洹)의 깨달음을 얻고, 반 겁(劫)이 지나면 아라한의 깨달음을 얻는다.
中品下生	부모에게 효도하고 중생들에게 자비를 베풀며, 임종 시 선지식을 만나 극락세계의 안락과 장엄함과, 아미타불의 48원에 대한 설법을 듣는 사람.	마치 힘센 장사가 자신의 팔을 굽혔다가 펴는 짧은 시간에 왕생한다.	7일이 지나면 관세음보살과 대세지보살 두 보살을 만나 법문을 듣고 기쁨에 넘친다. 1소겁이 지나면 아라한의 깨달음에 들어간다.

	요 건	임종 시 현상	왕생의 과보
下品上生	①온갖 죄업을 짓고도 뉘우치지 않았지만 대승의 가르침을 비방하지 않고 임종 시 선지식으로부터 갖가지 대승 12부 경전의 제목을 찬탄함을 들은 사람이거나 ②지혜로운 사람의 가르침에 따라 합장하고 정성껏 나무아미타불의 명호를 부르는 사람.	대승경전의 이름을 들은 공덕으로 1000겁 동안에 지은 무거운 죄업이 소멸되고, 아미타불을 부른 공덕으로 50억겁 동안에 지은 무거운 죄가 소멸된다. 아미타불께서 화신불과 관세음보살과대세지보살을 수행자 앞에 보내시어 그대가 부처님의 명호를 부른 공덕으로 죄업이 소멸되어 그대를 맞이하러 왔노라 하시면서 칭찬하신다. 수행자는 보련화(寶蓮華)를 타고 보배 연못 가운데 태어난다.	보배 연못에 태어나 49일이 지나면 관세음보살과 대세지보살의 두 보살이 찬란한 광명을 비추며 깊고 미묘한 12부경의 가르침을 설하는 것을 듣고 깊은 신심을 일으켜 보리심을 내어 10소겁이 지나서 모든 도리를 깨닫는 지혜를 갖추고 마침내 환희지에 들어간다.
下品中生	오계와 팔재계 등 모든 계율을 범하고 승단이나 스님의 물건 등을 훔치며 자기의 이익이나 명예를 위해 부정설법(不淨說法)을 하되 뉘우치고 부끄러워하지 않으며 갖가지 악업을 짓고도 도리어 스스로 옳다고 생각한 사람이지만, 선지식을 만나 선지식이 아미타불의 열 가지 위덕(威德)과 광명의 불가사의한 신통력을 말해주고 계정혜와 해탈과 해탈지견 등을 찬탄하는 법문을 듣고 믿는 사람.	악업의 과보로 지옥의 맹렬한 불길이 일시에 몰려들지만, 선지식의 법문을 듣고 80억겁 동안 지은 무거운 죄업이 소멸된다. 지옥의 불길이 서늘한 바람으로 바뀌며 하늘 꽃이 흩날린다. 그 모든 꽃마다 화신불과 화신보살이 있어 이 사람을 맞이하여 순식간에 왕생하여 칠보 연못의 연꽃 속에 태어난다.	칠보 연못의 연꽃 속에 태어나 6겁이 지나면 연꽃이 피어나는데, 관세음보살과대세지보살께서 대승의 미묘한 경전을 설법하는 소리를 듣고 불현듯 위없는 보리심을 일으키게 된다.
下品下生	오역죄와 십악 등 온갖 죄를 지어 마땅히 삼악도에 떨어져 한량없는 고통을 받아야 할 사람인데, 임종 시 선지식을 만나 미묘한 법문을 들려주어 부처님을 생각하라고 가르쳐 주지만 괴로움이 극심하여 염불을 할 수 없어 다시 선지식의 도움으로 지성으로 단지 아미타불을 열 번 부르는 사람.	부처님을 생각할 수도 없을 정도로 고통이 닥쳐오고 지옥의 맹렬한 불길이 타올라도 아미타불의 명호를 부른 공덕으로 염불하는 동안에 80억겁동안 생사에 헤매면서 지은 무거운 죄가 사라지고 태양과 같은 찬란한 금련화(金蓮華) 속에 태어나 왕생한다.	칠보 연못의 연꽃 속에 태어나지만 12겁이란 오래고 오랜 시간이 지난 뒤 연꽃이 피어나는데 그때 관세음보살과 대세지보살 자비로운 만법의 참다운 실상과 모든 죄업을 소멸하는 법문을 듣고서 기쁨에 넘쳐 불현듯 위없는 보리심을 일으키게 된다.

염불하면 80억겁에 걸친 악업이
정말 소멸되는 걸까 등등의 의심을 내면
염불해도 공덕이 적고, 극락에 왕생하지도 못합니다.
한 순간의 의심은 모든 것을 물거품으로 만들며

죄도 큽니다.

11
염불하는 법

● 가장 먼저 손을 깨끗이 씻고 양치질을 합니다.

● 마음을 차분히 가라앉힌 후, 걱정 · 잡념 · 욕심 등 모든 것을 내려놓습니다.

  굳은 얼굴, 어두운 표정 대신 밝고 미소 띤 얼굴표정을 짓습니다.

● 자기 앞에 부처님이 계시고, 주변에는 수많은 보살님들과 호법천신들이

  나를 둘러싼 채 내 염불소리를 듣고 있는 모습을 상상합니다.

● 염불할 때에는 자세가 무척 중요합니다. 곧은 자세로 척추를 펴고 앉아야 합니다.

  등이나 목이 굽거나 한쪽으로 기울거나 하는 자세는 무척 좋지 않습니다.

  그렇지 않으면 반드시 질병이 생깁니다. 어깨는 평평해야 하고 목은 약간 수그립니다.

  몸을 조이는 넥타이나 반지나 시계, 팔찌 등은 푼 후 몸을 이완시켜 줍니다.

  기후가 차갑거나 실내가 차가우면 양 무릎을 이불 등으로 덮어주는 것이

  무척 좋습니다. 방석을 깔고 하되 엉덩이 부분을 6cm-9cm정도 높여 줍니다.

  기맥이 막히지 않게 하기 위함입니다. 염불을 하기 전에 과식을 하거나

  육식을 하면 좋지 않습니다. 잠이 쏟아질 때에는 염불을 하지 말고 충분한

  수면을 취한 뒤에 합니다. 염불을 하기 전이나 후에는 화를 낸다거나

  남을 꾸짖는 말, 부정적인 말 등은 하지 않습니다.

- 불상이나 불화 또는 불경을 향해 절을 세 번 합니다.
- 정구업진언(淨口業眞言)을 세 번 합니다.
- 오방내외안위제신진언(五方內外安慰諸神眞言)을 세 번 합니다.
- '나무서방극락세계 대자대비 아미타불'을 세 번 합니다.
- 《아미타경》을 한 번 독경합니다.
- 〈왕생정토주(往生淨土呪)〉를 세 번 합니다.
- 〈찬불게(讚佛偈)〉를 세 번 합니다.
- 이제 본격적으로 염불을 시작합니다. 처음에는 '나무아미타불' 여섯 자로 하다가, 나중에는 '아미타불' 넉 자만 합니다.
  - 염불은 자기 취향에 맞게 하는 것이 중요합니다. 빠르게 하든 느리게 하든, 큰소리로 하든, 작은 소리로 하든 자기한테 가장 적합한 방법을 고릅니다.
  - 앉아서 염불하면 잡념이 많이 생기는데, 이럴 때는 일어서서 하거나 아니면 직선으로 왔다갔다 천천히 걸으면서 염불하거나, 아니면 절을 하면서 염불하는 것도 좋은 방법입니다.
  - 염불을 하다가 중간에 쉴 때는, 세속적인 이야기나 험담, 부정적인 이야기, 걱정하는 말 등은 절대 하지 않습니다.
  - 염불하면서 절대 의심을 해서는 안 됩니다. 염불한다고 극락에 왕생할 수 있을까, 염불하면 부처님이 과연 들으실까, 염불하면 80억겁에 걸친 악업이 정말 소멸되는 걸까 등등의 의심을 내면 염불해도 공덕이 적고, 극락에 왕생하지도 못합니다. 한 순간의 의심은 모든 것을 물거품으로 만들며 죄도 큽니다.
  - 염불은 정신을 집중하고 정성을 들여 성실하고 간절하게 하여야 합니다.
  - 자기의 염불소리를 자기 귀로 똑똑히 들어야 합니다.
  - 기간을 정하여 염불을 할 때에는 육식을 하거나, 음란물을 보거나, 화를 내는 등의 행위를 하면 염불의 공덕은 적습니다. 반대로 염불기간 동안에 방생을 하거나 보시를 하거나 채식을 하거나 선행을 쌓으면 공덕이 커집니다.
  - 염불은 매일 시간을 정해놓고 규칙적으로 해야 합니다. 어떤 날은 염불을 하고

어떤 날은 아예 안하고, 기분이 좋으면 염불하고 기분이 안 좋으면 안 하고,
죄를 지었을 때나 화가 날 때 또는 슬플 때에는 염불을 안 하다가
그렇지 않을 때에는 염불을 하고.... 이래서는 안 됩니다. 그리고 염불은
염념상속念念相續이 되어야 합니다. 소리와 소리가 중간에 끊어지지 않고
계속 이어져야 합니다. 이 점은 매우 중요합니다.

● 염불이 다 끝났으면 '나무관세음보살' '나무대세지보살' '나무일체청정대해중
보살마하살(南無一切淸淨大海衆菩薩摩訶薩)'을 각각 세 번 합니다.
● 시간이 있을 경우 연지대사의 〈극락왕생발원문〉을 한 번 낭독합니다.
● 마지막으로 〈회향게(廻向偈)〉를 세 번 합니다. 〈회향게〉는 꼭 해야 합니다.
이로써 모든 절차가 끝이 납니다.
　※ 위 염불법은 어디까지나 예시일 뿐입니다. 참조만 하십시오.

■ 정구업진언(입으로 지은 업을 깨끗이 하는 진언)
수리수리 마하수리 수수리 사바하

■ 오방내외안위제신진언(오방 내외의 모든 신들을 안위安慰시키는 진언)
나무 사만다 못다남 옴 도로도로 지미 사바하

■ 왕생정토주(모든 업장의 뿌리를 뽑고 극락세계에 왕생하기를 기원하는 진언)
나무 아미다바야 다타가다야 다디야타 아미리 도바비 아미리다
싯담바비 아미리다 비가란제 아미리다 비가란다 가미니 가가나
깃다가례 사바하

■찬불게(부처님의 공덕을 찬탄하는 게송)

　아미타불신금색阿彌陀佛身金色

　상호광명무등륜相好光明無等倫

　백호완전오수미白毫宛轉五須彌

　감목징청사대해紺目澄淸四大海

　광중화불무수억光中化佛無數億

　화보살중역무변化菩薩衆亦無邊

　사십팔원도중생四十八願度衆生

　구품함령등피안九品咸令登彼岸

■아미타불의 몸은 찬란한 황금빛이시며, 32상과 80수형호에서 나오는 광명은
　그 누구도 견줄 수 없습니다. 백호白毫는 다섯 바퀴나 수미산을 휘돌아 감싸고
　검푸른 눈은 사대해四大海를 맑게 비춥니다. 부처님께서 내뿜는 광명 속에는
　무수히 많은 화신불이 나투시고 그 화신불의 광명 속에는 또 한량없는
　보살들이 계십니다. 아미타불께서는 48가지 큰 서원으로 일체중생을
　제도하시며 아홉 품계에 따라 모두 극락세계에 왕생케 하십니다.

■회향게(자신이 지은 공덕을 일체중생에게 돌리는 게송)

　원이차공덕 보급어일체 아등여중생 당생극락국 동견무량수 개공성불도
　願以此功德 普及於一切 我等與衆生 當生極樂國 同見無量壽 皆共成佛道

■원컨대 저의 이 공덕을 널리 일체 중생에게 회향하오니 우리들과 중생이
　모두 극락에 왕생하여 아미타불을 함께 뵙고 모두 다 성불하기를 바라나이다.

※《아미타경》이나 연지대사의 〈극락왕생발원문〉은 인터넷이나 불교서점에 가면
　쉽게 구할 수 있습니다. 다음 페이지에 있는 기도문은 제가 염불할 때 낭독하는 기도문입니다.

大勢至菩薩　　　南無

염불수행을 한 공덕으로 죽을 때에 아미타불과
성중의 영접을 받아 서방 극락세계의 연화보좌에

상품상생으로 화생하기를 발원합니다.

陀佛　　　觀世音菩薩

12
나의 기도문

참회합니다.

■ 지금까지 살아오면서 수없이 많은 악업과 죄를 지었음을 참회합니다.

■ 무시이래로 몸과 말과 마음으로 지은 모든 악업을 진정으로 참회합니다.

■ 무시이래로 저와 인연을 맺은 모든 중생에게 진심으로 용서를 구합니다.

■ 저로 인하여 죽임을 당하거나 원한을 품은 모든 중생들에게 참회합니다.

■ 탐욕과 성냄과 어리석음과 교만과 사음으로 지은 모든 악업을 참회합니다.

■ 불보살님과 성현들을 의심하거나 공경하지 않았으며 조상님과 부모님께 불효를 일삼고 그들을 욕되게 한 죄를 참회합니다.

■ 이 세상과 중생들을 함부로 욕하고 저주하고 비난한 죄를 참회합니다.

발원합니다.

■ 불보살님과 성현들께서 하신 말씀을 한 치의 의심도 없이 믿겠습니다.

■ 염불을 열심히 하여 서방극락에 왕생한 후 일체중생을 제도하겠습니다.

■ 위없는 보리심을 내고 대승경전을 독송하며 부모님께 효도하겠습니다.

■ 일체중생을 내 몸처럼 사랑하고 공경하며 그들과 화순하며 살겠습니다.

■ 정법正法이 오래 머물고 참다운 불자佛子들이 많아지기를 원합니다.

■ 모든 중생이 삼보에 귀의하옵고 위없는 보리심을 발하기를 원합니다.

■ 평생토록 육식과 술을 하지 않고 오계와 십선을 지키도록 하겠습니다.

■ 중생의 안락과 지구의 평화를 위해 능엄주를 매일 1회 독송하겠습니다.

■ 이 세상에 음란물과 사음邪淫과 육식의 악습이 사라지기를 원합니다.

■ 술과 육식을 하는 사람들이 줄고 자살하는 사람들이 없기를 기원합니다.

■ 최극의 원돈법이며 대승의 요의법인 정토법문을 널리 전법하겠습니다.

■ 사람으로 태어나서 대승불법을 만난 것을 지극한 다행으로 여기겠습니다.

■ 이 세상에 고통과 원한과 슬픔과 죄악과 질병이 사라지기를 원합니다.

■ 이 몸이 죽을 때에 고통이 전혀 없고 그 시기를 미리 알기를 원합니다.

■ 염불수행을 한 공덕으로 죽을 때에 아미타불과 성중의 영접을 받아 서방 극락세계의
연화보좌에 상품상생으로 화생하기를 발원합니다.

회향합니다.

■ 저의 염불수행 공덕을 일체중생이 모두 극락에 왕생하는데 회향합니다.

■ 저의 염불수행 공덕을 법계의 일체중생이 위없는 보리심을 발하옵고 삼보에
귀의하는데 회향하옵니다.

■ 원이차공덕 보급어일체 아등여중생 당생극락국 동견무량수 개공성불도
願以此功德 普及於一切 我等與衆生 當生極樂國 同見無量壽 皆共成佛道

광명진언은 일체의 중죄를 소멸시킬 수 있고,
중생이 이 진언을 한 번 듣기만 해도

일체의 죄와 업장을 소멸시킬 수 있습니다.

13
임종 시 염불

인생에서 가장 중요한 순간은 '임종하는 순간'이라고 성현들께서는 말씀하십니다. 임종하는 순간의 마음이 내생을 결정짓기 때문입니다. 즉, 임종 시 마음을 어떻게 먹느냐에 따라 성인과 범부로 길이 갈리고, 또 육도를 윤회하느냐 아니면 육도를 뛰어넘어 정토에 왕생하느냐로 갈리기 때문입니다. 또 하루 중에서 가장 중요한 순간은 잠들기 직전이라고 하십니다. 잠을 잘 때 우리가 숨이 멎을 수도 있기 때문입니다.

우리가 비록 많은 고통과 갖가지 질병 속에서 불행하게 살았더라도, 다음 세상에서는 고통은 없고 즐거움만 가득한 세상에 태어나야 합니다. 그것이 우리가 이 세상에 태어난 이유들 중의 하나라고 생각합니다. 이 세상에서 온갖 고통과 실패와 좌절을 다 겪으며 살았는데, 죽은 다음에 또다시 고통으로 가득한 세상에 태어난다면 얼마나 불행한 일입니까. 그래서 우리가 비록 살아생전에는 어쩔 수 없이 불행하게 살았다 하더라도, 또 살아생전에 죄를 많이 지었더라도, 죽을 때만큼은 '고귀한 임종'을 맞이하여 더 이상의 고통과 윤회가 없는 극락에 태어나자는 뜻에서 이 글을 준비하게 되었습니다. 고귀한 임종이란 임종을 맞이하여 지나온 날들을 마음 속 깊이 부끄러워하면서 참회하고, 원한과 집착과 분노 등 모든 번뇌와 망상들을 다 내려놓은 채, 마음을 한 곳에 모아 오직 아미타불만 부르거나 또는 부처님을 마음속으로 생각하면서 극락에 태어나기를 간절히 바라는 것을 말합니다.

이 글은 부처님과 불보살의 화신이자 큰 깨달음을 얻으신 위대한 선지식善知識들께서 하신 말씀을 제가 편집하여 정리한 것입니다. 이 글을 아무 의심 없이 믿는 분들도 계실 것이고, 그렇지 못한 분들도 계실 것입니다. 더 나아가 이 글을 비방하는 분들도 분명 계시겠지요. 제발 그러지 마십시오. 제가 아무 근거도 없는 말이나 황당한 거짓말을 써 놓았다면 저는 죽어서 분명코 지옥에 떨어져 헤아릴 수 없이 기나긴 시간 동안 무량한 고통을 받을 것인데 제가 왜 그런 일을 힘들여 벌이겠습니까. 이 글을 꼭 믿어 주셨으면 좋겠습니다. 또한, 이 글이 많이 유포되어 많은 분들이 극락에 왕생하셨으면 좋겠습니다.

여기에 실린 글들 말고도, 염불 본문 곳곳에 죽음과 관련된 글들이 산재散在해 있습니다. 부디, 많은 분들이 이 글을 읽고 지나온 날들을 진정으로 참회하옵고, 더 나아가 지극하고도 간절한 마음으로 부처님의 명호를 불러 모두다 극락세계에 상품上品으로 왕생하시길 간절히 기도합니다. 그러면 지금부터 부처님과 고승들의 말씀을 보도록 하겠습니다.

무릇 태어남과 죽음은 그 어느 누구도 피할 수 없는 인생의 중대한 일입니다. 그래서 이 순간만큼은 가장 조심하고 신중해야 합니다. 환자를 돌보는 사람은 마땅히 환자와 한 몸이라는 자비심을 내어, 죽는 이가 극락에 왕생할 수 있도록 도와주어야 합니다.

목숨을 마친 사람이 중음中陰 중에 있으면 몸은 소아小兒와 같고, 죄와 복이 아직 정해지지 못하였으니, 마땅히 (유족들이 망자를 위해) 복덕을 닦아 망자亡者의 신식神識이 정토에 나기를 발원하면, 이 공덕으로 망자는 반드시 왕생합니다.

임종이 닥치면 주변 사람이 오직 한 목소리로 염불해 주는 것이 가장 유익합니다. 비록 임종자臨終者가 스스로 염불하지 않는다 하더라도, 조념염불助念念佛을 해 주면 본인이 염불한 것과 차이가 없습니다.

만약 임종자의 의식이 완전히 떠나가기 전에 옷을 갈아입히거나 시신을 목욕시키거나 통곡을 하면 망자亡者에게 아주 큰 장애가 됩니다.

부모님이 돌아가셔서 치르는 친상親喪을 한바탕 잔치쯤으로 여기는 것은 절대로 자식 된 도리가 아닙니다. 부모님의 임종 때에는 온 가족이 울지 않고 함께 염불할 수 있으면 가장 좋습니다. 그리고 그 시간은 짧아도 세 시간 동안은 염불 소리가 끊이지 않게 계속하며, 통곡이나 시신을 접촉하는 일 등은 절대로 하지 않는 것이 가장 중요하니 명심하십시오.

허다한 사람들이 부모의 임종시에 재물을 아끼지 아니하고, 많은 의원들을 불러 부모의 병을 살피게 하는데, 그것은 효를 파는 것으로 세상 사람들이 자기 자신을 부모에게 효도를 극진히 다하는 사람이라는 칭찬을 듣기를 바라는 것입니다.

평소에 자기가 좋아하는 불상이나 불화佛畫를 정해놓고 절대로 바꾸지 마십시오. 염불을 하면서 숨이 끊어지면 그 불상이나 불화와 똑같은 부처님이 당신을 맞이하러 오시는데, 이는 믿기 어려운 일로 불가사의합니다.

임종 때 몸이 삐쩍 여위는 등 질병으로 고통을 겪는 것은, 아마도 틀림없이 오랜 동안 지어온 업장 때문입니다. 그런데 염불을 해 왔던 사람이 임종시에 질병으로 고통을 받는 것은 나중에 더욱 무겁게 받아야 할 과보果報가 현재의 가벼운 과보로 앞당겨진 것입니다. 임종시의 조그마한 병고病苦로 무량한 세월 동안 지어온 업장의 악보惡報가 소멸되어 극락에 왕생할 수 있는 것이니 얼마나 큰 다행입니까.

가족이나 친족들은 운명할 사람에게 언어와 행동을 매우 조심하여 왕생에 장애가 되지 않게 해야 합니다. 운명할 사람에게 슬픈 기색을 보이거나 눈물을 흘리지 말 것이며, 운명할 사람에게 애정을 못 이기어 섭섭한 말이나 집안일이나 세상일을 말하지 말 것이며 요란하게 떠들지 말아야 합니다.

질병이 위독해져 죽음이 임박하거든, 일체 세상사는 물론 자기의 육신까지 모두 내려놓으십시오. 그리고 위대하고 성스러운 '나무아미타불' 여섯 자를 마음속으로 부르거나 소리 내어 부르십시오. 염불 외에 그 어떠한 생각도 일으키지 않아야 합니다. 그리하면 반드시 극락에 왕생합니다.

임종이 가까운 환자를 돌보는 사람들은 세심하게 주의하고 신경을 써야 합니다. 환자와 쓸데없이 잡담을 나누거나 떠들거나 슬픈 표정을 지어서는 안 됩니다. 오직 환자가 염불에 집중하도록 도와주어야 합니다. 환자를 돌보는 사람도 조념염불을 해 주어서 환자가 염불소리를 듣고 따라하도록 이끌어야 합니다. 환자가 귓속에 늘 염불소리를 들으면서 마음속으로도 부처님의 이름을 늘 생각하거나 부른다면 틀림없이 부처님의 자비로운 가피를 받아 극락에 왕생합니다.

오역죄나 십악十惡 등의 큰 죄를 지은 사람들은 지옥에 떨어질 운명입니다. 그들도 도움을 받을 수 있을까요. 그렇습니다. 단 하나의 호흡만 남아 있어도 참회하면 도움을 받을 수 있습니다. 진정으로 부끄러워하고 진실로 공경하며 두려운 마음을 내어 자신이 지은 죄를 깊이 후회하면서 정토왕생을 발원하십시오. 그리고 '아미타불'을 한 번 내지 열 번 간절하게 부르면, 확실히 정토에 왕생합니다.

장례와 제사를 지낼 때에는 완전히 채식을 써야 합니다.

사람이 죽을 무렵에 받는 고통은 한평생 동안 겪었던 고통을 합친 것보다 더 큽니다.

단지 아미타불이라고 넉 자만 불러도 충분합니다. 사람이 임종할 때에 장차 숨이 끊어지려는데 이 넉 자도 부르지 못할 때에는, 마음을 한 대상에 묶되 아미타불의 '아' 자字에 묶고, '아…'라고만 해도 충분합니다. 절대 충분합니다. 저의 이 말에 대해서는 절대 책임집니다. 만약 제 말이 틀렸다면 저는 지옥에 가겠습니다.

임종 직전에 있는 사람은 이렇게 생각하여야 합니다.

「인간세상의 부귀와 권세와 명예, 식구, 친척, 친구 등은 모두 장애가 되며 화禍를 불러오는 것이므로 나는 마땅히 한 생각도 집착하거나 연모하는 마음을 내어서는 안 된다.」임종을 지켜보는 가족들도 임종자가 이런 생각을 하도록 옆에서 적극 도와주어야 합니다.

죽음이 닥쳐오면 자기가 일생 동안 지었던 선악이 한꺼번에 몰려오는데, 가장 무거운 쪽으로 이끌려갑니다. 즉, 선업을 많이 쌓았으면 좋은 곳으로 가고, 악업을 많이 쌓았으면 악도惡道에 태어납니다.

부디 죽음을 두려워하지 마십시오. 죽음을 두려워한다고 해서 안 죽게 되지도 않고, 도리어 그러한 두려움 때문에 서방정토에 왕생할 수 없게 됩니다. 왜냐하면 임종자 자신의 마음이 부처님의 대자비의 마음과 서로 어긋나기 때문입니다. 부처님께서 비록 대자비를 갖추셨으나, 또한 부처님의 가르침에 따르지 않는 중생은 부처님도 어찌할 수가 없습니다.

아미타불의 접인상(接引像: 불보살께서 중생을 극락으로 이끌어 주시는 그림)을 환자의 침소에 걸어 두어 환자로 하여금 우러러 보게 하여야 합니다.

환자가 곧 숨을 거두려고 하는 그때는 바로 범부, 성인, 사람, 귀신 중 어디로 향할 것인지를 판가름하는 때이며, 천균일발(千鈞一髮: 삼만근의 무게를 하나의 머리털로 지탱하는 것과 같이 위태롭고 중요한 상황을 말함)의 극히 중요한 때입니다. 그때는 다만 부처님 명호로써 환자의 신식神識을 이끌어줄 것이요, 절대로 환자의 몸을 씻기거나, 옷을 갈아입히거나, 누워있는 곳을 다른 곳으로 옮겨서는 안 됩니다. 환자가 앉는 것 눕는 것은 환자에게 맡기고, 다만 환자의 몸 상태에 따를 뿐, 절대로 조금이라도 환자를 피동적으로 이동하게 하여서는 안 됩니다. 또한 환자 앞에서 슬픈 표정을 짓거나, 울어도 안 됩니다.

사람의 숨이 끊어지면 전신에 냉기가 돌게 되는데, 오로지 정수리에서만 열이 난다면 이는 그 사람이 범부를 뛰어 넘어 성인의 경지로 들어가 윤회를 벗어날 것임을 나타냅니다. 만약 망자의 눈과 이마에서만 열이 있으면 이는 그 사람이 천상의 몸을 받는다는 것임을 나타냅니다. 심장에서만 열기가 있으면 사람 몸을 다시 받는다는 표시이고, 배에서만 열기가 있으면 아귀로 태어나며, 무릎 부위에서만 열기가 있으면 축생의 몸을 받고, 발바닥에만 열기가 있으면 이는 지옥에 떨어진다는 뜻입니다.

병이 심각해졌을 때는 마땅히 모든 가정의 일과 자신의 신체에 대하여 모두 깨끗이 잊고 오로지 아미타불을 염하면서 한 마음으로 서방정토에 왕생하기를 희구希求하여야 합니다. 만약에 그와 같이 하면, 세상인연이 다한 사람은 반드시 서방정토에 왕생할 것이고, 만약에 세상인연이 다하지 아니한 사람은 비록 왕생을 구하였으나 오히려 병은 속히 쾌유될 수 있습니다. 그렇게 마음을 집중하여 지극 정성을 다하였기에 과거 세상에 지은 악업도 소멸시킬 수 있습니다.

이미 환자의 숨이 멎었다면 이때 가장 중요한 것은 급히 시신을 옮겨서는 안 된다는 것입니다. 비록 시신이 대소변 등으로 더러워졌다 하더라도 곧 바로 씻겨서는 안 됩니다. 반드시 8시간이 지난 다음에 목욕을 시키고 옷을 갈아 입혀야 합니다. 일반인들은 모두 이 점에 주의하지 않으나, 이는 대단히 중요한 일입니다. 환자가 숨을 거둔 후 염불을 마쳤더라도 방문을 잠가 두어서 다른 사람이 방에 들어와 망자의 신체를 잘못 만지는 것을 단단히 방지해야 하고, 반드시 8시간이 지난 후에 목욕을 시키거나 옷을 갈아 입혀야 합니다. 숨이 멎은 후 8시간 안에 환자의 신체를 이동하면 망자는 비록 말은 못하나 극심한 고통을 느낍니다.

만일 병이 중하여 고통이 극심하다 하더라도 절대로 놀라거나 당황하지 마십시오. 이렇게 극심한 고통을 받음은 모두 전생의 업장으로 인한 것이며, 또 그 고통 받음으로 인하여 과거세의 업장으로 미래에 받을 삼악도의 고통을 돌려 금생에 가볍게 받아 그 빚을 갚게 되는 것입니다. 중병이 들었을 때에 마땅히 자신이 소유하는 의복이나 기타 물건들을 다른 이들에게 보시하십시오.

세상에는 서방정토에 왕생하기를 발원하였으나, 임종 시에 그의 식구들이 그의 자리를 이동시키거나 소란을 피워 그의 정념正念을 파괴하여 결국 서방정토에 왕생하지 못한 사람이 무수히 많습니다.

환자가 금생에 닦은 모든 선업을 낱낱이 들어 상세히 말하고 찬탄하여 병자로 하여금 환희심을 얻도록 해야 합니다. 어떠한 의심이나 걱정도 갖지 않도록 하며, 목숨을 마친 후에는 자신이 지은 착한 선업으로 반드시 서방정토에 왕생할 수 있음을 스스로 알도록 말해줘야 합니다.

사치스럽게 장례를 치르면 그 모두가 망자에게 이롭지 않습니다.

임종 직전에 화를 내게 되면 일생에 쌓은 공덕이 모두 사라집니다.

조문을 받을 때에는 반드시 청정한 채소만을 사용할 것이요, 강렬한 맛이 나는 마늘, 부추 등을 사용하여서는 안 되며, 짐승이나 어류를 잡아서 손님에게 대접하면 망인에게 무척 안 좋습니다. 출상出喪 시 만장輓章 등을 쓸 경우에 너무 걸치레를 하여서는 절대 안 됩니다. 산 사람의 눈에 보기 좋게 하려고 하지 말 것이고, 마땅히 망자에게 복이 되게 해야 합니다. 49일 이후에도 역시 극진한 효도를 항상 다하여 천도薦度를 행하여야 합니다. 연지대사께서도 "한 해 동안 항상 돌아가신 부모님을 천도하여야 한다. 이미 해탈하셨다고 천도를 행하지 않으면 안 된다." 라고 하셨습니다.

대만의 혜정법사께서 임종 시 염불 또는 조념 염불과 관련하여 〈고향으로 돌아가자〉(연지해회 출판)라는 책에서 귀한 말씀들을 하셨습니다. 일부를 발췌하여 게재합니다.

1. 임종할 때 아미타불 이외의 다른 부처님이나 보살님의 명호를 부르거나, 경전을 독송하거나 주문을 외우는 것은 별로 도움이 되지 않습니다. 아미타불을 부르는 것이 가장 큰 효과가 있습니다.

2. 살아생전에 염불을 전혀 한 적이 없는 사람도 주변에서 염불을 권하는 말을 듣고 왕생을 발원하면서 염불을 하면 극락에 왕생합니다.

3. 비명횡사로 죽은 사람을 위해 조념 염불을 해 주면 망자亡者가 극락에 왕생합니다.

4. 자살한 사람에게 조념 염불을 해 주면 역시 극락에 왕생합니다.

5. 죽은 지 여러 날이 지났어도 영혼이 아직 환생하지 않았다면, 조념 염불만으로도 망자가 극락에 왕생할 수 있습니다.

6. 망자와 아주 멀리 떨어진 곳에서 망자를 위해 조념 염불을 해주면 극락에 왕생할 수 있습니다.

7. 다른 사람들이 조념 염불을 해 주더라도 ①본인의 선근이 적고 업장이 너무 두텁거나, ②왕생을 원치 않고 염불도 하지 않으면 왕생하지 못합니다. 다만, 부처님 명호를 들은 인연으로 최소한 삼악도에는 떨어지지 않습니다.

8. 평소에 염불을 해 온 사람은 임종 시 조념 염불이 없어도 반드시 왕생합니다.

9. 다음과 같은 징표가 하나라도 있으면 망자는 극락에 왕생한 것입니다.

　①죽기 전에 자기가 죽을 날짜와 시간, 왕생할 시간을 정확히 안다.

　②염불을 하면서 숨이 끊어진다.

　③죽을 때 극락의 모습이 눈에 보이고, 불보살님들이 자기를 영접하러 오셨다는 말을 한다.

　④곁에서 죽음을 지켜보는 사람들의 눈에도 불보살님이 보이거나 미묘한 향기가 나거나
　　천상의 음악이 들린다.

　⑤친한 사람의 꿈에 또는 염불하는 중에 망자가 극락에 왕생하는 모습이 보인다.

　⑥죽은 뒤 다른 곳은 차갑지만 머리의 정수리만큼은 따뜻하다.

　⑦왕생할 때 앉고 눕고 하는 것들이 자유롭다.

10. 다음과 같은 사람들은 극락왕생이 비교적 자유롭지 못합니다.

　①잡행(雜行: 아미타불만 부르지 않고 많은 불보살님의 명호를 같이 부르거나,
　　염불 외에 독경이나 진언도 함께 하는 것)하는 사람

　②게으른 사람

　③의심이 많은 사람

　④교만하거나 잘난 척 하는 사람

　⑤명예와 이익을 탐내는 사람

　⑥고집이 센 사람

⑦악업을 많이 지은 사람

11. 임종 때 정신이 혼미한 사람(치매를 앓고 있거나 식물인간인 상태 등)을 위해 조념 염불을 해주면 역시 왕생할 수 있습니다.

12. 오직 아미타불 염불만이 조념 염불입니다. 다른 불보살님을 부르거나 경전을 독송해 주거나 진언 등을 들려주는 것은 모두 조념이 아닙니다. 단 삼악도에 떨어지지는 않게 해 줍니다.

13. 죽어가는 사람에게 다음과 같이 말씀하십시오.

「○○○님, 죽은 뒤에 윤회를 하는 것은 매우 괴로운 일입니다. 그러니 극락에 왕생하기를 발원하시면서 저와 함께 아미타불을 부르세요. 그리하면 반드시 부처님의 영접을 받아 극락에 왕생하실 것입니다.」 또는 「○○○님, 남은 문제들은 저희가 잘 해결할 테니 안심하시고 떠나십시오.」 또는 「○○○님, 자녀들은 저희들이 잘 부양하고 도울 테니 아무 걱정 마시고 극락에 왕생하십시오.」 또는 「○○○님, 그 사람도 지금 많은 후회를 하고 있습니다. ○○○님께서는 곧 극락에 왕생할 분이시니, 그 사람을 용서하여 주십시오.」

마지막으로, 망자나 살아 있는 사람에게 불가사의한 공덕이 있는 광명진언光明眞言을 소개합니다. 광명진언의 출처가 되는 경전은 《불공견색비로자나불대관정광진언경不空羂索毘盧遮那佛大灌頂光眞言經》과 《금강정일체여래진실섭대승현증대교왕경金剛頂一切如來眞實攝大乘現證大敎王經》입니다. 광명진언은 대일여래大日如來의 진언으로서 일체의 모든 부처와 보살의 총주總呪입니다. 총주라는 말은 모든 주呪의 우두머리라는 뜻입니다. 대일여래는 비로자나불毗盧遮那佛을 의미합니다. 남회근 선생은 「일체제불은 모두 비로자나불의 화신化身입니다. 바꾸어 말하면, 시방삼세의 모든 부처님과 일체의 중생이 모두 다 비로자나불의 화신입니다.」 라고 하였습니다. 광명진언은 일체의 중죄를 소멸시킬 수 있고, 중생이 이 진언을 한 번 듣기만 해도 일체의 죄와 업장을 소멸시킬 수 있습니다. 이 광명진언을 백 번 외우는 것이 팔만사천법장을 전부 외우는 것보다 뛰어나고, 광명진언을 백 번 외우는 것이 일체의 모든 진언을 백만 번 외우는 것보다 낫다고 하였습니다. 원효대사는 그의 저서 〈유심안락도〉에서 광명진언의 공덕과 위신력을 이렇게 말씀하셨습니다. 「만일 어떤 중생이 어디서든 이 진언을 얻어 듣되 두 번이나 세 번, 또는 일곱 번 귓가에 스쳐 지나치기만 해도 곧 모든 업장이 사라지게 된다. 만일 어떤 중생이 십악업十惡業과 오역죄와 사중죄四重罪를 지은 것이 세상에 가득한 먼지처럼 많아 목숨을 마치고 나쁜 세계에 떨어지게 되었을 지라도, 이 진언을 108번 외운 흙모래를 죽은 이의 시신 위에 흩어 주거나 묘위나 탑 위에 흩어 주면, 죽은 이가 지옥에 있든 아귀 아수라 축생 세계에 있든 그 모래를 맞게 된다. 그리하여 모든 부처님과 비로자나 부처님 진언의 본원과 광명진언을 외운 흙모래의 힘으로 즉시 몸에 광명을 얻게 되고 모든 죄의 업보를 없애게 된다. 그래서 고통 받는 몸을 버리고 서방 극락세계의 연화대蓮花臺에 화생化生할 것이다. 그리하여 깨달음에 이르기까지 다시는 퇴전하지 않을 것이다.」

《비로자나불설금강정경광명진언의궤毘盧遮那佛說金剛頂經光明眞言儀軌》에 보면, 「부모님의 영혼을 극락정토에 왕생하게 하려면, 서쪽을 향하여 광명진언을 천 번 외워라. 그리하면 반드시 극락에 왕생한다. 부모님의 묘소가 세워진 곳에 이 진언을 쓰고, 그 다음으로 '아미타불'의 범어梵語를 부모님의 묘소에 안치해 두면, 부모님의 영혼은 무량무변아승기겁이 지나도 악도에 절대 떨어지지 않고 반드시 극락에 왕생하여 연화보좌위에서 성불하리라.[欲令父母靈生極樂淨土 向西方誦千遍 定生極樂淨土 是故建立墓所 以眞言書副無量壽梵字 安置父母墓所 必彼靈雖經無量無邊不可思議阿僧祇劫 不墮惡道 必往生極樂淨土蓮華中寶座上成佛]」 라는 불가사의한 말씀이 있습니다.

광명진언:
옴 아모카 바이로차나 마하무드라 마니 파드마 즈바라 프라바를타야 훔

광명진언은 비로자나 부처님의 진언으로, 모든 진언가운데서 가장 미묘하고 보배로운 진언입니다. 조개껍질로 바닷물을 다 퍼 올릴 수 있어도 광명진언의 공덕은 말로 다 할 수 없고, 온 세상의 티끌 수는 다 헤아릴 수 있어도 광명진언 공덕은 헤아리지 못하며, 하늘의 별자리를 다 헤아릴 수 있을지라도 광명진언의 공덕은 셀 수가 없으며, 여름철 큰 장마 때 내리는 빗방울 수는 헤아릴 수 있어도 광명진언의 공덕은 말할 수 없다는 말씀이 있습니다. 광명진언은 여의주와 같아서 일체 지혜와 행복과 유형무형의 모든 광명을 불러오는 보배의 진언입니다.

진晉나라 도광대사는 「나에게 만사萬事를 성취하게 만드는 신통력이 있으니 그것이 곧 광명진언이다.」고 하였고, 송나라 일원대사는 「나에게 오직 여의보주如意寶珠가 있으니 그것이 곧 광명진언이다.」라고 하였으며, 양梁나라 해운대사는 「나는 천지에 둘도 없는 큰 보물을 가지고 있으니 그것이 곧 광명진언이다.」라고 하였고, 수나라 대명대사는 「나에게 복과 지혜를 불러들이는 미묘한 큰 보배가 있으니, 곧 광명진언이다.」라고 하였으며, 명나라 천현대사는 「나에게 복과 운을 마음대로 지어내는 묘한 화수분이 하나 있으니 그것이 곧 광명진언이다.」라고 한 것으로 보아 광명진언의 공덕은 한량없고 중생들이 원하는 것은 무엇이든 다 성취되는 진언임을 알 수 있습니다.

광명진언은 망자에게만 이익을 주는 것이 아니라, 살아 있는 사람에게도 불가사의한 공덕이 있는 진언임을 다시 한 번 말씀드립니다.

아미타성중내영도(阿彌陀聖衆來迎圖) / 14세기 고려불화/도쿄국립박물관 소장

모든 땅과 물은 나의 몸이고
모든 불과 바람은 나의 본체이니라.

고로 늘 방생을 하여야 한다.

14
극락왕생의 조인助因[1]

육식에 대하여

천진난만한 아기가 엉금엉금 기어서 오리들이 있는 곳으로 가면 오리들은 달아나기에 바쁠 것입니다. 아름답고 가냘픈 여인이 환한 미소를 지으며 돼지들한테 접근하면 돼지들이 소리를 내며 피할 것입니다.

순진무구한 아기에게 살기殺氣가 있어서 오리들이 달아나겠습니까. 아름답기 그지없는 미인이 실은 태어나서 고기라고는 입에 대본 적이 없는 사람이라 한들 돼지는 달아납니다. 개미나 이보다 더 작은 미물들도 손가락을 가까이 대면 피하기 마련입니다.

이런 동물들이나 미물들이 도망가는 이유는 죽을까봐 두렵기 때문입니다. 죽음은 그들에게도 공포의 대상이니까요. 죽음뿐만 아니라 고통이나 공포를 피하려 한다는 점에서 동물은 인간과 다를 바가 없습니다. 동물들이 음식에 집착하는 것은 음식을 먹어 쾌락을

---

1) 助因 : 간접원인. 보조원인.
＊ 정인正因 / 정행正行 : 직접원인이라는 뜻으로 지명염불(=칭명염불)을 말함.
＊ 조인助因 / 조행助行 : 참선·독경·참회·주문지송·절하기·십선十善·방생·지계持戒 등 염불을 제외한 일체의 수행법과 공덕을 말함.

누리고자 함이 아니라 배고프면 고통스럽기 때문입니다.

이렇게 사람이나 동물 등 꿈틀대고 움직이는 모든 생명들은 죽음과 고통을 싫어합니다. 그런데 우리 인간은 이러한 도리를 망각한 채 헤아릴 수 없이 많은 동물들을 비인도적으로 사육하고 잔인하게 도살하여 먹습니다. 우리 인간에게 동물은 그저 인간의 식욕을 채워주는 도구일 뿐입니다.

육식과 사냥과 낚시, 이 세 가지는 인간이 해서는 안 될 행위라고 저는 생각해 왔습니다. 인간이 즐기는 육식과 사냥과 낚시는 생명을 강제로 죽인다는 점에서 공통점을 갖습니다.

묻습니다.

동물들은 과연 인간에게 잡아먹히기 위해서 우리 곁에 있는 것일까요. 동물들에게는 과연 영혼이 없을까요. 동물들은 정말 죽는 것을 두려워하지 않을까요. 오징어나 문어 등 연체동물들을 끓는 물에 집어넣어도 그들은 고통을 느끼지 못한다고 말하는 사람들이 있는데 과연 그렇습니까. 개미나 모기 등 아주 작은 동물들이 사람에 의해 죽어갈 때, 그들은 고통스러운 소리를 내지 않는 것일까요.

또 묻습니다.

한평생 육식을 많이 해 온 자와 한평생 채식만 해 온 자, 이 두 사람이 죽을 때에 아무런 차이도 생기지 않을까요. 더 나아가 죽은 다음에는 차이가 있을까요, 없을까요. 동물들은 하늘이 인간에게 잡아먹으라고 내려준 선물이니까 아무런 죄책감 없이 그저 즐겁게 먹으면 된다고 생각하는 사람들이 있는데, 이들의 생각은 과연 옳은 것일까요. 육식을 즐기는 사람의 기도에 부처님은 쉽게 감응(기독교 용어로는 응답)하실까요. 내가 동물을 죽이면, 내가 죽은 다음에는 처지가 바뀌어 그 동물이 나를 죽이고, 다시 생이 바뀌면 내가 그 동물을 죽이고… 이런 보복의 악순환이 계속 되풀이된다는 《능엄경》의 말씀은 거짓일까요.

자식을 가진 부모라면 누구나 자식을 사랑하고 자식이 잘 되기를 바랍니다. 누구나 자기 자식이 건강하고 행복하게 살기를 원합니다. 더 나아가 자식이 출세하고 돈도 잘 벌기를 소망합니다. 그래서 자식에게 많은 투자를 합니다. 비싼 돈을 들여 학원에도 보내고 유학도 시키고 기죽지 말라며 차도 사주고 집도 장만해 줍니다. 교회나 절에 가서 자식들을 위해 헌금(시주)도 내고 기도도 합니다. 이렇게 자식에 대한 부모의 헌신적인 사랑은 눈물겹기까지 합니다.

그런데 자식을 위해 많은 노력과 헌신을 아끼지 않는 부모들도 육식이나 사냥, 낚시는 아무 죄책감 없이 즐깁니다. 생명을 함부로 죽이는 것도 모자라 남에게 죽이라 권하고, 남이 죽이는 것을 보고 기뻐하기까지 합니다. 생명을 함부로 죽이는 당사자는 말할 것도 없고, 과연 그 자녀들에게는 부모의 살생이 아무런 영향도 끼치지 않는 걸까요. 우리는 부모가 좋은 일을 많이 하면, 그 공덕이 자식들한테도 간다고 생각합니다. 즉, 선대先代에 공덕을 쌓으면 후대後代에 가서 발복發福을 한다고 믿습니다. 이치가 이렇다면, 반대로 부모가 악행을 많이 저지르면 어떨까요. 당연히 자식들한테 부정적인 영향을 주겠지요. 육식이나 사냥·낚시는 악한 일이 아니고, 살인이나 사기·절도·강간 등만 악한 일이라고 강변하시겠습니까.

인광대사는 「자식이 과거에 급제하고 관직에 등용되는 것은, 모두 그 조상들이 커다란 음덕陰德을 쌓았기 때문이오. 위대한 성현이 태어나는 것도 모두 조상의 음덕에서 비롯되는 것이오.」라고 하셨습니다. 효자부모 밑에서 효자가 나오고, 부모한테 불효한 자는 그 자식도 반드시 불효자일 수밖에 없습니다. 이러한 불효자는 부모에게 극심한 고통을 안겨다주고 가산을 탕진하며 세상 사람들한테 온갖 손가락질을 받을 짓만 골라서 합니다. 이런 자식을 낳아 기른 것도 부모이니, 부모 된 자는 누구를 탓하겠습니까.

살생하기를 좋아하고 육식을 즐기는 것은 분명 나쁜 과보를 받게 되어 있습니다. 중국의 허운선사는 「제가 늘 세상 사람들에게 살생을 하지 말고 방생을 할 것이며, 채식을 하고 염불을 권하는 것도 바로 여러분이 윤회의 과보를 만나지 않게 하기 위함입니다. 남의 목숨을 취하여 자기 마음을 즐겁게 하고, 일시적인 식욕을 탐하는 것은 한량없는 죄악을 짓는 것입니다.」라고 하셨습니다.

세속에서는 살인·사기·강도 등 형법에 나와 있는 죄를 범한 사람만 처벌하지만, 영혼의 세계, 즉 윤회의 세계, 다시 말하면 우주의 질서 속에서는 육식이나 사냥·낚시 등도 처벌(정확히 말하면, 나쁜 과보)을 받습니다. 여기에는 한 치의 용서나 양보가 없고 고스란히 그 대가를 치러야 합니다. 이것이 우주의 질서이자 인과응보입니다. 어느 누구도 이 그물망에서 벗어날 수 없습니다.

도대체 자식을 위해서 그렇게까지 노력과 투자 더 나아가 좋은 일을 하려고 하면서, 왜 악한 일은 멈추려 하지 않는 것입니까. 진정 자식의 출세와 성공을 바란다면, 오히려 악한 일을 하지 않는 것이 자식에게 훨씬 더 나은 일이 아닐까요.

세상 사람들은 비웃습니다. 채식만 하던 사람이 병에 걸리면 기다렸다는 듯이 "고기를 안 먹으니까 몸이 허약해져서 병에 잘 걸리는 거야. 음식은 아무거나 고르게 잘 먹어야 해."라고 합니다. 더 나아가 "채식만 평생 해오던 스님들도 다들 병에 걸리지 않느냐."라는 말도 곁들입니다. 반대로 육식을 즐기던 사람이 고혈압이나 당뇨 또는 뇌졸중에 걸리면 "고기를 너무 먹어서 병에 걸린 거야."라고는 말하지 않습니다. 정말 우스꽝스럽지 않습니까.

사실, 우리 현대인들이 먹는 고기는 더 이상 정상적인 고기가 아닙니다. 소고기나 돼지고기, 닭고기 등 소위 육고기는 항생제 범벅에다 각종 호르몬과 각종 화학약품이 첨가된 것들입니다. 게다가 그 동물들이 사육되는 공장식 축산 환경은 위생상 불결하고 혐오스럽고 처참하기까지 합니다. 육고기를 먹으면 우리는 동물의 스트레스와 독소와 원한과 공포를 함께 먹는 것입니다.

바다에서 나는 물고기는 안전할까요. 우리가 먹는 물고기는 이미 중금속에 오염된 지 오래되었습니다. 왜냐하면 바다가 더 이상 깨끗하지 않으니까요. 물고기에는 기준치가 넘는 수은, 납, 카드뮴 등이 다량으로 함유되어 있습니다. 이러한 중금속이 우리 몸에 들어오면 빠져나가지 못하고 몸에 계속 축적된다고 합니다.

육류산업은 지난 세기에 발생한 모든 전쟁, 모든 자연재해, 모든 자동차 사고로 인한 인명 피해를 합친 것보다 더 많은 사람을 죽음으로 몰아갔다는 연구결과도 있습니다. 미국에서 도살되기 직전의 닭 중 90%가 백혈병에 걸려 있고, 도살되기 직전의 돼지 중 4분의 3이 폐렴에 걸려 있다는 통계보고도 있습니다. 이런 고기들을 우리들은 먹고 있는 것입니다. 육식은 수많은 질병의 원인이고 우리의 피를 탁하게 그리고 끈적끈적하게 하는 원인이 됩니다. 육식은 성격을 난폭하게 만들고 기형아를 낳게 하며 비만의 최대 적입니다. 게다가 육식은 지구온난화의 주범이고 오존층 파괴의 공범이자 전 세계 식량위기의 근원이며 제3세계의 빈곤의 원인입니다.

인간에게 생기는 알 수 없는 질병들은 사실 육식을 즐기는데서 오고, 세상이 날이 갈수록 황폐화 되고 흉포화 되는 것도 육식이 원인이며, 나라들끼리 서로 전쟁을 벌이고 정신병 환자들이 갈수록 크게 늘어나며 각종 천재지변이나 재해가 빈발하는 것도 육식에서 오는 것이라고 성현들께서는 말씀하십니다. 동물은 사람보다 업장이 두텁고 무거운데, 그것을 먹으면 동물의 나쁜 업장이 사람에게로 옮겨오는 것은 물론, 그 동물의 습성이나 근기도 우리 몸속으로 따라온다고 하였습니다. 동물의 근기와 습성은 인간보다 더 혼탁하고 더 어리석으며 탐심貪心이나 진심瞋心이 더 많습니다.

육식을 끊기가 참 어렵습니다. 특히, 한국 사회에서는 더더욱 그렇습니다. 육식을 끊는다는 것은 어느 정도의 사회적 불이익을 감수해야 함을 뜻합니다. 동료들과의 결속이나 유대가 느슨해짐은 물론 튀는 사람이라느니, 모난 사람이라느니, 피곤한 사람이라느니 라는 말도 들어야 합니다. 동료들과의 관계가 소원疎遠해지고 정보를 공유함에 있어서도 뒤쳐질 수밖에 없습니다. 때로는 승진에서 불이익을 받기도 하고, 뒷담화의 대상이 될 수도 있습니다. 그럼에도 우리는 육식을 하지 않도록 노력을 해 나가야 합니다. 육식을 해서 얻는 이익보다는 육식을 하지 않음으로써 얻는 이익이 훨씬 더 크고 많기 때문입니다.

육식을 하느냐의 여부는 실로 우리의 영혼이 맑아지고 정화되느냐 아니면 더러워지고 퇴전하느냐의 갈림길입니다. 살아있는 동물을 끔찍하게 죽여서 먹는 행위야말로 인간의 몸과 마음과 영혼을 더럽히고 망가뜨리는 어리석은 행위입니다. 육식을 덜 하면 할수록 우리의 업장은 가벼워지고 깨끗해집니다. 동물이 죽어갈 때 내지르는 처참한 비명과 신음소리는 그 자체로 엄청난 충격입니다. 육식을 즐긴 사람이 겪을 나쁜 과보는 살아서는 물론이고 죽어갈 때 분명이 찾아오며 죽고 나서도 찾아옵니다. 단지 우리 인간의 눈에 당장 보이지 않으니까 믿지를 않는 것입니다.

아메리카 인디언들은 동물을 사냥할 때 정말로 꼭 필요한 양만 사냥하였고, 사냥하기에 앞서 동물을 위해 기도하였으며, 동물을 죽이기 전에도 그 동물의 영혼을 위해 기도를 하고 난 후 도살을 하는데, 도살을 할 때에도 고통이 가장 적은 방법을 택하여 단번에 죽였다고 합니다. 그런데 우리는 재미삼아, 취미삼아, 아무 생각 없이, 인간으로서의 우월감을 자랑하기 위해서 살생을 밥 먹듯이 합니다.

맹자는 「동물의 비명소리나 슬피 우는 소리를 들으면 차마 그 고기를 먹지 않는다. 고로 군자는 푸줏간을 멀리하는 것이다.」라고 하였고, 인광대사는 「만일 생명을 죽이는 것을 즐거워하여 죽이고 먹는다면, 현생이나 후세에나 반드시 보복을 받는다오.」라고 하셨고, 또 「매일 고기를 먹으면, 이는 매일 살생하는 것이나 다름없소.」라고 하셨습니다.

인광대사는 또 「예부터 지금까지 두루 살펴보면, 잔인하고 재물과 음식에 탐닉한 자들은 집안이 대부분 끊겼으며, 어질고 자비와 사랑으로 만물을 구제한 이들은 자손이 반드시 창성하였소.」라고 하였습니다.

《정법념경正法念經》은 「일체의 생명을 가엾게 여기는 것이 가장 큰 복덕이다.[愍傷一切 蠢動含識之類 其福最勝]」라고 하였고, 《범망경梵網經》은 「모든 남자는 내 아버지이고, 모든 여자는 내 어머니이다. 내가 생을 거듭하며 그들을 따라 몸을 받지 않음이 없었으니(즉, 그들의 자식으로 태어나지 않은 적이 없다는 말씀임), 육도의 모든 중생이 다 내 부모이다. 그러니 그들을 죽여서 먹는다는 것은 바로 내 부모를 죽이는 것이다.」라고 하였습니다.

인도의 성자聖者 간디는 「한 나라의 수준을 알려면 그 나라의 동물들이 어떻게 대우를 받는지를 보라.」라는 말을 남겼습니다.

우리에게 고기를 제공해주는 동물들이 어떠한 환경에서 사육되고 그리고 어떻게 도살되는지 아십니까. 모피코트 등에 쓰이는 동물의 털을 얻기 위해 어떤 방법을 쓰는지 그 실상을 일부라도 아시고 싶다면 인터넷 검색창에 '동물생명윤리협회'라고 치거나 아니면 http://cafe.daum.net/Bulsanghan을 치면 됩니다.

이 글로 인하여 한 사람이라도 육식을 끊거나 줄이는 사람이 나오기를 기원합니다.

방생에 대하여

여러분은 방생하면 어떤 이미지가 떠오르십니까. 절과 스님들이 가장 먼저 연상되십니까. 혹시 부정적인 이미지는 갖고 계시지 않습니까. 불교를 믿지 않는 분들은 방생에 대해 거부감을 가질지도 모르겠습니다. 방생이 불교에서만 치르는 행사로 인식되어 왔으니까요. 사실 방생이 불교의 전유물은 아닙니다. 불교에서뿐만 아니라 옛 유가나 도가의 성현들께서도 계살戒殺과 방생의 도리에 대하여 늘 말씀하셨습니다.

사실, 저는 얼마 전까지만 하더라도 방생에 대해 전혀 관심은커녕 지식도 전혀 없었습니다. 그런데, 약 3년 전쯤 불광출판부에서 나온 〈오대산 노스님의 인과因果 이야기〉라는 책을 읽고 방생에 대해 비로소 알게 되었습니다. 이 책에서는 방생의 공덕에 대해 말하고 있습니다. 더 자세한 내용을 알고자 인터넷을 통해 중국 사이트로 들어가 방생에 관한 부처님이나 고승들이 남기신 글들을 뒤져보았습니다. 어땠을까요. 너무나 기쁜 나머지 덩실덩실 춤을 추고 싶었습니다. 방생의 공덕이 이렇게 크고 대단한지 비로소 알게 되었으니까요. 그래서 제가 지금까지 살아오면서 지은 많은 죄들을 방생을 해서 용서받고 싶어졌습니다. 이제 방생은 염불수행과 함께 저의 인생을 인도할 든든한 인도자입니다. 이제 방생의 불가사의한 공덕을 여러분과 공유하고 싶습니다. 이 글을 읽으시고 주변 분들에게도 방생을 많이 권해주시길 바랍니다.

《정법념경正法念經》에서 부처님은 설하셨습니다.

「절 하나를 짓는 것이 한 사람의 목숨을 구하는 것만 못하다.[造一所寺 不如救一人命]」

제 2의 석가모니라 불리는 인도의 용수龍樹보살은 〈대지도론大智度論〉에서 말씀하십니다.

「모든 죄 중에서 살생의 업이 가장 무겁고, 모든 공덕 중에서 방생의 공덕이 제일이다.[諸餘罪中 殺業最重 諸功德中 放生第一]」

일생보처위一生補處位에 계시는 미륵보살은 말씀하십니다.

「그대들에게 권하노니 부지런히 방생을 행하라. 그리하면 마침내 장수하리라. 방생을 할 때 보리심을 발하면 큰 어려움이 닥쳐와도 하늘이 반드시 구해줄 것이다.[勸君勤放生 終久得長壽 若發菩提心 大難天須救]」

《화엄경》의 결경結經으로 불리는《범망경》에서 부처님은 설하셨습니다.「불자들이여, 자비로운 마음으로 방생의 업을 행하라. 모든 남자는 (한때) 나의 아버지였고, 모든 여자는 (한때) 나의 어머니였다. 내가 세세생생 그들을 따라 몸을 받지 않은 적이 없었으니 고로 육도의 중생은 모두 나의 부모이다. 그러므로 중생을 죽여서 먹는 것은 곧 나의 부모를 죽이는 것이다.[若佛子 以慈心故 行放生業 一切男子是我父 一切女人是我母 我生生無不從之反生 故六道衆生 皆是我父母 而殺而食者 卽殺我父母]」

중국 원나라 때의 고승인 고봉高峰 원묘原妙선사는「살생은 곧 부처를 죽이고 부모를 죽이는 것이며 내 몸을 죽이는 것이다.」라고 일갈하였습니다.

그런가 하면 중국 근대의 고승인 홍일弘一대사는「수명을 늘리고 싶은가. 병이 낫기를 바라는가. 고난을 면하길 바라는가. 자식을 낳고 싶은가. 극락에 왕생하고 싶은가. 이를 원한다면 이제 가장 간단한 방법을 알려드리리다. 그것은 바로 방생이오.[欲延壽否 欲愈病否 欲免難否 欲得子否 欲往生否 倘願者 今一最簡之法奉告 卽是放生也]」라고 하였고, 또「오직 바라거니, 그대들은 오늘 이후부터 방생을 힘써 행하고, 살생하는 일을 철저히 금하라.[惟願諸君自今以後 力行放生之事 痛改殺生之事]」라는 가르침을 남겼습니다.

허운선사는「근래에 세상 사람들이 재난을 당하는데, 살생의 업이 무거워서 모두 이런 과보를 만나는 것입니다. 저는 늘 세상 사람들에게 살생을 금하고 방생을 할 것을 권합니다. 채식을 하면서 염불을 하라는 이유는 여러분들이 인과因果 윤회의 과보를 만나지 않기 위함입니다. 여러분들은 이 가르침을 마땅히 믿고 행하여 선인善因을 심고 성불하시기 바랍니다.[近來世界人民遭難 殺劫之重 皆是果報所遭 每每勸世人要戒殺放生 吃齋念佛者 也就是要大家免遭因果輪廻之報 諸位須當信奉 種植善因 成就佛果]」라고 하였습니다.

'생명에 대한 외경畏敬(Reverence for Life)'을 부르짖은 성자聖者 슈바이처(Schweitzer)는 이렇게 말합니다.

「나는 나무에서 잎사귀 하나라도 이유 없이는 뜯지 않는다. 한포기의 들꽃도 꺾지 않는다. 벌레도 밟지 않도록 조심한다. 여름밤 램프 밑에서 일할 때 많은 벌레의 날개가 타서 책상 위에 떨어지는 것을 보는 것보다는 차라리 창문을 닫고 무더운 공기를 들이마신다.」

그는 또 「한 마리의 곤충을 괴로움으로부터 구해줌으로써 나는 인간이 생물에 대해서 줄곧 범하고 있는 죄의 얼마간이라도 줄이려 한다. 어느 종교나 철학도 생명에 대한 경외에 바탕을 두지 않는다면 그것은 진정한 종교도 아니고 진정한 철학도 아니다.」라고 하였습니다.

방생이란 죽을 위기에 처한 생명을 구해주거나 고통에 처한 중생을 고통으로부터 건져주는 것을 말합니다. 육식을 끊는 것이 방생의 출발이며, 넓게 보면 자기가 쌓은 공덕이나 복덕을 중생을 위해 회향하는 것도 방생입니다. 자살하려는 사람을 설득하여 자살을 하지 못하도록 하는 것도 방생이고, 채식을 하는 것도 방생입니다. 다른 사람들에게 살생을 하지 않도록 일깨워주는 것도 방생이고, 생명의 소중함을 널리 알리는 것도 방생에 들어갑니다. 방생은 불보살의 대자대비에 가장 부합하는 행行이며, 정토왕생에 가장 든든한 자량資糧입니다.

제가 정토법문을 공부하고 또 정토법문에 관한 말씀들을 회집會集하면서 유독 우러러 공경하고 찬탄하는 고승들이 계십니다. 천태대사, 영명 연수선사, 연지대사, 인광대사가 그분들이신데, 이분들은 하나같이 방생을 강조하셨다는 공통점을 가지고 있습니다.

방생을 하는 이유는 우선 우리가 누겁累劫이래로 헤아릴 수 없이 많은 살생업殺生業을 저지른데 대한 무거운 빚을 갚기 위함입니다. 하지만 어떤 이들은 "채식을 하는 것도 살생을 하는 것이 아니냐."라며 묻습니다. 사실, 채식도 살생을 절반은 하는 셈입니다. 채식만 그러한 게 아니라 우리가 숨을 쉬는 것도, 땅위를 걸어가는 것도, 물을 마시는 것도 다 생명을 해치는 것입니다. 밭을 가는 것도, 나무를 태우는 것도 역시 생명을 해치는 것입니다. 남회근 선생은 말씀하십니다. 「참으로 살생하지 않는 정도까지 성취하기란 대단히 어렵습니다. 당신의 선정禪定 공부가 삼선천三禪天에 도달하여, 먹지 않고 마시지 않고 호흡하지 않아도 될 수 있어야 가능합니다.」 채소는 동물과 달리 그걸 먹은 사람에게 원한을 갖지 않습니다. 게다가, 부처님이나 고승들께서는 육식을 금하라는 말씀은 수도 없이 하셨지만, 채식을 하지 말라는 말씀은 하지 않으셨습니다. 다만, 성을 내게 하고 음욕을 돋우는 다섯 가지 채소인 오신채만큼은 금하셨습니다. 이것으로 볼 때, 채식은 육식과 질적으로 다르다는 것을 알 수 있습니다.

또 누구는 이렇게 항변하실 지도 모르겠습니다. 「나는 직접 동물을 죽인 적은 없다.」「내가 먹은 고기는 이미 죽어 있던 고기다.」「동물들을 잡아먹지 않으면 그들의 개체수가 급격히 늘어나 생태계가 무너질 것이다.」이런 말들은 언뜻 보아 일리가 있어 보이지만, 사실 그렇지 않습니다.

이른바 간접살생도 엄연한 살생입니다. 간접살생이 직접살생에 비하여 죄가 가볍다거나 덜하다는 말씀은 경전 어디에도 나오지 않습니다. 오히려《능가경》에 「고기를 먹는 것과 직접 죽이는 것은 그 죄가 같다.[食肉與殺同罪]」라는 말씀이 있습니다. 그리고 부처님은 이른바 삼정육三淨肉이나 구정육九淨肉까지도 금하셨으며, 예컨대 우리가 비둘기를 잡아먹지 않는다하여 비둘기의 수가 급격히 불어나 생태계를 교란시킨다거나 중대한 위험을 초래한다는 보고를 전혀 들은 바 없습니다.

우리가 한평생 먹는 고기의 양이 과연 어느 정도나 되는지 궁금하시지 않습니까.

육류 소비가 세계에서 가장 많은 영국의 경우, 1년에 한 사람이 85kg의 고기를 먹는다고 합니다.(생선이나 조류 등은 제외된 것입니다) 이는 33마리의 닭과 돼지 1마리와 양 4분의 3마리와 소 5분의 1마리에 해당하는 양입니다. 미국인의 경우, 한 사람이 태어나서 죽을 때까지 21마리의 소, 14마리의 양, 12마리의 돼지, 900마리의 닭, 그리고 1000파운드(약 453kg)의 물고기와 새 종류를 먹는 것으로 집계되었습니다. 독일인 한 명이 평생 돼지 22마리, 소 7마리, 양 20마리, 닭 600마리 외에 수도 없는 물고기를 먹어치운다는 통계가 있습니다.

통계청 자료에 따르면, 2009년 한 해에 우리나라 국민 1인당 육류 소비량은 36.8kg에 달합니다. 2010년 우리나라에서는 닭 7억 2천만마리, 돼지고기 1,400만 마리, 소 75만 마리가 도축되었습니다.

고기를 먹을수록 우리의 몸과 영혼은 죽어갑니다.

고기를 먹을수록 우리의 업장은 무겁고 두터워집니다.

고기를 먹을수록 우리는 삼악도에 태어날 가능성이 높아집니다.

고기를 먹을수록 우리의 복덕은 깎이고 얇아집니다.

고기를 먹을수록 우리에게서 호법천신은 떠나갑니다.

고기를 먹을수록 우리가 임종 때 당하는 고통이 늘어갑니다.

고기를 먹을수록 우리는 극락왕생이 어려워지거나 더뎌집니다.

고기를 안 먹으면 극락에 왕생하더라도 하품下品에는 나지 않고 중상품으로 왕생합니다.

소나 돼지나 닭들이 일생동안 자라나는 사육환경을 우리가 직접 목격한다면, 우리는 한 없이 눈물을 흘리지 않을 수가 없습니다. 인간과 똑같은 감정을 가진 그 동물들이 비참한 환경에서 고통과 분노로 일생을 살다가 잔인하게 도살당하는 장면은 크나큰 충격입니다. 그들이 죽어갈 때 순간적으로 내뿜는 호르몬에는 온갖 독소와 분노와 원한과 스트레스가 가득 담겨 있습니다. 그것을 우리는 먹는 것이지요.

예전에 풀만 먹이며 키우던 소는 5년 정도 키워야 도축할 수 있는 상태가 되었지만, 풀이 아닌 곡물(옥수수 등)과 항생제로 키우면 2년 6개월 만에 도축할 수 있을 정도로 성장합니다. 인간의 탐욕은 여기에 그치지 않고 소에게 유전자를 조작한 박테리아에서 대량 생산하는 성장호르몬과 고기사료를 투여합니다. 게다가 전염병을 막는다는 구실로 수시로 살충제를 투여합니다.

곡물과 항생제, 성장호르몬, 고기사료로 키운 소는 14개월이면 도축할 수 있습니다. 14개월 만에 60개월 정도 자라야 할 만큼 크기가 커진 소는 사실 극심한 비만상태로 당뇨병, 관절염, 신부전증, 심장질환, 혈관질환, 암 등 각종 질병에 걸려있어 사람이 먹어서는 안 될 위험한 음식입니다. 이렇게 사육된 소는 14개월 이내에 도축되는데 그 이상 키우면 대부분의 소가 질병으로 급사하기 때문이랍니다.

예전에는 2년 키워야 하던 돼지도 현재는 집중가축시설에서 성장호르몬, 항생제로 사육해 9개월이면 도축할 만큼 성장합니다. 돼지는 그 9개월간 하루도 흙을 밟지 못한 채 시멘트 바닥에서 일생을 지냅니다. 돼지는 흙을 입으로 파헤치며 흙과 벌레 등을 먹는 습성이 있습니다. 하지만 돼지들은 시멘트 바닥에서 평생 흙과 풀을 접하지 못한 채 락토파민(ractopamine)이라는 항생제를 투여 받으며 자랍니다. 락토파민은 원래 폐질환치료제인데 그 부작용으로 비만 증상이 나타나는 현상에 착안하여 이를 성장호르몬으로 투여하고 있는 것입니다. 이 락토파민은 비만 이외에도 신장 결석과 각종 암을 유발시키는 것으로 밝혀진 위험한 약입니다.

그 외에 돼지에게는 유전자조작 성장호르몬인 레포신(LEFOCIN)도 투여됩니다. 복제도 서슴없이 행해집니다. 이렇게 비만을 유발하는 항생제와 성장호르몬, 복제로 사육된 고기를 먹는 인간에게는 그대로 비만과 관절염, 신장결석, 심장질환, 뇌졸중, 각종 암 등이 전이됩니다. 그리고 암돼지에게는 다국적 거대화학기업인 셸(Shell)에서 생산하는, 자동차 엔진오일 이름 같은 XLP-30이라는 합성호르몬을 투여해 한 번에 낳는 새끼 돼지 수를 늘립니다. 자연 상태에서는 보통 6마리 정도를 출산하지만 합성호르몬을 투여 받으면 10마리 이상을 낳게 됩니다.

팔려나가는 닭의 90%가 백혈병이나 암 등 각종 질병을 앓고 있습니다. 좁디좁은 공간에서 다양한 항생제와 많은 성장촉진제를 먹고 빨리 자란 닭들은 성장속도를 견디지 못하고 일부는 심장마비로 죽습니다. 닭들을 도살하는 방법도 점점 진화하고 있는데 방식은 이렇습니다. 기계가 닭의 머리를 있는 대로 쭉 잡아당겨 숨을 끊어 버립니다. 이렇게 하면 머리가 딸려 나갈 때 안의 식도와 내장까지 같이 끌려나오기 때문입니다. 이것이 세 사람 정도의 인력을 절약할 수 있는 기술이랍니다.

세 번 반복해서 말씀드립니다.
고기를 먹으면 우리는 동물의 분노와 원한과 공포와 저주와 독소를 함께 먹는 것입니다.

고기를 먹으면 우리는 동물의 분노와 원한과 공포와 저주와 독소를 함께 먹는 것입니다.
고기를 먹으면 우리는 동물의 분노와 원한과 공포와 저주와 독소를 함께 먹는 것입니다.

모든 중생은 불성佛性을 갖고 있습니다. 다만, 전생의 업장이 두터워 동물이나 벌레나 곤충으로 태어난 것일 뿐, 불성을 갖고 있음은 둘 사이에 아무런 차이가 없습니다. 불성을 가진 중생을 구해주는 것은 곧 미래의 부처를 구해주는 것입니다. 하찮게 보이는 미물일지라도 이들이 전생에는 나의 부모였을 수도 있고, 내 자식이었을 수도 있습니다. 모든 중생은 나와 한 몸임을 기억하시기 바랍니다.

방생은 두터운 업장을 소멸시키는 가장 좋은 방법이며, 재보시財布施·법보시法布施·무외보시無畏布施의 세 가지를 다 갖춘 보시입니다. 당나라의 시인 백거이白居易는 말합니다. 「누가 어린 새들의 생명이 보잘것없다 하는가. 다른 모든 생명체와 같이 피와 살이 있는 귀중한 생명이다. 권하건대, 나무에 앉은 작은 새들이라도 함부로 죽이지 마라. 어린 새들도 자기의 어미가 돌아오기만을 기다리고 있다네.[誰道群生性命微 一般骨肉一般皮 勸君莫打枝頭鳥 子在巢中望母歸]」

방생은 나의 운명을 바꾸고, 과거 생에 저지른 살생의 빚을 갚아 주고, 방생은 자비심의 극치이고, 방생은 나에 대한 원한을 풀어주고, 방생은 재앙을 없애주고, 방생은 질병을 낫게 하고, 방생은 수명을 늘려주고, 방생은 극락왕생 시 상품上品에 태어나게 합니다.

집안에 우환이 있을 때에는 육식을 끊고 염불과 함께 방생을 하십시오.
집안에 질병에 걸린 사람이 있을 때에는 염불과 함께 방생을 하십시오.
소원을 빨리 그리고 원만히 성취하고 싶으시면 서둘러 방생을 하십시오.
자녀가 잘 되기를 바라신다면 자녀의 이름으로 방생을 많이 하십시오.
부모님께서 극락에 왕생하시길 바란다면 염불과 함께 방생을 많이 하십시오.
죽을 때 고통이 없기를 바라신다면 부지런히 방생을 하십시오.
몸이 아프거나 원인을 알 수 없는 질병으로 고통을 받고 계신다면 방생을 하십시오.

방생할 때 유의사항이 있습니다.

먼저, 방생을 해도 자연사自然死할 우려가 크거나 사람들한테 잡혀서 먹히거나 안락사安樂死될 가능성이 큰 동물들은 방생하지 말아야 합니다. 그래서 개나 닭, 오리 등은 방생의 대상으로 적합하지 않습니다. 하지만 자신이 직접 기르거나 동물을 사랑하는 사람들에게 선물로 주는 것은 괜찮습니다. 그리고 서식환경이 전혀 다른 곳에 방생해도 안 되겠지요. 예를 들어, 민물고기를 바다에 풀어준다든지, 또는 그 반대의 경우가 이에 해당합니다. 둘째, 국가에서 방생금지 동물로 지정한 것들은 방생하지 말아야 합니다. 서울시가 한강에 방생금지 물고기로 17종을 지정했는데(미꾸라지 · 떡붕어 · 비단잉어 · 버들개 · 자가사리 · 가시고기 등과 외래 물고기 등), 이는 우선 생태계 파괴가 우려되기 때문입니다. 서울시는 붕어 · 잉어 · 누치 · 피라미 · 쏘가리 등의 방생을 권장하고 있습니다. 셋째, 한곳에 너무나 많은 물고기를 풀어주는 것도 안 됩니다. 바다나 강과 같이 넓은 곳이 아닌 좁은 계곡이나 좁은 하천에 한꺼번에 한 종류의 물고기를 대량으로 방생하면 생태계를 무너뜨릴 가능성이 크기 때문입니다. 넷째 도살 또는 죽음 직전에 처한 동물들을 구해주는 것이 가장 좋습니다. 예를 들어, 도살장에 끌려가고 있는 소나 돼지, 낚시꾼이 막 잡은 물고기, 건강원에 있는 뱀이나 너구리 등의 야생동물들이 여기에 속합니다.

아이들이 땅에서 개미들을 죽이고 있거나, 개미집을 막아버리거나 막대기 등으로 쑤시는 것을 봤을 때, 또는 곤충채집을 하는 아이들에게는 좋은 말로 그 생명들을 죽여서는 안 된다고 일깨워줘야 합니다. 한 사람에게 생명의 소중함을 일깨워서 그 사람이 육식을 평생 안 하고 생명을 안 죽인다면 얼마나 많은 동물들이 덜 희생되겠습니까. 그리고 그렇게 일깨워준 사람의 공덕은 또 얼마나 크겠습니까. 아무것도 모르는 순진한 아이들에게 생명이 얼마나 소중한지를 가르쳐줘야 합니다. 그게 어른들이 해야 할 일입니다.

또 방생을 할 때에 부처님의 명호나 진언이나 불경의 제목(예를 들어, 나무대방광불화엄경 또는 나무묘법연화경)을 소리 내어 들려주면 그 공덕이 헤아릴 수 없이 더 커집니다.

방생은 가히 업장소멸의 첩경이자 최고의 선법善法입니다. 방생을 제외한 다른 선법들은 거칠게나마 계율을 지키거나 삼업三業이 청정하면 공덕이 더 크지만, 방생만큼은 그렇지 않습니다. 계율을 지키지 않는 사람이 방생을 행한 공덕과 계율을 철저히 지키는 사람이 행한 방생의 공덕이 같습니다. 다시 말하면, 방생은 삼업(三業: 몸과 입과 생각으로 지은 업을 말함)이 청정하지 않은 사람이 해도 그 공덕은 헤아릴 수 없이 큽니다.

아무쪼록 방생을 많이 하셔서 큰 공덕을 쌓으시고 죽은 후에는 상품上品으로 극락왕생하시길 기도합니다.

사음邪淫에 대하여

사음이란 부정한 또는 음란한 성행위를 말합니다. 대표적인 것이 배우자 이외의 사람과 성관계를 맺는 것입니다. 구체적으로 사음이 어떠한 것인지는 뒤의 '사음만은 하지 말자.' 편에 나옵니다.

배우자 이외의 사람과 성관계를 하는 것을 흔히 '바람피운다.' 또는 '불륜'이라 하고, 법적 용어로는 '간통'이라 부릅니다. 불륜하나만 놓고 봐도, 우리나라만큼 불륜이 성행하는 나라가 또 있을까요. 우리나라의 그 많은 모텔들이 증명하지 않습니까. 또 우리나라가 세계에서 강간사건이 두 번째로 많다고 합니다. 게다가 이 땅에서 성매매가 얼마나 많이 이루어지고 있습니까. 돈만 있으면 성 매수를 하기가 가장 쉬운 나라가 바로 대한민국이라고 합니다. 우리 주변의 사창가·룸살롱·단란주점·안마시술소·키스방이니 유리방이니 하는 각종 방들… 온 천지가 음란합니다. 대한민국 남성들이 1년에 성매매나 성관련 행위에 쓰는 돈이 무려 6조원이나 된다는 통계도 있습니다. 1년 동안 한국 남성 10명 중 4명이 성매수를 했고, 1명이 1년 평균 2.6번에 31만 3천원을 지출했다는 조사보고도 있습니다. 여대생들은 학비를 벌겠다며(실은, 사치품을 사려는 것이지요) 사창가나 유흥가에 가서 몸을 팔고, 가정이 있는 여자들은 아이들 학원비를 벌겠다며 노래방 도우미로 나서는 나라가 우리나라 말고 또 어디에 있을지 궁금합니다.

우리나라의 성문화가 오죽 문란했으면, '처녀는 천연기념물, 총각은 멸종동물'이라는 말까지 나왔겠습니까.

음란물이 판을 치고, 텔레비전은 갈수록 여성을 벗겨서 상품화하며, 드라마들은 불륜을 미화하거나 부추깁니다. 불륜이 독버섯처럼 번지고, 강간사건이 수도 없이 발생하며, 일부 여성들은 이 과정에서 죽임을 당합니다. 이러한 풍조를 틈타 한국의 이혼율은 세계 2위까지 치솟고, 문란한 성문화 때문에 낙태건수는 세계 1위를 자랑합니다. 미혼모가 증가하고 버려지는 아기들이 줄지를 않습니다. 이런 천박하고 척박한 사회환경… 어찌해야 하는 걸까요.

허운선사는 「가난한 사람들은 의식주 마련을 위해 평생토록 분주하고, 부유한 사람들은 끊임없이 색욕色慾을 탐하느라 바쁘다.」라고 하였고, 인광대사는 「색욕色慾 한 가지는, 온 세상 사람들의 공통적인 고질병이오. 예로부터 얼마나 많은 뛰어난 영웅호걸들이, 정말 성현이 되기에 충분한 자질을 지니고서도, 단지 이 여색의 관문을 통과하지 못하여, 도리어 어리석은 범부로 전락하고, 결국 삼악도에 떨어졌는지 모르오.」라고 하셨습니다. 영웅호걸뿐만 아니라 올곧은 수행의 길을 걷던 수행자들도 끝내 여색 앞에 무릎을 꿇어 나락으로 추락해 버리는 일이 얼마나 많았을까요. 또 훌륭한 관운官運을 타고나 높은 관직에 오를 복덕을 가진 자, 위대한 문장가가 되어 그 이름이 만대에 드날릴 운명을 갖고 태어난 자, 훌륭한 집안에서 태어나 견줄 바 없는 총명함으로 그 명성을 천하에 떨칠 운명을 가진 자도 색탐色貪에 빠져 하늘이 준 복덕을 다 까먹고 결국은 허망하게 죽거나 패가망신한 일들이 얼마나 많았겠습니까.

대저 사음邪淫은 모든 죄악들 중에 으뜸이라 하셨습니다. 사음하는 즉시 좋은 과보가 나쁘게 바뀌고 돌아가신 조상님들은 눈물을 흘리면서 한탄하시며 당사자는 죽으면 지옥에 떨어진다고 하였습니다.

성현께서는 일체의 여인을 내 친족으로 생각하라 하셨고, 부처님께서는 일체의 여인도 피부 한 꺼풀만 벗겨내면 더럽기가 한이 없고, 썩으면 그 냄새가 이루 말할 수 없으니 여인을 보고 탐하는 마음을 내지 말라 이르셨습니다. 하지만 이 가르침을 지키고 나가기가 참으로 버겁습니다. 그래서 옛 수행자들 가운데에는 여인의 얼굴을 보지 않기 위해 땅만 보고 걸어 다니신 분도 계셨고, 여인의 목소리조차 듣지 않기 위해 사람이라고는 아예 없는 깊은 산속에서 수행하신 분도 있었습니다.

우리는 이러한 사음의 엄중함을 잘 알아 다시는 사음을 범하는 일이 없어야 하겠습니다. 아울러 여성을 비하하는 말, 여성을 성性의 대상으로만 바라보는 일, 성적 농담, 성희롱 등도 하지 말아야 하겠습니다. 자기의 어머니나 누나, 여동생이 다른 남자들한테 성희롱이나 성추행을 당한다면 기분이 어떻겠습니까. 우리 모두 성性에 있어서만큼은 자중自重하고 인내합시다. 이 글로 인하여 이 세상에 사음과 음란물이 사라지기를 기도합니다.

1) 육식, 이 얼마나 위험한 짓인가

고기를 먹는 것은 자비의 씨를 파괴하는 것이며, 육식肉食하는 사람들의 모든 행동은 그들의 몸에서 나는 고기 냄새로 인해 다른 모든 존재들을 위협한다.

-《대열반경》

죽은 고기도 먹어선 안 된다. 모든 동물들은 고기를 먹는 사람을 알아볼 수 있으며 그 냄새를 맡으면 죽을까 두려워 겁을 낸다. 그런 사람이 다니는 곳은 어디서든 물과 땅과 하늘에 있는 모든 존재들이 두려워한다. 그런 사람에 의해 죽을 거라 생각하며 졸도하거나 죽기도 한다. 이러한 이유 때문에 보살 마하살(위대한 수행자들)은 고기를 먹지 않느니라.

-《대열반경》

사람이 자신의 몸과 마음을 통제할 수 있다면 동물의 고기를 먹는 것과 동물 제품을 입는 것을 자제할 수 있다. 내가 말하노니, 그는 분명 해탈할 것이다. 이런 나의 가르침은 부처의 가르침이며, 다른 모든 것은 악마의 가르침이니라.

-《능엄경》

불교신자는 채식을 해야 한다. 왜냐하면 고기를 먹는 것은 다른 중생의 생명을 해치는 것이기 때문이다. 만약 동물이 인간에게 먹히기 위해 존재하는 것이라고 말한다면, 그렇게 말하는 사람은 다른 누구에게 먹히기 위해 존재하는 것인가. 만약 이 세계를 진정으로 깨끗이 하고 모든 독을 없애려고 하면 채식을 하고 고기를 먹지 말아야 한다.

-선화상인

중생은 갖가지 인연이 화합하여 이루어지며 12인연으로부터 변천하여 사람이 된 것이다. 개미에서 세균까지 모두가 중생이다. 우리의 밖으로 중생을 찾을 필요가 없이 사람의 자성自性 가운데 이미 무량한 중생이 있다. 현대는 과학이 발달하여 사람의 몸속에 많은 세균과 미생물이 있다는 것을 증명할 수 있는데, 오장육부 안에는 무량한 중생이 있다. 사람이 먹는 식물도 중생이며, 돼지고기·소고기·생선과 같은 고기 속에도 많은 세균이 있다. 사람이 고기를 먹으면 뱃속에 이러한 세균의 종자가 생기게 된다. 이러한 중생을 많이 먹으면 그들과 같은 권속이 되며, 그들과의 인연이 더욱 깊게 되어 서로 얽혀 분리할 수 없게 된다.

돼지고기를 많이 먹는 자는 돼지로 태어날 기회가 있게 되며, 소고기를 많이 먹는 자는 소로 태어나게 될 것이다. 그렇다면 쌀을 많이 먹으면 쌀로 변하는 것은 아닌가.

쌀은 무정無情이고 중생은 유정有情이다. 만약 유정의 중생을 먹으면 유정의 중생으로 태어날 것이다. 무정의 중생을 먹으면 도리어 법신의 혜명慧命이 자라는 것을 도와 줄 수 있다.

만약 돼지고기를 먹지 않으면 돼지를 구제하는 것이며, 소고기를 먹지 않으면 소를 구제하는 것이다. 제도한다는 것은 고통의 바다를 건너 열반의 피안彼岸으로 오르는 것이다. 이와 같은 도리를 이해하는 사람이라면 중생의 고기를 먹으면 안 된다.

- 선화상인

살생하지 말고 중생을 사랑하고 가엾이 여기되 마치 부모가 아들을 생각하듯 가엾이 여겨야 하며 꿈틀거리는 것도 마치 자기의 갓난아이처럼 여겨야 한다. 무엇을 일러 살생하지 않는 것이라고 말하는가. 자기 손으로 죽이지도 않고 남을 시켜 죽이지도 않으며, 죽인 것을 보면 먹지도 않고, 죽인 것을 귀로 들어도 먹지 않으며, 죽인 것이라는 의심이 나도 먹지 않고, 자신을 위하여 죽인 것도 먹지 않는다. 입으로는 「죽여라.」, 「죽여 원수를 갚아야 한다.」, 「죽어서 유쾌하다.」, 「죽여서 유쾌하다.」 와 같은 말은 하지 말며, 중생을 가엾이 여김은 마치 자기의 골수와 같이 여기고, 아버지처럼 어머니처럼 아들처럼 제 몸처럼 여기면서 차별함이 없을 것이며, 널리 한결같은 마음으로 평등하게 여기며 항상 대승大乘에 뜻을 둘 것이다.

- 《사미니계경沙彌尼戒經》·〈법원주림法苑珠林〉

고기를 먹는 자들은 서로 살상하여 먹는다. 이번 생에서는 내가 너를 먹고 다음 생에서는 네가 나를 먹는 악순환을 영원히 끊지 못한다. 이런 사람들이 어찌 삼계를 뛰어 넘을 수 있겠는가.

-《능엄경》

육식肉食을 하는 사람들은 무수한 죄를 가지고 있으나,
채식菜食을 하는 사람들은 무수한 공덕과 미덕을 가지고 있느니라.

-《능가경》

육식은 무수한 죄를 짓는 것이다. 모든 보살들은 대자대비를 키워야 하므로 육식을 해선 안 되느니라. -《능가경》

육식은 욕망을 증가시키며 육식가들은 욕심쟁이다. 삶을 보호하고 소중히 여기는 본능은 사람이나 동물이나 차이가 없다. 모든 살아있는 존재는 죽음을 두려워하는데, 어찌 다른 이들의 고기를 먹겠는가.

-《능가경》

내가 말하노라. 언제든 예외 없이 모든 종류의 고기를 먹을 수 없다. 대혜보살이여, 난 한 번만 육식을 금하는 게 아니다. 내 말은 현재와 미래에도 육식을 금한다는 뜻이니라.

-《능가경》

만일 부처의 제자라면 그 어떤 고기도 먹어서는 안 된다. 그러므로 모든 보살들은 그 어떤 중생의 고기라도 입에 대어서는 안 된다. 고기를 먹으면 무량無量한 죄를 짓게 될 것이니라.

-《범망경》

세상 사람들은 친구나 친척 간에 고기를 끊고 채소를 먹는 자를 보면, 놀라며 '기이하다'라고 생각하거나 아니면 비웃으며 "어리석다"고 한다. 사람과 축생은 다 같이 고깃덩

어리일 뿐이다. 고기로 된 사람이 고기로 된 짐승을 먹지 않는 것은 천리天理로 보나 인정으로 보나 너무나 당연한 이치이다. 무엇이 기이한 일이기에 도리어 어리석다 하는가. 아! 중생의 어리석음이 너무 크구나.

- 연지대사 〈죽창수필〉

살생한 자는 반드시 지옥·축생·아귀의 삼악도三惡道에 떨어져 천벌을 받는다.

그리고 삼악도의 업보가 끝나면, 다시 인간으로 환생하여 단명短命과 질병의 업보를 더받는다.

-《화엄경》

무릇 피와 고기는 모든 신선이 팽개치고 뭇 성현들이 먹지 않기 때문에, 육식하는 자는 모두 천상에서 멀리 물리친다. 입에서는 항상 악한 냄새와 기운이 나는데, 고기는 좋지도 않고 깨끗하지도 않으며, 모든 죄악만 낳을 뿐 아니라, 모든 공덕을 파괴시킨다. 그러기 때문에, 뭇 신선과 성현들이 육식하는 자를 멀리 물리치는 것이다. 즉 육식하는 자는 천상 신명 세계의 가피나 보호를 받을 수 없기 때문에, 일상생활의 모든 일이 시련과 장애로 점철되며 순조롭지 못하다는 것이다. 일반 세속인이 그러할진대, 하물며 마음을 닦아 불성佛性을 깨치고 도업道業을 성취하려는 수행자에게는 말할 것도 없다.

-《대승입능가경大乘入楞伽經》

가섭이 여쭙기를, 「왜 전에 사람들에게 삼종정육三種淨肉이나 구종정육九種淨肉을 먹도록 허락하셨습니까.」 부처님께서 가섭에게 이르시기를, 「그것은 그들이 즉시 육식을 끊지 못할까 우려해서였다. 그래서 임시방편으로 그런 종류의 고기를 먹도록 하여 그들이 서서히 고기 먹는 것을 끊도록 인도하기 위해서였다. 그러나 당시 나의 진정한 뜻은 그들이 바로 고기 먹는 습관을 끊어주었으면 하는 것이었다. 가섭아, 나는 지금부터 모든 내 제자들이 그 어떠한 중생의 고기라도 일절 입에 대는 것을 허락하지 않겠노라.」

-《열반경》

＊삼종정육(=삼정육) : ①죽이는 모습을 보지 않은 고기 ②죽이는 소리를 듣지 않은 고기 ③나를 위하여 죽인 것이 아닌가 하는 의심이 들지 않는 고기

＊구종정육(=구정육) : 삼정육 + ④수명이 다해서 스스로 죽은 생물의 고기 ⑤매나 독수리 따위가 먹다 남긴 고기 ⑥자기를 위해 죽인 것이 아닌 고기 ⑦죽은 지 오래되어 스스로 건조된 고기 ⑧우연히 먹게 된 고기 ⑨이미 죽어 있었던 고기

이익을 위해 중생을 살해하는 자, 재물로써 고기를 사먹는 자나, 양자 모두 죄악의 업보를 받아 죽어서 지옥에 떨어진다. 만약 시키거나 구하지 않는다면, 세 가지 깨끗한 고기[三淨肉]도 없을 것이니, 이 모두가 원인이 없지는 않으므로 마땅히 먹지 말아야 하느니라.
- 《능가경》

중생의 고기를 먹으면서 염불하면 탐욕이 제거되지 않으며, 나쁜 기운이 소멸되지 않아 부처님의 명호와 마음이 상응할 수 없으니, 백 년을 염불해도 극락세계에 왕생할 수 없습니다.
- 묘법스님 〈오대산 노스님의 인과이야기〉

사람이 양羊을 잡아먹으면, 양은 죽어 사람이 되고, 그 사람은 죽어 양이 되어 이를 반복한다. 이와 같이 열 가지 종류의 중생은 세세생생 서로를 잡아먹으면서 악업이 갖춰지는데, 미래 세계가 다하도록 끝이 없다. 이러한 인연으로 백 천겁을 지내도 항상 생사生死 속에 있게 된다.
- 《능엄경》

미래에 어리석은 자들이 계율을 함부로 해석하여 정법正法을 파괴하고 심지어 여래의 교법教法을 훼방하기까지 할 것이다. 그들은 「부처가 고기 먹는 것을 허락하였다. 부처 자신도 고기를 먹은 적이 있다.」고 말할 것이다. 대혜여, 나는 다른 경전에서 계戒를 가리는 십개조에 대해 말한 적이 있는데, 그중 세 종류의 상황에 해당되는 경우만 허락했을 뿐이다. 그때 나는 그들이 바로 육식을 끊는 것을 견딜 수 없어 할까 우려하였다. 그래서 임시 법을 제정하여 그들로 하여금 점차 육식을 끊도록 했던 것이다. 그러나 나의 진정한 마음

은 그들이 바로 육식을 끊고 발심하여 수행하기를 바랐다. 지금 나는 이 경에서 딱 잘라 아주 명백히 밝혀두겠다. 지금부터 자기 스스로 죽었든 다른 사람에 의해 살해되었든, 중생의 고기에 관한 한 모두 입에 대는 것을 허락하지 않는다. 내가 이렇게 명백히 말했는데도 여래를 비방하고 부처가 고기 먹는 것을 허락했다고 말하는 어리석은 자가 있다면, 영원히 악업에 묶여 삼악도三惡途에 떨어지게 된다는 것을 그대들은 알리라.

-《능가경》

술과 고기를 먹지 말라 한 것은 본래 청淸과 탁濁을 섞지 말라한 것이니, 육식을 멀리하고 좋은 술과 맛있는 요리를 끊는 것은 탁을 떼어 버리고 청정케 함에 있다. 절대로 입과 배를 탐하여 진성眞性을 어지럽혀 미혹되게 말라. 고기 등 육식과 마늘 등 오신채五辛菜가 최고로 맛있는 음식이라고 말하지만, 잡아먹은 짐승들을 천도薦度할 공력功力이 있을지라도 어찌 감히 먹고 삼킬 것인가. 만일 잡아먹힌 짐승들의 원한을 풀어주지 못하면 원수 갚으려고 저승에서 기다리나니, 염라국에서 여덟 냥(兩)을 한 근으로 갚으라고 판결을 내린다. 고기육(肉) 자字가 아래위로 두 사람이 얽혀 올라타고 있는 것이 무슨 뜻인가. 사람이 그것을 먹고 다시 사람이 갚아야 한다는 이치가 담긴 말이다. 사람은 천지의 청기淸氣를 받아서 본성이 이루어졌고, 짐승은 천지의 탁기濁氣를 받아서 그 몸이 이루어진 것이다. 도를 깨치려면 탁기는 완전히 떼어버려 없애야 한다. 탁기가 없어져야만 비로소 청기가 올라오는 것을 깨달아 알게 되리라.

-〈달마보전達磨寶傳〉

대혜보살大慧菩薩이 부처님께 여쭈었다.
「부처님, 저희들을 위해 고기 먹는 허물과 먹지 않는 공덕을 말씀해 주십시오.」
부처님께서는 대혜보살에게 말씀하셨다.
「고기를 먹는 사람에게는 한량없는 허물이 있느니라. 보살이 큰 자비를 닦으려면 고기를 먹지 말아야 한다. 그러면 먹는 허물과 먹지 않는 공덕을 말하겠노라. 중생이 시작 없는 옛적부터 고기 먹는 습관으로 고기 맛에 탐착하여 번갈아 서로 살해하며 어질고 착한 이를 멀리하고 생사의 괴로움을 받는 것이다. 고기를 먹지 않는 이는 바른 가르침을 듣고,

보살의 지위에서 참답게 수행하여 최상의 깨달음을 얻을 것이며, 또한 중생들을 여래의 경지에 들게 할 것이다. 고기를 먹는 이는 중생의 큰 원수이며 여래의 종자를 끊게 된다는 것을 알아야 하느니라.」

-《능가경》

사람과 일체의 동물은 원래 함께 영성을 지닌 생명에 속합니다. 어찌 차마 그 목숨을 죽여서 자기의 입과 배를 채울 수 있습니까. 자기 몸이 조금만 칼에 상처를 입어도 곧 고통을 느낍니다. 그런 생각만 해도 간담이 서늘하고 찢어지는 듯하는데, 또 어떻게 차마 살생하여서 먹는단 말입니까. 하물며 살생하여 고기를 먹는 사람은 살생이 점점 쌓여가면서 감염되어 살기殺氣를 일으키기 쉽습니다. 오늘날 세상의 전쟁은 다 이로부터 온 것입니다. 옛말에 이르기를, 「세상의 도병겁(전쟁)의 원인을 알고자 한다면, 도살장에서 밤중에 나는 소리를 들어 보아라.[欲知世上刀兵劫 但聽屠門夜半聲]」고 했는데, 정말 속이는 말이 아닙니다. 그러나 세상에는 많은 사람들이 불법의 도리에는 밝지만은 여전히 살생을 금하고 채식하는 것을 어렵게 봅니다.

- 인광대사

살생의 해로움은 서로 보복하는 일을 초래하며, 생이 거듭할수록 더욱더 심해진다. 이 사실을 알면 아무리 작은 곤충이라고 하더라도, 예를 들어 모기나 개미조차도 죽여서는 절대로 안 된다. 그것들도 역시 생명이고, 삶을 탐하며, 죽음을 두려워하기 때문이다.

- 정공법사

육식을 해도 좋다는 것은 중생을 미혹케 하는 망언이다. 여러 축생들을 관觀하여 보니 모두 지각知覺이 있고, 본래 불성佛性을 갖추고 있으며, 나와 더불어 한 몸이었다. 그런데 내가 어떻게 그를 죽여서 고기를 먹을 수 있겠는가. 무릇 수행자라면 사람들에게 살생을 금하고 방생을 권해야 하는데, 어째서 도리어 고기를 먹으면서 남에게도 먹으라고 하는가. 자비심은 도대체 어디에 있단 말인가. 나는 평소 채식하면서 염불수행하기를 권한다.

축생들은 살기를 원하고 죽기를 두려워하는 마음이 사람과 같다. 그런데 축생보다 힘이 강하다고 하여 죽여서 그 고기를 먹게 되면, 깊은 원한을 맺고 생명의 빚을 지는 일이니, 후일에 반드시 원수갚음을 당할 것이다. 세상 사람들이 서로 죽고 죽이는 도병겁刀兵劫은 모두 살생하여 고기를 먹었기 때문에 일어나는 재앙이다.

- 원영대사

그대들은 마땅히 알아두어야 한다. 고기 먹는 자들이 설혹 삼매에 들어가는 것처럼 보이지만, 모두 대나찰大羅刹로서 그들은 사후에 필히 생사고해生死苦海에 빠져버린다. 그들은 부처의 제자가 아니니라.

- 《능엄경》

고양羔羊은 꿇어앉아 우유를 먹었으며, 자조慈鳥는 되돌아와 그 어미 새에게 먹이를 먹이는 효행의 예禮가 있었다. 호견胡犬은 주인을 보호하였고, 해치獬豸는 굴복하지 않는 충직한 능력이 있었다. 벌과 개미는 군신의 의로움이 있고, 원앙새는 부부의 정이 있으며, 기러기의 행렬은 형제의 우애가 있고, 앵무새는 지저귀며 친구와 우애한다. 저 군생群生들을 관찰해보라. 사람과 무엇이 다른가. 사람이 지극히 신령하다 하나 반대로 동체同體의 자비를 미루어 함식含識에게 미치지 못하고, 다시 저들의 생명을 죽여 한 몸을 봉양하니 어찌 신령하다 말하며 어찌 어질다 말하겠는가. 비유하면 경經에서 말한 것과 같다. 옛날에 소와 양을 잡는 백정의 아들이 있었는데, 아들이 출가를 구하고자 하였다. 이로 인하여 살생을 하고 싶지 않아서였다. 그의 아버지는 양과 아들을 함께 밀실에 유폐시키고, 만일 양을 죽이지 않는다면 너를 죽이리라 하였다. 이에 그 아들은 자살을 하였는데, 이 공덕의 인연으로 바로 천상에 태어나 다겁 동안 천상의 쾌락을 받았다. 이러한 까닭으로 알라. 살생하지 않는 사람은 착한 처소에 태어나서 세세생생世世生生에 장수의 과보를 받는다는 것을 알 수 있다.

- 묘협대사 〈보왕삼매염불직지〉

고기를 먹으면 열 가지 허물이 있다.

첫째, 온갖 중생은 끝없는 때로부터 자신의 육친六親이었다.[衆生己親] 고기를 먹는 중생은 저희의 큰 원수요, 큰 자비의 종자를 끊고 착하지 않는 업을 자라게 하여 큰 고통을 받게 하는 근본이다. 둘째, 고기를 먹는 중생을 보면 다른 중생이 모두 놀라고 두려워하며 멀리 떠난다.[見生驚怖] 셋째, 고기 먹는 사람은 다른 사람의 신심을 무너뜨린다.[壞他信心] 고기를 먹으면 중생은 온갖 신심을 잃고 말하기를,「세간에 믿을 만한 이가 없구나. 불법佛法 중의 어디에 진실한 사문沙門과 바라문으로서 범행梵行을 닦는 이가 있다는 말인가.」라며 삼보를 비방한다. 넷째, 인자한 마음과 욕심이 적은 수행인은 고기를 먹어서는 안 된다.[行人不應食] 또, 다른 사람들이 육식을 권해도 응하지 말아야 한다. 수행인은 처자와 권속은 마치 칼과 쇠사슬 같다는 생각을 하여야 하고, 궁전과 누각은 마치 견고한 감옥과 같다고 생각을 하고, 보이는 값진 보물은 마치 똥 무더기 같다고 생각하고, 보이는 음식은 마치 피고름 같다고 생각하여야 한다. 다섯째, 고기를 먹는 사람은 모두 과거 생에 나쁜 나찰이 된 일이 있어 그 습기 때문에 고기를 탐내는 것이다.[羅刹習氣] 여섯째, 세상의 주술呪術을 배움에 있어서도 고기를 먹으면 성취하지 못하는데 하물며 출세간의 법을 어떻게 성취할 수 있겠는가.[學術不成] 일곱째, 중생 모두는 자기 몸과 목숨을 사랑한다.[生命同己] 자기 몸을 사랑하는 것은 사람이나 짐승이나 다를 바가 없다. 여덟째, 고기를 먹는 사람에게는 모든 하늘과 성현이 멀리 떠나고 나쁜 귀신조차도 두려워하게 된다.[天聖遠離] 아홉째, 정육淨肉조차도 먹어서는 안 되거늘 하물며 부정육이겠는가.[不淨所出] 열 번째, 고기를 먹는 사람은 죽어 악도에 떨어진다.[死墮惡道]

- 〈법원주림法苑珠林〉

* 법원주림(法苑珠林) : 중국 당나라 도세(道世)가 10여년에 걸쳐 지은 총 100권 668부의 백과사전식 불서(佛書). 인도 불학의 이론을 기초 삼아, 중국과 인도의 문화적 특징을 융합하여, 불경과 함께 중국의 속서(俗書)들을 널리 인용하여 편찬한 결과물로서, 규모가 방대할 뿐 아니라 내용과 논리가 세밀하고 전거(典據)가 풍부하게 갖추어져 있어, 가히 불교 유서(類書) 편찬의 새 장(章)을 열었다고 평가된다.

부처님께서 설사 말씀하시지 않았다 하더라도 다른 생명을 해친다면 그 자체가 악惡입니다. 어릴 때 개구리를 많이 잡는다든가 또는 낚시를 많이 한다면 내생까지 안 가도 금생에 꼭 과보果報를 받습니다. 악보惡報를 받습니다.

-청화스님

일체 중생은 모두 불성佛性을 갖고 있는지라, 이는 모두 과거세 나의 부모요, 미래의 성불할 부처님이시다. 그들에게 법을 베풀어 구호해줌도 미처 못하는 것을 염려해야 되는데, 어찌 나의 입과 배를 즐겁게 하려고 저 중생들의 몸을 죽일 수 있겠는가. 모름지기 알아야 할 것은 저 육지와 강과 바다에 날고 헤엄치고 기어 다니는 모든 동물도 우리와 똑같은 영명각지靈明覺知의 마음을 가지고 있으나, 다만 과거세의 악업이 깊고 무거워 그 몸과 형체가 우리들과 다르고 입으로 말을 하지 못하나, 그들이 먹을거리를 찾아다니고 죽기를 싫어하는 정상情狀을 살펴보면, 그 축생들이 사람과 다르지 않다는 것을 잘 알 수 있다.

우리들은 전생의 복력이 있어서 다행히 사람 몸을 받았으니, 마음에 지혜와 사려가 있는 사람이라면, 부모님은 하늘과 땅 같고 백성은 모두 동포이고 만물은 모두 나와 하나인 도리를 마땅히 더욱더 돈독히 해야 할 것이다. 그리하여 사람이 천지天地와 함께 삼재三才인 그 도리를 저버리지 말고, 천지가 만물을 살려주고 키워주는 것을 따르고 도와서 사람과 만물로 하여금 제 각기 제자리를 얻어 살게 하며, 하늘이 덮어 주고 땅이 실어 주는 혜택을 함께 누리고 각자가 타고난 목숨을 함께 즐기도록 해야 한다.

만약 하늘과 땅이 만물을 살리는 것을 좋아하는 덕을 깨닫지 못하고, 마음대로 탐욕스럽고 잔학한 생각을 일으켜서 자신이 강하다고 약한 축생들을 업신여겨 축생을 잡아, 그 고기를 먹어 자신의 배를 채우면 필경 그 사람의 복이 다해 없어지는 날이 오면 그렇게 살생한 죄업의 과보를 받게 되리니, 만약 그대가 사람 얼굴을 잊어버리거나, 짐승의 얼굴을 뒤집어쓰지 않으려고 한다면 살생하여 잡아먹는 짓을 해서야 되겠는가.

모든 악업 중에서 오직 살생하는 죄업이 가장 무겁다. 온 천하에 살생업을 짓지 않는 사람이 자못 없도다. 평생에 한 번도 살생을 하지 않았어도 그 사람이 매일 고기를 먹는다면 이는 매일 살생하는 것이나 다를 바 없다.

왜냐하면 살생을 하지 아니하면 먹는 고기가 있을 수 없기 때문이다. 소나 돼지를 도살하는 백정이나 야생동물을 잡는 사냥꾼이나 바다와 강의 물고기를 잡는 어부는 모두 어육魚肉을 먹는 사람들의 수요需要에 공급하기 위하여 대신 살생하는 것이다.

그런즉, 어육을 먹느냐 채소를 먹느냐 하는 문제는 우리들이 지금보다 더 나은 몸을 받느냐 아니면 축생의 몸이나 지옥으로 떨어지느냐 하는 큰 갈림길이며, 천하가 혼란해지느냐 평화로워지느냐 하는 큰 근본이 되므로 중대사이고 사소한 일이 아니다. 그 자신의 몸을 아끼고 모든 사람들을 널리 아끼며 장수하고 안락하여 그대가 즐겁고 편안하게 오래 살고 불의의 재앙이나 화를 입지 않으려거든, 마땅히 살생을 금하고 채식을 하여야 한다. 이것만이 천재지변과 사람으로부터 입는 화禍를 당하지 않는 제일 좋은 방책이다.

- 인광대사

《능엄경》에 이런 말씀이 있다

「육도에 윤회하는 중생이라도 마음에 죽이는 기운이 사라지면 더 이상 태어남과 죽음의 윤회를 따르지 않는다. 삼매를 닦아 번뇌에서 벗어나려면 죽이는 마음을 없애지 않고는 이룰 수 없다.」

고기가 맛이 있고 그래서 고기를 즐겨 먹는 사람은 '죽이는 마음'이 있다. 그렇기 때문에 죽이는 마음을 없애려면 고기를 먹지 말아야 한다. 어떤 수행법으로 수행을 하던 고기를 즐겨 먹는 사람은 태어남과 죽음의 윤회에서 해탈할 수 없다. 목숨을 죽이거나 그 고기를 즐겨 먹는 사람이 죽음에 이르면 빚을 진 생명들이 나타나 바른 생각을 잃게 하여 정토에 태어나는 길에 큰 걸림돌이 된다. 염불 수행자는 언제 어디서나 혼자 몸이 아니라 보이고 들리는 한량없이 많은 중생들과 함께 정토에 태어나겠다는 큰 자비심을 잃지 말아야 한다.

자비심이야말로 염불수행자의 생명이다. 그래서 염불수행자는 채식을 해야 하고 알이나 오신채도 먹어서는 안 된다. 왜 그런가.《관무량수경》에 이런 말씀이 있다. 「맑은 업을 닦아 정토에 태어나고자 하는 중생은 마땅히 다음과 같은 복덕을 쌓아야 한다. 첫 번째는 부모께 효도하고 스승께 헌신하고 자비심으로 목숨을 사랑하면서 열 가지 착한 업을 닦는 일이다. 두 번째는 삼보께 귀의하고 맑은 계율을 받아 지녀 자비행자의 위의威儀를 잃지 않는 일이다. 이와 같이 맑은 업은 삼세 모든 부처님들이 깨달음을 이룬 씨앗이니 정토 행자는 염불과 정업을 닦는 일을 치우침 없이 함께 닦아 나가야 한다. 《지장경》에 「깊고 큰 업력은 해탈의 길을 막는 수미산과 같고 바다와 같다.」고 하셨다. 비록 아미타부처님 의 서원과 자비심이 끝이 없기는 하지만 죽음에 이르러 집착을 놓아 버리지 못하고 맑고 바른 생각으로 염불하지 못하는 중생은 제도해 줄 수 없다. 한편으로는 염불하고 한편으 로는 죽이고 즐겨 고기를 먹다가 죽음에 이르러서 바른 생각을 잃어버리면 길이 삼악도 에 떨어지니 누구를 탓할 것인가. 이것은 스스로 지어 스스로 받는 과보이지 부처님의 자 비와는 아무런 상관이 없는 일이다.

어떤 사람은 이런 말을 한다. 「나는 고기가 있으면 먹고 없으면 안 먹는다. 그래도 염불 수행이 아주 잘 된다. 나는 채식에 집착하지 않는다.」이 말은 스스로를 속이는 말이다. 생 각해 보라. 생명을 죽이는 기운이 살아있는 입으로 어떻게 염불할 수 있겠는가. 이런 말은 자비심이 무엇인지를 바르게 아는 이가 하는 말이 아니다. 연지대사는 말했다. 「죽이고 그 고기를 즐겨 먹는 마음이여. 이 세상에 이보다 더 흉악하고 슬프고 독한 마음이 또 어디 있으리. 자비심은 모든 불보살의 생명이다. 자비의 세계인 정토에 태어나기를 바라면서 어떻게 고기 먹는 나쁜 업을 즐겨 쌓을 수 있겠는가. 더구나 고기를 즐겨 먹으면 오래 살 지 못하고 병치레를 많이 하는 과보를 받게 된다. 병에 걸려 괴로울 때 바른 생각으로 염 불할 수 있겠는가. 하련거夏蓮居거사는 이렇게 노래했다. 「슬프구나. 흐르는 과보果報의 물결이여. 흘러 흘러 윤회의 바다에 넘치네. 아…어디에서 왔는가. 하늘에 가득한 괴로움 의 불길이여. 목숨을 죽이는 한 생각에서 왔네.」   -현장스님

요즘 업을 짓는 중에 유독 살생이 더욱 심하여, 온 세상은 말할 것도 없고 이 조그마한 마 을만 하더라도 하루 동안에 죽임을 당하는 소·양·개·돼지·닭·거위·물고기·자라 등의 생명이 걸핏하면 천만이 넘는다. 그 밖의 잘잘한 것들이야 어찌 다 헤아릴 수 있겠는 가. 봄가을 두 철에 천지와 귀신에게 제사를 지내거나, 조고祖考께 올리거나 선성善聖과 선현께 공덕을 갚느라 사용되는 희생犧牲들이 얼마나 될 것인가. 그러나 천지와 귀신도 불 쌍히 여기지 않고, 조고祖考도 못 본체 하며 선성과 선현도 그만두게 하시지 않는다.

더욱이 부처님은 어지심이 천지를 덮으시고 자비로 귀신을 섭수하시며, 덕도 성현들보다 높으시면서, 어찌 잠깐 신통神通을 보여 저들(살생하는 자들)로 하여금 지금 당장 악보惡報를 받게 하거나, 또는 그들이 도리어 이러한 고통을 당하게 하지 않으실까.

그렇게 하시면 어느 누가 놀랍고 두려워 잘못을 후회하고 고치려 하지 아니할 이가 있겠는가. 그런데도 못 본체 하시는 것은 무슨 까닭일까.

오랫동안 곰곰이 생각해 보니, 지금 도살당하는 저 소·양·돼지 따위는 전생에 살업殺業을 지었던 자들이므로 지금 축생의 보報를 받는 것이요, 전다라旃多羅는 전생에 죽임을 당했던 자들이므로 생을 바꾸어서는 죽이는 몸이 된 것이다. 인연을 만나면 비로소 본성이 드러나 정업定業으로 그렇게 된 것이어서 능히 이를 구제할 자가 없으며, 그 업이 다한 후에야 비로소 과보도 끝이 나는 것이니, 비록 하늘 중의 하늘이시고 성인중의 성인이신 부처님께서도 능히 어떻게 할 수 없는 것임을 알 수 있었다.

또한 과거의 과보는 겨우 소멸되었다 하더라도, 새로운 죄를 다시 지어 인과가 서로 순환하여 끝날 때를 알 수 없다. 그러니 지난 일은 상관치 말고 앞으로의 일을 좇아간다면 지금의 살인殺因이 끊어지고, 이 이후의 살과殺果도 없을 것이다. 여래의 명훈冥薰이 태양과 같이 밝아서 모든 중생을 위하여 살업을 구원하셨으니, 지극하지 않은가.

- 연지대사 〈죽창수필〉

＊조고(祖考) : 돌아가신 할아버지

＊희생(犧牲) : 천지신명이나 조상에게 제사 지낼 때 제물로 바치는 짐승들을 말한다.

＊전다라(旃多羅) : 인도의 가장 아래 계급. 도살하는 사람이나 옥졸, 사형집행관 등을 가리킴.

＊정업(定業) : 타고날 때부터 정해진 업. 반드시 그렇게 될 업. 정업은 부처님도 면하게 해주지 못한다. 그 누구도 대신할 수 없다는 뜻이다.

＊명훈(冥薰) : 어두운 곳에서 연기가 피어나듯 미묘하고 그윽한 부처님의 가피

산목숨을 죽이는 살생은 그 허물과 죄악이 지극히 크고 무겁습니다. 일체 중생이 모두 부처님 성품을 지니고 있는데, 산목숨을 죽일 수 있겠습니까.

살기등등하니 방종하여 무거운 죄업을 짓고 깊은 원한을 맺으며 결국 막대한 고통의 과보를 불러들이는 것은 죄다 '죽일 살(殺)' 자 하나로부터 비롯됩니다. 그렇게 해서 죽이려는 마음이 점차 맹렬해지고 살생의 업장이 점차 깊어지면, 나중에는 점점 사람도 죽이고 일가친척도 죽이며, 심지어는 창칼을 휘두르는 전쟁까지 초래하는데, 어찌 끔찍스런 비극이 아니겠습니까.

이 모두가 살생을 금지할 줄 모르는 데서 말미암는 비극입니다. 진실로 산목숨 죽이는 걸 금할 줄 안다면, 제물로 바칠 희생犧牲조차 차마 죽이지 못할 텐데, 하물며 사람을 죽이고 일가친척을 죽이겠습니까 희생도 차마 죽이지 못하는데, 창칼 휘두르는 전쟁은 어디서 어떻게 일어나겠습니까.

"남의 부모를 죽이는 자는, 남이 또한 그의 부모를 죽이기 마련이고, 남의 형제를 죽이는 자는, 남이 또한 그의 형제를 죽이기 마련이다." 이 말씀은 남의 부모형제를 죽일 수 없다는 일반론으로, 그나마 점차 살생을 금지하는 길로 이끄는 훌륭한 가르침입니다. 그러나 애석하게도, 남의 부모형제를 죽이는 범죄가 바로 살생을 금지[戒殺: 채식]하지 않는 데서 비롯된 줄은 모르고 있습니다.

사람들이 살생을 그만두지 않는 까닭은 인과응보의 이치를 잘 모르기 때문입니다. 인과란 감응입니다. 내가 나쁜 마음으로 남을 감동시키면, 남도 또한 나쁜 마음으로 반응해 옵니다. 거꾸로 내가 착한 마음으로 남을 감동시키면, 남도 또한 착한 마음으로 호응해 옵니다. 그런데 보통 사람들은 이러한 인과의 감응이 현생現生에만 나타나는 줄로 알 뿐, 인과의 감응이 전생·현생·내생의 삼세 윤회를 통하여도 나타나는 줄은 미처 모르고 있습니다.

또한 보통 사람들은 인과의 감응이 인간 세상에 나타나는 줄만 알 뿐, 이러한 인과의 감응이 천상·인간·아수라·축생·아귀·지옥의 육도윤회를 통하여도 나타나는 줄은 미처 모르고 있습니다. 정말로 인과의 감응이 삼세와 육도의 윤회를 통하여 나타나는 줄 안다면, 육도 중의 중생이 모두 여러 생에 걸친 자기 부모형제들일 텐데, 살생을 그만두지 않을 수 있겠습니까.

또, 사람들은 설령 인과의 감응이 육도윤회를 통해서 나타나는 줄은 안다고 할지라도, 세간과 출세간의 수행을 통해서도 나타나는 줄은 미처 모르는 경우가 허다합니다. '나'가 없다는 무아심無我心으로 감동시키면, 성문과 연각의 과위果位가 호응해 오고, 보리심의 육도만행六度萬行으로 감동시키면, 보살법계가 과위로 호응해 오며, 모든 중생을 일미평등一味平等하고 일심동체一心同體로 대하는 대자비심으로 감동시키면, 부처님 법계가 과위로 호응해 오는 법입니다.

오호라! 인과와 감응의 도道를 어찌 말로 다할 수 있겠습니까.   -철오선사

불자佛子가 자비한 마음으로 산 것을 살려주는 일을 할 것이니 일체의 남자는 다 나의 아버지요, 일체의 여자는 다 나의 어머니라. 그러므로 육도六道의 중생이 다 나의 부모이거늘, 잡아서 먹는 것은 곧 나의 부모를 죽이는 것이며 나의 옛 몸을 죽이는 것이니라.

-《범망경》

세상 사람들이 친하게 지내다가도 혹 말 한마디가 거슬린다거나, 한 물건을 탐해도 원한을 맺고 죽이는 경우에 이르기도 한다. 하물며 시퍼런 칼날을 대고 그 고기를 멋대로 씹어 먹는데 깊은 원한이 잊히랴.

옛날 성인께서는 앙상한 고목 같은 뼈만 땅위에 남아 있다 할지라도 땅 밖으로 드러나지 않게 묻어 주셨다. 마른 뼈가 알 리 없지만 어진 마음에 차마 그냥 지나치지 못하시고 그것을 장사지내 주신 것이다. 하물며 생명과 혈육이 있는, (사람과) 동일하게 신령한 물류物類를 살생하여 음식으로 먹을 수 있으랴.

노자老子께서 말씀하시기를, 「사냥을 즐겨 하면 사람의 마음을 발광發狂하게 한다.」 하였고, 〈예기禮記〉에는 「짐승을 죽이면 효성스럽지 못하다.」 라는 말이 있으며, 어떤 서생이 개미를 구해주고 그 공덕으로 갑과甲科에 선발되었다 한다.

《능엄경》에 말씀하시기를, 「사람이 양을 잡아먹으면 양이 죽어 사람이 되고, 사람은 죽어 양이 된다. 너는 나의 목숨을 보상報償하고, 나는 너의 부채를 갚아 이 인연 때문에 백천 겁을 지나도록 항상 생사윤회 속에 있게 된다.」 고 하였고,《법화경》에는 「사냥하고 물고기를 잡으며, 이익을 위해 살해하고 고기를 판매하여 스스로 생활을 하는 사람과는 모두 가까이 하지 말라.」 하였다.

삿된 견해를 가진 자가, 「저 중생들은 모두 허망하게 태어나고 허망하게 죽는다. 죄와

복은 원래 공空하여 (축생들을) 죽인다 하여도 과보果報가 없다.」고 말한다.

그렇다면 무엇 때문에 「우리들도 허망하게 구하고 허망하게 먹는다. 혀로 맛보는 것은 본래 공하여 먹는다 해도 이익이 없다.」고 말하지 않는가. 우리 출가한 제자들이 염불삼매를 닦아 삼업三業을 청정히 하여, 맺힌 원한을 풀고 정토에 왕생하고자 하면서 어찌 살생한 음식을 끊지 않아 임종할 때에 스스로를 장애하는가.　　-묘협대사〈보왕삼매염불직지〉

지금 공중에는 갖가지 독기毒氣가 가득 퍼져 있다. 우리는 원자폭탄, 수소폭탄 등이 가장 위험한 무기라고 알고 있지만 사람의 입에서 나오는 독이 어떤 독보다도 해롭다. 그래서 이 세계는 하루가 다르게 파괴되고 있는 것이다.

이러한 독기의 오염을 받기 때문에 매일 취생몽사醉生夢死하고 있다. 먹고, 마시고, 주색잡기하며, 도박하고, 횡액이 일어나며, 무너지고, 유괴하고, 사기치고, 훔치고 하면서 하나도 순수한 것이 없다. 이러한 정황이 실로 가장 위험한 것이다.

만약 세계에 퍼진 독기를 소독하려면 어떻게 해야 하는가. 바로 모두 채식을 하면서 고기를 먹지 않는 것이다. 채식을 하면 독은 나날이 감소할 것이다. 왜냐하면 중생의 고기에는 모두 독이 있는데, 이러한 독은 미세하여 당신이 먹을 때는 느끼지 못하지만 서서히 독에 중독되는 것이다. 그리고 이러한 독은 특별히 해로워 어떤 약품으로도 해독할 수 없다. 왜냐하면 원한의 업이 매우 깊기 때문이다. 옛 성현께서 이렇게 말씀하셨다.

천백년 이래로 고깃국 그릇 속에는
원한이 바다와 같이 깊어 그 한을 평정하기 어렵구나.
세상의 도병겁刀兵劫의 원인을 알고자 하면
깊은 밤 도살장의 문에서 들려오는 소리를 들어보라.

천백년 이래로부터 우리들이 먹는 고깃국은 단지 국 한 그릇이지만, 그러나 그 속에 담긴 원한은 바다처럼 깊은 것이다. 사람과 사람의 전쟁, 집안과 집안간의 전쟁, 국가와 국가간의 전쟁 등 서로간의 전쟁은 모두 고기를 먹기 때문에 벌어진 것이다. 전쟁과 수재, 화재, 전염병 등 세상의 모든 재난은 전부 고기를 먹어서 생긴 것이다. 만약 당신이 그 도리를 알고 싶다면 한밤중에 도살장에 가서 슬픔과 고통에 찬 소리를 들어보라. 돼지를 죽이는 곳에는 돼지의 울음소리, 소를 죽이는 곳에는 소의 울음소리, 양을 죽이는 곳에는 양의 울음소리가 가득할 것이다. 어떤 동물이든 죽을 때 비명을 지르고 눈물을 흘린다. 그들이 우는 것이 바로 독을 방출하는 것이다.

"좋다! 지금은 네가 나를 죽이지만, 앞으로 나도 너를 죽일 것이다. 한도 끝도 없이 너는 나를 죽이고, 나는 너를 죽일 것이야. 너는 나를 먹고 나는 너를 먹을 것이다."

이렇게 갖가지 원한의 독이 허공에 가득 퍼져 있다. 허공에 원한의 독기가 가득 차게 되면 갖가지 재난과 횡화橫禍를 초래하게 된다. 모든 사람들이 다 채식을 하면 이러한 원한의 죄업은 가라앉을 것이며, 잔혹함이 상서로움으로 변할 것이다.   -선화상인

그대들은 마땅히 알아두어야 한다. 고기 먹는 자들이 설혹 삼매에 들어가는 것처럼 보이지만, 모두 대나찰大羅刹로서 그들은 사후에 필히 생사고해生死苦海에 빠져버린다. 그들은 부처의 제자가 아니니라.   -《능엄경》

살생이란 두려운 것입니다. 그러므로 여러 보살님들께서는 채식하는 겁니다. 하지만 채식도 살생을 절반을 한 셈입니다. 식물도 목숨[命]은 없지만 삶[生]은 있습니다. 삶과 목숨은 구별이 있습니다. 만물은 생생불식生生不息하고 있습니다. 목숨에다 망상을 더하면 영성靈性이 있게 됩니다. 참으로 살생하지 않는 정도까지 성취하기란 대단히 어렵습니다. 당신의 선정 공부가 삼선천三禪天에 도달하여, 먹지 않고 마시지 않고 호흡하지 않아도 될 수 있어야 가능합니다. 그렇지 않으면 당신이 호흡하는 것도 살생하고 있는 것입니다. 공기 중에는 세균이 있기 때문입니다. 엄격히 말해서 살생하지 않기란 너무나 어렵습니다. 우리들은 우선 자비심이라도 조금 배양할 수밖에 없습니다.   -남회근 선생

일체의 중생이 모두 과거의 부모이자 미래의 부처들이므로, 이치상 살생을 금하고 방생을 행하며, 모든 중생의 목숨을 아끼고 사랑해야 마땅하오. 세속의 고정관념과 편견에 따

라, 부모에게 진수성찬을 봉양하는 것이 효도라는 생각은 절대로 품어서는 안 되오. 불법을 들어보지 못한 일반 속인들이야 육도 윤회와 인과응보의 사리를 모르기 때문에, 부모에게 진수성찬을 받치는 것이 효도라는 사견邪見과 망언을 일삼을 수 있고, 또 그 허물을 용서받을 수 있소. 그러나 이미 불법을 들어 그 이치를 안 사람이, 과거의 부모 친척을 살해하여 현재의 부모를 공양하거나 장례 또는 제사를 지내는 행위는, 단지 효도가 아닐 뿐만 아니라, 곧바로 천리와 불법을 정면으로 거스르는 패역무도가 된다오. 채식이야말로 천재지변과 사고를 예방하고 줄이는 제일 신묘한 법문이라오.   - 인광대사

  *《불설삼세인과경》에 「너희는 부모에 효도하라. 마땅히 부모가 아니면 너희가 어찌 이 몸을 세상에 나타내게 되었으며, 설사 출생했더라도 핏덩이 연약한 몸으로 어찌 홀로 성장할 수 있었겠느냐. 여인이 한 번 아이를 출산할 때에 서 말 서 되의 붉은 피를 흘리고, 여덟 섬 너 말이나 되는 젖을 먹여 양육하였느니라. 부모가 있으므로 우주의 근본 되는 이 몸을 얻게 됨이요, 사람의 의무와 책임을 가르쳐 오늘의 너희로 길러 주셨느니라. 그러므로 부모 생존 시에는 지성으로 봉양할 것이고, 혹시 세상을 떠난 후에는 영가를 잘 봉안하여 왕생극락을 발원할 것이며, 설령 자신의 부모가 아니더라도 병약한 노인을 내 부모같이 보호 봉양하여라. 너희가 너의 부모를 마땅히 봉양하면 삼보천룡이 항상 보호하여 줄 것이고, 무력할 때 너희가 만일 부모에게 불효한다면 선신(善神)은 자연히 너를 본받아 직접 앙화(殃禍)를 줄 것이며, 늙어 병약할 때에는 결정코 너도 버림을 받을 것이니라.」라고 하였다.
  * 인광대사는 「부모와 자식 사이에는 네 가지 인연이 있다오. 첫째는 은혜를 갚는[報恩] 인연이고, 둘째는 원한을 갚는[報怨] 인연이며, 셋째는 빚을 갚는[償債] 인연이고, 넷째는 빚을 되찾는[討債] 인연이오. 은혜를 갚는 인연이란 부모와 자식에게 전생에 큰 은혜가 있어 그 은혜를 갚기 위해 금생에 자식으로 태어나, 생전에 부모가 기뻐하도록 극진히 봉양하고 사후에는 귀신이 흠향하도록 장례와 제사를 정성껏 모시는 것이오. 나아가 국가사회에 이바지하고 백성에게 혜택을 끼쳐 청사(靑史)에 이름을 남김으로써, 천하 후세 사람들로 하여금 그 사람을 흠모하면서 그 부모까지 존경하도록 훌륭한 도덕을 닦기도 하오. 역사 속의 수많은 충신과 효자가 그러하오. 원한을 갚는 인연이란, 부모가 자식에게 전생에 원한을 사서 그걸 갚기 위해 자식으로 태어나는 것이오. 작게는 부모 마음을 거스르고, 크게는 화가 부모에게 미치게 하며, 살아생전에는 맛있고 따뜻한 봉양을 올리지 않고, 죽은 뒤에는 황천에서도 모욕을 당하게 하오. 또 더 심한 경우에는 권세나

요직에 앉은 신분으로 부정부패와 불궤(不軌)의 죄악을 저질러 가문과 친족을 파멸시키고 조상의 무덤까지 파헤치며, 천하 후세 사람들로 하여금 그 사람을 욕하면서 그 부모까지 침 뱉게 만드는데, 왕망(王莽)이나 조조(曹操), 동탁(董卓), 진회(秦檜)등과 같은 간신역적이 그 대표적인 예라오. 빚을 갚는 인연이란, 자식이 전생에 부모에게 진 재산상의 빚을 갚으려고 태어난 경우요. 진 빚이 많으면 평생토록 뼈 빠지게 일해 받들어 모시지만, 빚이 적으면 잘 봉양하다가 더러 중간에 그만두기도 하오. 예컨대, 힘들여 공부하여 부귀공명을 조금 얻는가 싶더니 그만 요절한다든지, 사업이 잘 되어 재산 좀 모으다가 죽는 수도 있소. 빚을 되찾는 인연이란, 부모가 자식에게 전생에 재산상의 빚을 진 까닭에 그 빚을 받으려고 태어난 경우요. 빚이 적으면 생활비나 학비를 들여 가르치고 혼수 장만하여 결혼시켜 이제 자립하고 사회활동 할 만하니 그만 수명이 다해 버리기도 하고, 빚이 많으면 집안 재산을 탕진하고 패가망신하기까지 한다오.」라고 하였다.

살생에는 열 가지 죄가 있으니,

첫째, 마음에 항상 독을 품어서 세세생생 끊어지지 않음이오.

둘째, 중생들이 증오해서 눈으로 기쁘게 보지 않음이오.

셋째, 항상 나쁜 생각을 가지고 나쁜 일을 생각함이오.

넷째, 중생들이 두려워하여 호랑이나 뱀 보는 것과 같음이오.

다섯째, 잠들면 마음이 두렵고 깨어나면 편안하지 못함이오.

여섯째, 항상 악몽에 시달리고 질병이 많음이오.

일곱째, 목숨 마칠 때에는 미친 듯 두려워하고 나쁘게 죽음이오.

여덟째, 단명업短命業의 인연을 심음이오.

아홉째, 몸이 무너져 목숨을 마칠 때에는 지옥에 떨어짐이오.

열째, 사람으로 다시 태어나도 반드시 단명함이니, 사미沙彌는 모든 망념妄念을 쉬고 자비심으로 근본을 삼으라는 뜻에서 불살생계가 첫머리에 있는 것이다.   - 〈대지도론〉

＊ 사미(沙彌): 정식 스님이 되기 전의 남자 스님을 말함. 출가하여 10계(十戒)를 받고부터 250계를 받는 비구가 되기 전까지의 남자 스님을 말함. 여자스님은 사미니(沙彌尼)라고 함.

만일 모든 비구가 동방의 무명이나 비단이나 명주와 이 땅의 가죽신이나 털옷과 우유나 그것으로 가공한 것 등을 먹거나 입지 아니하면, 이러한 비구는 참답고 올바른 불자로서 묵은 빚을 갚고 삼계에 노닐지 않으리니, 어째서 그런가 하면 그 몸의 한 부분으로 이뤄진 것을 먹거나 입으면 모두가 그것들과 인연이 되나니, 마치 사람이 땅에서 생산되는 온갖 곡식을 먹기 때문에 발이 땅에서 떨어지지 못하는 것과 같으니라. 반드시 몸과 마음으로 하여금 모든 중생들의 몸이나 몸의 어느 일부분을 몸과 마음 두 갈래에서 입거나 먹지 아니하면 이런 사람은 참으로 해탈한 자라고 나는 말하리라. 나와 같은 이러한 말은 부처님의 말이라고 할 것이요, 이와 같지 않은 말은 곧 파순波旬의 말이니라.　　　　-《능엄경》

장난삼아 다른 이의 생명을 죽이면 슬프게 울부짖으며 지옥에 들어간다. 더러운 것과 끓는 구리물에 넣었다 담궜다 하며, 난도질을 당하고 불 속에 들어가며, 찢기고 부서지고 매 맞는 독을 얻어서, 억만 년동안 헤아릴 수 없으니, 마음이 쓰리고 아파 차마 기록하지 못한다.　　　　-《현우경賢愚經》

수행자는 자비심으로 모든 중생을 이끌어야 한다. 그리하여 한낱 개미까지라도 공포에서 건져주는 것, 이것이 모든 수행자의 의무이다.　　　　-《열반경》

모든 존재에게 다 자비심을 일으켜, 모기나 개미라 할지라도 해치는 마음을 내서는 안 된다.　　　　-《근본설일체유부비나야》

소희문邵希文은 아직 급제하지 못한 선비였는데, 어느 때 꿈속에서 한 관부官府에 이르니 사람들이 모두 안무사安撫使라고 불렀습니다. 소희문이 기뻐서 생각하길, "아마도 내가 급제한 후에 안무사가 되는 것이 아닐까." 앞으로 더 나아가서 한 관원을 만났는데, "그대는 그대가 급제하지 못하는 원인을 아는가." 모른다고 대답하니 그가 소희문을 이끌고 가서 참조개를 삶는 큰 솥을 보여 주었습니다. 조개들이 소희문을 보더니 사람소리를 내어 소희문의 이름을 (원망하며) 부르짖었습니다. 소희문이 바로 아미타불을 염하여 부르니 염불 일성一聲에 조개들이 모두 황금 새로 변하여 날아갔습니다. 소희문이 그후에 정말로 급제하여 벼슬이 안무사에 이르렀습니다. 이를 통해서 알 수 있는 것은 살생은 사람의 앞길을 가로막으므로 경계하지 않아서는 안 된다는 것이고, 부처님의 힘은 광대무변하므로 공경하지 않아서는 안 되며, 관직은 본래 분수가 정해져 있어서 억지로 구할 수 없다는 것입니다.

- 왕일휴 〈용서정토문〉

우리 불자님들, 재가불자님들도 되도록 고기를 드시지 마십시오. 이것은 우리한테 별로 이익 될 것이 없습니다.

항상 말씀드리지만, 돼지나 소 같은 축생들은 사람보다 훨씬 더 업장이 무거운 것인데, 그 세포가 사람한테 들어오면 그만큼 우리가 오염되는 것입니다. 그리고 우리 자비심을 손상시킵니다. 우리는 몰라도 귀신들은 다 봅니다. 선신善神들은 고기 많이 먹는 사람을 무서워해서 피합니다. 나와 남이 둘이 아닌데, 그것은 사람에만 국한시킨 것이 아닙니다. 개와 나도 둘이 아닙니다. 둘이 아니라고 생각할 때 그네들의 고기를 어떻게 먹을 수 있겠습니까. 그런 것 안 먹어도 우리가 살 수 있지 않습니까.

우리나라만 하더라도 그전에 우리가 자랄 때는 일 년 내내 가야 돼지나 쇠고기를 한 번이나 먹었는지 모르겠습니다. 그런데 지금은 농촌에서도 한 달에 몇 번씩 먹는다고 해요. 그렇게 외국에서 수입하면서까지 외화를 낭비할 필요도 없는 것이고, 육식한다고 더 건강한 것도 아니지 않습니까. 부처님께서는 모든 생명을 다 동일하게 보기 때문에 육식을 하게 되면 우리 자비심을 손상시키고, 또 악신惡神은 그 냄새 맡고 가까이 붙고, 훌륭한 선신들은 냄새 맡고 도망가고, 우리 마음 닦는 공부도 잘 안 되고, 죽어서는 악귀에 떨어지기 쉽다고 불경에 명문으로 나와 있습니다.

- 청화스님

살생하지 말라는 그 말을 어기고서 우리가 함부로 죽여 보십시오. 인정이 많은 사람은 사실 파리 한 마리만 죽여도 마음이 덜컥합니다. 하물며 거기다가 닭을 죽여서 먹고, 소를 죽이고 개를 죽이고 해보십시오. 지금은 마음이 표독스러워서 닭도 죽이고 개도 죽이고 그렇게 한다 하더라도 정작 자신이 죽을 때는 닭 모가지, 소 모가지, 개 모가지가 와서 자기를 위협한다는 것입니다.

그 전에 장서라는 소를 잡는 도아屠兒가 있었습니다. 그는 소도 많이 잡고 여러 가지 짐
승을 많이 잡았겠지요. 백정이니까 그렇게 어려움 없이 무서움 없이 많이 죽였단 말입니
다. 그가 죽는 순간 그 짐승들의 영혼이 무수히 이렇게 와서 호령도 하고 눈을 부릅뜨고
한단 말입니다. 그러나 그런 무서운 가운데서도 죽음의 길에 이르는 찰나에도 역시 훌륭
한 법사法師를 만나서 그런 사람도 제도를 받았습니다. 선인善人만 제도를 받는 것이 아
니라 평생 동안 그런 소도 죽이고 말도 죽이고 하는 사람이라도 마지막 순간에 일념 참회
를 해서 바른 마음을 돌이키면 그냥 제도를 받습니다. 불법佛法이 오직 쉬운 것입니까.

-청화스님

어떤 분이 업력은 숙명론이 아니냐고 묻는데 맞습니다. 숙명론은 업력에 근거해서 오는
겁니다. 숙명론 입장에 서서 보면 인생의 운명에는 정해진 것이 있습니다. 부처님을 배우
면서는 숙명론을 믿지 않아야 한다고 하는 사람들이 많은데, 사실은 숙명론도 불법과 관
계가 있습니다. 운명은 누가 주관하는 것일까요. 하느님도 아니요, 염라대왕도 아니요, 불
보살도 아닙니다. 자기가 만드는 것이요, 마음이 만드는 것입니다. 금생에서의 과보는 과
거 생에서의 종자가 현행한 것입니다. 금생에서의 생리적인 행위와 심리적인 행위는 또
내생의 종자로 변합니다. 그러므로 말합니다.

전생의 일을 알고 싶은가. 금생에 받는 것이 그것이다.[欲知前生事 今生受者是]
내생의 일을 알고 싶은가. 금생에 지은 것이 그것이다.[欲知來生事 今生作者是]
운명은 업의 이치입니다. 앞서 말한 적이 있듯이 업은 별업別業과 공업共業으로 나눕니
다. 저마다 운명이 다른 것은 별업입니다. 공업은 어떨까요. 우리가 태어난 시대는 고뇌의
시대요, 전쟁의 시대입니다. 특히 우리 같은 연배의 중국인은 북벌전쟁과 항일전쟁을 겪
었고 공산당의 변란도 겪었습니다. 이 일생은 이처럼 소모되어 갔습니다. 40년 전에 제가
학우에게 말했습니다. "됐네, 우리들의 일생은 점쳐볼 필요가 없네. 모든 중국인의 운명은
내가 다 점쳐놓았지. 여덟 글자일세. '생어우환 사어우환(生於憂患, 死於憂患)'이라고."
우환 속에 태어나 우환 속에 죽는다는 이 말은 물론 우리들 한 세대를 가리키는 것입니다.

전쟁의 시대는 우리들 세대의 공업입니다. 이러한 공업은 어떻게 왔을까요. 옛사람이 말했습니다. "세상에 전쟁이 나는 원인을 알고 싶은가. 도살장에서 밤중에 나는 소리를 들어보게.[欲知世上刀兵劫 且聽屠門夜半聲]" 우리들 뱃속은 얼마나 많은 생명을 먹었을까요. 예를 들면, 대북시臺北市(대만의 수도)에서는 하루에 몇 마리의 소, 몇 마리의 돼지, 몇 마리의 닭과 오리를 먹어야만 하는지 여러분 통계를 내본 적 있습니까. 다른 생명을 먹고서도 그 목숨 빚을 갚지 않아도 될까요. 우리가 예전 어린 시절에 남들이 돼지 잡고 소 잡는 것을 흔히 가서 보았습니다. 그런데 소는 도살장에 도착하기만 하면 눈물을 줄줄 흘렸는데 정말 신기했습니다. 소는 이런 영감을 가지고 있습니다. 돼지 형씨께서는 그렇지 않았습니다. 사형장에 갔어도 여전히 꿀꿀거리기만 했습니다. 이런 일을 많이 보았기에 보면 두려워집니다. 여러분 보세요. 돼지 도살자는 많이 잡다보니 그 사람 자신이 돼지의 상像으로 변합니다. 그래서 그런 모습이 나오게 된 겁니다. 정말입니다. 뒤에 과학이 진보하여서 돼지 잡는 방법이 전동장치로 바뀌었습니다. 돼지머리만 집어넣었다 하면 몇 분 이내에 깨끗이 처리됩니다. 예전에 상해에는 다른 곳보다 먼저 전동도살장이 설치되었습니다. 다 지어놓고 난 다음에 기사가 기계를 점검하고 시험해보려 갔습니다. 그런데 조심하지 않아서 옷자락이 기기에 걸려 사람이 통째로 말려들어갔습니다.

-남회근 선생

＊ 남회근 선생은 「삼세인과는 바로 당신의 심리행위와 평소의 사람됨과 일처리, 과거에서부터 현재에 이르기까지의 무수한 생(生)의 행위가 누적되어온 것입니다. 이것을 업력(業力)이라 부릅니다.」라고 하였다.

2) 방생은 최고의 선법善法

모든 사람이 안락하게 건강 장수하며 뜻밖의 재난과 사고를 당하지 않기를 진심으로 바라는 이들은, 마땅히 살생을 금하고 채식을 몸소 실천하며 널리 권장해야 할 것이오. 채식이야말로 천재지변과 사고를 예방하고 줄이는 제일 신묘神妙한 법문이기 때문이오.

방생은 원래 살생을 금지하는 것이고, 살생의 금지는 반드시 채식으로부터 시작됨을 꼭 알아야 하오. 만약 사람마다 각자 살생을 금하고 채식을 한다면 집안 분위기가 자비롭고 선량해지며 사람들의 행실이 예절 바르고 후덕해질 것이오. 풍속이 순박해지고 날씨가 온화해지며 농사가 풍년이 든다면 어떻게 총칼을 들고 서로 해치는 병란兵亂이 생길 수 있겠소.

- 인광대사

수명을 늘리고 싶은가. 병이 낫기를 바라는가. 고난을 면하길 바라는가. 자식을 낳고 싶은가. 극락에 왕생하고 싶은가. 이들을 원한다면 이제 가장 간단한 방법을 알려 드리겠소. 그것은 바로 방생이오.

欲延壽否 欲愈病否 欲免難否 欲得子否 欲往生否 倘願者 今一最簡之法奉告 卽是放生也

- 홍일대사

* 홍일대사(1880-1942) : 홍일 대사는 중국 근대와 현대를 통틀어 최고의 예술적 재능을 지닌 고승이었다. 음악, 미술, 서법, 희극, 금석학, 서각(書刻), 시문(詩文) 등 다방면에 일가(一家)를 이루었다. 대사께서 스스로 「비구의 자격에도 충분하지 못할 뿐만 아니라 사미(沙彌)의 자격에도 충분하지 못하고, 심지어 오계를 제대로 잘 지키는 우바새의 자격도 충분치 못하다」고 하면서 늘 자책하셨다고 한다. 남산 율종(律宗)을 중흥시켜 남산 율종의 11대 조사로 받들어지고 있다. 대사는 율학으로 이름이 높았지만 염불법문을 매우 중시하였고, 임종 시 염불의 중요성과 방생을 특히 강조하였다. 죽어 화장을 하니 사리 1,800과 (果)와 사리덩어리 600개가 나왔다.

고기를 먹는 자는 공덕을 구하고자 해도 어느 것 하나도 구하지 못한다.

食肉之人 所求功德 悉不成就

- 《능엄경》

방생은 숙세에 지어 온 업을 소멸시키는 가장 빠른 방법이다.

放生爲消宿業第一快速法

- 고덕

진실로 복을 얻기를 바란다면 선善을 행하기를 널리 힘쓰라.

어떻게 하면 널리 선을 행할 수 있을까. 방생만한 것이 없다.

果思邀福 務廣其善 善何以廣 莫如放生

- 〈계살연생록戒殺延生錄〉

제일 낮은 공덕은 살생을 하지 않겠다고 결심하는 것이요, 중간의 공덕은 살생을 하지 않겠다는 다짐과 함께 채식을 하겠다고 결심하는 것이며, 최고의 공덕은 살생을 금하고 채식을 하면서 방생하겠다고 결심하는 것이다.

下功斷緣戒殺 中功斷緣兼素 上功斷緣放生

- 고덕

오늘 방생을 하라. 방생되는 생명들은 그 고마움을 다 알아 은혜를 갚으려 애쓴다.

오늘 방생을 하라. 이는 미래의 한 부처님을 구제해 주는 것과 다름없다.

오늘 방생을 하라. 이는 자기의 친족을 구제해 주는 것과 다름없다.

오늘 방생을 하라. 원한을 푸는 데는 방생이 제격이니 다시는 보복의 과보가 없다.

今朝放生 物類皆知感恩圖報 今朝放生 等於救一未來佛 今朝放生 等於救自己的親人 今朝放生 正可解冤釋仇 不再冤冤相報

- 고덕

일체중생은 살생으로 말미암아 현세에는 단명하고, 재물은 자꾸 줄며, 식구들과는 헤어지고, 뜻밖의 재앙을 당하며, 죽으면 반드시 지옥에 떨어진다.

一切衆生因殺生故 現在短命 財物耗減 眷屬分離 橫罹其殃 捨此身已 當墮地獄

－《우바새계경優婆塞戒經》

살생을 하지 않으면 하늘이 죽이는 천살天殺, 귀신이 죽이는 귀신살鬼神殺, 도적이 죽이는 도적살盜賊殺, 그리고 미래세가 다하도록 서로 보복을 되풀이하는 원원상보살冤冤相報殺을 면할 수 있다.

戒殺可免天殺 鬼神殺 盜賊殺 未來冤冤相報殺

－인광대사

무릇 육식하는 자는 대자비한 불성의 종자를 끊는 것이니, 일체중생이 그를 보고는 가 버린다.

夫食肉者 斷大慈悲佛性種子 一切衆生見而捨去

－《범망경》

중생이 지극히 사랑하는 것은 목숨이다. 모든 부처님들께서 지극히 사랑하시는 것은 중생이다. 중생의 몸이나 목숨을 구해 준다면 모든 부처님의 마음과 서원을 성취하게 될 것이다.

衆生至愛者身命 諸佛至愛者衆生 能救衆生身命 則能成就諸佛心願   －《화엄경》

선도善道에 태어나는 즐거움을 누리고 싶거든 방생을 하라. 그리하면 인간과 천상에 태어나는 복보를 받는다. 적멸寂滅을 얻고 싶거든 방생을 하라. 그리하면 아라한의 경지에 오른다.

若欲善趣之樂 放生能得人天福報 若欲自得寂滅 放生卽得聲聞羅漢果

－〈방생공덕론放生功德論〉

보리심을 가지고 방생을 행하면 성불의 인因이 된다. 스승이 세상에 머무르기를 바라거든 방생하라. 그리하면 스승이 세상에 오래 머무를 것이다. 장수하고 싶거든 방생하라. 방생은 뛰어난 장수법이니, 방생이야말로 비할 데 없는 공덕이다.

若以菩提心所攝 放生則成佛果之因 若願上師住世 放生卽能感得上師長久住世 若欲自己長壽 放生成爲殊勝長壽法 此有無等之功德
- 고덕

만일 생명을 죽이는 것을 즐거워하여 죽이고 먹는다면, 현생이나 후세에나 반드시 보복을 받는다.

若戲頑殺 及殺而食 現生後世 決定報復
- 인광대사

모든 악업 중에서 오직 살생하는 죄업이 가장 무겁소. 온 천하에 살생의 업을 짓지 않는 사람이 없다오. 일찍이 평생에 한 번도 (직접) 살생을 하지 않았어도 그 사람이 매일 고기를 먹는다면 이는 매일 살생하는 것과 다를 바 없소.

諸惡業中 唯殺最重 普天之下 殆無不造殺業之人 卽畢生不曾殺生 而日日食肉 卽日日殺生
- 인광대사

금생에 방생을 하면 중음이 찾아왔을 때, 방생된 중생이 앞에 와서 좋은 길로 인도한다. 살생을 하면 죽임을 당한 중생이 죽임을 당할 때 지극한 분노와 원한을 나타내면서 그를 강제로 지옥 속으로 끌고 간다.

今生放生 到中陰時 其所放之衆生會來到面前爲你接引道路 若殺生 則其所殺之衆生 彼時會顯現爲極爲憤恨 而致使自己被强力引入地獄中
- 〈중음구언론中陰救言論〉

살생을 하지 않는 것이 모든 계戒의 우두머리이고, 방생이 모든 선善의 으뜸이다. 세간에서 지극히 무거운 것은 목숨이고, 천하에서 가장 참혹한 것은 살상殺傷이니, 살생을 하지 않고 염불과 방생을 겸수兼修하면 극락에 상품上品으로 반드시 왕생할 것이다.

不殺爲諸戒之首 放生爲衆善之先 世間至重者生命 天下最慘者殺傷 戒殺念佛兼放生 決
到西方上品會

- 불인佛印선사

무릇 육식은 대자비의 종자를 끊어 버리는 것이다.

夫食肉者 斷大慈種

-《열반경》

질병이 생기는 까닭은 살생 가운데서 온다. 고로 유독 방생을 중시하는 것이다.

疾病之由 多從殺生中來 故偏重放生也

- 연지대사

살생을 금하고 방생을 행하는 자는 내세에 사천왕천에 태어나 끝이 없는 복을 누린다
오. 이 사람이 만약 염불수행까지 겸하면 서방 극락세계에 바로 왕생하니 그 공덕이 실로
무량하다오.

戒殺放生者 來世得生於四王天 享無極之福 若兼修淨土者 直可往生於西方極樂國土 其
功德實無涯矣

- 인광대사

우리는 부처님의 대자대비를 배우고, 살생을 경계하고 방생을 실천해야 합니다. 그래야
비로소 부처님을 배우는 수행입니다. 그러므로 부처님을 배우는 자는 계율을 지키고 살
생을 금해야 할 뿐 아니라 방생에 더욱 힘을 써야 합니다. 그래야 비로소 부처님의 대자대
비라는 큰 가르침에 합치하는 것입니다.

吾人當學佛之大慈大悲 實行戒殺放生 方是學佛之行 是以學佛者 不僅持律戒殺 尤當竭

力放生 方合我佛慈悲宗旨

- 원영대사

사람 100명과 말[馬] 100마리를 죽인 죄가 있더라도, 만약 한 중생을 방생하면 저 죄업이 청정해진다. 만약 중생 열 셋을 방생하면 만겁동안 지은 죄업이 깨끗이 없어진다. 만약어떤 사람이 목숨이 다하려 할 때, 그를 위해 (다른 생명을) 방생하면 그 수명이 늘어난다. 만약 3일 내에 반드시 죽을 운명이라면 즉시 중생 열 셋을 방생하라. 그리하면 이 사람의수명이 3년 늘어난다. 이미 방생된 중생을 죽이면 사람 100명을 죽이는 허물이 있다.

雖有殺百人百馬之罪 若放一衆生 淸淨彼罪障 若放十三衆生 淨除萬劫之罪障 若有衆生盡壽命 爲彼作放生 延長其壽命 若三日內必定死亡 卽放十三衆生 此人能延壽三年 若殺害已經放生過之衆生 則有殺百人之過失也

- 불경

중생을 죽여 그 고기를 먹는 자는 미진 겁이 지나도록 서로 먹고 죽이는 일을 되풀이 하는데, 마치 바퀴가 도는 것처럼 서로 오르내리면서 쉼이 없다. 선정禪定을 닦거나 부처님이 세상에 출현하실 때를 제외하고는 (이 보복의 과보를) 그치게 할 수 없다.

殺彼身命 或食其肉 經微塵劫 相食相誅 猶如輪轉 互爲高下 無有休息 除奢摩他 及佛出世 不可停寢

- 《능엄경》

양무제가 지공선사에게 물었다.

「방생의 공덕이 어떠합니까.」

지공선사가 답하였다.

「방생의 공덕은 한량이 없습니다. 부처님께서 이르셨습니다. "꿈틀거리는 모든 생명은 영혼을 가지고 있어서 모두 불성이 있느니라. 다만 미망 때문에 마침내 윤회의 바퀴를 오르내리면서 각각 다른 모습을 하고 있는 것이다. 그들은 생사윤회를 거듭하면서 서로 육친권속이 되기도 하였는데, 겉모습이 바뀌면 다시는 서로 알아보지 못하느니라. 만약 희사심을 내고 자비로운 생각을 일으켜 재물을 써서 방생을 하는 자는 현세에는 병이 낫고 수명이 길어지며 미래에 반드시 깨달음을 증득한다."」

梁武帝問誌公禪師 放生功德如何 答曰放生功德不可限量 經云蠢動含靈 皆有佛性 只因迷妄因緣 遂使昇沈各別 以渠生死輪迴互爲六親眷屬 改頭換面不復相識 若能發喜捨心 起慈悲念 贖命放生者 現世保病延生 未來當證菩提

금생에 병이 없고 항상 건강하고 튼튼하며 오래 사는 사람은, 전생에 죽어가는 생명을 돌봐 주고 다 죽게 된 생명을 살려 준 방생의 공덕이니라.

-《삼세인과경》

사람이 본디 목숨을 아끼듯 살아있는 모든 존재는 그 목숨을 아낀다. 방생은 천심天心에 부합하는 일이고, 방생은 부처님 계율에 따르는 일이고, 방생은 삼재三災를 면하게 하고, 방생은 아홉 가지 횡액을 여의게 하고, 방생은 수명을 늘어나게 하고, 방생은 높은 관직에 오르게 하고, 방생은 자손을 번창하게 하고, 방생은 가문에 경사가 있게 하고, 방생은 근심과 고뇌를 없게 하고, 방생은 질병을 적게 하고, 방생은 맺힌 원한을 풀어주고, 방생은 죄를 깨끗이 씻어주고, 방생은 관세음보살의 자비이고, 방생은 보현보살의 행行이고, 방생과 살생은 그 과보가 거울처럼 분명하고 뚜렷하다.

人旣愛其壽 生物愛其命 放生合天心 放生順佛令 放生免三災 放生離九橫 放生壽命長 放生官祿盛 放生子孫昌 放生家門慶 放生無憂惱 放生少疾病 放生解寃結 放生罪垢淨 放生觀音慈 放生普賢行 放生與殺生 果報明如鏡

- 감산대사〈방생게放生偈〉

불자佛子는 자비로운 마음으로 산목숨을 놓아주는 일[放生]을 해야 한다. 따지고 보면 육도六道중생이 모두 내 아버지요, 어머니다. 그러므로 산목숨을 잡아먹는 것은 곧 내 부모 형제를 죽이고 내 옛 몸을 먹는 일이나 마찬가지다. 누가 짐승을 죽이려고 하거든 방편으로 재난에서 벗어나게 해주어라.

-《범망경梵網經》

네가 생을 연장하고 싶으면 내 말을 들어라. 모든 일은 현명하게 자신에게서 구해야 한다. 네가 오래 살고 싶으면 방생을 해야 한다. 이것은 우주의 순환하는 진실한 도리이다. 중생이 죽을 때 그를 구해주면, 네가 죽을 때 하늘이 너를 구해준다. 수명을 연장하고 아들을 구하는 데는, 다른 방법이 없고 살생을 금하고 방생하는 것이 가장 좋다.

汝欲延生聽我語 凡事惺惺需求己 汝欲延生須放生 此是循環眞道理
他若死時你救他 你若死時天救你 延生生子無別方 戒殺放生而已矣

- 〈방생찬放生贊〉

모든 생명은 폭력을 두려워한다.
모든 생명은 죽음을 두려워한다.
이를 깊이 알아서
죄 없는 생명을 함부로 죽이거나
죽이게 하지 마라.

- 《법구경法句經》

방생되는 동물이 클수록 그 공덕도 더욱 크며, 도살하고 죽이는 유정有情의 몸이 클수록 그 과실과 우환도 더욱 크다. 신체가 크면 고품와 낙樂이 크기 때문이다.

- 〈구사론俱舍論〉

칼, 창, 그물 등 살생의 도구를 사거나 팔거나 하면 매매 쌍방은 모두 지옥에 떨어지며, 아울러 그러한 공구工具가 없어지기 전까지 무량한 죄업이 날마다 증가한다.

- 〈구사론〉

모든 유루有漏의 선법善法 가운데 방생의 공덕보다 큰 것은 없다. 무릇 다른 선법善法은 자기의 마음이 깨끗하지 못하면 공덕이 없으나, 방생은 그 마음이 깨끗하든 깨끗하지 않든 모두 중생에게 직접 혜택이 미치는 것이다. 그 때문에 불가사의한 선善의 과보가 있

851

으며, 비록 한 마리의 생명을 방생해도 그 공덕을 헤아릴 수 없는 것이다.

- 티베트의 고승 쇼다지캄포

살생을 금하는 집은 선신善神이 보호하고, 재난과 횡액을 소멸하며 수명을 늘린다. 자손이 어질고 효순하고 길흉하고 상서로운 일이 많으니, 다 열거하여 말할 수 없을 정도다.

- 연지대사

어리석은 사람은 도살을 기다리는 가축들의 두려워하는 모습을 보고 동정의 연민을 가지는 것이 아니라, 도리어 크게 분노하면서 꼭 죽이려 한다. 이러한 사람은 죽으면 반드시 지옥에 떨어진다. 모든 작은 동물들도 생명을 가지고 있다. 고苦와 낙樂의 느낌을 갖고 생을 탐하고 죽음을 두려워하니 함부로 죽일 수 없는 것이다.

- 쇼다지캄포

일체의 고귀하고 빈천한 중생에게 금생과 내세의 안락법安樂法으로 방생보다 더 수승한 것은 없다. 남염부제를 한 바퀴 돈 공덕은 한 마리의 송아지를 방생한 공덕과 같으며, 관음주觀音呪를 7억번 염송한 공덕은 한 마리의 작은 소를 방생한 것과 같다.

- 티베트의 고승 근상띠엔진

일체 중생이 가장 소중히 여기는 것은 바로 자신의 생명이다. 어떤 사람을 죽음 직전에서 구제하는 것이 최대의 은덕이며, 무정하게 그의 생명을 빼앗는 것은 최대의 박해이다. 살생을 금하고 방생하는 것은 대승보살의 본분사本分事이며, 또한 성불成佛의 자량資糧을 원만히 하는 최상의 방편법이다.

- 쇼다지캄포

세상에 살생이 많으면 결국에는 도병겁(刀兵劫, 전쟁)이 오게 되며, 목숨을 빚지면 너의 몸이 죽게 된다. 재물을 빚지면 집이 타거나 허물어지게 되며, 처자식이 흩어지게 되는 것은 일찍이 중생의 집을 파괴했기 때문이다. 각각 그에 상응하는 과보를 받게 되나니, 귀를 씻고 부처님 말씀을 들어야 한다.

-지수慈壽선사

모든 땅과 물은 나의 몸이고 모든 불과 바람은 나의 본체이니라.

고로 늘 방생을 하여야 한다.

一切地水是我先身 一切火風是我本體 故常行放生

-《범망경》

살생하지 않으면 어떤 이익을 얻습니까.

「살생하지 않으면 두려운 바가 없게 되고 안락하여 공포가 없어진다. 내가 중생을 해치지 않기 때문에 그 또한 나를 해함이 없게 된다. 살생을 좋아하는 사람은 비록 그 지위가 왕이 되어도 스스로 편안하지 못하게 된다.

만약 살생을 좋아하지 않으면 일체 중생이 모두 의지하기를 좋아한다. 살생하지 않는 사람은 목숨을 마칠 때, 그 마음이 안락하고 의심이 없고 후회가 없다. 만약 천상이나 인간에 태어나면, 항상 장수하게 되고 이것은 득도得道의 인연이 된다. 또는 부처님께서 머무는 정토에 왕생하여 수명의 무량함을 얻게 된다.

살생하는 사람은 금생과 내생에 갖가지 몸과 마음의 고통을 받게 되며, 살생하지 않는 사람은 이러한 여러 액난厄難이 없으니 이것이 큰 이익이다. 아울러 망령亡靈을 천도薦度하고 장례를 치르거나 재난을 소멸하기 위해서는, 모두 살생을 금하고 방생하는 것으로 복을 구해야 하며, 도道와 배치되게 행해서는 안 된다. 그러면 헛되이 망자에게 업장을 더하게 된다.」

-〈대지도론大智度論〉

살생을 금하고 죽어가는 생명을 살려주는 방생을 하라. 고통 받는 모든 중생을 불쌍히 생각하여 공양과 보시를 부지런히 하면 현생에서는 불보살의 사랑을 받아 의식衣食이 갖추어지고 병 없는 건강한 몸으로 장수할 것이니라. 너희는 온갖 생명 있는 것을 직접 죽이거나, 남을 시켜 죽이거나, 수단을 써서 죽이거나, 죽기를 찬탄하거나, 죽이는 것을 보고 기뻐하거나, 또는 주문을 외워 죽게 해서는 안 되느니라. 살생한 과보는 매우 크나니 단명한 업보를 받을 것이며, 자신도 반드시 죽임을 당할 것이니라. 아난아, 세상의 모든 부귀공명과 흥망성쇠는 사람마다 제각기 그 전생에 닦은 인과응보요, 스스로 짓고 스스로 거두는 자업자득인지라, 누가 이 삼세인과三世因果를 소홀히 생각하겠느냐. 그러므로 이 가르침은 모든 중생에게 다시없는 귀중한 것이니 지성으로 받들어 봉송하라

-《불설삼세인과경佛說三世因果經》

만약 생명을 구하는 방생을 하게 되면 단명자도 수명을 연장할 수 있으며, 만약 물고기, 뱀 등 중생을 죽이면 장수할 사람도 단명하게 된다.

- 티베트의 아사리 아왕자빠

살생을 경계하는 것은 측은히 여기는 마음이 으뜸이요, 죽어 가는 목숨을 자유롭게 살게 하는 것은 자비로운 마음에서 비롯함이다. 모든 무리가 삶을 즐겨하지 않음이 없고, 미물微物도 모두 죽음을 두려워 할 줄 아니, 어찌 슬픈 소리를 듣고 차마 그 고기를 먹을 수 있으리오.

- 유계幽溪 전등傳燈법사 〈방생회권중서放生會勸衆序〉

청정한 비구와 보살菩薩은 길을 가면서 살아있는 풀을 밟지 않고, 손으로 뽑지 않는다.

-《능엄경》

천지天地는 나와 한 뿌리요,
만물萬物은 나와 한 몸이다.
승조僧肇〈조론肇論〉
어머니가 하나뿐인 외아들을 목숨을 걸고 보호하듯, 일체의 생물生物에 대해서도 한량

854

없는 자비의 마음을 일으켜라.

-《자비경慈悲經》

항상 방생을 하고 세세생생 생명을 받아 항상 머무는 법으로 다른 사람에게도 방생을 하도록 해야 한다. 만약 세상 사람들이 생명을 죽이는 것을 보았을 때는 마땅히 방편을 써서 구호해서 괴로움을 풀어주어야 한다.

-《범망경》

방생은 천지간의 생명을 아끼고 사랑하는 덕에 합치되며, 부처님의 자비심이며 관세음보살의 고난구제苦難救濟의 마음이며, 중생을 널리 제도濟度하는 것이다. 방생하는 사람은 천지간에서 불보살의 자비를 대신하여 세상을 구제하는 것이며, 이와 같은 사람은 필연적으로 흉凶이 길吉로 변하며, 병이 없고 고뇌가 없으며, 자손이 창성하고 가문이 길상吉祥할 것이다. 방생하는 사람은 방생되는 존재의 감사의 은혜를 받게 되며, 살생하는 사람은 살해되는 존재의 원한을 받게 된다. 눈앞의 은혜와 원수는 바로 미래의 복과 화禍의 원인이며, 그 과보果報는 거울과 같이 밝다.

-지공志公선사

생명을 죽이기를 좋아하는 사람은 죽어서 구리가 녹아서 강물처럼 흐르는 지옥에 떨어져 온몸이 불에 태운다. 돼지와 양과 여우와 토끼와 나머지 생물 등을 살해하되 그것이 끝없으면 마땅히 중합지옥衆合地獄에 떨어지니, 그가 지옥에 난 뒤에는 이미 준비된 온갖 고초를 받고 고문을 받고 죽었다 다시 태어나는 이와 같은 괴로운 과보를 받으리라.

-《육취윤회경六趣輪廻經》

육조 혜능대사는 황매산에서 오조五祖 스님의 법을 전하여 받고, 속인俗人으로 사냥꾼을 따라다니면서 그물을 지키고 있다가 노루나 토끼가 걸리면 몰래 놓아 주기를 16년 동안이나 하였는데, 나중에 조계산에 계시면서 많은 사람을 제도하여 그 은혜가 온 천하에 퍼졌다.
- 연지대사 〈계살방생문戒殺放生文〉

영명사永明寺 지각선사知覺禪師의 이름은 연수延壽이다. 오월왕吳越王이 항주를 차지하였을 때, 연수선사는 속인의 몸으로 여항현의 창고지기가 되어 있으면서 여러 번 창고의 공금으로 고기와 새우 등속을 사서 방생하였는데, 마침내 공금을 빼어 쓴 죄로 몰리어 사형선고를 받게 되었다. 오월왕은 그가 방생하느라고 공금을 허비한 줄을 알고, 형벌을 집행하는 사람을 시켜서 대사의 말이나 기색을 살펴서 알리라고 하였다. 대사는 사형장에 나아가면서도 슬퍼하는 기색이 조금도 없었다. 사람들이 그 까닭을 물으니, 대사는 이렇게 대답했다.

「나는 공금公金을 조금도 사사로 소비한 일이 없었고, 모두 살아있는 고기를 사서 자유롭게 놓아준 것이 그 수가 한량없노라. 이제 내가 죽어서는 서방 극락세계에 가서 날 터이니, 그런 좋은 일이 어디 있겠는가.」

오월왕은 이 말을 듣고 대사를 석방하였다. 대사는 그 뒤에 출가하여 중이 되었고, 공부에 부지런히 힘써 걸림이 없는 변재辯才를 얻었다.

- 연지대사 〈계살방생문〉

인간의 몸을 정보正報라 하고, 인간이 의지하고 있는 환경을 의보依報라 하는데, 이 둘은 하나다.

- 〈현계론顯戒論〉

지금 잡혀 요리되기를 기다리는 목숨들을 건져 준다면, 숙세의 업장을 덜어내고, 착한 복덕의 뿌리를 심어 기를 수 있으며, 나아가 살殺의 인因을 영원히 끊어버려 함께 무궁토록 장수하는 과보果報를 얻을 수 있을 것이오. 물이나 허공, 물속에서 기고 날고 헤엄치는 모든 중생들이 똑같이 영명靈明한 지각知覺과 의식을 갖추었으나, 단지 숙세의 업장이 몹시도 깊고 무거워 우리와 다른 모습의 몸을 받은 걸 우리는 알아야 하오.

- 인광대사

공덕을 베풀면 과보가 있는 것이며, 온갖 일이 모두 증거가 있으니 옛글에도 쓰여 있고, 지금도 볼 수 있다. 방생한 사람들이 혹 복록이 생기고, 목숨이 장수하며, 혹은 재난을 면하거나 병이 쾌차하고, 천상에 태어나거나 도를 증득하는 등 공덕을 베푼 대로 과보를 받은 것이 증거가 분명하다.

선한 일을 지으면 상서祥瑞로움이 오는 것이니, 수도하는 사람이 어찌 은혜 갚기를 바랄 리가 있으랴. 과보를 바라지 아니하여도 과보가 저절로 오는 것은 인과가 분명한 것이므로, 받지 아니하려 하여도 할 수 없는 일이니 방생하는 이는 이런 줄을 알라. 증거가 분명하다는 것은, 위에 말한 것들이 오래된 것은 책에 쓰여 있으니 증거가 분명하고, 요즘 것은 여러 사람이 보고 들은 것이니 사실이 확실하여 조금도 거짓이 없다. 여러 사람에게 바라노니, 불쌍한 생명을 보거든 자비로운 마음을 내고, 견고하지 못한 재물을 버려 좋은 일을 많이 행하라.

재물이 견고하지 못하다 함은, 홍수가 나면 떠내려가고, 불이 붙으면 타고, 관리가 달라고 할 수도 있고, 도둑이 빼앗기도 하여, 늘 있는 것이 아니므로 견고하지 않다는 것이며, 재물을 버려 복을 지으면 견고하지 못한 재물을 견고한 재물로 바꾸는 것이다. 만일 재물이 없거든 자비한 마음만 내더라도 복덕이 되는 것이며, 다른 사람을 권하여 방생케 하거나 방생하는 것을 보고 칭찬하고 따라서 좋아하여 착한 생각을 늘게 함도 큰 복덕이 되는 것이다. 만일 여러 생명을 살리면 큰 음덕을 쌓는 것이요, 한 마리 중생만 살려 주더라도 좋은 일이다. 형편이 넉넉하면 많은 생명을 살리는 일이 참으로 큰 음덕이 될 것이요, 할 수 없으면 한 중생만 구하여 주어도 선한 일이니, 보잘것없는 선이 무슨 공덕이 있으랴 하여 소홀히 여기지 말아야 할 것이다. 방생하면 원통한 업을 말끔히 씻어주는 것이므로 많은 복을 금생에서 받게 되고, (게다가) 선근을 북돋으면 좋은 경사가 이 다음 세상에까지 미치리라. 놓아주어 죽지 않게 되면 저절로 원수가 없을 것이니, 금생에만 복락을 받을 것이 아니라, 이 선근으로 이 다음 세상에까지 오래 살고 복을 받아 마침내는 성불하여 모든 중생이 귀의할 것이니, 이런 것이 좋은 경사이다.

- 연지대사 〈계살방생문〉

목련이 항하恒河가에 이르렀을 때 귀신 하나를 보았는데, 그 귀신이 이렇게 말했다.

「항상 큰 개가 와서 내 살을 먹는데, 오직 뼈만 있게 되면 바람이 불어서 다시 살아나고, 그렇게 되면 개가 다시 먹습니다. 이런 고통은 무슨 인연 때문입니까.」

목련이 대답했다.

「그대는 전생에 하늘에 제사를 지내는 제주祭主였는데, 항상 중생에게 양을 죽여 그 피로 하늘에 제사를 지내라고 가르쳤다. 그리고 그대 스스로가 그 고기를 먹었으며, 이로 인해 금생에 그대의 살로써 갚는 것이다.」

-《잡보장경》

내가 죽음을 싫어하는 것처럼 생명을 지닌 모든 것들은 죽음을 싫어한다. 형태가 있는 중생이건, 눈에 보이지 않는 중생이건 네 발 달린 중생이건, 발이 많이 달린 중생이건 심지어 개미까지도 생명을 지닌 것들은 다 죽음을 싫어한다. 그러므로 수행자는 자신의 생명을 잃게 되더라도 남의 생명을 빼앗아서는 안 된다.

-《불보은경》

살생을 경계하고 방생을 하는 자는 내세에 사왕천에 태어나 다함이 없는 복을 누린다. 만약 염불수행을 겸하여 닦는 자는 곧바로 서방정토에 태어나니 그 공덕이 실로 끝이 없다.

戒殺放生者 來世得生於四王天 享無極之福 若兼修淨土者 直可往生於西方極樂國土 其功德實無涯矣

- 인광대사

방생할 때, 아미타불을 부르든 혹은 관세음보살의 성호를 불러라. 혹은 진언을 외워라. 아울러 중생을 대신해서 발원을 하라. 그리하면 과거와 현재와 미래의 모든 업장을 소멸시킬 수 있다.

放生時 念阿彌陀佛 或念觀世音菩薩聖號 或持呪 竝代衆生發願 則能消滅過去現在未來一切業障

- 고덕

그대에게 열심히 방생할 것을 권하노니, 방생하면 장수하게 되며, 만약 보리심을 발하면 큰 재난을 만나도 하늘이 너를 구제할 것이다.

- 미륵보살

불자들이여, 자비로운 마음으로 방생의 업을 행하라. 이 세상의 모든 남자는 다 나의 아버지였고 모든 여인은 나의 어머니였으니, 나의 세세생생으로 보면 그들로부터 태어나지 않은 적이 없기 때문이다. 또한 육식은 나의 옛 몸을 먹는 것이다. 모든 지대地大와 수대水大는 다 나의 옛 몸이고, 모든 화대火大와 풍대風大는 다 나의 본래의 몸이니, 그러므로 항상 방생을 행할지어다.

사람들로 하여금 방생을 하도록 가르치고, 만일 세상 사람들이 축생을 죽이는 것을 보거든 마땅히 방편으로 구호하여 그 고난을 풀어 줄 것이며, 항상 널리 교화하되 보살계를 강講하여, 죽은 이의 복을 빌어 주면 부처님을 뵙고 천상이나 인간 세상에 태어나게 될 것이니, 만일 그렇게 하지 않는 이는 경구죄를 범하는 것이니라.

-《범망경》

살생은 곧 미래의 부처가 될 자신을 죽이는 것이고, 방생은 미래의 부처가 될 자신을 살리는 것이다. 만약 자신의 미래의 부처를 살려주면 이것이 바로 진짜 염불삼매이니, 이 염불삼매를 닦으면 이것이 법화경 백 천 만억 부를 영원토록 굴리는 것이다.

殺生卽殺自心未來諸佛 放生卽放自心未來諸佛 若放自心未來諸佛 卽眞念佛三昧 修此念佛三昧 是恒轉法華經百千萬億部也

- 우익대사

불살생이 모든 계의 우두머리이고 방생은 모든 선善 중의 으뜸이다.

不殺爲諸戒之首 而放生爲衆善之先也

- 제한諦閑대사

인광대사의 방생 공덕 열 가지

1. 전쟁을 겪지 않는다.
2. 모든 길상吉祥한 일이 생긴다.
3. 건강하고 장수한다.
4. 자식이 많고 훌륭한 아들을 낳는다.
5. 모든 부처님께서 기뻐하신다.
6. 다른 중생들이 그 은혜에 감사한다.
7. 모든 재난이 없다.
8. 천상에 태어난다.
9. 모든 악업이 소멸된다.
10. 복덕과 수명이 영원하다

放生十大功德 一者無刀兵劫 二者諸吉祥 三者長壽健康 四者多子宣男 五者諸佛歡喜 六者物類感恩 七者無諸災難 八者得生天上 九者諸惡消滅 十者永遠福壽

연지대사의 일곱 가지 불살생

첫째, 생일날에 살생하지 말라.

상서尚書에 말씀하시기를, 「슬프다 부모시여. 나를 낳으시느라 수고하셨도다.」 하였으니, 내 몸이 출생한 날은 어머니께서 거의 죽을 뻔 하셨던 때이다. 이날은 결코 살생을 경계하며 재계齋戒를 지니고 널리 착한 일을 행하여 먼저 가신 부모님께는 삼악도를 여의고 천상과 극락세계에 왕생하는 공덕을 지어드리며, 만약 부모님께서 생존해 계신다면 복과 수명을 늘어나게 해야 하거늘, 애달프다. 어찌하여 어머니께서 나를 낳으실 때 고통을 겪으시고 곤란을 겪으며 목숨이 위태롭던 일들을 모두 잊고 망령되이 생명을 살해하여 위로는 부모님께 누를 끼치고 아래로는 자신을 이롭지 못하게 하는 것인가. 이것이 온 세상 사람들이 습관이 되어 그릇된 줄을 알지 못하니 참으로 통곡하고 길이 탄식할 일이로다.

둘째, 자식을 낳거든 살생하지 말라.

대저 사람이 자식이 없은즉 슬퍼하고 자식이 있으면 기뻐하면서 모든 금수禽獸도 각각 그 새끼를 사랑한다는 것은 미처 생각하지 못하는구나. 내 자식이 태어난 것은 기뻐하면서 남의 새끼를 죽게 하는 것에 어찌 마음이 편안할까. 대저 어린 아이가 처음 태어남에 덕을 쌓지는 못할지언정 도리어 살생을 하여 업을 짓는 것은 가장 큰 어리석음인데도, 이것이 온 세상 사람들이 습관이 되어 그릇된 줄을 알지 못하니 참으로 통곡하고 길이 탄식할 일이로다.

셋째, 제사 지낼 때 살생하지 말라.

돌아가신 조상님의 기일忌日과 춘추春秋 소분(掃墳: 벌초하는 날)에 마땅히 살생을 삼가하여 먼저 가신 조상님의 명복을 빌어드려야 하거늘, 도리어 살생하여 제사를 지내는 것은 한갓 악업만 더하게 되나니, 대저 산해진미를 돌아가신 조상님께 올릴지라도 어찌 구천(九泉: 저승)에 가신 유골을 일으켜 흠향(歆饗: 음식을 잡수시게 하는 것)하시게 할 수 있겠는가. 조금도 이익은 없고 해害만 됨이거늘, 이것이 온 세상 사람들이 습관이 되어 그릇된 줄을 알지 못하니 참으로 통곡하고 길이 탄식할 일이로다.

넷째, 혼례를 치를 때 살생하지 말라.

대저 혼인이라는 것은 백성이 살아가는 시초가 아닌가. 살아가자는 시초인 혼례에 살생을 하는 것은 이치가 벌써 틀린 것이요, 또 혼례는 좋은 일, 즉 길사吉事인데, 좋은 날 길일에 거꾸로 흉한 일을 행함이 참혹하지 않은가. 또 결혼식을 하면 반드시 부부로써 서로 평생을 해로偕老하기를 축사하나니, 사람은 해로하기를 원하면서 금수禽獸는 먼저 죽게 하는 것이 도대체 무슨 도리란 말인가. 또 시집을 보내는 집에서 삼일동안 촛불을 끄지 않는 것은 모녀가 서로 이별하는 것을 아파하기 때문이나니, 사람은 이별하는 것을 괴로워하면서 금수는 이별을 당하게 함을 전혀 돌이켜 보지 못한단 말인가. 혼례에 살생하는 것이 이토록 참혹한 행위이거늘 이것이 온 세상 사람들이 습관이 되어 그릇된 줄을 알지 못하니, 참으로 통곡하고 길이 탄식할 일이로다.

다섯째, 잔치를 베풀 때에 살생하지 말라.

좋은 일로 잔치를 베풂에 주인과 손님이 서로 마주하여 담담한 다과와 신선한 야채, 나물과 채소국과 향기로운 과일로 잔치를 베풂에 전혀 방해됨이 없거늘 어찌 살생을 즐겨하여 살아있는 생명의 목을 따고 배를 가름에 비명소리가 끊어지지 않게 한단 말인가. 사람의 마음을 가지고 어찌 이런 비명소리를 듣고서 측은한 마음이 일어나지 않는단 말인가. 만약 우리가 저 축생의 입장이라면 어찌 비참하지 않겠는가. 만일 식탁에 아름다운 산해진미가 도마 위의 고통으로부터 말미암아 왔다면, 저 생명의 죽임을 통해 지극한 원한으로 나의 지극한 환락을 마련한 꼴이니, 비록 먹더라도 목이 멜 것이거늘 잔치를 하면서 살생하는 이것이 온 세상 사람들의 습관이 되어 그릇된 줄을 알지 못하니 참으로 통곡하고 길이 탄식할 일이로다.

여섯째, 기도할 때 살생하지 말라.

세상 사람들이 병이 들어 기도를 할 때 살생을 하여 상을 차리고 기도하여서 복 받아 병이 낫고 오래 살기를 바라면서 도리어 자기가 기도하는 목적이 죽음을 면하고 살기를 구하는 것임을 생각하지 못하는가.

남의 목숨을 죽여서 자신의 목숨을 늘리고자 함이 벌써 천리天理에 어긋나지 않은가. 목숨은 늘지도 못하고 살생업만 짓는 것임을 알아야 한다. 또 살생하여 자식을 구하고 살생하여 재물을 구하고 살생하여 벼슬을 구하면서 그 아들과 재물과 벼슬이 다 본인의 전생에 닦은 업보이며, 그 분수에 따라 정해진 것이며 결코 귀신의 능력이 아닌데 이것을 알지 못하는도다. 그리하여 어쩌다 혹 자신의 원대로 소원이 성취되면 이것을 귀신이 영험하다고 생각하여 더욱 믿고 더욱 살생하여 기도를 행하나니, 이것이 온 세상 사람들이 습관이 되어 그릇된 줄을 알지 못하니 참으로 통곡하고 길이 탄식할 일이로다.

일곱째, 살생하는 직업을 갖지 말라.

세상 사람들이 의식주를 위해서 혹은 사냥도 하고 혹은 고기도 잡으며 혹은 소도 잡고 개도 잡아서 생계를 유지하지만, 나는 생각하기를, 이 노릇을 하지 않더라도 밥을 먹지 못하고 옷을 입지 못하여서 굶어 죽었다거나 얼어 죽었다는 말을 듣지 못하였다. 살생하는 직업을 시작하면서부터 천리天理에 어긋나니, 지옥과 깊은 인연을 심고 내세에 나쁜 과보果報를 받음이 이보다 심함이 없거늘, 어찌하여 다른 생계를 구하려고 노력하지 아니하는가. 이것이 온 세상 사람들이 습관이 되어 그릇된 줄을 알지 못하니, 참으로 통곡하고 길이 탄식할 일이로다.

연지대사의 방생문

듣건대 세상에서 가장 귀중한 것은 생명이라고 한다. 천하에서 가장 잔인하고 처참한 것은 살생이다. 그래서 어느 생명체나 잡으려고 하면 그냥 달아난다. 하찮은 새끼 이[蟣虱]도 죽을 줄 알고 달아난다. 비가 오려고 하면 개미나 멸구 같은 미물들도 죽지 않으려고 이동을 한다.

그런데 사람들은 어찌하여 산에다는 망을 치고 덫을 놓고 연못에는 그물을 쳐서 갖은 방법으로 그들을 포획하는가. 굽은 낚시 바늘과 곧은 살촉으로 온갖 머리를 다 굴려 잡으려고 한다. 그러면 짐승들은 혼비백산하여 어미와 새끼가 뿔뿔이 흩어져야 하니 새끼는 얼마나 무섭겠는가.

혹 그것들을 잡아 새집이나 우리에 가둔다면 그것 또한 감옥살이가 아닌가. 혹은 칼도마 위에 올리면 살을 도려내고 뼈를 깎는다. 화살에 맞은 가련한 새끼 사슴의 상처를 핥으면서 오장이 갈기갈기 찢기고 토막 난 어미 사슴 이야기며, 죽을까봐 두려움에 떨고 있는 원숭이가 명사수 양유기養由基가 화살을 당기는 것을 보고 비통한 눈물을 흘렸다는 이야기를 들어보지 못했는가.

우리가 좀 강하다고 약자를 마구잡이로 살생하는 것은 사람으로서 마땅히 할 일이 못된다. 그들의 고기로 우리 몸을 보신한다는 것을 차마 할 수 있는 일이라 하겠는가. 이 때문에 하늘이 늘 가련하게 여겼으며 옛 성인들은 어진 정치를 폈다.

상商나라의 성탕成湯 임금은 사냥하는 한 쪽 그물을 열어주었으며, 춘추시대 정鄭나라 자산子産은 마음이 인자하여 아직 살아 있는 고기가 선물로 들어오면 차마 죽이지 못하고 연못에 놓아 살게 하였다.

어질기도 하여라. 유수장자流水長者는 고갈된 연못에 물을 대어주어 고기들이 살게 하였고, 자비하신 부처님께서는 생명의 위험을 무릅쓰고 자기 살을 도려내어 매에게 주었으며, 천태 지자대사께서는 방생지를 팠으며, 대수선인大樹仙人께서는 품안으로 날아 들어온 새를 보호하였고, 영명永明 연수선사께서는 산 짐승보호에 적극 나서서 공금公金을 덜어내어 방생하여 새우 같은 어류들까지도 득도케 하였다. 손진인孫眞人은 뱀(새끼 용)을 살려주어 용궁의 비방을 얻어와 중생구제에 활용했다.

개미를 살려준 덕분에 단명의 과보를 받았던 사미승은 무병장수하였고, 한 서생은 장원급제하였다. 거북이를 놓아준 공덕으로 모보毛寶는 전쟁터에서 생명을 구했고, 공유孔愉는 미관말직에서 일약一躍 귀족의 작위가 봉해졌다. 잉어를 놓아준 굴사屈師는 수명이 12년이나 연장되었다.

수후隨後는 뱀을 구해주고 천금의 구슬을 얻었고, 장제형張提形은 많은 방생의 음덕으로 천계天界에 왕생하였고, 물고기를 놓아준 이경문李景文은 몸에 생긴 단독을 풀었으며, 손량사孫良嗣는 새들을 방생하여 그들의 도움으로 무덤이 생겼으며, 반현령潘縣令은 호수의 조업을 금하여 물고기들의 전송을 받았으며, 신대사信大師는 방생하여 가뭄에 단비를 내리게 할 수 있었다. 육조 혜능慧能대사는 방생하여 그의 도道를 전국에 전파시킬 수 있었다. 참새는 보배 옥환玉環으로 은혜에 보답했고, 신통한 선호仙狐는 함정에서 은인을 구했다. 지네는 스님의 강경講經을 듣는 것으로 보은하였으며, 두렁허리들은 목숨을 구하기 위해 노란 옷차림의 사람으로 현몽現夢하였다.

이상 모든 고사故事들은 베풀면 반드시 보은을 한다는 사례들이다. 어느 사례나 근거가 없는 이야기가 아니고 모두 옛 기록에 남아 있어 모두 귀로 듣고 눈으로 목격했던 일들이다. 세상에 눈에 뜨인 미물들에게라도 널리 원을 발하여 자비심을 일으켜 재물을 아까워하지 말고 베풀고 방편에 따라 방생을 행하면 수명이 길어져 장수하나니, 이는 바로 숨은 은혜와 공덕이 크게 발복한 것이다. 만약 하찮은 벌레 한 마리에게 베푼다 하여도 그것 역시 착한 일이 아닐 수 없다.

이렇게 날로 쌓이고 달로 더해지고 스스로 널리 행하고 복을 지으면 자비가 인간세상과 널리 허공계에까지 가득 차서 선행자의 이름이 하늘에까지 통보가 되어 모든 원한과 업장이 소멸되고 지은 복이 많으면 금생에 모아져 발복하여 빛을 보게 되고 선근이 쌓이고 쌓이면 자손들에게나 다음 생에 경사스러운 일이 생긴다. 거기에다 더하여 「아미타불」성호聖號를 염송하고 또 경문을 독송하여 서방세계에 회향하면 그는 영원히 악도에 떨어지지 않는다. 또 더욱 발심하여 덕업을 쌓으면 도업道業의 자량資糧이 속성速成으로 이루어져서 왕생하는 연화대의 품위가 높아진다.

3) 사음邪淫만은 하지 말자

＊ 사음(邪淫) : ① 간통(불륜) - 가장 대표적인 사음이다.

② 혼전 성관계

③ 돈으로 성(性)을 사거나 파는 행위

④ 국가(법률)나 사회에서 용인하지 않는 일체의 성행위

⑤ 마음속으로 다른 배우자와 성관계하는 것을 상상하는 것

⑥ 구강성교(오랄섹스), 항문섹스, 성기구나 최음제 등을 사용하는 것

⑦ 자위행위, 수간(獸姦, 짐승과의 성관계), 시체와의 성관계

⑧ 가족이나 친족, 친척 등과의 성관계

⑨ 소년/ 소녀 등 어린이와의 성관계

⑩ 동성애, 변성(變性 - 트랜스젠더 등)

⑪ 출가자가 성관계 하는 것

⑫ 성스러운 장소(절, 탑, 사당, 성당 등)에서 성관계 하는 것

⑬ 불화, 불상, 성현들의 초상화, 불경(佛經)주변에서 성관계 하는 것

⑭ 화장실, 무덤, 도로가, 공공장소 등에서의 성관계

⑮ 여성의 생리기간 중, 임신 중, 질병 중에 성관계하는 것

⑯ 석가탄신일(음.4/ 8), 열반하신 날(음.2/ 15), 성도일(음.12/ 8) 그리고
　　육재일(매달 음력 8 · 14 · 15 · 23 · 29 · 30일)과 같은 성스러운 날의 성행위

⑰ 부모님이나 조상님의 제삿날, 부모님의 생일날에 성관계 하는 것

⑱ 하룻밤에 지나치게 성관계를 많이 하는 것

⑲ 음란물을 만들거나 보거나 유통시키거나 판매하는 것

⑳ 강간, 강제추행, 스와핑(부부교환) 등의 성관계

㉑ 음란한 말이나 음란한 농담 등을 하는 것

㉒ 성관계는 아니지만 이와 유사한 성행위(나체 보여주기, 음란한 쇼 등)

㉓ 관음증(觀淫症), 노출증, 사디즘이나 마조히즘과 같은 변태 성행위

㉔ 지나치게 성에 집착하거나 탐닉하는 일체의 행위

㉕ 위의 행위들을 남에게 권하거나 남이 하는 것을 보고 기뻐하는 것

세상 사람들 중의 10분의 4는 색욕으로 죽고, 또다른 10분의 4는 비록 색욕을 직접 원인으로 죽지는 않지만, 색욕을 탐하여 쇠약해진 몸이 다른 감염을 받아 간접으로 죽으니, 타고난 수명을 온전히 누리고 죽는 사람은 십분의 일에 불과하다.

- 인광대사

돈 한 푼 쓰지 않고 조금도 힘 들이지 않으면서 지극히 높은 덕행을 이루고 지극히 큰 안락을 누리며, 자손들에게 끝없는 복과 음덕을 물려주고 내생에 착하고 정숙한 권속眷屬들을 만날 수 있는 방법이 있다. 그것은 오직 음욕淫慾을 경계하는 것이다.

- 인광대사

듣자하니, 죄업의 바다가 아득하지만 색욕色慾처럼 끊기 어려운 욕망이 없고, 티끌 속의 세상 시끌벅적하지만 사음邪淫보다 범하기 쉬운 죄가 없다고 한다.

- 〈불가록不可錄〉

* 불가록 : 옛 성현께서 유교 · 불교 · 도교에서 성(性)을 경계하는 주옥같은 말씀들을 모아 만든 성교육지침서. 인광대사께서 〈불가록〉을 높이 평가하고 보급을 권장하여 유명해졌다.

만약 음란서적을 만들어 사람들의 마음을 파괴하는 자는 죽어서 무간지옥에 들어간다. 자기가 만든 책이 세상에서 완전히 사라져, 그 책으로 인한 죄악도 모두 소멸되어야만 고통의 과보를 끝마치고 그 지옥에서 벗어난다.

- 〈불가록〉

* 인광대사는 「옛 선현이 불가록(不可錄 ; 차마 붓으로 기록할 수 없는 내용이란 뜻)으로, 색욕(色慾)의 해악, 음욕을 막고 경계하는 격언, 착한 이가 복 받고 음란한 자가 재앙을 당한 실증 사례, 계율을 지키는 방법과 시기, 음욕을 기피해야 할 때와 장소 · 상황 등을 두루 밝혀 두었소. 번잡스러움을 귀찮게 여기지 않고 조목조목 상세히 분류하여 보는 이마다 경각심을 불러일으키고 있으니, 세상을 깨우치고 백성을 구

하려는 그 마음은 정말로 간절하고 진지하기 그지없소.」라고 하였다.

무릇 도를 닦고자 한다면 삼업 가운데서 먼저 재물과 여색, 두 가지를 끊어야 하나니 재물을 탐하지 않으면 아첨과 다툼이 없고, 여색을 탐하지 않으면 맹렬한 번뇌도 없다. 무엇 때문에 다른 과환過患을 금하지 않고 먼저 재물과 여색을 경계하여야 하는 것인가.

《대승경》에 「팔만사천의 도道에 장애가 되는 죄업은 다 재물과 여색이 근본이 된다.」라고 하였다. 왜냐하면 시방의 중생이 무시이래로 재물을 위해서 살생을 하는 자가 미진수微塵數를 넘고 여색을 위해서 살생을 하는 자의 수는 이보다 더 많기 때문이다.

재물과 여색의 이사二事는 욕심이 가벼운 것 같지만 감응感應하는 죄는 더욱 무겁다. 항하의 모래 수와 같은 광혹誑惑이 재물과 여색으로 말미암아 일어난다. 이러한 두 가지 허물은 군신과 사도師徒와 부부 등을 허물고, 내외의 친족과 붕우지식朋友知識을 허물어 뜨린다. 재물과 여색을 버린다면 다시는 세간에 태어나지 않는다. 인천人天이 고통에서 해탈하는 것을 성인과 범부가 함께 찬탄하는 것이다. 모든 누루漏(번뇌)를 멸진滅盡하면 불과佛果에 나아가 이른다. 이를 위해서는 먼저 재물과 여색, 두 가지를 경계해야 한다.

夫欲修道 於三業中 先斷財色二種 若不貪財 卽無諂諍 若不貪色 卽無熱惱 何故 不禁餘過 先誡財色 大乘經云 八萬四千 障道罪業 悉因財色 以爲根本 何以故 十方衆生 無始已來 爲財相殺者 過微塵數 爲色相殺者 數復過是 財色二事 相欲似輕 感罪尤重 河沙誑惑. 由財色起 此之二過 能壞君臣師徒夫婦等 亦壞內外親族 朋友知識 若離財色 更無世間 人天脫苦 聖凡同讚 諸漏滅盡 進至佛果 爲此先誡財色二種　　　　　　　　　　－도선율사〈정심계관법〉

모든 악업 가운데 여색女色이 가장 범하기 쉽고, 덕행德行을 파괴하여 화화禍를 불러들이는 원인도 여색보다 큰 게 없다. 모든 죄악 가운데 간음姦淫이 으뜸이다.

　　　　　　　　　　　　　　　　　　　　　　　　　　　　　　　－〈불가록〉

가령, 수행하는 사람이 십년 또는 일생동안 계戒를 지키며 공부를 하다가도 망령되게 음행淫行을 한 번만 하게 되면 지금까지 한 공부가 남김없이 다 새어나가게 될 것이다.

-《능엄경》

음淫은 부정한 행동이라. 미혹하여 정도正道를 잃음이로다. 몸을 축내고 혼백이 놀라서 목숨이 상하여 일찍 죽으니, 죄를 받음에 완고하고 어리석고 거칠어 죽어서는 다시 악도에 떨어짐이로다. 내가 이러한 일을 두려워하는 까닭으로 집을 버리고 출가하여 즐김이로다.

-《팔사경八師經》

사음邪淫한 죄로 삼악도三惡道에 떨어지고 설사 사람의 몸을 받아 태어나도 두 가지 과보를 만난다. 첫째는 처妻가 어질거나 정결貞潔하지 못한 것이요, 둘째는 내 뜻에 권속들이 따르지 않는 것이다. 사음은 너의 청정한 종자를 끊는 것이니, 본래의 참 법신法身을 더럽힘이라. 다만 화탕지옥火蕩地獄을 보라. 모두 금생에 파계한 사람들이니라. 마땅히 알아야 한다. 활활 타오르는 화로와 시퍼런 칼날은 이 몸을 일시에 무너뜨린다. 꽃에 있는 가시와 같은 여자와 달콤한 꿀과 같은 여색은 혜명慧命을 만겁토록 끊어지게 한다.

-《현우경賢愚經》

네가 세상 사람들을 가르쳐서 삼매를 닦게 하려면 당연히 먼저 음심淫心을 끊게 해야 할 것이니, 이것이 여래선불세존께서 제일 먼저 결정하신 청정하고 분명한 가르침이니라.

-《능엄경》

시방삼세의 모든 여래께서는, 음욕을 행하는 것을 눈으로 보는 것도 모두 음욕의 불길이라고 부르신다. 보살은 음욕을 보기를 마치 불구덩이 보듯 피한다. 만약 음욕을 끊지 않고서 선정을 수행하는 것은, 마치 모래를 쪄서 밥을 지으려는 것과 같다. 설령 백 천겁을 지나더라도 단지 뜨거운 모래에 지나지 않는다.

-《능엄경》

죄악 가운데 사음邪淫이 가장 나쁘다. 그래서 살아생전에 복록福祿과 수명을 깎아먹고, 자손들이 끊기는 벌과 같은 온갖 과보를 알게 모르게 받는다. 그리고 죽은 뒤에는 틀림없이 그 영혼이 나쁜 곳에 떨어져 영원히 온갖 고통을 받게 된다.

- 〈불가록〉

불경佛經에 보면, 자식이 없는 것은 남의 아내를 범했기 때문이고, 또 자기 아내나 딸이 음란한 것은 남의 아내나 딸을 간음했기 때문이라고 한다. 사음으로 인해 자기 한 평생의 복록福祿을 완전히 삭탈당함은 물론 집안의 명예도 땅바닥에 떨어진다. 그 결과 조상의 제사마저 끊기고, 저승의 조상들은 죄다 굶주린 귀신이 되고 만다. 그 원통과 한恨은 얼마나 지극하겠는가.

- 〈불가록〉

시내암施耐庵은 〈수호전水滸傳〉을 지으면서, 간음과 도적의 일을 그림처럼 생생하게 묘사하더니, 그의 자손이 3대에 걸쳐 벙어리가 나왔다.

- 〈불가록〉

음욕을 좋아하는 사람은 질병이 많고 쉽게 늙고 쇠약해지며 장수하지 못한다. 이는 눈에 띄게 뚜렷이 나타나는 고통이다. 나아가 사회적 지위를 잃고 명예도 훼손되며 재산도 탕진하게 된다. 이는 눈에 보이지 않는 무형의 고통이다. 더 나아가서는 가정불화를 초래하여 처자식이 흩어지고 사회적으로 비웃음과 손가락질을 당하며 원한이 깊숙이 맺히게 된다. 여기에 인과응보까지 꺼내면 더욱 두려울 수밖에 없다. 불경佛經에 사음의 죄악을 지은 사람이 받는 과보果報가 나와 있다. 아내와 딸이 정숙하지 못하고 자손이 끊기며 자신은 죽은 뒤 지옥이나 축생에 떨어져 백천만겁이 지나도록 헤어나올 수 없다고 한다. 오직 음욕이 정말 가장 큰 화근이기 때문이다.

- 이병남李柄南거사

＊ 이병남거사는 인광대사의 고제(高弟)이며 정공법사(淨空法師)의 스승으로, 대만사람이다. 「업을 가지고 왕생을 구하지 않는 사람은 어리석은 사람이 아니면 미친 사람이다.」 라는 말을 하였다.

성욕을 절제해야 할 날짜와 장소 및 상황

1. 불교의 경우 석가탄신일(음력 4월 8일), 열반하신 날(음력 2월 15일),

성도일(음력 12월 8일) 그리고 육재일六齋日(매달 음력 8 · 14 · 15 · 23 · 29 · 30일)

2. 조상님의 기일忌日, 부모님의 생신날, 자신과 배우자의 생일날

3. 절이나 교회 등과 같은 성소聖所

4. 묘지, 화장실, 폐가, 시신주변 등

5. 화를 낸 뒤, 먼 길을 여행한 뒤, 술 마신 뒤, 임신 중, 출산 후 백일 이내, 월경 기간 중, 질병이나 사고가 난 후, 지나친 근심 공포 긴장 뒤에는 성관계를 피해야 한다.

6. 하루 밤에 성관계를 두 번 이상 갖거나, 회춘약(최음제) 등을 먹으면 안 된다.

7. 성교 후 찬 음식을 먹거나 찬 기운을 쐬면 즉사할 수 있다.   -〈불가록〉

다른 사람의 아내와 침대에 눕는 자에게는 네 가지의 대가代價가 돌아간다. 실패, 불안, 비난 그리고 지옥이 그것이다.

         -《법구경》

다른 사람이 내 어여쁜 누이동생이나 아내를 욕보인다면 내 마음이 얼마나 아플 것인가. 다른 모든 사람들도 마찬가지이다. 그러므로 수행자는 목숨을 잃는 한이 있어도, 남의 여인에 대해 그릇된 생각이나 더럽혀진 마음을 일으키지 않아야 한다. 어찌 사악한 사음의 일을 생각이나 하겠는가.   -《대방편불보은경大方便佛報恩經》

여자가 스스로 제 몸을 지키지 못하고 바람이 나서 남편을 버리고, 남자가 마음이 방탕

해서 아내를 버리고 다른 여인을 따르는 경우, 이런 사람은 다 악도惡道에 떨어진다.

-《잡아함경雜阿含經》

생명을 해치는 일이 한두 가지가 아니지만, 여색女色을 좋아하는 자는 반드시 죽는다.

-소동파

락계화駱季和가 이렇게 말하였다.

「만 가지 죄악 가운데 사음이 가장 우두머리이고, 온갖 덕행 가운데 효도가 최고 으뜸이다.[萬惡淫爲首 百行孝爲先]」

-〈불가록〉

그릇된 음욕만 저지르지 말라는 계율만 지켜도 극락정토 연화 가운데 생겨날 수 있는 훌륭한 씨앗을 허락하셨다.

-〈불가록〉

사음하지 말라는 계율은 물론 자기 아내나 남편 이외의 사람과 정情을 통하는 것으로, 지극히 중대한 죄라오. 그러나 자기 아내나 남편이라도 지나치게 탐닉하면 이 또한 죄가 되오. 자기 배우자가 아닌 사람과 사음을 행하는 것은 사람 몸으로 짐승 짓을 하는 것이오. 이런 사람은 인간 목숨이 다한 뒤, 먼저 지옥과 아귀에 떨어져 온갖 고통을 받고, 나중에 축생으로 태어나오. 그렇게 천만억 겁 동안 갖은 고통을 당하며 벗어날 길이 없소. 일체 중생은 모두 음욕으로부터 생겨나기 때문에, 이 계율은 지키기가 참 어렵고 범하기는 아주 쉽소.

-인광대사

사음邪淫의 업을 즐겨 행하고 많이 지으면 어떤가. 그는 세 가지 과보를 받는다. 그는 보고 들어 알고, 혹은 하늘눈으로 본다. 즉 사음의 업을 즐겨 행하고 많이 짓는 사람은 지옥 축생 아귀의 세계에 떨어지고, 혹 사람으로 태어나더라도 사음한 과보 때문에 아내가 순종하지 않으며, 혹은 남녀의 두 가지 성기性器를 가져 남의 미움을 받는다.

-《정법념처경正法念處經》

어떤 것을 사음邪淫이라 하는가. 사람이 자기 아내에게 성교를 바른 방법으로 행하지 않는 것이며, 남의 아내에게 바른 방법이건 아니건 행하는 것이며, 혹은 남이 음행했을 때 그것을 따라 기뻐하는 것이며, 혹은 어떤 수단으로 억지로 남을 시켜 행하게 하는 것이니, 그것을 사음이라 한다.

-《정법념처경》

만약 당신이 혼외정사婚外情事가 있다면, 죽은 후 신식(神識, 영혼)은 반으로 나누어져 상대방 영혼의 반과 결합하여 같이 있게 되며, 두 사람과 혼외정사가 있다면 다시 반으로 나누어져 상대방과 결합하게 되며, 세 사람과 혼외정사가 있다면 세 개로 나누어지게 됩니다. 이와 같이 본다면 혼외정사가 많을수록 나누어지는 것도 많아져서, 자신의 정신에 결함이 있는 영혼으로 변하게 됩니다. 다시 돌아오려고 하여도 백천만겁이 지나도록 어렵고 어려운 일입니다. 상대방의 반과 결합한 영혼은 지옥에서 과보를 받은 후 다시 인간이 되어도 양성인兩性人이 되든지 지능이 낮게 되어, 스스로 고통스러울 뿐 아니라 남들의 멸시를 받게 됩니다.

- 묘법스님

명나라 때 왕대계王大契가 연지대사께 여쭈었다.

「저는 스승님의 '산목숨 죽이지 말라'는 계살문戒殺文을 본 뒤로, 마침내 완전 채식의 길로 돌아섰습니다. 그런데 오직 이 놈의 색욕은 마음에 너무도 치성熾盛하여, 도대체 어떻게 꺼뜨려 없앨 수가 없습니다. 그러니 스승님께서 적당한 방편 법문으로 가르침을 주시어, 색욕의 쾌락이 살생의 참혹함과 똑같음을 관찰할 수 있도록 자상히 이끌어 주시길 간청합니다.」

연지대사께서 말씀하셨다.

「살생은 눈에 보이고 귀에 들리는 고통스런 일이기에 그 참혹함을 말하기 쉽소. 그런데 욕정欲情이란 아주 즐거운 일이라서 그 참혹함을 말하기가 여간 어렵지 않소. 여기 적당한 비유로 대신 말해보겠소. 나쁜 음식에 명명백백하게 독약을 넣어 두는 것이 살생의 참혹함이라면, 훌륭한 음식에다 은밀히 독약을 섞는 것이 욕정의 참혹함이오. 지혜로운 이여, 잘 생각해 보시오.」

- 〈불가록〉

「차라리 이 몸을 사나운 불 속이나 깊은 함정이나 날카로운 칼날 위에 던질지언정 결코 삼세 부처님의 계를 어겨 온갖 여인들과 부정한 행위를 하지 않으리라.」라고 서원을 세워라.

- 《범망경》

여인에게 십악十惡이 있다는 것을 모두 갖추어 말하기는 어려우나 지금 간략하게 그것을 말하여 여인에 대하여 염리厭離를 내게 하고자 한다.

첫째, 색음色婬을 탐하는 것이 한량이 없고 싫어하지 않으니, 경에 "시방의 국토에 여인이 있는 곳에는 지옥이 있다." 라고 하였다. 일체의 모든 도道를 장애하니 이것이 고통이 되는 것이다.

여인의 남자에 대한 욕심은 바닷가 강물을 삼키는 것과 같이 백천만겁에도 결코 만족할 줄 모르고 하나를 얻으면 또 하나를 바라며, 심의心意가 광란하여 마음에 드는 남자를 보면 다 교합交合하기를 원하니 마치 불에 땔나무를 보탠 것처럼 더더욱 치성하여 주야행坐晝夜行坐에 욕망을 잊을 때가 없다.

오도五道의 몸을 받아 다 여인의 형상을 가져서 그 옛날부터 여자의 근성을 바꾸지 못하고 궁겁의 시간이 다하도록 여인의 몸을 면하지 못하기 때문에 「탐욕을 싫어하지 않는다.」라고 하는 것이다.

둘째, 질투하는 마음이 독사와 같다.

집에 아내가 여럿 있으면 다 미움을 일으킨다. 말로는 서로 친한 척하지만 마음으로는 원수처럼 여기며 남편에게 훈계하고 명령한다.

혹 부적을 만들어 압박하거나, 독약을 먹이거나 혹 사람을 고용해서 살해하고, 혹 사지를 절단하거나 혹 얼굴에 상처를 입히거나, 혹 의식을 빼앗고 때리며 욕한다. 방편으로 다른 사람을 제거하고 독립을 얻고자 하는 까닭으로 '질투' 라고 하는 것이다.

셋째, 아첨과 왜곡으로 사친詐親한다.

다른 사람을 만날 때 말하지 않고 먼저 웃으며, 말로는 억념憶念한다고 하면서 마음으로는 불만을 품고, 남편을 대하면서 다른 남자를 생각하거나 남편이 멀리 여행하기를 바라고, 혹 일찍 죽어 버리기를 원하거나 혹 외인外人과 여러 가지 계략을 꾸미다가도 남편을 대할 때는 요염하게 아양을 떨면서 가까이 달라붙는다. 몸은 향해있어도 마음이 등지는 것을 「사친」이라고 한다.

넷째, 방일放逸한다.

오직 채색 비단을 입고, 비녀와 팔찌로 치장하고, 얼굴 꾸미는 것만 생각하며, 다른 사람이 좋아하고 생각해 주기를 바라고, 오욕五欲을 탐착하여 친소親疏를 회피하지 않는다. 후세에 축생 · 아귀로 태어나는 것을 두려워하지 않음을 '방일' 이라고 한다.

다섯째, 말에 악업이 많다.

하는 말이 허광虛誑하여 실제의 사정을 알기 어렵다. 대개 논설에 허위虛僞는 많고 진실이 적으며, 속되고 추악한 말을 하길 좋아하며 모녀, 자매가 서로 양설兩舌로 다투는 것을 기피하지 않고 소식을 전송하며 자주 저주를 하면서도 재앙의 과보는 두려워하지 않는다. 보지 않는 곳에서 존장尊長을 욕하고 송사를 일으켜 끝까지 다투는 것을 '말에 악업이 많다' 라고 하는 것이다.

여섯째, 남편을 배반하는 것이다.

잘생긴 남자를 보면 부끄럼 없이 가까이 접근을 하되 혹은 편지를 보내며, 혹은 자신이 가기도 한다. 앉았다 누웠다하면서 안정하지 못하고 생업을 휴폐하기도 한다. 혹 병을 만들어 어떤 때는 병을 핑계로 하여 보이지 않는 곳에서 먹고 마시다가 사람들 앞에서는 먹지 않는다.

남편이 고생하여 부지런히 노력해서 얻은 재물을 빼돌리거나 훔쳐서 다른 남자에게 제공하고, 함께 계략을 꾸며서 살해를 꾀하려 한다. 남편을 보면 성을 내어 원수와 다름이 없이 하는 것을 '남편을 배반하는 것' 이라고 한다.

일곱째, 일체 모든 여인은 첨곡(諂曲 : 아첨하고 정직하지 못함)을 많이 품고 있어서 실정을 알기 어렵다.

여인은 간악하고 음험하여 그 성품이나 받아들이는 그릇 됨됨이를 알기 어렵기 때문에 비록 대면하여 함께 말은 해도 마음은 천리 밖으로 떨어져 있다. 다 세간의 이익을 탐하기 위해서 성품이 얇고 가벼운 것을 따른다.

옳은 것을 말하면 반대로 그르다 하고, 헛된 것을 가리켜 오히려 진실이라고 하니, 상리常理가 전도되어 매사가 다단多端할뿐만 아니라, 유무를 향배向背하고 정情이 냉열冷熱을 따른다. 혹 권세나 요직에 기대고, 혹은 친지에게 아첨을 하고, 혹은 재색財色 때문에 서로 무고를 하고, 혹은 명성과 관위官位를 다투어서 비방을 일으킨다. 이 때문에 말은 유창하고 마음은 날카로운 칼과 같다.

여덟째 재물을 탐내고 은의恩義를 돌아보지 않는다.

부모의 양육한 수고는 보답하기 어려운데 시집가서 남편을 얻으면 은덕을 잊어버린다. 부모의 물건을 영유領有해서 남편의 집을 늘리며, 많이 얻으면 좋아하고, 칭찬하지 않으면 원망하며, 부모가 굶주리고 추워해도 공급할 마음이 없기 때문에 '재물을 탐하고 은의를 돌아보지 않는다.'고 하는 것이다.

아홉째, 욕화慾火로 마음을 태운다.

부모에게 부끄러워할 줄 모르고 매와 벌을 두려워하지 않으니, 혹 시집을 가기 전에 임신을 하고 눈이 맞아서 다른 남자를 따라서 달아나며, 혹 남을 끌어들여 집안에 대하여 허물을 지어서 부모를 부끄럽게 하고 종친을 문란케 한다.

시집간 이후에도 다시 남편을 배반하고, 남편이 죽은 지 얼마 되지 않아 또 다시 시집을 가려 하며, 자녀가 성인이 되면 오히려 버리고 개가改嫁하나니 마음이 미혹하고 욕정에 취하여 수치를 회피할 줄 모른다. 여인의 허물은 겁을 다해도 다하기 어렵기 때문에 '욕화로 마음을 태운다.'고 하는 것이다.

열째, 여인의 몸은 악취가 나고 더러운 것이 항상 흐르며, 봄여름 더울 때 충혈虫血이 심하게 흐른다. 경에, "여근女根 속에는 음충婬虫이 2만이나 되는데 모양은 흡사 팔찌와 같고 가늘기가 추호秋毫와 같으며, 더러운 비린내가 나고, 자궁에 떨어져 잉태하는데, 회임

懷妊을 하여 생산할 때 더러움이 낭자하니, 선신善神은 듣고 보기만 해도 모두 다 내버려 두고 가버리지만, 악귀 도깨비가 자주 침입하고 어지럽힌다." 라고 하였다.

女人十惡者 具說難窮 今略言之 令生厭離 一者貪婬無量無厭 經云十方國土 有女人處 卽有地獄 一切障道 此爲是苦 女人欲男 如海呑流 百千萬劫 畢竟不滿 得一望一 心意狂亂 見可意男 悉願與交 猶火納薪 多益多熾 晝夜行坐 無忘欲時 受五道身 皆女形攝 先際已來 女根未轉 徹窮劫世 不免女身 故名貪欲無厭 二者嫉妬 心如毒蛇 家有婦類 悉生憎垢 口似 相親 心如寃家 若同夫婿 更相規命 或作符厭 解奏毒藥 或雇人殺害 或截支節 或毀面目 或 削衣食 鞭打罵辱 方便除他 欲得獨立 故名嫉妬 三者 諂曲詐親 凡見人時 未語先笑 口云憶 念 心懷嫌恨 對於夫婿 思他男子 願夫遠行 或願早死 或與外人 多種謀計 及見夫時 諂媚附 近 身向心背 名爲詐親 四者, 放逸 但念綵衣 裝粉釵釧 修治面目 望他愛念 耽著五慾 不避 親疎 不畏後世畜生餓鬼 名爲放逸 五者 口多惡業 出言虛誑 實情難得 凡所論說 虛多實少 喜道鄙弊 穢惡之語 母女姊妹 不相避忌 兩舌鬪亂 傳送消息 數作呪誓 不畏殃報 屛罵尊長 窮逐諍訟 是名口多惡業 六者 厭背夫主 若見端正男子 無羞追逐 或遣信逼 或自身往坐臥不 安 休廢生業 或結成病 或時託病 屛處飮噉 人前不餐 夫婿辛苦 勤勞得財 割減偸竊 供給傍 夫 共作謀計 規欲殺害 見夫卽瞋 寃家無異 是名厭背夫主 七者 一切女人 多懷諂曲 實情難 得 所以女人姦險 性器難量 雖與對面共言 心隔千里之外 皆爲貪求世利 性逐澆浮 言是返 引爲非 指虛翻將爲實 顚倒常理 每事多端 向背有無 情隨冷熱 或憑勢要 或黨親知 或因財 色相誣 或諍名位而起謗 是以口如脂膏 心若錐刀 八者 貪財不顧恩義 父母養育 劬勞難報 及嫁得夫 棄忘恩德 規父母物 潤益夫家 多得便喜 不稱便恨 父母飢寒 無心供給 是名貪財 不顧恩義 九者 慾火燒心 不恥父母 不懼刀杖 或未嫁姙身 或奔逐他逃 或拘引他人 向家造 過 耻辱父母 敗亂宗親 出嫁已後 復叛夫婿 夫亡未幾 更思後嫁 男女成人 猶棄改出 心迷欲 醉 不避羞恥 女人過患 窮劫難盡 故名欲火燒心 十者 女身臭惡 不淨常流 春夏熱時 虫血雜 下 經云女根之中 二萬婬蟲 形如臂釧. 細若秋毫 腥臊臭穢 私墮胎孕 懷妊産生. 汚穢狼藉. 善神見聞 悉皆捨去 惡鬼魍魎 數來侵擾

- 도선율사 〈정심계관법〉

사람들은 금전과 재물에는 한두 푼 따지고 계산하며, 온갖 수단 방법을 가리지 않고 모으려고 발버둥친다. 무릇 금전과 재물은 사람 바깥의 물건인데도, 모두들 이렇듯 진귀하게 여기고 소중히 대한다. 그러나 정액精液의 귀중함은 그 따위 금전이나 재물에 비할 바가 아니건만, 음욕으로 소모하고 탕진하는 것은, 그저 한두 푼에 해당하는 게 아니다. 재산이 다하면 곤궁함에 쪼들리지만 정액이 다하면 목숨이 끊어진다. 그런데도 제멋대로 정액을 쏟아내면서 조금도 아까워할 줄 모르는구나. 일단 정액이 고갈되고 골수가 텅 비게 되면, 몸 안의 선천 물 기운이 마르고 불기운이 활활 타오르게 된다. 그러면 백약도 효험이 없고, 신의神醫도 손을 쓸 수 없게 된다. 그때는 후회해도 이미 늦는다.

- 〈불가록〉

색욕 한 가지는 온 세상 사람들의 공통적인 고질병이오. 단지 중하근기의 중생들만 여색에 미혹되는 게 아니오. 상근기의 사람들도, 만약 스스로 전전긍긍하며 행실을 조심하지 않으면, 역시 미혹되지 않기가 어렵소. 예로부터 얼마나 많은 뛰어난 영웅호걸들이, 정말 성현이 되기에 충분한 자질을 지니고서도, 단지 이 여색의 관문을 통과하지 못하여, 도리어 어리석은 범부로 전락하고, 결국 삼악도에 길이 떨어졌는지 모르오.

- 인광대사

아난아, 저 수행하는 사람이 만약 음란한 마음과 살생할 마음을 끊지 않고서는 삼계에서 벗어나는 그러한 이치는 없나니, 마땅히 음욕을 독사보다 더 무섭게 여기고 원수와 도적을 보는 것처럼 해야 할 것이니라.

- 《능엄경》

여인이 가장 악惡하니 더불어 인연을 짓기가 어렵도다. 은혜와 애착으로 남자를 결박하고서 죄의 문으로 들어간다.

- 《제경요집諸經要集》

하늘 속에서 가장 큰 계박繫縛은 여색을 능가하는 것이 없다. 여인은 모든 천天을 결박해서 장차 삼악도三惡道에 떨어지게 한다.

-《정법념경正法念經》

* 계박(繫縛) : 번뇌나 망상 등에 의해, 혹은 바깥의 사물에 의해 마음이 묶이거나 얽매임.
* 모든 천(天) : 불교에서 말하는 28천을 말함. 사천왕천에서부터 비상비비상처천까지를 말함.

차라리 남근을 독사의 입 속에 넣을지언정 결코 여색을 탐하지 말지니라.
寧以男根 入於毒蛇口中 終不爲貪女色

-《사분율四分律》

모든 재앙 중에서 여자의 재앙이 가장 중하다. 불·칼·뇌성·번개·벼락·원수·독사 등은 오히려 잠깐 가까이 할 수 있어도, 여인의 인색함과 시기와 성냄과 아첨과 요사스러움과 더러움과 싸움질과 탐욕과 질투는 가까이 할 수 없다. 그러므로 부처님은 다음 게송으로 말씀하셨다.

차라리 불에 단 쇠를 눈 속에 굴릴지언정
어지러운 마음으로써 삿되게 여색을 보지 말라.
웃음 머금고 아양 부리며 또 교만하고 수줍어하며
얼굴을 돌려 곁눈질하고 예쁜 말로 성내며 질투한다.
요염한 그 걸음걸이로 사람들 다 유혹하나니
음탕한 그 애욕의 그물에 사람들은 모두 몸을 던진다.
안거나 눕거나 서거나 다니며 돌아보며 아양을 떠는 그 아리따움
지혜가 엷은 어리석은 사람은 그 때문에 마음이 취하고 혹한다.
큰칼을 들고 도적을 마주하면 그것은 오히려 이기기 쉬우나
여자라는 도적이 사람 해치면 그거야말로 금하기 어려워라.
독기를 머금은 저 독사는 오히려 손으로 잡을 수 있으나

여자의 정이 사람을 유혹하면 그거야말로 접촉하지 말라.

- 〈대지도론〉

세존께서 말씀하셨다.

「비록 여인을 보더라도 나이든 이는 어머니같이 보고, 젊은 사람은 자매같이 보고, 어린 사람은 누이같이 보고 자식같이 보고 딸같이 보아야 한다. 안으로는 몸과 생각이 모두 악한 것이 드러난 것이어서 애착할 것이 없다고 관觀해야 하며, 밖으로는 그림의 화병 속에 청정하지 못한 것을 채운 것처럼 해서 이 사대四大는 인연이 임시로 화합한 것이지 본래는 있는 것이 아니라고 관觀해야 한다.」

- 〈경률이상經律異相〉

＊ 경률이상(經律異相) : 중국 후량(後梁)의 승민(僧旻) 등이 경(經)과 율에서 요점을 모아놓은 책.

만약 모든 세계의 육도 중생들이, 그 마음만 음란하지 않는다면, 생사윤회를 계속하지 않을 것이다. 그대들이 삼매를 닦는 것은 본디 세속 티끌 속에서의 고통을 벗어나기 위함인데, 음란한 마음을 제거하지 않으면 티끌은 벗어날 수 없다.

-《능엄경》

중생이 끊임없이 삼계를 윤회하는 근본은 음욕에 있고 중생이 한량없이 육도에 오고 가는 근본은 애욕 때문이다.

三界輪廻淫爲本 六道往返愛爲基

-《원각경》

만일 심장과 간을 도려내더라도 마치 목석과 같이 그렇게 여긴다면 곧 고기를 먹어도 좋을 것이며, 만일 술을 마시더라도 마치 똥오줌을 마시듯이 그렇게 여긴다면 곧 술을 마셔도 좋을 것이며, 만일 단정한 남녀를 보더라도 마치 시체와 같이 그렇게 여긴다면 곧 음행을 해도 좋을 것이며, 만일 자신의 재물이나 남의 재물을 보아도 마치 똥 덩어리 같이 그렇게 여긴다면 곧 도적질을 해도 좋을 것이다. 천 가지의 경전에서 말하고 만 가지의 논설에서 말한다.

만일 음행을 버리지 않는다면 일체의 청정종자淸淨種子를 끊는 것이고, 만일 음주를 버리지 않는다면 일체의 지혜종자智慧種子를 끊는 것이고, 만일 도둑질을 버리지 않는다면 일체의 복덕종자福德種子를 끊는 것이고, 만일 육식을 버리지 않는다면 일체의 자비종자慈悲種子를 끊는다 하였다.

삼세의 모든 부처님이 한 입으로 널리 선양하셨고 천하 선문禪門의 종사宗師들이 한 목소리로 널리 말하였는데, 어찌하여 후학들은 조금도 들어 따르지 않고 스스로 바른 인연을 헐어버리고 도리어 마귀의 말을 행하는 것인가.

어찌 보지 못했는가.

「한 가지 악행의 일을 보면 마치 만 개의 화살이 심장을 뚫는 것과 같이 여기고, 한 마디 악한 소리를 들으면 마치 천 개의 송곳니 귀를 찌르는 것과 같이 여기라.」라고 옛 성인께서 말씀하셨다.

- 영명 연수선사

만약 오욕五欲에 빠진다면 범천梵天에 태어나는 데 걸림이 되는데, 하물며 위없는 깨달음이겠는가. 이러하므로 사리불아, 대보살은 출가하려거든 음욕을 끊어야 한다. 위없는 깨달음을 얻으려면 응당 음욕을 끊지 못해서는 안 된다. 세간에는 다섯 가지 욕망이 제일이라서 애착하고 즐기지 않음이 없고, 다섯 가지 욕망 가운데 촉觸이 제일이니 이는 능히 사람의 마음을 속박한다. 마치 사람이 깊은 진흙 속에 빠져서 건져내기 어려운 것과 같다. 이러하므로 모든 하늘이 방편으로 보살들에게 음욕을 멀리 여의게 하는 것이다. 또 만약 나머지 욕망을 받아들인다면 지혜를 잃지 않겠지만, 음욕과 마주칠 때는 몸과 마음이 황폐하고 미혹해서 깊이 집착하여 스스로 함몰한다.

若受五欲 障生梵天 何況阿耨多羅三藐三菩提 以是故 舍利弗 菩薩摩訶薩斷婬欲出家者 應得阿耨多羅三藐三菩提 非不斷欲 世間中有五欲第一 無不愛樂 於五欲中 觸爲第一 能繫

人心 如人墮在深泥 難可拯濟 以是故 諸天方便 令菩薩遠離 婬欲 復次 若受餘欲 猶不失智
慧 婬欲會時 身心慌迷 無所省覺 深著自沒 以是故　　　　　　- 〈대지도론〉

　남편이 있는 부인은 그 몸을 중시해야 하는데도 억지로 잘못된 도리를 쓰기 때문에 사
음이라고 이름 하는 것이다.
　또 만약 상대가 내 아내를 침범한다면, 나는 곧 분노한다. 만약 내가 상대를 침범한다면,
그 역시 무엇이 다르겠는가. 자기를 용서하고 자제해서 마땅히 짓지 말아야 한다. 예컨대
부처님께서는 이렇게 설하셨다.
　「사음邪淫하는 사람은 나중에 검수劍樹지옥에 떨어지는데, 사람으로 다시 태어나도 집
안이 화목하지 않고 항상 음란한 부인을 만난다.」
　　　　　　　　　　　　　　　　　　　　　　　　　　　　　- 〈대지도론〉

　들자하니, 죄업의 바다가 아득하지만 색욕처럼 끊기 어려운 욕망이 없고, 티끌 속의 세
상 시끌벅적하지만 사음보다 범하기 쉬운 죄가 없다고 한다. 산을 뽑아 던질 힘과 세상을
뒤덮을 만한 기개를 자랑하는 영웅도 여기에 걸려 나라를 망치고 목숨을 잃으며, 비단결
같은 마음과 폭포수 같은 달변을 갖춘 천재도 이것 때문에 절개를 꺾고 명예를 땅바닥에
떨어뜨린다. 이는 동서고금을 막론하고 어진 이나 어리석은 자 가릴 것 없이 모두 한결같
이 되풀이해 왔다.
　하물며 지금 세상에 음란한 풍조가 날로 치성하고 옛 윤리 도덕은 갈수록 쇠퇴하여 경
박하게 날뛰는 젊은이들이 홍등가의 유혹에 푹 빠져드는가 하면, 지혜롭고 학식 많은 문
인조차도 값싼 연애소설의 습기에 젖어든다. 입으로는 욕심을 억제해야 한다고 말하면서
도 욕정의 생각은 더욱 불어나고, 귀로는 음란을 끊어야 한다고 들으면서도 음란의 기회
는 배나 늘어난다. 길가에서 교태부리는 모습을 만나면 눈동자가 천 번이나 휘둥그레지
고 문틈 사이로 아름다운 여색을 스치면 창자가 백번이나 꼬부라진다.
　결국 마음이 육신의 부림을 당하고 의식이 감정에 질질 끌려간다. 쭈글쭈글한 얼굴의
하찮은 할멈이나 볼품없는 몸매의 시골뜨기 아낙이라도 어쩌다 꽃과 풀잎을 머리에 꽂으

882

면 마치 서시西施같은 미인이라도 된 것처럼 생각한다. 그러니 간음이 천지도 용서하기 어렵고, 신명까지 진노하는 엄청난 죄악임을 어찌 염두에 두겠는가.

만약 다른 여자의 지조와 절개를 빼앗으면 자기 아내나 딸들이 그 빚을 갚아야 하고 또 남들의 명예와 소문을 더럽히면 후세 자손들이 그 과보를 받는 줄은 아는가. 후손이 끊긴 무덤의 주인공은 모두 경박하게 미쳐 날뛰던 젊은이 아닌 자 없으며, 기생과 창녀의 조상들은 죄다 화류계에 탐닉했던 건달들이라네. 부자가 될 수 있는 자도 옥루玉樓의 호적에서 삭제되고, 귀인이 될 운명의 사람도 금방金榜의 명단에서 제외된다. 회초리 · 곤장 · 징역 · 유배 · 사형 등 살아생전에는 다섯 등급의 형벌을 당하고, 지옥 · 아귀 · 축생 등 죽은 뒤에는 삼악도의 윤회 고통을 받아야 하리. 이전의 은혜와 사랑, 이제 와서 텅 비어 버리니 옛날의 영웅 같은 기개는 어디 가고 없는가. 포부 큰 청년과 뜻 높은 선비와 학식 많고 덕망 있는 명인 모두에게 두루 권하노니, 진리를 깨달으려는 마음 내어 색마의 장애를 과감히 쳐부수라.

연꽃 같이 흰 얼굴도 잠시 살점 붙은 해골에 불과하고 화려하게 치장한 미모도 옷 덮어 씌운 똥오줌임을 아는가. 설령 옥같이 곱고 꽃처럼 아름다운 모습을 마주하더라도 모두 누이 같고 어머니 같은 마음으로 품고 대하라. 아직 사음의 죄악을 범한 적이 없는 이는, 발을 헛디뎌 빠지는 일이 없도록 예방할 것이며, 일찍이 나쁜 짓을 행한 적이 있는 자는 한시 바삐 고개 돌려 참회하세.

- 인광대사 〈불가록〉 서문

* 중국 근대의 고승중의 한 분인 홍일(弘一)대사께서는 생전에 인광대사를 만나 뵙고 절에서 며칠 간 같이 지낸 적이 있다. 후에 인광대사에 관한 평을 남기셨는데, 우리가 배울 점이 너무 많아서 인용한다. 참고로 이글은 〈불광출판사〉에서 나온 「내 이름을 부르는 이 누구나 건너리(정원규 옮김)」에서 인용한 것임을 밝힌다.

「인광대사는 평생토록 노동하시는 것을 좋아하셨습니다. 1924년 내가 보타산에 갔을 때, 인광대사는 64세셨는데, 시자(侍者)도 없이 혼자 살면서 모든 일을 스스로 하시는 것을 보았습니다. 작년에 대사는 80세셨는데 여전히 날마다 직접 청소하고 가구를 닦고 기름등을 소제하며 의복을 세탁하셨습니다. 이와 같이 대사께서는 직접 노동하시면서 사람들의 모범이 되셨는데, 게으른 사람을 보면 많이 경계하시면서 근면할 것을 권하셨습니다. 대사는 일생동안 복을 아끼는 일〔惜福〕에 가장 주의하셨습니다. 의식주 등이 모두 지극히 간단하고 거칠고 열악하였으며, 정미(精美)한 것을 보시면 힘써 배척하셨습니다. 1924년 내가 보타산에서 7일 동안 머물면서 매일 새벽부터 저녁까지 대사의 방에서 모든 행동을 관찰했습니다. 대사는 매일 아침 반찬도 없이 죽 한 그릇만 드셨습니다. 대사께서 이르시기를, "처음 보타산에 왔을 때에는 아침에 짠 반찬을 같이 먹었는데, (나와 같은) 북방 사람은 습관이 되질 않아 그냥 흰죽만 먹곤 했습니다. 이런 습관이 이미 30여 년이 되었습니다."라고 하셨습니다. 식사를 마치시면 혀로 그릇을 깨끗이 핥아 먹었습니다. 그 뒤에 끓인 물을 그릇에 부어 남은 것들을 깨끗하게 씻어서 그 물로 입을 헹군 뒤에 마셨습니다. 대사는 밥과 반찬 찌꺼기가 남는 것을 매우 두려워하셨습니다. 사시공양(巳時供養, 오전 9시-11시) 때에는 밥 한 그릇과 반찬 한 그릇을 다 드셨으며, 아침 공양 때처럼 그릇을 깨끗이 씻어 드셨습니다. 대사는 이렇게 하시면서 다른 사람들에게도 엄격하게 권하셨습니다. 손님이 그릇에 밥을 남기면 반드시 크게 질책하며 말씀하셨습니다. "그대는 복이 그렇게 많은가. 이렇게 복을 낭비하다니!" 이러한 일은 자주 있었으며, 나는 여러 번 들었는데, 다른 사람들도 그러한 일을 보았다고 얘기했습니다. 그리고 어떤 손님이 반찬을 쓰레기통에 버리면 그 또한 크게 질책하고 경계하셨습니다. 이것은 식사와 관련된 일을 말한 것인데, 복을 아끼는 다른 일도 이와 같았습니다. 대사는 갖가지 불법에 정통하셨지만, 오직 염불법문에만 의지하여 스스로 행하시고 다른 사람들에게도 권하셨습니다. 대사의 재가(在家) 제자들은 대부분 고등교육을 받거나 유럽과 미국에 유학을 갔다 온 사람이 많았는데, 대사께서는 그들과 불법의 (어렵고 수준 높은) 철학적인 이치는 논하지 않고, 오직 전심(專心)으로 염불할 것을 권하셨습니다. 그래서 제자들은 모두 일일이 믿고 받들었으며, 결코 염불을 경시하거나 염불에 대해 망령되게 의혹을 품지 않았습니다. 이는 모두가 대사의 높은 덕행에 감화되었기 때문입니다」

몸을 해치는 것은 여색보다 더한 것이 없고, 도를 잃게 하는 것은 재물에 미칠 것이 없다. 그러므로 부처님이 계율을 제정하여 재물과 여색을 엄금하신 것이다.

여인을 보거든 독사와 호랑이처럼 여기고, 금이나 옥을 대하거든 나무나 돌같이 보라. 비록 어두운 방에 홀로 있더라도 큰 손님을 대한 듯이 하고, 남이 볼 때나 안볼 때나 한결같이 해서 안과 밖을 달리하지 마라. 마음이 깨끗하면 선신이 수호하고, 여색을 생각하면 천신들이 용서하지 않을 것이다. 선신이 수호하면 험난한 곳에서도 편안하고, 천신들이 용서하지 않으면 편안한 곳이라도 불안이 따른다.

- 〈자경문自警門〉

대개 재가在家의 속녀俗女는 환독患毒이 너무 많다. 부처님은 말씀하시기를, 간사하고 아첨함이 남자보다 더 하다고 하셨다. 혹은 갖가지 화장품으로 얼굴에 화장하고 머리를 꾸미며 혹은 아름다운 비단 옷으로 남자를 유혹하며 혹은 예쁜 입과 입술을 놀리며 삿된 눈길에 노래하고 웃으며 혹은 한숨짓고 읊조리면서 사람을 바라보며 혹은 가슴을 드러내고 손으로 얼굴을 가리며 머리를 싸매며 혹은 천천히 걸으면서 눈을 흔들어 그림자를 희롱하며 혹은 눈을 떴다 감았다 하고 금방 슬퍼했다가 금방 기뻐하는 등 이런 짓으로 어리석은 사내를 유혹하여 그 마음을 망령되게 집착하게 한다. 이런 요망스런 거짓은 이루 다 말할 수가 없다. 범부들이 헷갈리고 취함은 다 유혹되기 때문이다.

집이 가난해 괴로워하는 것도 다 여자 때문이요, 밖에 나가 몸을 망치는 것도 다 여자 때문이요, 집안이 화목하지 않는 것도 다 여자 때문이요. 자녀가 반역하는 것도 다 여자 때문이요, 형제가 헤어지는 것도 다 여자 때문이요, 친족끼리 소원해지는 것도 다 여자 때문이요, 악도에 떨어지는 것도 다 여자 때문이요, 인간ㆍ천상에 나지 못하는 것도 다 여자 때문이요, 선업善業의 길을 막는 것도 다 여자 때문이요, 성과聖果에 들어가지 못하는 것도 다 여자 때문이니, 이런 과환過患은 이루 다 말 할 수 없는 것이다. 중생이란 이런 것이라 참으로 가여운 것이다. 항상 애욕의 불에 타면서도 그것을 버리지 못하고 재앙의 고통을 받으면서 계속 끊어지지 않는 것이다.

- 〈법원주림〉

15. 삼계인천표三界人天表

三界	等位	명칭		禪	天	道	특징
무색계 無色界 (4천)	33(28)	비상비비상천非想非非想天			사공천 四空天		84,000겁. 사공천四空天의 천인들은 스스로 대열반을 증득했다고 생각한다.
	32(27)	무소유처천無所有處天					60,000겁
	31(26)	식처천識處天					40,000겁
	30(25)	공처천空處天					20,000겁
색계 色界 (18천)	29(24)	색구경천 色究竟天	정거천 淨居天	사선천 四禪天	색계 사선천 四禪天	28天	16,000겁
	28(23)	선현천 善現天					淨居天의 다섯 하늘에는 아라한과를 증득 하지 못한 소승성자와 권교보살이 거주함
	27(22)	선견천 善見天					4,000겁
	26(21)	무열천 無熱天					2,000겁
	25(20)	무번천 無煩天					1,000겁
	24(19)	무상천無想天					외도外道들이 사는 가장 높은 하늘로 장수천 長壽天이라 불림
	23(18)	광과천廣果天					500겁
	22(17)	복생천福生天					250겁
	21(16)	복경천福慶天					125겁
	20(15)	변정천遍淨天		삼선천 三禪天			풍겁風劫이 일면 변정천까지 허물어져버림
	19(14)	무량정천無量淨天					32대겁
	18(13)	소정천少淨天					16대겁
	17(12)	광음천光音天		이선천 二禪天			수겁水劫이 일면 광음천까지 잠김. 8겁
	16(11)	무량광천無量光天					4대겁
	15(10)	소광천少光天					2대겁
	14(9)	대범천大梵天		초선천 初禪天			화겁火劫이 일면 대범천까지 다 타버림.
	13(8)	범보천梵輔天					40소겁
	12(7)	범중천梵衆天					수명은 20소겁
욕계 欲界 (6천)	11(6)	타화자재천他化自在天			육욕천 六欲天	육도 六道	수명은 16,000세(인간의 1,600년/1일)
	10(5)	화락천化樂天					수명은 8,000歲(인간의 800년/1일)
	9(4)	도솔천兜率天					外院은 천인들의 거주지이고, 內院은 미륵 보살의 정토. 수명은 4,000歲(400년/1일)
	8(3)	야마천夜摩天					수명은 2,000歲(인간의 200년이 이곳의1일)
	7(2)	도리천?利天					33천이라 불림. 수명은 1,000歲(100년/1일)
	6(1)	사천왕천四天王天					지국천/증장천/광목천/다문천. 수명은500歲
	5	아수라阿修羅					천인의 복福은 있으되, 천인의 덕德은 없음
	4	인人					남섬부주/북구로주/서우화주/동승신주의4개가 있음. 부처님은 인간계에만 오심
	3	축생畜生			삼악도 三惡道		도살당하거나 약육강식의 고통이 있음
	2	아귀餓鬼					배고픔, 목마름 등으로 무량한 고통을 받음
	1	지옥地獄					18개의 대지옥과 수십개의 소지옥이 있음 등활지옥의 수명은 1,620,000,000,000년임

16. 사상四相과 오견五見

《금강경》에서는 말합니다.

「일체의 상相을 떠난 것을 부처라 한다.[離一切諸相 卽名諸佛]」

《원각경》에서는 말합니다.

「일체 모든 중생들은 모두 아상我相에 집착하여 무시이래로 허망하게 생사를 윤회하고 사상四相을 없애지 못하기 때문에 보리菩提를 얻지 못한다.[一切諸衆生 皆由執我愛 無始妄流轉 未除四種相 不得成菩提]」

《금강경》은 「무릇 형상이 있는 모든 것은 다 허망하다. 만일 이 형상이 진실한 상이 아님을 깨달으면 부처가 되리라.[凡所有相 皆是虛妄 若見諸相非相 卽見如來]」라고 하여 상相을 없앨 것을 끊임없이 강조하고 있습니다.

《금강경》의 요점은 무주無住·무상無相·무원無願이라고 남회근 선생은 말합니다.

상相이 도대체 무엇일까요. 남회근 선생은 「상相이란 우리가 볼 수 있는 사람이나 일[事]이나 물건[物]은 모두 상相입니다. 보이지 않는 생각이나 관념도 모두 상相입니다.」라고 하였습니다. 뿐만 아니라 일체의 모든 현상이나 경계境界도 모두 상相에 들어갑니다. 자연 현상·과학적 현상·사회 현상·문화 현상 등도 모두 상相에 들어가고, 부처나 보살이나 중생도 모두 상相이자 환幻입니다. 불보살이 앞에 나타나는 것도 환幻(원래 없는 것을 있는 것으로 생각하는 것)이고, 불상佛像도 모두 환입니다.

남회근 선생은 「중생이 상相에 집착하면 열반을 얻을 수도 없고, 부처가 될 수도 없습니다. 인생의 일체 고통과 번뇌는 모두 사상四相으로부터 옵니다.」라고 하였습니다.

《금강경》에서는 네 가지의 상相인 사상四相을, 유식학唯識學이나 《아함경》 등에서는 다섯 가지의 견見인 오견五見을 말하고 있습니다. 사상四相이란 아상我相·인상人相·중생상衆生相·수자상壽者相을 말하고, 오견五見이란 신견身見·변견邊見·견취견見取見·사견邪見·계금취견戒禁取見을 말합니다.

《금강경》에서는 아상·인상·중생상·수자상이라는 말이 많이 나오고, 아견我見·인견人見·중생견衆生見·수자견壽者見이라는 말도 나옵니다. 상相은 바깥으로 드러난 현상을 말하고, 심리상에 머물 때에는 견見이라 부릅니다.

남회근 선생은 「사상四相이란 대단히 엄중한 것입니다. 인생의 일체 고통과 번뇌는 모두 사상四相으로부터 옵니다.」라고 하였습니다. 사상四相은 네 가지 주관적 관념을 뜻하고, 오견五見은 견혹見惑을 말합니다. 이 사상四相과 오견五見은 불교에서 너무나 중요한 개념이기 때문에 따로 정리를 해 보았습니다. 사상四相 외에 법상法相이라는 용어도 함께 보기로 합니다.

사상四相

《금강경》에 「수보리여, 만약 보살이 아상·인상·중생상·수자상을 갖는다면 보살이 아니다.[須菩提 若菩薩有我相 人相 衆生相 壽者相 即非菩薩]」라고 하였고, 역시《금강경》에 「무아無我 무인無人 무중생無衆生 무수자無壽者로써 일체의 선법을 닦으면 곧 아누다라삼먁삼보리를 얻는다.[以無我 無人 無衆生 無壽者 修一切善法 即得阿耨多羅三藐三菩提]」라고 하였으며, 또《금강경》에서 「수보리야, 어떤 사람이 아견我見·인견人見·중생견衆生見·수자견壽者見을 부처가 말했다고 한다면 수보리야, 너는 어떻게 생각하느냐. 이 사람이 내가 말한 뜻을 안다 하겠느냐. 아닙니다, 세존이시여. 이 사람은 여래께서 말씀하신 뜻을 알지 못한 것입니다.[須菩提 若人言 佛說我見人見衆生見壽者見 須菩提 於意云何 是人解我所說義不 不也世尊 是人不解如來所說義]」라고 하였습니다.

《원각경》에 「말법의 중생이 사상四相을 없애지 못하면, 여래의 견해와 수행법문을 자기의 수행으로 삼더라도 종국에는 성취하지 못한다.[末世衆生不了四相 以如來解及所行處 爲自修行 終不成就]」라고 하였고, 또 「말법末法의 중생이 사상四相을 알지 못하면, 비록 여러 겁을 지내도록 부지런히 애써 도를 닦더라도 단지 유위有爲라 말할 뿐이요, 마침내 일체의 성인의 과위果位를 이루지 못한다. 그러므로 정법시대라도 말법과 다름이 없다고 말한다.[末世衆生不了四相 雖經多劫勤苦修道 但名有爲 終不能成 一切聖果 是故名爲正法末世]」라고 하였습니다.

남회근 선생은 「상相에 집착하면 법신法身을 볼 수 없습니다. 아상我相·인상人相·중생상衆生相·수자상壽者相은 4대 원칙으로서 어떤 상相에 집착하더라도 모두 법신을 볼 수 없습니다.」라고 하였고, 또 「사람들은 곳곳에서 아상我相에 떨어집니다. 아상을 떨쳐버릴 수 있다면 거의 다 된 겁니다. 아상을 떨쳐버리면 당연히 무상無相으로서 일체가 평등합니다. 일체 중생이 부처이며 천하 남녀가 모두 부모이고, 천하 자녀가 모두 자기 자녀입니다. 아상이 없으니 인상人相이 없고, 인상이 없으니 자연히 중생상衆生相이 없어 평등합니다. 그리고 소위 수자상壽者相이라는 것도 없으니, 오래 사나 짧게 사나 마찬가지입니다.」라고 하였습니다.

다음에 나오는 내용과 예例들은 거의 남회근 선생의 말씀을 그대로 인용한 것임을 밝힙니다.

1) 아상我相

①다른 사람들이나 사물 또는 어떤 현상에 대해 자기만의 생각이나 견해나 느낌 등을 갖게 되는데, 이것들이 모두 아상我相입니다. ②사대(四大: 地水火風을 말하는데, 신체의 피부·살·골격·세포·혈액·열에너지·기운·호흡 등이 나의 실체라고 여김)와 오온(五蘊: 色受想行識인데, 色은 우리 몸을 말하고, 受는 느낌이나 감정 등을 말하고, 想은 마음속에 떠오르는 어떤 모습들을 말하고, 行은 身口意로 짓는 세 가지 업을 말하고, 識은 분별하고 집착하는 것을 말한다)으로 가합假合된 것이 바로 '나'인데, 이 '나'가 진정으로 존재한다고 보는 것이 아상입니다. ③'내 생각인데…' '내 관점으로 말하자면…' '내가 볼 때…' '남자니까…' '여자니까…' '경험이 많은 내가 보건대…' '많이 배운 내가 보건대…' '수행을 많이 해온 내가 볼 때…' 이런 생각이나 관념들이 다 아상我相에 속합니다. ④나는 나고 너는 너며 그는 그다. 나를 좋아해주면 나도 그를 좋아하고, 나를 싫어하면 나도 그를 싫어하고 미워합니다.⑤지위가 높거나 나이가 많으면 젊은 사람들을 무시하거나 깔봅니다. ⑥주관·편견·고정관념·아집 등도 아상입니다. ⑦아무리 생각해봐도 역시 자기가 최고라고 여깁니다(자기 문장이 최고이며, 자기 의견이 제일 훌륭하다고 생각합니다). ⑧모든 것을 자기 관점에서만 바라봅니다. ⑨'나'라는 관념, 지식인이라는 우월

적 관념도 아상이고, 불자(佛子) 티·학자 티·공무원 티·종교인 티를 늘 풍기는 것도 아상이 강한 사람의 특징입니다. ⑩'(내가 옳지만) 네가 불쌍하니까 봐준다.'고 생각합니다. ⑪자기보다 나은 자를 보면 마음에서 질투심이 일어납니다. ⑫증상만增上慢이나 공고아만貢高我慢 등도 아상의 한 부류이고, 뒤에 나올 인상人相이나 중생상衆生相이나 수자상壽者相도 아상我相에 지나지 않습니다.

이 우주 안에 '나'라고 할 만한 것이 없어서 이 아상我相이 없어진 것이 바로 제법무아諸法無我입니다. 무아無我에는 두 가지 경계가 있습니다. 하나는 인무아人無我이고, 다른 하나는 법무아法無我입니다. 인무아는 다시 신무아身無我와 심무아心無我로 나뉩니다. 부모가 나아준 이 몸은 사대四大가 잠시 화합하여 생긴 것입니다. 우리들의 육체는 단지 잠시 빌려 쓰고 있을 뿐입니다. 시간이 흐르면 노쇠하여 무너지는데, 이것이 신무아身無我입니다. 우리들의 생각은 마치 물결이나 허공의 뜬구름이 수시로 변해가듯이 매분 매초마다 머무르지 않는데, 이를 심무아心無我라고 합니다.

남회근 선생은 「어떤 것이 무아無我일까요. 먼저 신견身見을 버려야 합니다. 불법을 배우는 첫걸음은 신견을 버리는 것입니다. 신견을 버린다고 무아無我가 되는 것은 아닙니다. 단지 신견이 없어질 뿐입니다. 진정으로 몸과 그 속에 내재된 마음이 모두 없어진 무아無我에 이르러야만 비로소 바른 겁니다. (신견을 포함한) 아견我見이 사라지더라도 단지 인무아人無我에 도달한 것에 불과합니다. 인무아人無我는 소승의 과위果位입니다. 최후에는 법무아法無我에 이르러야 합니다. 이것이 바로 부처가 말한 아누다라삼먁삼보리입니다. 법무아法無我에까지 이르면 성불합니다.」라고 하였습니다.

《원각경》에 「무엇이 아상인가. 중생들의 마음이 이해한 느낌이나 생각 등이 증득한 경계를 말한다.[云何我相 謂諸衆生心所證者]」라고 하였고, 역시 《원각경》에 「저 도를 닦는 자가 아상을 없애지 못하기 때문에 청정한 각해覺海에 들어갈 수 없다.[彼修道者不除我相 是故不能入淸淨覺]」라고 하였습니다.

남회근 선생은 「우리가 눈을 뜨면 사물을 볼 수 있는데, 주의를 기울여보면 우리 몸은 감각하는 바가 있습니다. 이 감각하는 바가 바로 이 '나'입니다. 우리 스스로 무엇이 어떠

어떠하다고 여기는 것이 모두 아상我相의 작용입니다.」라고 하였습니다.

　　남회근 선생은 「사실 신체는 신체일 뿐 '나' 가 아닙니다. 신체는 기계에 지나지 않습니다. 그러나 사람은 이 몸을 아낍니다. 즉 본래 무아無我인데, 우리들의 존재는 단지 일념一念사이에 우리가 잘못하여 알지 못해 곳곳마다 '나' 가 있다고 여기기 때문에 도를 이룰 수 없다는 겁니다. 부처님을 배우거나 출가하여 수행하는 것은 도를 이루기 위한 것이고, 도를 이룬다는 것은 바로 무아를 증득하는 것입니다. 그러나 세간의 수행인들은 날마다 정좌 수행을 수십 년 동안 하지만 '나' 가 있을까요, 없을까요. 그？'나' 라는 것이 갈수록 커집니다. 자기 자신만 공부가 있고, 남은 자기만 못하다고 느끼기 때문에 이 '나' 가 더욱 커집니다.」라고 하였습니다.

　　《원각경》에 「선남자여, 일체 중생은 시작도 없는 먼 옛날부터 '나' 가 있다고 망상을 하고, '나' 를 사랑하여 왔기 때문에, 생각 생각이 끊임없이 생멸하고 있다는 것을 지금까지 스스로 알지 못하느니라. 그러므로 미움과 사랑을 일으켜 오욕에 탐닉하고 집착하느니라. [善男子 一切衆生從無始來 由妄想我及愛我者 曾不自知念念生滅 故起憎愛 耽著五欲]」라고 하였습니다.

　　남회근 선생은 「망망한 고해苦海에서 일체중생은 구求함이 있으니 모두 괴롭습니다. 세간법의 것을 구하더라도 얻지 못하면 괴롭고, 출세간법의 것을 구하더라도 상응하지 못하면 더욱 괴롭습니다. 부처님을 배우고 싶고 출가하고 싶고 도를 이루고 싶으니 얼마나 괴롭습니까. 세간이나 출세간 그 모두가 다 괴로움입니다. 어떻게 이 괴로움을 끝마치고 벗어날까요. 괴로움은 어디서 오는 것일까요. '나[我]' 로부터 옵니다. '나' 가 있으면 괴로움이 있습니다. '나' 는 어디서 오는 걸까요. 내 몸과 마음이 사대(四大: 地水火風을 말함)와 화합하는 데서 옵니다. 이 화합의 결과를 색수상행식色受想行識, 즉 오온五蘊이라고 합니다. 무엇보다 먼저 이 오온을 철저하게 알고 끝마쳐야 고해苦海를 뛰어넘을 수 있습니다. 이 고해를 뛰어넘는 것이 바로 반야심경에서 말하는 '도일체고액度一切苦厄' 입니다.」라고 하였습니다.

　　남회근 선생은 「일체법은 인연으로 생겨나기 때문에 그 자성自性이 공空합니다. 그러므로 일체법 중에는 내가 없습니다.[一切法無我] 우주만유는 다 인연소생因緣所生입니다. 짓는 자도 없고 받는 자도 없습니다. 지금 모두들 여기 앉아 있습니다만, 분명히 내가 여기 앉아 있다는 것을 느낄 수 있는데, 왜 무아無我라고 하는 것일까요. 수행이 잘 되면 될수록 이 '나[我]'라는 것이 도리어 갈수록 단단해질 겁니다. 어째서 무아無我가 되지 않을까요. 세 가지 잘못을 범하고 있기 때문입니다. '나'라는 것이 있고, '짓는 자'가 있고, '받는 자'가 있다고 생각하기 때문입니다. 정좌靜坐를 하자마자 또는 염불을 하자마자 여러분은 무의식적으로 내가 수행을 하고 있다고 생각을 하게 됩니다. 가장 큰 잘못은 '받는 자'가 있다고 생각하는 겁니다. '나'라는 것이 도대체 무엇일까요. 이 육체일까요. 육체는 하나의 껍데기에 불과합니다. 잠시 빌려 사용하고 있는 겁니다. 그 안에는 '나'가 없습니다. 일체의 법은 다 인연소생입니다. 중생은 본래 무아無我입니다. 그런데 멋대로 '내'가 있다고 허망하게 인정합니다. 이거야말로 대망념大妄念입니다.」라고 하였습니다.

남회근 선생은 「왜 성불할 수 없을까요. 당신의 그 청정한 경계·공空의 경계·광명의 경계는 모두 '나[我]'가 변한 것이기 때문입니다. 나는 무엇이 변한 것일까요. 업業이 변한 것입니다. 업은 마음이 변한 것입니다. 마음은 한 생각 무명無明이 변한 것입니다. 이 한 생각 무명이 '나'를 열반으로 여기기 때문입니다. '나'가 변한 청정함을 성불의 경계로 여기기 때문입니다. 우리가 '한 생각도 일어나지 않는 청정한 경계가 바로 도道이다.'라고 여기는 것이야말로 도적이요, 업력의 근본이어서 영원히 성취할 수 없습니다.」라고 하였습니다.

2) 인상人相

인상人相의 근본은 아상我相입니다. 즉, 인상人相은 아상我相이 확대된 것입니다. 아상이 없으면 인상도 생겨나지 않습니다. 인상은 아상의 연장선상에 놓여 있습니다. ①무슨 일에 대해 자기가 깨달았다고 여깁니다. ②자신의 깨달음이 다른 사람들이나 옛 성현들을 뛰어넘었다고 생각합니다. ③내가 믿는 불교를 다른 사람들이 믿으면 좋아하고, 믿지 않으면 싫어하거나 안타까워하거나 불쌍히 여깁니다.

《원각경》에 「무엇이 인상人相인가. 중생들의 마음이 무엇을 증득하였거나 깨달았다고 느끼는 것을 말한다... 자신의 깨달음이 (다른) 모든 증득자들을 이미 뛰어넘었다고 하는 것이 모두 인상人相이다... 마음에 도를 깨달았다는 심리가 조금이라도 남아 있다면, 설사 교리를 속속들이 통하고 도리에 공부가 도달하였더라도 인상이라고 한다.[云何人相 謂諸衆生心悟證者... 悟已超過一切證者 悉爲人相... 心存少悟 備?證理 皆名人相]」라고 하였습니다.

3) 중생상衆生相

①부귀영화를 누리며 행복하고 편안하게 인생을 살고 싶어 합니다. ②사람으로 태어난 것이 참 다행이고, 사람은 만물의 영장으로서 가장 위대하다고 여깁니다. ③고통을 싫어하고 쾌락을 좋아하고 지옥을 싫어합니다. ④약한 자를 억누르려 하고, 강한 자에게는 아부합니다. 호승심(好勝心: 남을 이기고 싶어 하는 마음)이 강합니다. ⑤나는 부처와 같은 존재는 도저히 될 수 없으며, 중생은 구제받아야 할 대상이라고 봅니다. ⑥자타自他·선악善惡·시비是非·성속聖俗·미추美醜 등 이분법적인 사고에 젖어 있습니다. ⑦사람은 동물보다 우월한 존재라고 여깁니다(하지만 천인에 비하면 인간도 미물에 불과합니다). ⑧사람들이 없는 무인도에 가서 살고 싶고, 이 세상에 나 혼자만 있었으면 좋겠다고 생각합니다. ⑨누군가가 나를 욕하면 화가 나지만, 다른 이를 욕하면 상관하지 않습니다. 어떤 사고로 내 가족이 죽거나 다치면 눈물을 흘리면서 마음 아파하고 밥도 제대로 넘기지 못하지만, 어떤 사고로 내가 전혀 모르는 100명이 죽었다면 그거는 나와는 상관없는 일로서 아무렇지도 않게 여깁니다. ⑩일체 중생은 모두 평등한데, 중생은 평등하지 않다고 봅니다.

《원각경》에 「무엇이 중생상인가. 중생의 마음에서 자기의 증득과 깨달음이 (다른 사람들에게까지) 미치지 못하는 것을 말한다.[云何衆生相 謂諸衆生心 自證悟所不及者]」라고 하였습니다.

남회근 선생은 위 구절에 대해 풀이하시기를, 「사람이 자기 자신을 이해하는 것은 쉽지만, 다른 사람을 이해하는 것은 어렵습니다. 사람이 생각하는 것은 모두 자기일 뿐입니다. 다른 사람은 어떻든 상관하지 않습니다. 그러므로 생각이 (다른 사람들에게까지) 미치지 못하는 것이 중생상입니다.」라고 하였습니다.

4) 수자상壽者相

①살기를 바라고 죽기를 두려워합니다. ②나이가 많으면 존중하고, 나이가 적으면 깔봅니다. ③무병장수하고, 더 나아가 영원히 살고 싶어 합니다. ④건강을 챙기고 장수를 위해 불법佛法을 닦습니다. ⑤장수하면 축복받은 것이고, 요절하면 박복하다고 생각합니다. ⑥ 나이를 가지고 서열을 정합니다. 《원각경》에서는 수자상壽者相을 수명상壽命相이라고 달리 표현하였습니다. 《원각경》에 「무엇이 수명상壽命相인가. 중생들의 마음이 청정한 경계를 비추어서 망념이 다 사라졌음을 깨달았다는 것을 말한다.[云何壽命相 謂諸衆生心 照清淨覺所了者]」라고 하였습니다.

남회근 선생은 위 말씀을 풀이하시기를, 「도를 깨닫고 나서 오온五蘊이 다 공空함을 비추어보아 무엇이든지 다 공空해지고, 청정하고 청정한 경계를 비추어서 한 생각이 일어나지 않는 것이 도道요, 명심견성을 성취해 냈다고 여기지만, 사실은 이것이 바로 '나[我]'입니다. 망상입니다. 공空해졌다고 느낀다면 그 청정한 경계도 명시 망념妄念입니다.」라고 하였습니다.

남회근 선생은 또 「'나는 불생불사不生不死하는 법신法身을 깨닫지는 못할 것 같다. 그러니 서방 아미타불 나라에 유학 갈 신청수속이나 먼저 밟아야겠다. 만일 내가 수행하여 성취하지 못하면 중도에 떠나버리자. 아미타불! 서방 극락세세에 왕생하면 오직 즐거움만 있고 고통은 없다고 한다. 그리고 바라는 대로 다 있다고 한다. 또 고생하고 힘쓸 필요도 없다고 하니, 작은 밑천으로 큰 이득을 얻는 것이다. 심지어 본전도 필요 없단다. 단지 아미타불의 이름을 부르기만 하면 된다고 하니 밑천 들지 않는 장사다.' 이런 심리도 역시 수자상입니다. 자신이 좀 더 편하게 살고 좀 더 오래 살고 싶어 하는 것은 기본적으로 아상我相에서 비롯됩니다.」라고 하였습니다.

법상 法相

불교에서 '법法'이라는 용어는 많은 뜻을 가지고 있습니다. 여기서 말하는 법法이란 일체의 이치[理]와 일[事], 일체의 경계, 일체의 사물, 일체의 견해나 관념, 일체의 물질적·정신적 현상을 가리키는 말입니다. 즉 인간의 모든 사고思考의 대상이 법입니다. 법상은 이 법에 집착하는 것입니다. 즉, 법집法執입니다. 법상이 무너지고 깨진 것을 법무아法無我라 합니다.

법무아法無我란 일체의 정신적·물질적 현상은 모두 인연이 잠시 화합하여 이루어진 것으로서 실체가 없다는 뜻입니다. 《금강경》에서 「일체의 인연화합으로 생겨난 것들은 모두 꿈과 같고 허깨비와 같고 거품과 같고 그림자와 같다.[一切有爲法 如夢幻泡影]」라고 하였고, 또 「일체의 상相은 다 거짓이고 가짜다. 만약 일체의 상相이 상相이 아닌 줄 안다면 바로 부처를 보리라.[凡所有相 皆是虛妄 若見諸相非相 卽見如來]」라는 구절이 있으며, 또 「일체의 법이 무아임을 안다면 인(忍: 無生法忍을 말함)을 얻어 성취한다.[知一切法無我 得成於忍]」라는 구절이 있습니다.

남회근 선생은 「유식학에서 말하는 '일체의 법에는 자성自性이 없다.'라는 말은 바로 금강경에서 말하는 '일체의 법은 무아'라는 이치입니다. 이 말들은 일체의 세간世間 및 출세간出世間의 사물과 일체의 이치가 그것 자체로는 영원히 존재할 수 없다는 것을 말합니다. 단독으로 존재하여 영원히 불변할 수 있는 하나의 성질이 없다는 겁니다.」라고 하였습니다.

생사生死를 두려워하는 것도 법에 집착하는 것이요, 열반을 좋아하는 것도 법에 집착하는 것입니다. 예컨대, 일체가 모두 공空이라고 보고 공空에 집착하거나, 반대로 유有에 집착하는 것은 법상法相에 빠진 것입니다. 소승小乘은 공空에 치우치고, 범부는 유有에 치우칩니다. 염불을 할 때에는 반드시 서쪽을 향해야 한다든지, 이 경전은 반드시 보아야 성불한다든지, 부처님은 불상佛像처럼 생기셨을 것이라고 생각한다든지, 선禪을 닦아야만 하며 다른 법문으로는 성불하지 못한다고 한다든지, 우리가 부처님께 절을 하면 부처님은 기뻐하실 것이라고 생각한다든지, 색상色相이나 소리[音聲]로써 부처님을 보거나 들으려 한다든지, 대철대오(명심견성)하면 늘 청정한 광명 속에 있으면서 빛을 발하고 있을 것이라고 생각한다든지, 도를 깨달으면 어떤 것도 하려 하지 않으며 일체의 것에 관여하지 않으리라고 생각한다든지 하는 것들이 모두 법상에 빠진 것입니다. 누구나 부처님에 대한 나름대로의 틀(관념), 도道에 대한 고정관념이 있다. 우리가 천당天堂을 떠올릴 때 사람마다 천당의 이미지가 다 다른데(중국인들은 옥황상제와 선녀들을 떠올리고, 서양인들은 천사를 떠올릴 것이다.), 이것도 법상입니다. 우리가 불법을 많이 배우면 배울수록 법상의 밧줄은 더욱 단단히 조여든다고 남회근 선생은 말합니다.

《능엄경》에 「일체의 상相을 떠나되, 일체의 법에 즉卽한다(일체를 떠나는 것 역시 떠난다는 뜻.[離一切相 卽一切法]」라고 하였고, 《금강경》에 「아누다라삼먁삼보리의 마음을 낸 자는 일체의 법에 대해 마땅히 이렇게 알고, 이렇게 보며, 이렇게 믿고 깨달아서 법상法相이 생기지 않아야 한다.[發阿耨多羅三邈三菩提心者 於一切法 應如是知 如是見 如是信解 不生法相]」, 「마땅히 법을 취하지도 말고, 법이 아닌 것을 취하지도 말아야 한다.[不應取法 不應取非法]」, 「법도 버려야 하거늘 하물며 법이 아닌 것은 말할 것이 있겠는가.[法尙應捨 何況非法]」라고 하였습니다.

선종의 조사께서는 「실제적인 이치의 견지見地에서는 티끌 하나에도 집착하지 않으며, 온갖 행을 행할 때에는 어느 법 하나도 버리지 않는다.[實際理地 不著一塵 萬行門中 不捨一法]」라고 하였습니다.

남회근 선생은 「설사 불경을 거꾸로 줄줄 외울 수 있고, 불학의 이론과 견해를 다 알고 있을 뿐만 아니라 계戒를 지키고 정定을 닦는 등 부처님의 말씀대로 수행하더라도 끝내는 불도를 성취할 수 없습니다. 왜 그럴까요. 상相에 집착하기 때문입니다. 무슨 상에 집착한 걸까요. 법상法相에 집착한 것입니다. 일체의 상相에 집착하는 것도 잘못이요, 상相에 집착하지 않는 것도 잘못입니다.」라고 하였습니다.

오견 五見

오견은 견혹見惑 또는 아견我見이라고도 합니다. 견見이란 생각이나 관념을 말하는데, 업력業力의 근본이 됩니다. 견혹見惑은 견해상의 잘못을 말합니다. 견해와 학문이 높을수록 오견이 더욱 심해집니다. 견혹을 완전히 끊으면 소승의 초과初果인 수다원과須陀洹果를 증득합니다. 수다원과를 증득해도 삼계를 벗어나지는 못하지만, 삼악도에 다시는 떨어지지 않는 수승한 과보를 얻습니다. 사혹思惑까지 끊어야 삼계를 벗어나는데, 이는 아라한과阿羅漢果의 경지입니다.

1) 신견身見

오온五蘊으로 가합假合(임시로 합쳐짐)된 이 몸이 실제로 있다고 보는 것, 또는 신체적인 장애를 말합니다. 다음의 예들이 모두 신견입니다.

①수행을 했더니 기맥이 움직이는군.

②염불을 하니까 빛이 보이네.

③잠을 안 잤는데도 안 피곤하군.

④오래 앉아 있었더니 다리가 저리다.

⑤수행을 한참 했더니 배가 고프네.

⑥며칠 동안 좌선을 했으니까 잠을 자야겠어.

⑦참선 수행 중에 신통이 생기면 이에 집착하고 좋아함.

⑧오늘은 수행이 매우 잘됐다. 몹시 청정하다.

⑨'한 생각'도 일어나지 않았으니 나는 공空해졌다.

⑩사대四大가 공空하다고 말하면서, 막상 그런 경계가 오면 두려워하거나 물러나버린다.

남회근 선생은 「불법을 배우는 첫 걸음은 신견身見을 버리는 것입니다. 항시 이 신체가 존재한다고 느껴 그것을 아주 견고한 것으로 보기 때문에 도를 얻기가 힘듭니다. 한 걸음 더 나아가 보리菩提 정각正覺을 구하고자 한다면, 최대의 장애가 되는 것이 바로 신견입니다. 일반인들은 불법을 배우려 좌선을 하면서도 정정定을 얻지 못합니다. 바로 신견身見 때문입니다. 신체의 감각이 있고 신체에 대한 생각이 있습니다. 이 신체가 살아 있다거나,

배부르다거나, 기맥이 어떻다거나, 단전이 달아오른다거나, 다리가 저려온다거나... 이 신체는 오래 살든 단명하든 간에, 결국 한 줌의 재로 변해 아무 것도 남지 않습니다.」라고 하였습니다.

《금강삼매경》에 「만일 아[我]가 있다고 한다면 '있다[有]'는 견해를 없애도록 하고, 만일 아[我]가 없다고 한다면 '없다[無]'는 견해를 없애도록 하라.[若有我者 令滅有見 若無我者 令滅無見]」라는 말씀이 있습니다.

2) 변견邊見

변邊이란 양변(兩邊: 극단적인 견해)을 말하는 것이니, 변견이란 이 양변에 떨어지거나 집착하는 것을 말합니다. 즉, 중도中道를 벗어난 견해가 변견입니다. 옳지 않은 것을 옳다고 고집하고, 자신의 생각만이 옳다고 보며, 유有에 집착하여 무無를 버리거나, 무無에 집착하여 유有를 버리는 것이 변견에 해당합니다. 단견(斷見: 사람이 죽으면 완전한 無로 돌아가기 때문에 아무것도 존재하지 않는다는 견해)과 상견(常見: 사람이 죽으면 다시 사람으로 태어나고, 돼지도 죽으면 다시 돼지로 태어나는데 이것이 영원히 되풀이된다고 보는 견해)도 변견입니다. 유물론唯物論(사람을 포함하여 이 우주만물은 오직 물질로만 이루어졌다고 보는 견해로서, 정신이나 마음도 물질에 지나지 않거나 물질의 영향을 받는다고 봄. 돈이나 계급 등이 인간의 의식을 결정함)은 대표적인 단견에 해당합니다. 공견(空見: 일체가 空하여 부처도 空이요, 善도 空이요, 殺人도 空이요, 因果도 空이라는 견해인데, 동남아시아의 소승불교는 공견에 떨어진 것이라고 남회근 선생은 말합니다)도 변견에 해당합니다. 사람은 영원히 사람으로 다시 태어나고, 축생은 영원히 축생으로 태어난다고 믿는 것도 변견입니다.

3) 견취견見取見

견見은 주관적인 견해이며, 취取는 집착을 의미합니다. 견취견은 과果가 아닌데 과果로 잘못 생각하는 견해를 말합니다. 예컨대, 자기의 견해가 최고 또는 절대적이라고 생각하거나, 초선初禪을 열반(궁극적인 경지나 깨달음)이라고 보거나, 천상에 태어난 것을 영생

永生을 얻었다고 보는 것이 견취견입니다. 자기의 주관적인 선입견이나 고정관념이나 편견 등은 모두 견취견입니다. 불교의 모든 종파는 모두 견취견입니다.(이 법문을 닦아야만 성불하며, 다른 법문들은 소승小乘이고 원교圓敎가 아니어서 결국 성불하지 못한다고 여기기 때문입니다). 민주주의, 공산주의, 자본주의, 실존주의, 합리주의 등 인간이 만들어 낸 모든 사상과 철학이 모두 견취견입니다. 비열한 견해나 하찮은 것을 아주 수승하고 청정하다고 집착하는 것도 견취견입니다. 수행을 하다가 수승한 경계가 나타나거나 빛을 보기도 하는데, 이 빛이야말로 도道라도 생각해서 이것이 나타나지 않으면 도를 얻지 못한 것이라고 보는 것도 견취견입니다.

남회근 선생은 「불법의 온갖 종파, 중관中觀을 닦아야만 옳다거나 무엇을 닦아야만 한다거나 하는 것은, 미안하지만 모두 오견五見 속의 견취견見取見입니다. 오직 이것이라야만 옳다고 주관적으로 생각한다면 이미 그것에 속박된 겁니다. 그러므로 일체의 이러한 것들로부터 해탈해야만 비로소 불법을 배운다고 할 수 있습니다.」라고 하였습니다.

4) 계금취견戒禁取見

계율에 비추어 어떠한 일은 해서는 안 되며, 또 어떤 일은 반드시 해야 한다는 견해를 말합니다.

①자기가 믿는 종교야말로 옳고, 남의 종교는 옳지 않다고 생각하여 배척합니다.

②다른 종교를 믿는 사람을 죽이면 신神에게 칭찬받는다고 생각합니다.

③한 외도外道가 천안통을 얻었는데, 그는 소가 하늘에 태어나는 것을 보고서 소의 생활을 배우게 되면 자신 역시 하늘에 태어날 수 있을 것이라 믿고 소처럼 풀을 뜯어 먹었습니다.

④닭처럼 한 발로 서 있는 걸 배운다든지, 개처럼 똥을 먹는다든지 하는 것을 죽은 뒤 천상에 태어나는 인연이나 해탈의 도道로 여기는 외도外道들이 있는데, 모두 계금취견입니다.

⑤이슬람교도들은 돼지고기는 먹어서는 안 된다고 하고, 힌두교도들은 소를 숭배하듯이 각 종교마다 서로 다른 계율이 있는데 모두 계금취견입니다.

⑥힌두교도들은 갠지스 강에서 목욕하면 자기의 죄가 모두 소멸된다고 믿습니다.

⑦채식을 해야만 성불할 수 있다고 믿는 것도 계금취견입니다(그렇다고 육식을 해도 된다는 의미는 아닙니다).

⑧달걀을 먹으면 타락할 수 있고, 오리 알을 먹어야 도를 얻을 수 있다고 보는 종교도 있는데 역시 계금취견입니다.

사견邪見이나 계금취견은 대부분이 종교나 신앙의 측면과 상관이 있습니다.

5) 사견邪見

인과응보를 부정하는 견해가 대표적인 사견입니다. 즉, 인과응보는 거짓이며 인과응보는 없다고 믿습니다. 즉, 선인선과善因善果·악인악과惡因惡果·자작자수自作自受를 믿지 않으며 삼세인과三世因果를 부정합니다. 더 나아가 불교의 핵심인 삼법인三法印이나 연기법緣起法을 부정하는 것도 사견에 속합니다. 부처님은 「부유하고 귀하고 행복한 운명은 전생에 닦은 공덕이 인연의 씨앗이 되어 얻어지는 과보이니라. 똑같은 인간의 몸으로 태어나서 같은 하늘 밑에 같은 공기를 마시면서 살되 복을 받는 사람, 재앙을 받는 사람, 착한 사람, 악한 사람, 잘사는 사람, 못사는 사람으로 그 삶이 각양각색인 까닭은 자작자수요, 인과응보이며 자업자득이니라.」라고 하셨고, 또 「설사 백 천겁을 지날지라도 지은 업은 사라지지 않아서 인연이 모여 만날 때는 과보를 돌려받으리라.」라고 하셨습니다.

중국 선종의 초조初祖이자 관세음보살의 화신인 달마대사는 「내가 오랜 옛적부터 무량한 세월 동안 근본을 버리고 지말枝末만 좇아, 생사윤회의 물결 속을 떠다니면서 무수히 많은 원한과 증오를 쌓았다. 또한 남의 뜻을 거스르고 피해를 준 일도 무한하리라. 비록 지금은 잘못한 것이 없다고 할지라도, 내가 지금 고통을 받는 것은 숙세에 내가 지은 악업의 열매가 익었을 뿐, 하늘이나 다른 사람이 벌을 주는 것이 아니니, 오직 내가 지은 바를 내가 받는 것이다.[我從往昔 無數劫中 棄本從末 流浪諸有 起多怨憎 違害無限 今雖無犯 是我宿殃 惡業果熟 非天非人 所能見與]」라고 하였습니다.

남회근 선생은 「우리가 중년에 겪게 되는 여러 환경들은 어릴 때 이미 잠복되어 있던 인因입니다. 만년에 얻게 되는 과果는 바로 어릴 때, 또는 중년기에 자신이 행했던 여러 행위들의 결과입니다. 인생을 세 단계로 나누어 본다면, 20세 이전이 전생의 과보에 해당하고, 20세부터 40세까지가 현생에 지은 인因의 과보이며, 40세부터 60세까지가 후생에 해당합니다. 혹은 더 좁혀서 말하면, 어제가 전생, 오늘이 현생, 내일이 내생이라고 할 수 있습니다.」라고 하였습니다.

17. 십계十戒

　십계란 부처님께서 세우신 열 가지 계(戒), 즉 ①不殺生 ②不偸盜 ③不邪淫 ④不妄語 ⑤不綺語 ⑥不兩舌 ⑦不惡口 ⑧不貪欲 ⑨不瞋恚 ⑩不邪見을 말합니다. 이 중에서 ❶殺生 ❷偸盜 ❸邪淫, 이 세 가지는 몸[身]으로 짓는 죄이고, ❹妄語 ❺綺語 ❻兩舌 ❼惡口, 이 네 가지는 입[口]으로 짓는 죄이며, ❽貪欲 ❾瞋恚 ❿邪見, 이 세 가지는 생각[意]으로 짓는 죄입니다. 입으로 짓는 죄의 가짓수가 4개로 가장 많은데, 이는 우리 중생이 입으로 죄를 쉽게 그리고 많이 짓기 때문일 것입니다. 이 열 가지 악업 중에서 살생殺生과 사견邪見의 죄가 가장 무겁다고 합니다.

　십계를 달리 십선十善 또는 십선업도十善業道라고 부릅니다. 반대는 십악十惡 또는 십불선업도十不善業道입니다. 십계는 실로 불교뿐만 아니라 모든 수행의 첫걸음이자 반야를 낳는 초석입니다.

　하지만, 이 10개의 계율을 다 지킬 수 있을까요. 철저하게 지킨다는 것은 중생으로서는 사실 불가능한 일입니다. 오계五戒(①不殺生 ②不偸盜 ③不邪淫 ④不妄語 ⑤不飮酒)도 지키기 어려운데, 하물며 십계이겠습니까. 계율을 강조하다보면 사람들이 불교를 멀리할 수도 있습니다. 그럼에도 우리는 거칠게나마 십계를 지키려고 노력해야 합니다. 그리고 십계를 범했을 경우 진정으로 참회하고 다시는 짓지 않으려 노력해 나가면 됩니다.

　《법화경》《법구경》《출요경》《대반열반경》등에는 ‘일곱 부처님의 공통된 가르침’ 이라는 뜻의 ‘칠불통계七佛通戒’ 또는 ‘칠불통계게七佛通戒偈’가 나오는데, 그 내용은 「그 어떠한 악도 짓도 짓지 말고, 모든 선을 받들어 행하라. 그리하면 마음이 청정해 지리라. 이것이야말로 모든 부처님들의 가르침이다.[諸惡莫作 衆善奉行 自淨其意 是諸佛敎]」라는 게송이 실려 전합니다. 이 게송이 불교 계율의 종지를 압축해서 드러내고 있습니다. 십계는 이 가르침을 확장한 것입니다. 어떠한 악행도 짓지 않으면 우리는 그만큼 청정해지고 수행은 그만큼 진보 향상합니다. 악행을 지으면서 수행을 하면 어떠한 성취도 얻을 수 없습니다.

《유마경》에는 「보살은 성불할 때 십선도를 행한다.[菩薩成佛時 行十善道]」, 「십선업이야말로 보살의 정토이다.[十善是菩薩淨土]」라는 말씀이 있습니다. 삼보에 귀의하는 것은 더할 나위 없는 공덕으로서, 석가모니 부처님의 말씀을 믿고 따르겠다는 서원입니다. 따라서 삼보에 귀의한 사람은 바른 깨달음과 믿음을 가져서 미혹되지 않아야 하고, 삿된 것을 여의고 선법만을 행하여야 하며, 육근이 청정하여 더러움에 물들지 않아야 합니다.

부처님의 화신인 남회근 선생은 「몸으로 짓는 세 가지 업은 살생·도둑질·사음입니다. 마음으로 짓는 세 가지 업은 탐욕·성냄·어리석음입니다. 입으로 짓는 네 가지 업은 거짓말·이간질하는 말·악담·꾸며대는 말입니다. 이 열 가지 수행이 원만해졌다면 계행은 저절로 청정해집니다. 우리가 알듯이 불법은 삼승三乘에 그치는 것이 아닙니다. 오승五乘으로 인승·천승·성문승·연각승·보살승이 있습니다. 부처를 배움에 있어 첫걸음은 인승人乘노릇부터 잘 하는 것입니다. 사람조차도 제대로 되지 않았다면 기초가 없습니다. 사람됨을 제대로 행하지 않았다면 천상계에 태어날 자격도 없는데도 아라한이 되고 보살의 과위를 얻고 싶다고요? 인승의 기초는, 심지어는 오승 전체의 기초도 모두 십선十善위에 서 세워지는 것입니다. 십선을 행할 수 있고 난 다음에 선善의 과보를 일체중생에 회향해야 비로소 지계持戒성취의 기준이 됩니다. 그런 다음에 불국佛國에 왕생할 수 있습니다.」라고 하였습니다.

《화엄경》에서 「계는 무상보리無上菩提의 근본이니 마땅히 청정한 계를 갖추고 지켜야 한다. 만약 청정한 계를 갖추어 지킬 수 있다면, 일체의 모든 부처님들께서 찬탄하신다.[戒爲無上菩提本 應當具足持淨戒 若能具足持淨戒 一切如來所讚歎]라고 하였고, 역시 《화엄경》에 「십불선업도의 상上은 지옥에 태어나는 종자이고, 중中은 축생에 태어나는 종자이며, 하下는 아귀에 태어나는 종자이다.[十不善業道 上者地獄因 中者畜生因 下者餓鬼因]」라고 하였습니다. 십악 중에서도 부모를 죽이는 경우라든지, 대망어를 한다든지, 승가(절이나 스님)의 물건의 물건을 훔친다든지 하는 죄는 상上에 해당되는 것으로 그 과보가 지극히 무겁다는 것을 알아야 합니다.

《관무량수경》에 「저 극락세계에 왕생하고자 하는 이는 마땅히 세 가지의 복을 닦지 않으면 안 된다. 그 첫째는 부모에게 효도하고 스승과 어른을 받들어 섬기며 자비한 마음으로 살생하지 말고 지성으로 십선업을 닦는 것이다. 둘째는 부처님과 불법과 성인에 등 삼보에 귀의하여 여러 가지 계율을 지키며 위의威儀를 범하지 않는 것이다. 셋째로는 위없는 도를 깨닫고자 하는 보리심을 내어 깊이 인과의 도리를 믿고 대승경전을 독송하며, 한편 다른 이에게도 그렇게 하도록 힘써 권해야 한다. 그래서 이러한 세 가지의 수행을 극락세계에 왕생하는 청정한 업이라 한다.」라는 말씀이 있습니다.

《불설대아미타경》에는 극락왕생과 무상보리에서 물러나지 않는 조건으로 십선을 닦을 것을 강조하고 있습니다.

《대승대집지장십륜경大乘大集地藏十輪經》에 「어떤 것을 대보살의 십륜十輪(대보살에게 있는 열 가지 법륜)이라 합니까. 선남자여, 이 십륜이란 다른 법이 아니고 바로 십선업도十善業道임을 마땅히 알아야 한다.[云何名菩薩摩訶薩十輪 善男子 此十輪者 非餘法也 當知卽是十善業道]」라고 하였고, 또 「십선업도란 바로 대승의 근본이요, 보리의 인因이며, 열반을 증득하는 견고한 사다리이니라. 선남자여, 십선업도를 수행하지 않고 단지 발심하고 서원하는 것만으로 보리를 얻고 열반에 들 수 있는 것이라면 1겁 혹은 한 순간에 가히 시방 모든 불국토 세계의 티끌같이 많은 중생들이 모두 정각에 올라 열반을 얻으리라. 그러나 그럴 수는 없는 것이니 왜 그러한가. 십선업도는 세간 출세간의 수승한 과보요 공덕의 근본이기 때문이니라. 선남자여, 만약 십선업도를 수행하지 않고 설사 시방세계 모든 불국토에서 미진수 겁을 지내는 동안 스스로 대승이라 하며 설하고 듣거나 하고 혹 단지 발심만 하거나 혹 단지 서원만 한다 해서 결코 보리열반을 증득할 수 없고 또한 다른 사람들을 생사 윤회고에서 해탈시킬 수 없느니라.[十善業道 是大乘本 是菩提因 是證涅槃 堅固梯蹬 善男子 若但發心 發誓願力 不由修行 十善業道 能得菩提 般涅槃者 於一劫中 或 一念頃 可令十方 一切佛土地界 微塵筭數衆生 皆登正覺 入般涅槃 然無是事 所以者何 十 善業道 是世出世 殊勝果報 功德根本善男子 若不修行 十善業道 設經十方 一切佛土 微塵 數劫 自號大乘 或說或聽 或但發心 或發誓願 終不能證 菩提涅槃 亦不令他 脫生死苦]」라는 귀한 말씀도 있습니다.

《능엄경》에 「섭심攝心이 계이고, 계에서 정定이 나오며, 정에서 지혜가 나온다.[攝心爲 戒 因戒生定 因定發慧]」라는 말씀이 있습니다. 여기서 섭심攝心이란 각 종 경계(과거, 현재, 미래, 인연 등)에 매달리는 마음을 거두어 들여 마음이 전일專一하여 산란하지 않는 것, 또는 마음이 육근六根과 육진六塵에 물들지 않아 청정한 것을 말합니다. 또《능엄경》에「계를 지키지 않으면 삼매를 닦더라도 번뇌에서 빠져나올 수 없다. 설사 선정을 얻어 지혜가 앞에 나타나더라도 또한 사마외도에 떨어지고 만다.[不持戒而修三昧者 塵不可出 縱得禪定智慧現前 亦落邪魔外道]」라는 말씀도 있습니다.

인광대사는「오계五戒가 다분히 몸을 추스르는 것이라면, 십선十善은 다분히 마음을 추스르는 점이 조금 다르다오. 십선을 모두 갖추면 틀림없이 천상세계에 생겨나게 되오.」라고 하였습니다.

육조 혜능선사는「마음이 청정하면 서방정토가 여기서 멀지 않고, 마음이 청정하지 않은 생각이 일어나면 염불해도 왕생하기 어렵다. 십악을 제거하면 곧 십만 리를 가고, 팔사八邪가 없으면 곧 팔천 리를 지난 것이다. 다만 곧은 마음을 행하면 (서방정토에) 도달하는 것은 손가락 퉁기는 것과 같이 쉽다. 사군아, 오직 십선을 행하라. (그렇지 않으면) 어찌 새삼스럽게 왕생하기를 바라느냐. 십악의 마음을 끊지 못하면 어느 부처님이 오셔서 맞이하겠느냐.[心但無不淨 西方去此不遠 心起不淨之心 念佛往生難到 除十惡 即行十萬 無八邪 即過八千 但行直眞心 到如彈指 使君 但行十善 何須更願往生 不斷十惡之心 何佛 即來迎請]」라고 하였습니다.

49년간 법을 설하신 부처님의 가르침은 결국 계정혜戒定慧로 귀결됩니다. 즉, 계율과 선정과 지혜입니다. 이 세 가지를 삼학三學이라 합니다. 삼학을 풀어 헤치면 육바라밀이 됩니다. 육바라밀 중에서 보시 · 지계 · 인욕 · 정진은 계戒에 해당하고, 선정은 정定에 해당하며, 반야는 혜慧에 해당합니다.

남회근 선생은「진정으로 선善한 일 한 가지를 하면, 자기의 속마음에는 말로 할 수 없는 편안함이 있고, 그 날은 잠도 특히 잘 자고 유달리 통쾌합니다. 그러므로 이렇게 선행을 쌓아 가면 자성自性의 광명에서 당신은 정좌할 필요가 없고 다리를 틀고 앉아 있을 필요도 없이 지혜가 다 나옵니다. 다리를 틀고 앉아 선정禪定을 닦는 것은 소극적인 행위로서 감히 악행을 행하지 않는 것일 뿐이며, 여전히 소극적인 선행입니다. 그러므로 보살도는 적극적으로 선善을 행해야 하는 것입니다. 당신은 정좌할 필요가 없이 마찬가지로 (보살도에) 도달합니다. 뿐만 아니라 아주 빨리 도달합니다.」라고 하면서, 또 「계율은 무상보리無上菩提의 근본입니다. 수행자는 24시간 어느 때나 항상 자기의 몸[身]과 말[口]과 생각[意], 이 세 가지의 행위가 계율 속에 있는지 생각해야 합니다.」라고 하였습니다.

남회근 선생은 또 「아직 생사의 바다를 건너지 못한 자는 당연히 계율을 잊어서는 안 됩니다. 수행자 여러분! 오계를 엄격히 지켜야 합니다. 이 오계 중에 어느 한 가지라도 엄격히 지키고 깊이 공부하면 자성본래自性本來의 면목을 철저하게 깨닫고 생사生死의 큰일을 밝힐 수 있거늘, 하물며 이 오계를 다 지킨다면 더 말할 나위가 있겠습니까.」라고 하였습니다.

아난존자가 「부처님이 열반하신 후 무엇을 스승으로 삼아야 합니까.」라고 부처님께 여쭙자, 부처님은 「내가 열반에 든 후에 대중들은 마땅히 사념처四念處(이 몸은 깨끗하지 못하며, 모든 희노애락 등 모든 감각[受]은 고통이고, 마음은 무상無常한 것이며, 나[我]도 없고 법法도 없다고 관觀하는 수행)에 의지해 머물러야 하고, 계율을 스승으로 삼아야 하느니라.」라고 하셨습니다.

계戒에는 삼귀의三歸依 · 삼취정계三聚淨戒 · 오계五戒 · 육법계六法戒(오계에 '때 아닌 때에 먹지 말라[不非時食]'를 추가한 것) · 팔관재계八關齋戒 · 십계十戒 · 48경계輕戒 · 거사계 · 사미계 · 비구계(250계) · 비구니계(348계) · 보살계 · 밀교계 등이 있습니다. 그런가 하면 24위의威儀나 3천위의威儀 그리고 8만 세행細行과 같은 것도 있습니다.

영명 연수선사는 〈만선동귀집〉에서 「대저 계戒란 것은 만선萬善의 기초이니... 만일 계가 없다면 일체의 선업공덕善業功德 그 어떤 것이라도 생기지 않는다.」라고 하였습니다.

부처님께서는 오계五戒가 청정해야 내생에 사람의 몸을 얻을 수 있으며, 십선업十善業의 도를 성취하면 천도에 태어날 수 있다고 말씀하셨습니다.

허운선사는 「부처님을 배우는 데는 어떠한 법문이든지 상관없습니다만, 결국은 지계가 근본이 됩니다. 지계가 없으면 지혜가 많다 하더라도 다 마사魔事(선근을 파괴하고 마음을 어지럽혀 열반을 얻지 못하게 하고 그 결과 생사에 계속 윤회하도록 하는 일)에 지나지 않습니다.[學佛不論修何法門等 總以持戒爲本 如不持戒 縱有多智 皆爲魔事]」라고 하였습니다. 또「십선十善은 입버릇처럼 늘 말하지만, 진실로 실천할 수만 있다면 부처가 되고 조사가 되는 초석이며, 세상이 태평하고 인간세계 정토를 건설하는 주축이기도 합니다.[十善老生常談 可是果能眞實踐履 却是成佛作祖礎石 亦爲世界太平建立人間淨土之機樞]」라고 하였습니다.

철오선사는「우리는 자기가 무슨 생각을 하며 살고 있는지 마땅히 매일매일 스스로를 세밀하고 깊게 점검하고 관찰해야 합니다. 날마다 순간순간 일상생활 속에서 무슨 생각을 가지고 살아가는지를 세심히 놓치지 말고 살펴야 한다는 것입니다. 과연 현재의 나의 이 마음이 열 가지 세계 가운데 어느 세계를 더 많이 생각하고 있는지, 또한 어느 세계를 더 강렬하게 갈망하고 있는지를 스스로 묻고 점검해 본다면, 미래에 닥쳐올 자기의 삶이 어떤 모습일지, 또는 내생에 자신이 몸을 받고 목숨을 이어갈 세계는 어떤 세계가 될지는 수고롭게 남에게 물어볼 필요도 없이 자명해질 것입니다.[當密自檢點日用所起之念 與何界相應者多 與何界相應者猛 則他日安心立命之處 不勞更問人矣]」라고 하였으며, 성현께서「계의 그릇이 견고하여야 선정의 물이 맑아질 수 있고, 선정의 물이 맑아야 지혜의 달이 두루 나타난다네.[戒器堅固 定水澄淸 定水澄淸 慧月方現]」라고 설파하셨습니다.

그런가 하면,「스승이나 스님 등으로부터 계를 받은 사람이 살생을 하지 않으면 살생하지 않은 공덕이 날마다 증가하지만, 계를 받지 않은 사람은 그러한 공덕이 없다. 거사계를 받은 사람이 거사계를 지키면 잠을 잘 때조차 계를 지킨 공덕이 5배씩 증가하고, 사미계를 받은 스님이 사미계를 지키면 잠을 잘 때조차 계를 지킨 공덕이 36배씩 증가하며, 비구계를 받은 스님이 비구계를 지키면 잠을 잘 때조차 계를 지킨 공덕이 253배씩 증가한다.」라는 성현의 말씀도 있고,「만약 오계와 십선을 깨끗하게 지키고 삼업을 청정하게 할 수만 있다면 범부에서 벗어나 성현의 경지에 반드시 오를 것이며 더 나아가 불과를 증득할 수 있다.[若能淨守五戒十善 三業淸淨 必能超凡入聖 進趣菩提佛果]」라는 대덕의 말씀도 전하고 있습니다.

《불설희유교량공덕경佛說希有校量功德經》이라는 경전에는「부처님께서 아난에게 이르시기를, 삼천대천세계 안에 부처님들이 가득 차 계시는데, 그 수가 항하사 수와 같도다.

만약 어떤 사람이 일체의 모든 공양구(부처님께 올리는 향·꽃·향로·촛대·그릇 등)로 부처님을 12,000세 동안 공양하고, 또 부처님 멸도 후에 보탑寶塔을 세우고 향화香華로 부처님께 공양한다면 그 복보가 많겠지만, 청정한 마음으로 불법승 삼보에 (지심으로) 귀의한 사람만 못하나니, 앞의 사람이 이 사람이 얻는 공덕에 비한다면 100분의 1에도 미치지 못하고, 1000분의 1에도 미치지 못하며, 백 천만분의 1에도 미치지 못하고, 불가수不可數(12번째로 큰 수. 가장 큰 수는 불가설불가설전)분의 1에도 미치지 못한다.[佛陀告訴阿難 若三千大千世界里 充滿如來 如恆河沙 若有人 供養一切樂具 滿二萬歲 諸佛滅後 各起寶塔 又以香華供養 福報雖多 但不如有人以淸淨心歸依佛法僧三寶 所得功德百分不及一 千分不及一 百千分不及一 乃至不可數]라는 말씀도 있습니다.

한편, 계는 무엇이고 율은 또 무엇이며 이 둘의 관계는 어떻게 되는 것일까요. 동국대 불교학과 김성철 교수의 설명입니다.

「계는 윤리(Ethics), 율은 법(Law)에 대비된다. 계는 선악의 기준이고, 율은 승단의 운영규칙이다. 계는 스스로 지키는 것이고, 율을 어기면 승단의 제재를 받는다. 계는 '자율적 윤리'이고 율은 '타율적 규범'이다. 계는 출가자나 재가자 모두가 지켜야 할 '윤리적 지침'이지만, 율은 출가한 스님에게만 해당하는 '승단의 규범'이다.」

아래 글들은 불경에 나오는 말씀들과, 과위를 증득하신 고승대덕들의 말씀, 그리고 남회근 선생의 글들을 모은 것임을 밝힙니다.

1. 살생하지 말라[不殺生戒]

● 중생의 목숨을 끊는 것을 살생이라 합니다.[斷有情命 是曰殺生] 여기서 중생이란 사람뿐만 아니라 모든 생명이 다 포함됩니다. 꿈틀거리는 모든 존재가 다 중생입니다. 개미나 모기는 물론이고, 인간의 눈에 보이지 않는 세균이나 바이러스 등과 같은 미생물도 엄연히 생명에 해당됩니다. 인간을 이롭게 하는 생명체건 해롭게 하는 생명체건 모두 중생

에 해당함을 알아야 합니다.

● 살생은 죄 중에서 가장 무겁습니다. 이 때문에 불살생계不殺生戒가 모든 계율마다 맨 앞에 자리하는 것입니다.

● 살생은 10계 중 가장 무거운 죄악이며 대승계大乘戒에서 가장 경계하는 행위이기도 합니다. 참고로, 소승계小乘戒에서는 음계婬戒를 가장 경계합니다.

● 《화엄경》에 「살생을 하는 죄는 중생을 지옥이나 아귀나 축생에 떨어지게 한다. 사람으로 태어나도 두 가지의 과보를 받는다. 하나는 단명한 것이요, 또 하나는 몸에 병이 많은 것이다.[殺生之罪能令衆生墮於地獄畜生餓鬼 若生人中 得二種果報 一者短命 二者多病]」라고 하였습니다.

● 《지장보살본원경》에 「만일 중생을 죽이는 자를 만나면 숙세에 재앙이 있고 단명한 과보를 받는 것을 말해주고…(중략)…만일 사냥을 좋아하는 이를 보면 놀라거나 미쳐서 죽는 과보를 말해주고…」라는 말씀이 있습니다.

● 꿈틀거리는 그 어떤 미물도 죽여서는 안 되며, 더 나아가서는 방생을 적극 행해야 합니다.

● 사람에게 죽을 위험이 닥치면 보물은 말할 것도 없고, 높은 지위나 막강한 권세도 버리며, 심지어 자식이나 배우자까지도 버리고 오직 목숨을 건지는 것을 우선으로 삼기 때문에 목숨이 가장 소중한 것입니다. 고로 살생의 죄가 가장 무거운 것입니다.

● 자기가 직접 죽이거나, 남을 시켜 죽이거나, 남이 살생하는 것을 보고 기뻐하거나, 남에게 살생을 권하는 행위 등은 모두 살생에 해당하며 그 죄질도 똑같습니다.

● 다른 사람을 속이거나 권하거나 해서 자살하게 하는 것도 살인입니다.

● 십계는 처음이 가장 무겁고 뒤로 갈수록 그 죄과가 가벼워집니다. 따라서 살생이 도둑질보다 무겁고 도둑질이 음행보다 무겁습니다.

● 곤충을 죽이는 것보다 동물을 죽이는 죄가 더 크고, 동물을 죽이는 것보다 사람을 죽이는 죄가 더 큽니다.

● 총으로 죽이거나, 때려죽이거나, 구덩이에 빠져 죽게 하거나, 주문을 외워 죽게 하거나, 걱정을 하게끔 해서 죽게 하거나, 살 의욕을 뺏어 결국 죽게 만들거나, 자살하는 것을

칭찬하여 죽게 하는 등 가지가지 방편으로 죽게 하는 모든 것들이 다 살생에 해당합니다.

● 「앞으로 살생하지 않겠습니다.」하고 서원하는 것이 최고의 공양입니다.

● 곤충이나 동물 등을 죽이면 하下의 살생이요, 범부凡夫에서부터 아라한阿羅漢 아래까지를 죽이면 중中의 살생이요, 부모나 아라한 이상을 죽이면 상上의 살생이라 합니다. 상上의 살생을 하면 무간지옥에 떨어져 무량한 고통을 겪습니다.

● 홍수와 가뭄, 전염병, 지진, 화산폭발 등의 천재지변은 모두 살생의 죄업으로 말미암아 일어나는 인과응보입니다.

● 고기를 먹는다면 살생하는 것과 같습니다. 매일 매일 고기를 먹으면 매일 매일 살생하는 것과 같습니다.

● 세 명이 소 한 마리를 죽였다면, 살생한 과보가 3분의 1로 나누어지는 것이 아니라, 세 명 모두 소 한 마리를 죽인 과보를 각각 받습니다.

● 전쟁터에서 장군 1사람이 부하들을 시켜 사람 1천명을 죽였다면, 부하들은 각자 죽인 수만큼의 과보를 받게 되고, 장군은 1천명 모두를 죽인 무서운 과보를 받습니다.

● 부모를 죽이거나 아라한을 죽이면 가장 무거운 지옥인 무간지옥에 떨어지는 과보를 받습니다.

● 동물을 죽이는 경우, 그 동물의 몸이 클수록 살생의 죄도 커집니다. 예를 들어, 개미 한 마리를 죽인 경우와 개 한 마리를 죽인 경우를 비교해보면, 개를 죽인 죄가 훨씬 더 큽니다. 몸이 큰 만큼 고통도 크기 때문입니다. 이 이치는 방생에도 그대로 적용됩니다. 즉, 새 한 마리를 방생하는 경우와 소 한 마리를 방생하는 경우, 소 한 마리를 방생하는 공덕이 훨씬 큽니다. 성인께서 송아지 한 마리를 방생하면 관음주觀音呪 7억 번을 염송한 공덕과 같다고 말씀하셨습니다.

● 같은 벌레를 죽였다 해도, 잔인하게 죽이면(예를 들어, 불에 태워 죽이거나 찢어 죽이는 경우) 그 죄과가 더 무겁습니다.

● 동물을 살생하여 부모에게 공양하면, 그 동물의 원한을 부모에게 돌리는 것이 되어, 부모는 영겁토록 살생의 빚을 갚아야 하는 고통을 겪습니다. 마찬가지로 동물을 살생하여 스님들에게 공양하면 스님들도 그 살생의 과보를 받습니다. 그렇다면 스님이 탁발(집

집마다 돌아다니면서 식량 등을 구걸하는 것)을 하는 경우에, 어떤 사람이 고기를 스님께 공양하면 그것을 받아야 할까요, 거부해야 할까요. 아직 높은 경지에 이르지 못한 스님이라면 그 공양을 받지 말아야 할 것이고, 높은 경지에 이른 스님이라면 공양을 받아도 괜찮습니다. 왜냐하면, 예컨대 보살의 과위를 증득한 스님이라면 악행을 해도 죄가 안 되기 때문입니다. 왜 죄가 안 될까요? 스님의 마음이 철저한 무심無心의 경지에 올랐기 때문입니다. 진정으로 무심한 사람은 여인을 껴안고 자도 죄가 안 되고(음심이 조금도 일지 않기 때문에), 고기를 먹어도 죄가 되지 않습니다.

● 착한 사람이 살생을 하는 경우와 악한 사람이 살생을 하는 경우, 악한 사람의 살생이 더욱 무겁습니다.

● 모기나 파리와 같은 해충害蟲들도 모두 이 세상에 태어난 이유가 있고, 엄연한 생명이므로 죽여서는 안 됩니다. 수행이 깊어지면 이런 곤충들도 수행자에게 접근하지 않습니다. 그래서 수행이 높은 경지에 이른 자는 죄를 짓고 싶어도 짓지 못합니다. 공자께서 나이 70세를 일컬어 '종심소욕불유구從心所欲不踰矩' 라 했습니다. 이는 '내가 하고 싶은 대로 해도 도道에 어긋나지 않는다.' 라는 의미인데, 이런 경지가 바로 무심無心의 경지입니다.

● 자기 손으로 죽이지도 않고 남을 시켜 죽이지도 않으며, 죽인 것을 보면 먹지도 않고, 죽인 것을 귀로 들어도 먹지 않으며, 죽인 것이라는 의심이 나도 먹지 않고, 자신을 위하여 죽인 것도 먹지 않아야 합니다.

● 살생을 업業으로 삼는 사람들(예를 들어, 어민들이나 도살업자들)은 하루빨리 그 직업을 그만두고 참회해야 합니다.

● 살생을 취미로 삼는 사람들(예를 들어, 낚시꾼이나 사냥꾼들)은 하루빨리 그러한 취미를 중단하고 참회해야 합니다.

● 살생을 많이 한 사람들은 죽음이 찾아 왔을 때, 자기가 죽인 동물들의 원혼이 무섭고 화난 얼굴로 달려들며 삼악도三惡道(지옥/아귀/축생)로 이끕니다.

● 삼보의 상징물을 조성한다든지 등의 선행을 핑계 삼아 살생을 하면 그 죄질이 훨씬 무겁습니다.

● 스님들에게 살생한 고기를 공양하는 경우, 공양을 올린 사람과 받은 사람 모두에게 살생의 죄업이 있습니다.

● 십선업의 반대는 십악十惡인데, 십악 중에서 살생과 사견邪見의 죄가 가장 큽니다.

● 전생에 살생을 많이 한 사람은 수명이 짧고 몸에 질병이 많은 과보를 받습니다.

● 남회근 선생은「자기 신체를 상하게 하거나 짓밟거나 죽이는 것은 보살계菩薩戒를 범하는 겁니다.[殘害自己身體 任意糟蹋自己 浪費自己生命 都是犯菩薩戒的]」라고 하였습니다. 따라서 자해自害를 하거나 자살을 하는 행위들은 불교의 계율을 어기는 것으로서 그 죄과가 대단히 무겁다는 것을 알 수 있습니다. 우리가 힘써서 자살을 막아야 할 이유가 여기에 있습니다.

● 남회근 선생은「우리는 육식할 때에 조심해야 합니다. 불보살의 고기를 먹는 경우도 있지 않겠습니까.」라는 의미심장한 말씀을 해 주셨습니다.

● 남회근 선생은「불교에서는 생일을 '모난일母難'이라고 합니다. 모친이 재난을 당한 날이라는 뜻입니다. 그러므로 짐승을 잡아 대접하지 말고 채식을 해야 합니다. 자기의 생명이 태어났는데, 왜 다른 생명을 죽여서 경축해야 합니까.」라고 하였습니다.

● 남회근 선생은「불교에서는 두 음식을 금합니다. 하나는 오신채五辛菜인데, 마늘이나 양파 등 자극적인 것을 먹지 않습니다. 이것들이 성욕을 자극하기 때문입니다. 다른 하나는 육식인데, 육식을 하지 않는 것은 살생을 피하기 위해서입니다. 불교는 일체의 식물 내지 진흙에는 '생生'은 있되 '명命'은 없다고 말합니다. '명命'이란 영감靈感이나 감정, 생각이나 감각 등을 말합니다. 생명이란 '생'과 '명命'이 결합된 것입니다.」라고 하였습니다.

● 살생을 하게 되면 몸에 병이 많거나 단명短命하는 과보를 받는 것 외에, 다음 생에 기분이 오싹한 지역 혹은 협곡이나 절벽이 있는 등 생명에 위험이 있는 지역에 태어나는 과보를 받습니다.

● 모든 생명은 부처의 법신法身입니다. 고로 해쳐서는 안 됩니다.

●「고기는 저절로 생기는 것 아니고, 반드시 생명을 죽여서야 얻게 된다.」라고 성인께서 말씀하셨습니다.

● 어떤 생물이든 살생을 당할 때에는 모두 성내는 마음을 일으켜 혈액 속에 독성을 함유하고 있기 때문에 많이 먹으면 중독됩니다.

2. 도둑질하지 말라[不偸盜戒]

● 도둑질이란 주인이 있는 물건을 주인의 허락 없이 가져가는 것을 말합니다.

● '도盜' 는 주지 않은 것을 취取取하는 것을 말합니다. 몰래 가지는 것을 '투偸' 라 하고, 드러나게 빼앗는 것을 '겁怯' 이라 하는데, 도盜는 두 가지를 다 포함합니다.

● 불교에서 말하는 도둑질은 세상에서 말하는 도둑질보다 넓습니다. 즉, 도둑질에는 물건을 훔치는 것뿐만 아니라 강도 · 사기 · 공갈 · 횡령 · 배임 · 불법점유 · 장물죄 등도 도둑질에 들어가며, 세금탈루도 도둑질에 들어갑니다.

●《화엄경》에 「도둑질한 중생은 또한 삼악도에 떨어진다. 사람으로 태어나더라도 빈천하거나 자기 재물을 자유롭게 쓰지 못한다.[偸盜之罪亦令衆生墮三惡道 若生人中 得二種果報 一者貧窮 二者共財不得自在]」라고 하였습니다.

● 남이 주지 않는 것을 절대 가져가서는 안 되며, 더 나아가 보시행을 적극 실천해야 합니다.

● 물건을 팔 때 3~4배 이상의 이익을 남기고 파는 것도 도둑질에 해당합니다.

● 물건을 파는 상인이 저울이나 무게를 속여서 이익을 남기는 것도 도둑질에 해당합니다.

● 돈을 위조하거나, 땅의 경계선을 몰래 이동시키는 것도 도둑질입니다.

● 돈을 빌려 주고 이자를 많이 받는 것도 도둑질에 해당합니다.

● 싼 물건을 터무니없이 비싸게 파는 것도 도둑질입니다.

● 본래 있던 자리에서 옮겼으면 다시 뉘우치는 마음을 냈거나 혹 두려워 본래 있던 곳에 다시 가져다 놓았을지라도 중죄를 지은 것이 됩니다.

● 다른 사람의 물건을 탐내어, 거짓말을 해서 그 물건을 버리게 하거나 없애게 하는 것도 도둑질입니다.

● 다른 사람의 물건을 맡거나 빌려 놓고, 시간이 지나 주인이 잊어 버렸다고 하여 물건을 가져가 버리는 것도 도둑질입니다.

● 세금을 포탈하거나 회사의 전화나 물건을 사적으로 쓰는 것도 도둑질이며, 회사나 관청의 물품을 집으로 가져가는 것도 도둑질입니다. 만약 한 사람의 것을 훔쳤다면 그 사람의 빚만 갚으면 되겠지만, 나라 것을 훔쳤다면 수천만 국민들이 세금을 낸 것이기 때문에 그들이 모두 채권자가 됩니다. 즉, 수천만 국민의 빚을 나중에 갚아야 합니다.

● 도둑질 중에서 가장 무거운 도둑질은 절이나 스님들의 재산을 훔치거나 허락받지 않고 가져가는 것입니다. 스님들이 공동으로 사용하는 법당 · 목탁이나 종 등의 물건들 · 요사채(스님들이 생활하시는 건물) · 절 소유의 임야 · 기타 건물들을 시방승물十方僧物이라 부르고, 스님들의 개인 물건 · 일용품 · 신도가 스님에게 보시한 물건 등을 현전승물現前僧物이라 부르는데, 승물은 털끝만큼이라도 범해서는 안 됩니다. 여기서 말하는 스님에는 살아계신 스님은 물론 돌아가신 스님의 물건도 포함됨을 유념해야 합니다. 돌아가신 스님의 물건은 다른 스님들만 취할 수 있습니다.

● 《지장보살본원경》에 「절의 재물을 마구 쓰는 이를 보면, 억겁 동안 지옥에서 윤회하는 과보를 말해 주며...」라는 말씀이 있습니다. 절에 머무는 사람들에게 경각심을 주는 말씀이 아닐 수 없습니다.

● 옳지 않은 물건들, 예를 들어 도박에 쓰인 돈이나 밀수품 · 위조된 돈 · 뇌물 · 도둑질한 돈이나 물건 · 빼돌린 돈이나 물건 · 탈세한 돈 등을 훔치면 죄질이 더 무겁습니다.

● 남이 잃어버린 물건을 가져가는 것도 도둑질입니다.

● 공공장소에 비치해 놓은 화장지나 물 등을 낭비하거나 혼자 사용하는 것도 도둑질입니다.

● 돈을 빌리고 나서 갚지 않는 것도 도둑질입니다.

● 도둑질을 하게 되면 서리와 우박으로 농작물이 해를 입거나, 과일 나무에 열매가 열리지 않거나, 기근이 있는 곳에 태어나는 과보를 받습니다.

● 남이 맡겨 놓은 물건을 취하는 것(이를 '횡령'이라 합니다)도 도둑질입니다.

● 자기의 의무를 제대로 이행하지 않아 다른 사람이나 단체에 손해를 주는 것(이를

'배임'이라 합니다)도 도둑질입니다.

● 전생에 도둑질을 많이 한 사람은 재물을 모으려고 해도 곤궁해지고, 재산이 모이면 약탈당하거나 사기를 당해서 날리며 재산이 있어도 쓰지 못하는 과보를 받습니다.

●《문수문경文殊問經》에서 「만일 남의 물건에 대하여 마음에 훔치려는 생각을 내면 바라이죄波羅夷罪(스님이 승단을 떠나야 하는 중죄로서, 여기에는 사음 · 투도 · 살생 · 망어의 넷이 있습니다.)를 범한 것입니다.」

●〈선현률善現律〉에서는 이렇게 말하였습니다.

「(절 등에서) 종을 치지 않았는데도 음식을 먹는 것은 투도죄偸盜罪를 범한 것이다.」

●《관불삼매경觀佛三昧經》에서는 「사찰 또는 소속 교단의 재물인 상주물常住物을 도둑질하면 팔만 사천의 부모를 죽인 죄업보다 더한 과보를 받는다.」고 하였고,《방등경》에서 화취보살華聚菩薩이 이르기를, 「오역죄와 사중죄四重罪를 범한 것은 내가 능히 구할 수 있지만, 오직 승보의 재물을 훔친 것은 (나도) 구해 낼 수 없다.[五逆四重 我亦能救 盜僧物者 我不能救]」하였습니다.

●〈제경요집諸經要集〉에서는 유독 승보의 재물을 도둑질한 죄만을 무겁게 취급한 까닭을 밝히고 있습니다.

「시주하는 사람이 본래 한 터럭 한 톨의 양식을 공양한 것은 시방의 승보(스님들)께 공양한 것이니, 북이나 종을 한 번 울리면 멀거나 가까운 곳에 있는 중생이 다 같이 듣는 것과 같이, 성인과 범부가 함께 받아서 도업道業을 이루게 된다. 시주하는 것이 한량없고 선善을 불러일으킴이 이렇게 많은 것인데, 그 재물을 훔치면 어찌 죄업이 적겠는가.」

● 모든 중생들은 옷과 밥으로 살아가나니, 만일 훔치고 빼앗는다면 곧 생명을 빼앗는 격이 됩니다.

●〈유가사지론〉에 「(불로 남의 물건을) 태우는 것은 도둑질 중에서도 중범重犯이다.」라고 하였습니다.

● 절의 상주물을 훔치는 것은 오역죄보다 더 무거운 악행이므로 정말 조심하고 경계해야 마땅합니다. 절 주변의 꽃이나 풀, 절의 화장실에 비치되어 있는 화장지나 비누, 하다못해 절에서 나온 쓰레기조차도 주지스님의 허락 없이는 절대 가져가서는 안 됩니다. 하물

며 법당에 비치해 놓은 책이나 방석은 말할 필요가 있겠습니까. 절에서 일하시는 보살님이나 거사님들은 이 점을 특히 유념해야 합니다. 절에서 담근 김치를 함부로 집에 가져가거나, 절에서 쓰는 차량을 주지스님의 허락도 없이 사적인 곳에 쓰는 일은 절대 없어야 합니다. 절에서 쓰는 그 어떠한 물건도 주지스님의 허락 없이는 그 누구도 가져갈 수 없다는 것을 명심해야 합니다. 또한 절에 머물 때 물이나 전기나 기름 등을 낭비하는 일도 없어야 합니다. 덥지도 않은데 에어컨을 켜고, 어둡지도 않은데 형광등을 켜고, 춥지도 않은데 히터를 트는 일들도 모두 절의 물건을 훔치는 것입니다. 주지스님이 어떤 물건을 사오라고 시켰을 경우, 될 수 있는 한 싼 가격에 사도록 노력해야 하며, 남은 돈은 비록 십 원일지라도 반드시 돌려드려야 합니다. 절에서 만든 음식은 되도록 아껴야 하며, 음식이 남아서 버리는 일은 없어야 합니다.

● 스승이나 부모님의 물건을 훔치는 것은 더 무겁고 나쁜 도둑질입니다.

● 보리심을 일으킨 사람의 물건을 훔치는 것도 무겁고 나쁜 도둑질입니다.

● 국가 소유의 물건이나 사회의 공유물共有物을 훔치는 것도 무거운 도둑질입니다.

3. 사음하지 말라.[不邪淫戒]

사음邪淫이란 부정不正한 성관계를 일컫습니다. 무엇이 사음인지는 이 책 '극락왕생의 조인助因' 편의 「사음만은 하지 말자」에 자세히 밝혀 놓았습니다. 재가在家수행자들은 사음을 금해야 하지만, 출가수행자들은 음행(간음) 자체를 금합니다. 따라서 재가수행자들에게 있어 정식으로 맺어진 부부 사이의 성관계는 계율에 어긋나지 않지만, 출가수행자들은 그 어떠한 성관계(심지어 자위행위조차)도 허용되지 않습니다.

사람이 이 세상에 태어난 것은 부모의 성행위 때문입니다. 인간의 성행위는 사실 인간이라는 종족이 번식하기 위한 필수적인 요건입니다. 하지만, 인간의 성욕은 종족번식이라는 순수한 목적을 넘어 서서 순간적인 쾌락과 말초신경적인 흥분을 확장시키는 쪽으로만 무한히 팽창하고 있습니다. 컴퓨터와 통신기술, 자동차 산업, 생명과학 등이 아무리 발전해도 성산업을 절대 앞서지 못합니다. 이 세상에서 가장 번창하고 있는 산업이 바로 성산업性産業입니다. 성인 여자도 모자라 어린이가 포르노에 등장하고, 임신부와 노인까지 포르노물 제작에 합류한 지 오래되었습니다. 여기에 차마 밝히지 못하는 것들까지 합한다면 이 지구는 가히 섹스 행성이라 부를 만합니다. 인터넷을 통해 지금도 빠르게 확산되는 포르노 등의 섹스영상물은 앞으로도 계속 진화·발전할 것입니다.

음란한 성문화가 만연하고 있는 대표적인 나라가 바로 대한민국입니다. 화려하고도 저질스러운 한국의 밤 문화는 유명한데, 특히 성 관련 문화는 낯 뜨거울 정도로 민망하고 저속합니다.

룸살롱 등의 술집에서 남자와 여자가 만나 벌이는 그 기막힌 성 추태들이 얼마나 노골적이고 퇴폐적인지 상상조차 못합니다. 여자의 몸을 사려는 남자와 그런 남자를 이용해서 돈을 벌려는 여자들이 볼썽사납게 뒤엉켜 있습니다. 한국의 밤 문화는 매일 매일 남자의 정액냄새와 여자의 암내가 범벅되어 광란의 밤을 연출해 냅니다. 남자로 태어나는 것이 여자로 태어나는 것보다는 낫지만 딱 한 가지 안 좋은 점이 있습니다. 여자보다 훨씬 더 강한 성욕이 그것입니다. 이 성욕이라는 것이 너무나 강렬하고 추잡해서 온갖 범죄와 추악한 행위들을 발생시킵니다. 본문을 보겠습니다.

● 정상적인 부부 사이라 하더라도 아래와 같은 경우에는 사음이 됩니다.

(1) 아내가 월경·임신·출산 후·질병 중에 있는데 성관계를 할 때

(2) 부부가 밤이 아닌 낮에 성관계를 할 때

(3) 성관계를 성기가 아닌 입이나 항문 등에 할 때

(4) 공공장소에서 부부가 성관계를 할 때

(5) 불상佛像이나 불경佛經 주변, 절이나 탑 근처와 같은 성소聖所에서 부부가 성관계 할 때

(6) 석가탄신일, 성도절, 열반절 등과 같은 날에 부부가 성관계할 때

(7) 부부가 하루에 5번 이상 성관계를 할 때

(8) 한 쪽 배우자가 슬픔·분노·두려움 등의 감정 속에 있음에도 성관계할 때

(9) 부모님 생신날 · 부모님 제삿날[忌日] · 형제가 죽은 날에 부부가 성관계할 때

(10) 무덤 주변 · 흉가 주변 · 화장실 안이나 근처 등 혐오스러운 곳에서 부부가 성관계할 때

● 부모와 자식 간의 성관계, 형제자매 간의 성관계 등 육친六親(父, 母, 兄, 弟, 妻, 子)과 권속眷屬(육친에 딸린 식구들) 등과의 성관계는 사음 중에서도 가장 나쁜 죄여서 죽으면 지옥에 떨어지고, 육친권속 이외 다른 사람들과의 성관계는 중中의 사음이어서 죽으면 아귀로 태어나며, 부부사이라 하더라도 비시非時 · 비도非道 · 비처非處 등은 하下의 사음으로 죽으면 축생으로 태어납니다.

● 사음이라는 짓을 잠깐 동안만 하여도 이는 하늘 가득한 큰 죄악을 짓는 것입니다.[邪淫之事 卽是以俄頃之光陰 造彌天之罪惡]

● 〈유가사지론瑜伽師地論〉에 「모든 애愛 중에서 음욕의 애가 으뜸이 되나니, 만일 그것을 능히 다스린다면 그 밖의 것은 저절로 조복되니 마치 힘이 센 이를 제압하면 약한 이는 저절로 조복됨과 같다.」라고 하였습니다.

● 부처님께서 「두렵기 짝이 없는 것은 여인보다 더한 것이 없다. 차라리 남근을 독충의 입에 넣을지니, 독사는 한 육신을 해치지만 여인은 법신을 해치기 때문이다.」라고 하셨습니다.

● 《보살장경菩薩藏經》에 「음욕을 익히고 가까이 할 때는 악마다 짓지 아니함이 없고, 그 과보를 받을 때는 고통마다 받지 아니함이 없다.」라고 하였습니다.

● 《우바새계경優婆塞戒經》에 「보살이 여인의 몸에 걸친 영락瓔珞(여인이 몸에 걸치는 목걸이 · 팔찌 · 발찌 · 반지 등을 일컫는 말) 등을 생각하면 모두 바라이죄(승적을 박탈시킬 만큼 큰 죄)가 된다.」라고 하였습니다.

● 《열반경》에 「비록 여인과 교접하지 않더라도 벽 바깥에서 멀리 여인의 영락 소리를 듣고서 마음에 애착을 내면 음욕이 성립되고 파계破戒가 된다.」라고 하였습니다.

● 도선율사는 「무릇 도를 닦고자 한다면 삼업三業 가운데서 먼저 재물과 여색, 두 가지를 끊어야 하나니 재물을 탐하지 않으면 아첨과 다툼이 없고, 여색을 탐하지 않으면 맹렬

한 번뇌도 없다.[夫欲修道 於三業中 先斷財色二種 若不貪財 卽無諂諍 若不貪色 卽無熱惱]」라고 하였습니다.

●《화엄경》에 「사음을 행하는 자는 또한 삼악도에 떨어진다. 사람으로 태어나도 두 가지 과보를 받는다. 하나는 처가 정숙貞淑(오직 한 남편만 섬김)하지 않은 것이요, 다른 하나는 식구들이 자신의 뜻에 따르지 않는 것이다.[邪婬之罪亦令衆生墮三惡道 若生人中 得二種果報 一者妻不貞良 二者不得隨意眷屬]」라고 하였습니다.

●《지장보살본원경》에 「사음하는 이를 보면, 내생에 비둘기·공작·원앙으로 태어나는 과보를 말해준다.」라는 말씀이 있습니다.

● 도선율사는 「재물과 여색을 버린다면 다시는 세간에 태어나지 않는다. 인천人天이 고통에서 해탈하면 성인과 범부가 함께 찬탄한다. 모든 번뇌를 멸진滅盡하면 불과佛果에 이른다. 이를 위해서는 먼저 재물과 여색, 두 가지를 경계해야 한다.[若離財色 更無世間 人天脫苦 聖凡同讚 諸漏滅盡 進至佛果 爲此 先誡財色二種]」라고 하였습니다.

● 부처님 말씀하시기를, 「만일 음행을 끊지 않으면 오히려 범천梵天에조차 태어날 수 없거늘 하물며 보리菩提를 얻겠는가.」라고 하셨습니다.

● 고덕께서 「살아오면서 지은 죄악이 한량없지만, 그 중에서 가장 큰 죄악은 색욕만한 것이 없다.[孽海茫茫 首惡無如色欲]」라고 하였습니다.

● 임신한 여자가 성관계를 자주 하면, 태아는 가시로 찔리는 것 같은 고통을 느낍니다. 그러니까 임신한 여자 분들은 성관계를 하지 말아야 합니다.

● 성인께서 「사음은 모든 악의 출발점이다.[邪淫爲萬惡之端始]」라고 하였습니다.

●《능엄경》에 「육도의 중생들의 마음이 음란하지 않다면 생사를 끊임없이 돌고 도는 윤회에 들지 않을 것이니, 음심을 없애지 못하면 번뇌에서 빠져나올 수 없다.[若諸世界六 道衆生 其心不淫 則不隨其生死相續 淫心不除 塵不可出]」라고 하였습니다.

●《능엄경》에 「무엇이 (지옥에 떨어지게 하는) 열 가지 악습惡習의 업인業因인가. 아난아! 첫째는 음욕을 행하는 악습이다. 이는 남녀가 서로 교접하여서 마찰 접촉함을 일으키는 것이니, 이렇게 마찰 접촉하기를 반복하여 멈추지 않는 까닭에 업을 지을 때 벌써 크고 사나운 불빛이 발동하는 지옥 현상이 자기 마음속에 나타나 잠재하게 되는 것이다. 이

는 마치 사람이 두 손바닥을 서로 비비면 따뜻한 현상이 자연히 발생하는 것과 같다. 과거생의 이 악습 종자와 현재생의 이 악습 행, 이 두 가지 악습이 서로 타오르기 때문에 죽은 뒤 지옥에서 뜨거운 쇠 평상과 구리 기둥으로 형벌을 받는 괴로운 일이 있다. 그래서 시방세계의 모든 여래들께서 음욕을 행함에 대하여 이구동성으로 '음욕의 불'이라고 하였으며, 보살은 음욕에 대하여 마치 불구덩이처럼 보고 멀리 피하는 것이다.[云何十因 阿難一者淫習 交接發於相磨 硏磨不休 如是故有大猛火光 於中發動 如人以手 自相磨觸 煖相現前 二習相然 故有鐵床 銅柱諸事 是故十方一切如來 色目行淫 同名欲火 菩薩見欲如避火坑]」라고 하였습니다.

● 여인이 노출이 심한 옷이나 야한 옷을 입고 절에 들어가거나 탑 주변에 가까이 가거나 비구 스님을 뵙는 것도 사음입니다.

● 사음을 하게 되면 분뇨나 오물汚物 · 진흙탕 등 혐오스러운 곳에서 사는 과보를 받습니다.

● 도선율사는 「시방세계의 모든 국토에 여인이 있는 곳이라면 지옥이 있다.[十方國土有女人處 卽有地獄]」라고 하였습니다.

●《능엄경》에 「너는 나한테 목숨 빚을 졌고, (다시 죽어) 나는 너한테 진 빚을 갚았다. 이러한 인연으로 (중생은) 백 천겁이 지나더라도 늘 생사윤회 속에 있다. 너는 나의 마음을 사랑하고 나는 너의 색色을 어여삐 여겼도다. 이 인연으로 백 천겁이 지나더라도 늘 계박繫縛 속에 있느니라. 오직 살생과 투도와 사음, 이 세 가지가 윤회의 근본이 되나니 이러한 인연을 지으면 업의 과보가 끊이질 않느니라.[汝負我命 我還汝債 以是因緣 經百千劫 常在生死 汝愛我心 我憐汝色 以是因緣 經百千劫 常在纏縛 唯殺盜婬三爲根本 以是因緣 業果相續]」라고 하였습니다.

●《능엄경》에 「일체의 중생들은 모두 음욕 때문에 각자에 맞는 성명性命(性은 마음 · 성품을, 命은 목숨을 뜻함)을 부여받았으니, 고로 음욕이야말로 생사윤회의 근본이 되는 것이니라.[一切衆生皆以淫欲各正性命 故淫業爲生死輪廻之本]」라고 하였습니다.

●〈대지도론大智度論〉에 「보살이 중생의 탐욕을 관觀하여 보니, 온갖 것들이 깨끗하지 못한데, 그 모든 쇠衰함 중에서도 여인으로 인한 쇠함이 가장 무겁다. 칼이나 불이나 천둥

이나 번개나 벼락이나 독사 등은 오히려 잠시 가까이 할 수 있으나, 여인은 음욕과 인색함과 질투와 성냄과 아첨과 요망함과 더러움과 싸움질과 탐욕이 많아서 가까이 해서는 안 된다. 여인은 소인小人이라서 마음이 깊지 않고 지혜가 얕아 오직 탐욕만을 가까이 하여, 남자에게 부귀가 있는지 없는지 만을 볼 뿐 지혜나 덕이나 평판을 보려 하지 않는다. 고로 오직 악행만을 지으려 하여 다른 사람의 선근 善根을 파괴하고 단단히 속박하여 가둬버린다. 이 속박을 풀기는 어렵다 말하지만 오히려 열기는 쉽다. 여인이 남자를 쇠사슬(유혹, 교태, 아양 등)로 묶어버리면 남자는 깊이 함몰되어 버리기 때문에 지혜가 없으면 거기에 빠져서 벗어나기가 어렵다. 고로 온갖 병 가운데 여인으로 인한 병이 가장 무겁다. [菩薩觀欲 種種不淨 於諸衰中 女衰最重 刀火雷電 霹靂毒蛇之屬 猶可暫近 淫欲女人 慳妬瞋諂 妖穢 鬪爭 貪嫉 不可親近 女子小人 心淺智薄 唯欲是親 不觀富貴 智德名聞 專行欲惡 破人善根 桎梏枷鎖 閉繫囹圄 雖曰難解 猶是易開 女鎖繫人 染因根深 無智沒之 難可得脫 衆病之中女病最重]라고 하였습니다.

4. 거짓말을 하지 말라.[不妄語戒]

● 망어란 진실하지 못하거나 다른 사람을 속이는 말을 망어라 합니다. 넓게 보면 망어에는 악구惡口와 양설兩舌, 기어綺語도 포함됩니다.

● 거짓말 중에서도 부처님을 비방하거나, 부처님 법을 헐뜯거나, 스님들에게 거짓말하는 것은 매우 무거운 악업입니다.

●《화엄경》에 「망어를 하면 또한 삼악도에 떨어진다. 만약 중생이 망어를 하면 두 가지 과보를 받는다. 하나는 비방을 많이 당하고, 또 하나는 남들에게 속임을 당한다.[妄語之罪 亦令衆生墮三惡道 若生人中 得二種果報 一者多被誹謗 二者爲他所誑]라고 하였습니다.

●《능엄경》에 「여섯째는 거짓으로 속여 미혹시키는 악습으로 서로 기만하여서 무함(誣陷)하여 뭐가 진실인지 모르게 함을 일으킨다. 이렇게 있는 사실을 없다 하거나 없는 사실을 있다고 무함하기를 반복하여 멈추지 않고 마음을 움직여 간사한 꾀를 날조하는

까닭에 업을 지을 때 벌써 먼지·흙·똥·오줌 따위의 더럽고 부정한 지옥 현상이 자기 마음속에 나타나 잠재하게 되는 것이다. 이는 마치 먼지가 큰 바람에 날려 허공에 가득하면 먼지에 가려져 아무 것도 보이지 않는 것과 같다. 과거생의 이 악습 종자와 현재생의 이 악습 행위, 이 두 가지 악습이 서로 더해지기 때문에 죽은 뒤 지옥에서 끓는 똥물에 빠지거나, 검은 모래바람 속으로 날아올랐다 추락하거나, 끓는 액체에 떴다 가라앉았다 하는 등의 형벌을 받는 괴로운 일이 있다. 그래서 시방세계의 모든 여래들께서 거짓으로 속임에 대하여 이구동성으로 '재물을 약탈하고 목숨을 죽임'이라고 하였으며, 보살은 거짓으로 속임에 대하여 마치 독사를 밟는 것처럼 보고 멀리 피하느니라.」라고 하였습니다.

● 대망어大妄語 중에서 가장 무거운 죄는 자기가 불과佛果를 얻었다느니, 성인의 지위에 올랐다느니, 보살의 지위에 올랐다느니, 아라한과阿羅漢果를 얻었다느니 하는 거짓말을 말하는데, 《능엄경》 등 많은 대승경전에서 대망어를 하는 사람은 무간지옥의 과보를 받는다고 설하고 있습니다.

● 우익대사는 「대망어란 스스로 '내가 십지十地를 얻었다, 벽지불의 경지를 얻었다, 사과四果·사선四禪·사공四空을 얻었다'라고 하거나 부정관不淨觀·수식관數息觀·육신통六神通·팔해탈八解脫을 성취했다고 하거나, 하늘·용·아수라·귀신 등과 말을 한다거나, 혹은 '나는 모든 번뇌[結使]를 끊었다'고 하거나, 혹은 삼악도를 길이 여의었다고 하는 등으로 이와 같이 헛되고 실답지 않은 말을 하여 명리를 도모하는 것을 대망어라 한다.」라고 하였습니다.

● 두 번째로 무거운 대망어는 자기가 삼장십이부에 통달했다느니, 사선팔정四禪八定을 닦았다느니, 색계나 무색계의 천인들이나 신들을 볼 수 있으며, 그들과 얘기를 주고받거나 그들로부터 공양을 받는다느니, 천룡이나 귀신 등이 나에게 귀의하였다는 등의 거짓말을 말합니다.

● 부처님 법을 비법非法이라 말하고, 비법을 정법正法이라 말하는 것도 망어입니다.

● '선행을 해도 이로운 것이 없다.'라든지, '악행에는 해악이 없다.'라든지, '정토 같은 것은 없다.'라든지, '부처님에게는 공덕도 없고 32상 80종호도 없다.'라든지 하는 말들도 대망어에 들어갑니다.

● 대망어를 짓는 자는 무간지옥에 떨어져 무량한 세월 동안 극중極重한 고통을 받습니다.

● 성인께서 「본 것을 보지 않았다고 하고, 보지 않은 것을 보았다고 하며, 들은 것을 듣지 않았다고 하고, 듣지 않은 것을 들었다고 하며, 깨달았으면서도 깨닫지 않았다고 하고, 깨닫지 못했으면서도 깨달았다고 하며, 알면서도 모른다고 하고, 모르면서도 안다고 하며, 실제로 있으면서 없다고 하고, 없으면서도 있다고 말한다면 이는 모두 소망어를 지은 것이다.[見言不見 不見言見 聞言不聞 不聞言聞 覺言不覺 不覺言覺 知言不知 不知言知 實有言無 無言實有 皆犯小妄語]」라고 하였습니다.

● 성인께서 말하셨습니다. 「사람이 아주 작은 소리로 말해도, 하늘에는 우레처럼 크게 들린다.[人間細小語 天上大如雷]」

● 대덕께서 「입을 열면 원기를 상하게 하고, 혀가 움직이면 시비가 생긴다.[口開傷元氣 舌動是非生]라고 하였습니다.

●중생을 이롭게 하기 위해 하는 거짓말을 방편망어方便妄語라 하는데, 이것은 불망어계不妄語戒를 어긴 것이 아닙니다. 의사가 말기 환자에게 일부러 거짓말을 하는 경우가 이에 속합니다.

●「인간 세상의 화가 입으로부터 생겨 나오나니, 맹렬하기가 불보다 더하도다. 맹렬한 불길은 한 생을 불사르지만, 나쁜 말은 능히 무수한 생을 불태워 버린다. 맹렬한 불길은 단지 세간의 재물을 불태우지만, 악한 구업은 일곱 성현의 재물을 능히 불태운다. 그러므로 일체의 중생은 항상 마땅히 입을 보호해야 한다. 입 안의 혀는 몸을 찍는 도끼요, 몸을 망치는 화근이다.」라는 말씀이 있습니다.

● 망어를 하게 되면 자신이 비난을 받는 일이 많고, 다른 사람에게 속임을 당하는 과보를 받습니다.

● 거짓말[妄語] 대신에 참말[眞實語]을 해야 하고, 이간질 하는 말[兩舌] 대신에 화합하는 말[和合語]을 해야 하며, 화려하게 꾸며대는 말[綺語] 대신에 있는 그대로 곧고 질박한 말[質直語, 質: 거짓을 꾸미지 않는 것, 直: 에두르지 않고 사람을 헤치지 않는 것]을 해야 하며, 험악한 말[惡口] 대신에 부드럽고 고운 말[柔順語]을 해야 합니다.

5. 꾸미는 말을 하지 마라.[不綺語戒]

● 기어綺語란 꾸미는 말, 번지르르한 말, 공허한 말, 화려한 말, 실속이 없는 말, 왜곡하는 말을 말합니다.

● 쓸데없는 농담, 허튼 소리, 과장된 말, 달콤한 말, 아첨하는 말, 통속적인 노랫말, 연인들끼리 주고받는 밀어密語, 다른 사람들에게 사념邪念(그릇된 생각)을 일으키는 말들이 모두 기어에 속합니다.

● 《화엄경》에 「성품이 이간하는 말을 하지 않으므로, 보살은 이간하는 마음도 없고 해치려는 마음도 없다. 이쪽 말로 저쪽을 해치기 위해 저쪽에 말하지 않고, 저쪽 말로 이쪽을 해치기 위해 이쪽에 말하지 않는다. 이간질을 기뻐하지도 않고 이간질을 좋아하지도 않으며, 이간할 말을 입 밖에 내지도 않는다. 이간질은 사실이거나 사실이 아니거나 간에 아예 하지 않는다.」라고 하였습니다.

● 《화엄경》에 「꾸미는 말을 하는 사람은 삼악도에 떨어진다. 중생 가운데 꾸미는 말을 하는 사람은 두 가지의 과보를 받는다. 하나는 말을 해도 다른 사람들이 믿어주지 않는 것이요, 또 하나는 다른 사람의 말을 분명하게 이해하지 못하는 것이다.[綺語之罪亦令衆生 墮三惡道 若生人中 得二種果報 一者言無人信 二者語不明了]」라고 하였습니다.

● 기도나 참선이나 염불을 하는 중에, 잡담을 섞으면 아무리 많이 해도 결실을 맺지 못합니다.

● 기생들의 음란한 말, 다른 사람들에게 탐욕심을 일으키도록 하는 말, 남을 헐뜯는 소리, 살생이나 도둑질 등 범죄와 관련된 잔인한 말이나 쓸데없는 말, 여성을 성적으로 비하하는 말 등도 기어에 해당합니다.

● 다른 사람이 독경을 하거나 다라니를 외울 때, 그들의 마음을 산란하게 하는 말도 기어입니다.

● 다른 사람의 선행 공덕을 깎아내리거나 무시하거나 끊게 하는 말도 기어입니다.

● 불경스러운 말, 부정한 말, 비방하는 말, 아첨하는 말도 기어입니다.

● 때에 맞지 않은 말, 진실하지 않은 말, 부처님 말씀에 어긋나는 말, 이치에 합당하지 않은 말, 다른 사람들을 타락하게 하는 말, 다른 사람들에게 탐심이나 진심瞋心을 일으키

는 말들도 기어에 속합니다.

● 경박輕薄스럽고 무례한 말, 쓸데없는 농담이나 희론戲論, 향락이나 퇴폐를 부추기는 말 등도 기어에 속합니다.

● 연예인에 관한 잡담, 세속의 음악이나 음란한 사진을 보면서 내뱉는 말들도 기어입니다.

● 감언이설甘言利說, 남녀 간의 사랑을 노래하거나 글로 짓는 것도 기어입니다. 마치 요즘 사회에 유행하는 영화나 춤, 음악처럼 듣기도 좋고 보기도 좋으나 그것이 우리에게 무엇을 가르치고 있는지 생각해봐야 합니다. 그것들은 사람에게 살생과 도둑질 그리고 사음과 망어를 가르칩니다. 이러한 종류의 모든 것들이 전부 기어에 속합니다.

● 기어를 멈추고 늘 질직정언質直正言을 해야 합니다. '질質'은 성실하고 거짓이 없는 것을 말하고, '직直'은 솔직하지 않거나 에둘러서(돌려서) 하는 말이 아닌, 정직하고 곧은 말을 뜻합니다.

● 사람을 원망하거나 세상을 탓하는 말, 남의 신심信心을 무너뜨리는 말, 남을 원수 짓게 하는 말, 상相을 내는 말, 은혜를 배반하는 말들도 기어입니다.

● 「입은 곧 재앙의 문이요, 혀는 곧 몸을 자르는 칼이다. 입을 닫고 혀를 깊이 감추면 처신 하는 곳마다 몸이 편하다.[口是禍之門 舌是斬身刀 閉口深藏舌 安身處處宇]」라는 말이 있습니다.

6. 이간질하지 마라.[不兩舌戒]

● 양설兩舌이란 동쪽 집에서 서쪽 집 이야기를 하고, 서쪽 집에서 동쪽 집 이야기를 하는 것을 말합니다. 즉, 남들 앞에서 다른 사람을 안 좋게 말하거나 욕하거나 단점을 들추어내는 것입니다.

● 앞에서는 칭찬하고 뒤에서는 욕하는 것도 양설입니다. 즉, 한 입으로 서로 다른 두 말을 하는 것입니다.

● 양설은 시비를 불러일으키고, 이간질하는 말이나 험담하는 말을 재생산하며, 다른 사람의 감정을 상하게 합니다. 작게는 한 가정을 이혼시키고, 더 나아가서는 요망한 말로 대중을 미혹케 하며, 크게는 두 나라 간에 전쟁을 일으키거나 나라를 망하게 합니다.

● 남의 이간질을 보고 기뻐하거나 부추기거나 다른 이에게 옮겨 퍼뜨리는 것도 이간질입니다.

●《화엄경》에 「이간질한 죄는 중생을 삼악도에 떨어지게 한다. 중생 가운데 이간질을 한 사람은 두 가지의 과보를 받는다. 하나는 식구들이 헤어지는 것이요, 또 하나는 친족들이 악행을 하는 것이다.[兩舌之罪 亦令衆生墮三惡道 若生人中 得二種果報 一者眷屬乖離 二者親族弊惡]」라고 하였습니다.

● 남회근 선생은 「시비를 도발하기 좋아하는 것은 양설계兩舌戒를 범한 것입니다. 특히 부녀자들이 유달리 좋아하는데, 일이 없는데 시비를 일으켜 남을 파괴합니다. 사실은 어찌 부녀자들에게만 그치겠습니까. 남자도 마찬가지입니다. 하지만 방식이 다릅니다. 사람은 언제나 이렇게 하기를 좋아합니다. 바로 옛 사람들의 두 마디 말입니다. "누구는 누구 등 뒤에 남 말하는 사람 없을까. 어느 사람 앞에서 남 말하지 않을까.[誰人背後無人 說哪個人前不說人]" 사람과 사람이 서로 만나면 틀림없이 남 얘기를 합니다. 두 사람이 만나자마자 "에이! 당신 그 모씨 봤어요?" "못 봤는데요." "그 녀석 여러 날 안보이네요. 무엇하는지 모르겠어요." 이게 바로 남 얘기를 하고 있는 것입니다. 남 앞에서 남 얘기를 하는 것이 중생이 태어나면서 가지고 온 업력입니다.」라고 하였습니다.

●《불설계덕향경佛說戒德香經》에 「이간질하는 말을 하지 않는 사람은, 가정이 늘 화목하고 가족끼리 헤어지는 아픔이 없다.[不兩舌者 家常和合無有別離]」라고 하였습니다.

● 이간질하기를 좋아하는 사람이 죽어 지옥에 태어나면, 다음과 같은 고통을 당한다고 《수행도지경》에 나와 있습니다. 「무쇠 대못을 그 죄인의 손·발·심장에 박고, 또한 혀를 뽑아 100개의 못을 박으며 발에서부터 머리까지 가죽을 벗겨낸다.」

●《지장보살본원경》에 「두 말로 이간질시켜 싸움을 붙이는 이를 보면, 내생에 혀가 없거나 혀가 백 개나 되는 과보를 받는다고 말해주고...」라는 말씀이 있습니다.

● 성인께서 「세상 사람들은 구업口業을 닦지 않기 때문에 늘 양설兩舌의 허물이 있다.

소위 병은 입을 따라 들어가고, 화禍는 입에서 나온다. 양설의 재화災禍는 아무 까닭 없이 시빗거리와 번뇌를 만들도록 이끌고, 몸과 마음을 어지럽히며, 심지어 무력으로 사람을 상하게 하니, 실로 악랄한 죄를 짓는 원흉이다. 적어도 양설을 멀리 떠날 수만 있다면, 그래서 정직하고 바른 말을 한다면, 어찌 시빗거리가 생기겠는가.[世人不修口業 常有兩舌之患 所謂病從口入 禍從口出 兩舌災禍 可導致無風生浪 是非煩惱 擾亂身心 甚至動武傷人 實爲殺人不見血之罪魁 苟能遠離兩舌 說正直話 豈有是非之爭端]」라고 하였습니다.

● 이간질한 곳을 불로 다 태운 후, 다른 수행자가 그 곳에서 12년 동안 부지런히 수행해도 깨달음을 얻지 못한다고 율장律藏에 나와 있습니다.

● 동료들이나 부하 직원이나 다른 사람들과 서로 마음이 안 맞아 불화不和하고, 자신에게 대든다든가, 자신의 말을 잘 따르지 않아 조직이나 집안이 늘 시끄럽고 불안한 것은 모두 자신이 전생에 이간질을 했기 때문에 받는 과보입니다.

● 스승과 제자 사이를 이간질하여 서로 멀어지게 하는 것은 아주 큰 악행입니다.

● 이간질하는 말을 들으면 빨리 그 자리를 떠나든지, 중단시키든지, 좋은 말로 타일러서 그런 말을 더 이상 하지 못하게 해야 합니다.

7. 나쁜 말을 하지 마라.[不惡口戒]

● 악구惡口란 나쁜 말, 거친 말, 험한 말, 욕설, 저주하는 말, 상처를 주는 말, 남을 매도하는 말, 조상을 욕보이는 말, 험담하는 말, 모욕을 주는 말, 남의 단점을 들추어내는 말 등을 말합니다.

● 《잡보장경雜寶藏經》에서 부처님은 '무재칠시無財七施'를 말씀하십니다. 무재칠시란 재물이 없어도 베풀 수 있는 일곱 가지의 보시를 말하는데, 여기에 '언시言施'가 있습니다. 언시란 말로써 베푸는 보시를 말하는데, 아름답고 공손한 말로 남을 대하는 것을 말합니다. 즉 악구惡口의 반대말인 것입니다. 그럼 나머지 여섯 가지 보시를 마저 소개하겠습니다. 얼굴에 미소나 웃음을 띠고 정다운 얼굴로 남을 대하는 화안시和顏施, 착한 마음

또는 따뜻한 마음 또는 정성스러운 마음을 가지고 남을 대하는 심시心施, 부드럽고 온화한 눈빛과 호의를 담은 눈으로 남을 대하는 안시眼施, 공경심을 갖고 몸으로 남을 돕는 신시身施, 다른 사람에게 자리를 양보하거나 먼저 앉도록 배려하거나 남이 좋은 자리에 앉도록 하는 상좌시床座施, 남을 자기 집에 재워주거나 쉬게 해주는 방사시房舍施가 그것입니다.

● 《화엄경》에 「보살이 초지初地를 벗어나 제2지地인 이구지離垢地에 들어가면, 성품이 악한 말을 하지 않으므로 해롭게 하는 말, 거친 말, 남을 괴롭히는 말, 남을 화나게 하는 말, 불손한 말, 버릇없는 말, 듣기 싫은 말, 듣는 이에게 기쁘지 않은 말, 분노에 찬 말, 속을 태우는 말, 원한을 맺는 말, 시끄러운 말, 좋지 않은 말, 달갑지 않은 말, 나와 남을 해롭게 하는 말은 죄다 버린다. 그 대신 항상 윤택한 말, 부드러운 말, 뜻에 맞는 말, 듣기 좋은 말, 듣는 이가 기뻐하는 말, 운치 있고 품위 있는 말, 여러 사람이 좋아하는 말, 여러 사람이 기뻐하는 말, 몸과 마음에 기쁜 말을 한다.」라고 하였습니다.

● 《화엄경》에 「나쁜 말을 한 죄는 또한 중생을 삼악도에 떨어지게 한다. 만약 중생 가운데 나쁜 말을 하는 자는 두 가지의 과보를 받는다. 하나는 항상 나쁜 말을 듣는 것이요, 또 하나는 자주 다투며 송사가 많은 것이다.[惡口之罪亦令衆生墮三惡道 若生人中 得二種果報 一者常聞惡聲 二者言多諍訟]」라고 하였습니다.

● 《지장보살본원경》에 「만일 사람을 비방하는 이를 보면, 내생에 혀가 없고 입에 창병이 나는 과보를 말해주고...만일 불법승 삼보를 비방하는 이를 보면 내생에 눈멀고 귀먹고 벙어리가 되는 과보를 받는 것을 말해주고...」라는 말씀이 있습니다.

● 나쁜 말을 하여 다른 사람의 선근善根이나 혜명慧命을 끊어 놓으면 그 죄과가 대단히 무겁습니다.

● 악한 말을 한 두 번 하는 것으로도 500생 동안 고통을 겪게 됩니다.

● 악구를 하지 말고 유화연어柔和軟語를 해야 합니다. 즉 부드러운 말, 남들을 화해시키는 말, 공손한 말, 예의바른 말, 격려의 말, 기쁘게 하는 말, 칭찬하는 말, 찬탄하는 말, 선행을 하게끔 하는 말, 악을 그치게 하는 말, 우아한 말, 희망을 갖게 하는 말, 용기를 주는 말, 발심을 하게 하는 말, 두려움을 거두어주는 말, 신심信心을 돋우는 말, 기분 좋은 말 등

을 해야 합니다.

● 부처님은 「악구를 범하는 자는 축생의 과보를 받는다.[犯惡口者 當受畜生果報]」라고 하셨습니다.

● 한 비구니가 다른 비구니에게 '암캐'라는 나쁜 말을 해서, 그 비구니는 암캐로 5백 번 태어나는 과보를 받았습니다.

● 특히, 보살을 비난하거나 욕하면 삼계의 중생을 모두 죽이는 것보다 더 큰 죄를 짓는다고 했으니, 말을 함부로 해서는 절대 안 됩니다.

● 불상이나 불화 앞에서 또는 스승이나 부모 앞에서 거친 말을 하는 것은 무거운 악행입니다.

● 공자는 「군자가 자기 집에서 한 마디 하더라도 그 말이 선善하면 천리 밖에서도 호응하는데, 하물며 가까운 곳이겠는가. 집에서 한 말이라도 그 말이 선하지 못하면 천리 밖에서도 비난하는데, 하물며 가까운 곳이겠는가. 말은 입에서 나가 다른 사람에게 영향을 끼치며, 행위는 사소한 것이라도 오랫동안 영향을 미친다. 언행은 군자에게 가장 중요하다. 명예와 치욕도 언행을 어떻게 하느냐에 달려 있다. 군자는 언행으로 천지를 움직이니 어찌 신중히 하지 않을 수 있겠는가.[君子居其室 出其言善 則千里之外應之 況其邇者乎 居其室 出其言不善 則千里之外違之 況其邇者乎 言出乎身 加乎民 行發乎邇 見乎遠 言行 君子之樞機 樞機之發 榮辱之主也 言行 君子之所以動天地也 可不愼乎]」라고 하였습니다.

● 남회근 선생은 「우리가 어떤 생각을 하다가 다른 생각으로 바꾸면, 우리 머리 위로 방사되는 빛의 색깔이 달라집니다. 현재는 과학이 발달하여 이렇게 변화하는 색깔을 사진에 담아낼 수도 있습니다. 나쁜 생각을 하면 검은 색으로, 착한 생각을 하면 흰색으로 나타납니다. 생각에 따라 색깔은 다양하게 변합니다. 뿐만 아니라 우리가 말하는 음파는 허공중에서 사라지지 않습니다. 말이라는 것은 이토록 무서운 것입니다.」라고 하였습니다.

8. 탐욕을 부리지 말라.[不貪欲戒]

● 탐욕이란 보이는 것(남의 재물 등)이든 보이지 않는 것(명예, 이름, 권력 등)이든 이를 욕심내는 것을 말합니다.

● 자기의 이름이나 자기 가문이 널리 알려지기를 바라는 것도 탐욕입니다.

● 식욕・성욕・수면욕・재물욕・명예욕에 대한 지나친 욕심도 탐욕입니다.

● 《화엄경》에 「탐욕을 부리면 삼악도에 떨어진다. 만약 사람으로 태어나도 두 가지의 과보를 받는다. 하나는 마음이 만족을 모르는 것이요, 다른 하나는 욕심이 많아 싫증냄이 없는 것이다.[貪欲之罪亦令衆生墮三惡道 若生人中 得二種果報 一者心不知足 二者多欲無厭]」라고 하였습니다.

● 《능엄경》에 「탐욕을 부리는 악습으로 서로 이해타산利害打算 하여서 빨아들임을 일으키는 것이다. 이렇게 빨아들이기를 반복하여 멈추지 않는 까닭에 업을 지을 때 벌써 추위가 쌓여 얼음으로 굳어져 매섭게 추운 지옥 현상이 자기 마음속에 나타나 잠재하게 되는 것이다. 이는 마치 사람이 입으로 바람 기운을 흡입 수축하면 입안에 차가운 감촉이 일어나는 것과 같다. 과거생의 이 악습 종자와 현재생의 이 악습 행위, 이 두 가지 악습이 서로 갈수록 심해지기 때문에 죽은 뒤 지옥에서 살을 에는 추위에 덜덜 떨며 신음소리를 내거나 빙판에서 피부가 얼어 터져 청련靑蓮・홍련紅蓮・백련白蓮 색 등이 되는 형벌을 받는 괴로운 일이 있다. 그래서 시방세계의 모든 여래들께서 구함이 많음에 대하여 이구동성으로 '탐욕의 물' 이라고 하였으며 보살은 탐욕에 대하여 마치 악성 전염병처럼 보고 멀리 피하느니라.」라고 하였습니다.

● 남회근 선생은 「사람이 가장 사랑하는 것은 자신의 생명입니다. 왜 이처럼 생명을 소중히 여길까요? 바로 욕欲 자체이기 때문입니다. "애욕이 그 원인이요 생명을 아낌은 그 결과이다[愛欲爲因 愛命爲果]". 두 가지가 서로 인과가 되어 끊임없이 순환합니다. 중생이 자기의 목숨을 사랑하는 욕欲이 가장 엄중합니다. 그러기에 정좌 수행하면서 자신의 신체를 비워버리고 나[我]를 잊어버릴 수 있기를 바라지만 결과적으로 잊어버릴 수가 없고 비워버릴 수가 없습니다. 애욕 때문입니다. 그래서 인류문화의 입장에서 보면 자기의 생명을 소중히 여기는 것은 필연적인 현상입니다. 애정 철학 입장에서 논해보면 애정의

출발점은 어떠할까요. 이기적인 정욕情欲과 탐념貪念 때문이 아닌가요. 이성異性을 좋아하고 자기의 생명을 사랑하는 것은 모두 탐貪입니다. 즉, 생명의 근본으로서 세세생생 생사에 윤회하는 원인입니다.」라고 하였습니다.

● 탐욕을 버리고 보시행을 실천하여야 합니다. 「재보시를 하면 재물을 얻고, 법보시를 하면 총명과 지혜를 얻으며, 무외시보시를 하면 건강장수를 얻는다.[財布施得財富 法布施得聰明智慧 無畏布施得健康長壽]」라는 말씀이 있습니다.

●《법구경法句經》에 「탐욕은 걱정을 낳고 탐욕은 두려움을 낳는다. 만약 탐욕이 없다면 무엇을 걱정하고 무엇을 두려워하리오.[貪欲生憂 貪欲生畏 若無貪欲 何憂何畏]」라고 하였습니다.

● 오욕五慾이란 식욕, 재물욕, 명예욕, 수면욕, 성욕의 다섯 가지 욕망을 말합니다.

● 탐진치는 불교에서 삼독三毒이라 불리는데, 모든 악업의 근본 원인이 됩니다.

● 탐욕은 아귀도에 태어나는 원인입니다.

● 인간이 사는 이 사바세계는 욕계欲界에 들어갑니다. 이 욕계는 식욕 · 성욕 · 수면욕이 있어서 욕계로 불립니다.

●《유교경遺教經》에 「욕심이 많은 사람은 이익을 구하는 것이 많기에 고뇌 또한 많고, 욕심이 적은 사람은 마음이 평탄하여 근심할 바 없도다.[多欲之人 多求利故 苦惱亦多 行小欲者 心卽坦然 無所憂畏]」라고 하였습니다.

●《원각경》에 「일체 중생은 시작도 없는 때로부터 지금까지 갖가지 은애恩愛(사랑, 집착)와 탐욕이 있어 왔다. 그러므로 윤회를 하는 것이다.[一切衆生從無始來 由有種種恩愛貪欲 故有輪廻]」라고 하였습니다.

● 허운선사는 「삼계에 끊임없이 윤회하는 근본은 음욕 때문입니다. 육도에 끊임없이 오르락내리락 하는 것은 사랑이 근본입니다. (고로) 음욕이 있으면 생사윤회가 있음을 볼 수 있습니다. 음욕을 끊어야 생사윤회를 마칠 수 있습니다.[三界輪廻淫爲本 六道往返愛爲基 可見有淫就有生死 斷淫就斷生死了]」라고 하였습니다.

● 색성향미촉법色聲香味觸法을 육경六境 또는 육진六塵이라 하고, 안이비설신의眼耳鼻舌身意를 육근六根 또는 육적六賊이라 합니다. 육근이 제대로 갖추어지지 않은 사람은

(전생에) 동물을 살해한 과보이고, 몸이 못나고 열등한 것은 자기를 높이고 남을 무시한 과보이며, 용모가 추하고 못생긴 것은 성을 내고 인욕하지 못한 과보이고, 고집이 세고 어리석은 것은 사견을 지은 과보이고, 장님이나 귀머거리나 벙어리로 태어나는 사람은 삼보를 비방한 과보이고, 신체가 기형奇形인 것은 동물을 사냥한 과보입니다.

● 서산대사는 「성내는 마음이 바로 지옥이요, 탐하는 마음이 바로 아귀이며, 어리석은 마음이 바로 축생이다.」라고 하였습니다.

● 탐욕을 제거하려면 '사무량심四無量心'을 닦아야 합니다. 사무량심이란 '자비희사慈悲喜捨'를 말합니다. 자慈란 다른 사람에게 즐거움과 기쁨을 주는 것이고, 비悲란 다른 사람의 고통을 없애주는 것이며, 희喜란 다른 사람이 고통을 여의고 즐거움을 얻는 것을 보고 따라 기뻐하는 것이고, 사捨란 일체를 버려 집착하지 않는 것을 말합니다. 자비희사는 각각 자애심 · 동정심 · 따라 기뻐하는 수희심隨喜心 · 평등심과 연결됩니다.

● 〈도덕경〉에 「그칠 데를 알아서 그쳐야 할 때 그쳐라.[知止止止]」, 「족함을 알면 욕되지 않고, 그침을 알면 위태롭지 않아 오래갈 수 있다.[知足不辱 知止不殆 可以長久]」, 「처음 만들어지면 이름이 있다. 이름이 나면 그칠 줄 알아야 한다. 그침을 알면 위태롭지 않다.[始制有名 名亦旣有 夫亦將知止 知止可以不殆]」라고 하였습니다.

● 「이기기 좋아하는 자는 반드시 지게 마련이다. 건강을 과신하는 자가 병에 잘 걸린다. 부당하게 이익을 꾀하는 자는 해악이 많다. 명예를 탐하는 자는 비방이 따른다.[好勝者必敗 恃壯者易疾 漁利者害多 務名者毁至]」라는 성현의 글이 있고, 「이름은 뒷날을 기다리고 이익은 남에게 미룬다. 세상을 살아감은 나그네처럼 하고 벼슬에 있는 것은 손님같이 한다.」라는 문인의 글도 있습니다.

● 심재의 〈송천필담松泉筆譚〉에 「(하늘은) 사물이 크게 성대한 것을 꺼리고[物忌太盛], 귀신은 (사람이) 지나치게 아름다운 것을 싫어한다[神厭至美]」라는 말씀이 있습니다.

9. 성내지 말라.[不瞋恚戒]

● 탐욕·성냄·어리석음을 삼독三毒이라 하는데, 이 삼독 중에서도 성냄이 죄과罪過가 가장 크고 무겁습니다.

● 진에瞋恚는 성을 내는 것인데, 구체적으로 말하자면 원한·앙심·복수심을 가지고 남을 해치려는 심리를 말합니다.

●《화엄경》에 「성을 내는 사람은 삼악도에 떨어진다. 사람으로 태어나도 두 가지의 과보를 받는다. 하나는 항상 다른 사람들한테 자기의 장단점을 드러내고, 또 하나는 다른 사람들로부터 괴롭힘을 당한다.[瞋恚之罪亦令衆生墮三惡道 若生人中 得二種果報 一者常被他人求其長短 二者常被於他之所惱害]」라고 하였습니다.

●《능엄경》에 「성내는 악습으로 서로 충돌하여서 거슬려함을 일으키는 것이다. 이렇게 거슬려하고 한恨 맺히기를 반복하여 멈추지 않으면 마음에 열이 나 성냄의 불이 나고 그 노기를 녹여 쇠 병기를 만드는 까닭에 업을 지을 때 벌써 칼산·쇠몽둥이·칼 나무·칼 바퀴·도끼·작두·창·톱 등의 지옥 현상이 자기 마음속에 나타나 잠재하게 되는 것이다. 이는 마치 사람이 마음에 원한을 품으면 얼굴에 살기殺氣가 등등하면서 격해지는 것과 같다. 과거생의 이 악습 종자와 현재생의 이 악습 행위, 이 두 가지 악습이 서로 공격하기 때문에 죽은 뒤 지옥에서 성기를 자르고, 목을 베고, 몸을 꺾고, 송곳으로 찌르고, 몽둥이로 등을 매질하고, 곤장으로 볼기를 치는 등의 형벌을 받는 괴로운 일이 있다. 그래서 시방세계의 모든 여래들께서 성냄에 대하여 이구동성으로 '예리한 칼'이라고 하였으며, 보살은 성냄에 대하여 마치 천벌을 받을 것처럼 보고 멀리 피하느니라.」라고 하였습니다.

● 사람이 인생을 살면서 순경계順境界를 만나더라도 이를 탐애貪愛해서는 안 되며, 역경계逆境界를 만나더라도 하늘을 원망하거나 화를 내서는 안 됩니다.

● 스승이나 스님이나 부모나 선지식의 면전에서 이들을 향해 성을 내는 경우는 그 죄과가 굉장히 무겁다는 것을 알아야 합니다.

● 부처님께서는 오신채五辛菜(파/마늘/달래/부추/흥거)를 금하셨는데, 이는 성냄을 일으키기 때문입니다.《능엄경》에 「모든 중생들이 삼매에 들고자 한다면 마땅히 오신채를 끊어야 하느니라. 오신채는 익혀 먹으면 음란한 마음을 일으키고, 날 것으로 먹으면 성내

는 마음이 더해지나니 이 세계에서 매운 채소를 먹는 사람은 비록 12부 경전을 설한다 하더라도 시방의 하늘이나 신선들이 냄새를 싫어하여, 모두 멀리 떠날 것이요, 모든 아귀들은 그가 밥 먹을 적에 그 입술을 핥으므로 항상 귀신과 함께 있게 되어 복덕이 날로 사라져서 영원히 이익이 없을 것이니라.」라고 하였고,《범망경》에도「다섯 가지 매운 채소는 일체 음식에 넣어 먹지 말지니라. 만일 먹는 자는 경구죄輕垢罪를 범하는 것이니라.」라고 하였습니다.

● 남회근 선생은「성내는 마음이나 생각이 다들 자신에게는 없다고 생각합니다. 화를 크게 냄은 당연히 성내는 생각입니다. 남을 미워하고, 사람을 속이고 하늘을 원망하고 남을 탓하는 것 이 모두가 성냄입니다. 시비를 분명히 함도 성냄입니다. 혹은 어떤 일에도 성내지 않을 거라고 말하는 것도 깔끔함을 좋아하는 것으로, 지저분한 것을 보면 참지 못하는 것도 성냄입니다. 한 생각 성냄이 바로 싫어서 미워함입니다.」라고 하였습니다.

●〈입보리행론〉에「자기를 해치는 대상이 하늘만큼 가득 차 있어서 그것을 다 없앨 수는 없지만, 성내는 자기 마음 하나만 없앤다면 그 모든 것을 없애는 것과 같다. 성내는 것만큼 무거운 죄도 없고, 인욕忍辱처럼 큰 고행苦行도 없다.」라는 말씀이 있습니다.

● 자기에게 고통이 다가오면 다음 생에 삼악도에 떨어질 것을 지금의 고통으로 미리 대신하는 것임을 알아차려서 기쁘게 생각해야 합니다.

●《우바리문경》에「근본죄 가운데 무엇이 제일 무거운가에 대해 부처님께서는 대승에 머무는 보살로서 만일 항하의 모래 수와 같은 탐욕의 죄를 범하고 또 하나의 진심瞋心을 일으키는 죄를 범하였을 경우, 이 두 가지 죄를 비교하면 진심이 더욱 무거운 죄에 속한다.」라고 하였습니다.

●《화엄경》에「한 생각 진심이 일어나면 백만 가지 장애의 문이 열린다.[一念瞋心起百萬障門開]」라고 하였습니다.

●〈대지도론〉에「진에瞋恚란 모든 선법善法을 잃는 근본이요, 모든 악도에 떨어지는 인因이며, 법락法樂의 원수요, 선심善心의 큰 적이다.[瞋恚 者 失諸善法之本 隨諸惡道之因 法樂之怨家 善心之大賊]」라고 하였습니다.

●〈대지도론〉에「모든 번뇌 가운데서 성냄이 가장 무거우며, 착하지 못한 과보 가운데

934

성냄의 과보가 가장 크다. 성냄은 독의 근본이어서 성냄은 일체의 선근을 멸해 버린다.」라고 하였습니다.

●〈입보리행론入菩提行論〉에 「부처님들을 공경하고 보시를 하는 등의 온갖 선업을 천 겁 동안 쌓아왔다 해도, 단 한 순간의 분노로 모두 사라져버리네.」라는 말씀이 있습니다.

●〈입보리행론〉에 「비유하자면, 지옥의 모든 옥졸과 또한 칼산지옥의 칼날 덤불숲은 모두가 자기의 업으로 말미암아 생긴 것인데 그들은 누구에게 화를 낼 것이며 또 원한을 품으랴.[譬如地獄諸邏卒 亦如刀山劍葉林 皆由自業之所生 當於何人生瞋恨]」라고 하였습니다.

●〈입보리행론〉에 「성냄과 같은 죄는 없다.」라고 하였습니다.

●「왕은 위엄으로 나라를 다스리고, 아기는 울음으로 자기를 내세우며, 여자는 눈물로 호소하고, 비구比丘는 인욕으로 수행한다.」라는 말이 있습니다.

● 성인께서 「악인惡人을 대하면 세 가지의 생각을 내야 한다. 첫째는 그 사람을 생각할 것이니, "심성은 본래 깨끗한데 무명의 술에 취하고 번뇌의 귀신에 홀려서 제정신을 못 찾 고 부득이 이런 일을 했을 뿐이다."라고 생각한다. 둘째는 본래 서원을 생각할 것이니, "나 는 중생들을 위하여 보리菩提를 증득할 것을 서원하였다. (그런데) 생사의 큰 고통조차도 오히려 두려워하지 않거늘 하물며 이 조그마한 고통을 참고 받아 내지 못해서야 되겠는 가."라고 생각한다. 셋째는 그의 은혜를 생각할 것이니, "반드시 번뇌와 해침으로 말미암 아 인내의 행行이 이루어지므로, 그는 나의 보리의 인因을 원만하게 해 주었거늘 어찌하 여 은혜를 배반하고 도리어 성을 내며 해치겠는가."라고 한다.」라고 하였습니다.

●《좌선삼매경坐禪三昧經》에 「성난 사람의 모습은 근심과 고뇌가 많다. 갑자기 난폭해 지며, 분노를 품고 몸과 입이 거칠고 사나우며, 능히 뭇 고통을 참되 현실에 적응하기 힘 들며, 근심이 많고 기쁨이 적으니 능히 큰 잘못을 범할 수 있으며, 가엾게 여기는 마음이 없어서 싸우고 다투는 것을 즐겨한다.[瞋恚 人相多於憂惱 卒暴懷忿 身口麤獷能忍衆苦 觸 事不可 多愁少歡能作大惡, 無憐愍心憙爲鬪訟]」라고 하였습니다.

●《수행도지경修行道地經》에 성을 잘 내는 사람은 「남의 잘잘못을 따지기 좋아하며, 원망하고 미워함이 많아 벗들과 끝을 내며, 원수와 화해하기 어려워 당했던 것을 잊지 않

으며, 원수를 무서워하지 않아 남들은 두려워하는데도 자기는 두려워하지 않는다.」라고 하였습니다.

● 《수행도지경修行道地經》에 「다른 사람에게 성내면, 그 죄로 인하여 뱀이나 독사 따위의 동물로 태어나거나 나쁜 세계에 들어가게 된다.」라고 하였습니다.

● 문수보살은 「성 안내는 그 얼굴이 참다운 공양구요, 성 안내는 말 한 마디는 미묘한 향이로다. 마음속에 화를 품지 않는 것이 진정한 보물이며, 번뇌 없으면 바로 부처님이라네.[面上無瞋供養具 口裡無瞋吐妙香 心裡無瞋是眞寶 無染無垢是眞常]」라고 하였습니다.

● 어떤 사람은 성품은 고상한데 다른 사람들이나 사회를 멀리 한다면, 그것은 성내는 마음이 크기 때문입니다.

● 남이 나쁜 일 하는 것도 싫고, 그것을 보는 것도 싫고, 남이 명리名利를 탐하는 것도 싫고, 남이 어리석은 짓을 하는 것도 싫은 것은 성내는 마음이 있기 때문입니다.

● 성내는 것도 아상我相의 한 부분입니다. 성내는 마음 가운데에는 '나[我]'가 단단히 자리 잡고 있기 때문입니다.

● 화를 내더라도 그 상대방이 누구냐에 따라 죄과가 달라집니다. 부모나 스승에게 화를 내면 그 죄업이 더 무겁고, 아라한이나 벽지불과 같은 성인에게 화를 내면 그 죄는 한량없이 크며, 불보살이나 불화나 불경을 향해서 화를 내면 무간지옥에 들어갈 과보를 받습니다.

● 자기보다 더 많이 깨우친 사람에게 화를 내게 되면, 100겁 동안 쌓은 공덕이 타버립니다.

● 《우바리문경》에 「근본죄 가운데 무엇이 제일 무거운가에 대해 부처님께서는 "대승에 머무는 보살로서 만일 항하의 모래 수와 같은 탐욕의 죄를 범하고, 또 하나의 진심瞋心을 일으키는 죄를 범하였을 경우, 이 두 가지 죄를 비교하면 진심이 더욱 무거운 죄에 속한다. 왜냐하면 진심은 중생을 아주 버리게 되지만, 탐심은 그래도 중생을 애호하는 생각으로 했다면 번뇌가 아니니, 보살심으로 했을 때는 재앙이나 횡액 등의 두려움은 없다."」라고 하셨습니다.

● 《불교유경佛敎遺經》에는 「계를 지키거나 고행苦行하는 공덕도 참는 공덕에는 미치

지 못한다.[忍以之德 持戒苦行 所不能及]」,「성냄의 해害는 모든 선법을 무너뜨린다.[瞋恚之害 則破諸善法]」,「공덕을 뺏는 도적에는 성냄을 능가하는 것이 없다.[劫功德賊 無過瞋恚]」 등의 말씀이 있습니다.

● 《지장보살본원경》에 「만일 성내는 이를 보면, 내생에 얼굴이 더럽게 찌그러지는 과보를 받는다고 말해주고...」라는 말씀이 있습니다.

● 남회근 선생은 「부처님을 배우려면 먼저 사무량심을 배워야 합니다. 자무량심 · 비무량심을 배우고 난 후 가장 중요한 것은 그 다음의 두 글자인 희사喜捨입니다. 여러분 한 번 살펴보십시오. 부처님을 배우는 많은 거사들이나 출가자들이 희사를 실천한 사람이 거의 없습니다. 얼굴에 기쁜 표정을 지을 수 있는 사람이 거의 없습니다. 얼굴에 기쁜 표정이 없어서 저마다 거의 빚쟁이 얼굴입니다. 마치 우리가 그에게 많은 빚을 지고 적게 갚은 듯한 얼굴 표정입니다. 어떤 사람들은 부처님을 배우기만 하면 허! 얼굴이 온통 부처님 상입니다! 장엄하면서 온 몸이 부처님 끼를 지녀서 아주 엄숙하게 보이면서 웃는 기쁜 얼굴 표정이라곤 없습니다. 그러므로 정좌 할 때 사람들더러 먼저 신경의 긴장을 풀고 미소 지으라고 가르칩니다. 보살님을 배우라고 합니다. 웃으면 곧 뇌의 긴장이 풀어지고 몸에서 병이 사라집니다. 웃음에는 그런 작용이 있습니다. 근육이 한번 웃으면 뇌신경이 전체적으로 이완되고 눈썹이 펼쳐집니다. 보세요. 보살상도 웃고 앉아계시잖습니까. 자애로운 눈썹에 선한 눈, 우리는 이런 모습을 배워야 합니다.」라고 하였습니다.

● 「나를 무시하거나 모욕을 하는 사람은 나의 스승이요, 나를 칭찬하는 사람은 나의 원수다.」라는 말이 있습니다.

● 나를 무시하거나 고통을 주는 사람에게 고마워해야 합니다. 왜냐하면 그러한 무시나 고통으로 인해서 내 전생의 두터운 업장이 빠르게 녹기 때문입니다. 내 업장이 빠르게 녹을 수 있는 기회를 주었는데, 왜 화를 낸단 말입니까. 만약 화를 낸다면 두터운 업장이 겹겹이 쌓이는 꼴이 되니, 이 얼마나 슬픈 일입니까.

● 사람의 심리에 중대한 변화가 있으면 혈액과 세포가 즉시 따라서 변화합니다. 특히 크게 화를 냈을 때에 그 즉시 그의 피를 뽑아서 검사를 해보면 피의 색이 모두 변합니다. 독소를 갖추고 있습니다.

● 사람이 크게 화가 났을 때, 그 사람의 침을 쥐에게 먹이면 쥐가 즉사한다고 합니다. 화난 사람이 임산부일 때 그 사람의 젖을 아기에게 먹이면 아기는 반드시 체하게 됩니다.

● 성을 잘 내는 사람은 남의 실수나 허물을 보면 욕을 하거나 비난을 하거나 꾸짖거나 마음에 담아두고 절대 잊지 않으며, 다른 사람들이 자기 뜻에 따라주기를 바랍니다. 그리 하여 남이 자기 뜻에 따르지 않으면 괴로워하거나 답답해하거나 분노가 치밉니다. 원한 심이나 남과 척斥(원한, 불화) 지기를 좋아하고, 소송과 싸움 일삼기를 즐깁니다. 매사가 불만이고 질투심이 많아 남을 인정하지 않습니다. 하늘 탓하기를 좋아하고 남을 쉽게 원 망하며 모든 것을 남의 탓으로 여깁니다. 배타적이고 독선적이며 자기만 칭찬해주기를 바랍니다.

● 화를 습관적으로 내는 사람은 체질이 산성화되어 각종 성인병을 유발시킬 수 있는 나쁜 체질로 변하게 됩니다. 성인이 화를 내며 뿜어내는 탄산가스를 액화시키면 밤색 침 전물이 생기는데, 이것을 쥐에게 주사하자 몇 분 내에 죽었으며, 한 사람이 한 시간 동안 계속 화를 낼 때 생긴 독소는 80명을 죽일 수 있을 정도의 심한 독소가 배출된다고 합니 다. 또 화를 자주 내면 간을 손상시킵니다.

● 화를 습관적으로 잘 내는 사람은 심장병, 고혈압, 치매, 동맥경화, 소화 장애와 같은 질병에 걸릴 확률이 매우 높고, 비만 가능성과 흡연 확률도 높아지며, 수명도 짧아진다는 것을 알아야 합니다.

● 극도로 화가 났을 때 입에서 나오는 숨을 비닐에 받아 농축시켜보니 0.5CC의 노란 액체가 모였습니다. 이 액체를 돼지에게 주사했더니 돼지가 비명을 지르며 즉사했다고 합니다.

● 우리 속담에 「장맛이 나쁘면 집안이 기운다.」라는 말이 있는데, 이 속담의 이치는 이 렇습니다. 메주를 담가서 새끼줄로 엮어 벽이나 천장에 걸어두면 집안의 온갖 미생물들 이 메주에 달라붙어 그것을 발효시킵니다. 그런데 그 집안에서 가족 간에 다툼이 잦아지 면, 그 다툼의 홧김에 의해 메주 균이 죽게 됩니다. 그래서 메주가 꺼멓게 되고 결국 장맛 이 고약해지는 것입니다.

● 화[火]를 내면 화禍를 부릅니다.

● 한 번 화를 내면 몸 안에 있는 8만 4천개의 세포가 죽는다고 합니다. 이렇게 죽은 세포의 빈 공간에 콜라겐이라는 물질이 들어가는데 이 물질이 지나치게 들어가면 간이나 심장, 머리의 세포가 굳어집니다. 그 결과 세포와 세포 사이에 장벽이 생겨 정보 교류를 방해하게 되면서 기억력이 감퇴되고 노화가 촉진된다고 합니다.

● 남회근 선생은 「악인을 미워하지 말고 조복심調伏心(악한 사람을 착한 사람으로 바꾸어 주려는 마음)을 가져야 합니다. 부처님을 배우는 것은 중생을 제도하고자 하는 것 아닙니까. 악인은 중생이 아닙니까. 악인이 있기 때문에 불보살이 필요한 것입니다. 착한 사람도 제도해야 하지만, 악한 사람은 더더욱 제도해야 합니다.」라고 하였습니다.

● 남회근 선생은 「다들 부처님을 배우면 배울수록 성깔이 대단해지는 것 같습니다. 모두들 성현이나 보살의 잣대로 남들을 바라봅니다. 그래서 이것도 못마땅하고 저것도 못마땅하면서도 자신은 반성하지 않습니다. 반성하지 않기 때문에 인욕忍辱도 하지 않습니다. 인욕이란 억지로 참는 것이 아닙니다. 대인욕이란 대자비입니다. 참을 필요가 없습니다. 인욕에서 '욕辱'은 결코 남이 당신을 모욕하는 그런 모욕을 말하는 것이 아닙니다. 일생을 살면서 당하는 일체의 고통이나 일이 뜻대로 되지 않는 일체의 것들이 다 욕辱의 범위에 들어갑니다.」라고 하였습니다.

● 남회근 선생은 「사람의 심리에 중대한 변화가 있으면 혈액과 세포가 즉시 따라서 변화합니다. 특히 크게 화를 냈을 때에 그 즉시 그의 피를 뽑아서 검사를 해보면 피의 색이 모두 변합니다. 독소를 갖추고 있습니다. 그러므로 수행하는 사람은 살생하지 않고 육식을 하지 않습니다. 어떤 생물이든 살생을 당할 때에 모두 성내는 마음을 일으켜 혈액 속에는 독성을 함유하고 있기 때문에 많이 먹으면 중독됩니다. 사람의 심리에 만약 각종의 나쁜 생각을 갖고 있어서 오래된 뒤에는 생리상의 신경과 세포가 반드시 따라서 변화합니다. 그렇지만 그 자신은 모릅니다. 과거에 대륙에서 많은 사형수들을 보면 그들의 모습은 확실히 달랐습니다. 그러므로 예전에 관료가 사건 심문을 하려면 먼저 관상을 볼 줄 알아야 했습니다. 범죄인의 모습은 다릅니다. 왜 그랬을까요. 심리가 생리에 영향을 미쳐서 현재의 몸으로서 삼악도에 떨어지기 때문입니다.」라고 하였습니다.

10. 사견邪見을 짓지 말라. [不邪見戒]

● 사견邪見이란 무엇일까요. 사견의 반대말은 정견正見입니다. 사견은 삿된 견해 또는 그릇된 견해를 말하고, 정견은 부처님 법에 맞는 견해를 말합니다. 즉, 정견은 정지정견正知正見을 말합니다. 「인과응보 같은 것은 없다.」라든지 「사람이 이 세상에서 겪는 모든 일들은 하나같이 모두 전생의 업장에서 기인하는 것이다.」라고 생각한다든지, 「만법이 인연으로 인하여 생겨나고, 인연으로 인하여 소멸한다.[諸法因緣生 諸法因緣滅]」라는 이치를 부정한다든지, 일체유심一切唯心을 부정한다든지 하는 견해가 사견입니다.

● 신견身見 · 변견邊見 · 사견邪見 · 견취견見取見 · 계금취견戒禁取見을 합하여 악견惡見이라 합니다.

● 성인께서 「정법을 비법으로 보고, 비법을 정법으로 여기는 것이야말로 대사견이다.[視正法爲非法 非法爲正法也是大邪見]」라고 하였습니다.

● 성인께서 「일체 모든 법이 인연을 따라 생기고, 일체 모든 법이 인연을 따라 사라진다는 것을 알면 이것이 정견이고, 마음이 생기면 갖가지 법이 생기고 마음이 없어지면 법도 멸한다는 것을 알면 이것이 정견이다. 즉, 만법萬法이 인연소생因緣所生임을 아는 것이다.[諸法因緣生 諸法因緣滅 就是正見 心生種種法生 心滅種種法滅 就是正見]」라고 하였습니다.

● 팔정도八正道의 제일 첫 번째는 정견正見입니다. 정견이란 우선 인과응보를 믿는 것이고, 둘째 삼법인三法印을 믿는 것이며, 셋째 사제四諦와 십이인연을 믿는 것입니다. 넷째 모든 중생은 불성이 있어서 부처임을 믿는 것입니다.

● 악법을 찬탄하거나 악법을 짓도록 조장하거나 권하거나 연설하는 것, 선법을 짓지 못하게 방해하는 것, 정의에 어긋나는 말이나 생각, 성현의 말씀에 역행하는 것, 부처님 말씀을 의심하는 것, 스승을 비방하거나 질투하는 것, 사견을 지닌 사람과 가까이 하는 것, 중생은 평등하지 않다고 보는 견해, 소승을 찬탄하고 대승을 비방하거나, 대승보다 소승을 높이 여기는 것도 사견에 속합니다.

● 《화엄경》에 「사견을 짓는 중생은 또한 삼악도에 떨어진다. 중생 가운데 사견을 지으면 두 가지 과보를 받는다. 하나는 사견을 가진 집안에 태어나는 것이고, 또 하나는 그의

심리상태가 첨곡諂曲(가식적인 말과 거짓된 마음으로 아첨하거나 빙 에둘러 말하는 것. 반대는 직심直心)을 일삼게 된다.[邪見之罪 亦令衆生墮三惡道 若生人中 得二種果報 一者生邪見家 二者其心諂曲]」라고 하였습니다.

●《좌선삼매경》에 「어리석은 사람은 의심과 회한이 많고 게을러서 무견無見에 떨어진다. 스스로 만족하여 억누르기 어렵고, 교만하여 받아들이기 어려우며, 믿어야 할 것은 믿지 않고 믿어서는 안 되는 것을 믿는다. 공경할 줄 몰라 곳곳에서 제멋대로 행동하고, 많은 스승에게 가볍고 성급하게 대하며 수치심도 없고 당돌하다. 말을 하는 데는 사려가 깊지 않고 가르침에 거슬러서 매우 허둥거린다. 친구를 가리지도 않고 스스로 꾸미지도 않으며, 외도外道 섬기기를 좋아하고 선악을 구별하지 않는다.[愚癡人相多疑多悔瀨墮無見 自滿難屈憍慢難受 可信不信非信而信 不知恭敬處處信向 多師輕躁無羞 搪突 作事無慮反 敎渾戾 不擇親友不自修飾 好師異道不別善惡]」라고 하였습니다.

●《원각경》에 「선지식을 구하여야 사견에 떨어지지 않는다.[求善知識 不墮邪見]」라는 말씀이 있습니다.

● 의심, 질투, 교만도 사견이고, 편견이나 고정관념 등도 사견입니다.

● 인과응보를 진실로 믿어야 합니다. 즉 삼세인과와 육도윤회를 진실로 믿어야 합니다.

● 사견을 지니지 않는 사람은 삼보에 귀의하고, 사마邪魔나 외도外道 등에는 영원히 귀의하지 않습니다.

● 「사견을 지니지 않는 사람은 영원히 악도를 떠난다.」라는 말씀이 있습니다.

●《정법념처경正法念處經》에 「일체중생은 사견 때문에 지옥이나 아귀나 축생에 떨어진다. 저 선남자야, 사견을 여의면 마땅히 무량한 선법을 온전히 갖추게 된다.[一切衆生 以邪見故 墮於地獄餓鬼畜生 彼善男子 捨離邪見 具足當得無量善法]」라고 하였습니다.

● 사견은 일체 악업의 근본이 됩니다. 무지몽매하고 부끄러움을 모르며 세세생생 변방이나 비루한 곳에 태어난 사람들, 신심이라고는 없는 사람들, 악지식에 속아서 죄를 짓는 사람들, 삼보의 이름조차 들어보지 못한 사람들, 의심이 많은 사람들이 사견을 가지기 쉽습니다.《법화경》에 「공덕도 적고 복덕도 적은 사람들이 많은 고통으로 핍박을 당하니 사

견의 숲으로 들어간다.[薄德少福人 衆苦所逼迫 入邪見稠林]」라고 하였습니다.

　● 사견을 지니지 않는 사람은 일체의 선법을 행할 뿐이어서 어떠한 악업도 짓지 않습니다. 왜냐하면 인과응보의 엄중함을 너무나 잘 알기 때문입니다.

　● 진정한 불자라면 길을 가다가도 불보살님이 그려진 불화나 불상을 보면 합장을 하여야 하고, 서점 등에 가서 불경을 보면 역시 합장을 하여야 합니다. 또, 귀로 불보살의 명호나 불경의 이름을 우연히 들으면 바로 합장을 하여야 합니다.

　● 불상이나 불화를 보고 '아름답지 않다'라고 말한다든지 '부처님이 못생겼다'라든지 등의 평가를 해서는 안 됩니다. 이런 행위도 죄를 짓는 것입니다.

　● 사견邪見 또는 삼보를 비방함에 있어, 상품上品은 인과因果를 부정하는 것이고, 중품中品은 삼보三寶가 외도만 못하다고 비방하는 것이며, 하품下品은 대승大乘을 버리고 소승小乘으로 돌아가는 것입니다. 즉, 소승을 먼저 닦고 대승은 나중에 닦겠다고 하는 것입니다.

　● 대승경전은 후대에 일부 학장學匠에 의해 만들어졌다는 견해, 대승경전은 부처님의 친설이 아니라는 견해, 부처님은 아함경 등 소승경전만 설했다는 견해, 선종禪宗은 부처님의 가르침이 아니라는 견해, 대승경전에 나오는 수많은 불보살은 모두 거짓이라는 견해 등은 모두 사견으로서 용서받기 어려운 죄입니다.

　● 사견을 짓는 이유는 무명 때문입니다. 즉, 어리석음 때문입니다. 무명으로 전도顚倒된 것이 바로 중생입니다. 무명은 왜 생길까요. 《원각경》에「시작을 알 수 없는 아주 먼 옛날 최초에 생긴 무명이 있는데, 이것이 나를 주재主宰하기 때문이다. 일체 중생은 태어날 때부터 지혜의 눈이 없어서 몸과 마음 등이 다 무명이다. 무명 자체가 무명을 끊지 못하는 것은, 비유하면 사람이 자기 목숨을 자기 뜻대로 끊어버리지 못하는 것과 같으니라.[由有無始本起無明 爲己主宰 一切衆生生無慧目 身心等性 皆是無明 譬如有人 不自斷命]」라는 말씀이 있습니다. 《원각경》의 말씀을 계속 봅니다.

　「고로 알아야 한다. 나를 좋아하는 자가 있으면 나는 더불어 수순隨順(남의 뜻에 따름)하지만, 나에게 수순하지 않는 자라면 미워하고 원망하는 마음을 일으킨다. 미워하고 사랑하는 마음이 무명을 자라나게 하는 까닭에, 무명이 끊임없이 이어져서, 도를 구하더라도 모두 성취하지 못한다.[是故當知 有愛我者 我與隨順 非隨順者 便生憎怨 爲憎愛心 養無明故 相續求道 皆不成就]」

● 사견이 생기는 이유는 탐진치 삼독 때문입니다. 그 중에서도 어리석음 때문인데, 이 어리석음을 무명無明이라고도 부릅니다. 무명은 12연기의 출발점입니다. 즉, 「무명을 조건으로 행行(업력. 몸과 말과 생각으로 선업善業/악업惡業/무기업無記業을 끊임없이 지음)이 생겨나고, 행을 조건으로 식識(사유. 생각. 眼識/耳識/鼻識/舌識/身識/意識)이 생겨나고, 식을 조건으로 명색名色(신식이 부모의 정자 난자와 결합하는 것. 명은 수상행식을, 색은 지수화풍을 뜻함.)이 생겨나고, 명색을 조건으로 육입六入(신식과 정자와 난자가 화합하여 태아가 한 생명으로 형성되는 것)이 생겨나고, 육입을 조건으로 촉觸(교감. 서로 영향을 주고받음)이 생겨나고, 촉을 조건으로 수受(감각. 苦受/樂受/不苦不樂受)가 생겨나고, 수를 조건으로 애愛(갈애/애욕/탐욕)가 생겨나고, 애를 조건으로 취取(집착. 欲取/見取/戒取/我取가 생겨나고, 취를 조건으로 유有(소유. 유지. 재산이든 신체든 잠시 가지고 있는 것에 불과함. 欲有/色有/無色有가 있다)가 생겨나고, 유를 조건으로 생生이 생겨나고, 생을 조건으로 노사老死가 생겨난다.」 입니다.

● 〈대승기신론〉에 「마땅히 이렇게 생각해야 한다. 모든 중생은 시작이 없는 때부터 다 무명에 훈습되었기 때문에 마음이 생멸한다. 이미 모든 몸과 마음의 큰 괴로움을 받았고, 현재도 한량없는 핍박이 있으며, 미래에도 괴로움을 받는 것이 한량이 없을 것이니, (이런 괴로움을) 버리기도 어렵고 여의기도 어렵다. 그런데도 이것을 깨닫지 못하니, 중생은 이와 같아 심히 불쌍하구나.[如是當念 一切衆生從無始世來 皆因無明所熏習故 令心生滅 已受一切身心大苦 現在卽有無量逼迫 未來所苦亦無分齋 難捨難離 而不覺知衆生如是 甚爲可愍]라는 말씀이 있습니다.

● 사견이 얼마나 무서운 것입니까. 독일의 히틀러는 게르만족이 이 세상에서 가장 우월한 민족이고, 유대인은 가장 하열한 민족이라는 그릇된 생각에 빠져 유대인을 무려 600만 명이나 학살했고, 서양 역사에서 보여준 종교전쟁은 자기네가 믿고 있는 종교만이 진짜고, 나머지 종교는 다 없어져야만 하는 종교라고 믿었기 때문에 일어난 비극이었습니다. 미국의 백인들이 인디언들을 무참하게 학살한 것도 같은 이치에서 나온 것이었습

니다. 그런가 하면, 중국에서는 사회주의를 건설하는 과정에서 얼마나 많은 피를 흘렸습니까. 한국 전쟁(6·25)도 사유재산제를 바탕으로 한 민주체제와 사유재산제를 철저히 부정하는 공산체제간의 싸움이었습니다. 모든 사람의 생각이나 사상은 절대로 같아질 수는 없습니다. 사상을 강요하고 획일화하려 하고 주입시키려 하는 노력들이 얼마나 위험한 일입니까. 중생의 생각을 한 가지로 통일하고 획일화하려는 일은 부처님조차도 못하시는 일입니다.

고승들께서 십악 중에서 가장 무거운 것이 살생과 사견이라고 말씀하신 것을 이제야 깨닫습니다.

부처님을 배움에 있어 가장 중요한 첫 걸음은 계율을 지키는 것입니다. 그리고 매사에 정성과 공경을 다하는 것입니다. 사람을 만난다든지 일처리를 한다든지 또는 절이나 염불 등의 수행을 함에 있어 정성과 공경이 빠진다면 과연 결실이 있기나 할까요.

절에 오래 다닌 분들을 보노라면, 타성에 젖어서 그런 것인지 아니면 원래 성격이 그러한지는 모르겠으나 정성과 공경이 많이 부족한 모습들을 많이 보게 됩니다.

우리가 대통령 앞에 서 있다면 얼마나 조심을 할 것이며 또 얼마나 많은 정성과 공경을 들이겠습니까. 만약 우리가 조선시대의 왕 앞에 있다면 얼마나 긴장을 하고 몸가짐과 말을 삼가겠습니까. 그깟 세속의 왕이나 대통령 앞에서는 그렇게 몸가짐을 조심하고 정성과 공경을 다 하면서도, 인간과 천상의 스승이시자 시방세계의 중생으로부터 공경과 찬탄의 대상이 되시는 부처님 앞에서 우리는 과연 제대로 하고 있습니까. 부처님께 합장을 하면서 절을 할 때에는 90°도 모자라는데, 30°로 절을 올리는 분들이 의외로 많습니다. 방석을 툭 던지거나 발로 밀거나 하는 모습들은 너무나 흔하게 봅니다. 이기적인 생각, 남을 배려할 줄 모르는 사고방식, 남을 존중하지 않는 태도, 자존심이 너무 센 사람들, 자신을 조금도 굽히려 들지 않는 사람들...이런 사람들은 하루빨리 그런 심리를 고쳐나가야 합니다. 그렇지 않으면 수행의 효과가 없습니다.

다른 이가 경전을 독송하려는데 못하게 방해하고, 남이 부처님 전에 시주를 하려고 하는데 이를 못하게 막거나 공양물을 줄이게 하고, 남이 절을 1,000배 하려 하는데 100배만

하라고 하고, 남이 계율을 지키려 하는데 이를 허물고, 술을 안 마시려 하는데 강권하여 마시게 만들고...이런 행위들을 우리는 하지 말아야 하겠습니다.

마지막으로 〈보리도차제菩提道次第〉라는 티베트의 중요 경전에 실려 있는 말씀을 조금 전합니다.

「황금으로 조성한 불상佛像은 높은 곳에 모시고, 은銀이나 나무 또는 진흙으로 조성한 불상은 낮은 곳에 모신다면, 이는 불상을 재산으로 여기는 것일 뿐이다. 불화도 오래된 것을 귀하게 여기고 오래되지 않은 것을 그보다 낮게 여긴다면 역시 마찬가지다. 불화나 불경이 있는 쪽으로 발을 뻗고 자면서도 아무 가책이 없다면, 이는 삼보에 귀의하는 것을 모른다는 완벽한 증거이다.」

「불보살의 몸의 상징은 불상이고, 불보살의 말씀의 상징은 경전이며, 불보살의 마음의 상징은 탑이다.」

「네 명이 똑같이 불경을 독송하더라도 그 과보는 다를 수 있다. 한 명은 보리심菩提心(부처와 같은 깨달음을 얻겠다는 마음)으로 독송하고, 한 명은 출리심出離心(삼계를 벗어나겠다는 마음)으로 독송하고, 한 명은 다음 생에 좋은 곳에 태어나기를 바라는 마음에서 독송을 하고, 한 명은 금생에 무병장수하기를 바라는 마음으로 독송을 했다고 하자. 첫 번째 사람은 보리심으로 했기 때문에 그 독송은 완전한 깨달음의 인因이 되고 보살행인 대승의 수행이 된다. 두 번째 사람의 독송은 해탈의 인因이 되는 중中의 수행이다. 세 번째 사람은 다음 생을 위해서 기도했기 때문에, 해탈의 인因은 되지 않지만 삼악도에는 떨어지지 않는 하下의 수행이다. 마지막 사람은 이번 생만을 위해 독송했기 때문에 이는 수행이 아니다.」

「불경을 팔아먹거나, 불경을 밟거나, 불경을 냄비 등의 받침으로 쓰거나, 불경이 인쇄된 천이나 방석을 깔고 앉거나, 불경을 침을 묻혀 가면서 넘기거나, 불경을 배고 자거나, 불경을 거꾸로 뒤집어 놓아두거나 하는 일등은 아주 큰 죄를 짓는 것이다.」

십계를 나름대로 정리하고 나니 만감이 교차합니다. 제가 지금껏 살아온 날들을 돌이켜보면, 온통 죄악과 허물투성이입니다. 제 멋대로, 함부로, 교만하게, 거칠게 살아왔습니다.

그런 버릇은 지금도 견고하게 갖고 있습니다. 한없이 어리석고 가여운 중생일 뿐입니다. 앞으로 죽는 날까지 저의 죄악을 뼈저리게 참회할 것입니다.

　고덕께서 말씀하셨습니다. 「사람이 성현이 아닐진대, 누구인들 허물이 없겠는가. 허물도 고칠 수 있음을 아는 것만큼 큰 선善은 없다.[人非聖賢 熟人無過 知過能改 善莫大焉]」
　우리는 또 남회근 선생의 이 말씀을 늘 기억했으면 합니다. 「먼저 평범한 일상에서부터 자신을 닦아 나가십시오. 제대로 된 직업을 갖고 성실한 마음으로 일해야 합니다. 하늘을 원망하거나 다른 사람을 탓하지 말고 스스로 돌아봐야 합니다. 마음을 닦고 습기習氣(전생에서 가져온 버릇이나 성격)를 변화시켜야 비로소 공덕의 기초가 생깁니다. 이렇게 하지 않으면 제대로 일도 하지 못하면서 환상적이며 공허한 세계 속에 빠지게 됩니다. 수행의 핵심은 먼저 심리적 습기를 변화시키는 것입니다. 이를 보조하는 것이 정력定力입니다. 사람은 스스로 서는 것이 중요합니다. 하루라도 일찍 홀로 설 수 있다면 하루라도 빨리 깨칠 수 있습니다. 공덕이 쌓이면 스스로 지혜를 개발할 수 있습니다.」
　명나라의 감산대사께서는 이렇게 말씀하신 적이 있습니다.
　「생각은 일어나는 곳에서 반드시 간파해야 하며 일은 이르지 않았을 때 함부로 생기지 않게 해야 한다. 만약 악념惡念이 일어났을 때 그것을 자를 수 있다면 업력의 근본은 그 자리에서 제거된다. 망념도 일어날 곳이 없다. 그래서 속세를 초탈하여 성인이 되는 관건은 다 여기에 있다. 누가 운명을 바꿀 수 없다고 말했던가. 자연스럽게 좋은 사람이 되고 좋은 일을 하고 선을 행하고 덕을 쌓으면 하늘은 반드시 당신을 보호할 것이다.」
　불법의 핵심은 세 글자입니다. 바로 계정혜입니다. 계戒에서 정定이 나오고 정에서 반야지혜가 나옵니다. 불법의 최종 관문은 바로 반야지혜를 증득하여 성불하는 것입니다. 그러한 반야지혜도 계를 지키지 않으면 나오지 않습니다. 계를 지키지 않는 수행은 진척이 있을 리 없습니다. 오히려 아상我相만 높이는 꼴이 되어 삼악도에 떨어지게 하는 결과를 가져옵니다.

약 13년 전에 전남대 김지수교수께서 중국 인광대사의 가언록嘉言錄을 번역하여 〈화두 놓고 염불하세〉라는 이름으로 책을 출간한 바 있습니다. 이 책 덕분으로 한국 불교계에 염불에 대한 새로운 바람이 불고, 참선 일변도인 한국불교에 대한 회의와 반성이 일었습니다. 하지만 안타깝게도 그 바람이 태풍처럼 커지지 못한 채 미미한 수준에 머물러 있는 듯한 느낌입니다. 아직도 많은 사람들의 머릿속에는 '염불은 무식한 노인들이나 하는 수행법'이라는 고정관념이 단단히 뿌리박혀 있기 때문이겠지요.

현재 한국불교는 많은 문제를 안고 있습니다.

우선, 스님들의 교학教學에 대한 관심이 부족하여 교학이 발전하지 못하고 있습니다. 즉 경전에 대한 활발한 연구가 이루어지지 않고 있다는 뜻입니다. 이는 우리나라 대표종단인 조계종이 간화선看話禪 위주의 선종을 종지宗旨로 표방하고 있기 때문입니다. 이렇게 한국 불교가 참선을 제일의 수행법으로 내세우다 보니 당연히 경전 연구보다는 조사님들이 남기신 선어록禪語錄에 대한 관심이 많아질 수밖에 없고, 이는 경전에 대한 홀대로 이어지고 있습니다. 그래서 참선을 하는 스님들을 부르는 호칭인 선사禪師나 수좌首座 등의 호칭을 선호하고, 경전에 밝은 스님을 부르는 호칭인 법사法師로 불리기를 꺼려하는 풍토가 생겨났습니다.

옛날, 신라는 불세출의 고승이 연이어 나타나면서 불교 수준이 극도로 발전했습니다. 이는 역사상 전무후무前無後無한 일로 당시 교학의 중심지였던 중국과 비교해 볼 때 조금도 손색이 없었습니다. 한국 역사 최고의 인물인 원효대사, 당의 무측천 황제가 생불生

佛로 우러렀던 원측圓測법사(당나라 삼장법사의 제자들 중 가장 뛰어났음), 원효대사에 버금갈 정도의 저술을 많이 남긴 경흥憬興법사, 화엄종의 대가였던 의상대사, 율종의 태두였던 자장율사 등의 고승대덕들은 불교경전에 달통하여 많은 저술을 남겼는데, 특히 거의가 정토삼부경에 대한 주석서를 남겼습니다.

이러한 주석서가 나온 이래로 근래 들어 한국 불교에서는 정토삼부경에 대한 뛰어난 주석서나 해설서가 나오지 않고 있습니다. 아무쪼록 경전에 대한 관심과 연구와 지원이 활발히 이루어져 한국 교학의 수준이 그 옛날의 영광을 되찾기를 소망합니다.

다음으로는 공부를 안 하는 불자佛子들이 많다는 것입니다. 염불만 해도 그렇습니다. 물론 염불을 하는 불자들은 많습니다. 하지만, 정토삼부경에 대한 교학적 지식을 제대로 갖추고 있는 불자들이 과연 얼마나 되겠습니까. 예를 들어,《무량수경》의 48원이나《관무량수경》의 16관을 제대로 알고 있는 사람이 몇이나 될까요.《무량수경》이나《관무량수경》에 보면 부처님께서 중생들에게 대승경전을 독송할 것을 권하고 계신데, 이유가 무엇이겠습니까. 교학이 뒷받침되지 않으면 지혜도 증장되지 않거니와 염불수행이 제대로 행해지기 어렵습니다. 「지식만 있고 믿음이 없으면 이는 불신자(不信者)요, 믿음만 있고 지식이 없으면 이는 맹신자(盲信者)다.」라는 말이 있습니다. 그런데 맹신자가 불신자보다 훨씬 위험하다고 합니다. 요컨대 이론과 수행 그리고 복덕, 이 세가지가 삼위일체가 되어야만 합니다.

타종교에도 이러한 면이 있지만, 한국불교는 철저히 기복불교祈福佛教에 머물러 있습니다. 이는 아주 저급한 불교요, 올바르지 않은 불교입니다. 보리심菩提心 없는 불교가 진정한 불교일까요. 수행하지 않는 불교가 무슨 필요가 있을까요. 부처님 말씀대로 따르지 않는 한국불교에 희망이라도 있는 것일까요. 그저 자신이나 자기 집안에 복이 있기만을 바라는 불교가 도대체 무슨 의미가 있는 것일까요. 육식을 즐기는 한국의 불자들, 사찰순례가 대단한 일인 양 생색내는 불자들, 불교지식을 많이 쌓으면 진정한 불교신자라고 생각하는 불자들(이들은 불교대학에 들어가고 싶어 합니다), 불교를 학문이나 철학으로 잘못 생각하는 불자들(이들은 경전을 분석하고 분류하고 따지고 논쟁하길 좋아합니다), 경전을 읽지 않는 불자들, 젊은이들은 외면하는 불교…. 한국불교의 미래가 걱정됩니다.

마지막으로, 수행은커녕 불경에 대한 깊이 있는 안목도 갖추지 못했으면서 남방불교를 공부하는 사람들은 대승경전이 위경僞經이라고 비방하고, 대승불교를 공부하는 사람들은 소승불교는 소승小乘이어서 배울 것이 없다고 비방하는 현실입니다.

대승경전은 석가모니부처님의 친설親說이 아니고 중국에서 만들어진 경전이라는 주장은 일본 학자들에게서 나온 것인데, 이를 우리나라 학자들이나 불자들이 무턱대고 동조하고 있는 현실이 실로 불가사의하기까지 합니다. 그들은 장차 그들이 받게 될 무서운 과보果報를 알기나 한 것일까요. 절대로 정법正法을 함부로 비방해서는 안 됩니다.

이 책은 염불이 얼마나 뛰어나고 불가사의한 수행법인지를 잘 알려 줍니다.

우리가 지금까지 그토록 홀대하고 깎아내렸던 염불이라는 수행법이 실은 위대한 성현들께서도 이구동성으로 찬탄하고 수행했던 수행법임을 잘 말해줍니다. 염불은 부처님의 한평생 교화의 정화이자 윤회를 벗어나는 지름길 중의 지름길입니다. 염불의 최고 장점은 업장을 모두 소멸시키지 않고도 극락에 왕생할 수 있다는데 있습니다. 게다가 일단 극락에 왕생하면 다시는 퇴전하지 않는다는 점에서 염불은 가히 성불로 가는 최고의 방편이라 할 만합니다. 견혹見惑과 사혹思惑은 물론 삼독三毒을 완전히 없애지 못해도, 또 일심불란이나 염불삼매에 들지 않아도 부처님의 본원력에 의지하기 때문에 쉽게 극락에 왕생할 수 있습니다. 또 오역죄를 지은 극악한 죄인도 임종 시 단 한 번의 염불로 극락에 왕생할 수 있으니, 이는 부처님의 대자대비하신 본원력 덕분입니다. 염불은 삼계를 횡으로 쉽게 벗어나게 하며, 말법을 살아가는 중생들이 이 염불법문을 버리고 다른 수행에 의지하면 삼계윤회를 벗어날 길이 없습니다. 수많은 불보살의 화신들께서 인간의 몸으로 다시 사바세계에 오셔서 오직 염불법문에만 의지할 것을 간곡하게 당부하셨습니다. 이 말씀들을 우리는 그냥 흘려보내서는 안 됩니다.

시간이 없습니다. 차일피일 미루어서는 안 됩니다. 오늘부터 당장 염불을 시작하십시오. 우리들의 무겁고 두터운 전생의 악업들을 소멸시키고 조상님들을 기쁘게 하며 자녀들을 액운에서 벗어나게 하는, 그야말로 3대가 행복해지는 최고의 수행법이 염불이니까요. 그리고 때때로 방생을 곁들이십시오. 앞으로 염불수행법이 찬란한 빛을 발하고 이 세상에 두루 퍼져 많은 사람들에게 생명과 희망을 부여함은 물론 그들을 극락세계로 인도하는 큰 디딤돌이 될 거라고 확신합니다.

저는 이 책을 '오직 한 사람이라도 더 극락으로 인도하여 성불하게 하자'라는 일념으로 만들었습니다. 저의 이 생각은 영원히 유효합니다. 저에게 다른 좋지 않은 의도가 있다거나, 한낱 저의 이름을 알리기 위해서라든가, 또는 돈을 벌기 위한 방편으로 이 책을 출간했다든가 하는 일은 절대로 없습니다. 이 책이 계기가 되어 우리나라에 다시 한번 염불수행의 바람이 강하게 불기를 빌어마지 않습니다. 이 책을 읽으시고 마음에 드셨다면 주변사람들에게도 많이 알려 주시기 바랍니다. 힘이 닿는 데까지 무료로 어디든지 책을 보내드리겠습니다.

정말 마지막으로 부탁의 말씀을 드립니다. 이 책을 읽으시고 정말로 도움이 많이 되셨다면 여유가 있는 분들이나 저와 같은 뜻을 지니신 분들께서는 후원을 해 주십시오. 감히 호소합니다. 제가 경제적 사정이 넉넉지 못하여 자비自費로 많은 책을 내는 데는 한계가 있습니다. 여러분들이 후원을 해주시면, 한 푼도 헛되이 쓰지 않고 전부 이 책을 재출간하거나 절을 세우는데 쓰겠습니다. 특히, 경제적으로 여유가 있는 분들의 많은 동참을 바랍니다. 그리고 혹시라도 저에게 하실 말씀이 있으시면 저에게 이메일을 보내주십시오.

40여년을 살아오면서 너무나 많은 죄를 짓고 살아왔습니다. 게다가 실패와 좌절을 수도 없이 맛보았습니다. 저는 평소 염불에 관심이 많았고, 염불수행도 틈틈이 했습니다. 그러다가 약 3년 전에 '염불에 관한 좋은 말씀들만 발췌해서 책으로 엮으면 어떨까' 하는 생각이 문득 스쳤습니다. 그래서 제가 읽어왔던 책들과 새로 구입한 책들, 인터넷이라는 그야말로 신통방통한 이기利器를 적극활용하여 평균 하루 4시간을 회집작업에 매달렸습니다. 그 결과로 이렇게 책으로 출간이 되고보니 정말로 감개무량하고 벅차면서 한편으로는 몹시 두렵습니다.

저에게는 대원大願이 하나 더 있습니다.

우리 주변에는 교회가 참 많습니다. 새벽에 교회에 가서 예배를 드린 후 출근하는 기독

950

교인들이 많습니다. 참 부럽습니다. 불교는 어떻습니까. 새벽에 출근하면서 잠깐 들러 절이나 염불이나 독경을 할 만한 절이 어디 있든가요. 절은 무조건 산속에 있어야만 합니까. 교회처럼 우리 주변에 24시간 개방하는 절이 있다면 얼마나 좋겠습니까. 산속에 있는 절처럼 바닥이 차갑지 않은 절, 낮에만 문을 열고 밤에는 법당을 잠그는 절이 아닌 24시간 문을 열어놓는 절, 엄격한 수행가풍이 있는 절, 일주일에 며칠은 수십 수백 명이 모여 큰 소리로 염불하는 절, 불경이나 좋은 책들을 많이 비치하고 있어서 책도 읽고 대여도 해 주는 절… 이런 절을 많이 세우는 것이 저의 또 하나의 큰 원願입니다. 우선은 제가 거주하고 있는 경기도 구리시에 세우고 싶습니다. 능력 있는 분들께서 많이 후원해주셔야 가능한 일입니다. 많이 도와주십시오.

또, 조념염불(助念念佛: 임종하는 사람 옆에서 염불을 해주는 일) 모임을 많이 만들어서, 죽어가는 사람들에게 많은 도움이 됐으면 합니다. 조념염불 모임이 우리나라에도 있기는 하지만, 그 수가 너무나 적고 또 홍보가 많이 안 되어 있습니다. 조념염불 모임이 활성화되어서 각 시市마다 하나씩은 만들어지기를 기원합니다. 서울은 각 구區마다 3개 정도는 있어야겠지요. 조념염불 모임의 활성화! 제가 염두에 두고 있는 큰 원 중의 하나입니다.

아무쪼록 많은 분들이 이 책을 읽고 수행하여 모두가 다 극락에 왕생하셨으면 좋겠습니다.

감사합니다.

핸드폰 : 010-3469-0528
이메일 : stata0616@hanmail.net
거주지 : 경기도 구리시
후원 계좌번호 : 국민은행(예금주: 주세규) 917701-01-118597

참고문헌

1. 화두놓고 염불하세(인광대사가언록) — 김지수 譯/ 불광출판부

2. 의심끊고 염불하세 — 철오선사 外/ 김지수 編譯/ 불광출판부

3. 선가귀감禪家龜鑑 — 서산대사/ 원순 譯解/ 도서출판 법공양

4. 불설대승무량수장엄청정평등각경친문기 — 정공법사 講述/ 정옥순 飜譯/ 삼보제자

5. 염불경念佛鏡 — 도경 · 선도 著/ 이태원 譯/ 운주사

6. 치문숭행록緇門崇行錄 — 연지대사/ 학담 풀어씀/ 큰수레

7. 죽창수필竹窓隨筆 — 연지대사/ 연관스님 옮김/ 불광출판부

8. 왕생집往生集 — 연지대사/ 하청 번역/ 도서출판 여래

9. 중각보왕삼매염불직지重刻寶王三昧念佛直指 — 묘협/ 우룡스님 譯/ 부다가야

10. 정법개술淨法概述 — 방륜/ 하청 번역/ 도서출판 여래

11. 불교수행법강의 — 남회근/ 신원봉 번역/ 씨앗을 뿌리는 사람

12. 인천보감人天寶鑑 — 담수스님/ 장경각

13. 100일 염불수행 — 송성수 스님/ 불교시대사

14. 염불의 원류와 전개사 — 이태원/ 운주사

15. 권수염불법문勸修念佛法門 — 원영대사/ 정원규 편역/ 불광출판사

16. 불법도론佛法導論 — 이원정거사/ 서현 · 목아 共譯/ 삼보제자

17. 정토삼부경淨土三部經 — 청화스님 옮김/ 광륜출판사

18. 법원주림法苑珠林 — 도세 지음/ 동국역경원

19. 치문경훈緇門警訓 — 일휴一休 · 우천牛川 共譯/ 정우서적

20. 진리의 길(청화스님 어록 1·2) — 사회문화원

21. 오대산 노스님의 인과이야기 — 과경엮음/ 정원규 번역/ 불광출판사

22. 영겁을 사는 진리의 행 — 학담 편저/ 큰수레

23. 능엄신주법문 — 선화상인/ 정원규 편역/ 불광출판사

24. 지장경강의 — 무비스님/ 불광출판부

25. 만선동귀집 ― 영명연수선사/ 일장스님 편역/ 불광출판부

26. 불설아미타경요해강기 ― 정공법사/ 원광, 목아 번역/ 삼보제자

27. 백암정토찬 ― 백암 성총/ 김종진 옮김/ 동국대학교 출판부

28. 정토보서 ― 백암 성총/ 김종진 옮김/ 동국대학교 출판부

29. 불학 14강 강기 ― 정공법사 강술/ 하혜정 번역/ 삼보제자

30. 불교수행입문강의 ― 원환선 · 남회근 공저/ 송찬문 번역/ 마하연

31. 무량수경종요 ― 원효대사 지음/ 정목 해설/ 자연과 인문

32. 삶과 죽음을 바라보는 티베트의 지혜 ― 소걀 린포체 지음/ 오진탁 번역/ 민음사

33. 원각경 강의 ― 남회근 강의/ 송찬문 번역/ 마하연 출판사

34. 석암스님 범망경 강설 ― 석암문도회 편찬/ 불광출판사

35. 금강경 강의 ― 남회근 강의/ 신원봉 번역/ 문예출판사

36. 참선요지 ― 허운화상 말씀/ 대성 옮김/ 탐구사/ 문예출판사

37. 나무아미타불이 팔만대장경이다 ― 송찬문 편역/ 마하연

38. 염불, 모든 것을 이루는 힘 ― 원영 굉오대사 저/ 정원규 편역/ 불광출판사

39. 왜 나무아미타불인가 ― 우익대사/ 이기화 옮김/ 불광출판사

40. 선과 생명의 인지 강의 - 남회근 지음/송찬문 번역/마하연

41. 사람은 어떻게 태어나는가 - 남회근 지음/송찬문 번역/마하연

42. 깨달음에 이르는 길(람림) - 쫑카파 지음/청전 옮김/지영사

43. 해탈장엄론 - 감뽀빠 지음/진우기 옮김/운주사

44. 위대한 스승의 가르침 - 빨뛸 린뽀체 지음/오기열 번역/지영사

45. 티벳 스승들에게 깨달음의 길을 묻는다면 - 초펠편역/하늘호수

46. 대원만수행요결 - 직메 최기왕뽀 지음/지엄 편역/운주사

47. 그저 인간이 되고 싶었다. - 홍일대사 지음/전영숙 옮김/불광출판사

48. 내 이름을 부르는 이 누구나 건너리 - 인광대사 지음/정원규 옮김/불광출판사

도움 받은 인터넷 카페

1. 연지해회(cafe.daum.net/lianchi)

2. 나무아미타불(cafe.daum.net/amtb)

3. 아미타파(cafe.daum.net/amitapa)

4. 무주선원(cafe.daum.net/mujuseonwon)

5. 연화세계(cafe.daum.net/yunhwasaegae)

6. 염불로 가는 극락세계(cafe.daum.net/amitaworld)

7. 포교당(cafe.daum.net/pokyodang)

8. 유마불교학당(cafe.daum.net/youmawon)

9. 나그네 정선달(cafe.daum.net/jungjin37)

10. 불종사 현진(blog.daum.net/01193704043)

11. 삼보제자(cafe.daum.net/sambojeja)

12. 수미산(cafe.daum.net/cigong2500)

13. 출리심 + 보리심 + 空(blog.daum.net/mahatop7/4160)

14. 석가모니불(cafe.daum.net/sejon)

회향문

이 책의 출판 및 보시 공덕을

1. 법계의 중생들이 다함께 서방정토에 왕생하는데 회향하옵니다.

2. 저의 선망 조상님들과 부모님께서 서방정토에 왕생하는데 회향하옵니다.

3. 고통과 원한 속에서 도살당한 무량한 축생들이 삼악도를 영원히 여의고 보리심을 발하여 삼보에 귀의하옵고 서방정토에 왕생하는데 회향하옵니다.

4. 고통 받는 중생들이 모두 고통을 여의고 행복을 누리는데 회향하옵니다.

5. 무시이래로 제가 지은 모든 죄악이 소멸되는데 회향하옵니다.

6. 법계의 모든 존재들이 보리심을 발하옵고 삼보에 귀의하는데 회향하옵니다.

7. 억울하게 죽는 이, 원한 속에서 죽는 이, 비명횡사하는 이, 자살하는 이들이 없도록 하는데 회향하옵니다.

8. 무시이래로 저와 인연을 맺은 모든 이들에게 용서를 구합니다.

9. 육식이 없어지고 전쟁이 그치며 사음邪淫이 사라지는데 회향하옵니다.

10. 염불법문이 널리 두루 퍼져 많은 사람들이 의심 없이 믿고 따르며 부지런히 수행하여 다함께 극락에 왕생하는데 회향하옵니다.

중생이 없으면 일체의 모든 보살은 끝내 부처가 되지 못한다.
若無衆生 一切菩薩 終不能成無上正覺
《화엄경》

———

중생이 아프니 나도 아프다.
중생이 아프지 않으면 내 병도 나을 것이다.
以一切衆生病 是故我病 若一切衆生病滅 則我病滅
《유마경》

———

하나 안에 일체가 있고 일체 안에 하나가 있다.
하나가 곧 일체이고 일체가 곧 하나이다.
一中一切多中一 一卽一切多卽一
《법성게》

———

한 사람이 도를 깨달아 본래 면목으로 돌아가면
이 시방허공이 모두 녹아 허물어진다.
一人發眞歸元 此十方虛空皆悉銷殞
《능엄경》

———

중생의 한 몸이 청정하면 많은 중생이 청정하다.
많은 중생이 청정하므로 더 나아가서는 시방세계의 중생들의 원각이 청정하다.
一身淸淨故 多身淸淨 多身淸淨故 如是乃至十方衆生圓覺淸淨
《원각경》

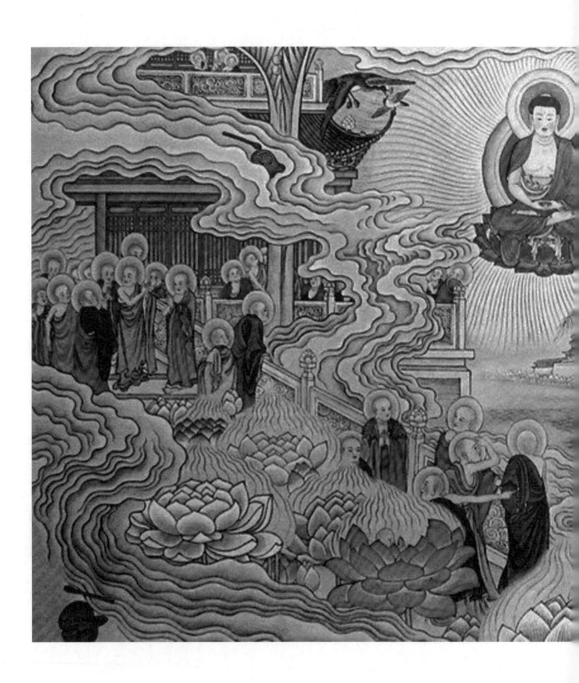

又舍利弗極樂國土
有七寶池八功德水
充滿其中池底純以
金沙布地四邊階道
金銀琉璃玻璨合成
上有樓閣亦以金銀
琉璃玻璨硨磲赤珠
瑪瑙而嚴飾之池中
蓮華大如車輪青色
青光黃色黃光赤色
赤光白色白光微妙
香潔舍利弗極樂國
土成就如是功德
莊嚴

회집 : 주세규

1971년 전북 순창에서 출생했고 경희대학교 행정학과를 졸업했다.

일찍이 믿었던 기독교는 삶의 근원적인 의문에 대한 답을 주지 못했다. 그러던 중 30대 중반에 어느 서점에서 우리말로 번역된 중국의 인광대사가언록(印光大師嘉言錄)을 우연히 읽고 부처님께 전격 귀의하였다. 불경(佛經)과 고승들의 가르침은 진리에 목말라 하던 나의 목을 축여 주었고, 인생에 대한 조급증, 세상을 향한 원망, 나 자신에 대한 불신과 열등감을 많이 가시게 해 주었다.

인생을 잘못 살았다는 후회와 패배감은 40대 초반까지 나를 끈질기게 괴롭혔고, 땅바닥까지 떨어진 자존감은 회복할 길이 영영 없어 보였다. 그럴 때마다 불경과 고승들의 가르침에 의지하면서 간신히 버텨냈다. 가까스로 마음을 추스르고 나니 집필(執筆)에 대한 욕구가 성해져서 지금까지 책을 서너 권 냈다.

일체 모든 존재를 내 부모, 더 나아가 부처님처럼 공경하고 섬길 줄 알아야 진정한 신앙인이자 수행자인데, 죽을 때까지 이런 경지엔 이르지 못할 것 같다. 태양과 달·지구·바다·강·산 등 대자연이 베풀어준 은혜가 얼마나 컸는지, 모든 생명들이 내게 베푼 은혜가 얼마나 많았는지 오십이 다 된 지금에서야 알아차렸다. 죽는 그날까지 이 세상이 베푼 은혜에 뼈저리게 감사하면서 그 은혜를 조금이나마 갚은 후 떠나고 싶다. 력하나마 책을 통해 이 세상을 더 나은 곳으로 바꾸고 싶고, 부족하나마 강의를 통해 많은 사람들에게 선한 영향력을 행사하고 싶다.

저서 : 「참선이 곧 염불이요, 염불이 곧 참선이다」 「죽음까지 알아야 진짜 인생이다」 「나무아미타불 사경집」 「쉬운 영어가 진짜 영어다」.

염불수행대전(개정증보판)

개정증보판 1쇄 펴낸 날 2019년 8월 15일(우란분절/미타재일)
회집 주세규
발행인 김재경 **편집·디자인** 김성우 **마케팅** 권태형 **제작** 경희정보인쇄
펴낸곳 도서출판 비움과소통(blog.daum.net/kudoyukjung)
    경기 파주시 하우고개길 151-17 예일아트빌 103동 102호(야당동)
    전화 031-945-8739 팩스 0505-115-2068
    이메일 buddhapia5@daum.net
© 주세규, 2019
ISBN 979-11-6016-054-3 03220